Palavras sem fronteiras

PREFÁCIO DE MAURICE DRUON, DA ACADEMIA FRANCESA

Outras obras do autor

As quatro coroas de Dom Pedro I
Civilização Brasileira, 1941, 1942, 1970
Casa do Livro, 1972
Paz e Terra, 1995

Pedro I e Metternich — traços de uma guerra diplomática
A Noite, 1942

Pareceres do Conselho de Estado e do Consultor do Ministério dos Negócios Estrangeiros (1942-1889)
Imprensa Nacional, 1942

A Diplomacia do Marechal: intervenção estrangeira na Revolta da Armada
Ed. Zelio Valverde
Tempo Brasileiro e Editora UnB, 1971

Every Inch a King, a biography of Dom Pedro I, Emperor of Brazil
Macmillan Company, 1950-52
Charles Frank Publications, 1964
Robert Hale, 1972

Artigos, discursos e palestras — setembro 1983-1986
Embaixada do Brasil em Washington, 1986

SERGIO CORRÊA DA COSTA

Palavras sem fronteiras

PREFÁCIO DE MAURICE DRUON, DA ACADEMIA FRANCESA

EDITORA RECORD
RIO DE JANEIRO • SÃO PAULO

2000

CIP-Brasil. Catalogação-na-fonte
Sindicato Nacional dos Editores de Livros, RJ.

C875p Costa, Sergio Corrêa da, 1919-
Palavras sem fronteiras / Sergio Corrêa da Costa.
– Rio de Janeiro: Record, 2000.

Inclui bibliografia
ISBN 85-01-05640-5

1. Palavras e expressões. 2. Língua portuguesa
– Estrangeirismos. I. Título.

99-0777 CDD – 410
CDU – 801.316.3

Capa: *Victor Burton*

Este livro foi originalmente publicado em francês sob o título *Mots sans frontières*, por Éditions du Rocher, em 1999.

Direitos exclusivos desta edição reservados pela
DISTRIBUIDORA RECORD DE SERVIÇOS DE IMPRENSA S.A.
Rua Argentina 171 – Rio de Janeiro, RJ – 20921-380 – Tel.: 585-2000

Impresso no Brasil

ISBN 85-01-05640-5

PEDIDOS PELO REEMBOLSO POSTAL
Caixa Postal 23.052
Rio de Janeiro, RJ – 20922-970

EDITORA AFILIADA

In memoriam

Philippe Rossillon
Paladino da Latinidade

Entramos em um mundo sem fronteiras em
que ciências e técnicas serão a um só tempo o senhor,
o criado e o ganha-pão dos cidadãos. É preciso ser
míope como os políticos para não pressentir que a
longo prazo as línguas mais nobres, mas não
utilizadas na pesquisa, na documentação e no ensino
científicos e técnicos, serão rebaixadas ao atual
papel do hindi e, talvez, daqui a
cem anos, do quíchua.

PHILIPPE ROSSILLON

Sumário

Agradecimentos

Sem a menor hesitação, meus primeiros agradecimentos são para Henriette Walter, professora emérita da Universidade de Haute Bretagne, diretora do laboratório de fonologia [École Pratique des Hautes Études] e agraciada com o Grand Prix da Academia Francesa em 1988, pela obra *Le Français dans tous les sens*. Henriette leu o esboço dos diferentes capítulos e se tornou, de imediato, uma fonte inesgotável de encorajamento, conselhos, sugestões e críticas. Com sua disponibilidade generosa e inteligente, convenceu-me a desenvolver as cabeças de capítulo, bem como a acrescentar encartes que pudessem divertir o leitor e incitá-lo a prosseguir na leitura. Sem sua cooperação e assistência, este trabalho, que está longe de ser erudito, sê-lo-ia ainda menos.

Gérard Walter, a seu lado, esteve sempre presente com propostas inteligentes e práticas. Mas a contribuição da família Walter não se limitou ao casal. Sinto-me particularmente em dívida para com Isabelle. Bendita por notável capacidade de detecção de incorreções, por menores que sejam, dotada de um olho crítico implacável, Isabelle Walter beneficiou-me enormemente com seu julgamento, seu saber e sua competência tanto na "arrumação" como na feição gráfica desta pesquisa. Registro aqui, a ela, os meus efusivos agradecimentos.

Katia Queiroz Mattoso, professora da Universidade de Paris-Sorbonne, me fez sugestões pertinentes no tocante à contribuição grega, enquanto Sandra Troise, apresentada pelo prof. Georges Molinié, presidente da Universidade de Paris-Sorbonne, fazia o mesmo com os capítulos sobre o latim. Mme. Kyra Bodart, secretária-geral da Académie Diplomatique, leu os capítulos sobre o alemão e o russo, o que me propiciou a ajuda de seus comentários. Soufia Mourali leu diversos capítulos e fez observações de extrema utilidade, sobretudo no que se refere ao árabe. Diana Liao reviu as palavras chinesas e russas; suas sugestões me foram igualmente úteis.

Pude também contar, desde o início, com o apoio da União Latina. Discuti meus planos, ainda muito imprecisos, com Philippe Rossillon e, mais adiante, com o seu sucessor, o embaixador Geraldo Hollanda Cavalcanti. Os dois puseram à minha disposição o seu secretariado, ao qual apelei em diversas oportunidades.

Last but not least, meu profundo reconhecimento a Rosa Freire d'Aguiar, que passou o mais atento pente-fino na minha própria versão para o português do original francês. Devo-lhe, além de tranqüilidade absoluta quanto à correção da linguagem e atualização ortográfica e diacrítica, alguns conselhos e sugestões práticas inspiradas na sua invulgar competência profissional.

Nota liminar

Meu interesse se concentrou unicamente nas palavras transpostas de uma língua a outras, seja intactas, seja com modificações formais de pouca monta.

Para não se tornar demasiado técnica a apresentação tipográfica dos exemplos de uso dessas palavras de empréstimo, as variantes aportadas por certos países [plurais ingleses, tendência natural do alemão a transformar o "c" em "k", acréscimo de acentos nas línguas latinas] aparecem logo após as palavras e expressões, separadas por um simples traço diagonal, sem qualquer outra distinção qualitativa. Um exemplo: *addendum/addenda* é a expressão latina devidamente declinada; em contrapartida, *ad hoc/ad hocism* abriga um abuso evidente de anglicização por parte de jornalistas britânicos. Idealmente, a apresentação tipográfica deveria ter sido diferenciada e não o foi. O mesmo aconteceu nos casos de ortografia dupla: *aenigma/enigma, aequilibrium/equilibrium* etc. Se este fosse um trabalho de erudição, eu deveria ter conservado invariavelmente a ortografia mais tardia ou então explicar, por exemplo, que "*equilibrium*" é reconstrução do baixo latim, e assim por diante. Mas penso que teria sido ir muito além dos propósitos desta pesquisa.

Prefácio

Eis uma obra inteiramente original, pesquisa pioneira, abrange aspectos a meu ver ainda inexplorados. Se teve precursores, o que sempre se poderá descobrir, permaneceram ignorados e não poderiam tê-la inspirado e, menos ainda, propiciado. Uma obra cuja idealização, repito, é original, fato por demais raro para que não insistamos em assinalá-lo. Trata-se de um livro de lingüística cujo autor não é um lingüista, mas antes um humanista, e um humanista do seu século.

Os lingüistas estudam uma língua, sob este ou aquele aspecto, ou então estudam um grupo, uma família de línguas, ou, ainda, comparam as línguas e respectivas estruturas. Nosso humanista as abarcou todas, para identificar os vocábulos que elas se ofereciam, umas às outras.

Sergio Corrêa da Costa é originário do estado do Maranhão, no Norte do imenso Brasil; suas raízes estão em São Luís, cidade fundada no começo do século XVII pelos franceses, a dois graus do Equador, e que já foi chamada de Atenas brasileira. Não sem divertida surpresa, descobrimos, naquelas paragens, antepassados comuns, originários longínquos de Portugal.

Embaixador, ensaísta e historiador, membro da Academia Brasileira de Letras, Corrêa da Costa é um cosmopolita refinado, um homem civilizado. Pertence a uma espécie em vias de extinção, a dos viajantes, cada vez mais submersa pela invasão das hordas de turistas. Fala diversas línguas, com igual elegância. Este conjunto de traços poderia caracterizar um homem, se não do passado, pelo menos de ontem. No entanto, é a globalização que o interessa, este fenômeno novo cujo controle é incerto e que acumula tantas nuvens sobre o futuro de nossas sociedades.

A globalização é, essencialmente, a da comunicação. Mas, quaisquer que sejam os seus pressupostos ou os seus vetores, a comunicação tem por base a língua, uma língua, várias línguas. Tenderá a globalização a nos levar à uniformização, cuja conseqüência inelutável seria a esterilidade intelectual?

Corrêa da Costa nos traz um elemento de resposta tranqüilizador; o tesouro da diversidade vai levar tempo para se esgotar. O que ele chama de "palavras sem fronteiras" são as que, originárias de uma língua, se foram insinuando em todas as demais e acabaram por se tornar de uso virtualmente universal. Podem designar tanto noções abstratas, funções, quanto objetos corriqueiros ou indicações da maior banalidade. Nosso autor as foi reunindo, ou melhor, colecionou cerca de três mil, abonadas por uma amostragem de 16 mil exemplos de uso dessas palavras, o que já constituiria, em si, um acervo bastante rico.

O vocabulário francês, tal como o revê e completa a Academia Francesa através de seu *Dicionário*, contaria hoje cerca de 50.000 palavras, sem que todas possam, nem de longe, ser declaradas efetivamente de uso corrente. Escritores, juristas ou eruditos, não empregamos mais de três a quatro mil, que nos bastam para dizer tudo em nossas especialidades. Calculou-se que Racine não teria utilizado mais de duas mil e quinhentas, e Tolstoi outras tantas.

A quantidade de "*palavras sem fronteiras*" é, pois, impressionante, como impressionante se revela o seu campo de aplicação. Vão de **Weltanschauung** a **pizza**, de **chargé d'affaires** a **bikini**, ou **élite** a **stop**. Cada palavra ostenta a sua marca de origem; tal como os seres humanos, cada uma delas conserva algo do seu país natal. Uma certa aura de exotismo envolve essas palavras, conferindo-lhes um encanto especial.

A partir deste ponto, surge naturalmente a pergunta sobre quais as línguas mais férteis na produção desses termos de uso universal, supostamente consideradas como as de maior influência sobre esse intercâmbio global. A resposta é algo surpreendente: as duas línguas que fornecem maior número de palavras sem fronteiras são o francês e o inglês, porém com uma ligeira vantagem para o francês.

Esta é uma revelação que não pode deixar de nos rejubilar. A influência de uma língua não repousa exclusivamente sobre o número de seus "locutores", como se costuma dizer com tão pouca elegância; ela decorre do gênio próprio a cada uma, o número de noções que logrou definir e difundir.

Corrêa da Costa se compraz em sublinhar que "se há uma língua no mundo que se pode dar ao luxo de não ter complexos face às palavras de outras origens, seria bem o francês". Trata-se de um comentário agradável de ouvir num momento em que tantos franceses nutrem dúvidas quanto ao futuro, se não quanto ao valor da própria língua, e acabam por cair no desleixo de falá-la tão mal.

Corrêa da Costa assinala ainda que "as palavras francesas que circulam tão livremente por cima das barreiras lingüísticas e culturais exprimem, no mais das vezes, um sentimento, um estado de espírito, uma disposição, uma crítica, uma irritação, uma suspeita, uma ironia — portanto abstrações. Em contrapartida, o inglês teria mais apurado o dom de definir, preto no branco, um objeto, uma situação, um instrumento, um produto". É o que explica que "as marcas francesas continuem tão quintessenciais na diplomacia quanto as anglo-saxãs no terreno do esporte".

Outra descoberta: o latim vem em terceiro lugar como fonte de termos que ouvimos por toda parte. Não se trata aqui de raízes, nem de etimologia, mas de sólidas palavras latinas, tais como **exit, statu quo, habeas corpus, in extremis,** conservadas intactas e de uso corrente. O número é considerável. E as fontes não são apenas autores literários, mas principalmente a imprensa internacional. Verifica-se, assim, que uma língua supostamente morta, e cujo aprendizado desencorajamos, conserva ainda uma presença que data do tempo em que foi sem dúvida a primeira língua de civilização, lugar que cedeu apenas ao francês.

Agradeçamos ao nosso acadêmico brasileiro por tão boas notícias. Como ele é sumamente culto, dotado tanto de curiosidade quanto de humor, fervilham em seu livro ensinamentos inesperados e anedotas deliciosas sobre a origem das palavras e sobre os homens que as lançaram ao espaço planetário.

Nossos ancestrais consideravam um dom divino o poder de nomear as coisas. Cada povo poderá encontrar aqui o testemunho de suas oferendas ao templo da compreensão universal. Os países latinos, hispanófonos, lusófonos, italófonos apreciarão a escala das contribuições respectivas, bem como os de expressão alemã, russa, escandinava, árabe, japonesa. Nem um só foi esquecido.

Vejo esta obra ocupar um lugar não apenas nas bibliotecas universitárias, mas de todos quantos estimam que a língua confere sentido e interesse à própria existência. *Palavras sem fronteiras* é um regalo para o espírito.

MAURICE DRUON,
da Academia Francesa

Preâmbulo

Esta pesquisa se concentrou nas palavras que, ao contrário de outras, ultrapassaram as fronteiras dos países onde nasceram e se tornaram portadoras de uma espécie de marca registrada de suas origens. Essas palavras de vocação cosmopolita circulam pelo mundo e acabam por integrar uma espécie de "vocabulário sem fronteiras" que aumenta sem cessar e aproxima as culturas.

O conjunto de cerca de 16 mil exemplos de uso de palavras e expressões "sem fronteiras" poderá interessar mais particularmente aos lingüistas amadores, mas também aos estudantes, aos jornalistas, aos escritores e, igualmente, ao que se convencionou chamar de grande público.

A coletânea está ao alcance de todos pela simples razão de que as palavras reunidas, mesmo das origens mais remotas, se tornaram moeda de uso corrente. Vendo-as em conjunto, seguidas dos exemplos extraídos da imprensa francesa e internacional, nos apercebemos de que somos todos, até certo ponto, poliglotas.

Como seria de esperar, o balanço das contribuições a este vocabulário destaca a proeminência absoluta dos traços culturais franceses e dos anglo-americanos. O que poderá surpreender é o fato de que os dois gigantes sejam seguidos, tão de perto, pelo latim, tanto em número de verbetes quanto em volume de abonações. Empenhei-me em recolher tão-somente as expressões e palavras latinas puras, inalteradas, em uso freqüente. Nem todo mundo saberá, por exemplo, que nos cabarés de Helsinque o principal grupo de jazz gravou dois CD-ROMs, um baseado nas *Odes* de Horácio e outro nos poemas de Catulo. Foi tal o sucesso que um terceiro está em elaboração, sobre os *Amores*, de Ovídio. O grupo, intitulado Reine Rimon Eiusque Papae Fervidissimi, ou "Reine Rimon e seus Papais Quentes", produziu igualmente vários arranjos em torno dos clássicos de Nova Orléans, todos em latim, é claro.

O vigor da presença do italiano e do espanhol contrasta vivamente com a modéstia dos aportes de culturas poderosas como a alemã e a russa. Segue-se um caleidoscópio de origens, do africâner ao turco, dividido em subcapítulos dedicados às palavras das Américas e das Antilhas, às da África, do Oriente e da Europa, sem excluir as línguas mortas que ainda conseguem, de certo modo, causar remoinho. Nem todos sabem que **parka** é palavra esquimó, **cautchu**, palavra quíchua, **ombudsman**, palavra sueca, **robot**, palavra tcheca, **commando**, uma criação sul-africana.

O vocabulário não seria sem fronteiras se não fosse acessível, por definição, ao grande público em qualquer latitude. Se, de um lado, o turismo de massa põe em contato um número crescente de pessoas até recentemente demasiado distantes para que se vissem e falassem, as técnicas de comunicação e a explosão da Internet oferecem aos povos dos cinco continentes acesso simultâneo às mesmas fontes de informação ou de distração, às mesmas mercadorias e às mesmas emoções. É, pois, inevitável que uma linguagem particular, fruto dessa cultura popular e da publicidade tornada também sem fronteiras, ganhe continuamente em extensão e em densidade.

Procurei evitar a areia movediça das querelas etimológicas na minha coleta de palavras a partir de textos em diversos idiomas. Foram quase todas "pescadas" em jornais e revistas, ou, quando em viagem, ao examinar com interesse tudo o que caía sob os olhos no trem, no avião, na sala de espera do dentista ou no cabeleireiro. Procurei, de igual modo, exemplos num certo número de livros, imaginando que o leitor gostasse de conhecer as palavras sem fronteiras usadas pelo general de Gaulle, por Maurice Druon, secretário-perpétuo da Academia Francesa, por Alain Peyrefitte ou Françoise Giroud, ou até aquelas que se encontram no sombrio diário íntimo de Joseph Goebbels ou ainda em autores russos, brasileiros ou americanos. É possível que os amadores de exatidão científica se sintam decepcionados.

Não é preciso conhecer o nepali para ler no *L'Express*: "Jacques Attali, ancien 'sherpa' de Mitterrand, défricheur de pistes visibles de lui seul" (6.2.97), pois o significado se difundiu o suficiente para que a imprensa o empregue correntemente. Da mesma forma, quando se lê no *Le Point*: "Législatives. La dissolution a joué comme un boomerang. La droite éclate..." (2.6.97), não é indispensável que o leitor saiba que se trata de palavra indígena da Austrália. Se um americano lê na *Time*: "We are in a moral cul-de-sac..." (12.8.96), ele apreenderá o sentido, ainda que não se dê conta de que está diante de um traço cultural francês. Ele o compreenderá, igualmente, ao ler na mesma revista: "In Europe, portable phones become de rigueur" (27.5.96), ou então no *Herald Tribune*: "Clinton. A Model of Diplomatic Aplomb" (8.12.96); ou no *New York Times*: "The booths looked like ancien regime salons..." (26.9.96), em que a expressão francesa guarda o seu formato de origem.

As citações servirão para ilustrar, de forma prática, o uso simultâneo dessas palavras em diferentes países. O clima de globalização e as mudanças de atitude face às línguas estrangeiras contribuem fortemente para a expansão desse tesouro móvel, que se tornou uma espécie de "bem comum" indispensável à comunicação de todos.

PRIMEIRA PARTE

1

Palavras sem fronteiras

Ao contrário das aparências, esta coletânea foi essencialmente o produto do acaso. Resultou da simples coleta de palavras e de exemplos de uso das mesmas em textos de diversas línguas. Como foram quase todas encontradas nos jornais e revistas que leio habitualmente, nada houve de sistemático. Se eu lesse a imprensa australiana ou finlandesa, em vez do *Herald Tribune* e de *Le Figaro*, as citações seriam bem diferentes, mas provavelmente não as próprias palavras.

Não houve omissão voluntária nem esforço particular para aumentar a contribuição deste ou daquele idioma. Cumpria, é claro, estabelecer um limite de tempo para a coleta, o que fixei em 24 meses. É evidente que, se estendesse a pesquisa por mais 24 meses, o número de citações a título de exemplos teria provavelmente dobrado, mas, na certa, não o número de palavras e expressões de cada origem. As quarenta palavras alemãs de uso corrente chegariam talvez a cinqüenta; as trinta palavras russas, a quarenta. Aqui e acolá, não mais que algumas a acrescentar. Mas, por outro lado, o número de citações seria facilmente multiplicado. Ora, é natural que a "freqüência de uso" varie enormemente. Antes mesmo do final do primeiro mês de trabalho, algumas palavras como **élite**, **boutique**, **entrepreneur**, **copyright**, **spaghetti**, **guru**, **saga**, **guerrilla** haviam surgido pelo menos trinta a quarenta vezes, ao passo que outras, como **Angst**, **Realpolitik**, **Diktat**, **troika**, **fakir**, **razzia**, **boomerang**, **kamikaze**, **pária**, **tabu**, **kebab**, não mais de quatro ou cinco. Cada vez que se lê **malaise** na imprensa anglo-americana, encontram-se dez vezes **gangster** ou **night-club** na imprensa parisiense. Somente ao longo da primeira semana de esforço para recolher os destroços do vôo TWA 800, em julho de 1996, a palavra francesa **débris** foi utilizada pela mídia inglesa e americana centenas de vezes, simplesmente por falta de equivalente local satisfatório. E como não é todo dia que um turista estrangeiro é mordido por uma **piranha** na Amazônia, é muito raro encontrar essa palavra tupi-guarani. Mas isso poderá mudar! Duas **piranhas** foram há pouco pescadas no lago Ganguise, no Sul da França, o que espantou, pelo seu ineditismo, os pescadores e a imprensa francesa. O *Herald Tribune* de 16.8.96 assim assinalou o evento:

- "A Fishy Surprise in French Lake: Two Piranhas."

Em suma, tal como um dicionário — eternamente inacabado, pois jamais conseguiria abranger a totalidade lexicográfica de um idioma —, esta pesquisa não aspira a ser mais do que uma coletânea de exemplos, ainda que as palavras escolhidas e as abonações alcancem vários milhares.

Não foi tentada uma "classificação" por categorias, gênero ou modalidades de uso. Escolhidas as palavras exclusivamente pelo fato de circularem livremente ultrapassando barreiras culturais e lingüísticas, não vi inconveniente em fazer coabitar as "exóticas" (**chocolate, caviar**) com outras que refletem estados de espírito ou conceitos abstratos.

Como não procurava fazer obra erudita, bastava-me identificar as palavras fora de suas fronteiras e sabê-las em uso corrente, incorporadas — formalmente ou não — aos léxicos locais, sem me preocupar em arrumá-las em categorias distintas.

Por outro lado, a "freqüência" também não foi levada em conta: para os fins desta pesquisa, bastava ter sido a palavra acolhida e utilizada em outras terras, ainda que raramente. Que vantagem haveria em multiplicar o número de citações quando cinco a dez, recolhidas na imprensa ou na literatura de diferentes países, já constituiriam amostragem suficiente? Suficiente, por exemplo, para destacar o alcance das mil e uma marcas do gênio francês ou o sentido das demais contribuições a esse universo de expressões de livre curso internacional — do peso pesado anglo-americano às mais modestas. Como se trata de amostragem, é claro que já no dia imediato à publicação deste livro encontrarei outros exemplos que teria desejado incluir.

Cada palavra, uma necessidade social

É evidente que cada palavra obedece à necessidade seja de nomear um objeto, uma idéia, um acontecimento, seja de comunicação com outros membros da comunidade. A língua dos esquimós teria 14 advérbios para indicar *distância*, porque, no caso deles, um erro de avaliação neste sentido poderia ser fatal. E, seguramente, dela não consta nenhuma para *balneário* ou *biblioteca*, de que não têm necessidade.

Os fatos e os objetos novos impõem a criação de palavras para nomeá-los. O **telefone**, por exemplo, foi assim descrito por Graham Bell com o grego *tele*, para significar "longe", e *phon*, parte de um segundo elemento grego evocativo de "voz". A palavra foi rapidamente adotada e se difundiu no mundo com poucas exceções, como o finlandês, que se obstina em chamar um telefone de *puhelin*...

Foi exatamente o que aconteceu com **telegrama**, concebido com base no grego *gramma*, "carta", generalizando-se a palavra, exceto em certos casos como o húngaro, que persiste em dizer *sürgömy*, ou então *távirat*. O grego, tanto quanto o latim, está na origem de grande número de palavras compostas para descrever as inovações da nossa época, as quais se espalharam e foram incorporadas em praticamente todas as línguas, embora menos na pátria de Homero, onde, por exceção, entre outras, *omnibus* e *visa* são **leophoreion** e **epitheórisis**...

Como ao tempo dos romanos não havia telefone, nem automóvel, nem computador, os redatores da revista *Vox Urbis*, publicada no Vaticano até recentemente em latim, tiveram de dar tratos à imaginação para inventar, de maneira contínua, "neologismos" complicados, como **biruta velocissima** ("objeto muito veloz de duas rodas"), para designar uma simples bicicleta, ou **currus vaporiferus** ("viatura impulsionada pelo vapor "), para descrever uma locomotiva. *Vox Urbis* foi substituída por *Latinitas*, que continua a envidar esforços inauditos para se inserir na era do computador, batizado de **instrumentum compitatorium.**

Por ocasião de um inquérito sobre música popular, os leitores dessa revista deveriam responder à pergunta formulada em latim: "**Caterva carissima mea est?**" (ou seja, "Meu grupo favorito é...?"). Como se poderia esperar, os que obtiveram maior número de votos foram **Cimictus** (The Beatles) e **Lapides Provolventes** (The Rolling Stones). Para explicar aos leitores que "o clima estava sendo afetado pelo lançamento de foguetes", foi preciso fabricar uma frase retumbante: "**missiones turrium flammearum statum caeli mutavisse**". Para dizer que "não havia rádio": "**nulla arca sonorum adsit!**" Se "o cheque havia sido posto no correio", "**praescriptio in manibus tabellariorum est**". Finalmente, para perguntar a alguém se "terá visto bons filmes recentemente": "**vidistine nuper imagines moventes bonas?**". Ora, tais frases seriam totalmente incompreensíveis a Cícero ou a Virgílio. Com efeito, um anúncio do McDonald's na *Vox Urbis* ou em *Latinitas* deveria assim descrever os seus hambúrgueres: **bubulae frustrum assae**; e as batatas fritas à francesa, **solana tuberosa in modo Gallico fricta.** Não há nenhum outro meio!

As vias de penetração

Palavras estrangeiras podem penetrar em uma língua seja por incorporação pura e simples, sob o formato de origem, como **gendarmerie, baby-sitter, copyright**; seja mediante pequenas adaptações gráficas ou fonéticas (**Kindergarten**, que passou a **kindergarden**, ou então **leader**, transformado em **líder** em espanhol e em português), ou ainda por tradução literal (**sky-scraper, gratte-ciel, rasca cielo, arranha-céu**).

Por vezes, não é a palavra em si que se infiltra no uso corrente de outras línguas, mas um "sentido" que lhe é peculiar. Tomemos, por exemplo, o verbo inglês **to assume**. Além dos significados clássicos (Hamlet: "Assume a vertue, if you have it not"; "Mr. Speaker assumed the Chair, 1640"), que são comuns a outros idiomas, **to assume** significa igualmente "supor", "pressupor" ("I assumed that this was your wish"). Ora, esse novo sentido, tipicamente inglês, logrou penetrar na linguagem de outras culturas

Opportunité, oportunidad, opportunità, que sempre existiram nas línguas latinas para significar "qualidade do que é oportuno", adquiriram mais um sentido, sob a influência do inglês **opportunity**: o de "ocasião", "circunstância favorável". Há vários outros casos, como o do inglês **to realize** ("compreender"), que, sob a forma "réaliser", substitui com freqüência o francês "se rendre compte" ou o espanhol "darse cuenta". Nos nossos dias, um brasileiro ou um português pode, impunemente, adotar esse sentido inglês e dizer: "Custei muito a realizar o que ele queria dizer..."

Os neologismos criados de forma incessante pela explosão das tecnologias são, desde o nascimento, sem fronteiras. A tecnologia digital — que passou a ser uma espécie de *lingua franca* binária do espaço cibernético e, sem a menor dúvida, de toda a eletrônica do século XXI — já está ao alcance de nossos filhos, simultaneamente, em todos os continentes.

Por outro lado, o simples fato de a França e o Reino Unido terem sido as duas nações-Estados históricos a partir dos quais se modelou a evolução de todos os demais bastaria para explicar a preeminência do francês e do inglês nesse amplo contexto de palavras de uso "universal". Essas contribuições léxicas *hors-concours* serão objeto de dois capítulos — "As mil e uma marcas do francês" e "O buldôzer anglo-americano".

Queda-de-braço anglo-francesa?

Se a primazia do inglês é esmagadora no campo do esporte e dos negócios, quando se trata de sutilezas do espírito, de nuanças do pensamento, de reticências, ou quando se deseja recorrer a semitons, a subentendidos e insinuações, mais do que à declaração pura e simples, todas as demais línguas se afiguram bem menos dotadas que a francesa. Se assim não fosse, por que apelam tanto para as expressões francesas os escritores de outras culturas quando preferem apenas evocar uma idéia ou situação sem necessariamente nomeá-las preto no branco?

Na França, fala-se muito da "invasão" de palavras anglo-americanas, mas muito raramente do contrário, isto é, da penetração mais sutil, porém persistente, de palavras e expressões francesas a ponto de representar para os teclados ingleses o desafio prático dos acentos. Poupada até agora do estorvo desses "acessórios", que a língua inglesa detesta intrinsecamente, a imprensa dos países anglo-saxões imprimia as palavras francesas sem dar a menor atenção a tais "detalhes". Entretanto, a repetição crescente do uso de palavras francesas terminou por impor um esforço. Tendo os teclados modernos capitulado, já se pode encontrar o mesmo rigor dos textos franceses:

- "Van der Biest, a onetime Cools **protégé**, and five other men..."; *Time*, 23.9.96.
- "The meal became something of a cause **célèbre**..."; *Time*, 31.3.97.
- "It was in fact the **dénouement** of a personal crusade..."; *Time*, 31.3.97.
- "I hope '**Oxygène** 7-13' carries the touch of **naïveté** and **spontanéité**..."; *Time*, 31.3.97.
- "...dealers — many of them **émigrés** themselves, like Curt Valentin..."; *Time*, 31.3.97.

É evidente que um escritor russo ou brasileiro poderá descrever em sua língua uma *femme fatale*. Mas por que o esforço de encontrar um equivalente se tudo está já descrito, em duas palavras! Foi o que terá pensado o redator da revista *Time* de 9.12.96, ao esboçar assim o perfil da embaixadora Pamela Harriman:

- "What did this international femme fatale have that her rivals (often the wives of her lovers) did not?"

Mas se afirmamos que o recurso às imagens francesas é sempre "opcional", como explicar, por exemplo, que a *Time*, apenas na edição de 12.8.96, tomada ao acaso, insista tanto em dizer:

- "We are in a moral **cul-de-sac**...".
- "...a two-hour dinner... a **tête-à-tête** that provoked much amused commentary."
- "Ann Landers developed a sudden **penchant** for green pencils."
- "Gloria Estefan, whose **allure** knows no borders."
- "Cordero was tipped off to a five-ton **cache** of cocaine."
- "Olympics... a wonderful **tableau** when Johnson beamed on the center medal platform."
- "Melodies... so popular that an entire **genre** of music is known simply as Enya."
- "Marginal success on the **vaudeville et burlesque** circuits."
- "...are the obvious villains of the **pièce**."
- "His favorite **chanteuse**, Canada's Céline Dion."
- "It was an instant hit, and the band had its **entrée** into the big time."

Se todos esses recursos fossem verdadeiramente "opcionais", como poderiam a imprensa e a literatura não francófonas fugir de expressões como **déjà vu**?

- "A sense of **déjà vu** is setting over U.S.-China trade relations", *BusinessWeek*, 1.7.96;
- "The Pentagon report... induces a disquieting sense of **déjà vu**", *The New York Times*, 18.9.96;
- "It was **déjà vu** for Shirley Mac Laine", *Herald Tribune*, 23.10.96;

ou como **nouveau riche**:

- "Heading West to Win Over California's Young **Nouveaux Riches**", *Herald Tribune*, 30.10.96;
- "The **nouveaux riches** showed off by turning their wives into objects of display", *The New York Times Magazine*, 8.9.96;
- "Targetting Hungary's **Nouveaux Riches**", *Herald Tribune*, 2.5.96;

ou como **tête-à-tête**:

- "Boutros Ghali... never having had a **tête-à-tête** meeting with Mr. Clinton", *Herald Tribune*, 10.11.96;
- "Boutros Ghali. His style is **tête-à-tête**; and it helped him build 'good chemistry' with Presidents Jimmy Carter and George Bush", *Herald Tribune*, 20.11.96;

ou como **laissez-faire**?

- "As an alternative to the Republicans' **laissez-faire** moralism...", *The New York Times*, 29.1.96;
- "The problem isn't **laisser-faire** economics so much as **laissez-faire** morality", *The New York Times*, 29.1.96.

Opções não gratuitas

Mesmo os autores de outras latitudes, julgados "secos", simples ideólogos, ou algo terra-a-terra, não encontram opções satisfatórias em suas línguas, ou em línguas vizinhas, e acabam por recorrer à fórmula francesa. Tais opções não são gratuitas e não foi certamente para agradar à francofonia que os teclados ingleses começaram a incorporar os acentos franceses. Falta agora apenas o ç (*façade* continua a ser impressa *facade*...). As escolhas se fazem porque os equivalentes em outros idiomas não são precisos ou eloqüentes o bastante. Centenas de palavras aparecem hoje nos textos, e não mais entre aspas ou em itálico, pois plena e suavemente incorporadas à linguagem corrente, bem como aos léxicos.

Foi assim que uma revista alemã de grande circulação — *Focus* —, em crônica sobre o chefe do Sozial Demokratische Partei Deutschlands (Partido Social Democrata Alemão [SPD]), Oskar Lafontaine, o qualifica de "*...Enfant terrible der Sozialdemokratie*". Ao evocar-lhe a carreira, sob o título *Karriere mit Tiefen*, o jornalista lembra o que qualificou de "coup" desse político em Mannheim, 1995: "*Mit einen Coup liess sich Lafontaine....*" As lutas no seio do partido: "*...in die politische Bataill...*". O debate no Parlamento: "*Die Reformdebatte*".

No artigo seguinte, alguém se apresenta em négligé preto — "*...um sieben im* *schwarzen Negligé schön gestyl...".* Uma roleta-russa? "*Russisches Roulette.*" E a propósito de "allure": "*Ein schlimmer Gedanke: Allüren haben, und dann auf der Bühne vorsagen.*" Sobre a carreira de Pavarotti: "*Pavarotti begann in London seine Weltkarriere.*" No dia de sua "première": "*...eine halbe Stunde vor der Premiere ins Opernhaus...* ". Mas ninguém escapa aos clichês: "*... die grossen Drei machen Kasse mit dem Klischee...*". Nem tampouco às turnês artísticas: "*...drei Bässe gehen auf Welttourné...*".

O fato é que sendo os equivalentes alemães demasiado longos, ou já superados, ou menos precisos, os escritores locais saem à procura de opções em outras línguas.

A atração irresistível do francês

A literatura russa, clássica ou contemporânea, está repleta de palavras francesas e, mesmo, de frases inteiras que saltam facilmente à vista pois são, com freqüência, impressas em caracteres latinos. Tolstoi foi talvez o campeão. *Anna Karenina* está cheio de frases e diálogos em francês, o que obrigava o editor a acrescentar as traduções em cirílico, em notas de pé de página. Quando Tchekhov descreve, em 1897, uma dança do ventre, ainda que as mulheres que ondulam sejam árabes e o autor russo, a marca é indelevelmente francesa pois as palavras *danse du ventre* aparecem em francês, sem aspas. Puchkin, fundador e profeta da consciência russa, aprendeu o francês antes do russo e chegou-se a dizer que a gramática russa havia por isso pago um alto preço. Sua poesia, que teve imenso sucesso, parecia às vezes tradução sofrível do francês. Não obstante, as liberdades que tomou com a estrutura de sua língua foram amplamente adotadas pela inteligentsia russa.

Alexandre Ivanovitch Herzen, crítico virulento do czar Nicolau I, força mesmo um pouco a mão quando, em carta ao amigo T. A. Astrakov, descreve a própria mulher: "...faite en *papier mâché*: elle est déjà tombée malade trois fois...!".

A naturalidade com que Puchkin, para interromper uma conversa que se alonga, recorre à expressão "*Revenons à nos moutons...*" nos mostra a liberalidade com que se abebera no manancial francês. Foi, na certa, graças a ele que outros autores, dentre os quais Nicolai Tchernychevski (*Modernisme*, 1854) e G. Mikail (*Étudiants*, XI), utilizaram a mesma fórmula. Sabe-se que a expressão nos veio da *Farce de Maître Pathelin* — a propósito de carneiros de carne e osso —, mas os pesquisadores russos atribuem sua origem a uma carta de Vincent Voiture (1598-1648) à marquesa de Rambouillet.

Se Dimitri Pissarev (1840-68) escreve, em seu *Esquisse historique*, "*Quand un Français a la colique, il dit que c'est la faute du gouvernement*", e emprega caracteres latinos, o autor russo nos desvenda uma marca inconfundível.

No começo, **tête-à-tête**, entre outras, aparecia correntemente em caracteres latinos:

- Никто из них не искал встреч. уединенных tête à tête ов и задушевных намеками разговоров. (Кузьмин. Опасный страж)
- Nenhum deles estava à procura de encontros, de **tête-à-têtes** ou de conversas intencionalmente íntimas (Kuzmin, *Sentinela perigosa*).

O uso se generalizou tanto que deu lugar à forma russificada "тет на тет", como:

- Пойдем выйдем на тет на тет.
- Tenhamos uma conversação *tête-à-tête*.

Se um autor ou um personagem precisa de um pied-à-terre em qualquer parte da Rússia, chama-o simplesmente de **pied-à-terre**, que escreve em caracteres latinos. Nem Terpigorev, nem Mikail, nem Ivan Aksakov descobriram um equivalente aceitável em sua própria língua.

Quando se abre *Anna Karenina* e se topa com frases escritas inteiramente em francês, é provável que se encontre um diálogo como o seguinte:

- Что, Анна? спросил он.
- Я ничего, отвечала она так же холодно и спокойно.
- "А ничего так tant pis", подмал он.
- Que aconteceu? — pergunta ele.
- Nada — foi a resposta.
- "Se não foi nada, **tant pis**", pensou ele.

Se abrirmos o *Book of Life*, de P. Gnedich, acharemos:

- Ваш директор Волконский подад в отставку...
- Зто факт сверщивщийся. Cherchez la femme!
- Он повздорил с Матильдой Первой. (П. Гнедич. Книга жизни).
- Vosso diretor, Volkonsky, pediu demissão...
- É fato consumado. **Cherchez la femme!**
- Ele se atritou com Matilde, a Número UM.

Para concluir que o americano é um **enfant terrible**, Drujinin não vacila:

- Во многих отнощениях гзажданин Соединенных Штатов - совершенный enfant terrible.
- O cidadão dos Estados Unidos é, sob muitos aspectos, um **enfant terrible** absoluto (*An English Observer in North America*).

O advento da antiga União Soviética não mudou grande coisa. Marx e Engels não hesitavam em se valer do francês: "A emigração estava **au grand complet**..."; "Se o professor não fosse tão **chauvin**...", tanto quanto Lenin: — "Diz-se que já é **un fait accompli**..." (carta a A. A. Bogdanov), enquanto Gueorgui Plekhanov, o ideólogo por excelência e introdutor do marxismo na Rússia, se aventurava ainda mais longe: "Eu me dizia: **j'ai d'autres chats à fouetter**..." (*Materialismus militans*, I).

Algumas marcas "hors-concours"

Nos campos da política, da diplomacia, das artes, da arquitetura, da vida cotidiana (incluídos o refinamento e o luxo, a elegância e a arte culinária), além dos matizes de expressões correntes, as marcas francesas me parecem *hors-concours* e, em certos casos, insubstituíveis. Tão insubstituíveis, é claro, como certas palavras inglesas de uso universal, como **O.K., best-seller, hobby, gadget, globe-trotter, joint-venture, gangster, kidnapping, stock, holding, dumping, marketing, thriller, stress, establishment, sandwich.**

Na Idade Média e no início da época moderna, os acordos internacionais eram redigidos em latim, língua na qual se desenvolviam as negociações. Os debates dos tratados de Vestfália (1648), que puseram fim à guerra dos Trinta Anos, revelaram as deficiências do vocabulário latino, que não se atualizara. Os negociadores tiveram de voltar-se para as línguas vivas mais praticadas. O francês se sobrepôs rapidamente ao espanhol e ao italiano. No final do século XVIII, os tratados já haviam passado a ser escritos habitualmente em francês. Foi o caso do tratado de Viena de 1815. Sempre que outras línguas eram utilizadas, o texto que fazia fé era o francês.[1]

Mesmo em nossos dias, tudo quanto tem a ver, por exemplo, com a diplomacia, com a vida cotidiana de uma embaixada, com o cerimonial e o protocolo, com a pompa e circunstância da "carrière" se baseia em terminologia fundamentalmente francesa. Essas expressões permaneceram intactas, intraduzíveis, através dos séculos, pouco importando a latitude. Se a Coréia desejar enviar, hoje como ontem, um embaixador ao Japão, seu vizinho, ou se o Reino Unido decidir mudar seu chefe de missão em Washington, não há alternativa senão começar pelo pedido de **agrément**. Ao chegar ao posto, o primeiro cuidado do embaixador é a entrega das suas **lettres de créance**, das quais uma **copie figurée** já terá sido enviada ao Ministério das Relações Exteriores local (pois o original deve ser colocado em envelope lacrado a cera). Estas **lettres** terão necessariamente precedido a **lettre de rappel** do agente cuja missão vem de ser encerrada. Se o embaixador se ausentar do posto, seu número dois passará a ser **chargé d'affaires**. Em determinadas circunstâncias, um país pode simplesmente enviar um representante na condição de "**chargé d'affaires**". Nesse caso, ele será **chargé d'affaires en titre**. Cada embaixada ou consulado dispõe, por sua vez, de **attachés**, militares, culturais ou comerciais, além dos **attachés de presse**. Se a categoria de um posto é modificada, ou quando ocorre a morte ou abdicação de um soberano, impõe-se uma **lettre de recréance**. Se o embaixador permanecer no posto por tempo suficiente, tornar-se-á o decano, **le doyen**, segundo as regras do **décanat**. Decano de quê? Do **corps diplomatique**. Mas, antes mesmo de entrar no domínio maior de uma missão, que é a negociação entre Estados, cada membro desse **corps** deverá conhecer a terminologia e as regras da correspondência oficial, bem como ser informado do que se passa por ocasião das cerimônias e honras oficiais, cortejos, honras litúrgicas ou fúnebres, sobre os trajes de cerimônia, para, em suma, estar bem a par de seus privilégios e imunidades, conhecer as **prérogatives de courtoisie**, ordens de precedência, coletivas ou individuais etc. Em todo esse minueto diplomático, as marcas francesas são tão quintessenciais quanto as anglo-saxãs no domínio do esporte.

Uma pesquisa de paternidade

A conquista da Inglaterra por Guilherme, duque da Normandia, assinala o início de uma intimidade lingüística talvez sem paralelo. Com efeito, o romance de nove séculos de mestiçagem das duas línguas torna quase insolúvel o problema de classificação quando franceses e ingleses se disputam a paternidade de certas palavras e expressões.

Os cruzamentos, no curso dos séculos, acabaram por tornar imprecisa e difusa a origem de milhares de palavras. Tomemos, por exemplo, **affair**. O dicionário *Oxford* a classifica como originária do inglês médio **affaire**, por sua vez originário do francês médio **à faire**, "to do". E acrescenta: "Also affaire: a romantic or passionate attachment typically of limited duration. Liaison." Até aí, tudo parece claro. Mas o dicionário *Robert* (o *Aurélio* dos franceses) precisa que a palavra já figurava formalmente no léxico gaulês desde o século XIII, composta de *à* e *faire*, enquanto o *Webster* aduz a conotação específica de um "affaire d'honneur", "a matter involving honor, spécifiquement duel". Por tudo isso, acabei classificando o termo como "francês". Seu uso é comum na imprensa de vários países, inclusive na americana:

- "America's Love **Affair** With Stocks", *BusinessWeek*, 3.6.96.

Tomemos um outro exemplo, **brassière**. Segundo o *Larousse* etimológico, já era uma "chemise de femme" no século XIII. A palavra só aparece no *Oxford* em 1912, com a ortografia intacta, incluído o acento grave e definida como "A woman's underbodice worn to support the breasts". Ocorreu, pois, incorporação pura e simples pelos ingleses, ainda que os franceses de hoje prefiram dizer **soutien-gorge** e os brasileiros **sutiã**.

Tomemos, finalmente, um termo exótico como **bikini**. O *Webster* o classifica como francês, em função de "Bikini, atoll of the Marshall Islands. A Woman abbreviated two-piece bathing suit". Mas os franceses parecem rejeitar a paternidade, pois o *Robert* sustenta ser "inglês, de um atol do Pacífico". Embora menos preciso em matéria de geografia, o *Robert* descreve melhor o objeto: "Maillot de bain formé d'un slip très petit et d'un soutien-gorge". A título de ilustração, invoca Simone de Beauvoir: "Nadine portait un bikini vert, très exigu." A opinião do *Webster* me fez pensar no conselho de Oswaldo Aranha, quando presidente das Nações Unidas: "Os discursos devem ser como o bikini: suficientemente longos para cobrir o assunto, mas suficientemente curtos para ser interessantes..."

A armadilha das escolhas

Até a simples classificação das palavras e expressões por "marca de origem" pode suscitar contradições ou opiniões divergentes, mas impunha-se uma opção.

Examinemos, por exemplo, a contribuição grega, sempre presente e fecunda. A etimologia, em si mesma, interessa pouco a esta pesquisa, uma vez que o objetivo foi o de privilegiar as palavras que sobreviveram *intactas* — ou quase — ao fio dos séculos, em uso corrente. Como grande parte das palavras gregas nos chegaram através do latim, preferi a opção latina sempre que me pareceu ser a forma mais próxima da que nos foi transmitida. Por esta razão, **dogma, drama, parabola** estão entre as palavras gregas classificadas entre as latinas.

As palavras científicas em geral, sobretudo no campo da medicina, têm suas raízes quase invariavelmente no grego, mas também escapam ao objeto deste estudo. Ainda que **gastroenteritis, septicaemia**, ou **labyrinthitis** sejam certamente sem fronteiras, não cabem neste repositório que particulariza as palavras correntes na mídia, na literatura, nas conversas de todo dia.

Há outros casos ainda, como o de **paranoïa**, criada pelo alemão Vogel en 1772 (do grego *paranoia*, loucura, sobre *noûs*, espírito), inscrita no *Nouveau dictionnaire médical* desde 1822. **Paranoïaque** surge no *Larousse* em 1932, e **paranoïde** aparece, em 1946, criada por Baruk. Como classificá-las? Inclinei-me pela opção germânica.

Outras palavras alemãs — aliás muito pouco numerosas para uma cultura tão rica — não deram margem a qualquer hesitação. Quando o império digital de Bill

Gates se aprestou para açambarcar os museus, os conservadores norte-americanos se inquietaram:

- "It's an **angst** the whole museum community feels between controlling the image and the compelling desire to share the work with as many people as possible", *BusinessWeek*, 11.11.96.

O recurso à palavra **Angst** para qualificar a ansiedade tornou-se igualmente "compelling" para um diário de grande circulação como o *Herald Tribune*, que, em 10.5.96, declarava:

- "The high-school years always have been a time of **angst.**"

O mesmo ocorreria, com o uso de termos alemães, quando um jornal francês publicava:

- "Juppé, le bunkerisé de l'hôtel Matignon", *L'Événement du jeudi*, 28.2.96;

e, enquanto Brigitte Bardot protestava nas páginas do *Le Figaro, em* 26.4.96, contra:

- "...ceux qui nous imposent le **diktat** des fameux 'droits de l'homme'",

a palavra viria a ser logo repetida, coincidentemente, no outro extremo do mundo:

- "The Tamil Maanila Congress issued a **diktat** ordering all shops and businesses to have their names written in Tamil in addition to English", *BusinessWeek*, 3.6.96,

isso sem esquecer que, ainda nesse período próximo no tempo, a imprensa italiana se abastecia livremente no minúsculo estoque de palavras alemãs:

- "Corea... pretendió a una invasione che cerchi di ripetere il **Blitzkrieg** che 45 anni or sono portò il Nord a conquistare Seoul", *La Stampa*, 10.4.96.

O *Herald Tribune*, finalmente, preocupado com os acontecimentos na Bósnia, advertia, em 16.5.96:

- "...an outrageous coup and **putsch** against the Dayton peace process", numa ocasião em que até um boletim interno do Banco do Brasil em Londres, enviado por fax a seus clientes, se permitia a hipérbole:

- "More significant than the loss is the **Realpolitik** surrounding the bank's decision to undergo a dramatic restructuring", *BB Securities*, 21.3.96.

Weltanschauung, palavra intimidante, de *Welt*, "mundo", e *Anschauung*, "intuição", foi incorporada ao *Petit Robert*, com uma abonação de 1930. Em filosofia, visão metafísica do mundo, subjacente à concepção da vida. **Zeitgeist**, "espírito do tempo", pensamento ou sentimento que são próprios de uma geração ou de uma época, está presente no *Oxford International* com atestação de 1884. Embora não figure ainda no *Robert* ou no *Petit Larousse*, o seu dia chegará, pois a palavra tem provocado interesse bastante generalizado:

- "Mais gageons que ce ***Zeitgeist***, si vivifiant quand il règne à Berlin, aura raison de ce pessimisme et de ces difficultés. Grâce à Kohl. Même sans Kohl", *Le Figaro Magazine*, 8.8.98.
- "Yet again Chanel had put herself into the yolk of the ***Zeitgeist***", *Time*, 8.6.98.
- "Yeah, it was sort of a curse: I really wasn't thinking of myself as writing a ***Zeitgeist*** book", *The Irish Times*, 15.8.98.

Outro exemplo de uso muito difundido: **ícone**. O *Larousse* etimológico o dá como presente desde 1838, do russo *ikona*, do grego bizantino *eikona*, imagem santa. Entretanto, existia no velho francês a palavra *icoine*, também definida como imagem santa (1220, Coincy), do grego. Daí se originaram **iconoclaste** (meados do século XIV), **iconographie** (1701, Furetière), **iconostase**. Onde, pois, classificá-lo? Por serem as formas correntes nas diferentes línguas mais próximas da palavra russa *ikona*, aliado ao fato de a associarmos com maior facilidade às pinturas russas de temas religiosos, optei pelo russo, considerando a origem bizantina mais remota. Nos nossos dias, emprega-se **ícone** com extrema liberalidade, para significar qualquer símbolo ou pessoa julgada emblemática, pouco importando o domínio:

- "Two major **icons** of gay culture, Marilyn Monroe and James Dean", *Herald Tribune*, 27.6.96.
- "Piaf is still an **icon**", *Time*, 12.8.96.

Verdadeiro "embarras du choix..."

Para começo de conversa, é preciso desconfiar das aparências. Tudo parece indicar, por exemplo, que **hooligan** é um "sem fronteiras" inglês. A origem, segundo *The*

Oxford Universal Dictionary, seria uma família irlandesa com esse nome, residindo no sudeste de Londres, conhecida por seu comportamento arruaceiro, designação abonada por artigo no *Daily News*, em 26.7.1898:

- "It is no wonder... that **Hooligan** gangs are bred in these vile... byways."

Ora, o nome **kouligane** era aplicado na Rússia, e a seguir na antiga União Soviética e nos países do Leste, aos marginais perigosos. É o que sustenta Jean-Paul Colin no seu *Trésors des mots exotiques*, com atestação de 1913: "Je sortais de la patinoire et je fus abordé par un **kouligane**: 'Donne-moi vingt kopecks,' dit le **kouligane.**"

De fato, **kouligane** foi usado na então União Soviética para designar os jovens delinqüentes, quase todos sem domicílio fixo, que infestaram as grandes cidades do país após as comoções da Primeira Guerra Mundial e da Revolução Bolchevique. Para conter a criminalidade desses jovens, os comunistas teriam, inclusive, passado a fuzilá-los sumariamente, um em cada dez que apreendiam.[2]

Entre as duas origens, fiz a opção russa.

Um outro exemplo — **bistro** — é à primeira vista tipicamente francês. O *Larousse*, bem como o *Dictionnaire et Encyclopédie Hachette* lhe atribuem origem incerta, com primeira atestação em 1884. O *Larousse* considera **bistro** "mot obscur apparenté à *bistouille* ou du poitevin *bistraud*, petit domestique, marchand de vin".

Estaria, de fato, a origem no Poitou? Ou se trata, em realidade, de outra palavra russa? É possível. Os soldados do czar, que ocuparam Paris após a queda de Napoleão, freqüentavam os cafés e restaurantes da capital e, quase sempre apressados, gritavam aos garçons: "*Bistro! Bistro!*", o que significa "Rápido! Rápido!". O *Petit Robert* se sente indeciso: "peut-être rapport avec *bistouille*; peut-être russe *bistro*, 'vite' ". Indeciso também eu, acabei escolhendo o francês, não apenas atraído pela hipótese *bistraud*, mas, sobretudo, sensível ao fato de que, na vida real, seria impossível dissociar a palavra **bistro** do rol das marcas francesas mais típicas. E não sendo este um livro erudito, a decisão foi mais fácil.

Algumas fronteiras *versus* todas as fronteiras

O simples fato de uma palavra ser classificada sem fronteiras não significa que tenha necessariamente transposto *todas* as fronteiras culturais. Há palavras, por exemplo dentre as de origem asiática, que se difundiram em larga escala no universo anglo-saxão mas continuam pouco conhecidas do grande público fora dessa zona lingüística. Um jornal italiano ou brasileiro dificilmente utilizaria palavras como **mantra** ("instrumento de pensamento"):

- "'Change' was Clinton's **mantra** in 1992", *Time*, 2.9.96,

ou como **brâmane/brahmin**:

- "Robert Cutler was a **Brahmin** who counted Harvey Bundy among his closest friends", *Newsweek*, 30.9.96;

ou como **pandit/pundit**:

- "**Pundits** predicted the election would be chaotic.", *Time*, 20.5.96;

ou como **tycoon/taikun**:

- "The bankrupt French business **tycoon** Bernard Tapie left prison Monday", *Herald Tribune*, 15.4.97;

ou como **kow-tow** (ajoelhar-se e baixar a cabeça em sinal de respeito, entre os chineses):

- "China... its leaders, feeling secure at home, see no need to **kow-tow** to the U.S.", *BusinessWeek*, 5.5.96,

que encontramos sem aspas nem itálico na imprensa de língua inglesa.

O italiano e o espanhol: um "pas de deux"

Além da contribuição dos "dois grandes" europeus, somente as do italiano e do espanhol a este vocabulário multinacional merecem menção especial e serão o objeto do capítulo 5. As marcas italianas são visíveis, literalmente, em toda parte. É possível pedir um **capuccino** no Tibete ou uma **pizza** napolitana na Birmânia sem o menor receio de não ser entendido. Pouco importa se, em Moscou, se acrescenta **um y** à **Mafyia** local; o traço de origem siciliana estará sempre lá. O mesmo ocorre com muitas palavras espanholas, sobretudo aquelas a que se recorre quando o momento exige uma certa dose de ênfase. Para Brigitte Bardot, por exemplo, seu marido é um "**macho** vulgaire". Mas, se for preciso absolutamente ir mais longe, muito mais, e reforçar o diapasão da ênfase, poder-se-á sempre imitar a revista *Time* de 16.12.96:

- "'At last', says a former diplomat in the Reagan and Bush State Departments, borrowing from Madeleine Albright's well known diatribe against Castro last year, 'we have a Secretary of State with **cojones**'."
- "'Finalmente', declara um antigo diplomata americano do tempo de Reagan e de Bush, a propósito de uma diatribe bem desaforada de Madeleine Albright contra Fidel Castro, 'temos agora um secretário de Estado com colhão'."

Dois gigantes modestos

As marcas de origem alemã e russa surpreendem pela sua modéstia e são objeto de capítulo à parte.

Embora soberbamente ricas e diversificadas, essas duas culturas não conseguiram introduzir, fora de suas fronteiras, mais do que um punhado de palavras e expressões. Inversamente, conforme se verificará no capítulo 6, os dois gigantes se mostraram bastante permeáveis à penetração de outras culturas, em especial a francesa.

As origens autóctones

Outra opção foi a de classificar as palavras de origem autóctone nas respectivas rubricas, e não nas línguas dos países colonizadores, que as difundiram com pequenas adaptações.

Por essa razão, palavras correntes em português como **caju, mandioca, piranha** e **pirarucu** aparecerão sob o título tupi-guarani. **Banana** e **inhame** são contribuições do bantu (África Central e Meridional, excetuado o Sudoeste). A palavra **tabaco** estará entre as contribuições do aruaque (Antilhas, Norte da América do Sul), pois é originária dessa língua do Haiti, passando pelo espanhol, por volta de 1600.

Cacau, chocolate e **tomate**, palavras náuatles, que passaram pelo espanhol, foram classificadas astecas. O chocolate, a que os astecas emprestavam virtudes afrodisíacas, adorado por Mme. de Sévigné bem como pela Pompadour, tornou-se pecado venial dos franceses, que consomem 4,6kg por ano, e pecado mortal dos suíços, que consomem o dobro.

A língua dos índios algonquinos, da América do Norte, dá sua contribuição ao vocabulário de uso universal com pelo menos quatro palavras: **tobogã, mocassim,**

totem e **caucus** (de *cau-cau-as-u* "aquele que aconselha"), correntes nos Estados Unidos e Canadá, porém muito menos na Europa.

- "The outcome... sent the six major parties scrambling in private **caucuses** on Sunday". *Herald Tribune*, 3.6.96.

O maori, da Polinésia, além do **kiwi**, difundido pelos ingleses, nos forneceu o popularíssimo **bumerangue**, aceito pelo *Larousse* desde 1857:

- "Les économistes de l'OFCE tentent de montrer l'effet **boomerang** que subissent les pays à monnaies fortes", *Libération*, 2.4.96.

A língua ewê (Sudão, Guiné, Togo) nos ofereceu **cola**, ou **kola**. O suaíle nos deu a palavra **safari**, "boa viagem", provavelmente do árabe *safara*, "viagem", que lemos e ouvimos em qualquer parte do mundo:

- "**Safari**-photos", *Le Monde*, 1968.
- "These modern viceroys... in **safari** suits and baseball caps", *Herald Tribune*, 21.6.96.

A crédito do africâner, há pelo menos três palavras de aceitação generalizada. **Kommando**, de origem portuguesa, adotada pelos sul-africanos para designar pequenos grupos de militares treinados para levar a cabo incursões rápidas em território inimigo. Essas unidades ganharam notoriedade durante a guerra dos Bôeres. Ingleses e alemães adotaram, por volta de 1943, a mesma designação. A revista *Time* de 10.6.96 assim descreveu o novo primeiro-ministro de Israel:

- "The making of Bibi — Netanyahu's family is fiercely Zionist, and he was an Israeli **commando**."

Apartheid é a palavra seguinte, na voz do arcebispo Tutu:

- "**Apartheid** caved in so quickly that it took me by surprise", *Time*, 1.7.96.

A terceira é **trek**:

- "Laurent Davenas, en '**trekking**' au Népal, lorsque son adjoint avait décidé de mettre en examen Mme. Tiberi", *Le Monde*, 5.5.97.

Evidentemente, a consagração suprema foi a de ***Startrek***, que não apenas conheceu a maior audiência da história do audiovisual, mas reúne ainda seus "fãs" em diferentes cidades do mundo, todos vestidos com os uniformes do engenho espacial.

Tatou aparece como de origem taitiana, a despeito de a palavra ter sido difundida pelos ingleses sob a forma **tatoo**. A língua tâmil fornece **pagode** e **pária**:

- "Marcel Proust est de ceux qui vivent leur homosexualité comme une tare féconde, un mal qui en faisant rejoindre la sombre cohorte de **parias**, amène à une réflexion et à un perfectionnement moral", *Le Figaro*, 6.6.96.

O tongonês, língua polinésia, nos oferece o irresistível **tabu**, ou **tabou**, difundido pelos ingleses sob a forma **taboo**. Em 1953, Cocteau forjou o subproduto **tabouiser** e, a seguir, **tabouisation**:

- "Bisexualité: le dernier **tabou**", *Le Nouvel Observateur*, 17.2.96.

Bambu, do malaio, adotado pelos portugueses, se encontra nos dicionários franceses desde 1598, grafado **bambou**, e pelos ingleses **bamboo**:

- "...the '**bamboo** tigers' of new China...", *Herald Tribune*, 31.5.96.

Caleidoscópio

Um capítulo final — "Caleidoscópio: do africâner ao turco" — repertoria palavras autóctones e as de origens mais inesperadas que, de algum modo, penetraram em nosso vocabulário corrente. Algumas culturas estão representadas por apenas uma ou duas palavras que, de todo modo, estão presentes em nossas conversas e textos.

Ninguém sentiu a menor necessidade, por exemplo, de um substituto para **robot**. Em 1921, o dramaturgo Karel Tchapek, em sua peça *R.U.R.* ("Os Robots Universais de Rossum"), criou essa palavra a partir do tcheco *robota*, "trabalho cansativo, encargo", e deu-lhe o significado de "trabalhador mecanizado", autômato. Setenta e dois anos depois, isto é, em 1993, já era publicado na França um *Dicionário ilustrado da robótica*, em quatro línguas, inglês, alemão, francês e russo, contendo cerca de quatro mil e oitocentos termos ligados ao desenvolvimento dos robôs!

As línguas nórdicas nos deram **fiorde/fjord:**

- "Le **fjord** était large et en cet endroit d'un demi-mille au moins", Júlio Verne;

gêiser/geyser:

- "...des éclats de sourcier qui faisaient sourdre en **geyser** les talents de Lucien Bodard...", *Le Point*, 25.2.95;

iceberg:

- "Propriétaire du Studio Fox, coproducteur du film *Titanic*, Rupert Murdoch pourrait bien avoir trouvé, en sa femme, **l'iceberg** qui pourrait couler son empire", *Paris Match*, 6.8.98.

Saga, narração histórica ou mitológica da literatura medieval escandinava, é empregada com bastante elasticidade:

- "Whatever else emerges in the tangled **saga** of Whitewater, Mr. Clinton...", *Herald Tribune*, 30.5.96;

smorgasbord, o opulento bufê sueco, também é usado tanto no sentido próprio como no figurado:

- "A **Smorgasbord** of Fuel Cells", *BusinessWeek*, 27.5.96;

ombudsman se utiliza na França como sinônimo de "mediador":

- "La convention annuelle des **ombudsmen** de presse a rassemblé à Barcelone une quarantaine de médiateurs issus de quinze pays...", *Le Monde*, 12.5.97.

Algumas palavras de origem neerlandesa estão enraizadas há séculos sob aparência inglesa, como **sketch**, no sentido que lhe atribuía sir Joshua Reynolds (1723-92): "The method of Rubens was to sketch his composition in colours." A palavra deverá, pois, figurar entre as marcas inglesas. Por outro lado, **mannequin** (de *mannekijn*, diminutivo de *man*) se generalizou sob o corte francês. Acima de qualquer controvérsia estão **iate/yacht**, **iole/yole** e **polder**.

O flamengo **quermesse/kermesse** (de *kermisse*, missa de igreja) tem igualmente grande popularidade:

- "Edelweiss effeuillés aux **kermesses** des anges, cite la jeune femme", Bazin, *La Mort du petit cheval*; "Atlanta, la grande **kermesse**", *Le Figaro*, 28.7.96.

A contribuição dos portugueses, que viveram uma tão bela página civilizadora ao longo dos séculos, decepciona pelo volume. Depois de despojada das palavras de origem tupi, isto é, de todas as *piranhas* e *pirarucus*, o que sobra é muito pouco. Teria ido longe demais se tivesse retirado igualmente **samba**, que o *Larousse* considera de origem tupi. Deixei, pois, o *samba* (la *samba* para os franceses) com os portugueses e brasileiros, pouco importando o gênero:

- "Brazil: the Privatization **Samba**: 2 steps Back for 3 Forward", *Herald Tribune*, 30.6.96.

Saudade, considerada a mais bela palavra do idioma, além de intraduzível, foi incluída, embora não familiar ao grande público internacional. Depois de **favela**:

- "La Rocinha, périlleuse **favela** au cœur de Rio...", *Le Figaro*, 3.6.96;

bossa nova, **sertão**; **manga/mangue**, **chapada**, **coco** e **varanda**, que o *Robert* considera "mot anglais de l'Inde, par le portugais **varanda**" e que circula em francês e em inglês como "véranda", chegamos quase ao fim da lista.

Do búlgaro, uma só palavra mágica: **iogurte/yaourt**.

- "Il rangeait des pots de **yaourt**, sorte de lait caillé...", Marcel Aymé (1923).

As sem fronteiras vêm de muito longe

Veremos adiante que determinadas palavras parecem ter o gene da imortalidade. Sobrevivem à passagem dos séculos como fósseis lingüísticos. **Amen**, do hebreu, cedo incorporada ao latim eclesiástico — "sim, assim seja" —, figura, sem dúvida, entre as mais antigas. Em praticamente todas as línguas modernas, "*dizer amém a tudo*" é a expressão utilizada para indicar os que aprovam tudo, consentem tudo.

Cafarnaum/capharnaüm, do aramaico, língua do Oriente já no século VII a. C. e já considerada desaparecida por ocasião da conquista árabe [século VII d. C.], continua utilizada quase como ao tempo de Jesus:

- "...un nain de jardin au milieu d'un joyeux **capharnaüm**", *Madame Figaro*, 13.4.96.

Palavras sânscritas como **avatar**:

- "Calvin Klein...and its preeminent **avatar** of form-follows-function thinking", *Time*, 17.6.96.

carma:

- "What **karma** is hanging over us!", *Time*, 8.7.96;

ioga, nirvana, ou mesmo **suástica**:

- "A ballet about the Holocaust? The **swastika** has become a trite symbol of evil", *Time*, 17.6.96,

fazem parte do vocabulário contemporâneo.

A "teia de aranha mundial"

"A Teia vai, portanto, se tornar a mais formidável sacola de compras jamais imaginada."

Le Monde, 24.5.96.

Há palavras que são sem fronteiras desde o nascimento, sobretudo as de origem científica. Entre o advento do primeiro computador — o ENIAC — há meio século, e a fabulosa partida de xadrez entre a espécie humana (representada por Garry Kasparov) e um computador IBM, em fevereiro de 1997, a explosão dos meios e técnicas da informação e da comunicação provocou explosão equivalente no campo da terminologia de vocação universal: as palavras da cibercultura.

Tal como um navegador da era das descobertas, um aventureiro moderno, Jim Clark, lançou-se à "colonização" do World Wide Web a bordo de seu Netscape, com o que contribuiu largamente para nos lançar, a todos, no universo incerto da galáxia Internet.

As infovias, a era do Minitel, do web-forum e das edições eletrônicas em CD-ROMs se tornaram fontes inesgotáveis de neologismos, quando não de glossários em expansão contínua, todos, desde o princípio, sem fronteiras.

Imótica sendo a domótica aplicada a imóveis e **cybérie** tendo sido a expressão concebida para definir o universo cibernético, o jornal *Le Monde de l'Education* comentou:

- "La '**cybérie**', malgré toute l'agitation qui y règne, se présente comme un monde froid."

Leu-se também, no mesmo *Le Monde* de 6.6.97:

- "[...] un emblème du 'projet **cybérien**' de cultures parallèles cachées dans les failles du système".

Aranha, assim chamado por alusão metafórica ao Web ["teia"], é um motor de busca na Internet que age automaticamente logo que ativado. "Inktomi", explica o *Le Monde* de 15.6.96, "é o nome de uma aranha da mitologia sioux. Representa um desses 'agentes inteligentes' em busca de informações que circulam sem cessar no universo aracnídeo das redes". **Craquage** é a operação que consiste em descobrir, por meios eletrônicos, os códigos secretos utilizados para assegurar a confidencialidade de certas informações.

- "Damien Dolgez... le code source de son programme de '**craquage**' est donc disponible sur son serveur...", *SVM*, nov. 1995.

A propósito de **memórias flash**, *Le Monde Informatique* de 9.6.95 comenta: "No que diz respeito às memórias de massa, o que não falta aos *flash* são trunfos."

Quem poderia ter previsto a invenção do **nariz eletrônico**, hoje definido como instrumento munido de captores que traduzem em sinais numéricos os odores captados? O jornal *Le Monde* de 27.10.96 assim comentou a inovação: "O nariz artificial tem provavelmente um belo futuro pela frente, farejando ínfimas quantidades de drogas nos aeroportos, detectando, em zonas de risco, substâncias tóxicas por vezes inodoras ao ser humano... Em suma, um nariz a que não faltará certamente olfato."

A palavra **tera** produziu toda uma bateria de "sem fronteiras". Prefixo do sistema de designação oficial dos múltiplos da unidade, indica que a unidade seguinte foi multiplicada por 10^{12}, ou seja mil bilhões. **Teraflop** indica mil bilhões de operações em vírgula flutuante por segundo. **Flops** [acrônimo de *floating point operation per second*, operação em vírgula flutuante por segundo] é a unidade de avaliação da potência de cálculo dos computadores. Os componentes são **megaflops** [um milhão de flops]; **gigaflops** [um bilhão de flops]. Com a maior naturalidade, o *Le Monde* de 19.12.96 informa:

- "Des chercheurs américains viennent de mettre au point un super-ordinateur capable de réaliser plus de 1 000 milliards d'opérations par seconde. Très précisement une machine de 1,06 **téraflop** c'est à dire, ouvrons les guillemets, '1 060 milliards d'opérations en virgule flottante'."[3]

Tendo tornado possível a compressão do som e da imagem em sucessões de 0 e 1, o código binário, em realidade, reduziu o mundo a esses dois algarismos.

Quando, por exemplo, a unidade de tempo foi encurtada até ao **nanossegundo**, isto é, ao bilionésimo de segundo, a expressão foi logo incorporada à linguagem corrente;

- "Within a ***nanosecond***, he is a multimillionnaire with contracts from Nike and Titleist", *Newsweek*, 9.9.98.

As nanotecnologias, além do nanocomputador, nos conduzem ao que já se começou a chamar de "nanomundo", termo utilizado no domínio da microscopia para designar a zona de observação na escala do nanômetro:

- "Il [Christian Colliex] le confesse en souriant: pour lui rien ne vaut une petite promenade quotidienne dans le **nanomonde**", *Le Journal du CNRS*, mai. 1995.

Tomemos, finalmente, os **buckyballs**, moléculas esféricas de carvão cuja descoberta justificou o prêmio Nobel a três pesquisadores e abriu um novo horizonte à química orgânica. A velocidade das descobertas se acelerou tanto que o *Herald Tribune* de 3.12.96 comentou:

- "Yet, even as the Nobel was being announced, **buckyballs** were practically passé in many vanguard labs."

Ora, não há como designar de outro modo esses recém-chegados nem razão para criar equivalentes. Os laboratórios se mobilizaram para investigar o que se passaria quando os átomos de carvão, em vez de se dobrarem em minúsculas bolas de futebol, se urdissem entre si para dar lugar a cilindros infinitesimais, chamados **nanotubos**. Um único nanotubo é cem vezes mais fino que o mais fino dos circuitos dos "chips" dos computadores mais avançados — sem dúvida o condutor do futuro, sonhado pelos cientistas e principal candidato ao que já se chama de "*ultimate fiber*". Espera-se que esses tubículos sejam utilizados nos circuitos eletrônicos em escala **nanométrica**. Ora, o nanômetro é igual ao bilionésimo do metro — não mais de 12 vezes o diâmetro de um átomo de tamanho médio...

2

As mil e uma marcas do francês

Mas, fundamentalmente, aprende-se o francês por causa de Napoleão, de Victor Hugo, de Claudel, evidentemente por causa de Paris, mas sobretudo para aborrecer os americanos.

Philippe Rossillon, 1986.

A língua francesa permite a magistratura do essencial.

Papa Paulo VI

"La Reyne le veult"... ainda hoje

"Que haverá de mais francês do que, por exemplo, este *'Honni soit qui mal y pense'?* A divisa da Ordem da Jarreteira, criada por Eduardo III, neto de Filipe, o Belo, por sua mãe Isabel de França, continua presente no brasão real com o *'Dieu et mon droit'*. Ainda por cima, o indispensável assentimento do monarca a qualquer nova lei continua sendo dado em francês.

Em francês normando, para ser mais exato. Mas sem querer ofender os normandos, em francês compreensível a todos e a cada um deles. Quando se trata de leis ordinárias, a fórmula aplicada é *'La Reyne le veult'.* No caso de leis excepcionais: *'Soit faict comme il est désiré.'* Para a aprovação do orçamento: *'La Reyne remercie ses bons sujets, accepte leur bénévolence et ainsi le veult.'"*

Jacques Duplouich, *"En français dans le texte"*, em *Le Monde*, 21.3.94.

Justo o contrário de um gueto

Em artigo com este título, Alain Peyrefitte definiu a francofonia com limpidez e eloqüência raras: não se trata de maneira sutil e ridícula de perpetuar um império colonial ou de reconquistar o Canadá, nos diz ele. "O centro da francofonia não é a França, mas o francês. Seu centro está em toda a parte e sua circunferência em parte alguma." E mais adiante: "Antes do inglês, o francês foi e continua a ser uma língua comum de intercâmbio comercial, de emancipação e dos direitos do homem. O francês é vetor de ambição humana."

"Esta estranha comunidade", conclui Peyrefitte, "sobrevive porque, sem dúvida, nossa língua comporta uma exigência que lhe é própria. Não tem a incrível plasticidade do inglês. Ela se protege. É preciso merecê-la. A francofonia começa na escola. É na escola que o francês aprende a conviver com todas as referências e valores das culturas mais diversas. Há escolas francesas no Chile ou na Bulgária, como as temos nos subúrbios problemáticos e nos bairros elegantes. Sob todas as latitudes, aprende-se a *tornar-se mais*: a penetrar em uma história que é o contrário da nostalgia, em uma comunidade que é justo o contrário de um gueto."[1]

Com efeito, mais de duzentos milhões de seres humanos pertencem ao mundo francófono, ou seja, integram esta espécie de "commonwealth à la française", como a qualificou Léopold Senghor, ou ainda "uma pátria sem fronteiras", segundo a bela definição de Maurice Druon.

O pai inglês da gramática francesa

Estamos no século XVI. O tratado de paz entre Henrique VIII e Luís XIII (1514) previa o casamento de Maria, irmã de Henrique, com o rei de França. Um tutor inglês, extremamente erudito, foi escolhido para acompanhar a noiva e ajudá-la a aprender a língua do futuro marido. Chamava-se John Palsgrave, nascido em Londres por volta de 1480, e seus estudos em Cambridge haviam sido enriquecidos por um mestrado na Universidade de Paris. Se as lições de Palsgrave foram bastante proveitosas, o mesmo não se poderá dizer do casamento. Tendo Luís falecido no curso do ano, viúva e tutor regressaram à Inglaterra.

Em 1523, Palsgrave assinou um contrato com Richard Pynson, dono de uma tipografia em Londres, para a impressão de sessenta resmas de papel ao preço de seis xelins e oito pence cada uma. Um contrato suplementar especifica a "impressão de 750 exemplares de um livro destinado a explicar as regras da gramática francesa aos leitores ingleses". Pynson se pôs a imprimir uma página por dia, dos dois lados, e Palsgrave se comprometeu a não deixar interromper a impressão por falta de texto. Título do livro: *Lesclaircissement de la langue françoyse.*

A intenção original de Palsgrave era produzir uma espécie de dicionário inglês-francês, que acabou sendo o primeiro a aparecer nas duas margens da Mancha. Mas, em realidade, foi muito mais longe. Como assinalou H. B. Wheatley nos "Proceedings of the Philological Society", de 1865, "trata-se [igualmente] da primeira tentativa de reduzir a língua francesa à [disciplina] das regras gramaticais".

Segundo Jonathon Greene, pouquíssimos exemplares de *Lesclaircissement* se salvaram. Dois se encontram no Museu Britânico em Londres e, em toda a França, um único. Qual a razão? Ao que tudo indica, Palsgrave era a tal ponto cioso de sua posição "singular" de professor de francês que teria proibido ao impressor qualquer venda de exemplares sem sua expressa autorização. Deixar vender livremente a "sua" gramática poderia implicar desvendar, de certo modo, todos os segredos do seu ofício de professor.

Em apoio a esta explicação, e a título de anedota da época, Wheatley lembra a existência de uma carta de Stephen Vaughan a Thomas Cromwell, então secretário de Henrique VIII, na qual descreve seu insucesso junto a Palsgrave e insinua que, se o próprio Cromwell escrevesse ao autor, este ter-lhe-ia igualmente recusado um exemplar.

A *Grammaire de Port-Royal*, a primeira dos franceses, não seria publicada senão em 1660.

O clube dos mil bilhões

A língua, sem a menor dúvida, acompanha o poderio econômico. O inglês pesa 4.500 bilhões de dólares, o russo 1.800 bilhões e o japonês 1.300 bilhões. Ora, comentou Philippe Rossillon alguns anos atrás, "destes dois competidores do inglês, o primeiro está ainda enclausurado no seu universo autárquico e não representa mais de um décimo da humanidade. A língua russa, além de aprendizado difícil, é inútil aos outros nove décimos do mundo, incluídos os espiões. Quanto ao japonês, reina no Japão, inclusive no domínio da edição científica e técnica. [...] O japonês se ressente do fato de não ser língua indo-européia, de arrastar o grilhão de uma escrita desencorajante e de ter uma civilização fascinante, porém inexportável. É a razão pela qual o francês, distanciado dos grandes pelos seus seiscentos bilhões de dólares, exerce mais ou menos o papel de segunda língua internacional". E Rossillon conclui: "Nesses seiscentos bilhões de dólares não se inclui a África, que não produz livros científicos, nem filmes, nem videocassetes, nem sequer um automóvel ou uma geladeira; mas que ajuda um pouco, de todo modo, porque produz, como o Peru ou a América Central, bebês, diplomatas e escritores: dinheiro nenhum, mas um pedaço do futuro e da inteligência do homem."[2]

Sim, o francês exerce o papel de segunda língua e o faz muito bem. Mas não é tudo. Está longe de ser tudo. O que realmente seduz o estrangeiro é o próprio processo intelectual francês, a multiplicidade dos seus recursos, sua extrema flexibilidade. Sim, o espírito francês é menos "pragmático" que o inglês, mas, por outro lado, muito mais malicioso e nenhuma língua iguala sua paleta de semitons.

O peso da marca francesa

Os pesquisadores A. M. Babkine e V. V. Chendetsov produziram uma coletânea notável de palavras estrangeiras identificadas nos textos literários russos. Milhares de exemplos foram classificados por ordem alfabética em três volumes sob o título *Dictionnaire des mots et expressions étrangers utilisés en russe sans être traduits*. O que logo ressalta do exame dessa compilação é o primado do francês, que representa cerca de metade do total das citações coligidas. Vêm, a seguir, o inglês, o alemão e o latim. Eis aqui uns poucos exemplos, traduzidos do russo, em que as marcas de origem foram conservadas intactas no original:

- "Pavlov não apenas desferiu **un coup de grâce** em Ogarev, mas também feriu gravemente Melgounov", Herzen, carta a M. K. Reichel, 17.4.1856.
- "O velho Kharakhorov, **chargé d'affaires** de minha tia...", K. N. Léontiev, *Retoques*, III, 10.
- "Minha subdivisão preferida... eram as pessoas **comme il faut** e as **comme il ne faut pas**", L. Tolstoi, *Juventude*, XXXI.
- "Se Chouvalov... tendo aceito o lugar **à contre cœur**...", Herzen, artigos no *Kolokol*, 1861.
- "Foi um **coup de foudre** para nossa censura. Podes imaginar o assombro...", I. Aksakov, *Cartas*.
- "Mas, como dizem os franceses, **revenons à nos moutons**: não compreendemos mais a incompreensão dos alemães russos", Herzen, *Os alemães russos e os russos alemães*.
- "Eu procurava, precisamente, conhecer um **agent provocateur** confiável e eficaz...", Schedrine, *Opiniões de ilustres estrangeiros*.
- "Até o presente, eu não vos respondia, a despeito de vossa insistência. Eu me dizia: **j'ai d'autres chats à fouetter**", Plekhanov, *Materialismus militans*, I.
- "**Bon appétit-bonne conscience**, dizia Vassenka jovialmente, acabando de comer seu segundo franguinho", L. Tolstoi, *Anna Karenina*.
- "Colocar a língua russa em conflito com a francesa sem que ela saia vencida seria um **tour de force**", Turgueniev, carta a M. M. Stassiulevitch, 10.4.1877.

Quando Lenin, dirigindo-se a E. M. Aleksandrova (1903), diz "...não me resta senão tomar vossas palavras **à la lettre**", é como se reconhecesse simplesmente que essas três palavras, ditas em russo ou em inglês, não teriam exatamente o mesmo peso.

Ainda Lenin: quartos separados no Kremlin

O pesquisador inglês Robert Service, da Universidade de Londres, em livro recente, conta como Lenin teria forçado sua mulher a aceitar a presença íntima de uma jovem parisiense, Inessa Armand, no Kremlin, após a vitória da revolução comunista.

Louis Fischer, biógrafo consagrado de Lenin, conhecia bem os detalhes. Inessa Elizabeth era filha de uma atriz e de um cantor de ópera, Théodore Stéphane. Adotada por uma tia que partia para ensinar música e francês em Moscou, Inessa foi educada na Rússia.

Embora casando com um rico burguês moscovita de origem francesa, Alexandre Armand, a jovem conservou seu vivo interesse pelo populismo russo. Em 1903, abandonou o marido para ir viver com o cunhado, Vladimir. A revolução de 1905 eliminou suas últimas hesitações. Presa em fevereiro de 1905, foi a seguir deportada. Vladimir a acompanhou no exílio e Alexandre Armand, que continuou legalmente seu marido, passou a ocupar-se dos filhos e a enviar dinheiro a Inessa e Vladimir.

Lenin a encontrou em 1910. Tinha quarenta anos; ela, trinta e cinco. Traduzindo para o francês os discursos de Lenin, tornou-se amiga da família. Krupskaia, a esposa de Lenin, a cita freqüentemente nas suas memórias.

Quando Inessa morreu de cólera, Lenin custou a suportar o golpe. Alexandra Kollontai, que conheceu Lenin muito de perto antes da revolução e foi feita embaixadora da URSS na Noruega, relata: "...em 1921, quando trouxeram o corpo de Inessa... e que o acompanhamos ao cemitério, Lenin estava irreconhecível. Caminhava com os olhos fechados e, a cada passo, pensávamos que ia desfalecer. E a mesma Kollontai, 'velha bolchevique', dirigindo-se a Marcel Body, então secretário da embaixada: "Lenin não pôde sobreviver a Inessa Armand. A morte de Inessa precipitou a evolução do mal que o minava."[3]

Estava aberto o caminho ao golpe de Stalin.

Quando Aleksandr Blok escreve: "...ele sonhava com uma '**amitié amoureuse**', aí misturando noções de 'amizade doce, clara'", também ele não podia dispensar a nuança francesa, a despeito de seus múltiplos recursos de escritor.

Se Piotr Viazemski repete "**ce qui n'est pas clair n'est point français, disent les Français...**", ele o faz expressamente, para reconhecer de maneira explícita esse traço indiscutível.

O método utilizado pelos pesquisadores russos, aplicado, no outro extremo do mundo, ao universo baiano de Jorge Amado, atribui uma preeminência ainda mais importante às impressões culturais francesas: três quartos do total.

- "Portela, um parasita social, um **bon vivant**...", *Farda, fardão, camisola de dormir.*
- "Pele trigueira, perna e coxa aparecendo sob o **negligê**...", *Tieta do agreste.*
- "O árabe Chalita é **habituê**, não perde uma única palavra...", Id.
- "...busto da paulista, mal coberto pelas rendas do **desabiê**...", Id.
- "Descreveu-lhe o **rendez-vous**: vasto sobrado colonial...", *Tereza Batista cansada de guerra.*
- "— Ah! Esse **tailleur** é uma gracinha!", Id.
- "Tieta enfia um **robe de chambre** e vem atendê-los", *Tieta do agreste.*
- "...esse problema da **soi-disant** terrível poluição...", Id.

- "...maluquices feitas com pedaços de objetos inúteis, parece mais um **bric-à-brac**...", Id.
- "Ismael sai da água, vai se estender numa **chaise-longue**", Id.
- "Ao constatar a **débâcle**, a herança comprometida, lhe impôs aquela solução", *Tereza Batista cansada de guerra.*
- "...esguia, magricela, modelo em desfiles de **haute-couture...**", *Tieta do agreste.*

Mesmo as traduções dos romances de Jorge Amado respeitaram as palavras e expressões francesas do original: "...his carefree and boundless **joie de vivre...**" (*Dona Flor and Her Two Husbands,* Nova York, Avon Books).

A imprensa internacional

As mil e uma marcas do francês vêm de muito longe e persistem ainda hoje, frescas e insubstituíveis, na imprensa internacional, em especial a anglo-saxã de grande circulação:

- "But the **pièce de résistance** was still to come", *BusinessWeek,* 28.10.96.
- "Clinton: A Model of Diplomatic **Aplomb**", *Herald Tribune,* 8.12.96.
- "The case has more ingredients than a **bouillabaisse**", *Time,* inverno de 96.
- "France: Deadly **Déjà-Vu**" [com os dois acentos], *Time,* 16.12.96.
- "**Beaux-Arts** Brouhaha", *Time,* 16.12.96.
- "Mike Milken: his story gets an **avant-garde** retelling in Brooklyn", *BusinessWeek,* 30.9.96.
- "...advertising posters — **de rigueur** in these hard marketing times", *Time,* 28.10.96.
- "American jet fighters stepped up the number of **sorties** over Iraqi Kurdistan", *Time,* 9.9.96.
- "Russia is a country where **etiquette** is not particularly prized", *Herald Tribune,* 22.11.96.
- "VW promoted López **protégé** [com os dois acentos] ...to replace his mentor", *BusinessWeek,* 16.12.96.
- "...doubts ...had begun to circulate within an international **coterie** of researchers", *Time,* 16.12.96.

Pouco importa se o *Larousse* etimológico nos assegura que o **croissant** do nosso padeiro é um decalque do alemão *Hörnchen,* "pequeno corno", nome de um doce fabricado inicialmente em Viena, em 1689, para celebrar a vitória dos austríacos sobre os turcos, cujo emblema era o crescente lunar. O fato é que o croissant, ao longo de três séculos, tornou-se, tanto quanto o brioche, um dos símbolos mais típicos e apetitosos das padarias francesas. Classifiquei-o, pois, sem a menor hesitação, entre as marcas francesas. Quando o *Herald Tribune* de 17.10.96 anuncia:

- "French company takes **croissant** public in Asia",

ou quando a *BusinessWeek* publica o artigo

- "From Computers to **Croissants**",

ou ainda quando se lê na revista *Veja* de 25.6.97:

- "O presidente Jacques Chirac, conservador, prometeu **croissants** com mel nas eleições de 1995",

quem pensaria na derrota dos turcos em 1689, exceto, talvez, algum obstinado historiador alemão?

Se o jornalista brasileiro José Nêumanne Pinto escreve a um amigo — "...a comunicação está cada vez mais a serviço dos **faits divers**..." —, ele terá optado pelo clichê francês seguramente por julgá-lo mais próximo da imagem que desejava comunicar.

Se Marilyn Monroe recusa um **ménage à trois** porque lhe parece "fazer muito mal à saúde" (*IstoÉ*, 14.8.96), ela demonstra conhecer não apenas a expressão, mas também as conseqüências. É, pois, bastante compreensível que um estrangeiro empregue tais expressões, na falta de equivalente local. Mas como explicar os demais casos, os de sinônimos perfeitos — ou quase — como **parvenu** e **upstart**? Trata-se apenas de matiz ou de "vive la différence!"...?

A propósito da limpidez incomparável do francês, o escritor brasileiro Diógenes Magalhães recorda a anedota do filósofo alemão Emmanuel Kant que, ao ler a tradução francesa de sua obra, exclamou: "Só agora entendi o mecanismo do meu sistema filosófico!" Este autor acrescenta, ainda, que Sommerset Maughan, depois de conhecer a versão francesa de uma de suas obras, teria também comentado: "Era assim que eu deveria ter escrito."[4]

A fonte do abstrato

Tanto quanto as línguas germânicas tiveram de se valer intensamente do latim para incorporar palavras abstratas a seus léxicos respectivos [Jorge Luis Borges salienta que até noções essenciais como a de "pátria" sequer existiam], os anglófonos e germanófonos dos nossos dias recorrem à inspiração francesa sempre que necessitam exprimir algo mais sutil, matizar um conceito ou descrever uma situação particular. Com efeito, as palavras, locuções e expressões francesas que se implantaram de maneira mais duradoura nas demais culturas são precisamente as que têm a ver com o pensamento, com estados d'alma ou com julgamentos subjetivos.

Tomemos **fin-de-siècle**. Embora seja a expressão traduzível com facilidade em qualquer idioma, *The Times* não hesita em preferir o formato francês, como se vê na edição de 8.5.96:

- "Strindberg's heady **fin-de-siècle** cocktail of sexual and tensions achieves...", bem como numerosos autores, incluído o russo Mojmir Grygar:

- "...em oposição às principais tendências da arte **fin-de-siècle**".

A contrecoeur, arrière pensée, bête noire, traduzidas literalmente, significarão algo, mas certamente não o mesmo em francês. O simples fato de invocar a expressão francesa muda tudo. De igual modo aconteceria com **demi-monde, embarras du choix, enfant gâté, esprit de corps, et pour cause, excusez du peu, fait accompli, habitué, hors concours, mise-en-scène, noblesse oblige, mystique, nonchalance,** e muitas e muitas outras.

Onde estará o segredo? A mais bela e a mais lúcida das respostas se encontra na definição lapidar do papa Paulo VI: "A língua francesa permite a magistratura do essencial."

Entre les deux...

As equivalências perfeitas — ou quase — entre as formas francesas e inglesas oferecem uma escolha por vezes difícil aos locutores dos demais idiomas:

big shot	gros bonnet
C.E.O.	P.d-g.
dirty job	sale boulot
head-to-head	tête-à-tête
mini skirt	minijupe
on-line	en ligne
part time	à temps partiel
pocket money	argent de poche
ready-to-wear	prêt-à-porter
shuttle	navette
software	logiciel
stalemate	impasse
suitcase	valise
summit	sommet
tip	pourboire
trash-TV	télé-poubelle
turn-key	clef en main
turtle neck	col roulé
underwear	lingerie

Se é verdade que "software" leva a melhor sobre "logiciel" fora da França, há outras opções menos evidentes. "Prêt-à-porter", por exemplo, corresponde literalmente ao "ready to wear", mas o fato é que muito raramente um italiano ou um alemão optaria pela forma anglo-saxã. Razão talvez apenas subjetiva, ou impressão de ser mais chique, mais sugestiva?

- "Viele Models trugen bei den **Prêt-à-porter**-Schauen in Paris zur neuen Frühjahr...", *Madame*, mai. 1996.
- "Dior estará mostrando 100 peças de alta costura e **prêt-à-porter**", *IstoÉ*, 24.4.96.

A volta dos filhos pródigos

Caso curioso é o das palavras francesas que, havendo atravessado a Mancha e adotado o "jeito" local, fizeram a viagem de volta alguns séculos depois, sob a nova roupagem ou com sentido diferente.

Flirt é uma das mais citadas. O *Webster* a considera de origem incerta, mas o *Larousse* nos lembra que o léxico francês já dispunha do verbo **fleureter** desde o século XIII (a gesta de Doon de Mayence, um dos grandes ciclos épicos da Idade Média, "ornar de fleurettes"), além de **fleurette**, no sentido de "pequena flor", pelo menos desde 1119, a que o senhor de Saint-Amant sublinhava o "propósito galante" em 1643. Em outras palavras, **flirter** seria exatamente o mesmo que "fleureter", "conter fleurette", incluídas todas as intenções galantes.

Tennis, outro famoso caso de "ida e volta" vem de *tenetz!*, "tenez!", exclamação do jogador ao lançar a bola. O *Larousse* o classifica como "inglês", "abreviação de *lawn tennis*". Mas, em realidade, *tennis* designava, a princípio, apenas o jogo de péla e só mais tarde foi empregado como abreviação de *lawn tennis*.

Cash, "dinheiro em espécie", ainda que o *Larousse* o considere "mot anglais", provém certamente de *caisse*, "o que faz supor que na época do empréstimo a pronúncia da consoante **s** em francês fosse bastante próxima do **s** castelhano [um pouco como em *cache*]".[5] Nos dias atuais, sobretudo entre os jovens, homens de negócios ou não, muitos preferem dizer **cash** e não "em espécie".

Já quando se pede hoje um **rosbif**, não se é obrigado a saber que em 1740 era possível encomendar essa carne, em igual grau de cozimento, com as palavras **rôt de bif**.

Os primitivos registros de estado civil francês tinham como carimbo três pequenos traços retilíneos que lembravam a marca da pata de um pássaro, o que lhe valeu o nome **pied de grue**, "pé de grou". Do outro lado da Mancha, a pronúncia local acabou produzindo **pedigree**. Passaram-se os anos, e, na época moderna, nos Jockey Clubs franceses, o que realmente importa para os criadores de cavalos é o **pedigree**, e, com certeza, não o **pied de grue** dos puros-sangues.

A palavra **nurse**, de *nourrice*, "ama-de-leite", adquiriu na Inglaterra o sentido de "enfermeira", mas ao fazer a viagem de volta continuou fiel ao sentido de "governanta de crianças".[6]

Os "sem-documentos"

Há palavras e expressões francesas que eu utilizei ou ouvi inúmeras vezes, no Brasil ou em outros países, porém mais freqüentemente ditas do que escritas. Uma vez que meu propósito foi produzir uma amostragem de exemplos que fosse encontrando em leituras habituais ou ocasionais, não me empenhei em pesquisa no sentido inverso, isto é, partindo de palavras escolhidas, lançar-me à busca das atestações correspondentes.

Senti muito, por exemplo, não ter me deparado com o cumprimento bastante comum no Brasil "Chapeau!", que ouvi de meus pais e ainda ouço em diversas partes do mundo, expressão que, acredito, acabará por ser incorporada ao léxico português.

Eis aqui outras marcas francesas que já integram formalmente os nossos léxicos, mas cujos traços escritos não surgiram no meu caminho durante o período de coleta de exemplos para esta pesquisa:

bataclan
cabriolet
cache-sexe
carpette
carrosserie
carrousel
casquette
cassette
chicane
commode
dégringolade
fusain
gélatine/gélatineuse
guéridon
guirlande
hélas!
manège
marmite
monstre sacré [traduzido]
nougat
passerelle
patins
pèlerine
ragoût
valise
voile

Há, finalmente, outras palavras que não figuram no *Vocabulário ortográfico da língua portuguesa*, publicado pela Academia Brasileira de Letras (onde tive o prazer de encontrar meus favoritos **petits-beurre, petits fours, petits suisses**), mas são utilizadas com freqüência, tais como **faux marbre/faux bois, coulisses, grand luxe, petit point, table d'hôte, taste-vin.**

Entre as expressões que me lembro de ter ouvido inúmeras vezes, citarei: **couleur locale, deux pièces, faire le point, faites vos jeux!, la petite histoire, pauvre d'esprit, train de vie.**

Quando Balzac perde a maiúscula...

...é preciso entender que este nome, ao perder a condição de nome próprio, adquiriu a de simples substantivo.

Foi o que aconteceu em português, em que **balzac**, com minúscula, passou a designar mulher madura. Os dicionários brasileiros registram como substantivos femininos **balzaquiana** e [por irrisão] **balzaca**.

O romance de Honoré de Balzac, *A mulher de trinta anos*, obteve, desde sua publicação, tamanho prestígio internacional que o nome do autor conseguiu o "tour de force" de passar do dicionário dos nomes próprios para o dicionário "tout court", enriquecendo assim a língua portuguesa de palavra que perpetua, à sua maneira, a memória de um dos maiores romancistas da literatura francesa.

Geografia da língua francesa

Depois de um período bastante prolongado de recuo persistente do francês na cena internacional, já é possível assinalar uma inversão bem nítida da situação nos últimos vinte anos. Poder-se-ia até dizer que o francês progride hoje, em número de locutores, a uma taxa superior à das demais línguas, inclusive a inglesa: isso é devido aos azares da história colonial, que fizeram do francês uma língua principalmente africana, que se beneficia da enorme expansão demográfica do Maghreb e do continente negro, além de aos progressos fulgurantes do ensino junto a populações de baixa escolarização.[7]

Não se deve, entretanto, subestimar a extrema precariedade desse quadro: o francês não é língua materna em parte alguma de seu imenso domínio africano; ora, se os países da África negra francófona, em sua maioria, evoluem para uma francofonia real, a progressão rápida do francês na África do Norte não parece assegurada por mais de duas ou três décadas: adiante, tudo dependerá das relações econômicas e políticas entre a França e o Maghreb.[8]

De todo modo, o francês dispõe de alguns trunfos de que carecem o espanhol e o português. Em primeiro lugar, ele conta com um capital herdado do passado, capital que a França procura preservar e, mesmo, diversificar: estima-se em 25 milhões os alófonos de todos os países capazes de ler em francês. Dezenas de milhares de professores, centenas de liceus e de escolas se esforçam para assegurar essa difusão mundial. Comparada à expansão atual da língua inglesa, esta empresa colossal não passaria de um brilhante combate de retaguarda se o contexto lingüístico mundial não estivesse sendo alterado, de maneira radical, pelo progresso de determinadas técnicas, principalmente a da tradução informatizada.[9]

Por outro lado, o francês se apóia na economia de uma das raras potências industriais ainda "completas", isto é, que comportam praticamente toda a gama das produções modernas. A França se esforça por manter pelo menos uma empresa de alcance mundial em cada um dos grandes domínios de atividade, e esta vontade de continuar sendo uma grande potência assegura à língua, por enquanto, uma certa vitalidade: o vocabulário científico e técnico, notadamente, segue de perto o ritmo do progresso. Enfim, o francês tem, sobre todas as demais línguas, exceto a inglesa, a vantagem de estar solidamente implantada nos cinco continentes. Por essa razão, integra todas as organizações internacionais regionais.[10]

O fenômeno Internet

O ano de 1995 assinalou a grande guinada no interesse dos francófonos pelo "fenômeno Internet". Objeto de interesse geral e altamente político, sobretudo depois que o candidato à presidência norte-americana, Bill Clinton, o incluiu na sua plataforma eleitoral, a rede das redes — que, a princípio, não atraía senão os militares e os cientistas — tornou-se um fenômeno de sociedade incontornável. As palavras "Internet", "multimídia", "CD-ROM" passaram a integrar o vocabulário corrente. A Academia Francesa formalizou como "cédérom" a francisação da sigla norte-americana Compact Disk, Read Only Memory (enquanto Quebec optava por "DOC", Disque Optique Compact). Seções multimídia ganham espaço crescente nos jornais enquanto a imprensa especializada multiplica o número de leitores. Na França, o diário de informação geral *Libération* foi o primeiro, no começo de 1995, a lançar um caderno semanal multimídia, seguido por *Le Monde* (janeiro de 1996) e por *Le Figaro* (abril de 1996). As revistas de notícias gerais passaram igualmente a dedicar verdadeiros "dossiês" à rede das redes.[11]

Durante a sexta reunião de cúpula dos países "que partilham o francês", o presidente Jacques Chirac deplorou que a maioria esmagadora das informações que transitam pela Internet fosse em inglês e formulou um apelo à francofonia para que "encabeçasse uma vasta campanha pelo pluralismo lingüístico e pela diversidade cultural nas infovias".

3

Não perca o seu latim

Infelizmente, perdi o meu latim como todo mundo...

Jorge Luis Borges, em *Civilisation latine.*

Os símbolos devem nascer deles mesmos.
É sempre arriscado querer fabricá-los, ex nihilo.

Maurice Druon, *Circonstances****.

O apego à França é uma maneira de os latinos celebrarem a sua latinidade.

Charles de Gaulle, 21.10.1964.

As colinas do milagre

Quem poderia ter previsto o futuro fulgurante da pequena aldeia pastoril fundada no começo da Idade do Ferro sobre uma das sete legendárias colinas do Lácio? Quem poderia suspeitar do destino imperial reservado a uma aldeia mal implantada nas franjas da civilização itálica, rebento menor da confederação dos latinos e associada, também menor, da poderosa liga etrusca? Difícil compreender como esta coletividade, aparentemente sem o menor lustre, chegou a superar todos os vizinhos e apoderar-se, pouco a pouco, da Itália central, absorver em seguida o resto da península e, finalmente, conquistar imensas províncias na Europa, na África e na Ásia.

O historiador contemporâneo, observa Émile Condurachi, professor de história antiga na Universidade de Bucareste, "não cessa de se abismar ante a grandeza de Roma, bem mais que de sua decadência". Não é fácil entender "como esses simples esboços de cidades, *civitas*, confinados, por definição, a limites muito estreitos, puderam expandir-se a ponto de ocupar um enorme espaço histórico; não é fácil visualizar como puderam esses aculturados, que teriam sido os romanos primitivos, se transformar em paradigma do aculturante". Como conseguiu uma civilização modesta e periférica substituir-se às grandes unidades político-militares da Antiguidade e, simultaneamente, promover a adoção do latim como língua materna das populações não-latinas englobadas no Império?[1]

Um dos traços mais distintivos da ascensão de Roma, contra ventos e marés, foi uma espécie de perspicácia traduzida pela fundação de todo um colar de *coloniae* e de *municipia* ao longo das fronteiras orientais dos territórios conquistados ou aliados, com a missão de suportar o primeiro choque inimigo, bem como de servir de pontos de apoio nas horas de tormenta. Essa iniciativa teve êxito extraordinário e terá contribuído fortemente para o desabrochar da língua latina. De simples bastiões militares, tais implantações se transformaram com rapidez em potentes focos de romanização nas províncias conquistadas.[2]

Na época do nascimento de Cristo, ao tempo de Augusto e do Império, o mundo conhecido se considerava romano e reivindicava a condição de participante dessa civilização superior. Jesus Cristo foi, portanto, romano, e a fundação da Igreja Católica exprimia essa continuidade.[3] "Impossível negligenciar a importância do fato cristão na sobrevivência do latim", lembra-nos o filólogo Antonio Houaiss, membro da Academia Brasileira de Letras. "Carlos Magno, ao ser o primeiro a impor o canto romano no seu império (por volta de 803), fez do latim e da música da Igreja uma fonte de cultura que não se esgotaria até o século XX."[4]

Todas as palavras abstratas são latinas

A propósito da "natureza" das marcas romanas, Jorge Luis Borges assinala que caberia, com mais propriedade, meditar sobre a latinidade do ponto de vista do próprio pensamento, pois a grande maioria das palavras abstratas foi traduzida ou transcrita do latim nas línguas germânicas. "Cito o exemplo de Kaiser, César e, mesmo, Czar; poderia acrescentar também a palavra *vaterland*; em inglês, dir-se-á de preferência *motherland*, mas se pode igualmente dizer *fatherland*, o que soa tipicamente germânico, mas em saxão é uma simples tradução de *patria*, idéia inteiramente nova para os germânicos; entre nós, *Patria* era a terra da paz; pode ter origem na Itália ou em qualquer outro canto...".

O escritor argentino assim conclui o seu raciocínio: " [...] Como se vê, a latinidade não pode ficar circunscrita aos países do Sul da Europa. Melhor dizer que a latinidade

[...] é o Ocidente, com o que o horizonte se alarga. Mas, além disso, nós americanos, do Norte e do Sul, somos, em verdade, europeus no exílio."[5]

O horizonte latino

A crônica do latim nos transporta, portanto, do alto das sete colinas às profundezas dos cinco continentes: ao interior da Amazônia, às campinas do Texas, ao coração da África francófona ou lusófona, e mesmo ao Oriente, onde Roma se eternizou no leque de línguas latinas. Os milhões de seres humanos que hoje falam uma língua românica, seja ela qual for, perpetuam os cinco mil anos de civilização mediterrânea de que o latim foi o coletor.

Por essa razão, uma língua considerada morta logrou manter, através dos séculos e das latitudes, marcas tão frescas, que as encontramos a cada dia, ao abrir um jornal ou um livro, em qualquer ponto do globo. E não olvidemos o que o professor Frédéric Mauro, da Universidade de Paris, chamou de "estranho fenômeno". Se havia, diz ele, por volta de 1400, três Europas, a eslava, a germânica e a latina, "devemos atentar para o estranho fenômeno que, a partir do século XV, fez explodir os latinos como pioneiros exclusivos, sobre a superfície do globo".

Esses latinos, continua o professor Mauro, "eram portadores de uma herança de que se beneficiou toda a Europa: a língua latina, espécie de *koinè*, de esperanto do Ocidente inteiro, impôs aos germânicos a sua lógica e seus conceitos, sua sintaxe e seu vocabulário, pelo menos junto às elites, e sua influência se estendeu até mesmo aos países eslavos, notadamente à católica Polônia. Através da língua latina, o direito romano se foi implantando em toda parte e, face ao direito dos invasores germânicos, fundado nos costumes, perdurará nas penínsulas mediterrâneas e na França da língua d'oc".[6]

Na sua condição de língua civil e, simultaneamente, "língua nacional", o latim só existiu no tempo da República e no do Império Romano. Já não sendo, em nossos dias, "língua falada", subsiste como língua escrita, pois permanece como "língua oficial" do Estado do Vaticano, juntamente com o italiano. Todos os atos jurídicos do Estado são previamente publicados em latim, textos esses considerados oficiais.

Após a *Vulgata* (versão latina das Sagradas Escrituras, feita por São Jerônimo entre 382 e 392), o latim tornou-se a terceira língua litúrgica da Igreja Católica Romana, ao lado do grego e do hebreu.

O número de Estados de língua oficial românica chega a sessenta, ou seja, mais de um terço dos Estados soberanos do mundo. Este fenômeno foi acompanhado de uma grande simplificação lingüística; a Europa Latina não exportou mais que três línguas: a espanhola, a francesa e a portuguesa. Os emigrantes italianos, catalães, corsos, romenos e provençais não mantiveram, ou não mantêm nos nossos dias, suas línguas de origem por mais de uma ou duas gerações no seio das famílias. Dos três grupos lingüísticos pluricontinentais, o espanhol tem o maior número de falantes, seguido pelo francês e pelo português, mais ou menos em equilíbrio.[7]

Seria difícil estimar em que época da história foi maior o número de "latinófonos". Sabe-se, contudo, que no ano 200 da era cristã, somente a cidade de Roma contava com um milhão de habitantes que falavam — ou pelo menos compreendiam — latim. Mas o simples fato de o latim haver subsistido até hoje como língua escrita, ao longo de 23 séculos (dos quais oito de notável uniformidade), bastaria para mostrar que nenhuma outra língua — nem mesmo o inglês ou o chinês — chegou a ser conhecida por um número tão grande de pessoas.[8]

A marca cultural foi tão profunda e difundida que numerosas expressões latinas continuam até agora sendo insubstituíveis. Nós as encontramos com freqüência na imprensa e na literatura de todos os países. O *Herald Tribune*, entre tantos outros, está sempre repleto de palavras ou fórmulas latinas puras, tal como empregadas no correr dos séculos. A título de exemplo, assinalo quase meia centena num único número do jornal, o de 19.6.96, tomado ao acaso:

- "Legislation that... restricts the right of **habeas corpus**."
- "The opposition... is instead simply backing the **status quo**."
- "Theater... a series of apparently inconsequencial **non sequiturs** that suddenly build up into tragedy."
- "...an Italian-style **proscenium**-arch theater".
- "Kohl has frozen the union leaders out of their traditional roll in Germany's **consensus** policymaking."
- "They also demanded a **moratorium** on debt and preferential taxation."
- "What's more, this new **momentum** may well spill over into the second half."
- "Russia is nevertheless haunted by a ' **vacuum** of belief' since the collapse of Communism."
- "In the hushed **interim** before Benjamin Netanyahu assumed the prime ministership."
- "China and Japan. **Millennia** of Distrust in Asia. "
- "China ...a real policy or just a one-time response in the face of the U.S. **ultimatum.** "
- "From May 1944 to May 1995, ' **Symposium**', by Peter Scat."
- "60% or more of congressional members, support a higher **ratio**."

De Gaulle latinista

O general não perdeu o seu latim, como todo mundo. As expressões latinas lhe vêm à memória com facilidade e ele as emprega com relativa freqüência. Alguns exemplos:

— Por ocasião do debate sobre o orçamento, no Conselho de Ministros de 10 de julho de 1963: "Impõe-se retomar a questão *ab ovo* [a partir do ovo, desde a origem]."

— Sobre o Sudeste asiático: "A força das coisas terminará por estabelecer um *modus vivendi*; por conseqüência, regimes novos e, em todo caso, regimes de paz."

— No Conselho de 15 de abril de 1964: "...mas não esqueçamos que o essencial para um país é que a mulher seja mãe de família. *Primum omnium, salus patriae*".

— À saída do Conselho de 11 de julho de 1962: *"Suave mari magno turbantibus aequora ventis..."**

— No decorrer de uma simples conversa com seu ministro da Informação: "Se for esse o caso, não restará senão desesperar. *Quos vult perdere Jupiter dementat prius.*"[9]

*Versos de Lucrécio: "É doce, quando os ventos atormentam as vagas sobre o vasto mar [contemplar as provações de outrem do alto de um promontório]."

Júlio César no aeroporto das Gálias

Embora classificada como língua morta, seria mais exato dizer que o latim está fora de moda, por se ter imobilizado no tempo. Com o vocabulário latino, poderemos sempre exprimir os sentimentos fundamentais do homem, mas não nos servirá para designar nem as idéias nem os objetos contemporâneos. Se, por milagre, Júlio César ressuscitasse nas cercanias de Paris, como poderia avisar à mulher, por intermédio do celular de um amigo, que ele se encontra no aeroporto das Gálias e tomará, em vez do táxi, o metrô até Lutécia?

Língua de trabalho ainda viva no Vaticano, foi preciso adaptá-la aos tempos modernos e fabricar virtualmente todo um vocabulário novo. Lingüistas tiveram de criar perífrases complexas para significar objetos ou situações contemporâneas, como bomba atômica, traduzida como "*globus atomica vi displodens*", "esfera atômica de explosão violenta". Quanto ao cigarro, o tom de reprovação transparece em "*nicotina fistula*", "canudo de nicotina", enquanto uma caixa de charutos dá lugar a um pequeno discurso: "*capsella fasciculis tabaci asservandis...*", "estojo destinado a preservar aromas de tabaco".

Para assegurar a sobrevivência do latim, foi imperativo codificar todos esses neologismos para torná-los acessíveis ao maior número possível de interessados.

Foi precisamente o que fez o Vaticano, com o lançamento de um dicionário de 15 mil neologismos, sob o título *Lexicon, Recentis Latinitas*, verdadeira "operação sobrevida". O jornal *Le Monde* (8.10.97) assim saudou o acontecimento: "Não foi bem a operação do Espírito Santo, mas guarda alguma semelhança. Durante oito anos, finos letrados, sob a direção do padre Carlo Egger, trabalharam, suaram sangue e palavras, para elaborar a grande obra da modernidade à antiga. Uma vez que o latim continuava língua oficial do Vaticano, impunha-se pô-lo a compasso com o nosso século."

Os lexicógrafos do Vaticano não se deixaram intimidar pela invasão de termos ingleses empregados impunemente em versão original na maioria dos países. No Vaticano, um buldôzer se chama "*automatarius chamuleus*", "enxadão autômato"; blue-jeans, "*bracae linteae caerulae*", "bragas de tela azul"; fita adesiva, "*taenia glutinosa*", "faixa colante". Uma partida de tênis?, "*Manubriati reticuli ludus?*". Se houver preferência pelo slalom, nada mais simples, "*descensio flexuosa*".

Reverendíssimos on-line:

on-line	*directe colligatio*	ligação direta
e-mail	*inscriptio cursualis [electronica]*	inscrição do curso a seguir
bar/barman	*tabernae pastoriae minister*	aquele que serve a bebida no bar
piano-bar	*taberna nocturna succentos musica laetificata*	bar ou casa noturna de música alegre
spray	*sparsivus liquor nubilogenous*	líquido que faz aspersão de vapor
shampooing	*capitilavium*	limpador de cabeça
um V.I.P.	*amplissimus vir*	personalidade de marca
C.I.A.	*Sedes Centralis Exploratoria*	Sede Central de Exploração
night club	*locus nocturnus*	local de trevas

O *Lexicon* não se deixa tampouco perturbar pelos perigos e tentações do mundo nem pelas seduções do pecado. Se for preciso nomear a jovem que faz o striptease no cabaré, nenhum problema: "*sui ipsius nudatio*", "aquela que se desnuda". Um voyeur?, "*obscena spectandi cupiditas*", "desejo obsceno de espiar". Aids?, "*syndrome comparati defectus immunitatis*", "síndrome imunodeficitária adquirida". Uma garçonnière, "*parva caelebis diaeta*", "pequeno apartamento de celibatário"; meia-calça, "*brevissimae bracae femineae*", "calça feminina muito exígua".

Vocabulário do prazer:

topless	*strophio carens*	privada de cobre-maminha
dancing	*ludus saltatorius*	divertimento dançante
deshabillé	*seminuda aparentia*	seminudez aparente
pornográfico	*ad libidinem instigatorius*	instigador da busca do bom prazer
ninfeta	*puella inverecunda*	donzela impudente
ninfomania	*ardor insanus*	embrasamento insensato
sex-shop	*rerum obscenarum taberna*	taberna de objetos libidinosos
bikini	*vesticula balnearia Bikiniana*	vestimenta de banho muito sumária à moda de Bikini

O *Lexicon* se mostra igualmente atualizado em matéria econômica e financeira. O cambista tornou-se "*curator pecuniae permutandae*", "comissário em permuta de bens"; um cheque, "*praescriptio pecunia*", "ordem de pagamento em dinheiro", conta bancária, "*pecunia fructuosa*", "dinheiro que frutifica". No comércio, as situações de dumping são cominadas "*vilis exportatio*", "exportação a preço vil". Um vigarista, "*homo quaestuosissimus*", "tipo extremamente duvidoso"; se se tratar de bancarrota, "*argentariae dissolutio*", "dissolução do banqueiro".

Um esforço de modernidade:

conta corrente	*schedula mittendae accipiendaeque pecuniae*	dinheiro recolhido e registrado
bancarrota	*argentariae dissolutio*	dissolução do banqueiro
racket	*illicita pecunia exacto*	percepção ilícita de dinheiro
fazer shopping	*per tabernas vagor*	ir e vir nas tabernas
insolvabilidade	*nulla solvendi copia*	abundância negativa
estoque	*cumulus mercium*	porções de mercadorias acumuladas
supermercado	*ampla sedes rerus venalium*	dilatada oferta à venda de objetos
narcodólar	*dollarum e medicamentis stupefactis proveniens*	dólares oriundos de estupefacientes

O "aggiornamento" não omitiu a política contemporânea. Encontraremos, por exemplo, as expressões união das esquerdas, "*confoederatio sinistra*", "aliança da esquerda"; um neonazista, "*novi Hitleriani motus assecla*", "sectário do novo movimento hitlerista"; campos de extermínio, "*campus captivis internecandis*", "campos que precedem a carnificina"; o gulag, "*campus captivis custodiendis*", "campos de detenção".

Ainda no domínio da política:

marxista	*Caroli Marx sectator*	sectário de Karl Marx
maoísta	*Maotsenganorum institutorum fautor*	partidário dos princípios de Mao Tse-tung
coquetel Molotov	*ampulla Molotoviana*	anforeta à la Molotov
terceiro mundo	*regiones tertia ordinis*	regiões de terceira classe
detente	*relaxatio politica*	descontração política

As palavras francesas sem fronteiras são particularmente bem acolhidas entre as do *Recentis Latinitas*. A expressão "tour de force", por exemplo, inspirou três sinônimos, "*contentio vehementissima*", "esforço de enorme veemência"; "*maximus nisis*", "dedicação suprema para realizar", e "*nimius conatus*", "esforço extremo". "Savoir faire" é descrito como "*sollertia*", "engenhosidade". "Coup de foudre", "*subitaneus amoris ardor*", "amor súbito e fogoso". "French cancan", "*saltatio Gallica*", "dança das Gálias". "Haute couture", "*summum opus vestiarum*", "pináculo da obra vestimentar".

Outros traços das Gálias:

maquis	*tectus libertatis Gallicae propugnator*	abrigo do combatente pela liberdade da Gália
nouvelle vague	*nova cinematographica ars Gallica*	nova arte cinematográfica da Gália
Banque de France	*Argentaria Gallica Centralis*	Banco Central das Gálias
desempregado	*destitutus opere*	posto à margem do trabalho
greve geral	*operisticium generale*	abstenção geral por ação deliberada
semana de trabalho	*septimana operaria*	semana operária
pied-à-terre	*habitatiuncula temporaria*	morada de circunstância
noblesse oblige	*nobilitas cogit*	nascimento nobre o impõe
pot-pourri	*rerum colluvio*	mistura impura de coisas

O latim que vem do frio

Não é só a Rádio Vaticano que emite regularmente programas em latim clássico e consegue atrair ouvintes fiéis em diversos países. Desde 1989, a Radiodifusão-Televisão Finlandesa mantém no ar uma retrospectiva semanal do noticiário inteiramente em latim, sob o título *Nuntii Latini*. De início apenas parte integrante de uma atração científica, logo essas retrospectivas adquiriram a condição de programa autônomo, transmitido todas as sextas-feiras, de manhã e à noite, pela rádio nacional, YLE R1. Pouco depois, passou a ser repetido nos fins de semana, em ondas curtas e via satélite. Reijo Pitkäranta e Tuomo Pekkanen, os dois redatores que apresentam a seleção de notícias, foram contratados em tempo integral. Hoje, as emissões evocam, igualmente, temas científicos, culturais e esportivos.

Tuomo Pekkanen, professor e poeta, apaixonado latinista há mais de quarenta anos, está determinado a demonstrar que o latim (que considera muito mais fácil que o finlandês) pode ser tão vibrante e atual como qualquer língua viva. Com efeito, ele não apenas escreve poemas em latim (incluída a tradução dos 12.078 versos da epopéia *Kalevala*), mas também as letras para um grupo de jazz intitulado Reine Rimon Eiusque Papae Fervidissimi ou "Reine Rimon e seus Papais Quentes". O grupo gravou dois CDs, um baseado nas *Odes* de Horácio e outro em torno dos poemas de Catulo. Um terceiro está previsto, sobre os *Amores*, de Ovídio. O repertório desses jovens inclui as versões retrabalhadas dos clássicos de Nova Orléans, tais como *Cum sancti caelum ineunt*, "Quando os santos chegam marchando", *Veneres Plorent*, "Quem é que ainda lamenta?", ou *Amor, amor, qui me despicis*, "Amor displicente".

Ao longo dos últimos oito anos, a companhia finlandesa vem publicando os textos de *Nuntii Latini* em volumes bianuais. Podem ser encomendados via Internet, ao preço de trinta dólares o exemplar, pagamento por "*charta creditoria* VISA/MASTER/EUROCARD, *cuius numerus et tempus validitatis indicentur*". Em outras palavras, não se esqueça de indicar número e data de validade do seu cartão.

Pitkäranta e Pekkanen sustentam que não foi preciso inventar novas palavras, bastando-lhes criar novas formulações com os elementos que já integram o vocabulário latino. Uma vez que os "documentos eletrônicos" não faziam parte do universo dos romanos, os dois redatores combinaram expressões existentes para criar conceitos novos. Por exemplo: "*cohortes reactionis rapidae*", "forças de reação rápida", "*missilia circumvagantia*", "foguetes de cruzeiro" ou "*satelles speculatorius*" para descrever os "satélites espiões". O fato de a maior parte do vocabulário técnico ser de origem grega ou latina facilitou-lhes a tarefa. "*Televisio* para televisão", diz Pekkanen, "seria compreensível mesmo a um antigo romano, pois *tele* é grego e *visio* latim." A publicação do *Lexicon, Recentis Latinitas* vai simplificar tudo e, seguramente, dar um novo impulso aos latinófilos finlandeses.

Cabe assinalar que o latim ocupa um lugar bem especial na Finlândia, desde vários séculos, como símbolo do apego do país ao Ocidente, de preferência a seus vizinhos russos. Até a metade do século XIX, o latim foi a disciplina mais importante e propiciou a muitos jovens a oportunidade de prosseguir seus estudos na Europa central ou ocidental. A Universidade de Jyvaskyla, onde ensina Pekkanen, tem uma tradição clássica forte e foi sede do IX Congresso Internacional de Latim, em 1997.

Oriundos de diversos países, os delegados não tiveram a menor dificuldade em se entenderem na sua *lingua franca*. A televisão finlandesa deu ampla cobertura ao evento — em latim, evidentemente.

O professor Pekkanen estima em 15 milhões o número de pessoas que falam ou compreendem o latim na União Européia, cuja superfície cobre quase a totalidade do mundo medieval latinizado. Como a audiência doméstica na Finlândia é bastante limitada, o latim se lhes afigurou ser um meio de atrair ouvintes estrangeiros. Cartas de cinqüenta países foram recebidas, solicitando informações sobre horários de transmissão e outros detalhes. A emissora está bem implantada na Internet (http://www.yle.fi/fbc/nuntii.html) e espera assim levar sua contribuição à comunidade de locutores latinos em todo o mundo.[10]

O latim na estepe russa

Os pesquisadores A. M. Babkine e V. V. Chendetsov, autores do *Dicionário das palavras e expressões estrangeiras utilizadas em textos russos, sem ser traduzidas*, mostraram que o latim, apesar de tudo, fez o seu caminho até a intimidade dos russos:

- "É preciso mandá-la para casa do marido **manu militari**...", Tchekhov, *O duelo*, 8.
- "Por acaso, meu **alibi** poderia ser verificado junto a testemunhas...", V. B. Bertenson, *Em 30 anos*, I.
- "Certa manhã, recebi a visita do **factotum** do Príncipe...", Herzen, *Passado e meditações*.
- "...sua liberdade reside no **habeas corpus** e não nos seus costumes...", Herzen, Id.
- "...referindo-se ao que afirmava Marx, ao que o **magister dixit**.", Plekhanov, *Extraits choisis*.
- "...o **nec plus ultra** dos horizontes e dos ideais dos 'amigos do povo'.", Lenin, *Que significa "os amigos do povo?"*, III.
- "...as mulheres... não pertencem todas à categoria **omnibus**, porém à das **privatissimae**", Herzen, carta a G. e a E. Guervagam.
- "É verdade que o novo enviado não era **persona grata** aos olhos da corte de Petersburgo", V. B. Bertenson, *Em 30 anos*, V.

O "Homo cyberneticus"

Do *Homo erectus* ao *Homo sapiens* e, finalmente, ao *Homo cyberneticus*, assim nomeado em recente relatório sobre a "fronteira numérica", divulgado por *BusinessWeek* (23.6.97), foi imperativo recorrer a palavras latinas.

Após "As mil e uma marcas do francês" e a torrente a que chamei "O buldôzer anglo-americano", ocorre que a coleção mais volumosa de exemplos de uso de palavras e expressões de livre curso internacional é a do latim, que parece se rejuvenescer a olhos vistos.

Ainda não se encontraram substitutos satisfatórios para expressões como:

- **alter ego**: "Christine Ockrent égratigne Patrick Poivre d'Arvor, son **alter ego** du '20 heures'", *Le Figaro*, 3.4.97;
- **alibi**: "Ma chi pagherà gli **alibi** politici?", *Corriere della Sera*, 2.4.96;
- **a priori**: "Noël Mamère est, **a priori**, le mieux placé", *Le Point*, 12.4.97;
- **ad nauseam**: "Jack Kemp... with his penchant for elaborating **ad nauseam** on the finer points", *U. S. News*, 26.8.96;
- **annus horribilis**: "1981... **Annus horribilis**: François Mitterrand est élu président! Les communistes entrent au gouvernement", *Le Point*, 19.4.97;
- **ad hoc**: "Yeltsin. Assembling an **ad hoc** team of Russian and international specialists was riskier", *The New York Times*, 22.9.96;
- **causa mortis**: "On n'a jamais su avec certitude, qu'elle avait été la **causa mortis**. Peut-être on ne le saura jamais";

"Causa mortis"? A dúvida perdura

"Abóbora, abóbora-moranga, abóbora-menina, abóbora-melão — da família das cucurbitáceas — são em geral consideradas ornamentais pela originalidade de suas formas. As sementes, igualmente de bom tamanho, são vermífugas. O fruto nem sempre é comestível como é o caso dos *Citrullus* que, ao contrário das aparências, não são propriamente abóboras mas melões-d'água e coloquíntidas. Ora, a coloquíntida (parente da melancia) contém um sumo tóxico que teria propiciado a Agripina levar a cabo, com a cumplicidade da sombria Locusta, o assassinato de seu imperial esposo, Cláudio.
As duas haviam planejado envenená-lo com amanites phalloides; mas Cláudio teve a má idéia de vomitar após um primeiro prato, seguindo a moda então vigente entre os grandes de Roma, para enganar a gula. Como não restavam amanites suficientes para alcançar o objetivo, as conspiradoras, sob o pretexto de neutralizar os primeiros sintomas, recorreram a lavagens com suco de coloquíntidas, as quais lograram completar por baixo a obra que ficara inconclusa pelo alto: Cláudio morreu, pois, de coloquíntida e de amanites, e foi sucedido pelo sanguinário Nero."[11]
Nem todos os historiadores são acordes sobre esta descrição. Procuram, ainda, a **causa mortis** do imperador.

Jean-Marie Pelt, *Des légumes*, Paris, Fayard, 1993.

- **cum grano salis**: "Tout ce qu'il dit doit être reçu **cum grano salis**", Bazin, *Vipère au poing;*
- **imprimatur**: "Diana Loses **Imprimatur** of Royalty", *Herald Tribune*, 29.8.96;
- **in absentia**: "Paul Touvier was twice convicted **in absentia** for treason", *Time*, 29.7.96;
- **in extremis**: "Le RPR a, ainsi, trouvé **in extremis** une manière très élégante de ne pas gêner ses anciens gaullistes", *Le Point*, 3.5.95.

4

O Buldôzer anglo-americano

A dificuldade de escrever em inglês me aborrece extremamente. Ah, meu Deus! Se se pudesse escrever sempre nessa bela língua da França.

Charles Dickens, carta a John Foster, em 7.7.1850.

Tive um café da manhã de trabalho com Jacques Chirac na residência do embaixador britânico. Não sem razão ele era conhecido por seus compatriotas como ***le bulldozer;*** *e em mais de uma ocasião tive de deixar claro que a dama não podia ser massacrada pelo buldôzer.*

Margaret Thatcher, *The Downing Street Years.*

Guilherme: uma conquista suave

"Em 1066, o governo da Inglaterra passou para as mãos dos normandos. Fato inédito: a conquista do poder não exigiu a invasão do país. Se Taine imaginou uma força de sessenta mil guerreiros, os historiadores de hoje a estimam em não mais de doze, talvez mesmo seis mil homens, ou seja, uma relação com a população de um para 150, ou para 300. Compreende-se, assim, que os vencedores não tenham tentado impor sua língua; cada qual conservou a sua, enquanto as transações oficiais se processavam em latim. A nobreza inglesa, não tendo sido exterminada, aliou-se rapidamente, pelo casamento, aos novos senhores; por outro lado, como Guilherme, o Conquistador, manteve a organização administrativa do país, os intermediários tiveram de aprender a se exprimir nas duas línguas, tal como fizeram certamente os intermediários da Igreja."

André Maisonneuve, *Littérature anglaise.*

O inglês, língua latina?

O lingüista inglês Wilfred Funk qualificou sua própria língua de "babel de estranhas palavras". Ele se pergunta se, em realidade, uma palavra ao menos em cinqüenta seria originária da parte da ilha que se chama Inglaterra. Segundo ele, o fato de a ocupação romana haver precedido a das tribos germânicas do continente explica por que cerca de sessenta por cento do vocabulário inglês sejam de origem latina.

Nos séculos V e VI, invasores anglos, saxões e jutos forneceram a estrutura de base do idioma, bem como a maior parte do léxico. Durante quinhentos anos, o "inglês" foi praticamente uma língua germânica. Sob o domínio normando, que se seguiu à batalha de Hastings em 1066, o francês-normando se superpôs aos dialetos germânicos. Ao longo de várias gerações, as duas línguas viveram lado a lado, uma falada pelos senhores normandos, e a outra pelos vassalos e escravos saxões. Como bem assinalou sir Walter Scott, em *Ivanhoé*, o gado, chamado *sheep, pig, calf, ox* — "carneiro", "porco", "vitelo", "boi" — pelos saxões do país, chegava afrancesado à mesa dos dominadores — *mutton, pork, veal, beef* —, "um perfeito exemplo de distinção de classe na linguagem".

No curso do século XIV, com o francês e o inglês já intensamente mesclados, as palavras latinas se incorporaram solidamente no vocabulário corrente. Dois séculos adiante, o latim passou a significar a marca suprema da distinção e nessa língua se entretinha a rainha Elizabeth com os diplomatas estrangeiros; Oliver Cromwell contrata o poeta Milton como seu secretário latino — e é tudo isso que explica o fato de "mais da metade das palavras de nossa língua terem como fonte o latim".[1]

Para melhor ilustrar o caráter híbrido do anglo-americano, o lingüista suíço Frederick Bodmer retirou, ao acaso, uma palavra de cada uma das mil primeiras páginas do *Concise Oxford Dictionary* e obteve o seguinte resultado: palavras de origem romana (latim, francês, italiano, espanhol), 53,6%; teutônica (antigo inglês, escandinavo, neerlandês, alemão), 31,1%; e grega, 10,8%.[2]

O inglês, gêmeo do chinês?

O simples fato de ser o inglês rico ao extremo em monossílabos já o aproxima, desde logo, do chinês. A riqueza em homófonos (*flea-flee, right-write*) avizinha ainda mais as duas línguas (os homófonos se distinguem pelos matizes de tonalidade; "*yes*", por exemplo, conforme o tom empregado, pode significar simples assentimento, interrogação, "suspense", excitação, assentimento irônico, ou mesmo enfado). Uma vez que as regras de sintaxe são as únicas regras gerais de uma língua monossilábica como a chinesa, e tendo presente que, no caso do inglês, nada é também tão essencial como essas mesmas regras de sintaxe, Bodmer assinala a utilidade de se levar em conta "até que ponto o inglês, e em especial o anglo-americano, evoluiu de forma a se assemelhar ainda mais com o chinês em decorrência do definhamento do sistema flexional".[3]

Com efeito, é possível escrever páginas inteiras, digamos um pequeno conto, utilizando apenas monossílabos. A passagem abaixo mostra a que ponto os tradutores da versão autorizada da Bíblia inglesa se valeram do estoque de monossílabos. Trata-se dos dez primeiros versos do quarto Evangelho, em que apenas as palavras de mais de uma sílaba estão assinaladas em itálico:

> "In the *beginning* was the Word, and the Word was with God, and the Word was God. The same was in the *beginning* with God. All things were made by him, and *without* him was not *any* thing made that was made. In him was life, and the life was the light of men. And the light *shineth* in *darkness* and the *darkness comprehended* it not. There was a men sent from God whose name was John. The same came for a *witness* to bear *witness* of the Light that all men through him might *believe*. He was not that Light but was sent to bear *witness* of that Light. That was the true Light which *lighteth every* man that *cometh into* the world. He was in the world, and the world was made by him, and the world knew him not."

O cômputo das palavras correspondentes a essa mesma passagem em algumas outras línguas européias deu o resultado seguinte:

Línguas	**Número de:**		**Percentual**
	palavras	monossílabos	
Inglês	139	124	90
Islandês	138	100	73
Alemão	135	100	74
Francês	121	78	64,5
Latim	92	26	28

A comparação entre os totais do francês e os do seu parente muito sintético, o latim, ou entre as Bíblias inglesa, alemã e islandesa, que são as mais próximas do estilo do chamado Venerável São Beda (monge e historiador inglês, doutor da Igreja, c. 672-735), confirma que esse traço característico do inglês não é um simples acidente de nascença mas, sim, o produto da evolução propiciada pelo desaparecimento dos afixos, ou seja, dos prefixos, infixos e sufixos.[4]

Segundo Bodmer, é graças à riqueza em homófonos da língua chinesa (comum ao inglês), bem como aos matizes de entonação (igualmente familiares aos ingleses) além do recurso intenso às "combinações" (do tipo *god-box*, gíria estudantil para significar "igreja"), que um chinês consegue ser eloqüente com apenas 420 monossílabos que constituem o estoque de base de sua língua.[5]

Sorvedouro insaciável

Verdadeiro sorvedouro, a língua inglesa devora com avidez palavras de todas as origens e as incorpora, anglicizadas ou não, ao seu imenso léxico. E isso vem de muito longe. Toda a obra de Racine se construiu com duas mil e quinhentas palavras, enquanto Shakespeare já manipulava quarenta mil.[6]

Quando um inglês não encontra a palavra que procura, faz questão de criá-la. Em 1903, George Bernard Shaw propôs *hominist* simplesmente para fazer pendant com *feminist*, abonada desde 1894. Florence King chamou *eccedentesiast* aquele que dissimula um sorriso. H. K. Mencken produziu *bibliobibuli* para descrever "as pessoas que lêem demais". *Monomath* foi o nome dado pelo jornalista L. J. Davis àquele que sabe tudo sobre um determinado assunto e absolutamente nada sobre os demais. E assim por diante...[7]

Tomemos a palavra *serendipity*, bastante conhecida. Trata-se de criação pura e simples de Horace Walpole, quarto conde de Essex (1717-98). Em carta de janeiro de 1754 a seu amigo Horace Mann, explica como lhe veio a inspiração: "Li um dia um conto de fadas bastante tolo chamado 'Os três príncipes de Serendip'; como Suas Altezas gostavam de viajar, faziam constantemente descobertas, por acidente ou por sagacidade, de coisas que não procuravam; por exemplo, uma delas descobriu que uma mula cega do olho direito havia trotado, recentemente, do mesmo lado da estrada porque o capim só tinha sido comido no lado esquerdo, que estava em pior estado que o direito — a esta altura, meu caro, estarás compreendendo *serendipity*?" *Serendip* deriva do nome árabe do Ceilão, atualmente Sri Lanka.

Serendipity acabou incorporada ao léxico, embora de emprego raro até o século atual. O *Webster's New International Dictionary* a admitiu em 1909, estando o uso mais freqüentemente associado a uma descoberta feliz ou acidental. Samuel Eliot Morison, em seu livro *European Discovery of America: the Northern Voyages* (1971), declara que "Colombo e Cabot — graças à serendipity mais espetacular da história — descobriram a América em vez de alcançar as Índias".

Jonathon Green calcula que a língua inglesa "albergue" cerca de quatro milhões de palavras, total que compreenderia o conjunto do corpus de base (os dicionários gerais não têm mais de seiscentas mil delas) e toda uma variedade de vocabulários marginais — gírias, coloquialismos, glossários profissionais, dialetos —, além dos diferentes neologismos não formalmente aceitos e das demais terminologias ancilares.[8]

Os ingleses são de tal modo apaixonados pela efusão vocabular que nenhum outro idioma terá propiciado soma comparável de dicionários, glossários, repertórios, nomenclaturas, tesauros de todos os quilates, do *slang* ao folclore, das palavras insólitas às obscuras, aos nomes de fobias, de medos e inquietudes; das palavras ditas absurdas às ridículas, às curiosas, às burlescas, às espantosas; das coletâneas temáticas/conceituais às compilações de provérbios, de rimas, de locuções, de convenções. E como se não bastasse essa superprodução de dicionários de palavras que existem, há pelo menos um de palavras que não existem, mas que bem poderiam existir, o de Jack Hitt, publicado em Nova York, em 1992: "*In a Word: A Dictionary of Words that Don't Exist, but Ought to.*"

Até o ketchup é inglês
(*Larousse*: palavra inglesa, do hindi)

Se você pensa que o ketchup é um molho estritamente à base de tomate, estará muito enganado. Preparado pelos romanos três séculos antes de Cristo, era feito de vinagre, azeite, pimenta e uma pasta de anchovas secas. Eles o chamavam *liquamen* e o utilizavam para tempero de peixes e aves. Nas ruínas de Pompéia foram encontrados pequenos potes com a seguinte inscrição: "O melhor liquamen. Fábrica de Umbricus Agathopus."

Embora o purê romano seja o antepassado do "ketchup", acontece que os chineses conceberam, eles também, um molho picante para peixes e aves, a que chamaram *ketsiap*. Este molho ganhou grande aceitação e se difundiu ao arquipélago malaio sob o nome de *ketchap*.

No século XVIII, marinheiros ingleses levaram amostras para a Inglaterra, com a ortografia **ketchup**.

Charles Dickens, em seu *Barnaby Rudge*, lambia os lábios à simples menção a "costeletas de cordeiro em fatias de pão recobertas de ketchup". O próprio Lord Byron teceu elogios à iguaria no seu poema *Beppo*.

E os tomates? Só fizeram sua aparição no ketchup em 1790, na Nova Inglaterra, onde Thomas Jefferson foi dos primeiros a cultivá-los.[9]

2.660 termos para designar "embriaguez"

Nesse universo lexical, somente o vocabulário sobre bebidas e seu consumo já foi objeto de numerosos volumes que remontam pelo menos a 1650, quando se publicou na Inglaterra um panfleto anônimo sobre os coloquialismos ligados aos licores e à embriaguez de professores, estudantes, advogados, juízes, funcionários, soldados e marinheiros. Benjamin Franklin, escrevendo sob o pseudônimo Silas Dagood, enumerou 228 sinônimos de "inebriamento" em seu *Drinker's Dictionary*, publicado em 1737. Tudo indica que esse homem notável, a despeito de ter enaltecido com grande eloqüência as virtudes da temperança, cultivava, na intimidade, ele também, os prazeres do álcool.

No seu *Thesaurus of American Slang*, Robert L. Chapman assinala que "drunk", bêbado, "é uma das fontes mais prolíferas de coloquialismos, provavelmente porque a embriaguez provoca uma necessidade constante de eufemismos, tão engenhosos quanto defensivos". Em apoio do que sustenta Chapman, o colecionador de palavras Paul Dickinson recenseou 2.660 que significam "bebedeira", proeza devidamente consagrada pelo *Guiness* como o recorde mundial de sinônimos.

Se imaginarmos que não deve existir palavra para qualificar o indivíduo que garante poder prevenir a queda de cabelos, ou curar a calvície, estaremos enganados. A palavra existe, em inglês: *alopecist*. Mera invenção? Não de todo. Os dicionários franceses registram "*alopécie*", empréstimo ao grego *alôpekia*, de alôpêx, "raposa" (por alusão à queda anual dos pêlos desse animal). Ora, se os franceses deram acolhida à doença ("ficar calvo devido à *alopécie*"), os ingleses apenas deram o passo seguinte ao qualificar a pessoa que pretende sustar a queda dos cabelos.

Agelast seria o indivíduo que não ri nunca. E se pensarmos que os ingleses exageram, estaremos ainda uma vez enganados. A palavra foi criada por François Rabelais, fato que Milan Kundera nos recorda em seu livro *The Art of the Novel*: "Rabelais inventou diversos neologismos que foram adotados pelos franceses, bem como por outras línguas, mas um deles foi esquecido, o que é de lamentar. Trata-se de *agélaste*; provém do grego e significa alguém que não ri, que não tem o menor senso do humor."

Seria virtualmente impossível não encontrar no estuário lexical inglês uma palavra, coloquial ou não, para descrever uma situação, pessoa ou objeto, quaisquer que sejam. Tomemos um caso extremo. Haverá palavra para designar alguém acometido de um mal que os médicos não conseguem identificar? A gíria médica inglesa fornece resposta imediata: "*gork*", acrônimo de "God only really knows", com efeito, "somente Deus sabe".

Mas a despeito de tudo, o gadget é francês...

Ainda que a palavra **gadget** bem como a idéia que representa tenham aparência tipicamente americana, a origem é bem francesa. Pronunciada corretamente, nos levaria a monsieur Gaget, um dos sócios da sociedade francesa Gaget, Gauthier & Cie., que construiu a Estátua da Liberdade, segundo os planos do escultor Frédéric-Auguste Bartholdi. Para aproveitar a oportunidade do evento, Gaget teve a idéia de vender miniaturas da estátua como souvenirs.

Os americanos que compravam essas réplicas começaram a chamá-las " gadgets", estropiando a pronúncia Gaget...

O centenário da estátua, celebrado com grande pompa em 1986, foi, portanto, igualmente o centenário da palavra, embora se possa imaginar que este último tenha sido festejado apenas na intimidade, pelos descendentes de Monsieur Gaget.[10]

Uma orgia de fobias

A riqueza de palavras, por exemplo, no campo da *fobiologia* — estudo das fobias — é praticamente ilimitada. Algumas se tornaram correntes como *agorafobia*, "fobia dos espaços livres e lugares públicos" (Marcel Proust: "Franchir sans agoraphobie l'espace creusé d'abîmes qui va de l'antichambre au petit salon."). Há, porém, outras menos conhecidas, mesmo entre professores, que com freqüência defrontam a *sofofobia* dos alunos — o "medo de aprender". Se pensarmos em Drácula e no seu pavor do crucifixo, a palavra exata será *staurofobia*. Se o assunto for de real interesse, o leitor poderá se divertir com as seiscentas palavras colecionadas por Charles Harrington Elster, autor de *There's a Word for It*, as quais listam as fobias mais pitorescas tais como *amomaxiaphobia*, "medo de fazer amor no automóvel", e *pentheraphobia*, "aversão universal às sogras", inclusive a própria. Mas se o objeto exclusivo da aversão for a própria sogra, será mais correto dizer *novercaphobia*. Na mesma ordem de idéias, se o objeto de repulsa for o próprio sogro, melhor utilizar *vitricophobia*. Se alguém, sem qualquer ambigüidade, abominar a totalidade de seus parentes, qualquer que seja o grau de parentesco, tratar-se-á, sem sombra de dúvida, de um *syngenesophobe*, sentimento, aliás, bastante difundido, segundo Elster. São igualmente difundidos: "o medo de ficar só" (*eremophobia*), ou "de estar sujo" (*automysophobia*); o "horror por pessoas com barba" (*pogonophobia*), ou "por plumas" (*pteronophobia*), ou "por flautas" (*aulophobia*), ou "por prostitutas" (*cypridophobia*), sem esquecer, evidentemente, o "medo da sexta-feira 13", condição algo mais difícil de descrever: *triskaidekaphobia*.

Se alguém perguntar, por absurdo, se os ingleses dispõem de algum nome para caracterizar os que têm "pavor de utilizar o metrô", a resposta será: *bathysiderodromaphobe*. Palavra assustadora, sem dúvida, formada pelo grego *bathy*, "profundo"; *sidero*, "ferro" ; *dromo*, "caminho ou via"; e *phobe*, o "que tem medo".

São, evidentemente, raros os casos de *philophobia* ("medo de se apaixonar"), de *euphobia* ("medo de boas notícias"), de *metrophobia* ("medo de poesia") e de *chorophobia* ("aversão à dança"). Mais rara ainda é a incidência de *venustaphobia* ("aversão a mulheres belas"), mas tudo indica que a mais invulgar de todas seria a *chrematophobia* (do grego *chremata*, "bens, dinheiro"), ou seja, a síndrome do indivíduo que abomina a riqueza.[11]

Um tecido de contradições?

O fato de a língua inglesa parecer tão amiúde um tecido de contradições não parece perturbar demasiado os estudantes. Um *hot dog* pode estar frio, o *dark room* iluminado, o *homework* pode ser feito na escola. Com efeito, não há *butter* no *buttermilk,* nem qualquer traço de eggs no *eggplant,* nem de *grape* no *grapefruit,* nem *worms* ou *wood* no *wormwood,* tampouco *pine* ou *apple* no *pineapple,* e, muito menos, *peas* ou *nuts* nos *peanuts,* o que desde logo desencoraja a procura de *ham* num *hamburger.* Ninguém deve estranhar se um *tomboy* for do sexo feminino, se a *guinea pig* não for *pig* e, menos ainda, originária da Guiné, nem que *quite a lot* seja o equivalente de *quite a few*... O idioma é suficientemente flexível, acolhedor e prático para atrair as preferências gerais.[12]

O chic masculino

Se o território da moda feminina é indiscutivelmente francês, o da masculina continua inexoravelmente inglês. Do blazer ao black-tie, do cardigã ao mackintosh, dos wellingtons aos nós de gravata Windsor, quem comanda é o inglês.

O pai do cardigã

Se todos sabem que um cardigã é um casaco de malha, aberto na frente, sem gola e de decote redondo ou em V, nem todos conhecem a origem do nome. Vem de James Thomas Brudenell, sétimo conde de Cardigan.

Major do Exército inglês, comprou, como se fazia na época, suas patentes militares até chegar a general. Era ainda major quando comandou a famosa carga da Brigada Ligeira, na guerra da Criméia. Usava habitualmente essa jaqueta e a popularizou.

O detalhe vestimentário lhe proporcionou uma imortalidade certamente mais duradoura que a dos seus feitos militares...

...e o pai do raglã

A exemplo do conde de Chesterfield, que deu seu nome a um sobretudo, a um sofá e a um maço de cigarros, lord Raglan se imortalizou por uma capa, gênero pelerine, godê, mangas cortadas de modo a que a cava, com as costuras enviesadas, termine no decote.

A moda foi também lançada durante a guerra da Criméia, em que coube ao barão Raglan, comandante das forças britânicas, a responsabilidade pelo massacre da Brigada Ligeira.

A segunda língua?

Depositária privilegiada dos conhecimentos modernos — espécie de biblioteca viva de um século de avanços científicos e técnicos —, a língua inglesa ocupa um lugar sem paralelo no universo lingüístico. Dentre todas, foi a que mais se expandiu na história do nosso planeta, a ponto de ser hoje utilizada pelo menos por um habitante do globo em cada sete. A metade dos livros impressos foi escrita em inglês e a maior parte das ligações telefônicas internacionais é nessa língua. O inglês é, também, o idioma usado em sessenta por cento dos programas de rádio, incluídos os da Rússia, já convencida de que para seduzir o público e influenciar as demais nações é preferível recorrer a ele. E não é só: setenta por cento de toda a correspondência internacional é escrita ou subscritada em inglês. Se pensarmos nos computadores, veremos que o índice dos textos em língua inglesa conservados em suas memórias se eleva a oitenta por cento.[13]

A primazia da origem anglo-saxã se manifesta ainda mais visivelmente no vocabulário da cibercultura, dos *bits* aos *bugs*, dos *bytes* aos CD-ROMs, dos *hackers* aos *crackers*, dos *modems* aos escâneres.

Certidão de nascimento do "bug"

O bug informático decorre de emprego metafórico de um tipo de inseto: *bug*, que significa barata, percevejo ou mariposa. Atraídos pelo calor das lâmpadas, esses animais acabavam colados nos circuitos eletrônicos dos primeiros computadores, o que provocava erros e panes. Conta-se que foi Grace Hopper quem primeiro resolveu o problema ao extrair um minúsculo lepidóptero eletrocutado nos circuitos do primeiro computador eletromecânico, o Mark 1. O fato teve a seguinte menção no registro de incidentes: *"First actual case of bug being found."* [primeiro caso de bug detectado].[14]

Se o Império Britânico não passa de uma lembrança do passado, sublinha Richard Reeves, o fato é que continua a se expandir. O inglês está se tornando, a passos largos, a segunda língua em todos os continentes — ao lado do espanhol, do francês, do coreano, do grego, do russo ou do urdu. O fato de se ter transformado no veículo privilegiado das finanças e do comércio, das tecnologias e do *entertainment* de massa confere a esse idioma vantagens que o aproximam do ideal de língua universal.

A teoria do "vacuum cleaner"

No ano 2000, um bilhão e meio de pessoas, ou seja, um quarto da população do mundo, falará inglês, lembra o professor David Crystal, autor da *Cambridge Ency-*

clopaedia of the English Language. Primeira língua de cerca de quatrocentos milhões, a maior parte dos quais nos Estados Unidos e no Reino Unido, o inglês será a segunda ou a terceira língua para os demais (ou seja, 1,1 bilhão), instrumento essencial nas suas vidas profissionais e pessoais.

Cada vez mais, o inglês se afirma como idioma dos negócios, da ciência e da cultura popular. "Nenhuma outra língua chegou a ser falada por tantos e em tão grande número de países", continua Crystal. Por quê? Ele não vê a menor razão de ordem lingüística. A gramática é complicada, a pronúncia excêntrica e a ortografia, no mínimo, bizarra. Mas a lógica, pondera ele, não se aplica necessariamente à construção de uma *lingua franca*. "Uma língua adquire poder quando a nação se torna poderosa. E esse poder pode ser militar, cultural ou econômico, ou, como no caso dos Estados Unidos, os três simultaneamente. Quando se tira do bolso um maço de dólares diante de qualquer um, este se disporá logo a aprender qualquer gramática e ortografia complicada."

Outro fator é a flexibilidade do inglês, que Crystal descreve como uma espécie de *vacuum cleaner* empenhado em aspirar de maneira voraz os vocabulários dos demais. O inglês classificado como "standard" já incorporou palavras de mais de cento e cinqüenta línguas. Semelhante flexibilidade, segundo o professor, tem menos a ver com o idioma do que com "as atitudes e temperamentos dos diferentes locutores".[15]

De Gaulle face ao "buldôzer"

O general não recorria gratuitamente a palavras sem fronteiras. As expressões inglesas, por exemplo, só aparecem quando escolhidas expressamente.

— "Mais la Grande-Bretagne et l'Amérique sont sur place [en Inde] et déploient conjointement une hostilité farouche à la France. J'ai été témoin du *boycott* qu'elles nous infligent."

— A propósito do Sudeste asiático: "Les Américains vont dire que nous portons un coup à leur *leadership*, mais il n'en reste plus grand-chose."

— "Jamais l'Algérie n'a été française [...]. Elle l'était dans les *slogans*. Elle ne l'était pas dans les faits. C'était une colonie."

— "La Chine [...] n'est pas à cinquante millions d'habitants près. Dans le *poker* planétaire, c'est une incroyable supériorité!"

— "Il y a bien le projet de Force multilatérale [...] Une attitude de *wait and see* équivaudrait pour nous à l'invasion..."[16]

O pesquisador norte-americano James Geary teme que o inglês acabe vítima de seu próprio sucesso. O simples fato de se ter espalhado entre locutores longínquos e de diferentes línguas maternas implica inevitáveis transformações e até mesmo uma subversão do inglês para poder corresponder às necessidades regionais. Os vocabulários locais, os coloquialismos e as pronúncias diversificadas tenderão fatalmente a substituir os usos correntes entre ingleses e norte-americanos. O inglês estaria arriscado a seguir a sorte do latim, que há mil e quinhentos anos se fragmentou em francês, em espanhol e em outras línguas. Os dicionários do inglês asiático, do inglês australiano, do inglês do Caribe e do inglês sul-africano já contêm palavras que um inglês de cepa não reconheceria.

Desta preocupação não partilha Richard Reeves. A explosão das comunicações, diz ele, somada à massificação do turismo, torna hoje inteiramente improvável essa visão de um inglês fracionado em dialetos.

Quando alguém perguntou a Otto von Bismarck qual teria sido, em sua opinião, o acontecimento mais decisivo da história moderna, o chanceler do Reich afirmou: "O fato de os norte-americanos falarem inglês." Ora, se esta pergunta viesse a ser novamente formulada, daqui a cem anos, a um homem de Estado asiático, africano ou indiano, este poderia responder: "O fato de tantas pessoas fora da América do Norte falarem inglês."[17]

Uma visão francesa

O futurólogo francês Jacques Attali assim visualizou o destino do inglês no curso do próximo século: "Até o primeiro terço, a primeira língua do comércio, da cultura, da diplomacia, da Net e da mídia; a segunda língua mais falada; a quarta materna. Deverá diversificar-se em idiomas autônomos nos continentes onde é utilizado. Mais tarde, as diferentes formas do chinês tenderão a disputar-lhe a primazia como língua do comércio. Um pouco mais tarde, os tradutores, as máquinas de tradução automática reduzirão o seu papel na mídia e na cultura." Lançando suas vistas ainda mais longe, o mesmo futurólogo concluiu:

> "Nenhuma língua se imporá como língua universal, todas se dividirão em falares diversificados. A primeira língua utilizada no mundo será o chinês, ou melhor, *os* chineses. O hindi, o espanhol, o português, o bengali ultrapassarão o inglês que, sob mil variantes (do americano ao *hinglish*), continuará ainda por um meio século como a língua do comércio, dos bancos, da Internet."[18]

Um "whisky"? A culpa é de Napoleão

Jantar íntimo no Eliseu, março de 1961. À hora do aperitivo, De Gaulle se mostra atento a cada convidado; ele mesmo se substitui ao maître d'hôtel para servir às senhoras um dedo, não de vinho do Porto, mas de moscatel de Frontignan, não de whisky, mas de conhaque com água.

Uma das convidadas indaga: "Mas por que, então, general, temos o hábito de tomar whisky quando o conhaque com água é tão mais saboroso!"

O general responde com um pequeno sorriso no canto da boca: "Parece que a culpa é de Napoleão. Devido ao bloqueio continental, como os ingleses não recebiam mais o seu conhaque, tiveram de *esticá-lo* e acabaram se contentando com os recursos à mão. Recorreram ao whisky da Escócia — uma vulgar aguardente de cereal, conservada em barris de carvalho, cujo gosto adquire. Levantado o bloqueio, os ingleses estavam habituados ao *scotch*. Preferiram o *ersatz* ao original. Outros os imitam por anglomania. Mas me parece razoável que, pelo menos nós, voltemos ao original, de preferência ao *ersatz*." E acrescentou, como se assaltado por um escrúpulo de historiador: "Não verifiquei a procedência dessa história, mas bem poderia ser verdadeira." *Se non è vero...*[19]

O buldôzer

Tudo o que precede conduz à escolha do buldôzer como título deste capítulo, palavra, aliás, incorporada tal qual nos dicionários franceses, por falta de equivalente.

- "Strong-willed and determined, impetuous and unpredictable, Jacques Chirac is not called 'le **bulldozer**' for nothing", *Time*, 10.8.98.

Muitas palavras inglesas, em especial as de origem norte-americana, se infiltraram no francês corrente, conservando intacta a ortografia original. Segundo Jean Dutourd, da Academia Francesa, o Ministério da Cultura deveria criar uma "comissão de francisação de vocábulos estrangeiros" para tomar a si as respectivas naturalizações ortográficas. E nos dá como exemplos: *look, cool, shop, crash, quick, food* — que passariam a ser grafados *louque, coule, chope, crache, couic, foude...*[20]

Penso que se há uma língua no mundo que se pode dar ao luxo de não ter complexos face às palavras de outras origens, esta seria o francês. Com efeito, a reflexão de Jorge Luis Borges — todas as palavras abstratas são latinas; os ingleses, em geral, ou as transcreveram ou as traduziram — nos ajuda a compreender melhor por que as palavras francesas que circulam tão livremente por cima das barreiras lingüísticas e culturais exprimem, o mais das vezes, um estado de alma, uma inclinação, uma crítica, uma irritação, uma suspeita, uma ironia — portanto, abstrações. Em contrapartida, o inglês teria mais apurado o dom de definir, preto no branco, um objeto, uma situação, um instrumento, um produto. Duas posturas intelectuais distintas, bem delineadas, assinalam o soberbo domínio das respectivas vocações.

5

As vigorosas marcas do italiano e do espanhol

Sêneca e Lucano escreveram toda a literatura espanhola antes mesmo que existissem os espanhóis.

Jorge Luis Borges, em *Civilisation latine.*

O italiano, um caso à parte

Dentre todas as línguas européias, o italiano é a que guardou as mais fortes marcas de sua origem latina, a que menos variou ao longo do tempo, na sua morfologia, no seu léxico, na sua sintaxe. Um francês cultivado, não especialista, não é capaz de ler (sem dicionário ou iniciação prévia) Rabelais nem Montaigne nos textos originais, e menos ainda *La Mort le roi Artu*. Ora, um italiano não necessita de estudos aprofundados para compreender, ainda hoje, Boccacio ou o *Novellino*.[1]

Oriundo do latim tardio, como todas as demais línguas românicas, o italiano escrito é toscano pelo vocabulário, mas continua latim pela sintaxe. Até os nossos dias, a literatura italiana paga o preço do divórcio entre a língua escrita e a falada. O italiano escrito, como assinala Dominique Fernandez, é retórico, redundante, como que vaidoso de sua superioridade sobre o italiano corrente. Boccacio é um caso típico. Seus contos são transbordantes de vida, de espírito, de astúcia, os episódios se sucedem em ritmo acelerado, porém redigidos numa prosa oratória calcada na prosa latina, com frases intermináveis e pesadas que diluem o sabor da narração. O que era típico do século XIV permanece quase inalterado em nossa época. O maior filósofo, ensaísta e crítico italiano contemporâneo, Benedetto Croce, compõe seus livros sob a forma de dissertações, com arroubos oratórios que tornam a leitura invariavelmente fastidiosa, se não insuportável.[2]

O fato de dispor de uma língua literária unicamente escrita, cercada de dialetos e usanças locais, todos em convivência pacífica, não poderia deixar de ter as suas seqüelas. O mesmo escritor consegue ser simples e sóbrio nas suas cartas ou memórias e irreconhecível nos seus escritos "literários". Duas atitudes, duas posturas mentais absolutamente distintas se revelam segundo o momento ou a circunstância. "Nada é mais surpreendente na Itália de hoje", continua Dominique Fernandez, "do que observar os dois registros de expressão do intelectual, do professor médio: como homem, ele se exprime como todo mundo; mas como intelectual ou como professor, recorre imediatamente a um linguajar 'superior' ininteligível aos não-iniciados e desencorajante para o simples cidadão."[3]

Ainda o dualismo

Curiosamente, o conservatismo do idioma italiano só encontra paralelo na sua receptividade, na sua ampla abertura às influências estrangeiras e dialetais. Maquiavel foi o primeiro a definir com vigor sua posição a respeito: "As línguas", disse ele, "não deveriam manter-se intactas, pois convém que se misturem a outras. Chama-se língua de uma pátria aquela que adaptou a suas necessidades os vocábulos tomados a outrem [...] pois ela absorve o bem alheio de maneira que pareça ser seu próprio." Com efeito, o italiano tem um poder maravilhoso de adaptar, de assimilar, de conformar a suas estruturas os empréstimos tomados ao longo dos séculos, segundo o fluxo e o refluxo das invasões guerreiras ou das penetrações pacíficas, que sempre acolheu com prodigalidade.[4]

Praticado com extrema flexibilidade, este hibridismo permite contornar os obstáculos inerentes à rigidez de uma língua exclusivamente escrita. Quanto aos empréstimos tomados ao francês, eles são numerosos, diz Albert Dauzat, e os termos por essa forma naturalizados adquirem a faculdade de "criar brotos", de que não dispunham na língua de origem. "Billet", por exemplo, deu em italiano não apenas *biglietto*, "bilhete", mas também *bigliettaio*, "encarregado da distribuição de bilhetes", e *biglietteria* "guichê de distribuição de bilhetes". Paliativo a tantas lacunas, a língua italiana oferece essa possibilidade inesgotável de cunhar livremente palavras compostas, ou até de criar palavras novas com a ajuda de prefixos e sufixos de derivação. A esse horizonte se soma a gama infinita de diminutivos, aumentativos, laudativos, pejorativos: palavras como *ometto, omone, omino, omaccio* (sem contar o mais erudito *omúnculo*) servem, todas, para designar os diferentes calibres e variedades de uma mesma espécie, o homem, cada qual portadora de uma nuança afetiva particular, o que seria impensável em francês.[5]

Difícil desvendar a paixão

Se, como assinalou Stendhal, e antes dele Diderot, o italiano é a língua da paixão, tal não impede que para um registro menos sublime que o do "bel canto" ou o da poesia lírica, seja impossível a um romancista colocar nos lábios de seus personagens uma frase tão simples quanto "eu te amo", não lhe restando senão recorrer a litotes, como, por exemplo, "*Le voglio bene*". Com efeito, "*L'amo*", tradução literal, soa como mera paródia do sentimento...[6]

"Parla italiano?"

Em 1861, no momento da proclamação do reino da Itália por Vítor-Emanuel, tendo Florença por capital, o número de cidadãos que usavam habitualmente o italiano não era superior a 2,5% (ou 8,5% se incluídos os toscanos). A despeito da anexação de Roma em 1870, o uso da língua do país unificado continuou muito baixo: um século depois, não passava de 19% a vinte por cento. Foi preciso ainda toda uma geração para que uma pesquisa, feita em 1988, pudesse indicar que sessenta por cento das pessoas interrogadas falavam italiano, exclusiva ou alternativamente, no seio de suas famílias.

Uma desregulação lingüística

O que é natural para todos, isto é, uma língua escrita que seja também falada, foi até agora negado aos italianos. São as técnicas de comunicação, o debate, a vida social, a conversação em família que parecem finalmente proporcionar aos italianos esse instrumento essencial.

O sanduíche de Mussolini

No seu desejo de expurgar a língua italiana de palavras estrangeiras, Mussolini estabeleceu, entre outras, que ***sandwich*** deveria ser substituído por **"panino gravido"**, que significa, literalmente, **"pãozinho prenhe"**.

Evidentemente, a "gravidez" fascista não durou muito. Se, nos nossos dias, um italiano pedir um "panino gravido" será provavelmente tomado por louco.

Não obstante, *panino* voltou à atualidade com o McDonald's à italiana.

Ainda que seja cedo demais para julgar um processo em plena ebulição, Angélique Levi traçou o seguinte paralelo com o francês: "De um lado, um país em que, segundo André Martinet, 'um malthusianismo rigorosamente sustentado pelos gramáticos sufocou toda e qualquer iniciativa do cidadão' que não ousa mais utilizar com desembaraço os recursos de sua própria língua; de outro, uma coletividade sensível ao sentimento lingüístico que usa e abusa de um poder novo. É mesmo possível que o próprio passado habilite melhor os italianos a tirar proveito da anarquia e da tolerância extrema; num país em que a condenação de um torneio de frase ou a adoção de um neologismo jamais estiveram ligados ao consentimento de uma comunidade de locutores, os censores têm, ao contrário do que ocorre em outras nações, feito o papel de pedantes, editando normas e regras destinadas a ser ignoradas como tantos outros decretos e normas arbitrárias e ditatoriais. Mestres consumados na arte da transgressão, afeitos ao perigoso exercício de tomar de terceiros sem perder a própria individualidade, utilizando engenhosamente os escassos recursos, tudo indica que os italianos saberão explorar a vitalidade que lhes permitiu se compor com uma língua morta e atualizar um mito com o fim de ordenar e dominar o material ainda informe e impuro, mas fervilhante e vigoroso, de que dispõem."[7]

A italomania dos franceses

O italiano é a língua da qual o francês mais fez empréstimos, até meados do século XX. Foi, sem dúvida, a Renascença italiana que, desde o século XV, abriu o caminho à Renascença francesa no domínio das artes. Um substancioso contingente de palavras italianas enriqueceu, de maneira harmoniosa, o patrimônio léxico herdado do latim. As relações entre a França e a Itália, já muito próximas, se intensificaram ainda mais com o casamento de Catarina de Médicis, descendente de Lourenço, o Magnífico, com o duque de Orléans, futuro Henrique II. Morto este último, Catarina assumiu a regência durante a minoridade de Carlos IX.

Quando Catarina vulgariza o garfo

Na corte, o apetite da rainha era objeto de gracejos. Frutas, legumes, receitas, cristais de mesa, baixelas, tudo parecia vir da Itália. Foi nessa época que apareceu um instrumento até então desconhecido na França: o garfo, *fourchette*, "pequena forquilha". De volta da Polônia, Henrique III teria descoberto os primeiros espécimes em Veneza. Tais garfos, de dois dentes bastante longos, tinham a função de facilitar a arte da mesa aos homens a quem a moda impunha amplos colarinhos engomados e encanudados. Prolongando graciosamente a mão, o garfo permitia levar a comida à boca sem desgaste excessivo do aparato indumentário. Um livro satírico da época assinalou: "Eles levavam o garfo à boca esticando o pescoço e dobrando o corpo sobre o prato. Era, então, divertido observá-los a manipular o novo instrumento, pois os menos destros iam deixando cair os alimentos na travessa, no prato e na toalha antes de chegar à boca..." Até então, o uso da colher também não era generalizado. O costume era levar a tigela diretamente à boca ou comer com os dedos. Colher e garfo não foram incorporados com facilidade. Luís XIV gostava de comer com os dedos e, de igual modo, Napoleão...[8]

As trocas vinham de longe

A influência italiana na corte francesa foi reforçada com um segundo casamento florentino, o de Maria de Médicis com Henrique IV. Morto ele, a viúva diligente teve assegurado um longo período de regência. Desta vez reconhecida formalmente pelo Parlamento, Maria fez sentir o peso de sua autoridade até a ascensão de Luís XIII.

Não nos esqueçamos de que esse intercâmbio real vinha de longe. Carlos Magno havia sido rei dos lombardos em 774, bem antes de ser coroado imperador. O conjunto das influências recíprocas — não só no domínio da política e da cultura, mas em tudo quanto dizia respeito ao comércio e às finanças, em que a Itália era particularmente ativa — nos faz compreender melhor por que, àquela altura, pareceu a todos natural que um cardeal italiano, Mazarino, exercesse as funções de ministro da França durante vinte anos (1641-61). No século XIX, Napoleão, tendo confiado o Reino de Nápoles a seu irmão José e, mais adiante, a Murat, tornou-se, ele mesmo, soberano dos italianos no momento da conversão da "República italiana" (1805-14) em Reino da Itália.

Henriette Walter nos lembra que "existe ainda em Paris uma *rue des Lombards* que perpetua a lembrança desses ricos comerciantes italianos, que eram também banqueiros poderosos, instalados na França desde a época de Filipe Augusto. Curiosamente, esses 'lombardos' não eram necessariamente da Lombardia, mas sobretudo de Veneza, de Gênova e da Toscana [...]. A eles devemos a maior parte dos termos de finanças, a começar pela palavra *banque*, do italiano *banca*, que designava o balcão onde se efetuavam as transações dos cambistas, e incluindo *banqueroute*, correspondente ao italiano *banca rotta*, 'balcão quebrado', pois o costume mandava quebrar simbolicamente o instrumento de trabalho do cambista levado à falência".[9]

A atração dos franceses pelas expressões italianas se expandiu tanto no século XVI a ponto de suscitar reações defensivas, a principal delas devida a Robert Estienne, cuja sátira *Dialogues du nouveau langage françois italianisé et autrement déguisé* (1578) teve um grande sucesso.

Em realidade, mais forte que os argumentos dos puristas, a simples passagem do tempo fez esquecer a maioria das palavras que inquietavam os defensores da língua francesa. Restaram apenas os termos verdadeiramente úteis, isto é, aqueles que refletiam objetos ou situações suficientemente específicos, sem equivalente local satisfatório. Exatamente o caso das "palavras sem fronteiras" dos nossos dias.

...e a francomania dos italianos

A atração foi realmente recíproca. Até meados deste século, enquanto palavras italianas enriqueciam o léxico francês, empréstimos tomados em França pegavam o caminho da Itália.

Este tráfico vocabular se intensificou bastante no começo do século XIX, durante a ocupação e anexação de um terço da Itália à França, e afetou praticamente todos os domínios de atividade. Dessa época, segundo Bruno Migliorini, datam *ambulanza*, "ambulance", *apello*, "appel", *avamposto*, "avant-poste", *controllare*, "contrôler", *paraffare*, "parapher", *cassazione*, "cassation", *metro*, "mètre", *litro*, "litre", *grammo*, "gramme" ou *chilo*, "kilo". Ainda no século XIX foram adotados, entre outros, *comò*, "commode" (o móvel), *casseruola*, "casserole", *paltò*, "paletot", *vetrina*, "vitrine", *domestico*, "domestique", *giurato*, "juré, membre d'un jury" etc.[10]

Henriette Walter acrescenta à extensa lista de adoções devidamente abonadas em meados do século passado: *sabotaggio*; o nome da cor *marrone*, acompanhado da guloseima *marron glacé*, de *ristorante*, *menù*, *coperto*, "couvert", todos de uso em restaurante, *garage*, *automobile*, *soubrette*, *ascensore*, *élite*, *dettaglio*.[11]

Uma *piazza* francesa no coração de Roma

"Todas as praças italianas, conta Dominique Fernandez, têm algo em comum: formam um mundo fechado, protegido, aparentemente sem saída. Favorecem os sonhos de intimidade, doçura e bem-estar. Todas, exceto uma: a piazza del Popolo. 'Quando Roma foi anexada ao império de Napoleão, a administração francesa decidiu dar-lhe a forma de elipse para fazer *pendant* com a praça de São Pedro e assim contrapor ao símbolo do poder religioso [cujo chefe, Pio VII, exilado em Savona, se obstinava em desafiar o imperador] um espaço das mesmas dimensões, com igual formato e idêntico prestígio, destinado a louvar a glória do poder civil. Ao arquiteto francês Louis-Martin Berthault, que havia desenhado os jardins da Malmaison e de Compiègne, foi confiado o plano da nova praça.'

A idéia é bem francesa, acentua Fernandez. 'A elipse da praça de São Pedro, enclausurada pela colunata de Bernini, é o contrário da elipse aberta e como que informe da praça do Povo. Praça, aliás, que não foi de todo feita para reunir o povo, em flagrante contraste com o seu nome. [...] Com efeito, nem um só romano se detém na praça do Povo, onde seria impossível seguir o curso de um sonho mais terno. A praça só serve mesmo para ser atravessada, tal como a da Concórdia em Paris, imensa corrente de ar e aberração para um italiano.'"

em *Civilisation latine*, dir. de Georges Duby, Paris, 1986.

A "ilha" italiana e o "arquipélago" espanhol

Ao contrário do espanhol, multipolar, a língua italiana está concentrada em um só país. Não obstante, desfruta de uma presença cultural no mundo que não guarda qualquer relação com o peso político e econômico da Itália. Onde a explicação? Além do prestígio nos domínios da arte, da literatura e da música, deve haver algo no espírito italiano, na sua arte de viver, na sua nonchallence, no pitoresco que seduz muita gente, qualquer que seja a latitude.

Num programa da CNN, quando se vê Ieltsin exclamar "*Ciao!*" ao se separar do primeiro-ministro, caberia a pergunta: não querendo fazer as despedidas em russo, por que não disse *au revoir*, ou *good bye*, ou mesmo *auf Wiedersehen*?

Como poderia o *Herald Tribune* descrever com igual clareza o assalto à embaixada do Japão pelos comandos de Fujimori, em 23.4.97, sem recorrer ao italiano?

- "Inside the building, the **staccato** of machine guns rattled on...".
- "Shooting grew to a **crescendo**...".

Quanto ao nível de freqüência das palavras reunidas nesta coletânea — se pusermos de lado as "pizzas" e os "capuccinos" que ouvimos em toda parte —, as palavras "campeãs" são *imbroglio* e (conseqüência lógica...) *fiasco:*

- "L'**imbroglio** de l'affaire des Maliens à Paris", *Le Figaro*, 11.4.96.
- "The **imbroglio** isn't being resolved", *Herald Tribune*, 19.4.96.
- "Madeleine Albright... worked her cell phone on the Boutros Ghali **imbroglio**..." *The New York Times*, 22.9.96.
- "Sauver le Conseil de Florence... d'un **fiasco** provoqué par la crise de la 'vache folle'." *Les Échos*, 23.4.97.
- "'It has been a **fiasco**', a senior committee member said", *The Times*, 16.7.96.
- "Saab... desperately wants to avoid a **fiasco**", *BusinessWeek*, 2.9.96.

Vêm a seguir *ghetto*, provavelmente do hebreu *ghet*, abonado em Veneza em 1516, *estravaganza*, *mafia* e *paparazzi*:

- "Dublin to Reign In Teenage **Ghetto** Cowboys", *Herald Tribune*, 14.11.96.
- "Cette rue-là était presque considérée comme un **ghetto**", *Paris Match*, 30.4.97.
- "Forget the catwalk **extravaganza**!", *The Financial Times*, 19.5.96.
- "Latest Twist in Hollywood **Extravaganza**, Famed Studio Is Sold for $1.3 Billion", *Herald Tribune*, 18.7.96.
- "The Croatian Democratic Union in Mostar is the **mafia**", *Herald Tribune*, 2.5.96.
- "The marriage of the **Mafia** and movies provided Puzo with his longest-running gag", *Time*, 26.8.96.

- "...rampaging **paparazzi** at the Nice airport...", *Herald Tribune*, 19.5.96.
- "Pour certains **paparazzi**, Daniel Ducruet est victime d'un traquenard", *VSD*, 11.9.96.

A língua de Cervantes

Iniciado em 218 a. C., o processo de romanização da Península Ibérica foi de tal modo longo e profundo que praticamente nada restou do passado pré-romano, com exceção do basco. Poder-se-ia mesmo dizer que a Hispânia foi o único território da România inteiramente latinizado.

Ainda que o latim da Espanha se tenha logo diferenciado daquele da Gália, foi o que permaneceu mais fiel ao latim clássico, pelo menos no tocante ao vocabulário.

Por ocasião das invasões germânicas do século V, o aporte de novos elementos lingüísticos foi bastante modesto. Em 711, foi a vez dos árabes, que desembarcaram no Sul da Espanha e ocuparam rapidamente o país, com exceção de pequena parte das Astúrias, que viria a ser o ponto de partida de um imenso esforço de reconquista que só se concluiria sete séculos mais tarde, em 1492.

A despeito de uma ocupação tão prolongada, a influência lingüística do árabe se limitou ao vocabulário técnico, agrícola, militar ou comercial. Mas, por outro lado, foi durante o período de dominação muçulmana e no quadro dos reinos cristãos engajados na Reconquista que se desenvolveriam numerosos dialetos, todos oriundos do latim e diferenciados pela geografia compartimentada da Espanha. No centro, o castelhano, a leste o aragonês e a oeste o asturo-leonês, três dialetos principais cercados, a leste e a oeste, por duas línguas romanas — o catalão e o galaico-português —, permanecendo no centro-norte o domínio do basco, língua não-romana.[12]

No século XII, Castela aliou-se ao Reino de Leão, a seguir anexado, formando o Reino de Castela e Leão, tendo como língua oficial o castelhano. A influência lingüística do castelhano se consolidou a partir de 1474, quando Castela se uniu a Aragão, e de 1492, quando o Reino de Granada, último baluarte mouro, se rendeu aos Reis Católicos. Esta evolução, pelo menos em parte, lembra a do toscano na Itália.

Tornando-se idioma modelo de toda a Espanha e, a seguir, idioma nacional, o castelhano foi sagrado língua do Império sob Carlos V. No próprio ano do final da Reconquista, Antonio de Nebrija publicou sua gramática, consagração e reconhecimento dessa língua neolatina. Vale lembrar que, cronologicamente, a gramática de Nebrija foi a primeira de todas as línguas ocidentais modernas.[13]

Os empréstimos tomados às línguas e dialetos dos países vizinhos foram tardios, quando o idioma espanhol havia atingido um grau elevado de evolução que o tornou menos sensível a influências externas de vulto.

Uma pesquisa realizada sobre as primeiras quinhentas palavras do célebre capítulo dos moinhos de vento, no *Dom Quixote* de Cervantes, assinala apenas seis delas como de origem germânica, sendo todas as demais oriundas do latim.[14]

A verdade de Dom Quixote

"Cervantes tem 58 anos quando publica [1605] a primeira parte do *Engenhoso fidalgo Dom Quixote de la Mancha*. Romance de cavalaria de um novo gênero, o sucesso foi tão grande que um certo Avellaneda publicou, por sua vez, uma continuação [1614], com zombarias a Cervantes no prefácio. Cervantes replica com uma segunda parte, nova obra-prima, em que define melhor seu pensamento. Multiplicando os episódios segundo a técnica dos romances de aventuras, e recolhendo o fruto de suas observações, o autor reflete as complexidades da vida. Sensível à ideologia do Renascimento e aos sonhos de grandeza da Espanha, conheceu, por experiência, o reverso da medalha, e criou o personagem Dom Quixote-Sancho Pança, símbolo da sua verdade, que era igualmente a realidade nacional. Conflito entre o entusiasmo e o revés brutal, desequilíbrio, impotência a ponto de provocar lágrimas. Cervantes optou pelo riso. O resultado foi essa forma de humor negro tão típico da Espanha. Seria impossível esgotar em algumas linhas o significado do livro para o qual cada século descobre uma nova interpretação."

Paul Verdevoye, *Littérature espagnole*.

Foi o francês que exerceu a maior influência sobre o espanhol, através da literatura, conhecida e particularmente apreciada na Espanha desde o século XIII. A segunda fonte de empréstimos foi o italiano, devido, em parte, à demorada presença dos espanhóis na Itália e ao primado da cultura italiana no Renascimento.

É evidente que muito mais pesaram os empréstimos lexicais aos diferentes dialetos da península, responsáveis pela transformação do castelhano em espanhol. Com efeito, o espanhol é castelhano pela fonética mas, por seu vocabulário, abarca a totalidade da Espanha e, mesmo, todos os países de língua espanhola.

Os grandes séculos

Durante os grandes séculos da literatura espanhola (XVI e XVII), a língua se desenvolveu, enriqueceu e se fixou em boa parte. Autores como Cervantes, Quevedo, Lope de Vega, Tirso de Molina, Gracián ou Góngora deixaram textos tão ricos em sua expressão semântica quanto desenvoltos em recursos sintáticos.

Segundo Bernard Pottier, professor de lingüística, foi a época em que o sistema fônico assumiu a sua fisionomia atual. "Os franceses do século XVII, que ouviam pronunciar *Ximena* e *Dom Quixote* (o *x* seria a seguir escrito *j*), percebiam um som próximo do francês *ch*, o que explica a transcrição *Chimène* e *don Quichotte*, embora se tratasse de uma pós-palatal do tipo do *ich* alemão, no caminho do jota (*ach* alemão atual). Por outro lado, *Xeres* (hoje *Jerez*) foi transmitido pela leitura, o que explica o francês *Xérès* (*gz* ou *ks*), enquanto o inglês entendia *Sherry*."[15]

Após a influência italiana no século XVI, continua o professor Pottier, "é o modelo francês que predomina: *asamblea*, "assemblée"; *marchar*, "marcher"; *pilotaje*, "pilotage"; *conserje*, "concierge, gardien"; *parque*, "parc"; *galán*, "galant"; *servilleta*, "serviette"; *paquete*, "paquet"; *fresa*, "fraise". Tais empréstimos continuaram no século XVIII, símbolo do *afrancesamiento* dos costumes e da língua. Alguns galicismos foram passageiros, como *golpe de ojo*, "coup d'œil", mas a maioria deles foi incorporada em definitivo ao léxico espanhol: *jefe*, "chef"; *pantalón*, "pantalon"; *cacerola*, "casserole"; *silueta*, "silhouette"; *billar*, "billard"; *fusil*, "fusil"; *detalle*, "détail"; *pichón*, "(tiro ao) pigeon"; *estar en boga*, "être en vogue".[16]

Em 1713, foi fundada a Real Academia Espanhola, que publicou, a partir de 1726, o *Diccionario de autoridades* e, em 1771, a primeira edição da *Gramática*, constantemente revista e que continua obra de referência maior. Antes dela, diversos gramáticos e lexicólogos estrangeiros (entre os quais o francês César Oudin) haviam elaborado interessantes descrições do espanhol. No século XIX, o venezuelano Andrès Bello produziu uma gramática (a seguir completada pelo colombiano R. J. Cuervo) que serviu de norma ao longo de gerações.[17]

A especificidade espanhola

A característica essencial da literatura espanhola, bem como de toda a cultura e do gênio da Espanha, sem excluir o temperamento do seu povo, é a singularidade. Desta singularidade, os espanhóis têm plena consciência e lhe atribuem, sem hesitar, uma razão geográfica: sentem-se situados no extremo da Europa. Um dos aforismos favoritos é o de que a Europa começa nos Pireneus.[18]

À razão geográfica se soma uma outra histórica: oito séculos de coexistência árabo-judeu-cristã. Este fato marca, de maneira indelével, a história da Península em seu início e a distingue nitidamente das demais nações romanas. Essa coexistência foi dramática, assinalada por acontecimentos sangrentos, e não poderia deixar de influenciar as características étnicas dos espanhóis, o folclore, os costumes e a literatura. A queda de Granada (1492), arremate da Reconquista, a expulsão dos judeus e dos muçulmanos, e os processos da Inquisição não permitiram à Espanha a restauração integral da sua "pureza de sangue". A miscigenação foi intensa na população e dela não escaparam sequer figuras das mais ilustres que, como Santa Teresa de Ávila, revestiam o caráter de símbolo popular e nacional. O semitismo, porém, se manifesta no próprio espírito da literatura, considerada a mais significativa da especificidade espanhola. Américo Castro assinala como expressão particularmente saliente do gênio semítico a aparição da *autobiografia* na literatura espanhola, bem antes de nas demais literaturas. A narração de uma vida por quem a viveu, bem como a filosofia que o gênero em si implica, ou seja, uma afirmação da pessoa em sua originalidade, em sua energia vital e em seu destino, está presente na literatura espanhola desde o início. Essa afirmação da personalidade humana é a da sua dignidade, muito além das admoestações recebidas; ela pode ser refratária, anti-social, anárquica. O *Poema do Cid* é um bom exemplo. Uma das obras-primas de Santa Teresa de Ávila é a história de sua vida. Enfim, a literatura picaresca, por sua vez, é um relato de vidas, de aventuras, e muitas dessas narrações começam com a palavra *yo*, "eu".[19]

Alguns fenômenos capitais da história literária da Europa, preciosismo, barroquismo e romantismo, se encontram nos diferentes capítulos da história literária espanhola. Mas, a despeito desse aparente paralelismo, a Espanha, no seu âmago, contém algo irredutivelmente extra-europeu.[20]

A aventura dos conquistadores

Cristóvão Colombo, Magalhães, as Filipinas: três aventuras maravilhosas para os espanhóis. Enquanto os portugueses se contentavam com feitorias, pontos de apoio e portos no litoral africano do Atlântico e nas costas do oceano Índico, além da ocupação do Brasil, também por longo tempo apenas costeira, os espanhóis açambarcaram metade da América do Sul, toda a América Central, grande parte das Caraíbas — renunciando às pequenas ilhas, como se, para serem dignas dos espanhóis, somente se fossem imensas — e uma parte importante da América do Norte, correspondendo ao México, ao Arizona e à Califórnia atuais. Expansão essencialmente territorial: conquista de dois grandiosos impérios pré-colombianos, o asteca e o inca, e instalação de um sistema marítimo e terrestre, viário e urbano, político e militar para se apropriar dela e manter em paz essa imensidão que constituía, ela mesma, um novo império.[21]

A Invencível Armada: não inteiramente a pique

Após as façanhas espetaculares do corsário Francis Drake, Inglaterra e Espanha se empenharam em uma guerra decisiva pelo controle do Atlântico. Uma imensa *armada*, desde logo qualificada de "invencível", se aprestou a partir em 1587, mas, antes de deixar a Península, teve 18 navios afundados por Drake na barra de Cádiz. Espreitada pelos melhores corsários britânicos, artilheiros de talento, a Invencível Armada sofreu sérias perdas. A seguir, violenta tempestade dispersou os barcos ibéricos na direção norte. Muitos se perderam em meio a recifes; outros foram aprisionados pelos ingleses.

Se as naves espanholas foram postas a pique, a imagem da **armada** continuou viva ao longo dos séculos e pelo mundo afora:

- *Copa do mundo de tênis.* "L'**armada** des espagnols se rêve invincible", *Libération*, 26.5.97.
- *Mídia.* "Executives were calling Chairman Rupert Murdoch's fleet of satellites 'cosmic **armada**'," *BusinessWeek*, 26.5.97.
- *Sky.* "Perhaps his own executives doomed Sky early on, when they called the fleet of satellites Murdoch's 'cosmic **armada**'. The Spanish **Armada** was a fearsome force, to be sure. But it sank", *BusinessWeek*, 26.5.97.
- *Crise do Iraque.* "The United States deployed an **armada**, concerned nations cajoled the recalcitrant Iraqis, and Baghdad backed down on U. N. arms inspections", *Herald Tribune*, 24.2.98.
- *Informática.* "The European Union uses them as a productivity booster for its **armada** of 1,800 human translators who deal with thousands of pages of documents", *Herald Tribune*, 19.3.98.
- *Defesa.* "61 autres engins seront lancés par des fusées chinoises, russes et américaines pour completer cette **armada** sans équivalent", *Libération*, 5.5.97.
- *Showbusiness.* "A year after *Rent*, Broadway's vets are back with a floating [and sinking] **armada** of new musicals", *Time*, 26.5.97.
- *Arquitetura.* "Frank Gehry's computer-generated final model for the Lewis residence, inspired... by 'an **armada** floating in the mist'", *Herald Tribune*, 8.6.97.
- *Hong Kong 1997.* "Une **armada** de firmes s'envolent", *L'Express*, 12.6.97.
- "'Mille milliards de mille sabords' Brest 96: l'**armada** de rêve", *Le Nouvel Observateur*, 24.7.96.

O espanhol no mundo

Língua oficial de 21 Estados — do continente americano à Guiné Equatorial —, o espanhol é hoje a quarta no mundo, em número de locutores, após o chinês, o inglês e o hindi. Se acrescentarmos à população desses países — 345 milhões — os trinta milhões de hispanófonos que moram nos Estados Unidos e nas Filipinas, o total não estará longe de quatrocentos milhões. Os países de expressão espanhola ocupam nove por cento da superfície da Terra e o conjunto do seu Produto Nacional Bruto (PNB) é o sexto dos grandes espaços lingüísticos.[22]

Parte significativa da pujança do espanhol decorre de sua riqueza e de sua variedade, espalhadas sobre uma imensa continuidade territorial. Somente a Espanha e a Guiné Equatorial estão afastadas do espaço latino-americano de expressão espanhola. O espanhol tornou-se, sem a menor dúvida, uma das grandes línguas de comunicação internacional neste final de século.

O fato de ser mais falado fora da Espanha do que na própria península terá conseqüências inevitáveis a longo prazo. "Este fenômeno", comenta o professor Philippe Cahusac, "faz com que, insensível porém irreversivelmente, Castela deixe de ser o centro de gravidade ou de autoridade de todo esse mundo. Se tomarmos em conta, por outro lado, o extraordinário desenvolvimento da literatura hispano-americana e sua influência sobre os falares hispânicos, o futuro deverá mostrar um deslize da norma peninsular no sentido de outra, não se sabe ainda se mexicana ou argentina, mas certamente americana."[23]

De todo modo, o fato primordial é a existência, no ano 2000, de uma população de quatrocentos milhões nos países de língua oficial espanhola. O espanhol não está longe do inglês na competição pelo maior número de leitores reais acima dos dez anos (338 milhões contra 431 milhões de anglófonos reais "habituais", excetuada a Ásia) e talvez o alcance por volta do ano 2020. Superando largamente o russo, o espanhol, segunda língua indo-européia, com possibilidade de vir a ser a primeira um dia, poderia teoricamente exercer um papel no mundo a que o principal dialeto chinês (com mais falantes que o espanhol) não poderia sequer aspirar.[24]

As "sem fronteiras" vindas da Espanha

Como o francês se abeberou fartamente no espanhol desde o século XVI e vice-versa, caberia aqui fazer uma distinção entre as palavras francesas que são de *origem espanhola* (como **camarade**, do espanhol *camarada*, ou **flotille**, de *flotilla*) e aquelas utilizadas livremente na França em seu formato original, devendo ser classificadas "sem fronteiras". **Aficionado** mantém-se intacta e pode ser encontrada correntemente na imprensa francesa e na internacional:

- "La venue en France de la réincarnation de Bouddha a sonné le rassemblement de ses **aficionados**", *L'Événement du jeudi*, 14.5.97.
- "New Mac clones give **aficionados** more options", *BusinessWeek*, 2.9.96.

Também **caudillo** preserva-se na forma original:

- "Les **caudillos** balkaniques ne réveillent pas de vieux démons: ils en inventent de nouveaux", *Le Point*, 12.11.94,

ou, ainda, **eldorado**:

- "La France est-elle un **eldorado** ouvert à tous?", *Le Figaro Magazine*, 9.3.96.

Quanto à "freqüência" de uso, as palavras espanholas que atraem as preferências gerais, ao lado da antes referida *aficionado*, parecem ser **guerrilla, macho, bonanza** e **embargo:**

- "Syria regards the **guerrillas** as an instrument to pressure Israel", *Herald Tribune*, 2.8.96.
- "Tony Blair's '**Macho** Man' Image Imperils Labour Party", *Herald Tribune*, 9.8.96.
- "Capital Gains Change Could Be **Bonanza** for Homeowners", *The New York Times*, 22.9.96.
- "Vache folle. Londres veut la levée totale de l'**embargo**", *Le Figaro*, 6.6.96.

6

Fraco desempenho de culturas poderosas. Os exemplos alemão e russo

Um titã germânico: Goethe

"Goethe está em toda parte. Tudo gravita em torno dele, tudo conduz a ele. Um historiador contemporâneo — ainda por cima inteligente — consagrou, num estudo sobre o conjunto da literatura alemã, capítulos especiais sobre Goethe profeta, Goethe mago, Goethe padre, Goethe espírito demoníaco, Goethe vidente, Goethe nômade, Goethe literato, Goethe amante místico, Goethe asceta, Goethe e o problema do pecado, Goethe e o sofrimento, etc. e tudo quanto ele nos diz sob essas rubricas diferentes faz sentido! Mas, afinal, quem é Goethe, que significa? O maior poeta alemão? Não. O maior romancista? Também não. O maior memorialista? Não, ainda. A melhor definição se encontra na palavra que lhe dirigiu Napoleão: 'Sois um homem.' Sim, é isso, um homem, um grande homem, quer dizer, curioso de tudo, com o espírito aberto e uma sede de conhecimento que não se apagaria senão com a morte. Um grande homem, um dos maiores jamais produzidos pelo nosso continente, o continente do saber-viver e da arte de se exprimir."

Maxime Alexandre, *Littérature allemande*.

Um titã eslavo: Puchkin

"Se se perguntar a um estrangeiro qual foi o maior autor russo, ele sem dúvida hesitará entre Dostoievski e Tolstoi. Um russo, ante a mesma pergunta, responderia sem hesitar que é Puchkin.

Já se tentou explicar a posição sem paralelo que lhe reservaram seus compatriotas com argumentos de ordem sentimental ou ideológica. Para a maioria dos críticos do século XIX, Puchkin teria sido o poeta nacional por excelência, ou seja, o cantor da vida russa; para Dostoievski, que desenvolveu essa tese no célebre discurso que foi o seu canto do cisne, ele teria encarnado a missão pan-humana da alma russa; nos nossos dias, a crítica estalinista exalta em Puchkin o patriota e, mesmo, o progressista. Todas essas explicações são de fácil contradição. Pode-se, certamente, encontrar na obra puchkiana elementos de corroboração, mas não há como fugir ao fato de que os motivos patrióticos e cívicos têm lugar relativamente modesto e que os numerosos poemas qualificados de pontos mais altos de sua criação nada têm a ver com o meio nem os problemas russos, e, finalmente, que mesmo admitindo que seu gênio protéico possa insinuar a vocação universalista do povo russo, não foi certamente por essa razão abstrata que apreciamos seus versos, onde a ação é direta.

Estaríamos mais próximos da verdade se salientássemos o estilo, o tom, o clima da poesia puchkiana: o desapego lúcido, a doce ironia e, sobretudo, a sobriedade e o equilíbrio que a caracterizam, pois correspondem, sim, ao ideal estético dos russos, a despeito de tendências não raro estranhas ao temperamento nacional..."

Cyril Wilczkowski, *Littérature russe,* 1955.

As línguas germânicas

O alemão é a 12ª das línguas mais faladas no mundo, logo após o japonês e o malaio-indonésio.[1] Idioma oficial da Alemanha, da Áustria e do Liechtenstein, e um dos da Suíça, além de ser de uso corrente no Alto-Adige, no Tirol Sul, na Dinamarca e na Bélgica, o alemão continua presente em enclaves da França, da Itália, da Polônia, da antiga União Soviética ("alemães do Volga", deportados em 1947, a seguir "reabilitados"), de Luxemburgo, da Romênia, da Hungria, da então Tchecoslováquia, da Iugoslávia, bem como nos países de imigração, como os Estados Unidos, Canadá, Argentina, Brasil, Chile e Paraguai. Os habitantes dos países da Europa central oriundos do antigo Império austro-húngaro, os escandinavos e os neerlandeses ainda empregam o alemão com bastante freqüência.

O fato de serem as 11 línguas germânicas modernas (13, se acrescentarmos o flamengo e o luxemburguês) as línguas maternas de seiscentos milhões de seres humanos nos cinco continentes põe em relevo a modicidade da contribuição do alemão ao vocabulário sem fronteiras, sendo a Alemanha um dos pivôs dessa imensa comunidade lingüística.

Línguas germânicas modernas
(Segundo a classificação de Müllenhof)

Ocidentais	*Setentrionais*
Inglês	Islandês
Frísio	Norueguês
Holandês	Sueco
Africâner	Dinamarquês
Alemão	Feróico [língua das ilhas Feroé]
Iídiche	

Os países germanófonos não dispõem propriamente de política lingüística; o fato de estarem ausentes de diversas grandes organizações internacionais contribui para que o alemão seja raras vezes utilizado. No estrangeiro, os Institutos Goethe e os Institutos Herder (Alemanha), e os institutos culturais austríacos oferecem bibliotecas e cursos de língua. Os dicionários *Duden* (Mannheim) definem um uso médio, reconhecido em geral como norma. Mas o idioma está longe de desfrutar no mundo uma importância compatível com o peso político e econômico dos países de expressão alemã.[2]

Afinal, o que é a Alemanha?

"Para o europeu médio, a França é Balzac e os salões parisienses, a Inglaterra é Shakespeare e a corte de Elizabeth I. O romancista na França tal como o dramaturgo na Inglaterra refletiram uma sociedade, e uma vida de sociedade foi necessária ao sucesso de suas obras. E a Alemanha? Se adotarmos a definição proposta pelos próprios alemães, o europeu a considera como 'um povo de poetas e pensadores'. De poetas e pensadores, de homens isolados, absorvidos por suas idéias ou sonhos, em conflito com a sociedade e por ela esmagados. O isolamento dos poetas alemães é suficientemente significativo para que um dos melhores conhecedores atuais da questão, Walter Muschg, tenha intitulado seu livro: *História trágica da literatura*. Em apoio de sua tese, cita Kleist, Stifter, Trakl, suicidas; Nietzsche, C. F. Meyer, que soçobraram na loucura, além de inúmeros poetas que procuraram refúgio no álcool: Günther, Jean Paul, E. T. A. Hoffmann, Grabbe, Grillparzer, Keller...".

Maxime Alexander, em *Histoire des littératures,* II.

O fato de o alemão não apenas criar com facilidade, como, igualmente, adotar traços lingüísticos alheios dá ao seu léxico riqueza e flexibilidade, mas, por outro lado, o torna menos elegante e, por vezes, algo bizarro. Além da prática das derivações (*krank* [doente]: *Krankheit, erkranken, kränkeln, Krankenversicherung, Krankenschein*), a língua tem a possibilidade de transformar em substantivo qualquer infinitivo (*das Fliegen*, "o fato, a ação de voar") ou adjetivo (*das Angenehme*, "o que é agradável"). Ao mesmo tempo, dois ou mais elementos podem se juntar em uma só palavra composta: *Reserverad*, "pneu sobressalente"; *ehrsüchtig*, "ávido de honrarias", com o determinante precedendo sempre o determinado. Na linguagem técnica, esta prática chega a extremos descabidos, como em *Treibstoffstandschauzeichen*, para um simples "indicador de nível de combustível".[3] Eis uma palavra que não tem muita chance de ultrapassar as fronteiras...

Ao longo da história, o latim e o francês foram as principais fontes de empréstimo ao léxico alemão. Nos nossos dias, o inglês passou a ocupar um espaço crescente. Com freqüência, a palavra alemã coexiste com a palavra de empréstimo: *Geldbeutel* e *Portemonnaie*, *Telefon* e *Fernsprecher* etc. Em certas épocas, como foi o caso no final do século XIX, purismo e nacionalismo se aliaram para impor substitutos germânicos aos estrangeirismos. Foi avaliada em um sexto a contribuição externa ao vocabulário alemão, da qual a metade provém diretamente do latim ou de língua latina.[4] Ou, então, de origem pitoresca como:

O *doner kebab*, prato nacional alemão

"Esqueçam o *bratwurst*, os jarretes de porco, o *sauerkraut* e os picles de intestino de leitoa. O novo prato nacional é o **doner kebab** [literalmente, em turco, 'carne no espeto'], um sanduíche fartamente recheado, introduzido pelos imigrantes e que explodiu em popularidade desde o mar Báltico às colinas da Baviera. Cozida lentamente em espeto vertical, a carne é cortada em fatias finas, colocadas a seguir sobre um triângulo de pão árabe grelhado, com alface, tomate, cebola, molho de alho e tudo mais que passar pela cabeça do vendedor.

O **doner kebab** é vendido em mais de 10.000 quiosques na Alemanha e já fatura mais do que todos os McDonald's do país.

'O **donner** *está na véspera de uma revoada mundial'*, declarou Ali Bulbul, gerente da usina mais moderna do país. *'Recebemos pedidos de toda a Europa, mas nossos projetos vão bem mais longe. Nossa meta é vir a ser o Cristóvão Colombo do* **doner**.'"

Stephen Kinzer, *Food for Thought: New German National Dish*,
New York Times Service.

A França, inimiga hereditária

O traço mais importante da evolução da mentalidade alemã nos últimos cento e cinqüenta anos foi, se não o nascimento, pelo menos o desenvolvimento de um acendrado patriotismo e, ainda, a circunstância de que esse sentimento se tenha afirmado em relação — e por hostilidade — à França. Certamente não em todos os domínios. Galomania e galofobia coexistiram na Alemanha no final do século XVII e no decorrer do XVIII. Os príncipes, as cortes, e até certos círculos da burguesia copiaram livremente a moda e os hábitos franceses. A França, como assinala o professor Michel Eude, "não forneceu apenas arquitetos e decoradores aos príncipes alemães: o governo real propiciou-lhes, com relativa regularidade, subsídios que permitiram ao soberano, no trato dos assuntos alemães, induzir políticas favoráveis aos interesses franceses. Daí decorre a participação dos príncipes alemães, tanto num lado quanto no outro, nas guerras de Luís XIV, que, aliás, afetaram de modo muito variável o território do Império".[5]

Foram as grandes guerras do meado do século XVIII que, tendo a Alemanha por principal teatro das operações, contribuíram fortemente para indispor a população contra a França. A devastação do Palatinado pelas tropas francesas em 1689 deixou marca duradoura na memória coletiva. Desde o início do século XVIII, os jornalistas da época começaram a aplicar aos franceses a expressão *Erbfeind* ("inimigo hereditário"), aliás criada, em tempos passados, para qualificar os turcos. Pouco importa que as guerras da Silésia tenham tido por origem a rivalidade entre as duas dinastias alemãs, Habsburgo e Hohenzollern, além da ambição sem escrúpulos de Frederico II: a devastação que provocaram acentuou a hostilidade à França. Este sentimento, difuso em todas as camadas da população, inspirou junto à maioria dos escritores da segunda metade do século XVIII uma doutrina de rejeição da influência francesa, não apenas na literatura, mas na própria concepção da vida: ao *Französling* e ao *Franzosengeist* foi contraposta a imagem do verdadeiro alemão, " probo, leal, sólido, correto e profundo", tal como o caracterizaria, um pouco mais tarde, August Wilhelm von Schlegel.[6]

O aporte alemão

As contribuições da língua alemã se fixaram principalmente no domínio da filosofia e das ciências. Uma grande parte desse vocabulário decorreu de criações modernas sobre bases greco-latinas, o que na certa facilitou sua absorção por outras culturas. Henriette Walter nos forneceu uma boa amostragem dessas palavras:[7]

A partir do latim	**A partir do grego**
álbum	*aspirina*
cultural	*ecologia*
determinismo	*entropia*
diktat	*gene*
estatística	*leucemia*
harmônica	*noumène*
introversão	*paranóia*
kaiser	*plâncton*
lanolina	*plasma*
libido	*politologia*
mutante	*pragmatismo*
parabellum	*proclítico*
primado [em filosofia]	*propergol*
quanta	*protoplasma*
quartel mestre	*taxímetro*

Os "bombardeios Baedeker"

Quando os ingleses começaram a chamar as incursões aéreas da Luftwaffe de "bombardeios Baedeker", evocação do célebre autor alemão de guias turísticos, o humor britânico não fez sorrir o ministro da Propaganda de Hitler. Foi assim que Joseph Goebbels registrou o episódio no seu diário íntimo, em 2 de maio de 1942:

"A frase *bombardeios Baedeker* ganhou importância junto aos comentaristas ingleses. Infelizmente, foi cunhada por um dos nossos próprios funcionários do Ministério dos Negócios Estrangeiros e nos está causando não pequeno embaraço. Já o repreendi em termos extremamente severos e tomei medidas para evitar a repetição de tolices semelhantes."

O funcionário punido por delito de humor foi o barão Braun von Stumm, do serviço de imprensa do Ministério.

Uma nova "camisa-de-força"?

Reunidos em conclave desde 1980, lingüistas da Alemanha, da Suíça alemã e da Áustria assinaram, em 1996, em Viena, uma declaração comum de adoção, em caráter interino, de uma reforma da ortografia alemã. Labirinto de exceções e de regras alambicadas, a língua alemã, que o escritor americano Marc Twain julgava "a mais espantosa do mundo", deveria ser exonerada de suas complicações, racionalizada. O novo código, adotado pelos ministros da Educação das 16 Länder, tem por finalidade simplificar as regras e aperfeiçoar a lógica geral da grafia. Mas, em realidade, as mudanças são bastante discretas, pois apenas 0,5% do vocabulário é afetado, o que não deverá fazer revirar-se em seus túmulos Goethe e Schiller. A grande revolução foi a supressão do "s forte", uma espécie de "beta", específica do alfabeto alemão, que arremata um certo número de palavras e seria substituída por dois "s". Um alívio, clamam os partidários da reforma e todos quantos utilizam teclados de máquinas de escrever e de computadores ingleses ou franceses nos quais não existe o signo em questão. Um escândalo, protestam os puristas, sob a alegação de que a língua estaria sendo privada de um dos fundamentos de sua identidade. "Eliminar o 's forte' equivaleria", compara um opositor, "a *français* ortografado '*franssais*' por simples razão de comodidade!"

O fato é que as mudanças foram a tal ponto timoratas e hesitantes que até a chamada "revolução" do "s forte" está longe de ser radical. É certo que se pode hoje escrever *Anschluss, Fluss, gewiss, Stewardess*. Mas é igualmente possível conservar o "s forte" em *groß, außerst, aufeinander stoßen, außer Stande*...[8]

Provavelmente, seria difícil para a mentalidade alemã metabolizar uma reforma mais profunda. Por isso, o conjunto de regras adotado foi não apenas tímido mas extremamente complexo. Simplifica de um lado, complica de outro. A triplicação da consoante, por exemplo, foi não apenas mantida como ampliada. A consoante dupla das dançarinas de balé — *Ballettänzer* — passa a ser tripla: *Balletttänzer*. O mesmo ocorre com *Schiffahrt*, "navegação", que deve ser grafado *Schifffahrt*. Por outro lado, a maiúscula foi ainda mais exaltada. A nova regra, supostamente simplificadora, estabelece que todo substantivo ou palavra substantivada (adjetivo, particípio, verbo, adjetivo numeral, pronome etc.), quando precedido de artigo ou de preposição + artigo, será escrito com maiúscula. Assim, a antiga grafia *der nächste*, [*bitte*], "o seguinte [por favor]" passa a *der Nächste*, [*bitte*]. O mesmo ocorre com *im allgemeinen*, "em geral" ou então com *im voraus*, "desde já", que agora passam a *im Allgemeinen*, *im Voraus* etc. Mas a proliferação de maiúsculas não termina aí: os substantivos combinados com um verbo ganham também maiúsculas: *radfahren*, "ir de bicicleta", passa a *Rad fahren* [tal como *Auto fahren*]; *haltmachen*, "parar", se escreve agora *Halt machen*. A regra, entretanto, está longe de ser geral. Aqui, ela separa as palavras. Em outros casos, ela as agrupa. Por exemplo, a associação entre um dia da semana e um momento do dia se escreve agora em uma única palavra, a qual se grafa com maiúscula se precedida de um artigo ou de artigo + preposição. Assim, *am Sonntag abend*, "domingo à noite", passa a *am Sonntagabend;* ora, *Sonntag abends* deve agora se contrair em *sonntagabends*, com minúscula. Se em combinação com *heute*, "hoje", ou *gestern*, " ontem", ou *morgen*, "amanhã", as palavras que designam os momentos do dia também serão com maiúsculas. *Heute mittag*, "hoje ao meio-dia", passa a *Heute Mittag*, tal como *gestern abend*, "ontem à noite", passa a *gestern Abend*. [9]

Talvez para que o novo código não vá longe demais, *Angst*, "angústia", *Bange*, "temor", *Gram*, "desgosto", *Schuld*, "dívida", *Pleite*, "bancarrota", perdem a maiúscula sempre que empregadas com os verbos *sein*, *bleiben* e *werden*. Nos demais casos, a maiúscula continua imperativa.[10]

O "ph" foi retirado em favor do "f" em *Geografie*, *Bibliografie*, *Saxofon*, mas alguns outros elementos contestados, como a substituição de *Holocaust* por *Holokaust*, ou *Katastrophe* por *Katastrofe*, foram abandonados no curso dos debates. Et pour cause... Um lobby anti-reforma foi rapidamente mobilizado pelos pais de alunos, professores de lingüística e nostálgicos de toda ordem. Graças às prerrogativas legais vigentes na Alemanha, os pais impetraram mandados junto à corte de Karlsruhe sob a alegação de que "direitos fundamentais", em especial o de educar os próprios filhos, seriam violentados pela reforma ortográfica.[11] Os recursos não prosperaram e a soberania das Länder na matéria foi amplamente confirmada. Desde primeiro de agosto de 1998, as novas normas entraram em vigor nas escolas alemãs.

Restam, finalmente, os casos em que as duas ortografias concorrentes são consideradas corretas, uma e outra. Escolha livre de cada um. Assim, *Mayonnaise*, consumida por gerações de alemães, passou a ser *Majonäse;* mas os verdadeiros apreciadores do produto podem tranqüilamente conservar a forma tradicional sem risco de ser considerados em falta. *Necessaire*, palavra que faz parte do cotidiano de milhões de pessoas, é agora *Necessär*, mas de uso opcional. *Portemonnaie*, outra impressão cultural francesa particularmente apreciada, teve sua grafia ainda mais alterada: é agora *Portemonee.*[12]

Sem dúvida uma excelente decisão, as palavras compostas, de grafia soldada, são decompostas. Os verbos formados por dois verbos, ou por um advérbio e um verbo, eram escritos em uma só palavra, ou em duas, segundo estivessem empregados em sentido figurado ou no sentido próprio, mas eram inúmeras as exceções. A fim de suprimir tal contradição, ficou decidido que a escrita em duas palavras passaria a ser norma obrigatória.[13]

Tênues as marcas do russo

Observa-se que o russo apresenta a mesma modicidade do alemão no que tange à difusão de suas impressões culturais. Sendo as línguas eslavas faladas por mais de quatrocentos e cinqüenta milhões na Europa central e oriental, na Ásia e em núcleos de imigrantes, com destaque para os Estados Unidos, seria de esperar que uma cultura de tamanho porte e qualidade fosse representada por um número de palavras e expressões bem mais significativo. Entretanto, para chegar a pouco mais de uma trintena, tive de incorporar — além de **apparatchik:**

- "Deng Xiaoping. L'**apparatchik** type? Pas tout à fait", *Paris Match*, 6.3.97,

de **datcha:**

- "'Milliardaire rouge', la nouvelle **datcha** encore plus grande et plus richement meublée que les autres", *Le Point*, 27.7.96,

de **nomenklatura:**

- "Philippe Jaffré a dans la **nomenklatura** française une place de choix", *Le Nouvel Observateur*, 11.6.97,

de **oukase:**

- "Les Français ne sont pas hostiles à l'écologie; ils détestent simplement les **oukases** imposés en son nom", *Le Figaro Magazine*, 21.2.98, ou então de **troïka:**

- " La **troïka** européenne est arrivé hier à Téhéran", *Le Figaro*, 3.4.96,

palavras mais conjunturais que permanentes como **glasnost, perestroika, gulag, kalashnikov, cocktail Molotov** e **politburo**.

O enlace franco-russo vem de longe

As relações da Rússia com a França têm raízes muito remotas. O primeiro milênio havia apenas começado quando a filha de Jaroslav, o Sábio, princesa Anna, casou-se com Henrique I, rei de França em Reims. Foi à época do *Evangeliário de Ostromir*, o mais antigo manuscrito russo conhecido, bem como da compilação das primeiras crônicas do país em caracteres cirílicos, sob influência de letrados búlgaros. A menção inicial a Moscou, fundada por Iuri Dolgoruki, filho do grão-príncipe de Kiev, Vladimir Monomaque, não seria conhecida senão um século depois. Na França, o advento de Hugo Capeto ocorreu somente uns sessenta anos antes do primeiro casamento franco-russo.[14]

Os séculos seguintes foram marcados pelas incursões dos mongóis, que saquearam Moscou, Vladimir, Suzdal e Tver, destruindo inteiramente Kiev em 1240 e estabelecendo um domínio que só terminaria no reinado de Ivã III, em 1480. Ocupação humilhante, sob a qual os mongóis recensearam os russos para o fim de pagamento de tributo à chamada Horda de Ouro. Ocorreram igualmente as invasões suecas, que acabaram com a vitória espetacular de Alexandre Nevski contra os cavaleiros Porta-gládio, celebrada no famoso filme de Serguei Eisenstein, na entrada deste século. Na França, a Sainte-Chapelle foi inaugurada em 1244 e a primeira missão do franciscano Jean du Carpin partiu para a Rússia.[15]

No ano da coroação de Ivã, o Terrível, Miguelângelo deu os últimos retoques à cúpula de São Pedro, em Roma. Chegaram à Rússia as *Odes* de Ronsard e os exemplares de *Pantagruel*, que Rabelais publicou em 1532, e de *Gargantua*, que viriam dois ou três anos mais tarde. A igreja de São Basílio, o Bem-Aventurado, foi construída em Moscou, em 1560-80. Nem Shakespeare, nem Cervantes, nem Montaigne haviam publicado qualquer de suas obras-primas.

A eleição ao trono de Miguel Romanov, em 1613, assinalou o fim das turbulências maiores da história russa. *Le Cid*, *Horace* e *Polyeucte* asseguraram a Corneille renome em toda a Europa. Pouco depois de sua inauguração em Moscou, a primeira tipografia do país lançou a tradução russa do *Amphitryon*, de Molière, em 1668.

Em 1697, o czar Pedro I empreendeu uma viagem ao Ocidente. Após a vitória contra Carlos XII em Poltava, em 1709, ele fez uma segunda viagem como a anterior e sucumbiu ao encanto de Paris. Por ocasião da ascensão de Catarina II (1762-96), os filósofos franceses do século XVIII eram já bem conhecidos da inteligentsia russa e inspiraram o despotismo esclarecido da soberana. Sua correspondência com Voltaire iniciou-se em 1763 e, nesse mesmo ano, o escritor publicou sua *Histoire de l'Empire de Russie*. Diderot vendeu sua biblioteca a Catarina, que lhe pagou uma pensão até morrer. A Universidade de Moscou publicou uma coleção de artigos de *L'Encyclopédie* em 1767, e Catarina assinou o *Nakaz*, instrução na qual expunha suas teorias políticas, sob a influência visível de Montesquieu. Alguns anos passados, Diderot redigiu em Petersburgo todo um programa de reformas para a Rússia.[16]

O impulso de Catarina

"Na corte de Elizabeth, o poeta era considerado sobretudo como o responsável pelo entretenimento ou como um louvador oficial encarregado de exaltar as glórias do reino e as virtudes da soberana. Discípula dos enciclopedistas, filha do Século das Luzes, Catarina tem idéias mais amplas e mais modernas sobre a missão da arte. Ela quer associar os artistas a um esforço civilizador e mal contém a tentação de escrever, ela também. As atenções que ela dispensa aos homens de letras alteram a sua condição social. Com raras exceções, a profissão de literato só será exercida por homens de berço e boas maneiras. Fortemente influenciados pelas idéias de Voltaire enunciadas do alto do trono, pelo romantismo nascente e pelas doutrinas humanitárias pregadas nas numerosas lojas maçônicas, os escritores adquirem uma idéia exaltada de seus deveres cívicos e da dignidade da arte por eles representada. Essas concepções se generalizam no último quartel do século. O próprio Derjavine, impermeável à nova filosofia, se julgará chamado a guiar os soberanos e se erige em censor e profeta."

Cyril Wilczkowski, *Littérature russe.*

A influência das idéias francesas sofreu um recuo após os excessos (Terror, guerras) da revolução. Alguns nobres russos, ainda deslumbrados pela filosofia das Luzes, teriam sem dúvida aspirado a um pouco mais de justiça, embora perfeitamente acomodados ao vê-la imposta de maneira autoritária.[17] Os livros franceses foram proibidos na Rússia em 1796, interdição que durou até o tratado de Tilsit (1807), que consagrou a aliança franco-russa. Esse documento não impediria Napoleão de chegar a Moscou à frente do seu Exército imperial pouco tempo depois. Os russos retribuíram a visita, ocupando Paris em 1814, ano do início do Congresso de Viena. No meio tempo, Thomon dedicou-se à construção da bolsa de São Petersburgo e, a seguir, Montferrand deu partida à edificação da catedral de Santo Isaac, na mesma cidade.

Durante o período de paz e bom entendimento com a França, o imperador russo nomeou secretário de Estado Mikhail Speranski, excelente jurista e administrador, que logrou levar a cabo numerosas reformas inspiradas, pelo menos em parte, no Código Napoleão. Sob o impulso de Speranski foi criado um estabelecimento privilegiado destinado a preparar os jovens da nobreza para o exercício das altas funções públicas: o "Liceu" de Tsarkoïe Selo.[18] A estrutura e os objetivos desse "liceu" fazem lembrar os da École Nationale de Administration (ENA), criada por Michel Debré em Paris mais de um século depois.

A marca do francês

O fato de a Rússia, como aliás os demais povos da cristandade oriental, ter uma língua escrita (e sagrada) e outra falada, porém jamais escrita, impedia a sociedade aristocrática de se servir de uma ou de outra: nem da língua escrita "eslavonizante", por estar entulhada de arcaísmos ininteligíveis, e nem do russo falado, por não dispor praticamente de termos abstratos. Por esta razão, a alternativa foi, no final do século XVIII e começo do XIX, o recurso a um terceiro idioma, o francês, então utilizado por todas as elites européias, e que a nobreza julgava ser o único adequado para exprimir suas idéias e estilo de vida, ambos emprestados do Ocidente. Foi assim que Nicolau Karamzine evocou — e combateu — tal estado de espírito:

> "Deixemos nossas amáveis damas afirmar que a língua russa é grosseira e inexpressiva; que palavras francesas como *charmant* e *séduisant*, *expansion* e *vapeurs*, são intraduzíveis em russo [...]. Nossa língua é perfeitamente capaz de exprimir não apenas a alta eloqüência, mas igualmente a terna simplicidade."[19]

Já que o russo se afigurava por vezes inadequado para satisfazer as novas necessidades de expressão, os documentos da época (memórias, correspondência) eram em geral redigidos em francês; da mesma forma, as conversas correntes na boa sociedade eram mantidas nessa língua. Coube a Karamzine encontrar a solução: inventar a própria língua.

> "Um russo que aspira a ser escritor, e a quem os livros não satisfazem, deve fechá-los e ouvir as conversas à sua volta, se é que deseja conhecer melhor sua língua. Aqui, porém, mais um desapontamento: nas melhores casas, é sobretudo o francês que se fala. Assim sendo, que pode fazer o nosso escritor? Inventar expressões, fabricá-las."[20]

Dois gigantes permeáveis

Essas duas culturas — a alemã e a russa —, a despeito de sua riqueza e vigor, mostraram-se permeáveis ao extremo às palavras e expressões de outras origens. Inversamente, suas próprias marcas são raras e difusas.

Há, é certo, um pequeno número de termos alemães e russos que se tornaram moeda corrente, como o leitor poderá verificar adiante. Palavras como **blitz, bunker, kindergarten, leitmotiv, paranóia** são adotadas livremente, aqui e acolá, sobretudo pela mídia:

- "Demi Moore... part of a media **blitz** for her new movie *Striptease*", *Herald Tribune*, 12.6.96;
- "...tampouco o ministro do Exterior intervinha na **blitz**krieg", Amado, *Farda, fardão, camisola de dormir*;
- "Juppé, le **bunkér**isé de l'hôtel Matignon", *L'Événement du jeudi*, 28.2.96;
- "Rie Kato, a **kindergarten** teacher in Japan...", *Herald Tribune*, 5.7.96;
- "Comme se non fosse il ***leit-motiv*** della nostra storia", *Corriere della Sera*, 9.4.96;
- "Microsoft **paranoïa**, Cézanne envy", *Time*, 8.7.96,

bem assim palavras como **czar/tsar, ícone, intelligentsia**,

- "La nostalgie des **tsars** titillait le palais de la social-démocratie", *Libération*, 14.8.96;
- "Piaf is still an **icon**", *Time*, 12.8.96;
- "L'**intelligentsia** parisienne prend des airs pincés", *Paris Match*, 15.5.97.

Algumas outras palavras circulam também, mas são mais raras. Elas se insinuam sobretudo em textos estritamente literários ou com finalidades específicas.

As primeiras contribuições russas ao léxico francês são devidas à literatura: **boyard, cosaque, moujik, tsar, tsarévitch, tsarine, datcha, rouble, kopeck, troïka, ukase, vodka**. Depois da Revolução de 1917, a principal via de acesso passou a ser a imprensa: **soviet, politburo, bolchevik, apparatchik, kulak, kolkhose, stakhanovisme**. O declínio do comunismo se assinalou com **nomenklatura, gulag, glasnost, perestroika**.

As línguas eslavas

As línguas eslavas são atualmente escritas em dois alfabetos: o cirílico (russo, bielorusso, ucraniano, búlgaro, servo-croata e macedônio) e o latino (as demais e a variante croata do servo-croata), refletindo as origens bizantinas da cristianização, no primeiro caso, e ocidental, romana, no outro.[21]

7

Caleidoscópio

Este caleidoscópio repertoria as contribuições de 41 línguas ao vocabulário sem fronteiras. As mais importantes, segundo o número de palavras recolhidas, são o grego, o árabe, o japonês, o português, o hebreu, o hindi e o turco. Dezesseis dessas línguas concorrem com uma só palavra, mas cuja "freqüência de uso" é considerável, como, por exemplo:

- **bumerangue**: "Législatives. La dissolution a joué comme un **boomerang**. La droite éclate...", *Le Point*, 2.6.97 (*australiano*);
- **iogurte/yaourt**: "Pas facile de mettre des **yaourts** bulgares au goût Danone", *Libération*, 16.4.96 (*búlgaro*);
- **kermesse**: "Une **kermesse** rythmée comme un feuilleton", *Le Figaro*, 28.8.96 (*flamengo*);
- **sherpa**: "Jacques Attali, ancien '**sherpa**' de Mitterrand, défricheur de pistes visibles de lui seul", *L'Express*, 6.2.97 (*nepali*);
- **safari**: "The **safari** ended tragically with the suicide of his companion", *The Times*, 18.7.96 (*suaíle*);
- **robot**: "Fatima: portrait-**robot** du ravisseur", *Le Figaro*, 28.8.96 (*tcheco*);
- **tabu**: "Mazarine... à l'époque, ce sujet était totalement **tabou**", *Le Point*, 1.4.95 (*tongonês*).

Para facilitar o acesso às palavras e aos exemplos de uso, além do índice no final do livro, as línguas citadas neste capítulo serão agrupadas em cinco partes, a saber:

Américas e Antilhas	África e Oriente Médio árabe	Ásia e Oceania
algonquino aruaque asteca/náuatle esquimó galibi/caraíba quíchua tupi-guarani	africâner amárico árabe bantu ewê malgaxe suaíle	australiano chinês coreano hindi/hindustani japonês malaio nepali persa polinésio tâmil tongonês

Europa	Línguas mortas
búlgaro finlandês flamengo grego hebreu húngaro iídiche neerlandês nórdicas português tcheco turco	aramaico sânscrito

As línguas das Américas e das Antilhas

> **Gramática e império**
>
> Em 1492, quando Colombo parte para o Novo Mundo, o lingüista medieval Antonio Nebrija terminava a compilação de um volume sobre a gramática espanhola, a primeira do gênero sobre uma língua européia.
>
> Ao apresentar o livro à rainha Isabel, a soberana se espanta: "Mas para que serve isso?", pergunta ela. "Majestade", respondeu o bispo de Ávila, "a língua é o instrumento perfeito do império."
>
> Com efeito, as expedições européias dos séculos XVI e XVII assinalaram o fim de milhares de línguas nativas nas Américas do Sul e do Norte.
>
> À medida que esses continentes foram sendo colonizados e as populações nativas marginalizadas, as línguas autóctones começaram a desaparecer, assim como os seus falantes.

> **O aparecimento do exótico**
>
> O imaginário francês cultivava o sonho de paraísos legendários nesse Novo Mundo que acabava de ser "inventado" pelos espanhóis e pelos portugueses. Já no começo do século XVI, as traduções latinas e francesas dos feitos dos conquistadores desvendavam esse Eldorado.
>
> A fecundidade das terras tropicais convenceu Colombo de que havia descoberto algo realmente paradisíaco. A generosidade e a doçura dos habitantes, descritas pelo almirante na sua *Carta sobre a descoberta*, inspiraram a idealização literária do "bom selvagem".
>
> Foi sob a pluma de Rabelais [que se refere ao Brasil na *Vida inestimável do grande Gargantua, pai de Pantagruel*] que foi abonado pela primeira vez o uso da palavra *exótico*. Estava aberto aos franceses o caminho das "singularidades" brasileiras.

A América portuguesa

Quando os colonizadores portugueses se estabeleceram no Brasil, os indígenas estavam divididos em quatro nações, das quais a mais importante era a dos tupis. Os guaranis, a princípio julgados menos dotados e de cultura inferior, eram os tupis do sul. Constituem ainda a maior parte da população do Paraguai e sua língua continua falada, mesmo em nossos dias, por quase todos os paraguaios.

Amor à primeira vista

No momento da descoberta do Brasil pelos navegadores portugueses, em 1500, o primeiro contato com os indígenas foi assim descrito: "A feição deles é serem pardos, meio avermelhados, rosto e nariz bem feitos; andam nus, sem nenhuma cobertura, nem estimam nenhuma cousa cobrir, nem mostrar suas vergonhas e estão acerca disso com tanta inocência como teem em mostrar o rosto [...] três ou quatro moças bem moças e bem gentis, com cabelos muito pretos compridos pelas espaduas, e suas vergonhas tam altas e cerradinhas, e tam limpas das cabeleiras, que as de nós muito bem olharmos não tinham nenhuma vergonha... [...] uma daquelas moças era tam bem feita e tam redonda e sua vergonha tam graciosa, que a muitas mulheres de nossa terra vendo-lhe taes feições fezera vergonha, por não terem a sua como ela..."

Afrânio Peixoto, *História do Brasil*, 1940.

O romance exótico da colonização estava prestes a começar e os primeiros "mamelucos" não tardariam a ser postos no mundo. E nunca houve um exemplo de mestiçagem tão intenso quanto entre os colonizadores e os colonizados no Brasil.

Além de guerreiros apaixonados, os tupis eram notáveis navegadores. Algumas tribos foram cortejadas pelos primeiros expedicionários normandos (a começar pelo capitão Binot Paulmier de Gonneville, que deixou Honfleur em 24 de junho de 1503), que chegaram a estabelecer feitorias e a concluir alianças com elas. Dessa forma, ameaçavam o predomínio dos portugueses e moviam contra eles, por meio de tribos interpostas, uma verdadeira guerra cujo desenlace esteve por longo tempo incerto. Em meados do século XVI, podia-se ter dúvidas sobre ser o Brasil, em realidade, Colônia portuguesa ou francesa.[1]

A França Antártica

Francisco I, não sem razão e com bastante humor, havia contestado o tratado de Tordesilhas, exigindo que lhe mostrassem a cláusula do testamento de Adão que teria privado o seu povo da partilha do Novo Mundo. Passando à ação, o rei encorajou expedições regulares de marujos normandos em busca de pau-de-brasa, cujo comércio era bastante ativo em Rouen em meados do século XVI. Ajuda especial foi estendida a Jean Arago, rico armador de Dieppe que pirateava os barcos espanhóis e portugueses e suas conquistas.

Em 1555, o vice-almirante da Bretanha, Nicolas Durand de Villegaignon, fundou na baía do Rio de Janeiro a "França Antártica", com um punhado de soldados e algumas dezenas de bandidos e prisioneiros. "Intérpretes" franceses, em geral muito jovens, eram deixados no Brasil com a missão de aprenderem as línguas locais e servirem de intermediários a seus compatriotas. O relacionamento que desenvolveram com os tupis foi excelente. A convivência chegou a ser tão estreita que alguns desses rapazes "se asselvajaram". Isso porque os índios pareciam preferir os "maïrs", franceses de barba ruiva, aos "peros", portugueses mais morenos.

Na sua *Verdadeira história e descrição de um país habitado por selvagens nus, ferozes e antropófagos,* Hans Staden de Homberg conta que conseguiu escapar à cólera dos índios, que queriam vingar-se dos portugueses, simplesmente por lhes assegurar — em bom tupi-guarani — ser amigo dos franceses.[2]

Selvagens do Brasil visitam Henrique II

As descrições de Jean de Léry haviam contribuído intensamente para difundir, no imaginário popular, descrições e fantasias sobre o Brasil. Conta esse autor que, em 1550, "suntuosos e agradáveis espetáculos foram oferecidos pelos cidadãos da cidade de Rouen a Sua Majestade Henrique II". Um simulacro de tribo — trezentos homens que não haviam coberto "a parte que a natureza comanda" — instalou-se numa floresta virgem reconstituída, com animais exóticos. Dentre os "brasileiros", apenas cinqüenta eram "selvagens verdadeiros, recém-chegados à França"; os demais eram marinheiros treinados para imitar "os gestos e maneira de ser" dos visitantes. Os índios se empenharam em combates simulados e "o olho do rei brilhou de contentamento".[3]

Os índios têm alma?

Após a descoberta da América, a questão fundamental que logo se impôs foi saber se os indígenas têm alma, se são homens como os demais. Foi preciso uma bula papal, a de 1537, de Paulo III, para que lhes fosse reconhecida a condição humana. Almas abandonadas ao Diabo, cumpria salvá-las. Mas por que meios? O padre Motolinia, no México, propôs uma solução enérgica: "a palos" (a pauladas). Mas a Companhia de Jesus, recém-fundada, optou por uma evangelização doce.

Com efeito, os jesuítas se revelaram autênticos defensores dos nativos em toda a extensão das Américas espanhola e portuguesa. No Brasil, um famoso pregador, o padre Antônio Vieira, tendo consagrado toda a vida à defesa dos "seus" índios contra a servidão e excessos dos colonizadores, reclamou e obteve, em 1680, para melhor salvaguarda dos indígenas, a introdução no país de escravos negros!

A Companhia de Jesus e a lingüística

Frente a sociedades evoluídas e altamente estruturadas como a dos astecas, a dos maias e a dos incas, os colonizadores espanhóis foram forçados a adotar políticas de ocupação e atitudes à altura dos povos dominados. Não foi o caso da América portuguesa, onde semelhantes cuidados não eram requeridos face às tribos tupis espalhadas ao longo da costa atlântica do Brasil. Por essa razão, a política portuguesa não se caracterizou por investimentos importantes nas instituições locais, uma vez que todo o território poderia ser administrado a partir da Metrópole. Todas as questões foram, assim, concentradas em Lisboa, mesmo as de somenos importância. Esta postura deixava de mãos livres os jesuítas, transformados em agentes virtuais de uma colonização paralela, largamente autônoma e com uma liberdade de movimentos de que jamais gozaram nos territórios conquistados pelos espanhóis. Estabelecidos no Brasil desde 1549, não foram acolhidos na América espanhola senão 17 anos mais tarde.[4] Tudo, no novo continente, maravilhava os europeus, a fauna, a flora, tudo lhes parecia gigantesco, estranho, misterioso. Pode-se imaginar a surpresa ao encontrarem, por exemplo, um **pirarucu**:

- "... and the prehistoric **pirarucu**, which weigh more than 150 lb.", *Time*, 30.9.97.

> **Pirarucu, peixe gigante da Amazônia**
>
> Enquanto os peixes isopôndilos marinhos são geralmente pequenos, os da Amazônia se incluem entre os maiores conhecidos — o pirarucu (*Arapaima gigas*) pode atingir 4,50m de comprimento e peso superior a 90kg.
>
> A presença de um campo magnético à volta desses peixes produz uma forma muito eficaz de sonar, permitindo-os evitar predadores e provavelmente encontrar seus companheiros, mesmo em condições de baixa visibilidade.[5]

Graças a tais circunstâncias, os padres jesuítas puderam se dedicar intensamente ao domínio das línguas autóctones, indispensável ao esforço de evangelização. As primeiras coletâneas de palavras tupis, a primeira gramática e os primeiros textos bilíngües (português e tupi) devem-se à devoção de um desses missionários, José de Anchieta. Chegando ao Brasil muito jovem, trabalhou quase meio século sem jamais retornar à Europa. Tornou-se o primeiro lingüista, o primeiro lexicógrafo, bem como o primeiro poeta e dramaturgo da língua tupi. Um outro jesuíta e filólogo de talento, o padre Antonio Ruiz de Montoya, considerado o mais ilustre apóstolo dos guaranis, também deixou obra notável: *Arte, vocabulario y teatro de la lengua guarani*, louvada até hoje no Paraguai como verdadeira bíblia da cultura local.

"Piranha", palavra que assusta

Não passam de 30 a 45cm de tamanho e o aspecto é inofensivo. São os mais temíveis predadores da Amazônia, se deslocam em cardumes e atacam ferozmente cavalos e homens, arrancando-lhes literalmente toda a carne em questão de minutos.[6]

Para atravessar um rio em segurança, os vaqueiros da região costumam sacrificar um de seus animais fazendo sangrar uma das patas. A vista do sangue atrai as piranhas das cercanias, o que dá ao rebanho o tempo de alcançar a outra margem.

É corrente no Brasil a expressão "*boi de piranha*" para indicar alguém enviado como batedor para explorar o terreno.

Santo Anchieta? Falta um pequeno milagre

Chegando ao Brasil aos 19 anos, José de Anchieta, originário das Canárias, foi uma espécie de madre Teresa de Calcutá do século XVI. Longe de tentar impor a cultura européia aos indígenas, consagrou sua vida a compreendê-los, o que fez com extrema doçura e paciência, aceitando a sua diversidade e tentando torná-la compatível com a sua própria. Tendo dominado com admirável destreza a língua local, seus poemas em tupi constituíram a primeira obra literária produzida no Brasil.

Certo dia, sabendo que um prisioneiro de uma tribo inimiga estava prestes a ser sacrificado e, a seguir, comido, segundo o costume tupi, Anchieta apressou-se em ir vê-lo. "Não se aproxime dele", gritou um dos chefes indígenas com o qual se dava bem o missionário, "você arriscará a própria vida!" Mas nada detinha o padre Anchieta. Dirigindo-se ao infeliz em impecável tupi-guarani, o jesuíta fez seu discurso de persuasão, logo repelido com o maior desprezo. O condenado não apenas se conformara com o seu destino, como proclamava o orgulho com que o aceitava. Quanto à conversão, nada no mundo faria dele um cristão. Por quê? Porque os que haviam sido batizados não morriam como bravos, enquanto ele reclamava para si morte violenta e bela para poder demonstrar sua coragem. Dirigindo-se aos captores que se aproximavam para abatê-lo, o prisioneiro gritou: "Isso mesmo, matai-me, tendes razão de vos vingar em mim, pois já comi um dos vossos pais, um dos vossos irmãos, ou mesmo um dos vossos filhos", foi o relato literal do próprio jesuíta, no seu diário escrito há mais de quatro séculos, e que conclui com esse comentário melancólico: "Ele prezava mais a ostentação de bravura do que a salvação da própria alma."

A canonização de José de Anchieta foi proposta formalmente no começo do século XVII, mas o Vaticano concedeu apenas a beatificação, em 1980. Para alcançar a santidade, a que aspiram os brasileiros, falta-lhe apenas um pequeno milagre... Exigências do regulamento da Igreja.

Missão impossível

Entretanto, para explicar aos indígenas os mistérios da fé cristã, não bastava aos jesuítas o domínio da língua autóctone. Era-lhes ainda necessário um enorme esforço de acomodação semântica capaz de seduzir o imaginário dos nativos. Para começar, era imperativo que o "deus" dos guaranis fosse um grande mágico e herói civilizador, em muito superior aos pajés e aos homens-deuses das tribos. A seguir, esses lingüistas improvisados deveriam traduzir para os idiomas locais noções complexas como a da Santíssima Trindade de maneira assimilável pela mitologia pagã. No que concerne a "Deus", a opção foi por *Tupã*, escolha que logo se revelou infeliz, pois esse nome designava em guarani uma divindade secundária, o gênio do trovão. Tarde demais para recuar, o nome ficou, bem como *Tupambaé*, "a coisa de Deus", para indicar as propriedades coletivas das missões.

Após esforços inauditos, os jesuítas conseguiram estabelecer sua missão junto aos ferozes charruas. Mas, certa manhã, os caciques procuraram o missionário para dizer-lhe, categoricamente: "Não queremos nada com um Deus que vê tudo e sabe tudo o que nós fazemos"; e foram embora incontinenti.[7]

Para explicar os mistérios da Paixão de Cristo, os missionários espanhóis se serviram da passiflora, trepadeira de gavinhas longas. Suas flores apresentam realmente uma arquitetura na qual um olho avisado poderia reconhecer, "com algum esforço", os instrumentos da Paixão. A pequena coronilha, por exemplo, de tênues filamentos coloridos que revestem a corola, evocaria a coroa de espinhos; os três estiletes do pistilo simbolizariam os três pregos, e os estames, os martelos utilizados para cravar os pregos. O eixo que sustenta o pistilo e os estames, sabiamente qualificado de "androginóforo", lembraria a coluna da flagelação, cabendo às gavinhas que ornam os minúsculos ramos o papel dos chicotes. Sendo cinco as sépalas do cálice e cinco as pétalas, o total representaria os apóstolos presentes no momento da crucificação, enquanto São Pedro se enredava na sua tríplice renegação e Judas procurava uma árvore para se enforcar. Finalmente, o ovário corresponderia à esponja embebida no vinagre...[8]

Por que *nós* no inferno?

Foi com verdadeiro estupor que os indígenas se deram conta de que estavam destinados ao inferno, quando foram os brancos que mataram Jesus Cristo. No seu relato da *Vida cotidiana dos índios e dos jesuítas do Paraguai*, Maxime Hubert conta que os índios ora se contentavam com risos, por acharem graça, ora cortavam abruptamente a conversa afirmando que "não lhes interessa de todo ser bons", não sendo raras reações mais violentas. "Quando o padre Ruiz de Montoya anunciou aos guaranis de Tayaoba que vinha trazer-lhes 'com que purificar suas almas enegrecidas pelo paganismo e pelo pecado', os índios gritaram, furiosos: 'Ele mente! Ele mente! Que morra o impostor que nos condena a suplícios eternos!' — e correram em busca de suas armas. Durante a debandada, sete companheiros do missionário foram mortos a flechadas, e ele mesmo deveu sua vida ao neófito que lhe suplicou não aguardasse a morte e, retirando-lhe rapidamente a capa e o chapéu com que se disfarçou, logrou proteger o missionário."[9]

Os espanhóis vão para o céu?

Algo que também atormentava os indígenas era saber ao certo se, após a morte, os espanhóis iriam para o céu. Se fosse o caso, não estariam interessados em semelhante companhia por toda a eternidade. A cada dia, os missionários viam-se face a desafios desse porte: procurar as nuanças adequadas, identificar as imagens a evitar e idealizar sutilezas para demonstrar, em tupi-guarani, a superioridade da fé católica.

Uma coincidência, provavelmente a única, entre o francês e o tupi-guarani, é que as duas línguas tiveram suas primeiras gramáticas escritas quase que à mesma época: no século XVI, e por estrangeiros. A francesa, pelo inglês John Palsgrave (morto em 1554), e a tupi-guarani, pelo espanhol das Canárias, José de Anchieta.

Início de um vocabulário exótico

Após a descoberta da América e a instalação dos espanhóis e portugueses no Novo Mundo, seus idiomas passaram a ser os veículos de um vocabulário exótico que ganhou uso corrente até os nossos dias na maioria das línguas européias, em especial no domínio da flora e da fauna.

O **tomate**, que nos parece tão indissoluvelmente ligado às margens ensolaradas do Mediterrâneo, recorda Henriette Walter, é originário da América, onde os incas e os astecas o cultivavam bem antes da chegada de Cristóvão Colombo. A palavra vem da língua dos astecas, o náuatle, e deveria grafar-se *tomatl*, tal como *chocolatl* e *cacaoatl* deveriam ser as formas de **chocolate** e de **cacau**, pois o náuatle possuía uma consoante bastante particular, que lembra um pouco a sucessão *tl* (como em *atlas*) que os espanhóis não sabiam pronunciar.[10]

A Revolução Francesa e o tomate

Tal como a maior parte das plantas americanas, o tomate levou tempo até se impor às nossas cozinhas, pois sua filiação à família das solanáceas e semelhança aos frutos da beladona o tornavam eminentemente suspeito. Foi em razão dessa suposta toxicidade que os botânicos lhe deram o nome latino, que até hoje carrega, de *Lycopersicum*, "pêssego do lobo"; por pouco, seria tão inquietante quanto a célebre mandrágora dos feiticeiros!

Os preconceitos contra o tomate eram muito mais intensos no norte da França do que na costa mediterrânea; foi a revolução que, em 1793, o reabilitou em definitivo. Quando os marselheses entraram em Paris ao som da *Marselhesa*, pediram tomates nos albergues, e o reclamaram com tamanha insistência que os hospedeiros acabaram conseguindo alguns, mas a preços exorbitantes. Certos cozinheiros marselheses fizeram fortuna rápida, ao se tornarem conhecidos e apreciados pelas maneiras de preparar o tomate. Face à demanda inesperada, os hortelãos de Paris se decidiram a cultivá-lo.[11]

O legume mais consumido no mundo

Trazida do Haiti pelos espanhóis, a batata teve igualmente pela frente um longo percurso. O nome de origem, **batata**, oriundo do taino (língua indígena das Antilhas, da família do aruaque), designava, primeiro, a batata-doce, uma convolvulácea, *Batatas edulis*. Mas as transformações que o nome experimentou foram, também, longas e sinuosas.

Os espanhóis, mais ou menos à mesma época, haviam feito chegar da América um outro tubérculo da família das solanáceas, que eles chamavam *patata* (com *p*), palavra formada a partir do quíchua *pápa*, nome que até hoje designa esse legume em todos os países hispanófonos da América. Chegando à Europa, o delicioso tubérculo foi cultivado com sucesso na Alemanha, nos Países Baixos e na Grã-Bretanha bem antes de sê-lo na França, o que explica os dois nomes em língua francesa: o termo familiar *patate*, oriundo da América pelo espanhol, que teve de transitar pelo inglês *potato* até ser adotado pelos franceses; e *pomme de terre*, "maçã da terra", na certa um decalque do neerlandês *aardappel* (de *aard*, "terra", e *appel*, "maçã").[12]

"Nossa Senhora das batatas"

"Nos seus momentos de melancolia, Marie Louise Murphy tinha o hábito de cultivar batatas. E deveu, talvez, ao consumo diário do tubérculo as formas roliças que atraíram o pintor Boucher e, mais adiante, o próprio Luís XV. Aos quinze anos, a bela irlandesa se tornou a favorita do Rei-Sol. Pôs no mundo dois bastardos reais, foi repudiada por insistência da Pompadour, casou-se três vezes, produziu ainda vários filhos, teve outros amantes bem-nascidos, enriqueceu e conseguiu sobreviver ao Terror. [...] Histórias como essa ilustram a crônica da segunda metade do séulo XVIII, vista por um professor inglês que tem um jeito bem seu de tratar a história contando histórias."

Crítica do livro de Duncan Sprott (Paris, Robert Laffont), por Daphne de Saint-Sauveur, em *Madame Figaro*, 11.10.97.

Considerada o mais rico presente que o Novo Mundo ofereceu ao Velho, a batata permaneceu uma espécie de curiosidade por todo um século. É verdade que os tubérculos da época eram pequenos, amargos e indigestos. Eram consumidos cozidos, torrados à moda das castanhas, e vendidos nos mercados e esquinas de rua. Antoine Augustin Parmentier, farmacêutico militar, empreendeu verdadeira cruzada para persuadir seus compatriotas a cultivarem o legume. Por ocasião de uma recepção em Versalhes, em 24 de agosto de 1775, véspera da festa de São Luís, ele convenceu o rei a exibir uma flor de batata no alto da lapela, sem dúvida o melhor espaço publicitário do reino... (Não por muito tempo, é verdade!) Numa segunda etapa, em 1778, Parmentier fez plantar batatas na então chamada planície dos Sablons — hoje avenida da Grande Armée —, às portas de Paris, e teve o cuidado de manter guarda ostensiva e armada nas plantações durante o dia inteiro. À noite, retirados os soldados, os camponeses da região e curiosos começaram a se aproximar e a pegar, de maneira fraudulenta, batatas para serem por eles devidamente plantadas. Recurso engenhoso que logrou transformar os tubérculos em frutos proibidos, portanto mais desejáveis.[13]

A França colhe hoje anualmente uma quantidade superior a cinco milhões de toneladas de batata: cada francês consome, em média, 50kg ao ano; ela é, pois, o legume mais consumido na França, muito mais que o tomate.

Os peles-vermelhas

Como os demais indígenas do Novo Mundo, os norte-americanos tiveram por ancestrais as populações amarelas, provenientes da Ásia há 15 ou vinte mil anos, inicialmente pelo estreito de Behring. Quando os brancos chegaram à América do Norte (entre 1534 e 1541), os índios (cerca de 1,2 milhão) formavam grupos bastante organizados e suas inimizades se manifestaram ao longo das guerras coloniais: algonquinos, amigos de Champlain e aliados dos franceses até 1763; iroqueses, aliados dos holandeses e, a seguir, dos ingleses... Hoje, cerca de 137 mil índios vivem no Canadá e quatrocentos mil nas "reservas" dos Estados Unidos.

Minuit chegou bem à hora, em 4 de maio de 1626

Nomeado pela West India Company governador da colônia Nova Amsterdam, Pierre Minuit, filho de huguenotes refugiados na Alemanha, comprou aos peles-vermelhas a ilha de Manhattan por 26 dólares pagos em miçangas, machados e enxadas. Documentos descobertos em 1910 mostram o pedido de Minuit à sede da companhia no sentido de que 100 ou 200kg de miçangas fossem enviados com toda urgência, "pois são muito procuradas aqui e já não temos mais". Pouco depois, o governador adquiria Staten Island, na entrada da baía.

Nova York celebrou em 1998 o primeiro centenário da reunião de Manhattan, Brooklyn e adjacências no que passou a ser chamado os cinco burgos. Na ocasião, a proeza de Pierre Minuit foi evocada em prosa e verso, sob os acordes da canção de Rodgers e Hart — *Give it Back to the Indians!* ("Devolva tudo aos índios!")

Old Peter Minuit had nothing to lose
When he bought the Isle of Manhattan
For twenty-six dollars and a bottle of booze...

[Nada tinha a perder o velho Minuit
quando comprou a ilha de Manhattan
por vinte e seis dólares e u'a garrafa de pinga...]

Os costumes tradicionais refletiam as condições geográficas: cultura do milho nas terras dos pueblos e de outros povos do Sudoeste, coleta de raízes e bagas selvagens no Sul da Califórnia e Utah, pesca do salmão na costa norte do Pacífico, caça ao caribu no Norte e ao bisão nas grandes planícies do Centro (o que foi muito facilitado pela introdução do cavalo, pelos europeus). No Leste, praticava-se também a agricultura. A despeito das influências colonizadoras — franceses no Canadá e na Luisiana, ingleses na Virgínia sobre a costa atlântica e na baía de Hudson, espanhóis na Flórida e no Sudoeste, e russos mais tardiamente no Alasca —, a literatura continuou a perpetuar as tradições imemoriais, composta de orações ou de cantos, de mitos ou contos. As narrativas entremeiam com freqüência fragmentos ritmados ou cantados.[14]

Façam seus jogos, senhores peles-vermelhas!

Há cerca de dez anos, o Congresso americano admitiu que a soberania dos índios nas suas reservas lhes permitia a liberdade de abrir cassinos, até mesmo nos estados onde o jogo era proibido.

Preocupado com a concorrência, Donald Trump protestou: "O tratamento especial aos índios é fruto do remorso pelas atrocidades cometidas no passado."

Graças a esse "remorso", os peles-vermelhas puderam embolsar sete bilhões de dólares em 1997. Pequena tribo algonquina que controla um salão a apenas duas horas e meia de Nova York teve um lucro de 600 milhões somente com as máquinas caça-níqueis. Todo esse dinheiro teria bastado para resolver o problema do 1,4 milhão de indígenas do país. Mas as coisas não se passam assim na vida real. As reservas continuam miseráveis, com taxa de desemprego três vezes acima da média do país.

Por outro lado, os peles-vermelhas acabaram por descobrir o encanto discreto e o potencial de promessas do "lobby", e tudo indica que aprenderam depressa. O senador Fred Thompson suspeita que foi graças à doação de 230.000 dólares feita pelos índios de Minnesota ao Partido Democrata que o governo federal vetou a construção de um cassino concorrente nas terras indígenas do Wisconsin, estado vizinho...[15]

Em suma, dinheiro demais para umas poucas cabeças, em nome de uma soberania tardiamente reconhecida.

Uma palavra que certamente não é sem fronteiras: katikashtataumisinihichhabiich

Os cree, índios algonquinos de Quebec, construíram um conjunto de prédios ultramodernos a 525km ao norte de Montreal — Ouge-Bougounou —, que lembra mais um centro de conferências do que uma aldeia indígena. Graças a recursos do governo federal, bem como da província de Quebec, eles apostaram na informática para dar um salto de vários séculos. A escola é altamente equipada em computadores, pois a tribo decidiu colocá-los a serviço de sua língua e de sua cultura.

Os cree chamam o computador de katikashtataumisinihichhabiich, ou "projetor de palavras". Têm um site na Internet [www.ouje.ca] e o controle acionário da firma Beesum Communications, em Montreal, que produz o software necessário ao ensino da língua cree. Ouge-Bougounou é a sede da Cree Co., empresa que detém um faturamento de cento e vinte milhões de dólares anuais, além do controle de sua própria companhia aérea (Air Creebec) e de uma firma de construção, entre outras.

"Os cidadãos de Quebec têm o direito de decidir quanto ao seu próprio destino", declarou Roderick Pachano, presidente da Cree Co. "Eu também", acrescentou o cacique da aldeia: "Estamos no caminho da auto-suficiência." Assim, se Quebec vier a alcançar a independência, os cree a pleitearão igualmente. Tanto que já proclamaram formalmente essa intenção junto à Suprema Corte do Canadá em 17 de fevereiro de 1998.[16]

Estado atual das línguas autóctones

No Brasil, ao contrário do que se diz, as línguas indígenas não desapareceram de todo. Os tupis da costa — tupinambás, amigos dos franceses — foram de fato aniquilados, mas suas terras estão ocupadas por cerca de trinta grupos de guaranis, que falam ainda a sua língua não longe do Rio de Janeiro (Angra dos Reis) ou de São Paulo (Ubatuba), bem como nos estados do Espírito Santo, Paraná, Santa Catarina e Rio Grande do Sul. Preferem viver no que restou de mata e raramente empregam sua língua na presença de estranhos. Embora usem relógios de pulso, e possuam rádios, aparelhos de som e câmaras fotográficas, continuam uma espécie de cidadãos de segunda classe ao lado dos "brancos". Batem-se, no entanto, por suas terras e conseguiram, a despeito de todas as adversidades, manter com a língua uma identidade cultural.[17]

O Brasil é hoje o país americano onde a população aborígine é a mais reduzida: não ultrapassa o índice de 0,2% (correspondente a cerca de trezentos e cinqüenta mil pessoas), em vivo contraste com os sessenta por cento da Bolívia e da Guatemala (4 e 5,5 milhões, respectivamente). Estes dez milhões de habitantes da raça índia permanecem afeiçoados às suas línguas de origem. Por outro lado, o quíchua, reconhecido como língua oficial no Peru tanto quanto o espanhol desde 1968, é falado por quatro milhões do sul da Colômbia até o norte da Argentina, e o náuatle prossegue sendo a língua materna de oitocentos mil habitantes do México.

Apache: uma etimologia injusta

Este nome, que designava simplesmente o conjunto de povos indígenas do norte da América, passou a símbolo perigoso de uma hora para outra. Quando o presidente francês Sadi Carnot foi assassinado pelo anarquista Casério Santo, em 1894, o ato criminoso foi assim descrito por Chincholle no *Figaro:* "Ele procedeu como um apache."

A despeito dos protestos de historiadores, lembrando que os apaches eram de natureza branda e pacífica, não merecendo semelhante reputação, o fato é que a imagem insólita agradou aos leitores e acabou aplicada aos ladrões que infestavam os subúrbios da capital.

Dois anos mais tarde, um bando de malfeitores foi preso pela polícia parisiense. Tinham todos, tatuados no braço, uma cabeça de índio com cocar de plumas. Os bandidos se faziam chamar de **"Os Apaches de Sebasto"**.[18]

País pluricultural e bilíngüe, como o define o artigo 140 da sua Constituição, o Paraguai se caracteriza como sociedade em que uma língua pré-hispânica, o guarani, tornou-se o idioma majoritário e elemento essencial da identidade da nação. Segundo o recenseamento de 1992, 49% da população (dois milhões) não falam senão o guarani e 41% foram classificados como "bilíngües" (castelhano e guarani). Isso significa que o guarani é conhecido por noventa por cento dos habitantes. Ocorre, ainda, que os bilíngües são, em maioria, bilíngües "passivos", isto é, compreendem o espanhol mas o utilizam muito pouco. Por outro lado, somente seis por cento da população total fala apenas o espanhol. Durante as eleições presidenciais de 1998, o general Lino César Oviedo fez sua campanha em guarani, com grande sucesso. Tratou-se, sem dúvida, de uma inovação. O candidato Domingos Laino, por sua vez, teria perdido muitos votos, pois foi acusado de não falar senão o *yapora,* misto de guarani e espanhol em uso sobretudo na capital e desprezado no interior. O esforço de salvaguarda da nação guarani, de sua língua e de seu espírito está em vivo contraste com o que ocorreu no chamado "Cone Sul" da América, onde os indígenas foram virtualmente aniquilados.

Nos nossos dias, pode-se dizer que o guarani do Paraguai não é mais só uma língua indígena, mas a língua da comunidade mestiça do país. Evoluiu na sua condição de língua viva em situação de contato privilegiado com o castelhano; manteve o seu vigor, a despeito da marginalização de que foi vítima, em especial no quadro da educação formal, pois esteve excluído das salas de aula durante séculos. Ainda assim, o guarani nunca deixou de ser, "tanto no sentido próprio como no figurado, a língua materna, uma vez que no processo de mistura generalizada, étnica e cultural, é a mulher índia quem ensina o filho mestiço a falar".[19]

"Língua dos guerreiros"

Encravado no coração da América do Sul, "ilha cercada de terra" segundo a definição do escritor Augusto Roa Bastos, o Paraguai se apega orgulhosamente à sua particularidade lingüística, recorda Irène Jarry, enviada do jornal *Le Monde*, que reproduziu o seguinte depoimento de um apresentador local de televisão: "Nós nos exprimimos melhor na língua de nossos antepassados. Quando em reportagem, se fazemos perguntas em espanhol, as respostas são hesitantes. Passando ao guarani, as explicações saem facilmente, não há como fazer as pessoas pararem de falar. O vocabulário é extremamente rico e de grande precisão. Se alguém deve me injuriar, prefiro que o faça em espanhol, é menos duro, menos brutal."

Le Monde, 10.5.98.

Feitas as contas, quase vinte milhões de pessoas, na maioria bilíngües "discretos", falam ainda as línguas ameríndias.

Palavras autóctones sem fronteiras

Consideradas em seu conjunto, as palavras oriundas das línguas nativas do continente americano formam um contingente não desprezível. As contribuições mais importantes são as do tupi-guarani (em sua maioria pelo português) e do aruaque (dos povos que se espraiam desde a Flórida, Caribe, Guiana, até o litoral do Peru), seguidas daquelas do algonquino (língua dos mimac, das províncias marítimas do Canadá e da Terra Nova), do náuatle, ainda falado por 670 mil pessoas (México, América Central), do quíchua (conjunto lingüístico dos Andes centrais, em maioria pelo espanhol) e do esquimó.

As palavras de origem ameríndia, cujas abonações de uso corrente estão repertoriadas na segunda parte deste volume, são as grupadas no quadro a seguir:

algonquino	**asteca/náuatle**	**quíchua**
cáucus	cacau	cautchu
mocassim	chocolate	condor
tobogã	tomate	gaúcho
totem		guano
		mate
		pampa
aruaque	**galibi**	**tupi-guarani**
cacique	papaia	ananás
huracan [furacão]		caju
savana	**esquimó**	guaraná
tabaco		jaguar
	iglu	mandioca
	caiaque	piranha
	parca	pirarucu

As línguas da África e do Oriente Médio Árabe

A proeza de Champollion

"A língua africana hamítica, tisnada de semitismo, não era conhecida senão por uma variante pobre, o copta, língua dos cristãos do Egito, de uso sobretudo litúrgico mas cuja tradição não foi interrompida, podendo ainda ser estudada. A escrita, na sua forma hieroglífica ou cursiva, a primeira antiga e a outra baixo copta, a hierática e a demótica, havia sido esquecida: identificada com a civilização faraônica, portanto maculada de paganismo, havia sido proscrita pelos cristãos.

A curiosidade estava desperta havia muito tempo, mas sem propiciar senão pesquisas ocasionais até a chegada da expedição de Bonaparte ao Egito, a qual tornou acessível grande número de documentos, inclusive a famosa *Pedra da Roseta*, fragmento de decreto ptolomaico inscrito em hieróglifos, em demótico e em grego, descoberta que permitiu melhor orientar as pesquisas [...]

Quando o francês J.-Fr. Champollion reconheceu a complexidade das notações e se apercebeu de seu espírito, logrou identificar, com enorme rapidez, algumas raízes comuns. O gênio fez o resto e Champollion nos legou uma gramática e um vocabulário do antigo egípcio, que propiciaram o desenvolvimento dos estudos egiptológicos."

Pierre Gilbert, *Littérature égyptienne*, em *Histoire des littératures*, I, Paris, Gallimard, 1955.

Coffea, café, Kaffe, coffee, moka, ghava, kahvé...

Este grão precioso, que hoje encontramos em toda parte, foi, um dia, segredo de Estado. Originário da Etiópia, cultivado na Arábia feliz, sessenta pés de café foram oferecidos a Luís XIV em 1715 pelo sultão do Iêmen. Presente régio, em agradecimento pelos serviços do médico de um corsário francês, que logrou curar um abcesso na orelha do sultão. Depois de uma breve escala no Jardim das Plantas, em Paris, as mudas foram enviadas às Antilhas, onde a França fez prosperar o café, consciente do seu valor econômico e da necessidade de proteger as plantações contra a cobiça alheia.

Em 1727, sob o pretexto de negociar um litígio de fronteiras, o governador português do Pará enviou a Caiena um garboso oficial, o tenente Palheta, como embaixador junto ao governador francês, Claude de Guillonet d'Orvilliers. Na realidade, o objeto da missão fora o de apropriar-se de um tesouro inestimável: "Consiga de algum modo", estipulavam as instruções mais tarde encontradas em arquivo brasileiro, "penetrar em algum jardim ou horta em que se encontrem cafeeiros, e, sob o pretexto de provar um fruto, aproprie-se de alguns grãos, sem que ninguém disso se aperceba, e regresse imediatamente, evitando tratar com os franceses."

Segundo Alain Stella (*Le Livre du café*), Flammarion, 1996), o tenente foi muito mais longe. Pouco depois de ser recebido na residência do governador, Palheta percebeu que a Sra. de Guillonet estaria inclinada a lhe conceder favores mais significativos que os impostos pelas leis da hospitalidade. Os arquivos oficiais não documentam suficientemente esta aventura galante, mas a tradição popular no Brasil sustenta que a esposa do governador e o seu hóspede passearam longamente, e a sós, pelos jardins da residência, onde floresciam vários pés de café. Já no dia imediato, o oficial português regressou ao Pará levando um vistoso buquê de flores oferecido pela governadora, no qual se encontrava, bem dissimulado, um punhado de grãos de café...

O Brasil chegou a produzir, mais adiante, nove décimos do café mundial.

Etimologia e imaginação

Trazidas pelos colonizadores, as palavras da África têm sua origem freqüentemente controvertida. Lê-se, por exemplo, que *banana* é uma adaptação do português ou do espanhol, que, por sua vez, teriam adotado termo oriundo da Guiné. O *Larousse* optou pelo português. O *Dicionário etimológico* de L. Clédat defende a origem asiática. Como existe na Índia uma figa em forma de dedo e uma das palavras árabes para designar dedo é *banäna*, a imaginação típica dos etimologistas não resistiu à tentação de concluir pela origem árabe. A Academia Espanhola registra "*banana*" como criação dos índios chaimas, a partir de *balatana*, corruptela no Caribe de *platano*... A maioria das fontes francesas a inclui entre as contribuições africanas, juntamente com *inhame*, devidas ao domínio bantu. O prestigioso *Dicionário etimológico Nova Fronteira*, embora sem contestar a proveniência africana, reconhece que a origem é incerta.

Um outro exemplo. De onde virá a palavra *macaco*? De onde virá o *macaco* japonês, tão constantemente reproduzido em gravuras e pinturas? Qual a procedência do *macaco rhesus*, venerado na Índia como objeto sagrado? Karl Lokotsch, em *Etymologisches Wörterbuch der Amerikanischen* (*indianischen Wörter im Deutschen*), assegura que a origem seria bem brasileira, pois *makaka* é palavra tupi-guarani para designar o mesmo animal. Outra fonte altamente especializada (Teodoro Sampaio, *O tupi na geografia nacional*) sustenta tratar-se de empréstimo dos galibis da Guiana. Nada disso, assegura Leo Wiener, em *Africa and the Discovery of America*: a origem é francesa! Provém de *macao* (da Normandia ou do Berry) e significa tanto *chat*, "gato", quanto *macaco*, ou mesmo *mico*. Antenor Nascentes, um dos mais respeitados etimologistas da língua portuguesa, confirma que os nomes desses dois animais com efeito se confundiram no passado. Na Espanha, à época das descobertas, eram chamados *gatos monillos*, como se poderá verificar na *História natural* de Oviedo. Essas formas européias, *mono*, *mico* e *macao*, teriam atravessado o Atlântico com os conquistadores, terminando por incorporar-se ao vocabulário dos autóctones. E como se não bastasse, Fernando Ortiz, baseado na obra monumental de Johnston, *A Comparative Study of the Bantu and Semi-Bantu Languages*, a mais exaustiva sobre os dialetos da região (incluídos o ifumu, o quisicongo, o gutu, o lalalamba, o cimpoto e o quilega, no Zambeze Central e Ocidental, bem como no Sul do Congo e junto aos bulom do Níger), mostra que as raízes locais com *k* (*kaw-kww* e outras), combinadas com os prefixos *ma* ou *mu*, produzem facilmente *macaoukou*, *macwcw* (o *w* representa um fonema bantu especial), ou, finalmente, *macaco*!

A magia das palavras

Desde a Antigüidade, recorda Georges Balandier, a força mágica da palavra constitui uma crença muito generalizada. As palavras, as frases "jamais são proferidas sem perigo: é o bom uso delas que propiciará a eficácia do ritual ou o sucesso do diálogo. Vários desses povos, como os fang do Gabão, atribuem favores especiais ao melhor orador; a expressão exata comanda, necessariamente, as ações correspondentes, o dizer bem é essencial ao fazer bem. Reciprocamente, o dizer imperfeito provoca verdadeiras catástrofes; não se comete essa falha impunemente na África negra, pelo menos em condições normais, porque se sabe que a palavra pode tornar-se uma arma mortal; e não se amaldiçoa senão em situação extrema, para atingir uma descendência rebelde e indigna. A maldição, tal como criada pelos fang, tem todas as características de cólera sagrada".

A linguagem persiste como um dos instrumentos mais eficazes no âmbito das sociedades ditas "tecnicamente atrasadas". Quando nos reportamos à mitologia dos bambaras do Sudão, prossegue Balandier, "percebemos que a linguagem não foi a primeira técnica de que dispuseram os homens; ao contrário, representa uma conquista tardia, ligada de maneira mais ou menos explícita à invenção da tecelagem e do vestuário. A palavra é invocada como um instrumento perigoso e singularmente poderoso. Quando a palavra lhes foi dada, os homens, conhecendo-lhe o potencial, começaram por usá-la com moderação e reserva. Não se discutia jamais duas vezes a mesma questão: se, após uma objeção, um pedido fosse reiterado, a aquiescência seria por conta e risco do postulante. A reserva primitiva com que era tratada a linguagem nos ajuda a compreender a eficácia particular de determinadas fórmulas, divisas ou expressões sentenciosas, bem como a importância atribuída ao simples fato de denominar. Daí os tabus lingüísticos, que sugerem os perigos ligados ao uso da palavra. Entre os dogon do Sudão, um dos mitos de origem atribui a morte do ancestral mítico justamente à violação de uma dessas interdições — evocação a que não falta solenidade".[20]

O folclore negro adquiriu uma dimensão que ultrapassa largamente a África; essa bagagem cultural, que representou o único bem dos escravos transplantados, não apenas sobreviveu ao desarraigamento e à opressão, como forneceu-lhes as armas para a única resistência então possível à escravidão. Embora enriquecido de conteúdo e de significações novas, conservou, onde quer que se encontre, os grandes gêneros literários que constituem o patrimônio inconfundível das culturas negro-africanas.

Tantã literário

"Léopold Sedar Senghor lembrou a alternância de sílabas acentuadas e de sílabas átonas, de tempos fortes e fracos que caracteriza o verso negro-africano. Mostrou os recursos desta arte que manifesta a unidade na diversidade e não uma regularidade mecânica: tal poema hínico é concebido sobre tetrâmetros (3+3+3+3) complicados por contratempos; tal poema amoroso revela uma arquitetura homogênea, porém diversificada que se apresenta sob a fórmula:

3 2 3 1
3 2 3 1
2 2 3 1
3 2 2 1
3 2 3 1
3 2 2 1
3 2 3 1
3 2 3 1
2 2 3 1

Esta é a essência dos ritmos poéticos, nos diz Léopold Sedar Senghor, monótono apenas na aparência e o instrumento ao qual recorre espontaneamente a emoção negra."

Georges Balandier, *Littératures noires.*

As marcas árabes

Do conjunto das línguas aqui classificadas como africanas e médio-orientais, como se poderia esperar, pertencem ao árabe as impressões culturais mais difundidas e permanentes. Falado por algumas tribos errantes nos desertos da Arábia, bruscamente, no começo do século VII, esse idioma obscuro extravasou dos seus ermos primitivos e, no espaço de alguns decênios, se espalhou aos confins de um imenso império que abrangeu o Oriente Médio, a orla mediterrânea da África, a Espanha, a Sicília e Malta... No decorrer dos séculos seguintes, trazendo em seu bojo a herança de velhas civilizações médio-orientais, veiculando traços da literatura helênica, o árabe desempenhou um dos papéis de maior relevância na formação da cultura moderna. Essa extraordinária aventura está ligada ao nascimento na Arábia, por volta de 620, de uma religião que adquiriu uma dinâmica sem precedentes: o Islã. O avanço do Islã, a princípio na crista de conquistas militares, foi acompanhado pela difusão do árabe, língua da Revelação consignada no Corão. Mesmo nas regiões onde não conseguiu impor-se como língua falada, em substituição às então em uso, o árabe foi consagrado como língua de cultura ou, pelo menos, como língua religiosa. Conquistou, a esse título, várias regiões do mundo, como a Turquia, a Indonésia, o Paquistão, entre os novecentos milhões de confissão islâmica.[21]

A ocupação da Península Ibérica ao longo dos séculos (entre três e oito, segundo as regiões) é testemunhada pela presença de cerca de quatro mil palavras de origem árabe no léxico espanhol, das quais mil e quinhentos topônimos, além de mil no léxico português. Essa presença teria sido bastante mais importante se as diferenças de estrutura e de morfologia não tivessem tornado virtualmente inviável a mistura entre o árabe, língua semita, e uma língua indo-européia. Na mesma ordem de idéias, se o latim, implantado por soldados e colonos romanos, suplantou as línguas faladas na Península Ibérica (tanto quanto em outras regiões), foi certamente graças aos vínculos originais com o celta, também uma língua indo-européia.

"Garçom, um cafezinho rápido..."

Coffea arabica, do árabe *qahwa*, pronunciado em turco *kahvé* e pelos italianos caffé. Também moka, do nome de Moka [em árabe *Muha*], porto do Iêmen onde se embarcava o café da Arábia — nativo da Etiópia.

Alain Stella (*Le Livre du café*, Flammarion, 1996) lembra que na França a moda do café acompanhou a voga das "turqueries", que deixou traços em todas as artes e de que é testemunho sempre apreciado o *Retrato de mulher vestida à oriental*, pintura anônima da escola francesa do século XVIII. Montesquieu, nas *Cartas persas*, assinala: "O café está muito em moda em Paris; há grande número de locais onde é servido... Em um deles, é preparado de tal maneira que dá ao consumidor um novo ânimo e otimismo."

Até o aparecimento de novos cafés oriundos da Ásia ou das Antilhas, no começo do século XVIII, toda a Europa não consumiu senão o **moka**, ou seja, café do Iêmen.

Aos árabes deve ainda o mundo cristão o conhecimento do símbolo zero e do sistema decimal posicional, os quais propiciaram impulso sem precedente às matemáticas. Já conhecido dos indianos desde os séculos VI e VII, este sistema indo-árabe se difundiu com rapidez a partir do século X. A notação em algarismos ensinada pelos árabes era infinitamente mais simples: basta comparar **88**, em cifras "árabes ", e **LXXXVIII**, em algarismos "romanos". **Zero** se dizia em árabe *sifr*, literalmente "o vazio". Os matemáticos europeus transcreveram essa palavra em latim (não escreviam senão nessa língua) sob a forma **cifra**. Os italianos, ao que tudo indica, foram os primeiros a utilizar resolutamente o "zero" e os algarismos "árabes" nas atividades cotidianas. Transpondo *sifr* à sua maneira, produziram *zéfiro*, para designar tanto o zero como qualquer cifra árabe, em oposição às romanas. Para eliminar a ambigüidade de sentido, deu-se o recurso à palavra erudita **cifra** para designar os algarismos, conservando-se *zéfiro* (que àquela altura evoluíra para **zero**) para indicar o valor nulo. O francês importou as duas palavras: **cifra**, pronunciada à italiana (*tchifra*), deu origem a **chiffre**, "algarismo", enquanto **zero** (*dzero*) produziu **zéro**.

Príncipes árabes

califa: chefe supremo do império islâmico, substituto e sucessor do Profeta;
sultão: título originalmente dado aos chefes seljúcidas turcos que, nos séculos XI e XII, governavam em nome do califa de Bagdá;
xerife: nobre, descendente do Profeta;
emir: príncipe de país muçulmano, o que governa e comanda o Exército;
vizir: ministro de um soberano muçulmano (atualmente, *wazir*);
caïd: alto funcionário, na África do Norte (administração, impostos etc.)."

Henriette Walter, *L' Aventure des mots français venus d'ailleurs,* Paris, Robert Laffont, 1997.

Não se trata aqui de alinhar palavras de origem árabe, o que pertence ao domínio dos etimologistas, mas daquelas que foram adotadas intactas, ou quase, tais como:

- **caïd:** "...jurée dans le procès d'un **caïd** de la mafia soupçonné d'un double meurtre", *Libération*, 21.5.97;
- **djellaba:** "**Djellaba** de minuit signée Armani en soie Stretch noire perlée", *Le Figaro*, 5.6.97;
- **fatwa:** "Rushdie... has said he is losing interest in the **fatwa**", *Herald Tribune*, 15.4.97;
- **haïk:** "Le **haïk** de confusion dont elle s'enveloppait...", Bazin, *La Mort du petit cheval;*
- **marabout:** " Mobutu. Un **marabout** lui parle tous les jours", *Libération*, 5.5.97;
- **mollah:** "Mohammad Khatemi: Le **mollah** anti-**mollah**", *Le Nouvel Observateur*, 11.6.97;
- **raïs:** "Nimeiri. L'ancien **raïs** se veut un penseur", *Jeune Afrique*, 13.5.97;
- **razzia:** "Les Français ont effectué une véritable **razzia** aux championnats d'Europe", *Libération*, 6.5.96;
- **souk:** "Le **Souk** de l'Expression Libre", *Paris Match*, 30.4.97.

A palavra **álcool** (empréstimo dos alquimistas *alkol, alkohol*) se conserva suficientemente próxima do árabe *al-kuhul* para interessar a esta coletânea. É possível "afogar as tristezas no álcool" em qualquer parte do mundo. Para que alguém se afogue no álcool basta uma garrafa, pouco importando se na Inglaterra se acrescente um "h".

Por outro lado, palavras como **almirante, abricó, alambique, gazela** e **guitarra** fogem ao nosso objetivo porque foram sensivelmente alteradas no tempo e no espaço. O almirante Nelson, o almirante Tamandaré, o Grande Almirante Dönitz, o almirante Yamamoto, bem como todos os demais almirantes do planeta souberam ou sabem que seu título provém da expressão *emir al bahr*, "príncipe do mar", truncada aqui e acolá para produzir *almirante, amiral, admiral, ammiràglio*, mas o grande público das palavras sem fronteiras não está necessariamente a par dessa evolução.

Palavras árabes aqui repertoriadas:

aiatolá	galabeya	moka
álcool	hadji	mollah
áraque	haïk	muezim
baroud	haxixe	mufti
cáftã	imã	nadir
caïd	inch'allah	oásis
califa	intifada	raïs
charia	jihad	razia
cuscuz	keffia	souk
djellaba	loukoum	tabboulé
elixir	mabrouk	talisman
faquir	marabout	tarbouche
fatwa	Meca	toubib
fez	mezze	ulema
		xeque

A lista acima não parece confirmar de todo a reflexão de Goethe: "Na língua árabe, são poucas as palavras-raízes que não remontem, se não imediatamente, pelo menos com pequenas e ligeiras modificações, ao camelo, ao cavalo e ao carneiro" (*Divan*).

Geografia do francês na África

A despeito de o francês ser língua oficial de 18 países, os empréstimos tomados às línguas locais são modestos ao extremo, como se verá adiante.

O francês,
língua oficial de 18 países africanos

Benim	Mali
Burkina Faso	Mauritânia (com o árabe)
Burundi (com o kirundi)	Níger
Camarões (com o inglês)	República Centro-Africana
Congo	Ruanda (com o kinyarwanda)
Costa do Marfim	Senegal
Djibuti (com o árabe)	Tchad (com o árabe)
Gabão	Togo
Guiné	Zaire

Philippe Rossillon (dir.),
Atlas de la langue française, Paris, Bordas, 1985.

Das línguas classificadas africanas, o árabe se destaca pelo número de palavras e de exemplos, superior ao conjunto dos demais países: o africâner (África do Sul), o amárico (Etiópia), o bantu (África central e meridional), o ewê (Sudão, Guiné e Togo), o malgaxe (Madagascar) e o suaíle (África Oriental).

As línguas da Ásia e da Oceania

Entre os semitas e os iranianos,
o gosto do regateio e o dom da fabulação,
entre os indianos, a manipulação do conhecimento sensível,
entre os chineses, a desenvoltura face ao indeterminado,
trata-se, no fundo, da mesma falta de cerimônia com a realidade.

Raymond Schwab, *Domaine oriental,*
em *Histoire des littératures,* I.

Teoria do colar de pérolas

Da Ásia semítica à Ásia indiana e à Ásia chinesa, escreveu Raymond Schwab, as disparidades são tão marcantes como o infinito do deserto e o das grandes planícies. "Não obstante", prossegue o autor de *La Renaissance orientale,* "uma lei do movimento e da pausa atribui ao conjunto do continente uma atitude geral face à poética e à dialética; o modelo árabe do 'colar de pérolas', em que se podem retirar ou acrescentar dois ou dez grãos sem mexer no conjunto ou alterar-lhe o sentido, é encontrado desde Alexandria a Pequim no ordenamento das obras e na estrutura das demonstrações."

"Na Palestina, a mesma fé num número elástico e místico determina o cômputo genealógico dos dois testamentos; múltiplos de 14 (2 vezes 7), que variam de um evangelista a outro, ligam Jesus a Abraão por um colar onde as pérolas são as gerações reais. É lá que encontramos, na natureza mesma das línguas, uma lei de dicção intermitente que vem cooperar com a vocação do descontínuo; em conseqüência, a Ásia, que pensa via esgotamento das coisas, exprime-se por um crepitar de sons."[22]

Geografia enganosa

O que primeiro confunde é o mapa, assinala um dos grandes intérpretes das civilizações asiáticas, o referido Schwab: "A geografia pesa sobre os temperamentos, mas não impede o desenrolar dos acontecimentos; que puderam os Alpes barrar entre a

Itália e a França? Nem as artes nem as armas. Os 'Alpes' da Ásia tampouco: o Himalaia tem quase o ar de traço-de-união entre as idéias do Ganges e as do rio Amarelo, o Hindu-Kousch, entre as do Irã, de Babilônia, da Arábia e da Índia, o Pamir, entre os exércitos e as religiões. Espacialmente, cronometricamente, todas as histórias de imperialismo parecem mesquinhas quando comparadas a estas duas manchas de óleo: o fato indiano, o fato islâmico."[23]

O Oriente, onde está?

"Para o amador ocidental das *Mil e uma noites*, nosso militante de base, Bagdá e o Cairo são a mesma cidade; para o flanador da *Bíblia*, simetricamente, Palestina e Mesopotâmia se encontram no mesmo campo. O homem da rua coloca os egípcios na gaveta África (com a fiança, aliás, do *Gênesis*) e se espanta que não falem como os pretos. Em compensação, a África negra é um Leste simplesmente colocado no Sul. Em suma, depois da tomada de Argel, por que não chamar os árabes de autóctones da África do Norte?"

Raymond Schwab, *Domaine oriental.*

As razões da insistência

Um dos principais exegetas do pensamento oriental salienta que, quando mergulhamos no oceano de *As mil e uma noites*, nos impressiona ver que toda a maquinaria de suas inúmeras histórias gira em torno de um único eixo, que não é nem amor nem ciúme, medo ou coragem, mas a insistência: o que se pede uma, duas vezes sem sucesso, consegue-se da terceira, ou mesmo da milésima primeira vez. Com efeito, é o que sucede com Xerazade: a graça com que ela formula pedidos ao pai, antes de formulá-los ao sultão; após três recusas apoiadas por dois apólogos, o grão-vizir não tem como não ceder, pois a súplica é invariavelmente repetida, produto de duas fórmulas mágicas. Na história de Sinbad, o Marujo, o Gênio aprisionado no vaso de cobre não deveria normalmente obter a liberdade: a reiteração acaba por transformar o absurdo em razoável. Fato característico do gênero é o narrador apelar para o recurso reiterativo com uma ponta de zombaria.[24]

É como se a realidade do objeto fosse ampliada pela sua invocação repetida. Cada enunciação pode, ainda, ser reforçada pela riqueza de sinônimos. Uma realidade e a excelência dessa realidade se comprovam pelo número de servidores lingüísticos; como nenhum deles consegue representar a Excelência em sua integridade, empenham-se em prélio de aproximações. Por essas mesmas razões, os elementos da linguagem são destinados, não a objetos de deferência como realidades em si mesmos, mas a transmitir, um após o outro, efeitos de choque adicionais. Por outro lado, esses efeitos, embora mantidos cada qual no seu lugar por uma solidariedade ciumenta, são emprestados a conjuntos tradicionais em que, por exemplo, se um rosto é comparado à lua, o tamanho é obrigatoriamente comparado ao de um cipreste. Daí decorre, em essência, a composição de um ambiente no qual a idéia do encadeamento é delineada por um pontilhado de retoques.[25]

Tudo o que precede nos traz à lembrança o que Gobineau chamou, com tanta felicidade, de o desprezo dos antigos arianos pelas designações exatas.

Um tronco comum

Viajantes, mercadores do século XVI e, mesmo, um padre português do século XVIII já haviam assinalado semelhanças marcantes entre línguas européias e as faladas na Índia, sobretudo o sânscrito. No seu livro *Vestígios da língua arábica em Portugal*, publicado em 1788, frei João de Souza cita uma vintena de palavras com sentido idêntico em persa e em inglês. Não suspeitando que poderiam ter um tronco comum (mais tarde batizado de indo-europeu), o autor atribui as coincidências à irrupção de antigas tribos — idas e voltas — bem como aos contatos de comércio. Mais ou menos a essa época, William Jones, juiz inglês servindo em cidade próxima a Calcutá, não apenas apontou analogias entre as línguas da Índia e idiomas europeus como foi o primeiro a sugerir um programa de ação que se tornou a base da pesquisa indo-européia no decorrer dos dois séculos seguintes. As afinidades entre o latim, o grego e o sânscrito lhe pareceram tão evidentes que somente uma origem comum poderia explicá-las.[26]

O milagre japonês

Falada por cento e vinte milhões de pessoas, a língua japonesa ocupa o nono lugar, depois do malaio/indonésio, e antes do francês e do alemão. Até o momento não se pôde estabelecer elo de parentesco entre o japonês e qualquer outra língua, inclusive as que desapareceram. Alguns lingüistas insistem em assinalar semelhanças com a maneira de falar de Shuri, antiga capital das ilhas Ryukyu (entre o Japão e Formosa), por vezes impropriamente chamada *"língua ryukyu"*, mas a maioria dos autores sustenta que se trata apenas de um dialeto do próprio japonês. Quanto ao chinês, a despeito de imensa influência cultural sobre o coreano e o japonês, além de forte presença nos vocabulários respectivos (quase metade do léxico japonês é de origem chinesa), não se comprovou a existência de qualquer laço estrutural com essas línguas.[27]

No Japão: um Departamento de Assuntos Poéticos ou poesia camicase

A partir do século IX, imperadores promulgaram decretos determinando a compilação de antologias poéticas. Contam-se mais de vinte. A corte era de tal modo afeiçoada à poesia que a Casa imperial constituiu um "Departamento de Assuntos Poéticos", encarregado da publicação de antologias, bem como de organizar concursos de poesia. A tradição continua viva e, todos os anos, é aberto um concurso nacional de poesia. A peça premiada é lida com toda a pompa na presença do imperador. Não é, pois, de admirar que os pilotos dos aviões-suicidas antes de partir tivessem sentido necessidade de compor alguns versos, tanto quanto o general Togo, ao saber de sua condenação à morte pelo tribunal internacional.

Todo japonês é poeta, nos momentos de alegria e nos de tragédia. Homenagem sagrada e pungente à Musa.[28]

Ao longo das últimas décadas, foi importante o afluxo de palavras estrangeiras ao léxico japonês. Estima-se em mil o número de vocábulos ingleses que teriam penetrado no linguajar cotidiano. Há, porém, problemas de ordem fonológica e morfológica por vezes insolúveis, causados, por exemplo, pela ausência total na língua japonesa de certos grupos consonantais, como no caso do /r/, que se transforma em /u/ nas palavras estrangeiras (*Burajiru*, "Brasil"). Como se poderá ver, os anglicismos não são facilmente identificáveis:

television	*terebi*
coat	*kooto*
neck-tie	*nekutai*
spoon	*sepuun*
knife	*naifu*
wine	*wain*
cake	*keeki*

Os galicismos não escapam tampouco a esse tratamento de choque, a começar pelo nome da língua francesa: *furansu-go*...

élégante	*regauto*
chic	*shikky*
avec	*abekky*

A sorte das palavras alemãs não é mais invejável: *Arbeit* (trabalho) passa a *arabaito*; *Leber* (fígado) é *rebaa*; e menos ainda a dos russos, pois o caviar (*ikra*) se diz *ikura*...

As palavras de origem portuguesa que penetraram no léxico japonês são as mais antigas. Foram introduzidas pelos missionários e comerciantes desde o século XVI. Cristo deu lugar a *Kirisuto;* batismo produziu *bauchisumo;* piloto é *piroto;* caramelo é *karumera* e veludo é *birodo...*

Por outro lado, a penetração de palavras japonesas na linguagem corrente dos países ocidentais foi sensivelmente mais acentuada. É comum encontrarmos na imprensa de grande circulação exemplos como os seguintes:

- **judo:** "The President used economic **judo**...", *BusinessWeek*, 9.9.96;
- **camicase:** "Un **kamikaze** du volant", *Le Nouvel Observateur*, 9.6.96;
- **hara-kiri:** "Ce qui nous manque le plus c'est le sens du **hara-kiri**", Malraux, *La Condition humaine.*

O hara-kiri visto por De Gaulle

"Alain Peyrefitte, antigo porta-voz do general, relata a conversa que tiveram após a reunião do conselho de ministros de 22 de julho de 1964, sobre os refugiados da Argélia.

Tendo De Gaulle decidido suprimir o ministério dos Repatriados, Peyrefitte perguntou ao presidente o que tencionava fazer com o titular. 'Missoffe deixa de ser ministro', respondeu o general, 'mas ele será chamado a um posto diplomático importante. Não diga qual enquanto os japoneses não tiverem concedido o agrément, mas você poderá dar a entender aos seus jornalistas que ele é capaz de cometer um *hara-kiri* com a melhor disposição.'"

Alain Peyrefitte, *C'était De Gaulle,* vol. II, Paris, Fayard, 1997.

- **karaokê:** "Les bars à **karaoké** de Pékin... la nomenklatura les fréquente", *Paris Match*, 17.4.97;
- **karatê:** "Grazie a qualque ben assestato colpo di **karate**...", *IoDonna*, abr. 1996;
- **ninja:** "Des jeunes miliciens '**Ninjas**', hier, dans un quartier sud de Brazzaville", *Libération*, 12.6.97;
- **xogum:** "MacArthur... le '***shogun*** *aux yeux bleus*' sera le seul à décider...", *Le Monde*, 5.5.97;
- **sumô:** "**Sumo** Wrestles With Outside Scandal", *Herald Tribune*, 30.6.96;
- **taikun:** "Silvio Berlusconi, the Italian media **tycoon**...", *The Times*, 13.7.96.

Surpreendente que o número de palavras japonesas que pude repertoriar coincida com o volume de palavras russas e se aproxime do total de palavras alemãs de uso corrente.

A segunda língua mundial

Do ponto de vista lingüístico, o hindi é uma língua indo-ariana pertencente ao grupo ocidental de dialetos falados no vale indo-gangético e na Índia central: sua forma moderna deriva do dialeto *sirhindi*, corrente na região de Mirat e Delhi. Os invasores muçulmanos, turcos e afegãos (séculos XI-XIII) chamaram essa língua simplesmente *hindui*: língua do Hind ou "dos hindus" — por oposição ao turco e ao persa. Este *hindui* ou hindustani, por muito tempo simples *lingua franca*, deveria dar nascimento não a uma, mas a duas línguas literárias distintas: o urdu, escrito em caracteres persas, e o hindi literário, ou "alto-hindi", em caracteres sânscritos ou *nägäri*, que surgiu mais ou menos no começo do domínio britânico.[29]

O cáqui, poeira simpática

Em 1816, o tenente inglês Henry Lumsden, em posto no Pendjab, trocou sua túnica vermelha por uma calça de pijama de algodão. Tingiu-a com folhas de chá e passou a usá-la como uniforme. A cor de barro valeu-lhe o nome de "kaki" ("poeira" em indiano). Os primeiros uniformes cáqui foram adotados na Índia pelo Exército inglês em 1857.

Desde o começo do século, essas calças de algodão passaram a invadir o guarda-roupa civil. Mas foi nos anos 60, sobretudo a partir das universidades americanas, que os cáquis se democratizaram. Nos nossos dias, em que o *jeans* se tornou um clássico banal, o cáqui continua chique.

No conjunto do subcontinente indiano, o grupo lingüístico de importância maior e inquestionável é o indo-ariano, que constitui o ramo indiano da família indo-européia. As línguas desse grupo são faladas por 78% da população atual, ou seja, 73% dos indianos, a quase totalidade dos paquistaneses, 70% dos cingaleses e a maioria dos nepaleses. Muitas se irradiaram com os emigrantes, sobretudo no Sudeste asiático e na África austral. Essas línguas escalonam seus textos ao longo de mais de três milênios, desde os védicos aos escritos modernos.

O hindi, que se tornou progressivamente, a partir do século XIII, o grande idioma comum da União Indiana, agrupa duzentos milhões de falantes que a reconhecem como língua materna (recenseamento de 1981), ou seja, 42% da população. A esse grupo unilíngüe mais importante devem ser acrescidos sessenta milhões que utilizam o hindi como segunda língua. A Constituição de 1950 tornou-a língua oficial da União, associada ao inglês. O termo hindi designa a língua escrita na qual predomina o vocabulário derivado do sânscrito ou dele tomado por empréstimo. O urdu é o estilo literário em que predomina o vocabulário árabo-persa. Entre esses dois extremos, há grande variedade de estilos segundo o assunto tratado e o nível de educação. O hindustani representa o nível corrente médio, isto é, a língua da comunicação cotidiana. Levado pela evolução histórica, política e social, aos poucos o hindi foi se transformando, a partir do século passado, na língua literária escrita em substituição às línguas regionais.[30]

Melhor viver a sabedoria do que escrever

"A raridade da coisa escrita em todas essas pátrias de textos sagrados significa que, não sendo a arte uma coisa em si, mas uma ação, seus méritos decorrem menos de monumentos terminados do que nas passagens às formas do ser: 'nós dizemos que conhecer é poder e prever. Para o hindu, é tornar-se e se transformar' (René Daumal); a indiferença pela pessoa criadora parte da idéia de que não se trata de acontecimento memorável ter sido, em algum momento de um tempo ilusório, o veículo ocasional da palavra incorporal.

Os santos maratas não têm a menor preocupação em conservar seus poemas: Tagore, que aos sessenta anos havia produzido 100.000 versos, esquece sua própria música e precisa consultar um parente; ao tempo do nosso romantismo, um brâmane do Gujerate abandona seus manuscritos no rio; encontrar um autógrafo de poeta indiano constitui anomalia digna de nota; quando faleceu Abou-Nowas, ao tempo de Harun-al-Rachid, não se encontrou um só manuscrito de seus poemas: existiam apenas na memória, segundo os usos ante-islâmicos; e como tal continua. Um nome como o de Khayam no Irã é mais um receptáculo de aportes coletivos, quase a etiqueta de um gênero, e semelhante confusão é usual.

Os filósofos do Oriente, assinala Tomlin, preferem viver a própria sabedoria a pô-la no papel, ou mesmo falar sobre ela, sentimento que os distingue de seus confrades ocidentais; um dos maiores da China amaldiçoou o uso da palavra; Lao-tseu, se dermos crédito à lenda, concordou em redigir um resumo de sua doutrina porque lhe foi exigido para conseguir da alfândega um visto de saída. '*O sábio*', disse ele, 'ensina sem falar.'"

Raymond Schwab, *Domaine oriental.*

Neste repertório, após o japonês, por número de entradas, vem o hindi. Com exceção de certas palavras de aceitação generalizada como **guru/gourou** ("Un écrivain ne peut pas être un gourou", Paulo Coelho, *Madame Figaro*, 13.4.96) ou **nababo/nabab** ("Barton Fink est engagé par le nabab d'un grand studio", *Le Figaro*, 19.5.97), a maioria tem curso sobretudo no mundo anglo-saxão, como os seguintes:

- **pundit:** "**Pundits** predicted the elections would be chaotic", *Time*, 20.5.96; "Air travel. **Pundits** predicted the demise of first class...", *Herald Tribune*, 5.7.96;
- **jodhpur:** "Givenchy. Il portait des **jodhpurs** en flanelle grise et un pull-over en cachemire sous un grand manteau de renard", *Le Figaro Magazine*, 14.6.97.

O caso persa

De estrutura indo-européia, a língua persa se abeberou intensamente no léxico árabe e sua literatura se insere no conjunto cultural propiciado pelo aparecimento do Islã no século VII. Não obstante, as marcas do passado iraniano continuaram indeléveis, ainda que reinterpretadas à luz da fé muçulmana, sendo relevantes os aportes que propiciou e recebeu de mundos muito diversos, como a Índia e a China, as comunidades cristãs, os povos turco e mongol. Sua literatura é, desde antes dos tempos modernos, uma das expressões de civilizações em contato.[31]

O velho persa, ancestral do pehlevi (médio-persa) e do persa (iraniano moderno), é abonado pelas inscrições dos antigos reis da dinastia achemenida, espalhadas através de seu Império: em Bïsutün, em Persépolis, no Egito etc. A quase totalidade dessas inscrições provém de Dario (521-486 a.C.) e de seu sucessor, Xerxes (486-465 a. C.).

Os primeiros documentos em persa datam do início do século VIII d.C. Tornada língua comum na Idade Média, foi promovida à categoria de língua oficial do país que adotou o nome de Irã em 1935. O persa se escreve com o alfabeto árabe e calcula-se que terá incorporado cerca de duas mil palavras francesas, de 1794 a 1924, entre as quais *artiste*, *concert*, *gendarme*, *appartement*, *microbe*, *manteau*, *sauce*, *cadeau*, *merci* e, mesmo, *maman*, que hoje fazem parte do vocabulário corrente. No sentido inverso, isto é, do persa ao francês, as contribuições são bem mais modestas e antigas, passando com freqüência pelo árabe. Em sua maioria, limitam-se ao vestuário (*babouche*, *châle*, *turban*, *caftan*, *taffetas*, *percale*, sem esquecer o *pyjama*) ou ao vocabulário da botânica e da alimentação (*tulipe*, *jasmin*, *nénuphar*, *épinard*, *pistache*, *aubergine*, *safran*).[32]

Aventura lingüística que derrapou

Ao chegarem à China e ao Japão, no século XVI, os missionários se confrontaram com desafios ainda mais sérios que os dos jesuítas na América. Tinham pela frente uma civilização muito antiga e sofisticada, com línguas não apenas escritas, mas perfeitamente estratificadas. O passo inicial, assim como na América, deveria ser o domínio dessas línguas; o acesso à gente do país, entretanto, se revelou de tal forma difícil que o padre Michele Ruggieri, um dos pioneiros, acabou optando por assumir o papel de bonzo budista como o melhor meio de alcançar um status social nesse Império onde sonhava implantar-se. Imitado por seus companheiros, Ruggieri raspou a cabeça e o rosto, e passou a usar a longa vestimenta castanho-escura cruzada no peito dos religiosos budistas.[33]

Cheio de entusiasmo e disposição, o padre Matteo Ricci, a princípio baseado em Macau, assim descreveu, em carta a seu antigo professor de Roma, os escolhos a vencer:

"Estou me concentrando na língua chinesa e asseguro a Vossa Reverendíssima que nada tem a ver com o grego nem o alemão... [...] A língua falada é sujeita a tantos equívocos que muitos sons significam mais de mil coisas e, por vezes, a única diferença está na maneira de emitir o som, com a voz mais elevada ou mais baixa em quatro espécies de tons. Por esta razão, quando falam entre si, escrevem freqüentemente para se fazerem entender melhor, pois as coisas diferem umas das outras. Quanto aos caracteres, é algo que não se pode acreditar antes de vê-los ou experimentá-los, como estou fazendo. Há tantas letras quantas palavras ou coisas, o que faz com que ultrapassem sessenta mil [o sacerdote corrigirá mais tarde o exagero: com dez mil símbolos já se é considerado bom letrado]. A maneira de escrever é como a de um pintor, razão pela qual usam sempre o pincel. Graças a essa característica, todas as nações que usam escritas semelhantes podem se entender por meio de cartas ou livros, embora as línguas em si sejam bem diferentes." [34]

Matteo Ricci foi o primeiro a produzir uma transcrição do decálogo e de um resumo do catecismo "em língua mandarim": até então, os textos cristãos não haviam sido traduzidos senão em caracteres latinos. Foi tal a sua diligência que, em menos de um ano, animou-se a mostrar seu trabalho ao bondoso governador Wang P'an, fino letrado, que pareceu encantado. Mas o fato é que o maior Império do mundo era repleto de interdições de toda ordem, além das incompatibilidades fundamentais entre a visão cristã e o pensamento chinês. Um exemplo entre mil: o retrato de Maria, com o Menino Jesus no colo, sobre o altar da pequena igreja, interessava muito aos visitantes. Informados, porém, de quem se tratava, saíam indignados com "esses bárbaros de vestimenta longa que têm por Deus uma mulher!". No outro extremo do mundo, à época, nas florestas da América do Sul, os tupis-guaranis faziam os mesmíssimos protestos.

O tempo foi passando e Matteo Ricci, já transformado em Li Mateou, não se contentaria em se vestir de seda. Levando estritamente a vida de confucionista letrado a partir de 1595, iria passar a "comportar-se como tal, mais adiante a pensar como tal, se não acreditar no que acredita um ou outro desses mestres da sabedoria". Ricci não se fez confucionista para usar belas vestimentas e unhas compridas. Tendo publicado seu primeiro livro em chinês, um *Tratado da amizade* (1595), esse feito não apenas assegurou-lhe classificação entre os letrados, mas entre aqueles mais apreciados de todos, os moralistas. Em realidade, Li Mateou, além de se fazer chinês, começou a viver no círculo dos detentores do poder.[35] Aquele que viera para converter acabou ele mesmo sendo convertido e dissolveu-se no universo chinês.

O que conta é a entonação

Um francês, ao mudar o tom do conjunto de uma frase — como, por exemplo, "ça alors!" —, pode exprimir seja surpresa, seja indignação, alegria ou sarcasmo. Ora, um chinês precisa mudar a entonação de cada palavra, individualmente, pois o mesmo signo, digamos **chu**, pode significar porco, bambu, senhor ou casa, dependendo do timbre da voz.

É conhecida a história de um missionário cujos sermões eram muito apreciados porque ele conseguira dominar à perfeição o idioma local. Um belo dia, um dos paroquianos perguntou-lhe, em inglês:

— Por que você disse que Jesus subiu ao céu cercado de plumas brancas?

— Mas eu nunca disse isso! — protestou o religioso. — Eu falei que ele subiu cercado de anjos.

Após alguns minutos de discussão, concluíram que o missionário havia empregado a palavra certa: "anjos" e "plumas brancas" são representados pelo mesmo signo. A falha estava na entonação, que não era a certa...[36]

As demais origens

Todas as palavras de origem australiana chegaram ao francês por intermédio do inglês, a começar por **canguru**, o marsupial saltador, **coala**, o pequeno animal da mesma família mas que se nutre exclusivamente de frutas, e **bumerangue**, arma formada por uma peça de madeira escavada e arqueada que, após descrever curvas, volta ao ponto de partida se não tiver alcançado o alvo. Foi também por intermédio do inglês que se incorporaram à língua francesa palavras vindas do maori, língua da Nova Zelândia, das quais a mais conhecida é **kiwi**, que designa tanto um pássaro corredor quanto o fruto de pele aveludada e gosto acidulado. De origem chinesa, o kiwi se aclimatou em diferentes partes do mundo.[37]

O malaio, língua de passagem

"Um paralelo pode ser estabelecido entre o malaio no Extremo Oriente e o árabe no Mediterrâneo medieval: os malaios, hábeis marinheiros além de ativos comerciantes, se dedicaram ao transporte de mercadorias entre os diferentes países da Ásia, e foi freqüentemente por intermédio deles que nos chegaram palavras de regiões tão longínquas."

Henriette Walter, *L'Aventure des mots français venus d'ailleurs*, Paris, Robert Laffont, 1997.

As demais línguas orientais que figuram na segunda parte desta pesquisa são, em ordem decrescente de "freqüência", o tâmil (língua dravidiana), o malaio (língua indonésia), o coreano, o nepali, o polinésio e o tongonês.

As línguas da Europa

O piloto grego

"Como sua ortografia permitirá adivinhar, 'ciber' nos vem do grego *kubernêtikê*, com o sentido de pilotar navio e, por metáfora, governar um país. Mas o vínculo com o *ciber* atual passa por duas etapas intermediárias: uma francesa, outra americana. A francesa consistiu na criação do termo *'cybernétique'*, em 1834, pelo físico André Ampère, com sentido próximo da etimologia, ou seja, 'estudo dos meios de governo'. O passo na direção da cibercultura tal como a conhecemos hoje somente foi dado em 1948 pelo matemático americano Norbert Wiener, que propôs uma nova definição muito próxima do atual conceito de informática, ou seja, 'estudo dos processos de controle e de comunicação entre o ser humano e a máquina'.

Em realidade, a única constante nos neologismos construídos a partir de *ciber* é a de rede de comunicação e de tecnologias numéricas. A cibercultura se apropriou das formas de arte tradicionais, música, cinema, pintura, para criar ambientes virtuais face aos quais o utilizador possa interagir."

Gabriel Otman, *Les Mots de la cyberculture*, Éditions Belin, 1998.

Excetuadas as palavras de origem italiana e espanhola, sem dúvida *hors concours* pelo seu volume, e excetuadas também as alemãs e russas, pela escassez dos traços que deixaram, as demais palavras de tronco europeu são as que "metabolizam" mais facilmente no espaço cultural diversificado do Ocidente.

A marca do grego

As palavras de origem grega nos chegaram, em maioria, por intermédio do latim. Uma vez enraizadas nos nossos léxicos, sob formas adaptadas às condições morfológicas de cada língua de acolhimento, tais palavras perdem o interesse para esta pesquisa. As que penetraram pela via da literatura constituem as aquisições mais antigas, ao passo que as de natureza científica não cessam de ser acrescidas de maneira contínua. As palavras repertoriadas nesta parte do capítulo guardaram virtualmente intacto o formato de origem, como **kharisma**, que passou a **carisma** ou **charisma**:

- "Bernard Tapie... then used his **charisma** as a salesman", *Herald Tribune*, 28.8.96;

ou **diáspora**:

- "Il offre une vision très particulière de la **diaspore** indienne", *Le Point*, 19.4.97;

ou **clone**:

- "La brebis Dolly, dont la naissance en Écosse a été révélée en février 1997, est le premier exemple de **clone** d'un mammifère adulte", Otman, *Les Mots de la cyberculture*.

A clonagem e a informática

"Todos os clones possuem em comum a noção de idêntico por duplicação. Com efeito, *clone* em grego já significa rebento. Os clones vegetais são os mais antigos. Todo jardineiro, profissional ou amador, é, na prática ou potencialmente, um clonador. Em informática, *clone* não tem a conotação negativa que lhe é emprestada em biologia. O clone informático é simplesmente um computador com tecnologia e características idênticas às do original copiado. As cópias são feitas legalmente e, vantagem suprema para o consumidor, custam cada vez menos que os originais. Recentemente, a Internet criou sua própria forma de clones. São chamados *avatars* [palavra tomada da mitologia hindu; divindade que desce à terra sob formas diferentes], a que podemos atribuir um rosto, um corpo, um comportamento, um *look* vestimentar próximo do nosso [caso da televirtualidade] ou o mais distante possível se nos projetarmos nos universos virtuais."

Gabriel Otman, *Les Mots de la cyberculture.*

A marca portuguesa

O português é o idioma oficial de sete países: Portugal, Brasil, Angola, Cabo Verde, Guiné Bissau, Moçambique, e São Tomé e Príncipe. O Brasil apresenta um caso de *monolingüismo* sem paralelo no mundo. Nem o hindi, nem o mandarim, nem o russo ocupam de maneira tão absoluta os seus territórios respectivos, que devem compartilhar com minorias lingüísticas bem mais relevantes que os indígenas remanescentes do Brasil. O português é, pois, falado por mais de 99% dos cento e sessenta milhões de brasileiros. Paul Teyssier observa, porém, que "as diferenças na maneira de falar entre um homem educado e seu vizinho analfabeto, qualquer que seja a região do país, são mais importantes do que entre dois brasileiros do mesmo nível cultural oriundos de regiões distantes uma da outra. A dialetologia brasileira seria, assim, menos horizontal que vertical".[38]

Proezas de um pequeno reino

"A partir de uma base de 92.082km², Portugal foi o primeiro a se lançar, desde o século XV, à conquista do mundo. Fundado em sua tradição naval e de comércio, este país industrioso e valente abriu a maior parte das grandes rotas marítimas: a África, a Índia, o Extremo Oriente, a América do Sul. No século XVI, através de sua rede de portos-feitorias, Portugal chegou a controlar todo o comércio no oceano Índico, nos golfos Pérsico e de Bengala, nos mares da China e do Japão."

Philippe Rossillon (dir.), *Un milliard de Latins en l'an 2000*, Paris, L'Harmattan, 1983.

O mundo português se aproxima de duzentos e trinta milhões de habitantes. Com efeito, além do crescimento demográfico, a língua se difunde pelo uso, pela escola e pelo rádio entre os africanos alófonos de Angola e de Moçambique. Em 2020, segundo o Population Reference Bureau de Washington, a África portuguesa deverá abarcar uma população de quase sessenta milhões de pessoas, repartidas em mais de dois milhões de quilômetros quadrados.

O trunfo dos lusófonos, lembrou Philippe Rossillon, mais ainda que o dos hispanófonos, é o espaço vital. "Essa gente, com 11,6 milhões de quilômetros quadrados, ou seja, vinte vezes a França, 25% mais que os Estados Unidos, e tanto quanto os hispanófonos, não sofrerá certamente por falta de espaço." E concluiu: "A originalidade do mundo português, em confronto com os demais conjuntos latinos, decorre evidentemente do peso do Brasil, um gigante de 8,5 milhões de quilômetros quadrados, que deverá alcançar duzentos milhões de habitantes dentro de quinze anos [...] No final deste século, o mundo lusófono, herdeiro de uma história e de uma cultura grandiosas, embora pouco conhecidas, se agrupará em torno do Brasil. Com ele, a língua portuguesa, que ainda ignora o papel que lhe caberá desempenhar, se afirmará, para surpresa geral."[39]

Portugal e suas seis antigas colônias adotaram uma declaração constitutiva da Comunidade dos Países de Língua Portuguesa, por ocasião de uma conferência de chefes de Estado e de governo em Lisboa, em 17 de julho de 1996.

Seguindo o modelo da francofonia, a comunidade lusófona é o segundo conjunto de países institucionalmente ligados pelo uso de uma língua comum. "É a latinidade que se completa e se afirma", saudou Maurice Druon, assinalando as analogias e, mesmo, similitudes com a conferência francófona.

O hebreu e o iídiche, dois casos à parte

Por longo tempo conhecida unicamente como a língua da Bíblia, o hebreu foi falado na Palestina durante mil anos. Sofreu, em seguida, um eclipse de 17 séculos, sem contudo deixar de ser língua litúrgica, até renascer em meados do século XX para tornar-se uma das duas línguas oficiais do jovem Estado de Israel. Embora escrita como o hebreu antigo, teve de ser adaptada ao mundo moderno através do desenvolvimento de um léxico compatível com as necessidades contemporâneas.

Entre os nossos empréstimos puros e simples ao hebreu, vale destacar, no domínio angelical, **querubim** (de *kerouûbin*, "anjo") e **serafim** (plural de *seraph*, "aquilo que queima e se purifica com o fogo"), forma e sentido fiéis ao hebreu original, desde os tempos bíblicos aos de hoje.[40]

Tendo o hebreu perdido o caráter de língua falada, antes mesmo da era cristã, outras línguas judias, nascidas de sua fusão parcial com as das populações vizinhas, o substituíram nessa função. A primeira foi o judeu-aramaico, que adiante se somou ao hebreu como língua reservada a estudos, à liturgia e à escrita em geral. As demais "línguas de fusão" são o judeu-espanhol, o judeu-árabe, o judeu-persa, o judeu-provençal e o iídiche.

O iídiche é a principal das línguas criadas na diáspora, utilizada ao longo do último milênio pelos ashkenazis, isto é, judeus estabelecidos na Alemanha e na França desde o tempo de Carlos Magno; na Boêmia, na Polônia, na Lituânia, na Ucrânia e em outras partes da Europa Oriental a partir do século XIII; ou na Holanda e no Norte da Itália no decorrer dos séculos XVI e XVII. É também falada pelas novas comunidades ashkenazis espalhadas pelo mundo inteiro desde que as migrações dos judeus da Europa Oriental os levaram à Europa Ocidental, às Américas do Norte e do Sul e, finalmente, a Israel, a partir da segunda metade do século XIX.[41]

Dentre todas as línguas judaicas, o iídiche foi a que conheceu a mais ampla expansão geográfica; nenhuma outra chegou a ser falada por um número tão elevado, seja em valores absolutos ou relativos: 11 milhões (isto é, dois terços da totalidade da comunidade judia no mundo) às vésperas da Segunda Guerra Mundial. Foi, ainda, a única que logrou atingir um grau de desenvolvimento comparável ao do próprio hebreu, pois permite não apenas exprimir todos os aspectos dos estilos de vida e dos pensamentos tradicionais, mas também veicular o discurso político, científico ou literário da era moderna, através da assimilação de um vocabulário internacional a que não faltam palavras neogregas e neolatinas.[42]

Sem disputar ao hebreu o estatuto de língua sagrada, o iídiche não deixa de ter o seu lugar no domínio dos estudos e da própria liturgia. Embora a leitura bíblica ou talmúdica continue feita no texto, os comentários orais, os debates, as exposições eruditas e, mesmo, algumas orações são em iídiche, sobretudo entre as mulheres. Paralelamente, o hebreu também é utilizado na redação de documentos civis e comerciais, correspondência particular etc. A única distinção válida entre as duas decorre, portanto, do fato de ser o hebreu língua exclusivamente escrita e o iídiche, a um tempo, falada e escrita.[43]

Todos os autores reconhecem que o iídiche está em vias de desaparecimento porque as novas gerações não o praticam e o compreendem mal, sendo gradativamente substituído pelas línguas dos países onde se radicaram. A antiga União Soviética é o único país em que os judeus conservaram, de certo modo, o iídiche no uso cotidiano. Entretanto, os que emigram para Israel ou para os Estados Unidos levam consigo o russo, de preferência às suas variantes do iídiche.[44]

Imagens que nos chegam da Bíblia...

"Entre as inúmeras expressões diretamente traduzidas do hebreu e que continuam em uso freqüente, pelo menos nas línguas ocidentais, vale citar:

bode expiatório	*estar na brecha*
cavalo de batalha	*gritar no telhado*
dom de línguas	*esconder o rosto*
o argueiro e a tranca	*sair pelo nariz*
sal da terra	*estar pele e osso*
umbigo do mundo	*semear a cizânia*
a serpente de mar	*cair do céu"*

Henriette Walter, *L'Aventure des mots français venus d'ailleurs,* Paris, Robert Laffont, 1997.

O prêmio Nobel concedido em 1978 a um escritor de língua iídiche, Isaac Bashevis Singer, consagrou a originalidade do seu talento e do universo que logrou construir. Mas o gesto dos jurados de Estocolmo tem maior alcance: representou uma homenagem, pela primeira vez, à literatura de um grupo sem território nem Estado, pouco conhecido até então precisamente por essa característica.[45]

Palavras que vêm do frio

As palavras que nos chegam do frio, como **smorgasbord:**

- "A **Smorgasbord** of Fuel Cells", *BusinessWeek*, 27.5.96;

ombudsman:

- "Vera não é pastora, mas a **ombudsman** do Pão de Açúcar", *Jornal do Brasil*, 22.9.96;

saga:

- "Lo logico seria continuar ahora con la **saga** de protagonistas...", *El País*, 15.5.96;

ski:

- "Les marques de **skis** visent le marché des plus agés, censés avoir plus de moyens", *Le Point*, 1.4.95;

iceberg:

- "A escalada de cifrões de Jordan é a ponta do **iceberg**.", *Veja*, 26.6.96,

passaram a fazer parte da vida cotidiana até mesmo nos trópicos.

O neerlandês, em sua origem, foi a língua dos francos, o *francique*, do qual uma variedade subsiste até hoje na França, no departamento do Norte. No decorrer dos séculos, um número bastante importante de formas léxicas logrou integrar-se, de maneira harmoniosa, nas estruturas da língua francesa. Com efeito, quem hesitaria em qualificar como tipicamente francesas palavras como *matelot*, *cabillaud*, *maquereau*, *crabe* ou *ramequin*?, pergunta Henriette Walter.[46]

Não tão longe assim

"Não se deveria imaginar os países escandinavos, no começo de nossa era, como países longínquos, isolados do resto do mundo e se desenvolvendo a portas fechadas. O mar, que nos comprazemos em julgar um obstáculo, ofereceu-lhes vias cômodas de comunicação. No período de sua maior expansão, os escandinavos estabeleceram colônias ao longo das costas do Báltico e do mar do Norte, subiram os rios russos até Bizâncio, onde o imperador recrutou, dentre eles, a célebre guarda dos Varangues, prosseguiram até a Itália e na direção do sul da África, a seguir na direção norte, até a Groenlândia, descobrindo a América bem antes de Cristóvão Colombo.

Não nos deveria surpreender encontrar na literatura escandinava temas ou narrativas que nos lembram literaturas por vezes muito longínquas."

Carl Gustaf Bjurström, *Littérature islandaise.*

O leitor encontrará aqui exemplos de uso internacional de palavras em seu estado puro, como **maelstrom:**

- "Il a sous estimé le **maelstrom** social que constituait la réunion des deux sociétés...", *Le Point*, 26.4.96;
- "Steffi Graf... there she was... caught in the **maelstrom**", *Time*, 25.11.96;

ou **iate/yacht:**

- "Bernard Tapie... his fortune gone, his **yacht**, his mansion...", *The New York Times*, 7.9.96;
- "Il rédigeait au *Figaro* la chronique du **yacht**ing sous le pseudonyme...", Painter, *Marcel Proust*.

O flamengo, ainda falado no departamento do Norte, é uma das três variedades germânicas que subsistem na França, ao lado do alsaciano (departamentos do Baixo e do Alto Reno) e o francique loreno (metade do departamento do Mosela e pequena zona do Baixo Reno). Por esta razão, a palavra **quermesse/kermesse,** do flamengo *kermisse*, "missa de igreja", é uma espécie de porta-bandeira dessa língua tão próxima do neerlandês:

- "La **kermesse** vénale se poursuit dans les halls, les corridors et les chambres...", *Paris Match*, 15.5.97;
- "Nous savons parfaitement que cette intégration, pour nous, n'aura rien d'une **kermesse**", *Le Point*, 12.11.94;
- "Atlanta, la grande **kermesse**", *Le Figaro*, 28.7.96.

O caviar turco

O turco pertence à família dita "uralo-altaica". Em realidade, não há uma, mas várias línguas turcas, e a falada na Turquia é o produto da evolução do osmânli, usado na corte otomana e, sem dúvida, o mais importante. Depois de haver acolhido número apreciável de palavras árabes e persas, a língua passou por uma grande depuração a partir de 1928, sob o impulso de Atatürk, que impôs a substituição da escrita árabe pelo alfabeto latino, devidamente acomodado às necessidades da fonética local.[47]

Sabemos, por exemplo, que **caviar**, a despeito das conotações russas, é de origem turca, e que a palavra e o produto foram difundidos no Ocidente sob a forma italiana *caviale*. Mas, por outro lado, embora **bakchich** seja originário do persa ***bakchêden***, "dar", a forma que se generalizou foi a turca, bem como a prática desse gênero de "dádiva":

- "...société camerounaise avoue avoir versé chaque année 'près de 200 millions de francs CFA en **bakchichs** divers'", *Jeune Afrique*, 13.5.97.

Bakchich desencorajado

"Cambises, rei da Pérsia, filho e sucessor de Ciro, o Grande, atribuía, tanto quanto seu pai, a maior importância à integridade dos juízes reais. Heródoto conta que um desses magistrados — Sisamnes — teria lavrado uma má sentença em contrapartida de um bakchich. Cambises o matou com as próprias mãos, como se fosse um carneiro, e o mandou ser esfolado. Com a pele, devidamente curtida e cortada em tiras, o rei mandou forrar a cadeira do magistrado executado. A seguir, nomeou sucessor o filho do próprio Sisamnes para que se lembrasse da admoestação real cada vez que se sentasse..."

O novo magistrado, evidentemente, teve um comportamento acima de qualquer suspeita.

A. T. Olmstead, *History of the Persian Empire.*

Outras palavras se prestam particularmente ao sentido figurado, como **harem**:

- "Shannon se sent réduite à l'état d'esclave de **harem**", *Le Figaro*, 6.3.97;
- "Quand un **harem** tourne au confessionnel, l'âme se met à nu", *L'Express*, 6.2.97;

ou **hammam**:

- "Là, on passe du Darjeeling à l'antifascisme... de Claudel à Dimitrov, du **hammam** au Nobel", *Le Point*, 2.6.97;

ou **pacha**:

- "Jo Di Mambro n'a plus rien à attendre de ces esclaves, qui lui offrent une vie de **pacha**", *Le Point*, 20.5.95;

ou **quiosque/kiosque**:

- "...juste en-dessous de l'hôtel, se trouvait le **kiosque** à musique", Painter, *Marcel Proust*.

"Kiosque Internet"

"Equivalente Internet do quiosque Minitel, da empresa France Telecom, esse serviço permite o acesso nacional à Internet pela tarifa local. Nessa acepção, ***kiosque*** passou a ser nome registrado para significar 'sistema de venda de serviços telemáticos'.

Quiosque nos vem do turco *kiösk*, 'pavilhão de jardim'."

Gabriel Otman, *Les Mots de la cyberculture.*

Campeãs de "freqüência"

O búlgaro, o finlandês e o tcheco estão representados por uma só palavra sem fronteiras, cada um, mas estão todas certamente entre as campeãs: **yaourt** ou **yog(h)urt**, **sauna** e **robot**.

Enquanto um jornal anuncia:

- "un **yaghourt** qui rend fort", *Le Figaro*, 28.4.96,

outro declara:

- "Pas facile de mettre des **yaghourts** bulgares au goût Danone", *Libération*, 16.4.96,

e outro ainda proclama a existência de um:

- "Nestlé **yogurt** that supposedly boosts the immune system", *BusinessWeek*, 28.4.97.

A palavra **sauna** se presta igualmente a muitas fantasias:

- "Swan Song for a **Sauna** Diplomacy", *BusinessWeek*, 19.5.97;
- "The **sauna** bath is getting a cold shoulder from Finn power brokers", *BusinessWeek*, 19.5.97;
- "A furiosa reação de Ieltsin. Rasputin na **Sauna**", *Veja*, 26.6.96.

Quanto a **robot**, o encontramos em toda parte:

- "Fatima: portrait-**robot** du ravisseur", *Le Figaro*, 28.8.96;
- "The Internet: phone calls, video and software '**robots**' that cruise for information", *BusinessWeek*, 26.8.96;
- "Beetle **robot**: powered by a 'solar' panel, it crawls inside pipes", *Time*, 2.12.96.

As línguas mortas

Literatura aramaica

"Arameu designa um povo antigo, de origem semita; provavelmente originário do deserto sírio-árabe, começou a se expandir na Mesopotâmia e na Síria ao longo do segundo milênio a.C. e, a partir do século XII, ainda antes de Cristo, chegou a criar reinos e principados de importância não desprezível; esses Estados aramaicos são freqüentemente mencionados nos anais dos reis assírios e nos livros históricos dos antigos hebreus, que a Bíblia nos conservou. [...]

Cumpre assinalar que os arameus, ao fundarem seus reinos na Mesopotâmia e na Síria, não dispunham de língua escrita, de língua literária; pertenciam ainda ao conjunto de beduínos, quase incultos. Os príncipes desses novos reinos foram certamente tentados a adotar como língua escrita uma das grandes línguas de civilização que encontraram nos países ocupados; aqui, o assírio, acolá, o fenício. A despeito de hesitações iniciais, um aramaico literário não tardou a se delinear. O aramaico, trazido de seu hábitat primitivo pelos invasores, pertence ao grupo das línguas ditas semitas e tem afinidades com o fenício e o hebreu, além do árabe. [...]

Sem a menor dúvida, o idioma antigo teve de se adaptar às necessidades do novo meio ambiente e sofreu a influência das grandes línguas vizinhas; mas sua sobrevivência como língua nacional é prova do orgulho desses antigos filhos do deserto e do vigor de seu espírito conquistador."

André Dupont-Sommer, *Littérature araméenne.*

Línguas mortas e línguas extintas

As línguas são, com freqüência, comparadas aos seres vivos: nascem, se desenvolvem e morrem. A comparação não é boa. Ao contrário dos seres vivos, as línguas podem ressuscitar, como foi o caso do hebreu, ou mesmo ser inventadas, criadas em laboratório, como o esperanto e centenas de outras.

Morta é a língua não mais utilizada oficialmente em país algum, mas a que se pode recorrer em determinadas circunstâncias, como o latim no seio da Igreja católica. Extinta é a que não deixou traço escrito; sabe-se que existiu pelas referências que lhe foram feitas ou então porque, logicamente, deveria ter existido. Exemplo clássico é o indo-europeu. Foi o fato de não haver textos nele redigidos que levou os lingüistas a se decidirem a reanimá-lo.[48]

Aramaico, língua de Ciro e de Jesus

A língua cotidiana de Jesus e dos apóstolos foi o aramaico — então língua comum da Palestina —, que ainda se consegue ouvir em algumas aldeias isoladas perto de Damasco, nas colinas de Tür-Abdin (sudeste da Turquia), bem como na margem oriental do lago Urmia (Irã, província de Azerbaijão). Embora de forma limitada, as comunidades cristãs não deixaram de praticá-la na Síria oriental. Traços de aramaico subsistem, também, na liturgia judaica.

Jesus Cristo conhecia igualmente o hebreu antigo, que lia sem esforço, além de saber exprimir-se em grego, idioma oficial do Império romano no Oriente. A princípio nômade, o aramaico substituiu, a partir do século IV a.C. (talvez mesmo mais cedo), o acadiano (a mais antiga língua semita, que se ramificaria em babilônio e assírio, todas desaparecidas) e o hebreu nos usos orais. O siríaco, igualmente subproduto, é hoje reservado aos ritos litúrgicos e sobreviveu sob a forma de dialetos em partes da Ásia. Por ocasião da conquista da Palestina por Alexandre no século IV, foi o aramaico que ocupou o lugar do hebreu nos usos orais.[49]

Quando Ciro, o Persa, conquistou a Babilônia em 539 a.C., e todo o Império caldeu caiu em suas mãos, o aramaico não tardou em tornar-se o idioma oficial do Império achemenida. Seus domínios se estendiam do Nilo à Índia, englobando povos bastante diversos. Impunha-se, por isso, uma língua única que facilitasse as relações administrativas e políticas, além das comerciais e culturais entre as diferentes satrapias. O aramaico foi escolhido para preencher essa função.[50]

Palavra aramaica sempre em voga é **capharnaum**:

- "Le **capharnaüm** désespéré des sans-papiers lillois", *Libération*, 7.3.97;
- "Dans ce **capharnaüm**, le metteur en scène, conciliant, tente quelques répétitions", *L'Express*, 29.5.97;
- "Un nain de jardin thrône dans le jardin au milieu d'un joyeux **capharnaüm**", *Madame Figaro*, 13.4.96.

Nada de novo sob o sol

As conquistas de Elam e de Babilônia puseram Ciro em contato com civilizações bem mais antigas e complexas, com sólida tradição de documentos escritos. Havia 25 séculos que a Babilônia utilizava técnicas contábeis bastante evoluídas, além de diferentes modalidades de registro de transações comerciais em tábulas de argila.

As fontes para melhor conhecer a cultura e costumes dos povos submetidos durante a vigência da dinastia achemenida se encontram nessas tábulas, escritas em elamita, acadiano ou aramaico. Felizmente, vários milhares, talvez meio milhão, foram encontrados e cobrem um período de quase três mil anos — ou seja, mais de metade da história humana documentada.

O professor A. T. Olmstead, do Instituto Oriental da Universidade de Chicago, estudou muito de perto essas tábulas e assinala que os banqueiros elamitas já praticavam as mesmas astúcias e artifícios dos banqueiros de nossos dias. Entre vários exemplos, cita o agiota Ummanunu: "Huban-api recebe seis shekels em ouro; se o empréstimo não for pago em um mês, os juros serão aumentados." O interior da tábula indica uma taxa de juro inferior à habitual — uma libra de prata —, ou seja, uma relação de dez a um; entretanto, sobre o envelope (única parte acessível à inspeção, a menos que o selo fosse quebrado na presença de um magistrado), a soma objeto do empréstimo era reduzida de uma moeda de ouro, o que elevava, na prática, a taxa ao nível mais corrente de 12 a um.[51]

O grego suplanta o aramaico

Após as conquistas de Alexandre, o Grande, o grego substituiu o aramaico como língua oficial em toda a extensão do antigo Império persa, mas os dialetos aramaicos subsistiram até a época romana, sendo várias as formas identificadas nos manuscritos, a que foram dados os nomes de palmireno, de nabateu, de samaritano e de siríaco. Alguns fragmentos do Antigo Testamento, como os de Daniel e de Esdras, foram redigidos em aramaico. O Talmude de Babilônia foi, em sua maior parte, escrito em um dos dialetos aramaicos e o Talmude de Jerusalém, em outro. Na Palestina, sendo o aramaico a língua de uso cotidiano, o hebreu ficou reservado ao clero, aos funcionários e aos membros da classe superior.[52]

O sânscrito

Língua do bramanismo, o sânscrito foi fixado nos Vedas, compêndio de hinos litúrgicos, no segundo milênio antes de Cristo. A literatura sânscrita se desenvolveu sem descontinuidade até os nossos dias — sem dúvida, uma das mais extensas durações conhecidas.

Já não mais de uso corrente desde tempos muito remotos, a língua conseguiu sobreviver até os alvores da nossa época. Textos importantes puderam ser conhecidos, lidos e apreciados graças à familiaridade instintiva da Índia com a expressão sânscrita. Esses textos são em sua maioria religiosos e especulativos; não obstante, quase todos os ramos, artísticos ou eruditos, foram cultivados, deixando um legado de testemunhos memoráveis.[53]

"Assim como há um latim clássico (escrito) e um latim vulgar (falado)", lembra-nos Henriette Walter, "há um *sânscrito* — a palavra significa '[língua] perfeita, realizada' — e os *prácritos* — ou [línguas] de uso corrente." Tendo o latim propiciado o aparecimento das línguas romanas, os *prácritos* igualmente evoluíram, produzindo o hindi-urdu, o bengali, o marata, o páli etc.

O sânscrito nos oferece algumas palavras sem fronteiras com as quais nos deparamos com freqüência. A coleção de exemplos é bastante rica e começa por **avatar**. De origem mitológica, a palavra sobreviveu vários séculos e a encontramos na história de diferentes países. Para atingir Napoleão, Walter Scott (1771-1832) a invoca: "A third avatar of this singular emanation of the evil principle [Bonaparte]...". Outros autores do século passado fazem o mesmo: "Wit and sense are but different avatars of the same spirit" (Sir Leslie Stephen, 1832-1904). Nos nossos dias, a revista *Time*, por exemplo, emprega a palavra a torto e a direito, até mesmo no domínio da moda: "Calvin Klein... and its preeminent avatar of form-follows-function thinking" (17.6.96).

O glossário de termos indispensáveis ao domínio das técnicas da informação no próximo milênio, segundo o *Information Technology Annual Report* (*Newsweek*, 23.6.97), começa por fazer apelo à palavra **avatar** para significar "Software de representação dos usuários tal como aparecerão face aos demais usuários nos espaços virtuais compartilhados. Fisicamente, pode ter, ou não, a aparência de um ser humano, à discrição do usuário".

Avatar e espaço ciber

O livro de Gabriel Otman, *Les Mots de la cyberculture*, ensina que "avatar é a representação física do internauta no espaço ciber". Por quê? Porque "o avatar na linguagem ciber deriva diretamente do sentido figurado, ou seja, metamorfose, transformação, estado pelo qual se transfigura uma pessoa no curso do tempo".

O jornal *Le Monde Informatique* de 5 de janeiro de 1996 procura tranqüilizar o leitor: "O princípio é simples: o visitante aos locutórios ou salões virtuais, ou aos espaços gráficos, escolhe o seu avatar, sua aparência no outro mundo, sombra tridimensional, personagem histórico, animal ou simples imagem de si mesmo se lhe faltar imaginação."

A primeira aparição de *avatar* no vocabulário ciber é atribuída ao romance de ficção científica de Neal Stephenson, *Snow Crash*, publicado em 1944, em que o herói, simples entregador de pizzas, escolhe como avatar um samurai...

Dentre as palavras mais usadas, aqui e acolá, estão **karma**:

- "What **karma** is hanging over us!", *Time*, 8.7.96;

nirvana:

- "...qui vit Lionel Jospin connaître quinze jours de **nirvana** après sa désignation...", *Le Point*, 1.4.95;

suástica:

- "A ballet about the Holocaust? The **swastika** has become a trite symbol of evil", *Time*, 17.6.96;

ioga:

- "Ogni giorno si concede lunghe sedute di **yoga**", *IoDonna*, abr. 1996;
- "A peak at Hillary's plans to learn **yoga** and win a Nobel Prize", *Time*, 18.11.96;

ashram:

- "Tigrett wanted to get away from it all, find an **ashram** and meditate", *Time*, 2.9.96.

Faux pas no *ashram*

A cena que nos descreve Raymond Schwab [*Domaine oriental*] se passa no interior de um **ashram** [em sânscrito, lugar de retiro]: "Eu li — mas esta fórmula não compromete ninguém no Oriente — que um grande asceta — seria ele iogue, ou então sufi? — recebeu a visita de uma mulher particularmente bela. O sábio, de grau bastante elevado, depois de observar-lhe bem o rosto, fechou os olhos e disse: 'Mas, sim, é de fato belo.' A mulher, ofendida por se sentir admirada no gênero neutro, como um objeto, arrancou seu vestido para pôr o insolente diante de um fato consumado: a beleza do corpo seria forçosamente mais significativa que a do rosto. O santo homem arregalou os olhos, examinou tranqüilamente a visitante e repetiu, embora mais friamente: 'Com efeito, isto é de uma grande beleza', inclinando o busto em profunda reverência diante dessa mulher nua e bela. 'Mas como!', bradou esta, indignada. 'Não respeitas, então, como viva e divina esta obra do Todo-Poderoso ao qual serves?' O santo homem se prosternou de novo: 'Nada', disse ele, 'nada prova que na beleza dessa forma habita a beleza de uma alma.'

Depois de breve pausa, acrescentou: 'A rigor, essa deveria ser a presunção, mas se nos enganarmos, a infelicidade será ainda maior para mim do que para ti.'"

SEGUNDA PARTE

Coleção de Exemplos de Uso

1

Do francês

Para não sobrecarregar o texto com transcrições em cirílico, as citações dos autores russos aparecem traduzidas para o francês ou inglês e situadas entre colchetes. As palavras em francês no texto estão em **negrito**.

As palavras francesas nos textos das demais línguas estão também em **negrito**, em romano ou itálico, segundo os originais.

Diante de cada citação, figura uma indicação abreviada da língua: *Al* (alemão), *Es* (espanhol), *Fl* (flamengo), *In* (inglês), *It* (italiano), *Ne* (neerlandês), *Po* (português), *Ru* (russo).

abat-jour/abajur

Po: "Tereza acendeu a lâmpada forte do **abajur** junto à cadeira...". Amado, *Tereza Batista cansada de guerra*.

abattoir

In: "Tony Baldry asked how many cattle were awaiting the **abattoir**...". *The Times*, 8.5.96.

accolade

In: "Chirac. Some of the **accolades** were almost as warm as those he got earlier in the week." *Herald Tribune*, 27.10.96.

In: "To keep the **accolades** coming, Fromstein is investing heavily in technology." *BusinessWeek*, 10.6.96.

In: "Brazil. Jaime Lerner, as the three-term mayor of Curitiba, won international **accolades** for making the city one of the developing world's most livable capitals." *BusinessWeek*, 15.9.97.

accoutrement

In: "Next, a quick detour for an essential table-**accoutrements**." *Herald Tribune*, 31.5.96.

In: "All-in-one mini-offices with **accoutrements**, including computers, phones...". *BusinessWeek*, 6.5.96.

In: "...plus a few symbolic **accoutrements**". *Sunday Times*, 14.7.96.

In: "This disc has all the **accoutrement** of the nascent enhanced CD format." *Time*, 5.8.96.

In: "Viagra-inspired market for souped-up cars, Aramis, oversize stereo equipment and other **accoutrements** of the virile life-style." *Time*, 4.5.98.

In: "Although the **accoutrements** are new, the economics of cruising aren't changing much." *Time*, 11.5.98.

à clef/roman à clef

In: "Pingeot, 23, insists that 'A First Novel' is neither autobiography nor **roman à clef**." *Herald Tribune*, 7.4.98.

In: "Apparently without telling her, Truman Capote changed the plot in his **roman à clef** to make the widow a murderess and supplied a fictional motive." *The Times*, 5.5.99.

In: "*Primary colors*, the potboiling political **roman à clef** whose unnamed author is still Washington's most classified secret." *Time*, 15.7.96.

In: "Eugène Izzi's death was a mystery, but the true crime may be the **roman à clef** he left behind." *Time*, 12.5.97.

In: "But the teasing **roman à clef** scam of borrowing real, recognizable people and making them speak...". *Time*, 12.5.97.

In: "Dominique Dunne. The author of best-selling **romans *à clef*** about murder...". *Time*, 15.12.97.

In: "Ian McEwan plays teasing **roman-à-clef** games." *Sunday Times*, 13.9.98.

In: "The author of best-selling **romans à clef** about murder like *The Two Mrs. Grenvilles*, Dunne became renowned." *Time*, 17.11.97.

Po: "Uma grande paixão pode tomar forma... em diários, livros de memórias e ***romans à clef***." *Jornal do Brasil*, 26.7.97.

Po: "Tratava-se, sem dúvida, de um romance *à clef*." *Koogan-Houaiss*.

à contre cœur

Ru: "...[Si Chouvalov... ayant accepté la place] ***à contre cœur***...". Herzen, Artigos do *Kolokol*, 1861, tradução do russo.

Ru: "[Le cabinet de Berlin a intégré l'ensemble de l'Europe... presque] ***à contre cœur***...". Mestcherski, *Mes souvenirs*, tradução do russo.

Ru: "[J'ai écrit à Alexeï Alexandrovitch, mais j'avoue l'avoir fait] ***à contre cœur***...". Herzen, carta a N. A. Zacharina, 27.4.1838, tradução do russo.

acte gratuit

In: "Nick convinces him that he will be free only if he performs an existential '***acte gratuit***', like the murder committed by Camus's stranger." *Arts & Entertainment*, nov. 1997.

adieu!

In: "***Adieu***, Cantona, Farewell!" *Time*, 2.6.97.

In: "**Adieu** — Geraldine Ferraro, one-time nominee for Vice Prez gets a dubbing in New York Senatorial and bids **adieu** to politics." *Time*, 28.9.98.

In: "The Marschallin... when I bade him **adieu** to opera I sang her for the last time." Rasponi, *The Last Prima Donnas*.

In: "As I bid my **adieu**, she picked a small rose from the garden and, handing it to me, said...". Rasponi, *The Last Prima Donnas*.

Ru: "***Adieu***, [Marie, dit-il doucement à sa sœur...]". L. Tolstoi, *Guerre et paix*, tradução do russo.

Ru: "[Si je continue à vivre de cette façon, alors] ***adieu*** [travail!]" Grot, carta a P. A. Pletniov, 7.9.1840, tradução do russo.

adroit/adroitly

In: "Clinton on Budget: **Adroit** Use of Power." *Herald Tribune*, 18.10.98.

In: "Mr. Vajpayee... may find the ability to sidestep **adroitly** essential...". *Herald Tribune*, 17.5.96.

In: "A devaluation may become necessary. If so, it will need to be handled **adroitly** to minimize the damage...". *Herald Tribune*, 1.11.98.

affaire/affair

Es: "...véase Italia o el largo ***affaire*** Mitterrand, que no cesa con su muerte y consagración". *El País*, 25.1.96.

Fl: "President Clinton zelf gedagvaard in Lewinsky-**affaire**." *Het Nieuwsblad*, 27.7.98.

Fl: "Metaalbond-voorzitter kijkt bitter terug op **affaire**-d'Orazio." *De Standaard*, 17.6.98.

In: "An **Affair** to Remember, said Rue." *Time*, 15.7.96.

In: "Fuji-Kodak **Affair**." *Herald Tribune*, 14.6.96.

In: "The **affair** has blown into a major scandal in France." *Herald Tribune*, 2.5.96.

In: "Sumitomo. But the **affair** had led to criminal investigations...". *BusinessWeek*, 1.7.96.

In: "Dan Hofstader, *Love **Affair** as a Work of Art*." Farrar Straus Giroux.

In: "May be as readers of I Kings 10:13 surmised, King Solomon had an **affair** with the Queen of Sheba before her return to Arabia." *The New York Times*, 9.9.96.

In: "Yet she proposes a two-day **affair**." *Time*, 9.9.96.

In: "In a notebook that Rowlands says is her diary of the **affair**, she recorded Morris telling her..." *Time*, 9.9.96.

Po: "Desde o **affaire** Dreyfus, a palavra intelectual está voltada para a esquerda." *Jornal do Brasil*, 26.7.97.

affaire d'honneur

Ru: "[...sa participation au duel n'était pas un délit, seul son père a objecté que ceci ne pouvait être une] ***affaire d'honneur***." Guershenzon, *Le Moscou de Griboedov*, tradução do russo.

à fonds perdus

Ru: "[Et ce même Vitte, qui pleurait tant les 60 mille gaspillés dans des expériences qui ont échoué, donnait le sourire aux lèvres des centaines de milliers à ses amis, presque toujours] ***à fonds perdus***!" Mestcherski, *Mes souvenirs*, tradução do russo.

âge/à un certain âge

In: "Appreciation of the good life — and the high cost of living in Paris — in turn explain why many are what the French call ***un certain âge***." *Herald Tribune*, 17.4.97.

agent provocateur/Provokateur

Al: "Empörte Juden sprengten die Aufführung. Ihren Fürsprecher fand sie in dem **Provokateur** und Realo-Grünen Daniel Cohn-Bendit, der als Autor in Frankfurt lebt." *Der Spiegel*, 14.9.98.

In: "Clinton's Propaganda Machine. ...briefing-room jousting between Press Secretary Michael D. McCurry and press corps ***agents provocateurs***, it is fascinating to discover...". *BusinessWeek*, 30.3.98.

In: "Through Akashi's purse, the Japanese government had become principal ***agent provocateur*** in a revolution that was, in 1905, to shake Russia to its foundations." Warner, *The Tide at Sunrise*.

Ru: "[Je cherchais précisément à faire connaissance avec un] ***agent provocateur*** [fiable et efficace...]" Schedrine, *Pomp. et pomp.*, *Opinions d'illustres étrangers*, tradução do russo.

agrément

Po: "Está pedido o ***agrément*** para o novo embaixador da Grécia." *O Globo*, 26.2.97.

Po: "Concedido ***agrément*** ao novo embaixador da Venezuela." *O Globo*, 22.2.97.

Po: "Pediu-se o **agrément** para Sinésio Sampaio Goes, futuro embaixador do Brasil em Lisboa." *O Globo*, 6.11.97.

aide/aide de camp/aide-de-camp

In: "Mr. Yeltsin senior political **aide**, Satarov." *Herald Tribune*, 8.7.96.

In: "Clinton to Send Top **Aide** to China." *Herald Tribune*, 3.6.96.

In: "Mr. Yeltsin **aides** have a history of covering up his illnesses." *Herald Tribune*, 30.6.96.

In: "Clinton **Aide** Alleged to Hide Funds." *Herald Tribune*, 30.6.96.

In: "Israeli **Aide** Meets Arafat." *Herald Tribune*, 30.6.96.

In: "Yeltsin's **aides** say officially that he is only suffering from fatigue." *Time*, 8.7.96.

In: "Yeltsin had an **aide** yell the name 'Panskov'." *Time*, 27.5.96.

In: "Clinton and his **aides** played hearts." *Time*, 9.9.96.

In: "Clinton Stands By an Embattled **Aide**." *The New York Times*, 30.12.97.

In: "Bobrikov, a former ***aide de camp*** to the Tsar and a member of the Military Advisory Board, died on the following day." Warner, *The Tide at Sunrise*.

In: "...including Captain Cameron Winslow, ***aide de camp*** to Roosevelt, and Governor MacLane of New Hampshire". Warner, *The Tide at Sunrise*.

In: "Through her connections, Blackwell secured his first job at 19 as **aide-de-camp** to Sir Henry Foot, then Jamaica's governor-general." *The Times Magazine*, 1.8.98.

aide-mémoire

In: "The biographer, whose previous subjects had included Trollope and Sitwell, says she has found the ***aide-mémoire*** and has pored over it during her research for her book on Swift." *The Times*, 15.8.98.

In: "He [Francis Pym] suggested that the Secretary General's ***aide-mémoire*** was very similar to our own proposals." Thatcher, *The Downing Street Years*.

In: "The Secretary General had received no reply from the Argentinians about his ***aide-mémoire***." Thatcher, *The Downing Street Years*.

à la

In: "Eastern musical flavours — **à la** Jimmy Page & Robert Plant — on *Turn to Dust*." *The Times*, 10.5.96.

In: "New Labour's salon of choice... to get a Caesar cut ***à la*** George Michael?" *Daily Telegraph*, 14.8.98.

In: "The English borrowed the rococo, a love for chinoiserie and the service **à la** française (a meal divided in three parts with an enormous display of dishes and silver)." *The New York Times*, 9.1.98.

In: "Artists with any hope of staying power were forced to reinvent themselves **à la** Madonna." *Time*, 8.6.98.

In: "Dining **à la** Marco Pierre White is likely to mean a terrine de foie gras." *Herald Tribune*, 15.5.98.

In: "James Joyce. The book offers no all-knowing narrator, **à la** Dickens ou Tolstoy, to guide the reader." *Time*, 8.6.98.

Po: "O café da manhã **à la** Parmalat." *IstoÉ*, 24.4.96.

Po: "A semana havia começado sob nuvens carregadas, prenunciando outra segunda-feira negra, ***à la** crack* de 19 de outubro de 1987." *IstoÉ*, 5.11.97.

Po: "Aloísio Mercadante. O bigode '**à la** Cantinflas', não escondia o orgulho das alternativas apresentadas." *Jornal do Brasil*, 6.11.97.

Po: "As roliças Sophie Dahl e Sara Morrison sacodem a Europa com suas curvas fartas **à la** Botticelli." *Jornal do Brasil*, 26.7.97.

Po: "Neoclássico **à la** Spielberg." *O Globo*, 19.7.97.

à la carte

In: "...as well as **à la carte** service". *Herald Tribune*, 27.6.96.

In: "David Barry: Spiders **à la Carte**." *Herald Tribune*, 29.3.98.

In: "Microsoft. The **à la Carte** Remedy." *BusinessWeek*, 20.4.98.

In: "Psyche: *Time* and Again in Public Life, Clinton Treats the Truth as an **à la Carte** Menu." *Herald Tribune*, 19.8.98.

Ne: "...s'Avonds voorziet de kaart in niteenlopende **à la carte** gerechten". Cervejaria Henricus, Haia.

Po: "O Mercato tem serviço **à la carte**, clientela quase vip, comida honesta...". *Veja*, 22.10.97.

Po: "Itamar Franco. Filiação **à la carte**." *O Globo*, 25.7.97.

Po: "Super e hipermercados com preços '**à la carte**'." *Correio da Manhã*, 24.8.98.

Ru: "[Ils mangeaient non pas à une heure... mais à six heures et] ***à la carte***." Schedrine, *A l'étranger*, tradução do russo.

Ru: "[...chez moi, ce n'est pas] ***à la carte***." Herzen, *Passé et Méditations*, tradução do russo.

à la folie

In: "For Nicole, **à la folie**." Restaurante Skylight, de David Hare, Londres, 1996.

à la garçonne

Po: "...as mulheres... cortaram seus cabelos ***à la garçonne***...". *Elle*, jan. 1997.

Po: "Elisa Chaves foi talvez a primeira a exibir o cabelo ***à la garçonne***." Lins, *Almanaque*.

à la guerre comme à la guerre

Ru: "[Look how packed we are here. All of us in two rooms...]" ***À la guerre comme à la guerre***... Or as that proverb of ours goes, Cut your coat according to your cloth." Markov, *Black Soil Fields*, tradução do russo.

à la lettre

Ru: "[... il ne me reste qu'à apprendre vos mots] ***à la lettre***." Lenin, carta a E. M. Aleksandrova, após o 22.5.1903, tradução do russo.

Ru: "[Je n'ai pas, vous pouvez vous imaginer], ***à la lettre***, [pas un sou d'argent...] L. Tolstoi, *Guerre et paix*, tradução do russo.

à la longue

In: "I anticipate that the present military crisis in the West will bring us certain advantages ***à la longue*** in that once again the enemy has made preparations for a very quick end to the war which we must do out utmost to prevent." Goebbels, *Diaries*, 26.3.45.

In: "The British people... was driven into this fateful war by Churchill and, looked at ***à la longue***, will lose it whatever happens, whether it emerges victorious or not." Goebbels, *Diaries*, 8.4.45.

à la mode [sentido corrente nos Estados Unidos: sorvete de baunilha sobre uma torta]

In: "Apple-pie **à la mode**, $2.75." Waldorf-Astoria Hotel, Nova York.

In: "In Paris, technology is ***à la mode***." *BusinessWeek*, 9.3.98.

Ru: "[Une chose est d'être une femme] ***à la mode***...". Kugel, *Sans préface*, tradução do russo.

Ru: "[...tout d'abord parce-que ce ne sera pas] ***à la mode***." Schedrine, *Satires en prose*, *Grincements de dents*, tradução do russo.

Allure/alluring

In: "...helping to recreate the same old **allure** in a decidedly different Russia". *Sunday Times*, 14.7.96.

In: "Gloria Estefan, whose **allure** knows no borders...". *Time*, 12.8.96.

In: "The **allure** of foreign brands and the survival of Chinese brands. *Herald Tribune*, 20.5.96.

In: "Her face, with its **alluring** Ava Gardner eye...". *Time*, 27.5.96.

In: "The **Allure** of the Options Option." *Herald Tribune*, 9.3.97.

In: "The **allure** of the hard-fighting peacock bass draws fanatical anglers...". *Time*, 30.9.96.

In: "In Brooklyn, New **Allure** For Old Office Buildings." *The New York Times*, 26.11.97.

In: "Bombs Lose **Allure** For Most Nations." *Herald Tribune*, 6.7.98.

à l'ordre du jour/ordre du jour

Ru: "[Lock-ups, birch-rods and expulsions were] ***à l'ordre du jour***... [They used to whip us... without remorse.]" Taneev, *Childhood and School*, tradução do russo.

Ru: "[J'ai volontairement insisté pour que le sommeil] soit **à *l'ordre du jour***." Schedrine, *Journal de province*, tradução do russo.

Ru: "[... on écrivait des ordres, des lettres, des rapports, et] l' ***ordre du jour***...". L. Tolstoi, *Guerre et paix*, tradução do russo.

Ru: "[Cela vous étonne? Mais c'est notre] ***ordre du jour***!...". Kovalev, *Rencontres*, tradução do russo.

Ru: "[La question de l'Est a de nouveau été mise] à l'***ordre du jour*** en Europe...". Marx e Engels, *La Politique britannique*, tradução do russo.

amateur/amateurish

Es: "Vídeos X: Club privado de contactos muestra sus vídeos **amateurs** filmados directamente por sus socias y parejas." *El País*, 18.6.96.

In: "I can imagine what Homeric laughter there must be in the Kremlin about this **amateurish** American diplomat [Roosevelt's envoy Davies]. If Davies calls himself an unqualified admirer of Marshal Stalin, this plutocratic diplomat is merely showing that he hasn't the faintest idea of what is at stake in the world today." Goebbels, *Diaries*, 26.5.43.

In: "He won his third straight US **amateur** title." *Time*, 9.9.96.

In: "In the **amateur**, however, it was Wood's own stone-cold determination and excellence that produced the unprecedented victory." *Time*, 9.9.96.

In: "The third U.S. **amateur** title was the culmination of a youthful career." *Time*, 9.9.96.

In: "After scoring a string of victories as an **amateur**, Woods leaves Stanford." *Time*, 9.9.96.

In: "He argues that **amateurs** make many key findings." *U.S. News*, 26.8.96.

In: "A keen **amateur** zoologist, he decided...". *The Times*, 11.5.96.

In: "Internet gurus are moving stocks in a big way, though most are **amateurs** and newcomers to investing." *BusinessWeek*, 27.5.96.

In: "Mountaineers Question the Deadly Lure of Everest for **Amateurs**." *Herald Tribune*, 15.5.96.

In: "The same old **amateur** hectoring of family members...". *Time*, 12.8.96.

In: "The international **Amateur** Athletic Federation named him Male Work Athlete of the Year." *Time*, 22.7.96.

In: "An **amateur** athlete chronicles the commercialism." *BusinessWeek*, 29.7.96.

In: "Olympic Games... promoting vigorous, chivalric youth and **amateur** principles." *Herald Tribune*, 5.7.96.

In: "The Atlanta bomb was **amateur** night." *Time*, 5.8.96.

In: "Mr. Karadsik, flamboyant wartime leader of the Bosnian Serbs, psychiatrist and **amateur** poet." *Herald Tribune*, 1.6.98.

In: "In all our games and sports, ancient and modern, we have the ***amateur***." Funk, *Word Origins*.

Ru: "[La soirée chez Joukovski: un] ***amateur*** [allemand, élève de Tikov, lisait 'Faust' maladroitement selon moi]." Puchkin, *Journal*, 17.12.1833, tradução do russo.

ambiance/ambience

In: "Seagate's down-to-earth **ambiance**." *BusinessWeek*.

In: "I think it has a very beautiful **ambiance**." *The New York Times*, 26.9.96.

In: "...would have enjoyed its **ambience**...". *The Times*, 17.7.96

In: "Amazon.com creates a special **ambiance** by having authors drop by electronically...". *BusinessWeek*, 23.9.96.

In: "...are aiming to re-create the traditional **ambiance** and uses of 42nd Street...". *Time*, 7.4.97.

In: "...because Paris is still Paris... a café and street life and a cultural **ambience** unlike anything...". *Herald Tribune*, 17.4.97.

Ne: "Handgeschilderde... een sfeervolle en unieke 'brasserie **ambiance**'." Cervejaria Henricus, Haia.

amende honorable

Ru: "[En ce qui concerne l'officier, ayant fait] ***amende honorable*** [il se leva, fit une profonde révérence à Lidya Alexandrovna et sortit de la gare]." Makarov, *Souvenirs de mes dix-sept ans*, tradução do russo.

amitié amoureuse

Ru: "[... il rêvait d'une] '***amitié amoureuse***', [en y mêlant des idées de 'amitié douce, claire']." Blok, *V. A. Joucovski* de A. N. Veselovski, tradução do russo.

Ru: "[Chez ces jeunes gens, l'amour s'avérait être un sentiment compliqué et difficile à définir, se confondant souvent avec l'] ***amitié amoureuse***...". Schepkine, *La Personnalité féminine dans le journalisme de la vieille Russie*, tradução do russo.

amour-propre

In: "It cannot have improved his ***amour-propre*** to find that this new man, William Craigie... was, unlike himself, yet another Oxford man." Green, *Chasing the Sun*.

ancien régime

Al: "Doch der revolutionäre Umbruch in der DDR, der das '**ancien régime**' entmachtete, hatte auch für den 17. Juni Konsequenzen." *Die Welt*, 17.6.98.

In: "Diana. In short, her act of testimony was a challenge to the ***ancien régime*** of men." *The Times*, 15.8.98.

In: "...chronicling the down fall of the **ancien régime**". *Sunday Times*, 14.7.96.

In: "The booths looked like **ancien regime** salons." *The New York Times*, 26.9.96.

In: "The Queen... returned to the forms of the **ancien régime**, giving a ball for foreign royals." *Time*, 1.12.97.

In: "In Catholic countries the parallel revolutionary movement (which was also a protest against the libertinage of the **ancien régime**) had made *virtue* into a universal guiding principle. Dorfles, *Kitsch, the World of Bad Taste*.

Ru: "[L'] ***ancien régime*** [qui était en place par les soins de ces messieurs du gouvernement...]". Pissarev, *Esquisses historiques*, tradução do russo.

Ru: "[Il ne sent pas que ses raisonnements apportent de l'eau au moulin des défenseurs de l'] ***ancien régime***... Lenin, *Des caractéristiques du romantisme économique*, tradução do russo.

Ru: "[...pourquoi l'] ***ancien régime*** [a cédé la place...]". Plekhanov, *Lettres sans adresse*, tradução do russo.

année charnière

In: "It is an **année charnière** in the sense that artists had the choice...". *Herald Tribune*, 21.7.96.

In: "Fréchuret calls 1940 an ***année charnière*** or pivotal year, the first year of peace." *Herald Tribune*, 21.7.96.

années folles

Po: "Coco Chanel logo se interessou pela idéia: disse que queria dar seu nome ao perfume mais caro do mundo [não é à toa que a década de vinte foi chamada de *les **années folles***] e perguntava qual ingrediente encareceria a fórmula." *Manchete*, 24.5.97.

à nos moutons [revenons]

Ru: "[Mais, comme disent les Français], ***revenons à nos moutons***: [nous ne comprenons plus l'incompréhension des Allemands russes]." Herzen, *Les Allemands russes et les russes allemands*, tradução do russo.

antique/antiques

In: "...buying and living with **antiques** should be all about enjoyment...". *The Times*, 14.3.96.

In: "The Bada **Antiques** Fair is generally the most stylish fair of the year." *The Times*, 14.3.96.

In: "An anteroom is occupied by an **antiques** dealer." *Herald Tribune*, 17.5.96.

In: "Formerly an importer of English **antiques**, he is a self-taught designer." *Herald Tribune*, 7.6.96.

In: "A London **antique** shop, Gerald Kerin, who sold furniture and objets d'art." *Herald Tribune*, 2.6.96.

In: "...from New York, where she once owned a shabby **antique** store". *Herald Tribune*, 19.6.96.

In: "Rangel is that rare **antique** in politics: an unabashed Democratic liberal." *The New York Times*, 30.9.96.

In: "Mr. Kerr said, leaning on an **antique** Chinese table." *The New York Times*, 5.9.96.

In: "Picasso was recalling an **antique** past and Antiopolis." *Herald Tribune*, 21.7.96.

In: "A good **antiques** auction marked the opening of the club." *Sunday Times*, 14.7.96.

In: "We know which **antique** dealers are suspect." *Time*, 23.2.98.

In: "Fashion. A Radiance of **Antique** Textiles." *Herald Tribune*, 21.4.98.

à outrance

In: "Miguel Turco... a supporter ***à outrance*** of the Guimarães clan." Amado, *Dona Flor*, versão inglesa.

Po: "Ele o perseguiu à **outrance**." *Koogan-Houaiss*.

apéritif

In: "The 130 guests... had their **apéritifs** in the Gallery of the Holy Shroud." *Herald Tribune*, 29.4.97.

In: "So I get my gal-pal to meet us there for a sushi **apéritif** before dinner." *New York*, 8.12.97.

Po: "Quando chega a hora do **apéritif**, ele fica realmente indócil." Lins, *Almanaque*.

aplomb

In: "Clinton: A Model of Diplomatic **Aplomb**." *Herald Tribune*, 8.12.96.

In: "The second point is her ability to conduct herself with **aplomb** in a difficult situation." *Herald Tribune*, 8.12.96.

In: "She handles the only serious role... with **aplomb**." *The Times*, 6.5.96.
Po: "Tinha talento, técnica e **aplomb**." Soares, *O xangô de Baker Street*.
Po: "...duas fileiras de pérolas capazes de desequilibrar alguém com menos ***aplomb***...". *Veja*, 5.11.97.
Ru: "[...j'ai senti une grande différence dans ma façon d'enseigner; j'ai acquis un certain] ***aplomb*** [et une certaine aisance.]" Grot, carta a P. A. Pletniov, 12.9.1842, tradução do russo.
Ru: "[Le timbre un peu plus grave de la voix de Shiepkine donnait à son Famoussov plus d'] ***aplomb***." Kropotkin, carta a A. I. Yugine, 9.6.19, tradução do russo.
Ru: "[Dans cette danse, j'utilisais son] ***aplomb*** [exceptionnel.]...". Fokine, *A contre courant*, tradução do russo.

à plus forte raison

Ru: "[Chavrov... s'il se met à lire le destin futur de la Russie dans la grammaire de Vostokov, alors il doit] ***à plus forte raison*** [lire dans le même livre le passé de nos ancêtres]". Pissarev, *Sophismes pédagogiques*, tradução do russo.

appétit/appetite/appetit/l'appétit vient en mangeant [ver: "Bon appétit!"]

Al: "Nun aber haben Sie gegen den Berliner Chef Castorf gepoltert, der '**Appetit auf Blutwurst**' verspürt...". *Der Spiegel*, 13.7.98.
In: "...a man of **appetites**, gastronomics and otherwise". *Herald Tribune*, 20.6.96.
In: "U.S.: An **appetite** for imports is gutting the good news on trade." *BusinessWeek*, 8.7.96.
In: "Poland... yet the **appetite** of consumers for cars... is growing". *Herald Tribune*, 25.7.96.
In: "Spencer has a knowing **appetite** for the world of the senses." *Time*, 22.7.96.
In: "...there is nothing here to feed the human **appetite** for difference". *Sunday Times*, 14.7.96.
In: "Those words, along with his ebullient personality, **appetite** for work and technical skills learned from Beane, endeared him to Berge." *Herald Tribune*, 9.6.98.
Po: "Jonas engolia o 'bon' e dizia só '**Appétit**!'." Faria, *Reminiscências*.
Ru: "***L'appétit vient en mangeant*** [et la voix vient en chantant, noble Dame, dit Dmitritski]." Weltman, *Salomé*, tradução do russo.
Ru: "[D'après le proverbe français:] ***l'appétit vient en mangeant***, [j'ai aussi voulu apprendre le suédois et le hollandais...]". Morozov, *Récits de ma vie*, tradução do russo.

appliqué/appliquéd

In: "Nearly life-size, sinuous **appliqué** figures illustrate themes drawn from Homeric legend." *Herald Tribune*, 14.6.96.
In: "As fashion victims... on waiting lists for Prada's $500 **appliquéd** Mary Janes earlier this year...". *Time*, 23.12.96.
In: "Galliano... some exquisite effects, from the leather worked into cut-and-slash mini bloomers, to the swishing coats **appliquéd** with Tudor motifs and matching thigh-high boots." *Herald Tribune*, 21.7.98.
In: "Inca. Silver llama with gold **appliqué**." Bushnell, *Ancient Arts of the Americas*.
In: "Fashion. Galliano delivered just that... subtle effects of Symbolist print on velvet, **appliqués** on lamé, lacy knit stitches...". *Herald Tribune*, 15.3.98.
In: "...hats with insect antennae above dresses **appliquéd** with scissored leaves...". *Herald Tribune*, 20.5.97.

après nous le déluge

In: "Of the biotech companies, she charged: 'They operate on the ***Après nous le déluge*** principle'." *Time*, 24.8.98.

Ru: "[My dear, while it's] ***après nous le déluge*** — [which, in essence, is quite fair — it is certainly not *le déluge* as long as we are alive]." Ertel, *A Lady from Volkhonka*, tradução do russo.

à propos/apropos

Al: "**A propos** Türken: Einer der wirklichen Türkei-Spezialisten im Bonner Kabinett ist Norbert Blüm." *Welt am Sonntag*, 13.9.98.

In: "It is sometimes much more difficult to be courageous in civilian than in military life. That sort of courage is now ***à propos*** and necessary." Goebbels, *Diaries*, 21.1.42.

In: "It wasn't an accident, but it was **apropos** of nothing but bonhomie." *Sunday Times*, 13.9.98.

Ru: "[I cannot help telling you,] ***à propos***, [of a little word that our publishers came up with recently: *page count*]." Fedin, carta a M. Gorky, 4.3.27, tradução do russo.

à rebours

Po: "Não era possível nenhum ***à rebours***, nenhum movimento de retorno." Ferreira e Mello, *Clement Greenberg e o debate crítico*.

argot

Es: "Fue un inicio explosivo, un arranque a toda castaña — como se dice en el **argot** de Clemente — y una invitación a una tarde de fútbol...". *El País*, 19.6.96.

In: "The result is the surprisingly colloquial **argot** of the geologist...". *Time*, 14.4.97.

In: "Art. Léger wanted to find an **argot**, a visual slang, that could encompass modern experience." *Time*, 30.3.98.

Ru: "[...son langage n'est pas un parler ou une sorte d'] ***argot*** [particulier, mais tout simplement la langue russe traditionnelle...]". Ertel, carta a L. N. Tolstoi, 24.9.1885, tradução do russo.

Ru: "[...écouter, dans un] ***argot*** [légèrement vulgaire mais si pimenté, les remarques judicieuses...]". Ignatiev, *50 ans dans les rangs*, tradução do russo.

Armagnac/armagnac

In: "...in addition to such regional delicacies as foie gras and **Armagnac**". *Time*, 2.9.96.

In: "...a little caramel custard scattered with rum-soaked raisins [Marco Pierre White's signature pre-dessert dessert] and prune and **Armagnac** soufflé". *Herald Tribune*, 15.5.98.

Po: "O francês permaneceu impassível, continuando a degustar o ***armagnac*** e a fumar o montecristo." Macedo Soares, *As sentinelas de Deus*.

armoire

In: "...an **armoire** with snaky scrolls and blossoming vines". *The New York Times*, 26.9.96.

In: "The décor... a grand double bed and large **armoire**." *Herald Tribune*, 27.6.96.

arrière pensée

In: "That same day, Great Britain and France announced that their troops would withdraw as soon as the United Nations force was in place — perhaps with the ***arrière pensée*** that their forces could be part of the United Nations contingent." Kissinger, *Diplomacy*.

Po: "E os moços, os que têm brios e se atiram de coração... sem egoísmo, sem **arrière pensée**." Corrêa do Lago, carta de Euclides Aranha a seu filho Oswaldo, 4.8.1915, em *Oswaldo Aranha e a Revolução de 1930*.

Po: "É claro que não trabalhava com pressupostos; não o comprometia nenhuma ***arrière pensée*** — ia ao subsolo dos fatos." Madeira, *Homens de marca*.

Ru: "[... pourquoi penses-tu que tous les personnages sont les armes aveugles de mon] ***arrière pensée***?". Herzen, carta a N. H. Ketcher, 15.3.1839, tradução do russo.

Ru: "[... les] ***arrière pensées*** [des relations personnelles prendront le dessus...]". Ogareva, carta a A. I. Herzen, 1857, tradução do russo.

Ru: "[La plupart des poèmes de Katenine ne sont pas dépourvus d'] ***arrière-pensées***...". Tynianov, *Les Archaïstes et Pouchkine*, tradução do russo.

arriviste

In: "Style.... and apart from the social stigma of being branded an **arriviste**, 640 is a ho-hum number." *The New York Times*, 14.12.97.

art déco/Art Déco/art-déco/Déco

Es: "...una gama de vestidos de noche... con motivos de **art déco**". *El País*, 16.2.96.

Es: "Ella Fitzgerald canta con una ligereza de noche iluminada... con decoraciones **art-déco**." *El País*, 19.6.96.

In: "Or how about a handsome **art déco** rug?" *The Times*, 14.3.96.

In: "Although **Art Déco** derives its name from the great 1925 Paris exhibition, 'L'Exposition Internationale des Arts Décoratifs et Industriels Modernes', the term is now generally applied to the typical artistic production of the 1920's and 1939's." Menten, *The Art Déco Style*.

In: "The sources of **Art Déco** included Egyptian and Mayan, Cubism, Fauvism and Expressionism." Menten, *The Art Déco Style*.

In: "The chief force underlying all **Art Déco** is its emphasis upon geometric patterns." Menten, *The Art Déco Style*.

In: "Arrangement reminiscent of **Art Déco** in its last gasps." *Herald Tribune*, 12.5.96.

In: "It had a marvelous **Art Déco** dash and today is still one of the great motoring collectibles." *Herald Tribune*, 7.6.96.

In: "The Beautiful, the Tragic, the Absurd: **Art Déco** from Bohemia." *Herald Tribune*, 27.10.96.

In: "...viewing window... elegantly set within a virtual **Art Déco** theater...". *Time*, 7.10.97.

In: "***Art Déco** of the 20s and 30s*," Hiller, publicação do Studio Vista, Londres, 1968.

In: "These pieces... reflecting an era of ornate carving and elegant **Art Déco**." *Herald Tribune*, 5.10.97.

In: "The Hunt For **Art Déco** Jewelry." *The New York Times*, 5.12.97.

In: "**Déco** jewelry is so sophisticated, it reeks money." Grober.

Po: "**Art Déco** — Seminário no Copacabana Palace." *Rio Artes*, nº 22, 1996.

Po: "Conde escreveu um bom guia da arquitetura **art déco** no Rio." *Veja*, 4.9.96.

Po: "O prédio **art déco** fincado na esquina das ruas Rui Barbosa e Conselheiro Carrão." *Veja*, 29.10.97.

art de vivre

In: "...because Paris is still Paris, a city with an ***art de vivre*** — a café and street life and a cultural ambiance unlike anything...". *Herald Tribune*, 17.4.97.

art figuratif/figurative art/figuratie

In: "He was a most vigorous apologist for **figurative art**." *Financial Times*, 19.5.96.

Ne: "...bij de tweestrijd tussen abstractie en **figuratie**, die destijds in kunstenaarskringen werd uitgevochten". Haags Gemeentemuseum, Holanda.

art informel

Po: "E essa ênfase continua a dominar... no expressionismo abstrato e na ***art informel***." Greenberg, *A necessidade do formalismo*.

Art nouveau/Art Nouveau/art nouveau

In: "Many houses and villas in the then current **Art Nouveau** style...". *Herald Tribune*, 17.5.96.

In: "Salo has been left with some of the best **Art Nouveau** architecture in Italy." *Herald Tribune*, 17.5.96.

In: "...an eclectic mélange of **Art Nouveau** and other turn-of-the-century ornamentation". *Time*, 7.4.97.
In: "René Lalique, whose decorative pieces of 100 years ago are symbolic of **Art Nouveau.**" *Herald Tribune*, 20.1.97.
In: "For the style known generally as **Art Nouveau,** there are now as many names as letters of the alphabet." Hiller, *Art Déco of the 20s and 30s.*
In: "**Art Nouveau,** which is essentially decorative...". Yanker, *Pop Art.*
In: "'It was partly a rebellion against **Art Nouveau'**, he said." *The New York Times*, 5.12.97.
In: "Art Déco and **Art Nouveau** are also big specialties in Paris, where both movements were born." *Herald Tribune*, 24.5.98.
Ne: "Kupka... deel aan stromingen als het Symbolisme en de **Art Nouveau.**" Het Paleis, Haia.
Po: "Foi uma surpresa sabê-la adepta da **Art Nouveau.**" Oliveira, *Flores raras e banalíssimas.*
Po: "Gustav Klimt se tornou popular ao adaptar o ***art nouveau*** à pintura." *Manchete*, 22.11.97.
Ru: "[Ainsi, dans la culture russe, existaient presque simultanément le réalisme, le symbolisme, 'l'] **Art Nouveau**', [l'impressionnisme et les germes...]". Grygar, *L'Avant-garde russe*, tradução do russo.

art trouvé

In: "Items found on the seashore are obvious examples of the raw material of ***art trouvé***." Evans, *Brewer's Dictionary of Phrase and Fable.*

atelier/ateliê/Atelier

Al: "In seinen '**Atelier** für kreative Diplomatik, Schreibe-und Malkunst' hortete der Abt ein Sortiment von Schriftvorlagen und Kaisersiegeln." *Der Spiegel*, 13.7.98.
In: "Things a young artist long for a bigger **atelier**...". *Newsweek*, 15.7.96.
In: "Use the upstairs room as an **atelier.**" *Herald Tribune*, 21.7.96.
In: "...were all credits to Jean-Louis Scherer's **atelier** and suppliers". *Herald Tribune*, 9.7.96.
In: "The problem has come from downsizing at couture **atelier.**" *Herald Tribune*, 9.7.96.
In: "...a mere kitchen is transformed into a veritable **atelier** for projects...". *Time*, 23.12.96.
Po: "McHenry... é brutalmente assassinado em seu **ateliê** por dois trombadinhas." *Veja*, 2.4.97.
Po: "Uma tarde... dirigiu uma última mirada ao **atelier**...". Amado, *Farda, fardão, camisola de dormir.*
Po: " Hoje mesmo, se quiser. Saio às seis do **atelier.**" Amado, *Farda, fardão, camisola de dormir.*
Po: "...academias de ginástica e **ateliês** de serviço que fazem miudezas de todo tipo". *Veja*, 9.4.97.
Po: "Vai botar um **atelier** para mim, na Rua do Rosário." Amado, *Farda, fardão, camisola de dormir.*
Po: "O **ateliê** do decorador Sid Bergamin e a butique NKStore, de Natalie Klein." *Veja*, 29.10.97.

à tout seigneur, tout honneur

Ru: "[Le 7 février... joue la pièce 'le Réviseur'.] ***À tout seigneur, tout honneur.***" Ourussov, *Le Théatre*, tradução do russo.

attaché/attaché case

In: "Our military **attaché** at the Embassy in Rome, General von Rintelen, is quite 'black', and behaves accordingly. He is surrounded by only clerical or aristocratic elements." Goebbels, *Diaries*, 12.12.42.

In: "...the so-called nuclear **attaché case** containing the codes...". *Time*, 3.6.96.

In: "What was taken from the pouch, which is a little smaller than an **attaché case,** is still the subject of speculation." *Time*, 16.3.97.

In: "The FBI director has quietly pulled out... leaving behind only a simple agent as a legal **attaché** and liaison to the Saudis." *Herald Tribune*, 22.6.98.

In: "But the Russians, it is true, were deplorably served by their staff at general headquarters and many of their **attachés**." Warner, *The Tide at Sunrise.*

In: "Before hostilities broke out, the Japanese military **attaché** in St. Petersburg made arrangements to pay his agents 500 yen a month." Warner, *The Tide at Sunrise.*

In: "He became U.S. press **attaché** in Tehran in 1978, at the height of the revolution that overthrew the Shah." *Time*, 3.8.98.

attentat à la pudeur

Ru: "[Ceux qui ont été en France et qui ont assisté aux nombreux procès pour] ***attentat à la pudeur***." Spassovitch, *De la théorie des preuves juridiques et criminelles*, tradução do russo.

au courant [ver: "courant"]

audience [sentido inglês de "público", conjunto de pessoas que assistem efetivamente a um espetáculo, a uma reunião, a uma manifestação]

In: "Gorbachev was heckledby an **audience** openly yearning for a return to Communism." *Financial Times*, 19.5.96.

In: "Dr. Margaret A. Liu knows what it's like to play to an **audience**." *BusinessWeek*, 24.6.96.

In: "Half the **audience** sees a promising dawn." *Herald Tribune*, 20.6.96.

In: "The movie is delighting packed **audiences**." *Time*, 15.7.96.

In: "The **audience** giggled at the wild intensity of the emotions." *Time*, 22.7.96.

In: "Barn-like acoustics... made the **audience** strain to catch the words." *The Times*, 17.7.96.

In: "British **audiences** have a chance to get to know her a little better." *The Times*, 17.7.96.

In: "A heavier fare than a hot-weather **audience** might expect." *Newsweek*, 15.7.96.

In: "Degas. Although the dancer still engages with her **audience**." *Newsweek*.

In: "The chance to look decorative for a stage **audience** or TV games." *The Times*, 16.7.96.

In: "Darci Kistler... that won her the admiration of **audiences** and critics." *Herald Tribune*, 30.4.97.

In: "There ought to be a less traditional way to make the **audience** applaud that to show high-art fashioned see-through dresses." *Herald Tribune*, 21.7.98.

au grand complet

Ru: "[L'émigration était] ***au grand complet***, [elle pouvait se livrer à de grandes batailles, desquelles le lecteur prendra connaissance dans la chanson suivante]." Marx e Engels, *Les Grands époux de l'émigration*, tradução do russo.

au grand jour

Ru: "[Nous aurions volontiers mis] ***au grand jour*** [ces défenseurs du bâton et de leurs terres 'sacrées' tachées du sang de leurs victimes...]". Herzen, artigos do *Kolokol*, 1858, tradução do russo.

au jour d'aujourd'hui

Ru: "**Au jour d'aujourd'hui** [l'Allemagne n'est pas davantage une bonne idée de voyage]." Herzen, *Lettres de France et d'Italie*, tradução do russo.

Ru: "[...mais, pensez ce qu'il en serait] **au jour d'aujourd'hui...**". Herzen, *Les Russes allemands et les allemands russes*, tradução do russo.

au-pair/au pair/Au-pair [sentido de paridade entre o capital nominal de um valor e o seu curso atual; sentido de troca de um trabalho contra alojamento e alimentação, sem salário]

Al: "Ein **Au-pair**-Jahr schmückt den Lebenslauf." *Frankfurter Allgemeine Zeitung*, 12.9.98.

Es: "Enseñanza. Idiomas: **Au pair**: Cursos Inglaterra. Tel:...". *El País*, 19.6.96.

Es: "Y qué decirles del sistema '**au pair**'?" *ABC*, 21.11.97.

Es: "En el juicio de Louise Woodward... dos grandes bajas: el sistema de jurados y la práctica de las '**au pair**'." *ABC*, 21.11.97.

In: "Two unrecorded Camprobins painted as a **pair**...". *Herald Tribune*, 19.5.96.

In: "Life Sentence for **Au Pair** Leaves Britons in Shock.". *Herald Tribune*, 2.11.97.

In: "**Au Pairs** Are Not Nannies, Care Givers Insist." *The New York Times*, 30.11.97.

In: "A Concord reader extended the definition: '***Au pair*** is an abbreviation of *être au pair dans une maison*, which Larousse defines as *free board and room without salary*'." *The New York Times*, 30.11.97.

In: "***Au pairs*** are teen-agers who receive small salaries and expect to be treated as quasi family members." *The New York Times*, 30.11.97.

In: "London Won't Press U.S. Over Convicted **Au Pair**." *Herald Tribune*, 4.11.97.

In: "Newspapers mounted campaigns to get the **au pair** freed." *Herald Tribune*, 4.11.97.

In: "Louise Woodward, the British **au pair** whose murder conviction was reduced to manslaughter." *Herald Tribune*, 10.3.98.

Ru: "[Vendre le billet à Londres, pas] ***au pair*** [évidemment...]". Herzen, carta a L. I. Gaag, 31.5.1850, tradução do russo.

auteur

In: "Folie and a Gathering of **Auteurs**." *Herald Tribune*, 15.5.96.

Po: "O pernosticismo era tamanho que ele se dizia ***auteur*** de romances." Lins, *Almanaque*.

automobile

In: "The European **Automobile** Manufacturers Association in Brussels reported a similar state of affairs." *Herald Tribune*, 16.5.96.

avalanche

In: "IBM is hitting home users with an **avalanche** of goodies." *BusinessWeek*, 17.6.96.

In: "Mac's job was... and clarify the **avalanche** of foreign affairs information in the White House." *The New York Times*, 22.9.96.

In: "The result is an **avalanche** of drugs." *U.S. News*, 30.9.96.

In: "The Qana massacre has created an **avalanche** of anger." *Herald Tribune*, 2.7.96.

In: "Medicare gets an umbrella for an **avalanche**." *BusinessWeek*, 2.6.97.

In: "The Qana massacre has created an **avalanche** of anger." *Herald Tribune*, 2.7.96.

In: "That started an **avalanche** of people...". *Time*, 28.10.96.

In: "...an economic **avalanche** is hanging over their heads". *BusinessWeek*, 10.2.97.

In: "An **avalanche** of animated books reveals the hard times of some very funny men." *Time*, 12.5.97.

In: "Austria. Mr. Klima acknowledged that the **avalanche** of criticism during Mr. Waldheim's presidency was an agonizing and humiliating ordeal." *Herald Tribune*, 6.4.98.

In: "**Avalanches** of Japanese rolled toward the Russian forts, falling, rising again, and running until they fell for the last time." Warner, *The Tide at Sunrise*.

avant-garde/avant garde/Avantgarde/avant-gardism/avant-gardista

Al: "...mit der Berlin damals in die **Avantgarde** der Popkultur vorstiess". *Frankfurter Allgemeine Zeitung*, 12.9.98.

In: "Selling the Chinese **Avant-Garde**." *Herald Tribune*, 15.3.98.

In: "Fred Day was leader of the Boston **avant-garde** and leading light of a group of young decadent poets and artists." *Daily Mail*, 1.8.98.

In: "Masscult has also discovered the profit in co-opting the **avant garde**." *The New York Times*, 22.9.96.

In: "The Puzzling End of British **Avant-Garde**." *Herald Tribune*, 21.6.98.

In: "Thomas Schumacher personally recruited **avant-garde** theater director Julie Taymor for a smash Broadway adaptation of *The Lion King*." *Premiere*, mai. 1998.

In: "What is it that made British **avant-garde** art end abruptly in the middle of the 19th century, leaving the way open to 'Edward Burne-JonEs: Artist Dreamer'." *Herald Tribune*, 21.6.98.

In: "It sheds light... on the advent of **avant garde** art a generation later." *Herald Tribune*, 23.3.96.

In: "Art and the public purse: what is the '**avant-garde**' anyway?" *Herald Tribune*, 4.7.96.

In: "**Avant-garde** garden furniture by top contemporary designers." *Herald Tribune*, 31.5.96.

In: "He had made a name for himself as head of London's **avant-garde** Almeida Theater." *Herald Tribune*, 19.6.96.

In: "Kabakov... drawings inspired by any **avant-garde** art reproduction he found." *Herald Tribune*, 18.8.96.

In: "Prince Charles... ready to oppose any major construction project that smells of **avant-gardism**." *Newsweek*, 15.7.96.

In: "An **avant-garde** composer introduces his new opus." *Herald Tribune*, 30.10.96.

In: "A good-hearted street riot of punk rock, **avant-garde** hip hop and ska...". *Time*, 23.12.96.

In: "Mike Milken: his story gets an **avant-garde** retelling in Brooklyn." *BusinessWeek*, 30.9.96.

In: "Modern Elegance Becomes Buzzword for the **Avant Garde**." *Herald Tribune*, 17.3.97.

In: "The old **avant-garde** has given way to a new anti-uniform, a do-it-yourself...". *Time*, 24.3.97.

In: "***Avant-garde** attitudes: new art in the sixties*." *Studio International*, abr. 1970.

In: "*Counter-**avant-garde***." *Art International*, mai. 1971.

In: "South Africa's Communist Party, the self-anointed **avant-garde** of the liberation movement...". *Time*, 28.4.97.

In: "Finland. Snowcrash subcontracts production and sells in **avant-garde** outlets such as the Moss Gallery in New York City's Soho." *BusinessWeek*, 11.5.98

Ne: "Kupka... geinteresserd in de nieuwste ontwikkelingen van de artistieke **avant-garde** en Parijs." Het Paleis, Haia.

Po: "Está fechada a vinda ao Rio em 97 do balé super-**avant-gardista** da alemã Pina Bausch." *O Globo*, 13.9.96.

avant la lettre

Po: "Diz-se da gravura tirada antes da impressão da legenda. No sentido figurado, significa anterior ao aparecimento do termo: *Um modernista **avant la lettre**." Koogan-Larousse.*

Po: "Mas eu prefiro ir à Constituinte, que é o mesmo Congresso ***avant la lettre***." Machado de Assis, 30.10.1893.

avant-première

Po: "A cantora Elba Ramalho... na festa da ***avant-première*** de 'Evita' no Copa." *O Globo*, 28.2.97.

Po: "O cônsul confirmou sua presença na ***avant-première*** do longa-metragem 'Evita'." *O Globo*, 19.2.97.

Po: "Torneio em Lyon: **Avant-première** da Copa de 98." *IstoÉ*, 4.6.97.

Po: "Os franceses do Sul só poderão se encantar com a ginga brasileira pela televisão, nesta **avant-première** em que se transformou o torneio da França." *IstoÉ*, 4.6.97.

Po: "Freud. Outro trecho assinalado parece ser uma ***avant-première*** do mito do banquete totêmico." *Jornal do Brasil*, 26.7.97.

avoir d'autres chats à fouetter

Ru: "[Jusqu'à présent, je ne vous répondais pas malgré vos relances. Je me disais:] ***j'ai d'autres chats à fouetter***...". Plekhanov, *Materialismus militans*, tradução do russo.

à vol d'oiseau

Po: "Diálogo acadêmico **à vol d'oiseau**...". Amado, *Farda, fardão, camisola de dormir*.

Po: "Depois, uma vista d'olhos na Inglaterra, na Itália... ***à vol d'oiseau*** como diria Zabela." Amado, *Tenda dos milagres*.

Ru: "[Cette promenade mène à une terrasse, du haut de laquelle apparaît un panorama: sous les pieds,] ***à vol d'oiseau*** [s'étend une grande partie de la ville]." Glinka, *Zap*, tradução do russo.

Ru: "[...et nous pourrions même admirer Londres] ***à vol d'oiseau***". Herzen, carta a N. M. Shiepkin, 9.6.1857, tradução do russo.

Ru: "[...au-dessus de la terre à une hauteur inaccessible, et dès qu'il le désire elle lui montre toute notre planète] ***à vol d'oiseau***". Turgueniev, *Essais de littérature*, tradução do russo.

Ru: "[Mais de là à une représentation] ***à vol d'oiseau***, [il y a une grande marge]." *Notes de la section* russe *'classique' de la communauté archéologique russe*, tradução do russo.

Ru: "[La première scène représente la vue du Tiflis d'aujourd'hui] ***à vol d'oiseau***." Tchernychevski, *La Zourna*, tradução do russo.

Ru: "[...quel intérêt y a-t-il pour le public de lire la description topographique de Moscou] ***à vol d'oiseau*** [pour la centième fois...?]". Nekrassov, *Raout*, tradução do russo.

Ru: "[Maintenant, il serait intéressant de jeter sur cette table un coup d'œil] ***à vol d'oiseau***. [Quel bouquet magnifique!]". Tchekhov, *Sylvain*, I, 6, tradução do russo.

Baccarat

Po: "...pratos Limoges, cristais **Baccarat** e pesados talheres Christofle em vermeil". Soares, *O xangô de Baker Street*.

baguette/baguete

In: "...strings of garlic, freshly cooked **baguettes** and old guys in berets smoking Gauloises". *Herald Tribune*, 7.6.96.

In: "Diners said they did not consider tortillas as a fit substitute for bread, so we serve **baguettes** from a Turkish bakery." *BusinessWeek*, 9.6.97.

Po: "...uma empresa franco-cubana que venderá **baguetes** e croissants". *Veja*, 23.4.97.

Po: "Nada mais estranho à ***baguette*** francesa do que o bizarro produto a que os ingleses ousam chamar de pão." *Veja*, 8.7.98.

Po: "Focaccia, ciabatta, **baguete**... enfim tudo o que de delicioso e arrebatador os carboidratos podem oferecer ao paladar." *Veja*, 25.11.98.

Po: "Hambúrguer versus **Baguete**." *Veja*, 23.12.98.

bain-marie/banho-maria

Po: "Reeleição fica em **banho-maria**." *IstoÉ*, 24.4.96.

baïonnette/bayonet

In: "With blind courage the Sixth Company of the Twelfth East Siberian Rifle Regiment fixed **bayonets** half a mile from the Japanese and began a counterattack." Warner, *The Tide at Sunrise*.

ballade/ballad

In: "...and the rococo after hour's **ballads**". *Time*, 15.7.96.

Ru: "[J'avais même l'intention d'appeler la partie I de 'Schéhérazade' Prélude, la partie II] : ***Ballade***, et la partie III: *Adagio*." Korsakov, *Œuvre sur ma vie musicale*, tradução do russo.

Ru: "[... des] ***ballades*** [romantiques, des poèmes...]. Bukhsthab, *Les Premiers romans de Weltman*, tradução do russo.

ballet/balé/Ballet

Al: "Die Presse berichtet, Sie sollen Oper und **Ballet** als 'Eine Schande'...". *Focus*, 8.7.96.

Al: "Ich habe lediglich eine Äusserung übers **Ballet** gemacht, und zwar...". *Focus*, 8.7.96.

Al: "Und so kann man sich die Figur des **Ballet**direktors, der im vierten Bild der Aufführung eine 'Probe leitet' und das Publikum...". *Die Welt*, 17.6.98.

Al: "Glynis Ludkin uses her Aga rail as a **ballet** barre." *Time*, 23.12.96.

Es: "Cuando todo indicaba que estábamos a punto de ver allí sólo ópera y **ballet**...". *El País*, 18.6.96.

In: "Degas. ...certain key subjects notably the toilette, the nude and the **ballet** dances." *Newsweek*, 15.7.96.

In: "About ten years running the Royal **Ballet**." *The Times* 15.7.96.

In: "...in another thrilling piece of Leroy-boosted **ballet**...". *Sunday Times*, 14.7.96.

In: "...reluctant to pay as much as $75 to see a bad **ballet**...". *Herald Tribune*, 11.4.97.

In: "Ormerod's mobile structure performs their own **ballet**." *Sunday Times*, 14.7.96.

In: "The London Coliseum has the biggest and best stage for **ballet**." *Sunday Times*, 14.7.96.

In: "The publicly financed orchestras, operas and **ballet** troupes of Europe...". *Time*, inverno de 1996.

In: "Balanchine, the New York City Ballet's **ballet** master in chief." *Herald Tribune*, 30.4.97.

In: "To me this was one of the most memorable of Diaghileff's **ballets**." Hiller, *Art Déco of the 20s and 30s*.

Po: "**Balé** do Candidato." Amado, *Farda, fardão, camisola de dormir*.

Po: "O **balé**-rock de Maurice Béjart." *O Globo*, 20.1.97.

Po: "Aqui nesse terreiro a capoeira angola se enriqueceu e transformou: sem deixar de ser a luta, foi **balé**." Amado, *Tenda dos milagres*.

balustrade

In: "Behind the **balustrades** of the fruit market, an indian woman...". *Herald Tribune*, 24.5.96.

balzac/balzaquiana

Po: "...nos termos de Edileusa, casta **balzaquiana**". Oliveira, *Flores raras e banalíssimas*.

Po: "Eudora já era bem **balzac** quando nos encontramos pela primeira vez." Lins, *Almanaque*.

banal

In: "...the triumph, at the Frenchiest festival around, of America the beautiful and **banal**". *Time*, 27.5.96.

banquet

In: "...they were chauffeured around... and ate off gold plates with gold-tipped chopsticks at a **banquet** laid on their honour". *Daily Mail*, 13.5.96.

banquette

In: "Who should rush forth... but its new maître d'... whisking us to a corner **banquette**...". *The New Yorker*, 20.1.97.

In: "Think of a bedroom where there are three telephones, a CD player and a lounge lizard's lilac **banquette** — but also a foyer where guests are welcomed...". *Herald Tribune*, 31.3.98.

baroque/Barock

Al: "...in den historischen Konturen sich mit einigen, aus eingelagerten **Barock**fassaden rekonstruierten 'Leitbauten' vereinigen sollten". *Frankfurter Allgemeine Zeitung*, 12.9.98.

Al: "Im Rittersaal des **Barock**schlosses musizieren u.a. das Wiener Klaviertrio." *Madame*, mai. 1996.

In: "The Ludwigsbourg Castle Festival is held around the **baroque** city." *Newsweek*, 15.7.96.

In: "William Christie, renowned for his revival of French **baroque** operas." *Herald Tribune*, 22.5.96.

In: "...on the Casino in the wedding-cake **baroque** conceived for it by Charles Garnier". *Financial Times*, 19.5.95.

In: "Aziza... is a bit **baroque**, folk, Broadway and Keith Jarrett." *Herald Tribune*, 23.8.96.

barrage/barraged

In: "A Lebanese woman was injured in the retaliatory **barrage**." *Herald Tribune*, 20.5.96.

In: "...a new wave of resentment among Swiss citizens, angered by a **barrage** of allegations about financial collaboration with the Nazis". *Herald Tribune*, 14.8.98.

In: "...all in one sprightly **barrage**". *Time*, 12.8.96.

In: "The plans came under a **barrage** from Opposition parties...". *The Times*, 8.5.96.

In: "Viewers will be **barraged** with a choice of 23 shows." *Time*, 9.9.96.

In: "It took a **barrage** of criticism to make me realize that something had changed." *Newsweek*, 2.9.96.

In: "This **barrage** of minidramas left scant room for actual political ideas." *U.S. News*, 26.8.96.

In: "Watching the **barrage** of images is like renewing friendships." *Herald Tribune*, 5.7.96.

In: "...all in one sprightly **barrage**". *Time*, 12.8.96.

In: "A Troubling **Barrage** of Trade Sanctions From All Across America." *BusinessWeek*, 24.2.97.

In: "Anatoli Chubais: his coterie of aides was fired, and he was under a **barrage** of attacks in the news media owned by Russia's ruling financial oligarchy." *Herald Tribune*, 9.3.98.

In: "Volkswagen's Flower Power commercial is only the first in a **barrage** of ads about to hit the airwaves." *BusinessWeek*, 23.3.98.

barrette/barrete

Po: "Honório Leal usava, no máximo, a **barrete** da Ordem do Mérito." Lins, *Almanaque*.

bas-fonds/bassifondi

It: "...un Cristo morto nei **bassifondi** della metropoli". *La Stampa*, 5.4.96.

Po: "Apesar de toda aquela aparência de recato e seriedade, Leal gostava mesmo era de circular tarde da noite no **bas-fond** do Rio." Faria, *Reminiscências*.

bataillon/batallion

In: "By Thursday the first contingent of two extra **batallions** of British soldiers has arrived from England." *Time*, 22.7.96.

In: "...extending his military service in a transport **batallion**." *Herald Tribune*, 8.7.96.

In: "They now face a growing **batallion** of new rivals...". *BusinessWeek*, 12.8.96.

bateau mouche

In: "...the sight of a Synod of modern bishops gliding by in a ***bateau mouche*** might 'beggard'd all Description'." *The Times*, 29.7.98.

In: "Neither the Prime Minister nor the Queen attended the bishops on the river trip yesterday. And a ***bateau mouche*** makes a poor substitute for the Royal Barge." *The Times*, 29.7.98.

bâton/baton/batom [sentido de símbolo de autoridade; id. batom para colorir os lábios]

In: "U.S. Economy. Consumers will pass the **baton**." *BusinessWeek*, 15.4.96.

In: "Embattled Chief of Largest U.S. Mutual Fund Passes the **Baton**." *Herald Tribune*, 24.5.96.

In: "If he can't, the **baton** will almost surely pass to one of America's digital giants." *BusinessWeek*, 27.5.96.

In: "And whether the **baton** passes ultimately to Giovanni... nephew of... Agnelli...". *BusinessWeek*, 28.4.97.

In: "When the revered Turkish maestro Hikmet Simsek lifted his **baton** to conduct...". *Herald Tribune*, 8.5.97.

In: "This soprano may have been great under the inimitable maestro's **bâton**." Rasponi, *The Last Prima Donnas*.

In: "He again tried to persuade me to undertake *Salome* under his **bâton**." Rasponi, *The Last Prima Donnas*.

Po: "Poder de **batom** — Mulheres mandam em cidade de Alagoas." *Veja*, 4.9.96.

batterie de cuisine

In: "The style spectrum extends from the... copper-bottomed '**batterie de cuisine**' to the bizarre eccentricity of 'Juicy Salif'...". *Time*, 21.4.97.

béarnaise

In: "Now, on a late-winter day, he's learning to prepare a three-course feast: artichoke and shrimp salad, grilled tournedos with **béarnaise** sauce, and a frozen coffee parfait." *BusinessWeek*, 16.3.98.

Po: "Justino gostava de dizer que sem uma boa **béarnaise**, ele não era gente." Lins, *Almanaque*.

beau [sentido de pretendente, enamorado, dado pelos ingleses]

In: "A young woman hears that her **beau** is seeing other women." *Time*, 9.9.96.

In: "...because Arthur was too busy... she visited a **beau** afterward." *Daily Telegraph*, 14.8.98.

In: "The actress and steady **beau** Brad Pitt share the spotlight at the Academy Awards." *Time*, 9.9.96.

In: "But recently the 26-year-old ice swan was spotted at Lenge with a new **beau**." *New York*, 24.11.97.

In: "Renata Tebaldi never married and there was never much talk of a **beau**." Rasponi, *The Last Prima Donnas*.

In: "It turns out that her mystery **beau**, the Alexander Godunov type she was spotted with over sushi recently, is Russian-born ballet dancer Zelensky." *New York*, 8.12.97.

beau geste

Es: "Son esas disensiones las que hacen inútil el gesto hermoso — '**beau geste**' — de los consejales." *Tiempo*, 20.7.98.

beaucoup de chien

In: "I am not taking away from the Greek that she had ***beaucoup de chien*** [great presence] but, goodness, she sang with three voices!" Rasponi, *The Last Prima Donnas*.

Beaux-Arts/beaux-arts/beaux arts

In: "**Beaux-Arts** Brouhaha." *Time*, 16.12.96.

In: "Grand Central Reborn as a **Beaux-Arts** Mall. *Herald Tribune*, 9.8.98.

Po: "Os mesmos temas variavam... escultura romana, pintura ***beaux-arts***, arquitetura neo-republicana." Ferreira e Mello, *Clement Greenberg e o debate crítico*.

Ru: "[Le peuple a-t-il besoin des] ***beaux arts***...". L. Tolstoi, *L'École de...*, tradução do russo.

Ru: "[Antoine... ne s'adressait pas au ministre des cultes et des] ***beaux-arts***...". Sumbatov, *Protestations utiles*, tradução do russo.

beige

Es: "Color: ...negro, verde metaliz., [...], gris, **beige**, blanco...". *El País*, 19.6.96.

In: "...but even that wasn't all **beige** and pale turquoise frumpy frocks for dowdy dowagers." *Daily Mail*, 13.5.96.

In: "Girgio Armani has added a burst of fiery red to his usual hues of **beige** and gray. *Herald Tribune*, 13.3.98.

beignet

In: "They may be outclassed by French Quarter **beignets**, but those are beignets." *The New York Times Magazine*, 9.9.96.

belle [adjetivo e substantivo]

In: "Jacques Chirac, then 20, ...fell for a 'Southern **belle**'. Her identity...". *Time*, 17.6.96.

In: "Princess Diana is still the **belle** of the ball." *Time*, 7.10.96.

Ru: "[Elle connaissait une poignée de mots de leurs conversation]: ***belle***, [charmante, amour, Bonheur...]". Tchernychevski, *Que faire?*, tradução do russo.

Ru: "[A une table à côté était assise la] ***belle*** [espagnole Alleita...]". Ivanov, *Les Étudiants à Moscou*, tradução do russo.

belle de nuit

Ru: "[Nos ravissantes créatures sont elles aussi, pour la plupart, des] ***belles de nuit***." Viazemski, carta a A. I. Turgueniev, 25.2.1838, tradução do russo.

belle époque/Belle Epoque/Belle Époque

Al: "Das ist ein Missverständnis, das wohl darin seine Wurzeln hat, dass man sich Offenbach immer nur als Spottvogel der **Belle Epoque** vorstellt und nicht als ihren Visionär. *Die Welt*, 17.6.98.

In: "At Bon Marché, the **belle époque** department store — 'a cathedral of modern commerce', in Zola words." *The New York Times*, 14.12.97.

In: "**Belle Epoque** Balooning and Lunch at Maxim's." *Herald Tribune*, 22.3.98.

In: "Her boyish 'flapper' creations were in stark contrast to the **Belle Epoque** millinery that was in vogue at the time." *Time*, 8.6.98.

Po: "...firma o passo na ladeira íngreme do Tabuão, seu passo ***belle époque***...". Amado, *Tenda dos milagres*.

Po: "...ao ritmo do passo ***belle époque*** da condessa Isabel Tereza". Amado, *Tenda dos milagres*.

Po: "1917 — quando irrompia a Revolução Comunista, que significava o sepultamento da ***Belle Epoque***, e terminou em 1989, com a queda do Muro de Berlim." Roberto Campos.

Po: "Alberto Nepomuceno. Uma trilha sonora da **Belle Époque** tropical." *FM*, 23.11.97.

Po: "Continuamos por mais uns metros e, logo após uma casa ***belle époque***... surgiu um grande muro de granito." Macedo Soares, *As sentinelas de Deus*.

Po: "Na chamada ***belle époque***, escreve Cláudio Veiga, 'os nossos escritores eram costumeiros importadores culturais da França'." *O Globo*, 11.7.98.

Po: "Deauville. Passeie por esta cidade tão ***belle époque***, e lembre que foram aqui os primeiros banhos de mar." *Jornal do Brasil*, 11.7.98.

belligérance/belligerence

In: "North Korea's unique blend of diplomatic **belligerence** and insistent isolation." *Time*, 15.7.96.

In: "North Korea... recognises it can no longer afford its signature **belligerence**." *Time*, 15.7.96.

bergère/bergere

In: "Sotheby's: $12,650 for the small provincial Louis XVI **bergeres**." *Herald Tribune*, 25.5.97.

Po: "Jonas passava as tardes inteiras sentado na mesma **bergère**." Lins, *Almanaque*.

bête noire

In: **Bête noire**: Claude Allègre is not the teachers' pet. *Time*, 17.5.99.

In: "When Michel Bon... privatization of the phone monopoly was the government's ***bête noire***. *BusinessWeek*, 27.1.97.

In: "Russia.... the bad guys are the CIA, international terrorism, and that eternal **bête noire** of the Slavs, Freemasons." *Herald Tribune*, 15.5.97.

In: "The ***bête noire*** of all French entrepreneurs is the punishing level of taxes on stock options." *BusinessWeek*, 9.3.98.

In: "But disgust with President Clinton is so pervasive... that seems to have replaced the Soviet Union as the **bête noire** around which conservatives can rally." *The New York Times*, 2.1.99.

bibelot/bibelô

Po: "Na sala repleta de **bibelôs**, recordações de um tempo de abastança." Amado, *Tieta do agreste*.

Po: "A sala rica, lustres de cristal, **bibelôs** de porcelana...". Amado, *Farda, fardão, camisola de dormir*.

Po: "Jogavam móveis pela janela, quadros, **bibelôs**, louça...". Macedo Soares, *As sentinelas de Deus*.

Ru: "[J'ai acheté divers meubles, lampes, vases, miroirs, tableaux], ***bibelots*** [de prix...]". Gontcharova, *Souvenirs*, tradução do russo.

Ru: "[Il n'y avait pas de] ***bibelots*** [inutiles, tout était simple et paisible.]." Junge, *Souvenirs*, tradução do russo.

Ru: "[C'est ainsi que les Français aiment à encombrer leurs chambres d'objets insignifiants, de] ***bibelots***...". Skalkovski, *A Paris*, tradução do russo.

bidet

In: "Japan's High-Tech Toilets. Then he hit the **bidet** button and watched helplessly as a little plastic arm...". *Herald Tribune*, 16.5.97.

In: "...unsure on how to shut off the spraying **bidet** and unable to get up...". *Herald Tribune*, 16.5.97.

In: "The **bidet** to the average American is still a mystery unplumbed. ...[its] real usage is obscured in the daily monsoon of showers and tubs whereby Americans suppose themselves to be properly abluted." *Newsweek*, 22.4.63.

bien-aimée

Ru: "[Adieu, mon ange, ma] ***bien-aimée***. [Ne montre les lettres à personne]." Drujinin, *Paulinka Saxe*, tradução do russo.

bien-pensant

In: "There is perhaps a parallel in this privileged vs. populist division with the social attitudes of those ***bien-pensant*** liberals who yearn, from the comfort of their own late twentieth-century lives, for the 'charming' deprivations of a fantasy past." Green, *Chasing the Sun.*

bijouterie/bijuteria

Po: "Gosto de contrastar os modelos básicos com pelo menos uma peça diferente, como uma bolsa feita de coco ou **bijuterias** de papel maché." *Veja*, 3.6.98.

bikini/biquíni

In: "Watching a female slave in a minuscule **bikini** get disciplined with a strange electric-fork device." *New York*, 8.12.97.

In: "A contestant primping for the **Bikini** Open competition in Punta del Este." *Herald Tribune*, 27.2.98.

In: "Composite photographs... Princess Victoria might look like in a **bikini**...". *Herald Tribune*, 13.4.97.

It: "Suor Milvia... passeggia sulla battigia in **bikini**." *Oggi*, 23.9.98.

Po: "Leticia exibiu seu barrigão de sete meses desfilando de **bikini** e canga de renda." *Veja*, 18.9.96.

Po: "'Como encher un **bikini** selvagem' volta ao cartaz em Niterói." *O Globo*, 13.9.96.

Po: "Além dos jeans, a Vide Bula desenvolveu un **biquíni** feito a partir do rústico tecido." *IstoÉ*, 2.11.97.

Po: "O conjunto **Biquíni** Cavadão autografa segunda-feira na Argumento seu rock-book." *O Globo*, 13.9.96.

Po: "O impossível acontece e os **biquínis** ficam ainda menores." *Veja*, 15.10.97.

billet doux/billet-doux

In: "'The Marriage Contract', a painting Hogarth was working on... portrays a young couple... while the bridegroom looks away to read a **billet-doux** that has been placed in his hand by a servant." *Herald Tribune*, 19.6.97.

Po: "Em pinturas notáveis de mulheres recebendo ou lendo ***billets doux***." *Jornal do Brasil*, 26.7.97.

Ru: "[...ils transcrivaient des pages de *Éloïse* dans leurs] ***billets doux***...". Marlinski, *A propos du roman de N. Polevoï*, tradução do russo.

Ru: "[Tourgueniev n'aurait en aucun cas laissé sa Assia écrire un] ***billet doux*** [maladroit]." Pissarev, *Roman d'une jeune fille de mousseline*, tradução do russo.

biscuit

In: "She expanded her interest to Georgian furniture, Sèvres **biscuit** figures and...". *Herald Tribune*, 2.6.96.

In: "She looked like a refined **biscuit** figure." Prescott.

bisque

In: "But all you have to do is catch a whiff of a lobster **bisque** to know that such a posturing is ridiculous." *The New York Times Magazine*, 3.1.99.

bisturi

Po: "O gênio açougueiro do **bisturi**." *Veja*, 25.9.96.

Po: "Na técnica que inventou, Randas Batista corta com o **bisturi** um naco do ventrículo esquerdo." *Veja*, 25.9.96.

bistro/bistrot/bistrô/Bistro

Al: "...ein französisches Anti-Terror-Kommando den gesuchten deutschen Terroristen Klein fest — beim Bier in **Bistro** 'La Coulande' [...] in der Normandie." *Welt am Sonntag*, 13.9.98.

Fl: "Van Leer... in actie met twee Spaanse muzikanten in de **bistro** Onder De Molen in Bergambacht, heeft er grote verwachtingen van...". *Algemeen Dagblad.*

In: "In the Master's Footsteps, the Essence of **Bistro**." *Herald Tribune*, 4.7.97.

In: "Is It in New York, the **Bistro** of My Dreams?" *The New York Times*, 7.1.98.

In: "And all the **bistros** of two-star chef Guy Savoy... will be serving dinner from 6 p.m. through midnight during the cup." *Time*, 15.6.98.

In: "Then there is the neighborhood **bistro** Le Malby, run by a proprietor who serves a first-class meal with decent wine for abour $30." *Time*, 15.6.98.

In: "A new generation of chefs... is assuring the city's gourmet future while the taste of old Lyons is still found in **bistro**-style *bouchons* like Le Musée." *Time*, 15.6.98.

In: "India. A police inspector stormed into a fashionable **bistro** and ordered the removal of designer chairs shaped like women's torsos." *Time*, 3.8.98.

In: "...savor fresh sushi in one of the many **bistros** along the downtown's Embarcadero". *Time*, 16.6.97.

Po: "Ele bebericava o indefectível cassis, hábito adquirido nos **bistrôs** de Saint-Germain-des-Près." Amado, *Farda, fardão, camisola de dormir.*

Po: "...comprar salmão defumado, caviar, *blinis*, no **bistrot** russo ao lado do prédio." Macedo Soares, *As sentinelas de Deus.*

bizarre/bizarrely

In: "...the billboard which seem somewhat **bizarre**...". *BusinessWeek*, 27.5.96.

In: "Yeltsin. The dismissals followed a **bizarre** overnight confrontation...". *Herald Tribune*, 21.6.96.

In: "Her attire seemed as **bizarre** as her person." Ld. Herbert, B. Tulips, 1843.

In: "**Bizarrely**, the message is resonating with managers in high places." *BusinessWeek*, 27.5.96.

In: "But her rambling and, at times, **bizarre** news conference...". *Herald Tribune*, 24.5.96.

In: "They can produce the most **bizarrely** complex synthetics and derivatives at the drop of a hat." *Financial Times*, 19.5.96.

In: "'His behaviour has been stubbornly **bizarre** and unpredictable', says a diplomat." *Time*, 3.6.96.

In: "...companies engaged in some **bizarre** extramural activities." *Time*, 19.8.96.

In: "...including a **bizarre** set of postmortem duets with the also deceased Jim Reeves." *Time*, 19.8.96.

In: "The impasse is all the more **bizarre** because the Czechs want to rejoin the E.U." *Herald Tribune*, 1.8.96.

In: "**Bizarre** Incentives for Zealotry." *Herald Tribune*, 10.3.98.

In: "After a **bizarre** two-week sabbatical, Washington mayor Barry returned to work." *Time*, 27.5.96.

In: "U.S. Elections. The **bizarre** story of Dick Morris." *Newsweek*, 16.9.96.

In: "The buzz was about the **bizarre** death of John McCreery." *Newsweek*, 2.9.96.

In: "In such light... a **bizarre** inversion of history." *The New York Times*, 9.9.96.

In: "A **bizarre** burying beetle earns scientists' protection." *The New York Times*, 17.9.96.

In: "Youger researchers meet their former professors under **bizarre** circumstances." *Time*, 27.5.96.

bla bla bla/blablablá

It: "Uhm, andiamo sullo psicoanalitico! Dunque mio padre **blablabla**, mia madre **blablabla**." *Oggi*, 23.9.98.

Po: "Nunca se viu tanto **blablablá** sobre transportes urbanos." *Veja*, 25.9.96.

blague/blagueur

Po: "...retoma o linguajar caboclo, pisca o olho e faz **blague**: 'Se no céu não tem cerveja...'". *Veja*, 24.4.96.

Ru: "[Cette femme maîtrise la] ***blague*** [et est d'un chien sans pareil...]". Markevitch, *A la fenêtre*, tradução do russo.

Ru: "[...nous ne respectons rien et préférons les] ***blagueurs***...". Tchulkov, *Les Années des voyages*, tradução do russo.

blanquette

Po: "Nicole preparou uma ***blanquette*** de vitela, que tal se fôssemos jantar?" Macedo Soares, *As sentinelas de Deus*.

blasé(ée)

In: "Hostings of paintings... gave the most **blasé** visitor the exhilarating feeling...". *Herald Tribune*, 19.5.96.

In: "In this age of staged politics, **blasé** Americans may blow off political conventions. *Herald Tribune*, 25.8.96.

Po: "... bem me lembro de uma crise: de sua elegância meio **blasée**, de sua silhueta fina...". Corrêa do Lago, *Oswaldo Aranha e a Revolução de 1930*.

Po: "O cinema americano faz 15 iguais por dia. Mas poucos com todo aquele charme **blasé**." *Jornal do Brasil*, 22.1.97.

Po: "Com seu incorrigível ar ***blasé***, aceitava os aplausos esgrimindo clichês do tipo 'ora, bondade sua'." *Jornal do Brasil*, 7.3.99.

Ru: "[... la psychologie complexe du jeune] ***blasé***... Vesselovski, *Boccacio*, tradução do russo.

Ru: "[Mais c'est là une remarque de] ***blasé*** [sans importance]." Turgueniev, carta a A. A. Fet, 22.7.1859, tradução do russo.

boiserie

In: "Very wisely, the Bavarians had taken the precaution, when the bombs began to rain on the city, of dismounting the marvelous ***boiseries*** [wooden panels], chandeliers, and everything else." Rasponi, *The Last Prima Donnas*.

Po: "Toda a **boiserie** do escritório também precisou ser refeita." Faria, *Reminiscências*.

boîte/boate

In: "...earthly pleasures radiating from this ***boîte intime*** deep in the New Jersey marshlands". *The New Yorker*, 20.1.97.

In: "...converting his cash into a refreshing liquidity at some local ***boîte***". *The New Yorker*, 20.1.97.

Po: "Shad, leão-de-chácara da **boate** onde Erin trabalha." *Veja*, 25.9.96.

Po: "Lá, os noivos vão a festas sozinhos, a **boates**, voltam pela madrugada." Amado, *Tieta do agreste*.

Po: "Inauguração da **boate** Resumo da Ópera, de Ricardo Amaral." *Manchete*, 22.11.97.

Po: "No dia 27, o programa faz uma viagem pelo underground, mostrando as **boates** de música techno e jungle." *Jornal do Brasil*, 12.7.97.

bon appétit!/bon appetit/bon appétit, bonne conscience

In: "**Bon Appetit:** A French chef goes *public*." *BusinessWeek*, 20.7.98.

In: "Here's some poison I whipped for you. **Bon appetit**!" *The New York Times*, 8.9.96.

Ru: "***Bon appétit, bonne conscience*** [disait encore un Vassenka réjoui, en finissant de manger son deuxième poussin]." L. Tolstoi, *Anna Karénine*, tradução do russo.

bonbon/bon-bon/bombom

Al: "Wer die Nase ins Glas senkte... Karamel**bonbons** und getrockneten Feigen...". *Der Spiegel*, 14.9.98.

In: "Microsoft. The fact that when push came to shove this spring, Gates suddenly started tossing out concessions like **bonbons**...". *Time*, 25.5.98.

In: "Will Cadbury and other companies be allowed to sell candy bars and **bon-bons** laced with palm oil as "chocolate"? *Herald Tribune*, 23.10.97.

Po: "Sua caixinha amarela de **bonbons** está nos quatro cantos do país." *Veja*, 26.3.97.

Po: "A novidade é que ela já está produzindo mais **bonbons** e tabletes que suas concorrentes." *Veja*, 26.3.97.

Po: "O Baci é hoje o **bombom** mais comprado em todos os free-shops." *Manchete*, 22.11.97.

bonhomie

In: "The **bonhomie** seemed tangible." Thatcher, *The Downing Street Years*.

In: "I was too well versed in the ways of the Community to take all this **bonhomie** at face value." Thatcher, *The Downing Street Years*.

In: "...alternating **bonhomie** and blunt confrontation". *Newsweek*, 7.10.96.

In: "For all his **bonhomie** and Gallicharm, President Jacques Chirac left London admitting that he may have failed." *Financial Times*, 19.5.96.

In: "...while fussing over other diners with swarmy **bonhomie**...". *The New Yorker*, 20.1.97.

In: "In a remarkable display of leader-to-leader **bonhomie**, Mr. Clinton and the Chinese president, Jiang Zemin, cajoled each other to take brief turns conducting the military band after dinner." *Herald Tribune*, 29.6.98.

In: "It wasn't an accident, but it was apropos of nothing but **bonhomie**, entirely out of context, utterly without malice." *Sunday Times*, 13.9.98.

bon mot

Es: "Contradiciendo el ***bon mot*** de Andreotti, probablemente ha sido el ávido deseo de poder lo que há mantenido al ex presidente con vida...". *El País*, 9.1.96.

In: "Competition for the **bon mot** was heated and rules were strict: *calembours*, or puns, were scorned." *Herald Tribune*, 9.3.96.

In: "Some of the bonniest of ***bon mots*** have a French twist." *Time*, 22.7.96.

In: "Each ***bon mot*** has cost me a purse of gold." Michael McClure.

bonnes manières

Ru: "[Le docteur et sa femme lui enseignaient en permanence les] ***bonnes manières*** [de la haute société...]". Aksakov, *Essais*, tradução do russo.

bonne société

Ru: "[Ne vaudrait-il mieux pas que nos littéraires essayent, par leur ton et leur conduite, d'appartenir à la] ***bonne société***? Puchkin, *Expérience du reflet de certaines opinions non littéraires*, tradução do russo.

bonnet/boné

Po: "Milton Nascimento. Cantor se apresenta sem **boné** pela primeira vez." *O Globo*, 19.7.97.

Po: "Durante toda a manhã o general não tirou o **boné** da cabeça." Faria, *Reminiscências*.

bonne volonté

Ru: "[Si j'ai le temps, et si j'ai la] ***bonne volonté*** [tant mentionnée plus haut, alors j'enverrai encore quelque chose de 'Litsinia']." Herzen, carta a H. K. Ketcher, 15.5.1839, tradução do russo.

bon ton

Ru: "[Mais elle qui a lu tant de romans, qui connaît la langue française, qui suit le] ***bon ton***, [qu'ell puisse en arriver à un si mauvais genre semble fort peu probable]." Belinski, "*La Belle d'Astrachan*", tradução do russo.

bon vivant

In: "The French pass for the most sophisticated of ***bon vivant*** people...". *Herald Tribune*, 19.6.96.

In: "W. R. Johnson... will never be mistaken for the **bon vivant** O'Reilly." *BusinessWeek*, 4.11.96.

In: "John Galliano, designer extraordinaire, **bon vivant** and certifiable madman...". *Time*, 24.3.97.

In: "This begs the old question: Can a ***bon vivant*** be a good revolutionary?" *Time*, 28.4.97.

In: "Roland Dumas. The silver-haired lawyer, art collector and **bon vivant** was one of the closest friends and political allies of the late President François Mitterrand." *Time*, 30.3.98.

Po: "Portela, um parasita social, um **bon vivant**...". Amado, *Farda, fardão, camisola de dormir*.

Po: "...homem cordial, civilizado — o **bon vivant**, como ele próprio se classifica." Amado, *Tieta do agreste*.

Po: "Phnom Penh. Mey Mann recorda-se do amigo Saloth Sar como 'um cara alegre que amava a vida, um ***bon vivant*** muito pouco interessado em política'." *Jornal do Brasil*, 13.7.97.

Po: "Como será que o antigo ***bon vivant*** tornou-se um dos homens mais odiados do mundo, arquiteto de um holocausto que custou a vida de mais de 1 milhão de cambojanos?" *Jornal do Brasil*, 13.7.97.

Po: "Francisco Solano Lopez. ***Bon vivant***, sem escrúpulos, amigo dos prazeres...". Ribeiro, *Crítica*.

Po: "Carlos Eduardo Calfat Salem. Até aí, tudo de acordo com o perfil do ricaço ***bon vivant***." *Veja*, 14.10.98.

Ru: "[Il était très amusant, aimable, un camarade gai dans les moments gais,] ***bon vivant***, [aimant les fêtes — comme nous tous...]". Herzen, *Passé et méditations*, tradução do russo.

bon voyage!

In: "**Bon voyage**, if you can afford it. Airfares keep rising... *BusinessWeek*, 21.10.96.

Ru: "[La pâle Mimotchka se montre à la fenêtre... Tout le monde lui acquiesce, la salue, lui sourit]. ***Bon voyage!***...". Mikulitch, *Mimotchka*, tradução do russo.

bordereau

Po: "O **bordereau** de depósito estava sem o carimbo do banco." Faria, *Reminiscências*.

boudoir/buduar

In: "Museum director will always fall for the **boudoir** charms of a camera sculpture." *Sunday Times*, 14.7.9.

In: "A Veil on the Street, a Teddy in the **Boudoir**." *Herald Tribune*, 25.4.97.

In: "...nothing in Manon's luxurious **boudoir** in Act 2 but an oversized bed and a grotesquely elongated mirror...". *Herald Tribune*, 28.5.97.

In: "The 'oriental **boudoir**' forms the sitting room in a London flat in Gloucester Square." Dorfles, *Kitsch, the World of Bad Taste*.

In: "'Jungle Virgin' shared the gallery walls with a Matisse odalisque and a Rembrandt **boudoir** scene. *The New York Times*, 23.11.97.

In: "...that ruthless **boudoir** buccaneer the Vicomte de Valmont in 'Les Liaisons Dangereuses'". *The New York Times Book Review*, 23.11.97.

Po: "O jornalista Henrique Damásio, com... curso completo nos cabarés de Paris, 'esse não, por favor, seu francês é de **buduar**'...". Amado, *Tenda dos milagres*.

bouillabaisse

In: "KGB Spies' Life Abroad. 'In order to get a **bouillabaisse**, you've got to rush off to Marseille'." *Herald Tribune*, 30.7.96.

In: "The case has more ingredients than a **bouillabaisse**...". *Time*, inverno de 1996.

In: "Much of that catch winds up on restaurant tables. The ugliest specimens — local rock fish like the devilish *rascasse* — are reserved for Marseilles' signature dish, the rich, rust-colored fish stew called ***bouillabaisse***." *Time*, 15.6.98.

In: "Sadly abused by unscrupulous restaurateurs, the classic recipe was close to extinction in 1981, when a group of restaurants drew up the *Charte de la* ***Bouillabaisse***, promising to serve only the real thing." *Time*, 15.6.98.

bouillon

In: "Soup recipe... 2 chicken or beef **bouillon** cube." *U.S.A. Today*, 28.5.96.

In: "**Bouillon** cube or powder contains 24,000 mg of Sodium." Morter Jr., *Your Health, Your Choice*.

boulangerie/boulangère

In: "The central anecdote in this memoir recounts the day he walks into a ***boulangerie*** to buy some bread. The ***boulangère***, who pretends she cannot understand Semprum's accent, makes him repeat his request several times." *The New York Times Book Review*, 20.12.1998.

Po: "Encurraladas entre os altos custos de fabricação do pão... as lojas de rua vão cedendo espaço às **boulangeries**." *Veja*, 25.11.98.

boulevard/Boulevards

Al: "Statt dessen schreiten nun allenthalben falsche Fünfziger... die **Boulevards** der Dämmerung hinab, nein, schreiten nicht, joggen, skaten, biken." *Stern*, 16.7.98.

Al: "...transportieren als die gesamte **Boulevard**presse in einen Jahr". *Madame*, mai. 1996.

In: "In a business centre on Moscow central **boulevard**-ring." *Sunday Times*, 14.7.96.

In: "Walking this capital's tidy downtown **boulevards**, lined with trendy boutiques." *BusinessWeek*, 24.6.96.

In: "...the curving Spanish-style stucco and wrought-iron arch that was immortalized in 'Sunset **Boulevard**'". *Herald Tribune*, 23.5.97.

In: "The British thugs fight in massed ranks which charge up and down the **boulevards**." *Daily Mail*, 18.6.98.

Po: "Habituaram a platéia nos ***boulevards***; elas esqueceram as distâncias e gravitam em um círculo vicioso." Machado de Assis, *Memórias póstumas de Brás Cubas*.

bouquet/buquê/Bouquet [sentido de agregado de flores; sentido de perfume de um vinho]

Al: "Die Farbe erinnert an patiniertes Mahagoni, das dezente **Bouquet** verströmt zarten Aprikosendruft...". *Der Spiegel*, 14.9.98.

In: "At Moscow Airport I was presented with large **bouquet** of red roses which proved remarkably photogenic against my plain black coat and fox-fur hat." Thatcher, *The Downing Street Years*.

In: "A little piece of woodland', and so, by inference, the flowers that go with it Floral guru Liliane François unveil some of the secrets of a fashionable **bouquet**." *Herald Tribune*, 31.5.96.
In: "A **bouquet** of doubly rewording bilingual puns." *Time*, 22.7.96.
In: "An unusual Johannes Boschaert **bouquet** of fruit tree branches instead of flowers." *Herald Tribune*, 7.7.96.
In: "Once everyone's **bouquet** was applauded by the group, it was time to set the table for lunch." *The New York Times*, 23.11.97.
In: "For CEOs, the **Bouquet** of Bordeaux is Fading, *BusinessWeek*, 29.7.96.
In: "Her grand-daughter... gave her a **bouquet** of English roses." *The Times*, 6.5.96.
In: "...as the Chinese tossed him **bouquets** of Buicks and Boeing jet deals worth $2 billion". *Herald Tribune*, 27.3.97.
In: "Then she felt a tug on her **bouquet**." *Time*, 7.10.96.
In: "Gaily overstuffed **bouquets** of fresh-cut dollar bills...". *The New Yorker*, 20.1.97.
Po: "Dona Mamãe... espalhava em torno dela, quando saía do quarto, o perfume de um **buquê**." Druon, *O menino do dedo verde*.
Po: "O vinho da Califórnia não tem **bouquet**." Roberto Andrade.
Po: "Gosto muito de títulos pomposos para um **bouquet** de flores do campo." Oliveira, *Flores raras e banalíssimas*.
Po: "Na mão, um **buquê** de flores colhidas por Dona Milu." Amado, *Tieta do agreste*.
Po: "...a meia voz, como quem degusta um vinho de esquisito **buquê**...". Amado, *Farda, fardão, camisola de dormir*.
Po: "...os sabores tão diversos, as diferenças de **buquê**...". Amado, *Farda, fardão, camisola de dormir*.
Po: "Vinhos de mesa, de preferência os adocicados, de **buquê** marcante a perfumar a boca." Amado, *Tereza Batista cansada de guerra*.
Po: "Os partidos são **buquês** de letras que não fazem muito sentido nem para os políticos." *Veja*, 27.3.98.

bourgeois/haut-bourgeois

In: "It has been an easy thing for us to knock out the **bourgeois** states, for they were quite inferior to us in their upbringing and attitude. Countries with an ideology have an advantage over **bourgeois** states, in that they are based upon a firm spiritual foundation." Goebbels, *Diaries*, 8.5.1943.
In: "By repeatedly insulting and beating his wife... [Verlaine] lost his chance for a **bourgeois** life that he would always half regret." *Herald Tribune*, 24.4.96.
In: "They deemed *Ulysses* irredeemably **bourgeois**." *Time*, 19.8.96.
In: "LenIn: Western Europe was ripe for a revolution that would sweep away **bourgeois**' institutions." *Newsweek*, 16.9.96.
In: "Capitalism... laboriously created by the industrious and thrifty **bourgeois** of Rotterdam." *Time*, 27.5.96.
In: "Locations as various as in Dr. Schön's ***haut-bourgeois*** mansion." *The Times*, 17.7.96.
Ru: "[Tous les écrivains célèbres de la France... vivent comme des] ***bourgeois*** [qui se respectent]." Biélinski, *Observations à Moscow*, tradução do russo.
Ru: "[Comment différent] ***bourgeois*** [s'efforcent de jeter de la poudre aux yeux les uns les autres...]". Stassof, carta a Mme. P. S. Stassov, 1.8.1867, tradução do russo.
Ru: "[... je n'ai pas oublié sa personnalité antipathique, c'était un] ***bourgeois*** [personnifié...]". Ogareva, *Souvenirs*, 1871, tradução do russo.

Ru: "[... il préfère rejoindre les rangs du 'tiers-état' et s'octroyer le titre déplacé et inexistant en Russie de] ***bourgeois***, [dans le sens français du terme]". Spassovitch, *Pouchkine et Mitskevitch*, tradução do russo.
Ru: "[Mary a été prise d'un sens capricieux du ménage, que nous avons immédiatement comparé aux sensations du] ***bourgeois*** [parisien...]". Drujinin, *La Fontaine de Petergof*, tradução do russo.
Ru: "Il était difficile pour une ample nature slave de vivre dans le monde étroit du ***bourgeois*** français." Ogareva, *Souvenirs*, 1871, tradução do russo.
Ru: "[... le fait qu'il ne volait pas et ne cherchait pas un parti avantageux, est très louable chez le] ***bourgeois*** [français, mais n'a pas de valeur en soi.]". Granovski, carta a V. G. Belinski, 1940, tradução do russo.

bourgeois-gentilhomme

In: "...like M. Jourdain, the **bourgeois gentilhomme** who was amazed to find out he was speaking prose...". *Herald Tribune*, 3.4.97.
Ru: "[Touchine vivait sans soupçonner qu'il savait vivre comme le] ***bourgeois-gentilhomme*** de Molière, sans soupçonner qu'il 'parlait en prose']." Gontcharova, *Le Précipice*, tradução do russo.
Ru: "[Les Russes à l'étranger sont comme le] **bourgeois-gentilhomme** [de Molière, des bourgeois parmi la noblesse]." Aksakov, *Essai*, tradução do russo.

bourgeoisie

In: "I tend to side with the **bourgeoisie** on this one...". *The New Yorker*, 20.1.97.
In: "The **bourgeoisie** has stripped of its halo every occupation hitherto honoured and looked up to reverent awe. It has converted the physician, the lawyers, the priest, the poet, the man of science, into its paid wage-labourers." Marx e Engels, *Communist Manifesto*, 1848.
Ru: "[L'Europe vit naître et se renforcer un phénomène de société jusqu'alors inconnu, phénomène qui a par conséquent occulté tous les autres: il s'agit de la] ***Bourgeoisie***." Marlinski, do romance de N. Polevoff, tradução do russo.
Ru: "[Que polémiquerai-je avec toi sur le véritable sens du mot] ***Bourgeoisie***?...". Granovski, carta a A. I. Herzen, 1847, tradução do russo.
Ru: "[Aucun des convives n'a réalisé que dans le cas présent il fallait, à travers les mots] '**bourgeois**' [ou 'philistins', voir] ***Bourgeoisie***, [et quel sens est associé à ce terme]." Penteleev, *Souvenirs du passé*, tradução do russo.
Ru: "[...des appels à la mutinerie se faisaient entendre dans le camp de la] ***Bourgeoisie***;...". Marx, *Perspective de guerre en France*, tradução do russo.

boutade

Es: "...la peor **boutade** de Benet o Valle da cien vueltas a cualquier ocurrencia suya...". *El País*, 23.1.96.
Po: "Usemos uma **boutade**: ao invés de um, realizemos dois plebiscitos...". Lins e Silva, *Pena de morte*.
Po: "Roberto Campos costumava freqüentemente recorrer à sua veia humorística para contar algumas **boutades**." Melo Filho, *Testemunho político*.
Po: "A resposta de Ferreira de Araújo era apenas uma ***boutade*** do humorista." Ribeiro, *Crítica*.
Ru:[M. Veltan a une capacité remarquable pour les tournures comiques, les] ***boutades***, [habiles et risibles à l'extrême]." Drujinin, *Lettres à un correspondant d'une autre ville*, tradução do russo.

Ru: "[...il est dommage que nous n'ayons pas, dans la langue russe, le mot] ***boutade*** [qui est si expressif en français et qui aurait été fort à propos maintenant également...]". Viazemski, *Livres anciens de l'Ouest*, tradução do russo.

boutique/Boutiquen/butique

Al: "In den In-**Boutiquen** der Szene allerdings gehen Mode...". *Focus*, 8.7.96.

Al: "Handel. C&A setzt auf **Boutiquen**." *Der Spiegel*, 14.9.98.

Es: "En uno de los magníficos buques de Brittany Ferries, restaurantes, self service, bares, cines, **boutiques**...". *El País*, 2.7.96.

In: "Gartland & Green Inc., an investment bank **boutique**." *BusinessWeek*, 27.5.96.

In: "**Boutiques** nestle on the first floor of elegant town houses." *Herald Tribune*, 28.6.96.

In: "Walking this capital's tidy downtown boulevards, lined with trendy **boutiques**." *BusinessWeek*, 24.6.96.

In: "Elegant **boutiques** and cafés do good business." *Herald Tribune*, 17.5.96.

In: "The four-story **boutique** was planned and designed in 10 days." *Herald Tribune*, 7.6.96.

In: "She is a clerk in a maternity **boutique**." *Time*, 19.8.96.

In: "Replay Store, a **boutique** and restaurant on Rue Grimaldi." *Time*, 9.9.96.

In: "From virtual **boutiques** to fashion webzines, clothing designers try to dress up Internet." *Time*, 22.7.96.

Po: "Mirapólvora, à primeira vista, era uma cidade como as outras: igreja, cadeia, quartel, mercado, **boutiques**." Druon, *O menino do dedo verde*.

Po: "Luca Orlandi, dono de uma **butique** em New York." *Veja*, 25.9.96.

Po: "Alugando a loja ou nela instalando **butique** grã-fina, de luxo?" Amado, *Tieta do agreste*.

boutonnière

In: "His **boutonnière** was made of cornflowers, the favorite flower of his father." *Time*, 7.10.96.

bracelet

In: "She likened a small wound from the Queen's diamond **bracelet** to the mark of stockings in one of Rembrant's nude woman. *The Times*, 8.5.96.

brasserie

In: "Cafés, **brasseries**, fast-food points or sandwich bars." *The Times*, 17.7.96.

In: "How can it be that the nation that invented the **brasserie** concept goes on to imitate the American style **brasserie**...?" *Herald Tribune*, 27.7.96.

In: "White also owns the popular Criterion **Brasserie** in an exotic Moorish setting." *Herald Tribune*, 15.5.98.

In: "Cheaper and more relaxed is the **Brasserie** des Beaux Arts, by the river on the Quai de la Daurade." *Time*, 15.6.98.

Ne: "De **brasserie** heeft een terras op het zuiden." *Rubens*, Sophialaan, Haia.

Ne: "Handgeschilderde... een sfeervolle en uniecke '**brasserie** ambiance'." Cervejaria Henricus, Haia.

brassière/bra

In: "A model-actress who first came to the world's attention wearing a silver **bra**." *Time*, 17.6.96.

In: "Madonna sporting a rocket-cone **bra** by Gaultier." *Herald Tribune*, 13.10.96.

In: "To her left is Rosie O'Donnell's **bra**. Then, Ingrid Bergman's corset." *Herald Tribune*, 15.2.98.

In: "The men with designs on your **bra**. A radical move to make comfort as important as uplift." *The Times*, 18.6.98.

In: "The search for a **bra** that fits is never-ending." *The Times*, 18.6.98.

In: "I also couldn't understand why a **bra** fastens at the back. You have to be a contortionist to do it up." *The Times*, 18.6.98.

In: "Designing sturdy **bras** to cope with the stress of bigger breasts, while satisfying the taste for alluring style, is taxing enough for manufacturers without the added cost of having to extend the size range." *The Times*, 18.6.98.

bric-à-brac

In: "Lotto... paints the **bric-à-brac** on the shelf behind the Virgin, and also the stone veranda." *The New York Times*, 19.12.97.

In: "Napoleon's conquest of Egypt... also littered the *salons* of London and Paris with boat-loads of exotic **bric-à-brac**." Hiller, *Art Déco of the 20s and 30s*.

In: "Dr Ebenezer Cobham Brewer termed his miscellaneous compilation 'Treasury of Literary **bric-à-brac**'." Evans, *Brewer's Dictionary of Phrase and Fable*.

In: "In French, a *marchand de* ***bric-à-brac*** is a seller of junk; we employ the phrase for odds and ends of virtu. Evans, *Brewer's Dictionary of Phrase and Fable*.

In: "Haut **Bric-A-Brac**: 'Sotheby's Bidding for Class', by Robert Lacey, 1998." *BusinessWeek*, 22.6.98.

Po: "...maluquices feitas com pedaços de objetos inúteis, parece mais um **bric-à-brac**...". Amado, *Tieta do agreste*.

Ru: "[...le théâtre est à sa manière un étalage d'objets de valeur et de] ***bric-à-brac*** [artistique...]". Kugel, *La Confirmation du théâtre*, tradução do russo.

brigadier

In: "He would have attained the rank of **brigadier** by the *Time* he was 45." *The Times*, 10.5.96.

brigandage

In: "Political **Brigandage**." *Herald Tribune*, 22.5.96.

brioche

In: "The terrine de foie gras is served with toasted **brioche**." Britannia Intercontinental Hotel, Londres, edição da primavera de 1996.

In: "Gone are the breakfast debates at Barneys... while dining on **brioche** and honey-dew melon crescents." *The New York Times*, 1.12.97.

In: "The French phrase *Qu'ils mangent de la* ***brioche*** has been commonly, but apocryphally, attributed to Queen Marie Antoinette." Evans, *Brewer's Dictionary of Phrase and Fable*.

Po: "Os trabalhos começaram com pequenos **brioches** ao foie-gras." *Jornal do Brasil*, 8.11.97.

Po: "Justiça. Lógica do **brioche**. Gregori quer que presas pobres paguem a conta do advogado." *Veja*, 6.5.98.

Po: "A dupla descobriu cedo que as fornadas de **brioche** eram uma vocação familiar." *Veja*, 25.11.98.

brochure

In: "According to a **brochure** put out by the Macklin Bunnock Committee...". *Herald Tribune*, 2.6.96.

In: "The **brochure** offers no details, except to say... *Herald Tribune*, 2.6.96.

In: "*In* the architecture section, there are advertising **brochures** by Piet Zwart." *Herald Tribune*, 9.6.96.

In: "If you would like a copy of our corporate **brochure**, please call...". *The Times*, 13.5.96.

In: "On-line travel '**brochures**' give potential customers a glimpse of exotic beaches...". *Time*, 16.6.97.

broderie

In: "Givenchy collection had trim suits with **broderie** anglaise." *Herald Tribune*, 25.6.96.

brouhaha/bruaá

In: "The Internet. **Brouhaha** in Browseland." *BusinessWeek*, 25.3.96.

In: "Indeed, one of the more remarkable aspects of the **brouhaha** is the sight of two nations that regularly declaim against interference in their internal affairs slugging away at each other in full view." *Time*, 17.8.98.

In: "Klein, trivializing the **brouhaha** over Anonymous...". *Time*, 29.7.96.

In: "Beaux-Arts **Brouhaha**." *Time*, 16.12.96.

In: "The Dalai Lama visit to Taiwan is causing a big **brouhaha** in Beijing. *BusinessWeek*, 31.3.97.

In: "A **Brouhaha** Over Biotech Corn." *BusinessWeek*, 21.10.96.

In: "'Apocalipse Then' is the first of a series of writings for *George* that will put all this millennial **brouhaha** in perspective." *George*, jan. 1998.

Po: "**Bruaá** em Viena." *Jornal do Brasil*, 20.2.97.

Ru: "[Mais sous Alexandre... il y avait le] ***brouhaha*** [asiatique, et Nesselrod ne faisait plus un pas sans lui]." Tynianov, *La Mort de Vazir-Muchtar*, tradução do russo.

brûler ses vaisseaux

Ru: "['Comment vous dire?' a dit le prince d'une voix froide et morne; 'Bonaparte' a] ***brûlé ses vaisseaux*** [et nous aussi...] L. Tolstoi, *Guerre et paix*, tradução do russo.

brunette

In: "...the freshest new image of womanhood is the naturally sensuous and inwardly confident **brunette**". *Daily Mail*, 13.5.96.

In: "Christine Deviers-Joncour, 51, a sultry, high-living **brunette**, told the magistrates that her mission had been to convince Dumas, then Foreign Minister, to reverse his position." *Time*, 30.3.98.

In: "When you're a blonde, people sort of lean forward when you ask them a question. But when you are a **brunette**... you're just one of the bunch." Carol Channing, em uma fala de seu personagem em *Gentlemen Prefer Blondes* ("Os homens preferem as louras").

brusque

In: "Klaus... his **brusque** style doesn't endear him to voters...". *BusinessWeek*, 27.5.96.

brute

In: "**Brute** force was no match for the smile in her eyes." *Time*, 12.8.96.

In: "Management '**Brute** force'." *BusinessWeek*, 15.7.96.

buffet/Buffet/bufê

Al: "Die Kostenfürs Gratis-**Buffet**, steuerlich absetzbar, hatten sich Spender und Partei geteilt." *Der Spiegel*, 14.9.98.

Es: "De serie: Terrazas con vistas a la montaña, solarium privado, piscina y gimnasio, **buffet** libre...". *El País*, 10.7.96.

In: "...featuring a variety of Italian foods including a large pizza and pasta **buffet**". Britannia Intercontinental Hotel, Londres, edição da primavera de 1996.

In: "The Garden Café serves a full breakfast **buffet**." *Herald Tribune*, 22.5.96.

In: "Clinton sups from an ideologically varied **buffet**." *Newsweek*, 7.10.96.
In: "A substantial **buffet** breakfast...". *Herald Tribune*, 27.6.96.
In: "At a press conference in the Eurostar **buffet** car...". *Time*, 8.7.96.
In: "No aristocratic garden would be complete without its folly, and Givenchy looked right at home in front of the 'Birds' **Buffet**' — a trellised, three-tiered octagonal bird tower." *Herald Tribune*, 19.5.98.
In: "At the far end, a lavish **buffet** had been set up." Korda, *The Last Business Eccentric*.
In: "Other author-healers offer a **buffet** of alternative approaches...". *Time*, 19.5.97.
Ne: "Koud **Buffet** Cruise-Noord-Zuid." Amsterdam.
Po: "Festa para 200 pessoas com o ***buffet*** assinado por Claude Troisgros." *O Globo*, 27.12.96.
Po: "Levou três garçons paramentados e um **bufê**." *O Globo*, 5.2.97.
Po: "Está em fase de construção o **Buffet** do Sorvete." *O Globo*, 20.5.97.
Po: "No clube, um serviço de **bufê** sai por 500 dólares a cabeça." *Veja*, 5.11.97.
Po: "O **bufê** Érico fecha e deixa clientes na mão." *Veja*, 29.10.97.
Po: "...e levar um bom romance policial para ler enquanto espera no ***buffet*** da estação de Montparnasse". Macedo Soares, *As sentinelas de Deus*.

bureau/Büro/birô

Al: "Während die beiden Fahnder in Ostendorfs **Büro** Punkt für Punkt...". *Focus*, 8.7.96.
Al: "...bringen Leben ins nüchterne **Büro**-Ambiente...". *Madame*, maio 1996.
Fl: "Frans Becker... het wetenschappelijk **bureau** van de PvdA, en zijn medewerker René Cuperus in een boek dat vandaag verschijnt." *Algemeen Dagblad*, 16.6.98.
In: "...covering the game in Atlanta **bureau** chief...". *Time*, 12.8.96.
In: "A large chunk of Japan's personal savings remains in the hands of the socialized postal savings and insurance **bureaus**." *Forbes*, 1.6.98.
In: "Member of the Insurance Ombudsman **Bureau** and the Association of British Insurers." *Daily Mail*, 13.5.96.
In: "A **bureau** covered with Canton plaques painted in light... hues...". *Herald Tribune*, 6.4.97.
In: "The central planning **bureau** CPB forecast the Dutch economy would grow." *The Netherlander*, 1.5.96.
In: "I had been assigned to the Washington *Post's* **bureau** in Moscow." *The New Yorker*, 20.1.97.
In: "China. ...units of the Public Security **Bureau**." *BusinessWeek*, 17.6.96.
Po: "...o camarada Neves, membro do **Birô** Político, legendário dirigente". Amado, *Farda, fardão, camisola de dormir*.

bureaucrate/bureaucrat/bureaucratic

In: "The men who helped the Fuehrer to win the revolution will now have to help him to win the war. They were not **bureaucrats** then; they must not be bureaucrats now." Goebbels, *Diaries*, 2.3.43.
In: "Gorbachev, insulted by low-ranking **bureaucrats**...". *Financial Times*, 19.5.96.
In: "Mr. Singh said the government intended to slash **bureaucratic** hurdles to foreign investment." *Herald Tribune*, 19.5.96.
In: "Tokyo **bureaucrats** have for years ridden roughshed over local opposition...". *Time*, 19.8.96.
In: "Says Shinozaki: "I don't blame everything on the **bureaucrats**, but...". *BusinessWeek*, 19.5.97.

bureaucratie/Bürokratie/bureaucracy/bürokratisch

Al: "Das würde Bewegung in die **bürokratisch** gebremste Innovationskraft unseres Hochschulsystems bringen." *Focus*, 8.7.96.

Al: "Solange die gewendeten Kommunisten alle militärische Macht haben und die **Bürokratie** beherrschen... sagt der Oppositionsführer." *Frankfurter Allgemeine Zeitung*, 12.9.98.

In: "Russia. Well-placed friends in the state **bureaucracy**." *Herald Tribune*, 5.7.96.

In: "Stalled somewhere in Beijing's vast **bureaucracy**...". *Herald Tribune*, 28.5.96.

In: "Vietnam.... its maddening, multilevel **bureaucracy**, its corruption...". *Herald Tribune*, 30.6.96.

In: "The **bureaucracy** opposed a lot of them." *Time*, 9.9.96.

bureau plat

In: "Sotheby's. That also applies to the Louis XV **bureau plat** sold Wednesday for $90,500." *Herald Tribune*, 25.5.97.

burlesque

In: "In 1956, a licence commissioner, in a report quoted in *The New York Times*, asserted that ***burlesque*** was 'synonymous with the strip tease and the dialogue of unvarnished salaciousness'. To this, many a would-be patron of the establishment in question doubtless replied: 'Well, I certainly hope so!'." *Merriam-Webster*.

In: "Watching President Clinton... tempts one to write cynical **burlesque**." *Herald Tribune*, 31.7.96.

In: "...marginal success on the vaudeville and **burlesque** circuits". *Time*, 12.8.98.

Ru: "[Dans le genre de la comédie], ***burlesque***, [chez nous sont comme Maïkov et Ossipov...]". Marlinski, *Vues sur l'ancienne et la nouvelle littérature en Russie*, tradução do russo.

cabaret/cabaré

Es: "El Morocco tiene un espíritu de **cabaret** de fin de siglo que se conecta con el mundo tanguero, no el de exportación." *La Nación*, 14.7.98.

In: "Non-stop exotic **cabaret**." *The Times*, 15.7.96.

In: "...high entertainment TV or Brechtian **cabaret**". *The Times*, 16.7.96.

In: "Charlotte sang just three lines as she introduced her aunt, a **cabaret** singer." *The Times*, 18.6.98.

In: "The love song is bizarrely replaced by a **cabaret** set of other '30s hits." *Herald Tribune*, 26.6.96.

In: "She did **cabaret** numbers when she was seven or eight." *Time*, 9.9.96.

In: "Fashion. Galliano's deliciously decadent **cabaret** show — all corsets, feather boas and fishnet hose." *Herald Tribune*, 15.3.98.

In: "...one of those horrendous off-Broadway **cabarets** in which female impersonators...". *Herald Tribune*, 7.5.97.

Po: "A badalada estréia de Tereza Batista no **cabaré** Paris Alegre." Amado, *Tereza Batista cansada de guerra*.

Po: "...lá pelas 10 horas nas noites de verão, a festa se transferirá para um '**cabaret**' ao ar livre, danceteria montada num parque às margens do rio Loire". *IstoÉ*, 4.6.97.

Po: "Michael Feinstein, o rei dos **cabarés**." *Veja*, 10.12.97.

Po: "O ministro Sergio Motta havia declarado que o sonho de sua vida era 'ser dono de **cabaré**'." *Jornal do Brasil*, 12.7.97.

cabinet [sentido de "peça de mobiliário"; conjunto de ministros, no regime parlamentar]

In: "Also rather desirable is a rare English secrétaire **cabinet** circa 1855." *The Times*, 14.3.96.

In: "The **cabinet** has finally decided to build an unaerground tunnel." *The Netherlander*, 11.5.96.

In: "He urged periodic **cabinet**-level consultations in Washington." *Herald Tribune*, 17.5.96.

ça bouge

In: "The French have a phrase for it: '*Ça bouge*' — things are on the move." *Herald Tribune*, 13.3.98.

cache/cached

In: "...to augment a stockpile of matériel already **cached** inside the capital". *Time*, 19.8.96.

In: "Cordero was tipped off to a five-ton **cache** of cocaine." *Time*, 12.8.96.

In: "Police were hunting for a **cache** of up to 180 lb. of sentex." *The Times*, 15.7.96.

In: "ETA. About 30 policemen also found a **cache** of weapons." *Herald Tribune*, 27.7.96.

In: "NATO plans to confiscate and destroy a 300-ton **caches** of of mines, rockets." *Herald Tribune*, 11.8.96.

In: "Sherry Lehman with Sotheby's. A **cache** of cases." *The New York Times*, 13.9.96.

In: "I.R.A. **Cache** of Arms Sets Back Ulster Talks." *The New York Times*, 25.9.96.

In: "Russian television crew uncovered a **cache** of radioactive material." *Time*, 4.12.95.

In: "In exchange, Tehran left him a large **cache** of weapons." *Time*, 16.9.96.

In: "A $100 million **cache** of illegal drugs is big anywhere... especially so in Japan." *Herald Tribune*, 20.4.97.

In: "...image from Pompeii or any funerary **cache** from the Hellenistic world...". *Herald Tribune*, 27.4.97.

In: "Cash **Cache**. Share prices in Hong Kong are hitting records...". *BusinessWeek*, 23.6.97.

In: "They filtered in arms to augment a stockpile of matériel already **cached** inside the capital." *BusinessWeek*, 28.4.97.

In: "A police sweep of one slum yielded a **cache** of 30 weapons." *The New York Times*, 12.12.97.

In: "The Telebrás auction could be delayed by bidders' pleas for more time to study the huge **cache** of data on its operations opened by the government last month." *BusinessWeek*, 29.6.98.

In: "U.N. inspectors learn that Saddam's **cache** of anthrax spores has been moved." *The New York Times*, 28.12.97.

cache-col

Po: "Com medo de apanhar resfriado, o pai não tirava o **cache-col** nem dentro de casa." Faria, *Reminiscências*.

cache-nez/cachenê

Po: "Gwen... soluçando, pegou um **cachenê** de Yves, tampou a cabecinha do boneco." Macedo Soares, *As sentinelas de Deus*.

cache-pot

In: "Decorative accessories from furniture to **cache-pots**." *Herald Tribune*, 31.5.96.

cachet/cachê [sentido de marca, signo distintivo; sentido de remuneração de um artista por um compromisso determinado]

In: "Calvin Klein... one of the first designers to put *Vogue*-world **cachet** within reach of ordinary customers." *Time*, 17.6.96.

In: "'81 Steel Rectangle', without an 's', to give its special **cachet**." *Herald Tribune*, 12.5.96.

In: "Tiffany's. Chaney restored the brand's **cachet** and widened its reach." *BusinessWeek*, 26.8.96.

In: "While the family's political **cachet** ascended with Clinton's fortunes, its finances were caving in." *Time*, 30.3.98.

In: "Poland. Western brand's **cachet** — and price — is wearing thin." *BusinessWeek*, 19.8.96.
In: "The passing of *Time*... has eroded Anthony Price's fashion **cachet**." *Sunday Times Magazine*, 2.8.98.
In: "Virgin music... even with the **cachet** of Virgin on the fuselage." *Time*, 8.7.96.
In: "Quick **cachet**: Formula 1 has given Hungary a dash of glamour." *BusinessWeek*, 29.7.96.
In: "Smoking may never regain the **cachet** that Laureen Bacall once gave to it...". *Time*, 23.12.96.
In: "They also like writers, and you can have a certain **cachet** here." *Herald Tribune*, 17.4.97.
In: "The question: Can Puck retain his **cachet** — and keep his empire...". *BusinessWeek*, 19.5.97.
In: "Audiences today... although the aesthetic context has been altered now that... cheesiness has hip **cachet** and plastic is no longer anathema." *Time*, 21.7.97.
In: "The **Cachet** of Private Equity Deals." *Herald Tribune*, 30.10.97.
In: "In a tough home market, no. 1 auto maker Toyota is loosing its **cachet**." *BusinessWeek*, 27.4.98.
It: "Ventuta, Tagli, Milani, quello di Mandi Tutti. Tutti a **cachet**." *La Repubblica*, 5.4.96.
Po: "Vera Fisher. A revista 'Playboy' lhe contrapôs um **cachê** menor." *O Globo*, 10.9.96.
Po: "Sonia Braga... o dinheiro do **cachê** que estava retido em um banco americano." *Veja*, 25.9.96.
Po: "Carmen Mayrink Veiga pediu **cachê** de 1.5 milhão." *Jornal do Brasil*, 22.9.96.
Po: "Atores ganharam **cachês** pelo menos dez vezes maiores do que o salário do presidente na vida real." *Veja*, 2.10.96.
Po: "Tom Mullen (Mel Gibson): **cachê** de 20 milhões." *Veja*, 15.1.97.

cadet

In: "...designed to remind **cadets** of their duties". *Herald Tribune*, 14.7.96.
In: "Yeltsin, after reviewing the college's corps of **cadets**." *Time*, 27.5.96.
In: "Turkish and Israeli **cadets** and officers attende each other's military academies." *Herald Tribune*, 16.4.97.

cadre

In: "Instructions from Kuptosov's office are rocketed daily to communist **cadres** nationwide." *Time*, 27.5.96.
In: "Local **cadres**, says an IPR expert, are 'often a bit reluctant to assist'." *BusinessWeek*, 17.6.96.
In: "China. Leading **cadres** had great power, the editorial said." *Herald Tribune*, 28.6.96.
In: "General Motors — a **cadre** of engineers learned to cope with... electric cars." *U.S. News*, 30.9.96.
In: "The $1.3 billion acquisition of Warburg and its **cadres** of buttoned-down London bankers." *BusinessWeek*, 28.10.96.
In: "He treasures the various characters who make up his **cadre** of regulars...". *BusinessWeek*, 28.10.96.
In: "But Saddam left behind a powerful **cadre** of spies and goons to reassert his authority." *Time*, 16.9.96.
In: "Reich... among a cautious, bond-market-worshiping **cadre** of advisers...". *BusinessWeek*, 21.4.97.
In: "There remains in Iraq a considerable intellectual ressource in the form of a **cadre** of well educated, highly experienced personnel." *The Times*, 29.7.98.

café

In: "Zynganov once set in a **café** and contemplated removing 'Communist' from the party's name." *Time*, 27.5.96.

In: "**Café** owner 'was zealous tool of the Bosnian Serbs'." *The Times*, 8.5.96.

In: "Puck's empire... includes upscale restaurants, casual **cafés** and a line of frozen pizzas." *BusinessWeek*, 19.5.97.

café-au-lait/café au lait/Café au lait

Al: "Spezialitäten wie Cappuccino, **Café au lait** oder Wiener Melanche ertweisen sich besonders als Einstiegsprodukte für junge Verbraucher." *Die Welt*, 17.6.98.

In: "But as he sits down later that morning with a **café au lait** to read the business press...". *BusinessWeek*, 10.2.97.

In: "For non-fans, start by breakfasting on a croissant and ***café-au-lait*** on the terrace of a St.Germain des Prés **café**." *Time*, 15.6.98.

Po: "Juca era alvo como um alemão, mas a irmã era bem **café-au-lait**." Faria, *Reminiscências*.

café-concert

Ru: "[Ensuite le déjeuner, après le déjeuner le théâtre, le cirque, le] ***café-concert***...". Mikulitch, *Mimotchka*, tradução do russo.

Ru: "[Il m'a convaincu de passer avec lui une partie de la soirée dans l'un des nombreux] ***cafés-concerts*** [de Berlin...]". Koni, *Drames de la vie*, tradução do russo.

calembour

In: "Competition for the bon mot was heated and rules were strict: ***calembours***, or puns, were scorned." *Herald Tribune*, 9.3.96.

It: "E voi, siete i nuovi intellettuali, quelli che buttano in ***calembour*** un'agghiacciante offesa. *La Repubblica*, 11.9.98.

Po: "A mania de Justino era bolar um **calembour** engraçado...". Lins, *Almanaque*.

Ru: "[Tes] ***calembours*** [sont très sympathiques: les filles d'ici les trouvent très amusants...]". Puchkine, carta a P. A. Viazemski, 25.5.1825, tradução do russo.

camaraderie

In: "The show's attempt to celebrate the **camaraderie** precariously surviving in the end-of-millenium America." *The Times*, 11.5.96.

In: "...bringing a refreshing sense of excitement and **camaraderie** to a night at the theater". *Time*, 14.4.97.

In: "Marseilles has also suffered a succession of financial scandals and rigged elections, not to mention undue **camaraderie** between forces of law and disorder." *Time*, 15.6.98.

In: "Harriman... could not depend on the **camaraderie**, discreetness and loyalty of all his officers." *The Times*, 29.7.98.

In: "If you can stay with it after you come home, away from the **camaraderie** and dedication of the staff and guests, it will surely keep your weight and cholesterol down." Rosenfeld, *Doctor, What Should I Eat?*

camouflage/camouflaged/camouflaging/camoufler/camuflar

In: "Undoubtedly it would be easy to set such governments up [in Eastern occupied areas] and we would then always have a façade behind which to **camouflage** our policies." Goebbels, *Diaries*, 22.5.42.

In: "Knox declared that Sicily would be occupied next. We pay no attention to these unfounded rumours and attempts at **camouflage**." Goebbels, *Diaries*, 13.5.43.

In: "The Fuehrer is still convinced that the English and Americans are merely carrying out a **camouflage** manoeuvre in Calabria." Goebbels, *Diaries*, 8.9.43.

In: "For me these astrological prophecies are of no significance whatever. I intend, however, to use them in anonymous **camouflaged** public propaganda since, in these critical times, most people will snatch at any straw." Goebbels, *Diaries*, 29.3.45.

In: "It was the removal of this **camouflage** which probably provided the reason for Geoffrey's resignation." Thatcher, *The Downing Street Years*.

In: "His female bodyguards, in **camouflage** uniforms...". *Time*, 1.7.96.

In: "...from the air, the uter Hebrides would look like a huge **camouflage** jacket". *The Times*, 10.5.96.

In: "...zippered pockets and a **camouflage** cap attached with a small card". *Herald Tribune*, 19.6.96.

In: "**Camouflaging** a sales message in a teen's natural environment...". *BusinessWeek*, 1.7.96.

In: "People working in Army **camouflage** walking to and fro their car." *Time*, 15.7.96.

In: "Rising sales **camouflaged** strategic blunders." *BusinessWeek*, 22.7.96.

In: "While Tories tried to paint Labour as a **camouflaged** version of its high-taxes, big-spending personality...". *Time*, 28.4.97.

In: "When Protectionism Wears **Camouflage**." *BusinessWeek*, 2.6.97.

In: "...skeptics may be suspected of deploying the numbers to **camouflage** their real purpose". *Herald Tribune*, 17.6.96.

In: "It lies in the fact that the people who made these **camouflages** of authentic avant-garde art have isolated one single aspect of the artistic phenomenon they try to imitate." Dorfles, *Kitsch, the World of Bad Taste*.

Po: "Para **camuflar** a mordomia, eles fecharam aquela via pública com tapumes." *O Globo*, 18.9.96.

canaille

In: "Much dirt and many intrigues. The human being is a ***canaille***." Goebbels, *Diaries*, 24.4.26.

canapé(ê)

In: "They watch a new film, ate **canapés**...". *The Times*, 6.5.96.

Po: "Tratava-se de um repasto e tanto: **canapês**, entrada à base de foie-gras, dois pratos...". *Veja*, 19.11.97.

Po: "Agora, o jantar... de **canapés**, só salmão e foie-gras." *Jornal do Brasil*, 21.7.97.

canard

In: "Art. This group effectively dispels an old **canard** — that calligraphy rose to great heights in the Islamic world because figuration was banned." *Herald Tribune*, 7.6.98.

In: "Art. Far to the left, two vessels painted in golden luster in 11th and 12th century Egypt help debunk another **canard**." *Herald Tribune*, 7.6.98.

capot/capô

Po: "O motorista levantava o **capô** do Citroën para simular pane...". Faria, *Reminiscências*.

caprice

In: "...in their own punishment and his singular **caprices**". *Sunday Times*, 14.7.96.

In: "It's one of Eric Rohmer's loveliest **caprices**." *Time*, 9.9.96.

capsule

In: "Rachid Boudjedra always carries a cyanide **capsule**." *Time*, 13.5.96.

In: "And set those indicators distill a lot of data into easily digestible **capsules**." *BusinessWeek*, 15.7.96.

caramel/Karamel

Al: "Schmeckt wie Apfel und **Karamel** — oder wie Salzlösung...". *Stern*, 16.7.98.

carnage

In: "As authorities clamped down on activists after the **carnage** at Tiananmen Square...". *Time*, 19.8.96.

In: "After 60 minutes of **carnage**, the marauders left, swearing to return." *Time*, 23.9.96.

In: "The **carnage** extends far beyond Bre-X." *BusinessWeek*, 14.4.97.

In: "Nigeria. The **carnage** may have only begun." *Newsweek*, 20.7.98.

carnet/carnê

Po: "O cheque pré-datado... acaba com cadastros, **carnês**, referências comerciais." *Veja*, 25.9.96.

carré

Po: "Segundo prato: **carré** de vitelo ao forno com legumes." *IstoÉ*, 12.11.97.

Po: "Paddock": destaca-se no cardápio o **carré** de cordeiro com molho de hortelã." *Veja*, 29.10.97.

carrière/Karriere

Al: "Drei Männer braucht die moderne Frau... einen für die **Karriere**, einen fürs Bett...". *Focus*, 8.7.96.

Al: "Drei erstaunliche **Karriere**-Stories." *Madame*, mai. 1996.

Al: "Pavarotti begann in London seine Welt**karriere**...". *Focus*, 8.7.96.

Al: "... kann bei grossen Beratungsunternehmen **Karriere** machen oder..." *Madame*, mai. 1996.

Al: "Oskar Lafontaine. **Karriere** Mit Tiefen." *Focus*, 8.7.96.

Al: "Mit Recht und Geld lässt sich **Karriere** machen." *Madame*, mai. 1996.

Al: "Einen Einstieg ins Arbeitsleben schaffen viele Studenten nur, wenn sie die berufliche **Karriere** parallel zum Studium aufbauen." *Die Welt*, 17.6.98

Al: "**Karriere** Dank Mega-Projecten: ABB-Experte Helmut Langen." *Focus*, 6.7.98.

Fl: "Het klinkt vreemd, maar de kunstheup kan het einde incluiden van Pavarotti's **carrière**." *Het Nieuwsblad*, 27.7.98.

Fl: "Anita Meyer: "In dit stadium van mijn **carrière** is het heel leuk om te doen." *Algemeen Dagblad*, 16.6.98.

Po: "Para Luís, acima da **carrière**, só Deus." Faria, *Reminiscências*.

carrière manquée

Ru: "[En me retournant sur mon passé, je me persuade qu'il s'agit d'une] ***carrière manquée***,...". Bezobrazov, *Journal*, 19.3.1887, tradução do russo.

carte [ver: "à la carte"]

carte blanche

In: "Or did it mean that resistance was prohibited unless all the Potsdam powers concurred? In that case, the idea would serve as a ***carte blanche*** for Soviet aggression." Kissinger, *Diplomacy*.

In: "Lionel Jospin has warned that a renewed mandate for Chirac would be ***carte blanche*** to pursue 'hard-edged capitalism'." *BusinessWeek*, 5.5.97.

In: "The Rome Opera, where she had been a frequent guest and was given **carte blanche**." Rasponi, *The Last Prima Donnas*.

In: "John Calley. Checked with Japanese boss Kobuyuki Idei about doing *The Mask of Zorro*: was given **carte blanche**." *Premiere*, mai. 1998.

In: "Since this is provided by the garage that services it, the garage has ***carte blanche*** to replace any part showing signs of wear." *Financial Times*, 9.8.98.

Ru: "[A propos d'acheter aussi bien une maison en bois... Je te donne entièrement] ***carte blanche***." Tchekhov, carta a M. P. Tchekova, 14.3.1899, tradução do russo.

casserole

In: "A grieving person is often avoided or is provided with a doorstep **casserole**." *Time*.

In: "His **casserole** sat there in an olive-green glazed pot from Provence...". *Time*, 23.12.96.

Po: "**Casserole** à provençal." Restaurante Rio Minho, Rio de Janeiro.

casse-tête/cassetete

Po: "Para Cotrim, nenhum passatempo se compara a um bom **casse-tête**." Faria, *Reminiscências*.

Po: "Os **cassetetes** subiam e desciam sem poupar nem escolher ninguém." Martins, *Valeu a pena*.

Po: "Já iam descendo o **cassetete** em Alzira, quando gritei: 'Não façam isso. É a filha do presidente Getúlio Vargas!'." Martins, *Valeu a pena*.

Ru: "[...comme un] ***casse-tête*** [polémique...]". Pissarev, *Les Penseurs de Moscou*, tradução do russo.

Ru: "[...l'administration d'avant la réforme était comparable à un jeu de] ***casse-tête***...". Schedrine, *Petits Détails de la vie*, tradução do russo.

cause/et pour cause

Po: "Ele ficou sem jeito diante dos amigos, ***et pour cause***: não tinha o que lhes oferecer." *Koogan-Houaiss*.

Po: "Candidatura do deputado Sergio Cabral... ***Et pour cause***: a votação, desta vez, foi aberta." *O Globo*, 25.7.97.

Ru: "[Même Gnedko jouait Oedipe d'une façon remarquable], ***et pour cause***! [Il y avait très peu de spectateurs]". Turgueniev, carta a P. A. Viazemski, 30.4.1860, tradução do russo.

Ru: "[Tu ne voulais pas aller lui rendre visite], ***et pour cause***." Turgueniev, carta a P. A. Viazemski, 17.10.1838, tradução do russo.

cause célèbre

In: "Darlan still provides a ***cause célèbre*** for our adversaries." Goebbels, *Diaries*, 11.12.42.

In: "The Darlan theme is still a ***cause célèbre*** in the enemy camp and we keep adding fuel to the fire." Goebbels, *Diaries*, 14.12.42.

In: "If no solution has been found by this *Time*, this could be a ***cause célèbre*** for our enemies' relationships within the coalition." Goebbels, *Diaries*, 30.3.45.

In: "**Cause célèbre**. Maurice Saatchi's pro-Tory ads stir up a storm." *BusinessWeek*, 9.9.96.

In: "**Cause Célèbre**:... a debate over sweatshops and the use of child labor." *Time*, 17.6.96.

In: "The meal became something of a **cause célèbre** when it was revealed...". *Time*, 31.3.97.

In: "...but the case became a **cause célèbre** for Serbian nationalists...". *Time*, 23.9.96.

In: "Howl!" became a manifesto for the sexual revolution and a **cause célèbre** for free speech...". *Herald Tribune*, 7.4.97.

In: "**Cause célèbre**. As a result, activists are seizing on Lucky as a **cause célèbre** in a campaign to beat back the advances of multinationals." *BusinessWeek*, 28.7.97.

In: "To my surprise, she was perfectly willing to discuss this ***cause célèbre***." Rasponi, *The Last Prima Donnas*.

In: "A euthanasia case becomes **cause célèbre** in Canada." *The New York Times*, 1.12.97.

In: "Conservative publicists and polemicists... tried to turn the history standards debate into a **cause célèbre**." *The New York Times*, 30.11.97.

In: "Ramon Sanpedro's struggle to be allowed to end his life... made him a **cause célèbre** in the campaign to legalize assisted suicide." *Herald Tribune*, 10.3.98.

In: "Bangkok. Mr. Parinya's success has become a cross-dressing **cause célèbre**." *Herald Tribune*, 7.4.98.

In: "Martin Luther King's murder. James Earl Ray, **Cause Célèbre**?" *Time*, 4.5.98.

Ru: "[Dans aucune] ***cause célèbre***, [ce qu'on peut appeler la culpabilité intellectuelle n'a été présentée avec une clarté aussi impitoyable...]". Dostoievski, *Les Frères Karamazoff*, tradução do russo.

cause perdue

Ru: "[...il n'a rien trouvé à dire pour sa défense, si ce n'est son entêtement et le fait qu'il aime défendre les] ***causes perdues***". Stassiulevitch, carta a P. A. Pletniov, 8.7.1865, tradução do russo.

cave

In: "Distel accompanied Juliette Greco in the **caves** of Saint-Germain-des-Prés." *Herald Tribune*, 5.7.96.

Po: "A **cave** estava certamente incluída no preço do aluguel." Lins, *Almanaque*.

cela va sans dire

Ru: "[Je me suis fait à eux et], ***cela va sans dire***, [j'ai emprunté au Prince... deux mille francs.]". Grigoriev, *Ma confession*, tradução do russo.

Ru: "[Répétez ma demande habituelle... semble superflu:] ***cela va sans dire***." Katenine, carta a N. I. Bakhtine, 22.4.1829, tradução do russo.

cercle vicieux

Ru: "['C'est un drôle de] ***cercle vicieux***', [pensa Nekhludov...]". L. Tolstoi, *Matinée d'un seigneur*, tradução do russo.

Ru: "[...la force de tous les malheurs de la civilisation moderne réside en ce maudit] ***cercle vicieux***." Pissarev, *Les Réalistes*, tradução do russo.

certain âge

In: "Madonna. What more could a respectable matron of a **certain âge** from Bay City, Michigan, ask for?" *The Irish Times*, 15.8.98.

c'est la vie

In: "After an especially trying, the teacher sighed aloud, '***C'est la vie***'." *Time*, 22.7.96.

chagrin

In: "Her parents weren't wild about the match, but they gave in, much to their **chagrin**." *Herald Tribune*, 24.4.96.

In: "Much to the **chagrin** of some tradition-minded Brits, the Globe owes its existence to an American actor blacklisted during the McCarthy era." *Time*, 16.6.97.

chair à canon

Ru: "[...Oui, c'était ce même corps, cette même] ***chair à canon*** [dont la vue l'avait déjà rempli d'horreur comme pour prédire ce qui devait arriver]." L. Tolstoi, *Guerre et paix*, tradução do russo.

chaise à la reine

In: "The beechwood **chaises à la reine** of the Louis XV period... went for $13,800." *Herald Tribune*, 25.5.97.

In: "Sotheby's. A couple of Louis XV beechwood ***chaises à la reine***... added the merest suggestion of rococo." *Herald Tribune*, 25.5.97.

chaise longue

Es: "...por muy inconfortables que frente a ella se sientan los estetas de la **chaise longue**: o ellos, o nosotros". *El País*, 29.1.96.

In: "When Bori as Violetta pulled herself up from the **chaise longue** just before dying...". Rasponi, *The Last Prima Donnas*.

It: "Sotto, il conduttore sulla '**chaise longue**' accanto a uno dei suoi acquari." *Chi*, 24.9.98.

Po: "Ismael sai da água, vai estender-se numa **chaise longue**." Amado, *Tieta do agreste*.

Po: "Assina: Raul Pompéia. Em seguida, estende-se numa ***chaise longue*** e dá um tiro no coração." *Jornal de Letras*, set. 1998.

Po: "A **chaise longue** preta [à esq.] é o xodó do living." *Manchete*, 16.1.99.

Ru: "[Elle passait presque toute la journée allongée sur sa] ***chaise longue*** [et ne lisait même pas, elle était juste allongée]." Knipper, carta a A. P. Tchekhov, 26.8.1902, tradução do russo.

chalet/chalé

Es: "Particular gestiona hipotecas sobre pisos y **chalets**, toda España." *El País*, 18.6.96.

In: "Many of its most recent graduates have become **chalet** girls, cooks and nannies." *Daily Mail*, 13.5.96.

Po: "...nos jardins do **chalé** dos Guedes, com os ricos, atrás dos balcões das lojas...". Amado, *Tereza Batista cansada de guerra*.

Ru: "[Je passerai ces 6 semaines dans mon] ***chalet*** [très confortable sans en sortir]." Turgueniev, carta a M. M. Stassioulevitch, 7.8.1876, tradução do russo.

challenge

In: "But that's nothing compared with the **challenge** of persuading Europeans to buy American cars." *Herald Tribune*, 17.5.96.

In: "Yeltsin performs superbly when presented with a clear-cut **challenge**." *Time*, 8.7.96.

In: "...this moderation will be enough to contain the twin **challenges** he faces as India's prime minister". *Herald Tribune*, 17.5.96.

In: "...to pose serious **challenges** in the area of weapons proliferation". *Herald Tribune*, 17.5.96.

In: "...appeared to be laying the ground for a nationalist **challenge**". *Herald Tribune*, 19.5.96.

In: "Only Citibank directly **challenges** Boston throughout Latin America." *BusinessWeek*, 15.7.96.

In: "Now France, Too, Spies Aloft in a **Challenge** To American Supremacy." *Herald Tribune*, 5.7.96.

In: "Perfecting democracy is a never-ending **challenge**." *Herald Tribune*, 5.7.96.

chambre à part

Po: "Fontes insinuou que o casal sempre fez **chambre à part**." Faria, *Reminiscências*.

Champagne/champagne/Champanhe/Champagner/champanhota

Al: "Die 'Pernilla Diver'. Und sie suchen nach **Champagner**, Marke Heidsieck, Jahrgang 1907." *Stern*, 16.7.98.

Al: "Der **Champagner**-Krieg war die beste Werbung für uns," sagt Claes Bergvall. Stern, 16.7.98.

Fl: "Ik stonde in een hoekje met mijn glas **champagne** te spelen toen drie vrouwen zich op ongeveer twee meter van me tot stilstand brachten." *Het Nieuwsblad*, 27.7.98.

In: "Returning to Berlin I found a wonderful spirit prevailing... The news of our heavy blows against Italy — especially the capture of Rome — as well as the Fuehrer's speech acted like **champagne** on the people." Goebbels, *Diaries* 12.9.43.

In: "American News. The race Moves to the **Champagne** Circuit." *BusinessWeek*, 13.4.98.

In: "**Champagne** and Oyster Bar." *Harrods Store Guide*, 1996.

In: "Al Gore has nothing against **champagne**: what he was aiming to avoid...". *Time*, 7.4.97.

In: "Prosperous Americans... sampling the finest **Champagnes**...". *The New York Times*, 26.9.96.

In: "The dozen dinners guests finished their **champagne**." *Newsweek*, 15.7.96.

In: "China's **Champagne** Toast Makes Gore Dizzy." *Herald Tribune*, 27.3.97.

In: "**Champagne** sales have hit a six-year high...". *BusinessWeek*, 14.4.97.

In: "Togo sat with his staff in *Mikasa* at 11:45 A.M. and was about to drink a final **champagne** toast when he received the report, 'Enemy ships seen'." Warner, *The Tide at Sunrise*.

Po: "A **champanhota** se prolongará noite adentro." Amado, *Tieta do agreste*.

Po: "— É aconselhável mandar **champanhe** francês." Amado, *Farda, fardão, camisola de dormir*.

Po: "As boas-vindas no hotel foram regadas a **champanhe**, com um brinde em frente à lareira." *IstoÉ*, 4.6.97.

Po: "...um salmãozinho defumado com torradas, e ***champagne*** — nacional, claro". *Jornal do Brasil*, 17.6.97.

champignon

Po: "O **champignon** perde a exclusividade na mesa do brasileiro." *IstoÉ*, 22.1.97.

Po: "Entre os campeões de pedidos... o frango com **champignon** e broto de bambu." *O Globo*, 30.5.97.

chance/Chancen

Al: "Den Handelsneulingen Weizen und Altpapier werden von Experten gute **Chancen** eingeräumt, das Handelsvolumen deutlich zu erhöhen." *Die Welt*, 17.6.98.

Al: "Eine letzte **Chance**." *Focus*, 6.7.98.

Al: "...eine **Chance**wenn sie ergänzende Praxiserfahrung mitbringen". *Madame*, mai. 1996.

Al: "Ob bei Nachverhandlungen das Angebot eine **Chance** hat, ist noch offen". *Der Spiegel*, 14.9.98.

In: "But there was no **chance** to have a stable situation." *The New York Times*, 17.9.96.

In: "Wake Up to This **Chance** to Prevent Disaster in Russia." *Herald Tribune*, 18.6.98.

In: "Yeltsin would give the new business class a **chance** to consolidate their power." *BusinessWeek*, 8.7.96.

In: "How Jarried Executives Can Improve Their Survival **Chances**." *Herald Tribune*, 24.6.96.

In: "A **chance** encounter with the French painter Eugène Isabey." *Herald Tribune*, 23.6.96.

In: "Netanyahu has to be given a **chance**." *BusinessWeek*, 17.6.96.

In: "Other Cinderellas are eager for their **chance** at the ball." *Time*, 17.6.96.

In: "Nothing must be left to **chance**." *Herald Tribune*, 13.5.96.

In: "Peugeot. Many rivals scoff at Calvet's **chances**." *BusinessWeek*, 27.5.96.

In: "The opposition now has a **chance** to put forth a real challenge." *Herald Tribune*, 20.5.96.

In: "Turkey. Erbakam gets his **chance**." *Time*, 8.7.96.

Po: "Se você quer mais, esta é a sua **chance**." *IstoÉ*, 24.4.96.

Po: "O Plano Real, uma mágica sem **chance** de sobrevivência." *Veja*, 24.4.96.

chandelier

In: "There I had to make my way down the length of St.George's Hall, under its glittering crystal **chandeliers** to meet Mr and Mrs Gorbachev and to exchange formal pleasantries." Thatcher, *The Downing Street Years*.

In: "For all its images, including a huge **chandelier**, haunted ballroom and ball gown...". *The New York Times*, 5.12.97.

In: "The music rumbles; the **chandelier** does not fall." *The New York Times*, 5.12.97.

In: "...a palatial Edwardian expanse in the Meridien hotel, all carved, gilded and hung with Venetian **chandeliers**". *Herald Tribune*, 15.5.98.

In: "...customers walk into the white stucco house gazing through the transparent steps and touching the dangling blue foam **chandelier**". *Herald Tribune*, 2.6.98.

chansonnier

In: "...a crooner-cum-**chansonnier** wearing a sharp fedora". *Herald Tribune*, 5.7.96.

In: "If there is such a thing as a ***chansonnier*** of contemporary art, Kabakov is the one." *Herald Tribune*, 18.8.96.

chantage/chantagem

Po: "Lula acusa Fernando Henrique de **chantagem**." *Jornal do Brasil*, 11.7.98.

Po: "Guterres promete não fazer **chantagem** na União Européia." *Correio da Manhã*, 28.8.98.

chanteur(teuse)

In: "His favorite **chanteuse**, Canada's Céline Dion, ...". *Time*, 12.8.96.

In: "...a dubious **chanteuse** performing in a suburban hotel". *Sunday Times*, 14.7.96.

In: "Fielding, moving into **chanteuse** mode, goes rythmically awry." *The Times*, 8.5.96.

chantilly

Po: "...se deliciam com sorvetes cobertos por calda de chocolate e **chantilly**". *Veja*, 23.4.97.

Po: "Para começar, um exótico capuccino de funghi... servido numa xícara de capuccino com **chantilly** e canela." *Veja*, 3.6.98.

Po: "Nas lembranças do menino Alan Geller estão os morangos que lavava e depois roubava encharcados de **chantilly** a cada descuido de seu tio-avô alemão." *Veja*, 25.11.98.

chapeau(aux)/chapeau melon/chapéu melon

In: "...try them on, or see Stephen Jones **chapeaux** at his own shop". *Financial Times*, 19.5.96.

Po: "**Chapéu melon** não se vê no Brasil há quase meio século." Faria, *Reminiscências*.

chaperon/chaperone/chaperoned

In: "Afghanistan. Male doctors may see only **chaperoned** women and may not examine their bodies." *Herald Tribune*, 17.8.98.

In: "Ennis was arguing that parents should **chaperone** their kids online." *Time*, 14.4.97.

In: "The modern rule is that every woman must be her own **chaperone**." Amy Vanderbilt, WNTA-TV.

Po: "...fez questão de que Mukumbe me acompanhasse como ***chaperon***". Soares, *O xangô de Baker Street*.

Po: "...o terceiro personagem presente, uma ***chaperon*** entrada em anos." Ferreira Mello, *Clement Greenberg e o debate crítico*, 17.5.60.

charade

In: "I imagine the English are having very grave difficulties with those *émigré* governments. They have to pay them, they have to provide a setting for them, they have to cover up their political mistakes — and all that just so that they can play their childish **charades**." Goebbels, *Diaries*, 22.5.43.

In: "Impeachment **Charade** Defies Majority." *Herald Tribune*, 18.12.98.

In: "A **Charade** in Iraq? ...there was reason to fear that U.N. Secretary-General Kofi Annan's deal with Saddam Hussein was nothing but a **charade**." *Herald Tribune*, 17.8.98.

In: "Bosnie. The ongoing **charade** in Pale." *Time*, 15.7.96.

In: "A prominent Vietnamese believes the country's leaders engaged in a bit of a **charade**." *Time*, 14.7.97.

In: "Troopergate Story a '**Charade**', Writer Says." *Herald Tribune*, 11.3.98.

In: "**Charade** in Cambodia." *The Washington Post*, 17.6.98.

chargé d'affaires

In: "The news that the American Minister has left Helsinki is interesting. While a **chargé d'affaires** is to remain, nevertheless the departure of the Minister is evidently to serve as means of bringing pressure upon the Finns." Goebbels, *Diaries*, 24.4.43.

In: "'I have a fear the trial will not be conducted properly', said Slavko Nikolesic, **chargé d'affaires** at the Yugoslav Embassy in Buenos Aires." *Herald Tribune*, 7.5.98.

In: "The English ***chargé d'affaires*** presented himself in Seoul with a Marine guard to demand Brown's reinstatement. Brown was reinstated." Warner, *The Tide at Sunrise*.

In: "In 1762, the French ***chargé d'affaires*** reported: If Russian ambition is not checked...". Kissinger, *Diplomacy*.

Ru: "[C'est moi que vous choisissez pour être votre] ***chargé d'affaires***?" Boborykin, *Chine la ville*, tradução do russo.

Ru: "[Le vieux Kharakhorov,] ***chargé d'affaires*** [de ma tante...]". Leontiev, *Retouches*, tradução do russo.

Ru: "[Il a passé là environ 10 ans, ...soit en tant que commissionnaire, soit en tant que] ***chargé d'affaires***...". Aksakov dans ses lettres, IV, p. 146, tradução do russo.

Ru: "[Les Germaniques sont en quelque sorte des] ***chargés d'affaires*** [de l'Histoire]." Pissarev, *Scolastique du XIXe siècle*, tradução do russo.

Ru: "[Nicolas a subitement rappelé l'ambassade et n'a laissé en France qu'un] ***chargé d'affaires***, Kisselev." Dobroliubov, *Journal*, 27.1.1856, tradução do russo.

Ru: ["Mr Pinto... était même] ***chargé d'affaires*** [du gouvernement de Rome à Turin."] Turgueniev, carta a O. S. Odoevskaya, 16.12.1859, tradução do russo.

Ru: "[Tania, chérie, tu ne dois répondre qu'à Hapgood et à l'Américain qui est] ***chargé d'affaires***." L. Tolstoi, carta a S. A. Tolstaya, 25.4.1892, tradução do russo.

charme/Charme

Al: "Titel: '**Charme** einer Eisdiele'." *Der Spiegel*, 13.7.98.

Al: "Dabei sah Streibl aus, als habe er **Charme** und sei auf landesübliche Weise jovial." *Frankfurter Allgemeine Zeitung*, 14.9.98.

Po: "O único **charme** é que somos nós que fazemos as piadas." *Veja*, 25.9.96.

Po: "Havel compensou com **charme** intelectual o que lhe falta em balança comercial." *Veja*, 25.9.96.

Po: "Todos... encantados com o **charme** da Divina." Soares, *O xangô de Baker Street*.

Po: "Manhas e manias que fazem o **charme** de Frank Sinatra." *Veja*, 25.3.98.

charrette/charrete

Po: "Em Caxambu, todas as tardes, um bom passeio de **charrete**." Faria, *Reminiscências*.

chassez le naturel, il revient au galop

Po: "O ***chassez le naturel*** de Destouches é tradução de verso de Horácio: não adianta contrariar a natureza." *Koogan-Houaiss*.

Ru: "[Quel que soit l'état de fatigue et d'usure d'un être humain, il ne pourra aller à l'encontre de ce qui le caractérise]: '***chassez le naturel, il revient au galop***'." Jikhariev. *Modernités de l'Ouest II, Notes d'un fonctionnaire*, tradução do russo.

châssis/chassi

In: "The Sienna minivan, based on the Camry's V-6 engine and **chassis** parts...". *BusinessWeek*, 7.4.97.

Po: "Mercedes. Uma nova sintonização da parte elétrica entre o **chassi** e a suspensão." *Veja*, 26.11.97.

Po: "Cabrini anotou o número do **chassi** do veículo e confirmou a propriedade do veículo nos computadores do governo da Flórida." *Veja*, 9.7.97.

château/chateau/châteaux/chateaus

Fl: "Het **Château** Had een wonderschoon park, glooiend, met stukken bos, een verstolen vijver, overwoerkerde laantjes en achterpaadjes." *Algemeen Dagblad*, 16.6.98.

In: "The French President — socialist or not — has the use of a number of delightful **châteaux**." Thatcher, *The Downing Street Years*.

In: "The king and his entourage descended from the Versailles **château** to survey...". *Herald Tribune*, 25.6.96.

In: "Princess Diana and the Duchess of York were relaxing at a secluded **château** in Southern France." *Herald Tribune*, 19.7.96.

In: "...most of it looted from the country's mansions and **chateaus** in the 1950s". *BusinessWeek*, 7.4.97.

In: "Iraq. Air France Concorde offered Mr. Aziz and his seven aides pampered service, haute cuisine and wines from the cellars of the best French **chateaux**." *Herald Tribune*, 27.4.98.

In: "Bordeaux. A disgruntled former employee says the **château** has put additives and cheap wines in its vintages." *Herald Tribune*, 5.6.98.

In: "Today their boutiques sell an eccletic range from lead soldiers to vintage **château** dinnerware." *Time*, 15.6.98.

In: "What savage fun it is to seek her wreak revenge on this superbly cast **château** of sublimely overconfident fools." *Time*, 29.6.98.

Po: "Guido ja está instalado no seu **chateau** e muito contente." Corrêa do Lago, *Oswaldo Aranha e a Revolução de 1930*.

châtelaine/chatelaine

In: "Looking up and behaving like the **chatelaine** of a grand house, even if its roof is falling in, is a full-time job." *Daily Mail*, 11.8.98.

In: "Cigarette boxes with *coquille d'œuf* ornament were ranged in the cabinets of the discerning alongside Fabergé caskets and Art Nouveau **châtelaines**." Hiller, *Art Déco of the 20s and 30s*.

In: "Her manner [Bianca Stagno] was that of a **châtelaine** receiving in a superb dining room...". Rasponi, *The Last Prima Donnas*.

In: "'She was a great **chatelaine** in the great tradition', says Swinton." *The Times Magazine*, 12.9.98.

Ru: "[Près de la fenêtre en été, près de la cheminée en hiver, la] ***châtelaine*** [pâle était en permanence occupée à coudre...]". Drujinin, *La Galerie des romans remarquables*, tradução do russo.

Ru: "[Cinq heures ont sonné quand la jeune] ***châtelaine*** [s'est réveillée...]". Drujinin, *Les Fiancés*, tradução do russo.

chat/avoir d'autres chats à fouetter

Ru: "[Jusqu'à présent, je ne vous répondais pas malgré vos relances. Je me disais]: ***j'ai d'autres chats à fouetter***...". Plekhanov, *Materialismus militans*, tradução do russo.

chauffeur/chauffeured/chofer/Chauffeure

Al: "Einen so spendablen Boss wie Jan Lammers haben längst nicht alle Lkw-**Chauffeure**." *Der Spiegel*, 14.9.98.

Fl: "Twee andere **chauffeurs** werden in hun cabine door overvallers met een bijtende vloeistof in het gezicht gespoten en beroofd." *Algemeen Dagblad*, 16.6.98.

Fl: "De **chauffeur** vertrok nietsvermoedend, waardoor de slapende man onder de wielen terechtkwam." *Het Nieuwsblad*, 27.7.98.

In: "The military and air attaché of the British Embassy in Paris, would arrive by **chauffeur**-driven at the French Defense Ministry." *Time*, 9.9.96.

In: "As his **chauffeur** tried to maneuver the Mercedes out of the trap...". *BusinessWeek*, 14.10.96.

In: "These winners of a Fanta promotional drawing got a **chauffeured** spin through Budapest in a Cadillac." *BusinessWeek*, 25.5.98.

In: "...they were **chauffeured** around... and ate off gold plates with gold-tipped chopsticks at a banquet laid on their honour". *Daily Mail*, 13.5.96.

In: "The prize for the drawing: a 12-hour, **chauffeur**-driven joyride along the streets of the contestant's home town." *BusinessWeek*, 25.5.98.

It: "Ecco il principe che guida la Bugatti vestito da ***chauffeur***." *Corriere della Sera*, 11.8.98.

Po: "...viajando para a usina de automóvel, dando pressa ao **chofer**...". Amado, *Tereza Batista cansada de guerra*.

chauvin

Ru: "[Si le professeur n'était pas aussi] ***chauvin***, [il se serait demandé comment expliquer qu'une loi si contradictoire par rapport au droit économique de la concurrence libre était déjà en vigueur en Angleterre 40 ans auparavant]." Marx, *L'Indifférentisme politique*, tradução do russo.

chauvinisme/chauvinist/chauvinistic/chauvinism

In: "Chinese women find Webster men... less **chauvinistic** and a better match intellectually." *Herald Tribune*, 25.7.96.

In: "In a country that invented the word **chauvinism**, the absence of sports tyranny, of having to love it, gives the French version of the great soccer competition a frame of grace and measure that may put off the outsider who craves enforced exhuberance." *Herald Tribune*, 10.6.98.

In: "An angry Giorgio Armani... suggested that the real reasons were **chauvinism**, politics and the inability of the French to face up to a changing global world." *Herald Tribune*, 13.3.98.

In: "Japan. He was killed by a **chauvinist** on Constitution Day." Warner, *The Tide at Sunrise*.

chef

In: "Michael Romano, the **chef** at the Union Square Cafe in Manhattan." *The New York Times*, 9.9.96.

In: "For a professional **chef**, switching gears can be a tricky dance. *The New York Times*, 9.9.96.

In: "Top **chef** Raymond Blanc, whose Oxfordshire restaurant... is a favourite of the Queen Mother...". *Daily Mail*, 13.5.96.

In: "There will be gourmet banquets supervized by local three-star **chef** Paul Bocuse." *Time*, 1.7.96.

In: "...as the legendary **chef** passed the torch to his successor...". *Herald Tribune*, 26.4.96.

In: "The new Butlers Wharf **Chef** School should turn out about 660 chefs in its first year." *Entrée*, Londres, 1996.

In: "Alice Waters, the Chez Panisse **chef** who transformed restaurant cooking?" *Time*, 17.6.96.
In: "Giles MacDonough considers the Ritz's first guest **chef**." *Financial Times*, 19.5.96.
In: "France's top **chef**, Joël Robuchon, cooked his last meal Friday...". *Herald Tribune*, 7.7.96.
It: "Top secret, fino all'ultimo, sul menu ideato dal rinomato **chef** della Casa Bianca." *Corriere della Sera*, 3.4.96.
It: "Consigli da **chef**. I segreti dell'omelette...". *Grazia*, abr. 1996.
It: "La Rosetta de Roma, il ristorante che dirigo el di cui sono lo **chef**." *Corriere della Sera*, 9.4.96.
Ne: "bereidt onze '**chef**' met de grootst mogelijke zorg Uw kenze van ons menubord." *Rubens*, Sophialaan, Haia.
Ne: "The Grand Amsterdam... wereldberoemde **chef** en grondlegger van Londens legendarische restaurant, La Gavroche."
Po: "Cristiana Machado, a **chef** brasileira que encanta o paladar dos famosos em Miami." *Caras*, 5.7.96.
Po: "Inspirado na primavera, o **chef** José Itajaí lança um novo cardápio para o seu Provence em Búzios." *O Globo*, 14.9.96.
Po: "No Rio, de férias, o *chef* Gaston Lenôtre." *O Globo*, 29.11.96.

chef d'escadron

In: "The outbreak of war in 1939 found him serving as an artillery **chef d'escadron**." *The Times*, 10.5.96.

chef-d'œuvre/chef d'œuvre

In: "The show winds up with 'joy', whose **chef-d'œuvre** is Matisse's spectacular 'Dance II'." *Herald Tribune*, 19.4.96.
In: "For these two **chefs-d'œuvre** I much prefered Bruno Walter's renditions to all others." Rasponi, *The Last Prima Donnas*.
In: "James Murray. ...his 23-page treatment of *set* remains his lexicographical ***chef d'œuvre***." Green, *Chasing the Sun*.
Ru: "[... un véritable] ***chef d'œuvre*** [dans lequel il a placé toute sa poésie...]". Turgueniev, carta a P. V. Annenkov, 9.12.1855, tradução do russo.
Ru: "[Il considérait ce texte comme un] ***chef d'œuvre***, [le] ***chef d'œuvre*** [de toute sa vie]." Dostoievski, *Les Frères Karamazoff*, tradução do russo.

chemisier

Po: "O comportado **chemisier** renasce para todas...". *Veja*, 22.5.96.
Po: "O **chemisier** modelo 96 é seco, um pouco ajustado...". *Veja*, 22.5.96.
Po: "As mulheres jovens trajavam vestidinhos de verão, ***chemisier*** ou decotados." Macedo Soares, *As sentinelas de Deus*.

cherchez la femme/où est la femme?

In: "**Cherchez La Femme**: with his lady friend in jail, Roland Dumas could be the next target in a high-profile corruption investigation underway in Paris." *Time*, 30.3.98.
Ru: "[Votre directeur, Volkonsky, a donné sa démission. C'est un fait accompli] ***Cherchez la femme***!" Gneditch, *Book of Life*, tradução do russo.
Ru: "[...ils répétaient à chaque pas]: ***où est la femme***?". Grigorovitch, ***Bonheur éphémère***, tradução do russo.

chevalier servant

Po: "**Chevalier servant**, está fora de moda." Faria, *Reminiscências*.

Ru: "[...après de vains efforts j'ai dû renoncer au rôle de] ***chevalier servant***...". Annenkova, *Elle*, tradução do russo.

chez

In: "As I arrived **chez** the Bonham Carters... a lift descended and out wheeled Raymond Bonham Carter." *The Times*, 10.5.96.

In: "At a reception *chez* Joan Sutherland, five of the diva's paintings on display...". *BusinessWeek*, 3.6.96.

chic/du chic/chique

Es: "...la peliculita, que podría estar filmada por Mariano Ozores, aunque siendo francesa es algo más **chic** y más progre, ...". *El País*, 30.1.96.

Fl: "Met een hertenfarm **chic** verspreid over grazige heuvels en dalen..." *Algemeen Dagblad*, 16.6.98.

In: "Buddhist-**Chic**, the Enlightened Decor. An American Monk in India Finds a Path to Financial Success." *Herald Tribune*, 14.7.98

In: "Cinema... but the visual style has a daring, elliptical **chic**." *Time*, 27.5.96.

In: "It's **chic** to save." *The New York Times*, 22.9.96.

In: "Will Cheap **Chic** Win Over Stylish French?" *Herald Tribune*, 13.3.98.

In: "From Spain, **Chic** Olive Oil." *Herald Tribune*, 13.10.96.

In: "Paul Verlaine is not getting the same radical **chic** treatment that went to his onetime friend, Arthur Rimbaud." *Herald Tribune*, 24.4.96.

In: "Tirolean **Chic** Takes to the Turf." *Herald Tribune*, 11.6.96.

In: "Agricultural **Chic**. A brand-new family of tractors for Deutz-Fahr Agraartechnik in Cologne, Germany." *BusinessWeek*, 3.6.96.

In: "Do use a mobile phone if you want the latest in gangster **chic**." *Time*, 27.5.96.

In: "...that flatter subtly and yet retain their **chic**". *Financial Times*, 19.5.96.

In: "For truly understated **chic**, I think it is hard to beat Patricia." *Financial Times*, 19.5.96.

In: "Sharon Stone. Cheap **Chic**." *Time*, 8.9.96.

In: "Nearby is a **chic** clothing boutique called 'Yuppies'." *Herald Tribune*, 7.6.96.

In: "Clearly, the French franc is an infinitely more **chic** currency to be relieved of." *The New York Times*, 26.9.96.

In: "The best description of Lily Pons is just that: she had **'du chic'**." Rasponi, *The Last Prima Donnas*.

Po: "Drauzio Varella deixa a clientela **chique** para tratar de presos com Aids." *Veja*, 12.6.96.

Po: "No Brasil, conotar americanização é **chique**." *Veja*, 9.4.97.

Po: "— Seu marido é Acadêmico, não é? Que **chique**!" Amado, *Farda, fardão, camisola de dormir*.

Po: "Nicéa Pitta vendia os frangos a restaurants **chiques** de São Paulo." *Veja*, 9.4.97.

chi-chi/chichi

In: "Oscar-winning actress accustomed to the most **chi-chi** establishments, Emma Thompson...". *Daily Telegraph*, 14.8.98.

Po: "'Surtout pas de **chichi**', bradou Luís ao chegar à recepção dos cunhados." Faria, *Reminiscências*.

chiffon/Chiffon

Al: "Aber was ist spanish? Leichte Stoffe: Krepp, mehrlagiges **Chiffon**, feines Georgette und leichtes Leinen lassen die Modeträger atmen und aufatmen." *Frankfurter Allgemeine Zeitung*, 12.9.98.

In: "Veiled in **chiffon** and crossed with a tiny bow...". *Herald Tribune*, 8.10.96.
In: "Dame Barbara Cartland, the queen of **chiffon** and all that is pink,...". *The Times*, 6.5.96.
In: "Versace kept a modern edge with **chiffon** separates." *Herald Tribune*, 7.10.96.
In: "Fashionshade **chiffon** trousers peeped from under a lace tunic." *Herald Tribune*, 9.7.96.
In: "John Bartlett's mannish tuxedo versus feminine **chiffon**." *Herald Tribune*, 13.4.97.
In: "Lingerie... a white nightie trimmed in lace and **chiffon**." *Herald Tribune*, 25.4.97.
In: "Fashion. Galliano delivered just that... lacy knot stitches on **chiffon** decorated with geometric rhinestones." *Herald Tribune*, 15.3.98.
In: "She looked like a modern princess, draped in a clinging pink **chiffon** dress." *Herald Tribune*, 20.10.98.
It: "Un velo di **chiffon**, intrecci di rete, lampi di lurex. Così le uniforme diventano sexy." *La Repubblica*, 15.9.98.
Po: "Musselina, crepe, **chiffon**... dão caimento a camisas, vestidos longos e saias." *Veja*, 9.4.97.

chignon

In: "Bidu Sayão... the dyed hair parted in the middle, with a **chignon**." Rasponi, *The Last Prima Donnas*.
Po: "Mania de **chignon** só me lembro da tia de Justino." Lins, *Almanaque*.

chinoiserie

In: "Rooms crammed with books... **chinoiserie**, brocades, tapestries...". *Herald Tribune*, 17.5.96.
In: "What listeners heard was Chinese **chinoiserie**...". *Herald Tribune*, 19.3.97.
In: "They were influenced by the vogue for **chinoiserie**, African masks...". *The New York Times*, 5.12.97.
In: "The English borrowed the rococo, a love for **chinoiserie** and the service à la française (a meal divided in three parts with an enormous display of dishes and silver)." *The New York Times*, 9.1.98.
In: "Fashion. But **chinoiserie** reworked as a sporty press-stud jacket with bordeaux corduroy collar seemed fresh." *Herald Tribune*, 5.4.98.
In: "Fashion. Henry VIII meets **chinoiserie** on Galliano's Diorient Express." *The Washington Post*, 21.7.98.

choc

It: "Tesi **choc** da Londra: Shakespeare propagandista cattolico?" *Corriere della Sera*, 9.4.96.

Christofle/christofle

Po: "...no centro da mesa, pesados talheres **Christofle** em vermeil". Soares, *O xangô de Baker Street*.
Po: "Via-se logo que era **christofle**, mas a mulher teimava que era prata." Faria, *Reminiscências*.

cigarette

In: "**Cigarettes** are good. They turn loneliness into defiant solitude." *The Times*, 10.5.96.
In: "Peters, whose choir-girl voice has a seductive hint of tale nights and **cigarettes**." *Time* 15.7.96.
In: "But despite being hit... **cigarette** makers have survived and prospered." *Time*, 31.3.97.

cinéaste

In: "Chabrol is every bit as cultivated as his fellow-***cinéastes***, if not more." *The New Yorker*, 20.1.97.
In: "Whitehead was a friend of Syd Barrett and lover of Nico, a pop **cinéaste** who made Tonite Let's All Make Love In London and worked with the Stones." *The Guardian*, 8.8.98.

cinéma/cinema

In: "The man I rented the **cinema** to, told me he was afraid of trouble." *Time*, 15.7.96.

In: "The **cinema** of Sturges and Wilder, Hitchcock and Hawks." *Sunday Times*, 14.7.96.

circuit

In: "Driver's championship... miss Budapest if it were no longer in the **circuit**." *BusinessWeek*, 29.7.96.

clafoutis

Po: "E que sobremesas!... pudins, éclairs, crêpes Suzettes, **clafoutis**, e mais e mais." Macedo Soares, *As sentinelas de Deus*.

clairvoyant

In: "She is not an artist, nor a detective, nor a **clairvoyant**." *The Times*, 6.5.96.

In: "They are reportedly consulting **clairvoyants** and numerologists in greater number than ever." *Herald Tribune*, 2.5.96.

claque

In: "He would not continue to sing, accusing me of having a **claque**." Rasponi, *The Last Prima Donnas*.

Po: "Mauricio tentava sempre se insinuar para conseguir entrada **claque**." Faria, *Reminiscências*.

clef [ver "à clef/roman à clef"]

cliché/clichéd/clichê

Es: "Campea estos días el líder de la Padania-**cliché** inventado a partir de esa rigurosamente hermosa, brumosa, interminable llanura del río Po...". *El País*, 2.7.96.

In: "Pushing the envelope has become **cliché** in television." *Newsweek*, 16.9.96.

In: "...looks like an encyclopedia of Irish **clichés**". *Newsweek*, 2.9.96.

In: "He successfully refutes conservative **clichés** about the poor." *The New York Times*, 29.9.96.

In: "Sandy Welsh's excellent script last night was sophisticated enough to tease us with **cliché**...". *The Times*, 8.5.96.

In: "The **cliché** has it that skycrapers exist to get maximum gain from minimum ground space, but...". *Herald Tribune*, 31.3.96.

In: "Forget the **cliché** of a sudden blossoming around 1870...". *Herald Tribune*, 23.6.96.

In: "The 2CV became as much a part of the **cliché** French countryside as strings of garlic...". *Herald Tribune*, 7.6.96.

In: "Equally, the stock market has its stampede **cliché**." *Financial Times*, 19.5.96.

In: "The **cliché** image is, like all **clichés**, partly true but only partly." *Herald Tribune*, 19.6.96.

In: "The plot is driven by the **clichéd** [sic] notion that cultures will clash." *Time*, 22.7.96.

In: "Tattered **cliché** like *reality-based, reality-check... alas*, refuse to die." *Time*, 29.7.96.

In: "Sincere passion is hard to distinguish from shallow **clichés**." *The Times*, 18.7.96.

It: "Michelle Pfeiffer... riuscite a liberarsi del **cliché** di bella per diventare un personaggio completo." *IoDonna*, abr. 1996.

Po: "Com seu incorrigível ar *blasé*, aceitava os aplausos esgrimindo **clichês** do tipo 'ora, bondade sua'." *Jornal do Brasil*, 7.3.99.

clientèle/Klientel/clientela

Al: "Denn ihre **Klientel** ist wie von Sinnen: 20 Event-Anbieter stillen derzeit in Deutschland die Lust am Adrenalinschub." *Der Spiegel*, 13.7.98.

Al: "Die **Klientel** des Daidolos...". *Focus*, 8.7.96.

In: "...prostitution moved to other neighbourhoods with a local **clientèle**." *Herald Tribune*, 27.8.96.
In: "The **clientèle**, which filled the cozy lobby bar...". *Herald Tribune*, 27.7.96.
In: "Women are not uncommon among the club's **clientèle**." *BusinessWeek*, 27.5.96.
In: "The venerable Hong Kong bank is revamping for a younger **clientèle**." *BusinessWeek*, 6.5.96.
In: "Private banks woo a vast new **clientèle**." *BusinessWeek*, 24.6.96.
In: "The company had extended beyond its core **clientèle** of American cable networks." *Herald Tribune*, 19.6.96.
In: "...yellowed signs... linger as warnings to a pre-urban renewal **clientèle**". *Time*, 7.4.97.
In: "A Besieged Industry Battles to Save **Clientèle**." *Herald Tribune*, 30.10.97.
In: "But they are closely watched because of their **clientèle**." *BusinessWeek*, 29.12.97.
In: "As part of his efforts to educate his **clientèle** about their pets...". *Discover*, dez. 1997.
In: "Willey was responsible for the cinnamon rolls early in the day... and waiting on the **clientèle**." *Time*, 30.3.98.
In: "De la Renta knows his **clientèle**..." *Time*, 24.3.97.
In: "His **clientèle**, he says, is very classy, and he receives them at his computer keyboard in a basement prettily decorated with fake flowers and seven cats." *Herald Tribune*, 7.6.98.
In: "Apple's new Powerbooks are designed for speed and performance — which suits core graphics **clientèle**." *BusinessWeek*, 13.7.98.
Po: "Dráuzio Varella deixa a **clientela** chique para tratar de presos com Aids." *Veja*, 12.6.96.
Ru: "[Le théâtre français, lui aussi, a sa] *clientèle* [attitrée...]." Ourussov, *Le Théâtre*, tradução do russo.

clique

In: "Both Moscow and London have turned vehemently against the Polish émigré **clique**, which is making exorbitant territorial demands." Goebbels, *Diaries*, 20.3.43.
In: "I suppose it won't be long before Pétain and his men will be sitting in the defendants' dock instead of the warmongers and the defeatist **clique**." Goebbels, *Diaries*, 21.2.42.
In: "The real traitor in the whole hostile **clique** in Italy is Badoglio."Goebbels, *Diaries*, 10.9.43.
In: "The forecast of Chamberlain was dismissed by the Churchill **clique** at the *Time* of the idle talk of a tired and senile man." Goebbels, *Diaries*, 12.3.45.
In: "A powerful German **clique** is said to have offered the Führer's head as surety." Goebbels, *Diaries*, 16.3.45.
In: "The Führer thinks that, despite 20 July, a certain **clique** of traitors is still active in the West." Goebbels, *Diaries*, 21.3.45.
In: "But the idea that a small **clique** of broadcasting professionals always knew what was best [...] was not one I could accept." Thatcher, *The Downing Street Years*.
In: "The machinations of an evil **clique** of warmongers." *Time*, 2.9.96.
In: "For a small **clique** of siliconaires... the question is: Why Bill Gates?" *Time*, 7.4.97.
In: "Indonesia. It's a confrontation that has pitted the U.S.Treasury and the IMF against an ailing dictator and his **clique**." *BusinessWeek*, 6.4.98.
In: "He appears to be hostage to a small yet powerful **clique** supported by radical mullahs." *Time*, 21.4.97.
In: "Boris Nementsov, Mr. Yeltsin's reform-minded deputy, has called for a crusade... and break the grip of the small **clique** of bankers and financiers on the Russian economy." *Herald Tribune*, 1.4.98.

Ru: "[Kraevski, le Prince Odoevski, etc.... constituent une] ***clique*** [particulière, qu'est-ce qu'ils mijotent, je l'ignore]." Turgueniev, carta a T. N. Granovskly, 16.12.1839, tradução do russo.

clochard

Po: "Aluisio estava vestido que nem um **clochard**...". Faria, *Reminiscências*.

cloisonné

In: "...a set of four **cloisonné** enamel figures of Old Testament prophets...". *Herald Tribune*, 6.4.97.

In: "The gold and **cloisonné** enamel reliquary may have been made in Constantinople." *Time*, 5.5.97.

In: "Jules Speelman of London spent several years bringing together three **cloisonné** enamel vessels of the 15th century." *Herald Tribune*, 29.3.98.

In: "Fashion. Delicate Chinese embroideries in **cloisonné** collors and a huge white dress, perforated as if by bird peckings." *Herald Tribune*, 21.7.98.

cocotte

Po: "O tema de *Madame Pommery*, de Hilário Tácito, é a **cocotte** francesa a que foi confiada a educação de notáveis paulistas." Carelli, *France-Brésil: Bilan pour une relance*.

cocu

Ru: "[... et Amphytrion s'est transformé en un vulgaire et ridicule] *cocu*". F. Zelin, *De la vie des idées*, tradução do russo.

cœur [ver: "à contre cœur"]

cognac/conhaque

In: "The restaurants with Michelin stars stock the **cognacs** with their unusual classification." *Financial Times*, 19.5.96.

In: "A new name to go with old **cognacs**". *Financial Times*, 19.5.96.

In: "Arnault perfume business is faltering, and **cognac** sales are slumping in Japan." *BusinessWeek*, 10.11.97.

Po: "Manda-me servir um **conhaque**, é de que preciso." Amado, *Farda, fardão, camisola de dormir*.

Po: "A obrigação da rapariga era pedir vermute ou **conhaque**." Amado, *Tereza Batista cansada de guerra*.

Po: "Depois do café, do **conhaque** e dos charutos...". Soares, *O xangô de Baker Street*.

Po: "Tudo regado a champanhe rosé, além do vinho do Porto e **conhaque**." *Veja*, 19.11.97.

Po: "Terça tem tiras de filé mignon com uvas-passas e **conhaque**." *Veja*, 3.6.98.

coiffure/coiffed

In: "A very English-looking girl, with her hair elaborately **coiffed**...". *Herald Tribune*, 23.3.96.

In: "...and the **coiffure** could be that of many periods." *Herald Tribune*, 27.4.97.

In: "A diadem of gold laurels... is poised on the small waved **coiffure**." *Herald Tribune*, 27.4.97.

In: "...is barely seen, and the **coiffure** could be that of many periods". *Herald Tribune*, 27.4.97.

colis postal/colis

Po: "Ele diz que não recebeu, mas eu enviei tudo por **colis**." Faria, *Reminiscências*.

Ru: "[A l'étranger, on m'a dit que la Russie introduit chez elle le] ***colis postal*** [à compter du 1er Juillet de cette année. Est-ce vrai?]" Tchekhov, carta a V. V. Bilibine, 14.5.1898, tradução do russo.

collage/Collagen

Al: "200 Zeichnungen, **Collagen** und Skulpturen, die seit 1958 entstanden...". *Madame*, mai. 1996.

Es: "También se abre hoy la exposición de **collages** del autor fallecido hace tres años...". *El País*, 2.7.96.
Es: "Por primera vez en España se presentan más de setenta fotografías, retratos de artistas, quince pinturas y '**collages**'." *Tiempo*, 20.7.98.
In: "...and settles into the armchair beneath the Kukoc **collage**". *The New York Times*, 9.9.96.
In: "Whatever the **collage** might say about the romantic sophistication of a 21-year-old woman." *The New York Times Magazine*, 9.9.96.
In: "A sprawling **collage** of newspaper headlines and magazine photographs." *The New York Times*, 9.9.96.
In: "...jumbled together in a panoramic Rauschenberg-like **collage**". *Herald Tribune*, 1.11.96.
In: "Jasper Johns... wax encaustic paint on newspaper **collage**." *BusinessWeek*, 11.11.96.
In: "Stationery and **collages** by Kurt Schwitters." *Herald Tribune*, 9.6.96.
In: "Art. But his main achievement was undoubtedly in the realm of **collage**, which he picked up where Schwitters and Joseph Cornell had taken it." *Time*, 3.11.97.
In: "Mio Morales's taped score, which has his familiar repetitions and **collage** of voices...". *The New York Times*, 5.12.97.
In: "Some of Gaul's **collages**, some of Peter Blake's compositions...". Dorfles, *Kitsch, the World of Bad Taste*.
In: "Jean Arp's '**Collage**', made of geometric paper cut-outs, will go on the block June 21." *Herald Tribune*, 24.5.98.
In: "Ted Kennedy by Larry Rivers, pensil and wood **collage**." *Time*, 29.11.71.
In: "David Byrne by David Byrne, photo **collage**." *Time*, 27.10.86.
In: "Deng Xiaoping Man of the Year by Robert Rauschenberg, photo **collage**." *Time*, 6.1.86.
It: "A quel disfacimento, Picasso cercherà di resistere incorporando frammenti di oggetti reali nei suoi *Collages*." *Corriere della Sera*, 9.8.98.
Po: "Em '**Collage**', Greenberg distingue dois modos de *trompe l'œil*." Ferreira e Mello, *Clement Greenberg e o debate crítico*.

col roulé/rulê

Po: "Ronnie teve que vestir às pressas a camisa de gola **rulê** do Erasmo Carlos, que tinha o dobro do seu tamanho." *Manchete*, 24.5.97.
Po: "Um gatuno comum não apareceria de **col roulé** e attaché-case." Faria, *Reminiscências*.

comédien(enne)/comedienne

In: "The **comedienne** to whom all laughs, any laughs, are welcome." *Sunday Times*, 14.7.96.
In: "When you are a Television **comedienne** venturing into live theatre... ". *Sunday Times*, 14.7.96.
In: "...the perennially pantsuited **comedienne** sidestepped the gay question". *Newsweek*, 7.10.96.
Po: "...confidenciou a ***comédienne***, em voz baixa...". Soares, *O xangô de Baker Street*.

comité/comitê

Po: "O **comitê** de Hollywood que arrecadava dinheiro para os democratas americanos fechou as portas." *Veja*, 23.4.97.

comme il faut

It: Passi il finnico: almeno il *Friúli*, però, pronunciamolo ***comme il faut***." *Il Giornale*, 18.9.98.
Po: "O filme... estreou no Brasil *comme il faut*. Levou ao cinema 60 mil espectadores." *O Globo*, 25.2.97.

Po: "Luciana Gomes... exibe um figurino ***comme il faut*** para o Carnaval." *Jornal do Brasil*, 25.1.97.

Po: "Ela está ensinando a Lavínia a atender os clientes **comme il faut**." *Anjo de mim* (telenovela), TV Globo, 4.2.97.

Po: "O charme, a classe... estavam representados **comme il faut**...". Amado, *Tenda dos milagres*.

Po: "Sarney se preparou para a festa ***comme il faut***: pintou os bigodes de negro como a asa da graúna – um espanto." *Jornal do Brasil*, 12.11.97.

Po: "Kiki foi buscar uma garrafa — de champagne, claro — para que a dança da garrafa fosse ***comme il faut***, e foi." *Jornal do Brasil*, 26.7.97.

Po: "A Casa Alberto... filial no prédio do Jockey da cidade — a gentleman — ***comme il faut***." *O Globo*, 26.7.97.

Ru: "[Yegor conducted himself quite] ***comme il faut***, [modestly and with dignity...]". Sibiriak, *Sisters*, tradução do russo.

Ru: "[La littérature satirique... dénonce les seigneurs incultes, mais ne voit pas de monde] ***comme il faut***...". Grigoriev, *Vues sur la littérature russe depuis la mort de Pouchkine*, tradução do russo.

Ru: "[Griboedov... ne les condamne pas au nom d'un idéal de conditions] ***comme il faut***...". Grigoriev, *Vues sur la littérature russe depuis la mort de Pouchkine*, tradução do russo.

comme il ne faut pas

Ru: "[Ma subdivision préférée... portait sur les gens] *comme il faut* [et les] ***comme il ne faut pas***." L. Tolstoi, *Jeunesse*, tradução do russo.

Ru: "[Passer une soirée avec madame Pauline, c'était le paroxysme du] ***comme il ne faut pas***...". Leskov, *Le Paon*, tradução do russo.

comme il n'en faut jamais

Ru: "[Si lui aussi est passé par le lit de Prokrousta, alors d'une part il marche] *comme il faut*, [d'autre part il pense] ***comme il n'en faut jamais***." Herzen, carta a V. V. e T. P. Passek, 4.11.1839, tradução do russo.

communiqué

In: "We have issued a special **communiqué** to the effect that German submarines have succeeded in sinking 125,000 tons of enemy shipping off the American Atlantic coast." Goebbels, *Diaries*, 25.1.42.

In: "The Führer gave them a warm encouraging speech which we are publishing in a press **communiqué**." Goebbels, *Diaries*, 19.3.45.

In: "Pétain has issued a few tear-jerking, sentimental **communiqués**, but they show that he is a thoroughly worn-out old man who knows as much about politics as a cow knows about the Spanish language." Goebbels, *Diaries*, 5.3.42.

In: "The English have issued pompous **communiqués** about their air raids and the damage caused. Their claims on the whole are accurate." Goebbels, *Diaries* 10.4.43.

In: "No matter how many **communiqués** China and Russia sign...". Henry Kissinger, em *Herald Tribune*, 13.5.96.

In: "No agreed **communiqué** was issued." Thatcher, *The Downing Street Years*.

In: "Three Sino-American **communiqués**." *Time*, 8.7.96.

In: "Mr. Erbakan signed a **communiqué** by the military-dominated Council...". *Herald Tribune*, 29.4.97.

In: "...to make sure employees get the latest announcements and corporate **communiqués**". *BusinessWeek*, 24.2.97.

In: "But the Prefecture of Police had already issued a press **communiqué** announcing the show's cancellation." *Herald Tribune*, 13.3.98.
Ru: "[...un autre article ne faisant pas office de] ***communiqué***, [mais qui exprime néanmoins l'opinion de la rédaction]." Aksakov, *Essais*, tradução do russo.
Ru: "[Il a été décidé de taper, dans les langues russe et française, un] ***communiqué*** [dans lequel il sera précisé qu'aucun changement n'est à prévoir...]." Mestcherski, *Mes souvenirs*, tradução do russo.

complet [ver: "au grand complet"]

complot/complotto/Komplott/complô

Al: "Ein Ex-Agent schildert den Litteraturkritiker... als Mitwisser eines Mord**komplotts**." *Focus*, 8.7.96.
Al: "Anhänger der rechtsradikalen Tätorthese waren sprachlos und entsetzt, oder sie spekulierten öffentlich über ein **Komplott** der Ermittler." *Der Spiegel*, 13.7.98.
Al: "...war in das **Komplott** eingewheit...". *Focus*, 8.7.96.
It: "É un **complotto**, mi ribello!". *La Stampa*, 7.4.96.
It: "Quale **complotto**? E che c'entra De Genaro?" *La Repubblica*, 7.4.96.
It: Khamenei ha infine accusato gli Stati Uniti di aver 'ordito un **complotto**' per accapararsi le ingenti riserve di greggio del Caucaso." *La Repubblica*, 15.9.98.
Po: "A hipótese de que P. C. Farias tenha morrido como vítima de um **complô**." *Veja*, 7.8.96.
Po: "P. C. Farias. Peritos descartam a hipótese de **complô**." *Veja*, 14.8.96.
Po: "— Protesto! Protesto! Fui traído, é um **complô** contra mim, estão me roubando." Amado, *Tereza Batista cansada de guerra*.
Po: "O. J. Simpson: o argumento do **complô** racista surtiu efeito." *Veja*, 12.2.97.
Po: "Futebol. Edmundo deve achar que há mesmo um **complô** contra ele." *Jornal do Brasil*, 9.11.97.

compromis/compromise/Kompromiss

Al: "Inzwischen hat...und... einen **Kompromiss** ausgearbeitet...". *Focus*, 8.7.96.
In: "Her success did not come without some **compromises**." *Time* 22.7.96.
In: "A **compromise** was struck to make the marketing campaign less splashy." *BusinessWeek*, 15.7.96.
In: "When there is so much at stake, you must strike a **compromise**." *Herald Tribune*, 1.7.96.
In: "NATO. Last week's **compromise** was reached only after more than two years of debate." *Time*, 17.6.96.
In: "But most experts are expecting some sort of **compromise**." *BusinessWeek*, 24.6.96.

concierge

In: "The hotel operator and floor **concierge** both identified him." *Herald Tribune*, 1.7.96.
In: "The **concierge** spoke English reasonably well." *Herald Tribune*, 27.7.96.
In: "They may even have a '**concierge**' to keep reservations straight." *BusinessWeek*, 6.5.96.
In: "Meet the **Concierge** of the Future." *Herald Tribune*, 28.3.97.
In: "My second surprise... a refreshing number of women **concierges**...". *Herald Tribune*, 28.3.97.
In: "The best hotels have platoons of obliging clerks and charming **concierges**." *Herald Tribune*, 7.4.98.
In: "Of all the women of Paris, the most impressive is what we call the **concierge**. In every building of Paris, there is a **concierge**, to serve as a human watchdog. Whoever you are, she knows about you." Ted Mills e Stephen White, NBC-TV, 6.3.57.

Po: "Inojozas, o eficiente **concierge**, figura imprescindível...". Soares, *O xangô de Baker Street*.

Po: "A Sun tem serviço de ***concierge*** para os funcionários planejarem férias." *Veja*, 21.5.97.

Po: "Não tendo encontrado a ***concierge***, foi tocando a campainha de vários apartamentos." Macedo Soares, *As sentinelas de Deus*.

Ru: "[En France, ces escaliers avec les inévitables] ***concierges*** [de sexe masculin ou féminin et leur espionnage permanent sont particulièrement désagréables]". Mikhail, *Annotations de Londres*, tradução do russo.

Ru: "[... je me renseigne tous les jours auprès de la] ***concierge***, [parce que ces derniers jours la santé n'était pas au mieux]". Ogareva, carta a A. Herzen, 14.3.1875, tradução do russo.

concours/hors concours

Po: "...quem escrevia melhor entre todos era o Nelson, um fora de série, um ***hors concours***". Martins, *Valeu a pena*.

Po: "Luma de Oliveira devia ser ***hors concours***." *O Globo*, 27.1.97.

Po: "A pianista Alicia de Larrocha, **hors concours** na interpretação dos clássicos espanhóis, toca nesta segunda no Municipal." *Veja*, 15.7.98.

Ru: "[D'abord, les gentilshommes ont penché vers elle... mais voyant qu'elle est] ***hors concours***, [ils l'ont juste contemplée]". Lugovoi, *Les Facettes de la vie*, tradução do russo.

Ru: "[...si seulement le comte Tolstoï n'avait pas été déclaré] ***hors concours***, [il aurait reçu un prix ...]". Stassiulevitch, *Partage noir*, tradução do russo.

condoléance/condolence

In: "Years later, in his **condolence** letter to Jackie after the assassination, Nixon...". *Time*, 17.6.96.

confident/confidant

In: "Some of Erskine Bowles' **confidants** say he believes running for governor would be a way to complete unfinished family business." *Herald Tribune*, 14.8.98.

In: "Senator Bennett, one of the Kansan's **confidants**, dubs this conversation... *BusinessWeek*,10.6.96.

In: "Kulikov, a longtime Yeltsin **confidant**." *U.S. News*, 26.8.96.

In: "Massoud Barzani sent his closest **confidant** to Washington." *The New York Times*, 5.9.96.

In: "A former body-guard who became President Boris Yeltsin's **confident**." *Herald Tribune*, 13.10.96.

In: "Most of Yeltsin's **confidants** believed the President would be reelected." *Time*, 15.7.96.

In: "Korzhakov... remains one of Yeltsin's closest **confidants**." *Time*, 5.8.96.

In: "For Hendry, close **confidant** of GM Chairman." *BusinessWeek*, 2.9.96.

In: "...an Israeli Arab... and his alleged Egyptian **confidant**, Emad Abdel...". *Herald Tribune*, 19.5.97.

In: "The immediate reaction in the Russian press was less amazement that a **confidant** of the President had been arrested than...". *Time*, 2.6.97.

In: "President Clinton's secretary asked Vernon Jordan, the presidential **confidant**, to help Monica Lewinski find a job." *Herald Tribune*, 20.2.98.

In: "Clinton. After gathering documents, E-mail and the testimony from Lewinsky's **confidantes**, Starr and his deputies may have gathered sufficient evidence...". *Time*, 6.4.98.

In: "Steve Ballmer, the CEO of Microsoft and his [Bill Gates's] longtime cheerleader, **confidant** and *consigliere*." *Newsweek*, 3.8.98.

confit

Po: "Ele queria sempre levar a gente para provar o seu **confit** de canard." Lins, *Almanaque*

Po: "Entrada: **confit** de galinha de leite e foie-gras com alcachofras al dente." *IstoÉ*, 12.11.97.

confluence

In: "A similar **confluence** of events could seriously boost inflation." *BusinessWeek*, 27.5.96.

connaisseur/connoisseur/connoisseurship

In: "For the **connoisseur** I reproduce the menu for dinner on 25 JuNe: *Assortment de foie gras d'oie*." Thatcher, *The Downing Street Years*.

In: "...it is not intended as an art historian's or a **connoisseurship** show, rather a binding together of the human endeavor of art". *Herald Tribune*, 19.4.96.

In: "While inexpensive Impressionists, or Fauves, or Cubists, do not have much to recommend them to the attention of **connoisseurs**...". *Herald Tribune*, 7.7.96.

In: "China **Connoisseurs** Begin To Affect Western Sales." *Herald Tribune*, 27.10.96.

In: "No pouting baladeer or wide-eyed *ingénue*, she is a **connoisseur** who delivers precise, uncluttered readings." *The Times*, 17.7.96.

In: "KGB....The Russians would have the reader believe they were **connoisseurs** of fine wines and lovely women." *Herald Tribune*, 30.7.96.

In: "**Connoisseurs** say the best places to go bust are Texas and Florida." *Time*, 8.7.96.

In: "A **connoisseur** is one who not only loves the arts but also is a competent critic." Funk, *Word Origins*.

In: "It was a collection remarkably bereft of rarities," the **connoisseur** dealer Simon Spero unflatteringly observed." *Herald Tribune*, 15.3.98.

In: "Medicine. Already, a kind of Viagra **connoisseurship** is beginning to take hold." *Time*, 4.5.98.

In: "Art market. But it is embedded in the history of American **connoisseurship**." *Herald Tribune*, 1.6.97.

In: "French multimillionnaire François Pinault, **connoisseur** of modern art and friend of President Jacques Chirac — seems certain to pay $1.1 billion for Christie's International." *Time*, 1.6.98.

In: "It was an effusion of fondness and respect for a fine song finely sung, for vocal **connoisseurship**, for the ability to mine the meaning of a lyric." *Time*, 8.6.98.

console

In: "Millions of children clutching Sony Corp. PlayStations and Nintendo 64 **consoles** now know more about simulated worlds than most of their parents." *BusinessWeek*, 23.6.97.

In: "A pair of splendid George II giltwood **consoles**, circa 1740." *The New York Times*, 9.1.98.

Po: "Os **consoles** de videogame sempre estiveram à frente dos computadores." *Veja*, 4.9.96.

Po: "A Tec Toy, que vende os **consoles** da Sega por absurdos 750 reais." *Veja*, 4.9.96.

consommé

Po: "Cada refeição era composta de sopa ou ***consommé***, hors d'œuvre, peixe, seguido de carne." Macedo Soares, *As sentinelas de Deus*.

consultant

In: "Richard Finkelstein, president of **consultant** Performance Computing Inc." *BusinessWeek*, 27.5.96.

In: "M. Kasper, an aviation **consultant** and member of a presidential commission." *Herald Tribune*, 3.6.96.

conteur

Po: "Viriato Correia. Não é a primeira vez que o nosso '**conteur**' aplica o seu fecundo engenho a essa tarefa." Ribeiro, *Crítica*.

contour

In: "Election Sets **Contours** for Presidential Race in 2000." *Herald Tribune*, 6.11.98.

In: "The company took pains to give the City tha fashionable square **contours** of its fanciest cars." *Herald Tribune*, 7.6.96.

In: "After Coca-Cola Co. recreated a plastic version of its famous **contour** bottle in 1994, sales grew by double digits." *BusinessWeek*, 23.3.98.

contrecœur [ver: "à contrecœur"]

contretemps

In: "Such a minor **contretemps** might have been laughed off and soon forgotten, except for the context." *Time*, 4.8.97.

In: "Around the time of the museum **contretemps**, another incident erupted...". *Time*, 8.12.97.

In: "Callas did have a **contretemps** with Mario del Monaco at a Saturday afternoon performance of Norma." Rasponi, *The Last Prima Donnas*.

In: "These are the fundamental issues in Microsoft's current **contretemps** with the Justice Department." *BusinessWeek*, 19.1.98.

contumace/par contumace

Ru: "[Il était jugeable et jugé] ***par contumace***...". Herzen, *Passé et méditations*, tradução do russo.

coq au vin

In: "I thought I might try this **coq au vin** dish from my new cook-book tonight." *Daily Mail*,13.5.96.

coquette/coquettish/coquettishly/coquete

In: "Woody Allen disease: a **coquettish** tendency to place oneself in optimum paparazzi zones and then act surprised...". *Time*, 7.10.96.

In: "**Coquettishly**, she declines to say where the fragment turned up and who had it." *The Times*, 15.8.98.

Po: "...observavam as jovens **coquetes** ataviadas com os mais recentes figurinos...". Soares, *O xangô de Baker Street*.

Ru: "[Le mot] ***coquette*** [est déjà rodé, tandis que 'prude' n'a pas été traduit et n'est pas encore utilisé dans la langue russe. Ce mot désigne une femme excessivement chatouilleuse dans ses notions de l'honneur féminin: une 'sainte nitouche.']". Puchkin, fragmentos de cartas, tradução do russo.

Ru: "[De la jeune première à la dernière figurante, de l'ingénue ou de la] ***coquette*** [à la troisième vieille comique...]". Sumbatov, *Etudiant nº 38 de la galerie du petit théâtre*, tradução do russo.

Ru: "[Beaumarchais a élargi les limites de l'emploi féminin... les] ***coquettes*** [et les ingénues sont devenues à leur tour rien de plus qu'un prétexte à l'étude des caractères, des idées, de la morale...]". Kugel, *L'Affirmation du théâtre*, tradução do russo.

coquille d'œuf

In: "Cigarette boxes with ***coquille d'œuf*** *ornament* were ranged in the cabinets of the discerning alongside Fabergé caskets and Art Nouveau châtelaines." Hiller, *Art Déco of the 20s and 30s*.

cor anglais

In: "...**cor anglais** chanting in a Monastery". *The Times*,13.5.96.

In: "The musician who plays **cor anglais** is called *hauteboïste* in France." Foster, *Irony, a Guide*.

corbeille

Po: "E se amanhã o campanário da igreja se transformar numa **corbeille** de antúrios, daremos a impressão de ter previsto esse embelezamento há muito tempo." Druon, *O menino do dedo verde*.

Po: "Aluísio devia ter mandado pelo menos uma **corbeille**." Faria, *Reminiscências*.

cordon bleu

In: "And where better to learn the trade than at the **Cordon Bleu**, Julia Child's alma mater and the setting for Audrey Hepburn's cooking classes in the 1954 classic, *Sabrina*." *BusinessWeek*, 16.3.98.

Po: "Lygia fez dois cursos de **cordon bleu**", Lins, *Almanaque*.

Po: "Grande cozinheiro, verdadeiro ***cordon-bleu***, como meu avô." Macedo Soares, *As sentinelas de Deus*.

cordon sanitaire

In: "Russia was severed from Europe by a revolutionary drama and by the so-called ***cordon sanitaire*** of small Eastern European states standing in the way of direct Russian assistance to France." Kissinger, *Diplomacy*.

In: "In making his bid for influence in Egypt, Krushchev had in effect 'leapfrogged' the ***cordon sanitaire*** which the United States had constructed around the Soviet Union." Kissinger, *Diplomacy*.

corps

In: "America... is supported and defended by its diplomatic **corps**...". *Herald Tribune*, 23.6.96.

In: "A **corps** of financiers and top managers grew rich under Yeltsin's first administration." *BusinessWeek*, 8.7.96.

In: "Yeltsin, after reviewing the college's **corps** of cadets." *Time*, 27.5.96.

corps d'élite/corps of elite

In: "White House aides: '**corps of elite** who never did anything real, never sacrificed, never Suffered'." *Newsweek*, 30.9.96.

Ru: "[Les bourreaux reniés, ... en somme tout le rebut des armées de l'Europe entière formaient le noyau de ce] ***corps d'élite***, [qui portait légitimement le nom de refugium peccatorum]." Marx, *Réorganisation du département militaire anglais*, tradução do russo.

corps diplomatique

Ru: "[Le comte O'Sullivan de Grasse, ... chef du] ***corps diplomatique***." Marx, *Délibérations de Vienne*, tradução do russo.

costume [no sentido de vestimenta]

In: "You can tell by the **costumes** and the endless care taken to exclude television aerials from the skyline...". *Financial Times*, 19.5.96.

In: "...they wear heavy boots, their **costumes** are russet and ochre". *Sunday Times*, 14.7.96.

In: "Rembrandtian burghers in their orthodox Calvinist **costumes**." *Sunday Times*, 14.7.96.

coterie

In: "If Mr. Kasagic is removed, and the **coterie** of ultra-nationalist hard liners is restored to power ...". *Herald Tribune*, 16.5.96.

In: "He was trying to corner the market with the help of a **coterie** of brokers." *BusinessWeek*, 1.7.96.

In: "While Hong Kong's tiny **coterie** of democratic politicians spurred on by Patten ...". *The Times*, 10.5.96.

In: "Doubts about the painting's authenticity had begun to circulate within an international **coterie** of researchers." *Time*, 16.12.96.

In: "A **coterie** of well-connected executives is exerting increasing influence in Russia." *BusinessWeek*, 10.2.97.

In: "Versace... his mother Francesca helped support the family as a dressmaker for the city's small **coterie** of well-to-do women." *Time*, 28.7.97.

In: "Anatoli Chubais: his **coterie** of aides was fired, and he was under a barrage of attacks." *Herald Tribune*, 9.3.98.

Po: "Os novos podem esperar... em vez de entrarem agora por simpatias pessoais ou por serem de alguma **coterie**." Joaquim Nabuco a Machado de Assis, 8.10.1904.

Ru: "[Les élections du Zemstvo sont une bonne méthode pour rassembler des sous au sein de la] *coterie* [de district...]". L. Tolstoi, *Anna Karénine*, tradução do russo.

coulis

Po: "Salada de lentilhas e *coulis* de jabuticaba." *Jornal do Brasil*, 8.11.97.

coup/Coup

Al: "Mit einen **Coup** liess sich Lafontaine anstelle von Scharping zum SPD-Chef wahlen." *Focus*, 8.7.96.

Al: "Metalindustrie. Der Arbeitgeber-**Coup**." *Der Spiegel*, 14.9.98.

In: "It was a major **coup**... to become one of the first women photographers to enter China." *Herald Tribune*, 16.6.96.

In: "Microsoft. March brought a major **coup**." *BusinessWeek*, 15.7.96.

In: "Couture **Coup**!" *Sunday Times*, 14.7.96.

In: "But Yeltsin paid a psichic price for that **coup**." *Newsweek*, 15.7.96.

In: "Bangla Desh... plagued by war, violent **coups** and dictatorships." *The New York Times*, 24.7.96.

In: "The **coup** participants were required to apply for certificates...". *Time*, 26.8.96.

In: "Microsoft. March brought a major **coup**." *Time*, 15.7.96.

In: "But Yeltsin paid a psychic price for that **coup**." *Newsweek*, 15.7.96.

In: "One of the greatest U.S counterintelligence **coup** of the past-half century." *Herald Tribune*, 22.10.96.

In: "Clinton's Biggest **Coup**: a second chance." *Herald Tribune*, 1.11.96.

In: "An East German Publishing **Coup**...". *Herald Tribune*, 7. 10.96.

In: "Papandreou delayed only by a military **coup** that imprisoned, then exiled him." *Time*, 1.7.96.

In: "Starr's major **coup** last week was...". *Time*, 1.7.96.

In: "But the communists diz seize power, in a **coup** in 1948." *The New York Times*, 22.9.96.

In: "Russia... including the failed 1991 **coup** attempt." *The New York Times*, 24.9.96.

In: "Carter advocated a military **coup** to prevent the ayatollahs...". *The New York Times*, 22.9.96.

In: "Turmoil in Saigon might result in a Buddhist-neutralist **coup**." *The New York Times*, 22.9.96.

In: "Iraq... **coups** can't be arranged by having CIA agents play games with Iraqi exiles and Kurdish rebels." *Newsweek*, 16.9.96.

coup d'état

In: "Rasputin's murder came first, then Nicholas abdication, then the overthrow of a provisional government... and finally the Bolshevik **coup d'état**." *Newsweek*, 20.7.98.

In: "Members of the Party [Fascist, Italy] are to be investigated as to their attitude during the *coup d'état*, and those who were cowardly and unfaithful will be punished severely." Goebbels, *Diaries*, 16 .9.43.

In: "The brutality of the Czech coup reawakened fears that the Soviets might sponsor other similar takeovers — for example, by fostering a communist *coup d'état*...". Kissinger, *Diplomacy*.

In: "...peace talks between Mr. Lebed and Chechen rebel forces were a **'coup d'état'** against his government". *Herald Tribune*, 28.8.96.

In: "'There cannot even be talked of an attempted **coup d'état'**, General Lebed said." *Herald Tribune*, 17.10.96.

In: "In 1948, after pro-Moscow Communists staged a **coup d'état**...". *Herald Tribune*, 8.12.96.

In: "But it wasn't a renewed outbreak of fighting or the quelling of a *coup d'état*." *BusinessWeek*, 3.6.96.

In: "Japan willingness to grant asylum to members of the progressive Korean faction who had fled after the 1884 *coup d'état* also led to angry exchanges." Warner, *The Tide at Sunrise*.

Ru: "[L'affaire de Pierre le Grand était... ce qui a récemment pris le nom de] *coup d'état*." Turgueniev, *Souvenirs à propos de Biélinski*, tradução do russo.

Ru: "[... ne la préserve pas toujours de divers] *coups d'état*...". Aksakov, *Essais*, tradução do russo.

coup de foudre

In: "What could be more entrancing than Sophie's phrase in the scène of the *coup de foudre*, when she falls in love with Octavian?" Rasponi, *The Last Prima Donnas*.

Po: "Demi Moore e Sarah Ferguson protagonizam o mais intrigante *coup de foudre* do momento." *O Globo*, 20.1.96.

Ru: "[C'est un] *coup de foudre* [pour notre censure. Vous pouvez vous imaginer leur effroi...]". Aksakov em suas cartas, tradução do russo.

Ru: "[Il fallait vous raconter comme il se sont aimés à la première rencontre, au premier regard, encore à Rostov... Un] *coup de foudre*!...". Mikulitch, *Mimotchka*, tradução do russo.

coup de grâce

In: "He was found with two bullets in his chest and a shattering *coup de grâce* to the skull." *BusinessWeek*, 11.11.96.

In: "The final **coup de grâce** is the formation of a fresh blood clot on the plaque at the site of the narrowing... and causes the heart attack." Rosenfeld, *Doctor, What Should I Eat?*

In: "There was no *coup de grâce*. Oku's infantry had run out of steam." Warner, *The Tide at Sunrise*.

In: "For some *Time* the Japanese shadowed them, lacking sufficient strength to move in for the *coup de grâce*." Warner, *The Tide at Sunrise*.

In: "But Oyama's *coup de grâce* remained undelivered." Warner, *The Tide at Sunrise*.

Ru: "[Pavlov a non seulement porté un] *coup de grâce* [à Ogareva, mais a aussi très grièvement blessé Elgounov]." Herzen, carta a M. K. Reichel, 17.4.1856, tradução do russo.

Ru: "[César prépare actuellement un] *coup de grâce* [au conservatoire...]". Mussorgsky, carta a M. A. Balakirev, 26.1.1867, tradução do russo.

Ru: "[Mettre l'affaire en marche dépendait entièrement de moi, mais un] *coup de grâce* [du principal responsable de l'action était nécessaire]". Herzen, *Passé et méditations*, tradução do russo.

Ru: "[Ma 'confession du condamné' n'entraînera pas une réhabilitation, mais un] ***coup de grâce.***" Makarov, *Histoire de création des dictionnaires*, tradução do russo.

Ru: "[... c'est moi qui ai dû porter à cette doctrine le coup final: le] ***coup de grâce.***" Soloviev, carta a A. N. Aksakov, 1886, tradução do russo.

Ru: "[Vyzemskaia était trop nerveuse pour trouver tout de suite la bonne expression — c'est si peu indulgent, c'est un] ***coup de grâce,*** [Mme. la Comtesse]". Maritch, *Aurore boréale*, tradução do russo.

Ru: "[C'était une vraie aventure, un] ***coup de grâce*** [à ma réputation, comme disent les Français, dans le domaine du personnage social...]" Morozov, *Récits de ma vie*, tradução do russo.

coup de main

In: "It appears more like a line of march than a body intended for a ***coup de main,*** as there are with it bullocks and baggage of different kinds." Duque de Wellington, *Dispatches*.

coup de théâtre

In: "Martha Graham... a horrific solo in which the hate-crazed Medea gobbles her own entrails – perhaps Graham's most sensational **coup de théatre** and one recalled with nightmarish clarity by all who saw her bring it off." *Time*, 8.6.98.

In: "As the final **coup de théâtre,** the massed yellow-and-green banners of Brazil and France's blue, white and red were challenged by a display of placards bearing YSL's shocking pink and orange house colors." *Herald Tribune*, 14.7.98.

coupé/coupe/cupê

In: "The electric **coupe** is intended as a commuter car." *U.S. News*, 30.9.96.

It:" Rover 825 V6, Berlina e **Coupé**. Rover per excellenza." *La Repubblica*, 5.4.96.

Po: "...por que é que, pelo menos, não alugaram um **cupê** para andar em volta do parque...". Soares, *O xangô de Baker Street*.

couplet

In: "Goethe. The writer sealed his masterpiece 'Faust' with the final **couplet,** 'the Eternal Feminine draws us on', which seemed to extol the opposite sex as the focus of man's noblest creative energies." *Herald Tribune*, 17.9.97.

coup manqué

In: "Shoot dead, or don't aim at all; but never make a **coup manqué**." Ouida, *Under Two Flags*.

coup monté

Ru: "[S'il lui [Garibaldi] était arrivé quelque chose, un ami commun nous en aurait fait part. Aussi était-il facile de se douter que quelque chose se tramait, un] ***coup monté.***" Herzen, *Passé et méditations*, tradução do russo.

coupon/zero coupon

In: "The tickets are... in the shape of small books of **coupons**." *Cooke's Excursionist*.

In: "Mainly, people trade in their fish for **coupons** for more fishing *Time*." *Herald Tribune*, 19.6.96.

In: "For your free management pack, simply fill in the **coupon** below or phone." *Daily Mail*, 13.5.96.

In: "Their biggest racket is grocery **coupon** fraud." *U.S. News*, 25.9.96.

In: "Privatization via **coupons** in 1991, trumpeted as a way for all citizens to reap the benefits of capitalism, handed cheap shares to passive investment funds." *BusinessWeek,* 16.6.97.

In: "If the 10-year Treasury rallies 25 basis points... then we could see prepayment rates at a faster clip than 50% in the higher-**coupon** mortgages." *BusinessWeek,* 15.6.98.

In: "The PCs sold before June 25 will have Windows 95, but they will come with a **coupon** for Windows 98." *BusinessWeek,* 15.6.98.

It: Anche per il **coupon** stripping il Fisco adotta l'equalizzatore." *Il Sole 24 Ore,* 7.8.98.

It: "Posto che ciascun titolo derivante dallo stripping assume la qualifica di titolo **zero coupon**, al comma 1 del decreto si stabilisce che il prezzo di emissione è pari al prezzo di acquisto del titolo." *Il Sole 24 Ore,* 7.8.98.

Po: "O Contrato Futuro de *Coupon* Cambial é um desses 'novos' produtos desenhados para atender quem toma a situação externa como balisa." Spinola, *O futuro do futuro.*

courant/au courant

In: "In that decade, **au courant** British hairdressers coined the word 'shampoo', from the Hindu *champo,* meaning 'to massage' or 'to knead'." Panati, *Extraordinary Origins of Everyday Things.*

In: "It appears that clouds are particularly ***au courant*** in the bed world." *Daily Telegraph,* 14.8.98.

couture/Couture/haute couture/haute-couture

Al: "Von Trash zu **Couture**: die Berliner Techno-Designer M.Wuttke...". *Focus,* 8.7.96.

In: "**Couture** Coup." *Sunday Times,* 14.7.96.

In: "Ungaro's **couture** footwear was in step with Ferragamo." *Herald Tribune,* 9.7.96.

In: "Luxury is back in the **couture** shows." *Herald Tribune,* 9.7.96.

In: "At Nina Ricci... examples of **couture** excellence...". *Herald Tribune,* 9.7.96.

In: "Claude Montana has already been bloodied by **couture** at Lanvin." *Herald Tribune,* 9.7.96.

In: "The problem has come from downsizing at **couture** atelier." *Herald Tribune,* 9.7.96.

In: "Henry Clarke, Lens of **Couture**...". *Herald Tribune,* 30.4.96.

In: "John Galliano... who took over the Paris **couture** house from Hubert de Givenchy." *Herald Tribune,*16.5.96.

In: "Givenchy. In his retirement from the **couture** house, he has concentrated...". *Herald Tribune,* 25.6.96.

In: "Yamamoto Steals **Couture** Crown." *Herald Tribune,* 14.10.96.

In: "Margiela has been obsessed with the technique of **couture**." *Herald Tribune,* 29.4.97.

In: "**Couture** season in Paris: that bizarre *Time* of year when the world's most beautiful women parade around in the world's... most expensive and unusual clothes." *Time,* 21.7.97.

In: "And where is Cardin in this **haute couture** week?" *Herald Tribune,* 9.7.96.

In: "**Haute couture** for the Fall...". *Herald Tribune,* abr. 1996.

In: "High fashion and good value go together like **haute couture** and cow-boy boots." *Herald Tribune,* 17.5.96.

In: "Reports of the death of **haute couture** were premature." *Time,* 24.3.97.

In: "Focus Europe. '**Haute Culture**'. Lasry, founder of EMME, is taking on Microsoft's Gates." *BusinessWeek,* 6.5.96.

In: "The invasion of foreign designers in **haute couture**." *Herald Tribune,* 8.10.96.

In: "The artistry of the great Parisian houses of **haute couture**...". *Time,* inverno de 1996.

In: "Literary culture, along with fashion's **haute couture** was about all that France... could now offer." *Time,* inverno de 1996.

In: "... from classic **haute couture** to funkier prêt-à-porter...". *BusinessWeek*, 17.2.97.
In: "Galliano's first **haute couture** collection for Dior, and *le tout* fashion has flocked to Paris...". *Time*, 24.3.97.
In: "To be sure, **haute couture** is not yet Australia's thing." *Time*, 7.10.96.
In: "During **haute couture** week alone,the Chanel atelier took orders for 13 elaborately...". *Time*, 24.3.97.
In: "**Haute couture** is also a form of artistic expression", Miss Greco said." *Herald Tribune*, 24.4.97.
In: "At the Spring 1998 **haute couture** show, luxury and phantasy." *Time*, 2.2.98.
In: "Luther emphasized the joy seen in the **haute couture** presentations and in the collections from young designers." *Herald Tribune*, 13.3.98.
In: "Ungaro has to keep his ready-to-wear coherent with his **haute-couture** line." *Herald Tribune*, 16.3.98.
Ne: "...voor modellen in recente **haute couture** collecties". Ella Koopman, Haia.
Po: "...esguia, magricela, modelo em desfiles de **haute-couture**...". Amado, *Tieta do agreste*.

couturier

In: "Leighton... his interests were those of a stage designer's or a **couturier's**...". *Herald Tribune*, 23.3.96.
In: "The retired **couturier** Hubert Givanchy is devoting his retirement...". *Herald Tribune*, 31.5.96.
In: "With leaf-patterned tablecloths being run up by his **couturier** friend Philippe Venet." *Herald Tribune*, 25.6.96.
In: "Yves Saint Laurent is venturing where no **couturier** has dared before." *Herald Tribune*, 10.7.96.
In: "Typical Paris **couturier** fashion has remained extreme, expensive...". *BusinessWeek*, 17.2.97.
In: "The intent of most **couturiers** was easy to spot...". *Time*, 24.3.97.
In: "The house of Saint Laurent announced it was taking on a new designer to lift the burden of the ready-to-wear shows from the **couturier**'s fragile shoulders." *Herald Tribune*, 9.6.98.
Ne: "...contact met belangrijke Parijse **couturiers** waarvan zij vermoedde...". Haags Gemeentemuseum, Holanda.
Ne: "De kunstschilder-**couturier** Louis Féraud heeft door...". Haags Gemeentemuseum, Holanda.

couvert

Po: "Composto de **couvert**, entrada, prato e sobremesa, o menu custa R$26." *O Globo*, 30.5.97.
Po: "Mexilhão, o endereço do mar. Paella mais **couvert** por R$27,80 por pessoa." *Veja*, 29.10.97.

crachat/crachá

Po: "Mas o fardamento de gala e os **crachás** destoam em meio à livraria." Amado, *Farda, fardão, camisola de dormir*.

crayon

In: "A drawing in colored **crayons**...". *Herald Tribune*, 19.5.96.
In: "What do we have to do to get some more **crayons** over here?" *The New Yorker*, 20.1.97.
Po: "Egon Schiele... um *crayon* que foi terminado quatro dias antes da morte do próprio artista." *Manchete*, 22.11.97.
Po: "Na parede da entrada, um belíssimo desenho de **crayon** chama a atenção." *Manchete*, 24.5.97.

crèche/creche

In: "...like nothing more than a giant **crèche**". *The Times*, 16.7.96.

Po: "**Creches** do futuro. Com horários maleáveis, as brinquedotecas facilitam a vida dos pais." *IstoÉ*, 16.7.97.

crème brûlée

Al: "**Crème brûlée** mit Zichorien-Eis oder gratinierte Zitrusfrüchte mit Sabayon?" *Stern*, 16.7.98.

Po: "...e de sobremesa, desmaiem — uma ***crème brûlée*** fatiada". *Jornal do Brasil*, 21.7.97.

Po: "**Crème brûlée** é uma espécie de pudim tão leve, mas tão leve, que só mesmo Laurent para inventar de fatiar — e conseguiu." *Jornal do Brasil*, 21.7.97.

crème caramel

In: "Spanish actress Victoria Abril stretched out her fingers toward a leather dress the color of **crème caramel** at Loewe's show Sunday." *Herald Tribune*, 16.3.98.

crème de la crème

In: "**Crème de la crème**: creme secretarial and office appointments." *The Times*, 5.5.99.

In: "The **crème de la crème** of sample sales — Staff USA's — includes items from...". *New York*, 24.11.97.

In: "**Crème de la crème**. The sweet spell of success." *The Times*, 29.7.98.

In: "The top clubs also applaud Media Partner's proposal that 18 of the ***crème de la crème***, including Manchester United and Italy's Juventus, would be guaranteed spots...". *BusinessWeek*, 28.9.98.

Po: "Onde está o ***crème de la crème***, que brilhava ao lado de príncipes de verdade e deusas de Hollywood?" *Veja*, 25.12.96.

Po: "Mestre Namur... lê e interpreta as cartas para o ***crème de la crème*** das celebridades locais." *Elle*, jan. 1997.

Po: "Nem o dia de frio nem a chuva, raro para esta época, arranhou o brilho do casamento. O **crème de la crème** da sociedade candanga se preparou com esmero." *Manchete*, 24.5.97.

crème de menthe

In: "...Zerlina a Basilon bimbo with a taste of **crème de menthe**...". *The Times*, 10.5.96.

crème fraîche

In: "Grill the salmon for about four minutes, bring the wine and **crème fraîche** up to the boil...". *Daily Mail*, 13.5.96.

In: "Gillis and his wife... make 50 mouth-watering varieties of chocolate, hand-filled with ***crème fraîche***, praline, liquors, and nuts." *BusinessWeek*, 1.6.98.

crêpe/crepe

In: "...denim safari suits and curvy tailoring in printed **crepe**". *Herald Tribune*, 25.6.96.

In: "In Strasbourg, many still sell **crêpes** and waffles rather than the traditional mennele." *BusinessWeek*, 30.12.96.

In: "It was plain white **crêpe** with slate-colored beads around the neck...". *The New Yorker*, 20.1.97.

Po: "Musselina, **crepe**, chiffon... dão caimento a camisas, vestidos longos e saias...". *Veja*, 9.4.97.

Po: "O jantar estava divino; tinha **crêpes** de presunto e *souflé* de bacalhau." *Jornal do Brasil*, 23.7.97.

crêpe Suzette

Po: "E que sobremesas!... pudins, éclairs, **crêpes Suzettes**, clafoutis, e mais e mais." Macedo Soares, *As sentinelas de Deus*.

Po: "Pedimos ***crêpe Suzette*** e, enquanto esperávamos, Guy continuou a relembrar a época da guerra." Macedo Soares, *As sentinelas de Deus*.

cri-de-cœur/cri de coeur

In: "But his deepest ***cri-de-cœur*** seems to be reserved for the scholar's nightmare: that his efforts will not be properly appreciated." Green, *Chasing the Sun*.

In: "The Emperor's final ***cri de cœur***, a cable smuggled out of the country and dispatched from Cheefoo to Homer B. Hulbert... failed to win Washington's sympathy." Warner, *The Tide at Sunrise*.

critique

In: "Postulating the moral equivalence of American and Soviet actions became a characteristic of the radical **critique** throughout the Cold War." Kissinger, *Diplomacy*.

In: "Agnew's complaint... anticipated a similar **critique** on the left." *Newsweek*, 30.9.96.

In: "Daniel Burston provides a more substantial **critique** of the work." *The Times*, 18.7.96.

In: "Bosnia. International officials delivered a blistering **critique** Thursday on human rights." *Herald Tribune*, 14.6.96.

In: "The **critique** of nature in detail is beyond us." James Martineau, 1805-1900.

In: "*The Death of Common Sense*, a **critique** of the legal profession." *BusinessWeek*, 1.7.96.

In: "The sharpest **critique** of the accord came from Razali Ismail, Malaysia's envoy at the UN." *The New York Times*, 10.9.96.

In: "In a blunt **critique** of the Clinton administration... Zbigniew Brzezinski...". *Herald Tribune*, 21.4.97.

In: "After I wrote a **critique** of Vietnam policy in the Atlantic." *The New York Times*, 22.9.96.

In: "Tung's staff had logged more than 5,000 **critiques** of the consultation document...". *Time*, 12.5.97.

In: "Mrs. Clinton Pushed Formal **Critique** of Reporting." *Herald Tribune*, 16.2.98.

In: "Blackwell offers a long **critique** of what is wrong with the modern record industry, centered mostly on its short-termism and refusal to nurture artists." *The Times Magazine*, 1.8.98.

crochet/crochê

Po: "...as colchas de retalho, o **crochê**, os dias longos". Amado, *Tieta do agreste*.

Po: "O **crochê** dita moda e vira mania de adolescente." *O Globo*, 2.3.97.

croisière

Po: "Eles se conheceram numa **croisière** nas ilhas gregas, em janeiro." Faria, *Reminiscências*.

croissant

In: "French company takes **croissant** public in Asia." *Herald Tribune*, 17.10.96.

In: "From Computers to **Croissants**." *BusinessWeek*, 10.2.97.

In: "Singapore. Internet, Phones, Ships and **Croissants**." *Herald Tribune*, 5.10.97.

In: "French **croissant**, $6.60 a dozen (retail, about $12 to $15 a dozen)." *New York*, 15.12.97.

In: "For non-fans... start by breakfasting on a **croissant** and café-au-lait on the terrace of a St.Germain des Prés café." *Time*, 15.6.98.

Po: "...uma empresa franco-cubana que venderá baguetes e **croissants**". *Veja*, 23.4.97.

Po: "O presidente Jacques Chirac, conservador, prometeu **croissant** com mel nas eleições de 1995." *Veja*, 25.6.97.

Po: "Mel com **croissant** pela segunda vez em dois anos." *Veja*, 25.6.97.

Po: "...na Avenida Copacabana, para comprar um monte de ***croissants***, pães de passas e biscoitinhos". *Jornal do Brasil*, 26.7.97.

croquis

Es: "...el proyecto y maquetas originales del mismo y por otras unas mesas en las que los interesados pueden conocer detalles de los planos y **croquis** de la obra." *El País*, 2.7.96.

croupier/crupiê

In: "The attacks began on April 4 when a 32-year-old **croupier** was abducted...". *The Times*, 8.5.96.

Po: "Mas quem fez aposta em nome do Brasil já sabia como se comportam os **crupiês** na hora de recolher o que se deve à banca." *Veja*, 27.1.99.

cru [ver: "grand cru"; "premier cru"]

In: "In Bordeaux... Margaux, Paulliac, St. Estèphe, St. Emilion — 5,000 wine-producing châteaux, 178 **crus** classés, 850 million bottles a year." *Time*, 15.6.98.

cubisme/cubism/cubists

In: "The faceted effect seems to herald the later prismatic compositions of **Cubism**." *Herald Tribune*, 30.6.96.

In: "While inexpensive Impressionists, or Fauves, or **Cubists**, do not have much to recommend them to the attention of connoisseurs...". *Herald Tribune*, 7.7.96.

In: "The scene... betrays other influences — **Cubism**, perceptible in the geometricism of volumes...". *Herald Tribune*, 29.6.97.

cuisine/haute cuisine

In: "Introducing Sheraton Body Choc **Cuisine**." *Herald Tribune*, 15.5.96.

In: "If the service were less attentive and the **cuisine** less earnest." *Herald Tribune*, 12.7.96.

In: "The **cuisine** — '*echt* Americana,' quips the self-kidding Kurt, includes...". *The New Yorker*, 20.1.97.

In: "Luxembourg's **cuisine** requires a hearty appetite." *U.S.A. Today*, 30.8.96.

In: "...the menu was... traditional for the native **cuisine** of the host country". *The Times*, 10.5.96.

In: "I pursued my favorite way to understand a country's culture — through its **cuisine**." *The Atlantic Monthly*, nov. 1997.

In: "Jewish food is a culture within a culture, a **cuisine** within a **cuisine**." *Herald Tribune*, 15.12.96.

In: "Each family outdid its neighbours in hospitality and fine **cuisine**." *Herald Tribune*, 15.12.96.

In: "There is probably a story in every **cuisine** but it is the story of land, agriculture, produce." *Herald Tribune*, 15.12.96.

In: "If it is **haute cuisine** you want, then the best-tasting menu is at Boulay." *Eurostar Magazine*, 3.4.96.

In: "...trained at one of the temples of Parisian **haute cuisine**...". *BusinessWeek*, 17.3.97.

In: "While his august **haute cuisine** alma mater remains half empty...". *BusinessWeek*, 17.3.97.

In: "...wandering through glittering Paris with its **haute cuisine** and wines...". *Time*, 14.10.96.

In: "For those who think that ***haute cuisine*** has to mean "tall food", Gras's is on the level." *New York*, 24.11.97.

In: "Moomba can't help being trendy even as it unleashes **haute cuisine** on Seventh Avenue South." *New York*, 24.11.97.

In: "The food was **haute cuisine**, immaculately executed." *The New York Times*, 22.12.97.

In: "The Air France Concorde offered Mr. Aziz and his seven aides pampered service, **haute cuisine** and wines from the cellars of the best French chateaux." *Herald Tribune*, 27.4.98.

cul-de-sac

In: "...a mansion perched on its own little hillock is a New Jersey **cul-de-sac**". *Herald Tribune*, 9.4.96.

In: "We are in a moral **cul-de-sac**...". *Time*, 12.8.96.

In: "...she lived in Westonsuper-Mare, a little **cul-de-sac** off Devonshire Road...". *Daily Mail*, 13.5.96.

In: "...published works on Japan often get trapped in one or two conceptual **cul-de-sacs**". *BusinessWeek*, 19.5.97.

In: "Medicine. The very idea of menopause as a procreative **cul-de-sac** could be made obsolete." *Time*, 27.10.97.

In: "Ireland. Pat Doherty said that those seeking to make capital out of the decommissioning issue were 'going down a **cul-de-sac**'." *Herald Tribune*, 26.5.98.

In: "Father of three James Shayler cultivates the image of a polite and devoted family man to neighbours in the **culs-de-sac** where he lives in apparent respectability." *Daily Mail*, 18.6.98.

culotte

Es: "Su impactante entrada en escena, ...sus amuletos, su **culotte** rojo, sus mujeres, ...". *El País*, 2.7.96.

danse du ventre

Ru: "[Le soir, j'étais au Moulin rouge et j'ai vu la fameuse] ***danse du ventre***...". Tchekhov, carta a M. P. Tchekhova, 5.9.1897, tradução do russo.

Ru: "[... les femmes mondaines s'entraînent à la] ***danse du ventre***...". Skalkovski, *A Paris*, tradução do russo.

dauphin/delfin

Es: "Entre los fieles están Víctor Campos, a sus 38 años vicepresidente de la Diputación de Castellón y considerado el ***delfin*** de Fabra." *Tiempo*, 20.7.98.

In: "'But I have no **dauphin** of my own', he admitted." *Herald Tribune*, 8.10.96.

In: "Cannes film festival. Her tablemate... the genial **dauphin** of nearby Monaco." *Time*, 27.5.96.

In: "By selecting Mr. Kiriyenko, Yeltsin was not so much selecting a **dauphin** as keeping the field open to other, more electable successors." *Herald Tribune*, 29.3.98.

débâcle/débacle/debacle

Es: "'Tuve un domingo horroroso, pero aunque perdi la Copa del Mundo gané la copa de la vida.' De Ronaldo, al explicar la **debacle** de su equipo." *La Nación*, 14.7.98.

In: "The **debacle** of the past winter, the Fuehrer explained, was chiefly owing to the utter failure of our allies to do their part." Goebbels, *Diaries*, 9.3.43.

In: "Despite his grave **debacle** the Duce has learned nothing. He is still surrounded by traitors, former Freemasons and Jew-lovers who give him consistently wrong advice." Goebbels, *Diaries*, 30.11.43.

In: "Our officials [...] had the determination required to retrieve something from this **débâcle**." Thatcher, *The Downing Street Years*.

In: "The **debacle** of the Treaty of Versailles was structural." Kissinger, *Diplomacy*.

In: "I spotted the latest white-collar **débâcle** while flicking through the brochure for the summer's City of London Festival." *The Times*, 11.5.96.
In: "The Chechen **débâcle** shows how far Russia's once feared military has fallen." *U.S. News*, 26.8.96.
In: "Clinton... beyond damage from the Morris **debacle**." *Time*, 9.9.96.
In: "There he is identified with the military **debacle** that has claimed...". *Herald Tribune*, 20.6.96.
In: "To prevent another such **debacle**, the future executives agreed...". *BusinessWeek*, 8.7.96.
In: "Then came the **debacle** at Hiroshima, the site of the 1994 Asian games." *Time*, 22.7.96.
In: "...howling for someone to blame for the stock-market **debacle** at AT&T". *Newsweek*, 7.10.96.
In: "Thailand... plagued by a $3 billion banking **debacle**." *BusinessWeek*, 2. 9.96.
In: "After the Kurdish **debacle**, the CIA will find it increasingly difficult...". *Time*, 23.9.96.
In: "*The Guardian* was billing its daily accounting of the royal visit as 'Diary of a **Debacle**'." *Time*, 27.10.97.
In: "...the Snapple **debacle** leaves behind a traumatical survivor...". *BusinessWeek*, 14.4.97.
In: "After Rommel's defeat in North Africa, after the **debacle** at Stalingrad and even when the landings in Normandy were imminent, Hitler and his entourage...". *Time*, 13.4.98.
In: "Fast on the high heels of the cowboy **debacle** came the NATO meeting in Madrid." *Time*, 4.8.97.
In: "France, whose policy **débacles** in Rwanda have earned... contempt in Museveni's...". *Time*, 14.4.97.
Po: "A **debacle** do *Ariane* 5, além de atrasar o programa espacial francês...". *Veja*, 28.8.96.
Po: "...ao constatar a **débacle**, a herança comprometida, lhe impôs aquela solução". Amado, *Tereza Batista cansada de guerra*.
Po: "...ante a constatação da ***débacle*** econômica, foi ela abandonada por seu lânguido secretário Duda Peixoto". Amado, *Os pastores da noite*.
Po: "Assim, recordo-me... do cerco do Palácio das Laranjeiras e da **debacle** final...". *Boletim ADB*, mar. 1997.

débris/debris

In: "As little as an inch of sand can render **debris** invisible." *The New York Times*, 7.9.96.
In: "They found the main road obstructed by tons of **debris**." *Time*.
In: "All government can do is clear the **debris**." *BusinessWeek*, 17.6.96.
In: "Investigators sorting **debris** Sunday from the crash site of ValuJet Flight 592." *Herald Tribune*, 27.5.96.
In: "TWA **debris** Is Found Miles Closer to Airport." *Herald Tribune*, 7.8.96.
In: "Atlanta bomb... the blastscattered shrapnell and **debris** into the park." *Herald Tribune*, 7.8.96.
In: "Officials were hopeful that the **débris** would provide important clues." *Herald Tribune*, 7.8.96.
In: "TWA Hopes Quickly Dashed Amid Flames and **Debris**." *Herald Tribune*, 19.7.96.
In: "TWA... a major breakthrough in their hunt for **debris**." *Herald Tribune*, 23.7.96.
In: "More bodies and **debris** are expected to be found." *Herald Tribune*, 24.7.96.
In: "Life on Mars. While most of the **debris** fell back to the surface...". *Time*, 19.8.96.
In: "...or exactly what happens inside a twister's **debris**-shrouded funnel cloud". *Herald Tribune*, 27.6.96.

In: "The British then scattered **debris** around the area where a camouflage expert painted the roof to simulate blast damage." *The New York Times*, 20.12.97.

début/debut/debüt/debuted

Al: "Star Tobias Moretti über sein Kino**debüt** in der Komödie 'Workaholic'." *Focus*, 8.7.96.

In: "Daimler Delaying **Debut** of Small Car." *The New York Times*, 20.12.97.

In: "A high-profile Web magazine edited by Michael Kinsley **debuted** on June 24." *BusinessWeek*, 15.7.96.

In: "Gates had ordered that Microsoft Network should make its **debut** with Chicago." *BusinessWeek*, 15.7.96.

In: "Sir Anthony Hopkins made his acting **debut** at the Prince of Wales Theatre in Cardiff, Wales, 40 years ago." *Herald Tribune*, 1.8.96.

In: "Mary Cleere Horan... her **début** at Pizza On The Park." *The Times*, 17.7.96.

In: "Cher, Christopher Reeve and Jim Belushi make their multimedia **debuts** on my favourite CD-ROM." *BusinessWeek*, 11.11.96.

In: "Picture Cloudy for **Debut** of Digital TV in U.S." *Herald Tribune*, 7.5.98.

In: "Handel Makes **Debut** at Glyndenbourne." *Herald Tribune*, 22.5.96.

In: "Sarrah Connolly forgot to turn up for her **debut** performance." *Herald Tribune*, 13.6.96.

In: "The luxury lavatories will **debut** on the New York route on July 18." *Herald Tribune*, 24.5.96.

In: "Russia. Mr. Lebed made his political **debut**." *Herald Tribune*, 19.6.96.

In: "Mercedes. The convertible... **debuts** this fall." *BusinessWeek*, 26.8.96.

In: "General Motors will **debut** its electric car but night not sell it to you." *U.S. News*, 30.9.96.

In: "Internet. Since its **debut** in February...". *The New York Times*, 30.9.96.

In: "Ideolized and Despised, A Felon Makes a **Debut**, And Acting Isn't at Issue." *The New York Times*, 7.9.96.

In: "Mr. Tapie's screen **debut** has made the film an instant hit." *The New York Times*, 7.9.96.

In: "The debate, on "the United Nations", was the **debut** of the Council's 'great debates series'." *The New York Times*, 17.9.96.

In: "Russia is set to tap capital markets with **a debut** Eurobond this month." *Herald Tribune*, 11.11.96.

In: "That did not do justice to the Seattle Grungeniks' excellent **debut** album." *The Times*, 16.7.96.

In: "Placido Domingo... The year of his professional opera **debut**." *Sunday Times*, 14.7.96.

débutante/debutante

In: "The Bal Crillon des **Debutantes**... bills itself as an international event." *Herald Tribune*, 12.11.96.

In: "For a **debutante** novelist, Lanchester pulls it off amazingly well." *Herald Tribune*, 29.4.96.

In: "Kennedy and Bundy had known each other from **debutante-**party days in the North Shore." *Newsweek*, 30.9.96.

In: "Graham considered the ball... coming out for a 'middle-aged **debutante**'." *The New Yorker*, 20.1.97.

In: "Cinderella Syndrome: **Debutantes** in Borrowed Plumes." *Herald Tribune*, 8.12.98.

décadence/decadense

In: "...D'Annunzio as a leading representative of **Decadence**...". *Herald Tribune*, 17.5.96.

In: "Brando... And her triumph was not any singing style, or even a winking **decadence**, but simply the prolonging of her career." *Time*, 8.6.98.

déclassé

In: "Magazines are piled in a corner, and a window offers a distinctly ***déclassé*** view of the parking lot." *Time*, 3.8.98.

décolleté

In: "...a crescent pendant hangs over a discreet **décolleté** in wide V-shaped form". *Herald Tribune*, 27.4.97.

In: "Women began to make their appearance in public life during the 1870s. They dressed in **décolleté**, wore corsets, and dansed to modern music." Warner, *The Tide at Sunrise*.

It: La bellezza del **décolleté** é affidata al tono cutaneo." *IoDonna*, abr. 1996.

décor/decor

In: "Where a child is allowed to dictate the living-room **décor**." *The New York Times*, 9.9.96.

In: "...works of art as a picturesque addition to their **decor**...". *Herald Tribune*, 6.4.97.

In: "The **decor** Lazaroff fashioned for the new Spago boasts a huge...". *BusinessWeek*, 19.5.97.

In: "Andrew Jackness's **décor** emerges jerry-built, clichéed, or improbable...". *New York*, 24.11.97.

In: "Today's young audiences may find themselves entranced rather than repelled by the movie's upscale ticky-tacky **décor**." *Time*, 21.7.97.

In: "There are even executives at a major French bank who refuse to have a PC in their office because it clashes with the 18th century **décor**." *BusinessWeek*, 29.9.97.

In: "Buddhist-Chic, the Enlightened **Decor**. An American Monk in India Finds a Path to Financial Success." *Herald Tribune*, 14.7.98.

In: "...how upset I was at the *Norma* they showed on television from La Scala, with **decor** consisting of crates... as if they had come right off a ship". Rasponi, *The Last Prima Donnas*.

In: "...but in the evidence of the present **décor**, Pushkin appears to have done nothing except think Olympian thoughts". *The New York Times*, 16.12.97.

In: "The **décor** has been steadily updated since its seventies apogée." *New York*, 8.12.97.

In: "But many of the original **decor** touches remain — all 300 stores sport a '50s Chevy Pickup truck, for example, and the New York flagship store...". *BusinessWeek*, 23.3.98.

In: "'It's the ultimate in comfort abd spaciousness and **décor**', Black says." *Time*, 11.5.98

Po: "Os espectadores tendem a reagir a isso mais em termos de ***décor*** ou ambiente do que daqueles geralmente associados a um quadro... na parede." Clement Greenberg.

Po: "...boutique Celé-Alé, com **décor** de Vic Meirelles...". *O Estado de S. Paulo*, 14.4.97.

Po: "O **décor** mais impressionante da semana se descortinou no jantar oferecido a 400 convidados pela família Safra." *Veja*, 5.11.97.

Po: "**Décor**: A decoração do novo apartamento de Angélica, um tríplex, está em boas mãos." *O Globo*, 11.11.97.

Po: "Agora, o ***décor***: um grande toldo transparente de 800 metros quadrados foi armado no jardim." *Jornal do Brasil*, 21.7.97.

décoration/Dekoration

Al: "**Dekoration** und Einrichtung: Christiane Wirthensohn." *Madame*, mai. 1996.

défaut/default

In: "If investors had to pay for **defaults**, there would be fewer of them." *BusinessWeek*, 8.7.96.

In: "Dornbusch: 'Investors should pay when a nation **defaults**.'" *BusinessWeek*, 8.7.96.

déformation professionnelle

In: "His willingness [Geoffrey Howe] to compromise reflected partly his temperament, partly the Forign Office's **déformation professionnelle**." Thatcher, *The Downing Street Years*.

dégustation

In: "A tour of the Rhône Valley with a fine '**degustation**' of its exquisite food and wines." *Britannia Intercontinental Hotel*, Londres, edição da primavera de 1996.

de haut en bas

In: "He was, inevitably, dealing with him ***de haut en bas***: Christian socialism did not mean egalitarianism, and his choice of allegiance when faced with Chartism had been noticed." Green, *Chasing the Sun*.

déjà vu

In: "For new American ambassador, Swiss posting has air of **déjà vu**." *U.S.A. Today*, 30.8.96.

In: "It was **déjà vu** for Shirley Mac Laine." *Herald Tribune*, 23.10.96.

In: "Working as a journalist, he appears not to live but barely exist in a world of restaurants and gossip. It all seems very ***déjà vu***." *The Irish Times*, 15.8.98.

In: "The Pentagon's report... induces a disquieting sense of **déjà vu**." *The New York Times*, 18.9.96.

In: "A sense of **déjà vu** is setting over U.S.-China trade relations." *BusinessWeek*, 1.7.96.

In: "France: Deadly ***Déjà Vu***." *Time*, 16.12.96.

In: "Marilyn Webb. Readers may feel a combination of ***déjà vu*** and premonitory fatigue." *The New York Times*, 30.11.97.

In: "Latin America **Déjà Vu**." *The New York Times*, 7.5.98.

In: "The recent murder of Bishop Juan Gerardi Conedera brought an unsettling sense of **déjà vu** to everyone concerned with Latin America." *Herald Tribune*, 7.5.98.

In: "**Déjà Vu** for Austria In Draw With Chile." *Herald Tribune*, 18.7.98.

In: "World Cup. For the Italians it was a bitter **déjà vu** of their defeat by Brazil in the final four years ago." *Time*, 13.7.98.

In: "**Déjà Vu** for Jakarta: Tension Is Mounting." *Herald Tribune*, 10.9.98.

It: "Lo scenario che si sta profilando per la Mgm sembra comunque un ***déjà vu***." *Il Sole 24 Ore*, 7.8.98.

Po: "Ao ler estas notícias, sinto uma curiosa sensação de **déjà vu**." Soares, *O xangô de Baker Street*.

de luxe/deluxe/luxe

In: "The only problem with this American sportswear **de luxe** is that it creates a look-alike style." *Herald Tribune*, 16.3.98.

In: "Because of the **luxe** prices investors paid in the '80s for upscale hotels...". *Time*, 8.7.96.

Ne: "The Grand Amsterdam... aan een vijf-sterren **deluxe** hotel."

Ne: "...op het bovendek van het **luxe** passagiersschip Triton". Katwijk, Holanda.

démarche/demarche

In: "Ribbentrop received the Swedish Chargé d'Affaires in Berlin and gave him a very juicy and cutting reply to the Swedish ***demarche***." Goebbels, *Diaries*, 6 .12.43.

In: "Washington multiplied its pressure on Diem to do so, and urged the removal of his brother, Ngo Dinh Nhu, who was in charge of the security forces, a ***démarche*** which Diem interpreted as a power play to leave him at the mercy of his enemies." Kissinger, *Diplomacy*.

In: I was not encouraged, but I dutyfully reported the **demarche** to Washington." *The New York Times*, 27.12.98.

Po: "Estas **démarches** aumentam as incertezas dos aliancistas." Corrêa do Lago, *Oswaldo Aranha e a Revolução de 1930*.

Po: "Se o velho Parlamentar não obtiver sucesso em suas **démarches**...". Amado, *Tieta do agreste*.
Ru: "[Bismarck... a dit à son ami que sa] ***démarche***... [n'avait aucune raison d'être...]". Mestcherski, *Mes souvenirs*, tradução do russo.

demi-mondaine

In: "...indulgences that can be practiced with a **demi-mondaine** or a whore". Amado, *Dona Flor*, versão inglesa.
Ru: "[... s'étant vieilli pour le rôle de protecteur de] ***demi mondaines***...". Kugel, *Souvenirs littéraires*, tradução do russo.

demi-monde/demimonde

In: "Nan Goldin Saw, the acclaimed photographer of the downtown **demimonde**." *The New York Times*, 22.9.96.
Po: "Tendo por tema o ***demi-monde*** parisiense, a obra apresenta um casal formado por uma prostituta e um soldado." Vera Siqueira.
Ru:[... vous pouvez voir ce que l'on appelle à Paris le] ***demi-monde***...". Turgueniev, carta a Alex. Herzen, 8.1.1857, tradução do russo.
Ru:[... de brillantes images de cette autre lumière, ou plutôt demi-lumière] ***demi-monde***...". Drujinin, *Notes et esquisses humoristiques d'un touriste péterbourgeois*, tradução do russo.

demi-vierge

Po: "Quando apareceram no Rio os primeiros telefones de rua, debaixo de uma coifa amarela, os cariocas os apelidaram logo de '**demi-vierge**'." Faria, *Reminiscências*.
Ru: "[... les filles françaises... à cause de lui elles sont arrivées à ce genre qui est maintenant désigné dans le jargon sous le nom de] ***demi-vierges***...". Boborykin, *Les Capitales du monde*, tradução do russo.

démodé (ée)

In: "The curvy shorts suits... ought to seem ridiculously **démodé** in a post-feminist era." *Herald Tribune*, 24.7.98.
Po: "A militância ecológica, na sua franja mais frívola, está **démodée**." *Veja*, 15.10.97.
Po: "Paraguai. Lino Oviedo é o mesmo general que no ano passado tentou, com uma quartelada **démodée**, depor o presidente." *Veja*, 1.10.97.
Po: "Se Karl Marx estivesse vivo, teria descoberto que pregar a socialização dos bens de produção virou uma coisa ***démodé***, fora de moda, porque o capital das empresas está sendo democratizado em todo o mundo." Spinola, *O futuro do futuro*.
Po: "O fato de que a guerra tenha se tornado impraticável e **démodée** prova que tanto quanto instituição ela não é, em si, uma expressão genética." Lins, *Almanaque*.

demoiselle

Po: "Santos Dumont. Embora o *14-Bis* seja famoso, foi o ***Demoiselle***, pequeno avião frágil e delicado... que mais se popularizou...". *Koogan-Houaiss*.
Ru: "[... les] ***demoiselles*** [du gouverneur agitaient leurs mains en dansant]." Schedrine, *Satires en prose, Notre journée gouvernementale*, tradução do russo.

demoiselle d'honneur

Po: "...precedida por suas ***demoiselles*** e ***garçons d'honneur*** — sempre crianças nascidas nas duas famílias". Macedo Soares, *As sentinelas de Deus*.

dénouement/denouement

In: "...thousands of fans... took to a corrugated roof to signal the victorious **denouement** to a season". *The Times*, 6.5.96.

In: "...her TV revelation... was in fact the **dénouement** of a personal crusade...". *Time*, 31.3.97.
In: "Elections in Russia. 'This was the natural **dénouement**'." W. Pickering, embaixador dos EUA, na CNN TV.
In: "The first big wave of Continental cases is now moving towards **denouement**." *BusinessWeek*, 21.4.97.
In: "Kasparov. The unexpectedly swift **denouement** to the bitterly fought contest..." *Herald Tribune*, 13.5.97.
In: "Nuland promises us at the **dénouement** of this scene that he'll spend the rest of the book explaining his main theme — a discussion on the human spirit." *BusinessWeek*, 9.6.97.
In: "Clinton. Lewinski Agreement on Testimony Expected to Hasten **Denouement**." *Herald Tribune*, 30.7.98.
In: "C. Barsotti: 'I want to report a **dénouement**'." *New York*, 3.1.99.

dépôt/depot

In: "Some of them remember Iraqi arms **depots** exploding in plumes of smoke." *Newsweek*, 30.9.96.

de rigueur

In: "A talent for strijing political deals [...] was certainly regarded as ***de rigueur*** in the Community." Thatcher, *The Downing Street Years*.
In: "In Europe portable phoning becomes **de rigueur**." *Time*, 27.5.96.
In: "16 national flags floated into the stadium, and after the **de rigueur** royal personage — in this case the Duke of Kent — intoned the official greeting." *Time*, 17.6.96.
In: "The call is for partial autonomy of the sort that is **de rigueur** in every other 'union' in Europe." *The Times*, 8.5.96.
In: "...the advertising posters — **de rigueur** in these hard-marketing times...". *Time*, 28.10.96.
In: "Risk-taking is viewed as..., and working into the wee hours is ***de rigueur***." *BusinessWeek*, 3.2.97.
In: "...in its wake, the ***de rigueur*** Ford Explorer bulging with muscled bodyguards". *Time*, 5.5.97.
In: "Eyeglasses will become **de rigueur** since they'll provide video displays." *BusinessWeek*, 9.6.97.
In: "Finland. Aalto's simple lines and blond wood are now **de rigueur**." *BusinessWeek*, 11.5.98.
In: "In the mid-1600, male boots with high heels were **de rigueur** en France." Panati, *Extraordinary Origins of Everyday Things*.

dernier cri

In: "By 1580, wigs were again the ***dernier cri*** in hair fashion." Panati, *Extraordinary Origins of Everyday Things*.
Po: "Ela não fazia por menos. Estava sempre no **dernier cri**." Faria, *Reminiscências*.
Ru: "[... le] ***dernier cri*** [des modèles français...]". Nevedom, *A. I. Kuindji*, tradução do russo.

derrière

Po: "Carla tem o ***derrière*** mais festejado do Brasil." *Veja*, 29.1.97.

deshabillé/desabiê

It: In **deshabillé** il corpo rivela porzioni di nudo ancora lontano dalla perfezione." *IoDonna*, abr. 1996.
Po: "...busto da paulista, mal coberto pelas rendas do **desabiê**...". Amado, *Tieta do agreste*.

détente/detente

In: "Churchill was no longer proposing a global settlement but a policy which later came to be called '**detente**'". Kissinger, *Diplomacy*.

In: "**Detente** introduced a new fluidity to European diplomacy, a theatre that had been virtually petrified since the final consolidation of the East-West spheres of influence in 1961." Kissinger, *Diplomacy*.

In: "Under the guise of ***détente*** the Soviets [...] had pursued for some years a policy of coveted aggression." Thatcher, *The Downing Street Years*.

In: "The surviving population was further thinned by **détente** when Soviet authorities permitted Jews to emigrate." *The New York Times*, 5.9.96.

In: "On Franco-German **détente**...". *Time*, inverno de 1996.

In: "The thaw of **détente** yields uncertainties and new options." *Time*, inverno de 1996.

In: "Like **détente**, Ostpolitik had a good side and a downside." Brent Scowcroft.

In: "**Détente** was a tactical success, but it had a strategic downside." *Time*, inverno de 1996.

In: "Why the West Should Embrace Russia-China **Détente**." *Herald Tribune*, 8.4.97.

In: "Worried about the demise of **détente** that followed the Soviet invasion of Afghanistan." *Time*, inverno de 1996.

In: "And Brandt, with his *Ostpolitik* favoring **détente** with Eastern Europe was...". *BusinessWeek*, 9.6.97.

In: "The **détente** with West Germany in August 1970 that preceded a series of agreements with the United States can be seen, therefore, as a sign of preparation, not of relaxation." Warner, *The Tide at Sunrise*.

In: "Nawaz Sharif waited two weeks, hoping that India would be punished for flounting nuclear **détente**." *Time*, 8.6.98.

In: "Paul McCartney and Yoko were never close, but **détente** was declared when *Free as a Bird* was released in 1995." *Time*, 13.7.98.

détour/detour

In: "Netanyahu... declared a suspension of the talks [soon quietly relaxed] except on security matters, and proposed a **detour** — a quickie deal on troops and security, to be followed by new talks in two to four weeks." *Time*, 2.11.98.

In: "Net Traffic in Asia: Where Every Line Is a **Detour**." *Herald Tribune*, 5.11.98.

In: "Next, a quick **detour** for an essential table...". *Herald Tribune*, 31.5.96.

In: "...treacherous curves and dangerous **detours**...". *Time*, 14.10.96.

In: "**Detours** from the developmental path can easily get a kid tagged with one new syndrome or another." *The New York Times*, 3.1.99.

Po: "O Governo da Suíça quer que FH, na ida ou na volta, faça um **détour** até Berna." *O Globo*, 15.7.97.

détraqué/detraquê

Po: "...indo pela rua a caminho da Academia para encontrar-se com outro **detraquê**". Amado, *Farda, fardão, camisola de dormir*.

différence/Vive la différence!

In: "...so Versace's line had boot shoes... and Karan's D line had mules? **Vive la différence!**" *Herald Tribune*, 8.4.97.

Po: "**Vive la différence!** Ao falar em Washington a um grupo de estudantes, a sisudíssima secretária de Estado Madeleine Albright se permitiu um gesto ousado, levantando as saias...". *Veja*, 29.7.98.

diligence

In: "The idea is to limit the paperwork. The funds to their true **diligence**." *BusinessWeek*, 15.7.96.

distingué

Ru: "[... l'Andalou est naturellement... élégant et] ***distingué***." Botkin, *Lettres sur l'Espagne*, tradução do russo.

Ru: "[... c'est un parfait honnête homme, et de surcroît très] ***distingué***." Herzen, *Lettre à N. H. Ketcher*, 2.12.1843, tradução do russo.

divorce

In: "Sarah Ferguson... her **divorce** from Prince Andrew was completed on May 29." *Herald Tribune*, 10.7.96.

divorcé(ée)/divorcee

In: "A couple of once-married **divorcés** meet accidentally on a hotel terrace." *Herald Tribune*, 26.6.96.

In: "Diane... planning a holiday to France with her fellow **divorcée** the Duchess of York." *The Times*, 16.7.96.

In: "**Divorcees** may be able to remarry in Church." *Sunday Times*, 14.7.96.

In: "The Church of England... whether... allowing **divorcees** to remarry in church." *Sunday Times*, 16.8.96.

In: "The main character is Ammu, a **divorcée**... who slips into a forbidden love affair...". *Time*, 21.4.97.

docile

In: "The Soviet system turned men into obedient and **docile** beings." *Herald Tribune*, 1.7.96.

dominance

In: "Bsky-B's **dominance** of analogue pay-TV is based...". *Financial Times*, 19.5.96.

In: "But the Mas may still win the bottle from **dominance** on Chinese-language turf." *BusinessWeek*, 15.7.96.

dorer la pilule

Ru: "[Pour] ***dorer la pilule***, [un de ces jours je t'enverrai le roman de Léonova...]". Glinka, carta a K. A. Bulgakov, 8.11.1855, tradução do russo.

dossier/Dossier/dossiê

Al: "Geheimdienste. In einer **Dossier** für das Erfurter Innenministerium hatten sich Roewers Verfassungschützer gebrüstet, eine Ausspähaktion gegen die Gauck-Behörde gestartet zu haben." *Der Spiegel*, 13.7.98.

Al: "**Dossier** Zukunftberufe, II. Teil: Was soll ich werden?" *Madame*, mai. 1996.

Es: "Las misiones a Marte... Incluye un **dossier** sobre el sistema solar." *El País*, 10.7.96.

Es: "*El Premio*, una novela que es una inmersión a fondo en los ambientes literarios y en el Madrid de los financieros arribistas, de los numerosos *dossiers* y de los políticos en transición." *El País*, 19.2.96.

In: "...the FBI 'Filegate' episode, in which **dossiers** were amassed on nearly 1,000 Republicans?" *Newsweek*, 16.9.96.

In: "The courts should reopen the **dossier**...". *The Times*, 6.5.96.

In: "...keeping police **dossiers** on prostitutes...". *Herald Tribune*, 3.6.96.

It: "Il **dossier** rivela che l'agente della encefalite che ha colpito i bovini inglese...". *La Repubblica*, 5.4.96.

It: "Il **dossier** è per gli americani inbarazzante." *Corriere della Sera*, 11.8.98.
It:" Sui tavoli dei vertici si starebbero esaminando I primi **dossier** per esportare oltre frontiera il modello Omnitel e Infostrada." *Il Sole 24 Ore*, 7.8.98.
Po: "Quem se interessa por história econômica... achará um bom material no **dossiê**". *Veja*, 18.9.96.
Po: "ACM tinha um **dossiê** contra a diretoria do Banco Central." *IstoÉ*, 22.1.97.
Po: "Mia Farrow escreve suas memórias e inclui nelas um **dossiê** contra Woody Allen." *Veja*, 5.3.97.
Po: "Ministro deve receber **dossiê** sobre trens." *O Globo*, 10.11.97.

doublé/dublê

Po: "Juscelino Soares, **dublê** de empresário do ramo de calçados...". *Veja*, 29.5.96.
Po: "Você está tenso, rebateu o **dublê** de poeta e assassino frustrado Cunha Lima." *Veja*, 15.1.97.
Po: "Empatia conquistada com um desfile cômico de **dublês**." *Folha de S. Paulo*, 31.1.97.
Po: "...o bandido acaba vencido... por um **dublê** do personagem". *Veja*, 29.1.97.
Po: "Thaís pede uma **dublê** para as cenas em que sua personagem tira a roupa." *O Globo*, 25.5.97.
Po: "Rothschild casou-se com uma atriz sem talento que chegou a atuar como **dublê** de corpo em alguns filmes de nudez." *Veja*, 12.11.97.
Po: "Mon Image é um charme: uma ***doublé*** de pedra-pome e de escovinha." *O Globo*, 27.7.97.
Po: "Fagundes, **dublê** de militar e advogado, era o patrono de Fayad no processo em que o general recorreu da decisão do Conselho Federal de Medicina." *Jornal do Brasil*, 7.5.98.
Po: "**Doublés** e sósias ganham cachês de R$20 mil." *O Globo*, 20.7.97.
Po: "Contraponto. **Dublê** de Gustavo Franco." *Folha de S. Paulo*, 1.7.98.

double entendre/double-entendre

In: "The ***double entendre*** of this photograph accompanied an invitation to subscribe to the magazine." Dorfles, *Kitsch, the World of Bad Taste*.
In: "The trash of traditional kitsch with its **double-entendres** and heavy ambiguities." Dorfles, *Kitsch, the World of Bad Taste*.

double sens

Po: "Só mesmo um monarca de alta estirpe poderia contar tão sutilmente este ***double sens***." Soares, *O xangô de Baker Street*.

doyen

In: "The **doyen** of New York restaurants, S. Maccioni, is moving to a new home." *Eurostar Magazine*, 3.4.96.

dressage

In: "**Dressage** competitions at both affiliated and unaffiliated level are held regularly and even the local pony club has managed to persuade the owner to allow them to use the facilities." *The Times*, 15.8.98.

droit de conquête (par)

Ru: "[... ses excellentes connaissances en littérature antique faisaient de lui, de surcroît, un classique], ***par droit de conquête***." Herzen, *Notes d'un jeune homme*, tradução do russo.

droit de naissance (par)

Ru: "[Tous les gens de cette espèce sont des classiques] ***par droit de naissance***." Herzen, *Notes d'un jeune homme*, tradução do russo.

droits de l'homme

Ru: "[... il portait une matraque... avec l'inscription]: ***droits de l'homme***." Vigel, *Notes*, tradução do russo.

du jour

In: "Dumas and the Gallic Scandal **du Jour**." *Herald Tribune*, 15.3.98.

In: "These funds... have become the investment ***du jour*** for anyone looking for insurance...". *BusinessWeek*, 30.12.96.

In: "The villains **du jour** are wacko Russian splinter groups in possession of nuclear missiles." *George*, jan. 1998.

In: "Of late, it is the political gesture ***du jour*** — a controversial one." *Time*, 8.12.97.

In: "Aggressive driving is America's car sickness **du jour**." *Time*, 12.1.98.

In: "Business. In a field where billion-dollar deals have become ***du jour***, the AT&T-TCI agreement is more than just a megamerger." *Time*, 6.7.98.

eau de toilette/Eau de toilette

Al: "Seitdem flossen zwar einige Milliarden Liter **Eau de toilette** durch die europäische Kanalisation...". *Focus*, 6.7.98.

écharpe

Po: "Faça uma última loucura: compre um sueterzinho bem quentinho, uma calça de lã e uma **écharpe** combinando." *Jornal do Brasil*, 11.7.98.

Po: "As ***écharpes***, as luvas e os chapéus adornados de pequenas plumas também encantaram milhares de fãs." *Nova*, 14.8.98.

échelon/echelon

In: "Even the top **echelons** of Russian's government are concerned." *Time*, 5.8.96.

In: "...distributed to the top **echelons** of the Pentagon". *Herald Tribune*, 12.7.96.

In: "The situation revealed the wishful thinking of the highest **échelons** of power." *Time*.

In: "...bribery and financial abuse are snaking their way into the **echelons** of the ruling Communist Party". *Time*, 14.4.97.

In: "In Mukden itself, rear-**echelon** Russians were filled with a consuming desire to drink all the city's stocks of vodka and champagne." Warner, *The Tide of Sunrise*.

éclair

Po: "E que sobremesas!... pudins, **éclairs**, crêpes Suzettes, clafoutis, e mais e mais." Macedo Soares, *As sentinelas de Deus*.

éclat

In: "List of serious young actresses who combine Oscar **éclat** and box-office clout...". *Time*, 9.9.96.

édifice/edifices

In: "Shining glass façades contrast with sturdy stone **edifices** from past eras." *Herald Tribune*, 17.5.96.

élan/elan

In: "I saw some sensational newsreels dealing with the liberation of the Duce. These pictures show with what ***élan*** the undertaking was carried through." Goebbels, *Diaries*, 18.9.43.

In: "...a revolução tendia a desaparecer e o **elan** se extinguia". Corrêa do Lago, *Oswaldo Aranha e a Revolução de 1930*.

In: "Internet With **Elan**. France Telecom Launches Its Services." *Herald Tribune*, 17.4.96.

In: "Dutch designer... has solved the conundrum with **élan** to spare." *Time*, 23.12.96.

In: "Even the younger Hollywood stars — Bruce Willis, exhibiting ***élan*** and *ennui* as the occasion demanded...". *Time*, 2.6.97.

In: "So when Paz died of cancer last week at age 84, Mexico lost a national spokesman, and a little of its maverick **élan**." *Time*, 4.5.98.

Po: "Para eles, uma vez o ***élan*** patriótico reencontrado, a vida tornara-se uma aventura extraordinária." Macedo Soares, *As sentinelas de Deus*.

élégance/elegance/elegant(e)

Al: "Es lief sehr **elegant**...". *Focus*, 8.7.96.

In: "'The feel is casual **elegance**', explains the designer." *Time*, 9.9.96.

In: "Age of **Elegance** at Harrods." *Harrods Store Guide*, 1996.

In: "BBC's serial drama... to look like a *concours d'**elegance*** run by those people...". *Financial Times*, 19.5.96.

In: "Martha Stewart... a multimillionnaire empress of **elegance**." *Time*, 17.6.96.

In: "Raisa Gorbachev... still lives up to her reputation for **elegance**." *Financial Times*, 19.5.96.

In: "...finished in deep crimson, 'imparting a feeling of warmth and **elegance**'". *Herald Tribune*, 24.5.96.

In: "...the Georgian setting which in her youth equated with **elegance**". *Herald Tribune*, 2.6.96.

In: "He is a draper of virtuoso skill, and his creations have formidable **elegance**." *Time*, 7.10.96.

In: "...a striking appearance, enhanced by patrician **elegance**". *Herald Tribune*, 27.4.97.

In: "Fashion. Gurling sought **elegance**, not academic curiosity." *Herald Tribune*, 15.3.98.

In: "Craft counts; **elegance** endures; smooth is still cool." *Time*, 8.6.98.

Ne: "In dezelfde periode maakte hij **elegante** boekillustraties voor bibliofiele uitgaven van klassiek teksten." Rf. Kupka, Het Paleis, Haia, 20.4.96 a 16.6.96.

élite/elite/élitism/elitism/elitisme

In: "The Führer has issued a decree by which members of the SS who violate Article 175 [homosexuality] will in future be punished by death. This is a very wholesome decree which will render the ***élite*** organization of the Party imune to this cancer." Goebbels, *Diaries*, 25.2.42.

In: "Despite the grumbling about **elitism** and stuffiness. *Newsweek*, 15.7.96.

In: "Russia's **elite** resurrects its Pall Mall set." *Sunday Times*, 14.7.96.

In: "Now, a self-made Russian **elite** is forming in their place." *Sunday Times*, 14.7.96.

In: "Virginia wanted to keep women out of its **elite** military-style school." *Herald Tribune*, 8.7.96.

In: "Cordero... forced to resign his job as head of an **élite** Mexican anti-narcotics squad." *Time*, 12.8.96.

In: "Russia. This country is ruled by a new **élite** for a new class." *Time*, 27.5.96.

In: "The compuliterate **elites** of the Asian sub-continent." *The New York Times*, 29.9.96.

In: "A New **Elite** Is Busily Changing the Way America Works." *Herald Tribune*, 7.4.98.

In: "President Clinton will mingle with Hollywood's corporate **elite** on Thursday." *The New York Times*, 12.9.96.

In: "Korzhakov. No other single figure in Russian political **élite**." *Herald Tribune*, 13.10.96.

In: "Flying remains an **élite** form of transportation in Brazil." *The New York Times*, 14.9.96.

In: "Kevin Phillips. We have probably the most organized opinion-moulding and influence-mongering **élites** of the world." *Time*, 17.6.96.

In: "Yeltsin. Russia's business **elite** is quietly cheering." *BusinessWeek*, 8.7.96.
In: "Cordero... head of an **élite** Mexican anti-narcotics squad." *Time*, 12.8.96.
In: "Agnelli was aware that his call... could put him at odds with the members of the country's business **elite**." *Herald Tribune*, 9.4.96.
In: "Calvin Klein... helped strip fashion of its **élitism**." *Time*, 17.6.96.
In: "...a trade group of 400 **elite** dealers". *The New York Times*, 26.9.96.
In: "Merril Lynch.... an obsessive campaign to join the **elite** ranks of Goldman, Sachs & Co and Morgan Stanley." *BusinessWeek*, 27.5.96.
In: "The wife of the former Mexican president's brother... had visited the the **elite** private bank to help her husband shift some of the $120 million...". *BusinessWeek*, 24.6.96.
In: "The group of **elite** officers at the Russian Ministry of Defense had cooked up a plan...". *Time*, 3.6.96.
In: "...South Korea to gain recognition as a member of the world's industrial **elite**". *BusinessWeek*, 19.8.96.
It: "L'**elitisme** di un partito non si giudica da ciò che dicono i suoi intellettuali...". *La Stampa*, 7.4.96.
It: "Il suo appello potrebbe metterlo in contrasto con membri dell'**elite** imprenditoriale del paese." Agnelli, em *Corriere della Sera*, 9.4.96.
It: "Contro la tv soltanto un'**elite**. Parliamo, ancora una volta, di una **elite**." *IoDonna*, abr. 1996.
Po: "Para a **elite**, povo é uma superstição." *Jornal do Brasil*, 14.4.96.
Po: "Sociólogo investiga interesses negociados entre o pintor e as **elites**." *Jornal do Brasil*, 13.4.96.
Po: "O fim da reserva de mercado fez surgir uma **elite** acostumada à competição." *IstoÉ*, 24.4.96.

embarras de richesse

In: "Suddenly, however, we were facing an ***embarras de richesse*** [sic]." Thatcher, *The Downing Street Years*.

embarras du choix

Ru: "[...l'artiste n'avait que] *l'**embarras du choix***, [mais elle prenait soin de décliner toutes ces propositions]." Skalkoviski, *Dans le monde du théâtre*, tradução do russo.
Ru: "[... Sinon, pour tout] ***embarras du choix***, [entre Adleberg senior et Adleberg junior...]". Herzen, artigos do *Kolokol*, 1860, tradução do russo.

émigré/emigré

In: "Vansittart directed a sharp attack against the German **émigrés** who are active in London and who are opposed to the Nazis but not to the Germans. [...] That's music for our ears." Goebbels, *Diaries*, 21.3.42.
In: "If Giraud succeeds in fleeing to England, he will surely replace General de Gaulle, who is of weak spitirual and moral calibre. This would be very embarassing, for the French **émigré** movement suffers at present, thank God, from not having any real head." Goebbels, *Diaries*, 26.4.42.
In: "The conflict between the Polish **Émigré** Government and the Soviets still holds the world's interest. The Soviets at the moment are extremely insolent and arrogant." Goebbels, *Diaries*, 1.5.43.
In: "I imagine the English are having very grave difficulties with those ***émigré*** governments.

They have to pay them, they have to provide a setting for them, they have to cover up their political mistakes — and all that just so that they can play their childish charades." Goebbels, *Diaries*, 22.5.43.

In: "...a concern among would-be **émigrés** over both employment and welfare...". *U.S. News*, 26.8.96.

In: "The author of the broadcast, a Hungarian **émigré**." *The New York Times*, 28.9.96.

In: "It's a common stereotype in Israel — the Soviet **émigré** as lowlife...". *Time*, 3.6.96.

In: "Perhaps it was left to a Russian **émigré** to put his finger on what Western contemporary art really is about...". *Herald Tribune*, 18.8.96.

In: "**Emigré**, 18, From Russia Held in Death of Cosby Son." *Herald Tribune*, 16.3.97.

In: "'Exiles and **Emigrés**' is the sequel to Barron's earlier exhibition." *Time*, 31.3.97.

In: "...dealers — many of them **émigrés** themselves, like Curt Valentin". *Time*, 31.3.97.

In: "Naomi Levy, a Russian **émigré** and fervent Marxist." *Herald Tribune*, 7.4.97.

In: "All of which makes this Czechoslovakian **emigré**'s rise to riches...". *BusinessWeek*, 5.5.97.

In: "For **émigrés**, many of whom grew up in Odessa ghettos such as Moldhavanka...". *BusinessWeek*, 23.6.97.

In: "...a kosher deli that **émigrés** say is as good as anything in Brighton Beach". *BusinessWeek*, 23.6.97.

In: "But many of the Jewish **émigrés** are returning to Odessa." *BusinessWeek*, 23.6.97.

In: "Unlikely **Emigrés** Seek Fortune in France." *Herald Tribune*, 10.3.98.

In: "Taiwan. A onetime social club for **émigrés** has morphed into an annual Silicon Valley convention and hotbed of dealmaking." *BusinessWeek*, 25.5.98.

éminence grise

In: "Friedrich von Holstein, a principal councilor and ***éminence grise*** in the Foreign Ministry, saw the disastrous raid as an opportunity to teach the British...". Kissinger, *Diplomacy*.

In: "One of the **éminences grises** of the French literary world was elected today to the French Academy." *The New York Times*, 15.1.1971.

In: "An **éminence grise** of corporate governance, he now spends well over his time on board issues." *BusinessWeek*, 28.4.97.

In: "Lawyer Ira Millstein is the **éminence grise** prodding companies to transform their boards." *BusinessWeek*, 28.4.97.

In: "Noyce phoned Arthur Rock, now the **éminence grise** of Sillicon Valley." *Time*, 5.1.98.

In: "Clint Eastwood. Job title: **Eminence grise**." *Premiere*, mai. 1998.

en beauté

Po: "A terceira vez que ele a achou '**en beauté**', ela se zangou feio." Faria, *Reminiscências*.

en bloc

In: "It became clear to me that [...] rather than trying to change attitudes ***en bloc***, that progress would be made." Thatcher, *The Downing Street Years*.

In: "It [the Soviets] had alienated the Islamic countries **en bloc**." Thatcher, *The Downing Street Years*.

enclave/Enklave

Al: "...Portadown jenen Teil ihrer jährlichen Parade zu verbieten, der durch eine katolische **Enklave** der mehrheitlich protestantischen Gemeinde führt". *Der Spiegel*, 13.7.98.

In: "Air Macau flights from Taiwan via the Portuguese **enclave**." *BusinessWeek*, 15.7.96.

In: "...and the Ivy League intellectual **enclave** of Columbia University". *Newsweek*, 30.9.96.

In: "Armenians seized and hold the long-sovereign Azerbaijan **enclave** of Nagarno Karabakh." *Herald Tribune*, 2.8.96.

In: "The US and its allies established an **enclave** where the Kurds would be protected." *Time*, 9.9.96.

In: "...in the hip and affluent **enclave** of Boulder, Colo., a post-cold-war... rendition of the American Dream". *BusinessWeek*, 5.5.97.

In: "In Balkan **Enclave**, Tolerance is Fleeing for Its Life." *The New York Times*, 17.12.97.

encore

In: "Countdown to Begin for a U.S. Hero's Space **Encore**." *Herald Tribune*, 26.10.98.

In: "Pop music: so what do they do for an **encore**?" *Time*, 9.9.96.

In: "The nadir of this 'act' was reached in an embarrassing pantomime proceeding the first **encore**." *The Times*, 10.5.96.

In: "Jack Welch's **Encore**. How GE's chairman is remaking his company — again." *BusinessWeek*, 28.10.96.

In: "Theater. A Long-Overdue **Encore**." *Time*, 16.6.97.

In: "Although there were insistent demands for a repeat, I did not grant the **encore**." Rasponi, *The Last Prima Donnas*.

In: "Speaking of **encores**, do you know what happened to poor Maestro Ghione in 1934?" Rasponi, *The Last Prima Donnas*.

In: "Dell Computer. What Does Number 1 Do For an **Encore**?" *BusinessWeek*, 2.11.98.

enfant de choeur

In: "I am not an **enfant de choeur**, bear that in mind!" Foster, *Irony, a Guide*.

enfant gâté (ée)

Po: "...o brilho de tua estrela política que faz de ti o '**enfant gâté**' do partido". Ayres Maciel a Oswaldo Aranha em janeiro de 1917. Corrêa do Lago, *Oswaldo Aranha e a Revolução de 1930*.

Po: "O marquês Salles... espécie de ***enfant gâté*** da corte..." Soares, *O xangô de Baker Street*.

Po: "Aqui entre nós, Maria Luíza é uma ***enfant gâtée***..." Soares, *O xangô de Baker Street*.

Ru: "[Rappelle-toi... que je parlerai à mon père pour la dernière fois! conclut Anna Petrovna, en contemplant son fils assis devant elle avec un air innocent d'] ***enfant gâté***." Staniuk, *Nos moeurs*, tradução do russo.

Ru: "[... L'] ***enfant gâté*** [de la liberté romantique...]". Vyiguine, *F. Bulgarine*, tradução do russo.

Ru: ["Pour ces] ***enfants gâtés***, [c'est tous les jours Vendredi.]" Mussorgsky, carta a M. A. Balakirev, 22.10.1862, tradução do russo.

enfant terrible/Enfant terrible

Al: "Oskar Lafontaine... das einstige **Enfant terrible** der Sozialdemokratie...". *Focus*, 8.7.96.

Es: "Andreas... coqueteó con Libia y los movimientos palestinos... y se labró una reputación de **enfant terrible** que los años irían limando, pero no liquidando por completo." *El País*, 17.1.96.

In: "De Benedetti, once the ***enfant terrible*** of Italian business...". *BusinessWeek*, 3.2.97.

In: "...a designer once labeled the ***enfant terrible*** of French fashion". *Herald Tribune*, 17.3.97.

In: "The image hardly seems to fit the ***enfant terrible*** economist L. H. Summers." *BusinessWeek*, 21.4.97.

In: "Thomas Pynchon, the one-time **enfant terrible** of American literature, just turned 60." *Time*, 16.6.97.

In: "No Fair, Say No-Frills Airlines, as BA's **Enfant Terrible** Joins Sky War." *Herald Tribune*, 4.6.98.

It: "Peugeot 206, ecco l' '**enfant terrible**'." *Il Giornale*, 18.9.98.

Po: "...adeus às convenções... e a todos os ritos, a ignorância, os ***enfants terribles***, o tédio que a acompanhavam". Jean-Pierre Criqui.

Po: "Tínheis sido [José Américo de Almeida] o ***enfant terrible*** da revolução de 30." Alceu de Amoroso Lima.

Ru: "[A citizen of the United States is in many respects an absolute] ***enfant terrible***." Drujinin, *An English Observer in North America*, tradução do russo.

Ru: "[Il faut dire que Sacha était... le plus 'terrible' des] ***enfants terribles***...". N. Makarov, *Souvenirs de mes dix-sept ans*, tradução do russo.

Ru: "[Gavarni lui-même lui aurait envié son côté] ***enfant terrible***." Krylov, *Petite enfance*, tradução do russo.

enfilade(en)

Po: "A história que víamos, de Manet até... e depois até Picasso, era como uma série de salas ***en enfilade***." Ferreira e Mello, *Clement Greenberg e o debate crítico*.

engagé

In: "***Engagé*** art imposed on demagogic motifs almost always exploits the reactionary technique of 'effect'." Dorfles, *Kitsch, the World of Bad Taste*.

engagement/Engagement

Al: "Konrad-Adenauer-Stiftung verstärkt **Engagement** im enemaligen Ostblock — Generalsekretär Hennig will Aufbau der Demokratie förden." *Die Welt*, 15.7.98.

Al: "...beschrieb er flammend als Hauptursache für sein revolutionäres politisches **Engagement**". *Der Spiegel*, 14.9.98.

Al: "Schüler für **Engagement** in Umweltbildung ausgezeichnet." *Frankfurter Allgemeine Zeitung*, 12.9.98.

Al: "Ich bin stolz auf seine Führung, ich bin stolz auf sein **Engagement**, ich bin stolz auf das, was er unserem Land und allen von uns jeden Tag gibt." *Frankfurter Allgemeine Zeitung*, 12.9.98.

In: "Gehry is one of the few American architects who can maintain intellectual **engagement** while also being commercially successful." *Time*, 17.6.96.

en masse

In: "The Fuehrer's experiences with the generals have embittered him beyond measure. He even becomes unfair and condemns decent officers as well ***en masse***." Goebbels, *Diaries*, 9.3.43.

In: "The universities are not to be closed ***en masse***, but only where mobilisation has made systematic teaching impossible." Goebbels, *Diaries*, 17.3.43.

In: "The Council's drama advisory panel resigned **en masse** last month as a protest at a revamp in the structure." *The Times*, 18.6.98.

In: "Algeria's creative community has moved virtually **en masse** to France." *Time*, 13.5.96.

In: "Libya. **En masse**, people here fell brave to do what they would normally never dream of." *The Times*,15.7.96.

In: "YeltsIn: 'The people complained **en masse**'. *Time*, 27.5.96.

In: "At the close, the supporters whose belief and loyalty has never wavered, stayed behind **en masse** to cheer their team and manager. *The Times*, 6.5.96.

In: "...investors will panic, redeem their funds **en masse**, and turn a correction into a catastrophe". *BusinessWeek*, 31.3.97.

In: "The funds don't have to dump stocks **en masse** to create trouble." *BusinessWeek*, 31.3.97.
In: "The resulting political crisis, Le Pen calculates, would send voters flocking **en masse** to the Front." *Time*, 26.5.97.
In: "Britain's rural folk turn out **en masse** to defend their way of life against urban assault." *Time*, 16.3.98.
In: "The New Year, **En Masse**: 500,000 screaming, happy strangers in Times Square and ushering in 1998. *The New York Times*, 1.1.98.
In: "Then they descend on the company headquarters **en masse**, announcing Nasser's move." *Herald Tribune*, 29.8.97.
In: "Gorbachev's decision to allow Jews to leave the Soviet Union **en masse** nearly a decade ago has reshaped the political, cultural and economic landscape of Israel." *Herald Tribune*, 27.4.98.

ennui

In: "Nightlife. Helsinki Banishes **Ennui** and Emerges From the Twilight Zone." *Herald Tribune*, 13.3.98.

en passant

In: "...stealing away their lovely hearts, and, ***en passant***, such savings as they might have accumulated...". Amado, *Dona Flor*, versão inglesa.
Po: "O episódio era circunstancial e eu só o citei **en passant**." Faria, *Reminiscências*.
Ru: "[Je ne serai pas admis au château pour la fête et, soit dit] ***en passant***, [cela est bien *dommage*]." Turgueniev, carta a P. A. Vyazemski, 2.4.19, tradução do russo.

enquête/Enquete

Al: "Die **Enquete**-Kommission zu 'Sogenannten Sekten und Psychogruppen' legt ihren Abschlussbericht vor, und trotzden bleiben viele Fragen offen." *Die Welt*, 18.6.98.
Al: "...schrieb Kinkel an den SPD-Mann, der auch stellvertretender Leiter der **Enquete**-Kommission des Bundestages zur DDR-Aufarbeitung war". *Der Spiegel*, 13.7.98.

ensemble/Ensemble

Al: "Seit 1976 ständiges **Ensemble**-Mitglied der Wiener Staatsoper." *Focus*, 8.7.96.
Al: "Heiner war in den ersten eineinhalb Jahren am Berliner **Ensemble** mein Gegner und Partner...". *Der Spiegel*, 14.9.98.
In: "Vintage turns and formats, the loose, buoyant **ensembles**." *Time*, 15.7.96.
In: "Howard Skerpton. As presiding over the **ensemble** writing." *Sunday Times*, 14.7.96.
In: "Reviving the **Ensemble** and a Political Masterpiece." *Herald Tribune*, 19.3.97.
In: "...though a similar **ensemble** from Hong Kong played at Alice Tully Hall last season". *Herald Tribune*, 19.3.91.
In: "Recordings from low-cost European orchestras are making life tough for American **ensembles**." *Time*, 7.10.96.
In: "It is not a work that can be put on unless a great **ensemble** can be gathered, with the proper amount of rehearsal." Rasponi, *The Last Prima Donnas*.
In: "Conductor, pianist and composer Mikhail Pletnev, founded the **ensemble** in 1990." *Time*, 11.5.98.
In: "And when that **ensemble** disbanded, Olivier's National Theater Company claimed...". *Time*, 14.4.97.

entente

In: "U.S.Wary of French-Russian **Entente**." *Herald Tribune*, 16.3.98.
In: "Now that the Berlin Wall is gone, the **entente** between Paris and Moscow has sometimes

seemed so warm lately that it has made policymakers in Washington get positively hot under the collar." *Herald Tribune*, 16.3.98.

In: "Kohl and Blair: **Entente** on Euro." *Herald Tribune*, 22.3.98.

entente cordiale

In: "**Entente Cordiale**: Chirac's Deft Touch." *Herald Tribune*, 16.5.96.

In: "Instead of wrecking the **Entente Cordiale**, it led to Franco-British military cooperation and lent impetus to the Anglo-Russian Entente of 1907." Kissinger, *Diplomacy*.

In: "If Guizot remains in office Normanby must be recalled, as the only chance of a renewal of the **entente cordiale**." Greville, *Diary*; p. 189 [1847].

In: "The **entente cordiale** is, in fact, in danger of becoming downright cordial." *Herald Tribune*, 16.5.96.

In: "The relationship had, Mr. Chirac suggested, been officially upgraded to an '**entente très cordiale**'." *Financial Times*, 19.5.96.

In: "After the Thaw, an **Entente Cordiale**." *Herald Tribune*, 27.6.96.

In: "...becomes a metaphor for the apparent hopelessness of an ***entente cordiale*** between the two cultures". *Herald Tribune*, 17.4.97.

In: "Jacques Chirac's visit to Britain... a relaunch of the **entente cordiale**." *Financial Times*, 19.5.96.

In: "With the end of the Boer War, relations between the two countries quickly began to improve, and were soon to lead to the ***Entente Cordiale***." Warner, *The Tide at Sunrise*.

Po: "Vou apressar as coisas mas, enquanto esperamos, tentarei suportar essa ***entente cordiale***." Macedo Soares, *As sentinelas de Deus*.

Ru: "[Pour marquer cette] ***entente cordiale***, [un meeting a été organisé...]". Herzen, *Passé et méditations*, tradução do russo.

entourage/Entourage

Al: "Am Landungssteg werden feixend Wetten abgeschlossen, wann die ganze **Entourage** ins Wasser fällt." *Welt am Sonntag*, 13.9.98.

In: "In those four days the Duce underwent a complete change at which his **entourage** was also amazed." Goebbels, *Diaries*, 7.5.43.

In: "Rommel is to remain in the immediate **entourage** of the Fuehrer for the present." Goebbels, *Diaries*, 10.5.43.

In: "There is a sort of presentiment of doom among the Führer's military **entourage**, proof of the fact that the Führer has assembled around him only feebla characters upon whom he cannot rely in emergency." Goebbels, *Diaries*, 27.3.45.

In: "I am most depressed over the Führer's actions against the SS divisions which, of course, is extraordinarily humiliating for all SS officers including those in my **entourage**." Goebbels, *Diaries*, 4.4.45.

In: "Both French and American military agents were in touch with the Serbian's leader **entourage** to discuss such things as the kind of treatment Karadzik would get in captivity." *Time*, 10.8.98.

In: "...some of the President **entourage** were not finding it quite as easy". *The Times*, 15.7.96.

In: "Terrorism. The trial goes... to the close **entourage** of Fallathian." *BusinessWeek*, 11.11.96.

In: "Mr. Netanyahu took a large **entourage** to Jordan." *Herald Tribune*, 11.8.96.

In: "To have influence is... to attract a following, not just an **entourage**." *Time*, 17.6.96.

In: "The king and his **entourage** descended from the Versailles château...". *Herald Tribune*, 25.6.96.

In: "Some of the President's **entourage** were not finding it quite as easy." *Time*, 13.7.96.

In: "Internet. James Altucher and his **entourage** from HBO." *Newsweek*, 2.9.96.

In: "Delusions in Gracher's **entourage** about Russia's post-cold war status and means." *U.S. News*, 26.8.96.

In: "...three limousines will be waiting to take him and his **entourage** to the TV studios". *Daily Mail*, 13.5.96.

In: "Clinton's **entourage** was thunderstruck, depressed and a little resentful." *Time*, 9.6.97.

In: "British Foreign Secretary Robin Cook, travelling with the **entourage**, had assured Pakistan's leaders...". *Time*, 27.10.97.

In: "Madonna: 'I arrived with boyfriend and **entourage** in tow'." *Time*, 28.7.97.

In: "After Rommel's defeat in North Africa, after the debacle at Stalingrad end even when the landings in Normandy were imminent, Hitler and his **entourage** still had the mind to come up with the Final Solution." *Time*, 13.4.98.

In: "Mr. Netanyahu's U.S. trip... even members of his **entourage** were amazed at the willingness of prominent members of Congress to denounce their own government." *Herald Tribune*, 25.5.98.

Po: "Lota fazia parte da **entourage** de Portinari." Oliveira, *Flores raras e banalíssimas*.

Ru: "[Un] ***entourage*** [si sympathique et la nature si stupéfiante ...]". L. Tolstoi, carta a A. L. Tolstoya, 8.5.1910, tradução do russo.

entrée/entree

In: "'It's like he is giving us **entrée** now to turn everything to rubble — amazing', a Pentagon official said." *The New York Times*, 12.9.96.

In: "He is a lawyer with a fine ear for how things will play politically, which gives him an **entrée** with the two main factions that have riven the White House since the Monica Lewinsky scandal broke." *Time*, 9.11.98.

In: "It was an instant hit, and the band had its **entrée** into the big time." *Time*, 12.8.96.

In: "Huang made more than a dozen visits to the White House — unusual **entree** for a midlevel appointee." *BusinessWeek*, 18.11.96.

In: "It was an instant hit, and the band had its **entrée** into the big time." *Time*, 12.8.96.

In: "In the '20s, Ernest Hemingway, Gertrude Stein and company may have picked over the freshest ***entrées***." *Time*, 14.10.96.

In: "Beverly Hills's Spago is the new **entrée** in a growing empire." *BusinessWeek*, 19.5.97.

In: "...dietectically correct foods... from frozen **entrées** to snacks...". *BusinessWeek*, 16.6.97.

In: "...a menu priced in dollars, with **entrées** costing more than the average monthly salary of $20". *BusinessWeek*, 28.4.97.

In: "Indonesia's the **entrée**. China's devaluation will bring the house down." *Time*, 23.2.98.

In: "A complimentary vial of perfume, he thought, would be an ideal **entrée**, and he blended the original scent himself, with the aid of a local pharmacist." Panati, *Extraordinary Origins of Everyday Things*.

Ne: "Het Paleis, Haia. **Entree**: f 10."

entrepôt

In: "This isn't the first time the City has burst forth on the global stage. It has been a big-time financial **entrepôt** for centuries." *BusinessWeek*, 23.3.98.

entrepreneur/entrepreneurial

In: "He was a media **entrepreneur**." *Herald Tribune*, 22.4.96.

In: "...those who are willing to take risks, to be **entrepreneurs** and to think strategically". *Herald Tribune*, 22.5.96.

In: "A virgin **entrepreneur** can't be too careful in these fiscally promiscuous times." *Time*, 1.7.96.

In: "Cuthbert C. Hurd, a computer scientist and **entrepreneur** in developing IBM's first general-purpose computer." *Herald Tribune*, 3.6.96.

In: "Samago, a millionnaire night-club owner, **entrepreneur** and member of Parliament." *Herald Tribune*, 21.5.96.

In: "By working hard, this young **entrepreneur** in designer glasses believes...". *BusinessWeek*, 1.7.96.

In: "We share the same **entrepreneurial** culture." *Financial Times*, 19.5.96.

In: "Higher Calling for a Philippine **Entrepreneur**." *Herald Tribune*, 17.5.96.

In: "We would feel happy if foreign **entrepreneurs** undertook their activities along with Indian partners." *Financial Times*, 19.5.96.

In: "Fifty-three cab drivers have become **entrepreneurs**." *Herald Tribune*, 13.5.96.

In: "...this dashing the **entrepreneurial** hopes of a tiny middle class". *Herald Tribune*, 17.5.96.

In: "Belgian **entrepreneurs** run a US-traded startup." *BusinessWeek*, 27.5.96.

In: "When clever **entrepreneurs** meet loop-hole-pocket regulations." *BusinessWeek*, 27.5.96.

In: "If we had such a database **entrepreneurs** could more easily find weaknesses in the transport system." *The Times*, 11.5.96.

In: "**Entrepreneur** Sets His Sights on Gingrich." *The New York Times*, 18.9.96.

In: "Russia. Less known are the hardworking **entrepreneurs**." *Newsweek*, 15.07.96.

In: "An **Entrepreneur** for the long haul." *BusinessWeek*, 11.11.96.

In: "...a profile lifted directly from the **entrepreneurial** love of GoPAG." *Time*, 8.7.96.

In: "Richard Branson '... I became a publisher and an **entrepreneur** by mistake'." *Time*, 8.7.96.

épater les bourgeois

In: "...a facile and deliberately shocking ***épater les bourgeois*** element". Dorfles, *Kitsch, the World of Bad Taste*.

épaulette/epaulette

In: "It is the... equivalent of ripping **epaulettes** and breaking swords...". *Herald Tribune*, 3.4.97.

équipe/equipe

Po: "O filme mobilizou **equipes** de desenhistas tanto nos E.U. quanto na França." *Veja*, 3.7.96.

Po: "Uma divisão da Kodak mostra como se reergueu com o trabalho em **equipe**." *IstoÉ*, 24.4.96.

Po: "**Equipes** enviadas por Brasília confirmam: Suzana matou PC e se suicidou." *Veja*, 10.7.96.

espionnage/espionage

In: "A big **espionage** trial against the Germans has been started in Buenos Aires. A number of stool-pigeons were paid to admit they had taken part in **espionage**." Goebbels, *Diaries*, 8.12.42.

In: "British **espionage** service in the Reich is functioning alarmingly well." Goebbels, *Diaries*, 10.4.43.

In: "Britain expelled four Russian diplomats whom it accused of **espionage**." *Herald Tribune*, 17.5.96.

In: "**Espionage**: More Lies from Vietnam." *Time*, 24.6.96.

In: "A rival charges J&J with **espionage**." *BusinessWeek*, 8.7.96.

In: "The report appears to be a major disclosure in long-running recriminations between Washington and Paris about industrial **espionage**." *Herald Tribune*, 16.6.98.

esprit de corps

In: "Of course I believe that the S.S. people are exaggerating somewhat for reasons of ***esprit de corps***. Nevertheless the facts they reported are anything but pleasant." Goebbels, *Diaries*, 20.4.43.

In: "The Fuehrer and all his colleagues are enthusiastic about my speech and in full agreement with it. They characterize Berlin as a combat company that is doing it with the finest ***esprit de corps***." Goebbels, *Diaries*, 29.9.43.

Ru: "[La camaraderie,] l'***esprit de corps***... [lui semblaient être des excès de sentiment]." Drujimin, *Deux rencontres*, tradução do russo.

étiquette/etiquette/Etikett(en)/etiqueta/etichette

Al: "...Mit inen klaren **Etikett** ware jedenfalls vieles...". *Focus*, 8.7.96.

Al: "Die Rohbakterien lieferte eine Firma in Niebüll, die **Etiquetten** kamen aus Kulmbach...". *Der Spiegel*, 13.7.98.

Al: "Über einen Zeitraum von swei Jahrzehnten hatte er den weiss-goldenen **Etiketten** nachgespürt...". *Der Spiegel*, 14.9.98.

In: "**Etiquette**: The Blue Book of Social Usage." Título de publicação de Emily Post, 1922.

In: "**Etiquette** is a code of behaviour based on consideration and thoughtfulness." *Herald Tribune*, 23.4.97.

In: "An **Etiquette** Guide for Cellmates." *Time*, 27.5.96.

In: "A German manual, *Style & **Etiquette***, has a section devoted to the proper use of a mobile phone." *Time*, 27.5.96.

In: "The business of teaching **etiquette** is apparently booming." *The New York Times*, 23.11.97.

In: "In London, **etiquette** maven Mary Killen complained of the mobile phones...". *Time*, 27.5.96.

In: "How could the world's most tatooed... basketball star obey that **etiquette** about not upstaging the bride?" *Herald Tribune*, 23.8.96.

In: "I had forgotten the how-to's of Russian traffic **etiquette**." *Newsweek*, 15.7.96.

In: "The **Etiquette** Lesson, by Bruce Handy." *The New York Times*, 29.9.96.

In: "**Etiquette**, however, is besides the point." *Newsweek*, 30.9.96.

In: "**Etiquette**: Is it back?" *The New York Times*, 22.9.96.

In: "FOOD **ETIQUETTE**." *The Times*, 11.5.96.

In: "I know that **etiquette** is important only to fuddy-duddies these days." *Herald Tribune*, 18.12.96.

In: "Russia is a country where **etiquette** is not particularly prized." *Herald Tribune*, 22.11.96.

In: "Today's **etiquette** topic is: Proper Table Manners." *Herald Tribune*, 24.11.96.

In: "I know the "Do's" and "Don'ts" of dining **etiquette**." *Herald Tribune*, 24.11.96.

In: "Monastery **etiquette** is an art I'm not likely to master." *BusinessWeek*, 7.10.96.

In: "Mind Your **Etiquette**: The New Emily Post." *Herald Tribune*, 23.4.97.

In: "The tradition that the bride stand to the left of the groom was also more than meaningless **etiquette**." Panati, *Extraordinary Origins of Everyday Things*.

It: L'Italia produce anche le **etichette** Usa Donna Karan e Calvin Klein Jeans." *Grazia*, 29.3.96.

Po: "Carmen Mayrink Veiga... dando consultoria de **etiqueta** para ganhar uns trocados." *Veja*, 25.9.96.

et pour cause [ver: "cause"]

événement/evenementen

Ne: "The Grand Amsterdam... voor sociale **evenementen** en belangrijk zakelijke bijeenkpmsten."

excellence [ver: "par excellence"]

In: "His commitment to **excellence** would always come first." Foster, *Irony, a Guide*.

In: "Economy. **Excellence** Endures in a Few Stables of Closed-End-Fund Stability." *Herald Tribune*, 5.4.98.

In: "Munich's Bayerische Staatsoper had a reputation for musical **excellence**." *Herald Tribune*, 26.6.96.

In: "Perfectly dangerous: suicide and an intense striving for **excellence**." *Herald Tribune*, 2.5.96.

In: "In the amateur, however, it was Wood's own stone-cold determination and **excellence** that produced the unprecedented victory." *Time*, 9.9.96.

In: "The traditions of technical **excellence** and vigorous training methods remain. *Time*, 22.07.96.

In: "The Pursuit of **Excellence**." *Time*, 29.7.96.

In: "Forget all the bloom-of-youth bastions of **excellence**...". *Sunday Times*, 14.7.96.

In: "**Excellence**, youth and ethnicity account for much of the Tiger Woods mania." *Herald Tribune*, 20.4.97.

In: "...winning no fewer than four Industrial Design **Excellence** Awards in the product-concept category". *BusinessWeek*, 2.6.97.

In: "This year's Industrial Design **Excellence** Awards showcase the shift in new products." *BusinessWeek*, 25.5.98

exclusivité/en exclusivité

In: "He took a liking to me and offered to dress me ***en exclusivité***." Rasponi, *The Last Prima Donnas*.

excuse

In: "Aznar has **excuses** for disappointing those who expected rapid change. *BusinessWeek*, 8.7.96 *In*: "Hence with denial vain and coy **excuses**." Milton, *Lycidas*, 1608-74.

In: "He pray'd **excuse** for mirth broke short." Walter Scott, 1771-1832.

In: "A bad **excuse** is better, they say, then none at all." Stephen Gosson, 1554-1624.

In: "My Nephewes trespasse... hath the **excuse** of youth." Shakespeare.

In: "Faults he took upon him to **excuse** others." Sir Richard Steele, 1672-1729.

excusez du peu!

Po: "Oliveira Viana... lastimava não pudesse anuir a seu convite. Deixava, assim, de representar o Brasil no estrangeiro — ***excusez du peu***...". Madeira, *Homens de marca*.

Ru: "[J'ai été chez le Ministre des Finances et je lui ai annoncé que j'ai besoin de 1,5 millions pour l'achat de la propriété du Prince Nicolaï Nicolaevitch.] ***Excusez du peu***...". Valuiev, *Carnet*, 28.2.1876, tradução do russo.

Ru: "[...il... a fait du roman la même chose que Claude Bernard pour la médecine]. ***Excusez du peu***! Mikhail, *Roman expérimental*, tradução do russo.

Ru: "['Ceci est incontestablement un pas en avant, mais son but est exclusivement économique']". ***Excusez du peu***... [A croire que la question économique est de second ordre]". Herzen, *La Russie et la Pologne*, tradução do russo.

expert/Experten

Al: "Die halten selbst **Experten** aus dem Bundesinnenministerium für weltfremd." *Focus*, 8.7.96.

Al: "Nicht nur... fordern **Experten** den Ausstieg aus der Chlorchemie." *Focus*, 8.7.96.

Po: "Possuelo é um **expert** de um mundo que ninguém mais conhece', diz Marcio Santilli, do Instituto Sócio-Ambiental." *Veja*, 28.5.97.

Po: "A decisão de remover a pintura e a escultura... beneficia o *expert* que orienta os perplexos." Ferreira e Mello, *Clement Greenberg e o debate crítico*.

Po: "Sergio Lott, um '**expert**' com 13.000 horas de vôo." *O Globo*, 19.7.97.

expertise

In: "How to annoy friends: Beijing shows **expertise**." *Herald Tribune*, 25.4.96.

In: "BT would gain pay-TV **expertise** in preparation for the *Time* when it is free to broadcast." *Financial Times*, 19.5.96.

In: "...many art historians have the necessary **expertise** to identify fakes". *Herald Tribune*, 20.6.96.

In: "Solving complex financing challenges with proven cross-bord **expertise**." *BusinessWeek*, 27.5.96.

Po: "Greenberg... pressionaram-no a estender sua *expertise*... a outros campos da cultura visual." John O'Brian.

Po: "A experiência radical... é submersa em *expertise* acerca de divergências técnicas...". Harold Rosenberg.

exposé

In: "Goering at first gave us a detailed *exposé* of his conception of the present division of power." Goebbels, *Diaries*, 18.3.43.

In: "*Exposés* about the Duce and his entourage written by Professor Preziosiwere submitted to me. They are very depressing. Despite his grave debacle the Duce has learned nothing." Goebbels, *Diaries*, 30.11.43.

In: "The Führer is also very pleased with my **exposé** concerning the Werwolf organisation and propaganda for it." Goebbels, *Diaries*, 30.3.45.

In: "This book is not meant to be an **exposé** of certain more or less titillating aspects of Gibran's life." *Daily Mail*, 1.8.98.

In: "Dick Morris resigned after being caught in a tabloid **exposé**." *Time*, 9.9.96.

In: "**Exposé**: Car Theft Keeps the Economy Looming." *Herald Tribune*, 15.5.96.

In: "Overdosing on **exposés** and special prosecutors...". *Time*, 2.9.96.

In: "...two attacks... which seem related to his published **exposés**". *Herald Tribune*, 5.8.96.

In: "Weil's pot studies, like his Leary-Alpert **exposé**, quickly made national news...". *Time*, 19.5.97.

In: "'The Dark Side of Camelot", yet another **exposé** of John F. Kennedy, his brother Robert and their allegedly seamy secret lives." *Herald Tribune*, 26.9.97.

In: "What's left of the Kennedy myth takes a hit from a big-bucks **exposé**." *Time*, 17.11.97.

In: "After rumors of the so-called My Lay Massacre reached Ridenhour, the ex-door gunner circulated a three-page **exposé** detailing the attrocities committed by...". *Time*, 25.5.98.

expressionnisme/expressionism/Expressionist/Expressionismus

Al: "...zu den bedeutendsten Repräsentanten des Rheinischen **Expressionismus**". *Madame*, mai. 1996.

In: "Picasso... to the more various and disengaged **expressionism** of his late years." *Financial Times*, 19.5.96.

In: "A German **Expressionist** landscape done by Max Pechstein in 1912." *Herald Tribune*, 30.6.95.

In: "...followed it up with another **Expressionist** picture, 'Festive Day' by Carl Hofer". *Herald Tribune*, 30.6.96.

In: "The second large price in the sale, paid for another work that smacks of **Expressionism** without belonging to it...". *Herald Tribune*, 29.6.97.

extraordinaire

In: "Bebop guitarist ***extraordinaire***-Jimmy Raney...". *Herald Tribune*, 5.7.96.

In: "They watch American marketer ***extraordinaire*** Martha Stewart sign copies." *BusinessWeek*, 1.7.96.

In: "Leading the charge of Cambridge-based entrepreneur **extraordinaire** Hermann M. Hauser." *BusinessWeek*, 9.3.98.

In: "Begala: The spinner **extraordinaire**, he leads the battle of the airwaves." *Time*, 2.3.98.

In: "Klaus Diederich: Entrepreneur **Extraordinaire**." *BusinessWeek*, 23.3.98.

façade/facade/Fassade

Al: "...in den historischen Konturen sich mit einigen, aus eingelagerten Barock**fassaden** rekonstruirerten 'Leitbauten' vereinigen sollten". *Frankfurter Allgemeine Zeitung*, 12.9.98.

In: "Undoubtedly it would be easy to set such governments up [in Eastern occupied areas] and we would then always have a **façade** behind which to camouflage our policies." Goebbels, *Diaries*, 22.5.42.

In: "Black African states insisted on viewing Bishop Muzorewa's Government as nothing more than a **façade** for continued white minority rule." Thatcher, *The Downing Street Years*.

In: "A character on the run, private power plays behind public **façade**." *Time*, 15.7.96.

In: "A Calm **Facade** Had a Frantic Hunt for Clues." *Herald Tribune*, 26.8.96.

In: "The shining glass **façades** of modern palaces like Galleries Lafayette ...". *Herald Tribune*, 17.5.96.

In: "Exuberant **façades** bulge with protruding bays, turrets and gables." *Herald Tribune*, 14.6.96.

In: "Under that orderly **façade** there are signs of turmoil in the Kremlin." *The New York Times*, 24.9.96.

In: "...the music demands a high degree of imaginative freedom to penetrate the ornamental **façade**". *The Times*, 13.5.96.

In: "...approximately 40,000 panels comprising the **facade**, and one study...". *Time*, 21.10.96.

In: "...behind the public **facade** of cooperation on EVS, the Big Three's fierce competition thrived". *BusinessWeek*, 23.9.96.

In: "It was a past of gray cities, falling **facades**, potholed roads...". *Time*, 30.9.96.

In: "This is the **façade** and hidden truth of sumo." *Time*, 30.9.96.

In: "The **facade** is typically French, with its noble vaulted windows...". *Herald Tribune*, 20.5.97.

In: "Detail from the **façade** [sic] of the new Victoria Cinema, London." Hiller, *Art Déco of the 20s and 30s*.

In: "As Dousse... strolled up a ramp to the temple's imposing **façade**." *Time*, 1.12.97.

In: "...European Romanticism was contained within a framework of **façades** in the neo-classical Biedermeyer style". Dorfles, *Kitsch, the World of Bad Taste*.

In: "Pun Yin suggested that the **façade** be darker to better reflect the clouds." *New York*, 8.12.97.

In: "Zeitz... in eastern Germany does its best to represent a respectable **façade** to the world." *Time*, 27.4.98.

In: "Toulouse. Its 128-m long **façade** also houses the newly restored opera house." *Time*, 15.6.98.

Ne: "Die imposante Glas**fassade** des Scheveningen Centre...". Holanda.

facette/Facetten

Al: "Heute Im Fernsehen. **Facetten** einer Katastrophe." *Die Welt*, 15.7.98.

faïence/Fayence

Ne: "Delfter **Fayencen** aus der Zeit von Vermeer." Haags Gemeentemuseum, Haia.

fait accompli/Fait accompli

Al: "Nach seiner Ansicht sei Rath durch die Verhaftung nun 'vor ein **Fait accompli** gestellt'." *Der Spiegel*, 14.9.98.

In: "I have ordered my men to proceed rigorously against Berlin defeatism and if necessary even to box the ears of some particular grumble, thereby creating a ***fait accompli*** and teaching all defeatists a lesson." Goebbels, *Diaries*, 21.1.42.

In: "The argument went back and forth. Ribbentrop is trying to solve the situation by a ***fait accompli***, by-passing the Fuehrer." Goebbels, *Diaries*, 14.11.43.

In: "Meanwhile in Rumania the Kremlin is largely disregarding the Yalta decisions and attempting to create ***faits accomplis***." Goebbels, *Diaries*, 1.3.45.

In: "Meanwhile, however, Stalin is creating military ***faits accomplis***, giving him an edge over Roosevelt and Churchill." Goebbels, *Diaries*, 4.4.45.

In: "I shall take full advantage of the opportunity and create ***faits accomplis*** in the press which it will be impossible to countermand later." Goebbels, *Diaries*, 30.3.45.

In: "The Soviets on their side are now trying to create ***faits accomplis*** by means of military victories." Goebbels, *Diaries*, 1.4.45.

In: "Italy's conquest of Abyssinia [...] the Council of the League of Nations met to consider the ***fait accompli***." Kissinger, *Diplomacy*.

In: "Once the democracies had accepted it as a ***fait accompli***, the strategic basis for resisting Hitler in Eastern Europe disappeared." Kissinger, *Diplomacy*.

In: "Quite simply, they will be able to announce the entire project as a ***fait accompli*** and UEFA will seemingly have no legal redress." *Daily Mail*, 1.8.98.

In: "Business. If Gates can merge Explorer into Windows 98... Microsoft's rôle as gatekeeper to the Infobahn could become a **fait accompli**." *Time*, 3.11.97.

In: "It's not the nightmare scenario of Jospin ignoring the deficit and presenting the Germans with a ***fait accompli***." *Time*, 28.7.97.

In: "...two more co-editors had been taken on, the first of which appointments, it transpired, had been presented to Murray as a ***fait accompli***". Green, *Chasing the Sun*.

In: "A quick breakthrough to Pusan by the North Korean forces in the summer of 1950 would have presented the United States... with a ***fait accompli*** and would have notably complemented Russia's arrangements with China." Warner, *The Tide at Sunrise*.

In: "Mr. Chubais did not resist... He sensed it was a **fait accompli** and later told Kremlin aides that Mr. Berezovski's aim was to demonstrate clearly that the financial barons who dominate Russia's industry and banks were making a move to assert their power." *Herald Tribune*, 28.8.98.

Ru: "['On a dit que c'est un] *fait accompli*." Lenin, carta a A. A. Bogdanov e S. I. Goussev, tradução do russo.

fait divers

Po: "A comunicação está cada vez mais a serviço dos **faits divers** e cada vez menos registrando a história, que realmente interessa." N. Pinto, *Correspondência*.

Ru: "[... le public ne peut s'intéresser à cette histoire davantage qu'à n'importe quel] *fait divers* [d'une gazette]". Herzen, carta a N. A. Ogareva, 2.4.1876, tradução do russo.

Ru: "[Mais il a instauré un système de paiement à la ligne: 3 francs par ligne pour les annonces... de 12 à 20 francs pour les] *faits divers*." Skalkovski, *A Paris*, tradução do russo.

famine

In: "Floods left North Korea... on the brink of **famine**." *Herald Tribune*, 23.8.96.

In: "Somalia had succumbed to a **famine** that eventually killed 350,000 people." *Time*, 12.8.96.

In: "North Korea. As **famine** deepens and the economy shrinks." *Time*, 15.7.96.

In: "...a Communist victory could trigger a **famine**." *Herald Tribune*, 8.7.96.

In: "Somalia had succumbed to a **famine** that eventually killed 350,000 people." *Herald Tribune*, 12.8.96.

In: "From China, a Terrifying View of **Famine** in the North." *Herald Tribune*, 17.4.97.

In: "Sudan and Rebels Talk As **Famine** Grips South." *Herald Tribune*, 6.5.98.

fanfare

In: "Chelsea Clinton asked her parents if she could take part in the convention **fanfare**." *Newsweek*, 9.9.96.

In: "Bundy left government with as little **fanfare** as he entered it." *Newsweek*, 30.9.96.

In: "With Little **Fanfare** and Facing Crisis, UN Starts a New Year." *The New York Times*, 18.9.96.

In: "Signed with great **fanfare** last month by President Clinton." *The New York Times*, 4.9.96.

In: "With great **fanfare** on a trip to Tehran, he signed a natural gas deal with Iran." *Time*, 26.8.96.

In: "For all the **fanfare** surrounding the two-day summit, sponsored by Egypt...". *Herald Tribune*, 24.6.96.

In: "It was all the **fanfare** that New York sportscaster Bob Page could muster." *Financial Times*, 19.5.96.

In: "With great **fanfare**, but low expectations, R. Smith unveiled the experimental car." *U.S. News*, 30.9.96.

In: "Russian TV broadcast Dr. DeBakey's brighter prognosis with great **fanfare**." *The New York Times*, 26.9.96.

In: "The law that President Clinton endorsed with such high-minded **fanfare** last Monday...". *Time*, 19.8.96.

In: "**Fanfare** For The Common Man." *BusinessWeek*, 22.6.98.

In: "This masterpiece by her former boss warrants just as much **fanfare**." *Time*, 23.12.96.

In: "Announced with great **fanfare** by Digital in August, the alliance included...". *BusinessWeek*, 28.4.97.

In: "President Clinton announced with great **fanfare** two months after...". *Herald Tribune*, 25.4.97.

In: "Electronics. Launched with great **fanfare** last March, these shimmering disks that hold billions of bits of information will display the entire Yellow Pages on your home computer." *BusinessWeek*, 29.9.97.

In: "Without **fanfare** but with potentially far-reaching significance for the semiconductor industry, IBM has begun the production of a type of chip that may reduce portability for cellular phones." *Herald Tribune*, 23.6.98.

farce

In: "A typically French **farce** as it is often called in Britain (*vaudeville* in French)." *Eurostar Magazine*, 3.4.96.

In: "The events in Athens the previous December [...] have reduced Community negotiations to the level of **farce**." Thatcher, *The Downing Street Years*.

In: "Paula Wilcox walks a tightrope between **farce** and embarassment." *Daily Telegraph*, 14.8.98.

In: "North Korea. The misadventures of the wayward submarine were a **farce**." *Newsweek*, 30.9.96.

In: "Only to find herself caught in an elaborate **farce**." *Time*, 9.9.96.

In: "Lebed... the first to admit his country's Chechnya policy has been a **farce**." *The New York Times*, 4.9.96.

In: "Jovial French **farce** with a lesbian angle from writer director Josiane Balasko." *The Times*, 6.5.96.

In: "By the *Time* of Joan of Arc, these interludes, or *farces*, were "stuffed" or crammed in between the acts." Funk, *Word Origins*.

In: "'Frankly Scarlett', a Fling at **Farce**." *Herald Tribune*, 7.5.97.

In: "The funny thing about **farces** is how very unfanny they often tend to be." *Herald Tribune*, 7.5.97.

fatigue

In: "Gulf War syndrome. The complaints include joint pain, tremors, **fatigue**...". *Newsweek*, 30.9.96.

In: "Yeltsin had confessed to campaign **fatigue**." *Time*, 15.7.96.

In: "The metal structure gave signs of **fatigue**." *Herald Tribune*, 11.6.95.

In: "Courtney Love, Punk Provocateur... a cultural fault line — between rage and insight, youthful energy and thirtysomething **fatigue**." *Time*, 17.6.96.

In: "Yeltsin's aides say officially that he is only suffering from **fatigue**." *Time*, 8.7.96.

In: "You'll experience fever, anemia, **fatigue**... and general malaise." Rosenfeld, *Doctor, What Should I Eat?*"

In: "Stress and **fatigue**, two common causes for lack of interest in sex." Rosenfeld, *Doctor, What Should I Eat?*

In: "...sensors in the steering wheel for measuring **fatigue** and stress...". *Time*, 14.10.96.

In: "Fighting Cancer Patient **Fatigue**." *Herald Tribune*, 3.4.97.

In: "**Fatigue** in a cancer patient can have many causes." *Herald Tribune*, 3.4.97.

In: "...managers are donning combat **fatigues** and engaging in mock military drills." *BusinessWeek*, 5.5.97.

In: "After 30 Years, Is the Suharto Government Showing 'Regime **Fatigue**'?" *Herald Tribune*, 26.5.97.

In: "Japan. As the year progresses, investors will be watching for signs of Tamagotchi **fatigue** — and praying that DigiMon devours all rivals." *BusinessWeek*, 16.3.98.

fauteuil

Ne: "...met stof van Koopman beklede **fauteuil** van Sunny Home". Ella Koopman, Holanda.

fauvisme/Fauvism/Fauves

In: "...while heralding the intense colours of **Fauvism**...". *Herald Tribune*, 19.5.96.

In: "While inexpensive Impressionists, or **Fauves**... do not have much to recommend them to the attention of connoisseurs." *Herald Tribune*, 7.7.96.

In: "Next came Picasso's 'Young Spanish Girl' done in 1901, in a mood closer to **Fauvism**...". *Herald Tribune*, 30.6.96.

In: "This could be called the great transfer phenomenon. **Fauvism** was briefly its beneficiary but not much is available." *Herald Tribune*, 29.6.97.

Ne: "Kupka... waar hij gefascineerd raakte door het **Fauvism**." Het Paleis, Haia.

faux

In: "Merchandise includes Princess Foufou's crushers, ***faux*** furs, suede toppers...". *New York*, 24.11.97.

In: "The swan around Shalom Harlow's neck was as ***faux*** as the eyelashes...". *Time*, 21.7.97.

In: "The walls of Christie's salesroom in New York City are like a **faux** castle, lined with plastic stone and fake wires." *Time*, 7.7.97.

In: "Homage to Pussy Galore — a ***faux***-léopard-skin jumpsuit and boots." *New York*, 8.12.97.

In: "It's also a ***faux***-cyber setting in which a racy computer programmer can live out his dreams." *New York*, 8.12.97.

In: "Ratner's Restaurant's back room, which doubles as a perfectly legal ***faux*** speakeasy." *New York*, 8.12.97.

In: "She probably got special dispensation because her manhood was ***faux***." *New York*, 8.12.97.

In: "On the inside, these **faux**-historic stadiums are ringed with the luxury suites that make corporate customers comfortable and owners rich." *BusinessWeek*, 23.3.98.

In: "At least so say phobiologists, who specialize not in ***faux*** *biology* but in phobiology, the study of phobias." Elster, *There's a Word for It*.

faux bonhomme

In: "Goebbels hated the gross display of opulence made by some of the Party bosses, and particularly by the greatest of vulgarians and ***faux bonhommes***, the 'the Reich Marshal', Hermann Göring, whose extravagance of dress and gluttony for material things only aggravated his crime of inneficiency as Commander-in-Chief of the Luftwaffe." Trevor-Roper, *Final Entries 1945, The Diaries of Joseph Goebbels*.

faux pas

In: "As a result the despatch of Hesse to Stockholm was undoubtedly a diplomatic ***faux pas***." Goebbels, *Diaries*, 31.3.45.

In: "I had a most serious showdown with Sparing, chief editor of *Das Reich*, concerning the recent ***faux pas*** of which the paper has been guilty." Goebbels, *Diaries*, 3.3.45.

In: "Ribbentrop's peace soundings: a diplomatic ***faux pas***. Trevor-Roper, *Final Entries 1945, The Diaries of Joseph Goebbels*.

In: "Rocket Ronnie reminded us that the **faux pas** is not exclusive to television commentators or anchormen." *The Times*, 6.5.96.

In: "Wordplay Maven. You might say that they committed a ***faux*** **paw** [sic]." *Time*, 22.7.96

In: "Trade. That ***faux pas*** was just one of the many tactical blunders that have all but sunk any chance of getting a trade bill through Congress this year." *BusinessWeek*, 6.10.97.

favorite

In: "Circular medallions were a **favorite** device." *Herald Tribune*, 26.5.96.

femme du monde

In: "Denise Duval, a French woman, was far more of a ***femme du monde***." Rasponi, *The Last Prima Donnas*.

Po: "Revendo Maria Martins, uma '**femme du monde**'." *Jornal do Brasil*, 26.7.97.

femme fatale/Femme fatale

Al: "Kommissar Derrick: — 'Frau Lotte Wegener? Acht!... eine **Femme fatale**...'." *Lissy*, seriado de TV.

In: "Pamela Harriman. What did this **femme fatale** have that her rivals (often the wives of her lovers) did not?" *Time*, 9.12.96.

In: "**Femmes Fatales** Fireflies. Females of the genus *Phaturis*... these flickering femmes fatales often take the response of females of another firefly genus — *Photinus* — to lure in eager Photinus males." *Discover*, dez. 1997.

In: "'Signorina Caniglia, Charlotte is not a **femme fatale** — why not diminish your eyebrows somewhat?'." Rasponi, *The Last Prima Donnas*.

In: "Roland Dumas. France is embroiled in a growing scandal... an Asian money factor, charges of partisan conspiracy and, of course, a **femme fatale**." *Herald Tribune*, 15.3.98.

In: "But an investigation into Thomson's complaints of unjustified commissions soon turned up a ***femme fatale*** who admitted she had been paid some $10 million by Elf." *Time*, 30.3.98.

In: "'Mata Hari': Epithet applied to ***femmes fatales*** and women guilty of betrayal." Sholl, *Wellingtons, Watts & Windsor Knots*.

fête/fete

In: "...a fine **fête**, replete with Amazonian Indians and samba dancers". *Herald Tribune*, 2.12.96.

In: "Above all, on Midsummer Night the **Fête** de la Musique will provide a sleepless, euphoric nocturne." *Time*, 15.6.98.

In: "At Paris's Kickoff **Fete**, Flags, Kilts and Giants." *Herald Tribune*, 10.6.98.

In: "The festival sold all 10,000 tickets, 'a triumph for all of Lebanon,' says Arida. This year, the **fête**, held against a backdrop of Roman ruins, will expand to 15 nights." *BusinessWeek*, 22.6.98.

In: "Now she is performing in the U.S. for the first *Time*, as part of Africa **Fête**, a travelling festival of African music and culture that will visit 20 North American cities." *Time*, 22.6.98.

In: "The Comte de Paris will receive the extended family of his 11 children and royal relatives for a **fete** at the Renaissance château of Amboise." *Herald Tribune*, 3.7.98.

feuilleton/Feuilleton/Feuilletonisten

Al: "So ist der Stand. Die meisten **Feuilletonisten** sind gegen urbane Heilung durch Restauration." *Der Spiegel*, 13.7.98.

Al: "Bei dieser Gelegenheit möchte ich ein ernstes Wort an all jene richten, die in hochgestochenen **Feuilletons** kulturpessimistische Abhandlungen über uns schreiben." *Welt am Sonntag*, 13.9.98.

It: Ma ecco che a sorpresa ci propone un immenso, gremito, sbalorditivo '**feuilleton**' uscito col titolo di 'Residui'." *Corriere della Sera*, 9.8.98.

fiancé(ée)

In: "John Krauss, 26, and his **fiancée**, Jane Hornbrook, 28, are getting married." *Sunday Times Magazine*, 14.7.96.

In: "Patsy Kensit wrapped her arms around her **fiancé**." *Herald Tribune*, 7.10.96.

In: "Supermodel Claudia Schiffer and her **fiancé** David Copperfield." *Herald Tribune*, 23.7.96.

In: "...letters from conscience-nagging father and **fiancée**". *The Times*, 18.7.96.
In: "The shiny new toaster, a gift from her **fiancé**...". *BusinessWeek*, 30.9.96.
In: "...not to be compared with those of your **fiancée**, not by a long shot". Amado, *Dona Flor*, versão inglesa.
In: "Fujimori's triumph. Miss Barreto was the **fiancée** of Santiago Martin Rivas...". *Herald Tribune*, 27.4.97.
In: "Howard has been dumped by the **fiancé** he adored." *Time*, 27.10.97.
In: "Instead of embracing her **fiancé**, she blows him a kiss." *New York*, 8.12.97.
In: "Mr. Rubin's future bride once took on the man who is now her **fiancé**'s boss's over what she called his 'constant flip-flops' in Bosnia." *The New York Times*, 10.1.98.
In: "Cinema. So, in *Twister*, a meteorologist runs away with her, ditching his **fiancé** to wildcat after tornadoes." *Time*, 23.3.98.
In: "Sylvester Stallone and his **fiancée** Jennifer Flavin." *Herald Tribune*, 29.8.97.
In: "Netscape. Andreessen lives there with his **fiancée**, Elizabeth Horn, a free-lance Web-site designer." *BusinessWeek*, 13.4.98.

filet/filé/filet mignon/filé mignon

In: "Main course: grilled Sirloin with **filet** steak." Britannia Intercontinental Hotel, Londres, edição de primavera de 1996.
Po: "A liminar bloqueou a venda do ***filé mignon*** das Docas." *Jornal do Brasil*, 25.1.97.
Po: "Entre pedaços de picanha e **filé mignon**, traçou pelo menos 1 quilo de carne." *Veja*, 30.4.97.
Po: "Ministro minimiza briga teatro e cinema: 'Todos devem lutar pelo **filé**'." *O Globo*, 22.5.97.
Po: "Importante reunião do Banco Mundial: "Só o **filé mignon**." *O Globo*, 13.11.97.
Po: "O terremoto nos preços começou pela ponte Rio—São Paulo, **filé mignon** que rendeu lucros garantidos por mais de duas décadas ao pool." *Veja*, 25.3.98.
Po: "Muita gente achou que a Varig estaria abandonando o **filé mignon** da aviação brasileira." *Veja*, 25.5.98.
Po: "Terça tem tiras de **filé mignon** com uvas-passas e conhaque." *Veja*, 3.6.98.
Po: "Petróleo. Os campos considerados o '**filé mignon**' da produção nacional, como os de Marlin e do Roncador, ficaram com a estatal." *O Estado de S. Paulo*, 3.7.98.

film noir

Po: "O '**film noir**' e o crime imperfeito." *O Globo*, 11.7.98.

fils à papa

Po: "Isso, ele sempre foi o típico **fils à papa**." Faria, *Reminiscências*.

fin de régime/fin-de-régime/fin de règne

In: "As a **fin-de-régime** cloud settles over the Kremlin, and the manoeuvring for power within intensifies." *Time*, 5.8.96.
In: "But Moscow is thick with a ***fin-de-régime*** atmosphere." *Time*, 10.8.98.

fin de siècle/fin-de-siècle

In: "He represents... an entire generation, the **fin de siècle**." *Herald Tribune*, 18.8.96.
In: "...all these gave a ***fin de siècle*** atmosphère to the approaching election campaign." Thatcher, *The Downing Street Years*.
In: "Back to the Future. **Fin-de-siècle** fever hits Paris as Gothic draperies vies for pride of place next to circuit-breaking designs." *Time*, 22.3.99.
In: "He embraced during his lifetime both **fin-de-siècle** aesthetic hedonism and the Futurists' fascination with machines and technology. *Herald Tribune*, 17.5.96.

In: "Viagra is the emblem of our **fin-de-millenium** [sic] drug culture." *Herald Tribune*, 14.8.98.

In: "Strindberg's heady **fin-de-siècle** cocktail of sexual and tensions achieves its explosive effects...". *The Times*, 8.5.96.

In: "Perhaps the best way to describe the flawed vision of **fin de siècle** futurists is to say...". *The New York Times*, 29.9.96.

In: "Indeed, the 1990s got off to a respectable **fin-de-siècle** start...". *Time*, 2.6.97.

In: "1890s...The phrase ***fin de siècle*** was first used in Paul Hervieu's *Flirt*. Similarly, the generation which followed felt that they were, or ought to be, distinctively twentieth-century. Hiller, *Art Déco of the 20s and 30s*.

In: "'The United States has become... and mutating forms of hysteria amplified by modern communications and ***fin-de-siècle*** anxiety', she writes." *Time*, 7.7.97.

In: "Frau Musika, a ***fin-de-siècle*** illustration with clearly shows... even a dog enraptured by the melody." Dorfles, *Kitsch, the World of Bad Taste*.

In: "**Finn de Siècle** [jogo de palavras]: the Sibellius festival at Avery Fisher Hall continue with two symphonies and a craggy short work." *The New York Times*, 9.12.97.

In: "Perhaps this is not a favorable ***fin-de-siècle*** for the production of world history." *New York Times Book Review*, 23.11.97.

In: "**Fin de Siècle** Decorating: Quirky Luxe." *Herald Tribune*, 5.5.98.

In: "Facing the **fin de siècle** [and possibly extinction by Martha Stewart], the predictable Kings Bay has turned bracingly unpredictable this year." *Herald Tribune*, 5.5.98.

Po: "Nepomuceno foi um dos grandes mestres do **fin-de-siècle** tropical." *FM*, 23.11.97.

Po: "Andreas Huyssen: 'A memória e a representação figuram como preocupações-chave nesse ***fin de siècle***'." *O Globo*, 19.7.97.

Ru: "[... en opposition aux principales tendances de l'art] '**fin de siècle**'...". Grygar, *L'Avant-garde russe*, tradução do russo.

finesse/Finesse/finessing/finessed

Al: "...indem er selber den Todeskandidaten spielt, vor laufender Videokamera die Dialoge entwickelt, während sie im Auto durch die Gegend kreisten, und das so Entstandene dann mit aller **Finesse** inszeniert". *Der Spiegel*, 13.7.98.

Fl: "Het Kirov Orkest mist de **finesse** van de beste orkesten." *De Standaard*, 17.6.98.

In: "Ribbentrop's letter compensated in pomposity for its lack of diplomatic **finesse**." Kissinger, *Diplomacy*.

In: "Thatcher may have had more charisma and Mitterand more political **finesse**, but Kohl has surely dominated the Continental political scene like no other leader since Charles de Gaulle." *Time*, 28.9.98.

In: "Negotiators also had to **finesse** the question of NATO's control over a WEU-led mission once launched." *Time*, 17.6.96.

In: "Gareth Wigan spent a year trying to **finesse** Bond rights out of Kevin McClory and spearheading Sony's expansion abroad." *Premiere*, mai. 1998.

In: "For a man used to **finessing** his views, he has also said...". *Herald Tribune*, 17.5.96.

In: "Bundesbank plays out a **finesse**." *Herald Tribune*, 22.4.96.

In: "The Bundesbank **finessed** its way out of a dilemma." *Herald Tribune*, 22.4.96.

In: "When the British representative tried to **finesse** a resolution partly lifting sanctions on Serbia,... Albright walked out of the room." *The New York Times*, 22.9.96.

In: "But although Blair is carefully **finessing** his agenda to hang on...". *BusinessWeek*, 14.4.97.

In: "Israel and the Palestinians... it was possible to **finesse** these issues...". *Herald Tribune*, 5.4.97.
In: "Poland. Solidarity... has learned how to **finesse** and sustain modern democratic politics." *Herald Tribune*, 23.9.97.
In: "A *Time* to Grub, With **Finesse**." *The New York Times*, 17.12.97.
In: "Bill Gates. The software billionaire learns a lesson about money, power and political **finesse**." *Time*, 16.3.98.
In: "**Finesse** matters as much as money when you're playing politics." *Time*, 16.3.97.

flair
In: "Exhibition with a contemporary **flair** to it in Europe." *Newsweek*, 15.7.96.
In: "...for all Richard Branson's **flair**...". *Time*, 8.7.96.

flambé
In: "The insular Spain of Franco was characterised by restaurants which attempted a form of internationalism, or at least Frenchness — all **flambé** and cream." *Sunday Times*, 12.9.98.
Po: "**Flambé**: Carlos Albuquerque não escondeu de FH sua mágoa com a fritura a que foi submetido." *O Globo*, 22.3.98.

flamboyant/flamboyance/flamboyante/flamboyantly
Fl: "De **flamboyante** politicus gaat het debat aan met lezers van Het Nieuwsblad/De Gentenaar." *Het Nieuwsblad*, 27.7.98.
In: "Nothing in that order of **flamboyance** is on display here...". *Herald Tribune*, 19.3.97.
In: "Stephen Hinchliffe, **flamboyant** head of Facia, is in the mood to do battle." *Financial Times*, 19.5.96.
In: "'But the new wealth is more like Richard Branson' — the **flamboyant** British founder of Virgin Atlantic Airways and Virgin Records." *Time*, 14.12.1998.
In: "A **flamboyant** and inspired businessman, Block later converted to Catholicism and changed his name to Dassault...". *The Times*, 10.5.96.
In: "Peter Jonas. Despite his promotion of **flamboyant** stagings...". *Herald Tribune*, 26.6.96.
In: "Women have also won... the **flamboyant** Florence Griffith-Joyner in 88." *Time*, 22.7.96.
In: "Typical Paris couturier fashion has remained extreme, expensive and **flamboyant**." *BusinessWeek*, 17.2.97.
In: "The **Flamboyant** Stepper: Michael Flatley." *Time*, 31.3.97.
In: "Ellison is such an outrageous character — **flamboyantly** rich, outspoken on everything...". *BusinessWeek*, 8.12.97.
In: "Once derided as **flamboyant** and impractical, Italian design has emerged as a world leader." *Time*, 21.4.97.
In: "Gianni Versace. Farewell to a **Flamboyant** Friend." *Time*, 4.8.97.
In: "Fashion. Can the hopes and dreams he and his family nurtured outlive their **flamboyant** creator?" *BusinessWeek*, 28.7.97.
In: "Charity. Turner's gesture is, typically, a **flamboyant** exaggeration." *BusinessWeek*, 6.10.97.
In: "Mr. Karadsik, **flamboyant** wartime leader of the Bosnian Serbs, psychiatrist and amateur poet, is moving daily from one place to another." *Herald Tribune*, 1.6.98.
In: "A new biography of Herbert von Karajan charts the **flamboyance** and the flaws of a maestro." *Time*, 19.10.98.
Po: "Fazia o tipo romanesco, era bom pianista, temperamento ***flamboyant***." Gueiros, *História de um príncipe*.

fleur de lys/fleur-de-lys

In: "The Bosnian **fleur-de-lys** flag flapped from gutted buildings." *Herald Tribune*, 2.5.96.

In: "Through the magnificent gildedgate topped with **fleur de lys** and crown." *Herald Tribune*, 25.6.96.

flou

Po: "Floriano fazia de propósito, para deixar os entendimentos meio **flous**." Faria, *Reminiscências*.

foie-gras/foie gras

In: "For the connoisseur, I reproduce the menu for dinner on 25 June: *Assortiment de foie gras d'oie...*". Thatcher, *The Downing Street Years*.

In: "...in addition to such regional delicacies as **foie gras** and Armagnac". *Time* 2.9.96.

In: "The terrine de **foie gras** is served with toasted brioche." Britannia Intercontinental Hotel, Londres, edição de primavera de 1996.

In: "Prosperous Americans... setting themselves on **foie gras**". *The New York Times*, 26.9.96.

In: "**Foie-Gras**, the Sin for the Season: An Ecstatic Survey." *The New York Times*, 26.11.97.

In: "I will never forget watching my friend Robin experiencing **foie-gras** for the first time." *The New York Times*, 26.11.97.

In: "Dining à la Marco Pierre White is likely to mean a terrine de **foie gras**." *Herald Tribune*, 15.5.98.

Po: "A primeira alquimia de Ducasse, um confit de galinha de leite e **foie-gras** com alcachofras." *IstoÉ*, 12.11.97.

Po: "Os trabalhos começaram com pequenos brioches ao **foie-gras**." *Jornal do Brasil*, 8.11.97.

Po: "Engordara pelo menos dez quilos, graças a todo o **foie-gras** com trufas, às batatas coradas...". Macedo Soares, *As sentinelas de Deus*.

Po: "Tratava-se de um repasto e tanto: canapês, entrada à base de **foie-gras**, dois pratos." *Veja*, 19.11.97.

Po: "Agora, o jantar... de canapés, só salmão e **foie gras**." *Jornal do Brasil*, 21.7.97.

folie [ver: "à la folie"]

fondant

Po: "Primeiro prato: vieiras salteadas no **fondant** de batatas e trufas negras." *IstoÉ*, 12.11.97.

fonds perdus [ver: "à fonds perdus"]

fondue

In: "Throughout Easter Week: chocolate mousses, chocolate **fondue...**". Britannia Intercontinental Hotel, Londres, edição da primavera de 1996.

In: "Lobster with a warm langoustine **fondue**." Britannia Intercontinental Hotel, Londres, edição da primavera de 1996.

Po: "...o **fondue** e as comidas à base de carnes vermelhas exigem um tinto encorpado e vigoroso". *Veja*, 25.6.97.

Po: "**Fondue** de queijo: entre as delícias de uma estação com muitas novidades." *Veja*, 25.6.97.

force de frappe

Es: "Pero la contrapartida francesa... ha sido garantizar la *credibilidad* de su *force de frappe*, con el último programa de pruebas nucleares." *El País*, 5.2.96.

force majeure

In: "America must lead... not through command and **force majeure**, but by cooperation." *The New York Times*, 2.9.96.

Po: "Se o contrato nem sequer previu **force majeure**, não adianta insistir." Faria, *Reminiscências*.

forfait/forfettario

It: Agassi, Chang e Courrier danno **forfait** e Becker è malato." *La Stampa*, 5.4.96.

It:... il valore reale dei beni è inferiore a quello **forfettario**". *Corriere della Sera*, 9.4.96.

Po: "O Ministro do Meio Ambiente pode fazer **forfait** em 97." *Jornal do Brasil*, 28.12.96.

format

In: "Declining ratings for the traditional convention **format**." *Time*, 9.9.96.

In: "The **format** for Loony Radio is somewhat free-flowing." *Herald Tribune*, 16.5.96.

In: "What is surprising is just how gracefully Seal took to the **format**." *Time*, 1.7.96.

In: "Other advertisers have expanded the **format** and toned down the pitch." *BusinessWeek*, 1.7.96.

In: "TV commercials in conventional **formats**, such as the 15- and 30-second slots." *BusinessWeek*, 1.7.96.

In: "Vintage turns and **formats**, the loose, buoyant ensembles." *Time*, 15.7.96.

formidable

In: "Since 1982 the country has been ruled by the **formidable** King Fahd...". *Time*, 3.6.96.

In: "The Kirch group... has a **formidable** partner: Deutsche Telekom." *Time*, 22.07.96.

In: "Scerbo cements his reputation as **formidable** man." *Time*, 22.07.96.

foulard/Foulard

Al: "Fünf wunderschöne und wertvolle **Foulards** wurden von Cartier entworfen." *Madame*, mai. 1996.

It: Allora prendo un **foulard** e me lo metto al collo." *La Repubblica*, 5.4.96.

It: Dal semplice **foulard** [hjab] alla burka delle afghane, le differenze sono legate alle etnie." *IoDonna*, 25.7.98.

Po: "O presidente Jacques Chirac passou todo o jogo de ontem exibindo, sem constrangimento, um ***foulard*** de seda no pescoço onde se lia Adidas." *O Globo*, 14.7.98.

fou rire

Po: "Lúcida e ferina, na noite anterior à morte riu sem parar, *un **fou rire**...*". Amado, *Tenda dos milagres*.

foyer

In: "At the end of the **foyer**... there she was." *Herald Tribune*, 18.4.96.

In: "Rasputin took his leave in the **foyer**." *The New York Times*, 12.12.97.

In: "In the **foyer**, a sea-green marble balustrade flows in ondulating waves toward the ground floor." *The New York Times*, 16.12.97.

In: "The Mercer. Think of a bedroom where there are three telephones... but also a **foyer** where guests are welcomed with artsy books." *Herald Tribune*, 31.3.98.

In: "You leave the Victorian parterre gardens, pass through a small **foyer** and enter a darkened space." *Sunday Times*, 2.8.98.

It: "...nei ***foyers***, i rifugi, le donne picchiate possono rimanere per un po' di tempo con i figli." *IoDonna*, 15.9.98.

Po: "Agora, os dois conversavam, fechando as grades do **foyer**...". Soares, *O xangô de Baker Street*.

Po: "'As modelos começam a desfilar nas escadarias, passam pelo **foyer** e vão até a parte externa do prédio', explica Borges." *Folha de S. Paulo*, 22.5.97.

frac/fraque

Po: "O **fraque** saiu de moda no Brasil. Acho que hoje em dia só se usa no Japão." Lins, *Almanaque*.

Po: "O resultado é espetacular, mas enjoativo, um pouco como o traje de Thibaudet: **fraque** de botões dourados, colete bordado, sapato de feltro e meias vermelhas." *Folha de S. Paulo*, 22.5.97.

Po: "Vede o *frac* dos franceses. Usamos hoje esta forma, que é a original, nós que tínhamos adotado anteontem a forma adoçada de *fraque*." Machado de Assis, 25.11.1894.

fracas

In: "When Sarah, attempting to approach... is killed in a **fracas**...". *The New Yorker*, 20.1.97.

In: "China. But even if Donorgate produces a diplomatic **fracas**, Sasser will keep trying to smooth the way...". *BusinessWeek*, 21.7.97.

In: "Clinton. Starr ignored the **fracas** and focused on the goal of sending his report to Congress before the midsummer recess." *Time*, 6.4.98.

In: "Ugly Scientific **Fracas**." *Herald Tribune*, 3.4.98.

In: "This time it was the Tunisians who started the **fracas**." *Daily Mail*, 18.6.98.

In: "Island's Chris Blackwell resigned over *The Gingerbread Man* editing-room **fracas** with Robert Altman." *Premiere*, mai. 1998.

In: "The **fracas** over the river's future is fierce as environmental groups... try to make sure the river stays — or becomes — what they want it to be." *The New York Times*, 2.1.99.

In: "Drugs. The New **Fracas** Over Fat Pills." *BusinessWeek*, 28.9.98.

fragile

In: "A **fragile** stock market makes the Fed's job tougher." *BusinessWeek*, 1.7.96.

In: "The U.S. view... the global financial system is highly **fragile**." *BusinessWeek*, 8.7.96.

In: "The development of democracy however flawed and **fragile**...". *Newsweek*.

In: "The house of Saint Laurent announced that it was taking on a new designer to lift the burden from the couturier's **fragile** shoulders." *Herald Tribune*, 9.6.98.

fragrance

In: "**Fragrance** Industry Goes High Tech." *Herald Tribune*, 4.6.96.

In: "Calvin Klein... with his CK **fragrance** and underwear divisions...". *Time*, 17.6.96.

franchise

In: "A **franchise** is a species of incorporeal hereditament, and is usually granted by charter." *Merriam-Webster*.

In: "Officials in Manilla would not comment on their **franchise** operations." *BusinessWeek*, 1.7.96.

In: "Political instability caused foreign **franchises** such as McDonald's." *BusinessWeek*, 1.7.96.

In: "**Franchise** Giant Close to Buying Avis." *Herald Tribune*, 30.6.96.

In: "He notes that MBIA has 'superior **franchise**, balance sheet and management'." *BusinessWeek*, 8.7.96.

In: "The £54 million-a-year passenger **franchise** was awarded to Prism Rail...". *The Times*, 10.5.96.

In: "The Windsor's. Perhaps Charles and Diana, in their follies, are simply enlarging the dramatic **franchise** of the family, giving it a contemporary feel." *Time* 22.7.96.

In: "Quaker's U.S. Gatorade **franchise** remains unassailable." *BusinessWeek*, 14.4.97.

In: "Now, at 37, he has a potential **franchise** rôle in Paramount's revival of *The Saint*." *Time*, 7.4.97.

In: "...rivals, which are spending billions to build new **franchises**". *BusinessWeek*, 28.10.96.
In: "**Franchise** Owners Strike Back at Parent Firms." *Herald Tribune*, 18.4.97.
In: "Taubman [Sotheby's] and his hand-picked CEO are testing the limits of the **franchise**, selling new jewelry and made-for-sale Walt Disney cartoon celluloids." *BusinessWeek*, 22.6.98.
In: "...the Emily Post **franchise**... includes 13 books... and etiquette lectures". *Herald Tribune*, 23.4.97.
In: "McDonald's aggressive strategy isn't going down well with rebel **franchises**." *BusinessWeek*, 2.6.97.

frisson

In: "Ever since the Berlin Wall came down,... borders crossings... have lost a lot of their old **frisson**." *The Times*, 8.5.96.
In: "Actor Gabriel Byrne was sending a **frisson** around the bar as every female in the room swivelled round for a discret glance." *The Irish Times*, 15.8.98.
In: "Whatever tensions and *frissons* it whips up...". *Sunday Times*, 14.7.96.
Po: "Victoria Abril causou **frisson** ao chegar à festa com um casaco que deixava seu caleçon à mostra." *IstoÉ*, 21.5.97.
Po: "O **frisson** da semana entre livreiros de primeira dá conta de que José Bantim Duarte, diretor da poderosa Ática, estaria deixando a editora." *Folha de S. Paulo*, 18.6.97.
Po: "Cortés causou *frisson* ao circular no meio do público, no início do espetáculo." *Jornal do Brasil*, 13.11.97.
Po: "Causou **frisson** a volta ao ar, nos Estados Unidos, do seriado de TV 'Ellen'." *O Globo*, 28.9.97.

fromage/fromage blanc

In: "Bar **Fromage**." Harrods, Londres.
Po: "No final do jantar, Hilário gritou impaciente: 'Quando chegará a hora do **fromage**?!'." Faria, *Reminiscências*.
In: "...surmounted by an almond *tuile* containing a ***fromage blanc*** ice". *Financial Times*, 19.5.96.

frou-frou/froufrou

In: "Economy and Industry. Classics seem to have an edge on things that are outré ou **froufrou**." *The New York Times*, 5.1.98.

fuselage/fuselagem

In: "more bodies and debris are expected to be found under or near the big piece of **fuselage**." *Herald Tribune*, 24.7.96.
In: "TWA Fight 800. Parts of the **fuselage** recovered." *Herald Tribune*, 23.7.96.
In: "TWA 800. Many parts of the **fuselage** are yet to be recovered." *Newsweek*, 9.9.96.
In: "Helfrick... extensively tested **fuselage** shielding while a member of...". *BusinessWeek*, 14.10.96.
In: "...the engine spewed shrapnel into the **fuselage** of a plane...". *Time*, 31.3.97.
In: "First Aid for Flawed **Fuselages**." *BusinessWeek*, 26.5.97.
In: "**Fuselage** of Lost Jet Eludes Sumatra Divers." *The New York Times*, 22.12.97.
Po: "A Varig detectou vazamento de dinheiro em alguns pontos de sua **fuselagem**." *Veja*, 25.9.96.
Po: "Para quem já assistiu a um desses filmes sobre acidentes aéreos, a idéia de um buraco na **fuselagem**... Com o rasgo na **fuselagem**, ocorre a despressurização." *Veja*, 16.7.97.

fusillade

In: "Unconventional guitar tunings, **fusillades** of harmonics, percussive string-snapping." *The New York Times*, 6.12.97.

futile

In: "Throughout this portrait of **futile** existence in a seedy resort." *Sunday Times*, 14.7.96.

gaffe/gafe

In: "I made a **gaffe** of my own calling Sir Robin 'Mr. Day' throughout". Thatcher, *The Downing Street Years*.

In: "Boutros Ghali... headlines too often provoked by his off-the-cuff **gaffes**". *Herald Tribune*, 24.6.96.

In: "Spiro Agnew. Even his **gaffes** reflected the real views of millions". *Newsweek*, 30.9.96.

In: "Clinton. Most embarrassing historical **gaffe**". *Time*, 18.11.96.

In: "Clinton. **Gaffe**-prone". *BusinessWeek*, 9.9.96.

In: "Diplomatic **Gaffe** Adds to Gore's Woes". *Herald Tribune*, 9.3.97.

In: "The British monarch's visit to the subcontinent degenerated last week into a string of diplomatic **gaffes**, testy retorts and controversial comments". *Time*, 27.10.97.

In: "Queen's **Gaffe**-Filled India Tour Sparks Backbiting in U.K." *Herald Tribune*, 19.10.97.

In: "Boris Yeltsin's **gaffes** prompted a Swedish newspaper to liken his visit to one by Moscow circus". *The New York Times*, 5.12.97.

In: "Another Year of Mad Bulls And Big **Gaffes**." *The New York Times*, 28.12.97.

In: "Ireland. The **gaffe** had such serious reverberations because it underscored the tensions in one of the more fragile coalitions in history." *Herald Tribune*, 22.5.98.

Po: "É até natural que o serviço diplomático brasileiro acabe cometendo uma ou outra **gafe**." *Veja*, 25.9.96.

Po: "Kohl com Fernando Henrique: negócios, política e algumas **gafes**." *Veja*, 25.9.96.

Po: "Empresários recorrem a consultores para evitar **gaffes** em viagens internacionais." *Veja*, 18.9.96.

Po: "Chineses se ofenderam... e não houve jeito de remendar a **gafe**." *Veja*, 18.9.96.

gaga/ga-ga/gagá

In: "Old man Bohlen [Gustav Krupp von Bohlen und Halbach] now seventy-two years old, is already rather **gaga**. Young Bohlen does not impress me as very active but he has great charm." Goebbels, *Diaries*, 10.4.43.

In: "Women in particular go **ga-ga** over the Aga." *Time*, 23.12.96.

Po: "Fi-la [a poesia] em 3 horas, neste café, com barulho e um militar reformado, **gagá**, a meu lado, que fala só e implica com os circunstantes." Sá-Carneiro, *Cartas a Fernando Pessoa*.

galerie/gallery

In: "A small **gallery** just inside the museum." *Herald Tribune*, 17.5.96.

In: "She often turned to expensive West End **galleries** as if she relished the label...". *Herald Tribune*, 2.6.96.

garage

In: "...from changing barbers to losing your car in a parking **garage**". *Time*, 17.6.96.

In: "Cobain was found dead in a small room above his **garage**." *Herald Tribune*, 26.6.96.

In: "At giant corporations and **garages** around the globe, engineers are scrambling...". *BusinessWeek*, 24.6.96.

garçon/garçom

Po: "10% de gorjeta ao **garçom** mesmo depois de ter amargado um péssimo serviço." *Veja*, 29.5.96.

Po: "O melhor **garçom** do Lamas sempre foi o Estevão." Faria, *Reminiscências*.

Po: "**Garçom** pedala 3.600 km em prol da causa indígena." *A Tarde*, 10.6.97.

garçon d'honneur

Po: "...precedida por suas *demoiselles* e ***garçons d'honneur*** — sempre crianças nascidas nas duas famílias". Macedo Soares, *As sentinelas de Deus*.

garçonette/garçonete

Po: "Ex-mulher de Idi Amin é **garçonete**." *Folha de S. Paulo*, 1.7.98.

garçonne [ver: "à la garçonne"]

garçonnière

Po: "...quando em **garçonnière** de luxo acasalava-se com a imortalidade". Amado, *Farda, fardão, camisola de dormir*.

Po: "Uísque e conhaque... não faltavam na **garçonnière** de Rodrigo." Amado, *Farda, fardão, camisola de dormir*.

garde/en garde

Ru: "[His mind, dampened by a long life among depraved people, put him] ***en garde*** [against everybody...] Herzen, *My Past and Thoughts*, tradução do russo.

Gargantua/gargantuan

In: "Modern Olympic Games as Coubertin imagined them... bear little resemblance to the **gargantuan** contemporary spectacles." *Herald Tribune*, 5.7.96.

gâteau/gateaux

In: "**Gateaux**." Harrods, Londres.

Po: "Sempre fui maníaco por praticamente todo tipo de **gâteau**." Faria, *Reminiscências*.

gauche/gaucheness

In: "Such offensive narrative **gaucheness** could so easily have rectified...". *Sunday Times*, 14.7.96.

In: "The side panels, naive and **gauche**... are clearly from a different school." *Herald Tribune*, 27.4.97.

In: "Manners. Suddenly, to touch food with even three bare fingers was **gauche**." Panati, *Extraordinary Origins of Everyday Things*.

In: "Stephen Hawking, a **gauche**, introspective child, went to St. Albans School, where he was a gifted if not outstanding pupil." *The Times*, 17.6.98.

In: "The point of this anecdote is that television takes that **gaucheness** and turns it into a sort of English, eccentric, laid-back aristocraticness." *Sunday Times*, 13.9.98.

Po: "Às vezes, fica numa posição um tanto ***gauche***, do rato que ruge contra o leão." *Veja*, 19.3.97.

genre/Genre

Al: "Wobei mir immer noch nicht klar ist, welchem **Genre** er zugehört?" *Focus*, 8.7.96.

In: "But the idea of the spy as hero is a minor literary **genre** at which the British excel." *The Times*, 10.5.96.

In: "The arts. The paranoia and back-to-school **genres**...". *Newsweek*, 16.9.96.

In: "How to Define a **Genre**: Any Way You Dare." *The New York Times*, 11.9.96.

In: "Wolfe [Tom] says he wishes that he could take credit for inventing the **genre**." *The Times Magazine*, 12.9.98.

In: "...his four-piece band combined music **genres** as diverse as rap, folk...". *The Times*, 16.7.96.
In: "...invented a potty new **genre**: the Florest Floor Picture". *Sunday Times*, 14.7.96.
In: "...the key aesthetic shortcomings of this much-traduced **genre**". *Sunday Times*, 14.7.96.
In: "Many **genres** of art are chiefly adventure." *Sunday Times*, 14.7.96.
In: "...one of the more obvious conventions of **genre**". *Sunday Times*, 14.7.96.
In: "That most slippery of **genres**, tragi-comedy." *The Times*, 18.7.96.
In: "Philosophy... when you have physicists who are writing in that **genre**...". *Herald Tribune*, 19.5.96.
In: "...the book belongs to a literary **genre** unto itself". *Herald Tribune*, 18.8.96.
In: "Wortmann's new film. It fits the **genre** well, telling a frothy story...". *Herald Tribune*, 26.6.96.
In: "Classic music, like every other musical **genre**, saw sales increase sharply." *Financial Times*, 19.5.96.
In: "Melodies... so populat that an entire **genre** of music is known simply as Enya." *Time*, 12.8.96.
In: "...maybe the answer is to write farces still set in the heyday of that **genre**". *Herald Tribune*, 7.5.97.
In: "What makes Delacroix unique is that from late 1840s until his death in 1863 he practiced the two **genres** simultaneously." *Herald Tribune*, 19.4.98.
Ne: "Geschreven tijdens de hoogtijdagen van het **genre** bevat de operette...". Staatsoperette van Wroclav, Holanda.
Ru: "[Il fait de la peinture à l'huile, mais son] *genre* [est différent de celui de Troutovski]." Aksakov, *Lettres*, tradução do russo.

gigolo/gigolò/gigolô

In: "A **gigolo** woos lonely women for their money." *Time*, 23.12.96.
It: "Questa bionda ha cuccato gratis Cucuzza, il 'Re dei **gigolò**'." *Oggi*, 23.9.98.
Po: "Um jornalista declara: 'Sou o **gigolô** das palavras. Faço o que o **gigolô** faz com as mulheres.'" Magalhães, *Língua, linguagem, lingüística*.
Po: "Jarbas La Cumparsita subsistia... à custa do físico de **gigolô** latino-americano." Amado, *Tieta do agreste*.
Po: "Foi faxineiro... vendedor de seguros, **gigolô** e parceiro pago de senhoras idosas." *Veja*, 23.4.97.
Po: "'*American Gigolo*', produção de 1980. Direção: Paul Schrade." *O Globo*, 20.5.97.

gilet

It: "Summit. Il premier Shimon Peres ha nella tasca del **gilet** un cornetto di corallo." *La Stampa*, 10.4.96.
It: "I ragazzi hanno optato per lo smoking, magari ravvivato da un papillon, un davantino o un **gilet**." *IoDonna*, 15.9.98.

gouache/guache

In: "...unknown Cubist still life in **gouache** done by Gino Severini in 1912". *Herald Tribune*, 19.5.96.
In: "Then came the ultimate rarities... six **gouaches** on velum of flowers...". *Herald Tribune*, 20.4.97.
Po: "Blocos de desenho, pincéis, aquarela, **guache**...". Oliveira, *Flores raras e banalíssimas*.

gourmand

In: "Tarquin Winot, an Englishman athlete and **gourmand**...". *Herald Tribune*, 29.4.96.

Ru: "[... un vieillard infiniment sympathique, un] *gourmand* [exemplaire...]." Markov, *Terres grasses*, tradução do russo.

gourmandise

Po: "Nunca tive força para resistir às **gourmandises**...". Faria, *Reminiscências*.

gourmet

In: "In the middle of introducing an impressive menu to a gathering in Johannesburg, the genial **gourmet**." *Daily Mail*, 13.5.96.

In: "Every month the top ten-person sales team gets treated to a dinner... and eat a **gourmet** meal served on fine china." *Forbes*, 1.6.98.

In: "Please note that our last **Gourmet** evenings were booked out." Britannia Intercontinental Hotel, Londres, edição da primavera de 1996.

In: "He is also exploring a possible line of **gourmet** foods." *Herald Tribune*, 7.7.96.

In: "There will be **gourmet** banquets supervised by local three-star chef Paul Bocuse." *Time*, 1.7.96.

In: "...boosting the consumption of **gourmet** coffee among Brazilians". *BusinessWeek*, 17.3.97.

In: "They go for the **gourmet** java market after years of making mediocre blends." *BusinessWeek*, 17.3.97.

In: "He is reputed to be, among other things, a **gourmet**." *The New Yorker*, 20.1.97.

In: "Tartar steak was not yet a **gourmet** dish of capers and raw egg when Russian Tartars introduced it into Germany sometime before the fourteenth century." Panati, *Extraordinary Origins of Everyday Things*.

Po: "Comida para a alma. Um alfabeto para **gourmets**." *Veja*, 4.9.96.

Po: "A porção '**gourmet**' inclui de pratos brasileiros a receitas chinesas." *O Globo*, 30.5.97.

Po: "Along with **gourmet** coffee, premium liquor, and expensive cugars... are back." *BusinessWeek*, 30.6.97.

Po: "U.S.Chef Wolfgang Puck has opened a dozen restaurants and launched **gourmet** lines." *BusinessWeek*, 16.3.98.

Po: "Caviar. Comum em processos de paternidade, o exame de DNA é também útil aos **gourmets**." *Veja*, 10.12.97.

Po: "No Rio, três sócios montaram no Leblon uma Disneylândia para **gourmets**." *Veja*, 27.3.98.

Po: "Destaques de 1997 e impressões do prefeito **gourmet**." *Veja*, 24.12.98.

Po: "Confissões de um '**gourmet**' que ainda não tem e-mail." *Jornal do Brasil*, 20.7.97.

Ru: "[Les goinfres et les] *gourmets* [de tous les pays et de toutes nationalités font ces même mouvements...]". Schedrine, *A l'étranger*, tradução do russo.

grand

In: "That **grand** Clinton White House counsel tradition is being carried to new depths." *The New York Times*, 25.6.96.

In: "To achieve what became in 1951 the European Coal and Steel Community, Monnet did not seek a **grand** international structure." *Time*, 13.4.98.

Ne: "The **Grand** Amsterdam... één van de exclusieve Demeure Hotels."

grand cru [ver: "cru"; "premier cru"]

Al: "Das Château d'Yquem... in den Olymp der 'Premiers **Grands Crus**' aufgenommen...". *Der Spiegel*, 14.9.98.

Po: Nascimento de um 'grand cru'. "O café das origens mais remotas ainda brota na Etiópia como nos tempos imemoriais. Neste país legendário — o que não ocorre em nenhum outro — não há, a rigor, colheita do café, pois os grãos são simplesmente recolhidos dos arbustos selvagens que nascem espontaneamente sobre a folhagem da floresta que cobre a região de Djimah, a mais de 1.200 metros de altitude, no sudoeste do país. Mas no restante da Etiópia, notadamente mais ao sul, no planalto do Sidamo, nascem grãos minúsculos que produzem um dos melhores 'crus' do planeta. Pouco a pouco, desde a década de 20, essa coleta manual vem sendo substituída por métodos mais modernos." Alain Stella, *Le Livre du café*, Flammarion, 1996.

In: "We're selling more ***grand crus*** than ever before." *BusinessWeek*, 7.10.96.

grande bouffe

In: "Toronto... It's a ***grande bouffe***. You go and you gorge — all you can eat...". *Time*, 23.9.96.

grande dame

In: "Dona Rozilda, forgetting her pretensions of **grande dame**, spat out of the corner of her mouth." Amado, *Dona Flor*, versão inglesa.

In: "The venerable house of Christian Dior is the **grande dame** of the Avenue Montaigne." *Time*, 24.3.97.

In: "Giulia Ten... piercing blue eyes and the profile of a ***grande dame***, had dominated the stages of the leading opera houses." Rasponi, *The Last Prima Donnas*.

In: "SGB's new chief, Christine Morin-Pestel, plans to slim the ***grande dame*** down." *BusinessWeek*, 4.5.98.

In: "The Woman Making Over Belgium's ***Grande Dame***." *BusinessWeek*, 4.5.98.

In: "The **grande dame** may have passed away, but her great-granddaughter has her voice and the great-grandnephew has her chin." *The New York Times Magazine*, 3.1.99.

grand monde/grand-monde

Po: "Eles acabam de entrar para o ***grand monde***." *Koogan-Larousse*.

Po: "A notícia, pois, de uma festa em casa de Castro Maya, desperta entre as figuras mais brilhantes do **grand-monde** carioca extraordinário interesse." Chermont de Brito, Notas Sociais, 31.12.37.

grand prix/grand-prix/Grand-Prix

In: "Germans attacked by **grand prix** fans." *Sunday Times*, 14.7.96.

In: "A coveted **Grand-Prix** and its attendant glamour." *BusinessWeek*, 29.7.96.

In: "Hungary. A grand price for a **grand-prix**...". *BusinessWeek*, 29.7.96.

In: "Yesterday's British **Grand Prix**." *The Times*, 15.7.96.

In: "Michael Doohan snatched victory in the Spanish **Grand Prix** in Jerez....". *Daily Mail*, 13.5.96

In: "While the **Grand Prix** championship is still to be decided, the winner will be driving a Williams." *Time*, 23.9.96.

Ru: "[... d'où le professionnalisme, d'où le] ***grand prix*** [de portée mondiale.]". Gneditch, *Mouches à chiens*, tradução do russo.

Ru: ["Les trois jours du] ***grand prix*** [sont particulièrement importants...]". Skalkovski, *A Paris*, tradução do russo.

grand seigneur/grand-seigneur

In: "Cesare Siepi was for me the king of bassos, a **grand-seigneur** on the stage, a rare thing these days." Rasponi, *The Last Prima Donnas*.

grandeur

Es: "Entonces [Chirac] arguyó necesidades técnicas de la defensa nacional... cuando el general formuló los principios de la *disuasión a la francesa*, una política de ***Grandeur*** destinada a garantizar la independencia militar del país." *El País*, 29.1.96.

In: "Jazz Impresario Wynton Marsalis: We want to bring jazz to the people in all its **grandeur** and glory." *Time*, 17.6.96.

In: "...considering junior status incompatible with its notions of national **grandeur** and its messianic rôle in the world, France has sought leadership in pacts with lesser powers...". Kissinger, *Diplomacy*.

In: "France. A President's Sense of **Grandeur**". *Time*, 1.7.96.

In: "Old pretensions of national **grandeur**...". *Time*, inverno de 1996.

In: "Architect Frank O. Gehry. We see the **grandeur** of Rome in the Coliseum, the culture of Greece in the Parthenon...". *Time*, 17.6.96.

In: "...the ateliers have lost a crucial sense of **grandeur**...". *Time*, 24.3.97.

In: "Fabbri was determined to show us the **grandeurs** of his palazzo." Korda, *Last Business Eccentric*.

In: "...Russians nostalgic for Slavic unity and Soviet **grandeur**...". *Herald Tribune*, 3.4.97.

In: "Story of food, and thus of trade, economics... through centuries of prosperity and exile, of **grandeur** and persecution...". *Herald Tribune*, 15.12.97.

In: "Casals' classic performances have a sober **grandeur** that continues to seize and hold the ear six decades later." *Time*, 16.3.98.

In: "Max Gallo's books' performance might reflect little more than a wave of nostalgia for French **grandeur**." *Herald Tribune*, 14.7.98.

gratin/gratinée

Al: "**Gratin** von Steinpilzen und Birnen." *Stern*, 16.7.98.

In: "Plaza Hotel, New York — Oak Bar. Famous onion soup **gratinée**. $ 8.50."

In: "Dining à la Marco Pierre White is likely to mean a terrine de foie gras, **gratinée** of Turbot, Bresse pigeon." *Herald Tribune*, 15.5.98.

grenade

In: "The only remaining evidence of the **grenade** that came through the roof." *The New York Times*, 9.9.96.

In: "Only two **grenades**, the one in my room and this one here." *The New York Times*, 9.9.96.

In: "Even when a **grenade** came through the window." *The New York Times*, 9.9.96.

grève/greve

Po: "Luís fez tudo o que era humanamente possível para evitar que a **greve** se alastrasse." Faria, *Reminiscências*.

griffe/grife

In: "The botton line is simple: always the *'griffe'*, or brand name." *Herald Tribune*, 13.3.98.

It: L'Italia non produce solo le nostre **griffe** ma anche le etichette Usa Donna Karan." *Grazia*, 29.3.96.

It: Burberry. La **griffe** ha sviluppato mutazioni in sintonia con i tempi." *Corriere della Sera*, 6.4.98.

It: Ultimo modello di Bmw, vestiti con *griffe*, meglio si italiani." *Il Messagero*, 4.4.96.

It: Desmo, una **griffe** ormai affermata nella pelleteria." *La Repubblica*, 5.4.96.

Po: "Podia-se ir à loja do bairro sem se preocupar com a **griffe** da roupa." *IstoÉ*, 24.4.96.

Po: "**Grifes** de perfumaria nos supermercados." *O Globo*, 16.9.96.

Po: "**Grifes** marcam fidelidade a estilos acima de tendências." *O Globo*, 13.9.96.

Po: "Conde, arquiteto sem **griffe**." *Veja*, 4.9.96.

Po: "Ana Furtado desfilará para oito **grifes**." *O Globo*, 10.9.96.

Po: "Dia 26, a **griffe** Satisfaction promove desfile de sua coleção." *O Globo*, 18.9.96.

Po: "Um correto tailleur com a assinatura da **griffe** francesa Dior." *Veja*, 22.5.96.

Po: "O mês de janeiro é a época em que as grandes lojas de **grifes** liquidam seus estoques de inverno." *Folha de S. Paulo*, 3.1.97.

Po: "...obsessão por tênis de **griffe** que domina o Japão...". *Veja*, 9.4.97.

Po: "Outras **griffes** ousam ainda mais, caso da mineira Vide Bula." *IstoÉ*, 12.11.97.

Po: "Dacio Pereira Oliveira, dono de quarenta lojas, que vendem roupas de **griffe**." *Veja*, 15.10.97.

Po: "Anunciada presença ao vivo de uma **griffe** internacional das panelas: o incensado chef francês Alain Ducasse." *Veja*, 19.11.96.

Po: "**Grife** Versace só perde na Itália para a de Giorgio Armani." *O Globo*, 16.7.97.

grisaille

In: "...refined pair of George III cabinets-on-stand with charming friezes in **grisaille** on black". *Herald Tribune*, 2.6.96.

grotesque/Groteesken

In: "'Neuw **Groteesken** Buch' of 1610." *Herald Tribune*, 1.9.96.

In: "...**grotesque** sights of Diane being crowned alongside her husband at Westminster". *Sunday Times*, 14.7.96.

In: "The problem of sexual activities of the numerous foreign workers now on German soil is a difficult one. The situation in some cases is absolutely **grotesque**." Goebbels, *Diaries*, 25.1.42.

In: "The **grotesque** artifact failed to rearch its reserve price." *Sunday Times*, 14.7.96.

In: "Among the cruel ironies.. one stands out is especially **grotesque**." *Herald Tribune*, 12.8.96.

In: "A contortionist, at once curiously graceful and fractionaly **grotesque**...". *The Times*, 10.5.96.

In: "The **grotesque** images he painted late in life...". *Herald Tribune*, 19.5.96.

In: "...a radiant young virgin auctioned off to a **grotesque** old man". *Herald Tribune*, 21.6.96.

In: "The book's fools and villains are ruled... by impulses and **grotesque** egos." *Time*, 26.8.96.

In: "Prosecutor's Zeal in Thyssen Fraud Case Called '**Grotesque**'." *Herald Tribune*, 16.8.96.

In: "Washington... give Yeltsin a free pass on his **grotesque** brutality in Chechnya." *Herald Tribune*, 20.6.96.

guerre [ver: "à la guerre comme à la guerre"]

guichet/guichê

Po: "O mundo atrás do **guichê**." *Veja*, 25.2.98.

Po: "As filas eram infindáveis diante dos **guichês** do banco." Lins, *Almanaque*

Po: "...alegando que ela era muito bonita, fazia questão que Dinah ficasse nos **guichês**, vendendo selos". Martins, *Valeu a pena*.

guidon

Po: "Quando ele se via com o **guidon** na mão, ninguém o segurava mais." Faria, *Reminiscências*.

guignol

Po: "Em matéria de grand-**guignol**, não é preciso ir muito longe. Basta olhar o quadro político do país." Faria, *Reminiscências*.

habitué(ée)/habituê

In: "Neighborhood **habitués** mostly shrugged, because they could still buy food...". *Herald Tribune*, 24.4.97.

In: "For fifty years an assiduous and discriminate **habitué** of the Vienna Staatsoper." Rasponi, *The Last Prima Donnas*.
Po: "Lota, **habituée** de Nova York...". Oliveira, *Flores raras e banalíssimas*.
Po: "Lula... não deixará de cruzar com a burguesia ***habituée*** daqueles mares." *O Globo*, 27.12.96.
Po: "O deputado, cliente novo, ainda não um **habituê**, agradece...". Amado, *Tieta do agreste*.
Po: "...árabe Chalita é **habituê**, não perde uma única palavra". Amado, *Tieta do agreste*.
Po: "Imagine você que o General Moreira, **habituê** da casa...". Amado, *Farda, fardão, camisola de dormir*.
Po: "Os **habitués** lamentam o enterro do velho restaurante." *Veja*, 22.1.97.
Ru: "[Les bonapartistes... glissent entre les tables; à côté de l'une d'entre elles... s'est assemblé tout un troupeau] d'***habitués***." Schedrine, *A l'étranger*, tradução do russo.
Ru: "[...les] ***habitués*** [russes des restaurants...]". Schedrine, *A l'étranger*, tradução do russo.
Ru: "[...je ne peux plus supporter la maison qui fait face à mes fenêtres, la rue, les] ***habitués*** [de cette rue que l'on finit, bon gré, mal gré, par remarquer.]." Herzen, *Carnet*, 26.6.1844, tradução do russo.

Haute couture/haute-couture [ver: "couture"]

hauteur

In: "Parisians, renowned for this Gallic **hauteur**..." *The New York Times*, 26.9.96.
In: "General Motors. They still approach the market with the **hauteur** and complacency — and gargantuan bureaucracy — that the company developed at mid-century, when it was the most dynamic industrial empire in the world." *BusinessWeek*, 27.7.98.

honneur [ver: "à tout seigneur, tout honneur"]

hors concours [ver: "concours"]

hors d'œuvre

In: "Preparing *Holiday* **Hors d'Oeuvres**." *The New York Times*, 26.11.97.
In: "...a kind of nutty pastry that worked as well as hors **d'œuvre** as it did as a dessert". *Herald Tribune*, 28.7.98.
In: "As we were talking and snatching Sally's delicious **hors d'œuvre** from passing trays...". *The New York Times*, 5.1.98.
Po: "Cada refeição era composta de sopa ou *consommé*, **hors d'œuvre**, peixe, seguido de carne." Macedo Soares, As *sentinelas de Deus*.
Ru:"[...le père ne mangeait que les plats consistants, gras et à base de viande. Pas de légumes ni de] ***hors d'œuvre***..." Markov, *Années d'études d'un vieux fils de noble*, tradução do russo.
Ru: "[Le vol est un] ***hors d'œuvre***, [ce n'est pas de sa faute si sa mère ne lui a pas laissé...]." Herzen, *Passé et méditations*, tradução do russo.

hôtel particulier

In: "Five years ago when the businesses moved out of the elegant ***hôtel particulier*** [traditional Parisian town house], the builders arrived." *Sunday Times*, 12.9.98.

humeur noire

Ru:"[...un état d'esprit lugubre, une] ***humeur noire***...". Stankevitch, *Esquisse biographique de T. N. Granovski*, tradução do russo.

hurle de se voir ensemble

Po: "Não há talvez segundo exemplo debaixo do sol; tudo aquilo **hurle de se voir ensemble**." Machado de Assis, 27.11.1877.

idée fixe

In: "The subject seemed to becoming something of an ***idée fixe***." Thatcher, *The Downing Street Years*.

impasse

In: "Britain and Europe: seeking ways round the **impasse** (titre)." *The Times*, 10.5.96.

In: "Delegations met in smaller groups to find a way around the **impasse**." *Herald Tribune*, 14.8.96.

In: "...the **impasse** is all the more bizarre because the Czechs want to rejoin the E.U." *Herald Tribune*, 1.8.96.

In: "The World Trade Organization may be at an **impasse**." *BusinessWeek*, 16.12.96.

In: "...nearly a quarter century of **impasse** between Greek and Turkish Cypriots has put the divided island on the short list of intractable stalemates". *Time*, 23.6.97.

In: "Again I obeyed him to the letter and came out of the **impasse**, but it taught me a lesson." Rasponi, *The Last Prima Donnas*.

In: "Albright Impatient With Haiti **Impasse**." *Herald Tribune*, 6.4.98.

In: "Microsoft. May 16, 1998: Negotiations reach an **impasse**, and the talks collapse. *Time*, 25.5.98.

In: "Why, then, did Microsoft restart the talks on Thursday, May 14, but then almost immediately come to an **impasse**?" *BusinessWeek*, 1.6.98.

In: "The deterioration of U.S.-Soviet relations to that frozen **impasse** overshadowed all other events of 1983." *Time*, 2.1.84.

It: Casini sfida gli adversari a dire una parola chiara sulla commissione. Ma l'***impasse*** de la maggioranza per ora resta." *La Nazione*, 18.9.98.

impressionnisme/Impressionism/impressionist/Impressionist

In: "...paintings from one of the most important collections of **impressionist** art outside France". *Herald Tribune*, 14.7.96.

In: "Five of the diva's 25 **Impressionist** paintings were Kelly's." *BusinessWeek*, 3.6.96.

In: "...the bold brushwork later adopted by the **Impressionists**". *Herald Tribune*, 19.5.96.

In: "As **Impressionism** fades away from the auction scene...". *Herald Tribune*, 7.7.96.

In: "While inexpensive **Impressionists**, or Fauves, or Cubists do not have much to recommend them to the attention of connoisseurs...". *Herald Tribune*, 7.7.96.

In: "Jongkind was now teetering on the verge of **Impressionism**." *Herald Tribune*, 23.6.96.

In: "The End of **Impressionism**. Mediocre Works Sell for Dizzying Prices." *Herald Tribune*, 30.6.96.

In: "Slowly, the flow of **Impressionist** art, now down to a trickle, is drying up." *Herald Tribune*, 30.6.96.

In: "Did a soupçon of subversive **Impressionism**... enhance its appeal to the modern eye?" *Herald Tribune*, 20.4.97.

In: "Not even the **Impressionist** brushwork used by the French café society painter...". *Herald Tribune*, 25.5.97.

In: "As **Impressionism** as such becomes all but unobtainable, excepting undesirable banalities or daubs...". *Herald Tribune*, 29.6.97.

impromptu

In: "Churchill devoted years of his life preparing **impromptu** remarks." *Newsweek*, 2.9.96.

In: "Churchill delivered an **impromptu** speech in which he declared that while England had not yet climbed over the mountain ridge and the summit was not yet in sight, nevertheless the ridge itself was already visible." Goebbels, *Diaries*, 17.5.42.

In: "A trip to the men's room turned into an **impromptu** shopping spree for President Clinton at last month summit in Lyon." *Herald Tribune*, 10.7.96.

In: "Dunlap was so concerned about effects of the story that he called an **impromptu** board meeting to rebut the charges." *BusinessWeek*, 6.7.98.

In: "Mr. Frank and the Norwegian carried on an **impromptu** discussion." *Herald Tribune*, 6.8.96.

In: "Kuerten. Waiting on the **impromptu** stage on the floor of center court were Bjorn Borg and Guillermo Villas...". *Herald Tribune*, 9.6.97.

In: "Diana, Princess of Wales. The area became an **impromptu** shrine where people left thousands of flowers, messages and toys." *Herald Tribune*, 28.5.98.

In: "Computers. But **impromptu** face time with the boss is about to become a Prairrieville relic." *BusinessWeek*, 6.7.98.

In: "At every stop, Holbrooke holds **impromptu** press conferences to repeat the U.S. position to Kosovars." *Time*, 6.7.98.

Ingénue/ingenue

In: "**Ingénue** No Longer." *The Times*, 11.5.96.

In: "Richard Branson often plays the **ingenue**." *Time*, 8.7.96.

In: "Lady Di. ...the transformation of an **ingenue** English rose in powder-blue tulle to a media-savvy celebrity in 1980s glitz." *Herald Tribune*, 13.5.97.

In: "A most ungrateful and thankless parts, an **ingénue** whose every phrase is a vocal trap." Rasponi, *The Last Prima Donnas*.

insouciance/insouciant

In: "Each of the major powers contributed its quota of shortsightedness and irresponsibility, and did so with an **insouciance** which would never again be possible...". Kissinger, *Diplomacy*.

In: "A Growing, **Insouciant** Need for Oil." *Herald Tribune*, 25.7.96.

In: "Cinema. Imagine an atrocity tale told with Noël Coward **insouciance**." *Time*, 27.10.97.

In: "Showbusiness. Fry is an uncanny Wilde look-alike, all droopy languor and portly **insouciance**...". *Time*, 4.5.98.

In: "Only the Reggae Boyz with their **insouciant** brand of Caribbean charm, could prepare for the most important match of their lives by sipping champagne in the opulent splendour of a French château." *Daily Mail*, 18.6.98.

In: "Chris Blackwell, a man once memorably described as 'a unique combination of **insouciance** and Hustling'." *The Times Magazine*, 1.8.98.

In: "Bill Bradley lacked the **insouciant** grace of a natural athlete." *Herald Tribune*, 8.9.98.

intrigue

In: "One cannot but admire the English policy of **intrigue**." Goebbels, *Diaries*, 15.11.43.

In: "Rather disagreeable developments are observable in France. Laval keeps hesitating. It's not quite clear whether he is delaying from apathy or **intrigue**. Certainly Pétain is very much dissatisfied and would like to get rid of him." Goebbels, *Diaries*, 17.11.43.

In: "In the light of the Soviet **intrigue** in all countries of Europe it is little better than a bad joke that at this of all moments *Pravda* should proclaim the Soviet model man." Goebbels, *Diaries*, 26.3.45.

In: "Both novelists use these **intrigues** and their violent consequences." *Time*, 27.5.96.

In: "Bob Woodward... the chaos, the drama and the **intrigue** of an all-out Presidential campaign." *BusinessWeek*, 15.7.96.

In: "It suggests **intrigue**, Borgia-style, and a rattling good yarn." *The Times*, 10.5.96.

In: "Continuing **intrigue** is a mere taste of what may come." *Time*, 8.7.96.

In: "Even by Moscow standards, the swirl of **intrigue** last week was impressive." *Time*, 1.7.96

In: "Continuing **intrigue** is a mere taste of what may come as the Russians elect a President." *Time*, 8.7.96.

In: "Jungle **Intrigue**. Bre-X Minerals in Indonesia." *BusinessWeek*, 16.12.96.

In: "The family still controls 40% of the automaker's voting shares — **intrigue** at the top is not unusual at Ford." *Time*, 2.3.98.

In: "Uncovering Iraqi **Intrigue**." *Time*, 9.3.98.

In: "Royal **Intrigue** in Britain: Chance Meeting Or Not?" *Herald Tribune*, 12.7.98.

In: "Albania. CIA **Intrigue** Suggests Possible Link to Embassy Bombings." *Herald Tribune*, 13.8.98.

jeton

In: "Economy. A sort of **jeton** reappeared recently when in preparation for the euro." *Herald Tribune*, 5.4.98.

Po: "Imortais de verdade, com direito a fardão e **jeton**...". Amado, *Farda, fardão, camisola de dormir*.

Po: "O Presidente submeteu à aprovação do plenário o aumento do ***jeton***, assim como a remuneração aos acadêmicos por apresentação de painéis e conferências." *Boletim de Informações* (ABL), 26.3.98.

Po: "A proposta de aumento do ***jeton*** foi aprovada." *Boletim de Informações* (ABL), 26.3.98.

Po: "Respondi-lhe que V. advogava de preferência o ***jeton*** *de présence*, que seguramente é menos *bourgeois* que o recibo do tesoureiro." Carta de Machado de Assis a Joaquim Nabuco, 6.12.1899.

jeu de mots

Po: "Ele não sabe falar sem fazer un **jeu de mots**." Faria, *Reminiscências*.

Ru: "[... ayant déjà préparé sa réponse sous forme d'un] ***jeu de mots*** [léger et plein de révérence...]." L. Tolstoi, *Guerre et paix*, tradução do russo.

jeunesse dorée

In: "'A First Novel'... is set among the ***jeunesse dorée***, or golden youth, of the Left Bank in Paris." *Herald Tribune*, 7.4.98.

In: "Her home, Garsington Manor, was a kind of Medici court for the ***jeunesse dorée***." Hiller, *Art Déco of the 20s and 30s*.

Po: "Saíam do pesadelo cansadas, gastas, com menos dinheiro que antes dos anos negros, quando pertenciam à ***jeunesse dorée***." Macedo Soares, *As sentinelas de Deus*.

joie de vivre

In: "Picasso and 1946: The Year of **Joie de Vivre**." *Herald Tribune*, 21.7.96.

In: "Of course she is classless, and by an effort of will and ***joie de vivre***, their barter system embraces everyone." *Daily Mail*, 11.8.98.

In: "There wasn't much **joie de vivre** around in 1946." *Herald Tribune*, 21.7.96.

In: "The economy lacks **joie de vivre**", *BusinessWeek*, 15.4.96.

In: "...his carefree and boundless ***joie de vivre***". Amado, *Dona Flor*, versão inglesa.

In: "Art. Explosive energy and **joie de vivre** seem to have been dominant traits of Sichuan culture." *Herald Tribune*, 29.3.98.

In: "American zero tolerance of student alcohol use collided recently with French **joie de vivre**." *Herald Tribune*, 2.6.98.

Ru: "[...à ceci s'est joint la] *joie de vivre*...". Koni, *Drames de la vie*, tradução do russo.

Ru: "[Encore plus riche de cette] *joie de vivre* [particulière, claire, tranquille accompagnant son grand âge.]". Efros, *Le Petit théâtre*, tradução do russo.

jour [ver: "au grand jour"]

j'y suis, j'y reste

Po: "*J'y suis, j'y reste*, como tenho ouvido dizer na Câmara." Machado de Assis, 27.11.1892.

Po: "Muito pedante, Floriano volta e meia soltava um **j'y suis, j'y reste**." Faria, *Reminiscências*.

La Gloire/la gloire

In: "French Aerospace can't live on ***La Gloire*** alone." *BusinessWeek*, 6.5.96.

In: "...a necessity that not even French notions of ***La Gloire*** can overcome". *BusinessWeek*, 6.5.96.

In: "If he was a particularly discerning tourist, the impression he would carry away with him would not be... the triumphant bid for ***la gloire***, but of the new simple designs...". Hiller, *Art Déco of the 20s and 30s*.

laissez-faire/laissez faire/Laisser-faire

Al: "Im Münchner Nobelclub 'P1' gilt seit jeher das Gesetz des **Laisser-faire**: Ungezwungen plätschern die Gespräche um vieles und nichts." *Focus*, 6.7.98.

In: "Even the notoriously **laissez-faire** music business has stepped forward." *Newsweek*, 15.7.96.

In: "Radio. Featuring a **laissez-faire** format of news commentary, songs and debate, the program does not bother to comfort." *Time*, 15.7.96.

In: "...the recent shift from manager capitalism to **laissez-faire**". *BusinessWeek*, 9.9.96.

In: "The problem isn't **laissez-faire** economics so much as laissez-faire morality." *The New York Times*, 9.9.96.

In: "As an alternative to the Republican's **laissez-faire** moralism." *The New York Times*, 29.9.96.

In: "An activist in a **laissez-faire** town, the Chairman and CEO of...". *BusinessWeek*, 23.9.96.

In: "The Czechs are only now rethinking their **laissez-faire** policy." *BusinessWeek*, 7.10.96.

In: "The Tories were **laissez-faire** to a fault, as their failure to warn the public of the dangers of the mad cow disease in the mid-1990s showed." *BusinessWeek*, 19.5.97.

In: "Hong Kong. Will intervention supersede the former colony's **laissez-faire** system?" *BusinessWeek*, 9.6.97.

In: "France. Surely, their culture of complaint against... from 'Anglo-Saxon' **laissez-faire** capitalism to Japanese willing to live in rabbit hatches..." *BusinessWeek*, 16.6.97.

In: "...politicians have joined... journalists in declaring today's **laissez-faire** approach a total success". *The Atlantic Monthly*, nov. 1997.

In: "When Roosevelt came to office in 1933, **laissez-faire** had undermined the temples of capitalism, thrown a quarter of the labor force out of work." *Time*, 13.4.98.

Po: "Os advogados do ***laissez-faire*** foram derrotados nesse debate." *Jornal do Brasil*, 29.1.97.

Po: "Duelo de idéias entre os representantes dos Estados Unidos, que defendiam o ***laissez-faire*** na questão da globalização financeira, e os europeus e japoneses...". *Jornal do Brasil*, 6.3.99.

Ru: "[... vos ennemis en Russie sont les économistes, les partisans d'un] ***laissez-faire*** *total*...". Herzen, carta a Proudhon, 23.3.1860, tradução do russo.

laissez-faire, laissez-aller

Ru: "[Nos nouveaux libéraux méprisent... le slogan libéral] '***laissez-faire, laissez-aller***'...". Aksakov, *Essais*, tradução do russo.

Ru: "[Vous êtes répugnants comme des tombes avec votre théorie du] ***laissez faire, laissez aller***...". Mikhail, *Dans le désordre de la vie en province*, tradução do russo.

laissez faire, laissez passer

Ru: "[Leur devise commune est devenue la formule] ***laissez faire, laissez passer***...". Tchernychevski, *Turgot*, tradução do russo.

laissez-passer

Ru: "[Après vérification de mon] ***laissez-passer*** [français, il m'a expliqué qu'ici est installé le quartier général de la brigade de cavalerie]." Ignatiev, *50 ans dans les rangs*, tradução do russo.

lamé

In: "Fashion. Galliano delivered just that... always with subtle effects of Symbolist print on velvet, appliqués on **lamé**, lacy knit stitches...". *Herald Tribune*, 15.3.98.

It: "Ipotesi di astronome USA Venere vestita in **lamé**." *La Stampa*, 10.4.96.

It: "Moda. Per cui, slip in **lamé** anche troppo promettenti, sospensori di seta copiati dai quadri rinascimentali." *La Repubblica*, 4.7.97.

It: "Per le ragazze, abiti in raso o in **lamé**." *IoDonna*, 15.9.98.

landau

Po: "O **landau** parou em frente ao Hotel Albion...". Soares, *O xangô de Baker Street*.

Po: "...os dois visitantes subiram no **landau** do marquês". Soares, *O xangô de Baker Street*.

largesse

In: "That last bit of **largesse** was classic Yeltsin." *Time*, 27.5.96.

In: "**Largesse**: Order the New York Times Large Type Weekly." *The New York Times*, 15.9.96.

In: "Mayors... are enthusiastic about federal **largesse**." *U.S. News*, 30.9.96.

In: "The reason for this **largesse** is simple." *BusinessWeek*, 27.5.96.

In: "Dole and Ethanol. This **largesse** to both parties helped the ethanol industry in its infancy." *The New York Times*, 20.4.96.

In: "Hong Kong can afford a little **largesse**." *BusinessWeek*, 16.2.98.

In: "The failure of the government's **largesse** to bail it out...". *Herald Tribune*, 20.6.96.

In: "Washington's unilateral **largesse**." *Time* 15.7.96.

In: "Because Lippo's **largesse** came as donations to the Democratic Party...". *BusinessWeek*, 4.11.96.

In: "Labor bosses rightly argue that Juppé's **largesse** is minuscule." *BusinessWeek*, 23.9.96.

In: "The **largesse** came on top of a 30% rise in total pay...". *BusinessWeek*, 21.4.97.

In: "U.S. business could be one of the big beneficiaries of the new **largesse**." *BusinessWeek*, 19.5.97.

layette

In: "**Layette** Section at Harrods." *Harrods Store Guide*, 1996.

légendaire/legendarische/legendären

Al: "Jan Philipp, der einzige Sohn des **legendären** Hamburger Untenehmers...". *Madame*, mai. 1996.

Al: "Martine Monteil, Chefin der **legendären** Pariser 'brigade criminelle'." *Madame*, mai. 1996.

Ne: "The Grand Amsterdam... chef van Londens **legendarische** restaurant Le Gavroche."

lettre [ver: "à la lettre"]

liaison

In: "...a number of reasons, ranging from their **liaisons** with Jewish women...". *The Times*, 17.7.96.

In: "As of now, the Clinton defenders are saying: Everybody lies about sexual **liaisons**, and if one took place here, the cover-up is trivial, certainly no 'high crime'." *Herald Tribune*, 24.7.98.

In: "Dangerous **liaisons**? U.S. Airlines have tries with some questionable carriers." *BusinessWeek*, 29.7.96.

In: "Princess Diana...the intercepted cell-phone revealed not only an amorous **liaison**, but also na embarassing nickname: 'Squidgy'." *Time*, 27.5.96.

In: "The call girl... kept up the **liaison** with Morris and continued to charge him." *Newsweek*, 9.9.96.

In: "...it was not a normal sexual **liaison**: in fact, there is evidence that she was not capable of sexual intercourse". *Daily Mail*, 13.5.96.

In: "The Thomson-Matra deal will spark more **liaisons** in Europe." *BusinessWeek*, 4.11.96.

In: "The defining relationship in Goethe's career as a writer, Pruys says, was an intensely passionate **liaison** with the Dusseldorf philosopher Friedrich Heinrich Jacobi." *Herald Tribune*, 17.9.97.

In: "In the Nervous Nineties, an office romance with a subordinate is too often a dangerous **liaison**." *BusinessWeek*, 16.2.98.

In: "The FBI director has quietly pulled out... leaving behind only a single agent as a legal attaché and **liaison** to the Saudis." *Herald Tribune*, 22.6.98.

It: Che ci sia passati dalla *liaison* tra via Nazionale e viale dell'Astronomia?" *La Repubblica*, 2.6.97.

lieu

In: "A Flimsy Compromise in **Lieu** of Partnership." *The Washington Post*, 15.5.97.

lieutenant

In: "Labour frontbenchers are discreetly trying to heal a rift between two of Tony Blair's most important **lieutenants**." *The Times*, 13.5.96.

In: "The campaign also includes two of Helm's former **lieutenants**." *Time*, 4.12.95.

In: "One of Mr Turner's **lieutenants** said he would depart." *The New York Times*, 18.9.96.

In: "When Newt Gingrich and his **lieutenant** paid their regular visit to Bob Dole's headquarters." *Newsweek*, 16.9.96.

In: "Yeltsin and his **lieutenants** Chernomyrdin and Lebed." *Time*, 15.7.96.

Limoges/limoges

Po: "...no centro da mesa, pratos **Limoges**, cristais Baccarat...". Soares, O *xangô de Baker Street*.

Po: "A belíssima louça de **limoges** que usamos no Natal de 1939." Macedo Soares, *As sentinelas de Deus*.

limousine/Limousine/limusine

Al: "Von ihren Bodyguards bewacht, schleicht sich die berühmte Frau aus einen Luxushotel, ihre wartende **Limousine** wird von Paparazzi belagert." *Stern*, 16.7.98.

Al: "Eine **Limousine** bringt ihn von der Entseuchungsanstalt zum Lager Hellerberg." *Der Spiegel*, 13.7.98.

In: "In Taipei, they were chauffeured around in Mr Chou's **limousine**." *Daily Mail*, 13.5.96.

In: "It simply offered the most convenient place to park the royal **limousine**." *Daily Telegraph*, 25.7.98.

In: "Elton John's 50th birthday... long lines of **limousines** and other VIP cars." *Herald Tribune*, 8.4.97.

In: "...and demanding all government **limousines** be Russian-made". *Herald Tribune*, 29.4.97.

In: "Government Ruling Paves Way for **Limousine** Drivers Union." *The New York Times*, 26.11.97.

Po: "...aos beijos com Rodrigo na **limousine** do imortal...". Amado, *Farda, fardão, camisola de dormir*.

Po: "Pode-se até alugar um helicóptero ou uma **limusine**... deixando os filhos numa creche com babás." *Veja*, 9.4.97.

Po: "As **limousines**, brancas e imensas, ficam estacionadas esperando, e os guardas são tolerantes nesses casos." *Jornal do Brasil*, 13.7.98.

lingerie

In: "A soft silk-jersey dress trimmed with **lingerie** lace." *Herald Tribune*, 8.10.96.

In: "In March, Claremont Garments, which supplies **lingerie** to M&S, announced that it was cutting 500 jobs...". *The Times*, 6.5.96.

In: "**Lingerie** Section at Harrods." *Harrods Store Guide*, 1996.

In: "...along with T-shirt contests and **lingerie** shows". *BusinessWeek*, 17.6.96.

In: "The **lingerie** industry is well-established, selling more than 60 million bras each year in Britain." *The Times*, 18.6.98.

In: "Sex stayed on the agenda for familiar **lingerie** looks." *Herald Tribune*, 7.10.96.

In: "...and see-through and **lingerie-**style clothing met similar fate." *Herald Tribune*, 6.8.96.

In: "Creative Twist on Undergarments: **Lingerie** Turns Itself Inside Out." *Herald Tribune*, 16.3.97.

In: "...a boom in Egyptian-made **lingerie**...". *Herald Tribune*, 25.4.97.

In: "The Arab **lingerie** market has its quirks." *Herald Tribune*, 25.4.97.

In: "While the Irish rock band blasted 'Holy Joe' near the **lingerie** department...". *BusinessWeek*, 26.5.97.

In: "Esmod has extended its array of design specialties to **lingerie** and costume." *Herald Tribune*, 15.3.98.

It: "Il 'padre' può anche spogliarla oppure vestirla con **lingerie** erotica." *La Stampa*, 7.4.96.

Po: "Cláudio deu para a mulher uma peça de ***lingerie*** bem sexy, de La Perla." *Jornal do Brasil*, 12.11.97.

liqueur

In: "A ceramic negro idol and a false book become **liqueur** bottles complete with sets of glasses." Dorfles, *Kitsch, the World of Bad Taste*.

liseuse

In: "She sat propped up on her bed in a pale blue woolen ***liseuse***, her widely spaced eyes flashing." Rasponi, *The Last Prima Donnas*.

lorgnon

Po: "Hoje em dia, usar **lorgnon** é uma forma de caricatura." Lins, *Almanaque*.

louche

In: "The show opened on a witty note with blue-stocking types invading the **louche** scenario to distribute a 'Fashion Manifesto'." *Herald Tribune*, 15.3.98.

lucrative

In: "Agents came calling at his home bearing **lucrative** contracts." *Time*, 22.7.96.

luxe [ver: "de luxe"]

macabre

In: "Dawn French returns to display her comic talents in six more improbable tales of the **macabre**." *The Times*, 10.5.96.

In: "Doom takes game players into a **macabre** world of mutant humans." *Financial Times*, 19.5.96.

In: "Around Bhopal's 'Well of Death', a **Macabre** Sort of Living." *Herald Tribune*, 28.6.96.

In: "The **macabre** humor did not surprise the guide." *Herald Tribune*, 28.6.96.

In: "...some sort of **macabre** pleasure". *Sunday Times*, 14.7.96.

In: "...the trip, quickly turned the disaster into a **macabre** phenomenon". *BusinessWeek*, 16.6.97.

madeleine

In: "The famous **madeleine** that conjures up memories of Proust's childhood appears in a chapter entitled 'How to Open Your Eyes". *Time*, 2.6.97.

In: "It is an irresistible **madeleine** of a volume that ought to be devoured in one sitting." *Time*, 2.6.97.

In: "For Roden it is a world of Proustian **madeleines** even if their names sound odd to our ears." *Herald Tribune*, 15.12.96.

Po: "Marcel Proust, por exemplo, escreveu suas memórias após sentir o odor das ***madeleines***, 'bolinhos amanteigados', de sua infância." *Manchete*, 24.5.97.

maillot/maiô

Es: "Peter Luttenberger ganó la séptima etapa de la vuelta a Suiza y se enfundó el **maillot** amarillo." *El País*, 18.6.96.

Es: "En el Tour del Mediterráneo, ...el Checo Svorada mantiene el **maillot** de líder." *El País*, 16.2.96.

In: "Transfer that to swimwear, as a nude-colored **maillot**." *Herald Tribune*, 25.6.96.

Po: " Calções, **maiôs**, biquínis desfilam diante da reduzida população de Mangue Seco." Amado, *Tieta do agreste*.

Po: "O minúsculo **maiô** deixa à vista mancha escura recente... na coxa de Tieta." Amado, *Tieta do agreste*.

Po: "Um **maiô** que não molha." *Manchete*, 10.5.97.

Po: "Hillary Clinton, flagrada de **maiô** numa praia do Caribe...". *Veja*, 21.5.97.

Po: "Lady Di... sobe para o alto de um telhado com seu **maiô** de pantera...". *Jornal do Brasil*, 17.7.97.

maintenance

In: "One has run continuously for more than a year with no **maintenance**." *BusinessWeek*, 27.5.96.

In: "**Maintenance** histories will be reexamined to make sure they meet all requirements for older aircraft." *Herald Tribune*, 16.5.96.

In: "...merged with Healthcare Inc., a leading health-**maintenance** organization". *BusinessWeek*, 2.6.97.

maison

Po: "Num desfile da **maison** Dior, Lila usava um correto tailleur." *Veja*, 22.5.96.

Po: "...prefere as mais clássicas, das ***maisons*** Lanvin ou Dior". *O Globo*, 22.5.97.

maisonnette

Po: "A **maisonnette** de Lee Thaw em Nova York foi um centro ativíssimo de atividade social." Lins, *Almanaque*.

maître/maître d'/maître d'hotel

In: "Angelo Zuccotti was the **maître d'** at El Morocco, New York's preeminent café society restaurant." *Daily Mail*, 14.8.98.

In: "Who should rush forth... but its new **maître d'**, Kurt, whisking us to a corner banquette...". *The New Yorker*, 20.1.97.

In: "Danielle... along with a waiter who was a **maître d'hôtel** at the Negresco...". *Herald Tribune*, 13.4.97.

In: "Dunne... he revels in his clout with **maitres d's** at exclusive restaurants like Le Dome, Spago, and L'Orangerie." *New York*, 24.11.97.

In: "The Bureau of Labor Statistics... and 39 percent more restaurant cooks, **maître d's** and hotel personnel." *Herald Tribune*, 7.4.98.

Po: "E diga que vou me queixar ao **maître** dessa falta de respeito." Amado, *Tieta do agreste*.

Po: "...ex-ministros, amigos de Brandão, seu alfaiate e até um **maître** que o serve há mais de 20 anos". *Veja*, 22.1.97.

Po: "Ele exigiu um **maître** por mesa e um sommelier para cada quatro mesas." *IstoÉ*, 12.11.97.

Po: "Estava morrendo de vontade de chamar o ***maître d'hotel***, para dizer-lhe que os bifes estavam ótimos." Macedo Soares, As *sentinelas de Deus*.

maladie/malady

In: "TV remedy for a TV **malady**." *The New York Times*, 9.9.96.

In: "U.S. Today: American **Maladies**." *Herald Tribune*, 21.8.96.

In: "A Mysterious **Malady**. Searching for the cause of Gulf War syndrome." *Newsweek*, 30.9.96.

maladroit/maladroitly

In: "Juppé... and conducted, **maladroitly** and arrogantly, the same economic austerity program...". *Herald Tribune*, 3.6.97.

In: "This is a self-protecting man, but, of course, fantastically **maladroit**, so that even his most careful calculations go astray." *New York*, 24.11.97.

In: "**Maladroit:** VW's recent treatment of the financial community is even harder to fathom." *BusinessWeek*, 16.2.98.

In: "The statuesque poses and elaborate gestures may be meant to send up Restoration mannerism but often seem more like **maladroit** attempts to bring back the kind of mannered Restoration acting we banished 20 years ago." *The Times*, 18.6.98.

Po: "Jorge Fuller é o homem mais **maladroit** que conheço." Lins, *Almanaque*.

malaise

Fl: "Eerst vertrok de vlucht naar Heraklion [Kreta] uren te laat, daarna was het de beurt aan Chania [ook Kreta] en ook Izmir deelde in de **malaise**." *Het Nieuwsblad*, 27.7.98.

In: "But this **malaise** would have had little importance had it not been for the economy." Thatcher, *The Downing Street Years*.

In: "Generally, a political **malaise** spreads because of underlying economic conditions are bad or worsening...". Thatcher, *The Downing Street Years*.

In: "Montreal's deep **malaise**." *Herald Tribune*, 25.3.96.

In: "Japan. 'Today there is a **malaise**, a deep recognition that they are no longer on the way up'." *Time*, 22.4.96.

In: "France's **malaise** won't last long." *BusinessWeek*, 17.6.96.

In: "You'll experience fever, anemia, fatigue... and general **malaise**." Rosenfeld, *Doctor, What Should I Eat?*

In: "The equity boom has withstood Yeltsin's illness and economic **malaise**." *BusinessWeek*, 24.2.97.

In: "Theroux... conceives the idea that the Queen can somehow cure his **malaise**." *Time*, 7.10.96.

In: "...an era of political corruption and economic **malaise**". *Herald Tribune*, 29.8.97.

In: "Things Aren't So Bad, French Have to Admit. Shrugging Off **Malaise** — for Now, at Least." *Herald Tribune*, 13.7.98.

Ru: "[Il n'y a pas de souffrance, mais je n'envisage même pas de me défaire du] ***malaise***." Turgueniev, carta a P. V. Annenkov, 10.1.1858, tradução do russo.

malgré lui

In: "...for otherwise he might have found himself the husband ***malgré lui*** of that slut...". Amado, *Dona Flor*, versão inglesa.

malgré moi

Ru: "***Malgré moi***, [je devenais un homme lassant...]". Lugonov, *L'Heureux homme*, tradução do russo.

malgré tout

Ru: "[Bonne santé, et] ***malgré tout*** [croyez en l'amitié...]". Soloviev, carta a N. N. Strakhov, 12.4.1887, tradução do russo.

manchette/manchete

Po: "O *Jornal dos Sports* fez do Aterro **manchete** diária no jornal." Oliveira, *Flores raras e banalíssimas*.

manicure/manucure

Po: "Luxemburgo seria ovacionado por ter assediado a **manicure**." *Veja*, 29.5.96.

manoeuvre/manoeuver/maneuver/manoeuvering/maneuvering

In: "The Oxford student who **manoeuvred** to avoid military service in Vietnam has ordered troops to Haiti and Bosnia." *Herald Tribune*, 1.8.96.

In: "The Pope has not lost his touch for left political **manoeuvre**." *Herald Tribune*, 30.10.96.

In: "How Bill Clinton is **manoeuvering** to turn Joe Camel into Bob Dole's...". *Newsweek*, 15.7.96.

In: "The election is likely to be followed by a burst of political **manoeuvering**. *Time*, 8.7.96.

In: "...and hand operated "For Hire" flags, all **manoeuvre** madly to stay in front of the camera". *Financial Times*, 19.5.96.

In: "An unusual procedure... has been **manoeuvered** into a major political controversy." *Herald Tribune*, 3.6.96.

In: "...the election is likely to be followed by a burst of political **manoeuvering**." *Time*, 8.7.96.

In: "The Mexican currency isn't overvalued. Room to **maneuver**." *BusinessWeek*, 3.6.96.

In: "The Iranian Army Ends **Manoeuvers**." *Herald Tribune*, 26.5.96.

In: "...and retain its margin of **manoeuver**...". *Time*, 12.8.96.

In: "Here is the story... and **maneuvering** in the worried GOP camp." *BusinessWeek*, 19.8.96.

In: "Naval units hold **maneuvers** off each other's coasts." *Herald Tribune*, 16.4.97.

In: "His stock **maneuvers** may hinder the company's turnaround." *BusinessWeek*, 5.5.97.

manqué(ée)

In: "He may be a gentleman like Sir Richard Hannay, or a quiet Englishman such as Ashenden, or a don **manqué** like Smiley." *The Times*,10.5.96.

In: "The film was appreciatively received, perhaps more as a civil liberties cause **manqué** (you know how Hollywood loves those) than as a presumptive work of art." *Time*, 6.4.98.

In: "Many are the work of Dorrell, an artist and self-confessed 'architect **manqué**', who enjoys the frivolity and ephemeral nature of garden buildings." *The Times Magazine*, 1.8.98.

Ru: "[...son principal malheur est qu'elle est une] *artiste **manquée***...". Grigoriev, carta a M. A. Pogodine, 26.8.1857, tradução do russo.

maquette/maquete

In: "Antoine Louis Barye's original terra-cotta **maquette** for a tiger pouncing on a horse...". *Herald Tribune*, 1.6.97.

Po: "Bienal de Arquitetura. Desfile de **maquetes**." *Veja*, 19.11.97.

Po: "Quando se encerrou a exibição das ***maquettes*** de monumentos [a de Rio Branco] não se tratou de outra coisa." Ribeiro, *Crítica*.

maquillage/maquiagem

In: "The Day of the **Maquillage**." *Time*, 6.10.97.

Po: "Zulmira quase nunca usa **maquillage**." Lins, *Almanaque*.

Po: "No cabelo e **maquiagem** da parte mais fashion estão Mauro Freire... e equipe." *Folha de S. Paulo*, 22.5.97.

Po: "FunexPo: "**Maquiagem** definitiva." *Veja*, 26.11.97.

Po: "Maria do Socorro só trabalha de *tailleur* escuro e **maquiagem** leve." *Manchete*, 22.11.97.

Po: "Indústria de cosméticos. Tanto é que ela nunca estrelou uma campanha de linha de **maquiagem**." *IstoÉ*, 23.7.97.

marchand [de quadros]

Po: "Sua filha Bia acertou casamento com o ***marchand*** americano Marc Pottier." *O Globo*, 28.12.96.

Po: "Ex-**marchand** preso por maracutaias lança um ótimo romance... no mundo das artes." *Veja*, 2.4.97.

Po: "Ramus foi um dos maiores **marchands** da época do boom do mercado de arte." *Veja*, 2.4.97.

Po: "...engrenagem que reúne **marchands**, curadores, galeristas, fotógrafos...". *Veja*, 9.4.97.

Po: "Albright se recusava a ser representado por um ***marchand*** e punha altos preços em suas obras para desencorajar a venda." *O Globo*, 12.7.97.

mardi gras

In: "Communicating anonymously 'leads to the **Mardi Gras** phenomenon', says Paul Gilster." *Time*, 18.11.96.

In: "As the city prepares for the finale of **Mardi Gras**...". *BusinessWeek*, 17.2.97.

mariage blanc

In: "The marriage was childless and contained so little passion that some Burton-watchers even speculated that it was a ***mariage blanc***." *Sunday Times*, 13.9.98.

marionnette/marionette

In: "The Hungarian State Puppet Theatre holding a **marionette** of King Lear at a world puppet festival." *Herald Tribune*, 5.7.96.

In: "Jim Henson sometimes said *Muppet* was a combination of *puppet* and ***marionette***, but it seems the word came to him and he liked it, and later thought up a derivation." *Time*, 8.6.98.

marque

In: "VW's Piech tries to smile after losing to BMW's Bernard Pischetsrieder, in the battle for the Rolls-Royce **marque**." *Time*, 28.9.98.

marquée/marquee

In: "...were dotted with people, tents and a capacious **marquee**". *BusinessWeek*, 22.7.96.

In: "Bernard Loughlin has recently had Footsbarn performing in a **marquee** on the grounds." *The Irish Times*, 15.8.98.

In: "...despite his lack of, as Allen puts it, '**marquee** value'...". *BusinessWeek*, 4.11.96.

In: "Both performers... and their names on a **marquee** are a virtual guarantee of commercial success." *Herald Tribune*, 26.6.96.

In: "England's annual celebration of the glory of the garden — with its **marquee** full of tumbling roses... has become an international affair." *Herald Tribune*, 19.5.98.

In: "Deutsche Morgan Grenfell has grabbed some **marquee** assignments." *BusinessWeek*, 14.4.97.

marqueterie/marquetry

In: "A pair of **marquetry** side tables in the English subdued version of Louis XV Rococo." *Herald Tribune*, 2.6.96.

In: "Sotheby's. The Regence Boulle **marquetry** bookcase sold for $17,250." *Herald Tribune*, 25.5.97.

marron glacé

Po: "Vez por outra, serve-se de um *marron glacé* da Cailtau ou de um gole de champanhe." Soares, *O xangô de Baker Street*.

mascotte/mascot/mascote

In: "The once derided Atlantic Olympic **mascot**." *Time*, 15.7.96.

In: "Will Izzy find his Olympic **mascot** duties too hot to handle?" *Time*, 15.7.96.

In: "A top-hatted bulldog, the Yale University **mascot**." *BusinessWeek*, 17.6.96.

It: Una gattina randagia, che era diventata la **mascote** dei fan di la squadra de baseball." *La Repubblica*, 5.4.96.

massacre

In: "Burundi. A cycle of **massacre** and revenge seems unbreakable." *Time*, 5.8.96.

In: "The Qana **massacre** has created an avalanche of anger." *Herald Tribune*, 2.7.96.

In: "Yugoslavia. 'These **massacres** have left people angry and deeply frustrated'. *Herald Tribune*, 15.3.98.

masse [ver "en masse"]

masseur

In: "Motor **masseur** could ease a lot of pains." *Daily Mail*, 18.6.98.

matériel

In: "A handful of advisers, a little, very little **matériel**." *Herald Tribune*, 24.10.96.

In: "With manpower and **matériel** shortages worsening, the nuclear forces...". *Time*, 21.10.96.

In: "They filtered in arms to augment a stockpile of **matériel** already cached inside the capital." *Time*, 19.8.96.

In: "Vast quantities of **matériel** nevertheless had to be left behind." Warner, *The Tide at Sunrise*.

In: "At 11 o'clock the first group of eight trains loaded with artillery **matériel** and other supplies, pulled out." Warner, *The Tide at Sunrise*.

In: "Businessman Sentenced for Selling Gas **Matériel**." *Herald Tribune*, 17.7.98.

matinée/matinee/matinê

In: "An announcement on stage at the end of a **matinée** performance of Victor-Victoria." *The Times*, 10.5.96.

In: "She and her mother went to Saturday **matinees**, a secular ritual on the sabbath." *The New York Times*, 14.9.96.

In: "Lily Pons became an overnight star in January 1931 with a **matinée** performance of *Lucia de Lammermoor* at the Metropolitan." Rasponi, *The Last Prima Donnas*.

In: "Telma Hayek dragged her father to movie **matinees** every Sunday afternoon." *Time*, 22.7.96.

In: "Waldorf-Astoria... impressive culinary credentials and **matinee**-idol good looks to his new gig." *New York*, 24.11.97.

In: "An overwhelming experience was a **matinée** of *Lucia* at the Comunale in Bologna." Rasponi, *The Last Prima Donnas*.

In: "They lived like **matinée** idols." Rasponi, *The Last Prima Donnas*.

In: "Since the 1970s, when he turned models into Amazons and pop stars into **matinée** idols, Anthony Price has been the guru of glamour." *Sunday Times Magazine*, 2.8.98.

In: "Gregory Peck, white-haired, still **matinée**-idol handsome, was strolling around his Bel Air home." *Herald Tribune*, 7.5.98

In: "The Warner menagerie energized three decades of Saturday **matinées**." *Time*, 8.6.98.

In: "Brad Pitt. Job title: Reluctant **Matinee** Idol." *Premiere*, mai. 1998.

Po: "O filme... a primeira às três da tarde, em **matinê**." Amado, *Tieta do agreste*

Po: "Excetuando-se parte da meninada ainda na **matinée**, no Cine-Teatro Tupy...". Amado, *Tieta do agreste*.

Ru: "[... à partir du dimanche prochain, elle se remet à organiser ses] ***matinées***. Turgueniev, carta a V. G. Botkine, 22.8.1866, tradução do russo.

mature

In: "Once a gangster, now a symbol of **mature** politics." *Newsweek*, 15.7.96.

In: "...they wanted to show off a kinder, gentler, more **mature** side of the comedian...". *Herald Tribune*, 8.4.97.

mauve

In: "...whose flowers open cream, change to white and then develop **mauve** edging to the petals". *The Times*, 11.5.96.

In: "The Mercer... this paradise of post-minimalism with its touches of **mauve**, yellow and aqua among the pallid neutrals." *Herald Tribune*, 31.3.98.

In: "On sale... A **mauve** satin suit enbroidered with fruit and flowers, once worn by Louis XVI's minister Jacques Necker." *Herald Tribune*, 24.5.98.

mayonnaise/maionese

Al: "**Mayonnaise** darüber träufeln, mit den Krevetten bestreuen." *Stern*, 16.7.98.

Fl: "...maar overal smeren Amerikaans echtparen extra **mayonnaise** uit over hun Big Mac en werken ze een zak *French Fries* naar binnen". *Het Nieuwsblad*, 27.7.98.

In: "...a mint-infused **mayonnaise** served as delicate dipping sauce". *Herald Tribune*, 12.7.96.

Po: "E, claro, os temperos: **maionese**, ketchup, mostarda." *Veja*, 23.4.97.

Po: "Economia. Pacotes são orações para salvar planos redentores quando eles começam a virar **maionese**." *Veja*, 19.11.97.

Po: "**Maionese** estragada condena lanchonete." *Jornal do Comércio*, 11.7.98.

médaillon/Medaillon/medallion

Al: "**Medaillons** auf dem Gemüse anrichten und mit Limetten-Olivenöl begiessen." *Stern*, 16.7.98.

In: "Circular **medallions** were a favorite device." John Fuller.

In: "...with Christ's face in the center between **medallions** of the Virgin Mary...". *Time*, 5.5.97.

médiocre

In: "Meanwhile, a **mediocre** educational system stressing Islam is churning out an army of unemployed youth." *BusinessWeek*, 8.7.96.

In: "It is thus that **mediocre** people seek to lower great men." Thomas Carlyle, 1795-1881.

mélange/melange

In: "the menu offers a **mélange** of dishes native to the Southern State." *Time*, 2.9.96.

In: "But from the **melange** of face-to-face duelling, archival digging and sedulous reading in the secondary sources, Rosembaum has fashioned a truly brilliant book." *The Irish Times*, 15.8.98.

In: "...an eclectic **mélange** of Art Nouveau and other turn-of-the-century ornamentation". *Time*, 7.4.97.

mêlée/melee/melê

In: "...aside from a frantic **mêlée** where kicking the ball hard and far counted as a positive ploy". *The Times*, 6.5.96.

In: "Israeli soldiers joined in the **mêlée**." CNN TV, 13.8.96.

In: "Policemen Hurt in **Melee** With Seoul Monks." *The New York Times*, 24.12.98.

In: "He drags himself out of a police **melee** at the train station...". *The New Yorker*, 20.1.97.

In: "Pre-Vote **Melee** in Kenya." *The New York Times*, 27.12.97.

In: "Policeman in Coma After Fans Get Into Street **Melee**." *Herald Tribune*, 22.6.98.

In: "The Brazilian was injured filming a **melee** in central Lens." *Herald Tribune*, 22.6.98.

In: "In the Middle of a **Melee**. Football hooliganism is a scrappy, random affair." *Time*, 29.6.98.

In: "Trying to Disperse Soccer Fans, French Riot Police Trigger a **Melee**." *Herald Tribune*, 1.7.98.

Po: "O governador do Piauí provocou verdadeiro **melê** ao processo de privatização da Cepisa." *Jornal do Brasil*, 12.7.98.

mélodrame/melodrama

In: "The scene appeared straight out of one of those old **melodramas** with vocal audience participation." *Time*, 9.9.96.

memoir/memoirs

In: "Alaïa, the subject of a fashion **memoir** minibook series." *Herald Tribune*, 2.7.96.

In: "Only Vietnam and the Soviet Union Russia have inspired so many **memoirs**." *Herald Tribune*, 1.7.96.

In: "Mitterrand. **Memoirs** reveal awe of Germany and anger at U.S." *Herald Tribune*, 22.4.96.

In: "The **memoir** of ex-CIA chief Robert Gates." *Time*, 13.5.96.

In: "He explained in his 1978 **memoir**, 'Honorable Men.'" *Herald Tribune*, 13.5.96.

In: "He likes piling through political **memoirs**... particularly of Henry Kissinger." *BusinessWeek*, 7.4.97.

In: "Theroux describes his novel as 'an imaginary **memoir**'...". *Time*, 7.10.96

In: "But the **memoir** fails in its other main purpose — to exculpate Wolf from blame for the system's evils." *BusinessWeek*, 9.6.97.

In: "Anyone want to buy a **memoir** by a guy named McCourt?" *Time*, 15.6.98.

mémoire [ver "pour-mémoire"]

menace

In: "This was Anglophilia with a touch of **menace**..." *Financial Times*, 19.5.96.

ménage à trois/menage à trois/menage à deux

In: "**Ménage à Trois** Banques. If BNP's hostile bid for two French rivals succeeds, it will create the the biggest bank in Euroland." *Time*, 22.3.99.

In: "As a member of a **ménage à trois**, Alice was unaware...". *The New York Times*, 29.9.96.

In: "**Menage à trois** é casal de três, o marido, a mulher e o (a) amante." *Koogan-Houaiss*.

In: "Growing ties between Israel and Turkey. ...the odd couple begins to look like a military ***ménage à trois***." *Time*, 2.6.97.

In: "Parrish Maynard, looking inscrutable, completed the **ménage à trois**." *New York*, 24.11.97.

In: "Music. At the end, a man joins in for a ***ménage à trois***. She downloads her inhibitions and challenges ours." *Time*, 3.11.97.

In: "**In France It's Menage à Deux**. The Socialist-sponsored legislation would allow any couple living together, whether gay or heterosexual, to enjoy... social and fiscal rights." *Herald Tribune*, 13.8.98.

Po: "Marilyn Monroe certa vez recusou um convite para um **ménage à trois** dizendo que isso faz muito mal à saúde." *IstoÉ*, 14.8.96.

ménagerie/menagerie

In: "A **Ménagerie** of Carnival Art." *Herald Tribune*, 5.10.97.

In: "The Warner **menagerie** — Bugs, Daffy, Tweety, Wile E. Coyote — energized three decades of Saturday matinées." *Time*, 8.6.98.

menu

In: "...pages of mouthwatering **menus**". *Entrée*, Londres, mar. 1996.

In: "The Florence Summit: Mad Cows on the **Menu**." *Time*, 24.6.96.

In: "...light-emitting diodes have a limited **menu** of choices". *BusinessWeek*, 14.4.97.

In: "At Robuchon's restaurant Friday, the **menu** was 'the usual'." *Herald Tribune*, 7.7.96.

In: "If it is haute cuisine you want, then the best-tasting **menu** is at Boulay." *Eurostar Magazine*, 3.4.96.

In: "John Gummer puts beef on the **menu** of his other daughter." *Daily Mail*, 3.4.96.

In: "Morgan hopes to present a **menu** of options to the family in mid-July." *Herald Tribune*, 19.6.96.

In: "If **Menu** Says 'Healthy', It Had Better Be." *The New York Times*, 4.9.96.

In: "Three big broadcasting companies dominated the home-video **menu**." *Time*, 9.9.96.

In: "Jack Greenberg, Chairman and CEO, McDonald's USA: 'We clearly think we have to do something with our **menu**'." *BusinessWeek*, 9.3.98.

In: "On the Tourist **menu**...". *The Times*, 17.7.96.

In: "Claire Ford designs the **menus** for ten heritage sites." *The Times*, 17.7.96.

In: "...expensive restaurant whose new **menu** disguises familiar dishes". *Herald Tribune*, 1.7.96.

In: "...there is no **menu** and speaking is not allowed...". *The New Yorker*, 20.1.97.

In: "...a merchandise order form arrives at your table even before the **menu**". *Herald Tribune*, 23.5.97.

Ne: "...alsmede diverse aantrekkelijk geprij de **menu**'s". Cervejaria Henricus, Haia.

menuet/minuet

In: "Iran-U.S.A. A direct encounter is a step neither leader is yet prepared to take in their careful **minuet** of rapprochement." *Herald Tribune*, 29.6.98

In: "Against the backdrop of a slow **menuet** between Iran and the United States over resuming cultural ties...". *Herald Tribune*, 8.9.98.

menu gastronomique

In: "It reminded me of a friend who dined at a swanky three-star outfit and ordered the **menu gastronomique**." *Entrée*, Londres, mar. 1996.

meringue

In: "...a textbook *œufs-à-la-neige* with a wedge of **meringue**". *Herald Tribune*, 27.7.96.

In: "Didier spread the **meringue** into a baking dish. 'Look at that,' purred Lyn." *The Times Magazine*, 1.8.98.

metteur-en-scène

In: "There is also the craze on the part of conductors and **metteurs-en-scène** to crush the personality of the artist." Rasponi, *The Last Prima Donnas*.

In: "Those were the days when an artist had complete leeway... with the **metteur-en-scène** standing in the background, mainly preoccupied with the chorus." Rasponi, *The Last Prima Donnas*.

métier

In: "The novel provides ample evidence of the author's command of his **métier**." *Herald Tribune*, 27.6.96.

Po: "Todo apreço pelas artes como ***métiers***, ofícios, disciplinas... se perdeu." Clement Greenberg.

métro/Metrô

In: "At the ***métro*** station a Frenchwoman in her forties approached him. She explained that her husband was a Russian agent." Warner, *The Tide at Sunrise*.

In: "...written in a woman's handwriting: 'Please meet me at 11 A. M. next Thursday at the Champs Elysée ***métro***', it said". Warner, *The Tide at Sunrise*.

Po: "Os prós e contras do **Metrô**." *Veja*, 15.7.98.

Po: "**Metrô** chega a Copacabana e à Pavuna e já se planeja se estender até a Barra." *Veja*, 15.7.98.

meunière

In: "Like a lot of *haute cuisine*, sole **meunière** is forever." *The New York Times Magazine*, 3.1.99.

mi-carême

Po: "Por pouco acabam baile e **mi-carême**." Amado, *Farda, fardão, camisola de dormir*.

Po: "Quantas vezes repetiu o escândalo do Baile da **Mi-carême**?" Amado, *Farda, fardão, camisola de dormir*.

mignon

Po: "Com um tipo ***mignon***, Alzira poderia facilmente ser confundida com uma estudante." Martins, *Valeu a pena*.

migraine

In: "He was confined to his hotel with a **migraine**." *Herald Tribune*, 16.5.96.

Po: "Não fosse a sua ***migraine***, eu teria oferecido um grande banquete." Soares, *O xangô de Baker Street*.

milieu

In: "Xerxes'... set in a slightly nightmarish, garishly tasteless **milieu** suggestive of an unholy mix of Ceaucescu's Romania and Saddam Hussein's Iraq." *Herald Tribune*, 26.6.96.

In: "Hollander's production, designed with a strong feel for the **milieu** by Dody Nash...". *The Times*, 8.5.96.

In: "She's [Chelsea Clinton] going to class every day, and I imagine that, in her **milieu**, there's no shortage of talk." *Herald Tribune*, 6.11.98.

In: "The chairman... is widely known as a creative renegade in a staid corporate **milieu**, a supporter of such cases as the medical uses of marijuana." *Herald Tribune*, 8.7.97.

In: "Hanson lived in suburban Florida and it is from this **milieu** that he drew his subjects." *Time*, 5.5.97.

In: "Camus... dwelled in a dishonest intelectual **milieu** self deluding in its devotion to revolutionary fads." *The New York Times*, 19.12.97.

In: "Or you can consider the writer who brought us those phrases which instantly conjure a certain **milieu** or evoke the spirit of an age." *The Times Magazine*, 12.9.98.

In: "Gunesekera's **milieux** is that of young girls reading *Father Brown* mysteries under the mango trees, and his language is crunchy with indigenous hybrids." *Time*, 28.9.98.

mille-feuilles

In: "In fact, the *napoleon* is similar to the ***mille-feuilles*** as it has cream filling between its layers." Foster, *Irony, a Guide*.

Po: "Sem dúvida, a melhor **mille-feuilles** de Paris é a da brasserie Lipp." Lins, *Almanaque*.

millésimé

Po: "Todos anteciparão com uma taça de champagne Moët et Chandon rosé '**millésimé**', safra 1992." *IstoÉ*, 12.11.97.

millionnaire/Millionär/billionnaire/multimillionaire/Multimillionär

Al: "...von dem amerikanischen **Multimillionär** Dr. Robert Graham gegründet...". *Madame*, mai. 1996.

In: "Fidel Castro: 'None of us have shed tears that there are no **millionnaires** in Cuba'." *Time*, 13.5.96.

In: "It's a bit like someone who becomes a **millionnaire** in one week', he said." *Herald Tribune*, 16.6.96.

In: "...a venture backed by cosmetics **millionnaire** Ronald S. Lauder". *BusinessWeek*, 27.5.96.

In: "Making chairman Steve Jobs, the **millionnaire** co-founder of Apple Computer, into a super **billionnaire**." *Time*, 22.7.96.

In: "Whether he was an amateur or a **millionnaire**. The world's greatest athlete." *Herald Tribune*, 31.7.96.

In: "It is not appropriate for me to turn down a present given me by a **millionnaire**." *Time*, 2.9.96.

In: "The new best golfer quits college to become a **millionnaire**." *Time*, 9.9.96.

In: "The **millionaire** said Lord Blaker... had mounted the conspiracy against him...". *The Times*, 9.5.96.

In: "Mrs. Ciller's rise to the status of a **multimillionnaire**, however...". *Herald Tribune*, 7.4.97.

In: "Cover story: **Millionnaire** dons." *BusinessWeek*, 9.3.98.

miniature

In: "...has given Perot a chance to win his first **miniature** election". *Time*, 22.07.96.

In: "...*By Jeeves* is a delight in **miniature**". *Time*, 22.7.96.

In: "...dictated destruction of human life, however primitive and **miniature**". *Herald Tribune*, 12.8.96.

In: "...a chain-mail fabric from small alloy plates linked with **miniature** staples". *Time*, 7.10.96.

minuscule

In: "...even in the **minuscule** cluster of ambitious movies". *Sunday Times*, 14.7.96.

mirage

In: "...Like **mirages** in the desert, the hopes of the outside powers evaporated as soon as any effort was made to implement them". Kissinger, *Diplomacy*.

In: "The **mirage** of Moscow as a longed-for El Dorado has greatly dimmed...". *Time*, 27.5.96.

In: "The idea might well remain a **mirage**, but if anyone is up...". *Time*, 14.4.97.

mise-en-plis

Po: "Informe JB: **Mise-en-plis**. Embora ainda ensaiando *As Tias*, Mauro Rasi já tem pronto um thriller político militar." *Jornal do Brasil*, 3.4.96.

mise en scène/mise-en-scène

In: "Hong Kong's Wong Kar-wai won the **Mise en Scène** [best director]." *Time*, 2.6.97.

In: "Indeed, the movie's **mise en scène** now has unintended resonances." *Time*, 21.7.97.

In: "But in 1961, after he sang a very successful *Falstaff* — he also did the **mise-en-scène** — he said to me...". Rasponi, *The Last Prima Donnas*.

Po: "Helena Lustosa: 'Além do mais, o público adora a ***mise en scène*** em torno de uma exposição'." *O Globo*, 11.1.97.

Ru: "[Comme toujours, il était discret et parlait peu, ne se mêlant pas de la] ***mise en scène***...". Boborykin, *En un demi-siècle*, tradução do russo.

Ru: "[... après légère modification de la] ***mise en scène***, [il jouait avec plus de force et d'éclat que jamais]". Sumbatov, carta a Mme. Sumbatova, 1897, tradução do russo.

Ru: "[... écrire des pièces, et les éditer d'une façon générale, avec une] ***mise en scène*** [de théâtre artistique...]". Tchekhov, carta a Vl. I. N. Dantchenko, 16.6.1899, tradução do russo.

missive

In: "But the **missive** failed to quell the dispute and Mr. Wilson was forced to bring it up to the next formal meeting of the cabinet." *The New York Times*, 3.1.99.

mobile

In: "A white, pencil thin missile lifted-off flawlessly from a **mobile** launcher." *BusinessWeek*, 15.7.96.

In: "...the emergency services had been alerted by **mobile** phone". *The Times*, 15.7 96.

In: "Such systems offer **mobile** phone services at lower cost." *Herald Tribune*, 20.5.96.

In: "Millions of upwardly **mobile** managers are propelling Central Europe's renaissance." *BusinessWeek*, 1.7.96.

mode [ver também: "à la mode"]

Al: "**Mode**. Trend: Farbe bekennen...". *Madame*, mai. 1996.

In: "...the sooner they get the narrative back into Cresta Run **mode** the better". *Financial Times*, 19.5.96.

In: "Science. Then the mind shifts into a different **mode**." *Newsweek*, 16.9.96.

In: "OPEC to Meet In Crisis **Mode** As Oil Prices Keep Dropping." *Herald Tribune*, 23.6.98.

module

In: "It plans chip **modules** that will make it possible to move to more powerful processors." *BusinessWeek*, 17.6.96.

In: "Spacehab, the first company to develop and operate habitable **modules** aboard the U.S. Space Shuttle." *BusinessWeek*, 8.7.96.

moirée

In: "...who... designed her dress of ***moirée** fauve* with draped décolletage". Amado, *Dona Flor*, versão inglesa.

monocle

In: "He was so soigné, wore the most marvellously well-cut suits... and a **monocle**." Rasponi, *The Last Prima Donnas*.

monsieur

Ru: "[Napoléon Bonaparte le regarda attentivement et dit:] ***Monsieur*** [*Goethe, vous êtes un homme...*]". Merejkovski, *Carnet*, tradução do russo.

montage

In: "We should pay particular attention to the emotional ***montage*** of the two forms of exoticism." Dorfles, *Kitsch, the World of Bad Taste*.

In: "Lech Walesa Man of the Year by Jim Dine, charcoal and pencil on paper and photo **montage**." *Time*, 4.1.82.

moquette/moquete

Po: "A maior preocupação de todos nós era com a **moquete** de M. Sardar." Lins, *Almanaque*.

morale

In: "Bosnia... **morale**-boosting proof that the fabric of society was not destroyed." *The New York Times*, 9.9.96.

In: "The Führer thinks that the Luftwaffe's **morale** is not so bad as to be irreparable." Goebbels, *Diaries*, 27.3.45.

In: "The situation is such that only a word from the Führer can relieve the crisis of **morale** in which the people is plunged at the moment." Goebbels, *Diaries*, 3.4.45.

In: "Two events that day and the next gave a great boost to my **morale**." Thatcher, *The Downing Street Years*.

In: "It's hard on their **morale**, but they can survive." *U.S. News*, 26.8.96.

In: "But the lack of information also reflects the breakdown in **morale**, order and discipline." *Newsweek*, 30.9.96.

In: "Regardless of the figures at the box office, **morale** is low." *Sunday Times*, 14.7.96.

In: "Lebed's appointment is likely to be a huge **morale** boost in the armed forces." *Herald Tribune*, 20.6.96.

In: "The Russian war machine has been rendered nearly helpless by bad **morale**." *Time*, 26.8.96.

In: "...to apply his gregarious energy tolifting navy **morale**...". *Herald Tribune*, 20.5.96.

In: "Mr. Webb denounced navy leaders for 'killing **morale** down the chain of command'. *Herald Tribune*, 20.5.96.

In: "He acknowledged that there was a '**morale** problem' among the organization's...". *Herald Tribune*, 3.6.96.

In: "Lebanon. The interruption of service to some areas is more to damage **morale**." *Herald Tribune*,15.4.96.

In: "**Morale** within the United Nations has been soured...". *Herald Tribune*, 24.6.96.

In: "Regardless of the figures... **morale** is low." *Sunday Times*, 14.7.96.

In: "IBM. The stock has tanked, **morale** is in the basement." *BusinessWeek*, 22.7.96.

In: "'The Russian **morale** has been in free fall since 1989', when the Warsaw Pact began to unravel." *Time*, 21.10.96.

In: "'The **morale** of company employees was seriously hurt', says Lodge C. Low." *BusinessWeek*, 25.8.97.

morgue

In: "...at a makeshift **morgue** near the train station in Rostov...". *Newsweek*, 30.9.96.

mot à mot

Po: "Um dos processos mais hilariantes era a tradução ***mot à mot*** dos nomes brasileiros. Osorio Duque Estrada era Osoire Duc Chemin." *O Globo*, 11.7.98.

motif

In: "Movement repetitions and **motifs** compose patterns like poetic refrains...". *The Times*, 6.5.96.

In: "Products will include textile with fruit or floral **motifs**...". *Herald Tribune*, 31.5.96.

In: "...an irregular **motif** as precise as a pictogram is inlaid with turquoise". *Herald Tribune*, 16.6.96.

In: "One of her bags... is decorated with an American flag **motif** and has the words America The Beautiful...". *Time*, 5.5.97.

In: "Now shell **motifs** have found their way on to contemporary fabrics, frames, lamps and even the dinner table." *The Times Magazine*, 1.8.98.

In: "In a culmination of this resurgence of the shell as interior **motif**, the Chelsea gallery and interior design shop Beckett & Graham have recently staged an exhibition." *The Times Magazine*, 1.8.98.

In: "From Pre-**Motif** to Symbol." Yanker, *Pop Art*.

In: "I call this '**motif**'. An example is the factory **motif** used by the French students to represent the power of the worker." Yanker, *Pop Art*.

In: "The Use of Symbols and **Motifs** in Political Graphic Design." Yanker, *Pop Art*.

mot juste

In: ...'sabotage', he agreed, 'is a word one might use'. Indeed; the **mot juste**". *Daily Mail*, 13.5.96.

In: "I decided that 'dim' was the ***mot juste*** for him." *The Atlantic Monthly*, nov. 1997.

In: "Bill Gates, who was late in recognizing the value of the Net, nonetheless has come up with the ***mot juste*** for this development: he calls it 'frictionless capitalism'." *Time*, 3.8.98.

mousquetaire/musketeer

In: "The **musketeer** is back in the saddle and ready for battle." *Financial Times*, 19.5.96.

mousse/musse

In: "The menu includes delicacies such as roast wood pigeons and quennelles of home-made crab and prawn **mousse**." *The Times*, 13.5.96.

In: "Throughout Easter Week: chocolate **mousses**, chocolate fondue, sundaes, pies...". Britannia Intercontinental Hotel, Londres, edição da primavera de 1996.

In: "Margaret Costa's crab **mousse**." *Financial Times*, 19.5.96.

In: "Shandler devised for foods to relieve discomfort, including... muffins and **mousse** cake." *Time*, 21.4.97.

In: "Just one slice of **mousse** cake a day... keeps the hot flashes at bay." *Time*, 21.4.97.

Po: "Vida mais longa para camurças... com **mousse** e 'sprays' hidratantes." *O Globo*, 27.7.97.

Po: "E que sobremesas! Tortas de frutas, **musses**, souflês de chocolate." Macedo Soares, *As sentinelas de Deus*.

Po: "Ou ainda robalo com massa folheada, servida com **musse** de lagosta." *Veja*, 3.6.98.

Po: "**Mousse** de aipo Fernando Caneto. Para 20 pessoas." Lins, *Almanaque*.

moutons [ver: "à nos moutons", revenons à]

mystique

In: "A wild auction frenzy shows enduring value of the Kennedy **mystique**." *Time*, 6.5.96.

In: "The CIA. That was the beginning of the agency's losing its **mystique**." *Herald Tribune*, 13.5.96.

In: "Minas Gerais: A New Business Mecca... With **Mystique** to Match." *BusinessWeek*, 25.3.96.

In: "Mr. Lebed is a matter of **mystique** rather than specific views." *Herald Tribune*, 19.6.96.

In: "Confronting the Beauty **Mystique**." *Time*, 8.7.96.

In: "The then current rejection of the Symbolist **mystique**." *Herald Tribune*, 11.8.96.

In: "Parochial School **Mystique**." *The New York Times*, 22.9.96.

In: "...and that **mystique** is something the sumo establishment still labors to maintain". *Time*, 30.9.96.

In: "The carefree young star, who seemed insulated by privilege and **mystique**...". *Herald Tribune*, 30.4.97.

In: "A few celebrities showed up, and went home with a bit of the **mystique**." *Herald Tribune*, 23.5.97.

In: "*Gloria Steineman*: *Her Passions, Politics, and **Mystique***." Título da publicação de S. L. Stern, 1998.

In: "This *Time* Hersh has tackled a Kennedy **mystique** that for years has been subject to intense demystification." *Time*, 17.11.97.

In: "Ecology. It has begun to harden into an ideology and **mystique**, and some of its doctrines... are increasingly dysfunctional." *Time*, 23.3.98.

In: "The **mystique** of the Gurkha cigar has created high demand... and it is virtually sold out." *New York Smoker*, inverno/primavera de 1997-98.

In: "As heir to the throne, Nicholas was thoroughly imbued with the **mystique** of ruling but left untrained in the practicalities." *Newsweek*, 20.7.98.

naïf/naif/naïve/naive/naïveté/naïvely

Al: "...neuen Bildern von Monica Sangberg Moen findet in der Art **Naif**". *Madame*, mai. 1996.

In: "As to Quisling, he developed very **naïve** ideas in his talk with the Führer, as the latter confided to me." Goebbels, *Diaries*, 13.2.42.

In: "Goering looks at these things a little **naïvely** and is unable to differentiate between expediency and real conviction. " Goebbels, *Diaries*, 2.3.43.

In: "Hess has written a letter to his wife. It is disarmingly **naïve**." Goebbels, *Diaries*, 13.2.42.

In: "It is real **naïveté** when the British government issues a declaration that henceforth they propose to mediate in Rumania." Goebbels, *Diaries*, 6.3.45.

In: "The British have thought up a very **naïve** explanation for the appointment of Kesselring." Goebbels, *Diaries*, 23.3.45.

In: "Traffickers' New Cargo: **Naïve** Slavic Women." *The New York Times*, 11.1.98.

In: "Selling **naïve** and desperate young women into sexual bondage has become one of the fastest-growing criminal enterprises." *The New York Times*, 11.1.98.

In: "Salomon Brothers and the other brokerages were **naïve**." *BusinessWeek*, 19.8.96.

In: "To expect such a force to overthrow the Iraqi leader was '**naïve**' and 'ludicrous'." *The New York Times*, 7.9.96 .

In: "Her **naïveté** proved to be almost invincible." *Time*, 15.7.96.

In: "...there is something obvious, almost **naïve**, in its conception". *The New Yorker*, 20.1.97.

In: "The side panels, **naive** and gauche... are clearly from a different school." *Herald Tribune*, 27.4.97.
In: "The second in command at a major French bank said: 'The people around Jospin are not **naïve** about global economic realities...'." *Herald Tribune*, 4.6.97.
In: "Given the chance by a **naive** Chirac, no wonder they voted against it." *BusinessWeek*, 16.6.97.
In: "Mickey Cantor: 'We're frankly **naive** in some ways,' he acknowledges." *Time*, 4.8.97.
In: "Stupidity and **naiveté**, it seems, are no excuse under the law." *Time*, 4.8.97.
In: "You study, you learn, but you guard the original **naïveté**. It has to be within you...". *Time*, 26.6.50.
It: Perché i suoi protagonisti **naif**-rozzi sono romani mentre sono milanesi tutti i rappresentanti di sinistra?" *Corriere della Sera*, 2.4.96.
Po: "Francisco Dantas nem é **naïf**: certamente aprimorou seu instrumental...". *Veja*, 2.4.97.
Ru: "[La] ***naïveté***... [est la propriété inné du peuple français.]". Puchkin, do prefácio de M. Lemonteev, tradução do russo.

napoléon/napoleon
In: "And the special that stuffs cèpes between thin discs of calf's liver treated as if it were pastry in a mock **napoleon** is sheer miscalculation." *New York*, 24.11.97.
In: "In fact, the ***napoleon*** is similar to the *mille-feuilles* as it has cream filling between its layers." Foster, *Irony, a Guide*.

narrative
In: "For the rest of us, the sooner they get the **narrative** back into Cresta Run mode the better." *Financial* Times, 19.5.96.

naturalisme
In: "The figure... displays a **naturalisme** that is typical of the 17th century...". *Herald Tribune*, 2.6.96.

nature
In: "I prefer the melon **nature**, no ham, please." Foster, *Irony, a Guide*.

navette/navete
Po: "Não sou nenhuma **navete** para estar indo de seca em meca conforme os humores do patrão." Faria, *Reminiscências*.

nécessaire
Po: "Sem o meu **nécessaire**, não sou gente." Lins, *Almanaque*.

née
In: "On 3rd May in Hong Kong to Serena **née** Cantrell and Ian a daughter Alexandra Frances...". *The Times*, 6.5.96.
In: "Founder Martine [**née** Martin] Rothblatt is a well-known Washington telecom impresario." *BusinessWeek*, 30.6.97.
Po: "Carmen, a esposa, ***née*** Sardinha e Sardinha, se mantendo no áspero caráter, comentou..." Amado, *Tereza Batista cansada de guerra*.

négligé/Negligé/negligê/negligee
Al: "...um sieben in schwartzen **Negligé** schön gestylt...". *Focus*, 8.7.96.
Al: "Man stelle sich Betty vor, im hauchzarten **Negligé**...". *Madame*, mai. 1996.
In: "The drape folded around her shoulder in a studied **negligee** effect...". *Herald Tribune*, 27.4.97.

Po: "Pele trigueira, perna e coxa aparecendo sob o **negligê** agitado pela brisa." Amado, *Tieta do agreste*.

Po: "Jarde não resiste, espicha os olhos para as rendas do **negligê**." Amado, *Tieta do agreste*.

négligence/negligence

In: "'Pentagon **negligence**'. The problem was negligence." *The New York Times*, 18.9.96.

néo-baroque

In: "...the **neo-baroque** motor rhythms of the first movement". *The Times*, 13.5.96.

niche

In: "A lucrative new ***niche*** known as interactive TV." *The Wall Street Journal*, 27.2.96.

In: "Polaroid aims for a digital **niche**." *Herald Tribune*, 12.3.96.

In: "But in 1944 the **niche** market was big enough to catch the attention of discounters and department stores." *Forbes*, 1.6.98.

In: "Lebed appeared to be in search of a **niche** for himself." *Time*, 1.7.96.

In: "American lawyers in Germany find a **niche** in corporate market." *Herald Tribune*, 15.4.96.

In: "And there are plenty of **niche** markets that can sustain premium prices." *BusinessWeek*, 27.5.96.

In: "Slovak Paper Spots a **Niche**." *Herald Tribune*, 15.5.96.

In: "Banking. 'They do have a natural **niche**', says Peter Fu." *BusinessWeek*, 8.7.96.

In: "John Horgan has carved out a **niche**: profiling luminaries of science." *BusinessWeek*, 29.7.96.

In: "Bonds Find **Niche** in Asia." *Herald Tribune*, 25.7.96.

In: "Diesel autos... a rare leading **niche** for the Continent's carmakers." *BusinessWeek*, 26.8.96.

In: "Motorola... might have grabbed the lead in a hot new cellular **niche**." *BusinessWeek*, 29.7.96.

In: "Detecting a Profit **Niche** in an Insecure World." *Herald Tribune*, 11.11.96.

In: "There will be only small societies left, which provide a **niche** market service to their local communities." *The Times*, 11.5.96.

In: "The age of so-called **niche** Bibles has arrived." *Time*, 9.9.96.

In: "A vastly unexplored **niche**: celebrity cookbooks." *Time*, 9.9.96.

In: "Ovitz struggles to find his **niche** at Disney." *Herald Tribune*, 8.10.96.

In: "It has more than 100 engineers designing inexpensive **niche** products...". *BusinessWeek*, 30.12.96.

In: "Telecommunications. But deep pocketed newcomers, already attacking profitable **niches** such as cellular service, are aiming at core phone business." *BusinessWeek*, 6.10.97.

In: "The Net. But except in rare **niches**, the Net produces speedy imitation and thin margins." *BusinessWeek*, 11.5.98.

niveau

Ne: "The Grand Amsterdam... topkwaliteit en gastvrijheid van ongekend **niveau**."

noblesse oblige

In: "In a move that bordered on **noblesse oblige**, he took a brief holiday from Milan." *Time*, 7.10.96.

Po: "Era impossível deixar de ir. **Noblesse oblige**." Faria, *Reminiscências*.

Ru: "[...je ne les trouve pas dignes de conversations sérieuses!] ***Noblesse oblige***!...". Morozov, *Récits de ma vie*, tradução do russo.

Ru: "[Il n'aurait jamais bu avec vous. Pourquoi?] ***Noblesse oblige***? [Vous même, vous buvez bien avec moi; qu'a-t-il de plus que vous?]" Dostoievski, *Le mari éternel*, tradução do russo.

Ru: "[De sa classe, il ne conservait que 'le slogan idéal] ***noblesse oblige***'...". Timirjazev, V. F. Louguinine, tradução do russo.

Ru: "[La bonne éducation a ses bons côtés: vous ne refuserez rien à une dame], ***noblesse oblige***!" Tchiumina, *Sous le masque*, I, tradução do russo.

noir

In: "The creator... describes his first film as a '21st century **noir** film'." *Time*, 7.4.97.

In: "...a battered suitcase of references to old Hollywood film **noir**...". *Time*, 7.4.97.

In: "Ira Wolfert, 89, Whose Novel is Basis of Film **Noir** of the 40's." *The New York Times*, 27.11.97.

In: "It's Not Only Men in Black: These Days If a Film Isn't **Noir**, It's Nowhere. *Herald Tribune*, 6.10.97.

In: "'L. A. Confidential', a nouveau film **noir** about crime and corruption." *The New York Times*, 5.1.98.

Po: "Reedição de contos '**noir**' comprova pioneirismo da autora no gênero." *O Globo*, 19.2.97.

Po: "Os contos ***noir*** que Patricia Galvão... publicou sob pseudônimo...". *O Globo*, 19.2.97.

Po: "Cinema. O mundo **noir** dos detetives renasce em tom verde-amarelo." *Veja*, 28.5.97.

Po: "O film **noir**, com suas almas torturadas, renasce com todo o esplendor das grandes falsificações." *Veja*, 12.11.97.

Po: "Pintora retrata a juventude '**noir**' dos anos 90." *Gazeta Mercantil*, 7.7.97.

Po: "É um romance que faz a redução de três gêneros: o conto gótico, de assombração, inspirado na literatura ***noir*** de Chandler; a narrativa de ação e os aspectos sociais." *Jornal do Brasil*, 12.7.97.

Po: "Mistura de romance ***noir*** americano com novela gótica, *O fascínio* conta a história de um empresário de Porto Alegre que herda uma fazenda nos pampas." *O Globo*, 12.7.97.

nom de guerre/nome de guerra

In: "Terrorists such as Ilich Ramirez Sánchez — infamous under the ***nom de guerre*** Carlos the Jackal — and members of Italy's Red Brigades... found easy refuge in countries such as East Germany, Hungary and Bulgaria." *Time*, 23.11.98.

In: "Saint Denis, under his **nom de guerre** of Jacques Duchesne, presided over a brilliant team...". *The Times*, 6.5.96.

In: "We used to move across the border in groups of more than 100s," said Gani [his **nom de guerre**], 28, the camp commander in northern Albania." *Time*, 17.8.98.

In: "Josi was the ***nom de guerre*** of the Portuguese Josefina, a chorus girl." Amado, *Dona Flor*, versão inglesa.

Po: "Uma delas chefiada pelo 'Capitão Silva', **nome de guerra** do cigano João Batista." *Veja*, 24.4.96.

Ru: "[Mon] ***nom de guerre*** [est Tamara, et sinon je m'appelle Anastassia Nicolaevna I. Kuprin,]". *Le Trou*, tradução do russo.

Ru: "[...tu interviendras sous n'importe quel] ***nom de guerre***, [que tu dois nous communiquer]". Marx, carta a F. Engels, 16.5.1868, tradução do russo.

nom de plume/non-de-plume

In: "Erté was a ***nom-de-plume*** made up from the French initials of his name, Romain de Tirtoff." Hiller, *Art Déco of the 20s and 30s*.

In: "Elia was a ***nom de plume*** used by Charles Lamb [1775-1834], under which a number of essays appeared." Evans, *Brewer's Dictionary of Phrase and Fable*.

nonchalant/nonchalance/nonchalantly

Fl: "Toen ze niet meteen slaagde in dat opzet, gooide ze de kip **nonchalant** weg en liet zich vallen in de schoot van een bejaarde man met een vetkuif." *Het Nieuwsblad*, 27.7.98.

In: "President Miterrand departed for Moscow with an air of **nonchalance**, which may itself have been an aspect of psychological warfare." Thatcher, *The Downing Street Years*.

In: "The source of the humour in P.C. Wodenhouse's famous stories is a **nonchalance** that extends from the characters of Betie Wooster and his man Jeeves [Zen master of irony] to the very set of comic creativity." *Time*, 22.7.96.

In: "I am convinced that no matter how **nonchalantly** they may act about Singapore, its loss will be a real shock to the English people." Goebbels, *Diaries*, 6.2.42.

In: "Once you... listen to her **nonchalant** asides." *The Times*, 17.7.96.

In: "It is 'absolutely irrelevant'... that **nonchalance** partly reflects a widely held, and correct, view that...". *Herald Tribune*, 6.2.98.

In: "Afghanistan. Dostum tried to shrug off the loss of Faryab province with **nonchalance**." *Time*, 9.6.97.

In: "This fall, women are wearing many variations, from the elegant matching ensemble, to **nonchalant** contrasting jackets." *The New York Times*, 23.11.97.

In: "Clinton, in One-Day Visit to Hong Kong Meets an Urban **Nonchalance**." *Herald Tribune*, 5.7.98.

In: "With Machado de Assis... we arrive at a genuine subversive, but on overturning convention but always with an air of leisurely **nonchalance**." *The New York Times*, 20.12.98.

Po: "Experimente começar... cruzando as longas pernas com *nonchalance*...". Soares, *O xangô de Baker Street*.

Ru: "[...jeune, jolie, d'une] *nonchalance* [très agréable...]". Granovski, carta a N. V. Stankevitch e a Y. M. Neverov, 16.4.1838, tradução do russo.

nouveau riche/nouveaux riches/nouveau-riche/nouveaux-riche(s)

In: "In the late 19th century, when N. York was the place where the **nouveaux riches** showed off...". *The New York Times*, 9.9.96.

In: "...the **nouveaux riches** showed off by turning their wives into objects of display". *The New York Times*, 8.9.96.

In: "Heading West to his Win over California's Young **Nouveaux-Riches**." *Herald Tribune*, 30.10.96.

In: "At Moscow's Commercial Club, Remnick watches the ***nouveaux riches*** at play." *BusinessWeek*, 17.3.97.

In: "First came the leisured 'nomenklatura', then the spendthrift '**nouveaux riches**', and now finally, the more modest masses on holiday." *Herald Tribune*, 24.7.98.

In: "Thomas Carnegie was snubbed as too **nouveau riche** by the ultra-snobby club...". *Time*, 7.10.96.

In: "Like Russia's sable-clad, BMW-driving **nouveaux riches**, they're keen to flaunt their wealth." *BusinessWeek*, 16.6.97.

In: "...emerging markets, where a growing population of **nouveaux riches** likes to flaunt its wealth, will pay off in the long run". *BusinessWeek*, 10.11.97.

In: "Pulsing with ex-pats and **nouveaux-riche** Russians, the Hungry Duck is a raffish... Moscow hangout." *The New York Times*, 16.12.97.

In: "Being quote-unquote **nouveau riche** instilla a better work ethic." *The New York Times*, 23.11.97.

In: "Four digit bottles. Wine has been discovered by the **nouveaux riches** de Wall Street." CNN TV, 13.4.98.

In: "Such dictionaries were for the educationally insecure: non-scholars, the ***nouveaux riche*** aspirants to a higher class — merchants, artisans and the like." Green, *Chasing the Sun*.

In: "In 1983, Sotheby's fell into the hands of Alfred Taubman. Some could see this as a revenge of the **nouveaux riches**." *BusinessWeek*, 22.6.98.

In: "She wanted to focus not on the fripperies of the **nouveau riche** but on the more substantial, older respect for learning, culture, high art and good taste." *The Times Magazine*, 12.9.98.

Po: "Enquanto se espera a estréia de Boris Casoy, o mais recente ***nouveau riche*** do jornalismo televisivo, alguém faz, com muito alarde, uma pesquisa entre os telespectadores...". *O Globo*, 16.7.97.

nouveau roman

Po: "Vargas Llosa... integrou à tradição hispano-americana técnicas de procedências tão diversas como as do ***nouveau roman***, do expressionismo...". *Jornal do Brasil*, 19.7.97.

nouvelle cuisine

In: "In a blend of suburban pastels... that evoke California **nouvelle cuisine** as much as Quaalude era debauchery." *New York*, 8.12.97.

In: "...and before you could say *pauf*, **nouvelle cuisine** was synonimous with the young, the thin, the rich and the beautiful". *The New York Times Magazine*, 3.1.98.

nouvelle vague

Es: "En otras palabras, ...bucea en los descubrimientos de la francesa **nouvelle vague** con el gesto decidido del que abre brecha." *El País*, 10.7.96.

Po: "Godard reavalia a **Nouvelle Vague**." *O Globo*, 6.9.96.

Po: "Desde a **nouvelle vague** e o nouveau roman, o país não produz nada de importante em cinema ou literatura." *Veja*, 23.12.98.

noyau dur

In: "Crédit Lyonnais. European Union officials have forbidden the French government to put in place a ***noyau dur***, or hard core, of shareholders, who could keep the bank under French control." *BusinessWeek*, 25.5.98.

nuance/nuanced

In: "His accompanist is impeccably atuned to the **nuances** of both performances." *The Times*, 17.7.96.

In: "Screen idol Leslie Cheung is a plotter of the suavest **nuance**." *Time*, 27.5.96.

In: "Those Abortion **Nuances** Again." *Herald Tribune*, 7.7.96.

In: "Scholars hope that expert examination of the relic will reveal **nuances** in the thinking of Archimedes...". *Herald Tribune*, 28.10.98.

In: "Mr. Hyde's comments suggested that the **nuanced** differences on how to deal...". *Herald Tribune*, 7.7.96.

In: "The **nuances** of the nation's complex illegal drug markets." *U.S. News*, 30.9.96.

In: "...focused on the rituals of romance, on the **nuances** of pursuit and evasion". *Time*, 9.9.96.

In: "Ignoring emu's financial **nuances**, Kohl pushed for the single currency...". *Time*, 30.9.96.

In: "'Val gives you **nuance** piled on nuance', says *Heat* director Michael Mann." *Time*, 7.4.97.

In: "Art. He also had an exquisite sense of **nuance**." *Time*, 3.11.97.

In: "To follow Puccini's directions, there are infinite **nuances** that must cut across." Rasponi, *The Last Prima Donnas*.

In: "Bidu Sayão... her innate sense of the stage, which created a thousand and one **nuances**." Rasponi, *The Last Prima Donnas*.

In: "Verdict on Sergeant Major: No Room for **Nuance**." *Herald Tribune*, 17.3.98.

objet

In: "While prices for smaller but still very coveted ***objets*** such as boxes, caddies and silverware begin at about 100 pounds...". *The Times*, 14.3.96.

objet d'art

In: "Art — for God's Sake. Monks invite the world — and even women — to view a treasure trove of Byzantine ***objets d'art***." *Time*, 14.7.97.

In: "A London antique shop, Gerald Kerin, who sold furniture and **objets d'art**." *Herald Tribune*, 2.6.96.

In: "Americans feel that when they buy **objets d'art** in Paris they are purchasing something... more authentic." *The New York Times*, 26.9.96.

In: "On William Morris... it would be foolish to attempt to use plastics for the grander ***objets d'art***." Hiller, *Art Déco of the 20s and 30s*.

In: "It is a unique Tibetan equivalent of the Renaissance man's Kunstkammer **objet d'art**." *Herald Tribune*, 29.3.98.

objet trouvé

In: "I am thinking of some of Duchamp's ***objets trouvés***, coat-stands and urinals, for example." Dorfles, *Kitsch, the World of Bad Taste*.

In: "Think of each thing-word you acquire as a *timmynoggy*, a device that saves time and labor, or as na ***objet trouvé***, literally, a 'found object'." Elster, *There's a Word for It*.

œufs-à-la-neige

In: "...a textbook ***œufs-à-la-neige*** with a wedge of meringue". *Herald Tribune*, 27.7.96.

œuvre

In: "Jasper Johns... a painter with a continuous 40-year **œuvre**." *BusinessWeek*, 11.11.96.

In: "For an artist whose known **œuvre** stands at less than 20 pictures...". *Herald Tribune*, 19.5.96.

In: "A later trend illustrated in Gericault's **œuvre** is astounding." *Herald Tribune*, 19.5.96.

In: "The assembly of junk into metaphoric objects. Joseph Corwell was the first to base a whole **œuvre** in it. " *Time*, 8.7.96.

In: "Picasso. This exhibition... elucidate an **œuvre** whose artistic range and inventiveness... rival the genius of Leonardo da Vinci." Exposição "Picasso and Portraiture", Museu de Arte Moderna (MoMa) de Nova York, 1996.

In: "Only those few skilled professionals... can pronounce on the relative importance within the artist's **œuvre**...". *Herald Tribune*, 30.6.96.

In: "There are few cases of such contrast between the official façade of an artist's **œuvre** and his private experiments." *Herald Tribune*, 19.4.98.

In: "'Falling Slowly', by Anita Brookner. It is an **œuvre** with its own extreme elegance, and also a kind of gallantry, as admirable as it is terrible." *The Times*, 18.6.98.

oignon/onion

In: "Plaza Hotel, New York — Oak Bar. Famous **onion** soup gratinée..."

omelette/omelete

In: "Not content with giving the world the boomerang... the Australians have now come up with the **omelette** maker." *The Times Magazine*, 1.8.98.

In: "Cookery expert Delia Smith sells not only recipe books but cramberries and **omelette** pans too." *Time*, 21.12.98.

It: "I segreti del **omelette**... e i trucchi del soufflé." *Grazia*, abr. 1996.

Po: "...realmente comi uma **omelete** hoje cedo". Soares, *O xangô de Baker Street*.

opaque

In: "...the water is **opaque** and soupy...". *The Times*, 10.5.96.

In: "...political analysis of the **opaque** North is based on precious little information". *Time*, 15.7.96.

In: "The **opaque** cloud, made of pulverized rock and glass...". *Time*, 14.4.97.

ordre du jour/à l'ordre du jour

Ru: "[Lock-ups, birch-rods and expulsions were] ***à l'ordre du jour***... [They used to whip us... without remorse]." Taneev, *Childhood and School*, tradução do russo.

Ru: "[J'ai volontairement insisté pour que le sommeil soit à l'] ***ordre du jour***." Schedrine, *Journal de province*, tradução do russo.

Ru: "[...on écrivait des ordres, des lettres, des rapports, et l'] ***ordre du jour***...". L.Tolstoi, *Guerre et paix*, tradução do russo.

Ru: "[Cela vous étonne? Mais c'est notre] ***ordre du jour***!...". Kovalev, *Rencontres*, tradução do russo.

Ru: "[La question de l'Est a de nouveau été mise à l'] ***ordre du jour*** [en Europe...]". Marx e Engels, *La politique britannique*, tradução do russo.

orfèvrerie

In: "Of all the arts, ***orfèvrerie*** was most affected by the depression." Hiller, *Art Déco of the 20s and 30s*.

ormolu

In: "Sotheby's. ...described as '**ormolu**-mounted amaranth and bois satine bookcase'." *Herald Tribune*, 25.5.97.

osée

It: "Le canzione molto **osée** della star de Broadway, Bernadette Peters." *Roma*, abr. 1996.

outrage

In: "A society that cannot defend itself from **outrage** does not deserve to survive", Bob Dole, em *The New York Times*, 22.9.96.

In: "There was a sense of **outrage** that a small number of people can protect their wealth from the tax system." *Financial Times*, 19.5.96.

In: "He swept to power on a wave of public **outrage**." *Time*, 5.8.96.

In: "Bomb in Saudi Arabia Warnings of more **outrage** had been coming by phone." *Time*, 8.7.96.

outrance [ver: "à outrance"]

outré

In: "The traditional university prep. subjects are required, but some **outré** electives like Swahili and cooking are offered." *Time*, 22.07.96.

In: "Economy and Industry. Classics seem to have an edge on things that are **outré** ou froufrou." *The New York Times*, 5.1.98.

In: "Prada. Her first successful item, the logoless (in the '80s!) black nylon backpack, is still emblematic of her way: discreet but not mousy, individual but not **outré**." *Time*, 22.6.98.

ouverture/overture

In: "...no indication that Mr. Netanyahu's apparent **overture** had overcome any of the obstacles". *Herald Tribune*, 2.8.96.

In: "In an **overture** to ASEAN, China offers a blue print for accord." *Herald Tribune*, 16.4.96

In: "France Makes **Overture** to Pacific." *Herald Tribune*, 19.6.96.

In: "Initially planned for January 1, 1998, the long-awaited ***ouverture***, or opening up of the market, might be delayed...". *Herald Tribune*, 1.6.97.

pailletés/paetês

Po: "Plumas e **paetês**. O velho Záccaro renasce como casa de shows." *Veja*, 29.8.97

Po : "Em tudo, o fulgor do **paetê** e purpurina a refulgir de qualquer juventude." *Jornal do Commercio*, 7.2.99.

pair [ver: "au-pair"]

paletot /Paletot/paletó

Al: "Anne Perry, 'Der blaue **Paletot**', Heyne Bücher." *Focus*, 6.7.98.

Po: "Jovino nunca deixou de sair de **paletó** e gravata." Lins, *Almanaque*.

palette

Al: "Um sich ein adäquates Kuchenstück vom europäischen Warenterminhandel zu sichern, ist die WTB jedoch nach Expertenmeinung auf eine Verbreiterung ihrer Produck**palette** angewiesen." *Die Welt*, 17.6.98.

Al: "Und dort weiss man auch, dass dieser breitbandige Anschluss, der unsere Angebots**palette** über ISDN hinaus...". *Die Welt*, 17.6.98.

Al: "Sie waren mit der M-Klasse auf dem besten Weg, ihre Produkt**palette** auszuweiten." *Stern*, 16.7.98.

Al: "...die Produkt**palette** der Hersteller auf die Bedürfnisse...". *Madame*, mai. 1996.

In: "Corot: 'I feel the impotence of my **palette**.'" *Time*, 29.4.96.

In: "Inside the store...natural **palette**, recyclable materials...". *Herald Tribune*, 7.6.96.

In: "Mark Rothko's 'No. 10', with its ebullient seaside **palette** of blue, white and yellow." *Herald Tribune*, 9.6.96.

In: "And Cohen's **palette** features new colors, including pastels...". *Time*, 14.4.97.

In: "Super-Mario 64 paints from an electronic **palette** so rich... ". *Time*, 25.11.96.

In: "Miyake's new **palette** is a kaleidoscope of brilliant hues...". *Time*, 7.10.96.

In: "For this season, his **palette** runs to muted earth colors...". *Time*, 7.10.96.

In: "Gianni Versace had one of the most colorful, vibrant **palettes** in the fashion business." *Time*, 4.8.97.

In: "Art. Rauschenberg's Combines, as he called them, were made of large-scale junk, his '**palette** of objects', linked or partly effaced by slathers of paint." *Time*, 3.11.97.

In: "A new **palette** for the digitaliste." *BusinessWeek*, 4.8.97.

In: "Some voices are born with a far wider **palette** of shades." Rasponi, *The Last Prima Donnas*.

In: "The makeup **palette** was filled with dark and muddy shades of brown and plum." *Herald Tribune*, 13.3.98.

In: "Although the color **palette** was mostly quiet, there were some juicy berry purples in mohair." *Herald Tribune*, 15.3.98.

In: "Fashion. Based on a cool **palette** of black, white and gray... the collection used the simplest shapes and poshest fabrics." *Time*, 23.3.98.

In: "They are looking to remote non-Western cultures, humble materials, Popsicle-color **palettes** — and the feel of the human hand." *Herald Tribune*, 5.5.98.

Palme d'Or

In: "Minutes later, his movie was awarded the **Palme d'Or**." *Herald Tribune*, 22.5.96.

In: "On the morning the **Palme d'Or** was to be awarded here, Theo Angelopoulos was choked with emotion, afraid that the big prize would once again elude him." *Herald Tribune*, 26.5.98.

palmette

In: "The calligraphy turns around a tree stylized to quasi-abstraction, with leaves like trilobate **palmettes**." *Herald Tribune*, 7.6.98.

panache

In: "Macmillan played his hand with great **panache** but not without a certain reluctance." Kissinger, *Diplomacy*.

In: "Chirac's visit to Britain went off with all the style and **panache** that two historic nation-states know how to muster...". *Financial Times*, 19.5.96.

In: "Murdoch... he gets it with a **panache** that is as entertaining, and as chilling, as anything in *Citizen Kane*." *Time*, 17.6.96.

In: "The original Vespa was cheap... and it had **panache**." *Time*, 23.9.96.

In: "...the aesthetics of Helmut Lang and Ann — with a dash of Gucci's **panache**...". *Herald Tribune*, 8.4.97.

In: "The new sci-fi adventure *The Fifth Element* is packed with **panache** and stars...". *Time*, 16.6.97.

In: "The muscular **panache** of both dancers was fully displayed...". *New York*, 24.11.97.

In: "She walked through her parts with much **panache**." Rasponi, *The Last Prima Donnas*.

In: "1960: Brasilia. Another planned city with **panache**." Flexner, *The Optimist's Guide to History*.

In: "Computers. With classic Jobs **panache**, he yanked the black cover off an ultrasecret machine." *BusinessWeek*, 25.5.98.

In: "The reason for Bart's appeal is that he is so brilliant at being bad; his pranks have a showman's **panache**." *Time*, 8.6.98.

In: "IBM... is hoping the all-black Cobra will become the desktop home computer of choice of people who want both power and **panache**." *Herald Tribune*, 31.8.98.

In: "But the image of the French people who know how to eat with **panache** has been shattered by the revelation that the favorite dish of three-quarters of them today is steak and chips." *Time*, 15.6.98.

Pangloss/Panglossian [personagem de *Candide*, romance de Voltaire. Seu otimismo beato o fazia crer que tudo se passaria sempre às mil maravilhas]

In: "The mystery of Mr. Yeltsin's infirmity and the Kremlin's **Panglossian** reports on his health." *The New York Times*, 24.9.97.

pantomime/Pantomime

Al: "...Puppenspieler, Gaukler, **Pantomimen**künstler sowie Musikanten das Publikum unterhalten". *Madame*, mai. 1996

In: "The nadir of this 'act' was reached in an embarrassing **pantomime** preceding the first encore." *The Times*, 10.5.96.

papier découpé

It: ..il '**papier découpé**' degli anni '50 di Matisse, è il simbolo del Museo a lui dedicato". *IoDonna*, abr. 1996.

papier mâché /papier-mâchê/papel machê

In: "He showed up for a flight with 23 giant ***papier mâché*** horses." *Herald Tribune*, 20.2.98.

In: "Macife lifts a **papier mâché** boulder in his comic-heroic struggla against the monsters." Dorfles, *Kitsch, the World of Bad Taste.*

In: "**Papier-mâché** pre-historic monsters in Harry Hoyt's *Lost World.*" Dorfles, *Kitsch, the World of Bad Taste.*

In: "The cramped Mexico City studio of artist Rafael Alvarez... brightly colored **papier-mâché** dolls hang on a wall." *BusinessWeek*, 6.4.98.

In: "Richard Nixon Man of the Year by Stanley Glaubach, **papier-mâché** sculpture." *Time*, 3.1.72.

In: "The Beatles by Gerald Scarfe, **papier-mâché** and cloth grouping, approx. 120x130x100 cm." *Time*, 22.9.67.

In: "Mikhail Gorbachev Man of the Year by Nikolai Saloninkin, **papier-mâché** box." *Time*, 4.1.88.

Po: "Gosto de contrastar os modelos básicos com pelo menos uma peça diferente, como uma bolsa feita de coco ou bijuteria de **papel machê**." *Veja*, 3.6.98.

Po: "Hélio Fraga caprichou... maravilhosos enfeites de Natal em **papier-mâché**, madeira, em formato de anjos, maçãs douradas...". *Jornal do Brasil*, 23.12.98.

Ru: "[Les animaux confectionnés grandeur nature en] ***papier mâché...***". Tchernychevski, *Notes natales*, tradução do russo.

Ru: "[Ma femme est faite en] ***papier mâché***: [elle est tombée malade déjà trois fois, un peu de vent et la voilà enrhumée.] Herzen, carta a N. I. e a T. A. Astrakov, 20.7.1838, tradução do russo.

papier peint

Po: "O motivo do **papier peint** da Sala dos Índios, no Itamaraty, é tirado de Rugendas." Lins, *Almanaque.*

papillon

It: I ragazzi hanno optato per lo smoking, magari ravvivato da un **papillon**, un davantino o un gilet." *IoDonna*, 15.9.98.

parachute

In: "Charlotte's myriad of spyderlets hatch and drift away on their **parachute** of silk...". *The Times*, 13.5.96.

parade/Parade

Fl: "Culturkrant. De grote **Parade**." *De Standaard*, 17.6.98.

In: "Games... will inevitably cast a shadow on any **parade** of Chinese women to the medal stand." *Time*, 22.7.96.

In: "Microsoft's **parade** of products and announcements, acquisitions and Web initiatives." *BusinessWeek*, 15.7.96.

In: "Saint Laurent has been asked to stage a 12-minute **parade** at the final of the World Cup." *Herald Tribune*, 9.6.98.

In: "Watchgeese on **parade** — Or how a council stops crime by fowl means." *Daily Mail*, 18.6.98.

par contumace [ver: "contumace"]

pardessus

Ru: "[Hier, le temps s'est tellement rafraîchi à cause d'une bise inattendue, qu'il ne manquait que le] *pardessus*. Gontcharova, carta a M. M. Stassioulevitch, 15.7.1869, tradução do russo.

par-dessus le marché

Ru: "[Un acteur tragique doit avoir une physionomie, une voix et,] ***par-dessus le marché***, [une âme particulière.] Grigoriev, *Le Grand tragédian*, tradução do russo.

Ru: "[...et tout le mal que je lui ai fait] ***par-dessus le marché***". Herzen, carta a N. A. Zacharyna, 20.3.1837, tradução do russo.

Ru: "[Je vous envoie son portrait] ***par-dessus le marché***...". Bertenson, *En 30 ans*, tradução do russo.

pardon/pardonnable

In: "A **Pardonnable** Crime?" *Time*, 27.5.96.

par droit de conquête [ver: "droit"]

par droit de naissance [ver: "droit"]

par excellence [ver "excellence"]

In: "Tomorrow, Madonna, ex-Material Girl, now Single Mom ***par excellence*** celebrates the big four-oh." *The Irish Times*, 15.8.98.

In: "The Key to Pierre Bonnard, a Quiet Man **Par Excellence**." *Herald Tribune*, 15.2.98.

In: "The fact that she is a linguist **par excellence** has not been mentioned." Rasponi, *The Last Prima Donnas*.

In: "Michel Hawley, now being groomed as Gilette's new CEO, is the globetrotting executive ***par excellence***." *BusinessWeek*, 19.1.98.

Ru: "[... quoique le sujet de nos recherches aurait été fondamentalement et] ***par excellence*** romantique." S. Aksakov, *Ivan Vyjiguine*, tradução do russo.

Ru: "[Le langage moscovite est le langage russe] ***par excellence***...". Chakhmatov, *Esquisse de la langue littéraire russe moderne*, tradução do russo.

parfait

In: "Throughout Easter Week: chocolate mousses, chocolate fondue, **parfaits**, profiteroles. Britannia Intercontinental Hotel, Londres, edição da primavera de 1996.

In: "Certainly neither a very mundane soufflé nor a licorice **parfait** with a crunch of meringue does the trick." *New York*, 24.11.97

In: "Now, on a late-winter day, he's learning to prepare a three-course feast: artichoke and shrimp salad grilled tournedos with béarnaise sauce, and a frozen coffee **parfait**." *BusinessWeek*, 16.3.98.

parlance

In: "An 'October surprise', in political **parlance**, is the making of big news...". *Herald Tribune*, 16.6.96.

In: "In Silicon Valley **parlance**, Gates showed he was willing to 'eat his young' to stay on top." *BusinessWeek*, 15.7.96.

In: "It is actually common **parlance** for some of the officials here." *Herald Tribune*, 9.7.96.

parmentier

In: "The new member of Parliament opted for the poached haddock with chives, **parmentier** potatoes and a small bottle of red wine [Cotes du Rhône, 1993]." *Time*, 2.6.97.

parodie/parody

In: "...my article was written as a **parody**". *Herald Tribune*, 19.5.96.

parquet

In: "Bremen Museum. Golden oak **parquet** has replaced the linoleum, while the 24 halls and intimate cabinets are bathed in color." *Herald Tribune*, 31.5.98.

Po: "Com um **parquet** tão bonito, por que gastar dinheiro com moquetes?!" Lins, *Almanaque*.

partenaire

Es: "Ford... parece *tan* envarado y distante que hace imposible el creer que sea capaz de enamorarse de esa chiquilla sensible y graciosa a la que Ormond... dota de una solidez muy por encima de la de sus ***partenaires***." *El País*, 9.2.96.

Es: "Luciana Paris, su ***partenaire***, está en magníficas condiciones técnicas." *La Nación*, 14.7.98.

parterre

In: "You leave the Victorian **parterre** gardens, pass through a small foyer and enter a darkened space." *Sunday Times*, 2.8.98.

parti pris/parti-pris

In: "He is unashamedly ***parti pris***: 'The Millennium, the thousand years during which Christ will reign upon earth'." Green, *Chasing the Sun*.

Po: "Está querendo... se defender de algum ***parti pris*** resultante de uma experiência talvez inconsciente?" Ferreira e Mello, *Clement Greenberg e o debate crítico*.

Ru: "[Il semble que c'est un] ***parti pris*** [de la part de la Poste.]" A. K.Tolstoi, carta a M. M. Stassioulevitch, 2.5.1869, tradução do russo.

Ru: "[Une arrière pensée médiocre, un] ***parti pris***, [qui n'était même pas en tête lorsque les convictions étaient exprimées.]" Serov, *Lettres sur la musique*, tradução do russo.

Ru: "[... une sorte d'arrière-pensée, un] ***parti-pris***...". Serov, *Lettres sur la musique*, III, tradução do russo.

Ru: "[Quoique je fasse ou que je dise, tu y vois toujours de mauvaises intentions, des attitudes fausses... C'est un] ***parti pris***, [donc il n'est même pas utile de l'expliquer.]" Herzen, carta a Ogareva, 4.9.1875, tradução do russo.

partisan

In: "Maybe the pressure of all the big money fights in the pipeline weighed more heavily than the **partisan** support of 17,000 New Yorkers." *Daily Mail*, 13.5.96.

parure

In: "She wears a costly **parure**." *Herald Tribune*, 27.4.97.

In: "And those front-row ladies, wearing **parures** of jewelry at the cocktail hour show, lapped it up, with Princess Firyal of Jordan calling it 'simply sumptuous'." *Herald Tribune*, 21.7.98.

parvenu

Ru: "[... Tout d'abord, il est comte..., et non pas] ***parvenu***... [dit-elle]". Gontcharova, *Le Précipice*, tradução do russo.

Ru: "[Quand Gizo est apparu à Londres en qualité de porte-parole, la haute communauté l'a trouvé un peu] ***parvenu***... "*Page russe*, tradução do russo.

Ru: "[Vorontzov était un noble véritable, Tchernyshov, lui, n'était qu'un] ***parvenu***." L. Tolstoi, *Khadji-Murat*, tradução do russo.

Ru: "[Ah, ces] ***parvenus***, [dit Anna Vassilievna Kochkina...]". Grigorovitch, *Chemins de traverse*, tradução do russo.

pas de deux/pas-de-deux

Es: "Su variación está acorde con la picardia del personaje y la fuerza de este tan trillado ***pas de deux***, que sólo con mucha personalidad... puede superar la rutina." *La Nación*, 14.7.98.

In: "Debbie Reynolds, left, and Ann Miller in a **pas de deux** at the movie fund-raiser." *Herald Tribune*, 14.6.96.

In: "Who can forget ITT's **pas de deux** with the CIA in Chile — a graceless dance of economic and political destabilization...". *Time*, 19.8.96.

In: "...and after an erotic **pas-de-deux** and the outbreak of a storm." *Sunday Times*, 14.7.96.

In: "A key question is how Jospin and Chirac will manage their delicate ***pas de deux***." *Time*, 16.6.97.

In: "Chirac's electoral ploy backfires and forces him into an ungainly ***pas de deux*** with the Socialists." *Time*, 16.6.97.

Po: "Um casal de negros... fazia um requintado **pas-de-deux**." Oliveira, *Flores raras e banalíssimas*.

Po: "'**Pas de deux**' com a bandeira da Mocidade." *O Globo*, 29.1.97.

Po: "**Pas-de-deux**: o primeiro bailarino Lienz Chang, chinês naturalizado cubano, fará par com Ana Botafogo." *O Globo*, 24.6.97.

passé

In: "...formality isn't entirely **passé**". *The New York Times*, 26.9.96.

In: "All that talk of a liquidity crunch — maybe even the fears of an economic slowdown in the U.S. — suddenly seems almost **passé**." *BusinessWeek*, 9.11.98.

In: "Yet, even as the Nobel was being announced, buckyballs were practically **passé** in many vanguard labs." *Herald Tribune*, 3.12.96.

In: "The Right's Austerity Fixation Is **Passé**, and Not Just in France." *Herald Tribune*, 8.7.97.

In: "Hersh planned to render those other hundreds of books **passé**." *Herald Tribune*, 26.9.97.

In: "Java might make conventional operating systems such as Windows **passé**." *BusinessWeek*, 3.11.97.

In: "The old paradigm of sellers bringing products or services to market and setting the price is **passé**, say the authors." *Time*, 10.8.98.

passe-partout

Po: "As gravuras eram lindas, mas os **passe-partout** de um mau gosto atroz." Lins, *Almanaque*.

Ru: "[... notre théorie n'est en aucun cas un] *passe-partout*...". Plekhanov, *Le Patriotisme et le socialisme*, tradução do russo.

pastel

In: "These ranged from a **pastel** ballet scene drawn by Degas...". *Herald Tribune*, 30.6.96.

In: "It began with the Renoir **pastel** of the 'Woman in a Yellow Bodice'." *Herald Tribune*, 30.6.96.

In: "Women: The Road Ahead, by Susan Moore, oil **pastel**, paint stick, acrilic on paper." *Time*, outono de 1990.

In: "Lyndon B. Johnson by Pietro Annigani, **pastel** in paper." *Time*, 12.4.68.

In: "In 1885, Degas drew a **pastel** study of 'Three Women at the Races'." *Herald Tribune*, 31.5.98.

In: "In one of the great man's last **pastels** of three jockeys, the riders sit tight on their prancing horses ready to bounce off." *Herald Tribune*, 31.5.98.

In: "Great wealth came in the 16th century, when there was world demand for the blue woad dye or **pastel** produced in the region." *Time*, 15.6.98.

pastis

In: "Along the quayside, La Samaritaine Café is a local favorite for a pre-lunch ***pastis*** or for morning coffee after the daily fish market." *Time*, 15.6.98.

pas trop de zèle [ver: "zèle"]

patati-patata

Ru:[... il va de soi que je suis... et actuellement,] ***et patati, et patata***". Cuey, carta a M. S. Kerzina, 9.4.1904, tradução do russo.

pâté/patê

In: "After a tasty **pâté** in the Rhumb Line, a neighborhood hangout...". *Herald Tribune*, 16.6.96.

In: "A Young U.S. Entrepreneur's New Spread: *Pâté* and Middle East Peace." *Herald Tribune*, 2.12.96.

In: "The Doping Scandal? Pass the **Pâté** Instead." *Herald Tribune*, 28.7.98.

Po: "Codorna recheada com cogumelos, passas e **patê** de foie gras." *Veja*, 3.6.98.

patience

In: "That was when Charles **patience** finally snapped and he asked for a separation." *Time*, 22.7.96.

pâtissier/pâtisserie

Po: "À direita, um salão de chá... a melhor **pâtisserie** francesa...". Soares, *O xangô de Baker Street*.

patois

In: "Willem de Kooning: thick Dutch accent, home-grown English **patois**, clear blue eyes...". *Herald Tribune*, 20.3.97.

In: "...a great musical... that captured the dynamism and exuberant **patois** of post-war urban America". *Sunday Times*, 14.7.96

In: "Michael Lewis's Liar's Poker... introduced us to the **patois** of Wall Street bond dealers." *Sunday Times*, 13.9.98.

patron/patronage

In: "...a scholar of the Tang dynasty who became a **patron** deity of fishermen...". *Herald Tribune*, 17.5.96.

In: "With the help of American **patronage**, the grand ironwork gate has been regilded." *Herald Tribune*, 31.5.96.

pause

In: "The author's don't **pause** to consider whether, for example..." *BusinessWeek*, 27.5.96.

pavillon/pavillion

In: "Dai Temple, a town within a town, of restored halls and **pavillions** housing ancient relics." *Herald Tribune*. 31.5.96.

Ne: "**Pavillons**: sehn wechselnde Blumenausstellungen...". Keukenhof, Amsterdam.

peignoir/penhoar

Po: "Maria das Tranças cruza as pernas, o **penhoar** de cetim florido convida o tato." Dourado, *Ópera dos fantoches*.

Po: "Elisa, babada com o santo e com o **penhoar**." Amado, *Tieta do agreste*.

Po: "Como não espera visitas, veste um *peignoir* de seda...". Soares, *O xangô de Baker Street*.

pêle-mêle/pell-mell

In: "The industry's **pell-mell** growth is worrying established corporations." *BusinessWeek*, 15.7.96.

In: "Technology. Our **pell-mell** 20th century wasted no *Time* in sounding its characteristic theme in the arts." *Time*, 8.6.98.

Po: "Era um medalhão *pêle-mêle* de todas as coisas e de todos os homens." Machado de Assis, *Memórias póstumas de Brás Cubas*.

Ru: "[Tout cela s'entassait] *pêle-mêle* [sur les tables, les chaises, les étagères]." Borodin, carta a E. S. Borodina, 13.6.1869, tradução do russo.

Ru: "[...quant au reste, je l'ai entassé] *pêle-mêle*...". Ogareva, carta a Herzen, 18.11.1846, tradução do russo.

Ru: "[...toutes ses affaires sont en un tas desordonné: "le tabac, le linge, les papiers... tout cela entassé] *pêle-mêle*...". Borodin, carta a E. S. Borodina, 13.6.69, tradução do russo.

pelouse

Po: "Enquanto o encontro se desenrolava na **pelouse**, na tribuna imperial...". Soares, *O xangô de Baker Street*.

penchant

In: "'The X Files'. Carter has more **penchant** for pretentious mumbo jumbo about the end of the world." *Newsweek*, 16.9.96.

In: "But Milosevic's **penchant** for brutality seems irrepressible." *Time*, 17.8.98.

In: "His [Napoleon] **penchant** for revolutionary projects caused him to go to war with Austria over Italy in 1859." Kissinger, *Diplomacy*.

In: "The sudden demise of Mr. Kiryenko... came partly from Mr. Yeltsin's **penchant** for sacrificing loyal subordinates." *Herald Tribune*, 28.8.98.

In: "Most grating is his **penchant** for tortured, elliptical description...". *The New York Times*, 29.9.96.

In: "Jack Kemp often battled supporters with his **penchant** for elaborating ad nauseum on the finer points." *U.S. News*, 26.8.96.

In: "Ann Landers developed a sudden **penchant** for green pencils." *Time*, 12.8.96.

In: "John Horgan has a **penchant** for attending rap-session-like gatherings." *BusinessWeek*, 29.7.96.

In: "Someone with a **penchant** for polysyllabic phrases...". *Herald Tribune*, 5.8.96.

In: "The Romans adopted the Greek **penchant** for poisoning [the ambitious Livia Drusilla, empress of Rome in the first century B.C., made something of a science of the practice]." Panati, *Extraordinary Origins of Everyday Things*.

In: "Okuda, of Toyota, also has a **penchant** for blunt talk." *BusinessWeek*, 7.4.97.

In: "...there was a similar punky edge in the **penchant** for black leather...". *Herald Tribune*, 8.4.97.

In: "...the congressman-elect's **penchant** for holding fast to his ideals". *The New Yorker*, 20.1.97.

In: "The Clinton administration's **penchant** for putting trade above national security." *Herald Tribune*, 25.4.97.

In: "Mr. Prokhanov's well-known **penchant** for hyperbole." *Herald Tribune*, 23.10.97.

In: "George Hunzinger. Even so, a **penchant** for strong lines and right angles is evident." *The New York Times*, 12.12.97.

In: "Totemism. It has also given us the custom of the sports mascot, as well as our **penchant** for classifying groups of people by animal images or traits." Panati, *Extraordinary Origins of Everyday Things*.

In: "Torres, who has a little-known **penchant** for painting, will be settling down to concentrate on his art." *Daily Mail*, 18.6.98.

In: "The fear, they said, was that Mr. Holbrooke's **penchant** for the spotlight and a reputed tendency to trample over bureaucratic opposition would make him more trouble than he is worth." *Herald Tribune*, 19.6.98.

pendant

In: "...strand... from which a small crescent **pendant** hangs over a discreet décolleté...". *Herald Tribune*, 27.4.97.

In: "...a necklace of damsel flies hovering over an acquamarine **pendant**, like insects over water". *Herald Tribune*, 20.5.97.

In: "Inca. Gold **pendant** cast by cire process." Bushnell, *Ancient Arts of the Americas*.

In: "The fuss was fueled by false rumors that Hilary Clinton had given Cherie Blair the **pendant**." *Newsweek*, 3.8.98.

performance

Es: "...un homenaje conmemorativo, en forma de **performance** conceptual, al centenario del desastre que culminó en 1898". *El País*, 18.6.96.

Fl: "Haags Gemeentemuseum. **Performance** zatertag 2 maart."

In: "Brando's **performance** is enormous fun." *Newsweek*, 2.9.96.

In: "A RAM compression program may give you some modest **performance** improvements." *Time*, 15.7.96.

In: "A reference to the Russian leader's lively **performance**." *The Times*, 17.7.96.

In: "This summer's **performance** at Bayreuth, Germany." *Newsweek*, 15.7.96.

In: "Because of the lackluster **performance** of the assets management company." *Herald Tribune*, 12.7.96.

In: "The battlefield **performance** of a new generation of advanced high-tech weapons." *Herald Tribune*, 12.7.96.

In: "...followed that up with extra **performance** of Alice in Wonderland". *Sunday Times*, 14.7.96.

In: "Carrey's **performance** flirts with all sorts of subtexts." *Sunday Times*, 14.7.96.

In: "Placido Domingo... had been taken in for **performance** and recordings." *Sunday Times*, 14.7.96.

In: "...a truly transcendental **performance** of Mother's Fourth Symphony." *Sunday Times*, 14.7.96.

In: "Chopin was not given to emotion histrionic in **performance**." *The Times*, 18.7.96.

In: "So we took a new route. We increased **performance**." *Time*, 13.5.96.

In: "Saab. We increased **performance**." *BusinessWeek*, 27.5.96.

In: "French political analysts generally give Chirac better marks for his **performance**." *Time*, 1.7.96.

In: "As a classical pianist, her **performances** once drew enthusiastic crowds." *BusinessWeek*, 24.6.96.

In: "The company's poor **performance** was depressing the stock." *BusinessWeek*, 1.7.96.

In: "Best **performance** by a light jet in a leading rôle." *BusinessWeek*, 8.7.96.

In: "...the morning after a **performance** of Handel's 'Xerxes'". *Herald Tribune*, 26.6.96.

péril/peril

In: "Fierce Debate Erupts Over Degree of **Peril** Facing Ocean Species." *The New York Times*, 17.9.96.

In: "Berlin. Border fortifications through which spies and dissidents slipped at their **peril**." *The New York Times*, 12.9.96.

In: "Ignore the medical **peril**, the sheer discomfort...". *The New York Times*, 9.9.96.

In: "Bill Clinton... the joys and the **perils** of his job." *Newsweek*, 16.9.96.

petit comité/en petit comité

Ru: "[...le maître de maison entreprit de cuire le punch chaud] ***en petit comité***...". Herzen, *Passé et méditations*, tradução do russo.

Ru: "[Nous lisions ta lettre] ***en petit comité***...". Grats, carta a A.E. Kromid, maio de 1851, tradução do russo.

petite

In: "The Tamagotchi digital pet this **petite**, soft spoken woman invented two years ago has spawned an almost cultlike following...". *Time*, 9.11.98.

In: "She is **petite** and svelte, her hair short and exquisitely groomed." Rasponi, *The Last Prima Donnas*.

In: "Bridge Sportswear including **Petites** and Salon Z: Sizes 14 to 24." *The New York Times*, 5.12.97.

In: "Lily Pons... I was not surprised to find her looking beguilingly **petite** as ever, not an extra pound in sight." Rasponi, *The Last Prima Donnas*.

In: "**Petite**, chic, with large, inquisitive eyes and her snow-white hair softly waved...". Rasponi, *The Last Prima Donnas*.

petits fours

In: "The analyst who went away with the two or three ***petits fours*** stood not only for the breast which was withheld, but also for the breast which was going to *feed itself*." Klein, *Envy and Gratitude*.

In: "There was a sudden doubt about the name of the cakes (actually ***petits fours***), which she first thought were 'petit fru', which reminded her of 'petit frau' and thus of 'Frau Klein'." Klein, *Envy and Gratitude*.

pétulant/petulant/pétulance/petulance

In: "They tried hard not to sound **petulant**." *Herald Tribune*, 10.5.96.

In: "It failed to rise above the sniggering **pétulance** of 'If men had babies'...". *Sunday Times*, 17.4.96.

In: "...an awe-inspiring victory... and a rare show of **petulance** after a photographer disturbed his concentration". *Time*, 31.3.97.

In: "Giuliani's New York. An Iron-Fisted, **Petulant** Quest for the Ideal." *Herald Tribune*, 24.3.98.

physique

In: "The Daleys, père et fils, walked the streets with **physique** not too different." *Newsweek*, 2.9.96.

physique du rôle

In: "Poor Schäfer, who has the **physique du rôle** in spades." *The Times*, 17.7.96.

In: "I am sure Karajan chose me... because he felt I had the ***physique du rôle***." Rasponi, *The Last Prima Donnas*.

Po: "Fernando Henrique tem o ***physique du rôle***. É um sedutor que gosta de seduzir." *Veja*, 19.3.97.

pièce

In: "...are the obvious villains of the **pièce**." *Time* 12.8.96.

pièce de résistance/pièce-de-résistance

In: "The ***pièce de résistance***: skinned cows' and bulls' heads floating in formaldehyde in the rest rooms." *BusinessWeek*, 2.12.96.

In: "But the ***pièce de résistance*** was still to come." *BusinessWeek*, 28.10.96.

In: "It had formed part of Dona Norma's magnificent trousseau, the ***pièce de résistance***...". Amado, *Dona Flor*, versão inglesa.

In: "In support of his hypothesis Sapir presented a fairly extensive list... including his ***pièce de résistance***, virtual identity in the pronominal prefixes...". Ruhlen, *On the Origin of Languages*.

In: "The **pièce de résistance** was the monkey business: horsehair treated to look like monkey making shaggy coats and fitted dresses." *Herald Tribune*, 24.7.98.

Po: "Mas se as trouxinhas de caviar, ou a ***pièce-de-résistance*** salmão com vagem estivessem estragadas...". *IstoÉ*, 5.11.97.

Ru: "[Le menu du déjeuner lui a beaucoup plu... asperges, et la] ***pièce de résistance***...". L. Tolstoi, *Anna Karénine*, tradução do russo.

Ru: "[...et la] ***pièce de résistance***: un roastbeef excellent mais simple, et divers vins". L. Tolstoi, *Anna Karénine*, tradução do russo.

Ru: "[En qualité de]...***pièce de résistance*** [du déjeuner, ont servit un agneau rôti]." Lugovoi, *Retour*, tradução do russo.

Ru: "[Au milieu de vos plats, de véritables] ***pièces de résistance***...". Annenkov, carta a Mme. M. Stassioulevitch, 20.10.1878, tradução do russo.

pied-à-terre

In: "Dominique Dunne. His **pied-à-terre** (he mostly lives in Connecticut) is decorated in the conventional style of an East Side gentleman." *Time*, 17.11.97.

It: "Evidentemente oltre alle auto gratis e ai prestiti a tasso zero insieme ai **pied-à-terre** in centro, il senatore Di Pietro è abituato a guadagnarsi lo stipendio facendo poco e male il proprio lavoro." *Corriere della Sera*, 11.8.98.

Ru: "[Il lui fallait un] ***pied-à-terre*** (pour ses activités de 'propriétaire rural']." Terpigorev, *Appauvrissement*, tradução do russo.

Ru: "[Lorsqu'il se lasse... il va à Kertch où se trouve son] ***pied-à-terre***...". Mikhail, *De mon journal*, tradução do russo.

pince-nez/pincenê

In: "Pince-nez to Powerpoint. Three generations of secretaries." *The Times*, 5.5.99.

Po: "Limpava o **pincenê** devagar...". Amado, *Farda, fardão, camisola de dormir*.

Po: "Cultivava um bem cuidado cavanhaque e trazia um **pincenê** equilibrado no nariz. Soares, *O xangô de Baker Street*.

Ru: "[Il... s'assit, frotta son] ***pince-nez*** [et commença son discours...]". Strepetova, *Jours disparus*, tradução do russo.

Ru: "[Malheureusement, je n'avais pas mon] ***pince-nez***...". Tchaikovski, carta a N. F. Mekk, 21.8.1879, tradução do russo.

ping-pong/Pingpong/pingue-pongue

Al: "Bei uns kann einer den 36, Platz machen im **Pingpong** in Taipeh...". *Focus*, 8.7.96.

Es: "...ninguno de los compañeros de Gascoigne es aficionado al ***ping-pong***...". *El País*, 18.6.96

Po: "Num incessante **pingue-pongue** de referências à *Divina Comédia*, Levi associa o inferno a Auschwitz...". *Veja*, 9.4.97.

Po: "Cadáveres **pingue-pongue**: deitam e levantam no sono eterno, sempre reexumados...". *O Globo*, 20.5.97.

piquant

In: "Galliano's romantic sensibility and **piquant** imagination." *Herald Tribune*, 25.6.96.

pique

In: "The North Koreans would have cancelled the mission in a fit of **pique**." *Time*, 15.7.96.

In: "Pastoral **Pique**: Cardinal Sin reacted angrily to hints that Ramos should stay on." *Time*, 31.3.97.

In: "But officials admit the show of **pique** was Washington's fault." *Time*, 30.9.96.

In: "...and rely on support from doctors to **pique** the interest of aging baby boomers in the U.S." *BusinessWeek*, 28.4.97.

In: "Ever so, other parts of the world are in a **pique**." China protests that it has become a punching bag for all kinds of American complaints and threats." *Time*, 4.8.97.

In: "Such was Lehman's **pique** that... she refused to take on the rôle that... was one of her most unforgettable achievements." Rasponi, *The Last Prima Donnas*.

In: "French **Pique** Clouds Euro's Launch." *Time*, 4.5.98.

In: "In Tokyo, **Pique** Over the 'Scapegoating' of Japan." *Herald Tribune*, 22.9.98.

piqué

In: "Fashion. Brief shorts and a wave of white from **piqué** through cotton lawn and linen." *Herald Tribune*, 25.6.96.

In: "Kennedy. The groom wore a dark blue suit... with a white **piqué** vest...". *Time*, 7.10.96.

pique-nique/pic nic/pic-nic/picnic/piquenique/Picknick/picknicking

Al: "...von **Picknick** auf dem Rasen in der Pause bis zu besten Aufführungen...". *Madame*, mai. 1996.

Al: "Die Deutschen würden es **Picknick** nennen." *Stern*, 16.7.98.

In: "...reminded that life under communism wasn't the **picnic** some now say it was". *BusinessWeek*, 17.6.96.

In: "On a sunny spring day, a handful of the village's elderly gathered for a **pic-nic**. *Time*, 27.5.96

In: "Moscow. The atmosphere was one of a **pic-nic**." *Time*, 27.5.96.

In: "White House... a big national family **pic-nic**." *Time*, 9.9.96.

In: "Life is not always a **pic-nic**." *Time*, 9.9.96.

In: "Here a family enjoys a **picnic** in Teheran." *The New York Times*, 22.9.96.

In: "**Picknicking** with the tiger is never easy." *Herald Tribune*, 27.3.97.

In: "The Meat-and-Potato **Picnic**." *Herald Tribune*, 18.4.97.

In: "Russia. Chocolate. But for some, such as Cadbury, it's a **Picnic**." *BusinessWeek*, 22.7.97.

In: "European business. Howard Davies' new job is no **picnic**: Enforce honesty in the securities, banking, and insurance industries." *BusinessWeek*, 11.8.97.

In: "Newt Gingrich... has agreed to be the main attraction at a Republican **picnic** this summer at the home of a businessman recently convicted of illegally laundering donations." *Herald Tribune*, 7.5.98.

In: "Russia's Boris Fyodorov undertakes a crackdown on cheats — but the job is no **picnic**." *Time*, 22.6.98.

It: Mauro Cutrufo fa una gara di pesca e un **pic nic** sul prato a Lago Verde." *Corriere della Sera*, 7.4.96.

It: Un **picnic** festivo nel giardino di una villa di Farmanieh...". *La Repubblica*, 22.5.97.

Po: "Chantal preparara um **piquenique** para nós: sanduíches, frutas e uma garrafa térmica com café." Macedo Soares, *As sentinelas de Deus*.

Po: "Não. Não escrevo ***pic-nic***, por ter a respeito deste vocábulo duas dúvidas. Sabe-se que esta palavra veio-nos dos franceses, que escrevem ***pique-nique***." Machado de Assis, 25.11.1894.

pirouette/Pirouetten

Al: "Er dreht seine Runden, wirft seine Arme, spreizt seine Beine, springt **Pirouetten**, windet sich und schwebt." *Der Spiegel*, 13.7.98.

In: "Isabelle Vandelle wriggles and **pirouettes** artfully in it...". *Time*, 21.10.96.

pis-aller

Po: "Outros dizem que a literatura é um ***pis-aller*** que só se aceita por necessidade." Ribeiro, *Crítica*.

pivot/pivô

In: "Clinton campaign-finance scandals... Chung was being described in Washington last week as the **pivot** man in a 'China Plan' to do just that." *Time*, 1.6.98.

In: "Whether Iran is actually capable of being a **pivot** of stability is unclear." *Herald Tribune*, 10.6.98.

In: "Sinatra is the century's musical equipoise, the **pivot** between the carefully crafted pop of its beginning and the looser, fiercer sounds of its end." *Time*, 8.6.98.

Po: "O grande **pivot** de toda essa discussão, o menino Rafael." *Veja*, 18.9.96.

Po: "Glória, empresária do grupo e **pivô**... da separação." *Veja*, 23.4.97.

Po: "**Pivô** de escândalo será julgado." *Jornal do Brasil*, 20.5.97.

Po: "...e o **pivô** de tudo isso é o computador Deep Blue, que derrotou Kasparov...". *IstoÉ*, 21.5.97.

Po: "Carlos Luz transformou-se em **pivô** de grave crise." Melo Filho, *Testemunho político*.

Po: "Al Fayed foi o **pivô** de um escândalo, que provocou a queda do governo conservador." *Jornal do Brasil*, 15.7.97.

Po: "...tentativa de limpar a imagem de Camilla, apontada como **pivô** do fim de seu casamento com a glamorosa *lady* Di". *Jornal do Brasil*, 17.7.97.

placard/placar

In: "Why It's *Time* To Lay Down the **Placards**." *BusinessWeek*, 13.7.98.

In: "As the final coup de théâtre, the massed yellow-and-green banners of Brazil and France's blue, white and red were challenged by a display of **placards** bearing YSL's shocking pink and orange house colors." *Herald Tribune*, 14.7.98.

Po: "Até ontem, o **placar** era de 46 a favor da reeleição...". *Jornal do Brasil*, 17.1.97.

Po: "Confira seu **Placar** no Casamento." *VIP*, jan. 1997.

plaque/plaquette/Plakette

Al: "Zu den bisherigen Trägern der **Plakette** gehören die Bundeskanzler Konrad Adenauer und Helmut Kohl...". *Frankfurter Allgemeine Zeitung*, 14.9.98.

Al: "Die ***Plakette*** ist ohne Zweifel echt." *Frankfurter Allgemeine Zeitung*, 12.9.98.

In: "The rectangular **plaques** set into the bindings of a gospel...". *Herald Tribune*, 26.5.96.

In: "Fiva enameled **plaques** with curving tops...". *Herald Tribune*, 26.5.96.

In: "And if you cannot get a free-standing statuette, get a **plaquette**." *Herald Tribune*, 28.7.96.

In: "The 'Death of Dido', a low-relief **plaquette** signed 'Air'", *Newsweek*, 15.7.96.

In: "Art Collecting. The **plaquettes** served as a prelude." *Herald Tribune*, 2.6.96.

In: "A bureau covered with Canton **plaques** painted in light, delicate hues...". *Herald Tribune*, 6.4.97.

In: "...a graceful marble **plaque** from Italy...". *Time*, 5.5.97.

In: "...the only acknowledgment of the original Globe was a **plaque** affixed to the front of a brewery". *Time*, 16.6.97.

plateau/plateaued

In: "While the penetration of PCs in the home seems to have **plateaued** at less than 40%, almost everyone has a TV, and Microsoft sees a chance...". *BusinessWeek*, 23.6.97.

In: "Germany. Moreover, the steadily rising jobless rate, now 11.4%, may finally have reached a **plateau**." *BusinessWeek*, 28.7.97.

In: "If half of U.S. couples had only one child... the population would **plateau** around 2020, and drop by 2050 to about 230 million, which was the figure two decades ago." *Time*, 20.7.98.

plausible

In: "...a **plausible** claim that such a favourable concurrence of events is unlikely to be repeated". *Financial Times*, 19.5.96.

plume

In: "Some of them remember Iraqi arms depots exploding en **plumes** of smoke." *Newsweek*, 30.9.96.

poché/pochê

Po: "Paddock: destaca-se no cardápio o hadoque **pochê**, além de algumas receitas brasileiras." *Veja*, 29.10.97.

pochette

Po: "A atriz puxou de sua **pochette** um cartão...". Soares, *O xangô de Baker Street*.

pointillisme/Pointillism/Pointillist

In: "...dabs applied side by side in a distant echo to **Pointillism**". *Herald Tribune*, 19.5.96.

In: "Studying viral protease inhibitors may seem like scientific **pointillism** when you've broken the genetic code." *Time*, 9.9.96.

In: "'Breton Girl'... associating a kind of ground-down **Pointillist** brushwork and penetrating psychological insight...". *Herald Tribune*, 1.6.97.

pompadour

In: "The Philippines. As Presidential candidate Joseph E. Estrada makes his way to the stage, middle-age mothers and teenage daughters titter and clamor to catch a glimpse of the former movie actor with his trademark **pompadour**." *BusinessWeek*, 11.5.98.

porte-bonheur

Ru: "[Et vous en avez pour longtemps? Demandé-je, en admirant mon fin bracelet] ***porte-bonheur***...". Verbitskaya, *A mon lecteur*, tradução do russo.

Ru: "['Vous verrez que ma robe sera votre] ***porte-bonheur*** [au congrès'.]" Altchevskaya, *Repensé*, tradução do russo.

porte-monnaie

Po: "É a segunda vez que Jovino perde o **porte-monnaie**!" Lins, *Almanaque*.

porte-parole

Po: "Não conheço ainda o novo **porte-parole** do Quai d'Orsay." Faria, *Reminiscências*.

portrait/portraiture/Porträt

Al: "...sich zu rasieren und geduldig vor einen **Porträt**fotografen zu posieren". *Der Spiegel*, 14.9.98.

Al: "...biographisch-dokumentarischen **Porträts** bei der Deutschen Gramophon Gesellschaft". *Madame*, mai. 1996.

Al: "...in Italien lebende Schwedin durch surreal wirkende Darstellungen und **Porträts**". *Madame*, mai. 1996.

In: "Picasso did not wholly abandon realism, but ceased to give it a privileged role in **portrait**'s definition." *The MoMa.*

In: "Picasso applied the term **portrait** inconsistently and only occasionally." *The MoMa*, "Picasso and Portraiture", 1996.

In: "This is possible because in **portraiture**, everything that emphasizes resemblance undermines the quality of the **portrait**." *Herald Tribune*, 6.11.98.

In: "**Portrait** of a gentleman and his wife, circa 1740, by Francis Hyman." *The Times*, 14.3.96.

In: "**Portrait** Studio at Harrods." *Harrods Store Guide*, 1996.

In: "Max Beekmann's implacable bronze self-**portrait** bust." *Herald Tribune*, 9.6.96.

In: "The **portrait** was discoverdd by Annisabelle Berès of Paris." *Herald Tribune*, 19.5.96.

In: "European tradition of psychological **portraiture**." *Herald Tribune*, 19.5.96.

In: "...the previously unpublished double **portrait** of a woman and her daughter...". *Herald Tribune*, 2.6.96.

In: "Walf Glatz, the son of the country's leading **portrait** painter." *The Times*, 15.7.96.

In: "**Portrait** of the Artist: Degas as a Collector." *Herald Tribune*, 21.7.96.

In: "Local businesses, see the show as a **portrait** of potential customers." *Time*, 8.7.96.

In: "Throughout this **portrait** of futile existence in a seady resort." *Sunday Times*, 14.7.96.

In: "...in contrast to Roman **portraiture**, they go straight to essentials". *Herald Tribune*, 27.4.97.

In: "**Portraiture**: An Eye on the Center. Artists Practice an Unconscious Art of Positioning." *Herald Tribune*, 11.5.98.

poseur

In: "Jean-Paul Sartre seems, in retrospect, a trendy **poseur** discredited by his abject failure to repudiate left-wing totalitarianism." *The New York Times*, 19.12.97.

In: "Camus as Principled Rebel Among **Poseurs**." *The New York Times*, 19.12.97.

Po: "Acho que, no fundo, ele apenas finge ser **poseur**." Lins, *Almanaque*.

post-modernisme/postmodernism

In: "Modern art is dead? Look at **postmodernism**." *Newsweek*, 15.7.96.

posture

In: "The end of the East-West standoff devalued Paris' indépendant **posture**." *Time*, 17.6.96.

In: "Steve Timbers expected the buyers toimpose a defensive **posture**." *BusinessWeek*, 8.7.96.

pot-au-feu

In: "**Pot au feu**... and before you could say *pauf*, nouvelle cuisine was synonimous with the young, the thin, the rich and the beautiful." *The New York Times Magazine*, 3.1.98.

potin

Po: "O grande ***potin*** nova-iorquino do fim de semana envolve a atriz Julia Roberts." *O Globo*, 10.9.96.

Po: "...tomado seu tempo para lhe contar ***potins***". Oliveira, *Flores raras e banalíssimas*.

Po: "...livros, discos e filmes, revistas, ***potins*** e promissórias". *Veja*, 12.2.97.

Po: "...o jornalista sabia que o **potin** causaria um pequeno escândalo...". Soares, *O xangô de Baker Street*.

pot-pourri/pot pourri/potpourri/pôpurri/Potpourri

Al: "Als Abschlussfilm wurde Dories Dörries Geschichten-**Potpourri** 'Bin ich schön?' gezeigt...". *Der Spiegel*, 14.9.98.

In: "Carlos Gomes's Maria Tudor — not superior music by all means, a **pot-pourri** of sundry other composers." Rasponi, *The Last Prima Donnas*.

In: "Clinton Acts to Grab the Credit for a **Potpourri** of Popular Ideas." *Herald Tribune*, 25.7.96.
In: "**Potpourri** of Helpful DevicEs: "a new kick bag game, combining elements of soccer, volley-ball and tennis." *The New York Times*, 29.12.97.
In: "ADLI — an acronym in ADLI for 'toward an international language' — is a **potpourri** of English, French, Spanish, German and Italian, all reduced by a computer to their simplest forms." *The New York Times*, 29.10.84.
Po: "A cidade é um ***pôpurri*** do universo, vide 'Homens de Preto'...". *O Globo*, 8.11.97.
Ru:"[Je prends le meilleur de chaque espèce at après avoir mélangé le tout, je propose à notre public un] ***pot pourri***...". Jukovski, carta a A. I. Turgueniev, 15.9.1809, tradução do russo.
Ru: "[Je ne sais pas si tu fais bien de lire autant en une seule fois: c'est à peine si la lecture laissera une trace dans un tel] ***pot pourri***." Ogareva, carta a Liza, 9.10.1871, tradução do russo.

pour-mémoire (P.M.)

Po: "Mello Pimenta abriu seu ***pour-mémoire*** e leu lentamente em voz alta...". Soares, *O xangô de Baker Street*.

pourparler

It: "Non mi pare corretto precisare dove, diciamo che abbiamo in corso ***pourparler*** con potenziali venditori in diverse zone della Peninsola e anche in qualque Paese estero." *Il Sole 24 Ore*, 7.8.98.

P.P.C./p.p.c. (Pour Prendre Congé)

Po: "Justino era tão ridículo que, em Ouro Preto, antes de viajar, deixava na prefeitura o seu cartão de visitas com a notação '**p.p.c.**' como se os pobres funcionários pudessem decifrar a misteriosa mensagem: '**pour prendre congé**'...". Lins, *Almanaque*.

prairie

In: "Downsizing was a craze that went through the business world like a **prairie** fire in the 1980s...". *Daily Mail*, 13.5.96.
In: "Close-ups of cattle thundering across the **prairie**." *Financial Times*, 19.5.96.

praline

Po: "A **praline** que nos vem de Buenos Aires é sem dúvida melhor e muito mais barata." Faria, *Reminiscências*.

prélude/prelude

In: "Art Collecting. The plaquettes served as a **prelude**." *Herald Tribune*, 2.6.96.
In: "The book opens with a dark **prelude**...". *Herald Tribune*, 18.8.96.
In: "The first such exercise... is a **prelude** to the merger of French and British air defences." *The Times*, 5.7.96.

prématuré/premature

In: "While it is **premature** to talk about an overthrow...". *BusinessWeek*, 15.7.96.

premier/premiê

Fl: "De nog jonge vrouw van de Finse **premier**, Päivi Hertzberg [31], is journaliste." *Algemeen Dagblad*, 16.6.98.
In: "Southeast Asia's **premier** airline will manage to muscle through this difficult period." *BusinessWeek*, 12.8.96.
In: "France's **premier** pay-TV company, Canal Plus." *BusinessWeek*, 22.7.96.
In: "Knoll Press... The nation **premier** publisher of do-it-yourself law books." *Newsweek*.
In: "Reno was the country's **premier** gambling destination." *Herald Tribune*, 12.7.96.
In: "The firm... retain most of its **premier** technology clients...". *BusinessWeek*, 14.4.97.

In: "Shimon Peres, the leader... and **premier** architect of the Oslo accords." *Herald Tribune*, 4.4.97.
In: "Microsoft's New-Media Leader: We want to be the **premier** provider of interactive products." *Time*, 17.6.96.
In: "Czech Banker Named **Premier** in a Move to Calm Political Storm." *The New York Times*, 17.12.97.
In: "IBM. The goAl: "To become the networked world's **premier** chip supplier." *BusinessWeek*, 1.6.98.
In: "Tour de France. ...marketing has powered the world's **premier** cycling race." *BusinessWeek*, 28.7.97.
In: "Octavio Paz, Mexico's **premier** poet and essayist, has died at the age of 84." *Herald Tribune*, 21.4.98.
It: Dini: il **premier** ammette l'esigenza di una correzione...". *La Stampa*, 10.4.96.
It: Summit. Il **premier** Shimon Peres ha nella tasca del gilet un cornetto di corallo." *La Stampa*, 10.4.96.
It: "... si è presentato nelle case come il futuro **premier** 'forte'". *La Repubblica*, 22.5.97.
It: Un **premier** capace di liquidare con una battuta diretta a Speroni la secessione leghista...". *La Repubblica*, 22.5.97.
Po: "O ***premier*** declarou que o PCF, apesar da revisão tardia que fez do stalinismo, participou da resistência ao nazismo." *Jornal do Brasil*, 13.11.97.
Po: "O **premiê** Benjamin Netanyahu perde apoio e Parlamento resolve antecipar eleições." *IstoÉ*, 30.12.98.
Po: "Sangue contaminado leva ex-**premiê** a julgamento." *Veja*, 17.2.99.

premier cru [ver: "cru"; "grand cru"]

In: "Singapore Airlines... serve the fresh equeezed orange juice and ***premier cru*** Bordeau." *BusinessWeek*, 12.8.96.
In: "Do not hesitate if you are in front of a **premier cru**." Battaini, *Conseils*.
Po: "É estranho que se diga que alguém tomou um 'primeiro caldo' em vez de ***premier cru***, que é a maneira tradicional como são denominados os bordeaux de alta qualidade." *Veja*, 19.11.97.

première/premiere/premièred/Premiere

Al: "Die **Premiere** zum 'Kleinen Fest in Grossen Garten' findet am 13.7. statt." *Madame*, mai. 1996.
Al: "...eine halbe Stunde vor der **Premiere** ins Opernhaus...". *Focus*, 8.7.96.
Al: "Dann kam die **Premiere**: Mein erster Theaterskandal in Deutschland." *Der Spiegel*, 14.9.98
In: "...four pieces, including the **première** of a work commemorating the Festival". *Herald Tribune*, 27.6.96.
In: "**Première** of his Meeting Point, previously shown on tour...". *Sunday Times*, 14.7.96.
In: "*Skylight* was **premièred** at the Royal National Theatre in May 1995."
In: "Vanessa Williams at the **premiere** in Los Angelss of the movie 'Eraser'." *Herald Tribune*, 13.6.96.
In: "After a disastrous U.S. **premiere** in Miami, *Godot* had a respectable B'way run." *Time*, 26.8.96.
In: "The Houston Grand Opera offers the world **première** of Daniel Catán's *Florence en el Amazonas...*". *Time*, 9.9.96.
In: "15 years ago... CATS had its world **première**." *Daily Mail*, 13.5.96.

In: "Ovitz spent last week in Manhattan, attending a **première** of *The Preacher's Wife*." *Time*, 23.12.96.

In: "At the finale of the world **première** of the musical adaptation...". *The New Yorker*, 20.1.97.

In: "At its **premiere** at the Met in 1907, it was sung by Caruso...". *Herald Tribune*, 28.5.97.

prestige

In: "The Fuehrer wants to save him [Rommel] for the first difficult task [...] That is of great value to further operations, for military **prestige** such as Rommel enjoys just can't be created at will and then taken away at will." Goebbels, *Diaries*, 10.5.43

In: "Korean Air. One of the Views From Our **Prestige** Class." *Time*, 1.7.96.

In: "The sale of Rolls-Royce is 'a tremendous blow to our national **prestige**'." *Herald Tribune*, 7.6.98.

In: "Meanwhile, the Asian crises have shown Beijing's leaders how much **prestige** they can win by acting responsibly." *BusinessWeek*, 22.6.98.

In: "The passage of the measure by a 60-6 margin struck a clear blow to Mr Netanyahu's **prestige**." *Herald Tribune*, 30.7.98.

prêt-à-porter/Prêt-à-porter

Al: "Viele Models trugen bei den **Prêt-à-porter**-Schauen in Paris zur neuen Frühjahr...". *Madame*, mai. 1996.

In: "...away from classic haute couture to funkier **prêt-à-porter**...". *BusinessWeek*, 17.2.97.

In: "The new wave of Belgian **prêt-à-porter**, by contrast, is calm, collected, geometric..." *BusinessWeek*, 17.2.97.

In: "If fashion designers design haute couture in order to sell ***prêt-à-porter***, so can chefs." *BusinessWeek*, 20.7.98.

It: "Dolce Gabbana... riposta milanesa al **prêt-à-porter** parigino." *Corriere della Sera*, 11.8.98.

Po: "Dior estará mostrando 100 peças de alta costura e **prêt-à-porter**." *IstoÉ*, 24.4.96.

Po: "Não havia postes daquela estatura **prêt-à-porter**." Oliveira, *Flores raras e banalíssimas*.

Po: "Lacroix está no Brasil para mostrar suas coleções de alta costura, **prêt-à-porter** e jeans." *Folha de S. Paulo*, 22.5.97.

Po: "Entre as modelos brasileiras selecionadas para desfilar a coleção de **prêt-à-porter** estão...". *Folha de S. Paulo*, 22.5.97.

Po: "Mas o maior faturamento da grife Versace é proporcionado pelas coleções ***prêt-à-porter***." *O Globo*, 16.7.97.

Po: "Manequins de Braga no **Prêt-à-porter**." *Correio da Manhã*, 28.8.98.

primeur

Fl: "De **primeur** is een initiatief van de Britse regeringsleider Tony Blair die hiermee op de valreep van zijn EU-voorzitterschap ten minste één beloft nakomt." *Algemeen Dagblad*, 16.6.98.

Po: "Devo a Alexis Lichine a oportunidade de comprar os vinhos dele em **primeur**." Faria, *Reminiscências*.

privé

Po: "Em condução própria — o jato **privé** de Ezequiel Nasser — a dupla começa a sessão garimpo na Provence, França." *Folha de S. Paulo*, 18.6.97.

profiteroles

In: "Throughout Easter Week: chocolate mousses, chocolate fondue, parfaits, **profiteroles**." Britannia Intercontinental Hotel, Londres, edição da primavera de 1966.

It: **Profiteroles** con cioccolato caldo." Nino's, citado em *Roma*, abr. 1996.

prologue

In: "The Tricycle is also staging three '**prologues**'." *The Times*, 10.5.96.

promenade

In: "The Arbet is a street in old Moscow, a traditional point for rendez-vous and **promenades**." *Time*, 27.5.96.

Po: "A ida às corridas se transformava numa belíssima *promenade*." Soares, *O xangô de Baker Street*.

propos [ver: "à propos"]

protégé(ée)

In: "Coach Koshel agrees with his **protégé**, up to a point." *Time*, 22.7.96.

In: "A. J. Gaston, 9, is one of the '**protégés**' in the Adopt a Rôle Model program." *Newsweek*, 7.10.96.

In: "At Harvard, Alger Hiss became a **protégé** of Prof. Felix Frankfurter." *Herald Tribune*, 18.11.96.

In: "Milosevich had little reason to assert his **protégé**-turned-rival, Karadsik." *Herald Tribune*, 25.7.96.

In: "Gullikson was not able to be at the courtside to encourage his **protégé**...". *The Times*, 6.5.96.

In: "Founder vs. **Protégé** At the Mathers Fund." *The New York Times*, 15.9.96.

In: "Another is top-level allies and **protégés** of Grachev." *U.S. News*, 26.8.96.

In: "Madeleine Albright... has played both **protégée** to powerful men and mentor to younger men." *The New York Times*, 22.9.96.

In: "...aid to its Kurdish **protégés** in Northen Iraq." *Herald Tribune*, 24.10.96.

In: "The Undoing of Suharto: A 'Soft Coup' by **Protégés**." *Herald Tribune*, 25.5.98.

In: "The West is pressing President Milosevic to squeeze his erstwhile **protégé** out of power." *Herald Tribune*, 22.5.96.

In: "His young **protégé** could have spent a lifetime doing just that." *Herald Tribune*, 23.6.96.

In: "With Fiat's chairman convicted and his **protégé** ill, who's going to drive?" *Time*, 28.4.97.

In: "His law partner and **protégé**, was also president of First American." *Herald Tribune*, 14.8.96.

In: "Cecil Koshel agrees with his **protégé**, up to a point." *Time*, 22.7.96.

In: "VW promoted López *protégé*... to replace his mentor." *BusinessWeek*, 16.12.96.

In: "...until Van der Biest, a onetime Cools **protégé**, and five other men...". *Time*, 23.9.96.

In: "Hermès... adding that he and his new **protégé** both feel nervous about their collection." *Herald Tribune*, 29.4.97.

In: "Putting Nemtsov and another young Yeltsin **protégé**, Anatoli Chubais, in charge of a new burst of economic reform...". *Time*, 19.5.97.

In: "It also took former President Rafsanjani to task for not openly supporting the embattled mayor, a Rafsanjani **protégé**." *Time*, 18.5.98.

Ru: "[...regardait L. Prokofieva comme on regarde sa] *protégée*...". Dostoievski, *L'Idiot*, tradução do russo.

provenance

In: "France has denied trying to conceal the **provenance** of these works...". *Herald Tribune*, 4.4.97.

In: "Pamela Harriman sale. 'There was definitely a **provenance** factor at work.'" *Herald Tribune*, 23.5.97.

In: "The Association of American Art Museum Directors said that from now on, its members would review the **provenance** records of works that are lent to them for exhibitions." *Herald Tribune*, 7.6.98.

provocateur

In: "Courtney Love, Punk **Provocateur**... among the 25 most influential Americans." *Time*, 17.6.96.

In: "**Provocateurs** Blamed In Indonesia Rioting." *Herald Tribune*, 4.9.98,

purée/puree/püree/purê

Al: "Die Charlottenform wird noemalerweise mit Löffelbiskuits ausgepolstert und mit Frucht**püree** gefüllt." *Stern*, 16.7.98.

In: "Unlike the tomato **puree** above, most modified foods go unlabeled — but it's getting easier to find organic groceries, below." *Time*, 24.8.98.

Po: "Amasse as cenouras até virar um **purê**." Lins, *Almanaque*.

quenelle

In: "The menu includes delicacies such as... '**quenelles** of home made crab'...". *The Times*, 13.5.96.

questionnaire

In: "The **questionnaire** asks whether they have read any of the O. J. books." *Newsweek*, 30.9.96.

In: "They are sent **questionnaires**, up to eight times a year, with up to 30 questions." *The Times*, 8.5.96.

queue

In: "No **queue** for almost-Mozart." *The Times*, 18.7.96.

In: "Yes, there was a **queue** at the ticket office outside the gates at midday." *The Times*, 15.8.98.

quincaillerie/quinquilharia/quinquilheiro

Po: "Bateu-lhe à porta, numa manhã de sol, um **quinquilheiro** da vila... ia expondo na palma da mão larga as **quinquilharias**." Araujo Correia, *Terra ingrata*.

qui se ressemble, s'assemble

Ru:"[...Vous savez, il est indispensable de se donner la main du soutien]: ***Qui se ressemble, s'assemble***...". Markov, *Terres grasses*, tradução do russo.

racé(ée)

Po: "Não apenas linda, mas **racée**." Cecília Alcântara Machado, 14.2.97.

raconteur

In: "He really is the best company, the best **raconteur**." *The Times*, 6.5.96.

In: "Moreover, Parkin says, 'he's a great **raconteur**, very passionate'." *Time*, 2.5.97.

raffiné(ée)

Po: "Raymundo de Castro Maya... era bastante diferente, por ser ***raffiné***, mais artista...". Maria Luiza Sertorio.

raison [ver: "à plus forte raison"]

raison d'état

In: "He [Richelieu] promulgated the concept of ***raison d'état*** and practiced it relentlessly for the benefit of his own country." Kissinger, *Diplomacy*.

In: "But none of Europe's erstwhile practitioners of ***raison d'état*** are now strong enough to act as principals in the emerging international order." Kissinger, *Diplomacy*.

In: "And if this was true, how did it differ from the European concept of ***raison d'état***, which asserted that a state's actions can only be judged by their success?" Kissinger, *Diplomacy*.

In: "...the German word *Realpolitik* replaced the French term ***raison d'état*** without, however, changing its meaning". Kissinger, *Diplomacy*.
In: "And it was on the basis of ***raison d'état*** that de Gaulle reversed the Richelieu tradition of attempting to keep Germany weak and fragmented, which had been the essence of French Central European policy for 300 years." Kissinger, *Diplomacy*.
Ru: "[L'idée de nécessité nationale était parfois nommée] **raison d'état,** [et parfois] *salut public.*" Arseniev, *La Décrépitude de l'Occident*, tradução do russo.

raison d'être

In: "For most Israelis... the aim of the Jewish state is to 'ingather' as many Jews as possible. After all, this is the Zionist **raison d'être**." *Herald Tribune*, 7.4.98.
In: "This wildly melodramatic climax has been held responsible for the opera's failure, but in the theatre emerges as its very **raison d'être**: the music builds up a head of uncontainable dramatic steam." *The Times*, 11.5.96.
In: "Economic viewpoint: ...global lending bodies are rapidly losing their **raison d'être**." *BusinessWeek*, 17.2.97.
In: "...relatives and friends, who were the ***raison d'être*** of her life". Amado, *Dona Flor*, versão inglesa.
In: "...the diva's **raison d'être** has ceased to be, but also because of their fears for the future of opera". Rasponi, *The Last Prima Donnas*.
In: "The parting with the **raison d'être** of one's life is perhaps less painful in this way." Rasponi, *The Last Prima Donnas*.
In: "Mensa society. 'It will remain a high IQ society,' says Mrs Baxter. 'Because that's its **raison d'être**.'" *The Guardian*, 8.8.98.
Ru: "[...pour lui, sans la science la vie n'avait pas de] ***raison d'être***." Timirjazev, *La Mort de Lebedev*, tradução do russo.
Ru: "[...le roman tendancieux est utile et a sa] ***raison d'être***...". Gontcharova, *Soirée littéraire*, tradução do russo.

raisonné

In: "Kallir, who had known Egon Schiele and who compiled the first catalogue **raisonné** of his works in 1930." *The New York Times*, 24.12.97.
In: "Oddly, Dr. Leopold's own catalogue **raisonné** of Schiele's work, which he published in 1972 'to correct Kallir'...". *The New York Times*, 24.12.97.

rapport

In: "One could feel there was a perfect **rapport** between them." Rasponi, *The Last Prima Donnas*.
In: "The two enjoyed an easy **rapport**, physically and intellectually." *Daily News*, 1.8.98.

rapprochement

In: "The French **rapprochement** with NATO was easier for Chirac." *Time*, 17.6.96.
In: "Iran needs a **rapprochement** with other nations to ensure its reconstruction." *Time*, 17.8.98.
In: "Washington was gratified by the French **rapprochement** with Nato." *Time*, 17.6.96.
In: "In a setback to efforts at U.S.-Japan **rapprochement**, several Iranian journalists tentatively. scheduled to interview Secretary of State Madeleine Albright have canceled their trip under pressure from Iranian conservatives." *Herald Tribune*, 17.6.98.
In: "While nobody is saying yet that **rapprochement** will be blown off course...". *BusinessWeek*, 17.3.97.

rebours [ver: "à rebours"]

recamier

Po: "Havia agora um novo jogo de poltronas, um sofá e um ***recamier*** de veludo verde capitonê." Soares, *O xangô de Baker Street*.

réclame/Reklame

Al: "München. Welt der **Reklame**." *Madame*, mai. 1996.

reconnaissance

In: "Our Special Forces had landed on the Fortuna glacier in South Georgia to carry out a **reconnaissance**." Thatcher, *The Downing Street Years*.

In: "His submarine had landed a **reconnaissance** team." *Herald Tribune*, 30.10.96.

In: "The Su-25 was hit while on a **reconnaissance** flight and crashed...". *The Times*, 6.5.96.

In: "...flying **reconnaissance** missions aimed at nearby countries such as Syria and Iraq". *Herald Tribune*, 16.4.97.

In: "A Japanese **reconnaissance** cruiser reported that seven or eight Russian ships outside the port were firing into the water." Warner, *The Tide at Sunrise*.

In: "Japanese **reconnaissance** units disguised as Korean fishermen cruised along the left bank of the Yalu." Warner, *The Tide at Sunrise*.

In: "There was only a way to resolve it — by **reconnaissance**." Warner, *The Tide at Sunrise*.

In: "Several days before the operation began, a small **reconnaissance** force was dropped into a lush Laotian valley near the town of Chavan." *Time*, 15.6.98.

reconnaître/reconnoitre(ed)/reconnoiter(ed)

In: "MI5 officers... as they **reconnoitred** utilities in London." *The Times*, 15.7.96.

In: "They have said that suspects who **reconnoitered** several military housing sites before." *Herald Tribune*, 9.7.96.

régime/regime

In: "The firm of accountants gave a warning that the new **regime** was likely to be fraught with problems." *The Times*, 15.7.96.

In: "Opposition Leader in Burma Defies **Regime** and Constitution." *Herald Tribune*, 10.7.96.

In: "...how best to apply justice to repressive **regimes**." *Herald Tribune*, 10.7.96.

In: "Having suppressed the avant-garde, the master pieces of the **régime** must be viewed." Dorfles, *Kitsch, the World of Bad Taste*.

In: "In one instance, they called into Saddam's **regime** on open phone lines...". *Time*, 23.9.96.

relais

It: Chi vorrà prenotare una delle 41 stanze e godere della spiaggia tranquilla di questo '**relais**'?" *Oggi*, 23.9.98.

relevé

In: "Escaping a Downcast Life With a **Relevé** of the Spirit." *The New York Times*, 17.12.97.

relief/reliëf/bas relief

In: "...which is seen in rock **reliefs** in Central Iran". *Herald Tribune*, 16.6.96.

In: "Yet, the body is covered with silver inlaid **reliefs**, part abstract." *Herald Tribune*, 16.6.96.

Ne: "Naast het schilderen neeemt **reliëf** in de worm...". Haags Gemeentemuseun, Holanda.

reliquaire/reliquary

In: "On each side of the **reliquary**, bands of enamel are nailed to the walls." *Herald Tribune*, 26.5.96.

réminiscence/reminiscence

In: "His **reminiscenses** about student exchanges...". *Financial Times*, 19.5.96.

rempli de soi-même

Po: "Nunca vi alguém tão vaidoso, tão **rempli de soi-même**." Lins, *Almanaque*.

Renaissance/renaissance

Al: "Er war der Künstler, der mit den klassischen Konventionen der **Renaissance** brach und einen neuen, ausgreifenden Stil entwickelte, der Architektur and Dekoration verband." *Die Welt*, 17.6.98.

In: "A £14 million **Renaissance** masterpiece is expected to go to the Getty Museum in California...". *The Times*, 10.5.96.

In: "Clinton Sees an 'African **Renaissance**'." *Herald Tribune*, 24.3.98.

In: "...the **Renaissance** English shared by a contemporary named Shakespeare". *Time*, 9.9.96.

In: "Research. Yet some say that the anticipated **renaissance** for sex research is long overdue, particularly for women." *Herald Tribune*, 6.4.98.

In: "Harlem's second **renaissance**." *Herald Tribune*, 10.10.96.

In: "New life for a **renaissance** master of frescoes." *The New York Times*, 21.9.96.

In: "a half century after the Irish **Renaissance**." *Newsweek*, 15.7.96.

In: "It is still astonishing, a half century after the Irish **renaissance**, that the whole hard nosed course of modernist writing took its cues from such a small country." *Newsweek*, 15.7.96.

In: "Algerian culture is undergoing a defiant **renaissance** in France." *Time*, 13.5.96.

In: "The French may have come late to the garden **Renaissance**, but they've come with unrivaled...". *Herald Tribune*, 31.5.96.

In: "...profound knowledge in his field of election such as **Renaissance** bronzes". *Herald Tribune*, 2.6.96.

In: "Millions of upwardly mobile managers are propelling Central Europe's **renaissance**." *BusinessWeek*, 1.7.96.

In: "A filmmaking **renaissance** is sweeping Britain and the Continent." *BusinessWeek*, 5.8.96.

In: "In Cohen, Clinton Picks a Bipartisan **Renaissance** Man." *Herald Tribune*, 8.12.96.

In: "...makes the Islamic Republic the unlikely patron of an art-film **renaissance**". *Time*, 23.12.96.

In: "Although some Italian banks date back to the **Renaissance**, so do some of their management practices." *Time*, 21.4.97.

In: "Hooray for Harlem. Yet many wonder whether 125th Street **renaissance** will affect more than a few blocks north or south." *BusinessWeek*, 11.5.98.

rendez-vous/rendezvous/rendez-vousing/randevu

In: "Letter from Burma. **Rendezvous** in Rangoon." *BusinessWeek*, 13.4.98.

In: "Eric Rohmer. ***Rendez-vous** in Paris*, just released in the U.S." *Time*, 9.9.96.

In: "The Arbet is a street in old Moscow, a traditional point for **rendez-vous** and promenades." *Time*, 27.5.96.

In: "In France, where the drive to **rendez-vous** with Maastricht is blamed for rising taxes and record unemployment." *Time*, 25.11.96.

In: "The militia planned a **rendezvous** at Tiffany's cabaret." *Time* 15.7.96.

In: "The last *Time* shuttle astronauts flew an inflatable object, a **rendez-vous** target in 1984, it burst." *Herald Tribune*, 21.5.96.

In: "AIDS.... consider the immune-system cell... and an Aids virus a small craft **rendez-vousing** with it." *Herald Tribune*, 21.6.96.

In: "The 'Library Bar' of the hotel is a distinguished **rendez-vous** for distinguished visitors." Demeure Hotel, Genebra.
In: "In the month after that incriminating **rendez-vous** in Singapore, Mr. Nicholson...". *Herald Tribune*, 22.11.96.
In: "...and the comfortable safety of a '**rendez-vous**' at Dona Fausta's". Amado, *Dona Flor*, versão inglesa.
In: "...what may be the most important **rendez-vous** in 50 years." *Time*, 5.5.97.
In: "Mideast **Rendezvous** in London." *Herald Tribune*, 24.4.98.
Po: "Descreveu-lhe o ***rendez-vous***: vasto sobrado colonial...". Amado, *Tereza Batista cansada de guerra*.
Po: "Lar, vida de família... Leonora veio somente a conhecer quando chegou ao **randevu** Refúgio dos Lordes e obteve aprovação de Madame Antoinette." Amado, *Tieta do agreste*.
Po: "Agora, faço a vida em **randevu**." Amado, *Tieta do agreste*.
Po: "Reservadíssimo **randevu** a ser freqüentado apenas pelos reis do latifúndio e da indústria." Amado, *Tieta do agreste*.
Po: "Um **randevu** de alto bordo a preços de esfolar tem de ser dirigido por francesa." Amado, *Tieta do agreste*.
Po: "Faz a vida no **randevu** dessa nojenta que está aí, passando por santa." Amado, *Tieta do agreste*.
Ru: "[...dans son agenda, il notait quatre ou cinq] ***rendez-vous***...". L. Tolstoi, *Guerre et paix*, tradução do russo.
Ru: "[Au revoir, je file à un] ***rendez-vous*** [avec un marchand...]". I. Aksakov, *Lettres*, tradução do russo.
Ru: "[...choisir comme lieu de] ***rendez-vous*** [un jardin ou un boulevard]". Tchekhov, *L'Amour*, tradução do russo.

rentier

In: "A Communist hangout was raided in Berlin [...]. Its head was a seventy-three-year-old retired ***rentier*** who obviously had nothing to do and therefore indulged in activities hostile to the state. We will make him a head shorter." Goebbels, *Diaries*, 26.5.43.

rentrée

In: "But the President must be dreading la ***rentrée*** in September." *Sunday Times*, 14.7.96.
Po: "Ed Motta já tem marcada a sua **rentrée** nos palcos cariocas." *O Globo*, 28.12.96
Po: "Edileusa... fará sua **rentrée** na telinha...". *Jornal do Brasil*, 28.1.97.
Po: "Barbara Guimarães: **rentrée** em força." *Nova*, 14.8.98.

répertoire/repertoire

In: "Broadway hits... are taking their rightful places in the **repertoire**." *Sunday Times*, 14.7.96.
In: "Domingo Ads to His **Repertoire**." *Herald Tribune*, 3.11.98.
In: "Hoping to add to the **repertoire**, Michael Hammer...". *Herald Tribune*, 19.6.96.
In: "Sending the missiles was one of the options in our **répertoire**." CNN TV, 3.9.96.
In: "Lenin's rich **repertoire** of epithets had an entomological motif — 'leeches', 'spiders', 'insects', 'scoundrel fleas', 'bedbugs'." *Newsweek*, 16.9.96.
In: "...it has survived fitfully on the fringes of the **repertoire** only when singers were on hand who could make it sound a better opera than it is". *Herald Tribune*, 28.5.97.
In: "In 1921... the management... reintroduced Wagner in the **répertoire**." Rasponi, *The Last Prima Donnas*.

In: "'A pianist,' says Ax, 'could go on playing for 100 years and not begin to play the complete standard **repertoire**.'" *Time*, 16.3.98.

In: "Through numerous commissions, Ma has done his best to expand the **repertoire**'." *Time*, 16.3.98.

In: "Vladimir Horowitz became an international star, renowned for his trip-hammer technique and romantic **repertoire**." *Time*, 8.6.98.

In: "If we follow scientific protocol it could take 5 to 10 years before in vitro fertilization clinics add human cloning to their **repertoires**." *Newsweek*, 3.8.98.

In: "The **repertoire** is based on a limited gamut of locally available ingredients." *Sunday Times*, 12.9.98.

R.S.V.P. [Répondez s'il vous plait]

In: "**RSVP**: An invitation to respond directly to the *New Yorker's* advertisers." *The New Yorker*, 28.12.98.

In: "Bruce **RSVP** For Rudy's Party." *New York*, 28.12.98.

Po: "Pedrinho Abraão convida a todos para o grande coquetel em sua mansão no Lago. **R.S.V.P.**" *O Globo*, 20.5.97.

repoussé

In: "**Repoussé** gold beaker decorated with a standing male figure." Bushnell, *Ancient Arts of the Americas*.

reprise

In: "Degas.... is a nostalgic **reprise** of a composition... more than twenty years later." *Newsweek*, 16.9.96.

réservoir/reservoir

In: "The Fuehrer sometimes asks himselfin a worried sort of way whether the white man is going to be able in the long run to maintain his supremacy over the tremendous **reservoir** of human beings in the East." Goebbels, *Diaries*, 8.5.43.

In: "Clinton. The **Reservoir** of Credibility Runs Dry." *Herald Tribune*, 18.12.98.

In: "...people who are 'a **reservoir** of untapped power and new astonishments'". *The Times*, 13.5.96.

In: "Independent movies like '**Reservoir** dogs' or 'Fargo'." *The New York Times*, 9.9.96.

In: "At Falcon **Reservoir**, drought has dropped levels so low." *Newsweek*, 2.9.96.

In: "The herd... surrounded by a disease **reservoir** in other animals." *U.S. News*, 30.9.96.

In: "They have been unable to dip into the **reservoir** of disaffection." *Herald Tribune*, 23.10.97.

In: "The police say... particularly because there was a gasoline **reservoir** below in an underground parking garage." *Herald Tribune*, 13.3.98.

Résistance/Resistance

In: "During the war he fought in the **Resistance**, helping jews and others." *Herald Tribune*, 30.4.96.

restaurant/Restaurant/restaurante

Al: "Drei Lebensmittelläden, swei **Restaurants**, ein Zahnarzt, ein Friseur." *Die Welt*, 17.6.98.

In: "Romano waving to his flock from the **restaurant** that made his reputation. *The New York Times*, 9.9.96.

Ne: "**Restaurants**, sonnige Terrassen und Cafés." Keukenhof, Amsterdam.

Ne: "Zum Schluss können Sie sich in unseren **Restaurant** ausruhen...". Scheveningen, Holanda.

Ne: "The Grand Amsterdam... chef... van Londens legendarische **restaurant** Le Gavroche."
Po: "Os habitués lamentam o enterro do velho **restaurante**." *Veja*, 22.1.97.

restaurateur

In: "He referred to the Arkansas **restaurateur**, Charles Yah Lin Trie, as 'probably one of the arrangers'." *Herald Tribune*, 19.3.97.

In: "...up to the challenge... it is fast-rising **restaurateur** and host of hosts Kurt". *The New Yorker*, 20.1.97.

In: "...the principal intermediary was a **restaurateur** from Little Rock, Arkansas". *Herald Tribune*, 19.3.97.

résumé/resume

In: "Everything from international business books and import/export info to world government links and a place for grads to post **résumés**." *U.S.A. Today*, 28.5.96.

In: "Boorda signed the **résumé**, stating that the information was... accurate and complete." *Time*, 27.5.96.

In: "Madeleine Albright and Jeanne Kirkpatrick have remarkably similar **résumés**." *The New York Times*, 17.9.96.

In: "Hawke's **résumé** may seem a little much." *Newsweek*, 30.9.96.

In: "As spy **résumés** go, Evan Carl Hunziker is no James Bond." *Herald Tribune*, 10.10.96.

In: "Manpower Upgrades its **Resume**." *BusinessWeek*, 10.6.96.

In: "No shortage of good ideas or new entries for her **résumé**." *Time*, 22.7.96.

In: "A **Résumé** Sparkes Republican Anger." *Herald Tribune*, 4.7.96.

In: "Craig Livingston advertised in his **résumé** that he staged 'counterevents'." *Herald Tribune*, 4.7.96.

In: "Education: A Reformer's **Résumé**." *BusinessWeek*, 17.2.97.

In: "It is the perfect **résumé** for a Booker Prize contender." *The New York Times*, 25.3.97.

In: "Collison is able to reconstruct the basic elements of his **résumé** as a slave...". *Herald Tribune*, 3.4.97.

In: "Steven Seagal has a new line for his **résumé**." *Time*, 23.6.97.

In: "Dorothy Smith Sides... gives a ***résumé*** of the designs and allows us to detect their echoes in European art and architecture." Hiller, *Art Déco of the 20s and 30s*.

In: "**Resumé** writing is an art, but it is not rocket science, says Robert Half." *Herald Tribune*, 23.10.97

In: "Cheating Hearts and Lying **Résumés**." *The New York Times*, 14.12.97.

In: "Those who have practiced the time-honored deception of **résumé** embelishment." *The New York Times*, 14.12.97.

In: "Despite her precocious **résumé**, she gives off a pure rosebud freshness that can't be faked." *The New York Times*, 5.12.97.

In: "Clinton. There was a *Time* when a story half as ugly as Willey's would have sent aides flying for their aspirin, and their **résumés**." *Time*, 30.3.98.

In: "Betty Currie... is also a puzzle, with a **résumé** and reflexes that speak to lessons learned in 40 years of bureaucratic trench warfare." *Time*, 27.4.98.

In: "Russia: Just look at the ages and **résumés** of the new government leaders." *The Washington Post*, 8.5.98.

retranchement/retrenchement

In: "...a radical **retrenchement** in the role of the state". *The Times*, 17.7.96.

rétrospective/Retrospektive

Al: "...eine umfassende **Retrospektive** des Künstlers Hartwig Ebersbach mit...". *Madame*, mai. 1996.

Al: "Einer **Retrospektive** mit faszinierenden neuen Bildern von Monica Sangberg.. ". *Madame*, mai. 1996.

revanche

Al: "Lebenshilfe. **Revanche** macht Spass." *Der Spiegel*, 14.9.98.

In: "Prussia's victory in the 1870 war had produced a permanent French desire for **revanche**." Kissinger, *Diplomacy*.

Po: "Agora, a **revanche** pelo business." *Gazeta Mercantil*, 13.7.98.

réveil/reveille/reveillé

In: "Voters' **Reveille**. A military band stirring up... at an Ulan Bator rally for general elections." *Herald Tribune*, 28.6.96.

In: "Sound a **Reveille**, Sound, Sound, The Warrior God is come." John Dryden, 1631-1700.

In: "While our slumbrous spells assail ye, Dream not. Bugles here shall sound **reveillé**." Sir Walter Scott, 1771-1832.

réveillon

Po: "No **réveillon** de 1979, Geisel aboliu o A-5." *Veja*, 18.9.96.

Po: "Supermercados têm novas ofertas... às vésperas do '**réveillon**'." *O Globo*, 27.12.96.

Po: "Itamar Franco não sabe se passa o **réveillon** nos EUA ou no Brasil." *O Globo*, 27.12.96.

Po: "Salles filma o **réveillon** em Copacabana." *Folha de S. Paulo*, 3.1.97.

Po: "Capitão Guimarães oferecerá uma grande festa de **réveillon** para 200 pessoas." *O Globo*, 27.12.96.

Po: "O ***réveillon*** do Faustão já tem certa uma presença quente." *O Globo*, 29.11.96.

Po: "Num desses ***réveillons***, por exemplo, o milionário gaúcho Grandene...". *A Tarde*, 18.3.97.

Po: "**Réveillon** com bailes e fogos ecológicos." *Jornal do Brasil*, 7.11.97.

Po: "Guerra de fogos animará o **réveillon** do Rio." *O Globo*, 28.12.97.

Po: "No pacote do **réveillon** de *Veja Rio* há restaurantes e festas." *Veja*, 24.12.98.

Po: "Em outras palavras, o breve instante em que se comemorará o ***réveillon*** do ano 2000 será entendido por muitos computadores como um intervalo de 100 anos." *Problemas Brasileiros*, mai./jun. 1997.

Po: "O bug do milênio é uma falha prevista para o ***réveillon*** do ano 2000." *Jornal do Brasil*, 14.7.98.

révérence/reverence

In: "For all the public **reverence**, Turkey slipped out of the mould that Mr. Ataturk created." *Herald Tribune*, 20.5.96.

rêverie

In: "Our Generation's Haunted **Rêverie** Is Another's Pot of Gold." *The New York Times*, 25.9.96.

revêtement/revetement

In: "At one point, Leighton turned to Captain Richard Burton... to help him in buying **revetement** tiles." *Herald Tribune*, 23.3.96.

revoir/Au revoir!

In: "December 29,1995: "To Krefeld last night with Hess. A delightful, beautiful girl from Franconia. She's my type. Home with her through rain and storm. ***Au revoir***!'." Goebbels, *Diaries*.

ricochet

In: "The mothers of Khankala **ricochet** cruelly between hope and despair." *Newsweek*, 30.9.96.

In: "A bullet, possibly a **ricochet**, grazed the head of Angela Dickerson, 24." *Newsweek*, 3.8.98.

ridicule

In: "Greeted by indifference mixed with **ridicule** and rancor." *Herald Tribune*, 20.5.96.

rien ne va plus!

It: "Per Henry il gioco è ormai fatto ***rien ne va plus***." *IoDonna*, 15.9.98.

Ru: "[...le silence qui suit immanquablement le cri]: '***rien ne va plus***'!". Lugovoi, *Olga Yaroslavna*, tradução do russo.

riposte

In: "The infusion of Soviet arms into the volatile Middle East accelerated this process. Great Britain's and America's best **riposte** would have been to isolate Nasser...". Kissinger, *Diplomacy*.

In: "...defense against a negative attack is a negative counterattack, every volley commands an even costlier **riposte**". *The New York Times*, 8.9.96.

In: "...every volley commands an even costlier **riposte**". *The New York Times*, 9.9.96.

In: "Republican **Riposte** to Unions." *Herald Tribune*, 22.10.96.

In: "In his **riposte**, Bill Clinton told...". *Herald Tribune*, 1.7.96.

In: "U.S. policymakers will have to come up with an effective **riposte**." *Time*, 23.12.96.

In: "Could Disraeli's **riposte** have been: 'Aha! But has the Right Hon. Gentleman noted the Belgian welcome for my views?" *The Times*, 18.6.98.

rire jaune

Ru: "[Tout le monde riait mais Mikhaïlo Egorovitch...] ***riait jaune***...". Drujinin, *L'Été dernier à la campagne*, tradução do russo.

risqué

In: "Micky Arison fretted about how guests would react to a **risqué** scene in the floor show." *BusinessWeek*, 31.3.97.

In: "To the writer Malcolm Bradbury, it was the place where he once fell in love, passing **risqué** notes back and forth across the desk...". *Herald Tribune*, 26.10.97.

In: "The brassy American chief executive of British media giant Pearson PLC greets a visitor with a **risqué** wisecrack." *BusinessWeek*, 1.6.98.

In: "Jules Léotard astonished audiences with his aerial somersault, as well as his **risqué** outfit." Panati, *Extraordinary Origins of Everyday Things*.

robe

Al: "Die aufwendige Globus-**Robe** wird durch einen Reifrock richtig rund...". *Madame*, mai. 1996.

In: "Women in long **robes** and head scarves." *Time*, 13.5.96.

In: "Anne threw on her **robe**, brushed me aside and rushed out." *Herald Tribune*, 15.5.96.

Po: "...Jô Soares aparece vestindo um **robe** e dançando na sala de massagem...". *Veja*, 26.3.97.

robe de chambre

Po: "Tieta enfia um **robe de chambre** e vem atendê-los." Amado, *Tieta do agreste*.

Po: "...mudei o lençol pelo ***robe de chambre***, depois de abotoar o pijama que lhe mostrava os seios soltos". Montello, *A mulher proibida*.

Po: "...olhei em volta, à procura do **robe de chambre** em que eu me havia agasalhado." Montello, *A mulher proibida*.

Po: "Outros ocupantes eram advogados que passavam o dia de cachimbo e **robe de chambre**." *Veja*, 15.10.97

rococo/rococó

In: "...and the **rococo** after hour's ballads". *Time*, 15.7.96.

In: "...tables in the English subdued version of Louis XV **Rococo**...". *Herald Tribune*, 2.6.96.

In: "What is picking up is not the ornamental, neo-**rococo** costumes...". *Time*, 24.3.97.

In: "...a couple of Louis XV beechwood *chaises a la reine* and... added the merest suggestion of **rococo**." *Herald Tribune*, 25.5.97.

In: "...from Lolita Lempicka's **rococo** pavilion and lilac path to Cacharel's...". *Herald Tribune*, 3.6.97.

In: "Art. It was **rococo**, compliant, theatrical...". *Time*, 3.2.97.

In: "*Woman and Rococo in France*." Título de publicação de Karl Toth, 1930.

In: "Sophia Morrison's mirrors are outrageously **rococo**-inspired offerings, with fabulously long spikes protruding from the top of sea conches." *The Times Magazine*, 1.8.98.

In: "A girl friend of mine and I were asked to prepare a song-and-dance act in **rococo** costumes and white wigs." Rasponi, *The Last Prima Donnas*.

In: "In Dresden, in that delicious **rococo** opera house — not long before it was destroyed forever by Allied bombs...". Rasponi, *The Last Prima Donnas*.

In: "Cilea wanted to recreate as much as possible the **rococo** atmosphere surrounding the Comédie Française tragedian." Rasponi, *The Last Prima Donnas*.

In: "The English borrowed the **rococo**, a love for chinoiserie and the service à la française...". *The New York Times*, 9.1.98.

Po: "Disney transforma a Grécia numa pradaria de paisagem **rococó**...". *Veja*, 25.6.97.

rond de jambe

In: "A **rond de jambe** speeds into a... squiggle." *The Times*, 8.5.96.

Roquefort

Po: "Os sanduíches de **roquefort** e o café de garrafa acabaram." Oliveira, *Flores raras e banalíssimas*.

rôtisserie/rotisserie/rotisseria

In: "The **Rotisserie**." *Harrods Store Guide*, 1996.

Po: "O Lamas não era nem restaurante nem **rotisseria**, mas um simples botequim." Faria, *Reminiscências*.

roulette/Roulett

Al: "Geldmarkt. Russisches **Roulett**." *Focus*, 8.7.96.

In: "Coming soon: El. Al class — or **Roulette** or Fight Lite Class." *Herald Tribune*, 25.7.96.

In: "Mr. Akhtar's very own version of the Russian **Roulette** earns him my vote as Man of the Match." *Daily Mail*, 11.8.98.

In: "San Salvador: Prison **Roulette**, a 'lottery of death'." *Time*, 8.7.96.

In: "Yeltsin's Heart Operation: Russian **Roulette**." *Time*, 7.10.96.

In: "Robert Lowell described her last works [Sylvia Plath's] as 'playing Russian **roulette** with six cartridges in the cylinder'." *Time*, 8.6.98.

In: "As CBS chairman Michael Jordan put it, the wheeling and dealing in the media 'is like playing **roulette**.' Win or lose." *Newsweek*, 20.7.98.

It: "...quella lista era una **roulette** di numeri e di nomi sulla quale la pallina del boia girava e girava...". *La Repubblica*, 22.5.97.

route/en route

In: "So we took a new **route**." *Time*, 13.5.96.

In: "We're driving enthusiasts, so we took a new **route**." *BusinessWeek*, 27.5.96.

In: "The luxury lavatories will debut on the New York **route** on July 18." *Herald Tribune*, 24.5.96.
In: "I took the opportunity to discuss some other, equally important matters ***en route*** to Tokyo." Thatcher, *The Downing Street Years*.
In: "A US Coast Guard helicopter **en route** from an air show to Miami...". *The Times*, 13.5.96.
In: "Products **en route** to the Medan international harbor for export." *Herald Tribune*, 22.4.96.
In: "...permission from South Africa to allow him to stop **en route**". *BusinessWeek*, 12.8.96.
In: "**En route**, he gained access to secret planning sessions...". *BusinessWeek*, 23.9.96.
In: "A Lufthansa 747 **en route** to Germany from Los Angeles was forced to make an unscheduled landing." *Herald Tribune*, 27.5.98.
In: "Three teams quit ***en route*** in protest, as did a handful of individual riders." *Herald Tribune*, 30.7.98.

routine/Routine

Al: "Die Entfernung einer mit Steinen beschwerten Gallenblase dauert gewöhnlich vom ersten Hautschnitt bis zum letzten Nahtstich nur 45 Minuten — reine **Routine**." *Der Spiegel*, 14.9.98.
In: "Life under the siege settled into a monotonous **routine**." *The New York Times*, 9.9.96.
In: "Heart-bypass operations are **routine** these days." *Newsweek*, 30.9.96.
In: "Yeltsin entered the hospital for... **routine** presurgery tests." *Newsweek*, 30.9.96.
In: "Lawnsker's Shift to Full-*Time* Politicking Won't Mean a Change in **Routine**." *The New York Times*, 25.9.96.
In: "For the Russian State Philharmonic, its present tour of Britain is clearly not a grim **routine**." *The Times*, 11.5.96.
In: "Scandals. It's a familiar **routine**." *BusinessWeek*, 15.7.96.
In: "The boring, **routine** flight of a salesman." *Newsweek*, 15.7.96.
In: "We ought to find ways to make **routine** high-level meetings." *Herald Tribune*, 10.7.96.
In: "Using the **routine**, the team won the European Cup in mid-May." *Time*, 17.6.96.
In: "That seemed positively **routine** in the 1930s." *Sunday Times*, 14.7.96.
In: "The boring **routine** flight of a salesman." *Newsweek*, 15.7.96.
In: "A **routine** case of a hot stock that went frigid." *BusinessWeek*, 16.12.96.
In: "Yeltsin had entered the Hospital for **routine** preoperative tests." *Time*, 23.9.96.

sabotage

In: "S.S. Group Leader Kaltenbrunner sent me a general report on enemy **sabotage** during the year 1942." Goebbels, *Diaries*, 14.3.43.
In: "Attempts at assassination and acts of **sabotage** are ocurring in the General Government at far beyond the normal rate." Goebbels, *Diaries*, 1.5.43.
In: "...**sabotage** derives from the French for the clumsy clattering on cobblestones of wooden shoes (sabots) which in free modern translation means putting in the boot". *Daily Mail*, 13.5.96.
In: "The President's KGB security team even readied plans to **sabotage** the results of the July election if Yeltsin lost." *U.S. News*, 25.9.96.
In: "Leo Strauss... his concern that the unchecked authority of reason would **sabotage** the cultural traditions that sustained civilization." *Time*, 17.6.96.
In: "TWA Flight 800. The search for **sabotage**." *Time*, 5.8.96.
In: "I also had Maestro Edoardo Vitale trying to **sabotage** me." Rasponi, *The Last Prima Donnas*.

saboteur

In: "...infiltration by North Korean spies and **saboteurs**". *Time*, 30.9.96.

sachet

In: "Style-literary **sachet**." *The New York Times*, 22.9.96.

sacrebleu!

In: "'If you have three hours to waste?' **Sacrebleu**! This is getting serious." *Herald Tribune*, 3.4.97.

sage

In: "Dietmar Hopp and Hans Plattner: **Sages** of Software." *BusinessWeek*, 3.11.97.

saison/Saison

Al: "...Toni nach der vergangenen **Saison** genug...". *Focus*, 8.7.96.

Al: "Seit **Saison**beginn im April ist aus den 30 Robins...". *Focus*, 8.7.96.

Al: "Ist die türkische Riviera diese **Saison** Geheimtip der oberen Zehntausend?" *Focus*, 6.7.98.

salade niçoise

In: "Martha Stewart, Empress of 'How-To'... a demanding schoolmistress who will be coming around to test for trace elements of bottled dressing in your ***salade niçoise***...". *Time*, 17.6.96.

salon

In: "The members of Prokhanov's **salon** would practice running the country together." *Time*, 27.5.96.

In: "New Labour's **salon** of choice." *Daily Telegraph*, 14.8.98.

In: "The designer insisted that going back to the **salon** was not...". *Herald Tribune*, 8.10.96.

In: "For **Salon** Art, a 'Comeback'." *Herald Tribune*, 20.4.97.

In: "**Salon** art has had a bad name ever since 1863, when some angry men called Bazille, Manet... held a '*Salon des Refusés*'." *Herald Tribune*, 20.4.97.

In: "Sitting in an opulent **salon** of his palazzo... Berlusconi reflected on his decision to enter politics...". *Time*, 21.4.97.

In: "Napoleon's conquest of Egypt... also littered the ***salons*** of London and Paris with boatloads of exotic bric-à-brac." Hiller, *Art Déco of the 20s and 30s*.

In: "An affluent octogenarian with an eclectic **salon** disappears — and police suspect a mother-son duo." *Newsweek*, 20.7.98.

In: "Barneys, the fabled monthly **salons** hosted by Mr. Evans to explore such literary topics as the barbed wit of Dorothy Parker." *The New York Times*, 1.12.97.

In: "Yves Saint Laurent in his **salon**, surrounded by the World Cup show outfits." *Herald Tribune*, 9.6.98.

Po: "Podia-se ter a impressão de estarem... em algum ***salon*** de Paris." Soares, *O xangô de Baker Street*.

salut public

Ru: "[L'idée de nécessité nationale était parfois nommée raison d'état, et parfois] ***salut public***." Arseniev, *La Décrépitude de l'Occident*, tradução do russo.

sang froid/sangfroid

In: "...the **sangfroid** to pass a lie-detector test". *Herald Tribune*, 15.5.96.

In: "...forced to swap diplomacy for his medical skills, quick wit and **sang froid** to work his way out of an assortment of fixes". *Time*, 14.12.98.

sans culotte

Es: "En apariencia, los jasp pudieron parecer los **sans culotte** del neobarroco...". *El País*, 15.1.96.

sans façons

Ru: "[Des deux solutions l'une: si tu aimes ces gens, alors aime-les] ***sans façons***...". Kugel, *Les Dramaturges russes*, tradução do russo.

Ru: "[... entré] ***sans façons*** [et commençant à chuchoter avec elle]". Herzen, *E. R. Dashkova*, tradução do russo.

Ru: "[... là-bas, je vais voir une danseuse ou même une actrice de ma connaissance,] **sans façon**, [comme chez moi]". Strepetova, *Jours disparus*, tradução do russo.

sans gêne

Po: "Eu achei aquilo um pouco **sans gêne**...". Lia Mayrink Veiga, maio de 1996.

satellite/Satelliten

Al: "Drei **Satelliten** sollten ab 2001 für die Bundeswehr ins All geschossen werden." *Focus*, 8.7.96.

In: "Despite innovations in digital **satellites** and set-up boxes...". *BusinessWeek*, 3.6.96.

In: "Half a dozen privately owned **satellite** television channels...". *Herald Tribune*, 20.5.96.

In: "With its necklace of four **satellites** that float 22,300 miles above the Equator." *Herald Tribune*, 19.6.96.

In: "He would have no money to build the **satellite** because of Federal belt-tightening." *Herald Tribune*, 9.7.96.

In: "...enable Europe to free itself from reliance on US **satellite** technology". *Herald Tribune*, 9.7.96.

In: "CIA. The nation's spy **satellites** typically produce far too much information for overworked and undertrained intelligence analysts to handle." *Herald Tribune*, 4.6.98.

satire

In: "Kienholtz's raucousness and sexual **satire**... detestable." *Time*, 8.7.96.

saucisson

In: "Complete with Parisian landmarks and a café serving wines and ***saucisson***." *Herald Tribune*, 31.5.96.

sauté/sautéed

In: "...thick rings of **sautéed** squid mounted on a bed of tabbouleh". *Herald Tribune*, 12.7.96.

In: "...dishes include... and **sautéed** spinach". *Herald Tribune*, 27.7.96.

In: "...a rich and creamy potato gratin, and an impeccably prepared plateful of **sautéed** *girolles* mushrooms". *Herald Tribune*, 7.8.98.

Po: "...um peito de frango **sauté**, assado na tequila e servido com batatas fritas". *Veja*, 3.6.98.

sauve qui peut

In: "...but these back-benchers' desperate resort ignited a ***sauve qui peut*** scramble in the highest ranks". *Time*, 28.4.97.

savant

In: "Many of the new Internet **savants** are, like Markus, strictly amateur investors." *BusinessWeek*, 27.5.96.

savoir être/ savoir-être

Es: "Vestian *chachi-piruli*, gastaban ***savoir-être*** y alguna tenía la pinta de ser Miss Camiseta Mojada del IEP de París, el mítico Sciences Po." *El País*, 2.7.96.

savoir-faire

In: "He handled the situation with **savoir-faire** and diplomacy. Amado, *Dona Flor*, versão inglesa.

In: "...he envisioned displays of French artworks and **savoir-faire**". *Herald Tribune*, 6.4.97.

Po: "A lendária Carmen Mayrink Veiga é uma profissional do **savoir-faire**." *Elle*, jan. 1997.

Ru: "[J'étais impressionné par cette simplicité et la limpidité de son regard, et son] ***savoir-faire*** [tranquille avec lequel elle gérait tout...]". Leskov, *Années d'enfance*, tradução do russo.

savoir-vivre

Ru: "[That lady managed to sew white weeds... and, being justly aware of her] ***savoir-vivre***, [cast an occasional proud glance at the other ladies...]". Serov, *Wrens*, tradução do russo.

savonnerie/Savonnerie

In: "Sneakers have their virtues, however, they don't punch holes in **Savonnerie** carpets." *The New York Times*, 26.9.96.

secrétaire

In: "Also rather desirable is a rare English **secrétaire**-cabinet circa 1855." *The Times*, 14.3.96.

In: "Paul-César Helleu's portrait of his wife seen seated at her **secrétaire**." *Herald Tribune*, 25.5.97.

secret de polichinelle

Ru: "[... Tous mes secrets... sont des] ***secrets de polichinelle***...". Gontcharova, carta a P. A. Valouev, 27.12.1877, tradução do russo.

secret d'état

Ru: "[Pourquoi vous ont-ils envoyé là-bas, ils ne se disent pas: chez eux, tout est] ***secret d'état***." Herzen, *Passé et méditations*, tradução do russo.

sedan

In: "That would consign a **sedan** to the sales scrap heap in Europe." *Herald Tribune*, 17.5.96.

seigneur [ver: "à tout seigneur, tout honneur"]

séjour

Po: "Mia Farrow... o fim do *séjour* místico da atriz na Índia do guru Maharishi Yogi...". *Veja*, 5.3.97.

séquence/sequence

In: "Two tapestries from his Holy Graal **sequence**." *Time*, 27.5.96.

Sèvres

In: "She expanded her interests to Georgian furniture, **Sèvres** biscuit figures and...". *Herald Tribune*, 2.6.96.

In: "Antiques. ...and several Chelsea dishes of **Sèvres** inspiration." *The New York Times*, 9.1.98.

signature

In: "Often spectacular creativity, such as his **signature** double twister in the floor exercises." *Time*, 22.7.96.

In: "...collar and pockets in the **signature** Versace". *Herald Tribune*, 2.7.96.

In: "...a vibrantly coloured, vinyl-covered ball with Cézanne's **signature** on it". *Time*, 8.7.96.

In: "Were it not for the **signature** and date, 1772...". *Herald Tribune*, 19.5.96.

In: "What is more **signature** Chanel than those prim two-tone beige and black shoes?". *Herald Tribune*, 25.6.96.

In: "These shows are third offshoots of the designer's **signature** lines...". *Herald Tribune*, 8.4.97.

silhouette

In: "...wishing to look a little more beguilling than the current **silhouette** allows". *Financial Times*, 19.5.96.

In: "Beneath the Armani labels are hundreds of **silhouettes** and styles." *The New York Times*, 22.9.96.

In: "Dresses.The French in Milan included the long **silhouettes**." *Herald Tribune*, 7.10.96.

In: "Graphism that breaks up the line or **silhouette**...". *Herald Tribune*, 2.7.96.

In: "...a slim **silhouette** in pin stripes". *Herald Tribune*, 2.7.96.

In: "The car's famous pudgy **silhouette**...". *Time*, 14.10.96.

In: "...textiles that have made fashion progress — more than shapes or **silhouettes**". *Time*, 7.10.96.

In: "It's an ideal **silhouette** for the gym set...". *Time*, 7.10.96.

In: "But we are not talking here just **silhouettes**, colors and fabrics...". *Herald Tribune*, 8.4.97.

In: "Tateh produces some **silhouettes** he has drawn of her ice-skating...". *The New Yorker*, 20.1.97.

In: "Luca, noticing a woman in a mysterious **silhouette** ahead of him...". *Herald Tribune*, 13.4.97.

In: "...so that the signature **silhouette** of Dior's Dolce Vita or Hermes's orange-tree bottle created a walkway of herbaceous sentinels". *Herald Tribune*, 3.6.97.

In: "With the long **silhouette** the designer was prolific and inventive." *Herald Tribune*, 15.3.98.

In: "Fashion... the show was an evolution, as Chalayan made his signature fragile, bound-arm **silhouette** and geometric cut-outs commercial." *Herald Tribune*, 1.4.98.

In: "Saint Laurent's once revolutionary daytime **silhouettes** is so established that he did uniforms for the 3,500 personnel for the World Cup." *Herald Tribune*, 9.6.98.

It: "Slalom tra mille isole: l'elegante **silhouette** della 'Costa Classica'." *Oggi*, 23.9.98.

It: "Una **silhouette** imponente come sugerisce il nome, 'fortezza di grandi sassi'." *Elle*, ago. 1998.

s'il vous plaît

Ru: "[A doorman would not pull the cord to a rude 'Open up!'; he just has to have his] ***s'il vous plaît***." Herzen, *Letters from France and Italy*, tradução do russo.

sobriquet

In: "Madeleine Allbright: 'It is not for nothing that I have earned from him [Saddam Hussein] the **sobriquet** of *snake* and *witch*'." *Time*, 7.9.98.

socquette/soquete

Po: "Uma das manias dele era andar sempre de **socquette** branca." Lins, *Almanaque*.

Po: "A rainha Elizabeth improvisou um véu e um par de meias **soquete** azul-marinho." *Veja*, 15.10.97.

soi-disant/soi disant

In: "In the foreground the ***soi disant*** businessman of Itabuna." Amado, *Dona Flor*, versão inglesa.

In: "And speaking of hands, the ***soi disant*** lawyer held that...". Amado, *Dona Flor*, versão inglesa.

Po: "Mandei preparar uma pasta onde todo esse problema da **soi-disant** terrível poluição...". Amado, *Tieta do agreste*.

Ru: "[Stankévitch aimait le sexe féminin, mais était vertueux dans l'âme, surtout si on lecompare avec la] ***soi-disant*** jeunesse actuelle." Turgueniev, *Note sur N.V. Stankevitch*, tradução do russo.

Ru: "[... si on le compare à la] ***soi-disant*** [jeunesse actuelle...]". Turgueniev, *Note sur N. V. Stankevitch*, tradução do russo.

Ru: "[...tu flattes trop mon] ***soi-disant*** [génie...]". Jukovski, carta a A. I. Turgueniev, 1.2.1815, tradução do russo.

Ru: "[...c'est là tout ce que vous trouverez dans cet article] **soi-disant** [critique]". Pissarev, *Penseurs de Moscou*, tradução do russo.

Soigné(ée)

In: "He was so **soigné**, wore the most marvellously well-cut suits... and a monocle." Rasponi, *The Last Prima Donnas*.

In: "'The dole money has been such a help', says Jeannie, 55, who comes out to greet me looking very ***soignée***, with a touch of the Raine Spencer about her." *Daily Mail*, 11.8.98.

In: "Chanel, left, was **soignée** even at the beach. Here [photo] in Venice." *Time*, 8.6.98.

In: "The story is typical of Price's chaotic world, its **soignée** appearance forever teetering on the brink of camp hilarity." *The Guardian*, 8.8.98.

In: "It's sartorial boot camp for me until I can remember what the word '**soignée**' means." *The Times Magazine*, 12.9.98.

soirée/suarê

In: "It's a site for ***soirées***." *Time*, 22.7.96.

In: "Tonight, after the price giving ceremony, there is to be a ceilidh — a **soirée** with a binge on top." *The Times*, 10.5.96.

Po: "Na **suarê** de domingo, repete-se a barulheira...". Amado, *Tieta do agreste*.

Po: "Mesmo nas **suarês** de visitas demoradas...". Amado, *Tieta do agreste*.

Po: "O êxito da '**soirée**', como toda a sociedade sabe, foi memorável." Dick, *Mundana*, 31.12.37.

Po: "O baú de Sua Majestade. 'Peço-lhe que mande arranjar as diferentes salas do palácio para a **soirée** dos chilenos'." *Veja*, 25.3.98.

Ru: "[Agrippine Philippievna... pouvait organiser ses] ***soirées*** [élégantes la conscience tranquille...]". Sibiriak, *Les Millions de Privalov*, tradução do russo.

soirée causante

Ru: "[Le soir, il y avait une] ***soirée causante*** [chez la princesse Vassiltchikova...]". I. Aksakov em suas cartas, tradução do russo.

soirée intime

Ru: "[Quelques jours plus tard, le comte était à une] ***soirée intime*** [musico-littéraire...]". Leskov, *Les "Rassembleurs"*, tradução do russo.

solitaire/Solitaire

Al: "Meisterstück **Solitaire** Solid Gold von Montblanc." *Madame*, mai. 1996.

In: "Playing **solitaire** on my computer?" *Herald Tribune*, 5.7.96.

In: "I saw the evening star hanging like a **solitaire** from the... western firmament." Oxford, 1886.

solitude

In: "A Thai Spa With Everything: Greatest Luxury is **Solitude**." *Herald Tribune*, 24.5.96.

sommelier/Sommelier/somelier

In: "German Is Top **Sommelier**." *Herald Tribune*, 9.6.98.

In: "The German connoisseur beat out 28 other specialists in a six-day test at the ninth international **sommelier** championship here [Vienna]." *Herald Tribune*, 9.6.98.

Po: "Paulo passou uma carraspana danada no **somelier**." Lins, *Almanaque*.

Po: "Ele exigiu um maître por mesa e um **sommelier** para cada quatro mesas." *IstoÉ*, 12.11.97.

sorbet

In: "CEO Holland has... pushed a line of popular **sorbets**." *BusinessWeek*, 15.7.96.

In: "A new line of non-fat **sorbets** punched in March." *BusinessWeek*, 15.7.96.

sortie

In: "Bader took off at 10.40 am, leading his Spitfires on a target support **sortie**." *The Times*, 6.5.96.

In: "American jet fighters stepped up the number of **sorties** over Iraqi Kurdistan." *Time*, 9.9.96.

In: "Pilots are flying only about 10 percent as many training **sorties** as their counterparts in the USA Force." *U.S. News*, 26.8.96.

In: "Apple... It is the first-ever **sortie** into the Wild West of technology...". *BusinessWeek*, 21.4.97.

soufflé/souflê/suflê

In: "Certainly neither a very mundane **soufflé** nor a licorice parfait with a crunch of meringue does the trick." *New York*, 24.11.97.

In: "As the last of the orange **soufflé** and Chambertin wine was cleared away, Minister Vedrine escorted Mrs. Albright." *Herald Tribune*, 2.3.98.

In: "Chemistry. 'He cut the steam and drew off the salt lye and glycerin, letting his broth set like a temperamental **soufflé**'." *BusinessWeek*, 27.7.98.

In: "...a little caramel custard scattered with rum-soaked raisins [his signature pre-dessert dessert] and prune and Armagnac **soufflé**". *Herald Tribune*, 15.5.98.

It: "I segreti del omelette... e i trucchi del **soufflé**." *Grazia*, abr. 1996.

Po: "Junto com a sobremesa — um **soufflé** de maçãs verdes com compota de carambola." *Jornal do Brasil*, 8.11.97.

Po: "E que sobremesas! Tortas de frutas, musses, **souflês** de chocolate." Macedo Soares, *As sentinelas de Deus.*

Po: "O jantar estava divino; tinha crêpes de presunto e *soufflé* de bacalhau." *Jornal do Brasil*, 23.7.97.

Po: "**Suflê** de vento: Um guia para gourmets em tempo de escassez de comida." *Veja*, 3.6.98.

soupçon

In: "...'normality indicators' meant to add a **soupçon** of objectivity". *U.S. News*, 26.8.96.

In: "Imagine a mix of Evelyn Waugh for the irony, with a **soupçon** of Nancy Mitford flippancy...". *Herald Tribune*, 2.6.96.

In: "Did a **soupçon** of subversive Impressionism... enhance its appeal to the modern eye?" *Herald Tribune*, 20.4.97.

In: "He could not even impose a system of pronunciation: Bits of British and **soupçons** of French accents pop up sporadically." *New York*, 24.11.97.

In: "How can we escape the conclusion that no art can do without a **soupçon** of deliberate effect, a dash of kitsch?" Dorfles, *Kitsch, the World of Bad Taste.*

souper

Po: "Logo à hora do **souper**, ele inventou que precisava sair com urgência." S. Lins, *Almanaque.*

Po: "Andrea Moroni recebe hoje para um cocktail-**souper**...". *O Estado de S. Paulo*, 14.4.97.

souplesse

Po: "Em matéria de **souplesse**, ele é pior que um orangotango." Faria, *Reminiscências*.

soutien-gorge/sutiã

Po: "No baile oferecido ao presidente Epitácio Pessoa, algumas senhoras compareceram trajando saia e **soutien-gorge**." Lins, *Almanaque*.

Po: "Não use cintos, ***soutiens*** ou elásticos. Calce meias, caso sinta frio nos pés." Devi, *Hatha Ioga*.

Po: "Alunas do Instituto de Educação protestam queimando 40 **sutiãs** na porta da escola." *O Globo*, 7.11.97.

Po: "O primeiro **sutiã** queimado a gente não esquece." *O Globo*, 7.11.97.

souvenir/Souvenir

In: "As general manager of a company producing sports **souvenir**, the hats, scarves and flags of the Clitheroe supporter will testify to that." *The Times*, 11.5.96.

In: "Vietnam. The group began asking members to turn in battlefield **souvenirs**." *The New York Times*, 12.9.96.

In: "One can get a beer here, buy a **souvenir** or order a portrait of oneself in color pencil." *Time*, 27.5.96.

In: "Charles and Diana. There were no official divorce **souvenir**." *Time*, 9.9.96.

In: "Movie memorabilia: every little **souvenir** is collectible." *Herald Tribune*, 5.5.96.

In: "...preventing us from wandering off to hunt **souvenirs** or be subverted by Soviet agents". *Herald Tribune*, 28.6.96.

In: "Musicians from the N. Y. Philharmonic cheer and buy **souvenir** 'diplomas'...". *BusinessWeek*, 17.6.96.

In: "The cash cow that **souvenir** vendors can't keep on their shelves." *Time*, 15.7.96.

In: "Gulf War... along with contaminated uniforms and war **souvenirs**." *Newsweek*, 30.9.96.

In: "Manchester United's megastore offers **souvenir** spoons, duvets, figurines...". *Time*, 17.3.97.

In: "His right hand was in a cast — the **souvenir** from a spill on an overpolished office shop." *BusinessWeek*, 5.5.97.

In: "Denise Van Outen recently confessed that she had pilfered **souvenirs** from Buckingham Palace during a reception." *Daily Mail*, 18.6.98.

Ne: "In de spaceshop is er volop keuze uit unieke ruintevaartartikelen en **souvenirs**." Noordwijk Space Expo, Holanda.

Ne: "...und sich noch kurz in unseren **Souvenir**laden umsehen". Scheveningen, Holanda.

Po: "Os russos adoram receber presentes, o que obriga a incluir na bagagem um sortido estoque de **souvenirs**." *Veja*, 18.9.96.

Po: "Monica Lewinsky... um **souvenir** cinco estrelas... o sêmen de Bill." *Nova*, 14.8.98.

souvent femme varie, bien fol est qui s'y fie

Ru: "[...il déclara d'une voix d'outre-tombe]: *'Souvent femme varie, bien fol est qui s'y fie!'*". Witte, *Près de l'étang*, tradução do russo.

statuette

In: "And if you cannot get a free-standing **statuette**, get a plaquette." *Herald Tribune*, 28.7.96.

In: "The **Statuette** of Liberality." *Time*, 7.4.97.

strass

Po: "É verdade que o **strass** foi inventado no século XVIII pelo engenheiro francês Joseph Strass após a invenção do vidro a chumbo pelos ingleses em 1623, para imitar o diamante." Faria, *Reminiscências*.

Po: "Isabella Blow usava uma espécie de máscara preta com **strass** e uma roupa vermelha que a fazia ficar parecida com um lutador de telecatch." *IstoÉ*, 9.2.00.

style/le style c'est l'homme même

Ru: "***Le style c'est l'homme même***, [car sans lui il n'existe pas]." Batiuchkov, *La Langue et le style*, tradução do russo.

stylé

In: 'The Glass Shield', un film **stylé** et hors ghetto du cinéaste noir." *Libération*, 3.5.96.

Po: "O único empregado **stylé** do palacete era o chofer." Lins, *Almanaqüe*.

suave/suavest

In: "Screen idol Leslie Cheung is a plotter of the **suavest** nuance." *Time*, 27.5.96.

In: "She is given a sleek, smooth, **suave** appearance." *Herald Tribune*, 23.3.96.

sublime

In: "The ball is that thing which most easily escape from the law of life... with effects that are **sublime**." *The Times*, 11.5.96.

subterfuge

In: "A huge web of falsehood and **subterfuge**." *Time*, 8.7.96.

succès fou

Ru: "[Le théâtre]. Un *succès fou*! [Une réussite époustoutlante!]". Herzen, artigos do *Kolokol*, tradução do russo.

suite

Es: "El gran violonchelista regaló un par de aires de danza de las **suites** de Juan Sebastián Bach." *El País*, 18.6.96.

In: "Hotel d'Angleterre, Geneva: this legendary Hotel has 45 rooms and **suites**."

Ne: "The Grand Amsterdam: diverse luxeuse **suites** en hotelappartementen."

surréalisme/Surrealist/surrealism

In: "Guttuso... in later Italian metaphysical painting and the **surrealism** of the 1930s." *Financial Times*, 19.5.96.

In: "Who should have imagined Picasso as a **Surrealist**?" *Herald Tribune*, 19.5.96.

In: "Picasso actually says in one of his letters that he has 'become a **Surrealist**'." *Herald Tribune*, 19.5.96.

In: "A compendium of Sudek's works, including some unsuccessful echos of **Surrealism**...". *Herald Tribune*, 26.5.96.

surveillance

In: "MI5 will be legally entitled... to break into homes, ...and leave without the owners being aware that they are under **surveillance**." *The Times*, 6.5.96.

In: "A form of **surveillance** that also occurred before the June bombing of a US base in Saudi Arabia." *U.S. News*, 26.8.96.

In: "...they described accidents and poor FAA **surveillance** until reaching...". *Time*, 31.3.97.

In: "Cellular industry group rejects Government's **surveillance** plan." *The New York Times*, 30.9.96.

In: "The NASD's new **surveillance** system can isolate suspicious trading." *BusinessWeek*, 27.5.96.

In: "**Surveillance** is a two-way street." *Herald Tribune*, 2.7.96.

In: "...special operation force specialising in **surveillance**". *Herald Tribune*, 30.7.96.

In: "...the raids followed a **surveillance** operation". *The Times*, 15.7.96.

In: "I might also have to suffer from a constant **surveillance**." *The Times*, 15.7.96.

In: "...stepped-up **surveillance** by suspicious persons". *Herald Tribune*, 12.7.96.

In: "...federal electronic **surveillance** has been expanding." *Herald Tribune*, 8.7.96.

In: "there were 340 federal counts orders permitting electronic **surveillance** in criminal cases." *Herald Tribune*, 8.7.96.

In: "A **surveillance** operation launched earlier that year by the satellite spymasters...". *Time*, 24.3.97.

In: "U.S. Ambassador complained... about heavy-handed **surveillance** by Israeli intelligence agents." *Time*, 19.5.97.

In: "Mr. Karadsik has set up 'a very sophisticated system of electronic **surveillance** to monitor NATO communications'." *Herald Tribune*, 1.6.98.

suspense

In: "Stripping the legend of its **suspense**, they quickly establish...". *Time*, 22.7.96.

Po: "Foi um **suspense** e tanto!" *Veja*, 24.4.96.

Po: "P. C. Farias. O legista deixou Maceió fazendo **suspense** sobre as conclusões definitivas." *Veja*, 10.7.96.

Po: "Pitta. Fazer **Suspense**." *Veja*, 4.9.96.

Po: "**Suspense** em Bagdá." *IstoÉ*, 12.11.97.

Po: "O ex-presidente Itamar Franco fez um grande **suspense** antes de anunciar sua intenção de candidatar-se ao governo do Estado." *Veja*, 8.7.98.

Po: "Globalização com **suspense**. Thriller explora os bastidores e as emoções fortes do mercado financeiro mundial." *Jornal do Brasil*, 11.7.98.

symbolisme/symbolism/Symbolisme

In: "...an art of empirical lucidity freighted with **symbolism**". *Herald Tribune*, 23.6.96.

Ne: "Kupka... deel aan stromingen als het **Symbolisme** en de Art Nouveau." Het Paleis, Haia.

tableau/tableaus/tableaux

In: ".. transforming the workaholic Doles... into a Norman Rockwell **tableau** befitting a family-values party." *Time*, 19.8.96.

In: "Olympics... a wonderful **tableau** when Johnson beamed on the center medal platform." *Time*, 12.8.96.

In: "The machine's implacable presence gives the entire **tableau** a chilling air." *The Times*, 16.7.96.

In: "Kienhalz's best **tableaus** remind you what...". *Time*, 8.7.96.

In: "Such **tableaus**, breaking through the crust of American denial and euphemism...". *Time*, 8.7.96.

In: "There was a wonderful **tableau** at the end of Thursday evening when Johnson beamed on the center medal platform." *Time*, 12.8.96.

In: "Ireland. Mr. Adams's unionist partners were livid — some publicly attacked him — and the accord's opponents gleefully mocked the cocky **tableau**." *Herald Tribune*, 22.5.98.

In: "The Victorians loved these pieces of natural 'jewelry' and ornament, creating eccentric **tableaux**, doll's house-size room sets, Valentine montages and even furniture from sea shells." *The Times Magazine*, 1.8.98.

tableau vivant/tableaux vivants

In: "Armani hired the avant-garde designer Robert Wilson to conjure up a series of **tableaux vivants**, called 'G. A. Story', loosely based on Armani's life." *Time*, 7.10.96.

tabouret

In: "...saw a beautiful woman sitting on the circular **tabouret**...". Korda, *Business Eccentric*.

tailleur

In: "Lily Pons... superbly coiffed, and dressed in a becoming blue ***tailleur***." Rasponi, *The Last Prima Donnas*.

It: "Nel moi bagaglio frettoloso avevo due **tailleur**." *La Repubblica*, 5.4.96.

It: "Fa la sua rivelazione accavalando le cosce imprigionate nel mini **tailleur** fucsia." *La Nazione*, 18.9.98.

It: "Irene Pivetti: un **tailleur** nero, scarpe coi tacchi alti e un foulard optical al collo." *La Repubblica*, 5.4.96.

It: "Sofia Loren... elegantissima in **tailleur** e tacchi a spillo." *Oggi*, 23.9.98.

It: "Interessante anche il contesto: il papa è accompagnato da prelati, il rabbino da laici, tra cui una signora in **tailleur** [Tullia Zevi]." *Corriere della Sera*, 9.8.98.

Po: "Lila usava un correto **tailleur** com a assinatura da griffe francesa Dior." *Veja*, 22.5.96.

Po: "— Ah! Esse ***tailleur*** é uma gracinha!" Amado, *Tereza Batista cansada de guerra*.

Po: "Numa, o **tailleur** era uniforme. Noutra é roupa de gala, só para ocasiões muito especiais." *Veja*, 9.4.97.

Po: "Mugler. Os famosos **tailleurs** do estilista francês podem ser encontrados a partir de dezembro nos Jardins." *O Estado de S. Paulo*, 20.11.97.

Po: "Um **tailleur** em xadrez com a saia algumas polegadas acima do suportável por coronárias masculinas." *Veja*, 24.12.97.

Po: "Maria do Socorro só trabalha de ***tailleur*** escuro e maquilagem leve." *Manchete*, 22.11.97.

Po: "Fernando Collor: 'Rosane estava especialmente bonita naquela manhã, no ***tailleur*** rosa, simples mas elegante'." *Veja*, 1.10.97.

Po: "Claudia Simões: 'Como muita salada para ficar bem de **tailleur**'." *Veja*, 3.6.98.

tampon/Tampon

In: "Dad wants to be a **Tampon**, the better to be close to his mistress." *Time*, 22.7.96.

tant pis

Ru: "[— What is the matter, Anna, he asked. — Nothing, she answered. — If it's nothing], ***tant pis***, [he thought]". L. Tolstoi, *Anna Karénine*, tradução do russo.

tapisserie

Po: "A principal **tapisserie** do acervo do Itamaraty foi doada por Horácio Lafer." Lins, *Almanaque*.

tarte/tartelettes

Ne: "Citroen**taart** afgedekt met een sinaasappelgelei." Les Ombrelles, Haia.

Ne: "Lemon **tart**, covered with orange jelly." Les Ombrelles, Haia.

technique

In: "A player may be perfect in **technique**, and yet have neither soul nor intelligence." Sir George Grove, 1820-1900.

In: "Jonathan Bond says this 'word of mouth' **technique** was not deceptive." *BusinessWeek*, 1.7.96.

In: "Merck's Liu. Scientists are drawn by her **technique**'s power and simplicity." *BusinessWeek*, 24.6.96.

In: "Although the **technique** remains unproven in humans, scientists...". *BusinessWeek*, 24.6.96.
In: "It's true that there is a Bradmanlike intensity about his **technique** — a calculating power rather than any joyful spontaneity...". *Daily Mail*, 13.5.96.
In: "Theater Scofield wrapped the crowd in his majestic **technique** and brought to life the character." *Time*, 22.7.96.
In: "Mr. Gore congratulated Mr. Yeltsin on his election victory and 'dancing **technique**'." *The Times*, 17.7.96.
In: "Degas. The second room highlists the new **techniques** of his later decades. The National Gallery, London." *Newsweek*.
In: "Fraudsjters have found a simple telephone **technique**." *The Times* 15.7.96.
In: "...a treaty banning also other 'non explosive **techniques**'." *Herald Tribune*, 26.7.96.
In: "...shows obvious talent as well as a characteristic **technique** and prefigures Ruskin's preference". *The Times*, 16.7.96.
In: "William Finnegan. His **technique** is narrative journalism [formerly New Journalism, or later, Literary Journalism — reportage as documentary storytelling]." *Time*, 15.6.98.
In: "Chipmakers are excited by the **technique**... a new silicon foundation...". *BusinessWeek*, 14.4.97.

terrain

In: "But the same historical forces that stymied Clinton are making the **terrain** almost as uncomfortable for Gingrich & Co." *BusinessWeek*, 27.5.96.

terrasse/terrace/Terrasse

Al: "Kaum tanzen Sonnenstrahlen über del Balkon und huschen über die **Terrasse**." *Madame*, mai. 1996.
In: "It is a far larger home than her's... with a series of descending **terraces**." *The New York Times*, 9.9.96.
In: "There, on a **terrace** overlooking the water...". *Herald Tribune*, 17.5.96.
In: "A couple of once-married divorcés meet accidentally on a hotel **terrace** in Deauville." *Herald Tribune*, 26.6.96.

terre-à-terre

Ru: "[Les femmes sont toutes des hommes matérialistes. Nous faisons de l'amour quelque chose de grandiose, tandis qu'elles sont toujours] ***terre-à-terre***." L. Tolstoi, *Anna Karénine*, tradução do russo.
Ru: "[Nekrassov était un écrivain] ***terre-à-terre***... [Il ne laissait rien inachevé]." Gneditch, *Nekrassov en prosaïque*, tradução do russo.

terrine

In: "...layered **terrine** in fried eggplant...". *Herald Tribune*, 12.7.96.
In: "The **terrine** de foie gras is served with toasted brioche." Britannia Intercontinental Hotel, Londres, edição da primavera de 1996.
In: "Dining à la Marco Pierre White is likely to mean a **terrine** de foie gras." *Herald Tribune*, 15.5.98.
Po: "Passaram pelo aeroporto de Cumbica 25 ***terrines*** de peito de frango." *IstoÉ*, 12.11.97.

tête-à-tête/tête à tête

Es: "La obra de arte... conversa con la persona **tête à tête** estableciendo con ella relaciones directas..." *El País*, 30.1.96.
In: "I had a long **tête-à-tête** with the President." Thatcher, *The Downing Street Years*.

In: "...a two-hour dinner... a **tête-à-tête** that provoked much amused commentary". *Time*, 12.8.96.
In: "Boutros Ghali... never having had a **tête-à-tête** meeting with Mr. Clinton." *Herald Tribune*, 1.11.96.
In: "Boutros Ghali. His style is **tête-à-tête**; and it helped him build 'good chemistry' with President Jimmy Carter and George Bush." *Herald Tribune*, 20.11.96.
In: "Silver ***tête-à-tête*** [sic] services by Gérard Sandoz, c. 1925." Hiller, *Art Déco of the 20s and 30s*.
Po: "Patrocinador do **tête-à-tête**, o enviado americano Dennis Ross arriscou-se a prever o rompimento." *Veja*, 15.10.97.
Po: "O neoliberal FHC e o neogaullista Jacques Chirac acabam de acertar um ***tête-à-tête*** para o próximo dia 25, na Guiana Francesa." *O Globo*, 7.11.97.
Po: "Política. Após um longo **tête-à-tête** na última quarta-feira com o governador do Ceará, Tasso Jereissati, Ciro Gomes surpreendeu...". *IstoÉ*, 1.10.97.
Po: "Fernando Henrique com Itamar Franco... Daí para um ***tête-à-tête*** basta querer." *O Globo*, 17.7.97.
Ru: "[Quand nous retrouverons-nous] *en* ***tête-à-tête***?...". Guershenzon, *L'Amour de N. P. Ogareva*, tradução do russo.
Ru: "[Ces deux heures passées avec Léon Nikolaevitch] en ***tête-à-tête***...". Zacharine, *Chez Léon Nikolaevitch Tolstoï*, tradução do russo.
Ru: "[Privalov l'a amené chez lui, ils ont bu du thé, et ces] ***tête-à-tête*** [ont duré deux semaines]". Sibiriak, *Les Millions de Privalov*, tradução do russo.
Ru: "[... pendant le] ***tête-à-tête*** [des amants...]". Makarov, *Souvenirs de mes 70 ans*, tradução do russo.
Ru: "[None of them was looking for encounters, private] ***tête-à-têtes***, [or conversations intimate with Intimation]." Kuzmin, *Dangerous Sentry*, tradução do russo.

timbre
In: "You have a unique **timbre**, and this is a very rare gift." Rasponi, *The Last Prima Donnas*.
In: "Her voice, rich with a very personal **timbre** and exceedingly expressive, apparently was not large." Rasponi, *The Last Prima Donnas*.
In: "My voice was totally Italianate in **timbre** and production." Rasponi, *The Last Prima Donnas*.
In: "Pertile was not handsome, nor was the **timbre** of his instrument impressive." Rasponi, *The Last Prima Donnas*.

tirade
In: "The Tudjman **Tirade**." *The New York Times*, 27.11.97.

toilette/Toilette/toilet/toiletries/toalete
Al: "Ungewohnte ist allerdings die Location [neudeutsch für Örtlichkeit], nämlich zwischen Waschtisch und **Toilette**." *Focus*, 6.7.98.
Fl: "Een fabuleus moreel ontaard schepsel, genaamd Alex, stormde het **toilet** uit met zo'n kracht dat de deur bijna uit haar hengsels ging." *Het Nieuwsblad*, 27.7.98.
In: "Degas.... certain key subjects notably the **toilette**, the nude and the ballet dancers." *Newsweek*.
In: "Rimbaud... including unprintable descriptions of public **toilets**." *Herald Tribune*, 24.4.96.
In: "Subjects such as the tradition of tea and a history of ladies **toiletries**...". *The Times*, 14.3.96.

In: "Fine **Toiletries** Section." *Harrods Store Guide*, 1996.

In: "...making him give briefings while Johnson sat on the **toilet**". *Time*, 30.9.96.

In: "I wound up with this **toilet** as a result of a column I wrote last year, in which I complained bitterly about the new *toilets* that we Americans had been saddled with as a result of an act of Congress." *Herald Tribune*, 12.4.98.

Po: "Pegou suas roupas, seus petrechos de **toalete** e saiu...". Soares, *O xangô de Baker Street*.

Po: "Como você pode imaginar, ***toilettes*** bem severas." Macedo Soares, *As sentinelas de Deus*.

Po: "Impecável no apuro da ***toilette*** pública, conservava o mesmo requinte na maior intimidade." Affonso de E. Taunay, 20.7.40.

tombeur de femmes

It: "La natura ha dotato il ragazzo di una faccia spavalda da ***tombeur de femmes***, ma anche di un cervello ben funzionante." *Oggi*, 23.9.98.

torchères

In: "She must have taken delight in buying two **torchères** designed by James Wyatt." *Herald Tribune*, 2.6.96.

In: "...the terrace, which was lit with blazing **torchères**". Korda, *Business Eccentric*.

Touché(ée)

In: "'Netscape has been forced to the wall', he said. 'That's an unfortunate outcome of what Microsoft has been doing.' **Touché**." *Time*, 7.12.98.

Po: "— ***Touchée*** — respondeu, rindo, a Divina." Soares, *O xangô de Baker Street*.

tour

In: "The squad of fearless young professionals who have over-run the current European **Tour**...". *Daily Mail*, 13.5.96.

In: "A recent **tour** of the museum provided...". *The New York Times*, 17.9.96.

In: "Anne-Sophie Mutter. Backstage on **tour**, Mutter excuses herself from the ubiquitous flock of admirers clustered at her dressing room." *Time*, 6.4.98.

In: "...the large public celebrations with which West Africans welcomed Charlie Parker during a **tour** in the late '50s were far more appropriate". *Time*, 8.6.98.

In: "To prove that the audience would accept them as a couple, Lucy and Desi cooked up a vaudeville act and took it on **tour**." *Time*, 8.6.98.

In: "Strock Market. Smiths' **tour** of brokers begins to pay dividends." *The Times*, 17.6.98)

In: "Until the end of August, members of the public will be allowed to **tour** the earl's new Diana museum." *Herald Tribune*, 5.7.98.

tour de force/ tour-de-force

In: "Richelieu's *raison d'état* threatens self-destructive ***tours de force***." Kissinger, *Diplomacy*.

In: "In fact, the race to meet the stringent Maastricht criteria... has become something of a ***tour de force*** of foul-ups, fiddles and fudges." *Time*, 23.6.97.

In: "The result was a masterpiece, combining practical office space with refined architecture and the occasional **tour de force**." *The Times*, 11.5.96.

In: "Donizetti's birth, which the Monte Carlo Opera is celebrating with a **tour de force**...". *Herald Tribune*, 19.3.97.

In: "It's an engineering **tour de force** that chieftains from Detroit to Stuttgart would die for." *BusinessWeek*, 7.4.97.

In: "Science. In a **tour de force** experiment that involved extracting a microscopic strand of ancient DNA from the arm bone of a Neanderthal skeleton...". *Time*, 21.7.97.

In: "Cloning has, with a speed no one anticipated, been transformed from as astonishing technical **tour de force** into what seems almost a mundane laboratory procedure." *Time*, 3.8.98.
Po: "A Mesbla marcou mais um tento em seu **tour-de-force** para conseguir 85% de adesão." *Jornal do Brasil*, 8.2.97.
Po: "Excetuando-se demonstrações de tipo ***tour de force*** e efeitos especiais...". Leo Steinberg.
Po: "Muita gente boa acha 'Ulysses' um porre, uma masturbação sem fim, um ***tour de force*** exibicionista e prescindível." *O Globo*, 12.7.97.
Ru: "[La foule... est toujours plus impressionnée par un] ***tour de force*** [que par une poussée libre d'inspiration et de talent]." Bielinski, *Histoires et récits de N. Koukolnik*, tradução do russo.
Ru: "[Je peux ajouter que de toute ma carrière littéraire, rien ne me rend plus fier que cette traduction de 'Juliana'. Mettre la langue russe en conflit avec la langue française sans qu'elle en ressorte vaincue était un] ***tour de force***." Turgueniev, carta a M. M. Stassioulevitch, 10.4.1877, tradução do russo.
Ru: "[...mais aujourd'hui je me sens bien disposé et j'ai envie de faire un] ***tour de force***." Batiuchkov, *Le Bien d'autrui est mon trésor*, tradução do russo.
Ru:[...c'est un] ***tour de force*** [que l'on ne peut ni comprendre, ni expliquer]". Schedrine, *Forces errantes*, tradução do russo.

tour de table

In: "Indeed, only after dinner, and the usual foreign affairs ***tour de table***, did I obtain agreement...". Thatcher, *The Downing Street Years*.

tournedos

In: "Now, on a late-winter day, he's learning to prepare a three-course feast: artichoke and shrimp salad, grilled **tournedos** with béarnaise sauce, and a frozen coffee parfait." *BusinessWeek*, 16.3.98.

tournée/tournê/turnê

Al: "...drei Bässe gehen auf Welt**tournée**...". *Focus*, 8.7.96.
Al: "Nun geht die Wunderkugel auf Europa**tournée**." *Der Spiegel*, 13.7.98.
Es: "Una especial idea que tuvo Julio para esta ***tournée*** fue, aparte de los tradicionales clásicos, mostrar obras de autores argentinos." *La Nación*, 14.7.98.
Fl: "Ik begin weer voorzichtig te denken aan Ahoy' en aan een theater**tournee**. Dat gaat weerkriebelen." *Algemeen Dagblad*, 16.6.98.
It: "'Sgarbi quotidiani', oggi in **tournée** electorale...". *Il Messagero*, 4.4.96.
It: "Matrimonio e vita sregolata: **tournée** all'estero, casinò, denaro facile." *Chi*, 24.9.98.
It: "...nel prossimo autunno partirà per una nuova **tournée**." *Il Messagero*, 4.4.96.
It: La vostra **tournée** olympica." *La Repubblica*, 5.4.96.
Po: "Acaba de fechar uma **tournê** do Béjart Ballet Lausanne." *O Globo*, 18.8.96.
Po: "Chega ao Brasil o American Ballet Theatre, para uma **turnê** por Rio e São Paulo." *Veja*, 4.9.96.
Po: "Após ter encomendado a **turnê**, o prefeito Cesar Maia." *Veja*, 4.9.96.
Po: "A grande Sarah Bernhardt está fazendo uma **turnê** por lá." Soares, *O xangô de Baker Street*.
Po: "Na próxima semana, entram numa **turnê** que só deve terminar em outubro." *Veja*, 9.4.97.
Po: "Phil Collins teve de adiar o início de sua **turnê** pela Inglaterra." *IstoÉ*, 12.11.97.
Po: "A Orquestra Sinfônica Alemã, cuja **turnê** brasileira esteve ameaçada...". *Veja*, 25.6.97.
Po: "Os Rolling Stones... iniciam uma **turnê** milionária." *IstoÉ*, 1.10.97.

Po: "Nós estivemos em **turnê** com o Alice in Chains, e o vocalista era viciado em heroína." *Veja*, 23.4.97.

Ru: "[L'an passé, la] ***tournée*** [de Bergson en Angleterre était l'une des great attractions de la saison]." Timirjazev, *Metchnikov, défendeur de la mentalité scientifique*, tradução do russo.

tout court

Po: "Disse-lhe, ***tout court***, o que eu pensava daquilo tudo." *Koogan-Houaiss*.

Po: "...temos de dizer 'convencional *demais*', ou 'acadêmica *demais*' e não 'acadêmica' ou 'convencional' ***tout court***". Greenberg, *Seminário seis*.

Po: "...no intuito de assegurar a sobrevivência a longo prazo da cultura ***tout court***". Jean-Pierre Criqui.

Po: "No caso do insigne pernambucano [Gilberto Freyre], averbá-lo, ***tout court***, de homem de letras seria quase o mesmo que o classificar como artista clássico." Madeira, *Homens de marca*.

tout/le tout/tout Paris/Tout Paris/le tout Paris/Le Tout Paris

In: "The documentary explains why **Le Tout Paris** hardly recognized the portrait of a melancholy duke and self-absorbed duchess." *Herald Tribune*, 2.5.96.

In: "...serious horticulturists as well as **Le Tout Paris** in their gunboats...". *Herald Tribune*, 31.5.96.

In: "Galliano's first haute couture collection... and ***le tout*** fashion has flocked to Paris to see...". *Time*, 24.3.97.

In: "Man Ray. Klein invited ***le tout Paris*** and a bit of Hollywood to the private viewing last week." *Herald Tribune*, 5.5.98.

In: "**Le Tout Paris** was there." *Herald Tribune*, 19.5.96.

In: "**Le Tout Paris** is off to Morocco." *Herald Tribune*, 14.5.96.

In: "Samuel Beckett. **Tout Paris** swarmed to his play." *Time*, 26.8.96.

Po: "De repente... resolveu entrar para a Companhia de Jesus, surpreendendo o esnobe e elegante ***tout Paris***." Macedo Soares, *As sentinelas de Deus*.

tranchant/trenchant

In: "**Trenchant** Reply to a Form Letter, by Colman McCarthy." *Herald Tribune*, 22.7.96.

In: "In "Lost in Translation", her **trenchant** analysis of the apprenticeship of living and writing in a new language, she suggests...". *The New York Times*, 20.12.98.

tranche

In: "...new terms that Indonesia will honor to qualify for the next $3 billion **tranche** of aid from the global agency". *BusinessWeek*, 6.4.98.

It: "La **tranche** al pubblico non sarà inferiore a 70 millioni di azioni...". *La Repubblica*, 22.5.97.

It: "Il Tesoro ha effettuato la vendita della quarta ***tranche*** dell'Eni per 13 milla milliardi di lire." *Il Sole 24 Ore*, 7.8.98.

Po: "A captação da NetSul foi estruturada em três **tranches** diferentes." *Gazeta Mercantil*, 6.11.97.

Po: "Emissão de títulos da Eletrobrás, em diversas '**tranches**', ao longo de 1998." *Gazeta Mercantil*, 20.11.97.

Po: "...comentários de Stanley Fischer do FMI de que possivelmente o primeiro ***tranche***, de US$15 bilhões, de financiamento ao Brasil será desembolsado na semana que vem". *Boletim BBSecurities*, 23.10.98.

travail/travails

In: "Few countries have experienced the **travails** of France after it had lost much of its youth in World War I." Kissinger, *Diplomacy*.

In: " Qualcomm's **travails** are part of the global struggle to settle on standards that will make a cell phone usable throughout the world." *BusinessWeek*, 7.9.98.

In: "Despite his **travails**, he says, 'I'm seeking justice'...". *Time*, 28.10.96.

In: "Jesse Jackson Jumps In to Help Clinton in a *Time* of **Travail**." *Herald Tribune*, 8.3.98.

In: "Outrage May Be Dead, but Clinton's **Travails** Aren't Over." *Herald Tribune*, 3.4.98.

In: "TWA's **Travails**: the carrier has shown signs of life recently but still has a long way to go." *BusinessWeek*, 18.5.98.

travesti/travesty

In: "The Perot campaign protested the decision, calling it a **travesty**." *The New York Times*, 18.9.96.

Po: "Chamadas de **travesti** por funcionários da loja, jogadoras de vôlei processam o Mappin." *Veja*, 5.11.97.

Ru:[Je la voyais encore... en] ***travesti***, [dans un rôle masculin de la pièce de Sardou]." Boborykin, *Les Capitales du monde*, tradução do russo.

tricot/tricô

Po: "...ele lhe comprara máquina de costura, agulhas de **tricô**". Amado, *Tereza Batista cansada de guerra*.

Po: "Leonor Moreira Alves veste calça de chamois, blusa de **tricô**, casaco e mochila." *Veja*, 3.6.98.

trompe l'œil

In: "America's Traitor, Israel's Patriot. The case has always been an espionage **trompe l'œil**, its outline and impact differing for each viewer." *Time*, 2.11.98.

In: "The artist Roy de Rohan-Chabot's life-size **trompe l'œil** roses and trees...". *Herald Tribune*, 31.5.96.

Po: "...acelerado pela pintura de um segmento de madeira ou de textura em ***trompe l'œil***." Greenberg.

Po: "...letras e números reproduzidos com estêncil em ***trompe l'œil*** em pinturas cujos temas...". Greenberg.

Po: "Em 'Collage', Greenberg distingue dois modos de ***trompe l'œil***." Ferreira e Mello, *Clement Greenberg e o debate crítico*.

Po: "Ateliê em Copacabana oferecerá ***trompe l'œil***." *Gazeta Mercantil*, 9.7.98.

Po: "Pinturas que enganam os olhos. É assim que o artista plástico Manuel Pucci define a técnica ***trompe l'œil*** desenvolvida por ele." *Gazeta Mercantil*, 9.7.98.

trottoir

Po: "Eu seria incapaz de dizer que ela foi mulher de **trottoir**." Lins, *Almanaque*.

troubadour

In: "The Middle-Ages, when **troubadours** got together to troub." *Newsweek*, 15.7.96.

troupe/trupe

In: "Dismantled by a **troupe** of downtrodden, shaven-headed, slave-laboring drones." *Herald Tribune*, 26.6.96.

In: "The Shared Experience Theatre **Troupe**." *Time*, 22.7.96.

In: "Bruce has assembled a fine, versatile **troupe**." *Sunday Times*, 14.7.96.

In: "During the **troupe**'s hilarious conflation of *Hamlet*, the players pause...". *Time*, 7.10.96.

In: "...an auction to help her ballet **troupe** stage a benefit for a hospital". *Herald Tribune*, 13.4.97.

In: "Peking Opera... once boasted its own performing **troupe**...". *Herald Tribune*, 28.5.97.

It: In Siberia con la **troupe**." *La Repubblica*, 5.4.96.

It: In Italia gli uomini della **troupe** avevano chiare difficoltà culturali a seguire le mie disposizione." *IoDonna*, 25.7.98.

Po: "Disney World. Os pontos altos são elefantes... e a **trupe** 'Los Kenyas'." *Veja*, 29.1.97.

Po: "Os irreverentes humoristas da **trupe** Casseta & Planeta... lançando um programa...". *IstoÉ*, 21.5.97.

Po: "O entusiasmo adolescente da **troupe** de Enrique Diaz: ex-colegas de escola convivem em oito horas diárias de ensaios." *Veja*, 15.7.98.

troupier/Troupier

Al: "Der **Troupier** war auf den zurückhaltenden Juristen Hennig gefolgt." *Frankfurter Allgemeine Zeitung*, 12.9.98.

Po: "O general Mourão Filho era um revolucionário considerado ***troupier***, que não pertencia à chamada *Sorbonne*." Melo Filho, *Testemunho político*.

trousseau

In: "Rolls-Royce. But as part of its **trousseau** it retained control over the brand name and insisted on selling it to one of its aerospace partners — a German firm named BMW." *Time*, 28.9.98.

trouvaille/Trouvaille

Al: "Bei der häufig diskutierten Frage nach dem Preis einer solchen **Trouvaille** hielten die Chinesen 100 000 bis 200 000 US-Dollar in Hongkong...". *Der Spiegel*, 14.9.98.

In: "Whether it was conceived with blasphemous intent or as a 'witty ***trouvaille***' in lewd taste we do not know." Dorfles, *Kitsch, the World of Bad Taste*.

Po: "Boa **trouvaille** foi a da Alcina, no Réveillon do Copacabana." Lins, *Almanaque*.

tuile

In: "...surmounted by an almond ***tuile*** containing a *fromage blanc* ice". *Financial Times*, 19.5.96.

tulle

In: "Ungaro showed cardigan-jackets, extravagantly worked in lace-encrusted **tulle** but featherlight." *Herald Tribune*, 21.7.98.

turbulence

In: "Because of recent **turbulence** in the job market...". *Herald Tribune*, 10.5.96.

In: "KLM is in a good position to weather **turbulence**." *BusinessWeek*, 15.7.96.

In: "Hurt by **Turbulence**." *Time*, 8.7.96.

In: "Gulfstream achieved its record... despite recurring **turbulence**." *BusinessWeek*, 21.4.87.

turquoise

In: "The **turquoises** of the heavens." Oxford,1876.

In: "Corsica....passing by the **turquoise** sea on the left...". *BusinessWeek*, 11.7.96.

In: "Sadly, people now remember only Crimplene, but even that wasn't all beige and pale **turquoise** frumpy frocks for dowdy dowagers." *Daily Mail*, 13.5.96.

unique/uniecke/uniqueness

In: "Reagan's rethoric about America's **unique** moral standard mirrored what almost every other president has said at one time or another in this century." Kissinger, *Diplomacy*.

In: "A **unique** municipal undertaking." *Herald Tribune*, 22.4.96.

In: "His **unique** access and total loyalty to Mr. Yeltsin made his position seem unassailable." *Herald Tribune*, 21.6.96.

In: "Every experience should be as **unique** as each Golden Tulip Hotel." *Le Figaro*, 3.4.96.
In: "People want to preserve what is **unique** about themselves." *Herald Tribune*, 22.5.96.
In: "Pugin has carved out a **unique** slice of the market." *BusinessWeek*, 27.5.96.
In: "The Holocaust. Was it a **unique** event or a supreme manifestation of human evil?" *Herald Tribune*, 24.5.96.
In: "...but such nationalistic yearnings are far from **unique**, he indicates". *BusinessWeek*, 24.6.96.
In: "Before her retirement, Dame Margaret Anstee had **unique** worries." *Herald Tribune*, 13.5.96.
In: "Brazil... is **unique** among emerging economies." *BusinessWeek*, 10.6.96.
In: "But Chung Hwa will have **unique** burdens as well." *BusinessWeek*, 17.6.96.
In: "As a document on 20th-century society is **unique**." *Herald Tribune*, 18.8.96.
In: "All of a sudden, Gloria's sound was refreshing and **unique**." *Time*, 12.8.96.
In: "Olympic Games. 'His style, his showmanship and his intensity are **unique**'." *Time*, 22.7.96.
In: "Siamese twins present a **unique** dilemma." *The Times*, 17.7.96.
In: "The other continues his **unique** talent of casting shadows of impropriety." *Newsweek*, 7.10.96.
In: "North Korea's **unique** blend of diplomatic belligerence and insistent isolation." *Time*, 15.7.96.
In: "Diana is in the **unique** position of being mother of the future king." *The Times*, 15.7.96.
In: "High fashion craftmanship is extraordinary and **unique** to France." *Herald Tribune*, 12.7.96.
In: "The skull... is scientifically **unique**." *U.S. News*, 26.8.96.
In: "Confronting human with almost human to explore the essence of our **uniqueness** as a species." *Time*, 27.5.96.
In: "The sound it makes in flight is **unique** — a kind of whining swoosh." *Time*, 9.9.96.
In: "Moscow was transformed into a... **unique**, peculiar Hyde Park." *Time*, 27.5.96.
In: "Pamela Harriman: 'My life has given me a **unique** opportunity to shop'." *Time*, 9.12.96.
Ne: "Handgeschilderde... een sfeervolle en **uniecke** 'brasserie ambiance'. Cervejaria Henricus, Haia.
Ne: "The Grand Amsterdam. Het **uniecke** historische pand waaring het hotel...".

valet/valet de chambre

In: "...shipload of Japanese refugees from Dalny under the care of Midzuno Kokichi, the Japanese consul from Cheefoo, who had visited Port Arthur with his '**valet**' the previous day". Warner, *The Tide at Sunrise*.
In: "In the rear came the family physician, Dr. Eugene Botkin, a cook, a maidservant and a **valet**, all of whom had chosen to remain with the family during the months of imprisonment." *Newsweek*, 20.7.98.

vaudeville/vodevil

Es: "El '**vodevil**', para emplear una expression de Borrell, empieza cuando entran en juego la política y, sobretodo, su forma más grosera, que es el electoralismo." *Tiempo*, 20.7.98.
Fl: "Daarom vind ik dat de voorbije ***vaudeville*** nuttig geweest is." *De Standaard*, 17.6.98.
Fl: "Theater **Vaudeville** borstelt pluchen zetels op." *De Standaard*, 17.6.98.
In: "...marginal success on the **vaudeville** and burlesque circuits." *Time*, 12.8.96.

In: "If you think **vaudeville** is dead, look at modern art." *Newsweek*, 15.7.96.

In: "Marginal success on the **vaudeville** et burlesque circuits." *Time*, 12.8.96

In: "The Americans borrowed the term ***vaudeville*** to identify a type of performance that the English call 'variety'." Funk, *Word Origins*.

In: "Groucho Marx. Media: **Vaudeville**, film, TV. Trademark: A trickster who mixed fast, irreverent, smart-ass banter with broad physical comedy." *Time*, 8.6.98.

In: "To prove that the audience would accept them as a couple, Lucy and Desi cooked up a **vaudeville** act and took it on a tour." *Time*, 8.6.98.

Po: "Mae West, artista do ***vaudeville*** desde os 14 anos, escreveu ela mesma...". *Jornal do Brasil*, 20.5.97.

Po: "Tornou-se este personagem grotesco... desempenhando um papel digno de ***vaudeville*** lamentável." Macedo Soares, *As sentinelas de Deus*.

Po: "O costureiro francês Jean-Paul Gaultier, aquele que se fantasiou de empregada de **vaudeville** para ir ao aniversário de Elton John, bem que se esforçou...". *Veja*, 29.10.97.

Po: "Não digo que se não recite e cante a um tempo; seria negar o **vaudeville** e negar o francês, que o inventou." Machado de Assis, 25.2.1894.

vedette/vedete

In: "He... is not unpleasant — goodness, no! — but just very much the **vedette**." Rasponi, *The Last Prima Donnas*.

Po: "Ninguém pode ser tão poderoso a ponto de possuir tão variada coleção de **vedetes**." Amado, *Tieta do agreste*.

Po: "O seu valor de mercado, incluindo as **vedetes** Telebrás, Eletrobrás... encolheu 23,8%, em dólar." *Gazeta Mercantil*, 6.11.97.

Po: "Bienal de Arquitetura. A cadeira Red-Blue, a **vedete** do acervo." *Veja*, 19.11.97.

Po: "Telebrás. Dificil saber se a **vedete** das bolsas de São Paulo e Nova York está cara ou barata." *Gazeta Mercantil*, 18.11.97.

velours/velour/Velours

Al: "Kleid mit geschnürtem Top ans **Velours**leder und weissen." *Madame*, mai. 1996.

In: "The collection also included plush **velour**, denin safari suits..." *Herald Tribune*, 25.6.96

vengeance

In: "Inventories were trimmed... and inefficiencies attacked with a **vengeance**." *BusinessWeek*, 28.10.96.

In: "Here is a rearranging effect with a **vengeance**: not only does the V-chip...". *The New Yorker*, 20.1.97.

In: "*The Collected Essays and Criticism*: *Modernism with a Vengeance*, 1957-1969." Título de publicação de John O'Brian, em 1993.

In: "What the evidence portrayed... was a machinery of **vengeance** so elaborate as to seem an obsession of state." *Time*, 21.4.97.

In: "Since the World Wide Web burst into the mainstream two years ago, it has seized the popular imagination with a **vengeance**." *BusinessWeek*, 24.2.97.

In: "British profs are taking capitalism with a **vengeance**." *BusinessWeek*, 9.3.98.

In: "Serbian forces launch a rampage of **vengeance** in Kosovo, setting off fears of another, wider war." *Time*, 16.3.98.

In: "Casanova really went at it with a **vengeance**, allegedly consuming fifty oysters every night at dinner!" Rosenfeld, *Doctor, What Should I Eat?*

In: "This was the typical garment... until the feudal lords returned from the Crusades with silk and damask, and fashion began with a **vengeance**." Flexner, *The Optimist's Guide to History*.
In: "Business. Apple's New Crop. An eye-catching **vengeance** it is." *Time*, 1.6.98.
In: "Defeating Napoleon fueled German nationalism, and anti-semitism came back into vogue with a **vengeance**." *BusinessWeek*, 15.6.98.
In: "Moscow. The tax collectors poured into the offices of Elena Klochka, a gas station owner, to inspect her records — with a **vengeance**." *Herald Tribune*, 16.6.98.
In: "It was a lesson the Japanese took on board with a **vengeance** when they attacked Pearl Harbor in that same year." *Sunday Times*, 13.9.98.
Po: "...a missão da autocrítica nas artes tornou-se uma missão de autodefinição radical — *with a vengeance*." Greenberg, "Pintura modernista", em *Clement Greenberg e o debate crítico*.

vermeil
Po: "...no centro da mesa... pesados talheres Christofle em **vermeil**". Soares, *O xangô de Baker Street*.
Po: "...visco e bolas vermelhas de Natal, colocando de cada lado um candelabro de ***vermeil***, com velas também vermelhas". Macedo Soares, *As sentinelas de Deus*.

vernissage
Po: "Durante anos, ela não perdia um **vernissage** no Rio...". Lins, *Almanaque*.
Po: "Tomie Ohtake: **Vernissage** e bolo." *O Estado de S. Paulo*, 20.11.97.
Po: "Rosa Barbosa inaugurou sua galeria com o **vernissage** de Daisy Xavier." *Veja*, 29.10.97.
Po: "O que se comemora ali... é a ***vernissage*** da 'nova e bela propriedade' do colecionador [Raymundo de Castro Maya]." Dick, *Mundanas*.

versatile
In: "Again, the astonishingly **versatile** Jongkind did not pursue this line." *Herald Tribune*, 23.6.96.
In: "Bruce has assembled a fine, **versatile** troupe." *Sunday Times*, 14.7.96.

verve
In: "A British Dash of **Verve** at Munich Opera." *Herald Tribune*, 26.6.96.

vieux jeu
In: "*Art nouveau* is a trifle ***vieux jeu*** and the trend spotters... are trying to decide what the next vogue will be...". *The Times Educational Supplement*, 25.12.64.
Ru: "[Par exemple, dans la peinture, l'impressionnisme est] ***vieux jeu***." Kugel, *Renforcement du théâtre*, tradução do russo.
Ru: "[De nos jours, le socialisme est] ***vieux jeu***, [comme le disent les Français...]". Boborykin, *Les Capitales du monde*, tradução do russo.

vignette/vignetta
In: "His first in 14 years is a series of **vignettes** about love, obsession and faith." *Time*, 23.12.96.
In: "Randolph's **Vignettes** Offer a Compelling Look at the Chaos of Postcommunist Russia." *BusinessWeek*, 24.6.96.
In: "You also see an unforgettable **vignette** from Roger Robinson — the burning resentment of an ancient Jamaican...". *The Times*, 11.5.96.
In: "Evans... collected 900 memorable images which flesh out 15 punchy, themed essays and scores of self-contained **vignettes** culled from everyday American life." *Time*, 9.11.98.
In: "Lily Pons: 'The opera should be visualized as a series of **vignettes** in the Persian-Hindu miniatures style of the eighteenth century'." Rasponi, *The Last Prima Donnas*.

In: "It is a tragic story, a **vignette** of jealousy that leads to death." Rasponi, *The Last Prima Donnas*.

In: "Lisbon. The four habitats around the main tank are **vignettes** of four oceans." *Time*, 1.6.98.

In: "People. **Vignette** from Bookexpo America." *Time*, 15.6.98.

It: **Vignetta** di Cham del '69, quando l'impressionismo si chiamava pittura naturalista." *Corriere della Sera*, 7.4.96.

village

In: "Rostow... a three-hour drive from the **village** where Mr. Gorbachev was born." *Financial Times*, 19.5.96.

vilain/villain

In: "That pretty much narrows it down, in terms of Grisham's latest set of **villains**." *Time*, 27.5.96.

In: "Al Gore had only to mention the **villains** — Bob Dole and Newt Gingrich." *Time*, 9.9.96.

In: "That separates heroes from **villains**." *Time*, 15.7.96.

In: "...are the obvious **villains** of the pièce". *Time*, 12.8.96.

In: "In his comic strip... in newspapers in five euro zone nations, he will take on **villains** like kidnappers, who will, of course, demand ransom in euros." *Time*, 4.12.98.

vinaigrette

In: "A brizzle of herb-rich **vinaigrette**." *Herald Tribune*, 12.7.96.

vis-à-vis

Es: "También tienen derecho a una visita familiar al mes en grupo, así como un '***vis-à-vis***'." *ABC*, 11.9.98.

In: "The main thing is that now, step by step, we are approaching our goal ***vis-à-vis*** the French." Goebbels, *Diaries*, 15.12.42.

In: "He tells me, for instance, that Göring recently urged the creation of a new atmosphere ***vis-à-vis*** the enemy." Goebbels, *Diaries*, 11.3.95.

In: "The U.S... achieving a strong bargaining position **vis-à-vis** each...". Henry Kissinger, em *Herald Tribune*, 13.5.96.

In: "...bear the brunt of confrontation — Great Britain **vis-à-vis** France in the Low Countries, Great Britain and France **vis-à-vis** Russia in the Balkans, the smaller states **vis-à-vis** Prussia in Germany". Kissinger, *Diplomacy*.

In: "...the new company's entire competitive position **vis-à-vis** industrial giant Hewlett-Packard". *BusinessWeek*, 2.6.97.

In: "I guess that is why the national wisdom **vis-à-vis** them has so often taken the form of lying still, keeping your mouth shut and pretending you like it." *Time*, 4.8.97.

In: "Argentina '...this non-Nato distinction justifies those sentiments, at least **vis-à-vis** the United States'." *Herald Tribune*, 21.10.97.

Po: "Colocado **vis-à-vis** com o general Lott, o senador Nereu Ramos mantinha-se intransigente na sua recusa." Melo Filho, *Testemunho político*.

vitrail

Po: "O **vitrail** que Sonia mandou fazer para a capela é realmente lindo." Faria, *Reminiscências*.

vitrine/Vitrine

Al: "...'van de Velde'-Möbel, das auf der selben Münchner Auktion angeboten wurde: eine Bank mit **Vitrinen**aufbau". *Frankfurter Allgemeine Zeitung*, 12.9.98.

Po: "Não há '**vitrines**' que bastem para a exposição festiva das suas 'novidades' impressas." Madeira, *Homens de marca*.

Po: "Alan tinha uma certeza: não seriam nas cinqüentenárias **vitrines** do conservador Kurt que poderia apresentar as próprias criações." *Veja*, 25.11.98.

Vive la différence! [ver: "différence"]

viveur/bon viveur

Po: "Grande ***viveur***, o Rodrigues!". Machado de Assis, 22.1.1893.

Po: "A despeito das aparências, Justino era um **bon viveur**." Faria, *Reminiscências*.

vogue

In: "Calvin Klein... one of the first designers to put *Vogue*-world cachet within reach of ordinary customers." *Time*, 17.6.96.

In: "Such behaviour is very much in **vogue** in Southeast Asia today." *BusinessWeek*, 5.8.96.

In: "Fortuny Fabrics Once Again in **Vogue**." *Herald Tribune*, 13.10.96.

In: "Burge suggests artists who are still out of **vogue** such as...". *BusinessWeek*, 30.12.96.

In: "*Art nouveau* is a trifle *vieux jeu* and already the trend spotters... are trying to decide what the next **vogue** will be...". *The Times Educational Supplement*, 25.12.64.

In: "Kassel Documenta. At a *Time* when the blockbuster exhibition is in **vogue**, a show that demands that the viewer pause, reflect and chart his or her path...". *Herald Tribune*, 29.6.97.

In: "Books. Indeed, it touched off an intellectual **vogue** on U.S. decline." *Time*, 4.8.97.

In: "The supermodel was out of **vogue**; women hated shopping; fashion didn't matter." *Herald Tribune*, 13.3.98.

In: "Economy. One curiosity of the Asian financial crisis is the **vogue** for a quirky idea — the currency board." *BusinessWeek*, 30.3.98.

In: "The **vogue** for currency boards is a close cousin to the longing for a gold standard." *BusinessWeek*, 30.3.98.

In: "Indian fashion and art, as well as Hindu phrases, were the **vogue** in England." Panati, *Extraordinary Origins of Everyday Things*.

In: "Her boyish 'flapper' creations were in stark contrast to the Belle Epoque millinery that was in **vogue** at the *Time*." *Time*, 8.6.98.

In: "Defeating Napoleon fueled German nationalism, and anti-semitism came back into **vogue** with a vengeance." *BusinessWeek*, 15.6.98.

vol d'oiseau [ver: "à vol d'oiseau"]

voilà/et voilà

In: "Take a culinary novice, add him to course for bachelor cooks, mix in a challenging menu and some alcohol, then make him slave over a hot stove for six hours — **et voilà**, a right dog's dinner." *The Times Magazine*, 1.8.98.

In: "Replace the lid tightly on the jar containing the liquid and shake the mixture. ***Voilà***! Lemon Egg." Morter, *Your Health, Your Choice*.

volatile

In: "he plays an unglamorous American woman struck in a **volatile** relationship." *Time*, 22.7.96.

In: "Walter Yetnikoff, the **volatile** head of SONY's CBS Record unit." *BusinessWeek*, 1.7.96.

volte-face

In: "**Volte-face** on a conference centre." *The Times*, 15.7.96.

voyage

In: "The **voyage** to Accra was expected to take at least four days...". *The Times*, 6.5.96.

In: "**Voyage** From the Bottom of the Sea." *Herald Tribune*, 12.8.96.

voyeur/-voyeurism/voyeurismo

In: "And the AIDS epidemic has prompted a turn to **voyeurism** as a prudent alternative to sex." *Time*, 7.9.98.

In: "...to bring luster to a festival where **voyeurism** is a vocation". *Time*, 27.5.96.

In: "Privacy on the Web: Heading Off E-**Voyeurs** At The Pass." *BusinessWeek*, 16.3.98.

Po: "Gertrude Stein. Convida-nos a ser **voyeurs** dos pequenos episódios que se desenrolaram na cozinha de seu legendário apartamento da Rue de Fleurus." *VIP*, jan. 97.

Po: "...expectativas da mais delirante precisão sobre estes percentuais futuros, que remanesce como o prazer do '**voyeurismo**' tecnocrático". Cândido Mendes, em *Jornal do Comércio*, 6.3.99.

zèle/pas trop de zèle(!)

Ru: "[...le conseil sage de Talleyrand, adressé aux jeunes diplomates]: '***Pas trop de zèle***, [Monsieur], ***Pas trop de zèle***!'". Yanjul, *Souvenirs*, tradução do russo.

Ru: "[Nous le lui souhaitons sincèrement et rajouterons sous forme d'un conseil avisé le] '***pas trop de Zèle***' [de Talleyrand]." Herzen, *Créations de publiciste*, 1868, tradução do russo.

Ru: "[Comme mot d'adieu, voilà deux conseils pour vous... Le deuxième: ne soyez pas au service de Paskevitch], ***pas trop de zèle***...". Tynianov, *La Mort de Vazil-Muchtar*, tradução do russo.

zigzag/zig-zag/zigue-zague/zigzagged/zigzagging/zigged and zagged/zigzagare

Fl: "Hij reed **zigzag** over de weg en had zo'n 3 promille alcohol in het bloed." *Het Nieuwsblad*, 27.7.98.

In: "The Paris Embassy complains about the lack of clarity in German policy toward France. It is true that we are steering a **zig-zag** course." Goebbels, *Diaries*, 28.2.42.

In: "...as David **zig-zags** desperately between women and men". *The Times*, 18.7.96.

In: "Emir charts a **zig-zag** course through the ruins until we come out at the promontory rim." *The New York Times*, 9.9.96.

In: "Gorbachev... **zigged and zagged** between the Communist Party old guard and the new class." *Herald Tribune*, 21.6.96.

In: "...through an underground warren of caves, **zigzagging** across the spongy and slippery floors". *Herald Tribune*, 7.7.96.

In: "Other proposals included a **zig-zag** span with a ribbon-like tower that twists 244m into the sky." *Time*, 14.10.96.

In: "Commando teams carrying light machine guns **zigzagged** about the compound." *Herald Tribune*, 24.4.97.

In: "He was known to his German spy handlers as Fritz and to Britain's MI-5 security services as **Zig-Zag**, but his real name was Arnold Edward Chapman." *The New York Times*, 20.12.97.

In: "Habibie is widely criticized for his bizarre '**zig-zag** theory,' based on the notion that cutting interest rates, then doubling them, then slashing them again will reduce inflation." *Time*, 1.6.98.

In: "*Varyag* **zigzagged** as the eight Japanese ships formed a semicircle around her." Warner, *The Tide at Sunrise*.

It: Flip Ross doveva fare bene attenzione a **zigzagare** tra le auto e i camion... senza perdere de vista la sua preda." *IoDonna*, 15.9.98.

2

Do inglês

Para não sobrecarregar o texto com transcrições em cirílico, as citações dos autores russos aparecem traduzidas para o francês ou inglês e situadas entre colchetes. As palavras em inglês no texto estão em **negrito**.

As palavras inglesas nos textos das demais línguas estão também em **negrito**, em romano ou itálico, segundo os originais.

Diante de cada citação, figura uma indicação abreviada da língua: *Al* (alemão), *Es* (espanhol), *Fl* (flamengo), *Fr* (francês), *It* (italiano), *Ne* (neerlandês), *Po* (português), *Ru* (russo).

adviser/advisor

It: "Nei giorni scorsi, infatti, agli ***advisor*** Imi e Schroeder è giunta una 'manifestazione di interesse' da parte della catalana Acesa." *Corriere della Sera*, 11.8.98.

It: "Ieri, l'**advisor** Rothschild ha infatti spiegato che il prezzo di 35.000 lire ad azione 'paga' agli azionisti della Bam 54 volte gli utili del '97." *La Repubblica*, 15.9.98.

Po: "O Interfinance está atuando como '**adviser**' de alguns investidores." *Gazeta Mercantil*, 16.7.97.

Po: "Novo líder entre os '**advisers**' da privatização." *Gazeta Mercantil*, 10.11.97.

affidavit

Ru: "[Je te demanderai pour le moment de ne montrer la copie de l'] **affidavit** [à personne]." Marx, carta a F. Freyligrat, 8.2.1860, tradução do russo.

agribusiness

Po: "No passado corria-se atrás das minas de ouro. Agora, a corrida é para criar fábricas e expandir o **agribusiness**." *IstoÉ*, 12.11.97.

Po: "Congresso de **Agribusiness**: uma flor no asfalto." *O Globo*, 8.12.97.

Po: "O **agribusiness** semeia lucros e oportunidades." *IstoÉ*, 12.11.97.

Po: "O faturamento das 100 maiores empresas do **agribusiness** brasileiro cresceu de 4,42% em 1996." *Gazeta Mercantil*, 12.11.97.

Po: "**Agribusiness**: dicas para vender bem seu produto." *Revista Idéia*, mar. 1998.

Po: "O avanço é lento porque o ***agribusiness*** é um setor que ninguém consegue invadir com artilharia e fogo ligeiro." Spinola, *O futuro do futuro*.

airbag

Es: "Con todo equipo de serie, dirección asistida... **Airbag** conductor...". *El País*, 19.6.96.

Fr: "La nouvelle Mercedes Classe E est équipée d'**airbags**." *Le Figaro*, 31.3.96.

Fr: "Il existait déjà l'**airbag** frontal et, plus rare, l'**airbag** latéral...". *Jeune Afrique*, 27.5.97.

Fr: "'C'est l'**Air Bag** génération', se désespère Philippe de Vulpillières." *L'Événement du jeudi*, 2.4.97.

Fr: "Double **airbag** Renault." *Le Figaro Magazine*, 28.4.96.

Fr: "...l'**airbag** a subi ces derniers mois les foudres de l'administration américaine...". *Le Parisien*, 27.5.97.

Fr: "L'**airbag**, protecteur de la tête et du thorax, se déclanche...". *Le Point*, 26.5.97.

Fr: "...et qu'il devait amortir chaque foulée sur une sorte d'**Air Bag** le plus souple possible". *Marianne*, 25.5.97.

Po: "**Air bag** pode ser risco para maiores de 70." *O Globo*, 29.1.97.

Po: "**Air-bag** vira acessório indispensável." *Jornal do Brasil*, 27.3.96.

all-in-one

Po: "Mac ganhou 177 títulos desde o anúncio do iMac — o belo **all-in-one** G3 — dois meses atrás." *O Globo*, 13.7.98.

American way of life/american way of life

Fr: "De Gaulle: 'Le rêve des Américains, c'est de vivre l'***american way of life*** entre leurs deux océans et de ne sortir de chez eux que pour faire du tourisme.'" Peyrefitte, *C'était de Gaulle*.

Fr: "1996 est l'année des réfrigérateurs de l'**american way of life**." *Le Figaro*, 11.4.96.

Fr: "Dans l'après-guerre se développe au Japon une fascination pour l'**American way of life**." *L'Express*, 13.3.96.

Fr: "Rien à faire, il est un rejeton de l'**American way of life**." *L'Événement du jeudi*, 14.5.97.

Fr: "...au mérite du 'style de vie méditerranéen' contre le ***way of life*** américain...". *Jeune Afrique*, 13.5.97.

Fr: "Juif allemand... il se montre allergique à l'***american way of life***." *Le Nouvel Observateur*, 11.6.97.

Fr: "Les Hopi s'acharnent à perpétuer un style de vie qui ne doit rien à l'***american way of life***." *Le Figaro Magazine*, 13.6.98.

Po: "Símbolo do **American way of life** durante um século, o luxuoso Cadillac finalmente sai de linha." *Jornal do Brasil*, 28.12.96.

antitrust/antitruste

Fr: "Et Gates en tire un sérieux avantage: se préserver des foudres de la commission **antitrust**." *Le Point*, 9.8.97.

It: "L'**Antitrust** processa le figurine Panini." *La Stampa*, 5.4.96.

It: "L'**Antitrust** apre un'inchiesta: 'É un monopolio!'." *La Repubblica*, 5.4.96.

It: "Il Senato vota l'**antitrust**, Stet ai privati in autunno." *La Repubblica*, 22.5.97.

It: "...nuova legge ...sull'Autorità della comunicazione e anche l'**antitrust**". *La Repubblica*, 22.5.97.

Po: "As concorrentes... ameaçam acionar a lei **antitruste**." *IstoÉ*, 21.5.97.

asset/asset management

It: "...infine, lo sfruttamento di tutti gli '**asset**' ad alto potenziale di redito". *Il Messaggero*, 4.4.96.

It: "E nel futuro delle Fs... e lo sfruttamento, infine, di tutti gli '**asset**' ad alto potenziale di reddito." *Il Messaggero*, 4.4.96.

Po: "O Banco Opportunity criou uma area de ***asset management*** [administração de recursos], sendo o mais agressivo." *O Globo*, 19.4.98.

at home

Fr: "Tracey Emin, **at home** dans la galerie." *Libération*, 30.4.97.

Fr: "Paul Thek... A Gand, en 1986, au cours d'une exposition ***at home*** intitulée *Chambre d'amis*, ses amis et lui sèment bassins, cubes de couleurs, cartes postales...". *Libération*, 3.3.97.

audiobook

Po: "**Audiobook** é livro narrado, informatizado." *Anais da Academia Brasileira de Letras*, 1993.

auto-stop/auto-stoppeur

Fr: "Si les adolescents de Morteau [Doubs] bénéficient d'une formule d'**auto-stop** sans risque, c'est à Michel Field qu'ils le doivent!" *Le Point*, 10.5.97.

Fr: "Le résultat, c'est 'Point Stop'. L'**auto-stop** de Morteau." *Le Point*, 10.5.97.

Fr: "En quittant la zone, je prends un jeune couple d'**auto-stoppeurs** israéliens." *Courrier International*, 23.9.98.

Fr: "Les candidats **auto-stoppeurs** procèdent de même et reçoivent un écriteau siglé...". *Le Point*, 10.5.97.

Fr: "Il ne voulait pas l'agresser... Il faisait de l'**auto-stop**." Bernheim, *Vendredi soir*.

baby/Baby

Al: "US-Molekularbiologe Lee Silver. Regierung machen keine **Babys**, und würden sie welche machen, dann wären es bestimmt keine guten." *Der Spiegel*, 13.7.98.

Fr: "...'**Baby**-retraités', parfois de moins de quarante ans...". *Le Monde*, 11.4.96.

Fr: "...on a vu certains de ces '**baby** retraités' cesser de travailler à 35 ans". *Le Point*, 26.5.97.

It: "E accanto ai campionissimi anche i **baby** tennisti in gara." *La Repubblica*, 7.4.96.

It: "La singolare e sicuramente bizzarra iniziativa di 'redimere' un **baby**-criminale di 14 anni, tale Christopher Monaco." *Il Giornale*, 18.9.98.

Po: "Não 'bookar' meninas de exatos 12 anos, no entanto, não significa que Giovanni desgoste da estética ***baby***. Ela está no último catálogo da Triton." *O Globo*, 12.7.97.

baby-boom(er)

Fr: "Les **baby-boomers** américains — les générations d'après guerre — atteignent aujourd'hui la cinquantaine, ils ont payé une bonne partie de leur maison...". *Libération*, 15.2.96.

Fr: "Ce que veulent les derniers enfants du **baby-boom**." *L'Expansion*, 21.3.96.

Fr: "**Baby-boomers** créatifs." *Le Figaro*, 14.4.97.

Fr: "Les créateurs, tous enfants du '**baby-boom**' et à ce titre premiers consommateurs de jeans..." *Le Figaro*, 14.4.97.

Fr: "...les marques de skis visent le marché des plus agés, les **baby-boomers**, censés avoir plus de moyens." *Le Point*, 1.4.95.

Fr: "Benjamin Spock, le pédiatre des **baby-boomers**, est mort à 94 ans." *Le Monde*, 18.3.98.

Fr: "Comme toute l'Europe, Israël connaît son **baby-boom**." *Paris Match*, 14.5.98.

Fr: "Tennis. Martina Hingis. Allez, pour peu, on ferait de la Suissesse l'ancêtre de ce **baby-boom** de Lolitas des courts." *Le Figaro Magazine*, 29.5.98.

Po: "...muitos ***baby-boomers*** mais velhos [da idade do presidente Clinton] aderiram à contracultura...". *O Globo*, 25.5.97.

baby doll

Es: "Love fue calificada como 'una **baby doll** chiflada perdida en una galaxia grunge'." *El País*, 12.1.96.

Fr: "Heinz est trop jeune pour être un ex-fan des sixteen et des petites **baby dolls** mais les gamines l'agacent...". *Le Nouvel Observateur*, 11.6.97.

baby-sitter/baby-sitting/Babysitter

Al: "...Erfahrung als **Babysitter** hat oder regelmässig Nachhilfeunterricht gibt und dies durch Bescheinigungen belegen kann, hat gute Karten". *Frankfurter Allgemeine Zeitung*, 12.9.98.

Al: "...die bekanntlich aus der schottischen Oberschicht stammt, kümmerten sich die Bodyguards und **Babysitter** um deren Nachwuchs, rotschöpflige Zwillinge im besten Krabbelalter." *Der Spiegel*, 14.9.98.

Es: "Lo que aquí ha dado en llamarse 'canguros' corresponde a las '**baby-sitters**'." *ABC*, 21.11.97.

Fr: "L'éclatement de la cellule familiale et les **baby-sitters**...". *Paris Match*, 17.4.97.

Fr: "**Baby-sitters**, laveurs de vitres... tous peinent à entrer dans la vie quotidienne des foyers." *Le Point*, 17.5.97.

Fr: "Services. **Baby-sitting** à la carte." *Le Figaro*, 29.4.98.

Fr: "Les Anglais ont inventé la version ultrachic du **baby-sitting**, avec le premier hôtel pour enfants, le Pippa Pop Inn." *Madame Figaro*, 8.8.98.

Fr: "On y apprend aussi que le 'dog-sitting' rapporte plus que le **baby-sitting**." *Madame Figaro*, 31.5.97.

It: "La scuola diventa **baby sitter**. Un nuovo servizio nelle elementari." *La Nazione*, 18.9.98.

Background/back-ground

Fr: "Jamais je n'oublierai cette fosse aux milliers de cadavres nus, ***back-ground*** de toutes les autres images...". Druon, *Circonstances*.

backlash

Fr: "S'agit-il pour autant d'un ***backlash***?" *L'Express*, 6.2.97.

Fr: "...une certitude: c'est cette génération montante qui, aujourd'hui, est menacée de ***backlash***." *L'Express*, 8.2.97.

Fr: "Il n'y a pas de ***backlash***, au contraire. La femme a pris plus de place." *L'Express*, 6.2.97.

Fr: "Elle affirme que les Françaises sont en danger de ***backlash***, retour de bâton, selon l'expression de l'Américaine Susan Faludi." *L'Express*, 6.2.97.

It: "Si spera nel cosidetto '**backlash**' il contraocolpo per i nemici del presidente." *Il Giornale*, 18.9.98.

back-up/backup

Po: "O Quick **Backup** inova com a opção de **backup** via Internet por meio de um servidor FTP." *O Estado de S. Paulo*, 3.11.97.

Po: "Ferramentas de **backup** têm preço menor." *O Estado de S. Paulo*, 3.11.97.

bacon

It: "Uovo al **bacon**, di origine inglese, è ormai diventata comune anche in Italia." *Grazia*, 4.4.96.

Po: "...estudo capaz de fazer a geração saúde pensar em voltar a comer **bacon**." *Veja*, 9.4.97.

badge

Fr: "Ce **badge**, à peine plus grand q'une vignette, se colle sur le pare-brise." *Le Figaro*, 11.6.97.

Fr: "Russie. Passé le portique, vérification de votre nom sur une liste dactylographiée, puis remise d'un **badge** contre un papier d'identité." *Le Figaro*, 20.3.98.

Fr: "Le port obligatoire du **badge** engendra son lot habituel de mécontents." *Le Point*, 6.6.98.

badminton

Fr: "À Maurice, tout le monde connait Caio qui défendit naguère les couleurs du pays au **badminton**." *Libération*, 4.4.96.

Fr: "Le Volant Club toulousain ne participera pas aux championnats de France de **badminton**." *L'Événement du jeudi*, 2.4.97.

balance of power

Fr: "Du rôle de la France en Asie. ...prévenir la constitution d'une hégémonie régionale, d'aboutir à un système de ***balance of power*** comparable à celui que les Britanniques...". *L'Express*, 8.5.97.

band-aid

Po: "O uso de curativos do tipo **band-aid** é permitido no shabat desde que...". *IstoÉ*, 31.12.97.

bang-bang/bangue-bangue

Po: "Como um **bangue-bangue**." *Veja*, 19.2.97.

Po: "Chacoalhado pelo sucesso dos **bangue-bangue** italianos, o western americano passou a década de 60 levando surra." *Veja*, 19.11.97.

bar

Fr: "Les **bars** et les night clubs ne sont pas les seuls où la prostitution...". *Paris Match*, 17.4.97.

It: "Al **bar** sopra tutto un Fernet Branca." *La Stampa*, 7.4.96.

It: "Come si dice al **bar**: avranno soldi e celebrità." *Il Messaggero*, 4.4.96.

It: "Scoperta bomba rudimentale davanti a un **bar** vicino al Senato." *Il Messaggero*, 4.4.96.

It: "Nella Galleria Borghese esiste un **bar** e un piccolo banco per la vendita di souvenir." *Corriere della Sera*, 9.4.96.

Ne: "Hollandse grill**bar** annex restaurant. 'Rubens'." Zeestraat hock Sophialaan, Haia.

barmaid

Fr: "Une certaine Gisèle, **barmaid** chez Rouzier...". Bazin, *La Mort du petit cheval*.

barman

Fr: "**Barman**: alchimiste noctambule en quête du cocktail philosophal." Orsenna, *L'Exposition coloniale*.

Fr: "Meurtre par la télévision en Turquie: Un **barman** au dos tatoué de l'inscription 'Allah'." *Libération*, 7.5.97.

Fr: "...avec les gestes mondains du **barman** du Ritz secouant son shaker." *L'Express*, 8.5.97.

Po: "O ***barman***, claro, o conhece de outros carnavais, e já traz pronto um uísque." *Manchete*, 22.11.97.

base-ball/Baseball/beiseball/base-balleur

Al: "Sportmedizin. Kindstod beim **Baseball**." *Der Spiegel*, 13.7.98.

Fr: "'Le **base-ball** est le loisir national', a déclaré le président Clinton." *Le Point*, 30.12.94.

Fr: "...un match de **base-ball** honorant la mémoire de Jackie Robinson...". *Paris Match*, 30.4.97.

Fr: "...quand l'équipe de **base-ball** de New York à remporté le championnat américain". *Paris Match*, 17.4.97.

Fr: "Tim Robbins rêvait, en effet, d'être **base-balleur** professionnel." *Le Point*, 4.3.95.

Fr: "Piètre joueur de **base-ball**, il souffre de maux de ventre...". *L'Express*, 8.5.97.

Fr: "En fait, Paul Auster aime par-dessus tout le **base-ball**...". *L'Événement du jeudi*, 25.6.97.

Fr: "Kevin Costner participe à deux films sur le **base-ball**." *Le Figaro Magazine*, 21.2.98.

Fr: "Paul Auster fera du **base-ball**, Paul Auster écrira sur le base-ball." *L'Événement du jeudi*, 25.6.97.

Po: "Quem quiser um carnê para a temporada de **beiseball** terá que esperar na fila...". *O Globo*, 20.5.97.

basket-ball/basket/basketbal/basquete

Fl: "Bouwfirma wordt **basketbal**fan." *Het Nieuwsblad*, 27.7.98.

Fr: "Bozidar Maljkovic répand la science yougoslave du **basket** en Europe." *Le Monde*, 12.4.96.

Fr: "Michael Jordan, la superstar du **basket-ball**, gagne alors 200 millions de francs...". *Le Point*, 3.5.95.

Fr: "A l'aise dans ses **baskets**!" *Le Figaro*, 23.4.97.

Fr: "...ce style, qui emprunte à la culture du surf et du **basket-ball**, est pour beaucoup...". *Le Point*, 1.4.95.

Fr: "La capitale des Etats-Unis n'a plus honte de son **basket**." *Le Monde*, 5.5.97.

Fr: "Humiliation du Slovaque... comme en **basket-ball**, humiliation du Croate...". *Le Figaro Magazine*, 10.5.97.

Fr: "Nike a un monopole virtuel sur le **basket** professionnel." *Le Point*, 7.6.97.

Fr: "La dernière lubie juvenile? Couvrir ses **baskets** de bumpers...". *Elle*, 19.5.97.

Fr: "...le **basket** ne se résume pas à la recherche de l'équilibre". *Libération*, 27.3.97.

It: "...tornerà ad allenare la Virtus Kinder sulla sponda opposta del **basket** bolognese...". *La Repubblica*, 22.5.97.

Po: "O astro do **basquete** Earvin Magic Johnson confirmou a boa notícia...". *Veja*, 30.4.97.

Po: "Michael Jordan... emplacou o que se poderia chamar de grand slam do **basquete**." *O Globo*, 24.1.97.

Po: "Ídolos do **basquete** querem o público infantil." *Veja*, 15.1.97.

bazooka

Fr: "Soit l'histoire d'une bande de bandits... braquant banques et fourgons blindés à coups de **bazooka** et traquée par une clique de policiers d'humour gestapiste." *L'Événement du jeudi*, 25.6.97.

Fr: "Les villageois turcs, qui n'ont pas d'armes, vivent dans la terreur crée par les bandes grecques armées de **bazookas**." *Geo*, jun. 1998.

beautiful people

Fr: "Pékin a maintenant ses '**beautiful people**'. Vêtus à la dernière mode...". *Paris Match*, 6.3.97.

Fr: "...le dalaï-lama suscite l'engouement des '**beautiful people**'." *L'Événement du jeudi*, 14.5.97.

Po: "Pessina não é um bandido comum, do qual o **beautiful people** quer distância." *Veja*, 4.9.96.

be-bop/bebop

Fr: "...même si l'émergence du **be-bop** commence à faire de l'ombre au jazz traditionnel...". *Paris Match*, 6.3.97.

Po: "Monk: O 'Alto sacerdote do **bebop**' despediu-se dos estúdios com primorosos solos de piano e vigorosas interpretações em trio." *O Globo*, 14.7.98.

bed & breakfast

Fl: "Ik ga het runnen als een **bed & breakfast**." *Het Nieuwsblad*, 27.7.98.

Fr: "Le Cap. La cité compte des **bed & breakfast** [de 150 à 250 F]." *Le Monde*, 22.11.97.

Fr: "À Montreal, vous trouverez des **bed & breakfast** à des prix convenables." *France Info*, 4.10.98.

beef/beefsteak/bifteck/bifteak

Es: "Jornada protocolaria — incluido el plato de *beef* en el almuerzo." *El País*, 15.5.96.

Fr: "De Gaulle: 'Il faudra rester fermes sur les prix du **bifteck** et du jambon...'." Peyrefitte, *C'était de Gaulle*.

Fr: "...besoin d'une petite promenade au soleil et d'un bon **bifteak** saignant...". Painter, *Marcel Proust*.

Fr: "...tous les jours un **beefsteak** où tout est à manger...". Painter, *Marcel Proust*.

Fr: "McDo et Quick se partagent un **bifteck** allégé." *Le Figaro*, 1.4.97.

Fr: "...et l'effet vache folle ...fourbissent leurs armes pour défendre leur **bifteck**". *Le Figaro*, 1.4.97.

Fr: "Tiens! bois cha garchon, une bonne pinte comme ça ch'est un **bifteck** pour la journée!...". *Le Figaro Magazine*, 16.5.98.

Fr: "...souper chez Larue, où Diaghilev dévora des **beefsteaks** avec Nijinsky...". Painter, *Marcel Proust*.

benchmark/benchmarking

Fr: "Le **benchmarking** prend son envol." *Le Figaro*, 23.6.97.

Fr: "Le mot **benchmarking** ne se traduit pas. D'autant moins que les Anglo-Saxons lui ont donné un sens éloigné de ses origines [banc d'essai] pour en faire une méthode de comparaison des entreprises entre elles." *Le Monde Informatique*, 8.12.95.

Fr: "Le **benchmarking** fait de plus en plus partie intégrante de la politique des grands groupes." *Le Figaro*, 23.6.97.

Fr: "Le **benchmarking** 'permet de passer à un mode très précis de management où l'important est dans l'exécution', déclare Francine Londez, déléguée générale du **Benchmarking** Club de Paris."

Fr: "Chez Microsoft, le **benchmarking** correspond presque à une seconde nature." *Le Figaro*, 23.6.97.

Fr: "Lancé il y a un an, le **Benchmarking** Club de Paris [BCP] se porte bien." *Le Figaro*, 23.6.97.

Po: "Os índices são importantes porque eles viram fontes de referência, viram ***benchmarks***." Spinola, *O futuro do futuro*.

Po: "Esse índice... começou a perder terreno como ***benchmark*** [farol dos preços] do mercado norte-americano quando o Standard & Poors, seu concorrente direto, chegou aos mercados futuros de Chicago." Spinola, *O futuro do futuro*.

best-seller/best seller/Bestseller

Al: "Der **Bestseller**autor wirft Regisseur Oliver Stone...". *Focus*, 8.7.96.

Al: "Der rechte Star, dessen Bekenntnisbuch über die Waffen-SS 'Ich war dabei' sich als **Bestseller** rund 200.000mal verkaufte, weiss solch kleine Verschwörerzirkel geschlossenhinter sich." *Der Spiegel*, 13.7.98.

Al: "In der neuen Buchhandlung... werden die gängigen **Bestseller** und Gebrauchsbücher zu finden sein...". *Focus*, 8.7.96

Es: "John Grisham, autor de **best sellers** adaptados al cine como La tapadera." *El País*, 29.6.96.

Fr: "Dans son édition 1996, le 'Quid', **best-seller** incontournable...". *Le Point*, 25.5.96.

Fr: "Mona Lisa est **best-seller** mondial dans ce domaine...". *Le Point*, 25.5.97.

Fr: "Le marquis de Bath... alterne les films délirants et les livres **best-sellers**." *Paris Match*, 30.4.97.

Fr: "Portrait d'un auteur de **best-sellers** qui ne veut pas devenir une star." *L' 'Événement du jeudi*, 28.2.96.

Fr: "Jean-François Deniau. *Mémoires de sept vies* ajoute un titre à sa collection: **best-seller**." *Le Point*, 30.12.94.

It: "La Casa Russia, dal **best-seller** di John Le Carré." *IoDonna*, abr. 1996.

It: "Qualque volta i cosidetti **best seller** si rivelano del 'flop'." *Corriere della Sera*, 9.4.96.

Po: "Livro... escrito por Fernando Gabeira ...**best-seller** que vendeu 500.000 exemplares." *Veja*, 30.4.97.

Po: "*Ah, se eu soubesse*... Um **best-seller** cheio de conselhos — e tolices." *Veja*, 3.3.99.

bid bond

Po: "O seguro-garantia não se restringe ao '**bid bond**' [seguro do licitante] ou ao do 'performance bond' [seguro do executante]." *Gazeta Mercantil*, 7.7.97.

big

It: "...sono entrati nel fiabesco Salone d'Oriente anche i '**big**' de Hollywood... e i **big** della politica, della industria". *Il Messaggero*, 4.4.96.

It: "Sergio Parisini, noto pianista, accompagnatore, arrangiatore e autore per i '**big**' della musica italiana." *Corriere della Sera*, 20.11.97.

Po: "'**Big**' recorde: Finalmente, a Caixa Econômica chegou à marca de R$1 bilhão em empréstimos na área de habitação." *O Globo*, 20.5.97.

Po: "Privatização da Petrobrás. Estão todas na fila, esperando a privatização da ***big*** estatal." *O Globo*, 12.7.97.

Big Bang/big bang/big-bang

Es: "La tercera temporada terminó en **big bang** con la casa de Melrose por los aires...". *El País*, 18.6.96.

Fr: "Télécoms: Juppé balise le **big bang**." *Libération*, 19.3.96.

Fr: "Le **big-bang** des approaches marketing: c'est le titre d'un séminaire organisé par Éditions EFE." *Le Nouvel Observateur*, 17.4.96.

Fr: "Un **big-bang** miniature en labo." *Libération*, 14.5.96.

Fr: "Services en ligne on Internet: le **big bang**." *Le Figaro*, 16.4.96.

Fr: "Comment les mousses de vaisselle peuvent-elles aider à comprendre le **big-bang**?" *Le Point*, 12.11.94.

Fr: "Tokyo s'est donné jusqu'en 2001 pour achever le '**big bang**' de son système financier." *Le Monde*, 22.5.97.

Fr: "Ce sanctuaire du capitalisme anglo-saxon a été ouvert aux vents de la concurrence depuis le **big-bang** de 1986...". *Le Point*, 4.3.95.

Fr: "Actualité: Le **big-bang** de la droite." *L'Express*, 5.6.97.

Fr: "Le **big-bang** libéral de Brice Lalonde." *Le Figaro*, 18.11.98.

Fr: "Préparer techniquement et humainement le **big bang** de l'euro impose de se mettre dès maintenant dans les starting-blocks." *Le Figaro Magazine*, 14.3.98.

Po: "O **Big Bang** de Joãozinho Trinta." *Manchete*, 22.2.97.

Big Blue

Fr: "**Big Blue** doit cependant tenir compte d'une certaine disparité au niveau de sa rentabilité...". *Le Figaro*, 26.5.97.

Fr: "La fortune de Microsoft sera faite lorsque '**Big Blue**' [IBM] choisira Allen et Gates pour développer le logiciel et l'Operating System — le fameux DOS." *Le Point*, 4.3.95.

Fr: "Richard Thoman: de '**Big Blue**' à Xerox." *Le Figaro*, 13.6.97.

Fr: "Jusqu'alors vice-président et directeur-financier de 'Big Blue', il avait été débauché en 1994, par Lou Gerstner." *Le Figaro*, 13.6.97.

Big Brother/big brother

Fr: "'**Big Brother**' pourra suivre 24 heures sur 24 les mouvements de ses citoyens." *Libération*, 9.5.97.

Fr: "Propriétaire de la TWA, Hughes tient un jet à la disposition de Gardner dès qu'elle lève le petit doigt. **Big Brother** en herbe et recordman du rapport — sexuel, financier, policier... il utilise aussi une armée de mormons et de quadruples espions pour la pister." *L'Express*, 6.8.98.

Po: "Talvez pudessem dizer que Bill Gates é o novo ***big brother***." *Diário de Notícias*, 10.9.98.

Big Mac/big mac

Fl: "...maar overal smeren Amerikaans echtparen extra mayonaise uit over hun **Big Mac** en werken ze een zak *French Fries* naar binnen". *Het Nieuwsblad*, 27.7.98.

Fr: "...l'étalage des egos se répandra aussi vite que le **Big Mac**". *Libération*, 9.5.97.

Fr: "Il fallait s'y attendre: le hamburger, fût-il **Big Mac**, ne pouvait longtemps s'accomoder de nobles traditions." *Jeune Afrique*, 13.5.97.

Fr: "McDonald's écrase son **Big Mac**." *Libération*, 3.3.97.

Fr: "'The Economist'... en comparant les prix du **Big Mac** dans les différents pays...". *Le Figaro*, 9.6.97.

Po: "Passou a vender o **Big Mac** por 55 centavos de dólar, desde que o freguês...". *Veja*, 12.3.97.

Po: "No Brasil, o **Big Mac** custa 3,10 reais." *Veja*, 12.3.97.

Po: "Na lanchonete do McDonald's... são vendidos 350.000 **Big Macs** todos os meses." *Veja*, 9.4.97.

big shot

Po: "Colocou em cima da mesa do ***big shot*** a folha de papel...". Amado, *Tenda dos milagres*.

Po: "Dono do Copacabana Palace, o ***big shot*** James Sherwood é também...". *O Globo*, 28.12.96.

Po: "Peter Wallenberg, um dos maiores ***big shots*** da Suécia." *O Globo*, 10.9.96.

big stick

Po: "O ***big stick*** mudou de feição e está mais sutil." *Veja*, 12.2.97.

bigger than life

Fr: "Le Douglas Sirk d'*Ecrit sur du vent* aurait aimé le dénouement du suspense, lyrique et ***bigger than life***." *L'Express*, 1.5.97.

bip/biper/bipeur [ver: "page/pager"]

Fr: "La défaillance d'un seul satellite a réduit au silence environ 90% des **bipeurs** en service aux États-Unis." *Libération*, 22.5.98.

Fr: "Un **bip**, une sonnerie ou une vibration signalent qu'un message est arrivé." *L'Ordinateur Individuel*, abr. 1996.

birdie

Es: "...su primera victoria con un **birdie** de ocho metros menos uno en el tercer hoyo del desempate". *El País*, 29.1.96.

bit

Fr: "La source de la fabuleuse fortune de M. Bill Gates, patron de Microsoft, est une unité qui n'a 'ni couleur, ni taille, ni poids, et qui peut voyager à la vitesse de la lumière' c'est-à-dire le **bit** — l'unité d'information des logiciels qui peuplent les cerveaux de la majorité de ordinateurs." *Internet l'extase et l'éffroi*, em *Le Monde Diplomatique*, edição fora de série, out. 1996.

black box/Black box

Al: "Der Ossi bleibt für die Demoskopen eine **Black box** und für die Volksvertreter ein schwer zu durchschauendes, flüchtiges Potential." *Der Spiegel*, 14.9.98.

black-out/black out/blackout/blecaute

Fr: "En attendant, il [Pompidou] m'impose le ***black-out***. L'idée est de Giscard." Peyrefitte, *C'était de Gaulle*.

Fr: "Etat d'urgence. **Black-out** en Albanie." *Libération*, 4.3.97.

Fr: "A 60 kilomètres d'altitude survient l'inévitable '***black out***', c'est-à-dire l'absence de communication avec le sol." *Le Figaro Magazine*, 18.4.98.

Fr: "L'Italie, est-elle sur *Le Point* de subir le plus phénoménal des **black-out**?" *Le Point*, 24.9.94.

Fr: "L'Angleterre, dans le ***black-out***, célébrait Christmas et fêtait les soldats de tous les champs de bataille du monde." Druon, *Circonstances*.

Fr: "Bill Clinton: le retour en scène. Déballage et **black-out**." *Le Figaro*, 18.10.98.

It: "Linee intasate e **black-out** telefonico." *Il Messaggero*, 8.4.96.

It: "Lippi e cinque minuti di **black out**." *La Repubblica*, 7.4.96.

It: "Pasqua al telefono. Linee intasate, **blackout** per il Sud." *Corriere della Sera*, 9.4.96.

Po: "Na Argentina, oposição faz **blecaute** contra o governo." *O Globo*, 13.9.96.

Po: "Com esse risco de **blecaute** no Sudeste, energia é uma coisa estratégica para a CSN." *Veja*, 14.5.97.

Po: "Para deixar Portugal em '**black-out**' basta simples coincidência." *Jornal de Notícias*, 25.8.98.

black-tie

Po: "Lota o tinha persuadido a trocar o **black-tie** por uma toga." Oliveira, *Flores raras e banalíssimas*.

Po: "Como sempre, teve de tudo: gente de **black-tie**, de casaco de pele, etc." *Jornal do Brasil*, 20.5.97.

Po: "...o jantar que Celita Procópio Carvalho pilotou na Faap para receber, em noite de **black-tie**, o estilista Christian Lacroix". *Folha de S. Paulo*, 22.5.97.

Po: "*Eles Não Usam **Black-Tie***", de Camargo Guarnieri, é uma peça inovadora..." *Veja*, 11.6.97.

Po: "A cúpula do PFL estava indignada com a anunciada presença do porta-voz Sergio Amaral num banquete **black-tie** no Museu do Louvre." *O Globo*, 4.6.98.

Po: "Numa noite de ***black-tie***, que reuniu 800 pessoas no Hotel Grant Hyatt, em N. York." *Manchete*, 22.11.97.

blazer

Fl: "Als men ze vergelijkt met een... zijn herten eeen soort Harvardkoein in blauwe **blazer** en stropdas." *Algemeen Dagblad*, 16.6.98.

Fr: "Alfred Dunhill: son **blazer** fait un tabac." *Le Figaro*, 28.3.97.

Fr: "**Blazer** et cravate complètent l'apparence soignée de cet homme brun de 45 ans." *Le Figaro*, 26.4.96.

Fr: "En Angleterre, on va travailler en costume, pas en **blazer** ni en veste de tweed." *Madame Figaro*, 26.4.97.

Fr: "Les **blazers** ouvrent la marche, vendus de plus en plus sans le yacht qui allait avec et assortis de boutons optionnels." *Le Figaro Magazine*, 18.7.98.

Fr: "Ken ou Michael, élégamment vêtus d'un **blazer** bleu marine." *Madame Figaro*, 13.4.96.

Po: "...o ar de fidalgo espanhol... as mãos cuidadas e o **blazer** inglês". Amado, *Farda, fardão, camisola de dormir*.

Po: "O conjunto de calça e **blazer** branco com bolinhas pretas que ela exibia...". *Veja*, 26.6.96.

Po: "Ronnie von Nogueira. Mesmo dentro de casa, ele não tira o **blazer**, a gravata — na coleção possui mais de 200 — como mauricinho assumido que é." *Manchete*, 24.5.97.

Po: "Carlinhos Ferreira [usou] **blazer**, gravata e mocassins sem meia." *Jornal do Brasil*, 23.7.97.

blind date

It: "Il nostro ballo è senza dubbio il più importante ***blind date*** (appuntamento al buio) del mondo." *IoDonna*, 15.9.98.

blockbuster

Fr: "Qui a dit que nous étions irréversiblement entrés dans la civilisation du ***blockbuster***?" *Le Nouvel Observateur*, 11.6.97.

block notes

It: "Sulle foto, sono quasi sempre dietro i loro **block notes**." *IoDonna*, 15.9.98.

blow up

Fr: "Le **blow up** de la photo." *Libération*, 4.4.96.

blue chip/blue-chip

Es: "La Bolsa vuelve a sus niveles más brillantes de abril. '**Blue chip**' y 'chicharros'." *Tiempo*, 20.7.98.

Fr: "...des indices comme le Dow Jones, qui est composé pour l'essentiel de ***blue chips***". *Libération*, 15.2.96.

It: "Molti, sopratutto fra le ***blue chips***, sono infatti anche stati sospesi per eccesso di ribasso." *La Repubblica*, 11.9.98.

Po: "...três tipos de oportunidade de investimento: os grandes mestres...; ações ***blue chips***, isto é, pinturas que se classificam abaixo dos grandes mestres...". Ferreira e Mello, *Clement Greenberg e o debate crítico*.

Po: "**Blue chips** da Bolsa de Tóquio sobem mais 2,27%." *O Estado de S. Paulo*, 19.11.97.

Po: "A queda foi comandada pela realização de lucros em cima das ***blue chips***: Telebrás, Eletrobrás, Petrobrás, e Vale do Rio Doce." *Jornal do Brasil*, 15.7.97.

Po: "A tendência acabou contaminando o restante do mercado e derrubou as demais ***blue chips*** das bolsas, até então estáveis ou com pequena valorização." *O Globo*, 12.7.97.

Po: "Outros **blue-chips** subiram e garantiram alta de 0,85% do índice Bovespa." *O Estado de S. Paulo*, 9.7.96.

blue-jeans [ver: "jeans"]

blues/bluesmen

Es: "Se nota mucho la tradición primitiva y terrible de las cantantes antiguas de **blues**...". *El País*, 19.6.96.

Fr: "L'Italie du Nord est en plein **blues** pré-electoral." *Le Monde*, 11.4.96.

Fr: "Beauvais. Police **blues**. Un policier se suicide tous les neuf jours." *L'Événement du jeudi*, 28.2.96.

Fr: "Charl Élie était à Chicago pour enregistrer un disque de **blues**...". *Le Point*, 12.4.97.

Fr: "...confrontation entre Lorrain et les jeunes **bluesmen**...". *Le Point*, 12.4.97.

Fr: "Pas un **blues** formel s'arrêtant à trois accords, mais une interrogation existentielle." *Le Point*, 12.4.97.

Fr: "Harry Connick Jr: ...je joue du rythm and **blues** et du funk depuis toujours." *Le Point*, 12.11.96.

Fr: "Le moment où le mot '**blues**' connaît un succès médiatique sans précédent...". *Libération*, 29.4.97.

Fr: "Le comparer à un Leonard Cohen du **blues** ne serait pas une offense." *L'Express*, 6.2.97.

Fr: "Les **blues** d'une femme flic." *L'Express*, 6.2.97.

Fr: "On commence par le rap, puis après c'est le **blues**, le jazz et où va-t-on?" *Libération*, 4.3.97.

Fr: "Les **blues** du Parti socialiste." *Le Point*, 10.9.94.

Po: "Gostar de **blues** hoje no Brasil não é novidade." *Veja*, 3.7.96.

Po: "Almério aparecia na Flor de Lótus para um samba, um ***blue***, uma rumba." Amado, *Tereza Batista cansada de guerra*.

bluff/bluffer/blefar/blefe

Fr: "Il n'y a que réthorique et **bluff** dans cet homme." André Gide.

Fr: "Avec Chirac, suivez le **bluff**." *Le Canard enchaîné*, 3.4.96.

Fr: "Secte Horus. Coup de **Bluff** ou Sabordage." *Le Point*, 19.4.97.

Fr: "Jean-Marie Le Pen avait mis un terme à son "**bluff**" d'une semaine...". *Le Point*, 1.4.95.

Fr: "'Et si c'était un coup de **bluff**?', se demandaient *L'Equipe* et Guy Roux." *Le Point*, 26.5.97.

Fr: "Italie du Nord: le **bluff** de Bossi." *L'Express*, 5.9.96.

Fr: "Les coups de **bluff** et de poker étaient de mise sur le métier à tisser." *L'Événement du jeudi*, 28.5.97.

Fr: "Tout ça, c'est du **bluff** des télés. Il y a dix ans... on faisait un meilleur foot." *Courrier International*, 28.5.97.

Fr: "Jean-David Levitte... conseiller diplomatique du Président... a **bluffé** les spécialistes de politique étrangère." *Le Point*, 1.7.95.

Fr: "Le contrat de Total en Iran. Le **bluff** américain." *Le Figaro*, 1.10.97.

Po: "O Ocidente freqüentemente **blefa** com a Rússia e vai voltar a nos enganar." *IstoÉ*, 21.5.97.

Po: "Levou seu **blefe** adiante: disse não ter notícias..." Amado, *Tenda dos milagres*.

board

Fr: "Christophe Dubrulle propose enfin à Michel Deroy de rester membre du '**board**' de la filiale Américaine." *Les Échos*, 26.7.96.

It: "A guidare il nuovo Cnr ci sarà un ***board*** directivo e un Comitato scientifico." *Il Sole 24 Ore*, 7.8.98.

Po: "Era evidente a aflição de alguns observadores... e conversando com os **boards** por celulares." *Gazeta Mercantil*, 6.11.97.

Po: "Ao executivo, só restou reunir o ***board*** e comunicar corajosamente: — Sou homossexual." *Jornal do Brasil*, 12.11.97.

Po: "Há poucos dias, o '**board**' do IFC aprovou o empréstimo." *Gazeta Mercantil*, 7.7.97.

bob

Fr: "Le procès du malfaiteur que les policiers aveient surnommé '*le solitaire au **bob***' a débuté hier." *Le Figaro*, 4.6.97.

Fr: "...agences bancaires braquées par Philippe Vallet, souvent coiffé d'un **bob**". *Le Figaro*, 4.6.97.

body-builder(é)/body builder/body-building

Fr: "Alerte aux **body-builders**: les anabolisants... épuisent le cœur." *Paris Match*, 15.5.97.

Fr: "Devant ce même acteur, très belge et **body-buildé**, on vous retrouve...". *Paris Match*, 6.3.97.

Fr: "Le scoop le plus célèbre... Les photos de Diana s'adonnant au **body-building**." *Le Point*, 17.8.96.

Fr: "Échos Sportifs: **Body-building**: un champion d'Italie à Menton." *Nice-Matin*, 22.7.98.

It: "...questo derivato dell'anfetamina è perfettamente legale, tanto da essere utilizzato abitualmente dai **body builders**". *IoDonna*, 15.9.98.

body guard/body-guard/Bodyguards

Al: "Von ihren **Bodyguards** bewacht, schleicht sich die berühmte Frau aus einen Luxushotel, ihre wartende Limousine wird von Paparazzi belagert." *Stern*, 16.7.98.

Al: "Demonstranten schneller in die Flucht, als seine **Bodyguards** gucken könen." *Stern*, 16.7.98.

Fr: "*Lettre à Stéphanie*. Daniel Ducruet: **Body-Body Guard**." *Le Figaro Magazine*, 31.5.97.

Po: "Além de sua mulher, tinha também deveres de ***body-guard***...". Melo Filho, *Testemunho político*.

bombshell

Po: "Marilyn Monroe. A vingança dos moralistas contra aquela ingênua ousadia da **bombshell** loura tardou, mas chegou agora." *IstoÉ*, 30.7.97.

bond

Fr: "Steeple-chase. Lors de cet ultime **bond**, avant les 261 mètres..." *Figaroscope*, 17.6.97.

Fr: "Steeple-chase. Pas moins de 2 520 000 F seront repartis... au bout du bout des **bonds**." *Figaroscope*, 17.6.97.

Po: "...não haverá mais empecilho para que estes fundos comprem os ***bonds*** brasileiros". *O Globo*, 22.5.97.

Po: "...três tipos: *par **bonds*** [bônus au par], *discount **bonds*** [bônus de desconto] e *C-**bonds*** [bônus de capitalização]". *O Globo*, 22.5.97.

Po: "O Brasil tem conseguido alongar o perfil de sua dívida externa... como demonstrou o êxito na colocação de '**bonds**' recentemente realizada." *Folha de S. Paulo*, 15.6.97.

book/booker/booking

Fr: "Domitille... l'un des deux directeurs de ***booking*** de l'agence parisienne." *Le Point*, 15.7.95.

Fr: "...concurrence déloyale au motif qu'il a débauché chez sa concurrente quelques ***bookers***, mannequins et photographes". *Le Point*, 15.7.95.

Fr: "La première, auprès des mannequins, dont les ***bookers*** (agents) sont les imprésarios." *Le Point*, 15.7.95.

Fr: "160 salariés [dont deux tiers de ***bookers***, la force de vente de l'enterprise] retire 150 millions de francs de commissions." *Le Point*, 15.7.95.

Fr: "Elle a été a remarquée, en voisine, par les **bookers** d'une jeune agence de mannequins." *Madame Figaro*, 1.8.98.

Po: "O viajante profissional faz hoje em dia as suas reservas usando um sistema eletrônico de ***booking*** via computador, marcando e desmarcando datas...". Spinola, *O futuro do futuro*.

bookmaker

Fr: "**Bookmakers**: Le loto législatif." *Le Point*, 17.5.97.

Fr: "Il faisait penser à un de ces **bookmakers** que l'on croise en Angleterre lors des courses de chiens..." *Le Point*, 4.3.95.

Fr: "Il s'endette... s'attire ainsi de nombreux ennuis avec son **bookmaker**." *Le Nouvel Observateur*, 11.6.97.

Fr: "L'atmosphère déjantée des méchants **bookmakers** de la prohibition." *Le Nouvel Observateur*, 11.6.97.

Fr: "Chez les **bookmakers**, la côte d'O. J. remonte...". *Le Point*, 24.9.94.

Fr: "Il s'enfuit... au Mocambo... reste en stand-by perpétuel avec sa garde rapprochée de **bookmakers**. Bref, vire au commun des chieurs." *L'Express*, 6.8.98.

boom/Boom

Al: "Geldmarkt. Ein **Boom** ohne Ende." *Focus*, 6.7.98.

Es: "Desde el **boom** de la genética parece que hay una tendencia a créer que todo está controlado por los genes." *El País*, 10.7.97.

Fr: "Le **boom** du vélo et l'essor de la piste cyclable." *Le Point*, 5.10.96.

Fr: "Le **boom** des modems est étroitement lié à l'explosion d'Internet." *Le Point*, 3.5.95.

Fr: "Allemagne. Un **boom** artificiel." *L'Express*, 8.5.96.

Fr: "L'économie britannique est en plein **boom**, ne la confiez pas au travaillistes." *Le Figaro Magazine*, 19.4.97.

Fr: "Le **boom** des journaux russes...". *Le Figaro*, 22.3.96.

Fr: "Télécoms: **boom** des acquisitions en Europe." *Les Échos*, 14.8.96.

It: "Il **boom** della nostra canzione." *La Stampa*, 5.4.96.

It: "Il **boom** dell'export ha subito una contrazione." *La Repubblica*, 5.4.96.

It: "Islam e **boom** economico." *Corriere della Sera*, 2.4.96.

It: "Lunghe file agli Uffizi e **boom** di stranieri." *La Repubblica*, 7.4.96.

It: "Piccolo **boom**, con molta cautela nel settore." *Il Messaggero*, 6.4.96.

Po: "A explicação para o novo **boom**, segundo Sergio Machado." *Veja*, 29.5.96.

boost/booster/boosté

Fr: "Balladur... vient de '**booster**' son image et de montrer une fermeté qu'on lui contestait encore...". *Le Point*, 25.2.97.

Fr: "Les débats nous ont '**boostés**', alors que nous étions prêts à changer notre fusil d'épaule...". *Libération*, 21.5.97.

Fr: "Forme. La bonne heure pour **booster**."

Po: "Ele alertou os militares sobre a alta possibilidade de falha por falta de teste no conjunto de **boosters**." *Jornal do Comércio*, 10.11.97.

border line/border-line

Fr: "Ils s'accordent pour définir Antoine Relmen comme une personnalité '**border line**', prépsychotique." *Le Figaro*, 22.1.98.

Fr: "'*De temps en temps, c'est* ***border-line***', reconnaît Janine Langlois-Glandier, qui ajoute que le CSA est très '*vigilant*' sur cette question." *Libération*, 20.7.98.

boss

Fr: "Le **boss** préfère le tee-shirt." *Le Figaro Magazine*, 23.3.96.

Fr: "Chirac. Le **boss** est Chichi." *L'Événement du jeudi*, 8.5.96.

Fr: "L'équipage doit être disponible à tout moment pour emmener le **boss** n'importe où!" *Jeune Afrique*, 20.5.97.

Fr: "Le **boss** Aglieri a été identifié depuis la veille." *Le Nouvel Observateur*, 12.8.98.

Fr: "...ne représente pas grand-chose face à l'image pieuse du '**boss**', de préférence grande gueule...". *Le Nouvel Observateur*, 11.6.97.

It: "...un 'sistema' che ha protetto i **bossi** di Cosa Nostra". *La Repubblica*, 7.4.96.

It: "Milano, quartiere in rivolta per difendere i genitori del **boss**." *Corriere della Sera*, 3.4.96.

It: "Il **boss** Badalamenti è detenuto in Usa." *Il Messaggero*, 6.4.96.

It: "Cortina, giudice complice dei **boss**." *La Repubblica*, 7.4.96.

B.O.T. (Build, Operate and Transfer)

Fr: "Le contrat d'exploitation s'inspire des formules **B.O.T.** (*Build, Operate and Transfer*) dont EDF a été le pionnier grâce à l'accord signé avec Pékin." *Le Figaro*, 3.6.97.

bottleneck/Bottleneck

Al: "Das 'Tor zur Welt' ist zum '**Bottleneck**' [zum Flaschenhals] geworden." *Der Spiegel*, 13.7.98.

bowling

Fr: "Les 750 chambres, les 11 courts de tennis... le **bowling**, les 10 restaurants...". *Jeune Afrique*, 10.6.97.

It: "...durante un'uscita al **bowling**". *IoDonna*, abr. 1996.

box [sentido de frisa ou camarote de teatro; sentido de cada um dos compartimentos de uma cavalariça]

Fr: "Le lendemain, l'avant de la machine était caché dans le **box**." *Aujourd'hui*, 13.4.97.

Fr: "Pour les chevaux, il est facturé 22 dollars par jour, pour un **box** nu." *Les Échos*, 26.7.96.

Fr: "...seuls les quatre gendarmes postés dans le **box** pourraient entendre". *Le Figaro*, 26.4.96.

Fr: "Dans le **box**, Jean-Michel Boucheron, 51 ans, a la teint gris du joueur aux poches vides..." *Libération*, 3.6.97.

Fr: "Chamberko s'était cassé le pied en tapant dans son **box**...". *Figaroscope*, 16.6.97.

Fr: "Dans le **box**, Michel Caignet... avait expliqué la mise en place du reseau." *Le Figaro*, 20.6.97.

It: "...programmi per computer sul mercato... nel **box** in alto sono indicati alcuni prezzi". *Corriere della Sera*, 9.4.96.

box/boxe/boxé

Fr: "Mickey Rourke: 'J'ai commencé la **boxe** à trente-cinq ans'." *Le Figaro*, 28.4.96.

Fr: "Un petit scénario sur la **boxe** où il y aura forcément des coups à prendre et à donner." *Paris Match*, 29.5.97.

Fr: "...deux condamnations... pour avoir '**boxé**' un inspecteur des Renseignements...". *Le Point*, 20.5.95.

Fr: "Je l'ai dégoté sur un ring de **boxe** à Brooklyn." *Paris Match*, 29.5.97.

Po: "Ora, delegado, meus golpes de **boxe** são mortais." Soares, *O xangô de Baker Street*.

Po: "O **boxe** é o único esporte olímpico com limite máximo de idade, 37 anos." *Veja*, 22.5.96.

Po: "O **boxe** e o beisebol continuam reservados a amadores." *Veja*, 12.6.96.

Po: "...deixando intranqüilos os membros da equipe de **boxe** dos EUA". *Veja*, 3.7.96.

Po: "O **boxe** profissional movimentou montanhas de dólares, mas produz campeões de mentira." *Veja*, 18.9.96.

Po: "Foi então que comecei a jogar **boxe**." Martins, *Valeu a pena*.

box office/box-office/Box-Office

Al: "Heutezutage kennt jeder Tankwagenfahrer die **Box-Office**-Ergebnisse vom Wochenende und die Quoten bei der Zielgruppe der 19- bis 49jahrigen." *Der Spiegel*, 14.9.98.

Fr: "**Box-Office** Paris-Périphérie du 10 au 14 avril 1996." *Libération*, 17.4.96.

Fr: "Les reines du crime américaines... continuent de se tailler la part du lion au **box-office**." *Le Point*, 27.7.96.

Fr: "...mais, au **box-office**, le film a gagné en quelques semaines plus d'argent que 'Nashville' pendant toute sa carrière". *Le Point*, 4.3.95.

Fr: "Cinéma. Ce qui a marché au **box-office** pour l'un ou pour l'autre menace de ne pas fonctionner pour les autres, lassitude oblige." *L'Événement du jeudi*, 25.6.97.

Fr: "Sandra Bullock a supplanté Julia Roberts au **box office** de Hollywood." *Le Figaro*, 22.6.97.

Fr: "Inde. Le cinéma national y représente, cas unique, 95% du ***box-office***." *Marianne*, 27.5.97.

Fr: "Mais avant de devenir aussi populaire en France et de faire exploser le **box-office** avec des tubes comme 'Aïcha', il a fallu du temps pour que le raï s'impose." *Le Point*, 15.8.98.

Fr: "...peiné d'apprendre que Frances Farmer perdait des points au **box-office** à cause d'un ragot indécent...". Bianciotti, *Ce que la nuit raconte au jour*.

boy/bói

Al: "Die gefürchten "area **boys**" — Gangs, die ganze Viertel terrorisieren — warfen Steine auf Autofahrer." *Der Spiegel*, 13.7.98.

Fr: "De Gaulle: 'Si les Allemands se font les ***boys*** des Américains...'." Peyrefitte, *C'était de Gaulle*.

Fr: "De Gaulle: 'Nos officiers n'ont pas à se mêler de la vie politique locale. Mais ils veulent garder leur villa et leurs ***boys***. Ils veulent reprendre de l'existence et du pouvoir'." Peyrefitte, *C'était de Gaulle*.

Fr: "Mon grand-père maternel était **boy** chez Mistinguett." *Madame Figaro*, 26.4.97.

Fr: "'*Légèrement dépassé*', commente l'un des ***boys***." *Libération*, 30.4.97.

Fr: "Un coup de force habilement orchestré par les 'Lagardère **boys**'." *Le Point*, 10.5.97.

Fr: "Les ***boys*** ont troqué leur veste pour le treillis." *Libération*, 30.4.97.

Fr: "Tandis que les 'Chicago **boys**' portaient la bonne parole libérale au Chili...". *L'Événement du jeudi*, 14.5.97.

Fr: "Francis Fukuyama: 'Washington aurait préféré ne pas envoyer les **boys** pour ramener la paix en Bosnie'." *L'Événement du jeudi*, 25.6.97.

Fr: "Roosevelt leur avait promis de ne jamais envoyer les **boys** en Europe." *Le Figaro Magazine*, 14.3.98.

Po: "Bety penetra na sala, seguida pelo **bói** que conduz uma bandeja com café...". Amado, *Tieta do agreste*.

boycott/boycot/Boykott/boycotter/boicot(tta)

Al: "**Boykott**. Fast jeder sweite Berliner Student **boykott**iert die vom Senat eingeführte...". *Focus*, 8.7.96.

Al: "Der **Boycott** jüdischer Geshäfte, den die NSDAP reichweit für den 1. April 1933 ausrief, begann na der Albe einen Tag führer." *Der Spiegel*, 13.7.98.

Al: "München droht, Einheitsfeier zu **boykott**ieren." *Welt am Sonntag*, 13.9.98.

Fl: "Einde van **boycot** tegen Irak in zicht." *Algemeen Dagblad*, 16.6.98.

Fr: "Joxe à De Gaulle: 'Ils [les Indiens] souhaitent que la France joue un rôle. Mais la Grande Bretagne et l'Amérique sont sur place et déploient conjointement une hostilité farouche à la France. J'ai été témoin du ***boycott*** qu'elles nous infligent'." Peyrefitte, *C'était de Gaulle*.

Fr: "Le cas plus spectaculaire de **boycott** moral... Roussel-Uclaf et sa pilule abortive." *Le Point*, 19.4.97.

Fr: "L'appel au **boycot** de 71 élus français inquiète les Pays-Bas." *Libération*, 17.4.96.

Fr: "Les associations antisida ont appelé au **boycott** de Benetton." *Le Point*, 19.4.97.

Fr: "**Boycott**: La Nouvelle Arme des Moralistes." *Le Point*, 19.4.97.

Fr: "Dans leur majorité, les laboratoires ne **boycottent** plus ces discounts spécialisés...". *Le Point*, 12.11.94.

Fr: "Il a annoncé en bloc son intention de **boycotter** la future évêque...". *Le Point*, 10.5.97.

It: "Gregory Peck: '**Boycottate** i film violenti'." *Corriere della Sera*, abr. 1996.

It: "Concordato, bene al Sud ma il Nord-Est lo **boicotta**." *Il Messaggero*, 6.4.96.

boy-friend/boyfriend

Fr: "Chelsea Clinton... 'apprendre l'art de communiquer avec son ***boyfriend*** sur un téléphone placé sur Ecoutes'." *Le Monde*, 5.5.97.

Fr: "A l'université, j'avais des **boy-friends** plus séduisants. Mais je l'aimais." *Libération*, 9.5.97.

Fr: "Son dernier **boy-friend** a l'air d'être le frère jumeau de Seal." *Elle*, 19.5.97.

Fr: "Impossible de passer un moment d'intimité avec un **boy-friend**, commentera drôlement Maci...". *Madame Figaro*, 31.5.97.

Fr: "...il s'agissait d'une fille qui plaque son crétin de **boy-friend** pour s'apercevoir qu'elle est enceinte". *Le Nouvel Observateur*, 11.6.97.

boys band

Fr: "Les hit-parades sont occupés par des **boys bands** recrutés sur casting." *Paris Match*, 29.5.97.

Fr: "La mode des '**Boys Band**' — groupes composés de jeunes gens jolis et musclés qui chantent..." *Le Point*, 7.6.97.

Fr: "Et si les '**boys bands**' n'étaient qu'hirondelles criardes annonçant le printemps?" *Madame Figaro*, 31.5.97.

boy-scout/boy scout/boyscout

Fr: "Un guide professionnel est là pour les aider — discrètement — à faire du feu et à manier la canne à pêche, au cas où leur passé de **boy-scout** serait définitivement enterré." *Le Point*, 14.6.97.

It: "È un progetto che viene da lontano, dalla mia formazione nei **boyscout**." *Corriere della Sera*, 9.4.96.

It: "Bel Potentino invece a un gruppo di **boy scout** di Altamura è rimasto isolato in un bosco ed è stato soccorso dai carabinieri." *Corriere della Sera*, 9.8.98.

It: "Banda di pedofili inglesi abusò di 300 **boy-scout**." *Il Giornale*, 18.9.98.

brainstorming

Fr: "Nommé président de la commission des 'défis de l'an 2000', Alain Minc dirige, de mai à octobre, le **brainstorming** de ce prestigieux aréopage." *Le Point*, 18.2.95.

brain trust

Po: "Glycon de Paiva tinha todos os títulos para presidir o '**brain trust**' que o presidente sonhava manter à sua volta." Faria, *Reminiscências*.

break

Es: "Chang tuvo que esperar 45 minutos para disponer de su primera bola de **break**." *El País*, 29.1.96.

Fr: "...la version **break** de la seconde gamme 306 s'inscrit dans un nouvel art de vivre automobile". *Le Figaro Magazine*, 31.5.97.

Fr: "Je me souviens des cahots du **break** et de mon père qui occupe la place du cocher et fait claquer le fouet." Bianciotti, *Ce que la nuit raconte au jour*.

Fr: "...le **break** devrait connaître un nouvel essor dans le sillage des monospaces". *Le Figaro Magazine*, 31.5.97.

Fr: "BMW série 5 'Touring': un **break** élégant, pratique et spacieux." *Le Figaro Magazine*, 19.4.97.

Fr: "...elle venait de faire un **break**, après quatorze mois de tournage". *Le Figaro TV Magazine*, 25.5.97.

Fr: "En France, la gamme Corolla comprendra une trois portes... et un **break**." *Le Figaro Magazine*, 24.5.97.

Fr: "Tennis. Cinquième jeu et premier **break** Kuerten, conclu au filet." *Le Figaro*, 9.6.97.
Fr: "Le Saab 9-5 fait le **break**." *Le Figaro Magazine*, 13.6.98.
Fr: "Tennis. 4-2 puis 5-3 et un deuxième **break** sur le service de Bruguera, dépassé, balayé." *Le Figaro*, 9.6.97.

breakfast

Fr: "...c'est pour le **breakfast**, terriblement anglais, très comme il faut". *Le Figaro Magazine*, 24.5.97.
Fr: "Profitez d'une vingtaine de minutes pour déguster un **breakfast** à l'anglaise." *Le Figaro Magazine*, 10.4.98.
Po: "O ex-presidente George Bush é a estrela, hoje, de um concorrido ***breakfast*** no World Trade Center, em São Paulo." *O Globo*, 15.7.97.

bridge

Fr: "Giscard ne prend pas la parole. Comme au **bridge**, il 'passe'. Peyrefitte, *C'était de Gaulle*.
Fr: "Le prince et la princesse décidèrent de dîner ensemble sur la table de **bridge** du salon." *Madame Figaro*, 13.4.96.
Fr: "Elle m'a expliqué qu'il tient un club de **bridge** dans l'appartement." Modiano, *Un cirque*.
Fr: "Deng. Sa passion pour le **bridge** est née lors de son premier séjour à Paris en 1920." *Paris Match*, 6.3.97.
Fr: "Concentré, le dernier empereur de Chine s'adonne à sa passion, longtemps contrariée, pour le **bridge**." *Paris Match*, 6.3.97.
Fr: "Michel Lebel: *50 Exercices de* **bridge**, aux éditions du Rocher."
Fr: "*L'Histoire du **bridge***, publié par Thierry Depaulis aux éditions Borneman."
Fr: "...les éditions du Bridgeur rééditent le chef-d'œuvre d'humour ***Bridge** dans la ménagerie*, de Victor Mollo". *L'Express*, 8.5.97.
Fr: "Lille, capitale du **bridge**." *Le Figaro Magazine*, 2.5.98.
Po: "O repórter havia contatado a mulher no Club Harmonia, onde jogava ***bridge***." Melo Filho, *Testemunho político*.

briefing/briefer

Fr: "Le Général m'a convoqué inopinément ce matin pour me '***briefer***', comme il ne dit pas, mais comme dit Landerneau. In l'est pas satisfait de la manière dont la presse de ce matin a rendu compte de ce grand jour." Peyrefitte, *C'était de Gaulle*.
Fr: "Il [de Gaulle] ne m'a pas dIt: 'Gardez ça pour vous'. Et il sait qu'un ***briefing*** à des éditorialistes fait son chemin, notamment dans la presse étrangère et dans les chancelleries. Je ne m'en prive pas." Peyrefitte, *C'était de Gaulle*.
Fr: "Pompidou: 'Pas un mot, même en ***briefing***, de ma sortie contre Giscard!'" Peyrefitte, *C'était de Gaulle*.
Fr: "'Il faut quand-même faire un effort...' m'a dit Pompidou, en m'encourageant dans ma méthode des ***briefings***." Peyrefitte, *C'était de Gaulle*.
Po: "Amsterdã. Nos '**briefings**' [sessões informativas em que, geralmente, não se menciona o nome do 'briefador'], usa-se a língua de cada qual." *Folha de S. Paulo*, 18.6.97.

British/british

Fr: "Au prix d'une lutte titanesque entre le tapissier **british** et le crin scottish...". *Le Figaro Magazine*, 24.5.97.
Fr: "Cantona... ravi de prendre sa revanche sous le maillot **british**." *Marianne*, 25.5.97.

Fr: "Dans la lignée très '**british**' de la Miss Marple d'Agatha Christie...". *Madame Figaro*, 31.5.97.

Fr: "Bob vissé sur sa crinière blanche, grosses lunettes en écaille et moustache *so* ***British***, Barry Gray sévit à l'aide d'une mallette...". *Le Point*, 7.6.97.

Fr: "'Le Saint'. ...son registre n'a rien à voir avec l'élégance et la ***british*** *touch* de Moore." *Le Figaro Magazine*, 21.6.97.

Fr: "...les répliques sont d'un humour fulgurant, très **british**". *Le Figaro Magazine*, 27.6.97.

Fr: "Folklore: une soirée 'very **british**' à Sainte-Agnès." *Nice-Matin*, 9.8.98.

Fr: "'Après la guerre si tout va bien' dépeint les aventures d'un couple très **british** échoué dans la capitale roumaine en 1939." *Le Nouvel Observateur*, 12.8.98.

broadcasting

Po: "A TV paga, ao instituir-se como alternativa ao **broadcasting** convencional." *FM*, 23.11.97.

broker

Fr: "...les capacités des membres-adhérents de CREST — exemples: teneurs de marché, '**brokers**', etc.". *Les Échos*, 19.6.96.

It: "A quanto pare i grandi **broker** londinesi hanno apprezzato la presentazione...". *La Repubblica*, 22.5.97.

It: "I **brokers** di Wall Street e i cambisti della Ginza parlavano ieri solo di 'impeachment', di dimissióne di Bill Clinton." *La Repubblica*, 11.9.98.

Po: "Na linguagem do mercado, é um ***broker***, 'um quebrador', como explica Alvarez." *Veja*, 26.3.97.

Po: "Quanto rende o mau-olhado dos ***brokers***?" *Veja*, 26.3.97.

browser

Po: "Netscape revelou que seu próximo **browser**, o programa que permite a navegação pela Internet, vai incorporar essa tecnologia." *Veja*, 23.4.97.

Po: "A Netscape, empresa que praticamente inventou o **browser**, está à venda." *O Globo*, 8.2.98.

Po: "Internet. Guerra dos **browsers**." *IstoÉ*, 23.7.97.

brunch

Po: "Antes da workshop com o expert em marketing, foi servido um **brunch**...". *Veja*, 9.4.97.

Po: "...têm lugar reservado expressões como *airbag* e ***brunch***". *Veja*, 9.4.97.

Po: "Suspense. Amanhã, num ***brunch*** na sede de São Paulo, a direção da MTV vai finalmente revelar os nomes dos indicados... para o prêmio...". *Jornal do Brasil*, 17.6.97.

bug

Fr: "'**Bug**' social à la Bibliothèque Nationale de France." *Le Monde*, 4.11.98.

Fr: "Les incidents informatiques seront sans doute moins difficiles à réparer que le '**bug**' psychologique dont souffrent les personnels, qui ont cessé le travail depuis le 21 octobre." *Le Monde*, 4.11.98.

Fr: "Si un Scud irakien est parvenu à atteindre une caserne américaine près de Dharhan en Arabie saoudite le 25 février 1991, tuant 28 soldats américains, c'est parce que le système de défense antimissile Patriot comportait un ***bug*** dans son logicial de repérage des cibles." Otman, *Les Mots de la cyberculture*.

Fr: "Programmés sur deux chiffres, ces horloges [des ordinateurs] vont passer de 99 à 00, et donc reculer chronologiquement. Ce défaut est désigné dans la presse par 'le **bug de l'an** 2000'." Otman, *Les Mots de la cyberculture*.

Po: "O Chase Manhattan anunciou que estava destinando uma verba de US$ 250 milhões para adaptar seus sistemas de computação à virada do milênio — o chamado '***bug*** do ano 2000'." *Problemas Brasileiros*, mai.-jun. 1997.

Po: "O problema que ficou conhecido como o '***bug*** do milênio' provém da incapacidade de os programas instalados nos computadores distinguirem o ano 2000 do ano 1900." *Problemas Brasileiros*, mai.-jun. 97.

Po: "Desmontado o **bug**. Estudo do Senado americano descarta catástrofe por falha dos computadores na virada do milênio." *Veja*, 10.3.99.

Po: "O **bug** era broxa." Marcio Moreira Alves, *O Globo*, 4.1.2000.

buggy

Fr: "...il lui avait acheté un cheval et un **buggy**...". Painter, *Marcel Proust*.

Po: "Tom raspou a poupança e investiu 10.000 reais na compra de um banana boat, uma lancha e um **buggy**, tudo para divertir turistas." *Veja*, 15.7.98.

building

Fr: "...quartier où les nouveaux **buildings** alternent avec des maisons basses...". *Paris Match*, 17.4.97.

Fr: "Au cœur de l'actuel quartier chic de Tokyo s'élevait, à la place des **buildings**, des demeures de samouraï." *Le Figaro Magazine*, 10.5.97.

Fr: "Bakou. A l'exception de quelques **buildings** aux allures de bunkers, la ville ne souffre pas trop du béton." *Enjeux/Les Échos*, mar. 1997.

Fr: "Partout s'élèvent des **buildings** de dizaines d'étages." *Le Point*, 15.7.95.

Fr: "Même topo. Le lendemain, nous avons rendez-vous dans un **building**." *Le Point*, 30.5.98.

bulldog

Fr: "Ce garçon, on dirait un **bulldog**...". Stemer, *Faire le point*.

Fr: "Antonio Lobo Antunes, c'est le chien Louis-Ferdinand Céline croisé du ***bulldog*** Norman Mailer et du roquet Jack Nicholson." *Le Figaro Magazine*, 31.1.98.

bulldozer

Fr: "C'est sur ce site que des **bulldozers** ont entrepris des travaux de terrassement." *Le Point*, 30.12.94.

Fr: "'Remakes': le **bulldozer** américain." *Le Figaro Magazine*, 11.5.96.

Fr: "Michael Portillo a le front volontaire... le regard direct du politicien **bulldozer**...". *Le Point*, 20.5.95.

Fr: "Les commandos de Zouabri ont attaqué le village au **bulldozer**." *Le Figaro*, 14.4.97.

Fr: "Va-t-on accepter le **bulldozer** culturel sous prétexte d'autoroutes?" *Le Point*, 1.4.95.

Fr: "La pierre produisait, sans qu'il fût besoin de convoquer les **bulldozers**, des plus-values mécaniques." *Le Figaro Magazine*, 10.5.97.

Fr: "Du **bulldozer** de Vitry en 'bruits et odeurs', de matchs truqués...". *L'Evénement du jeudi*, 2.4.97.

Fr: "Si on fait un bras de fer avec un bulldozer, le **bulldozer** gagne." *Libération*, 13.5.97.

Fr: "Netanyahu... en envoyant ses **bulldozers** à Har-Homa?" *L'Événement du jeudi*, 2.4.97.

Fr: "Le **bulldozer** de la finance savoure déjà ce qu'il pressent être sa revanche." *L'Express*, 6.2.97.

Fr: "Jacques, sa vie à la merci des **bulldozers**." *Libération*, 15.5.97.

Fr: "...avec son tempérament de '**bulldozer**', comme disait Georges Pompidou, Jacques Chirac est un paysan". *Le Figaro*, 26.5.97.

It: "Il Procuratore, insomma, procederà comme un ***bulldozer***." *Corriere della Sera*, 11.8.98.

bungalow

Fr: "Joseph sauta de la carriole, prit le cheval par la bride, quitta la piste et tourna dans le petit chemin qui menait au **bungalow**." Duras, *Un barrage*.

Po: "No hotel de Comandatuba, além do edifício principal, há uma espécie de village de pequenos **bungalows**." Faria, *Reminiscências*.

business

Fr: "Le mouvement dialectique entre terrorisme et **business** a encore de beaux jours devant lui." *Le Point*, 19.4.97.

Fr: "L'industrie du sexe est devenue un **business** très protégé en haut lieu." *Paris Match*, 17.4.97.

Fr: "Mais il n'oublie pas que la mode est aussi un **business**." *Elle*, 15.6.98.

Fr: "Le **business** et le Labour réconciliés." *Libération*, 29.4.97.

Fr: "Quant aux travaillistes, qui ménagent eux aussi le ***business***...". *Libération*, 30.4.97.

Fr: "Kasparov. ...il n'éprouve aucun complexe s'agissant du '***business***' que représente — aussi — le monde des échecs." *Le Monde*, 5.5.97.

Fr: "L'avenir, c'est le ***business***." *Jeune Afrique*, 13.5.97.

It: "Tecnologia. Si intensificano anche in Italia le grandi manovre attorno al **business** multimediale." *Corriere della Sera*, 3.4.96.

It: "**Business** e relax, Diego della Valle." *IoDonna*, abr. 1996.

It: "Questo era solo l'antipasto, in una lista tutta nel segno dei **business**." *Corriere della Sera*, 4.4.96.

It: "...una delle migliori opportunità di **business** presente nel mondo". *Il Messaggero*, 6.4.96.

business as usual

Al: "So ist **Business as usual** Schnee von gestern und Sie und Ihre Kunden sind mit einen Blick im Bilde." *Focus*, 8.7.96.

Fr: "Couve — très '***business as usual***' ou 'la séance continue' — fait Le Point de la négotiation entre le Marché commun et l'Angleterre." Peyrefitte, *C'était de Gaulle*.

businessman(en)

Fr: "Il a toujours été un **businessman** dans l'âme." *Paris Match*, 17.4.97.

It: "Casa Bianca, una serata magica che ha riunito presidenti e attori, '**businessmen**' e letterati...". *Corriere della Sera*, 4.4.96.

butler

Fr: "...sous le regard ravi du fidèle Alfred, le '***butler***' attitré de Batman". *Le Point*, 15.7.95.

Po: "O **butler** era certamente mais stylé que o patrão." Faria, *Reminiscências*.

buy back

It: "Economia. Tim, l'utile sale del 67% scatta un nuovo **buy back**." *La Repubblica*, 14.3.98.

bye-bye/bye bye

Fr: "De Gaulle: 'Et pour cela, il faut que le Président puisse se séparer du Premier ministre quand il le voudra.' Ou bien à l'amiable: '***Bye, bye***, vous êtes un type épatant, mais je n'ai plus besoin de vous parce que la page est tournée.' Ou bien: 'Vous n'êtes pas d'accord avec moi, par conséquent je vous renvoie'." Peyrefitte, *C'était de Gaulle*.

Fr: "**Bye-bye** tout le monde!" Bazin, *Vipère au poing*.

Po: "**Bye bye** canavial em tempo de mecanização." *Veja*, 16.7.97.

bypass

It: "Boris Eltsin. L'operazione per il quintuplo **bypass** subita nel novembre scorso gli ha regalato un'ultima resurrezione." *La Repubblica*, 4.7.97.

bytes

Po: "É fácil acumular mega**bytes** de informação em fotos digitais." *O Estado de S. Paulo*, 3.11.97.

Po: "Cada mega**byte** de dados armazenados em fitas DAT de 8 Gb chega a custar meio centavo para o usuário." *O Estado de S. Paulo*, 3.11.97.

Po: "**Bytes** não mentem. Confissão feita na Internet não levaria ninguém para a cadeia [mas só aqui, no Brasil]." *O Globo*, 13.7.98.

caddy/caddie

Fr: "Matt Kuchar, 20 ans, originaire de Floride, et son **caddie** paternel." *Libération*, 20.7.98.

café society

Fr: "Callas. La presse à sensation se repaît de la toute neuve héroïne de ***café society***, enfin diva." *Le Point*, 9.8.97.

cake

Fr: "Petits **cakes** aux céréales." *Madame Figaro*, 25.5.96.

Fr: "Les **Cakes** de Mamie Gâteaux." *Le Point*, 3.5.95.

Fr: "...en décidant de faire ce qu'elle aime, c'est-à-dire... des **cakes** et des pains d'épice". *Le Point*, 3.5.95.

Fr: "Couleurs en kit, fonds de teint en **cake**, éponges et pinceaux...". *Le Figaro*, 11.6.97.

call-back

Fr: "...voyages téléphoniques au départ d'une agence de ***call-back*** à Paris". *L'Express*, 15.5.97.

Fr: "Le ***call-back*** désigne une technique d'appel qui nous vient d'outre-Manche...". *L'Express*, 15.5.97.

Fr: "Dans un premier temps, son activité consiste à proposer du '**call-back**' aux entreprises et au grand public, c'est-à-dire de téléphoner moins cher à l'étranger." *Le Point*, 9.8.97.

Po: "Ligar pelo **call-back** sai em média 50% mais barato." *Veja*, 12.2.97.

call-box/call box

Fr: "Le système de ***call boxes*** contourne astucieusement la réglementationen cours...". *L'Express*, 15.5.97.

Fr: "...insiste Mounir, qui tient la ***call box*** de la rue du Faubourg-Saint-Denis". *L'Express*, 15.5.97.

Fr: "Hanif Qureshi qui a ouvert il y a trois mois une ***call box*** composée de cinq cabines et d'un comptoir de vente, avoue bénéficier du 'flou juridique'." *L'Express*, 15.5.97.

call-girl/ call girl

Fr: "John Profumo... venait de démissionner... après qu'eut été révélée sa liaison avec Christine Keeler, une ***call-girl*** impliquée dans une affaire d'espionnage." Peyrefitte, *C'était de Gaulle*.

Fr: "...jeunes filles de familles riches et **call-girls** professionnelles se mélangent...". *Paris Match*, 17.4.97.

Fr: "Miss USA ne s'est-elle réellement pas aperçue que les clauses du marché ressemblent étrangement à une embauche de **call-girl**?" *Le Figaro*, 6.3.97.

Fr: "Plusieurs prostituées... ont accusé Al Ladki, fournisseur de réseaux en **call-girls**...". *Le Figaro*, 10.6.97.

Fr: "La brigade de répression du proxénétisme a mis à mal un réseau de **call-girls de luxe**." *L'Événement du jeudi*, 25.6.97.

Fr: "Les mystères d'une **call-girl** sur fond de résonances avec l'abstraction." *Libération*, 21.5.98.

cameraman/Kameraman

Al: "Für den kam Gregor eigentlich als **Kameramann** aus seiner Wahlheimat Hollywood." *Focus*, 8.7.96.

Po: "Uma foto tirada por um ***cameraman*** americano, na praça de São Pedro, mostra Celik correndo." *Manchete*, 24.5.97.

camping

Fr: "...avec une carte d'identité volée dans un **camping**...". *Le Point*, 12.4.97.

Fr: "Accord pour l'évacuation du **camping** de Thônes." *Libération*, 14.8.96.

Fr: "Par le **camping** des Dunes, ce chemin mène à la plage de Saint-Gabriel." *Paris Match*, 6.3.97.

Fr: "Mondial. Toulouse attend les Anglais. Au **camping** de Rupé, les supporteurs anglais font déjà la fête." *Le Journal du Dimanche*, 21.6.98.

Fr: "Les **campings** en mal d'amour." *Le Figaro*, 18.10.98.

cardigan

Fr: "...robe combinaison fluide à bretelles avec petit **cardigan**". *Elle*, 15.6.98.

Fr: "De Chanel et ses petits **cardigans** à Balmain avec les créations de Lucien Pellat-Finet." *Madame Figaro*, 25.7.98.

cartoon/cartoonist

It: "Così i disegni di Fellini diventano **cartoon**." *Corriere della Sera*, 6.4.96.

It: "Sábato, il **cartoon** 'Wally Gator, il terrore dei banditi'." *Corriere della Sera*, 3.4.96.

It: "Poetico omaggio di Tomno Guerra. Realizzato un **cartoon** diretto da Petr Sceptinik." *Il Messaggero*, 6.4.96.

It: "Il ventottenne Alex Garland, figlio di Mick, il ***cartoonist*** del *Daily Telegraph*." *Il Giornale*, 18.9.98.

It: "Da domani su Italia in onda 800 **cartoon** prodotti nei leggendari studi della Warner dal 1940 agli anni 60." *La Repubblica*, 15.9.98.

Po: "Da mesma maneira que a caricatura é feita para quem conhece o original, o **cartoon** é baseado na divulgação ampla do fato." Lins, *Almanaque*.

cash

Fr: "Accor confirme son intérêt. Les partenaires apporteraient le **cash**." *Le Monde*, 12.4.96.

Fr: "Il était prêt à acheter **cash** la totalité des châteaux." *Le Figaro*, 24.4.96.

Fr: "Au supermarché... les **cash** converters rachètent les biens d'occasion." *Libération*, 17.3.96.

Fr: "...la réduction des programmes comportant des allocations en **cash**...". *Les Échos*, 25.7.96.

Fr: "Ainsi aurait-il dépensé plus de 1 million chez un bijoutier... payé en **cash** jusqu'à 2 millions de francs...". *L'Express*, 5.6.97.

Fr: "L'Etat pourrait vendre 10% de ses actions... et se dégager un **cash** de 8 milliards." *Libération*, 16.5.97.

Po: "...dos novos títulos, apenas 25% serão vendidos em ***cash***". *O Globo*, 22.5.97.

Po: "China. O cliente... paga na hora, **cash**." *Gazeta Mercantil*, 16.7.97.

cash and carry

Fr: "Metro, spécialisé dans le '**cash and carry**' (paiement comptant et à emporter) fait du commerce de gros." *Le Figaro*, 14.4.97.

Fr: "La filiale française... a ouvert 40 nouveaux '**cash and carry**' depuis quatre ans." *Le Figaro*, 14.4.97.

Fr: "...l'occasion de se familiariser avec le sistème de vente '**cash and carry**'". *Le Figaro*, 14.4.97.

Fr: "...être présent sur tous les segments de commerce... en passant par le **cash and carry** et le Supermarché". *Le Figaro*, 2.6.97.

Fr: "Jean-François Rivière, directeur général des activités de **cash & carry** et d'approvisionnement des collectivités...". *Le Figaro*, 2.6.97.

Fr: "**Cash and carry**: l'alimentation des 'pros'." *Le Figaro*, 2.6.97.

Fr: "Sous le vocable **cash and carry**, il faut entendre des libres-services aux allures d'entrepôts qui s'adressent aux professionnels des métiers...". *Le Figaro*, 2.6.97.

cash-flow/cash flow

Fr: "Doté d'une formidable force de frappe financière — un **cash-flow** d'environ 50 milliards de francs...". *Enjeux/Les Échos*, mar. 1994.

Fr: "Son **cash-flow** lui permit d'entrer dans le groupe Kaufhof." *Le Figaro*, 14.4.97.

Fr: "L'essentiel des *cash flow* des grandes sociétés, comme des revenus des individus, se gagnera ou se perdra en fonction de leur aptitude à se couvrir...". Attali, *Dictionnaire du XXIe siècle*.

Fr: "Iridium assure ainsi que l'entreprise aura un **cash-flow** positif dès 1999." *Le Point*, 12.4.97.

It: "A seguito, spiega la nota, del **cash flow** prodotto dall'azienda e dell'ingresso nella compagnia azionaria." *Il Messaggero*, 4.4.96.

It: "Gli incassi sono garantiti e in grado di generare un *cash flow* da paura." *Corriere della Sera*, 9.8.98.

It: "Cresce il **cash flow**, malgrado il peso del fisco." *Il Sole 24 Ore*, 7.8.98.

It: "A cascata anche il **cash flow** ha raggiunto in termini assolutti il valore storico più alto." *Il Sole 24 Ore*, 7.8.98.

cast/casting

Fr: "En tête du **casting**, la sensationnelle Illena Douglas...". *Libération*, 29.4.97.

Fr: "Même lieu, mais autre **casting**, et surtout autre climat." *Le Point*, 3.5.95.

Fr: "**Casting** de choix pour un jury d'artistes." *Libération*, 7.5.97.

Fr: "Avant le **casting**, que j'exerce depuis trois ans, j'étais assistant de styliste." *Paris Match*, 29.5.97.

Fr: "Les hit-parades sont occupés par des boys bands recrutés sur **casting**." *Paris Match*, 29.5.97.

Fr: "Au menu: quatre mois de tournage et un **casting** très chic." *L'Express*, 5.6.97.

Fr: "Victoria, star du **casting**, découvre les limites de son job — et de sa vie." *Le Nouvel Observateur*, 11.6.97.

Fr: "Signalons un **casting** d'enfer: Vera-Ellen, la reine des claquettes de Broadway...". *Le Nouvel Observateur*, 11.6.97.

Fr: "L'ouvrage se recommande de lui-même: un **casting** de grandes figures alignées dans le panthéon de la chambre noire." *Le Point*, 30.5.98.

It: "Il **cast** del film sembra il festival del cinema italiano." *La Repubblica*, 5.4.96.

It: "Il **cast**, di attori di rango, è parente stretto dell'umanità contradittoria di 'E.R.'" *La Repubblica*, 15.9.98.

Po: "Liliana Gomes, da Elite, explica que, quando meninas entram no *cast* da agência, trabalham apenas nas férias, acompanhadas por um dos pais." *O Globo*, 12.7.97.

CD/CD-ROM

Al: "Er erklärt eine interaktive **CD-ROM**, die burda medien gesponsert hat." *Welt am Sonntag*, 13.9.98.

Fr: "Le **CD-ROM**, c'est magique! Sur un rond de plastique de 12 cm de diamètre, on peut stocker l'équivalent de 450 disquettes de 3,5 pouces!". *PC-Expert*, set. 1995.

Fr: "Microsoft s'intéresse enfin à la manière dont sont perçus... et ses **CD-ROM**." *Libération*, 30.4.97.

Fr: "En 1989, à l'ère du Minitel et de l'édition électronique sur **CD-ROM**, ont été lancés les systèmes francophones d'information, Syfed...". *Le Figaro*, 26.4.96.

Fr: "Il pourrait devenir une sorte de '**CD-ROM** sans ordinateur', à vocation...". *Science et Vie*, jan. 1996.

Fr: "Capable de créer des **CD** audio de 60 minutes à partir de toute source." *Le Figaro Magazine*, 9.3.96.

Fr: "Dix **CD-ROM** sur un seul disque! C'est la capacité d'un nouveau standard." *Science et Vie*, jan. 1996.

Fr: "...deux couches de microcoupelles ...plus petites que sur les **CD-ROM** habituels". *Science et Vie*, jan. 1996.

Fr: "Le Sénat sur **CD-ROM**. Adresse Internet: http://www.senat.fr." *Le Figaro*, 2.7.97.

It: "Tremilla capolavori in un solo **CD ROM**." *Il Giornale*, 18.9.98.

Po: "Seis **CDs** com músicas de Pixinguinha chegaram às lojas...". *Veja*, 30.4.97.

CD-V

Fr: "Le **CD-V** est donc un support tout nouveau sur lequel on commence à trouver des films d'origine cinématographique [la série des James Bond par exemple]." *InfoPC*, nov. 1995.

chairman

Fr: "...la flamboyante Samantha Barings, la propre cousine du ***chairman***!". *Le Point*, 4.3.95.

Po: "Em todos os contactos... que incluem visitas ao **chairman** do Federal Reserve Board." *Gazeta Mercantil*, 16.7.97.

Po: "Para o **chairman** do Fed, se reformas forem adiadas, as 'conseqüências serão terríveis'." *FM*, 23.11.97.

Po: "O comando da UIS, quarta maior fabricante no 'ranking' brasileiro de micros, continuará com o seu atual '**chairman**', Carlos Maia." *Gazeta Mercantil*, 10.11.97.

Po: "Rensi será substituído por Jack Greenberg, que em outubro do ano passado virou ***chairman*** da empresa." *Jornal do Brasil*, 13.7.97.

Po: "Ele foi chamado de realista, de surrealista e de expressionista... diz William Lieberman, ***chairman*** do departamento do Século XX do Metropolitan." *O Globo*, 12.7.97.

challenger

Fr: "La victoire ira au **challenger**, alors que Brown faisait plutôt figure de favori." *Le Point*, 11.3.95.

chart

Fr: "Avec leur deuxième album... ils imposent au sommet des **charts** leur griffe...". *Libération*, 30.4.97.

charter

Fr: "**Charters** bon marché, trains au rabais: méfiance!" *Madame Figaro*, 12.8.96.

Fr: "...ont eu droit à un dernier **charter** pour l'espace, à bord de Pegasus, une petite fusée...". *L'Express*, 1.5.97.

Po: "O número de vôos **charter** para Cancún foi reduzido." *Veja*, 3.7.96.

Po: "Governo quer nova lei para vôos **charter**." *Jornal do Brasil*, 27.7.97.

Po: "A legislação brasileira permite que os vôos *charter* ofereçam descontos de até 65%." *Jornal do Brasil*, 27.7.97.

Po: "Outra medida em estudo é a liberação total do mercado de vôos **charter**." *Veja*, 7.1.98.

chat

It: "Nel Mare del Internet. Anche Oxford punta sulla '**chat**'." *Il Giorno*, 27.7.98.

Po: "Informática. Os que se divertem nos canais *chats* trocam idéias, *e-mails* e até beijinhos." *Jornal do Brasil*, 17.6.97.

Po: "Internet. Freqüentadores de canais de **chat** abandonam o anonimato." *O Globo*, 13.7.98.

check-in/Check-in

Al: "...auch tatsächlich zugesprochen zu bekommen, muss möglichst früh am **Check-in** erscheinen". *Der Spiegel*, 13.7.98.

It: "E la Galleria diventa un **check-in**." *Corriere della Sera*, 17.9.98.

Po: "Varig... parceiras de serviços como reserva, compra de bilhetes, **check-in** e manutenção de aviões." *IstoÉ*, 21.5.97.

Po: "TAM... o cliente só espera sete segundos, em média, para fazer o **check-in**." *Veja*, 28.5.97.

Po: "Morte no ar. Leonardo Castro foi o último a se apresentar para o **check-in**." *O Globo*, 19.7.97.

Po: "A Leizer Air criará um **check-in** na Barra para clientes da primeira classe." *O Globo*, 20.5.97.

Po: "De Kleber Leite à mocinha que fez seu **check-in** no aeroporto de Paris: 'Pé frio é a mãe!'." *Jornal do Brasil*, 16.7.98.

check-point

Fr: "A 700 mètres... les soldats d'Israël ont consolidé leur ***check-point***." *Le Point*, 5.10.96.

Fr: "Aux **check-points**, la politique écoute avec patience la litanie des papiers demandés, des kalachnikovs brandis...". *Le Figaro Magazine*, 24.5.97.

check-up

It: "Finmare. 'Faremo subito un **check-up** dei vari settori. La sede resterà comunque a Genova'." *Corriere della Sera*, 9.8.98.

It: "Il **check-up** del risparmio. I fondi comuni: guida alla scelta e ai rendimenti." *Corriere della Sera*, 9.8.98.

Po: "Italo Zappa regressou quatro meses depois para um **check-up**, não conseguiu permissão médica para retornar." *Veja*, 12.11.97.

Po: "Se o seu coração anda disparando com esses números, é melhor fazer um **check-up**." *Gazeta Mercantil*, 16.7.97.

Po: "'**Check-up**' genético é a nova arma contra o envelhecimento." *O Globo*, 8.2.98.

Po: "Em apenas uma hora é possível fazer um **check-up** completo do coração." *Veja*, 29.4.98.

chesterfield

Fr: "Service superflu chez Maple qui propose au rayon nostalgie des '**Chesterfield**' qui traversent sans rides le règne d'une Victoria." *Le Figaro Magazine*, 24.5.97.

Po: "Sempre tive no meu escritório um **chesterfield** de couro marrom." Faria, *Reminiscências*.

Po: "...e o divã, um '**chesterfield**' grande e robusto, parecia ceder com o peso". Macedo Soares, *As sentinelas de Deus*.

chewing-gum

Fr: "D'où l'idée de fabriquer um **chewing-gum** qui changerait régulièrement de goût...". *Libération*, 29.4.97.

Fr: "...les molécules qui font l'arôme du **chewing-gum**, sont pourtant encore dans le nez...". *Libération*, 29.4.97.

Fr: "...les petits délits ...jeter des mégots ...mâcher du **chewing-gum**...". *Libération*, 9.5.97.

Fr: "Aussi délirant qu'une brasse dans une cuve de **chewing-gum**...". *Marianne*, 25.5.97.

Fr: "...il est, par exemple, interdit de cracher par terre ou de mâcher du **chewing-gum** en public". *Marianne*, 27.5.97.

Fr: "La télévision... nous sert aussi à ruminer ce qu'Ignacio Ramonet a si judicieusement appelé '*le* **chewing-gum** *des yeux*'." *Le Point*, 11.3.95.

Fr: "Enfin, dans la journée, vous pouvez mâcher des **chewing-gums** sans sucre au xylitol." *Le Figaro Magazine*, 21.2.98.

Fr: "'On fouillait dans les poubelles américaines, elles sentaient bon le Coca et le **chewing-gum**', raconte Corneau." *Le Point*, 18.2.95.

chip/Chip

Al: "Im Preissegment unter 1000 Dollar-stecken in über der Hälfte der Rechner **Chips** Ihres Erzrivalen AMD." *Der Spiegel*, 14.9.98.

Es: "...nuestras tarjetas incorporan un **chip** recargable que permite utilizarlas también como monedero". *El País*, 10.7.96.

Po: "Mesmo com a divisão de **chips** em baixa, a empresa deverá vender ainda mais celulares." *Jornal do Brasil*, 12.1.97.

Po: "O preço do **chip** de memória de computador caiu mais de 80% em 1996." *Veja*, 9.4.97.

Po: "A Coréia... transformou-se em exportador de **chips** para computadores...". *Veja*, 9.4.97.

Po: "Telessensor: um **chip** que pode ser colocado no lóbulo da orelha ou na ponta de um dedo irá medir o estado de saúde do seu corpo." *IstoÉ*, 21.5.97.

Po: "Concorrência força corte de preços dos **chips** Intel." *Folha de S. Paulo*, 18.6.97.

chorus girl

Fr: "Orpheline... elle avait débuté à 13 ans comme confectionneuse de paquets... et à 15 comme **chorus girl** aux Zigfeld Follies." *Le Nouvel Observateur*, 11.6.97.

circuit breaker

Po: "O dispositivo do ***circuit breaker*** teve de ser acionado na Bolsa de São Paulo." *Jornal do Brasil*, 11.97.

Po: "**Circuit breaker** na Bolsa." *Jornal do Comércio*, 8.11.97.

Po: "Não há freio nas Bolsas: ***circuit breaker*** é acionado, mas queda é superior a 10%." *Jornal do Comércio*, 13.11.97.

Po: "As Bolsas de valores fecharam com queda de mais de 10%, depois de ter sido acionado o sistema de **circuit breaker** para limitar as perdas." *Jornal do Comércio*, 13.11.97.

Po: "Na bolsa de Nova York, o que deve mudar é a regra do '**circuit breaker**'." *Gazeta Mercantil*, 19.11.97.

Po: "Os ***circuit breakers*** são acionados para impedir que milhares de ordens despachadas simultaneamente, obedecendo a sinais de 'parar de perder' ou 'comprar agora' subvertam os parâmetros da percepção humana e a lógica segundo a qual as *clearings* liquidam e garantem a segurança dos negócios...". Spinola, *O futuro do futuro*.

clan/clã

Fr: "Vous entrez sur les terres du **clan** Campbell." *Le Nouvel Observateur*, 20.3.96.

Fr: "Jospin ne veut pas d' 'un Etat confisqué par un **clan** politique'." *Le Figaro*, 23.4.97.

Fr: "Maurizio Gucci, le dernier des héritiers du **clan**...". *Le Point*, 1.4.95.

Fr: "C'est le **clan** Genovese, une des cinq grandes familles mafieuses de New York...". *Le Point*, 1.4.95.

Fr: "Un **clan** politique vu par une femme qui a côtoyé ce monde, Marie-France Pisier." *Le Point*, 10.5.97.

Fr: "En tout cas, le meilleur chef de **clan**." *Paris Match*, 6.3.97.

Fr: "Deng Xiaoping a su se réfugier dans son Sichuan natal et se ressourcer auprès de son **clan**." *Paris Match*, 6.3.97.

Fr: "Anna, comme le **clan** des chasseurs sibériens dont elle fait partie." *Le Point*, 30.12.94.

Fr: "Mobutu... la déroute militaire... réduisent la cour de jadis à un **clan**." *Libération*, 5.5.97.

Fr: "...elles voulaient conserver leurs hôtes dans les deux **clans**...". Painter, *Marcel Proust*.

It: "Thatcher. Il libro offre un 'dietro le quinte' dell'intero **clan**." *Corriere della Sera*, 3.4.96.

It: "Trovato un arsenale della mafia. Apparteneva al **clan** di Vito Natale." *Il Giorno*, 27.7.98.

Po: "Ásia: relevância do sistema de **clãs** nos grandes negócios." *Veja*, 9.4.97.

Po: "Os Farias são um **clã** unido e sem desavenças públicas." *Veja*, 26.6.96.

clash

Fr: "Le ministre poids lour du gouvernement est capable de provoquer un **clash** d'envergure." *Le Point*, 24.9.94.

Fr: "Mr. Arno Klarsfeld: la stratégie du **clash**." *Le Figaro*, 12.10.97.

Fr: "Les discussions engagées par le gouvernement... ont abouti à un '**clash**' avec les biologistes." *Nice-Matin*, 24.7.98.

clearing/cléringue

Fr: "...obtenant d'un organisme appelé **cléringue**, par mille demarches, quelque 100 à 200 francs suisses à raison de 12 francs l'un". Bulhan, *Récits et contes*.

Fr: "Mais son visa arrive à expiration, ou bien le ***clearing*** qui lui a été alloué." Druon, *Circonstances*.

Po: "O Euro não vai circular materialmente em 4 de janeiro de 1999, mas os sistemas de ***clearing*** (liquidação de negócios) estão sendo reescritos nos novos padrões de troca." *Jornal do Brasil*, 9.7.98.

Po: "***Clearings*** são aqueles setores que acertam as contas de quem compra e de quem vende no mercado." Spinola, *O futuro do futuro*.

Po: "O giro da ***clearing*** da BM&F cobrindo o período de um ano supera cerca de 4,7 trilhões de dólares, mais de seis vezes o valor do PIB brasileiro." Spinola, *O futuro do futuro*.

clip/clipe

Fr: "Peter Lord signe enfin le **clip** de la chanson de Nina Simone." *Le Monde*, 11.4.96.

Fr: "Long début, malheureusement filmé comme un **clip**: ça devient vite lassant." *Le Nouvel Observateur*, 11.6.97.

Fr: "*Basquiat*... est un long **clip** publicitaire à la gloire de la scène artistique new-yorkaise." *L'Événement du jeudi*, 2.4.97.

Fr: "Élaine... lors du tournage d'un de ses **clips**...". *Elle*, 12.8.96.

Fr: "Un **clip** vidéo — nom masculin, pluriel; des '**clips**' — est un magma informel d'images...". *Libération*, 16.5.97.

Fr: "**Clips**: le grand come back." *Le Figaro*, 25.4.96.

It: "L'arte del **clip** trova una casa." *La Repubblica*, 5.4.96.

It: "Perché nel suo **clip**-film, Jovanotti ha conservato quella capacità di narrare in maniera lampante...". *La Repubblica*, 2.6.97.

Po: "**Clipe** do futuro: ficção científica bem-feita." *Veja*, 24.4.96.

Po: "Xuxa chegava para gravar um video**clip**." *O Globo*, 24.9.96.

close-up

Po: "O spot de lançamento do programa mostra Paulo Henrique em *close*." *O Globo*, 15.1.97.

clown/clownerie

Fr: "Festival de Cannes. L'instant est grave, Roberto Benigni fait le **clown**." *Le Figaro Magazine*, 29.5.98.

Fr: "Si la complainte amoureuse du **clown** de Jewinson est un peu compassée...". *Libération*, 16.5.97.

Fr: "Carrey le **clown** rêve d'égaler James Stewart." *Le Figaro Magazine*, 21.6.97.

Fr: "Dans 'Prospero', il se cache derrière le costume tant aimé d'Auguste le **clown** bland." *Le Point*, 24.9.94.

Fr: "Il n'existe pas de patron-**clown** et peu de PDG-Youp-la boum, mais...". *Libération*, 5.5.97.

Fr: "Jean-Louis Debré, de **clownerie** en **clownerie**, commence à ressembler à son maître mimétique, Le Pen." *L'Événement du jeudi*, 14.5.97.

Fr: "Lettre ouverte à Mazarine. Rendons néanmoins à Hallier cette justice: les moyens qu'utilisa l'entourage de votre père pour museler ce triste **clown** (menaces fiscales, pressions 'amicales', écoutes téléphoniques) ne furent pas du meilleur goût." *Marianne*, 15.6.97.

It: "Le dieci tigri... sostituite da nuovi numeri di **clown**." *La Repubblica*, 5.4.96.

Po: "Dores e prazeres em versão '**clown**'." *O Globo*, 20.5.97.

club/Club/clube

Al: "Die kreativen Köpfe haben sich in die **Clubs** zurückgezogen, damit sind die Lokomotiven der Szene weg." *Focus*, 8.7.96.

Es: "En política social se resalta el caso del Ayuntamiento de Almeria, que invierte 10 millones en el **club** hípico." *El País*, 19.6.96.

Es: "La OCDE — nacida en 1960 y reconvertida después en **club** de los 25 países más industrializados...". *El País*, 22.1.96.

Fr: "De Gaulle: 'Le ***club** atomique*, c'est de la blague. Nous sommes une puissance atomique, et c'est tout. **Club** atomique, c'est du vent'." Peyrefitte, *C'était de Gaulle*.

Fr: "Si, un jour, l'État prenait en main le foot-ball, croyez-moi, on battrait les autres! Mais s'il faut laisser ça à un quelconque **club**... on ne gagnera jamais." Peyrefitte, *C'était de Gaulle*.

Fr: "Alain Madelin... à la réunion de son **club** Idées-Action... croit toujours...". *Le Point*, 12.4.97.

Fr: "Le directeur général du PSG a préféré rester fidèle à son **club**." *Le Figaro*, 14.4.97.

Fr: "Les **clubs** d'investissement: des mordus de Bourse." *Le Point*, 12.11.94.

Fr: "...la prestation chiraquienne devant le **club** Phares et Balises, fondé par Régis Débray...". *Libération*, 29.4.97.

Fr: "Entrer dans un **club** anglais impose un certain rituel." *L'Express*, 8.5.96.

Po: "Seu **clube** perdeu o patrocínio da Lacta." *IstoÉ*, 14.8.96.

club-house

Fr: "Votre **club-house** sera une deuxième maison." *Golf*, jan. 1998.

coach

Fr: "En tant que *coach*, j'espère juste que les huit qui seront en forme...". *Libération*, 30.4.97.

Fr: "Jack Vincennes... servant de **coach** pour la télévision et d'indicateur pour une sordide feuille de chou à chantages multiples." *Libération*, 15.5.97.

Fr: "Beugnot: 'Un **coach**, c'est un berger'." *Libération*, 27.3.97.

Fr: "C'est donc presque naturellement que le premier est devenu le **coach** de l'athlète française." *Le Point*, 27.7.96.

Fr: "Face à un adversaire plus fort, quel est le discours du **coach**?" *Libération*, 27.3.97.

Fr: "L'académie sportive... regroupe au plus haut niveau des '**coaches**' de tennis, de golf, de football...". *Paris Match*, 29.5.97.

Fr: "Phil Knight n'a pas oublié le credo de Bill Bowerman, le **coach** hors du commun: 'La ligne d'arrivée n'existe pas'." *Le Point*, 7.6.97.

Fr: "Le **coach** de cette équipe est un certain Phil Bowerman, entraîneur haut en couleur...". *Le Point*, 7.6.97.

It: "Olimpia, Crespi nuovo **coach**." *Corriere della Sera*, 11.8.98.

Coca-Cola

Fr: "D'autant plus que l'hégémonie de **Coca-Cola** laisse peu de place à la concurrence." *Libération*, 5.5.97.

Fr: "Plus d'un enfant sur dix déclare avoir bu du jus de fruit ou du **Coca-Cola** au dîner." *Libération*, 27.3.97.

It: "Che differenza fa? **Coca-Cola** per il boia che ha sete, presto...". *La Repubblica*, 22.5.97.

It: "Parigi dice no a **Coca-Cola**. L'Orangina resta francese." *Il Giornale*, 18.9.98.

Po: "Na Europa se diz que o apocalipse é tão americano quanto o blue jeans e a **Coca-Cola**." *Manchete*, 10.5.97.

Po: "Música. 'O Karajan proporcionou grande prazer à humanidade. A **Coca-Cola** também.'" *Veja*, 11.3.98.

cocker spaniel

Po: "Italo Zappa... sempre com o seu **cocker spaniel** 'Shima', presente de Fidel." *Veja*, 12.11.97.

Po: "O **cocker spaniel** inglês é um cão bastante versátil. Está sempre ao lado do dono." *Veja*, 22.4.98.

cockpit/Cockpit

Al: "Teilweise katastrophale Zustände konstatierte die Pilotenvereinnigung **Cockpit**." *Focus*, 6.6.98.

Al: "Flugsicherheitsexperten warten gespannt auf die Bergung von Teilen des **Cockpits**." *Welt am Sonntag*, 13.9.98.

Fr: "Par un hublot du **cockpit**, les pirates font feu... sur la tour de contrôle toute proche." *Le Point*, 30.12.94.

Fr: "Les hommes qu'il aperçoit par le **cockpit** n'ont pas l'air de plaisanter." *Libération*, 14.8.96.

Fr: "Nigel Mansel, dans le **cockpit** trop étroit de sa McLaren." *Le Point*, 20.5.95.

Fr: "...faire cohabiter dans un même **cockpit** 'un commandant de bord qui roule en Jaguar et un jeune copilote qui a du mal à boucler ses fins de mois'." *Le Point*, 26.5.97.

Fr: "Cent millions de francs pour 750 **cockpits** d'hélicos à équiper: c'est mon plus gros contrat...". *Le Point*, 4.3.95.

Fr: "Jeff Wilcox... à côté du F-18 qui porte son nom inscrit sous le **cockpit**." *Le Figaro*, 23.2.98.

Fr: "Conservant la planche de bord de type **cockpit** d'avion chère à Saab." *Le Figaro Magazine*, 7.3.98.

cocktail/coquetel/cóctel

Es: "...furgoneta que habia sido atacada con ***cócteles molotov*** por unos encapuchados". *El País*, 15.5.96.

Fl: "De **cocktail** waar ik zo lang aan geshaket had, smaakte me ineens niet meer." *De Standaard*, 17.6.98.

Fr: "Le **cocktail** Disney, à base de gags, de sentimentalisme et de fantastique." *Madame Figaro*, 13.4.96.

Fr: "...l'un des **cocktails** raciaux les plus élaborés que l'on puisse imaginer". *Paris Match*, 30.4.97.

Fr: "Les barres céréalières, les **cocktails** à base d'alcool tout préparés...". *Le Point*, 30.12.94.

Fr: "...Lucien Lelong, **cocktail** liliums blancs et sabre kalmouk d'où va naître un style". *Le Point*, 25.5.96.

Fr: "...publie en ce mois 'un **cocktail** Molotov littéraire'." *Libération*, 9.5.97.

Fr: "...le domicile du procureur, arrosé d'essence et de **cocktails** Molotov...". *Le Point*, 19.4.97.

Fr: "...ont appris à suivre la trace du **cocktail** radioactif dilué dans les eaux de la Manche". *Le Point*, 26.4.97.

Fr: "Un **cocktail** racial très élaboré: un peu de Chinois, une pointe de Cherokee...". *Paris Match*, 30.4.97.

Fr: "Août 1995: un **cocktail** Molotov est lancé par les hezbollahs contre la librairie...". *Le Monde*, 11.4.96.

Po: "Um novo **coquetel** de drogas anima os cientistas a falar no fim da Aids como doença fatal." *Veja*, 10.7.96.

Po: "**Coquetel** não eliminou vírus HIV." *O Globo*, 24.1.97.

Po: "Palestinos... jogando pedras e **coquetéis** Molotov nos soldados...". *Veja*, 9.4.97.

come-back/come back/Comeback/comeback

Al: "Fischer: 'Ein **Comeback** halte ich für ausgeschlossen'." *Stern*, 16.7.98.

Al: "Tapie **Comeback**. Zündstoff: Bernard Tapies neuestes Buch: 'Librement'." *Focus*, 6.7.98.

Al: "Manche Wissenschaftler begründen das **Comeback** der Walderfalken, wie das Fachblatt 'Nature' mitteilte, allerdings mehr mit dem Verbot des Pestizids DDT." *Der Spiegel*, 14.9.98.

Fr: "Le **come-back** de Bouvet et Pécuchard." *L'Événement du jeudi*, 8.5.96.

Fr: "IBM... son PDG Lou Gerstner a réussi un formidable '**come back**'." *Le Figaro*, 26.5.97.

Fr: "**Come-back** de l'abbé Pierre, le grand brûlé de 1996...". *Le Figaro Magazine*, 24.5.97.

Fr: "Maria Callas... même demandeuse, dans le panique d'artiste de ses impossibles **come-back** et sa détresse de femme quand larguée par Onassis." *Le Point*, 9.8.97.

Fr: "Musique. Il est des **come-back** aussi improbables que miraculeux." *Le Figaro Magazine*, 21.2.98.

Fr: "Le '**come-back**' parisien de Marriott." *Le Figaro*, 1.8.97.

Fr: "La jupe plissée d'avant 1968 fait un ***come-back***, assortie aux petits escarpins pointus...". *L'Officiel*, ago. 1998.

It: "Un altro **comeback**: Ray Sugar Leonard tornerà a combattere." *Corriere della Sera*, abr. 1996.

comics

Po: "**Comics** são produtos de exportação." *Gazeta Mercantil*, 7.7.97.

commercial paper

Fr: "Les **commercial papers** de Cofisa sont parfaitement acceptables." Indiana Mezand.

Po: "Marka lança '**commercial paper**' no mercado interno." *Gazeta Mercantil*, 7.7.96.

Po: "O estoque no mercado de CDBs... letras de câmbio e notas promissórias (**commercial papers**) pré-fixados somava R$104 bilhões." *Jornal do Brasil*, 6.11.97.

commodity/commodities

Po: "Euro. Os produtos fisicamente transportáveis vão ser **commodities** negociadas nos mercados de toda a Europa por um número relativamente pequeno de empresas." *Gazeta Mercantil*, 6.11.97.

Po: "As cotas desses fundos viraram '**commodities**' [**Commodity** é aquilo que se negocia de forma 'comum', uma 'mercadoria' ou 'produto' que segue certos padrões]." Spinola, *O futuro do futuro*.

Po: "O mercado spot, onde a energia seria negociada como **commodity**, poderia funcionar da seguinte maneira...". *Jornal do Brasil*, 12.7.97.

Po: "A Argentina coloca no mercado brasileiro principalmente **commodities**." *Gazeta Mercantil*, 27.1.99.

common law

Po: "Parece que o sistema anglo-saxão da ***common law***, em que a lei se forma a partir da jurisprudência, é mais encorajador...". *Jornal do Brasil*, 2.3.97.

Po: "Ambos os sistemas — o da ***common law*** e o da 'codificação' — são certamente mais compatíveis...". *Jornal do Brasil*, 2.3.97.

Commonwealth

Fr: "Gorbatchev rêvait d'installer un '**Commonwealth**' postcommuniste." *Le Point*, 12.11.94.

Fr: "La stratégie soviétique... transformer en une bataille-éclair l'Empire en **Commonwealth** afin de réaliser un repli en bon ordre...". *Le Point*, 12.11.94.

compact disc

Es: "Gratis: un **Compact Disc** de Música de Cine sólo por concertar una entrevista informativa." *El País*, 19.6.96.

computer/Computer

Al: "Das Geld spart der Schwartze, der von Arbeitslosenhilfe lebt, für die Reparatur seines **Computers**." *Der Spiegel*, 13.7.98.

Al: "**Computer**hacker haben den Code des Bezahl-TV-Senders Premiere geknackt, berichtet die Zeitschrift '**Computer**bild'." *Die Welt*, 17.6.98.

Fr: "...trente ans après... dans l'ère des ***computer boys***, voeu cher à Rajiv Gandhi...". *Le Point*, 19.4.97.

It: "Ma il **computer** danneggia la vista?" *Grazia*, 29.3.96.

It: "I programmi per **computer** sur mercato forniscono agli amministratori un supporto valido." *Corriere della Sera*, 9.4.96.

It: "Vladimir Zelenin é un técnico di **computer** emigrato negli USA." *La Stampa*, 10.4.96.

It: "Un **computer** può vincere a scacchi, ma non può dominare la parola...". *La Repubblica*, 22.5.97.

It: "...l'eco della vittoria riportata dal **computer** della Ibm RS/6000 SP — alias 'Deep Blue' — su Garry Kasparov...". *La Repubblica*, 22.5.97.

It: "Il **computer** ha dimostrato di poter essere più veloce, più intelligente dell'uomo che gli sta di fronte." *La Repubblica*, 22.5.97.

consulting

Fr: "Andreas Bittner... une firme de **consulting** spécialisée dans les relations entre les firmes allemandes et leurs partenaires étrangers." *Le Point*, 15.7.95.

cookies [sentido de "biscoitos"; sentido de "pequeno programa que se insere automaticamente no disco rígido do computador, no curso de uma consulta à Internet, e que permite, à revelia do usuário, seguir detalhadamente seus percursos na Web]

Fr: "En plus des bogues, les internautes risquent d'être victimes des **cookies**. Ces petits programmes indiscrets enregistrent automatiquement des informations sur ceux qui visitent les sites de la Toile d'Internet." *Le Monde*, 17.6.97.

Fr: "Un ensemble... théière, tasse, tire-lire et boîtes à **cookies**, le tout en forme de Joconde." *Le Point*, 25.5.96.

cool

Fr: "Avant la course, Gilbert était stressé et stressant. Frédéric reste **cool**." *Aujourd'hui*, 13.4.97.

Fr: "Steve Buscemi est l'antidote du super-**cool** délibéré." *Le Monde*, 15.5.96.

Fr: "Je me suis débarrassé de mes amis d'enfance. Ils ne font pas partie de ma nouvelle vie super **cool**." *Femme*, abr. 1997.

Fr: "Même si l'on ne veut pas d'une élite **cool**, pas de snobisme, on écrit des tas de trucs...". *Libération*, 30.4.97.

Fr: "Son éternel chapeau sur la tête, tout habillé de sombre, ***cool*** mais griffé Versace...". *Le Figaro Magazine*, 24.5.97.

Fr: "Lucien Carr, type **cool**, ennemi du bourgeois *square*." *Le Figaro Magazine*, 21.2.98.

Po: "Jean-Pierre Rampal... música talhada para o seu estilo ao mesmo tempo '**cool**' e ornamentado." *Folha de S. Paulo*, 22.5.97.

Po: "Para os adoradores de Elvis Presley, o cantor era o ser humano mais profundamente ***cool*** que já passou por este planeta." *O Globo*, 12.7.97.

cooper

Po: "Invenção de americano... o **cooper** dentro d'água para reabilitar soldados." *Veja*, 9.4.97.

Po: "Silvia Amelia de Waldner... almoço no Esplanada e ***cooper*** no calçadão de Ipanema." *O Globo*, 20.5.97.

Po: "Paula Lavigne e Paula Burlamaqui... com freqüência praticando ***cooper*** na subida do Horto." *IstoÉ*, 4.6.97.

Po: "As pessoas... procuram maneiras de conservar a saúde, e o **cooper** é a preferência da maioria delas." *A Tarde*, 10.6.97.

Po: "Os empresários... ainda não atentaram para o filão que é o **cooper** na cidade." *A Tarde*, 10.6.97.

Po: "Geisel não abre mão do **cooper** na Lagoa." *Veja*, 24.12.97.

Po: "Há 128 superquadras em Brasília, onde as crianças andam de bicicleta ou patins e os adultos fazem o **cooper** matinal." *Veja*, 16.7.97.

copy-desk/copydesk/copidesque

Po: "Telefonema do fiel Sabença, **copidesque** na redação do 'Diário da Tarde'." Amado, *Farda, fardão, camisola de dormir*.

Po: "...escravo ...à noite no ***copydesk*** do jornal...". Amado, *Tenda dos milagres*.

corn-flakes/ corn flakes

Fr: "Bill Clinton intime... d'un téléphone sans fil 'greffé' dans une main et du bol de **corn-flakes** qu'il tient de l'autre." *Le Point*, 4.3.95.

Fr: "...remplit sa dernière mission sur terre entre deux orgies de **corn flakes**...". *L'Express*, 5.6.97.

Fr: "Mais quand Mike eut achevé **corn flakes** et œufs brouillés, il plaça lui-même vaisselle et couverts sales dans la machine à laver." Giroud, *Le Bon Plaisir*.

Fr: "Erik Orsenna. L'écriture est son carburant, son **corn flakes**." *Le Figaro Magazine*, 1.8.98.

corner/córner

Fr: "Football. Puis c'était un **corner** tiré par Roberto Carlos qui était détourné de la tete par Ince." *Le Figaro*, 11.6.97.

Po: "O presidente disse ontem estar no **córner** e que sair desta crise é o maior desafio de seu governo." *Jornal do Brasil*, 10.11.97.

Po: "Vargas... o haviam acuado num **corner** e tinham imposto, manu militari, a sua saída da Presidência." Melo Filho, *Testemunho político*.

corporate finance

Fr: "Helen King a rejoint Daiwa Securities... au sein du département '**corporate finance**'." *Les Échos*, 25.7.96.

cosy

Fr: "Dans le salon, devant l'imposante cheminée en brique, le confort '**cosy**' du grand canapé et des fauteuils houssés." *Madame Figaro*, 13.6.98.

Fr: "Le président aurait eu ainsi un accès direct, depuis son bureau, par un escalier intérieur, à cet univers **cosy**, avec une immense terrasse dominant Paris." *Le Nouvel Observateur*, 12.8.98.

cottage

Fr: "Au Kenya, un somptueux **cottage** de Nairobi a de bien curieuses voisines." *Paris Match*, 6.3.97.

Fr: "...un rongeur ayant trouvé refuge sur le toit de chaume du **cottage**". *Libération*, 7.5.97.

country

Fr: "Travis Tritt. Un jour que, jeune fan, il assistait à une reception en l'honneur d'une vedette **country**...". *Libération*, 12.4.96.

Fr: "Un orchestre joue de la *country music*. Mais personne ne danse." *Le Point*, 12.11.94.

Fr: "Ben Harper... la *protest song*, du blues et de la **country**." *Le Point*, 7.6.97.

It: "La musica d'Irlanda... ha già contribuito alla nascita del **country** e del jazz." *La Repubblica*, 5.4.96.

Po: "Willie Nelson, o mais famoso cantor **country** dos Estados Unidos." *Veja*, 24.4.96.

Po: "Rômulo Arantes lança em fevereiro seu primeiro CD, de música ***country***." *O Globo*, 22.12.97.

Po: "É um hábito dos cantores de música **country** por lá." *Manchete*, 22.11.97.

country club

Fr: "...comme on voit si souvent dans tous les **country clubs** élégants américains". *Paris Match*, 30.4.97.

Fr: "Moeurs. ...comment se comporter lorsqu'il est invité dans un **country club**." *Le Point*, 2.6.97.

Fr: "Tennis, squash, sauna, fitness et 18 trous, voilà ce que propose le **country club** de Waregen, près de Gand." *Madame Figaro*, 25.7.98.

Po: "Castro Maya freqüentava o Jockey Club, no tempo em que ainda era, como o **Country**, um **club** exclusivo. *Castro Maya anfitrião*.

Po: "O Antonio's transformou-se no **country club** da esquerda." *Veja*, 22.1.97.

court

Fr: "Roland Garros. Révolution sur le **court**." *Le Point*, 7.6.97.

Fr: "'Guga' a beau être fan de Bob Marley et de Paulo Coelho, sur le **court**, il n'a rien d'un type paisible." *Le Point*, 7.6.97.

cover-girl

Po: "...parecia uma **cover-girl** posando para uma propaganda de iatismo." Macedo Soares, *As sentinelas de Deus*.

covert action

It: "Tutti i documenti delle '**Covert actions**' realizzate dal servizio segreto Usa." *Il Messaggero*, 10.4.96.

cowboy/cow-boy/caubói

Es: "Emitt Smith, autor de très touchdowns fue el gran artífice de la victoria de los **Cowboys**." *El País*, 16.1.96.

Es: "...se trata de una pareja de **cowboys** aficionados a fracasar sin pausa". *El País*, 9.1.96.

Fr: "Kohl, Chirac, les '**cow-boys**' rétifs." *Le Figaro*, 23.6.97.

Fr: "Le mythe du **cow-boy** a la peau dure et ses valeurs continuent à nous fasciner." *Le Figaro Magazine*, 10.5.97.

Fr: "La guerre entre **cow-boys** et écologistes." *Le Figaro Magazine*, 10.5.97.

Fr: "...levée de ce secret pour mener à bien son instruction sur les '**cow-boys**' de l'Elysée". *Le Point*, 12.4.97.

Fr: "Clint Eastwood: les cent conquêtes du **cow-boy** de Hollywood." *Le Figaro Magazine*, 7.6.97.

Fr: "Je me suis armé de patience pour approcher les **cow-boys** argentins." *Le Figaro Magazine*, 26.4.97.

Fr: "...ses costumes sombres avec des bottes de **cow-boy**, clin d'œil à l'électorat...". *Le Point*, 1.4.95.

Fr: "Les **cow-boys** du Tanque Verde ont des airs d'opérette...". *Le Figaro Magazine*, 10.5.97.

It: "Come in un ingorgo metropolitano ecco i nuovi **cowboys**." *La Repubblica*, 2.6.97.

It: "A questi **cowboys**, i piloti, si chiede di correre e di vincere." *La Repubblica*, 2.6.97.

It: "Sport e fitness. Sulle orme dei **cow-boy**." *Corriere della Sera*, abr. 1996.

Po: "...a cada tiro ou soco do **caubói** uma algazarra". Amado, *Tieta do agreste*.

crack/craque

Fr: "Les **cracks** meilleurs que leurs aînés." *L'Événement du jeudi*, 8.5.96.

Fr: "...l'Amérique de Marilyn et l'Amérique du **crack** ont-elles cessé de se ressembler?" *Le Nouvel Observateur*, 11.6.97.

Fr: "Alors quand, dans une ultime accélération, son **crack** franchit la ligne d'arrivée...". *Libération*, 3.3.97.

Fr: "Une jeune Noire paumée, totalement dépendante du **crack**, vient d'accoucher." *Le Nouvel Observateur*, 11.6.97.

Fr: "MTV me donne envie de fumer du **crack**, de sauter par la fenêtre et de ne jamais revenir." *L'Événement du Jeudi*, 25.6.97.

Po: "Jean-Marie Le Pen. 'O sobrenome do **craque**'." *Veja*, 3.7.96.

Po: "Desemprego e **crack** fazem aumentar a violência em São Paulo." *A Tarde*, 15.8.96.

Po: "O **crack** é uma espécie de McDonald da cocaína." *IstoÉ*, 12.11.97.

Po: "Numa pedra de **crack** deve haver por volta de 50 miligramas da droga." *IstoÉ*, 12.11.97.

Po: "Arrendado pelo criador Antônio Lemgruber, o **craque** argentino Albino Fitz virá correr o Grande Prêmio Brasil dia 3 de agosto." *O Globo*, 16.7.97.

Po: "Maradona. Inferno do **Craque**." *Veja*, 6.11.96.

Po: "É uma região de venda de **crack**." *Veja*, 23.4.97.

cracker

Fr: "Le **cracker** [ou casseur], au dire des hackers, est un criminel informatique sans conscience, animé par la pulsion de détruire ou de violer." *Le Monde*, 21.7.97.

Po: "...tecnoladrões como Kevin Mitniet, um **cracker** que vinha invadindo e lesando computadores de empresas". *Jornal do Brasil*, 13.4.96.

cracking

Fr: "L'Exposition mondiale à Lisbonne. Seul vestige de ce passé, une tour de **cracking** transformée en belvédère." *Le Figaro*, 21.5.98.

crash

Fr: "En recueillant une jeune Colombienne rescapée d'un **crash** aérien, Annie et David mettent le doigt dans l'engrenage qui les mènera à leur perte." *Les Échos*, 26.7.96.

Fr: "Manchette: Un **crash** aérien brumeux." *Le Figaro*, 7.3.96.

Fr: "La TWA, qui venait de célébrer, la veille du **crash**, une remontée inespérée de ses bénéfices, constate...". *Le Point*, 27.7.96.

Fr: "Plus la date du passage est proche, plus nombreux sont les économistes [favorables à l'euro] qui craignent un **crash** en plein vol." *L'Événement du jeudi*, 25.6.97.

Fr: "**Crash** de comète, il y a 214 millions d'années." *Libération*, 17.3.98.

Fr: "Seul rescapé du **crash** d'un avion militaire, Jim Ellison erre des mois dans la forêt péruvienne." *Le Figaro*, 11.4.98.

Fr: "Lockheed-Northrop: **Crash** d'une Fusion." *Libération*, 18.7.98.

Po: "Depois da paranóia do **crash** global, as bolsas foram a melhor aplicação de 1997." *Veja*, 7.1.98.

crawl

Fr: "Il est en train de nager le **crawl**." Bazin, *Vipère au poing*.

Po: "Michèle tomou dez aulas de **crawl** antes de arriscar a prova." Lins, *Almanaque*.

cream cracker

Po: "...comidas hereges. De agora em diante, vou me ater aos **cream crackers** que trouxe de Londres". Soares, *O xangô de Baker Street*.

crew/Crew

Al: "...von Regen durchnässt, schlurfte der alte Mann zu den Kameras der TV-**Crews** in Ballymoney". *Stern*, 16.7.98.

Al: "Anderseits will sich die Festina-**Crew** nicht mehr eindeutig auf Virenque festlegen...". *Der Spiegel*, 13.7.98.

cricket

Fr: "Au **Cricket** Club, la jet-set de la métropole côtière se donne rendez-vous." *Le Point*, 19.4.97.

Fr: "L'Inde du tumulte: contraception, croissance et **cricket**." *Le Point*, 19.4.97.

Fr: "...des conquêtes d'une nuit du champion de **cricket** à la réputation de play-boy". *Le Point*, 20.5.95.

Fr: "*Aujourd'hui*, les supporters du champion de **cricket** ne cachent pas leur dépit." *Le Point*, 20.5.95.

Fr: "...les fusils automatiques remplacent les battes de **cricket**". *Libération*, 30.4.97.

Fr: "...portées dans les années 30 par les joueurs de **cricket**...". *Le Figaro*, 30.5.97.

Fr: "Paul Auster. On l'imagine bien faisant du **cricket** dans les clubs huppés pour se détendre les nerfs dans une nature verdoyante." *L'Événement du jeudi*, 25.6.97.

Fr: "Hongkong. Ils animent le paysage: **cricket**, tennis, polo. Et garden party sous les piqûres du moustique." *L'Express*, 12.6.97.

Fr: "Le **cricket** joue l'intégration. Pakistanais, Indiens et Sri Lankais le pratiquent." *Le Figaro*, 20.7.98.

It: "...campo di **cricket** fino agli imponenti bastioni di Fort George". *Oggi*, 23.9.98.

crooner

Fr: "Portrait de Christophe en **crooner** high-tech." *L'Événement du jeudi*, 8.5.96.

Fr: "Frank Sinatra, requiem pour un **crooner**." *Le Figaro Magazine*, 23.5.98.

Fr: "Un **crooner** au Zénith, par Yann Moix." *Le Figaro Magazine*, 24.5.97.

Fr: "Lionel Jospin, sorte de **crooner** de la rhétorique infernale, magnifique et seul sur la scène." *Le Figaro Magazine*, 24.5.97.

Fr: "Une occasion de revoir des rockers, des **crooners**, des rappeurs venus du monde entier." *Le Nouvel Observateur*, 11.6.97.

Fr: "Mick Jagger. 'Moi? Je ne serai jamais un **crooner** comme Sinatra!'" *Paris Match*, 30.7.98.

cross-border

Po: "Porque quando as taxas de inflação e juros são baixas, pequenas flutuações podem ter um efeito devastador [...] como acontece freqüentemente com o comércio exterior e os fluxos financeiros para investimento ***cross-border***, isto é, entre fronteiras." Spinola, *O futuro do futuro*.

Po: "Parte desse fenômeno já é visível no Chile, onde os fundos de pensão receberam mandados para investimentos ***cross-border***." Spinola, *O futuro do futuro*.

cult

It: "La storia di un giramondo tra droga e violenza che grazie all'attore americano è diventata un libro **cult**." *Il Giornale*, 18.9.98.

Po: "Os **cults** passam diretamente para o vídeo, os cults enfileiram-se nas livrarias em prateleiras de difícil acesso." *Veja*, 24.4.96.

Po: "Até atrizes ***cult*** como Gong Li e Anjelica Huston se renderam ao brilho dos diamantes do famoso Harry Winston." *Jornal do Brasil*, 20.5.97.

currency board

Fr: "Brasilia observe avec envie le système de change argentin. Mais le '**currency board**' n'est pas forcément adapté à toutes les situations." *Le Figaro*, 28.10.98.

Fr: "L'une des raisons essentielles de cette remarquable résistance est le système de taux de change — le '**currency board**' — dont les Argentins se sont dotés en 1991." *Le Figaro*, 28.10.98.

Po: "A única variável... é a adoção do **currency board**, da paridade fixa com o dólar, mais conhecida como o modelo de âncora cambial." *Jornal do Comércio*, 12.11.97.

Po: "O Brasil... livrando-se da cada vez mais monolítica equiparação ao **currency board** argentino." *Jornal do Comércio*, 12.11.97.

Po: "Dolarização e '**currency board**' são políticas artificiais." *O Globo*, 6.3.99.

Po: "Um **currency board** não constitui saída para a crise cambial brasileira." *O Estado de S. Paulo*, 26.1.99.

Po: "Dornbusch defende '**currency board**' para o Brasil." *Gazeta Mercantil*, 31.1.99.

curry/carry/cari

Fr: "Pour diner, la dame nous sert un **cari** de crabe tout à fait excellent, surtout après l'ordinaire du Chinois du Zeta." Le Clézio, *Le Chercheur d'or*.

Fr: "Le **curry**: un bouquet d'arômes." *Le Figaro*, 1.3.98.

Fr: "Peu importe qu'on l'écrive **ceri**, **carry** ou **curry**, il s'agit toujours d'un mélange d'épices." *Le Figaro*, 1.3.98.

Fr: "Emmitouflé dans sa maison qui fleure le moisi et le **curry**, il tient la chronique désespérée de la déchéance kaboulie." *Le Point*, 18.2.95.

Fr: "Japon: crime au cyanure. Le **curry** était empoisonné." *Le Figaro*, 28.7.98.

Fr: "Admettez une fois pour toutes que le **curry** est un supplice chinois pour les vins." *Le Figaro*, 1.3.98.

dancing

Fr: "...la pornographie et la drogue, des **dancings**, karaokés, salons de massage...". *Paris Match*, 17.4.97.

Fr: "A l'étage inférieur, celui du **dancing**, du bar et des billiards...". Malraux, *La Condition humaine*.

Fr: "La **dancing** girl en rouge est épatante!" Malraux, *La Condition humaine*.

Fr: "L'histoire retiendra qu'ils se sont connus dans le **dancing** le plus chic de Mayfair...". *Le Point*, 20.5.95.

Fr: "Sur la route, les deux jeunes femmes s'arrêtent dans un **dancing**." *Le Nouvel Observateur*, 11.6.97.

Po: "...em mãos de Vavá a parte de leão da sociedade exploradora do ***dancing***". Amado, *Tereza Batista cansada de guerra*.

Po: "No centro, havia ainda os ***dancings***, onde se bailava com as moças da casa." Martins, *Valeu a pena*.

dandy/Dandy/dândi/dandysme

Al: "Eine erste Leseprobe zeigt: Der weissgewandete **Dandy** ist sein Geld wert." *Stern*, 16.7.98.

Fr: "...figé entre le petit prince d'Illiers et le **dandy** de 1890...". Painter, *Marcel Proust*.

Fr: "Haas est peint comme un jeune et brillant **dandy**, en 1863...". Painter, *Marcel Proust*.

Fr: "Proust conçut Octave, le jeune **dandy**, fils d'un très riche industriel...". Painter, *Marcel Proust*.

Fr: "On aurait tendance à faire d'Aragon un **dandy** rouge et noir...". *Le Point*, 26.4.97.

Fr: "Quand un **dandy** se rend compte qu'il n'est pas seul sur terre...". *Le Figaro Magazine*, 3.5.97.

Fr: "Tard, trop tard, ressuscitait le sympathique **dandy** provocateur...". *L'Express*, 1.5.97.

Fr: "Cioran. Le jeune **dandy** des Carpates voulait à tout prix se faire remarquer...". *Paris Match*, 15.5.97.

Fr: "...il invite au débat: ont eût aimé le chicaner sur la notion de **dandysme**...". *L'Express*, 8.5.97.

Fr: "Poiret et Serrault, **dandys** du crime et de la cambriole...". *L'Express*, 8.5.97.

It: "Morto Edmond de Rothschild. Addio al **dandy** dell'alta finanza." *La Stampa*, 4.11.97.

Po: "Biografia de João do Rio — **Dândi** fora de foco." *Veja*, 26.6.96.

Po: "...o inquilino do 4º andar, também **dândi** e de monóculo." *Veja*, 26.6.96.

Po: "O detetive Dalmo (Coca) Garcia é um manequim, um **dândi**." Amado, *Tereza Batista cansada de guerra*.

Po: "Tal como o ***dandy*** de Baudelaire, o anfitrião é o especialista do prazer fugaz da novidade." Vera Siqueira.

darling

Po: "Ela importou uma mesa de couro para pôr os pés e estofados de Christian Liaigre, o novo ***darling*** da decoração na França." *O Globo*, 12.7.97.

data room/Data Room

Po: "O Ministério das Comunicações encerrou as inscrições para os investidores interessados em pesquisar o **Data Room** da Telebrás." *Jornal da Tarde*, 8.7.98.

Po: "Das 25 empresas inscritas no **Data Room** da Telebrás, 12 são operadoras estrangeiras de telecomunicações." *Jornal da Tarde*, 8.7.98.

day after/day-after

Fr: "L'Exposition mondiale. 'Nous avons pensé en termes de '**day after**', confirme M. Soares, le maire de Lisbonne." *Le Figaro*, 21.5.98.

It: "Non ci sarà un **day after**." *La Stampa*, 5.4.96.

It: "Cronaca fantascientífica del '**day after**' delle fabriche romane." *Il Messaggero*, 6.4.96.

It: "Niente **day after** per le TV Fininvest." *La Repubblica*, 5.4.96.

It: "Nel **day-after** l'atto d'accusa lanciato dal presidente dal Consiglio Prodi contro i due pm del processo Marta Russo, nulla sembra essere al suo posto." *La Nazione*, 18.9.98.

Po: "O ***day after*** do candidato Miro Teixeira começou com um sobressalto." *Jornal do Brasil*, 10.8.96.

Po: "Se o governo partir para a votação... sem acordo do PMDB, haverá um ***day after***." *O Globo*, 24.1.97.

Po: "'**Day-after**' preocupa Planalto." *Jornal do Brasil*, 29.1.97.

Po: "O Brasil do Plano Real... indefinições trazidas pelo ***day after*** da moeda estável." *O Globo*, 11.11.97.

Po: "'The **day after**.' O diretor da Varig está à beira de um ataque de nervos, tal o número de brasileiros querendo embarcar nos dias 13, 14 e 15." *Jornal do Brasil*, 11.7.98.

deal/dealer/dealeront

Fr: "Faits divers. Encore un **dealer** sous les verrous." *Le Parisien*, 1.4.96.

Fr: "...libre de rechercher avec ses partenaires le meilleur ***deal*** possible pour le Royaume-Uni". *L'Express*, 1.5.97.

Fr: "Citoyens face aux **dealers**." *L'Express*, 8.5.96.

Fr: "Reprenant le slogan de 68, 'Il est interdit d'interdire', ils **dealeront** du hasch pour mieux s'éclater." *Elle*, 12.8.96.

Fr: "Gérard Bensadoum, secrétaire général de l'Association française des 'equity **dealers**'." *Les Échos*, 19.6.96.

Fr: "Des voisins du vieux couple séquestré par des **dealers** avaient prévenu les autorités." *Libération*, 16.4.96.

Fr: "Le cynisme glacé d'un **dealer** d'enfants." *Le Figaro*, 20.6.97.

Fr: "Surgi de nulle part, Patrick explique 'demain je débarque aux Assedic avec un RIB de mon **dealer**, pour qu'ils virent mon RMI directement'." *Libération*, 20.7.98.

debriefing/débriefing

Fr: "...le **débriefing** des deux passagères libérées permet de savoir que la situation à bord devient dramatique". *Le Point*, 30.12.94.

Fr: "Earl improvise une séance de '**debriefing**' pour tirer les conclusions du match." *Paris Match*, 30.4.97.

Fr: "Des paramètres qui seront analysés, lors du '**débriefing**' réunissant ingénieurs du bureau d'études et pilotes d'essai." *Le Figaro Magazine*, 30.10.97.

Fr: "Médecins sans frontières. 'Le but des **débriefings** est de leur permettre de pleurer, de se soulager, de se débarrasser d'un bagage emotionnel'." *Le Point*, 18.2.95.

Deep Blue [ver também "Big Blue"]

Fr: "...la partie entre Kasparov et l'ordinateur surpuissant **Deep Blue** a tourné à l'aveuglement". *Marianne*, 25.5.97.

Fr: "Le lendemain de la victoire de **Deep Blue**, l'action IBM dépassait son record historique." *Marianne*, 25.5.97.

Fr: "Un billet d'entrée pour **Deep Blue**?" *Le Nouvel Observateur*, 11.6.97.

Fr: "...questions éthiques et sportives que l'arrivée en force duphénomène **Deep Blue** nous oblige à prendre en compte". *Le Nouvel Observateur*, 11.6.97.

Fr: "**Deep Blue** pourrait effectivement 'jouer aux échecs 24 heures par jour pendant 3 semaines sans aucune déperdition de niveau'." *Le Nouvel Observateur*, 11.6.97.

Fr: "C'était un show **Deep Blue**, et **Deep Blue** devait gagner." Garry Kasparov.

Fr: "Ils ont amélioré leur logiciel de manière à permettre de modifier le style de jeu de **Deep Blue** au milieu du match." Garry Kasparov.

Fr: "Garry Kasparov ne digère pas son humiliation face à **Deep Blue**." *Le Figaro Magazine*, 21.6.97.

Po: "...e o pivô de tudo isso é o computador **Deep Blue**, que derrotou Kasparov". *IstoÉ*, 21.5.97.

derby/Derby

Es: "...y asegurar con los triples el **derby** vasco, Getafe-Eibar y Valladolid-Oviedo". *El País*, 4.1.96.

Fr: "Edwina Mountbatten. En toile de fond... les régates de Cowes, le polo et le **derby**...". *Le Figaro Magazine*, 21.6.97.

Fr: "Un beau **derby** pour finir." *Le Parisien*, 17.5.98.

Fr: "Coupe du monde. Dans ce **derby** sud-américain, l'arrière brésilien sera un atout de poids, et surtout de puissance." *Le Figaro*, 28.6.98.

Fr: "Russie... un autre miracle: transformer l'éternel cheval de retour Boris Eltsine, alors crédité dans les sondages de 8% des voix, en étalon gagnant du **derby**." *Paris Match*, 7.5.98.

It: "Granata in rotta anche nel **derby** hanno un piede in serie B." *La Stampa*, 7.4.96.

Po: "O **Derby** Club de São Cristóvão já tinha sido inaugurado... ". Soares, *O xangô de Baker Street*.

Po: "Castro Maya freqüentava o Jockey Club no tempo em que ainda era, como o Country, um club exclusivo. O **Derby** era mais popular." *Castro Maya anfitrião*.

Po: "É verdade que era no **Derby** e outras arenas de luta animal." Machado de Assis, 17.1.1895.

design/designer/Designer

Al: "Silber des danischen **Designers** Svend Weihrauch im Grassi-Museum." *Die Welt*, 17.6.98.

Al: "Sie liebt Italienisches **Design** — auf ihre Nase." *Madame*, mai. 1996.

Al: "Kunst und **Design**: Rüdiger von Naso." *Madame*, mai. 1996.

Fr: "Coca-Cola a demandé aux **designers** de 50 pays de redessiner à leur manière la fameuse petite bouteille crée il y a 80 ans." *Le Figaro*, 11.4.96.

Fr: "Exposition. **Design** japonais 1950-95." *L'Express*, 13.3.96.

Fr: "Un restaurant doit avoir... mais aussi la décoration, le ***design***, la clientèle...". *Libération*, 30.4.97.

Fr: "Salon Hi-Fi. **Design** et performance." *Le Figaro Magazine*, 9.3.96.

Fr: "**Design**: les nouvelles formes de la séduction." *Le Figaro*, 13.6.97.

Fr: "La saison du **design** à Barcelone." *Le Monde*, 12.3.97.

Fr: "Sans s'inscrire dans aucun courant de **design**, il est ardent defenseur...". *L'Express*, 6.2.97.

It: "Antiquariato dall'archeologia al **design**." *La Stampa*, 7.4.96.

Po: "...coquetel de fim de ano oferecido pela ***designer*** Valeria Le Heutre". *O Globo*, 28.12.96.

Po: "Sebastião Rodrigues abre hoje mostra de seus quadros no Rio **Design**." *O Globo*, 20.5.97.

detective/détective/Detective/detetive

Al: "**Detective** Harry Bosch hat sich an seinen Vorgesetzten vergriffen und ist vom Dienst suspendiert...". *Focus*, 6.7.98.

Fr: "'Basil, **détective** privé', sorti en salles voici dix ans...". *Libération*, 30.4.97.

Fr: "Filatures: Annette et les **détectives**." *Marianne*, 25.5.97.

Fr: "Roucher avait fait appel à une agence de **détectives** privés pour suivre...". *Marianne*, 25.5.97.

Fr: "...un Orsenna-**détective** enquêtant à l'Élysée...". *Le Point*, 26.5.97.

Fr: "...un des **détectives** les plus attachants qui soient...". *Le Point*, 2.6.97.

Fr: "Hitchcock... 'avec une blonde sans soutien-gorge filée par un **détective** qui a peur du vide'." *L'Express*, 8.5.97.

It: "...il cui protagonista è un **detective** di origine italiana". *La Repubblica*, 22.5.97.

Po: "O telespectador volta a bancar o **detetive** para descobrir a identidade do Cadeirudo." *O Globo*, 25.5.97.

Po: "Cinema. O mundo noir dos **detetives** renasce em tom verde-amarelo." *Veja*, 28.5.97.

Po: "Com pai gaúcho, abriu uma agência de **detetive** numa galeria sórdida do Rio." *Veja*, 28.5.97.

development finance

Po: "Bassani faz questão de distinguir o 'private financing' puro do '**development finance**', que se baseia em garantias reais ou em avais de governos." *Gazeta Mercantil*, 7.7.97.

diet

Fr: "J.Barto Arnold III, archéologue sous-marin... mâchouille le bout de sa paille trempée de ***diet*** *Cola*." *Le Figaro Magazine*, 31.5.97.

Po: "Pão **diet** que o espanhol amassou." *Veja*, 25.6.97.

Po: "A Associação Carioca de Diabéticos montou no local uma praça de degustação de produtos ***diet***." *O Globo*, 6.11.97.

Po: "As novidades de tortas e sorvetes na linha **diet**." *Veja*, 26.3.97.

Po: "Menus japoneses inovam com sushi **diet** e frutas." *Veja*, 12.11.97.

Po: "Lombinho **diet**. Já se faz criação de porcos *light*, muito requisitados para exportação." *Jornal do Brasil*, 21.2.99.

disc-jockey

Fr: "Sur une estrade, derrière le **disc-jockey**, chaussées de bottes...". *Paris Match*, 17.4.97.

Fr: "Le **disc-jockey** a bloqué les manettes sur un maximum de décibels." *Le Monde*, 11.4.96.

Fr: "Le **disc-jockey** José Padilla y compile, depuis trois ans, des disques rares." *Libération*, 14.8.96.

Fr: "Notre avantage en tant que **disc-jockeys**, c'est la créativité musicale alliée au pouvoir de séduction." *Vogue*, set. 1998.

discount

Fr: "Outre les habitués de livres d'art à prix '**discount**'... les touristes...". *Le Point*, 25.5.96.

Fr: "Dans leur majorité, les laboratoires ne boycottent plus ces **discounts** spécialisés." *Le Point*, 12.11.94.

dock/docker

Fr: "De Gaulle: 'Ils ont laissé massacrer les **dockers** musulmans d'Alger sans les prévenir, alors que tous les **dockers** français étaient au courant!'" Peyrefitte, *C'était de Gaulle*.

Fr: "...coincidence de mon passage dans le port de Marseille avec une grève des **dockers**, qui déploient, au bout des jetées, les banderoles de leurs revendications". De Gaulle, *Mémoires d'espoir*.

Fr: "...on a payé une forte indemnité aux **dockers** pour qu'ils renoncent à leur statut". *Le Point*, 30.12.94.

Fr: "...les restes d'un **docker** de Seattle, premier col bleu jamais mits sur orbite...". *L'Express*, 1.5.97.

Fr: "Le cinéaste anglais montre les **dockers** 'sans musique larmoyante'." *Libération*, 13.5.97.

Fr: "Je montre les **dockers** tels qu'ils sont: il n'y a pas de gros plans...". *Libération*, 13.5.97.

Fr: "Pourquoi un film sur la grève des **dockers** de Liverpool?" *L'Événement du jeudi*, 14.5.97.

Fr: "...combat de 500 **dockers** licenciés pour avoir refusé de forcer un piquet de grève". *L'Événement du jeudi*, 14.5.97.

Fr: "Les **Dockers** de Liverpool... les colères rentrées des **dockers** et les réflexes de dignité qui allongent leur cous de taureau." *L'Express*, 8.5.97.

Fr: "Les **docks**: un entrepôt de 100.000 m2 transformé en boutiques et bureaux." *Le Figaro Magazine*, 14.2.98.

Fr: "Après avoir investi les **docks** de la Joliette, les responsables ont installé un hangar." *Le Figaro Magazine*, 14.2.98.

Fr: "L'O. M. Depuis longtemps, déjà, les **dockers** ne viennent plus travailler." *Le Figaro Magazine*, 14.2.98.

dog-sitter

It: "Sara, 22 anni, per guadagnare qualcosa fa la **dog-sitter**, accudisce i cani di chi va in vacanza." *Corriere della Sera*, 9.8.98.

dope/doping/doper/dopage/dopé

Al: "Das IOC hatte nach den ersten **Doping**enthüllungen erklärt, dass es nicht davon ausgehe, dass alle DDR-Sportler gedopt waren." *Der Spiegel*, 14.9.98.

Fl: "Kleiduifschutters naar **doping**controle." *Het Nieuwsblad*, 27.7.98.

Fr: "'L'Huma' veut **doper** son capital de lecteurs." *Libération*, 17.4.96.

Fr: "Brent Noon... a été suspendu quatre ans pour **dopage**, à la suite d'un contrôle...". *Libération*, 30.4.97.

Fr: "Fiat **dopé** par le marché italien." *Le Figaro*, 17.6.97.

Fr: "René Barbier de la Serre: **Doper** la Bourse de Paris." *Enjeux/Les Échos*, mar. 1994.

Fr: "**Dopage**. Un nouveau dopant circule sous le manteau, 'sans qu'aucun athlète soit identifié'." *Le Point*, 6.6.98.

It: "Veltroni: 'Lotta al **doping** senza tregua'." *Corriere della Sera*, 11.8.98.

Po: "Cunha acredita que nenhum dos seus atletas faça uso de **doping**." *Veja*, 12.6.96.

Po: "Festival de **doping**. Dentro de um mês Maradona saberá se será banido do futebol." *IstoÉ*, 10.9.97.

Po: "Hugo Duppré foi pego no exame anti**doping** usando o anabolizante nandrolona." *Veja*, 10.12.97.

download

Po: "À tarde... conseguiu dar um **download** em alguns softwares que precisava preparar." *Veja*, 9.4.97.

Po: "Poder **download** praticamente tudo na minha tela é um milagre que não tem tamanho." S. Kordac.

Po: "O soft é gratuito e está disponível para **download** no site www.mirabilis.com." *IstoÉ*, 5.11.97.

Po: "Tratando-se de programas de computador, basta um **download** pela Internet e zás, está lá na casa do comprador." *Veja*, 12.11.97.

Po: "Comprar programas através do vídeo pode ser uma péssima escolha, pelo tempo que você vai gastar fazendo um ***download***, possibilidade de queda de linha e outros problemas técnicos." Spinola, *O futuro do futuro*.

down-town/downtown

Al: "Wir sassen in seinen Büro in ***downtown*** Manhattan." *Frankfurter Allgemeine Zeitung*, 12.9.98.

Fr: "Villes de France. ...toute une nouvelle génération de 'P'tits Quinquin', cet ultime beffroi du ***down town*** lillois, taquiné par le vent et quelque peu chagriné...". *Le Figaro Magazine*, 16.5.98.

Fr: "**Downtown** Jackson, Mississippi, cela vous dit quelque chose?" *Le Figaro Magazine*, 13.6.98.

It: "Che notte quella notte nella ***downtown*** San Francisco!" *La Stampa*, 5.4.96.

Po: "Em vez da cidade dos eletrodomésticos... que fica em **down-town**... travei contato com um lugar que proporciona excelente qualidade de vida." *Veja*, 25.6.97.

drag-queen/drag queen

Fr: "La Gay Pride partagée... il y avait du décibel et de le techno, de la couleur et de la provoc', des chars extravagants et des ***drag queens***." *Le Journal du Dimanche*, 21.6.98.

Fr: "...et Guy Pearce, la ***drag queen*** flamboyante de *Priscilla, folle du désert*". *L'Express*, 8.5.97.

Fr: "Marlon Brando... pommadé, plâtré, une sorte de **drag-queen** obèse sous capeline entullée." *L'Express*, 8.5.97.

Po: "...os anfitriões depararam com uma **drag-queen** desenxabida...". *Veja*, 22.1.97.

Po: "O prefeito de Nova York... apareceu num jantar beneficente de **drag queen**, com vestido cor-de-rosa e peruca loira." *Veja*, 12.3.97.

Po: "Mae West... ponto de referência... para a cultura das ***drag queens***." *Jornal do Brasil*, 20.5.97.

Po: "No episódio desagradável com Carmen Mayrink Veiga os enrustidos e esnobes ficaram do lado dela. Já os assumidos e as **drag queens**... ficaram do meu." *Veja*, 5.11.97.

Po: "O que Joaquín Cortés não esperava era encontrar na Lapa a **drag-queen** Naomi Campobelo, versão inspirada em sua ex-namorada Naomi Campbell." *Jornal do Brasil*, 10.11.97.

dream team/Dreamteam/Dream-team

Al: "Ab Herbst dieses Jahres muss das **Dreamteam** dauerhaft die Munition produzieren...". *Focus*, 8.7.96.

Al: "...auch wenn ihr Name nicht gefallen ist, als Schröder sein **Dream-team** vorstellte". *Welt am Sonntag*, 13.9.98.

Es: "Hugo se confiesa seguidor del '**dream team** español, el Real Madrid'." *El País*, 2.7.96.

Fr: "La **dream team** de Matra-Aerospatiale." *Paris Match*, 6.8.98.

Fr: "Tiger Woods. A 18 ans, le ***dream team*** [l'adolescent de rêve, référence au **Dream Team,** l'equipe de basket-ball composée des superstars américaines] était devenu le plus jeune...". *Le Point*, 3.5.95.

Fr: "Et ils évoquent déjà les noms des successeurs possibles: le commandant en chef des armées, l'ex-vice-président... l'économiste... Un ***dream team***, dit-on, une équipe de rêve." *L'Express*, 28.5.98.

Fr: "Il semblerait que Caroline soit tout simplement intéressée par l'ensemble T-shirt-short Agnès b., que portait notre **dream team**" *Elle*, 15.6.98.

Fr: "...ce tueur qui a gardé le sourire et la candeur du '**dream team**', l'adolescent de rêve...". *Paris Match*, 30.4.97.

It: "Gli Assenti. Dal **Dream Team** a Divac." *Il Giorno*, 27.7.98.

Po: "O '**dream team**' mangueirense... na Passarela do Samba." *O Globo*, 24.1.97.

dressing room

Fr: "Un ordre méticuleux dans le **dressing room**." *Madame Figaro*, 7.10.95.

dribble/drible/dribbler/driblar

Fr: "Football. Puis c'était au tour de Scholes... de **dribbler** vers le but adverse...". *Le Figaro*, 11.6.97.

Fr: "Football. Denilson, qui avait eu le temps de pousser un joli **dribble** offensif bien dans son style." *Le Figaro*, 11.6.97.

Fr: "...surmonte le chagrin de la descente en deuxième division de son vénéré Stade Malherbe de Caes pour nous confier une série de **dribbles** nostalgiques sur l'enfance des stades". *L'Événement du jeudi*, 25.6.97.

Fr: "La procédure? C'est un peu le **dribble** au football." *Le Point*, 24.9.94.

Po: "Telefonia. **Drible** na estatal." *Veja*, 12.2.97.

Po: "Anthony Rodham. Um **drible** na irmã controladora." *Veja*, 3.7.96.

Po: "Repórter do JT **dribla** a segurança e compra droga no Carandiru." *Jornal da Tarde*, 19.8.96.

Po: "Magic deu um **drible** de bandeja nos compromissos e foi jantar numa churrascaria...". *Veja*, 30.4.97.

Po: "Um **drible** na censura logo valeu-me minha primeira prisão...". Martins, *Valeu a pena*.

drink/drinque

Fr: "Dans un silencieux ballet, des Indiens nous servent quelques ***drinks*** et un bon dîner." *Le Figaro Magazine*, 1.8.98.

Fr: "...et le rituel du **drink** généreux font que le terme 'gentleman' vient s'accoler tout naturellement à celui de 'farmer'". *Le Figaro Magazine*, 18.4.98.

Po: "Convocou para um **drinque** em seu apartamento...". Amado, *Farda, fardão, camisola de dormir*.

Po: "*Um* ***drink*** *no Inferno*, em cartaz no Rio de Janeiro." *Veja*, 24.4.96.

Po: "Novos **drinques** com alto teor alcoólico servidos até em tubos de ensaio agitam os bares paulistanos no inverno." *IstoÉ*, 4.6.97.

Po: "A garçonete, com uniforme especial, apresenta... as diversas opções de **drinques** da casa." *O Globo*, 24.7.97.

Po: "Uma nova safra de bebidas e **drinques** mais do que explosivos desembarcou nos bares...". *IstoÉ*, 4.6.97.

drip painting/dripping

Po: "Fundir a pintura e o desenho... como fazem as ***drip paintings*** de Pollock, ou os *Veils* de Morris Louis." Ferreira e Mello, *Clement Greenberg e o debate crítico*.

Po: "São revelações, com as quais nos relacionamos visualmente... e isto não se aplica menos às ***drip paintings*** de Pollock e aos *Veils* e *Unfurls* de Morris Louis." Leo Steinberg.

Po: "As ***drip paintings***... não escapam de ser vistas como um emaranhado de arbustos...". Leo Steinberg.

Po: "...verdadeira mina onde se cruzam, como num ***dripping*** cerrado, a guerra fria e o *all over*". Jean-Pierre Criqui.

drive

Es: "Dicen que cuando el gigantón desgarbado Steve Jones empuñó el **drive** para salir en el hoyo 18...". *El País*, 18.6.96.

drive-in/Drive-in

Fr: "...le café acheté par la vieille dame, en juin 1992, dans un **drive-in** du Nouveau-Mexique, était trop chaud". *Le Point*, 10.9.94.

Fr: "Une success-story à l'américaine ou comment un exploitant de **drive-in** s'est mis à écrire pour éponger ses dettes." *Elle*, 15.6.98.

It: "I tratti di recinzione attraverso i quali gli stranieri penetrano nel **Drive-in**." *Il Messaggero*, 4.4.96.

It: "Il cadavere trovato davanti all'ex '**Drive-in**'...". *Il Messaggero*, 4.4.96.

drone

Fr: "Ce **drone** tournait autour de Cana au moment où le bombardement israélien y fit la boucherie que l'on sait. Le **drone**, lui, virevoltait comme un papillon." *Le Monde*, 8.5.96.

drugstore

Po: "Como fechou o **drugstore** de Saint-Germain, precisamos ir até a Étoile." Lins, *Almanaque*.

Po: "Le **Drugstore**." Nome de uma loja na Étoile, em Paris.

dry

Po: "O ***dry*** martini e as carnes vermelhas voltam com força total." *Jornal do Brasil*, 22.9.96.

dumping

Es: "Hablando de banca, el coordinador general de IU... hizo ayer una propuesta de lo más parecido al **dumping** financiero." *El País*, 19.2.96.

Fr: "...soupçonnent Air France d'utiliser ces fonds pour pratiquer un **dumping** sur les lignes...". *Les Échos*, 25.7.96.

Fr: "Non que le fabricant fasse du '**dumping**' — pour tuer quel concurrent local?" *Libération*, 7.3.97.

Fr: "**Dumping**: prix minime pour les puces asiatiques." *Le Figaro*, 2.4.97.

Po: "Argentina investiga o Brasil por '**dumping**'." *Jornal do Brasil*, 20.2.97.

Po: "Brasil apura se EUA fizeram '**dumping**'." *O Globo*, 24.9.96.

Po: "DornellEs: "...um produto cujo preço subiu porque uma empresa fez **dumping**'." *Veja*, 14.8.96.

Po: "Concorrência desleal faz aumentar o número de ações anti-**dumping**." *Folha de S. Paulo*, 3.1.97.

Po: "O governo vai se queixar à OMC, caso os Estados Unidos não revejam as medidas anti-**dumping** aplicadas às exportações de aço brasileiras." *Jornal do Brasil*, 24.7.97.

Po: "O governo argentino reconheceu a existência de **dumping** nas importações originárias do Brasil." *Gazeta Mercantil*, 20.7.97.

duty free/duty-free

Fr: "...décision de supprimer le '**duty free**' en raison de l'ouverture des frontières". *Le Figaro*, 14.4.97.

Fr: "...des consommateurs ont dit que le '**duty free**' les déstressait en voyage...". *Le Figaro*, 14.4.97.

Fr: "Economie. La guerre du **duty free**." *L'Express*, 29.8.96.

Fr: "...l'acquisition de la chaîne américaine de boutiques **Duty Free** Shoppers...". *Le Point*, 17.5.97.

Fr: "...partage avec Guiness... sa chaîne de boutiques **duty free**". *Le Point*, 17.5.97.

Fr: "**Duty free**: combat pour la survie." *Le Figaro*, 3.6.97.

Fr: "Jospin et Blair au secours du '**duty free**'." *Le Figaro*, 6.12.98.

Fr: "**Duty-free**: la mort programmée des derniers espaces de liberté." *Le Figaro Magazine*, 1.8.98.

Fr: "Avec l'Europe, les '**duty free**' partent en fumée." *Libération*, 21.5.98.

Fr: "'**Duty free**': éviter une fin trop brutale." *Nice-Matin*, 24.7.98.

Po: "Você pode fazer compras no **duty-free** em todo o país." *VIP*, jan. 1997.

DVD/digital video disc

Fr: "**DVD**, c'est le terme finalement adopté pour le disque compact haute densité [...] **DVD** signifie **Digital Video Disc**, mais certains préfèrent Digital Versatile Disc qui rend mieux compte des capacités du média." *Le Monde Informatique*, 22.3.96.

Fr: "Le premier **DVD** vidéo français est en vente. 'Les enfants de Lumière', de Jacques Perrin, narre l'histoire du cinéma hexagonal." *SVM*, jul.-ago. 1997.

Fr: "Un standard commun aux **DVD**-ROM et **DVD** vidéo a ainsi été défini au mois de septembre 1996, après neuf mois de négotiations." *Le Monde*, 12.2.97.

Fr: "Le **DVD** arrive. Grand comme un disque compact, le Digital Video Disc offre une qualité d'image et de son numérique." *Le Figaro*, 13.6.97.

Fr: "Les nouveaux **DVD** [Digital Versatile Discs] permettront de stocker jusqu'à cinq ou six heures d'images sur un seul disque." *Le Point*, 9.8.97.

Po: "O mesmo pode ser dito quanto ao ***digital video disc*** ou **DVD**, que chega às lojas brasileiras no fim do ano." *IstoÉ*, 21.5.97.

easy going

Es: "...es también una sociedad de gentes tranquilas, cordiales y generosas; '**easy going**', dice la guía". *El País*, 19.6.96.

e-business

Po: "...alguma coisa espera por ser descoberta no Brasil, e essa coisa é a reciclagem rápida na forma de fazer negócios através do **E-business** que se alastra pelo mundo". Spinola, *O futuro do futuro*.

elder statesman

Fr: "Et tout le monde est conscient des soucis montants de l'***Elder Statesman*** de l'Europe, Helmut Kohl...". *L'Express*, 5.6.97.

e-mail

Fr: "Tout internaute comme il faut possède sa boîte aux lettres sur Internet, son **e-mail**...". *Télérama*, 15.11.95.

Fr: "La mission propose également une adresse ***e.mail*** pour recueillir les réponses de l'appel à projets pour la célébration du nouveau milléniaire." *Libération*, 9.5.97

Fr: "Le principe? On s'inscrit — nom et adresse ***e-mail*** — au 'club maison sur le site'." *Libération*, 16.5.97.

Fr: "Les clients... sont informés par '**e-mail**' que leur vol risque d'être supprimé." *Libération*, 16.5.97.

Fr: "...le terme anglais ***e-mail*** devrait disparaître au profit de 'Mél'... abréviation de messagerie électronique retenue par la Délégation générale à la langue française et adoubée par l'Académie française". *Libération*, 16.5.97.

Po: "Os que se divertem nos canais *chats* trocam idéias, ***e-mails*** e até beijinhos." *Jornal do Brasil*, 17.6.97.

Po: "Confissões de um 'gourmet' que ainda não tem **e-mail**." *Jornal do Brasil*, 20.7.97.

entertainment/Entertainment

Al: "...prägte auf Jahre das Alien-Image der **Entertainment**-Industrie". *Focus*, 8.7.96.

Al: "...und die Kollegen vom **Entertainment**, "ausgebildete" Schneider....". *Focus*, 8.7.96.

Al: "Ein Reporter von '**Entertainment** News' holt strahlende Zeugen vor die Kamera...". *Focus*, 8.7.96.

Fr: "...vecteur idéal pour plus de programmes, d'information, d'***entertainment***." *Jeune Afrique*, 20.5.97.

It: "Edutainment. Un neologismo tra le parole inglesi *education* e ***entertainment***, nato per la montimedialità." *Corriere della Sera*, 6.4.96.

equity dealer

Fr: "G. Bensadoun, secrétaire général de l'Association française des '**equity dealersn**'." *Les Échos*, 19.6.96.

escalation

It: "Rapporto sulla criminalità: l''**escalation**' degli stupri." *La Stampa*, 10.4.96.

escalator

Fr: "**Escalators** au point mort." *France-Soir*, 25.4.96.

Fr: "A Camden, au pied d'un **escalator** en panne, un jeune Anglais...". *Libération*, 30.4.97.

Fr: "...le remplacement des **escalators** ou des ascenseurs... sont remis à tout jamais". *Libération*, 30.4.97.

Esquire

Fr: "Claude Duval, **Esq**. 52, Champs Elysées, 75008 Paris."

establishment

Es: "...cuando Steve Jones empuñó el drive... sintió sobre su magullado cuerpo el soplo de ayuda de todo el **establishment** del golf norteamericano". *El País*, 18.6.96.

Es: "El PLD... algunos de ellos dinosaurios del '**establishment**' como los ex-primeros ministros Miyazawa y Noburo Takeshita." *La Nación*, 14.7.98.

Fr: "L'**establishment** a commencé à accepter les gens un peu différents." *Paris Match*, 17.4.97.

Fr: "...ils ont persuadé des pans entiers de l'***establishment*** politique britannique...". *Libération*, 30.4.97.

Fr: "Afin d'être lu par l'**establishment** de Washington, il revient au texte imprimé." *L'Express*, 1.5.97.

Fr: "Colin Harrison... figure de l'***establishment*** intellectuel new-yorkais...". *Libération*, 9.5.97.

Fr: "Pourtant, déjouant tous les calculs de l'***establishment***, l'Iran a massivement élu...". *Libération*, 26.5.97.

Fr: "Barings, un monument que l'**establishment**, même sur le déclin, considère toujours...". *Le Point*, 4.3.95.

Fr: "McEnroe sera... talentueux mais anti-**establishment**...". *Le Point*, 7.6.97.

It: "Agnelli: 'L'**establishment** dovrebbe seguire di piu le regole del mercato'."

Po: "É a eterna luta do revolucionário contra o ***establishment***." Weiss, *Muitas vidas, muitos mestres*.

Po: "Murdoch é aquele australiano que desafiou o ***establishment*** inglês quando comprou o jornal *The Times*, de Londres, o maior ícone da imprensa conservadora britânica." Spinola, *O futuro do futuro*.

factoring

Fr: "...l'introduction du leasing et du **factoring** ont été les principales étapes de cette mutation". *Jeune Afrique*, 27.5.97.

Po: "As empresas de **factoring** cobram entre 5% e 8% nessas operações." *Jornal do Brasil*, 26.1.97.

Po: "**Factorings** reduzem juros para os lojistas." *O Globo*, 16.2.97.

Po: "Escritórios travestidos de **factoring** costumam atrair clientes com anúncios de jornal." *O Globo*, 8.2.98.

Po: "Margarete Shwafati acusa uma empresa de **factoring** de lhe ter tomado mais de R$15 mil." *O Globo*, 8.2.98.

Po: "O governo pretende tributar as empresas de ***factoring*** com o IOF para limitar a sua atuação." *Veja*, 12.11.97.

Po: "**Factoring** é o sistema de financiamento operado por empresas que trabalham comprando cheques pré-datados. 'Não sei explicar o que aconteceu. Acho que foi uma operação de **factoring**', argumentou o dono da empresa." *IstoÉ*, 16.7.97.

fair play/fair-play/fairplay

Fr: "...cette compétition ne s'est pas déroulée de façon **fair-play**". *Les Échos*, 25.7.96.

Fr: "Il rend ainsi hommage à Guillaume Durand pour le **fair-play** dont il a fait preuve en le recevant récemment sur Canal +." *Le Figaro TV Magazine*, 1.11.98.

Fr: "...le vrai patriote, celui qui a des valeurs de tolérance, de **fair-play** et de respect". *Libération*, 29.4.97.

Fr: "J'observe que la cohérence et le ***fair play*** sont du côté de l'opposition." *Marianne*, 25.5.97.

Po: "'...vamos dar a volta por cima. Vamos tirar este trecho e o livro vai sair do mesmo jeito', disse o autor, com ***fair play***." *Jornal do Brasil*, 15.7.97.

Po: "Diplomacia e Esporte. A Fifa soube aproveitar de forma competente o dia do ***fairplay*** para realçar o enorme potencial do esporte para a paz." *Jornal do Brasil*, 23.6.98.

fake

Po: "Artesãos inspirados mantêm a tradição com o móvel '**fake**'." *O Globo*, 12.7.97.

Po: "O móvel rústico da *campagne* européia... No Rio, pode ser encontrado em lojas, com designers e até na versão ***fake*** francesa, feita pelas mãos hábeis de artesãos com 200 anos de tradição familiar." *O Globo*, 12.7.97.

fan/Fan

Al: "Ich nutze die Zeit zwischen Einreiten und Start, um mich meinen **Fans** zu Widmen." *Madame*, mai. 1996.

Al: "**Fans** versuchen, das Stadion zu stürmen — Horrende Schwartzmarkt-Preise." *Die Welt*, 17.6.98.

Al: "Die **Fans** rücken unmittelbar an den Rasen heran." *Focus*, 6.7.98.

Es: "Preguntados por si no temían romper el corazón de los viejos **fans**... Stu y Doug se limitaron a bromear." *El País*, 18.6.96.

Es: "Algunos **fans** de Juan Pablo II simplemente querían preguntarle... la fecha en que difundiría su próximo mensaje apostólico." *El País*, 9.1.96.

Fr: "Travis Tritt. Un jour que, jeune **fan**, il assistait à une réception en l'honneur d'une vedette-country...". *Libération*, 12.4.96.

Fr: "'Le base-ball est le loisir national', a déclaré le président Clinton, un **fan**." *Le Point*, 30.12.94.

Fr: "Les **fans** de Johnny préfèrent croire qu'il n'arrivera jamais...". *Vogue*, abr. 1996.

Fr: "Le révérend Butler, un **fan** de Hitler." *Libération*, 3.5.96.

Fr: "**Fan**-club de Jean Alesi. Route de Saint-Saturnin, 84270 Vedene." *Le Figaro TV Magazine*, 25.5.97.

It: "Elvis Presley. Due moglie malvisti dai **fan**." *Corriere della Sera*, 9.4.96.

It: "Eccentrico e banale: così Baricco seduce el **fan**." *Il Messaggero*, 6.4.96.

It: "Pavarotti a New York con Nicoletta annuncia ai **fans**: 'Io l'amo'." *Corriere della Sera*, 6.4.96.

Far-West/faroeste

Fr: "Née dans le **Far-West**, mais étrangement passionnée par le XXIIe, Lillian Williams a transformé cette folie normande en un décor digne des 'Liaisons dangereuses'." *Madame Figaro*, 23.3.96.

Fr: "Soudain, dans le **Far-West** de Paris, autour des chercheurs d'or...". *Le Parisien*, 27.5.97.

Fr: "Les bancs de Terre-Neuve sont devenus un nouveau **Far West**." *Le Point*, 1.4.95.

Fr: "Le **Far-West** des télévisions libanaises." *Le Monde*, 12.2.96.

Fr: "Afrique. Un Nouveau **Far-West**." *L'Express*, 15.5.97.

Fr: "...un Zaïre... largement sous-exploité, c'est le **Far-West**". *L'Express*, 15.5.97.

It: "Il figlio di un ostaggio mai tornato: 'No al **Far West**'." *Corriere della Sera*, 20.11.97.

It: "Cina. È un gigantesco mercato, un **Far West** del Far East." *IoDonna*, 15.9.98.

Po: "O **faroeste** cheio de molho." *Jornal do Brasil*, 1.3.97.

Po: "Mel Gibson é a estrela do **faroeste** *Maverick*." *Veja*, 5.11.97.

fashion

Fr: "C'est une question qui agite les parturientes **fashion**." *Elle*, 15.6.98

Po: "No cabelo e maquiagem da parte mais **fashion** estão Mauro Freire, Lili Ferraz, Duda Molinos e equipe." *Folha de S. Paulo*, 22.5.97.

Po: "Uma bandeira do mundo **fashion**. O MST, Movimento dos Sem Terra, ícone da sociedade de consumo." *IstoE*, 1.10.97.

fast-food

Fr: "**Fast-food**: McDo triomphe, Accor décroche." *Le Point*, 11.3.95.

Fr: "En revanche, les **fast-foods** espèrent aujourd'hui reconquérir cette clientèle adulte." *Le Figaro*, 1.4.97.

Fr: "Plus que McDonald's n'a crée de **fast-foods**." *Paris Match*, 17.4.97.

Fr: "Un complot multiforme dont les instruments seraient aussi variés que les intentions malignes, depuis les **fast-foods** jusqu'aux séries télévisées, en passant par Internet." *Le Point*, 9.8.97.

Fr: "Rendez-vous est pris devant un '**fast food**' de la place de Clichy, XVIIe." *Le Figaro*, 29.5.98.

Fr: "...face à la concurrence de plus en plus agressive des autres chaînes de **fast-food**". *Libération*, 3.3.97.

It: "Londra, nei **fast food** carne italiana." *Corriere della Sera*, 6.4.96.

Po: "Os carboidratos são baratos num mundo dominado pelo **fast food** e servem para relaxar o cérebro. Assim, temos mais e mais gordos." *IstoÉ*, 21.5.97.

Po: "A rede de ***fast food*** paulista Habib's está com contagem regressiva...". *Jornal do Brasil*, 12.1.97.

Po: "Numa pesquisa realizada sobre os alimentos mais gostosos servidos por cadeias de ***fast-food***, o McDonald's ficou atrás de redes menores, como Wendy's." *Jornal do Brasil*, 13.7.97.

fast track/fast-track

Fr: "L'idée est née au Congrès quand l'administration Clinton a demandé en avril un nouveau '**fast track**'." *Les Échos*, 26.7.96.

Po: "Sem o ***fast track*** a Alca não anda." *Veja*, 12.2.97.

Po: "O ***fast track*** é uma lei que permite ao Executivo negociar acordos comerciais sem que o Congresso possa modificar certas partes unilateralmente." *Jornal do Brasil*, 7.11.97.

Po: "Sem a maioria, Clinton adia o **fast-track**." *Jornal do Brasil*, 8.11.97.

Po: "Revés de Clinton em relação ao **fast track** ameaça a Alca?" *Jornal do Comércio*, 13.11.97.

Po: "...perguntar pela autorização do Congresso para o Executivo assumir compromissos comerciais, o ***fast track***". *O Globo*, 2.3.97.

Po: "Banco sugere '**fast track**' para FHC." *Folha de S. Paulo*, 3.11.97.

fee/success fee

Po: "Quase nenhum advogado aceita trabalhar na base de **success-fee**." Lins, *Almanaque*.

feedback/feed back

Fr: "Brando endure 'un aesophage hernié, dont j'ai tenté de m'accommoder par le bio**feedback** et la méditation'." *Le Point*, 10.9.94.

Fr: "Les ONG nous aideront à obtenir le ***feed back*** des populations concernées, à mettre en œuvre aussi notre programme de financement des micro-entreprises." *Jeune Afrique*, 27.5.97.

feeling

It: "Byrne: 'Il mio **feeling**? Cambio tutti i giorni'." *La Repubblica*, 4.7.97.

ferry/ferry-boat

Fr: "Les compagnies de **ferrys** et Eurotunnel ont décidé de marquer une pause...". *Le Point*, 12.4.97.

Fr: "...tarifs très inférieurs à leurs coûts de revient: entre 10 et 80 francs via les car-**ferrys**". *Le Point*, 12.4.97.

Fr: "En effet, d'une part on brime les passagers des avions ou des **ferry-boats**, en les privant d'un des plaisirs du voyage...". *Le Figaro*, 3.6.97.

Fr: "Les compagnies de **ferries** ont réalisé quant à elles 871 millions de francs de ventes à bord de leurs bateaux." *Le Figaro*, 3.6.97.

Po: "**Ferry** de Caminha 'encalhado' um dia." *Jornal de Notícias*, 25.8.98.

film

Fl: "Op het einde van de **film** dartelt Diana in het gezelschap van kinderen rond in het paradijs." *Het Nieuwsblad*, 27.7.98.

Fr: "Il réalisa son premier **film** dans le grenier de ses parents." *Le Monde*, 11.4.96.

Fr: "L'Inde est le premier producteur au monde, avec plus de 800 **films** par an." *Le Point*, 19.4.97.

Fr: "...et mise tout sur son prochain **film**, *Dites-le avec des fleurs*." *Le Point*, 26.4.97.

Fr: "... il est possible de stocker plus de huit heures de **films**." *Science et Vie*, jan. 1996.

Fr: "Maria Casarès... alors qu'elle n'a tourné qu'une vingtaine de **films**." *Le Figaro*, 27.5.97.

Fr: "Fin du **film**, adieu shopping, je n'ai pas de sous pour mon tailleur...". *Marianne*, 25.5.97.

Fr: "Le **film** a été tourné dans sa boutique." *L'Événement du jeudi*, 28.5.97.

Fr: "C'est un **film** sur les enfants des hippies, précise Guit." *L'Événement du jeudi*, 25.6.97.
Fr: "Au début du **film**, le héros... débarque avec ses dernières illusions." *Le Figaro Magazine*, 21.2.98.

finish

Fr: "...l'outsider surgi du peloton qui pourrait bien l'emporter, dimanche soir, au **finish**". *Le Point*, 26.5.97.
Fr: "Fidèle à sa réputation de gagneur au **finish**, Kohl surfe déjà sur les vaguelettes de la reprise économique...". *Le Point*, 10.9.94.

first lady

Fr: "La **First Lady** Mary McDonnell a tout pour séduire...". *Paris Match*, 6.3.97.
It: "Molti hanno visto la foto da **first lady** di Donatella Dini...". *Corriere della Sera*, 6.4.96.
It: "Clinton e Sofia in primo piano, e la **first lady** Hillary e Cage in secondo." *Il Messaggero*, abr. 1996.
It: "Una donna per tutte le stagioni, un modello persino per la **first lady**." *Corriere della Sera*, 17.998.

fish and chips

Fr: "Cuisine britannique rénovée, avec *fish and chips* de saumon...". *Libération*, 30.4.97.

fitness

Fr: "'Le pump est le meilleur cours pour sculpter et tonifier son corps', affirme Christophe Andersen, président de la Fédération française de **fitness**." *Elle*, 9.3.98.
Fr: "Tennis, squash, sauna, **fitness** et 18 trous, voilà ce que propose le country-club de Waregen, près de Gand." *Madame Figaro*, 25.7.98.
It: "**Fitness**: noi e la nostra salute." *Grazia*, 29.3.96.
It: "Sport e **fitness**. Sulle orme dei cow-boy." *Corriere della Sera*, abr. 1996.
Po: "Até academia virou **fitness** center." *Veja*, 15.10.97.

five o'clock tea

Fr: "C'est un vieux garçon parfaitement *british*, attaché au *five o'clock tea*." *Le Monde*, 11.4.96.
Fr: "...tout ce qui fait le charme des balades, de l'art de servir le **five o'clock tea** ou un doigt de sherry". *Le Figaro*, 16.6.97.
Po: "Às vezes... lá vamos conversar, como se fôssemos à *Revista* num *five o'clock* sem chá." Machado de Assis a Joaquim Nabuco, 6.12.1899.

flash/flashy

Es: "Domina la fotografía con **flash** El Paísardo y medición TTL. Sin acesorios ni cables." *El País*, 19.6.96.
Fr: "Aurélien boudeur pour **flash** de LCI?" *Le Point*, 12.11.94.
Fr: "RTL2 émet... un mélange de musique et de **flashs** d'information." *Le Point*, 11.3.95.
Fr: "...une édition dynamique et pleine de surprises, trop *flashy* pour certains artistes...". *Libération*, 12.6.97.
Fr: "Dennis Hopper **flashes** ses sixties." *L'Événement du jeudi*, 25.6.97.
Fr: "L'agence BL-LB lance un vert '**flashy**' et un goût original 'très exprimé'." *Le Figaro*, 13.8.97.
Fr: "Le PC 500 est fourni avec un **flash** et une capacité de stockage de... 60 photos." *Le Figaro Magazine*, 16.5.97.
Fr: "Le groupe GeorgeV-Habitat lance une vente **flash** de cent appartements...". *Le Figaro Magazine*, 31.5.97.

Po: "Fotógrafos explodiam *flashes*, luzes semelhando flores." Amado, *Tenda dos milagres*.

Po: "São *flashes* de mim mesmo que espocam na minha consciência...". Martins, *Valeu a pena*.

Po: "A luz dos *flashes* dos fotógrafos ilumina figuras de raparigas...". Amado, *Tereza Batista cansada de guerra*.

Po: "Escondido dos **flashes** por decisão dos pais, o percussionista Carlinhos Brown." *Veja*, 19.11.97.

flash back/flash-back/flashback

Fr: "Mode. La jeune génération emboîte le pas, comme Jérôme Dreyfuss et sa collection 'chaude devant' dans un *flash back* aux années Palace...". *L'Officiel*, ago. 1998.

Fr: "Petit **flash-back** pédagogique à usage du lecteur peu au fait du débat d'idées yankee." *L'Événement du jeudi*, 2.4.97.

Fr: "Médecins sans frontières. Au cours d'insomnies et de **flash-back**, la personne voit repasser, comme un film, la situation insupportable qu'elle a vécue." *Le Point*, 18.2.95.

Fr: "Un douloureux **flash-back** sur les terres ingrates des six premières années de l'enfance de l'écrivain." *Libération*, 12.6.97.

Fr: "Pour ce douloureux **flash-back**, Crews ne s'épargne rien." *Libération*, 12.6.97.

Fr: "Geronimo Pratt, panthère noire. **Flash-back** sur les années 60-70." *Libération*, 12.6.97.

Fr: "**Flash-back** chez Paco Rabane." *Le Figaro*, 21.10.97.

It: "...qualque volta va sottotono — vedi i **flash back** — centra un paio di sequenze impressionanti...". *La Repubblica*, 2.6.97.

Po: "Capítulo todo em **flashback**...". Amado, *Tieta do agreste*.

Po: "A partir daí, *flash backs* e cartas misturam dados encontráveis na vasta literatura sobre Walter Benjamin." *O Globo*, 12.7.97.

flashlight/flash-light

Po: "Cada um deles levava um **flash-light** poderoso." Faria, *Reminiscências*.

flat

Po: "Tuma acredita que Wagner fazia operações irregulares em seu '**flat**'." *O Globo*, 2.3.97.

Po: "Polícia encontra cofre e cartas em **flat**." *O Globo*, 1.3.97.

Po: "Ele me trouxe para São Paulo, pagou o **flat**, me deu um carro, todas essas coisinhas básicas." *Folha de S. Paulo*, 15.6.97.

Po: "A partir de hoje, o mercado de **flats** nunca mais será o mesmo." *O Estado de S. Paulo*, 19.11.97.

flipper

It: "Andrea Viviani che la domenica la passava al bar di Colognola davanti al **flipper**...". *La Repubblica*, 22.5.97.

Po: "O **flipper** revida. Nova geração de games...". *Veja*, 19.3.97.

flirt/flirter/Flirt

Al: "Leserschaft gegen den angeblichen **Flirt** des Premierministers mit dem Euro auf." *Focus*, 6.7.98.

Fr: "Cottard... en ce que ses '**flirts**' avec ses clientes étaient célèbres." Painter, *Marcel Proust*.

Fr: "Ce n'est pas le grand amour, mais c'est plus qu'un **flirt**." *Le Point*, 5.10.96.

Fr: "...jeune femme qui se bat, qui se drogue, qui **flirte** avec la mort...". *Le Point*, 20.5.95.

Fr: "La Bourse de New York a **flirté** vendredi avec ses sommets historiques...". *Le Monde*, 5.5.97.

Fr: "Du **flirt** des 15 ans, aux amants de 20 ans, on observe chez les jeunes...". *Le Figaro Magazine*, 24.5.97.

Fr :... il sentait qu'il pouvait en toute sécurité **flirter** avec elle." Painter, *Marcel Proust*.

It: "Il re del karaoke infuriato per l'ennesimo **flirt** attribuitogli da un giornale." *La Stampa*, 9.4.96.

It: "Sharo Bova. Alla cena con Valentino avrebbero '**flirtato** senza un attimo di tregua'." *La Stampa*, 9.4.96.

It: "La bella attrice, uno dei **flirt** attribuiti a Flavio Briatore, segue un corso di ballo con una coreografia personale." *Chi*, 24.9.98.

It: "...quand'era uno scapolo convinto, esordiamo timidamente pensando al suo **flirt** dell'epoca con Madonna". *Oggi*, 23.9.98.

floating

Po: "Serão emitidos R$6 bilhões em LTF, para facilitar o '**floating**' do INSS." *FM*, 23.11.97.

flop

Fr: "Clinton fait un **flop** à l'université de Pékin." *Le Figaro*, 30.6.98.

Fr: "Les **flops** de la distribution." *Le Point*, 30.12.94.

Fr: "La rétro pop fait un **flop**." *Libération*, 29.4.97.

Fr: "Branagh: ...son 'Frankenstein' est un **flop**." *Paris Match*, 15.5.97.

Fr: "**Flop** en moins, semble-t-il, la présidente Adjani remplaçait le président Chirac...". *Libération*, 9.5.97.

Fr: "Victime de sa promotion. Le **flop** d'Esso." *Le Figaro*, 22.5.97.

Fr: "La pollution fait un **flop**." *Nice-Matin*, 22.7.98.

It: "Qualque volta i cosidetti best seller si rivelano del '**flop**'." *Corriere della Sera*, 9.4.96.

It: "...quel film, che avrebbe dovuto bissare il sucesso del primo, fu invece un vero **flop**." *IoDonna*, abr. 1996.

folklore/folclore/folklorique

Fr: "De Gaulle: 'Dans l'armée, le **folklore**, c'est fini!'." Peyrefitte, *C'était de Gaulle*.

Fr: "C.I.O.F. Conseil International des Organisations de Festivals de **Folclore** et d'Arts Traditionnels — Estatut B auprès de l'Unesco."

Fr: "...ce que le Grand National du Trot est au trot: une kermesse, un **folklore**." *Aujourd'hui*, 13.4.97.

Fr: "...de gens dangereux... et non de **folkloriques** hippies comme certains l'ont dit." *Paris Match*, 17.4.97.

Fr: "...ne sont pas seulement une facette du **folklore** électoral, mais un vecteur....". *Le Point*, 10.5.97.

Fr: "Les amateurs de french can-can **folklorique** et de vaudevilles convenus risquent de tomber des nues." *Paris Match*, 6.3.97.

Fr: "Le FN... derrière la vitrine **folklorique** de ses géraniums...". *L'Événement du jeudi*, 2.4.97.

Po: "Também entram em contato com o **folclore** através da Caipora...". *Veja*, 2.4.97.

football/foot/footballeur/Fussballer/futebol

Al: "Der Dresdner **Fussballer** spielt heute bei Borussia Dortmund." *Focus*, 8.7.96.

Fr: "De Gaulle: 'Si, un jour, l'État prenait en main le **foot-ball**, croyez-moi, on battrait les autres!'." Peyrefitte, *C'était de Gaulle*.

Fr: "Quand nous jouons au **foot**, il se met dans l'équipe adverse." *Madame Figaro*, 16.3.96.

Fr: "Les dangers du **football**... pour les spectateurs." *Le Figaro*, 28.6.98.

Fr: "Rien ne saurait lui faire perdre son sang-froid, si ce n'est un match de **football**." *Le Point*, 12.4.97.

Fr: "Strasbourg entérine la cession de son club de **football** à IMG." *Les Échos*, 16.4.97.

Fr: "10 des 14 membres du commando disputaient une partie de **football**...". *Le Point*, 26.4.97.

Fr: "Les **footballeurs** espagnols contre les 'immigrés'." *Libération*, 29.4.97.

Fr: "Nick Hornby... ses obsessions... le **football** et la pop music." *Libération*, 30.4.97.

Fr: "...enquête sur les relations entre les partis politiques et les **footballeurs**". *Libération*, 30.4.97.

Po: "Campeonato Brasileiro de **Futebol**." *Veja*, 9.4.97.

Po: "No passado... os direitos de televisão do **futebol** eram vendidos a preço de banana." *Veja*, 9.4.97.

Po: "Além de jogar **futebol**, Pé-de-Mula não sabia fazer mais nada." Amado, *Tereza Batista cansada de guerra*.

footing

Fr: "**Footing**, piscine, tapis roulant à outrance dans les gymnases...". *Paris Match*, 6.3.97.

Po: "No meu tempo, o **footing** era na praça em frente ao Palácio da Liberdade." Lins, *Almanaque*.

four-letter-word

Al: "...leidet unter Asthma und einen rührenden Ekel gegen die in unsere Umgangssprache eingedrungenen **Four-letter-words**." *Der Spiegel*, 14.9.98.

fox-terrier

Fr: "...sans l'aide de ses chiens... un rouge de Hanovre et Foksit, un **fox-terrier** commun". *Libération*, 27.3.97.

Fr: "Edwina Mountbatten collectionna les hommes et les **fox-terriers**...". *Le Figaro Magazine*, 21.6.97.

fox-trot/fox-trote/fox

Fr: "**Fox-Trot** Mène la Danse." *Jeune Afrique*, 20.5.97.

Po: "Bruno volteava ao som de um **fox-trote**...". Amado, *Farda, fardão, camisola de dormir*.

Po: "Almério continuou a vir ao Flor de Lótus... para tomar uma cerveja, dançar um **fox**...". Amado, *Tereza Batista cansada de guerra*.

franchising

Po: "Zico inaugura sexta-feira seu quinto Centro de Futebol na praia — o quarto pelo sistema de **franchising**." *O Globo*, 28.9.97.

Po: "**Franchising** quer 7% ao ano mais TJLP." *Jornal do Comércio*, 16.7.98.

Po: "À procura do banco do **franchising**." *Jornal do Comércio*, 16.7.98.

free-lance/free lance/free-lancer/free lancing

Fr: "Dimitri Friedman: Journaliste *free lance*, ancien collaborateur de *Glamour*, adepte de la jazz-écriture selon Kerouac." *Vogue*, 08.98.

Fr: "...explique Mathieu, infographiste **free-lance**: trop de rendez-vous épars". *L'Événement du jeudi*, 2.4.97.

Fr: "À 18 ans, je suis parti seul à la frontière iraquienne, comme photographe **free-lance**." *Le Point*, 18.2.95.

Po: "Após um período de *free lancing* e tradução, fui contratado como editor administrativo...". Ferreira e Mello, *Clement Greenberg e o debate crítico*.

Po: "Eu começara na revista *Manchete* como *free-lancer*." Melo Filho, *Testemunho político*.

free riding

Es: "Este es el escenario perfecto para la emergencia de la actitud conocoda como **free riding**, que en español castizo seria ir de gorra." *El País*, 23.1.96.

free-shop/free shopping

Po: "Porque o governo atrasou... a redução de compras no *free shopping*?" *Jornal do Brasil*, 12.11.97.

Po: "Isenção menor no **free-shop**." *Jornal do Comércio*, 11.11.97.

Po: "Vendem-se principalmente produtos típicos de *free-shops*." *O Globo*, 27.7.97.

Po: "O Baci é hoje o bombom mais comprado em todos os **free-shops**." *Manchete*, 22.11.97.

Po: "'**Free-shops**' escaparam do pacote, mas juros altos fizeram vendas caírem 10%." *O Globo*, 22.3.98.

freeway

Fr: "Menace sur les '**freeways**'. L'entretien des grandes autoroutes coûte trop cher au gouvernement." *Le Figaro*, 11.6.97.

Po: "...nem soube da divulgação de planos do governo para 25 novas grandes rodovias *freeway* no país". *Jornal do Brasil*, 12.7.97.

freezer

Po: "...o Inmetro analisou **freezers** de supermercados e constatou que 80% estavam fora dos padrões de qualidade". *Veja*, 9.4.97.

Po: "A Multibrás, que produz geladeiras e **freezers** com as marcas Brastemp, Consul e Semer...". *Veja*, 28.5.97.

Po: "A vida no **freezer** americano dá à luz gêmeo de menino nascido há sete anos." *Veja*, 25.2.98.

Po: "Neste sistema, os produtos são capazes de resistir por 35 dias na geladeira e até quatro meses no **freezer**." *IstoÉ*, 23.7.97.

Po: "Cientistas da Unicamp guardam num **freezer** 10 quilos de gelo que podem ajudar a entender... fenômeno cósmico." *IstoÉ*, 30.7.97.

full time/fulltime

Fl: "Inmiddels is hij weer **fulltime**-Kamerlid en in het laatste nummer van het VVD-partijblad analyseert hij de uitslag." *Algemeen Dagblad*, 16.6.98.

funk/funky

Fr: "...rythmes **funk** et de sensualité salsa concoctés dans l'underground black...". *Le Figaro*, 14.4.97.

Fr: "Harry Connick Jr.:... je joue du rythm and blues et du **funk** depuis toujours." *Le Point*, 12.11.94.

Fr: "...le lendemain avec un big band, et le surlendemain je jouais du **funk**". *Le Point*, 12.11.94.

Fr: "'She', un album **funk** n'ayant absolumment rien à voir avec la musique qu'il jouait auparavant." *Le Point*, 12.11.94.

Fr: "Cuisine **funky** et décoration seventies revisitée." *Libération*, 30.4.97.

Fr: "...ils renvoient vite dans les cordes '*Pas très **funky***'." *Libération*, 30.4.97.

Fr: "...genre pionnier, directement affilié au disco, au **funk** et à la soul". *L'Événement du jeudi*, 2.4.97.

Fr: "...comme le montre le succès phénoménal de *Da **Funk***, hymne des Français Daft Punk". *L'Événement du jeudi*, 2.4.97.

Fr: "...les apprentis rappeurs à casquette Polo by Ralph Lauren croisent des gazelles **funky** moulées dans des robes de Xuly Bët". *Elle*, 19.5.97.

Po: "Mas o **funk** não é a única área em que Lívia bate um bolão." *Veja*, 30.4.97.

Po: "Sivuca virou alvo de um grupo de **funk** cujo nome já diz a que veio." *Veja*, 10.12.97.

gadget

Fr: "Une vente d'horlogerie. A l'époque, elles s'apparentent plus au **gadget** de luxe qu'à un objet utilitaire." *Le Monde*, 12.4.96.

Fr: "Les Gurglin Gutz sont le dernier **gadget** à la mode." *Le Point*, 5.10.96.

Fr: "Vêtus à la dernière mode, équipés des derniers **gadgets** du multimédia...". *Paris Match*, 6.3.97.

Fr: "Des '**gadjets**' pour tenter de donner davantage d'efficacité à l'Union." *Le Monde*, 26.10.98.

Fr: "Je prête désormais plus d'attention... par exemple aux listes de **gadgets**." *Le Figaro Magazine*, 7.3.98.

Fr: "Alors qu'au XIXe siècle la moindre invention était conçue pour durer une vie, aujourd'hui le **gadget** est conçu pour se casser après un mois d'utilisation." Umberto Eco, em *Le Figaro Magazine*, 7.3.98.

It: "*Babe*, dopo il grande sucesso cinematografico, diventa un **gadget**." *IoDonna*, abr. 1996.

gag

Es: "Las películas de **gags** suelen ser incoherentes." *El País*, 10.2.96.

Fr: "Cocktail Disney, à base de **gags**, de sentimentalisme et de fantastique." *Madame Figaro*, 13.4.96.

Fr: "Son arrestation par la Milice tient du **gag**...". *Le Point*, 26.4.97.

Fr: "Une comédie pleine de tendresse mais sans surprise, des **gags** pas toujours très fins." *Le Figaro*, 1.8.98.

Fr: "...il cherche, par une accumulation de **gags**, à libérer...". *Le Figaro Magazine*, 2.3.96.

Fr: "...troupe iconoclaste, virtuose dans l'art... de l'approximation millimétrée et du **gag** calamiteux". *L'Express*, 15.5.97.

Fr: "...relevé par la bonne tête de Fernandel et quelques **gags** ahurissants". *Le Nouvel Observateur*, 11.6.97.

Fr: "Film... les **gags** sont moins vaches, les répliques moins mordantes...". *Le Nouvel Observateur*, 11.6.97.

Fr: "**Gags** à gogo." *Le Figaro*, 16.6.97.

Fr: "La télé dans tous ses états: **gags**, plasticine et pixillation." *Le Soir*, 17.6.98.

Fr: "Ce n'est pas un **gag**. *À la recherche du temps perdu* va être adaptée en bandes dessinées." *Le Nouvel Observateur*, 12.8.98.

game

Po: "O flipper revida. Nova geração de **games** chega aos shoppings." *Veja*, 19.3.97.

Po: "A turma dos **games** não ficou esquecida." *Veja*, 9.4.97.

gang/gangue

Es: "El porcentaje global de admiradores de las **gangs** baja al 25%." *El País*, 15.1.96.

Fr: "...l'élimination du chef d'un **gang** rival irlandais". *Paris Match*, 17.4.97.

Fr: "Confessions d'un **gang** de filles, de Joyce C. Oates, Stock, 396 pages." *Madame Figaro*, 16.3.96.

Fr: "...l'arrestation de **gangs** de vente de femmes qui enlèvent des paysannes...". *Paris Match*, 17.4.97.

Fr: "...tué dans son sommeil par deux membres du **gang**...". *Le Point*, 30.12.94.
Fr: "En tout cas, le meilleur chef de clan Chef de **gang**." *Paris Match*, 6.3.97.
Fr: "Il est le seul à se battre contre le **gang** de Washington...". *Le Point*, 12.11.94.
Fr: "La rivalité des deux familles relève plus de la guerre de **gangs** que de l'affrontement...". *Paris Match*, 17.4.97.
Po: "'**Gang**' de miúdos ataca na Póvoa." *Correio da Manhã*, 27.8.98.
Po: "Cópias das **gangues** americanas, motoqueiros... na pacata Escandinávia." *Veja*, 2.4.97.
Po: "No restante do país reinam bandos de arruaceiros e **gangues** mafiosas...". *Veja*, 9.4.97.
Po: "**Gangue** aplica golpe com cartões de crédito." *A Tarde*, 9.4.96.

gangster/Gangster

Al: "Auch der darüber hinaus erzielte Gewinn der **Gangster** ging nach Erkenntnissen der Fahnder von 1,25 Milliarden...". *Der Spiegel*, 13.7.98.
Fl: "Ontsnapte **gangster** bezoekt moeder." *Het Nieuwsblad*, 27.7.98.
Fr: "L'Ecole des **gangsters** au coin de l'Ecran." *Madame Figaro*, 13.4.96.
Fr: "Christophe Caze, un des '**gangster**roristes' tués à Roubaix." *Le Figaro*, 3.4.96.
Fr: "...interventions... sur des forcenés ou des **gangsters** retenant des otages...". *Le Point*, 30.12.94.
Fr: "Clyde Barrow, le célèbre **gangster** de 'Bonnie and Clyde'...". *Le Point*, 19.4.97.
Fr: "Film. Un monde sans pitié qu'un **gangster** plus finaud que ses collègues à décidé de mettre à sa botte." *Le Nouvel Observateur*, 11.6.97.
Fr: "**Gangsters** sans 'postiches'." Marie-Amélie Lombard, em *Le Figaro*.
Fr: "Corse. Personne, pas plus l'Etat que les **gangsters**, n'avait osé s'en prendre à Bastia Securita." *Libération*, 5.5.97.
It: "...proletari, miliardari, divi, **gangsters**, poliziotti, sniffano e ingurgitano polveri, pasticche, alcol." *La Repubblica*, 22.5.97.
Po: "Cangaceiro sertanejo, meteu-se Emiliano Guedes a **gangster** citadino." Amado, *Tereza Batista cansada de guerra*.

gap

It: "Il terzo posto ottenuto a Interlagos è un buon incentivo per sperare che il nostro '**gap**' sparisca en breve tempo." *Il Messaggero*.
It: "La crescita della Premiership... un elemento che può allargare il **gap** a livello continentale." *Il Sole 24 Ore*, 7.8.98.
Po: "O **gap** entre as duas gerações era por demais visível." Lins, *Almanaque*.

garden party

Fr: "Jardin de l'Elysée, 27 juin 1959. Au cours d'une ***garden party*** offerte aux parlementaires...". Peyrefitte, *C'était de Gaulle*.
Fr: "Au château de Cheverny, une vente-**garden party** à la française." *Le Figaro Magazine*, 16.5.97.
Fr: "Hongkong. Ils animent le paysage: cricket, tennis, polo. Et **garden party** sous les piqûres du moustique." *L'Exvress*, 12.6.97.

gay

Es: "La Policía Municipal de Madrid registra a los veinte clientes de una sauna '**gay**'." *El País*, 18.6.96.
Es: "Málaga veta a Camilo José Cela en tanto el escritor no rectifique o retire sus declaraciones contra García Lorca y el collectivo '**gay**'." *Tiempo*, 20.7.98.

Fr: "Un rapport d'Amnesty. Les **gays** persécutés." *Le Figaro*, 23.6.97.
Fr: "La **Gay** Pride partagée entre résignation et radicalisation." *Le Journal du Dimanche*, 21.6.98.
Po: "Ou seja, cada um tem os **gays** que merece." *Veja*, 5.11.97.
Po: "Carmen Mayrink Veiga também é venerada pelos **gays**." *Veja*, 5.11.97.
Po: "Evento **gay** histórico nos Estados Unidos." *Jornal do Brasil*, 10.11.97.
Po: "Paulo Autran. Ator vive **gay** em 'Para sempre'...". *O Globo*, 24.7.97.
Po: "Ele se incomoda um pouco com o rótulo de cineasta '**gay**'." *O Estado de S. Paulo*, 11.11.97.
Po: "União **gay** só será votada após 98." *Jornal do Brasil*, 20.7.97.
Po: "Medo Ronda o 'Baixo **Gay**'." *Jornal do Brasil*, 13.7.97.
Po: "Inventor é apontado como **gay**, abrindo nova polêmica." *Jornal do Brasil*, 14.4.96.

gentleman(men)

Fr: "Les prouesses d'un **gentleman** tailleur." *Le Figaro Magazine*, 23.3.96.
Fr: "Autobiographie. 'Le **gentleman** tzigane'." Título de publicação de George Borrow, 1998.
Fr: "'Qu'est-ce qu'un **gentleman**?' — '...c'est celui qui peut se permettre de jouer en bretelles au tennis'." *Madame Figaro*, 26.4.97.
Fr: "Ce **gentleman**-boxeur, Ray Sugar Robinson...". *Le Point*, 12.11.94.
Fr: "On n'y croise que des **gentlemen** qui trouveraient vulgaire de s'aventurer...". *Le Figaro Magazine*, 24.5.97.
Fr: "Ces **gentlemen** auteurs sont odieux." *L'Événement du jeudi*, 25.6.97.
Fr: "Mel Gibson, aventurier, **gentleman** et séducteur." *Paris Match*, 6.3.97.
It: "L'eccentricità è un tratto da **gentleman**." *La Repubblica*, 5.4.96.
Po: "Oswaldo Aranha foi um homem da fronteira... um ***gentleman*** perfeito." Corrêa do Lago, *Oswaldo Aranha e a Revolução de 1930*.
Po: "Ao Reidy, que está muito doente, mas é um **gentleman**...". Oliveira, *Flores raras e banalíssimas*.
Po: "O advogado, amável e correto, um **gentleman**, beijou-lhe a mão em despedida." Amado, *Tenda dos milagres*.
Po: "Antonio Callado, um **gentleman** indignado." *IstoÉ*, 5.2.97.

gentleman-farmer

Fr: "Très **gentleman-farmer**, le prince Charles participait le plus souvent possible aux chasses locales." *Madame Figaro*, 13.4.96.
Fr: "Serait-il le fils d'un Anglais retiré en Normandie, **gentleman-farmer** aux amours prolifiques...?" *Le Point*, 1.4.95.
Fr: "Ce matin, Pompidou est arrivé au volant de sa Porsche blanche, vêtu en ***gentleman-farmer***." Peyrefitte, *C'était de Gaulle*.

gentlemen's agreement

Fr: "Le fameux 'compromis de Luxembourg', qui survivra même à Maastricht. 'À Luxembourg, le 10 janvier 1966, le Général gagne son bras de fer contre les fédéralistes et la supra-nationalité. Sans toucher au traité — les Parlements nationaux n'auraient pas ratifié une modification aussi profonde —, les Six conviennent par un ***gentlemen's agreement*** que la règle de la majorité ne sera pas opposable si l'un des pays estime que des intérêts nationaux très importants sont mis en cause par tel ou tel projet de décision'." Peyrefitte, *C'était de Gaulle*.
Fr: "De Gaulle: 'Il y a donc eu un ***gentlemen's agreement*** entre le Chancelier et le général de Gaulle. Schroeder et Strauss y ont adhéré avec plus ou moins de bonne grâce'." Peyrefitte, *C'était de Gaulle*.

GEO (Geo-stationary earth orbiting satellites)

Fr: "Alors que dans une liaison classique par **GEO**, où la voix, devant parcourir deux fois 36.000 kilomètres, subit un retard d'un quart de seconde...". *Le Point*, 12.4.97.

Fr: "Si les satellites **GEO** — jusqu'à 5 tonnes — étaient produits jusqu'ici en petites séries...". *Le Point*, 12.4.97.

ghost writer/ghost-writer/ghostwriter

Fr: "Son ambassadeur n'a jamais eu besoin d'un **ghost-writer**...". Stemer, *Faire le point*.

It: "Giorgio Fossa, di professione ***ghostwriter***." *La Repubblica*, 2.6.97.

It: "Wallace c'è riuscito: negli Anni 80, l'uomo che se faceva scrivere i discorsi da un **ghost writer** del Ku Klux Klan, fu rieletto governatore, con il 90 per cento del voto dei neri." *La Repubblica*, 15.9.98.

Po: "Escritor medíocre, metido a roteirista — na verdade é um ***ghost writer*** que quebra galhos de empresários." *Veja*, 15.10.97.

Po: "Já não trabalho mais como assessor político e ***ghost writer*** do senador Andrade Vieira." N. Pinto, 4.6.96.

Po: "...a íntegra da carta-testamento, escrita pelo jornalista J. S. Maciel Filho, o ***ghost-writer*** preferido de Vargas". Melo Filho, *Testemunho político*.

girl-friend/girlfriend

Fr: "Le séduisant pédiatre... a presenté sa **girl-friend** à toutes les stars de Hollywood." *Paris Match*, 17.4.97.

Fr: "...le droit d'arborer l'écharpe... que leur **girlfriend** leur avait donné et qu'ils emportaient en vol, comme fétiche". Druon, *Circonstances*.

It: "...non si parli d'altro che della '**girl-friend** ventiseienne'." *Il Messaggero*, 6.4.96.

girl-scout

Fr: "Parmi ces **girl-scouts**, une poignée d'héroines...". *Madame Figaro*, 23.3.96.

glamour

Al: "Festivals. **Glamour** ohne Geheimnis." *Der Spiegel*, 14.9.98.

Es: "Los números musicales interpretados por una Monroe — pese a su fama y mucho **glamour** — merecen detener el giro rotatorio del planeta." *El País*, 2.2.96.

Fr: "Genevieve Tarka privilégie le **glamour**." *Madame Figaro*, 9.3.96.

Fr: "Le voyage en autocar, célébré par le film... a certes perdu de son **glamour**." *Le Point*, 1.4.95.

Fr: "'Qui m'aime me suive!', lancé par les farines Francine — très **glamour**...". *Elle*, 19.5.97.

Fr: "...black is beautiful, super chic et, surtout, hyper-**glamour**". *Elle*, 19.5.97.

It: "Non ha lo stile **glamour** tipico di Hollywood, ma un look più sottotono." *IoDonna*, abr. 1996.

Po: "Uma Paris moderna e sem **glamour**." *Veja*, 3.7.96.

Po: "Enxergar o trabalho infantil na TV com menos **glamour** atenuaria a mercantilização...". *Veja*, 26.3.97.

Po: "Durante muito tempo o **glamour** em torno desse profissional se fez em cima da pompa, dos orçamentos sem limite...". *IstoÉ*, 4.6.97.

globe-trotter/globe-trotteur

Fr: "Xavier Fontanet, **globe-trotteur** de l'entreprise." *Le Figaro Magazine*, 31.3.96.

Fr: "**Globe-trotters**: toujours entre un avion et un TGV." *Madame Figaro*, 27.4.96.

Fr: "Carte bancaire pour les **globe-trotteurs**." *Madame Figaro*, 29.6.96.

Fr: "Les **globe-trotteurs** verront du pays au mois d'août, en suivant Les Grands Fleuves...". *Le Figaro Magazine*, 27.6.97.

Fr: "Pour les **globe-trotters** accross à leur brosse électrique, Braun lance la Plak Control." *Le Figaro Magazine*, 21.2.98.

Fr: "Cette semaine, première étape au Maroc avec les carnets de voyage de trois **globe-trotters** au féminin." *Le Figaro Magazine*, 25.7.98.

Fr: "Après leur traversée de l'Atlas, Florence et Priscilla, nos **globe-trotters**, ne pouvaient résister au défi de sa conquête." *Le Figaro Magazine*, 8.8.98.

goal/gol

It: "Decide un **gol** che è quasi una carambola." *La Stampa*, 7.4.96.

It: "Per la prima volta tutti i **goal** in videocassetta." *Corriere della Sera*, 9.4.96.

It: "Un **gol** di Zamorano a sei minuti dalla fine...". *La Repubblica*, 22.5.97.

It: "*Mai dire **gol***, la trasmissione che lo ha riconciliato con la tv e il pubblico." *La Repubblica*, 22.5.97.

Po: "Pelé começa a marcar **gols** como Ministro dos Esportes." *IstoÉ*, 22.1.97.

Po: "Jájá precisava marcar um **gol** nesse jogo contra o Flamengo." *IstoÉ*, 12.11.97.

golden boy

Fr: "Alain Mollart ou la chute d'un **golden boy**." *Le Nouvel Observateur*, 7.2.96.

Fr: "Les inquiétudes de Zé Luis, '**golden boy**' pauliste." *Le Figaro*, 2.10.98.

Fr: "George Cohen... depuis qu'il a abandonné la banque qui l'employait comme '**golden boy**', est à la tête du magazin Rectangle blanc." *L'Événement du jeudi*, 28.5.97.

Fr: "L'ancien '**golden boy**' Didier Calmels placé sous contrôle judiciaire." *Le Figaro*, 16.6.97.

Fr: "L'ancien '**golden boy**', aujourd'hui conseil en enterprises." *Le Figaro*, 16.6.97.

Fr: "Salaires en or pour les '**golden boys**' en herbe." *Le Figaro Magazine*, 14.2.98.

Fr: "Lettre de Turquie. Et, pourtant, le **golden boy** istanbuliote a bien de la chance... un des plus beaux points de vue sur le Bosphore." *Le Point*, 18.2.95.

Fr: "Sanford Weill. Il veut devenir lui aussi un ***golden boy*** et fonde en 1960 avec quelques amis une société de Bourse baptisée *Carter, Berlind, Potoma & Weill*." *Le Figaro Magazine*, 16.5.98.

Fr: "On assiste alors 'à la fascination, dans un monde de **golden boys** carriéristes, aseptisés, politiquement corrects, pour la liberté bigarrée et sensuelle de la Méditerranée...". *Le Point*, 15.8.98.

Po: "Rodrigo Bethlem, um dos **golden boys** de Cesar Maia e marido da deputada Vanessa Felipe...". *Jornal do Comércio*, 18.7.97.

golden share

It: "...dalla scelta dei valori di concambio per la fusione, alla ***golden share*** che manterrà per almeno tre anni poteri speciali al Tesoro". *La Repubblica*, 22.5.97.

It: "La discussione sulla ***golden share*** ne è un esempio. Privatizzare l'industria pubblica è stata decisione di grande momento storico." *Il Sole 24 Ore*, 7.8.98.

It: "La ***golden share*** è uno dei risultati di tale confronto." *Il Sole 24 Ore*, 7.8.98.

golf/golfe

Fr: "A Augusta, le parcours de **golf** ne s'ouvre qu'à l'élite." *Le Monde*, 12.4.96.

Fr: "...fut stupéfait de le voir, sur le terrain de **golf**, dans son manteau doublé...". Painter, *Marcel Proust*.

Fr: "Tiger Woods... parmi l'élite du **golf** mondial...". *Le Figaro*, 14.4.97.

Fr: "À Pau, revivez l'histoire du **golf**, à Apremont suivez les champions." *Madame Figaro*, 26.4.97.
Fr: "Le monde du **golf** est en transe." *Paris Match*, 30.4.97.
Fr: "Tiger a littéralement fait exploser le monde confiné du **golf**." *Le Point*, 3.5.95.
Fr: "Le **golf** de Deauville est transformé en 'une sorte de Beyrouth de la guerre civile'." *L'Événement du jeudi*, 2.4.97.
Fr: "La plainte du patron du **golf** de Sperone avait conduit à l'incarcération de François...". *Libération*, 27.3.97.
Po: "Menen... ainda que tenha cortado as costeletas e aprendido a jogar **golfe**...". *Veja*, 25.9.96.
Po: "— **Golfe**? É aquele esporte em que se bate com uma bengala numa bolinha..." Martins, *Valeu a pena*.
Po: "'Nos dias de **golfe** sofro de insônia', Getúlio Vargas, em 1941." *Veja*, 12.11.97.

goodwill
Fr: "L'opération se serait en fait négociée sur une base estimée à 80 millions — catalogue et '**goodwill**'." *Les Échos*, 26.7.96.

gore
Es: "Que se hable de su vídeo, aunque sea mal, y que, de paso, se olvide la dichosa producción de serie **gore** de HB." *El País*, 19.2.96.
Fr: "Quentin Tarantino... mixe le cinéma de genre au ***gore*** et aux *comics*." *L'Express*, 8.5.97.
Fr: "Le vomitif fait son apparition, le **gore** envahit les casseroles...". *Le Nouvel Observateur*, 11.6.97.
Fr: "...comédie noire qui réchauffe les archétypes du film criminel avec des conditions comico-**gore**". *L'Événement du jeudi*, 25.6.97.

gospel
Po: "Música **gospel** para acordar o público." *O Globo*, 30.5.97.
Po: "A música **gospel** é o que esse filme, que exagera nas pregações, tem de melhor." *O Globo*, 30.5.97.

gossip/gossipi
It: "Il publico è più propenso al **gossipi** che alla lettura critica...". *Il Messaggero*, 4.4.96.

grand slam
Po: "Michael Jordan... emplacou o que se poderia chamar de **grand slam** do basquete." *O Globo*, 24.1.97.

green
Es: "El hombre que había fallado en el **green** del 18º... había sepultado sus esperanzas de ganar el Open de EEUU...". *El País*, 18.6.96.
Fr: "...toute une série de records sur les **greens** d'Augusta". *Le Figaro Magazine*, 19.4.97.
Fr: "*Golf*. Tiger Woods, l'or des **greens**." *Le Point*, 3.5.95.
Fr: "...jour après jour, sur les **greens**, Tiger se soumet à un véritable conditionnement...". *Paris Match*, 30.4.97.

green card/greencard
Po: "...para quem se casa movido pelo amor ao ***greencard*** — o cobiçado visto...". *Veja*, 26.3.97.
Po: "...com o risco de perder a mulher, o ***greencard*** e, de quebra, uns 5.000 dólares". *Veja*, 26.3.97.
Po: "O Senado americano já lhe concedeu [Christoph Meili] residência permanente com ***green card***, decisão que foi ratificada pela Câmara dos Deputados." *IstoÉ*, 23.7.97.

grill/grill-room/grillbar

Fr: "Selon le cabinet spécialisé Gira, seuls les '**grills**' pratiquant des prix intermédiaires résistent correctement." *Le Point*, 17.5.97.

Fr: "Bouygues sur le **grill** pour cinq dossiers." *Libération*, 21.5.97.

Fr: "Le **grill**." Hotel George V, Paris.

Fr: "Barbecue sur le **grill**!" *Le Figaro*, 13.6.97.

Ne: "Hollandse **grillbar** annex restaurant." "Rubens", Zeestraat hock Sophialaan, Haia.

groggy

Fr: "Et nous sommes soudain endormies pour nous réveiller trois heures plus tard, complètement **groggy**." *Le Monde*, 6.3.97.

Fr: "Tennis. 'Il a foncé...', dit le Catalan, après coup, encore ***groggy***." *Libération*, 9.6.97.

groom

Fr: "David-Alexander Artaud, **groom** d'Éric Navet, raconte ses journées avec les chevaux de concours." *Libération*, 3.3.97.

Fr: "Jumping: l'épreuve de Royan. Une nouveauté: la mise en valeur des **grooms**." *Le Figaro Magazine*, 18.7.98.

grunge

Fr: "L'appel au suicide de Kurt Kobain, leader du groupe **grunge** Nirvana...". *Libération*, 16.5.97.

Fr: "Rien de l'adepte de la culture **grunge**, c'est-à-dire 'crade', chère à Cobain." *Libération*, 16.5.97.

Fr: "Le **grunge**, c'est pas de leur génération." Hughes Beaudoin.

Fr: "...l'un des groupes les plus vendeurs et extrémistes de l'ère post-**grunge**". *Libération*, 16.5.97.

Fr: "Hip-hop, **grunge**, funky... les jeunes affirment avec un romantisme souvent touchant...". *Le Figaro Magazine*, 24.5.97.

Fr: "Bref, le style Old England de Balladur a du mal à passer sous les préaux ou sur les campus, gagnés à la mode ***grunge***." *Le Point*, 18.2.95.

Fr: "La génération MTV: amorale, **grunge**, obsédée, vulgaire...". *L'Événement du jeudi*, 25.6.97.

Po: "O repertório... gêneros tão distintos quanto o new wave e o **grunge**, permanece atual." *Veja*, 28.5.97.

Po: "Kuerten. O surfista **grunge** chegou lá." *Veja*, 11.6.97.

Po: "A zoeira **grunge** tem sido levada adiante por um quarteto vindo de Londres." *Veja*, 12.11.97.

hacker/Hacker

Al: "**Hacker** sehen Premiere gratis." *Die Welt*, 17.6.98.

Fl: "Hoeveel ***hackers*** — lieden die er een sport van maken computers binnen te dringen — daarbij zijn betrokken, is onduidelijk omdat éen personeon diverse kraakpogingen kan doen." *Algemeen Dagblad*, 16.6.98.

Fr: "*La Peau du tambour*. Ça commence par l'introduction d'un '**hacker**' [entendre un pirate informatique] dans l'ordinateur personnel du pape." *L'Événement du jeudi*, 25.6.97.

Fr: "Le cracker [ou casseur], au dire des **hackers**, est un criminel informatique sans conscience, animé par la pulsion de détruire ou de voler." *Le Monde*, 21.7.97.

Fr: "Pirate, inventeur, idéaliste, mercenaire, chef d'entreprise: le vrai '**hacker**' est un peu de tout cela, tour à tour ou en même temps." *Internet l'extase et l'effroi*, em *Le Monde Diplomatique*, 1996.

Fr: "...comme pour les perceurs de coffres-forts, chaque ***hacker*** a sa signature". *Le Point*, 25.2.95.

It: "...alcuni 'classici' della cultura cyber come *Hacker Crackdown* — 'Giro di vite contro gli hacker', di Bruce Sterling...". *La Repubblica*, 22.5.97.

Po: "...empresas que acham que estão sendo atacadas por um ***hacker***, um rato de computador que entrou na sua rede a partir de um computador distante". *Veja*, 26.11.97.

Po: "O Banco do Brasil mantém em seus quadros quatro ***hackers*** para ficar diariamente tentando entrar na sua rede, em busca de furos na segurança." *Veja*, 26.11.97.

Po: "**Hackers** provam que celulares digitais podem ser clonados." *Veja*, 22.4.98.

hall/Hall

Fr: "'...au centre du **hall**'; le reste de la famille banquettera dans le hall". Bazin, *Vipère au poing*.

Fr: "300 exposants vous attendent **Hall** 7/2." *Madame Figaro*, 20.4.96.

Fr: "...le marbre rose de l'immense **hall** de l'hôtel Sheraton...". *Paris Match*, 17.4.97.

Fr: "Du **hall**, ouvert sur trois côtés, l'heureux visiteur...". Painter, *Marcel Proust*.

Fr: "...les deux hommes se retrouvent dans le **hall** et se dirigent vers un guichet désert". *Le Point*, 30.12.94.

Fr: "Stanleyville. Dans le **hall**, à notre très grand étonnement, nous ne rencontrons plus nos gardes d'hier." *Marianne*, 27.5.97.

Fr: "Dans le **hall** carrelé du 136, rue Pierre-de-Roubaix...". *L'Express*, 1.5.97.

Po: "...o hotel tem, agora, o ***hall*** mais lindo de Manhattan". *Jornal do Brasil*, 30.5.97.

Po: "...ofereci ao sábio minhas despedidas no ***hall*** do hotel...". Amado, *Tenda dos milagres*.

Po: "China... e um enorme **hall** com estátuas de 500 santos budistas." *Gazeta Mercantil*, 16.7.97.

Halloween

Fr: "**Halloween** débarque en France. Une vaste opération de marketing tente d'acclimater dans l'Héxagone la fête des sorcières et des monstres...". *Le Figaro*, 31.10.97.

Fr: "Débat. **Halloween**: pourquoi l'invasion 'yankee'." *Le Figaro*, 1.11.98.

Fr: "**Halloween** tragique à Göteborg."

It: "Undicene spara e uccide per festeggiare **Halloween**." *La Stampa*, 4.11.97.

Po: "Yes, nós temos **halloween**." *Veja*, 6.11.96.

Po: "Evitaram debacle maior exatamente na semana do dia 31 do ***Halloween*** — o Dia das Bruxas." *IstoÉ*, 5.11.97.

Po: "Um **Halloween** no Natal." *Jornal do Brasil*, 9.11.97.

hamburger/burger/hambúrguer

Fr: "Il faut hurler pour commander des **hamburgers**." *Le Monde*, 11.4.96.

Fr: "...consomme de l'ecstasy comme on avale un **hamburger**...". *Paris Match*, 17.4.97.

Fr: "La crise... et l'effet vache folle ont un goût amer pour les rois du **hamburger**." *Le Figaro*, 1.4.97.

Fr: "La guerre des **burgers** a commencé." *Libération*, 3.3.97.

Fr: "...en lançant le Mc Deluxe, un nouveau **hamburger** adapté au goût français". *Le Figaro*, 1.4.97.

It: "500 quintali di **hamburger** alla volta dell'isola." *Il Messaggero*, 6.4.96.

It: "La catena McDonald's: 100 mila quintali di **hamburger**." *Corriere della Sera*, 6.4.96.

Po: "Ele poderia deliciar-se com toneladas de **hambúrgueres** e bolo." *IstoÉ*, 14.8.96.

Po: "...traçou um milk-shake e um **hambúrguer** enquanto assistia ao *Non Stop*". *Veja*, 9.4.97.

Po: "...costuma citar o dichote de Abbie Hoffman: 'É das vacas sagradas que se faz o melhor **hambúrguer**'". Roberto Campos.

Po: "Diante da esqualidez do cardápio, o deputado foi comer um **hambúrguer** na esquina." *Veja*, 5.11.97.

handball

Fr: "Mais il n'y avait pas dans le stade que des fans de **handball**!" *Paris Match*, 15.5.97.

Fr: "Inaki Urdangarin, star du **handball** ibérique, et Cristina d'Espagne ont décidé...". *Paris Match*, 15.5.97.

Fr: "...quatrième journée du championnat du monde de **handball**." *Libération*, 21.5.97.

Fr: "...dans tous les sports qui recherchent l'espace, comme le **handball** ou le rugby". *Libération*, 27.3.97.

handicap/handicapé

Es: "Anhelamos llegar un día a ese estado de igualdad en el que la condición mujer u ombre no represente un **handicap**." *El País*, 22.1.96.

Fr: "Juppé... celui que la gauche considérait comme le 'pire **handicap** électoral' de la droite." *Le Figaro*, 25.5.97.

Fr: "Juniors sans **handicap**. Semaine nationale des **handicapés** physiques." *Madame Figaro*, 23.3.96.

Fr: "La France veut combler son **handicap** en Afrique du Sud." *Le Figaro*, 24.4.96.

Fr: "Les **handicapés** mentaux vivent une troisième âge." *Le Parisien*, 6.5.96.

Fr: "Le Prix du Président est le **handicap** le plus richement doté." *Aujourd'hui*, 13.4.97.

Fr: "La richesse inhabituelle de son allocation pour un **handicap** en fait un objectif...". *Aujourd'hui*, 13.4.97.

Fr: "Association pour adultes et jeunes **handicapés**, 26, rue du Chemin-Vert, 75011 Paris."

Fr: "Mais, au-delà de ces **handicaps** de circonstance, les difficultés du socialisme français...". *Le Point*, 12.4.97.

Fr: "...Chambre des représentants... il leur fallait remonter un **handicap** de 40 sièges...". *Le Point*, 12.11.94.

Fr: "Et tant pis si Roosevelt... a toujours, lui, voulu cacher son **handicap**." *Le Point*, 3.5.95.

Fr: "Les **handicapés** américains exigent une statue de Roosevelt en chaise roulante." *Libération*, 29.4.97.

It: "Venerdi, convegno sui problemi dell'**handicap** a Bologna." *Corriere della Sera*, 6.4.96.

handmade

Fr: "...les finitions traditionnelles du **handmade** tailoring". *Le Figaro Magazine*, 23.3.96.

happening

Es: "El rayo verde: un filme construído con una inmensa libertad — lo contrário seria un puro **happening**." *El País*, 31.1.96.

Fr: "Private joke: tout commence par un **happening**." *Le Figaro*, 20.7.98.

Fr: "...défilés en forme de **happening** macabre devant le siège social de Roussel-Uclaf". *Le Point*, 19.4.97.

Fr: "...il se fait rabrouer par Godard lors d'un **happening** homérique...". *Le Point*, 3.5.95.

Fr: "Asian Dub Foundation... ses nouvelles investigations: ...dub, techno, **happening**...". *Libération*, 9.5.97.

Po: "Com o tempo, a tela foi posta de lado, dando lugar à produção de ***happenings***...". Ferreira e Mello, *Clement Greenberg e o debate crítico*.

Po: "...o minimalismo, os ***happenings***, em suma, uma arte proteiforme...". Jean-Pierre Criqui.

Po: "Arte acessível... Programados para acontecer toda semana... estes ***happenings*** têm atraído a atenção de um grande número de pessoas...". *Jornal do Brasil*, 20.5.97.

happy end

Es: "Dijo lo que todos soñaban para un **happy end** de tal calibre." *El País*, 18.6.96.

Fr: "Hollywood. ...peu conventionnelle, loin des **happy ends** rassurants...". *Le Point*, 20.5.95.

Fr: "Texas: **happy end** pour le western." *Libération*, 5.5.97.

Fr: "Zaïre. ...il y a maintenant une chance que ce soit un ***happy end***, une mauvaise histoire qui finit bien." *Jeune Afrique*, 20.5.97.

Fr: "D'autant que Koepp se tire-bouchonne un tantinet pour donner à son film une fin prudemment optimiste [Hollywood accro au ***happy end***?]." *Vogue*, ago. 1998.

Fr: "...une comédie parfum guimauve, baiser sucré et **happy end**." *L'Express*, 5.6.97.

Fr: "Le tout, bien sûr, avec **happy end**." *Le Nouvel Observateur*, 11.6.97.

Po: "A agência de matrimônio **Happy End**, na rua Canadá." *Veja*, 29.10.97.

Po: "Teve fim feliz ou, como diria um jovem de nossos dias, um **happy end**." Amado, *Os pastores da noite*.

happy few

Fr: "Et ses connexions avec la Maison-Blanche lui ont valu d'être invité à dormir dans la chambre de Lincoln, un honneur réservé à quelques ***happy few***." *Le Point*, 2.6.97.

Fr: "Sthendal, qui écrivait pour les ***happy few***, ne s'en désolait guère. Il pensait être lu tard et peu." *Le Point*, 7.6.97.

Fr: "Par endroits, cela ressemble à un canular intime et un brin fastidieux, un private joke longuet entre **happy few**." *Le Figaro*, 20.7.98.

Fr: "**Happy few**. ...la lecture de livres n'a jamais été répandue chez les *unhappy many*." *Le Point*, 7.6.97.

Fr: "Même Agami perdait son caractère de paradis pour ***happy few***. Le calme, il fallait le chercher beaucoup plus loin." Solé, *Le Tarbouche*.

happy hour

Fr: "Tournées du patron... consacrées en France par la vague tex-mex, les '**happy hours**' (littéralement 'heures heureuses') proposent de plus en plus aux Français assoiffés...". *Le Point*, 27.7.96.

Fr: "Certains proposent dans la foulée des 'nuits **happy hours**' pour rentabiliser le concept ou remplir leur troquet." *Le Point*, 27.7.96.

Po: "...pegou sua pick-up e seguiu para ...onde estava marcada uma **happy hour**." *Veja*, 9.4.97.

Po: "Glorinha Paranaguá receberá segunda-feira para uma ***happy hour*** em sua loja no Barra Shopping." *O Globo*, 8.11.97.

Po: "MAM abre **happy hour** jazzística." *Jornal do Brasil*, 22.7.97.

hard

Fr: "Cette scène '**hard**', qui reste 'soft' dans le champ de la caméra, mais pas à côté, est le pivot d'un film qui se rebelle contre une réalité physiologique." *Le Point*, 1.7.95.

hard discount/hard-discount/hard-discounters

Fr: "La clientèle du '**hard discount**' forme un drôle de monstre à quatre têtes." *Le Point*, 30.12.94.

Fr: "...encore un cran au-dessus des tariffs pratiqués par les '**hard-discounters**' outre-Rhin". *Le Point*, 30.12.94.

Fr: "Au final, les frais de gestion du '**hard discount**' ne dépassent pas les 4 à 5%...". *Le Point*, 30.12.94.

Fr: "L'arrivée des ***hard-discounters*** ou la progression de la part de marché des grandes surfaces." *Libération*, 29.4.97.

Fr: "Promodès s'est en effet délesté... de ses magasins de **hard-discount** *Dia* en France...". *Le Figaro*, 2.6.97.

Fr: "...présent sur tous les segments de commerce ...en passant par le **hard-discount**, le cash and carry et le supermarché". *Le Figaro*, 2.6.97.

Fr: "Le groupe de distribution rassemble... 1939 magasins de **hard discount**...". *Le Figaro*, 2.6.97.

Fr: "Le **hard discount** malgré tout." *Le Figaro*, 2.6.97.

hard-rock/hard rock

Fr: "En 1989... la musique populaire américaine était... dominée par le **hard-rock** et le rap." *Le Point*, 12.11.94.

Fr: "A la réflexion, **hard rock** et rap expriment la même liberté d'expression et libèrent les mêmes colères." *L'Express*, 5.6.97.

Fr: "Emma Shapplin chantait encore dans un groupe de **hard-rock**." *Le Figaro Magazine*, 14.2.98.

hardware

Es: "Por el momento se ha convertido en el primer candidato para conformar el **hardware** de un eventual ordenador cuántico." *El País*, 19.6.96.

Es: "...constate el lector la presencia europea, si alguna, en sus proprios ***hardware*** y *software* habituales". *El País*, 31.1.96.

Es: "La nueva HP Laser Jet es más rápida... gracias a una combinación de avances de software y de **hardware**." *El País*, 10.7.96.

Po: "Microsoft... campanha agressiva para provar que o **hardware** e o software de PCs podem dar conta das mais complicadas tarefas exigidas de computadores de empresas." *Jornal do Brasil*, 19.5.97.

Po: "A Microsoft também não decidiu qual será o preço do programa nem quais serão os requerimentos mínimos de **hardware** para rodá-lo." *Veja*, 16.7.97.

has-been

Fr: "Il y a encore cinq ans, Tony Bennett était considéré comme un **has-been**." *Le Point*, 25.5.96.

Fr: "Elles ont mis à la retraite anticipée Steffi Graf [28 ans] et font passer Monica Seles [24 ans] et Mary Pierce [23 ans] pour des ***has-been***." *Le Figaro Magazine*, 29.5.98.

head-hunter/headhunter

Fr: "Mon ami, ancien industriel, fait maintenant le **head-hunter**." J.-L. Mellerio.

Po: "Os **head-hunters** estão chegando...". *Exame*, 1.1.97.

Po: "Com um aparelho de fax e uma linha telefônica lançou-se no mercado de procura de executivos — **head-hunter**." *Manchete*, 22.11.97.

Po: "Ser **headhunter** de si próprio é a necessidade de todos os que buscam melhor condição profissional." *Jornal do Comércio*, 11.7.98.

Po: "*Seja seu próprio **headhunter***." Editora Futura, 1998.

heavy metal

Fr: "Les Beatles... n'ont pas inventé le **heavy metal** avec *Helter Skelter*...". *Libération*, 4.3.97.

Fr: "Jon Bon Jovi et Guns N'Roses — deux nouvelles références du ***heavy metal***...". *L'Express*, 5.6.97.

Fr: "Il a 37 ans, une queue de cheval, un groupe de rock **heavy metal** et 5 000 dollars qui dorment à la banque." *Le Nouvel Observateur*, 11.6.97.

Po: "Beavis é o louro que usa a camiseta com o logotipo da banda **heavy metal** Metallica." *IstoÉ*, 23.7.97.

Po: "Analisar as letras das bandas brasileiras de **heavy metal**... todas sem pé nem cabeça." *Veja*, 9.4.97.

Po: "A banda inglesa de **heavy metal** Def Leppard parece ter-se esquecido...". *O Estado de S. Paulo*, 14.4.97.

Po: "O legado de Jimi Hendrix... **heavy metal** e blues." *Veja*, 16.7.97.

hedge/hedge funds/"hedgeada"

Fr: "Tiger Management est l'un des plus grands ***hedge funds*** au monde, ces fonds qui spéculent sur les monnaies, les actions, les obligations ou les matières premières." *Le Figaro*, 24.5.98.

Fr: "Alpine Select représente une société... spécialisée dans les fonds de placement alternatifs [**hedge funds**]." *Le Temps*, 14.9.98.

Po: "Como quase toda sua receita e dívida são em dólar, automaticamente [a empresa] estará '**hedgeada**'." *Gazeta Mercantil*, 20.11.97.

Po: "Segundo ele, o caixa está 'travado' numa operação de '**hedge**' para reduzir o risco cambial." *Gazeta Mercantil*, 10.11.97.

Po: "Não se sabe quanto os bancos compraram de dólar para ficar depositado no Banco Central, o **hedge** [proteção]." *Jornal do Brasil*, 6.11.97.

Po: "O que vale é a desvalorização prevista mais o custo que o investidor paga pelo **hedge** no mercado futuro." *O Globo*, 19.4.98.

Po: "***Hedge***, na linguagem dos tecnocratas, é algo como proteção contra o risco." *O Globo*, 12.7.97.

Po: "Banco do Brasil oferece **hedge** para exportação." *Jornal do Comércio*, 4.3.99.

Po: "O alargamento da taxa de risco dá maior conforto às operações. 'Funciona como um mecanismo de **hedge** para os bancos.'" *Gazeta Mercantil*, 27.1.99.

Po: "Empresas obtêm liminar para não pagar impostos sobre '**hedge**'." *O Globo*, 11.3.99.

Hi-Fi/hi-fi

Fr: "**Hi-Fi** et 'Cinéma chez soi': les techniques de demain sont à Paris." *Le Figaro Magazine*, 9.3.96.

Fr: "Salon **HI-FI** — Palais des Congrès de Paris — 22-25 mar. 1996."

Fr: "...constructeurs, parmi les plus célèbres, de la **hi-fi** vidéo et du multimédia...". *Science et Vie*, jan. 1996.

Fr: "Des centaines de stations de radio pourront être diffusées avec un son **hi-fi**...". *Jeune Afrique*, 20.5.97.

Fr: "...à l'un des trois débits suivants de transmission d'informations numériquEs: son **hi-fi**, 'compact disc' et programme sonore associé à du texte...". *Jeune Afrique*, 20.5.97.

Fr: "Responsable du marketing chez Kenwood France, une entreprise japonaise de **hi-fi**, la jeune femme...". *L'Express*, 29.5.97.

Fr: "Le centre de Hanoi regorge de magasins improvisés de **hi-fi** ou vidéo." *Enjeux/Les Échos*, mar. 1994.

Fr: "Elisabeth Sandager est aux commandes du fabricant danois de **hi-fi de luxe**." *Le Figaro*, 16.2.98.

Fr: "B&O, le joaillier de la **hi-fi**." *Le Figaro*, 16.2.98.

high-tech/High-Tech/high tech

Al: "Der **High-Tech**-Thriller '*Game Over*'. Wunderlich. 496 Seiten. Geb DM 42."

Al: "Hinter dem Materialwagen des Teams Telekon... zu wie im **High-Tech**-Zirkus Formel 1." *Stern*, 16.7.98.

Al: "Hilfe durch **High-Tech**?" *Der Spiegel*, 13.7.98.

Al: "Die 47 Jahre alte Firma bietet — anders als die vielen **High-Tech**-Firmen — keine phantastischen Kurs-Chancen, wirft aber eine solide sweisstellige Umsatzrendite." *Der Spiegel*, 13.7.98.

Al: "Das dröhndende **High-Tech**-Drama." *Focus*, 8.7.96.

Al: "**High-Tech** aus der Raumfahrt soll schon bald Rehkitze und anderes Jung wild vor den Messern von Kreiselmähern retten." *Die Welt*, 17.6.98.

Fr: "Une première biennale de l'image à Paris résolument **high-tech** et déshumanisée." *Le Monde*, 30.5.98.

Fr: "Israel. Les géniaux bricoleurs du **high-tech**." *Le Figaro*, 29.4.98.

Fr: "Bangalore, paradis incongru du **high-tech**, c'est la Sillicon Valley...". *Le Point*, 19.4.97.

Fr: "...du côté du Parti socialiste et voilà un joli colifichet **high-tech**." *Libération*, 16.5.97.

It: "Cuore **high-tech**: battito di speranza." *Grazia*, 29.3.96.

Po: "A transição de bugiganga para **high tech** é complicada." *Veja*, 9.4.97.

hippy/hippie

Es: "Está más de moda el rapado que el ***hippy***, pero siempre la derecha ha gritado más y eso no quiere decir nada." *El País*, 9.1.96.

Fr: "...de gens dangereux ...et non de folkloriques **hippies** comme certains l'ont dit". *Paris Match*, 17.4.97.

Fr: "Sculpteur, Acteur, Marquis **Hippy**...". *Paris Match*, 30.4.97.

Fr: "...les folles excentricités de ces **hippies** avant la lettre qui bousculèrent ...les rigides conventions d'une Angleterre corsetée?". *Le Point*, 20.5.95.

Fr: "Jean-Jacques Camarra est un **hippy** contrarié." *Libération*, 4.3.97.

Fr: "...après une première femme qui m'a tout appris ...une deuxième qui était **hippie** et une troisième qui était straight". *Le Point*, 17.8.96.

Fr: "Paulo Coelho. Véritable **hippie** au départ, très porté sur le LSD et autres produits planants...". *Le Point*, 17.8.96.

Fr: "C'est un film sur les enfants des **hippies**, précise Guit...". *L'Événement du jeudi*, 25.6.97.

It: "In Bergamasca. Gli **hippy** vanno, Colere respira." *Il Giorno*, 27.7.98.

Po: "Indiferente à veemência da condenação total aos **hippies**...". Amado, *Tieta do agreste*.

Po: "'Se esses tais **hippies** gostam tanto deste som, vamos a ele', declarou na época." *Veja*, 26.11.97.

hip hop/hip-hop

Fr: "Y a d'la banlieue dans l'air: la danse **hip-hop** le vendredi 13 juin...". *Le Point*, 7.6.97.

Fr: "Tout le monde veut apprendre le **hip-hop**." *Le Monde*, 26.10.98.

Fr: "Au programme, le **hip-hop**, avec le duo génial de Hakim Maïche et Régis Truchy." *Le Point*, 7.6.97.

Fr: "Harper apparaît comme la nouvelle voix pure et désintéressée de la génération **hip-hop**." *Le Point*, 7.6.97.

Fr: "La star du rap français... loin des recettes commerciales du **hip hop** d'aujourd'hui." *Le Figaro*, 17.6.97.

Fr: "...avec du **hip-hop**, cette danse des banlieues qui fait désormais partie des gestuelles incontournables". *Le Figaro Magazine*, 14.6.97.

Fr: "Les moines guerriers du Wu-Tang Clan sous-cultivent leur **hip-hop** pour mieux le sublimer." *L'Événement du jeudi*, 25.6.97.

It: "Italia **hip hop** una nazione vera." *La Repubblica*, 2.6.97.

It: "'L'**hip hop** è diventato grande!' ha gridato... Frankie Hi-Nrg Mc, uno dei nomi storici del rap italiano." *La Repubblica*, 2.6.97.

It: "Segno che l'**hip hop** 'made in Italy' è cresciuto davvero." *La Repubblica*, 2.6.97.

Po: "A viagem pelo underground enfoca as fusões de jazz, jungle, techno e **hip hop** exploradas pelas novíssimas bandas alemãs." *Jornal do Brasil*, 12.7.97.

hit/big hit/hit list

Fr: "Son récent single... est devenu un **hit** de club international." *Libération*, 5.5.97.

Fr: "Les 'Temptations' joueront immanquablement la cascade de **hits** suivants...". *Libération*, 3.3.97.

Po: "...Moska apresenta 'O último dia', ***hit*** de seu disco anterior". *O Globo*, 22.5.97.

Po: "**Hit** da tesoura. Modelos e atrizes aderem ao cabelo com franjinha." *Veja*, 5.11.97.

Po: "Mas o ***hit***, de fato, é a música *O homem de Nazaré*, com direito a *clip* gravado em Nova Jerusalém, Pernambuco." *Manchete*, 22.11.97.

Po: "Pode parecer um contra-senso uma cor tão própria do inverno ser o **hit** do verão." *IstoÉ*, 30.7.97.

hit parade/hit-parade/Hitparaden

Al: "Sturm Auf Die **Hitparaden**." *Focus*, 8.7.96.

Es: "Lo malo es cuando el canon, la lista o el **hit parade** es producto de un consenso o de un sondeo." *El País*, 9.1.96.

Fr: "Andrea Bocelli fait grimper le bel canto au sommet des **hit-parades**." *Paris Match*, 30.4.97.

Fr: "...une nouvelle OPA british sur les **hit-parades** américains...". *Libération*, 30.4.97.

Fr: "Le **hit-parade** des athlètes par contrats publicitaires, en francs français...". *Le Point*, 3.5.95.

Fr: "Le '**hit-parade**' des 'stars' dans les circonscriptions difficiles." *Le Monde*, 5.5.97.

Fr: "Toulouse se place au neuvième rang du **hit-parade** des mauvais scores du FN." *L'Événement du jeudi*, 2.4.97.

Fr: "Afrique: le **hit-parade** des fortunes cachées." *L'Événement du jeudi*, 28.5.97.

Fr: "Corruption. Le **hit-parade** des pays ripoux." *Le Point*, 9.8.97.

It: "Tre ragazzini dell'Oklahoma in testa nella **hit parade** Usa." *La Repubblica*, 22.5.97.

It: "E l'album 'Middle of nowhere' è già al nono posto della **hit parade**." *La Repubblica*, 22.5.97.

hobby/Hobby

Al: "Hans Kammerlander: Mein **Hobby** ist klettern und laufen." *Stern*, 16.7.98.

Fr: "Torvalds. Je vous rassure: c'est juste un **hobby**, rien de sérieux ni de professionnel." *Le Point*, 15.8.98.

Fr: "La peinture est un des **hobbies** du prince Charles." *Madame Figaro*, 13.4.96.

It: "Medico, familia benestante, ma con l'**hobby** delle rapine." *Il Messaggero*, 10.4.96.

Po: "Os conjuntos para montar estão atraindo gente nova para o **hobby**...". *Veja*, 19.3.97.

Po: "Aquário marinho. As artimanhas que o ***hobby*** exige." *O Globo*, 4.1.98.

Po: "...passatempo a jato para os que têm como **hobby** o demorado nautilomodelismo". *Veja*, 19.3.97.

hockey/hockeyeur

Al: "Während Toni nach Beachvolleyball und Feld**hockey** mit einer weissen Kochmütze...". *Focus*, 8.7.96.

Fr: "Valentin Sych, à la tête de la Fédération russe de **hockey** sur glace...". *Le Point*, 3.5.95.

Fr: "Bénéficiant des droits exclusifs pour le championnat du monde de **hockey** en Finlande...". *Le Point*, 3.5.95.

Fr: "Le patron du **hockey** russe venait aussi de se heurter à ses meilleurs joueurs." *Le Point*, 3.5.95.

Fr: "Championnat du monde de **hockey** sur glace sur *Eurosports*." *Le Figaro Magazine*, 10.5.97.

Fr: "A côté du **hockeyeur** tout en douceur et en bonhomie, le patineur artistique...". *Le Figaro Magazine*, 10.5.97.

Fr: "L'équipe de France de **hockey** sur glace compte sur ses jeunes." *Le Monde*, 7.5.97.

holding

Es: "A partir de ahora la AIE no actuará como una mera sociedad **holding** de su grupo de empresas, sino...". *El País*, 19.6.96.

Fr: "...législation japonaise sur les sociétés **holding**...". *Les Échos*, 16.4.97.

Fr: "Carlo de Benedetti, dont le **holding** familial, CIR, a fait récemment tomber...". *Les Échos*, 14.4.97.

Fr: "Seillière, patron de la **holding** familiale des Wendel, vient finalement d'admettre...". *Le Point*, 5.10.96.

Fr: "Mycom Berhad, un important **holding** malais cotè en bourse à Kuala Lumpur." *Le Point*, 26.4.97.

Fr: "...chargé de gérer la faillite de C.I., le **holding** de Denis Allet, basé à Bruxelles". *Le Point*, 26.4.97.

It: "Tuttavia la **holding** Belleli era l'orgoglio di Mantova." *Corriere della Sera*, 11.8.98.

It: "Tronchetti Provera ha precisato al riguardo che i proventi della **holding** Pirelli recepiscono i dividendi riscossi dalle consociate." *Il Giornale*, 18.9.98.

It: "Il gruppo Contship, attraverso la sua **holding** internationale Contship Europa, ha ricentemente ripreso il controllo totale della sub-**holding** italiana, Contship Italia." *Il Sole 24 Ore*, 7.8.98.

Po: "O Banco e a Interunion Capitalização fazem parte da mesma **holding**." *Jornal do Brasil*, 28.12.96.

hold-up

Fr: "La recrudescence du banditime, notamment des **hold-up** sur des banques et des bijouteries, résulte d'éléments venus d'Algérie." Peyrefitte, *C'était de Gaulle*.

Fr: "La poursuite qui a succédé le **hold-up**." *Le Figaro*, 8.5.96.

Fr: "Dissoudre l'Assemblée nationale... 'c'est un véritable **hold-up** electorale'." Jean-Marie Le Pen, abr. 1997.

Fr: "Les témoins de chaque **hold-up**, de Lorient, à l'été 1989, au Havre...". *Le Point*, 12.4.97.

Fr: "Karen étant âgée de 17 ans lors de son premier **hold-up**, sera jugée par la cour d'assises des mineurs." *Le Point*, 12.4.97.

Fr: "Escroc de haut vol, spécialisé dans les **hold-up** bancaires...". *Le Figaro Magazine*, 10.5.97.

Fr: "Une grenade pour un **hold-up** à Rodez." *Libération*, 21.5.97.

Fr: "...un jeune garçon découvre le cadavre de son voyou de frère, tué dans un **hold-up** minable". *Le Point*, 17.8.97.

Fr: "Sam a perdu son complice et sa tranquilité dans un **hold-up** qui a tourné au vinaigre." *Le Figaro TV Magazine*, 29.3.98.

Fr: "Le parfumeur Guerlain a été blessé lors d'un **hold-up** sanglant à son domicile." *Le Point*, 20.6.98.

hole-in-one

Po: "Além de craque, é sortudo... conseguiu dois **hole-in-one**." *O Globo*, 29.1.97.

Po: "Atan Barbosa me assegura que teve a consagração do **hole-in-one** no Marrocos." Lins, *Almanaque*.

home banking/Homebanking

Al: "...der unsere Angebotspalette über ISDN hinaus nach oben ergänzt, in Deutschland schneller kommen wird als in den USA Übrigens sind wir auch beim Online **Homebanking** weiter als die Amerikaner". *Die Welt*, 17.6.98.

Po: "O **home banking** é uma realidade e o uso da Internet... uma decisão estratégica." *Banco Hoje*, nov. 1997.

Po: "Citibank. Outra estratégia, para não aumentar muito o número de agências, é investir pesado no ***home banking***." *Jornal do Brasil*, 24.6.97.

Po: "O Banerj deverá começar a operar também com serviços de '**home banking**' e por telefone, até o ano que vem." *Gazeta Mercantil*, 20.11.97.

Po: "Donas de casa, executivos, micreiros estão aderindo em massa ao ***home banking***." *Jornal do Brasil*, 23.7.97.

home page

Po: "A ***home page*** é apoiada por parentes e amigos dos presos políticos chilenos." *Jornal do Brasil*, 12.1.97.

Po: "Sua ***home page*** tem aliviado o bolso de pacientes com sintomas de fácil diagnóstico." *O Globo*,15.1.97.

Po: "Foi aberto por Betinho o debate sobre a reeleição na ***home page*** do Alternex." *Jornal do Brasil*, 17.1.97.

Po: "Criar **home page** está ficando cada vez mais fácil." *O Globo*, 4.1.97.

Po: "A **home page** da embaixada brasileira em Londres é considerada a mais bem construída." *O Globo*, 21.2.97.

Po: "**Home page** da Polícia Federal só tem hoje um foragido procurado." *O Globo*, 6.11.97.

Po: "Para apanhar um gráfico com a flutuação do valor de moedas, entre na **home page** da CME, da Midam e outras Bolsas." Spinola, *O futuro do futuro*.

home, sweet home

Al: "**Home, sweet home**: Während Deutschlands Reisemanager weiter nach Wegen aus dem Buchungstief fahnden...". *Focus*, 6.7.98.

host/hostess

It: "La figlia finisce a fare la **hostess** in un bar per soli uomini." *La Stampa*, 7.4.96.

It: "Ricco medico fermato in aeroporto: voleva stupire la fidanzata **hostess**." *La Stampa*, 10.4.96.

It: "L'uomo, uno stilista, era stato sorpreso a letto con una **hostess**, madre de due figli." *Il Giornale*, 18.9.98.

Po: "Branquinha do Val Bournier, a ***hostess*** magnífica." Amado, *Tenda dos milagres*.

hot dog/hot-dog

Fr: "Pour choisir entre un hamburger et un **hot dog** chez MacDo...". *Le Point*, 1.4.95.

Fr: "Si on avait pu vendre des **hot-dogs**, on l'aurait fait." *L'Événement du jeudi*, 2.4.97.

Fr: "Ce qui ne l'a pas empêché de s'introduire dans une soirée privée déguisé en **hot dog**, tout nu, recouvert de moutarde et de ketchup...". *Le Nouvel Observateur*, 11.6.97.

Po: "...atitude coerente com o costume de falar ***hot-dog*** e não cachorro-quente". *Veja*, 9.4.97.

hot line/Hotline

Al: "Über unsere **Hotline** erhalten wir vorwiegend Zuspruch, aber ich gebe zu: auch manchen heftigen Anraunzer." *Focus*, 6.7.98.

It: "**Hot Line**. Storia di un'ossessione di Francesca Mazzucato." *IoDonna*, abr. 1996.

It: "'Private Ryan', **hot line** per reduci traumatizzati." *Il Giorno*, 27.7.98.

hot money

Po: "Gosta da idéia de criar uma instituição multinacional para supervisionar o '**hot money**' e evitar essas crises?" *O Globo*, 9.11.97.

Po: "As Bolsas não são atores diretos... quanto maior for a sua base contratual, o tamanho das suas custódias e a liquidez doméstica, menos vulneráveis serão suas *clearings* às grandes flutuações do ***hot money***." Spinola, *O futuro do futuro*.

Po: "Armínio Fraga: 'Não utilizamos ***hot money*** para financiar o balanço de pagamentos'." *O Globo*, 16.7.97.

house/house-boat

Fr: "La musique électronique qui rythme la plupart des clubs... est la **house**: genre pionnier, directement affilié au disco, au funk et à la soul ...plus sensuelle et festive que la techno." *L'Événement du jeudi*, 2.4.97.

Fr: "La **house** est d'ailleurs le seul genre de la musique électronique qui semble capable de passer le barrage des charts...". *L'Événement du jeudi*, 2.4.97.

Fr: "...de fêtes somptueuses à bord des ***house-boats*** ancrés sur le Nil." Druon, *Circonstances*.

household word

Po: "Erectile dysfunction, antes tabu, tornou-se hoje **household word** nos Estados Unidos." Francisco Catão.

Hub

Fr: "Aéroports. Le choix de Swissair de centrer entièrement son '**hub**' à Zurich au détriment de Genève... a provoqué la colère des responsables politiques, gouvernement compris *Le Point*, 2.5.98.

hurrah!/Hurra!

Al: "Weitgehende spontan marschieren Tausende und rufen **Hurra** für die Demokratie' oder 'Wir wollen Frieden'." *Frankfurter Allgemeine Zeitung*, 12.9.98.

hype

Po: "O movimento ***hype*** traduz o comportamento das pessoas no fim deste século." *Jornal do Brasil*, 21.7.97.

Po: "O cenário da Babilônia Feira **Hype** [pronuncia-se *raipe*] foi montado com apoio da prefeitura do Rio." *Jornal do Brasil*, 21.7.97.

impeachment/Impeachment

Al: "Die **Impeachment**-Klausel unserer Verfassung soll das Land gegen einen Präsidenten schützen, der seine Macht gegen die Nation...". *Welt am Sonntag*, 13.9.98.

Fr: "Clinton... à encourir une procédure d'***impeachment*** par le Congrès, pour avoir nié sous serment sa liaison avec une stagiaire de la Maison-Blanche." *L'Express*, 6.8.98.

Po: "Professor pede '**impeachment**' de Ministro." *Jornal do Brasil*, 7.1.97.
Po: "Roseana, você já foi a musa do **impeachment**. Seja agora a musa da reeleição." *O Globo*, 25.1.97.
Po: "Paulo Afonso disse estar preparado para processo de **impeachment**." *Jornal do Brasil*, 2.3.97.
Po: "No caso Collor de Mello, perdeu o processo de **impeachment**, mas conseguiu inocentá-lo." *Veja*, 9.4.97.
Po: "Aprovado pedido de **impeachment** em Santa Catarina." *Folha de S. Paulo*, 11.6.97.
Po: "Paulo Henrique Cardoso derreteu diante dos encantos da musa do **impeachment**." *Veja*, 19.11.97.
Po: "**Impeachment** sempre teve tiroteio." *Jornal do Comércio*, 18.7.97.

in/off

Fr: "Cinq cents spectacles. Le festival **off** d'Avignon n'avait jamais atteint ce chiffre." *Les Échos*, 20.7.98.
Fr: "Peu d'acteurs connus sont venus s'immiscer dans le '**off**'." *Les Échos*, 20.7.98.
Fr: "On relève néanmoins les noms de Pierre Santini, Romain Bouteille [à la fois dans le '**in**', où il participait à un spectacle de texte de Dubillard, et dans le '**off**', Philippe Avron...". *Les Échos*, 20.7.98.

in/out

Es: "El principio de solidaridad entre los llamados ***in*** e los ***out*** fué ya aprobado por los Quince en el último Ecofin." *El País*, 19.6.96.
Es: "Clarke advirtió que las relaciones de tipo de cambio no son el único problema entre las monedas **in** e las **out**." *El País*, 23.1.96.
Fr: "Il y aura les qualifiés, appelés '**ins**' dans le jargon bruxellois pour montrer qu'ils seront à l'intérieur de la zone euro, et les autres, les '**outs**'. *Le Figaro*, 11.4.96.
Fr: "L'opposition entre Paris et Bruxelles au sujet des rapports qui s'établiront à partir de 1999 entre pays '**in**' et pays '**out**' est...". *Le Monde*, 1.8.96.
Fr: "La suggestion de sanctionner les pays qui n'étant pas admis immédiatement dans l'union monétaire (les '**out**') en profiteraient...". *Le Monde*, 1.8.96.
Fr: "Cette surévaluation de la réussite leur faisait diviser la société en '**in**' et '**out**'. *Marianne*, 25.5.97.
Fr: "'**In**' chez les Rouges de Manchester, '**out**' chez les Bleus de France, ainsi allait Cantona." *Paris Match*, 29.5.97.
Po: "...como se aprende naquelas tabelas que falam o que é ***in*** e o que é ***out***". *Veja*, 9.4.97.

insider

Fl: "**Insiders** spreken van een handige streek van World Online, want het bedrijf slaat verschillende vliegen in éen klap." *Algemeen Dagblad*, 16.6.98.

insight

Po: "Deep Blue. Os programas... têm ***insights***, sacações, têm tudo." *Jornal do Brasil*, 20.5.97.

Internet/internet

Al: "**Internet**-Händler Amazon lehrt herkömmliche Verkäufer wie Bertelsmann das Fürchten." *Focus*, 6.7.98.
Fl: "Al 300.000 pogingen om aanbieder **internet** te kraken." *Algemeen Dagblad*, 16.6.98.
Fr: "'**Internet** se heurte à notre tradition colbertiste et napoléonienne car il oblige à la transparence totale', explique Pierre Laffitte, sénateur des Alpes-Maritimes." *Le Figaro*, 22.5.97.

Fr: "Le rêve américain de l'**Internet** pour tous." *Libération*, 9.5.97.
Fr: "Quand les musées 'surfent' sur **Internet**." *Le Figaro*, 27.5.97.
Fr: "Tout internaute comme il faut possède sa boîte aux lettres sur **Internet**, son e-mail...". *Télérama*, 15.11.95.
Fr: "Le YCC innovera en ouvrant très prochainement un site sur l'**Internet**." *Libération*, 5.5.97.
Fr: "Dernière innovation, les socialistes disposent d'un site **Internet**." *L'Événement du jeudi*, 14.5.97.
Fr: "Des militants français de la liberté sur l'**Internet**, voire des journaux français en vue...". *Le Point*, 17.5.97.
Fr: "Même si nous pouvons améliorer l'**Internet**, rien ne sera aussi bon qu'un stockage local sur son PC." *Les Échos*, 12.5.97.
Fr: "Une équipe de chercheurs de l'université Yale a chargé sur **Internet** (http://www.yale.edu/cgp) une impressionnante série d'informations inédites sur les années de terreur des Khmers rouges." *L'Express*, 6.2.97.
It: "I libri vincono senza **Internet**." *La Repubblica*, 22.5.97.

interview/interviewer/Interview

Al: "Selbst Schröder gibt jetz staatstragende **Interviews** und lobt den Chef über den Klee." *Focus*, 8.7.96.
Al: "Dr. Stephan Krümmer...in einen **Interview** mit dem Branchenmagazine *BuchMarkt*...". *Focus*, 8.7.96.
Fr: "Pour la première fois de sa longue vie, le Général se fait '**interviewer**'. Il ne délivre pas d'en haut son message au peuple. Il passe par la médiation d'un interlocuteur. Michel Droit est très à son aise." Peyrefitte, *C'était de Gaulle*.
Fr: "**Interview** d'André Bergeron, ex-leader de Force Ouvrière." *Libération*, 16.4.96.
Fr: "*Le Parisien* publie pourtant une **interview**-choc du médecin...". *Le Point*, 30.12.94.
Fr: "Mais la prétendue '**interview**'... publiée dans *le Temps* du 12 novembre...". Painter, *Marcel Proust*.
Fr: "Giovanni Agnelli... dans une **interview** à *La Stampa* — le prestigieux quotidien...". *Le Point*, 19.4.97.
Fr: "Rushdie dans *Libération*, **interviewé** par Antoine de Gaudemar." *Le Point*, 12.11.94.
Fr: "Si vous deviez **interviewer** votre mari, quelle est la question que vous lui poseriez?" *Paris Match*, 6.3.97.

Intranet/Extranet

Fr: "La combinaison d'Internet, d'**Intranet** et d'**Extranet** constitue la nouvelle panoplie du réseau de communication adopté par un nombre croissant de sociétés." *Le Monde*, 1.2.97.
Fr: "**Extranet** est une extension d'**Intranet** destinée aux partenaires privilégiés de l'industriel." *Le Monde*, 1.2.97.
Fr: "S'ils ont des avantages incontestables, les **Intranet** ont également leurs défauts [...]. Un **Intranet** est une excellente plate-forme pour publier en interne des informations." *PC-Expert*, jul. 1996.
Fr: "L'**Intranet** étant par définition une réplique réduite de l'Internet, il est évident que l'on peut y employer les mêmes applications." *Internet Reporter*, mai. 1996.
Fr: "L'interconnexion des réseaux internes à une même société s'appelle un **intranet**. Sans majuscule, mais avec article." *Planète Internet*, jun. 1996.

jackpot/jack-pot

Fl: "Lindsey, zo bleek, had de **jackpot** gewonnen." *Het Nieuwsblad*, 27.7.98.

Fr: "Economie. **Jackpot** boursier pour Yahoo!" *Libération*, 15.4.96.

Fr: "Auxerre rêve du **jackpot**." *Le Parisien*, 29.4.96.

Fr: "Guerreiro tente sa chance et décroche le **jackpot** au premier essai." *Aujourd'hui*, 13.4.97.

Fr: "Casinos: Chaque Année un Vrai **Jackpot** Echappe au Fisc." *Paris Match*, 17.4.97.

Fr: "La crise albanaise... née de la confusion entre **jackpot** et capitalisme...". *Les Échos*, 16.4.97.

Fr: "...le jeune passe professionnel. **Jackpot**. Un de 40 millions de dollars". *Le Figaro Magazine*, 19.4.97.

Fr: "...partout, la gauche pavoise, après le **jackpot** des urnes, dimanche". *Libération*, 3.6.97.

Fr: "Seulement deux permettront finalement d'empocher le **jackpot**." *Le Figaro Magazine*, 21.2.98.

It: "Superenalotto, il '**jackpot**' di sabato prossimo vola a 17 miliardi." *Corriere della Sera*, 17.9.98.

It: "Golden League 5 atleti ancora in corsa per il **jackpot** da un millione di dollari." *Corriere della Sera*.

It: "Sempre considerando che i premi assicurati (ed effetivamente riscossi, anche grazie al '**jack-pot**' di prossima istituzione) sono tra i più alti." *Oggi*, 23.9.98.

jazz/jazzmen/jazz-band/jazzy

Fr: "Le **jazz** explose actuellement dans les festivals partout en France." *Le Figaro*, 22.3.96.

Fr: "Enquête au pays du **jazzman**." *Le Figaro*, 22.3.96.

Fr: "**Jazz** à tous les étages." *Paris Match*, 21.3.96.

Fr: "La sensualité de Getz et l'élégance d'Evans sont au service d'un **jazz** subtil, raffiné, nostalgique, intemporel." *Madame Figaro*,13.4.96.

Fr: "...votre grande passion, c'est le **jazz** et Duke Ellington en particulier?" *Paris Match*, 17.4.97.

Fr: "Dans une ambiance musicale **jazzy**, un divan invite le visiteur...". *L'Express*, 1.5.97.

Fr: "...le comte Robert s'écria avec indignation: 'Non!' murmurant: 'Quel baptême **jazz-band**!'." Painter, *Marcel Proust*.

Po: "Durante breve pausa do **jazz-band**...". Amado, *Farda, fardão, camisola de dormir*.

Po: "O *jazz*... voltou a atacar com fúria." Amado, *Tereza Batista cansada de guerra*.

Po: "O *jazz* prossegue tocando mas os pares abandonaram o ringue." Amado, *Tereza Batista cansada de guerra*.

jeans/jean/blue jeans/Bluejeans

Al: "Ritter Katurskij trägt **Bluejeans**, Frau Zarin zürnt. **Jeans**! Zum Hof-Gottesdienst!" *Stern*, 16.7.98.

Fr: "...le marin essayait délicatement d'ouvrir la fermeture Eclair de mon **jean**". *Le Point*, 1.4.95.

Fr: "...un **jean** centenaire découvert dans une mine". Associated Press.

Fr: "Le **jean** créatif va-t-il déthrôner le jean classique...?". *Le Figaro*, 14.4.97.

Fr: "Les Galeries Lafayette portent le **jean** au pinacle avec l'opération '**Jean** Attitude'." *Le Figaro*, 14.4.97.

Fr: "238 millions de **jeans** sont achetés chaque année par 300 millions d'européens." *Le Figaro*, 14.4.97.

Fr: "André Agassi a imposé le short en **jeans** sur les courts...". *Paris Match*, 30.4.97.

Fr: "Les **jeans**, tee-shirts, casquettes frappés du logo CK inondent les rues de la planète." *Le Point*, 9.8.97.

Fr: "Le marché du **jean** est devenu une guerre tribale." *Paris Match*, 15.5.97.

It: "Di un'eleganza nient'affatto costruita, più spesso in **jeans** e camicia." *IoDonna*, abr. 1996.

Po: "Cabelos sempre armados, metida em invariáveis calças **jeans** — trinta delas no armário." *Veja*, 9.4.97.

Po: "Na Europa se diz que o apocalipse é tão americano quanto o ***blue jeans***...". *Manchete*, 10.5.97.

Po: "Hoje o **jeans** é sinônimo de descontração e a lycra aparece apenas para dar conforto." *IstoÉ*, 12.11.97.

Jeep/jipe

Fr: "Quelques hommes descendent d'une **Jeep**, pénètrent dans le bâtiment...". *Jeune Afrique*, 20.5.97.

Fr: "Une heure plus tard, une **Jeep** neuve de 1943 vint nous chercher dans la cocoteraie...". *Le Figaro Magazine*, 24.5.97.

Fr: "Les voilà, au bout de l'avenue, sur leurs **Jeep** et camions, arsenaux mobiles." *Jeune Afrique*, 27.5.97.

Fr: "Gabon... promettre aux formations politiques reconnues l'octroi d'une ou plusieurs **jeeps** Pajero et de subventions." *L'Événement du jeudi*, 28.5.97.

Fr: "Et voilà que, débouchant de l'avenue de l'église, surgit dans notre champ de vision une **Jeep** qui fuit l'ennemi tout proche." *Jeune Afrique*, 27.5.97.

Fr: "A 6 heures du matin, personne sur les routes, la **Jeep** de Naomi Campbell file vers son appartement." *Paris Match*, 30.7.98.

Po: "**Jipe**, caminhão e máquinas descem a rua...". Amado, *Tieta do agreste*.

Po: "Nenhum outro carro consegue preencher nossa alma e nosso coração como um **Jeep**." *IstoÉ*, 4.6.97.

Po: "Temos ainda um **Jeep** Cherokee que é usado por meus filhos." *Veja*, 25.6.97.

jersey

Fr: "C'était une belle robe au point de **jersey**." *Madame Figaro*.

Fr: "Pull en V sans manches, casquette ou bob... et polo **jersey** sont à mélanger avec excès et sans modération aucune." *L'Événement du jeudi*, 14.5.97.

jet/business jet/corporate jet

Fr: "Personne n'a intérêt à ce que l'excellente image des ***business jets*** soit ternie." *Jeune Afrique*, 20.5.97.

Fr: "*Elle* révèle que les ***corporate jets*** ne sont pas d'une fiabilité à la hauteur de leur image de marque." *Jeune Afrique*, 20.5.97.

Po: "O lear**jet** que ele pilotava chocou-se com um caminhão estacionado...". *O Globo*, 20.5.97.

Po: "Bandeira era sócio de PC na Brasil **Jet**." *Veja*, 21.5.97.

jet lag/jet-lag

Fr: "Pour éviter le **jet-lag**. Pas de solution miracle mais quelques conseils simples à suivre." *Le Figaro Magazine*, 10.4.98.

Fr: "Il avait la faculté de s'endormir à volonté, grâce à quoi il supportait avec une aisance remarquable et remarquée les décalages horaires que certains Français persistaient à appeler ***jet-lag***." Giroud, *Le Bon Plaisir*.

It: "Non riesco ad assorbire il **jet lag**." *Oggi*, 23.9.98.

Po: "**Jet lag**: Foi tipo pim-pam-pum o rasante da decoradora francesa Mica Ertegum por São Paulo." *Folha de S. Paulo*, 25.6.97.

Po: "Os problemas conhecidos como ***jet-lag*** agravam-se na classe econômica." *Veja*, 23.7.97.

jet-set/Jet-set

Al: "...vielmehr erfreut man sich in illustrer Runde am Austausch von **Jet-set**-News und Fragen global sthetischer Brisanz". *Focus*, 6.7.98.

Fr: "Au Cricket Club, la **jet-set** de la métropole côtière se donne rendez-vous." *Le Point*, 19.4.97.

Fr: "Truman Capote. Ceux qui l'ont connu narrent... de l'enfance dans le Sud aux derniers jours dans la solitude en passant par les années **jet-set** à New York." *L'Officiel*, ago. 1998.

Fr: "Des couturiers de l'avenue Montaigne aux stylistes de la **jet-set** en passant par...". *Paris Match*, 15.5.97.

Fr: "...de Maurice Rheims dans les années 60, qui a lancé le métier dans la **jet-set**, à Jacques Tajan, l'ami de Pierre Bérégovoy...". *Le Point*, 2.6.97.

Fr: "Surnommé 'l'île aux milliardaires', l'îlot de Cavallo... paradis pour la **jet-set** et le show-biz." *Le Point*, 9.8.97.

Fr: "Un bal de la Croix-Rouge plus **jet-set** que royal." *Le Figaro Magazine*, 16.8.97.

Fr: "Coup d'envoi du plus scintillant des week-ends monégasques, une autre figure de la **jet-set** internationale jettera l'ancre à Monaco." *Le Figaro*, 1.8.97.

It: "Loeb, un chirurgo che tra le sue pazienti annovera personaggi del **jet-set**, attrici di Hollywood e modelle." *Chi*, 24.9.98.

Po: "Jorginho Guinle... foi bem aceito num '**jet-set**' internacional de moral permissiva." *Gazeta Mercantil*, 7.7.97.

Po: "Diana... em plena Riviera Francesa, finge ignorar que é uma pessoa do **jet-set** internacional." *Jornal do Comércio*, 18.7.97.

jet-ski/jet ski

Fr: "Le pilote d'un **jet-ski**, ancien chauffeur du fils du chah d'Iran, a été tué par balle." *Le Figaro*, 11.4.96.

Fr: "J'ai envie de me noyer dans la mer, mais il y a trop de **jet-skis**." *Le Point*, 7.6.97.

Fr: "Après le **jet-ski**, le jet-lag pour les amoureux de la jet-set." *Paris Match*, 6.8.98.

Po: "Mataram a mãe por **jet-ski**." *Veja*, 22.1.97.

Po: "Supermáquinas capazes de simular movimentos de **jet-ski**...". *Veja*, 19.3.97.

Po: "Também fazem parte do pacote um **jet-ski** e uma lancha Sea Doo...". *IstoÉ*, 21.5.97.

Po: "Fim de tarde em Miami Beach. ***Jet skis*** deslizam sobre o mar azul-turquesa." *IstoÉ*, 23.7.97.

Po: "Passeou ontem de **jet-ski** na Riviera francesa, a princesa Diana [foto]." *Jornal do Brasil*, 15.7.97.

Po: "Lady Di... Na investida contra os fotógrafos que a observavam dentro de um barco, usou um **jet-ski**." *Jornal do Brasil*, 17.7.97.

jingle

Fr: "...partout, de symphonie d'attente en **jingle**, psychédélique...". *L'Événement du jeudi*, 14.5.97.

Fr: "La légende Dim. Les droits sur l'ancien **jingle** n'ayant pas été renouvelés, ce sont les six premières notes du générique d'un western de série B qui retiendront l'attention." *Le Point*, 6.6.98.

Po: "Publicitário aproveita máquina de música 'jukebox' para inserir '**jingles**' publicitários." *Jornal do Brasil*, 9.11.97.

Po: "Quem for ao... vai poder ouvir um dos oito *jingles* programados para tocar nas máquinas." *Jornal do Brasil*, 9.11.97.

Po: "Não tínhamos direito sequer a um *jingle* para anunciar nossa aparição." Martins, *Valeu a pena*.

Po: "**Jingle** bells especial. Papai Noel foi para o espaço." *IstoÉ*, 31.12.97.

Po: "Quem compõe os **jingles** que não saem de nossas cabeças?" *Veja*, 14.10.98.

jitterbug

Fr: "Morty, son frère aîné, lui apprend à danser le **jitterbug**." *Le Point*, 19.4.97.

job/Job

Al: "Der **Job** war anstrengend für die Models — jede Menge blaue Flecke...". *Stern*, 16.7.98.

Al: "Ferien**job**: Jede Mark zählt." *Focus*, 6.7.98.

Al: "Und auch die für neue **Jobs** so wichtige Konjunktur im Inland leidet." *Der Spiegel*, 13.7.98.

Fr: "Ces étrangers quittent le pays dès qu'ils perdent leur **job**...". *Le Point*, 12.4.97.

Fr: "Les Nouveaux **Jobs** de l'An 2000." *Paris Match*, 17.4.97.

Fr: "Un 'petit **job**' assez risqué qui le conduit... à la maison céllulaire de Nice." *Le Point*, 26.4.97.

Fr: "...exemples 'd'individus dotés d'un bon **job**'... considérés des gens tranquilles...". *Le Point*, 26.4.97.

Fr: "...**jobs**, salaires et lois en Europe". *Madame Figaro*, 2.3.96.

Fr: "Celui qui a un **job** assiste celui qui en cherche un dans ses démarches." *L'Événement du jeudi*, 14.5.97.

Fr: "Et les trois quarts ont exercé un **job** durant leurs études." *Marianne*, 25.5.97.

Fr: "Décrocher un **job**." Marine Mignot, *Guides de l'étudiant*.

Fr: "'Il y a trois ans, les salariés se faisaient du souci pour leur **job**', souligne Greenwald." *Le Nouvel Observateur*, 11.6.97.

Fr: "Heinz Gunthardt a un **job** en or, ce qui lui donne un certain recul sur la vie...". *Le Nouvel Observateur*, 11.6.97.

jockey/jóquei

Fr: "Dick Francis. L'ancien **jockey** reste un maître de la littérature criminelle à l'anglaise." *Le Point*, 27.7.96.

Fr: "Christophe Pieux: le plus athlétique de nos **jockeys**." *Figaroscope*, 17.6.97.

Fr: "...avec des étrivières très courtes, à la manière des **jockeys** du plat". *Figaroscope*, 17.6.97.

Fr: "Jean-Yves Beaurain est devenu **jockey** par atavisme...". *Figaroscope*, 16.6.97.

Fr: "André Fabre. Il a gagné l'épreuve comme **jockey** et entraîneur." *Le Parisien*, 24.5.98.

Po: "Até os **jóqueis** iam apostar nele às escondidas." Soares, *O xangô de Baker Street*.

Po: "Os moços da cavalariça, uniformizados de **jockey**, corriam de um cavalo ao outro com a escova na mão." Druon, *O menino do dedo verde*.

Jockey Club

Fr: "Charles Laffitte, un des fondateurs du **Jockey Club**." Painter, *Marcel Proust*.

Fr: "Guy Watkins vient de prendre sa retraite de directeur général du **Jockey Club**." *Le Point*, 27.7.96.

Fr: "William Purvis doit quitter la présidence du **Jockey Club** de Hong-Kong." *Libération*, 4.3.97.

Fr: "La boutique du **Jockey Club** voit le jour à Saint-Germain-des-Prés." *Le Figaro*, 20.10.97.

Po: "...porém o Prado Fluminense do **Jockey Club**, em São Francisco Xavier, ainda contava com a preferência dos apostadores". Soares, *O xangô de Baker Street*.

Po: "Castro Maya freqüentava o **Jockey Club**, no tempo em que ainda era, como o Country, um clube exclusivo. O Derby era mais popular." *Castro Maya anfitrião*.

Po: "Charlô Whately chefiará a cozinha do **Jockey Club**." *O Estado de S. Paulo*, 20.11.97.

jogging/Jogger

Al: "**Jogger** Fischer im Wahlkampf. 'Rache der Rollmöpse'."

Fr: "Se vêtir de façon libre, en **jogging** par exemple...". Brunel, *Guide de relaxation*.

Fr: "30 minutes de natation équivalent à une heure de **jogging**." *VSD*, 11.9.96.

Fr: "Ce que nous proposons, précise ce jeune homme en survêtement de **jogging**...". *Le Figaro*, 11.5.97.

Fr: "...l'ex-élève s'est mise au **jogging** et à la danse". *Le Figaro TV Magazine*, 25.5.97.

Fr: "...dans ses bagages une paire de chaussures pour son **jogging**...". *Le Figaro*, 28.5.97.

Fr: "...tout ce que la planète comporte de chaussures de **jogging**, de trekking...". *Marianne*, 25.5.97.

Fr: "La chaussure de **jogging** idéale?" *Marianne*, 25.5.97.

Fr: "Bill Clinton intime ... **jogging** quotidien oblige!" *Le Point*, 4.3.95.

Fr: "Et puis les années 80... la mode du **jogging** et de l'aerobic reconstruisait les corps avachis...". *Le Point*, 17.8.96.

Fr: "Tout se passe comme si ses aventurières sexy et pailletées étaient éclipsées par des femmes assagies enveloppées dans des **joggings** amples de double cachemire." *L'Officiel*, ago. 1998.

It: "Sofia Loren... in tailleur e tacchi a spillo come in scarpe da vela e tutta da **jogging**." *Oggi*, 23.9.98.

joint-venture/joint venture/Joint-venture

Al: "...und ist statt dessen ein **Joint-venture** in Spanien eingegangen". *Der Spiegel*, 13.7.98.

Al: "'Selbst wer nur das kurze **Joint-venture**-Gesetz von Gorbatschow kannte, galt damals schon als Experte', erinnert er sich." *Der Spiegel*, 14.9.98.

Es: "La segunda compañia petrolera de Francia... acaba de firmar un acuerdo con Destilaria Argentina de Petróleo para formar un ***joint venture*** y explotar un mercado que viene creciendo." *La Nación*, 14.7.98.

Fr: "...projet en Arabie saoudite, en **joint-venture** avec la société publique Pétromine". *Les Échos*, 19.6.96.

Fr: "Quant à l'Asie, nous optons pour un développement par **joint-ventures**." *Le Figaro*, 14.4.97.

Fr: "Le retrait de Phillips du **joint-venture** passé avec Matsushita économise 3,5 milliards...". *Le Point*, 12.11.94.

Fr: "Première méthode, la plus classique, les **joint-ventures**." *Le Point*, 10.5.97.

Fr: "Un **joint-venture** avec Auchan pour Quick." *Le Figaro*, 1.4.97.

Fr: "Nationwide Wireless Network Inc., une **joint-venture** avec Mobile...". *Le Point*, 4.3.95.

It: "La **joint-venture** tra la Volvo, lo Stato olandese e la Mitsubishi vede una participazione del gruppo italiano." *Il Messaggero*, 10.4.96.

Po: "Prudential... com quem a Bradesco Seguros tem uma ***joint venture***." *Jornal do Brasil*, 20.5.97.

joke

Fr: "De Gaulle: 'Là-dessus, Kennedy a parlé de cette *force de frappe artistique indépendante et bien à vous*. C'était une plaisanterie parfaitement amicale. *Elle* a soulevé les rires cordiaux que provoque tout *joke* dans une cérémonie semblable'." Peyrefitte, *C'était de Gaulle*.

joker

Fr: "Les **jokers** de Boris Eltsine." *Le Nouvel Observateur*, 7.2.96.

Fr: "Il était le **joker** de Tapie." *Le Nouvel Observateur*, 20.3.96.

Fr: "Dans la course... qui l'oppose au tandem Alcatel-Dassault, Jean-Luc Lagardère abat un **joker**." *Le Point*, 10.5.97.

Fr: "Même le **joker** sorti in extremis par Rudolf Scharping...". *Le Point*, 10.9.94.

Fr: "Nicolas Sarkozy pourrait redevenir le **joker** du Président." *Le Figaro Magazine*, 31.5.97.

Fr: "...on s'interroge sur la meilleure manière pour le Président d'intervenir, seul **joker** de cette fin de partie". *Le Figaro Magazine*, 31.5.97.

Fr: "Dans l'entourage de Boris Eltsine, certains voient en Loukachenko un '**joker**' éventuel, en cas de nouvelles tensions avec l'Ouest." *L'Express*, 5.6.97.

Fr: "Mondial. Le casting offensif des Pays-Bas. 'Big Pete' en **joker**." *Le Figaro*, 21.6.98.

Fr: "François Sauvadet, le **joker** d'UDF-Alliance." *Le Figaro*, 28.7.98.

joy-stick/joystick/Joystick

Al: "Ein **Joystick** mit Gefühl." *Die Welt*, 15.7.98.

Es: "...un diseño monitor de última generación en 25' o 29' y mando a distancia con **joystick**, entre otras cosas". *El País*, 19.6.96.

Po: "Muita ação e aventura, com o **joystick** plugado no 'Globo On'." *O Globo*, 4.1.97.

juke-box/jukebox

Fr: "Quelle que soit la formation actuelle, les Temptations, en véritables **juke-boxes** humains qu'ils sont, joueront immanquablement...". *Libération*, 3.3.97.

Fr: "...la vie nocturne d'une Chine métisse, où les **juke-boxes** diffusent les Beattles, mais où les bars s'appellent encore Printemps...". *Le Point*, 4.3.95.

Fr: "...dans le saloon local, où un **juke-box** débite les standards de Willie Nelson...". *L'Express*, 8.5.97.

Fr: "L'histoire du **juke-box** est intimement liée à celle de quatre géants de l'industrie." *Le Figaro Magazine*, 21.2.98.

Fr: "Les **juke-box**, ça swingue énormement!" *Le Figaro Magazine*, 21.2.98.

Fr: "**Juke-box** interactif sert à désigner un système d'accès interactif à des extraits de disques ou de plages sonores." Otman, *Les Mots de la cyberculture*.

Po: "Publicitário aproveita máquina de música '**jukebox**' para inserir 'jingles' de produtos." *Jornal do Brasil*, 8.11.97.

Po: "Marcos Machado percebeu lá pelas tantas a *jukebox* — a famosa máquina automática de música — e começou a tocar." *Jornal do Brasil*, 8.11.97.

jumbo/Jumbo [*Larousse*: gíria anglo-americana]

Al: "...eines TWA-**Jumbos** vor Long Island eingesetzt worden war, soll die Teile Anfang der Woche bergen." *Welt am Sonntag*, 13.9.98.

Fr: "Le 'super **jumbo**': En 2003, il pourra transporter jusqu'à 1000 passagers." *Le Figaro Magazine*, 31.10.97.

jumping/Jumping

Fr: "De toutes les fêtes... le **Jumping** international est celle que les Grimaldi préfèrent." *Paris Match*, 30.4.97.

Fr: "...à Cannes, à l'occasion du **jumping** qui précède les championnats du monde de saut d'obstacles du Touquet". *Le Nouvel Observateur*, 11.6.97.
Fr: "Charlotte, 11 ans, la fille de Caroline... pendant les épreuves d'ouverture de la IVe édition du **Jumping** de Monaco." *Paris Match*, 14.5.98.
Fr: "Marina Picasso s'est intéressée au **jumping** par amour de sa fille." *Le Figaro Magazine*, 6.6.98.
Fr: "**Jumping**: l'épreuve de Royan." *Le Figaro Magazine*, 18.7.98.
Fr: "Le circuit de **jumpings** internationaux français n'en prend que plus d'importance dans la préparation de ces Mondiaux." *Le Figaro Magazine*, 18.7.98.

junk

Fr: "Les Français dont vous parlez... en fournissant une sorte de '**junk** philosophie', de 'pop idéologie'." *L'Événement du jeudi*, 2.4.97.
Fr: "C'est le succès d'une '**junk** philosophie'." Alain Besançon.
Po: "Na cave, nada de importante, só havia mesmo **junk**." Faria, *Reminiscências*.

junk bond

Fr: "Moody's ne lui a accordé qu'un petit Baa3, soit... à la frontière des **junk bonds**." *Les Échos*, 25.7.96.

junk food

Fr: "Pendant que les uns sont les premières victimes de la '**junk food**,' d'autres évitent les produits laitiers." *L'Officiel*, ago. 1998.

just in time/Just-in-time

Al: "Forciert wird diese Entwicklung noch durch das sogenannte **Just-in-time**-Prinzip, also die möglichte zeitgenaue Anlieferung fremdproduzierte Teile." *Der Spiegel*, 13.7.98.
Al: "Unterdessen wartete man in Deutschland ungeduldig auf die Lieferteile, eine mittlere Katastrophe für einen Betrieb, der '**just in time**' fertig." *Der Spiegel*, 13.7.98.
Po: "A dependência... é incompatível com os sistemas de produção ***just in time*** adotados pelas montadoras." *Jornal do Brasil*, 1.2.97.
Po: "Hoje, com a prática do **just in time** e a participação de produtos importados na cadeia produtiva, os efeitos de uma interrupção de importações e de suprimentos seriam mais deletérios." *O Estado de S. Paulo*, 26.1.99.

kart/karting

Fr: "...retraçant les exploits... de ses débuts en **karting** à son premier titre de formule 3...". *Le Figaro TV Magazine*, 25.5.97.
Fr: "Il inaugure au mois de juin une piste internationale de **karting**, un centre équestre...". *Le Point*, 9.8.97.
Fr: "L'hercule du turf consacre dorénavant son temps libre au golf, au **karting**, etc." *Figaroscope*, 16.6.97.
Fr: "**Kart** présentera une page sur l'Association avec l'historique du Grand Prix de Menton de karting." *Nice-Matin*, 22.7.98.
Po: "Paulo Silvino aventurou-se pilotando um **Kart** no Rio, onde mora." *IstoÉ*, 4.6.97.
Po: "Nelson Piquet... quando inaugurou seu **kart**ódromo carioca...". *IstoÉ*, 4.6.97.
Po: "Pistas de **kart** cobertas são uma nova paixão que atinge adultos e crianças." *O Globo*, 1.6.97.
Po: "Empresários sustentam corridas de **kart**." *Gazeta Mercantil*, 6.11.97.
Po: "Alexandre Navarro gasta R$8 mil mensais para participar de campeonatos de **kart** nos fins de semana." *Gazeta Mercantil*, 6.11.97.

ketchup

Fr: "Ce qui ne l'a pas empêché de s'introduire dans une soirée privée déguisé en hot dog, recouvert de moutarde et de **ketchup**...". *Le Nouvel Observateur*, 11.6.97.

Po: "E, claro, os temperos, maionese, **ketchup**, mostarda." *Veja*, 23.4.97.

kick back/Kick Backs

Al: "Sie mussten das von den Westlern ausgearbeitete Konzept bei der EU einreichen und kassierten dafür von den Beratern sogenannte **Kick Backs** — bis zu zehn Prozent des Auftragsvolumens." *Der Spiegel*, 14.9.98.

kick-off

Po: "O ***kick-off*** da programação social do presidente Fernando Henrique em Petrópolis...". *O Globo*, 29.1.97

kidnap/kidnapping/kidnapper/kidnappé(ée)

Fr: "...**kidnapper** un enfant c'est horrible...". *Le Figaro*, 11.3.96.

Fr: "...emmenées dans les maquis rejoindre le lot des jeunes femmes **kidnappées**...". *Le Point*, 1.4.95.

Fr: "...de plus en plus de lycéennes étaient **kidnappées**, violés... assassinées". *L'Express*, 1.5.97.

Fr: "Un enfant de 6 ans, conçu par un couple mixte, est '**kidnappé**' par son père...". *Le Point*, 4.3.95.

Fr: "Complot contre l'Etat, meurtres, **kidnappings**... Lui rejette tout...". *Le Point*, 17.8.96.

Fr: "Aux assurances... peuvent s'ajouter des couvertures de risques de **kidnapping**." *Le Figaro*, 9.2.98.

Fr: "Trois jeunes filles qui venaient d'être **kidnappées** et violées, ont réussi à s'enfuir." *L'Express*, 22.1.98.

killer

Fr: "Juge Thierry Jean-Pierre: le '**killer** de la gauche'." *Le Nouvel Observateur*, 24.7.96.

It: "Secondo Smerick, quasi tutti i serial **killer** scrivono ai media." *Corriere della Sera*, 6.4.96.

It: "Giocate la partita con il **killer**." *Corriere della Sera*, 6.4.96.

It: "L'autobus **killer** si è aventato sui marciapedi di via Monselice." *Corriere della Sera*, 6.4.96.

It: "Bari, caccia al **killer** che vuole farsi giustizia da sè." *La Stampa*, 7.4.96.

It: "Caccia ai **killer** della bella americana." *Il Messaggero*, 10.4.96.

It: "Napoli. Si pente il **killer** di Silvia Ruotolo, la donna uchisa per sbaglio in un agguato di camorra lo scorso 11 giugno, in salita Arenella a Napoli." *La Repubblica*, 4.7.97.

It: "Massa: identificato il presunto **killer** della ragazza di 17 anni. L'ha uccisa perché voleva abandonare il mondo della prostituzione." *La Nazione*, 18.9.98.

kilt

Fr: "Une collection gaie et confortable... célèbre le jacquard et les écossais, avec les jupes longues ou courtes, style **kilts**." *Paris Match*, 30.7.98.

king size

Fr: "'Un lit à baldaquin tout en or!' s'exclame une adolescente... — 'Mais ce n'est pas un vrai **king size**', lui répond sa copine." *Le Figaro Magazine*, 13.6.98.

kit

Es: "El **kit** Canon EOS 500 incluye el cuerpo de la cámara, los objetivos zoom EF35...". *El País*, 19.6.96.

Es: "El conjunto está diseñado como un **kit** de fácil montaje." *El País*, 4.1.96.

Es: "Jesús Puras se vio obligado al abandono por culpa de una averia en el motor de su Ibiza **kit** car." *El País*, 23.1.96.

Fr: "Acheter une table en **kit**." *Robert*.

Fr: "ProgrammEs: le contenu du '**kit** de survie' à seize ans." *Le Monde*, 12.4.96.

It: "È uno degli autori del suo identi**kit** psicologico." *Corriere della Sera*, 6.4.96.

It: "Ritirati i **kit** anti-Aids." *Corriere della Sera*, 6.4.96.

Po: "Os **kits** trazem as peças para encaixar e colar, uma planta geral do barco...". *Veja*, 19.3.97.

Po: "Jantares românticos com o **kit** do Amor." *Jornal de Notícias*, 28.8.98.

Po: "O grupo Brasilinvest, responsável pelo lançamento de um **kit** de emagrecimento que já vendeu 15.000 unidades." *Veja*, 19.11.97.

Po: "Religião. **Kit** da carismática elegante: medalha de N. Sra. Milagrosa, anel de ouro com imagem de N. Sra., terço...". *Veja*, 27.3.98.

kitchenette

Po: "No Brasil, JK passou a significar também os mini-apartamentos: Janela e **Kitchenette**." Lins, *Almanaque*.

klaxon

Fr: "Au troisième coup de **klaxon**, une porte grince." Bianciotti, *Ce que la nuit raconte au jour.*

Fr: "Il y eut un violent coup de **klaxon**." Bernheim, *Vendredi soir*.

kleenex/Kleenex

Fr: "Marque déposée, 1925. Sortez vos **Kleenex**!" *Libération*, 25.2.95.

Fr: "...et vidé ma boîte de **Kleenex** sur 'Violences conjugales et familiales'." *Libération*, 25.2.95.

Fr: "Un avantage tempéré par la crainte de devenir des 'comédiennes **Kleenex**...'." *L'Express*, 5.6.97.

Fr: "Laissez Claire pleurer tranquillement, les enfants... toi, va lui chercher des **kleenex**." Giroud, *Le Bon Plaisir*.

Po: "Peguei uma caixa de **Kleenex** no porta-luvas...". Macedo Soares, *As sentinelas de Deus*.

knock-down

Fr: "Il ne fut **knock-down** que quatre secondes." *Écho des Sports*, 1936.

knock-out/K.O./KO/nocaute

Fr: "Mon général, une campagne électorale, c'est comme un match de boxe. On donne des coups et on en reçoit. Si on n'en donne aucun et qu'on se contente d'en recevoir, on a beau être champion du monde, on finit par être **KO** debout." Peyrefitte, *C'était de Gaulle*.

Fr: "Tyson, le 18 mars dernier, anéantissait par **K.O.** au 3ème round le Britannique Bruno." *Le Figaro*, 11.4.96.

Fr: "Chirac est à moitié **KO**, mais il peut encore repartir...". *Aujourd'hui*, 13.4.97.

Fr: "Mardi 8 novembre, Clinton a été mis **KO** debout par un direct droit républicain dont il avait mal mésuré le punch." *Le Point*, 12.11.94.

Fr: "Sur les plages, il va mettre **K.O.** tous les autres maillots de bain." *Le Figaro Magazine*, 27.6.97.

Fr: "Tout ça respire fort le **KO**. Les coups pleuvent." *Libération*, 7.3.97.

Fr: "...liste impressionnante de mari, de frère, de copain, de 'mec' mis **K.O.**". *Libération*, 15.5.97.

Fr: "**K.O.**, ils le sont par leur fait seul." *Libération*, 15.5.97.

Fr: "Naomi Campbell. Sa vie est un combat où elle n'a pas le droit au **K.O.**" *Paris Match*, 30.7.98.

It: "Batteri intestinali **K.O.** con chiodi di garofano e cannella." *Oggi*, 23.9.98.

Po: "Onde Perpétua Assume a Chefia da Família após Derrotar Dona Carmesina por **Nocaute**." Amado, *Tieta do agreste*.

know-how

Fr: "Intelligents, les Omanais vont profiter sans complexe du ***know-how*** britannique en regardant ces conseillers qui 'rosissent, brûlent sans jamais brunir'." *Le Figaro Magazine*, 1.8.98.

It: "Questa società, come dire, cedono il loro **know-how**, cioè il patrimonio di idée." *La Stampa*, 7.4.96.

Po: "Cerveja — de fabricação baiana com **know-how** dinamarquês, a melhor do mundo." Amado, *Tieta do agreste*.

Po: "Contratou dois dos funcionários responsáveis pelo **know-how** das fraudes...". *Veja*, 26.3.97.

Po: "...palavras que entram em sua forma original, como ***know-how***, por exemplo". *Veja*, 9.4.97.

Po: "Análise de risco com '**know-how**' importado." *O Globo*, 27.7.97.

Po: "A Olympic Stars, empresa da terra-mãe com **know-how** de Hong-Kong...". *Gazeta Mercantil*, 16.7.97.

Po: "Não é só aqui que isso acontece. Com todo o **know-how** de dois séculos de democracia, os Estados Unidos também conhecem a mesma dificuldade." *Veja*, 3.6.98.

label

Fr: "...salon de produits et services destiné à promouvoir le **label** européen aus Etats-Unis". *Le Figaro*, 17.3.96.

Fr: "La solution? Obtenir une sorte de **label** Iso 9 000 garantissant visibilité...". *Le Point*, 10.5.97.

Fr: "...optant cependant pour un **label** strictement européen". *Le Point*, 10.5.97.

Fr: "...signer avec On-U Sound, le **label** d'Adrian Sherwood?". *Libération*, 9.5.97.

Fr: "Françoise Giroud surprenait beaucoup son éditeur habituel en insistant pour que son roman *Le bon plaisir* soit publié non sous le prestigieux **label** de Fayard, mais dans sa petite maison filiale baptisée Mazarine." Albert du Roy, "Lettre ouverte à Mazarine", *Marianne*, 15.6.97.

lady

Fr: "Qui n'a jamais entendu une **lady** des plus distinguées expliquer que la barrière de corail australienne 'est d'une vulgarité inimaginable'...". *L'Événement du jeudi*, 25.6.97.

It: "Thatcher. La '**lady** di ferro' non si smentiva dunque nella vita privata: unico suo interesse era la carriera." *Corriere della Sera*, 3.4.96.

landmark

It: "Shanghai. Ogni edificio vuol essere un ***landmark***, gli ingressi pedonali e veicolari non seguono alcuna logica." *IoDonna*, 15.9.98.

lap-top/laptop

Fr: "Pour qualifier sa Bavière natale, le Président allemand a utilisé l'image du **laptop** et de la culotte de peau." *Le Temps*, 14.9.98.

Po: "Mas não está isolado. Tem telefone, fax e **lap-top** à sua disposição." *Veja*, 5.11.97.

Po: "Rita Lee, seu gato Jesus e o **laptop**: fã da Internet, auto-ironia e interesse por assuntos espirituais." *IstoÉ*, 23.7.97.

last but not least

Fr: "Et, ***last but not least***, nous habituerons-nous un jour à calculer en euros...". *Le Figaro Magazine*, 14.3.98.

Fr: "***Last but not least***, voilà Balladur qui, dans sa plateforme électorale, annonce qu'il souhaite... aux disciplines intellectuelles...". *Le Point*, 18.2.95.

Fr: "***Last but not least***: 'Il faut abattre trois chirus pour faire un châle', dit Belinda Wright." *Madame Figaro*, 25.7.98.

lay-out/layout/leiaute

Po: "...papéis, esquemas, organogramas, ***layouts***...". Amado, *Tenda dos milagres*.

Po: "...entram em sua forma original... mas não as palavras aportuguesadas como **leiaute**". *Veja*, 9.4.97.

Po: "Um bom **lay-out** pode fazer a diferença na hora de enfrentar a concorrência." *Jornal do Comércio*, 13.11.97.

Po: "A Colgate decidiu modificar totalmente o **lay-out** da embalagem." *Gazeta Mercantil*, 16.7.97.

Po: "Wainer... revolucionou a imprensa brasileira com novos salários, técnicas e ***lay-outs***." Melo Filho, *Testemunho político*.

Po: "Em 1987, Romero Britto criou os ***layouts*** da campanha da vodca sueca *Absolut*." *Manchete*, 22.11.97.

Po: "O novo **lay-out** do JB na Internet, desenvolvido pelo designer Carlos Benigno." *Jornal do Brasil*, 24.11.97.

Po: "'**Lay-out**', a alma do negócio. Consultores dão conselhos sobre como arrumar lojas com eficiência para atrair clientes." *O Globo*, 12.7.98.

leader/leadership/Leadership

Al: "Braucht Amerika **Leadership**... die ein starker Präsident nur im Angesicht vermitteln kann?" *Focus*, 8.7.96.

Fr: "De Gaulle [sur le Sud-Est asiatique]: 'Les Américains vont dire que nous portons un coup à leur ***leadership***, mais il n'en reste plus grand-chose'." Peyrefitte, *C'était de Gaulle*.

Fr: "Le Red Star rêve d'épingler le **leader**." *Le Parisien*, 24.4.96.

Fr: "André Bergeron, ex-**leader** de F.O., juge la crise sociale." *Libération*, 16.4.96.

Fr: "Menen n'a pas le courage ni le **leadership** nécessaires...". *Le Point*, 12.4.97.

Fr: "...filiale française du **leader** mondial des produits de rasage...". *Le Figaro*, 14.4.97.

Fr: "Schneider... **leader** mondial dans la basse tension...". *Le Figaro*, 14.4.97.

Fr: "Le **leader** mondial de la spécialité, Samsung...". *Les Échos*, 16.4.97.

Fr: "Jospin devrait tenir un meeting commun avec le **leader** travailliste Tony Blair." *Paris Match*, 30.4.97.

It: "Montello, **leader** nel settore della camiceria maschile." *Corriere della Sera*, 6.4.96.

It: "Romano Prodi. Io sono l'unico **leader** politico che la notte del 22 aprile conoscerà il suo destino." *Corriere della Sera*, 7.4.96.

It: "Cardoso dispone di una **leadership** capace di governare l'economia." *Il Giornale*, 18.9.98.

It: "Come si fà a mettere in dubbio che Berlusconi e Fini siano i **leader** del Polo?" *Il Messaggero*, 10.4.96.

Leasing/leasing

Al: "**Leasing** gewinnt immer mehr Marktanteile." *Die Welt*, 17.6.98.

Al: "Düsseldolfer Disko **Leasing** jetzt Nummer fünf." *Die Welt*, 17.6.98.

Es: "1991, año en que la cartera de **leasing** pasó a la sociedade Unileasing, del Banco Hispano." *El País*, 31.1.96.
Fl: "Wie een **lease**contract voor een kip wil afsluiten, betaalt 25 gulden per jaar." *Algemeen Dagblad*, 16.6.98.
Fr: ".. l'introduction du **leasing** et du factoring ont été les principales étapes de cette mutation." *Jeune Afrique*, 27.5.97.
Po: "Safra capta US$150 milhões em eurobônus para o **leasing**." *Folha de S. Paulo*, 18.6.97.
Po: "Collor de Mello. 'Compramos por **leasing**.'" *Veja*, 25.6.97.
Po: "Hong-Kong. O estranho **leasing** vence à meia-noite de segunda-feira 30 de junho." *Veja*, 25.6.97.
Po: "Até o último domingo, as taxas de '**leasing**' praticadas pelo Banco GM eram de 1,93% mais a variação cambial." *Gazeta Mercantil*, 6.11.97.
Po: "IOF menor nas operações de **leasing** ajudou a decisão de transformar a financeira." *Gazeta Mercantil*, 18.11.97.
Po: "Banco reduz taxas e inclui impostos em contratos de **leasing**." *Jornal do Comércio*, 17.7.97.

LEO (Low Earth Orbiting satellites)
Fr: "Les nouveaux venus sont les **LEO**, satellites tournant sur une orbite terrestre basse." *Le Point*, 12.4.97.
Fr: "Si les satellites GEO étaient produits en petites séries, il a fallu organiser la production des **LEO** — de 450 à 750 kilos — à la chaîne, comme dans l'industrie automobile." *Le Point*, 12.4.97.
Fr: "A titre d'exemple, pour gagner leurs orbites, les seuls **LEO**, lancés par grappes, mobiliseraient plus de 140 fusées...". *Le Point*, 12.4.97.

libor
Po: "...variação cambial mais cerca de 6% ao ano [*libor*, taxa do mercado inglês]". *Jornal do Brasil*, 9.11.97.

lifting/lifter
Es: "El láser exfolía la piel... y consigue alisar zonas que no son accesibles mediante el peeling y **lifting**." *El País*, 29.1.96.
Es: "Jésica Fletcher que vemos, de la cosecha del 89, tiene como mínimo dos **liftings** menos." *El País*, 29.1.96.
Fr: "Après un **lifting** qui aura coûté dix millions de dollars, la Résidence des Pins sera réinaugurée demain en grande pompe par le président Chirac." *L'Orient-Le Jour*, 29.5.98.
Fr: "Trois contre-indications au **lifting**." *Madame Figaro*, 7.10.95.
Fr: "...véhicules hors du commun, fraîchement sortis d'un '**lifting**' en atelier". *Le Point*, 20.5.95.
Fr: "J'ai fait un petit **lifting** du visage il y a vingt ans...". Giroud, *Le Bon Plaisir*.
Fr: "Je ne vois pas l'intérêt de me faire **lifter**." Darril Cowl.
Fr: "Le Festival de Cannes? C'est le salon du **lifting**." *L'Événement du jeudi*, 28.5.97.
Fr: "Télé. Une constation s'impose: pas de **lifting**." *Le Figaro Magazine*, 24.5.97.
Fr: "Paysages: **Liftings** villageois. Plusieurs villages, qui ont réussi leur lifting urbanistique, sont mis en avant par les promoteurs de la campagne." *Le Point*, 9.8.97.
It: "SENO: eccole ampolle rassodanti, antietà ad effetto **lifting**." *IoDonna*, abr. 1996.

light
Fr: "La devolution promise par le leader du Labour est une sorte d'indépendance ***light***." *Libération*, 30.4.97.

Fr: "Le PS suit la mode de la minceur: son projet d'aujourd'hui est la version ***light*** des errements d'hier." *Le Figaro*, 6.5.97.
Fr: "Des pilules qui font... une version **light** du LSD d'antan à une époque où les années 70 sont à la mode." *Le Nouvel Observateur*, 24.7.96.
Po: "Holocausto **light**. *A vida é bela*, uma comédia ambientada num cenário insólito: um campo de concentração." *Veja*, 3.2.99.
Po: "Massimo D'Alessia, que já foi comunista inoxidável, agora é ultra-**light**." *Jornal do Brasil*, 12.1.97.
Po: "Fumar cigarros **light** até reduz a incidência de alguns tipos de tumor." *Veja*, 23.4.97.
Po: "A alta incidência da doença associa-se... ao aumento no consumo dos **lights**." *Veja*, 23.4.97.
Po: "Versão ***light***: petistas apitadores e petistas lavadores de rua." *O Globo*, 20.5.97.
Po: "Alimento. Ovo **light** faz mais bem às granjas que ao consumidor." *Veja*, 18.2.98.
Po: "A Coca-Cola não pára de se alegrar com o sucesso de sua versão '**light**'." *Jornal do Brasil*, 24.11.97.
Po: "No Acre, petista '**light**' fecha aliança com tucanos." *Folha de S. Paulo*, 1.7.98.
Po: "...já se faz criação de porcos ***light***, muito requisitados para exportação." *Jornal do Brasil*, 21.2.99.

link

Po: "Você pode encontrar a íntegra dos textos usando os **links** para a Internet mencionados aqui ou listados nas notas finais." Spinola, *O futuro do futuro*.
Po: "Se o seu interesse é tirar dúvidas... entre na Internet e explore os **links** das corretoras estrangeiras mencionadas neste livro." Spinola, *O futuro do futuro*.
Po: "Você poderá participar desse debate através de vários **links** eletrônicos." Spinola, *O futuro do futuro*.

listing

Fr: "L'offre va rejoindre les autres offres sur le **listing** que l'ANPE édite chaque jour...". *Libération*, 9.6.97.

live

Fr: "Toute la partie musicale du film a été enregistrée en ***live*** sur des scènes de Seattle." *Le Point*, 20.5.95.

lobby/lobbyist/lobbying/Lobby

Al: "Die Verkehrspolitiker mussten sich allerdings gegen die **Lobby** der Spediteure und der Autokonzerne durchsetzen, die für ihre Interessen sehr erfolgreich eintreten." *Der Spiegel*, 13.7.98.
Al: "Islamische Fanatiker schaden Amerikas Moslems — **Lobby** formiert sich." *Die Welt*, 17.6.98.
Es: "Leonor Taboada, activista del **lobby** tildó ayer las palabras del político de 'intolerable burla desgraciada y lapsus freudiano'." *El País*, 2.7.96.
Es: "...leyes que limiten... la influencia de los **lobbies** sobre los congresistas." *El País*, 22.1.96.
Fr: "De Gaulle: 'Ça avait été inventé par les ***lobbies***. Kennedy avait pris l'initiative à son compte'." Peyrefitte, *C'était de Gaulle*.
Fr: "Parlement européen. Les **lobbies** en accusation." *Le Figaro*, 3.4.96.
Fr: "L'Association française des cabinets de **lobbying** — AFCL, à Paris."
Fr: "Le **lobbying** a mauvaise presse." *Le Figaro*, 14.4.97.

Fr: "La femme de Newt Gingrich s'efforce activement de rallier le **lobby** juif à la cause...". *Le Point*, 1.4.95.

Fr: "...ne seraient-elles pas le résultat d'un **lobbying** américain ou anglo-saxon?". *Le Point*, 1.4.95.

Po: "Julgamento da Candelária tem **lobby** mundial." *Jornal do Brasil*, 14.4.96.

Po: "Os sem-terra não fazem **lobby** para modificar as leis no Congresso." *Veja*, 23.4.97.

locked-in

Fr: "Il a ému des milliers de lecteurs qui ignoraient jusque-là le calvaire des victimes du **locked-in** syndrome, cet accident cérébral qui a frappé J-D. Bauby." *Le Nouvel Observateur*, 11.6.97.

lock-out

Fr: "De Gaulle: 'Un jour, on fera un ***lock-out***'. [Il prononce *lockoutte*, comme les ouvriers]." Peyrefitte, *C'était de Gaulle*.

loft

Fr: "Paulo Coelho dans son magnifique **loft**, blanc, lumineux et vide." *Le Figaro Magazine*, 7.3.98.

Fr: "Son seul luxe: un immense **loft** blanc et vide ouvert sur la mer." *Le Figaro Magazine*, 7.3.98.

Fr: "Le fauteuil carré en cuir qu'on trouve dans tous les **lofts** branchés, et tous ces meubles en acier édités aujourd'hui par Cassina, toujours elle." *Madame Figaro*, 14.8.98.

long neck

Po: "Bebidas. O novo vasilhame completa o mix da 'premium' produzida e engarrafada pela Kaiser, composto por garrafas '**long neck**' de 330ml e latas de 350ml." *Gazeta Mercantil*, 16.7.97.

look

Es: "Rodrigo Miranda dice que lo que sí es verdad es que se lleva más el **look** de la derecha." *El País*, 9.1.96.

Es: "...Karina, que a sus 49 años estrena un nuevo **look**...". *El País*, 9.1.96.

Fr: "Des conseils pour ne pas se tromper de **look**." *Madame Figaro*, 17.7.96.

Fr: "Il... affiche un **look** sérieux qui est inversement proportionnel à ses plaisanteries corrosives." *Paris Match*, 30.4.97.

Fr: "Quatre **looks** pour l'été." *Madame Figaro*, 17.7.96.

Fr: "Un non-spécialiste peut créer un site Internet au **look** professionnel." *Elle*, 19.5.97.

Fr: "Mais au lieu d'en basculer une avec le **look** de Cindy...". *Libération*, 30.4.97

Fr: "Il en résulte un nouveau '**look**' monégasque qui ajoute à la singularité du lieu...". *Le Point*, 10.5.97.

It: "Perfetta aderenza tra qualità di prodotto e prezzo e con un **look** più informale." *Corriere della Sera*, 6.4.96.

It: "L'analisi del **look** dei candidati, le critiche per la sua oratoria...". *Corriere della Sera*, 7.4.96.

It: "Un nuovo **look** per oggetti dimenticati o senza più valore." *Grazia*, 23.9.96.

It: "Non ha lo stile glamour tipico di Hollywood, ma un **look** più sottotono." *IoDonna*, abr. 1996.

It: "Clinton lancia la crociata contro il '**look** da tossico'." *La Repubblica*, 22.5.97.

It: "Paula Jones, che aveva accusato Clinton di molestie sessuali, dopo lo scandalo ha cambiato **look**: si è rifatta il naso, ha corretto bocca e denti, e ha scelto una nuova pettinatura." *Chi*, 24.9.98.

looping

Fr: "...il se souvint des angelots de Giotto, faisant des '**loopings**' et des 'vols en piqué'". Painter, *Marcel Proust*.

Fr: "...et qui ...lui semblaient, en exécutant des *loopings*, 'comme de jeunes élèves de Garros', évoquer la mort d'Agostinelli et le célèbre aviateur...". Painter, *Marcel Proust*.

Fr: "On peut soutenir... le même parti, quels que soient ses **loopings** idéologiques." *Marianne*, 25.5.97.

Lord/lord/lorde/Milord

Fr: "De Gaulle: 'Mais que pouvais-je faire?' Sinon lui chanter la chanson d'Edith Piaf: *Ne pleurez pas, **Milord**!*" Peyrefitte, *C'était de Gaulle*.

Fr: "Londres. Le retour du **Lord**-maire." *Le Figaro*, 15.5.97.

Fr: "John Major et Tony Blair se dirigent côte à côte vers la Chambre des **lords**." *Le Figaro*, 15.5.97.

Fr: "Gertrude Bell... Avec des **lords** ou des bergers, en anglais, en arabe... ou en français." *Le Figaro*, 22.5.97.

Po: "Vestido com a elegância de um **lorde** inglês, negro retinto...". Amado, *Farda, fardão, camisola de dormir*.

Po: "Lídio, comovido, o tomou nos braços: — Está um **lorde**!" Amado, *Tenda dos milagres*.

Po: "Tinha um homem parado perto de mim, um homem todo **lorde** e tava me olhando." Amado, *Os pastores da noite*.

Po: "Por que esses **lordes** de São Paulo hão de se mover por Agreste, o cu do mundo?" Amado, *Tieta do agreste*.

Po: "Lar... Leonora veio a conhecer somente quando chegou ao randevu Refúgio dos **Lordes** e obteve aprovação de Madame Antoinette." Amado, *Tieta do agreste*.

Po: "No Tiradentes havia uma cela, a de número 4, chamada 'cela dos **lordes**'." *Veja*, 15.10.97.

loser

Fr: "Shimon Peres... traînant une réputation d'éternel ***loser***, l'ex-Premier ministre vient de connaître un ultime revers." *Marianne*, 25.5.97.

love affair

Fr: "Les dessous d'une **love affair**." *Le Nouvel Observateur*, 20.3.96.

love story/love-story

Fr: "C'est une **love story** comme on n'en voit que dans les films." *Le Figaro Magazine*, 14.8.98.

Fr: "Leur **love story** dure depuis l'été dernier." *Paris Match*, 17.4.97.

Fr: "...c'est que cette **love story** sur fond de vendetta yakusa finit par emporter le morceau". *Libération*, 7.3.97.

Fr: "*Bombay* met en scène une ***love story*** contrariée sur fond des affrontements sanglants...". *Libération*, 16.5.97.

Fr: "Le porno se démocratise. Derrière l'histoire d'une amitié qui tourne mal et celle d'une **love story** avortée, il y a l'œuvre du X." *Paris Match*, 7.5.98.

Fr: "Et nous, on pleure de bonheur avec Larry Baker et sa **love-story** des sixties." *Elle*, 15.6.98.

Fr: "Les Thyssen. *Aujourd'hui*, il a 77 ans, elle 55 et c'est toujours le grand amour, une ***love story*** qui a occupé des hectares d'articles dans la presse du cœur." *Le Figaro Magazine*, 25.7.98.

It: "Le cronache rosa avevano segnalato la sua **love-story** con il musicista Lavezzi." *Corriere della Sera*, 7.4.96.

It: "Foglio scandalistico *National Enquirer* riportando che la ragazza sarebbe rosa dal 'male oscuro' perchè la sua **love story** con Clinton è esplosa nello scandalo." *Il Giornale*, 18.9.98.

It: "Il matrimonio, che si terrà in primavera, minaccia di risultare interessante quanto la **love story**." *La Nazione*, 18.9.98.

low profile

Po: "O bom móvel rústico... E esse móvel despojado, ***low profile***, pode também ser importado sob encomenda pela Clementine, que comercializa com exclusividade o trabalho dos três principais artesãos da França." *O Globo*, 12.7.97.

low tech

Fr: "L'Inde est devenue le troisième producteur de scooters, le deuxième exportateur de fusées porteuses et le deuxième centre asiatique de sous-traitance ***low tech***." *Le Figaro Magazine*, 11.7.97.

macadam

Fr: "Un Rimbaud de **macadam**." *Le Figaro Magazine*, 21.2.98.

Fr: "Événement **Macadam** Paris, La Journée du Piéton et du Vélo." *Figaroscope*, 24.3.98.

Fr: "Entraîné à la douleur, ce cycliste aimé de la France vit sa vie comme il le fait sur le **macadam**: il 'contrôle'." *Paris Match*, 30.7.98.

made in

Fr: "Sur la liste noire des produits '**made in** France', les plus contrefaits dans le monde." *Paris Match*, 17.4.97.

Fr: "Le retour du '**Made in** France'." *Madame Figaro*, 27.4.96.

Fr: "Un curieux appareil **made in** China... armée de pompes...". *Paris Match*, 17.4.97.

Fr: "...pour qu'une gerbe de traductions d'ouvrages '**made in** Paris' y fleurisse aussitôt". *L'Événement du jeudi*, 2.4.97.

Fr: "...parfums... ayant une image '**made in** France'... sans le prix". *Le Figaro*, 14.4.97.

Fr: "...et dont les skis sont entièrement '**made in** USA'...". *Le Point*, 1.4.95.

Fr: "Libé **Made In** England." *Libération*, 30.4.97.

Fr: "La face cachée du **made in** Thaïlande." *Libération*, 4.3.97.

It: "Ma quali suggestioni offre il **made in** Italy per rinnovare l'artificio della seduzione?" *Grazia*, 29.3.96.

It: "Penalizzati i camion **made in** Italy." *La Stampa*, 7.4.96.

Po: "Uma Zebra **Made In** Brazil." *Manchete*, 22.11.97.

mailing

Fr: "...million de clients... les **mailings** envoyés sur son fichier informant régulièrement...". *Le Figaro*, 14.4.97

Fr: "200 000 **mailings** par an... La solidarité mutualiste est à ce prix." *L'Express*, 5.6.97.

Po: "Sem entender por que o jornal onde trabalha no Rio recebia diariamente um fax quilométrico do DNER, uma jornalista decidiu telefonar pedindo que o nome da publicação saísse do ***mailing*** do órgão." *Jornal do Brasil*, 12.7.97.

mainframe

Po: "Microsoft briga para desbancar o **mainframe**." *Jornal do Brasil*, 19.5.97.

Po: "PCs podem ser redimensionados para substituir computadores **mainframe** para empresas como bancos, corretoras e companhias aéreas." *Jornal do Brasil*, 19.5.97.

Po: "Bug do milênio. Nem todos os negócios estão ameaçados. Os mais críticos são os que dependem de ***mainframe***." *Problemas Brasileiros*, mai.-jun. 1997.

Po: "Não temos tantos profissionais familiarizados com ***mainframes*** e linguagem mais antiga de computador." *Problemas Brasileiros*, mai.-jun. 1997.

mainstream/Mainstream

Al: "So wie Oskar in den achtziger Jahren gegen den **Mainstream** die Ökosteuer...". *Focus*, 8.7.96.

major

Fr: "Mondial de l'automobile. Parmi les cinq **majors**, la prochaine réunion de Paris." *Le Figaro*, 11.4.96.

Fr: "...ce qui n'a pas empêché les deux petites '**majors**' françaises, Elf et Total, de tenter... ". *Le Point*, 12.4.97.

Fr: "...mais aussi au Sénégal où deux ***majors***, Eagle et Sagam, règnent sur le marché". *Jeune Afrique*, 13.5.97.

Fr: "...grosses maisons de disques, dites aussi **majors**". *Libération*, 30.4.97.

make-up/make up

Fr: "Ce **make up** ne farde pas, ne cache pas le visage." *Madame Figaro*, 25.7.98.

It: "Il **make up** più elaborato, per una serata importante." *Grazia*, 29.3.96.

management/Management

Al: "Das **Management** soll nur dann üppig entlohnt werden...". *Focus*, 8.7.96.

Fr: "Equi-**Management**, par Evelyne Dentz, Editions Les presses du management." *Atlas*, abr. 1996.

Fr: "Dirigée par un **management** français, Matra Bae Dynamics réunira...". *Les Échos*, 26.7.96.

Fr: "Mais son **management** n'est pas à la hauteur de ses ambitions." *Le Point*, 1.4.95.

manager/general manager

Es: "Alex Ferguson, el **manager** del Manchester United... escribe sobre la Eurocopa." *El País*, 18.6.96.

Es: "...y se muestran encantados de ser estrellas de cine, niños prodigios... **manager** de estrellas". *El País*, 25.1.96.

Es: "'Decidí llevármelo a dar una vuelta' — explica Luis Lázaro, el ***manager*** de Company." *Tiempo*, 20.7.98.

Fr: "Phillips... sont convoqués tout ce que l'entreprise compte de **managers**." *Le Point*, 12.11.94.

Fr: "'...Et ils achètent des services à l'hôpital géré par des **managers**', dénonce Jakie". *Libération*, 30.4.97.

It: "E nel gruppo si fa avanti la squadra dei **manager**." *La Repubblica*, 22.5.97.

It: "Marzotto... dopo di lui ci potrebbe essere un **manager**, qualcuno estraneo alla famiglia, a guidare la società." *La Repubblica*, 22.5.97.

It: "Oggi, il consiglio di amministrazione è stato trasformato in senso anglosassone, con più *executive* ***managers***". *La Repubblica*, 22.5.97.

It: "Secondo i **manager** del gruppo, la riduzione del 15% del costo...". *La Repubblica*, 22.5.97.

It: "È stata bravissima e l'ho fatta diventare **general manager**." *Chi*, 24.9.98.

Po: "...chegou atrasado ao meeting com o sales **manager** da empresa onde trabalha". *Veja*, 9.4.97.

manswear

Po: "A grife alemã, que existe desde 1923 no ***manswear***, lançou seu perfume Hugo Woman." *O Globo*, 26.7.97.

marine

Fr: "De Gaulle sur le débarquement des ***marines*** américains à Saint-Domingue: 'Évidemment! Elle ne peut pas se manifester quand on a des ***marines*** sur le ventre'." Peyrefitte, *C'était de Gaulle*.

Po: "Com a sutileza de um **marine** em dia de invasão, o embaixador Melvyn Levitsky desatou a falar bobagens." *Veja*, 15.10.97.

marketing/direct marketing

Es: "ESERP: Escuela Superior Universitaria, Madrid... Ciencias empresariales, **marketing**, relaciones publicas." *El País*, 19.6.96.

Fr: "Il n'a pas de stratégie **marketing** planétaire." *Le Figaro Magazine*, 23.3.96.

Fr: "Révolution dans le **marketing**." *Le Nouvel Observateur*, 17.4.96.

Fr: "'Sinon, on ne fait pas du **marketing**', ajoute-t-elle tout sourire." *Le Figaro*, 14.4.97.

Fr: "Et les as du **marketing** s'arrachent les cheveux: comment faire revenir les consommateurs?" *Le Point*, 30.12.94.

Fr: "Notons que la fonction **marketing**... offre de réels débouchés aux jeunes diplômés." *Le Figaro*, 3.4.96.

Fr: "Le nombre de références... constate l'Institut français du **marketing**...". *Le Point*, 30.12.94.

Fr: "La Volkswagen Coccinelle paraît à première vue le plus bel exemple d'anti-**marketing**." *Le Figaro*, 29.4.96.

Fr: "Derrière un leitmotiv anodin, émerge une stratégie de **marketing** au ton belliqueux." *Le Monde*, 7.5.97.

It: "Patrimonio di idee, di progettualità, di assistenza e di **marketing**." *La Stampa*, 7.4.96.

It: "Nel 1950 i coniugi Wallace varano un'altra iniziativa: pubblicare libri condensati... e offrirli ai potenziali lettori per correspondenza. È nato il **direct marketing**." *Il Giornale*, 18.9.98.

market share

Po: "A expectativa da empresa é que a Coca Light atinja 5% do **market share**." *Jornal do Brasil*, 24.11.97.

Po: "'Não esperamos ter um ***market share*** maior do que este dentro do setor de perfumaria e cosméticos', diz Marcos Rothemberg." *Jornal do Brasil*, 13.7.97.

Po: "Aviação. No período, o '**market share**' de TAM Meridional aumentou 8,7 pontos percentuais e chegou a 9,7% nos vôos nacionais." *Gazeta Mercantil*, 6.7.98.

marshmallow

Fr: "Profil. Jacques Villeret a l'embonpoint **marshmallow** et le regard éberlué." *L'Événement du jeudi*, 28.2.96.

massage parlour

Fr: "Les '**massage parlours**' ont proliféré dans Pékin." *Paris Match*, 17.4.97.

mass media

It: "...forse la più seria è la dissociazione fra l'opinione pubblica e i **mass media**." *La Repubblica*, 15.9.98.

master/Master

Es: "Cuarta promoción de **Master** en administración... impartido por la Escuela Técnica Superior de Ingenieros...". *El País*, 16.1.96.

Es: "Diversas universidades se han lanzado... a la búsqueda del joven europeo interesado en los **masters** de estudios empresariales." *El País*, 18.6.96.

match

Fr: "Jospin, Chirac: **match** nul." *Libération*, 9.5.97.

Fr: "Ancien joueur de rugby, Jean Marti, 69 ans, mène le **match** de sa vie." *L'Événement du jeudi*, 11.6.97.

Fr: "**Match** à trois pour le titre de champion de France de football." *Le Monde*, 12.4.96.

Fr: "...un début de **match** glorieux, l'équipe de France a confirmé ses prétentions au titre olympique de handball". *Les Échos*, 26.7.96.

Fr: "Le **match** se transforme alors en guerre de tranchées." *Aujourd'hui*, 13.4.97.

Fr: "Il assistait à des **matches** de polo et jouait chaque soir, sans succès, au baccara." Painter, *Marcel Proust*.

Fr: "Rien ne saurait lui faire perdre son sang-froid, si ce n'est um **match** de football." *Le Point*, 12.4.97.

Fr: "Les fans, à la fin du dernier **match**... sont allés la larme à l'œil...". *Libération*, 30.4.97.

Fr: "...après avoir assisté à un **match** de boxe de Mike Tyson, Tupac Shakur avait été assassiné dans une voiture...". *Libération*, 3.3.97.

It: "Mancuso-Veltroni, primo **match** in TV." *Corriere della Sera*, 2.4.96.

It: "Quel **match** leggendario!" *Corriere della Sera*, 11.8.98.

It: "In termini sportivi non c'è stato **match**." *La Repubblica*, 22.5.97.

McDo/McDonald

Al: "'Nicht einmal **McDonald**'s möchte sich bei uns ansiedeln', sagt der 43jährige Herold mit gequälten Lächeln." *Die Welt*, 17.6.98.

Fr: "**McDo** triomphe, Accor décroche." *Le Point*, 11.3.95.

Fr: "Pour choisir entre un hamburger et un hot dog chez **MacDo**, ce n'est peut-être pas...". *Le Pcint*, 1.4.95.

Fr: "**MacDonald** trahi par **McDo**." *Jeune Afrique*, 13.5.97.

Fr: "...la nouvelle stratégie de **McDo** est d'une désarmante simplicité...". *Libération*, 3.3.97.

Fr: "...ils se lamentent devant le succès du 'barbare' **McDonald**'s". *Libération*, 7.3.97.

Fr: "Résumons: **McDo** a commencé par lancer aux Etats-Unis un hamburger coûteux...". *Le Figaro*, 9.6.97.

Po: "O crack é uma espécie de **McDonald** da cocaína." *IstoÉ*, 12.11.97.

meeting

Fr: "Peyrefitte à de Gaulle: 'Vous admettez quand même que nous participions à des réunions publiques, à des **meetings**?'" Peyrefitte, *C'était de Gaulle*.

Fr: "Daniel Cohn-Bendit va commencer une série de **meetings** en France...". *Le Point*, 12.4.97.

Fr: "...son dernier tour de chant... en **meeting** contre les ayatollahs". *Le Point*, 19.4.97.

Fr: "Juppé tiendra dix **meetings** au cours de la campagne législative." *Paris Match*, 30.4.97.

Fr: "Jospin devrait tenir un **meeting** commun avec le leader travailliste Tony Blair...". *Paris Match*, 30.4.97.

Fr: "L'Elysée réfléchit à un ou deux **meetings** présidentiels." *Libération*, 29.4.97.

Fr: "Enfin, annoncer six **meetings** seulement quand Robert Hue en revendique 87." *Le Point*, 1.4.95.

Fr: "Bayrou, Léotard et Madelin en **meeting** avec Édouard Balladur...". *Le Point*, 3.5.95.

Fr: "Raymond Barre... pour y tenir un **meeting** en présence de Jean-Marie Le Pen." *Libération*, 7.5.97.

Fr: "Le soutien du Premier ministre dans les **meetings** est rarement apprécié." *Libération*, 16.5.97.
Fr: "Philippe Séguin, qui court d'un **meeting** à l'autre: il aura fait plus de 20 déplacements...". *Marianne*, 25.5.97.
It: "Zurigo, il **meeting** d'oro perde due uomini-jet." *Corriere della Sera*, 11.8.98.

melting-pot/melting pot

Fr: "...il y en a pour tous les goûts, mais question **melting-pot**, c'est nada!" *Le Figaro*, 14.4.97.
Fr: "Les Américains voient dans la réussite de Tiger... une raison d'espérer dans le **melting-pot**." *Paris Match*, 30.4.97.
Fr: "La Corse fut toujours un **melting-pot**." *Le Point*, 27.7.96.
Fr: "Brésil... l'héritage des migrations et du ***melting pot*** cède le pas, au niveau des relations interraciales, aux modèles du 'Nord'." Carelli, *France-Brésil: Bilan pour une relance*.
Fr: "Néanmoins, l'espagnol résiste assez bien au ***melting pot***." Rossillon, *Civilisation latine*.
Fr: "Maurice: **melting-pot** sous les tropiques." *Le Monde*, 22.11.97.
Fr: "Seule la maîtrise du flux migratoire permettra au **melting-pot** français de bien refonctionner." *Le Figaro Magazine*, 25.7.98.
Po: "**Melting pot**." Coluna de Lucas Mendes, em *O Globo*, 9.11.97.

MEO (Medium Earth Orbiting satellite)

Fr: "À mi-chemin entre les GEO et les LEO, les **MEO**, tournant sur des orbites moyennes de 10 000 kilomètres d'altitude, sont également dans la course." *Le Point*, 12.4.97.

merchandising

Es: "Igualmente cubre los derechos de **merchandising** y explotación de otros servicios de estadio." *El País*, 9.1.96.
Fr: "Il est nécessaire que les créateurs se familiarisent avec les arts graphiques et le **merchandising**." *Le Point*, 1.8.98.
Fr: "Universe se refuse au **merchandising** fou que pratique le moindre club un peu populaire...". *Libération*, 30.4.97.
Fr: "Élite peut associer son nom à des produits dérivés et se lancer dans le ***merchandising***." *Le Point*, 15.7.95.
It: "Scopre che questo [Manchester] è un pozzo da cento miliardi l'anno tra sponsor, **merchandising**, tv, biglietti e attività commerciali." *La Repubblica*, 15.9.98.
Po: "...os valores se devem a patrocínios em colunas e **merchandising** em programas de rádio". *Veja*, 26.3.97.
Po: "As Princesas do Povo S.A. Se a história continuar se repetindo, Diana ainda garante, fácil, mais um século de **merchandising**." *Veja*, 25.3.98.
Po: "Os co-autores... sonham em chegar um dia ao primeiro time e faturar salários que, somados às remunerações por inserção de **merchandising**, podem chegar a 100.000 reais por mês." *Veja*, 16.7.97.

merchant bank

Fr: "...la Kleinwort Benson perpétuait les traditions de la vénérable '**merchant bank**' anglaise". *Le Point*, 1.7.95.

milk-shake

Fr: "Galaxie... avec son juke-box nasillard et ses **milk-shakes**...". *L'Express*, 6.8.98.
Fr: "Mais pas besoin de se balader avec un **milk-shake** fraise [ou banane] pour affirmer la mode." *Paris Match*, 30.7.98.

Po: "...traçou um **milk-shake** e um hambúrguer, enquanto assistia ao...". *Veja*, 9.4.97.

Po: "Antigamente, **milk-shake** era quase rotina no Rio de Janeiro." Lins, *Almanaque*.

Po: "Se uma pessoa pedir um cheeseburguer duplo... um **milk-shake**, uma Coca-Cola...". *Veja*, 23.4.97.

miss

Fr: "La foire plie ses stands, les **miss** connaissent désormais le verdict...". *Aujourd'hui*, 13.4.97.

Fr: "Le comité des fêtes voulait qu'il parraine l'élection des **miss**." *Aujourd'hui*, 13.4.97.

Po: "Sim, muito feia, pois simpatia também marca pontos em concurso de **miss**...". Amado, *Tieta do agreste*.

Po: "...proibiu brigas de galo, maiô em concurso de ***miss*** e o uso de lança-perfume...". Martins, *Valeu a pena*.

Po: "Funchal ganha '**miss**' Concelho." *Correio da Manhã*, 28.8.98.

mobile home/mobil-home

Fr: "...la Fédération a dû, pour les loger, louer des **mobile homes** installés à proximité des écuries...". *Les Échos*, 26.7.96.

Fr: "**Mobile Home**. Le Préfabriqué de Luxe. Les **mobile homes** [maisons mobiles] ont soudain des goûts de luxe." *Le Point*, 6.6.98.

Fr: "Je suis allé me reposer dans son **mobil-home**. Je me suis couchée...". *Le Figaro*, 16.5.97. **Mobile home**. Les Français s'y mettent." *Le Point*, 15.8.98.

Fr: "Il faut compter en moyenne de 130 000 à 160 000 francs pour un **mobile home** équipé." *Le Point*, 15.8.98.

modeling

Fr: "...ce n'est pas le désir des femmes qui a poussé John Casablancas vers le ***modeling***". *Le Point*, 15.7.95.

Fr: "Ford Models Management... jadis solide numéro un du ***modeling***." *Le Point*, 15.7.95.

modem (Acrônimo inglês: *modulator demodulator*)

Es: "Acceso a la información. Via **modem**: Acceso mediante un modem hasta 9.600 bqs...". *El País*, 18.6.96.

Fr: "Un **modem** est un boîtier qui permet à un micro-ordinateur d'envoyer ou de recevoir des fichiers par les lignes du téléphone." *Le Point*, 3.5.95.

Fr: "Le boom des **modems** est étroitement lié à l'explosion d'Internet." *Le Point*, 3.5.95.

Fr: "Le marché du **modem** est comme la mode: tous les six mois...". *Le Point*, 3.5.95.

Fr: "...un bon quart des micro-ordinateurs sont d'ores et déjà équipés de **modems** et peuvent donc se connecter à Internet". *Les Échos*, 12.5.97.

Fr: "Les abonnés pourront accéder, avec un ordinateur et un **modem** et sans quitter leur fauteuil." *Le Point*, 4.3.95.

Fr: "U.S. Robotics, le géant américain du **modem**, vient de l'imiter...". *Le Figaro*, 9.6.97.

Po: "O cabo consegue ser 25 a 50 vezes mais rápido que um **modem** em linha convencional." *O Estado de S. Paulo*, 17.11.97.

Po: "Novidades... notebook equipado com **modem**, que permite acessar a Internet." *Veja*, 9.4.97.

Po: "Uma tecnologia que debuta no Anhambi é a dos **modems** de 56 kbit/s, ou seja, capazes de transmitir até 56.000 unidades de informação por segundo." *IstoÉ*, 23.7.97.

mood

Fr: "Le **mood** du pays avait changé." *Libération*, 11.3.96.

most wanted

It: "Dopo il Unabomber, Zodiac è uno dei due ***most wanted*** degli Stati Uniti." *Corriere della Sera*, 6.4.96.

mouse

Po: "...numa atitude coerente com o costume de falar ***mouse*** e não camundongo". *Veja*, 9.4.97.

Po: "Enquanto isso, em Portugal... ***mouse***... é rato." *Veja*, 9.4.97.

Po: "Vários periféricos, como scanners, **mouses**, modems e placas de som, aproveitam-se desse tipo de slot." *O Estado de S. Paulo*, 3.11.97.

Po: "Depois veio o fenômeno do ***mouse*** com o Lisa e o Macintosh, depois o fenômeno Microsoft e agora decola o fenômeno Netscape." Spinola, *O futuro do futuro*.

music-hall/Music-Hall/music hall

Al: "In der englischen **Music-Hall**-Tradition war es üblich, auch in Kino, wo in der Pause die Kino-Orgel Songs spielte...". *Der Spiegel*, 14.9.98.

Es: "Ella Fitzgerald... parece venir de una tradición del blues picante y deslenguado que se cantaba en los **music hall** de las grandes ciudades...". *El País*, 19.6.96.

Fr: "...il se rendit au **music-hall** de Félix Mayol". Painter, *Marcel Proust*.

Fr: "Le lundi, c'est **music-hall**." *Libération*, 26.5.97.

Fr: "A un pickpocket de **music-hall**, Groucho Marx demande...". *Le Figaro Magazine*, 31.5.97.

Fr: "Harpo, chargé du ravitaillement par une troupe de comédiens de **music-hall**, découvre par hasard le bijou." *Le Nouvel Observateur*, 11.6.97.

Fr: "...un autre est tué par balle, un troisième trouve la mort au **music-hall**...". *Le Nouvel Observateur*, 11.6.97.

Fr: "...le poème de T. S. Elliot, dans des lieux dévastés comme ce **music-hall** désaffecté du quartier de Tower Bridge". *L'Express*, 22.1.98.

Fr: "Les 'munshis', ses serviteurs indiens enturbannés comme des fakirs de **music-hall**...". *Paris Match*, 13.8.98.

must

Fr: "...bien qu'en matière de poésie ou même de tourisme l'autoroute ne soit pas un **must**." *Le Point*, 1.4.95.

Fr: "*Aujourd'hui*, le **must** de l'innovation technologique en matière d'eradication pileuse...". *L'Express*, 1.5.97.

Fr: "Marilyn... sans oublier le '**must**' du film, "Diamonds Are a Girl's Best Friend'. *Le Point*, 4.3.95.

Po: "Roy Rogers, um ***must*** dos anos 40 nos EUA." *Jornal do Brasil*, 14.4.96.

Po: "Em setembro, os fãs do Obsession poderão comprar a sua versão light, ***must*** desse verão nos Estados Unidos." *Jornal do Brasil*, 13.7.97.

mutual fund/Mutual Fund

Fr: "...l'assèchement des flux d'argent qui touche les '**mutual funds**' américains... se répercute sur les marchés européens". *Les Échos*, 26.7.96.

Fr: "Au cours de janvier, les sommes investies dans les **Mutual Funds** ont augmenté de 24 milliards." *Libération*, 15.2.96.

Fr: "Ce sont les particuliers américains eux-mêmes qui placent une partie croissante de leus économies dans les **Mutual Funds**." *Libération*, 15.2.97.

name dropper/name dropping

Fr: "Jean d'Ormesson. Alors, forcément, il fait du **name dropping** comme Monsieur Jourdain de la prose." *Le Figaro Magazine*, 25.10.97.

Fr: "Andy Warhol: l'avant-garde, l'underground, la sous-culture kitsch, le snobisme, le ***name dropping***, le noctambulisme, la défonce, l'homosexualité...". *Vogue*, set. 1998.

nanny

Fr: "C'était une **nanny** à l'ancienne mode." *Figaro Madame*, 13.4.96.

nerd

Po: "O senhor é um **nerd**, desses que ficam horas debruçados num computador?" *Veja*, 19.2.97.

Net

Fr: "La voiture à naviguer sur le **Net**." *Libération*, 9.5.97.

Fr: "Le **Net**, c'est l'apothéose du frivole et du mercantile, des autoroutes de la consommation plus que de l'information. Sauf le courrier électronique." *Libération*, 21.5.98.

Fr: "Le 'Jupinocchio' du PS sur le **Net**." *L'Événement du jeudi*, 14.5.97.

Fr: "Trois rapports récents auscultent le retard de la France sur le **Net**." *Libération*, 16.5.97.

network

Fr: "L'UER, deuxième détenteur de droits derrière le **network** américain NBC...". *Les Échos*, 25.7.96.

Fr: "Fox, le ***network*** de Rupert Murdoch, a rompu cette règle non écrite." *Libération*, 4.3.97.

Fr: "Un '**network**' de plus en ligne." *Libération*, 16.5.97.

Fr: "...le développement de logiciels destinés au **network** computer...". *Libération*, 21.5.97.

Fr: "Le **network** computer, c'est cet ordinateur qui va puiser son intelligence sur le reseau." *Libération*, 21.5.97.

Fr: "Quand les **networks** et le câble se rapprochent." *Le Figaro*, 2.8.98.

Fr: "Ils posent alors les bases de ce qui fait aujourd'hui leur puissance: le ***networking***." *Le Point*, 15.7.95.

It: "Nebiolo, emblema del vecchio **network** di potere che dominerà l'Olimpiade di Atlanta." *Il Messaggero*, abr. 1996.

Po: "...quando você se senta em sua poltrona e assiste ao jogo da seleção na França ou na Bolívia, depois que ele passa por um enorme **network** de satélites pagos pelo E-business da TV?". Spinola, *O futuro do futuro*.

New Age/new age

Es: "El cambio de línea de la Iglesia de Inglaterra después de largos e infructuosos coqueteos con la denominada espiritualidad **New Age**...". *El País*, 12.1.96.

Fr: "Là, on tombe en plein **New Age**, style 'rebirth' et cri primal." *Madame Figaro*, 13.4.96.

Fr: "...le père Laurence, un mystique **New Age** qui se promène à demi nu dans sa serre." *Paris Match*, 17.4.97.

Fr: "L'Angleterre, Eldorado des cinémas **new age**?" *Libération*, 30.4.97.

Fr: "À l'unisson de cette vie communautaire **New Age**, le film s'autorise toutes les utopies.. ". *Libération*, 4.3.97.

Fr: "Paulo Coelho, ce 'camelot **New Age**'." *Le Figaro Magazine*, 7.3.98.

Fr: "Un jeune punk sème la zizanie dans une famille '**new age**'." *Le Figaro Magazine*, 7.3.98.

Fr: "Un service Auditel... une voix éthérée suggère, sur un fond musical **new-age**, de "penser à lui fréquemment'...". *Le Point*, 18.2.95.

Po: "Madonna. A maioria das faixas namora o estilo '**new age**', aquela música cheia de climas oníricos, feita para relaxar e meditar." *Veja*, 11.3.98.

New Deal/new deal

Fr: "De Gaulle: 'Ce qui apparaît, c'est le désir à peu près général d'un ***new deal***, autrement dit d'un changement de style et d'objectifs, pour l'avenir proche et l'avenir lointain. [...] La question, maintenant, c'est d'avoir un ***new deal*** à proposer, un grand but à donner'." Peyrefitte, *C'était de Gaulle*.

Fr: "...les réformes de MacArthur, au départ imprégné de l'esprit du ***New Deal*** de Roosevelt...". *Le Monde*, 5.5.97.

Po: "Até FH deve ter acreditado que seria o ponto de equilíbrio entre a velha esquerda fracassada e o ***new deal*** do capital." *O Globo*, 9.3.99.

new look/new-look

Fr: "Une démocratie sociale **new-look**." *Le Figaro*, 24.4.96.

Fr: "Bar, toilettes à visiter pour les parfums distribués et les dames pipi **new look**." *Libération*, 30.4.97.

Fr: "Gérard Depardieu, ex-loubard, le **new-look** de la force tranquille." *Paris Match*, 6.3.97.

Fr: "...ces territoires fiscaux **new look**, qui accueillent les entreprises à bras ouverts...". *L'Événement du jeudi*, 14.5.97.

Fr: "...nous décrivent en fait ce que sont aujourd'hui les moeurs **new-look** des services secrets." *Le Point*, 26.5.97.

Fr: "...l'idée qu'il est le seul à pouvoir incarner un socialisme **new-look** à l'allemande." *Le Point*, 7.6.97.

Fr: "Devenu directeur du Centre national de la photographie ***new look***, Jérôme Sans a élaboré une édition...". *Libération*, 12.6.97.

Fr: "Du coup, le ministre de l'Éducation s'est découvert, lui aussi, partisan de cette journée de classe **new look**, qu'il voudrait faire entrer en vigueur 'progressivemenrt'." *Le Point*, 18.2.95.

Fr: "L'urbanisme **new-look** de Tiberi passe l'oral au Conseil de Paris." *Libération*, 16.4.96.

Po: "'**New Look**' chocante carnavaliza o herói." *O Globo*, 11.1.97.

Po: "Revista 'Ele & Ela': seu ***new look***, assinado pela agência Doctor." *O Globo*, 5.2.97.

news/News

Al: "Ein Reporter von 'Entertainment **News**' holt strahlende Zeugen vor die Kamera...". *Focus*, 8.7.96.

Fr: "Oui, et les '**news**' seraient bien tristes si une image effrontée comme celle-ci...". *VSD*, 11.9.96.

night-club/night-clubbing

Fr: "Les bars et les **night-clubs** ne sont pas les seuls... où la prostitution...". *Paris Match*, 17.4.97.

Fr: "...bon nombre d'hôtels et de **night-clubs** appartiennent à l'armée". *Paris Match*, 17.4.97.

Fr: "...réplique d'une maison... qui abrite un restaurant, un **night-club** et un karaoké". *Paris Match*, 17.4.97.

Fr: "Le **night-clubbing** est une démocratie de masse." *Le Figaro*, 14.4.97.

Fr: "Le temple de Fabrice Emaer, navire amiral du **night-clubbing** made in Paris...". *L'Événement du jeudi*, 2.4.97.

Fr: "...un mélange baroque... un cinéaste algérien, le **night-club** Le Caramel et, même...". *Le Point*, 1.4.95.

Fr: "...plus attentifs à la programmation musicale qu'à une quelconque '**night-clubbing** attitude'". *L'Événement du jeudi*, 2.4.97.

Fr: "Les restaurants les plus en vue et les **night-clubs** les plus courus." *Paris Match*, 29.5.97.

Fr: "Les 750 chambres... les 10 restaurants... le **night-club**, le sauna...". *Jeune Afrique*, 10.6.97.

Fr: "Des jeux, ateliers... jusqu'au **night-club** et au cybercafé." *Le Point*, 27.7.96.

nightmare

It: "I poveri genitori soffrono, sensa perdersi '**nightmare**' in tv." *Corriere della Sera*, 6.4.96.

no comment

Fr: "Nielsen, leur très médiatique porte-parole... opposait un '**no comment**' sans appel à qui le joignait sur son téléphone cellulaire." *Le Point*, 17.8.96.

Fr: "Justin Leonard s'était d'ailleurs fendu d'un '***No comment***', lourd de réprobation." *Libération*, 20.7.98.

Po: "O único que se arranca dele é um '**no comment**' mal-humorado." Lins, *Almanaque*.

no man's land/no-man's-land

Fr: "D'autres patrouilles... circulaient dans les mêmes parages, car le ***no man's land*** est plus habité qu'on ne croit." Druon, *Circonstances*.

Fr: "Oui, Faure, patrouilleur du ***no man's land***, pouvait faire des prodiges." Druon, *Circonstances*.

Fr: "Kurds. Un '**no man's land**' livré à lui-même disent les Turcs." *Le Point*, 1.4.95.

Fr: "Le centre est une sorte de ***no man's land*** politique." *Jeune Afrique*, 10.6.97.

Fr: "Weygang... s'est attaqué à la valorisation de l'Arbois, un **no man's land** de 8 000 hectares dont il veut faire un 'europôle méditerranéen'." *Enjeux/Les Échos*, mar. 1994.

Po: "Nunca derrubou as barreiras que nos permitiam permanecer... num **no-man's-land**, em território neutro." Macedo Soares, *As sentinelas de Deus*.

nomination

It: "Palazzo Vecchio ha lanciato il nome del pidiessimo Cianchi, sorpassando la ***nomination*** di Luigi Giacumbo." *Il Giornale*, 18.9.98.

nominee

Fr: "Si l'actionnaire décide d'avoir recours à CREST, il désignera un '**nominee**'." *Les Échos*, 19.6.96.

non profit organization

Fr: "Là ou l'Église, considérée depuis 1993 comme une ***non profit organization*** au même titre que les grandes religions, peut exercer toute son influence." *Le Nouvel Observateur*, 11.6.97.

nonsense/non sense

Fr: "...une tendance de plus en plus marquée à concasser le langage, à user du '**nonsense**'". Maurice Rheims.

Po: "O Governo bobeia com os barões do aço que aumentam preços colocando em risco o Real, mas restringe os benefícios dos idosos... Um ***non sense*** explícito." *O Globo*, 12.7.97.

non-stop/non stop

Fr: "Les dirigeants et cadres d'entreprise veulent aller d'un continent à l'autre, le plus vite possible et '**non stop**'." *Jeune Afrique*, 20.5.97.

Po: "Se há alguém capaz de falar a noite inteira **non-stop** é certamente o Jesuíno." Lins, *Almanaque*.

no-show

Po: "Não há lei que puna o ***no-show***." *O Globo*, 1.3.97.

notebook (PC)

Al: "Die ImageOffice PC-Karte unterstützt **Notebooks** genauso wie den PC." *Focus*, 8.7.96.

Po: "Novidades... **notebook** equipado com modem, que permite acessar a Internet." *Veja*, 9.4.97.

Po: "Indústria vai fazer **notebooks** no Brasil para atender demanda por computação móvel." *IstoÉ*, 4.6.97.

Po: "Bancos e seguradoras estão fazendo grandes encomendas de **notebooks**...". *IstoÉ*, 4.6.97.

Po: "O novo **notebook** japonês pesa 800 gramas, tem um Pentium de 75MHz...". *Veja*, 11.6.97.

Po: "Rede nacional. **Notebook** com MMX." *Folha de S. Paulo*, 18.6.97.

Po: "**Notebooks** Canon com desconto." *Jornal do Brasil*, 24.11.97.

Po: "Não sem motivo, os micros portáteis foram batizados como ***notebooks***." Spinola, *O futuro do futuro*.

Po: "É verdade que a IBM produzia **notebooks** em sua fábrica de Sumaré, mas suspendeu a produção em 1996." *IstoÉ*, 23.7.97.

nurse

Fr: "Courr d'appel de Versailles. La **nurse** accusée nie toujours avoir causé la mort d'un enfant de 11 mois." *Le Figaro*, 20.3.98.

office-boy

Po: "Aos 10 anos, já haviam largado a escola para trabalhar como servente de obra e **office-boy**." *Veja*, 28.5.97.

Po: "O embaixador tratava os secretários como simples **office-boys**." Faria, *Reminiscências*.

off-limit/off limit

It: "Una villeta nel quartiere elegante de Tirana... por 45 anni è stato **off limits** per la gente normale." *La Repubblica*, 15.9.98.

It: "Il lago... non doveva essere di nuovo dicchiarato **off limits** per questioni ambientali." *IoDonna*, 15.9.98.

off-shore/ offshore /Off-shore

Al: "Long verweist auf Verträge: etwa mit der **Off-shore**-Firma Mercator auf den Bahamas." *Der Spiegel*, 14.9.98.

Es: "Las grandes construcciones navales, así como la construcción **offshore** son dos de las actividades industriales del sector naval." *El País*, 30.1.96.

Es: "En 1989 Total concretó, frente a las costas de la misma provincia, la primera producción **off-shore** de la Argentina." *La Nación*, 14.7.98.

Fr: "Le ministre affirme que la Corse ne deviendra pas une 'zone **off-shore**'." *Le Monde*, 12.4.96.

Fr: "Pétrole. Elf: troisième découverte dans l'**offshore** profond." *Le Figaro*, 11.4.96.

Fr: "...un gazoduc de 650 km reliant le gisement *off-shore* de Yanada à une usine d'électricité...". *Le Monde*, 7.5.97.

Fr: "...reliant à Ratchburi le gisement birman *off-shore* de Yetagun, exploité par Texaco". *Le Monde*, 7.5.97.

Fr: "En troisième position arrive le pétrole **off-shore**, exploité par Chevron et Fina." *Le Figaro*, 22.5.97.

Fr: "...et le Congo, où Elf-Aquitaine produit du pétrole **off-shore**." *Le Figaro* 22.5.97.

Fr: "Question souvent posée: à quoi servent les banques **offshore**?" *Jeune Afrique*, 27.5.97.

Fr: "...Elf s'est consolé de 'travailler de toute façon **off-shore**' au large d'un pays à feu et à sang." *Libération*, 9.6.97.

Fr: "A ce jour, trois banques seulement se sont installées en **offshore**." *Jeune Afrique*, 27.5.97.

off-the-record/off

Fr: "...les vendeurs renvoient le visiteur curieux à l'étage de la direction. Où on répond '*Welcome Tati*'. Enfin... '***off- the-record***'." *L'Express*, 8.5.97.

Fr: "Bernard Tapie: 'Les gens qui parlent **off** sont des enculés!'." *L'Événement du jeudi*, 28.5.97.

Fr: "Si ce petit livre est pathétique... c'est parce qu'on y entend résonner, en voix **off**, l'hallali de la mort." *L'Express*, 29.5.97.

Fr: "Festival du mime. Gyohei y interprète, en *off*, son propre numéro." *Le Figaro*, 8.8.97.

okey/Okay/O. K./OK/ok

Al: "'Du musst bezahlen, wenn ich in eine Kontrolle komme.' '**Okay**', heisst es dann jedesmal am anderen Ende der Leitung." *Der Spiegel*, 14.9.98.

Fr: "De Gaulle: '... les Allemands avaient déclaré qu'ils n'accepteraient pas qu'on y revienne une fois que la règle de la majorité serait en vigueur. Et les autres avaient dit **OK**'." Peyrefitte, *C'était de Gaulle*.

It: "Schumi. Il tedesco dà spettacolo: '**Okay**, proviamo a vincere'." *Corriere della Sera*, 7.4.96.

It: "Goldman Sachs, **OK** Alla Quotazione." *Corriere della Sera*, 11.8.98.

It: "A Ivrea preferiscono non sbottonarsi, ma l'impressione è che a giorni possa venire l'**ok** ministeriale." *Il Sole 24 Ore*, 7.8.98.

It: "Fiducia sul decreto, oggi l'**ok** finale." *La Repubblica*, 22.5.97.

Po: "**O.K.**, o Deep Blue venceu Kasparov, mas pode-se perguntar: e daí?" *IstoÉ*, 21.5.97.

Po: "Assim que o conglomerado de bolas que cobriam a sonda parou de pular, o computador de bordo enviou '**OK**' para seus controladores na Terra." *IstoÉ*, 16.7.97.

on/off

Fr: "...laissant entière la question d'un festival vraiment **off**: à l'exception des...". *Libération*, 7.5.97.

Po: "Por ser assunto delicado, políticos evitam analisar o tema em '**on**' (abertamente), como dizem os jornalistas." *Folha de S. Paulo*.

Po: "Foliões '**off**-Sambódromo' mantêm a tradição." *O Globo*, 2.2.97.

Po: "Nem dão desconto de 30% — são 30% *off*." *Veja*, 9.4.97.

one-man show/one-man-show/One-man-show

Al: "Doch wohin Joschka Fischer auf seiner **One-man**-Road**show** auch kommt, etets spricht er, abgesehen vom kleinen Grüppchen lokaler Sympathisanten, gegen eine Mauer des Misstrauens." *Stern*, 16.7.98.

Fr: "Le film de Thomas Gilou, les **one-man show** d'Elie Kakou et de Gad Elmaleh, le retour de Robert Castel: un festival de rires ensoleillés." *L'Express*, 1.5.97.

Fr: "Guy Bedos prépare en Corse le **one-man-show** qu'il présentera à la rentrée." *Le Nouvel Observateur*, 12.8.98.

It: "Per esempio, quello che in America chiamano **one-man-show** ovvero lo spettacolo con un solo uomo." *IoDonna*, 15.11.98.

one-woman-show

Fr: "...permet à Shirley MacLaine de composer un **one-woman-show** attendrissant." *L'Express*, 5.6.97.

on line/on-line/Online

Al: "Experten melden eine Zunahme jugendgefährdender **Online**-Angebote." *Die Welt*, 17.6.98.

Es: "En una primera fase, la operadora MCI distribuirá los servicios **on line** de Microsoft...". *El País*, 30.1.96.

Fr: "On avait jusqu'alors coutume d'opposer le ***on-line*** au *off-line*, avec d'un côté les applications disponibles sur le réseau [les sites Internet] et de l'autre les CD-ROM." *Le Monde*, 10.2.97.

Fr: "Hormones **on line**." *Libération*, 13.5.97.

Fr: "On trouve ***on line*** les travaux d'un chercheur du Nebraska... sur les adverbes de temps chez Tolstoi; mais jamais on ne lira 'Anna Karénine' sur Internet." *Le Point*, 7.6.97.

Po: "Um novo serviço: Defesa do Segurado **On Line**." *Jornal do Brasil*, 14.4.96.

Po: "...os jogos **on-line** funcionam de forma diferente dos títulos vendidos em CD-ROM". *Veja*, 26.3.97.

Po: "Mostrado hoje... para leitores do 'Globo **ON**', o filme 'Todos dizem que te amo'." *O Globo*, 20.5.97.

Po: "Combinou com o presidente Fernando Henrique revelar **on-line** até as entranhas do ministério." *Veja*, 11.6.97.

Po: "Até setembro, a Caixa Econômica lançará o jogo do bicho **on line**." *A Tarde*, 10.6.97.

Po: "Os anúncios **on-line** movimentaram, no ano passado, um bolo de US$300 milhões." *Jornal do Comércio*, 10.11.97.

on the rocks

Po: "Num raro espetáculo de branco total, Julia Ormond inventa a sedução **on the rocks**." *Veja*, 23.7.97.

Open

Fr: "...une idée de ce que représente l'**Open** UAP pour les équipages qui y participent". *Le Point*, 20.5.95.

Fr: "Avant lui, seuls deux joueurs avaient accompli le même exploIt: Bob Giltinian à **l'Open** d'Australie et, il y a vingt ans... un certain John McEnroe." *Le Point*, 7.6.97.

Fr: "L'**Open** de Belgique, une affaire juteuse." *Le Soir*, 17.6.98.

Fr: "Échecs: fin de l'**Open** d'été de Cannes." *Nice-Matin*, 10.8.98.

opt-out

Fr: "**Opt-out**: au sommet de Maastricht, la Grande-Bretagne a fait 'acter' son droit de ne pas participer au lancement de la monnaie unique." *Le Figaro*, 3.5.98.

Fr: "Dans le cas danois, l'**'opt-out'** est quadruple: il concerne aussi la citoyenneté européenne, la politique extérieure commune, la coopération policière et judiciaire." *Le Figaro*, 3.5.98.

outdoor

Po: "Garçom, caiu um **outdoor** na minha sopa!" *Jornal da Tarde*, 18.4.96.

Po: "O Rio amanheceu com 165 **outdoors** da campanha do IPTU." *O Globo*, 15.1.97.

Po: "No dia 7... um **outdoor** apareceu nas ruas da cidade, cortesia do vereador...". *Veja*, 9.4.97.

Po: "A cidade amanheceu ontem com os **outdoors** sobre o evento pichados." *O Globo*, 24.1.97.

Po: "Endereçado aos 'gays de todo o Brasil', um *outdoor* defende o direito dos homossexuais de se alistar no serviço militar." *A Tarde*, 19.5.97.

Po: "Souto mandou espalhar oitenta **outdoors** pelo Estado com o slogan provocador...". *Veja*, 28.5.97.

Po: "O dinheiro passara a ser o grande árbitro da campanha. Pagavam-se ***outdoors***, cartazes, panfletos...". Martins, *Valeu a pena*.
Po: "O lançamento do livro foi acompanhado da instalação de meia dúzia de **outdoors** no Rio com a chamada 'O seqüestro do papa'." *IstoÉ*, 16.7.97.

outperforming
Po: "Morgan Stanley aumentou a qualificação da Aracruz Celulose, de neutros para **outperforming**." *Jornal do Comércio*, 17.4.96.

outsider
Al: "**Outsider** sind typisch für ihre Zeit." *Der Spiegel*, 14.9.98.
Es: "Montgomery Clift, que era un **outsider** y admirador fanático de Edward Lunt...". *El País*, 19.2.96.
Fr: "Cet **outsider**, entré en littérature comme en guerre, est l'auteur que la fin du siècle attendait: réactionnaire et scandaleux." *Madame Figaro*, 5.9.98.
Fr: "Surtout, comme souvent en pareil cas, un **outsider** de dernière minute est tout à fait envisageable." *Les Échos*, 25.7.96.
Fr: "Mais il se sent un ***outsider*** parmi tous ces jeunes gens appliqués." *Le Figaro Magazine*, 19.4.97.
Fr: "***Outsider*** inattendu, Daniel Cohn-Bendit a fait une irruption remarquée dans la campagne des Verts." *Le Monde*, 5.5.97.
Fr: "Longtemps **outsider**, comme toutes les femmes pasteurs en ce royaume luthérien...". *Le Point*, 10.5.97.
Fr: "Un mollah **outsider** à la présidence de l'Iran." *Libération*, 26.5.97.
Fr: "**L'outsider** double Jean-Luc Lagardère." *L'Événement du jeudi*, 28.5.97.
Fr: "Allemagne: **l'outsider** du SPD: Ulrich Schneider." *Le Figaro*, 1.2.98.
Fr: "Les Chiliens, miraculés des phases éliminatoires, figurent aujourd'hui parmi les plus sérieux **outsiders** du Mondial." *Le Soir*, 17.6.98.
Po: "JK e Collor: ambos foram '**outsiders**' da política." *Folha de S. Paulo*, 7.1.97.

outsourcing
Fr: "La sous-traitance — **outsourcing** — et le niveau insuffisant, aux yeux des syndicats, de l'embauche dans certaines usines sont au cœur de deux mouvements de grève...". *Le Monde*, 7.5.97.

overbooking
Po: "Não há lei que puna o ***overbooking***." *O Globo*, 1.3.97.
Po: "Empresas brasileiras acostumadas a trabalhar com altas taxas de ***overbooking*** ainda instruem seus passageiros a reconfirmar os vôos de retorno." *Jornal do Brasil*, 27.7.97.

overdose
Fr: "Cookie tombe dans le coma à la suite d'une **overdose**." *L'Express*, 5.6.97.
Po: "Fácil, é só juntar ignorância com **overdose** de mídia." *Veja*, 15.10.97.
Po: "Uma *overdose* fiscal — o aumento das receitas de impostos e contribuições e cortes nas despesas — também é necessário...". *Jornal do Brasil*, 8.11.97.
Po: "**Overdose** de música. CD Expo promete muito show e disco barato." *Veja*, 30.7.97.

overnight
Po: "Pequena liquidez influencia o **overnight**." *Jornal do Comércio*, 17.4.96.
Po: "...ganhos da reaplicação remunerada no '**overnight**' de depósitos à vista...". *Veja*, 25.12.96.
Po: "...acabou o **overnight** — que descanse em paz". *Veja*, 29.1.97.

Po: "No mercado aberto, o juro **overnight**, referente aos repasses interbancários com lastro em títulos públicos federais, cedeu de 2,31%." *O Estado de S. Paulo*, 10.6.97.
Po: "Juros no **overnight** avançam pelo segundo dia." *Jornal do Comércio*, 8.11.97.
Po: "O Banco Central... para manter o câmbio... e o **overnight** perto dos 4,39% ao dia (0,146%)." *Gazeta Mercantil*, 6.11.97.
Po: "Correção pelo '**over**' era típica da fase da inflação." *O Globo*, 4.6.98.

overprice
Po: "O *overprice* foi dividido entre as corretoras... e os bancos." *O Globo*, 22.2.97.

over-the-counter
Po: "O representante do Comitê de Câmbio... é obviamente contra uma subordinação do *over-the-counter* ao órgão regulador do mercado de commodities, alegando que isso travaria os mercados." Spinola, *O futuro do futuro*.

pace-maker
It: "...comporta minori rischi per portatori di **pace-maker** e diabetici". *IoDonna*, abr. 1996.

package/packaging/packagé
Fr: "Eurotunnel, les clients ont bénéficié d'un '**package**' incluant un prix de transport avantageux." *Aujourd'hui*, 13.4.97.
Fr: "Le développement de systèmes de **packaging** de conditionnement aseptique et 'ultra propre'...". *Les Échos*, 25.7.96.
Fr: "...tant sur le plan des contrats que de la promo, du **packaging**, etc." *Libération*, 30.4.97.
Fr: "Soit un **package** comprenant une vidéo de 40 minutes, un plan...". *L'Événement du jeudi*, 14.5.97.
Fr: "Difficile de résister à l'attrait du jeu quand on peut obtenir des **packages** à 1.500 francs pour un séjour de trois jours, hôtel compris." *Le Point*, 17.8.96.
Fr: "Et avec ce radio téléphone savamment **packagé**, France Telecom Mobiles...". *Le Figaro*, 9.6.97.

paddock
Fr: "Lui, persiste à renvoyer les deux camps dans leurs **paddocks** respectifs...". *Le Figaro Magazine*, 24.5.97.
Fr: "Grand Prix du Brésil. Climat délétère dans le **paddock** d'Interlagos." *Le Figaro*, 29.3.98.
Fr: "Formule 1. Grand Prix d'Autriche. Le **paddock** vote Schumacher." *Le Figaro*, 26.7.98.
It: "Per ora ella è parcheggiata in felice attesa, nel *paddock* dell'agone parlamentare." *La Stampa*, 14.9.98.
Po: "O *turfman*... já se encontrava eufórico no **paddock**, à espera do... vencedor. Soares, *O xangô de Baker Street*.
Po: "Venha, delegado — disse Sherlock, atravessando o **paddock** e rumando para as cavalariças...". Soares, *O xangô de Baker Street*.

page/pager
Fr: "Les opératrices qui réceptionnent les messages des **pagers** sont désormais habituées...". *Le Point*, 12.4.97.
Fr: "Environ 60% des possesseurs de **pager** ont entre 15 et 25 ans." *Le Point*, 12.4.97.
Fr: "*Elles* portent à la ceinture un **pager** qui recueille les messages." *Paris Match*, 17.4.97.
Po: "Na hora da sobremesa, os **pagers** apitaram, informando as cotações da abertura da Bolsa de Hong Kong." *Veja*, 5.11.97.

Po: "As propagandas mais citadas... foram de cervejas... **pagers** e programação de casas noturnas." *Jornal do Brasil*, 9.11.97.

Po: "China. O desfile de modas... faz os anfetamínicos 'wise guys' locais babarem nas camisas de Ban-Lon e até nos **pagers**." *Gazeta Mercantil*, 16.7.97.

Po: "China. Passado o êxtase, todo mundo volta ao **pager**. Ou ao celular." *Gazeta Mercantil*, 16.7.97.

Po: "O aparelho... só será capaz de discar sozinho... e receber mensagens como se fosse um ***pager***." *Jornal do Brasil*, 20.7.97.

panel

Po: "O.M.C. Depois de dois meses de negociações frustradas, Brasil e Canadá decidem pedir a instalação de um '**panel**'." *Gazeta Mercantil*, 13.7.98.

panorama/Panorama

Al: "...der gegenwärtigen nationalen Selbstsuche zu einen bebilderten **Panorama** von mytisch-metaphorischer Aufdringlichkeit". *Der Spiegel*, 14.9.98.

Fl: "Het **panorama** over Londen bij Kenwood House." *De Standaard*, 17.6.98.

Fr: "...de la tour Eiffel, le **panorama** de ce Paris tentaculaire...". Painter, *Marcel Proust*.

Fr: "...Proust contempla le mouvant **panorama** des villégiatures maritimes de sa jeunesse..". Painter, *Marcel Proust*.

Fr: "...la cuisine n'est pas à la hauteur du **panorama** 192, au cœur de Notting Hill...". *Libération*, 30.4.97.

Fr: "Pour tous les amours de la calligraphie, un **panorama** coloré de nouvelles tendances ès plumes." *Madame Figaro*, 16.3.96.

Fr: "Le Verdon est beaucoup mieux qu'un **panorama** à couper le souffle." *Geo*, jun. 1998.

Po: "...trabalhar em coisas... que têm menos a ver com o **panorama** atual". Ferreira e Mello, *Clement Greenberg e o debate crítico*.

paper

Po: "Em seguida, ao ***paper*** do professor Mangabeira Unger, apresentado no encontro de esquerdas latino-americanas...". *Jornal do Brasil*, 20.5.97.

Po: "A 'nova racionalidade econômica' injetada nas teses da esquerda pelo ***paper*** do professor...". *Jornal do Brasil*, 20.5.97.

paperback

Fr: "...une version plus sommaire sera disponible... Et l'on prévoit même un ***paperback*** à 350 FF". *Jeune Afrique*, 10.6.97.

parking

Es: "Nunca dejo el coche en el **parking** sino en el aparcamiento." *El País*, 2.7.96.

Fr: "La cour arrière commençait à ressembler à un **parking** d'hôtel." *Madame Figaro*, 13.7.96.

Fr: "...déterminer le meilleur emplacement de **parking** de l'avion." *Le Point*, 30.12.94.

Fr: "Le **parking** privé vous facilite la vie et la péniche confortable...". *Paris Match*, 17.4.97.

Fr: "...les aéroports ont d'ailleurs tous déterminé des **parkings** éventuels de stationnement, dits 'aires-bombes'". *Le Point*, 30.12.94.

Fr: "Zurich interdit la construction de **parkings** sur les lieux de travail." *Le Point*, 5.10.96.

Fr: "...tournoi de ping-pong organisé par le personnel dans le **parking**...". *Le Point*, 12.11.94.

Fr: "Pour la résoudre, il faut des relais-**parking**, style station de taxis...". *Le Point*, 1.4.95.

Fr: "Le **parking** du carrossier Gruau abrite des véhicules hors du commun." *Le Point*, 20.5.95.

Fr: "...on lui a demandé de payer sa place de **parking** dans l'enceinte de l'hôpital". *Libération*, 30.4.97.

Fr: "Attention aux **parkings**!" *L'Express*, 1.5.97.
Fr: "...le nombre de camions de retransmission télévisée garés sur les **parkings**...". *Le Monde*, 5.5.97.
Fr: "*Elle*... ne trouve pas le ticket d'entrée du **parking**, et paie le forfait maximum." *Paris Match*, 6.3.97.

partner/Partnern
Al: "Auch wir müssen irgendwann mit unseren NATO-**Partnern** gleichziehen...". *Focus*, 8.7.96.
Al: "'Du bist nicht im Käfig...' Frauen erzählen von ihren älteren **Partnern**." *Stern*, 17.6.98.
Al: "Dass Lafontaine in der Elefantenrunde über eine mögliche Junior**partner**schaft der SPD in einer Grossen Koalition philosophiert hat...". *Welt am Sonntag*, 13.9.98.
It: "Si allunga ancora l'elenco dei **partner** in vista del collocamento in Borsa." *Corriere della Sera*, 2.4.96.
It: "Il Cile cerca **partner** italiani." *La Stampa*, 7.4.96.
It: "La Banca Popolare di Milano ha scelto quale sarà il **partner** in campo assicurativo." *La Stampa*, abr. 1996.
It: "Che gli italiani comandino la missione non fa piacere a molti dei **partner** della forza multinazionale di protezione." *La Repubblica*, 22.5.97.
It: "Senza **partner** non si entra." *IoDonna*, 15.9.98.

partnership
Fr: "...enfin Verner Investissements, regroupant les cadres de l'entreprise sur le mode anglo-saxon de '**partnership**', contrait, de son côté, 34% des actions". *Les Échos*, 26.7.96.
It: "Albania. Fra una richiesta di aiuto o de **partnership** alla Nato e un tentativo di controllare l'ingombrante presenza dei contrabbandieri di nomine." *La Repubblica*, 15.9.98.

part-time
It: "...ricorso alla mobilità interna, al **part-time** e a orari flessibili, che dovrebbero ridurre i costi del 5%". *La Repubblica*, 22.5.97.
It: "Sono fidanzata **part-time** per amore dei miei bambini." *Oggi*, 23.9.98.

party/Party
Al: "Mandela-Machel. Es soll **Party** des Jahres werden, keine Geburtstagsfete, vielmehr eine Abschiedsfeier...". *Stern*, 16.7.98.
Fr: "Tous les invités de sa "**party**" sont de véritables contribuables...". *Paris Match*, 17.4.97.
Fr: "...célèbre dans le milieu underground des rave **parties**...". *Paris Match*, 30.4.97.
Fr: "...le privilège d'assister à une '**party**', couronnée, au dessert, par l'arrivée de Delon". *Marianne*, 25.5.97.

passing shot/passing-shot/passing
Es: "Rubin superó a la Argentina 13 veces con precisos **passing-shots**." *El País*, 22.1.96.
Fr: "Quand il émerge enfin à coups de **passings** arrachés dans d'étonnantes souffrances...". *Libération*, 9.6.97.

patchwork/Patchwork
Al: "Die **Patchworks** aus ausgelatschten Designerstrümpfen und löchrigen Polyacrylmodellen gemahnen an die 'Rote Socken'-Kampagne...". *Der Spiegel*, 14.9.98.
Fr: "L'époque des émissions **patchworks**: un animateur, un disque, une pub, un jeu, se termine." *Le Monde*,12.4.96.
Fr: "Ce **patchwork** d'études sur la *Civilisation latine* donne le sentiment que l'on éprouve lorsque l'on se promène le long des rayons d'une bibliothèque." *Le Monde*, 21.5.1986.

Fr: "...sur le dos desquels repose un grand chandail en **patchwork**". *Libération*, 30.4.97.
Fr: "En 1995... Jacques Chirac a fait une campagne **patchwork**, mélangeant la thématique du pacte républicain et les slogans libéraux." *L'Express*, 8.5.97.
Fr: "Saint-Jeannet, le village perché, devient, été après été, une petite capitale du **patchwork**." *Nice-Matin*, 22.7.98.
It: "Qui troviamo libri-**patchwork**, libri-teatrino, libri puzzle...". *Il Giornale*, 18.9.98.

pay-out

Es: "Creación de BBL Trust Services... Aumento del dividendo, **pay-out** del 49,4%." *El País*, 18.6.96.

pay-per-view/ pay per view/pay-per-round/ pay per round

Es: "Incluye el servicio **pay per view** (pago por visionado), que permite a los abonados escojer la pelicula o evento de su preferencia." *El País*, 2.7.96.
Fr: "La chaîne de télévision à péage Showtime avait innové en remplaçant l'habituel ***pay per view*** [péage à la séance] sévèrement critiqué lors des précédents combats de Mike Tyson, par un ***pay per round*** [péage à la reprise]." *Le Monde*, 12.11.96.
Fr: "Le **Pay per view** a un prix, fort élevé si l'on n'y prend garde." *L'Événement du jeudi*, 28.5.97
Fr: "Les villes câblées par la Générale des eaux disposeront... du kiosque pour le **Pay per view**". *L'Événement du jeudi*, 28.5.97.
Fr: "Les clubs de foot anglais rejettent le **pay per view**." *Libération*, 31.5.98.
Fr: "Paquet-cadeau: 'mix' numérique, décodeur, interactivité et **Pay per view**." *L'Événement du jeudi*, 28.5.97.
Po: "...as transmissões pelo sistema ***pay-per-view*** e o merchandising." *Veja*, 9.4.97.
Po: "...acordo para as transmissões das televisões por assinatura e do sistema ***pay-per-view***." *Veja*, 9.4.97.
Po: "A Globosat pretende retomar a cobrança do bilhete de temporada do '**pay per view**' do campeonato brasileiro." *Gazeta Mercantil*, 16.7.97.

PC/Pc/personal computer

Al: "Die ImageOffice **PC**-Karte unterstützt Notebooks genauso wie den PC." *Focus*, 8.7.96.
Fr: "Nous voulons voir si l'utilisation du **PC** fait une différence." *Libération*, 30.4.97.
Fr: "...plusieurs types de modems. Il en existe pour Macintosh, ou pour **PC**." *Le Point*, 3.5.95.
Fr: "...un réseau qui permet de relier plusieurs **Pc** entre eux...". *Le Figaro*, 1.4.97.
Fr: NC et **PC**. Le NC (pour Network Computer, ordinateur de réseau) est la dernière coqueluche de l'industrie informatique. Son objectif est de rivaliser avec le **PC** (Personal Computer) comme le parallélisme de son appellation le laisse supposer. Le NC est un terminal multimédia dépouillé c'est-à-dire sans disque dur, sans système d'exploitation élaboré mais relié au réseau Internet grâce à une puce d'un genre nouveau dite 'puce Internet'. Cette puce miraculeuse comprend un modem, une carte son, une carte vidéo, une carte télévision et un microprocesseur RISC.[...] On prétend que le nom NC est né à Paris, en août 1995, à l'occasion d'une conférence spécialisée, dans la bouche de Larry Elison, PDG de la société Oracle. En quelques mois, le concept a fait florès aux États-Unis, des prototypes ont été élaborés et la dénomination definitivement adoptée outre-Atlantique." Otman, *Les mots de la cyberculture*.
Fr: "...un laboratoire avancé pour que des réalisateurs et des créateurs apprennent à utiliser des **PC** ultra-rapides." *Les Échos*, 12.5.97.
Fr: "On peut compter sur une base installée de 70 millions de **PC** multimédias." *Les Échos*, 12.5.97.

Fr: "Même si nous pouvons améliorer l'Internet, rien ne sera aussi bon qu'un stockage local sur son **PC**." *Les Échos*, 12.5.97.

Fr: "Profession: guérisseur de **PC**." *Libération*, 7.3.97.

It: "La zavorra di cui liberarsi il più presto possibile erano I **personal computer** e la Olsy." *Il Sole 24 Ore*, 7.8.98.

peanuts

Fr: "Kopper avait scandalisé le pays en qualifiant de '**peanuts**' quelques dizaines de millions de marks impayés auprès d'artisans ruinés...". *Le Point*, 26.5.97.

pedigree

Fr: "Quel **pedigree**! Dans les années 60, le guérillero Teodoro Petkoff défendait les idéaus de la révolution cubaine." *Le Point*, 1.8.98.

It: "Arrivano i nostri, e come in un film d'azione hollywoodiano hanno tutti un invidiable **pedigree**." *Corriere della Sera*, 9.8.98.

Po: "...mais preocupados com a aparência do que com o **pedigree** dos animais". Soares, *O xangô de Baker Street*.

Po: "...deve ser tranqüilizador ser informado de que, em seu *pedigree*, ela está a dois passos de Giotto". Ferreira e Mello, *Clement Greenberg e o debate crítico*.

Po: "A senhora se diz descendente de Pero Vaz de Caminha... É uma tentativa de mostrar **pedigree** para os tradicionais esnobes?" *Veja*, 5.11.97.

Po: "Chegou a dar conselhos a executivos bem-sucedidos, mas sem '**pedigree**', que precisam realizar negócios com empresários de famílias importantes." *Gazeta Mercantil*, 7.7.97.

Po: "Para Lula, o presidente tem '**pedigree** de incompetência'." *Jornal do Comércio*, 6.3.99.

peeling

Es: "El láser... y consigue alisar zonas que no son accesibles mediante el **peeling** y lifting." *El País*, 29.1.96.

Po: "Há mulheres que pagam uma fortuna para fazer um *peeling* num instituto de beleza. — Pois bem, a senhora acaba de ter um *peeling* gratuito, oferecido pelo Gaz de France!" Macedo Soares, *As sentinelas de Deus*.

peep-show/Peep-Show

Fr: "Prenant place dans la déco d'un 'vaisseau spatial scratché dans un **peep-show** des années 80' et orné de 'gogo girls' montées sur podium...". *L'Événement du jeudi*, 2.4.97.

Po: "Duchamp... o fundo pintado em seu *Peep-Show* do Philadelphia Museum tem uma beleza menor." Greenberg, *Seminário seis*.

Po: "Ele admite que a namorada coloque limites no **peep-show**." *O Globo*, 8.2.98.

penalty/pénalty/pênalti

Fr: "Un **penalty**, contre des buts qui se refusent à leurs auteurs présumés, est parvenu à donner un sens à un match enivrant d'initiatives partagées." *Libération*, 15.5.97.

Po: "Na marca do **pênalti**: a situação do secretário de Desenvolvimento Regional piorou ontem." *Folha de S. Paulo*, 11.6.97.

Po: "Futebol. Um **pênalti** duvidoso." *IstoÉ*, 12.11.97.

Po: "Platini quer o fim das decisões por **pênalti** e dos carrinhos desleais." *O Globo*, 19.4.98.

Po: "Ao contrário do que diz o jargão, **pênalti** não é loteria." *Jornal da Tarde*, 8.7.98.

performance bond

Po: "O seguro-garantia não se restringe ao 'bid bond' (seguro do licitante) ou ao '**performance bond**' (seguro do executante)." *Gazeta Mercantil*, 7.7.97.

photofit/foto-fit

It: "Identificato il uomo del **foto-fit**." *La Stampa*, 7.4.96.

pick-pocket/pickpocket/pickpoquer

Fr: "On s'y fait de plus écraser, **pickpoquer**, entôler." Queneau, *Le Dimanche de la vie*.

Fr: "Savais-je qu'elle était un **pick-pocket** de renommée internationale?" Bianciotti, *Ce que la nuit raconte au jour*.

Fr: "A un **pickpocket** de music-hall, il demande...". *Le Figaro Magazine*, 31.5.97.

Fr: "Êtes-vous un **pickpocket** agréé, comme la plupart des épouses?" *Le Figaro Magazine*, 31.5.97.

Fr: "Elle lui avait subtilisé, avec une prestesse de **pickpocket**, la lettre qu'il tenait entre ses doigts." Roger Martin du Gard.

pick-up/picape

Fr: "Mitsubishi se retire du marché des '**pick-up**'." *Le Figaro*, 11.6.97.

Fr: "'Nous avons cessé d'exporter des '**pick-up**' sur le marché américain." *Le Figaro*, 11.6.97.

Fr: "LDV a décidé de lancer une version deux roues motrices **pick up**." *Le Figaro*, 20.10.97.

Fr: "Mitsubishi a vu ses ventes de '**pick-up**' tomber de 5 045 unités en 1995 à...". *Le Figaro*, 11.6.97.

Fr: "Tournée sur ses terres... Un **pick-up** équipé de l'inévitable radio." *Le Figaro Magazine*, 18.4.98.

Po: "Deletou uns tantos arquivos, pegou sua **pick-up** e seguiu para o...". *Veja*, 9.4.97.

Po: "Vida brasileira. Os agroboys nordestinos chegam à festa em **picapes** Cherokee ou Pathfinder." *Veja*, 27.3.98.

Po: "**Picape** quase brasileira. Fábrica da Chrysler no país." *O Globo*, 15.7.98.

piercing/ body piercing/Piercings/

Al: "Der Cannstatter Wasen in Stuttgart ist bevölkert von Gestalten mit **Piercings** im Gesicht und in viel zu grossen Hosen." *Der Spiegel*, 13.7.98.

Fr: "Mode. Le sexe surgit tel un secret longtemps caché. Il s'impose, rebelle, tribal, à l'image de la robe '**piercing**' de Thierry Mugler avec deux anneaux aux seins retenant un flot de mousseline noire." *L'Officiel*, ago. 1998.

Po: "A lei paulista sobre enfeites epidérmicos... contra um desses adereços, o **piercing** na língua." *Veja*, 19.11.97.

Po: "Os riscos do '**piercing**', novo símbolo da rebeldia jovem." *O Globo*, 4.1.98.

Po: "A moda do ***body piercing*** está unindo gerações. O '**piercing**' no umbigo é um dos preferidos dos adolescentes." *O Globo*, 4.1.98.

pin-up (pin-up girl)

Fr: "Cette **pin-up**, fiancée à un garçon de 21 ans, vient de s'offrir un joli cottage...". *Paris Match*, 30.4.97.

Fr: "La chair des **pin-up** est trop verte et la mouche trop voyante...". *L'Événement du jeudi*, 14.5.97.

Fr: "Daisy Fuentes représente la **pin-up** latino par excellence." *Le Figaro TV Magazine*, 19.5.97.

Fr: "Le Lobby européen des femmes n'a pas apprécié la publicité belge affichant en juillet trois **pin-up** nues, habillées seulement de capsules de bouteille." *Le Point*, 17.8.96.

Fr: "Marilyn Monroe. Subjuguée, la blonde **pin-up** demande qu'on la présente à la jeune reporter." *Le Figaro Magazine*, 16.5.98.

Fr: "...on la voit en **pin-up** dénudée faisant la belle pour les troupes en Corée". *Le Figaro Magazine*, 16.5.98.

Fr: "Sur Internet, les dialogues en direct se déroulent désormais dans les habitats en couleur et en trois dimensions, peuplés d' 'avatars' déguisés en lapins, en Martiens ou en **pin-up**." *Le Monde*, 10.6.96.
Fr: "Avec la nouvelle collection de maillots Pain de Sucre, la **Pin-Up** fait son come-back sur nos plages cet été." *Elle*, 27.7.98.
Fr: "Et débousqua sous l'uniforme de la **pin-up** la seule fille capable de provoquer un big bang sans rien faire." *L'Express*, 6.8.98.
Fr: "Musée **Pin-up**: château de Sansac, Loches [Indre-et-Loire]." *L'Express*, 6.8.98
Po: "Monica Lewinsky promovida a **pin-up** pela *Vanity Fair*: pouco séria, mas bonita." *Veja*, 12.6.98.

pipe-line
Fr: "L'Université américaine de Beyrouth draine ses étudiants dans tout le Proche-Orient et l'un des ***pipe-lines*** aboutit à Sidon!" Druon, *Circonstances*.
Fr: "Un métier passionnant, horticultrice, un mari constructeur de **pipe-lines** sur les champs pétrolifères d'Arabie Saoudite...". *Paris Match*, 29.5.97.

pit-bull
Po: "O Resgate do Soldado Itamar. [...] O soldado Itamar é como um ***pit-bull***: depois que morde, trava!" *Jornal do Brasil*, 26.2.99.
Po: "Marcello diz que deputado não passa de um **pit-bull**." *O Globo*, 6.3.99.
Po: "**Pit-bulls** com os dias contados. Prefeitura conclui estudos para erradicar a raça através de castração e proibição de venda." *O Globo*, 4.3.99.

plaid
Fr: "Les jambes enroulées dans un **plaid**, une lampe puissante éclairant sa table." Giroud, *Le Bon Plaisir*.
It: "In America, attraverso la **plaid** shirt (o lumberjack shirt, camicia del boscaiolo)." *IoDonna*, abr. 1996.

planning
Fr: "D'autant que d'autres satellites sont d'ores et déjà sur les **plannings** de lancement...". *Le Point*, 12.4.97.
Fr: "Une nouvelle fonction: le **planning** stratégique." *L'Express* 15.5.97.
Fr: "**Planning** familial chez les algues vertes." *Libération*, 4.3.97.
Fr: "Simone Iff... ancienne dirigeante du **Planning** familial." *Le Point*, 26.5.97.
Fr: "Le **planning** familial adapté aux éléphants." *Le Figaro*, 9.6.97.
Fr: "Difficile, aujourd'hui, de faire un ***planning*** pour les vingt-cinq ans à venir." *Le Figaro Magazine*, 1.8.98.

play-back/play back
Fr: "'Boys Bands'... jeunes gens jolis et musclés qui chantent — souvent en **play-back** — et s'agitent comme à une séance d'aérobic." *Le Point*, 7.6.97.
Fr: "Johnny Hallyday nie avoir chanté en **play-back** au Stade de France." *Le Temps*, 14.9.98.
Fr: "Cyclisme. Comme le dit Michel Drucker: 'On ne monte pas le Ventoux en **play back**!'." *Le Figaro*, 22.6.97.

play-boy/playboy/pleibói
Es: "Y en cuanto al personaje del hermano **play-boy**, resulta todavía más improbable...". *El País*, 9.2.96.
Fr: "Un **play-boy** à Bercy: Dominique Strauss-Kahn." *Le Figaro Magazine*, 14.6.97.

Fr: "Il y a peut-être quelques 'brutes' parmi les pilotes de F1, quelques **play-boys**." *Paris Match*, 6.3.97.

Fr: "Paul Auster, 50 ans, romancier **play-boy** américain prolifique...". *Libération*, 7.5.97.

Fr: "Mario Conde, **play-boy** de 47 ans, se présentait devant le tribunal de Madrid...". *Libération*, 4.3.97.

Fr: "Passion... contrariée entre une riche Texane et un opulent **play-boy**, fiancé à une autre." *Le Nouvel Observateur*, 11.6.97.

Fr: "John Casablancas, 53 ans, à l'allure de **play-boy**...". *Le Point*, 15.7.95.

Fr: "Les 'ragazzi', **play-boys** locaux bruns et mal rasés, baratinent des beautés persanes aux yeux en amande. *Enjeux/Les Échos*, mar. 1994.

Po: "...**playboys** que pintavam seus carros com cores extravagantes...". *Jornal do Brasil*, 28.12.96.

Po: "Mas, ao que eu saiba, o nosso **pleibói** rural ainda não está eleito." Amado, *Tieta do agreste*.

Po: "Cala a boca, **pleibói** matuto! Tu tá é vendido!" Amado, *Tieta do agreste*.

Po: "Steinbruch... perdeu os traços de **playboy** que o cercaram na época de estudante." *Veja*, 14.5.97

player

Po: "'Quem quiser falar dos grandes **players** de energia no Brasil nos próximos anos terá que falar o nosso nome', afirmou J. G. Monforte, diretor-presidente da VBC Energia." *Gazeta Mercantil*, 6.11.97.

Po: "O Banco Fator chegou a prever um ágio de 100% nos negócios, dada a qualidade dos '**players**' que estavam concorrendo." *Gazeta Mercantil*, 20.11.97.

Po: "A Vale Energia estréia hoje como '**player**' da privatização." *Gazeta Mercantil*, 19.11.97.

Po: "É claro, enquanto viveram dentro desse paradoxo, os FCs geraram cenas de amor e ódio entre os diferentes ***players*** do mercado." Spinola, *O futuro do futuro*.

Po: "O DVD **player** que a Philips lança no Brasil no Natal não rodará discos comprados nos Estados Unidos." *IstoÉ*, 30.7.97.

play-off/play off

Es: "El Bulls... ha ejercido un dominio claro en los **play-off**." *El País*, 19.6.96.

Es: "Los Lakers ni siquiera se clasificaron para los **play-off**." *El País*, 30.1.96.

Fr: "...sont les premiers clubs qualifiés dans les **play off** au championnat professionnel". *Libération*, 30.4.97.

Fr: "Son équipe... a poussé cette année la porte des '**play off**', la phase finale...". *Le Monde*, 5.5.97.

Plug and Play/PnP

Fr: "Mis au point par un ensemble de sociétés dont Intel, Microsoft, Compaq et Phoenix Corp., le **Plug and Play** est une nouvelle philosophie de conception ainsi qu'un ensemble de spécifications pour l'architecture des PC." *Que Choisir*, nov. 1995.

Fr: "On entend de plus en plus souvent parler de **Plug and Play** [souvent noté **PnP**]." *SVM*, nov. 1996.

poker/pôquer/Poker

Al: "Dass sich der internationale **Poker**spieler einen strikten Amti-Europa-Kurs leisten kann, bezweifeln viele Londoner Medienalysten." *Focus*, 6.7.98.

Fr: "De Gaulle: 'Elle [la Chine] n'en est pas à cinquante millions d'habitants près. Dans le **poker** planétaire, c'est une incroyable supériorité!'." Peyrefitte, *C'était de Gaulle*.

Fr: "'Coup de **poker**', a pourtant murmuré, ébranlé, l'un des électoralistes du RPR." *Le Point*, 26.4.97.
Fr: "La dissolution est 'un *coup de poker* qui se retournera comme un boomerang vers ceux qui l'ont conçu'." Jack Lang, em *Le Figaro*, 27.4.97.
Fr: "Inde-Pakistan: Le **poker** nucléaire." *Le Point*, 6.6.98.
Fr: "Son coup de **poker**, qui aurait pu tourner au fiasco, se transforme en incontestable victoire." *L'Express*, 15.5.97.
Fr: "Le coup de **poker** de Robert Hue." *Le Figaro*, 1.10.97.
Fr: "L'entrée de Microsoft dans le capital d'Apple n'en est pas moins un coup de **poker**." *Le Point*, 9.8.97.
Fr: "Au lieu de... fausses biographies de grands hommes... voilà ce que devraient nous raconter nos ministrEs: dessous-de-table et coups de **poker**." *Marianne*, 15.6.97.
It: "Con un **poker** di gol la cinica squadra di Hodgson allunga la serie di vittorie." *La Stampa*, 7.4.96.
Po: "Nos seus bons tempos, conta o banqueiro, virava noites jogando **pôquer**." *Veja*, 5.11.97.

pole-position/pole position/pôle position/pole

Es: "Ayer el noi de Seva ya lo hizo en los entrenamientos y consiguió su tercera **pole position** de la temporada." *El País*, 29.5.96.
Fr: "Au contraire, son rôle de papa poule lui donne des ailes pour partir en **pole position**." *Paris Match*, 6.3.97.
Fr: "Maubeuge: le Front National en **pole position**." *Le Figaro*, 28.5.97.
Fr: "Moto: Olivier Jacque en **pôle position** au Castellet." *L'Est Républicain*, 8.6.97.
It: "Schumi in Ungeria con un'idea fissa: la **pole position**." *Corriere della Sera*, 11.8.98.
Po: "Schumacher só pensa na **pole position**." *Jornal do Comércio*, 17.4.96.
Po: "Zanardi começa na **pole**." *Jornal do Brasil*, 2.3.97.
Po: "Villeneuve é **pole** do GP da Espanha na última volta." *O Globo*, 25.5.97.
Po: "Doohan sacou '**pole-position**' a Max Biaggi." *Jornal de Notícias*, 23.8.98.

poll

It: "La *Suddeutsche Zeitung* ha definito i '**poll**' una lotteria che a poco a che vedere con una seria ricerca elettorale." *Corriere della Sera*, 2.4.96.

polo

Fr: "Il assista à des matches de **polo** et jouait chaque soir, sans succès, au baccara...". Painter, *Marcel Proust*.
Fr: "Identifié par son âge... en blouson clair et **polo** rayé dans les allées désertes de l'usine...". *Libération*, 7.3.97.
Fr: "...pulls en coton bleu marine portés avec nonchalance sur des **polos** en maille piquée". *Le Figaro*, 28.5.97.
Fr: "Hongkong. Ils animent le paysage: cricket, tennis, **polo**. Et garden party sous les piqûres du moustique." *L'Express*, 12.6.97.

pony/pônei

Po: "O **pônei** Ginástico punha-se perto do quiosque." Druon, *O menino do dedo verde*.

poodle

Po: "Hong-Kong. **Poodle** nervoso." *Veja*, 25.6.97.
Po: "Para piorar, um cachorrinho **poodle**-toy não parava de latir, deixando o ambiente ainda mais tenso." *Veja*, 24.11.97.

Po: "E lá fomos nós para Kervoyer, seguidos pelo Saci, seu cachorrinho ***poodle*** negro." Macedo Soares, *As sentinelas de Deus*.

pool

Fr: "De Gaulle: 'Car on les tient toutes, les compagnies françaises, on pouvait les obliger à faire un **pool**, ne fût-ce que par un procédé fiscal quelconque! On ne l'a pas fait'." Peyrefitte, *C'était de Gaulle*.

Fr: "De Gaulle: 'C'est comme avec l'OTAN, ils [les Américains] veulent pouvoir continuer à diriger. ...Ce qu'ils aimeraient faire, c'est une sorte de **pool**, dont ils prendraient bien sûr la tête, qui leur servirait de masque, et derrière lequel ils pourraient encore commander'." Peyrefitte, *C'était de Gaulle*.

Fr: "...ne pas alourdir ses frais par la création d'un **pool** de traducteurs...". *Les Échos*, 16.4.97.

Po: "Varig e Transbrasil fizeram um **pool** desvantajoso para alguns usuários." *Jornal do Brasil*, 14.4.96.

Po: "Varig. Sendo a sexta companhia desse **pool**, passa a compartilhar com as parceiras...". *IstoÉ*, 21.5.97.

Po: "Empresas, individualmente ou em '**pool**', podem adotar um ou mais municípios." *Gazeta Mercantil*, 6.11.97.

It: "Il **pool** odiato come Falcone." *La Repubblica*, 2.6.97.

It: "La solita storia, come con Di Pietro e il **pool**." *Il Messaggero*, 10.4.96.

pop/pop art

Fr: "Andy Warhol. ...le pape fatigué du **pop art** assurera la promotion de cet irrésistible jeune homme." *L'Événement du jeudi*, 2.4.97.

Fr: "**Pop art** et sculptures apocalyptiques à la Fondation Cartier." *Madame Figaro*, 9.3.96.

Fr: "...les jeunes qui, dans le monde entier, écoutent de la musique rock et **pop**." *Paris Match*, 30.4.97.

Fr: "Embellie **pop** autour de Valérie Leulliot." *Libération*, 29.4.97.

Fr: "La rétro **pop** fait un flop." *Libération*, 29.4.97.

Fr: "Nick Hornby... ses obsessions... le football et la **pop** music." *Libération*, 30.4.97.

Fr: "Au début des années 60, au bon temps du **pop art**...". *L'Événement du jeudi*, 14.5.97.

It: "Fenomeno Hanson, i fratellini del **pop**." *La Repubblica*, 22.5.97.

Po: "Show de Lulu Santos é um daqueles momentos imperdíveis do **pop** nacional." *Veja*, 9.4.97.

Po: "Para as crianças: Cinderela **pop**." *Veja*, 9.4.97.

Po: "...coincidiu com a ascensão da ***pop art***... rejeitada por Greenberg". John O'Brian.

Po: "...moda, a ser substituída por outra moda — a ***pop art*** — mas também a ser continuada...". Greenberg, *Abstração pós-pictórica*.

Po: "A ***pop art*** desafia o gosto apenas superficialmente." Ferreira e Mello, *Clement Greenberg e o debate crítico*.

pop-corn/pop corn

Fr: "Du **pop-corn** pour fourrer les paquets." *Le Figaro*, 14.4.97.

Fr: "...études de la coloration et d'électricité électrostatique du **pop-corn**...". *Le Figaro*, 14.4.97.

Fr: "La razzia du 'ciné **pop-corn**'." *Libération*, 30.4.97.

Fr: "...la sortie 'cinémas'... assaisonné de **pop-corn**, prend sa revanche...". *Libération*, 30.4.97

Fr: "15 000 mètres cubes de billes de **pop-corn** utilisées pour remplacer les billes de polystirène." *Le Figaro*,14.4.97.

Fr: "Les matches de la Rugby League se savourent la bouche pleine de **pop-corn**." *Libération*, 30.4.97.

Fr: "Consommant le divorce entre le cinéma d'auteur et les ***pop corn movies***...". *Le Point*, 3.5.95.

Fr: "Des vendeurs ambulants proposaient le **pop-corn** et les hot-dogs dont raffolent les Brésiliens." *La Tribune*, 18.9.98.

pop up

Po: "Os ***pops ups***, livros-brinquedo, viram mania entre as crianças." *Veja*, 15.1.97.

poster/pôster

Fr: "Chavez n'est pas un militaire d'extrême droite: le **poster** du Che — '*un grand Latino-Américain*', estime-t-il." *Le Point*, 1.8.98.

Fr: "Caroline de Monaco. D'après nos savants calculs, basés sur le degré d'inclination de la princière tête et l'emplacement de notre désormais célèbre **poster** représentant 'les onze plus beaux tops de la planète'...". *Elle*, 15.6.98.

Po: "Che Guevara. **Pôster** amarelado." *O Globo*, 17.7.97.

Po: "Até coloquei um **pôster** dela no meu quarto." *O Estado de S. Paulo*, 11.11.97.

press release

Po: "Como disse certa vez [Murray Kempton], 'evitava o **press release** e o telefone como se fossem pragas e pestilências'." *Folha de S. Paulo*, 22.5.97.

primer

Es: "Del 17 al 25 de julio, Madrid acoge el **primer** Campeonato Mundial de deportes para Ciegos, un acontecimiento único en la historia del deporte." *Tiempo*, 20.7.98.

prime time/prime-time

Fr: "AB es el leader de la tranche 17h-19h30 et Hamster le leader du '**prime-time**' (20h30-22h30)." *Les Échos*, 26.7.96.

Fr: "Pierre Grimblat est le roi des **prime times** à la télévision." *Le Point*, 26.4.97.

Fr: "Comme les équipes de football, ils ont besoin du **prime time** pour exister." *Le Point*, 1.4.95.

Fr: "Vache à lait publicitaire, le 'early **prime time**' (de 20 heures à 22 heures) est, en effet, destiné..." *Libération*, 4.3.97.

Fr: "Ce résultat a confirmé la place de la chaîne en tête du tiercé gagnant de la course au ***prime time*** devant ABC et CBS." *Libération*, 4.3.97.

Fr: "Mais pas plus qu'un livre de Juppé... ou qu'une sitcom en *acess* ***prime time***...". *Marianne*, 25.5.97.

Fr: "...chaque jour du Tour, une émission d'une demi-heure en **prime time** résume l'étape de la veille". *Le Point*, 1.7.95.

Fr: "C'était à Milan, à l'occasion des défilés de l'hiver 98: le '**prime time**' des tendances, le 'la' des vitrines internationales." *L'Officiel*, ago. 1998.

Fr: "L'un des grands classiques de la politique américaine. De préférence en **prime time**, face à une vedette de la télé et en tenant la main d'une épouse courageuse et solidaire." *Le Nouvel Observateur*, 12.8.98.

privacy

It: "**Privacy** violata, allarme sequestri in Sardegna." *Corriere della Sera*, 9.8.98.

It: "Si procede per la violazione della legge sulla **privacy** che tutela la reservatezza dei cittadini." *Corriere della Sera*, 9.8.98.

It: "Ronaldo e la **privacy** violata." *La Repubblica*, 11.9.98.

It: "...diviene davvero molto difficile defendere la '**privacy**' di un capo dello Stato che mescola gli affari della nazione con i suoi affari di sesso". *La Repubblica*, 15.9.98.

It: "Spiacenti, non possiamo fornire la cartella clinica che ci ha chiesto per 'rispetto della legge sulla **privacy**'." *La Nazione*, 18.9.98.

private joke

Fr: "**Private joke**: tout commence par un happening." *Le Figaro*, 20.7.98.

Fr: "Par endroits, cela ressemble à un canular intime et un brin fastidieux, **un private joke** longuet entre happy few." *Le Figaro*, 20.7.98.

project finance/project financing

It: "Solo oggi in Gran Bretagna si comincia a parlare di pedaggi auto-stradali e di ***project financing*** in grado di garantire la remunerazione dell'investimento, l'Italia ha fatto scuola, tutta Europa ci dovrà seguire." *Corriere della Sera*, 9.8.98.

Po: "Começa a operar em setembro, em Minas, a primeira turbina da primeira hidrelétrica construída pelo modelo de '**project finance**'." *Gazeta Mercantil*, 7.7.97.

Po: "Depois de montado o modelo de '**project finance**', a Belgo e a Samarco foram à IFC, braço financeiro do Banco Mundial." *Gazeta Mercantil*, 7.7.97.

Po: "A privatização dos setores de telecomunicações e energia vai... abrir espaço para o '**project finance**'." *Gazeta Mercantil*, 7.7.97.

pub

Es: "Las inmediaciones del **pub** Arny aparecieron ayer con pintadas ultraderechistas." *El País*, 23.1.96.

Fr: "Un rendez-vous dans le **pub** du coin a été fixé tous les lundis soir." *Libération*, 30.4.97.

Fr: "L'ancienne ville a conservé l'habitude toute britannique des **pubs**." *Le Point*, 19.4.97.

Fr: "A la différence de Delhi, ces **pubs** ne sont pas réservés à une petite élite aisée...". *Le Point*, 19.4.97.

Fr: "Les **pubs** du nord de Londres en état d'alerte." *Libération*, 30.4.97.

Fr: "...attaquent un jeune coiffeur, Peter Hurburgh, qui sort d'un **pub**". *Libération*, 30.4.97.

Fr: "...il savait aussi... partager la Guinness réparatrice au **pub**". *Paris Match*, 29.5.97.

Fr: "Le soir, des voitures passent devant son **pub** au ralenti." *Libération*, 20.7.98.

Po: "A casa tinha era a aparência de um **pub** inglês, onde menos se esperava...". Faria, *Reminiscências*.

Po: "Os teatros e cinemas estavam cheios, e os ***pubs*** fervilhavam de gente." Martins, *Valeu a pena*.

public company

Fr: "Quant à la société de distribution, elle pourrait être transformée en une '**public company**', c'est à dire une société cotée sans actionnaire de référence." *Le Point*, 24.9.94.

public relations/Public Relations

Al: "Obschon eine Emmid-Studie im Auftrag der Gesellschaft **Public Relations** Agenturen ergab...". *Der Spiegel*, 14.9.98.

pudding/pudim

Fr: "Soit l'histoire d'une bande de bandits... aussi expressif qu'un **pudding** anglais...". *L'Événement du jeudi*, 25.6.97.

Po: "Ele sempre teve mania por tudo que era **pudim**...". Faria, *Reminiscências*.

Po: "São festas-surpresas, com o célebre *guthug*, o prato de festa que corresponde noutros países de mais baixa altitude ao ***pudding*** inglês, à *gallette des rois* ou ao *mezze* libanês." Lins, *Almanaque*.

pull-over/pull

Fr: "Vêtue d'un caleçon noir et d'un **pull-over**, Diana rit." *Madame Figaro*, 13.4.96.

Fr: "...emmitouflé dans des **pull-overs** et du coton hydrophile...". Painter, *Marcel Proust*.

Fr: "Le **pull-over** rouge de Martine me déplaît...". Brunel, *Guide de relaxation*.

Fr: "Ne plus acheter ses **pulls** chez Benetton pour cause de publicités déplaisantes." *Le Point*, 19.4.97.

Fr: "**Pull** marin de rigueur et ferveur créatrice évidemment nichée dans le coin de l'œil, Anthony Hopkins...". *L'Événement du jeudi*, 2.4.97.

Fr: "**Pull** en V sans manches, casquette ou bob, pantalon à petits carreaux...". *L'Événement du jeudi*, 14.5.97.

Fr: "En **pull** rouge et manteau rouge dans sa voiture rouge, Thérèse Campener...". *L'Express*, 6.2.97.

Fr: "Le sportswear s'inspire des années 30: **pull** en coton bleu marine...". *Le Figaro*, 28.5.97.

Fr: "Peu après la guerre, la cravate fut concurrencée par le **pull-over**. *Le Figaro Magazine*, 24.5.97.

Fr: "Clark trouve très chic les tweeds marronnasses et les **pulls** 'mordorés'. *L'Express*, 5.6.97.

Fr: "Il portait des jodhpurs en flanelle grise et un **pull-over** en cachemire...". *Le Figaro Magazine*, 14.6.97.

punch

Fr: "Profil: Le **Punch** de Kenneth Clarke." *Le Point*, 30.12.94.

Fr: "...chancelier de l'Echiquier compte sur son **punch** vigoureux pour bloquer...". *Le Point*, 30.12.94.

Fr: "Arlette Laguiller. *Elle* a aussi du **punch**." *Le Point*, 25.5.96.

Fr: "Mardi 8 novembre, Clinton a été mis KO debout par un direct droit républicain dont il avait mal mésuré le **punch**." *Le Point*, 12.11.94.

Fr: "Jacques Santer s'est félicité du "**punch**" du président russe, qu'il a trouvé "très créatif". *Libération*, 4.3.97.

Fr: "'Air Force One'. Le **punch** du Président." *Le Figaro*, 1.10.97.

Fr: "Général Marcel Bigeard:... si j'avais encore vingt ans, j'irais mourir plus facilement pour Chirac, qui a le **punch**, le dynamisme, que pour son ami, M. Balladur." *Le Figaro Magazine*, 11.7.97.

Po: "Gostava de treinar, não de lutar. Não tinha ***punch***." Martins, *Valeu a pena*.

Po: "...batia para cansar e desgastar o adversário, minando suas forças para o momento do ***punch***." Martins, *Valeu a pena*.

punching-ball/punching ball

Fr: "Robert Mitchum... avec son regard céruléen et ses poings **punching-ball** est un libertaire dans l'âme...". *Le Nouvel Observateur*, 11.6.97.

Fr: "Naomi Campbell. La madone des Boeing connaît par cœur les codes téléphoniques internationaux de cent pays et, pour se détendre, elle frappe dans un **punching-ball**." *Paris Match*, 30.7.98.

Fr: "Après l'agitation effrénée de ces derniers jours, Naomi se régénère en méditant et en donnant des coups de poing dans un **punching-ball**." *Paris Match*, 30.7.98.

Fr: "Les Latins... chérissent le droit lourdement détaillé, façon code Napoléon, pour mieux s'en servir comme d'un **punching-ball**." *L'Express*, 5.6.86.

punk

Es: "La colaboración entre Enrique Morente y los **punks** Lagartija Nick, que interpretarán poemas...". *El País*, 19.6.96.

Es: "Lo sustancial era una potencia mixta en el **punk** y el rock duro." *El País*, 30.1.96.

Fr: "L'incroyable extravagance des années post-**punk** a laissé place à de sages accents gestionnaires." *L'Événement du jeudi*, 2.4.97.

Fr: "...a fricoté avec le **punk** et la techno." *Libération*, 9.5.97.

Fr: "Walter Jon Williams a composé une trépidante épopée cyber**punk** qui n'a pas une seule ride...". *Le Monde*, 6.12.96.

Fr: "Daniel Hirst a viré sa cuti de **punk** pour réaliser des sculptures d'animaux dans le formol." *Paris Match*, 30.4.97.

Fr: "...l'ancien leader de la formation post-**punk**, Theatre Of Hate...". *Libération*, 30.4.97.

Fr: "La crête de 60 cm de haut de sa coiffure **punk** coupe la neige, qui vole autour de lui...". *Le Point*, 1.4.95.

It: "Galvani, le snobberie gergali, riferimenti rock-**punk**, poi l'angoscia esistenziale." *Corriere della Sera*, 6.4.96.

Po: "...apesar de ter surgido durante o movimento **punk**, a banda parece ter-se esquecido de suas origens...". *O Estado de S. Paulo*, 14.4.97.

putt

Es: "Davis Love... nunca ganará un *grande* porque tiembla de miedo ante un corto **putt** decisivo." *El País*, 18.5.96.

Es: "Woosman introdujo un **putt** de siete metros en el último hoyo...". *El País*, 29.1.96.

Fr: "Pendant des jours et des jours, Tiger ***putts*** à l'intérieur du garage familial." *Le Figaro Magazine*, 19.4.97.

puzzle

Fr: "Ce n'est qu'un fragment... un ***puzzle*** dont manquent beaucoup de morceaux découpés...". Painter, *Marcel Proust*.

Fr: "Son nouveau produit: Les Modulo, des **puzzles** en trois dimensions...". *Le Point*, 30.12.94.

Fr: "Grand V est depuis peu fournisseur exclusif des **puzzles** de marque Carrefour." *Le Point*, 5.10.96.

Fr: "Belgique: nouvelle pièce au **puzzle** macabre." *Le Figaro*, 20.4.97.

Fr: "l'Inde... cet immense **puzzle** d'ethnies, de cultures...". *Le Point*, 19.4.97.

Fr: "Il sera la dernière pièce du **puzzle** dessiné par Stéphane L." *VSD*, 11.9.96.

Fr: "Enfin l'assemblage sur la chaux termine l'ouvrage, à la façon d'un **puzzle**...". *Le Figaro Magazine*, 3.5.97.

Fr: "Car derrière ce **puzzle** surréaliste se cache un autre enjeu...". *L'Express*, 1.5.97.

Fr: "Oklahoma City: un **puzzle** de témoignages contre McVeigh." *Libération*, 16.5.97.

Fr: "...s'interrogeaient sur un morceau qui manquait à leur **puzzle** de l'écorce terrestre". *Jeune Afrique*, 20.5.97.

Fr: "**Puzzle** macabre en Belgique. *Libération*, 27.3.97.

Po: "O mapa da África... assemelhar-se-ia a um gigantesco '**puzzle**'." *Jornal de Notícias*, 28.8.98.

racket/racketter/racketteur

Fr: "**Racket** des escroques bulgares à Belfort." *L'Événement du jeudi*, 28.2.96.

Fr: "La collégienne était **rackettée** par ses copines." *Le Parisien*, 26.4.96.

Fr: "...les chefs d'entreprise l'appellent la pompe à **racket** — les oblige à verser de l'argent pour développer les villages de l'intérieur". *Le Point*, 3.5.95.
Fr: "Gotti... accusé de meurtre et de **racket**, trahi par l'un de ses lieutenants...". *Paris Match*, 17.4.97.
Fr: "Brigitte Bardot: 'A l'age de 25 ans, alors que l'OAS essayait de me **racketter** et que je leur tins tête'...". *Le Figaro*, 26.4.96.
Fr: "Le **racket** d'un camion chargé de marchandises a mal tourné...". *Paris Match*, 17.4.97.
Fr: "Rudolf Giuliano avait annoncé qu'il allait s'attaquer au **racket** organisé." *Le Point*, 1.4.95.
Fr: "Algérie... des commerçants, **rackettés** ou liquidés...". *L'Express*, 1.5.97.
Fr: "Coup de filet anti**racket** en Corse." *Libération*, 27.3.97.
Fr: "La faute de la victime: avoir refusé de payer... puis aussi dénoncé son **racketteur** à la police." *Le Point*, 26.5.97.
Fr: "Notre Epoque. Bébés **racket**?" *Le Nouvel Observateur*, 11.6.97.
Fr: "John Travolta: 'Je n'ai jamais été prisonnier, **racketté** par l'Eglise de scientologie. Au contraire, elle m'aide à vivre." *Paris Match*, 14.5.98.
It: "Intendo dire che la repressione deve essere indirizzata a combattere i **racket** che organizzano, gesticono e lucrano sulla prostituzione." *Oggi*, 23.9.98.

raft/rafting
Fr: "Alpes-de-Haute-Provence. Dans les paysages à couper le souffle... côtoient **raft**, kayak, canoë et parapente...". *Madame Figaro*, 25.7.98.
Fr: "Des plus classiques tennis et piscine au golf... en passant par le canyoning et le **rafting**." *Le Point*, 27.7.96.
Po: "Desiati, diretor de **rafting** da Confederação Brasileira de Canoagem." *Veja*, 5.3.97.
Po: "Alguns rios já recebem até 250 praticantes de **rafting** por final de semana." *Veja*, 5.3.97.

raglan
Po: "No meu tempo, as costureiras tinham a mania de impôr as mangas **raglan**, freqüentemente sem nenhuma justificativa estética." Lins, *Almanaque*.

rag-time
Fr: "...mais les soirées de 1922 étaient dansées aux sons peu familiers du tango et du **rag-time**...". Painter, *Marcel Proust*.

raid
Fr: "**Raid** israélien près de Beyrouth." *Le Monde*, 12.4.96.
Fr: "Israel a poursuivi hier ses **raids** au Liban." *Libération*, 2.4.96.
Fr: "...ce qui explique ces '**raids**' mondains qui fasaient sa célébrité." Painter, *Marcel Proust*.
Fr: "A 65 ans, il s'est donc lancé dans son premier **raid** africain...". *Le Point*, 30.12.94.
Fr: "Prêt à relever une nouvelle fois le défi du **raid** trans-saharien...". *Le Point*, 30.12.94.
Fr: "...épouvantables découvertes, au cours d'un **raid** aérien...". Painter, *Marcel Proust*.
Fr: "...la nuit du premier grand **raid** de gothas sur Paris, Proust avait dîné au Ritz avec Morand...". Painter, *Marcel Proust*.
Fr: "La Bourse... peut-être anticipe un **raid**: la BNP ne ramasse-t-elle pas régulièrement des titres Suez...". *Le Point*, 4.3.95.
Fr: "Rafi Eitan... un as du renseignement militaire, un ancien du **raid** d'Entebbe, expert en terrorisme...". *L'Express*, 8.5.97.
Fr: "Liban. **Raid** aérien près de Beyrouth." *Le Figaro*, 19.10.97.

Po: "É falso que o povo do Rio de Janeiro recebesse com entusiasmo o **raid** gaúcho." Ribeiro, *Crítica*.

raider

Fr: "Ils envisagent de réduire la marge de manoeuvre des *raiders* sur les marchés financiers au lieu de décourager les OPA, comme en Australie." *Le Monde*, 7.5.97.

Fr: "...ni les grands barons de la finance... ni les **raiders** de l'époque moderne n'ont fait autant d'argent si jeune". *Le Point*, 4.3.95.

rally/rallye

Fr: "**Rallye**. Départ du tour de Corse." *Le Parisien*, 29.4.96.

Fr: "Les marchés obligatoires. Un **rallye** obligatoire presque forcé." *Le Temps*, 14.9.98.

Fr: "Aventure: Papy Dakar fait du **rallye**...". *Le Point*, 30.12.94.

Fr: "Estelle ne dispute plus que quelques **rallyes**...". *Paris Match*, 17.4.97.

Fr: "**Rallye** Optic 2000 Tunisie: objectif dunes." *Le Figaro Magazine*, 4.4.98.

Fr: "Sa voiture de **rallye** est une véritable caverne d'Ali Baba." *Le Point*, 30.12.94.

Fr: "...de l'ambiance **rallye** du Duplex à la faune d'enfants gâtés de la Villa Barclay...". *L'Événement du jeudi*, 2.4.97.

Fr: "**Rallyes**. Tommi Makinen... en s'imposant lors du rallye d'Argentine...". *Libération*, 26.5.97

Fr: "Le Finlandais... a remporté hier le **rallye** du Portugal et pris la tête du Championnat." *Libération*, 27.3.97.

Fr: "...c'est une Stéphanie nostalgique qui se souvient des **rallyes** où elle venait encourager Daniel". *Paris Match*, 29.5.97.

Fr: "En 1977, il dispute encore une manche du championnat du monde des **rallyEs**: le Monte Carlo." *Le Figaro Magazine*, 24.5.97.

rangers

Fr: "Véritable armée au service de la vie sauvage, ses patrouilles de **rangers** ont parfaitement su contrôler la contrebande de l'ivoire...". *Le Point*, 7.6.97.

ranking

Es: "La agencia Nº1 del **Ranking** se convierte también en la Nº1 en el Festival Publicitario de San Sebastián." *El País*, 19.6.96.

Es: "Judith... primera mujer que ha entrado en los 10 primeros lugares del **ranking** en absoluto." *El País*, 29.1.96.

Po: "O **ranking** de desigualdades dos 179 países membros da instituição multilateral de crédito...". *Veja*, 25.12.96.

Po: "No último **ranking** do Banco Mundial, o Brasil explode...". *Veja*, 25.12.96.

Po: "Parabéns pela iniciativa de fazer o '**ranking**' nacional do futebol." *Folha de S. Paulo*, 7.1.97.

Po: "*Veja* o **ranking** do lixo, em kg por habitante." *Veja*, 22.1.97.

Po: "...a mais jovem a alcançar a primeira posição do **ranking** em toda a história do tênis." *Veja*, 2.4.97.

Po: "A vez agora é da Trevelers, a terceira no **ranking** americano... de desembarcar...". *Veja*, 21.5.97.

Po: "O Bradesco continuará no terceiro lugar no **ranking** nacional." *IstoÉ*, 5.11.97.

Po: "**Ranking** das melhores companhias de 1996, feito pela FGV, mostra o impacto do Plano Real." *Veja*, 28.5.97.

rap/rappeur/rapper

Fr: "...au début des années 90, la génération MTV, qui n'écoutait que du **rap**...". *Le Point*, 25.5.96.

Fr: "En 1989... la musique populaire américaine était totalement dominée par le hard-rock et le **rap**." *Le Point*, 12.11.94.

Fr: "Le **rap** dérape hors antenne." *Le Figaro*, 11.6.97

Fr: "Les Moskokids chanteront leur **rap** aujourd'hui, au Théâtre des Champs Elysées." *Le Figaro*, 6.5.97.

Fr: "A l'heure du déclin du grunge... de l'hyper-commercialisation du **rap**...". *Libération*, 30.4.97.

Fr: "Chacun tente d'imposer son look: **rappeurs**, surffeurs, rustiques...". *Paris Match*, 15.5.97.

Fr: "Marion 'Suge' Knight... était le producteur du chanteur de **rap** assassiné...". *Libération*, 3.3.97.

Fr: "Justice et **rap** ne font pas bon ménage." *Libération*, 4.3.97.

Fr: "On commence par le **rap**, puis après c'est le blues, le jazz et où va-t-on?" *Libération*, 4.3.97.

Fr: "MCSolaar: "Le **rap** a une conscience." *L'Express*, 12.6.97.

It: "Il calabrese Fragione ecco la nuova star del **rap**." *La Repubblica*, 22.5.97.

It: "Il **rapper** Coolio arrestato per droga e armi." *Il Giornale*, 18.9.98.

rating

Es: "La agencia de calificación de riesgos Standard & Poor's rebajó ayer los **ratings**." *El País*, 12.2.96.

Es: "Banesto, tras la mejora de calificación por parte de las agencias de ***rating***, se ha apuntado una subida en la semana del 13,37 por 100." *Tiempo*, 20.7.98.

Fr: "'Le ***rating***, c'est la combinaison la plus accomplie de la science financière et de l'art', réplique John Bohn." *Le Point*, 25.2.95.

Fr: "Dans ce sens, un '**rating**' AAA signifie qu'un débiteur, respectivement un fonds de placement, est parfaitement solvable." *Le Temps*, 14.9.98.

Fr: "Le manque de transparence du processus de fixation des **ratings** inquiète la SEC." *Le Point*, 25.2.95.

Fr: "Les ravages du **rating** frappent aussi des entreprises en quête de financement." *Le Point*, 25.2.95.

Fr: "...le capital appelable des pays cotés AA et AAA par les agences de ***rating***". *Jeune Afrique*, 10.6.97.

Po: "Atribuiu ao Banco Itaú a classificação AAA... no conceito de ***rating*** nacional." *Jornal do Brasil*, 8.2.97.

Po: "A Telebrás decide submeter-se ao **rating**." *O Estado de S. Paulo*, 16.2.97.

Po: "Técnicos da empresa de ***rating*** Moody's estiveram na Secretaria de Fazenda." *Jornal do Brasil*, 6.3.97.

Po: "O banco vem realizando consultas a agências de "**rating**" para verificar a classificação que os títulos deverão obter." *Gazeta Mercantil*, 20.11.97.

Po: "Fitch IBCA reduz '**rating**' do Brasil e de 16 bancos." *Gazeta Mercantil*, 27.1.99.

rave/raver

Fr: "Les autorités ont mis d'innombrables bâtons dans les roues de tous les organisateurs de **raves**..." *Libération*, 30.4.97.

Fr: "En France, les premiers organisateurs de **raves** apparus en 1989-90 ont disparu ou se sont reconvertis...". *Libération*, 30.4.97.
Fr: "La génération techno, après avoir connu la folie des **raves**, a été longtemps...". *L'Événement du jeudi*, 2.4.97.
Fr: "...les **raves** se sont raréfiés depuis un an". *L'Événement du jeudi*, 2.4.97.
Fr: "...le temple show-off des eighties reprend vie grâce à l'entrée en force de **ravers** qui s'y frottent désormais aux happy few des cocktails de haute couture". *L'Événement du jeudi*, 2.4.97.
Fr: "On cherche à maintenir l'esprit des **raves**, avec une déco spectaculaire...". *L'Événement du jeudi*, 2.4.97.
Fr: "La police s'invite dans une soirée **rave**." *Libération*, 3.3.97.
Po: "**Rave** no iate real." *Jornal do Brasil*, 9.11.97.

ready-made

Fr: "Marcel Duchamp... en 1912. Le ***ready-made*** a pris la place de la nature morte...". *Marianne*, 15.6.97.
Po: "Greenberg pensa que os ***ready-made*** são a prova de que seu autor não captou o que estava em jogo nas primeiras construções em relevo de Picasso." Jean-Pierre Criqui.
Po: "Marcel Duchamp mudou o significado dos objetos com os seus ***ready-mades***." *Jornal do Brasil*, 9.11.97.

reality show

Fr: "Culture. Le conflit social deviendrait un grand **reality show** où les malheurs des boutiquiers tenteraient de tirer plus de larmes que ceux des promoteurs." *Le Point*, 18.2.95.

recall

Po: "Fiat faz '**recall**' de 80 mil carros." *Folha de S. Paulo*, 10.1.97.
Po: "Volks e Ford trocam peças de 606.000 carros, no maior **recall** já realizado no país." *Veja*, 27.11.96.

record

Fr: "Dior. Les **records** de la minceur." *Madame Figaro*, 13.4.96.
Fr: "Les offres **record** de Citroen. Un crédit récord." *Le Figaro*, 3.4.96.
Fr: "Disneyland Paris: cinq ans pour un **record**." *Le Figaro*, 27.3.97.
Fr: "Nestlé 1996: année **record**." *Le Figaro*, 27.3.97.
Fr: "Malgré le taux de chômage **record**, le train de réformes...". *Le Point*, 12.4.97.
Fr: "Vendex: bénéfices **record** avant la scission." *Les Échos*, 16.4.97.
Fr: "...toute une série de **records** sur les greens d'Augusta". *Le Figaro Magazine*, 19.4.97.
Fr: "Mais treize ans de pouvoir, c'est long. Un **record** en Europe." *Le Point*, 20.5.95.
Fr: "Malgré les **records**, la situation rappelle celle du krach de 1987." *Libération*, 15.5.97.
Fr: "Le champion olympique affiche ses ambitions: battre son **record** du monde...". *Le Figaro*, 6.5.97.
Fr: "Le taux de prélèvement obligatoire est passé à... **record** historique." *Libération*, 5.5.97.
Fr: "Un **record**, dit le policier. Il a fallu refaire nos stocks en cours de manif." *L'Événement du jeudi*, 2.4.97.
Fr: "Wall Street. Progression **record** du Dow JonEs: 179 points." *Le Figaro*, 30.4.97.
It: "Benzina, prezzo **record**. Super a quota 1.895 lire." *Corriere della Sera*, 2.4.96.

reengineering

Fr: "Cette politique... s'intègre dans une vaste opération de '**reengineering**' touchant aussi les branches champagne et porto de Seagram." *Les Échos*, 19.6.96.

Fr: "Il faut apprendre à gouverner autrement et mettre en œuvre un '***reengineering***' de l'État pour chercher une meilleure efficacité...". *Le Figaro Magazine*, 24.5.97.

Fr: "Comment réussir un **reengineering**." *Enjeux/Les Échos*, mar. 1994.

relax/relaxation/relaxe

Fr: "On parle aussi d'une **relaxation** naturelle après une période de folle croissance." *Libération*, 2.4.96.

Fr: "Le parquet a fait appel de la **relaxe** du caïd Francis Vanverberghe, dit le 'Belge'." *Le Figaro*, 11.4.96.

Fr: "La ***relaxation*** peut bouleverser nos vies." Brunel, *Guide de relaxation*.

It: "Centri benessere", all'insegna del **relax** psico-fisico e della bellezza." *Corriere della Sera*, 2.4.96.

relay/relayé

Fr: "Il prend contact avec le camp de base, où son appel est **relayé** vers sa femme...". *Le Point*, 12.4.97.

Fr: "...antenne émettant un signal suffisamment puissant pour être capté puis **relayé**". *Le Point*, 12.4.97.

remake/Remake

Al: "'Invasion der Körperfresser' gibt es zwei **Remakes**." *Focus*, 8.7.96.

Es: "'...la moda de los **remakes** me parece terrible', dice Sidney Pollack". *El País*, 16.1.96.

Fr: "'Pasqua... campagne d'Alain Juppé, qu'il soupçonne d'être un "*mauvais **remake** des années 70*'." *Le Point*, 3.5.95.

Fr: "Aucune police... ne veut prendre le risque d'un **remake** du désastre de Waco." *L'Express*, 1.5.97.

Fr: "En 1985, le **remake** d' 'Hernani' réalisé pour *Intimité*, réunit Séguéla, Bocuse...". *Le Point*, 10.5.97.

Fr: "Quelques artistes ont redouté un **remake** de la stratégie inopérante des concerts de SOS Racisme." *L'Événement du jeudi*, 2.4.97.

Fr: "Cette tragédie ressemble à un mauvais **remake** du drâme qui avait coûté...". *Libération*, 13.5.97.

Fr: "...la sensation forte d'un ***remake*** s'imposa comme l'évidence d'une indigestion à venir...". *Libération*, 9.5.97.

Fr: "Renault s'adonne au '**remake**'." *Le Figaro*, 15.5.97.

Fr: "La 1ère circonscription des Alpes-Maritimes, c'est le **remake** de 'Jurassic Park'." *Le Point*, 17.5.97.

Fr: "Sans être dupe du piège du ***remake*** ou de la citation...". *Libération*, 7.3.97.

Fr: "Pour ceux qui voudraient jouer dans la vie le **remake** du film il leur en coûtera...". *Le Figaro*, 22.5.97.

Po: "...a atriz... para integrar o elenco do ***remake*** de 'Anjo mau'." *O Globo*, 22.5.97.

reporter/Reporter

Al: "Ein **Reporter** von 'Entertainment News' holt strahlende Zeugen vor die Kamera...". *Focus*, 8.7.96.

Fr: "Bernard-Henri Lévy. 'Lévy se révèle parfait **reporter**'." *Le Figaro Magazine*, 2.3.96.

ring/ringue

Fr: "Mickey Rourke avoue qu'il est monté sur le **ring** pour libérer son agressivité." *Le Figaro*, 28.4.96.

It: "La squalifica è sospesa Rosi: 'Torno al **ring**'." *Corriere della Sera*, 2.4.96

Po: "O *jazz* prossegue mas os pares abandonaram o **ringue**." Amado, *Tereza Batista cansada de guerra*.

Po: "Os astros no **ringue**. Socos, pontapés e empurrões ajudam a garantir a audiência da novela *Por amor*." *Veja*, 23.4.98.

road movie/road-movie

Fr: "Ni sombre, ni macabre, cette nouvelle satire de la politique castriste a des allures de '**road movie**' endiablé." *Les Échos*, 25.7.96.

Fr: "Camilla, un bon **road-movie** féminin, même si le scénario souffre de trop de longueurs." *Forbes*, 1.6.98.

Fr: "En somme, on a le sentiment d'assister à un **road-movie** au rythme plutôt nonchalant." *Le Nouvel Observateur*, 11.6.97.

Fr: "TV. Quatre Rouletabille, deux ans de **road-movie**, 48 pays traversés...". *Le Point*, 7.6.97.

Fr: "**Road-movie** entre Delhi et Djakarta." *Le Figaro Magazine*, 21.2.98.

Fr: "Pour filmer au plus près son '***road movie***' à la française, Régis Forissier consacre...". *Le Point*, 1.7.95.

road show

Po: "...estudo sobre o setor elétrico que Elena Landau apresentou no ***road show*** sobre privatização." *Jornal do Brasil*, 9.2.97.

Po: "...**road show** por oito universidades americanas para lançamento da versão em inglês do livro *Bene Dita*, da senadora Benedita da Silva". *Jornal do Brasil*, 7.11.97.

Po: "...expectativa de que o lançamento ocorresse ainda esta semana, seguindo-se ao '**road show**' realizado em Londres pelo diretor da área externa do Banco Central". *Gazeta Mercantil*, 7.7.97.

Po: "Lançamento de ações na Bolsa de Nova Iorque. O *road show*, coordenado pela Kleinwort Benson, começa amanhã, em Londres." *Jornal do Brasil*, 13.7.97.

roadster

Fr: "BMW est toujours resté fidèle aux **roadsters**. Le Z3... perpétue un demi-siècle de tradition." *Le Figaro Magazine*, 9.3.96.

Fr: "Pour garder l'esprit du **roadster**, le Z3 est pourvu d'une capote à commande manuelle." *Le Figaro Magazine*, 9.3.96.

roast beef/roast-beef/rosbif/rosbife

Es: "A la informal velada, a base de ensaladas y ***roast beef***, y sin temario político, asistieron las esposas." *Tiempo*, 20.7.98.

Fr: "La petite refuse... un morceau de **rosbif** froid." Bazin, *Vipère au poing*.

Po: "Gente que mamou leite romântico pode meter os dentes no **rosbife** naturalista." Machado de Assis, 25.12.1892.

Po: "No cardápio, delícias como ravioli de vitela (R$ 22 o quilo)... **rosbife** (R$35 o quilo)." *IstoÉ*, 23.7.97.

rock/rock and roll/ rock'n'roll

Fr: "...en hommage à un **rock** bruyant décliné en cinq albums étonnants". *Libération*, 2.4.96.

Fr: "...avant... épousaient des industriels... et, maintenant, ce sont des **rock** stars". *Paris Match*, 17.4.97.

Fr: "Baudrillard n'est franchement pas le genre de client de la **rock**-star Madonna." *Le Point*, 30.12.94.

Fr: "Si je devais rester comme le photographe '**rock'n'roll**' des années 60, ce serait très triste." *Paris Match*, 17.4.97.

Fr: "Tony Blair joue du **rock and roll**." *Le Figaro Magazine*, 19.4.97.

Fr: "...écran de télévision où défilent les stars du **rock** indien". *Le Point*, 19.4.97.

Fr: "...passer du statut de jeune rebelle de celui de **rock** star businessman". *Paris Match*, 17.4.97.

Fr: "...lorsque le fils de Tony Bennett le persuade de participer à des... manifestations **rock**". *Le Point*, 25.5.96.

It: "Liceo Galvani, le snobberie gergali, riferimenti **rock**-punk, poi l'angoscia esistenziale." *Corriere della Sera*, 6.4.96.

It: "Resistenza a tutto **rock** in un bel film-concerto." *Corriere della Sera*, 4.4.96.

Po: "O som eletrônico é o **rock** de roupa nova." *O Globo*, 28.12.96.

Po: "Jac Leirner foi baixista de uma banda de **rock**." *Veja*, 9.4.97.

Po: "Ouviu em silêncio parte de um tape de **rock**, não o deixou botar fita nova." Amado, *Tieta do agreste*.

Po: "Tínhamos outras propostas, mas a filosofia do **Rock** it! combina bem com a deles." *Veja*, 9.4.97.

rollers

Fr: "...ne mettent plus le pied dehors sans promener leurs enfants en **rollers**...". *Paris Match*, 15.5.97.

Fr: "Chute mortelle en **rollers**." *Le Figaro*, 4.6.97.

Fr: "La pratique du **roller** est de plus en plus prisée en France." *Le Figaro*, 4.6.97.

Fr: "La pratique du **roller** n'avait jusqu'à présent provoqué aucun accident grave ou mortel." *Le Figaro*, 4.6.97.

Fr: "Amsterdam. Flics sur **rollers**." *Le Figaro*, 16.6.97.

Fr: "...demonstrations de VTT-Trial et de **roller** donneront un coup de jeune à la réunion." *Figaroscope*, 17.6.97.

room service

Fr: "Le cardex est aussi très utile pour savoir qui est parti en emportant la vaisselle du ***room service***...". *Le Point*, 27.7.96.

round

Fr: "De Gaulle: 'Nous avons eu tort... d'accepterl'idée qu'il puisse y avoir un lien entre la conclusion du Marché commun agricole et le *Kennedy **Round*** [il prononce ***round*** à la française]. D'ailleurs, il n'y a déjà plus de Kennedy et, quant au ***round***, on ne sait pas encore quand les boxeurs monteront sur le ring'." Peyrefitte, *C'était de Gaulle*

Fr: "Chirac a perdu les deux premiers **rounds**...". Bigeard, *France réveille-toi*.

It: "New York autoriza l'eutanasia. Un **round** per il 'dottor morte'. *Roma*, abr. 1996.

Po: "A Brahma perdeu o primeiro ***round*** para a CBF." *O Globo*, 28.2.97.

Po: "Os acionistas da Caemi assistem perplexos aos **rounds** que há anos se sucedem na empresa...". *Veja*, 12.3.97.

Po: "'**Rounds**' entre Prefeito e Governador." *O Globo*, 6.11.97.

Po: "A trapalhada aérea na noite de anteontem promete ter um segundo ***round***, desta vez na justiça." *O Globo*, 4.1.98.

Po: "Planos de saúde. O novo '**round**' da saúde." *O Globo*, 11.7.98.

royalty/royalties

Es: "Vicente Arregui desarrollará una patente que desde entonces ha venido generando. significativos **royalties** a Asturiana de Zinc." *El País*, 19.2.96.

Fr: "...la République populaire fabrique elle-même son RU 486 sans verser de **royalties**." *Le Point*, 19.4.97.

Fr: "La famille **royalties**: 'Les inventeurs font-ils fortune?'." *Le Nouvel Observateur*, 11.6.97.

Fr: "Si les premiers... les seconds rétorquent que leur objectif n'a jamais été de toucher des **royalties**." *Jeune Afrique*, 27.5.97.

Fr: "Les **royalties** du nucléaire. Tous les ans, l'énergie atomique apporte près de 140 millions de francs de taxe professionnelle dans les caisses des communes du district." *Le Point*, 20.6.98.

Po: "Os índios brasileiros serão os primeiros, em todo o mundo, a receber ***royalties*** sobre a exploração de minérios em suas terras." *O Globo*, 22.3.98.

Po: "Com os **royalties** que a Petrobrás terá de pagar, o governo espera arrecadar 65 bilhões de dólares nos próximos dezesseis anos." *Veja*, 8.7.98.

rugby/rugby-football

Fr: "...un adolescent blond symbolise l'audace en jouant au **rugby**, sport favori...". *Le Figaro Magazine*, 19.4.97.

Fr: "Leedes, un siècle de **rugby** à XIII." *Libération*, 30.4.97.

Fr: "La respectabilité des établissements... le cricket et le **rugby-football**." *Libération*, 30.4.97.

Fr: "**Rugby**: miracle à Twickenham pour les Bleus." *Libération*, 3.3.97.

Fr: "Le **rugby** anglais plaqué en plein élan." *Libération*, 3.3.97.

Fr: "**Rugby-football**: les deux France." *Le Point*, 9.8.97.

Fr: "Le **rugby** dans un Midi déchristianisé." *Le Point*, 9.8.97.

Fr: "Figurez-vous, dit-il, un joueur de **rugby** qui doit marquer une pénalité entre des poteaux situés à 25 km de lui. C'est cette précision que nous devons atteindre." *Le Figaro Magazine*, 18.4.98.

Fr: "...700 personnes, fanatiques de football et de **rugby**...". *Le Point*, 17.5.97.

Fr: "Le **rugby** décide de rester un sport amateur réservé aux aristos et à la middle-class." *Libération*, 30.4.97.

rush

Fr: "Les **rushes** tournés sur la pellicule originale sont enregistrés sur une cassette vidéo." *Libération*, 7.3.97.

Fr: "Il peut appeler chacun des **rushes**." *Libération*, 7.3.97.

Fr: "C'est le **rush** d'adrénaline qui le motive." *Le Point*, 25.2.95.

Fr: "Branagh: Aux **rushes** de 'Hamlet', avec ses acteurs et techniciens." *Paris Match*, 15.5.97.

Po: "...motorista incauto que não conhece os engarrafamentos na hora do ***rush***." *Jornal do Brasil*, 26.1.97.

Po: "João da Silva enfrentou um **rush** danado e chegou atrasado...". *Veja*, 9.4.97.

Po: "Ônibus só circularão nos horários de '**rush**'." *O Globo*, 11.11.97.

sandwich/sanduíche

Fr: "La petite refuse un **sandwich** au jambon...". Bazin, *Vipère au poing*.

Fr: "...muni, comme alors, d'un flacon de café et d'un paquet de **sandwiches**". Painter, *Marcel Proust*.

Fr: "Le président de LVMH... pris en **sandwich**." *Libération*, 13.5.97.

Fr: "...tel un **sandwich** à triple épaisseur, um superburger...". *L'Express*, 15.5.97.

Fr: "La "génération **sandwich**", celle des cinquantenaires... est devenue le pivot...". *Le Figaro Magazine*, 19.4.97.
Fr: "...la "génération pivot", qualifiée aussi de 'génération **sandwich**', car elle se trouve entre...". *Le Figaro Magazine*, 19.4.97.
Fr: "**Sandwichs** à l'euro à la Défense. Pour ceux qui s'embêttent à l'heure du déjeuner, le Parlement européen organise les '*Conférences-**sandwichs** de l'euro*'." *Libération*, 26.6.98.
Po: "Passou por uma dieta completa de **sanduíches** de peito de peru e refrigerantes." *Veja*, 14.5.97.
Po: "Foi de Walter Clark a idéia de criar o **sanduíche**, ou seja, colocar o *Jornal Nacional* entre duas novelas." *Veja*, 2.4.97.
Po: "No lanche da tarde... ou **sanduíches** de mortadela e requeijão." *Veja*, 23.4.97.

scanner

Fr: "Le **scanner** analyse le document original, qui est balayé par un système optique, puis décomposé en une mosaïque de points ou 'pixels'." *Le Monde*, 2.9.96.
Fr: "...il présente sa carte à un terminal avant de mettre sa main dans un **scanner**". *Le Monde*, 7.5.97.
Fr: "L'opération, quasi immédiate, interdit ainsi l'interception dans les airs par un **scanner** de type analogique." *Le Point*, 25.2.97.
Fr: "Si les **scanners** permettent de capter les communications entre avions, téléphones mobiles... leur utilisation est officiellement interdite en France... mais pas leur vente!" *Le Point*, 25.2.95.
Fr: "...militants intégristes... armés de fusils à pompes et équipés de **scanners** calés sur la fréquence de police". *Le Figaro Magazine*, 24.5.97.
Fr: "Désormais, le **scanner** peut créer votre double virtuel." *Le Figaro Magazine*, 13.9.97.
Fr: "Russie. Plus loin, un trou rectangulaire: on est prié d'y déposer sa serviette. Elle sera **scannée**." *Le Figaro*, 20.3.98.
Po: "Para resolver isso, engenheiros... desenvolvem um **scanner**, uma máquina que copia a silhueta de um consumidor e o transforma numa informação eletrônica." *IstoÉ*, 21.5.97.
Po: "Enquanto os dedos, como um **scanner**, percorriam o texto com movimentos em ziguezague." Niskier, *Revista Brasileira*, jan. 1996.

scholar

Po: "Em Auerbach se encontra a efetivação do ideal de '**scholar**'." *O Globo*, 12.7.97.
Po: "Para esta proposição de leitura da 'Comédia', que se amplia para um plano histórico abrangente, Auerbach fez seu trabalho com a erudição do talvez melhor exemplo de ***scholar*** que a crítica moderna nos propiciou." *O Globo*, 12.7.97.
Po: "Anthony Blunt, consagrado como um importante ***scholar*** no campo da história da arte, trabalhou durante 20 anos como consultor da rainha." *Jornal do Brasil*, 12.7.97.

science-fiction/Science-fiction

Al: "Den Gefallen konnten wir ihnen in einen **Science-fiction**-Film von heute nicht tun." *Focus*, 8.7.96.
Al: "**Science-fiction** handelt immer auch von der Zeit, in der sie entstanden ist." *Focus*, 8.7.96.
Al: "Diese Weisheit hat er einen **Science-fiction**-Roman von Robert Heinlein entliehen, der ihn derart begeisterte, dass er kurzerhand den Namen des Romanhelden annahm." *Der Spiegel*, 14.9.98.

Fr: "Quand les fantasmes de la **science-fiction** servent le marketing...". *Le Point*, 10.5.97.
Fr: "Le dernier Luc Besson, adapté d'un roman de **science-fiction** écrit par lui...". *Paris Match*, 15.5.97.
Fr: "Tim Burton pastiche les clichés des films **science-fiction**, et d''Independence Day' en particulier." *Paris Match*, 6.3.97.
Fr: "Si cela semble relever de la **science-fiction**, ce sera pourtant possible...". *Le Figaro*, 1.4.97.
Fr: "...un 'mot de passe' unique au monde. **Science-fiction**? Pas vraiment". *Le Monde*, 7.5.97.
Fr: "...une question à l'auteur français de **science-fiction** Serge Lehman...". *Libération*, 16.5.97.
Fr: "Le film est dans la famille des superproductions de **science-fiction** et mélange allégrement les styles...". *Le Figaro Magazine*, 24.5.97.
Fr: "Sea Launch. Un nom de **science-fiction** pour un concept audacieux." *Libération*, 3.6.97.
Fr: "...a le mérite de retracer avec clarté et un soupçon de **science-fiction** cette rencontre du troisième type de juillet 1947". *L'Express*, 5.6.97.
Fr: "Deux de ses nouvelles **science-fiction** ont déjà servi de scénario à 'Total Recall'." *Le Point*, 12.11.94.

scoop

Es: "La lucha por conseguir un **scoop**... una carrera desenfreada hacia el rincón mas oscuro...". *El País*, 9.1.96
Fr: "...caractérisée par une alliance du **scoop** médiatique, avec le silence des laboratoires...". *Libération*, 30.4.97.
Fr: "Le **scoop**: avec sa carte d'abonnement, il partira quand même." *L'Événement du jeudi*, 2.4.97.
Fr: "Le **scoop** le plus célèbre de celui qui transforme tout en scandale?" *Le Point*, 17.8.96.
Fr: "Des spécialistes de l''investigation' inventent un **scoop**, lancent des accusations aussi invraisemblables qu'ignobles." *Le Figaro Magazine*, 25.10.97.
Fr: "...assourdi par le vacarme des **scoops** et des échos... le lecteur des quotidiens finit par avoir le tournis". *Chroniques Économiques*, 15.3.96.
Fr: "...le seul journaliste à avoir assisté au procès de Pol Pot aura cédé la propriété de son **scoop**". *Le Figaro*, 31.7.97.
Fr: "Autrement dit, *Paris Match* a entre les mains un **scoop**, et risque de se voir griller par un confrère bien décidé à forcer le tabou." *Marianne*, 15.6.97.
It: "Videouno: **Scoop**, maghi e televendite." *Corriere della Sera*, 6.4.96.
It: "Un vero **scoop** archeologico, anticipato due giorni fa dal *Sunday Times*." *Corriere della Sera*, 2.4.96.
It: "Il presidente della Bundesbank ha smentito con un comunicato ufficiale lo **scoop** di Spiegel." *La Repubblica*, 2.6.97.

scooter/scootériste

Fr: "La Rochelle va tester le **scooter** électrique." *Le Point*, 30.12.94.
Fr: "Le **scooter**, baptisé 'Barilec', va faire ses premiers tours de roue en janvier...". *Le Point*, 30.12.94.
Fr: "C'est sur le **scooter** d'Emmanuel de Brantes fonçant dans la nuit cannoise...". *Libération*, 15.5.97.
Fr: "Un jeune **scootériste** et son passager ont ouvert la portière et se sont emparés du sac." *Le Figaro*, 6.5.97.
Fr: "**Scooter** en point d'orgue." *Le Nouvel Observateur*, 11.6.97.

Fr: "Yamaha lance un **scooter** 'Mode', résolument urbain." *Le Nouvel Observateur*, 11.6.97.

Fr: "Le **scooter** des neiges, un des plaisirs de l'après-ski." *Le Figaro Magazine*, 1.2.98.

Fr: "Petites flèches ludiques, les **scooters** sillonnent les rues." *L'Événement du jeudi*, 11.6.97.

Fr: "**Scooter** de l'espace. Le nouveau défi de l'Aérospatiale." *Le Figaro Magazine*, 18.3.98.

Fr: "L'Inde est devenue le troisième producteur de **scooters**, le deuxième exportateur de fusées porteuses." *Le Figaro Magazine*, 11.7.97.

Fr: "Perchée sur son **scooter** de *Vacances romaines*, Audrey Hepburn rafle la mise." *L'Express*, 6.8.98.

It: "Due giovani amici muoiono in **scooter** a poche ore di distanza l'uno dall'altro." *Corriere della Sera*, 9.8.98.

score

Fr: "Résultat, la liquidation boursière de juillet... le plus mauvais **score** de l'année." *Les Échos*, 25.7.96.

Fr: "Abstention: le **score** qui fait perdre la gauche." *L'Express*, 1.5.97.

Fr: "Arthur Scargill a d'ailleurs fait un **score** ridicule dans les bassins miniers du Yorkshire." *Le Point*, 10.5.97.

Fr: "Toulouse se place au neuvième rang du hit-parade des mauvais **scores** du FN." *L'Événement du jeudi*, 2.4.97.

Fr: "A Vitrolles, Catherine Mégret améliore le **score** de son mari." *L'Express*, 6.2.97.

Fr: "A 'Panorama'... on ne se précipite pas sur les **scores** dès le lundi matin." *Le Point*, 25.2.95.

Fr: "Un petit **score** de Le Pen, c'est la seule chose qui me réjouirait." *Libération*, 21.5.97.

Fr: "Les écologistes obtiennent un **score** honorable avec moins de 7% des voix." *Libération*, 26.5.97.

Fr: "Le **score** du PS a au moins un mérite: il facilite la tâche de Lionel Jospin...". *Le Point*, 26.5.97.

Fr: "...l'affaire paraissait pliée d'avance, les pronostics ne concernant plus que le **score** ou la durée de la finale". *Le Figaro Magazine*, 24.5.97.

Fr: "Meilleur **score** à la Bourse de Paris depuis dix ans." *Les Échos*, 25.3.98.

It: "A differenza delle aziende private, quelle publiche mostrano un peggioramento nello *score* degli utilitin dettaglio...". *Il Sole 24 Ore*, 7.8.98.

scotch/Scotch

Po: "— Quero **Scotch**, e não esse vomitório!" Amado, *Tieta do agreste*.

Po: "*Cutty-Sark*... veleiro homenageado na conhecida marca de **scotch**." *Veja*, 19.3.97.

Po: "...dona do Chivas Regal, o ***scotch*** 12 anos mais vendido no mundo". *O Globo*, 9.11.97.

scout/scouting /scoutisme/escutismo

Fr: "Comme il est petit, il s'était déguisé en **scout**." *L'Événement du jeudi*, 2.4.97.

Fr: "L'épreuve du '**scouting**'." *Le Point*, 15.7.95.

Fr: "Élite consacre 2% de son chiffre d'affaires au **scouting** — la découverte et le recrutement de nouveaux talents." *Le Point*, 15.7.95.

Fr: "Historiquement, le **scouting** était la spécialité et le domaine réservé des Casablancas." *Le Point*, 15.7.95.

Fr: "Le **scoutisme**... On se l'est tellement approprié qu'on l'imagine volontiers sorti de nos bonnes paroisses françaises." *Marie-France*, ago. 1997.

Fr: "Nous n'avons plus honte de nous dire catholiques, proclament des jeunes filles des **scouts** universitaires de France." *Paris Match*, 23.4.98.

Po: "Ao **escutismo** cabe a difícil tarefa de ocupar os tempos livres da juventude." *Jornal de Notícias*, 28.8.98.

scrap-book

Fr: "Edwina Mountbatten. L'excellent ouvrage de Bertrand Meyer-Stabley nous découvre, tel un *scrap-book* interdit, cette vie hors du commun." *Le Figaro Magazine*, 21.6.97.

screening

It: "Gli **screening** mammografici in Italia vengono effettuati soltanto a donne oltre i sessent'anni." *La Repubblica*, 22.5.97.

It: "...non sono morte così tante donne al di sotto dei 50 anni da giustificare uno **screening** anche per le donne di quell'età". *La Repubblica*, 22.5.97.

script

Fr: "D'ordinaire, les acteurs américains changent souvent le **script** ou les dialogues." *Paris Match*, 15.5.97.

Fr: "Un **script** vendu et revendu avant d'être écrit." *Libération*, 13.5.97.

Fr: "Rosenberg: 'Agents, producteurs ou acteurs lisent un million de **scripts** par semaine'." *Libération*, 13.5.97.

Fr: "...le **script** de *Dakan* est jugé 'intéressant' par les gens susceptibles de le financer". *Libération*, 16.5.97.

Fr: "Une caméra... une pervenche en guise de **script**, un acteur aux abonnés absents...". *L'Express*, 8.5.97.

Fr: "Réalisé par... à partir d'un **script** ficelé par Florence Philipponat." *Le Nouvel Observateur*, 11.6.97.

Fr: "A partir d'un **script** honteusement manichéen, Noyce s'amuse à caricaturer...". *L'Événement du jeudi*, 25.6.97.

It: "...e sopratutto un susseguirse fitto di dialoghi, è di per sè uno ***script*** cinematografico". *Il Giornale*, 18.9.98.

Po: "Brizola seguiu o **script** ao afirmar que os tais sapatos são do Brasil e do Mercosul." *Veja*, 23.4.97.

Po: "Pelo **script**, ela sucumbiria à lascívia de um admirador...". *Veja*, 28.5.97.

Po: "Como a senhora define esse '**script**' sexual?" *Jornal do Brasil*, 13.4.96.

Po: "No atendimento por telefone, quem não decora '**script**' corre risco de sair de cena." *O Globo*, 27.7.97.

search/search engines

Po: "Porque vão acelerar extraordinariamente a velocidade de acesso aos dados através das ferramentas de pesquisa [*search engines*], barateando o custo da recuperação de dados [*download*] e democratizando muita informação." Spinola, *O futuro do futuro*.

self-bank

Es: "Objetivos y Recursos... doblar el número de '**self-banks**' enteramente automáticos." *El País*, 18.6.96.

self-control

Po: "Vira no *Figaro* o retrato de Cohn-Bendit desafiando um policial e se reparara na atitude de absoluto ***self-control*** do representante 'des forces de l'ordre'." Macedo Soares, *As sentinelas de Deus*.

self-help

Fr: "Anglais, Allemands, Hollandais, Français, engagés dans le mouvement ***self-help*** provoqué par l'épidémie de sida, ont fait cause commune...". *Libération*, 27.3.97.

self-made-man/Selfmademan

Al: "Die initiative des ostdeutschen **Selfmademans** geniesst das Wohlwollen höchster Kreise." *Der Spiegel*, 13.7.98.

Fr: "Fils d'un éminent juriste — ***self-made-man*** ayant rejoint le Parti conservateur...". *Le Figaro Magazine*, 19.4.97.

Fr: "Un **self-made-man**, fils de tenancier d'un pub de l'East End londonien, exilé dans un paradis fiscal aux Antilles, sacré l'homme le plus riche de Grande-Bretagne?" *Le Point*, 26.5.97.

Fr: "Peter Baring n'avait que dédain pour ce **self-made-man**, de la race de ceux qui n'amusent pas les rois...". *Le Point*, 4.3.95.

Fr: "Ancien radical... **self-made-man** d'origine modeste et redoutable batteur d'estrade...". *Le Point*, 7.6.97.

Fr: "Albert Frère. Ce **self-made-man** s'impose dans le monde français des affaires." *L'Express*, 5.6.97.

Po: "Não insisti e virei-me para Hélio, típico ***self-made-man*** brasileiro." Macedo Soares, *As sentinelas de Deus*.

self-service

Es: "...en uno de los magníficos buques de Brittany Ferries, restaurants, **self-service**, bares...". *El País*, 2.7.96.

Fr: "Une voiturette électric biplace... garée en **self-service** dans des relais." *Le Point*, 1.4.95.

Po: "Na cobiçada esquina, seus filhos inauguraram o **self-service** COMAEMPÉ." Amado, *Tenda dos milagres*.

Po: "As sorveterias **self-service**, que vendem o produto por quilo, continuam firmes." *Veja*, 29.10.97.

senior citizen

Fr: "Fondée en 1954, la bourgade s'enorgueillit d'être la plus ancienne communauté de ***senior citizens*** des Etats-Unis." *Le Point*, 26.4.97.

serial killer

Fr: "'Seven'. Pour raconter son histoire de **serial killer** obsédé par l'Ancien Testament." *Le Nouvel Observateur*, 7.2.96.

Fr: "Le meurtrier, le ***serial killer***... a tout fait pour brouiller les pistes." *Libération*, 27.3.97.

Fr: "Un couple d'étudiants embarque sans le savoir un ***serial killer*** dans leur voiture." *Le Point*, 10.9.94.

Fr: "'Guga'... il porte le même nom que le plus sanglant '**serial killer**' de l'histoire criminelle allemande." *Le Point*, 7.6.97.

Fr: "Daniele Buetti... sa façon de griffer les peaux comme un ***serial killer***, mais il est dingue ou quoi, ce Suisse?" *Libération*, 12.6.97.

Fr: "Pour Laclavetine, Dieu est un **serial killer**." *Le Figaro Magazine*, 13.9.97.

Fr: "Le ***serial killer*** deviendra un collectionneur honorable et fréquentable, du moins virtuellement." Attali, *Dictionnaire du XXIe siècle*.

It: "Lo spectro di un "**serial killer** degli immigrati" sta prendendo forma nella provincia barese." *Corriere della Sera*, 7.4.96.

Po: "Novelista chama Guilherme de Pádua de '**serial killer**'." *O Globo*, 24.1.97.

Po: "...é o que eu chamaria de ***serial killer***. Isso mesmo, ***serial killer***...". Soares, *O xangô de Baker Street*.

Po: "Versace. O FBI e a polícia de Miami têm um único suspeito: o ***serial killer*** homossexual Andrew Cunanan." *O Globo*, 16.7.97.

set

Es: "Qué ocurrió durante el tercer juego del segundo **set** es algo que ni siquiera... acaba de explicarse muy bien." *El País*, 2.7.96.

Fr: "Le jeune Chilien a peiné pour se débarrasser en cinq **sets** d'un Zimbabwéen inconnu." *Le Figaro*, 28.5.97.

Fr: "Défaite en cinq **sets**, après avoir mené deux manches à une." *Le Figaro*, 28.5.97.

It: "Un artista completa. Ma quando non è impegnata sul **set**, riesce a trovare tempo per se stessa?" *IoDonna*, abr. 1996.

It: "Intendo rimanere coi piedi per terra: quando non vado sul **set** me piacce dedicarme ai lavoretti di casa." *Oggi*, 23.9.98.

Po: "Baterista de bossa nova, inventor do '**set**' de percussão, Dom Um Romão faz show único no Rio." *Jornal do Brasil*, 13.11.97.

sex appeal/sex-appeal/Sexappeal

Al: "Ihr **Sexappeal** funktioniert etwas anders: Als Richie Moser in *Komissar Rex*... machen Sie oft ein Gesicht wie eine zerknitterte Hundeschnauze." *Focus*, 8.7.96.

Fr: "Escada... un petit coup de **sex-appeal** qui cache son visage... ". *Paris Match*, 15.5.97.

Fr: "...le **sex-appeal** asiatique est à l'évidence une valeur en hausse". *Libération*, 7.3.97

Fr: "...côté **sex-appeal**, Dustin Hoffman en perruque et rouge à lèvres, ce n'est pas exactement le rêve". *Le Nouvel Observateur*, 11.6.97.

Fr: "Le bilan publié dans le 'New England Journal of Medicine' est bien décevant au regard des milliers d'évanouissements attribués au ***sex appeal*** des idoles." *L'Officiel*, ago. 1998.

sex-shop/Sex-Shop

Al: "Zur Nummer zwei in der Branche, mit gut 80 **Sex-Shops**...". *Der Spiegel*, 13.7.98.

Fr: "Les **sex-shops** sont partout." *Paris Match*, 17.4.97.

Fr: "Ce n'est qu'en 1993 que le premier **sex-shop** de Chine s'est ouvert...". *Paris Match*, 17.4.97.

Fr: "*Elle* désigne ses partenaires, les **sex-shops** qui revendaient les infâmes mises en scène." *Paris Match*, 29.5.97.

Fr: "A Paris, ils sont en contact avec un certain 'Momo', gérant d'un **sex-shop** rue Saint-Denis." *Le Figaro Magazine*, 8.8.98.

sex symbol/sex-symbol/Sexsymbol

Al: "Interview mit dem US-Schauspieler George Clooney über sein Leben als **Sexsymbol**." *Der Spiegel*, 14.9.98.

Fr: "La Ciccone serait donc tout le contraire d'un '**sex symbol**'." *Le Point*, 30.12.94.

Fr: "Pour vous, a priori, c'est un **sex-symbol**?" *Paris Match*, 6.3.97.

Fr: "Dick Tracy est devenu l'un des paris les plus audacieux de l'imprévisible et turbulente **sex-symbol** de Hollywood Warren Beatty." *Le Point*, 17.8.96.

It: "Brad Pitt. **Sex symbol**, ma non troppo." *Grazia*, 29.3.96.

Po: "Professor de capoeira virou modelo e se tornou **sex symbol** como Adão no Carnaval carioca de 1996." *IstoÉ*, 5.11.97.

sexy/sexi

Fr: "...mais elles ont l'air moins **sexy** qu'avant." *Paris Match*, 17.4.97.

Fr: "Tenues **sexy** et gratte-ciel, la Chine s'est bel et bien éveillée." *Paris Match*, 6.3.97.

Fr: "Dans les villes, les élégantes se promènent en tenues **sexy** et les adolescents...". *Paris Match*, 6.3.97.

Fr: "Et si on élisait l'homme le plus **sexy** du monde?" *Paris Match*, 6.3.97.

Fr: "Kevin Kostner... hérite du titre d'homme plus **sexy** du monde." *Paris Match*, 6.3.97.

Fr: "Shannon Marketik, engagée à un salaire mirobolant pour danser en tenue **sexy**." *Le Figaro*, 6.3.97.

Fr: "Il est sensé être 'l'homme le plus **sexy** de New York'." *Libération*, 7.5.97.

Fr: "Le réalisateur lui confie le rôle de Sophie, une marginale **sexy** et droguée...". *L'Express*, 15.5.97.

Fr: "...en incarnant toutes les frénésies du répertoire **sexy**, en jonglant entre mâle et féline...". *Le Point*, 30.12.94.

It: "Sophia Loren. Matura ma **sexy**." *Grazia*, 29.3.96.

It: "Fare la hostess in un bar per solo uomini, con vestiti **sexi** e modi sfaciati." *La Stampa*, 7.4.96.

It: "È bella, irresistibilmente **sexy**, afascinante e divina." *IoDonna*, abr. 1996.

It: "Clinton: 'L'industria della moda ha dipinto la tossico-dipendenza come qualcosa di chic, di **sexy**'." *La Repubblica*, 22.5.97.

Po: "Muito *sexy*, a minissaia a exibir-lhe as colunas morenas das coxas." Amado, *Tenda dos milagres*.

shadow cabinet

Fr: "Martine Aubry. Un jour, lors d'un déjeuner en tête-à-tête, elle a demandé à Jospin de créer un '***shadow cabinet***'." *L'Express*, 6.2.97.

Fr: "Dix ans durant, Blair va ainsi faire ses classes en écumant le '***Shadow cabinet***', successivement à l'Énergie, à l'Emploi, à l'Intérieur." *Le Point*, 11.3.95.

Fr: "...un comité de sélection lui-même élu par le Comité préparatoire, une sorte de ***shadow cabinet*** constitué par Pékin pour préparer la rétrocession." *Le Point*, 27.7.96

shaker

Fr: "...avec les gestes mondains du barman du Ritz secouant son **shaker**...". *L'Express*, 8.5.97.

Fr: "Le bar d'Alain Ducasse. Au **shaker**: 1 cl de crème de banane...". *Le Figaro Magazine*, 24.5.97.

shampoo/shampooing/shampouineuse/xampu

Fr: "Grâce à ses produits Phyto, et notamment à sa crème après-**shampooing**...". *Madame Figaro*.

Fr: "...c'est aussi ce qui fait le succès du **shampooing** Elsève, de l'Oréal." *Le Point*, 30.12.94.

Fr: "...une gamme de produits... **shampoings**, après **shampoings**, etc.". *Le Figaro*, 14.4.97.

Fr: "Un garçonnet de onze ans fait vivre les siens en vendant cigarettes et **shampooing**." *Le Nouvel Observateur*, 11.6.97.

Fr: "Geena Davis incarnait une **shampouineuse** de caniches dans 'The Accidental Tourist'." *Le Nouvel Observateur*, 11.6.97.

Fr: "On le vaporise après le **shampooing**, avant la plage ou les plongeons." *Elle*, 15.6.98.

It: "Un **shampoo** al midollo di bue, un buon balsamo e una cura ricostituente." *Grazia*, 29.3.96.

Po: "O **xampu** *Man and Tail* não tem registro no Ministério da Agricultura." *IstoÉ*, 23.7.97.

share

Es: "La otra cadena privada Telecinco, tuvo un **share** del 18,5%...". *El País*, 4.1.96.

Fr: "...actions matérialisées sous la forme de certificats d'actions physiques, '**shares** certificates'." *Les Échos*, 19.6.96.

sheriff/shérif/xerife

Es: "Después de taxista, los trabajos más arriesgados son los de **sheriff**, policía, empleado de hotel...". *El País*, 10.7.96.

Fr: "Un **shérif** armé d'une carabine les tient sous bonne garde." *Le Point*, 26.4.97.

Fr: "Des centaines de **shérifs**, de notables, de journalistes... ont crié grâce et promis leur bienveillante neutralité." *L'Express*, 1.5.97.

Fr: "Le héros de Richard Hugo, le **shérif** adjoint, 'Al la tendresse' part en chasse." *Le Point*, 2.6.97.

Fr: "Il dédie ce livre à un certain Ken Lawson, apparemment **shérif** de son état, qu'il remercie de ne pas l'avoir arrêté, il y a vingt-cinq ans...". *L'Événement du jeudi*, 25.6.97.

Fr: "Comme son héros, qui a intégré la police après avoir rencontré un **shérif** bienveillant." *L'Événement du jeudi*, 25.6.97.

Fr: "Patrick Desmurre, le juge qui fait peur à l'Elysée... n'est pas un **shérif** ni un chevalier blanc." *Le Journal du Dimanche*, 21.6.98.

Po: "O **xerife** de Nova York, Rudolf Giuliani, ganhou a segunda estrela." *O Globo*, 6.11.97.

Po: "**Xerife** das Bolsas brasileiras, o presidente da CVM, Francisco Costa e Silva, viajou para uma reunião mais que oportuna em Taiwan." *IstoÉ*, 5.11.97.

Po: "Os **xerifes** americanos até se prepararam. Pelo menos 100 policiais e 200 seguranças foram designados para manter a ordem da festa." *IstoÉ*, 23.7.97.

sherlock

Po: "**Sherlock** em ação: cuidado, larápios — existe uma empresa inglesa que caça obras roubadas de museus e colecionadores." *Veja*, 3.2.99.

sherry

Fr: "...de l'art de servir un five o'clock tea ou un doigt de **sherry** à l'heure de l'apéritif...". *Le Figaro*, 16.6.97.

Fr: "Il n'y touchait pas, si ce n'était pas son **sherry** favori." Stemer, *Faire le point*.

shocking!

Fr: "**Shocking!**... les jeunes loups de la City travaillent davantage que leurs confrères de Wall Street, mais sont moins polis... et consomment davantage d'alcool." *Le Point*, 10.9.94.

Po: "A ousadia de St. Laurent é enorme, e só ele para usar cores como o roxo, o rosa ***shocking***... sem ficar brega." *Jornal do Brasil*, 14.7.98.

shoot/shooter/chute

Fr: "Les appareils photo '**shootent**' comme des mitraillettes." *Marianne*, 15.6.97.

Fr: "Mazarine. Ils vous ont déjà '**shootée**', comme on dit dans le jargon du métier." *Marianne*, 15.6.97.

Po: "**Chute** na trave. Igreja critica anúncio de Ronaldinho como Cristo." *Veja*, 4.3.98.

shopping malls/shopping center/shopping-center/shopping

Fr: "Un des premiers ***shopping malls***, ces 'zones commerciales' fermées à la circulation automobile." *Le Monde*, 12.4.96.

Fr: "Ville nouvelle, nantie de tous les équipements de confort — crèches, salles de spectacles, hôpitaux, **shopping-center**, installations de sport." *Le Figaro*, 16.4.96.

Po: "Foi presa por roubar um anel num **shopping center** e esteve envolvida com drogas." *Veja*, 2.4.97.

Po: "Já há **shoppings** onde se pode até tirar passaporte...". *Veja*, 9.4.97.

Po: "...projeto que obriga os **shopping centers** a permitir uso gratuito dos estacionamentos". *Veja*, 9.4.97.

Po: "O flipper revida. Nova geração de games chega aos **shoppings**." *Veja*, 19.3.97.

Po: "Um grande **shopping** de informática abre as portas no Riocentro." *Veja*, 9.4.97.

Po: "Os **shoppings** brasileiros estão mudando de vocação...". *Veja*, 9.4.97.

Po: "**Shoppings** passam a prever alta menor para vendas de Natal." *O Estado de S. Paulo*, 19.11.97.

short/shorte

Fr: "André Agassi a imposé le **short** en jeans sur les courts...". *Paris Match*, 30.4.97.

Fr: "Bill Clinton... indissociable de sa panoplie de sportif — casquette, **short**, tee-shirt...". *Le Point*, 4.3.95.

Fr: "Éric Cantona, 1,82m, 80 kg, treize ans de **shorts** professionnels...". *L'Événement du jeudi*, 28.5.97.

Fr: "Les tenues de la sélection nationale brésilienne: le maillot jaune et le **short** bleu officiels et le maillot bleu de réserve...". *Le Figaro Magazine*, 13.6.98.

Fr: "Il semblerait que Caroline de Monaco soit simplement intéressée par l'ensemble T-shirt-**short** Agnès b., que portait notre dream team." *Elle*, 15.6.98.

Po: "...reduzindo os trajes a **shortes** e camisetas de marujo". Amado, *Tieta do agreste*.

Po: "No calçadão de Ipanema, Marcelo Viana usa **short** e camiseta." *Veja*, 3.6.98.

show/showroom/show room

Es: "...un **show** con el que alcanzó altas cotas de audiencia...". *El País*, 10.2.96.

Es: "Se habían acercado probablemente porque se escenificaba un **show**...". *El País*, 18.6.96.

Fr: "Le Pen, il est riche, il a une belle femme, il fait son **show** de temps en temps." *Aujourd'hui*, 13.4.97.

Fr: "Son nouveau **show** est une forme d'autocritique douloureuse." *Paris Match*, 17.4.97.

Fr: "Le nouveau **showroom** de Roy Robson est décoré de boiseries en loupe de noyer." *Madame Figaro*, 26.4.97.

Fr: "Au fil des **showrooms**." *Madame Figaro*, 7.10.95.

Fr: "A travers les reality **shows** et la généralisation des témoignages de vie...". *Le Point*, 20.5.95.

Fr: "Dans un de vos **shows**, vous faites des pieds et des mains...". *Paris Match*, 6.3.97.

Fr: "Ils ont décidé de pousser les murs et ouvrent un atelier-**showroom** en banlieue." *Le Figaro Magazine*, 21.2.98.

It: "Il prossimo **Show Room** Arquati sara il tuo?" *Corriere della Sera*, abr. 1996.

It: "Viacom sta per vendere i diritti di alcuni **show** televisivi al magnata tedesco Leo Kirch." *Roma*, abr. 1996.

Po: "Lourdes... deixou a casa para incorporar-se a um **show** de mulatas." Amado, *Tieta do agreste*.

Po: "Houve até um homicídio durante um **show** do Sepultura em São Paulo." *Veja*, 23.4.97.

Po: "'Esta coleção é sobre textura...' disse Donna Karan, em ***showroom*** da DKNY." *O Globo*, 26.7.97.

show-biz/showbiz/show-business

Fr: "...et on en sort en habit d'académicien ou en star du **showbiz**...". *Paris Match*, 30.4.97.

Fr: "Shashi Tharoor. Dernier ouvrage en français: '**Show-business**' — Seuil." *Le Point*, 19.4.97.

Fr: "La pègre du **show-biz** se méfie d'eux comme de la peste." *Le Soir*, 17.6.98.

Fr: "'**Show-business**', qui raconte le tournage des films kitsch et à l'usage local...". *Le Point*, 19.4.97.

Fr: "Le mufle s'en détourne et préfère crapahuter dans le **show-biz**." *Le Point*, 26.4.97.

Fr: "Ces derniers temps, le monde du **show-business** tourne à l'envers." *Paris Match*, 30.4.97.

Fr: "Au sein du **show-biz** britannique, Tony Blair l'emporte sur John Major." *L'Express*, 1.5.97.

Fr: "Mais aussi une attachée de presse très **show-biz**, donc prête à tout." *L'Express*, 1.5.97.

Fr: "Le Palace accueille un mélange détonnant de stars de la mode... de vedettes du show-biz et de travelos." *L'Événement du jeudi*, 2.4.97.

Fr: "Ce QG des stars du jour, du **show-business** et des médias est dédié au grand comique...". *Le Point*, 25.2.95.

Fr: "Surnommé 'l'île aux milliardaires', l'îlot de Cavallo... paradis pour la jet-set ou le **show-biz**." *Le Point*, 9.8.97.

Po: "Dado Villa-Lobos começa a brilhar nos bastidores do **show-biz**." *Veja*, 9.4.97.

showdown/show down/show-down/Showdown

Al: "Schon bald steht der erste **Showdown** an: Am 22. Juli, so sah es Ende vergangener Woche aus...". *Der Spiegel*, 13.7.98.

It: "Le pressioni internazionali perchè si eviti un sanguinoso **show-down** si vanno intensificando." *Il Giornale*, 18.9.98.

It: "A giugno c'è lo **show down** all'università." *La Repubblica*, 15.9.98.

showman

Es: "El polifacético Emilio Aragón, el popular **showman**, compaginará esta aventura empresarial con su trabajo en televisión." *El País*, 15.1.96.

Po: "Um pouco filho, um pouco pai do poeta que virou **showman**." *O Globo*, 25.1.97.

show-off

Fr: "...le temple **show-off** des eighties reprend vie grâce à l'entrée en force de...". *Le Figaro*, 14.4.97.

Fr: "Pulsant au son des beats house, le temple **show-off** des eighties reprend vie grâce à l'entrée en force de ravers...". *L'Événement du jeudi*, 2.4.97.

Fr: "Badrutt's Palace, aux allures de château gothique... et son côté ***show-off***." *Le Point*, 11.3.95.

Fr: "'J'ai adoré ton petit risotto de sarrasin!,' se lancent-ils en tâtant des yeux les pommes anti-***show off*** qui ne brillent pas." *L'Officiel*, ago. 1998.

Fr: "Tout d'abord, le genre jeune, frais et pas ***show-off***: Miu Miu et Tocca." *Vogue*, set. 1998.

shrapnel

Fr: "Il avait lu dans les tranchées *Sésame et les Lys*, et avait écrit à Proust une lettre enthousiaste dans laquelle celui-ci, très ému, avait trouvé incrustés des grains de **shrapnel**." Painter, *Marcel Proust*.

shuttle/Shuttle

Fl: "De ***Shuttle*** van Eurotunnel heeft in de eerste vijf maanden van dit jaar 1,2 miljoen personenwagens en 36.000 bussen vervoerd." *De Standaard*, 17.6.98.

Fr: "Ils donnent leur feu vert pour la création du **Shuttle**, un service de vols courts employant des pilotes moins bien payés." *Le Nouvel Observateur*, 11.6.97.

Fr: "Achetez moins cher avec le **shuttle** Duty-free. Le **shuttle** prix: F. 89.00." *Le Figaro Magazine*, 1.8.98.

Po: "O **shuttle** entre Rio e São Paulo está cada dia mais concorrido." Lins, *Almanaque*.

side-car

Fr: "...en trottant sur les entretoises métalliques du pont du chemin de fer, et que pousse un vieux nègre, en **side-car**, qui bâtonne les croupes de traînards, voilà encore Le Caire." Druon, *Circonstances*.

silk screen

Po: "...impressa através de uma tela crua... e a impressão final em ***silk-screen*** numa cor arroxeada sobre a tela". Ferreira e Mello, *Clement Greenberg e o debate crítico*.

single

It: "Fiorello. 'Lasciatemi in pace: voglio restare **single**!'." *La Stampa*.

It: "Lo scandalo non abita più qui, la vita continua. Per Stefania di Monaco è una vita da mamma **single**." *Chi*, 24.9.98.

It: "...un ballo per **single**, il 'Bachelors and spinsters ball'." *IoDonna*, 15.9.98.

Po: "De novidades, a gravadora promete a versão compacta de *Quanta*... e o ***single*** do Kid Abelha, com versões dançantes." *Veja*, 30.7.97.

Po: "Segundo Manuel Camero, 20% das vendas mundiais de CDs são em ***singles***." *Veja*, 30.7.97.

Po: "A EMI reinaugurará o segmento *CD **single*** nacional com a estréia do quarteto Nepal, de Beagá." *Jornal do Brasil*, 12.7.97.

sit-com/sitcom

Fr: "Avec 'Cap des Pins', France 2 met des vrais acteurs dans un **sitcom** quotidien." *Le Temps*, 14.9.98.

Fr: "*Spin City* est le premier **sitcom** produit par Dreamworks SKG, le studio hollywoodien...". *Libération*, 7.5.97.

Fr: "...le plus clair de la soirée télévisée américaine est aujourd'hui occupé par des ***sitcoms***, servis en tranchettes d'une demi-heure...". *Libération*, 4.3.97.

Fr: "Pas plus nul qu'un livre de Juppé, ou qu'un jeu vidéo, ou qu'une **sitcom** en *access prime time*...". *Marianne*, 25.5.97.

Fr: "Malaury Nataf, ex-actrice de **sitcoms** d'AB Production, fait, en moyenne, une voix par mois." *Le Figaro*, 1.6.97.

Fr: "...puis the 'Brady Bunch Hour', où les variétés prenaient le pas sur le **sitcom**". *Le Nouvel Observateur*, 11.6.97.

Fr: "...*Ça se discute*, consacré aux '**sitcoms**', chroniques de l'instant présent". *Le Figaro Magazine*, 21.6.97.

Fr: "Les **sitcoms**: commerce ou réalité?" *Le Figaro*, 25.6.97.

Fr: "C'est Lorenzo Lamas, lui-même devenu, entre-temps, figure de proue de la **sitcom** 'Falcon Crest'. *Paris Match*, 30.7.98.

It: "Nella **sit-com** per ragazzi girata nel '91, l'attore interpreta il senzatetto Luke Brower." *Corriere della Sera*, 11.8.98.

site

Fr: "Spécialiste des '**sites** événementiels', comme on dit, Worldmedia en donne une vision complète et parfois distanciée." *Télérama*, 30.7.97.

Po: "'**Site**' de Caetano Veloso na Internet irá ao ar junto com novo CD." *O Globo*, 8.11.97.

Po: "Maurice Druon colocou o ***site*** da Academia Francesa na Internet à disposição da ABL." *Boletim de Informações* (ABL), 5.3.98.

Po: "Assinantes do serviço de transmissão digital poderão escolher entre milhares de **sites na** WEB." *O Estado de S. Paulo*, 17.11.97.

Po: "A corretora colocou recentemente na Internet um '**site**' interativo que permite ao investidor 'on line' acesso aos saldos, à rentabilidade e aos aniversários de seus fundos múltiplos." *Gazeta Mercantil*, 16.7.97.

Po: "Estima-se em nunca menos do que 1.500 o número de bancos com ***sites*** na Internet nos Estados Unidos por volta do ano 1999." Spinola, *O futuro do futuro*.

Po: "Internet inaugura **site** para vender micros e seus periféricos." *O Globo*, 13.7.98.

sit-in

Fl: "Met een **sit-in** en handgeklap betuigden we onze solidariteit." *Het Nieuwsblad*, 27.7.98.

Fr: "**Sit-in** pour 'petits câlins'. Saint-Valentin insolite en Belgique." *Le Figaro*, 15.2.98.

Fr: "Lycéens. Le succès s'est amplifié la semaine suivante, avec défilés au pas de course et '**sit-in**' à répétition." *Le Point*, 18.2.95.

skate

Fr: "Un **skate** pour surfer les pavés." *L'Événement du jeudi*, 2.4.97.

Po: "O segundo grupo é o dos que praticam outros esportes radicais como **skate** e canoagem." *IstoÉ*, 5.11.97.

Po: "O mountain **skate**, uma prancha com rodinhas e amortecedores, permite aos deslocados surfistas 'dropar' — giria para descrever a descida da onda." *IstoÉ*, 5.11.97.

Po: "Aos 15 anos, ele já era campeão brasileiro de **skate**." *Veja*, 15.7.98.

sketch

Es: "Debe ser por esto que el final de algunos **sketches**, cuando la cámara mostra el *detrás de la escena* de la ficción planteada... parece ser el único momento...". *La Nación*, 14.7.98.

Fr: "...écrivain de génie qui 'fit représenter de petits **sketches** dans des décors et avec des costumes de lui'...". Painter, *Marcel Proust*.

Fr: "Public: 'cosmopolite'. Chacun vient pour un **sketch**." *L'Express*, 1.5.97.

Fr: "...Olivier Saladin se fend d'un **sketch** hilarant". *L'Express*, 15.5.97.

Fr: "Moi, je n'ai jamais beaucoup aimé ce **sketch**, mais il plaît beaucoup à Mathieu. *Le Figaro*, 25.5.97.

Fr: "...et je garde un œil particulièrement complice pour celle qui va jouer mes **sketches**...". *Le Figaro*, 25.5.97.

Fr: "L'émoi provoqué par ce **sketch** du style 'Cage aux folles' est d'autant plus grand...". *Le Point*, 26.5.97.

Fr: "Ces deux jeunes filles... ont imaginé de transformer en **sketches** un petit livre de Guy Baret...". *Le Figaro Magazine*, 24.5.97.

Fr: "Le premier **sketch**... restera comme un morceau d'anthologie...". *Le Nouvel Observateur*, 11.6.97.

skinhead(s)/skins/Skinhead(s)

Al: "Als am nächsten Tag bekannt wurde, dass die Polizei vier **Skinheads** festegenommen hatte, schien der Fall gelost." *Der Spiegel*, 13.7.98.

Es: "Las autoridades piensan montar una mitin en la barriada de Rostock donde hace 6 años un grupo de ***skins*** incendiaron, a la vista de las cámaras y entre el aplauso del público, un hogar de asilados." *ABC*, 11.9.98.

Fr: "À Lichtenhagen, des **skinheads** et des néonazis , attaquent au cocktail Molotov." *Le Point*, 11.3.95.

Fr: "L'équipée sauvage de trois **skinheads** au tribunal d'Evry." *Libération*, 16.4.96.

Fr: "Il m'a insulté, a dit: 'Fils de pute de **skinhead**'." *Libération*, 12.5.98.

Fr: "Portugal. **Skinhead** jugé pour meurtre raciste." *Le Figaro*, 6.5.97.

Fr: "...à Douarnenez, un groupe de **skinheads** a paradé en faisant le salut nazi". *L'Événement du jeudi*, 2.4.97.

Fr: "En 1989, dans la foulée de la chute du mur de Berlin, des dizaines de mouvements **skinheads** néonazis avaient fait parler d'eux dans toute l'Europe centrale." *Le Point*, 7.6.97.

Fr: "Daniel Schweizer a suivi les cinq jeunes **skinheads** pendant un an et demi." *Le Figaro*, 5.5.98.

Fr: "'Les Tsiganes aux chambres à gaz!' Il y aurait aujourd'hui quelque 4000 **skinheads** militants dans le pays." *L'Express*, 28.5.98.

It: "Gli **skinhead** hanno deposto corone di fiori ai piede del muro." *La Stampa*, 7.4.96.

It: "Si prevede che alcune centinaia di **skinhead** si raduneranno nel luogo simbolo dell'Olocausto." *Corriere della Sera*, 4.4.96.

It: "Si chiama 'Hammer', martello, ed è il volto nuovo degli **skinheads** italiani." *La Repubblica*, 4.7.97.

skipper

Fr: "Le **skipper** et les éperlans." *Aujourd'hui*, 13.4.97.

Fr: "Ce week-end, par exemple, le **skipper** aux yeux clairs est quasiment en mission." *Aujourd'hui*, 13.4.97.

Fr: "Car pour un **skipper**... il y a le détour obligé aux Sables-d'Olonne...". *Aujourd'hui*, 13.4.97.

Fr: "Nous voulons enfin attirer les plus grands **skippers**, tout en offrant...". *Le Point*, 20.5.95.

Fr: "En **skipper** de cette galère et assistée de deux compères dans un studio tendu de cramoisi." *Libération*, 27.3.97.

Fr: "Les équipiers de ses débuts de **skipper** se souviennent de ses méthodes...". *Le Point*, 26.5.97.

Fr: "Voile. Interviews de **skippers** en direct." *Le Figaro*, 9.8.98.

Fr: "Enfants perdus sans **skipper**. Quatre morts et un disparu en Bretagne." *Nice-Matin*, 24.7.98.

Fr: "Gil Hosters. Le **skipper** en vedette cet été." *Elle*, 27.7.98.

It: "Maurizio Pocai, viareggino, da più di dieci anni **skipper**, qui con il Simba, costruito dai cantieri Petrini di Viareggio...". *Corriere della Sera*, 9.8.98.

Po: "Não reconhecerá teu marido quando começar a bancar o ***skipper*** de uma tripulação ainda mais fanática que ele." Macedo Soares, *As sentinelas de Deus*.

slack/slaque

Po: "Encantadora no **slaque** delavê...". Amado, *Tieta do agreste*.

Po: "O presidente vestia um ***slack***, uma das novidades que lançara ao assumir o Governo." Martins, *Valeu a pena*.

Po: "A única diferença era que o **slack** de Jânio tinha mangas curtas e não era abotoado no pescoço." Martins, *Valeu a pena*.

Po: "Jânio Quadros determinou o uso do uniforme *safari*, que vira na sua passagem pela Índia — um ***slack*** apelidado de pijânio." Melo Filho, *Testemunho político*.

slang

It: "Pensare che qualcuno usi uno **slang** fa comodo per far finta di non capire quello che dice." *IoDonna*, 15.9.98.

slide

Po: "É quando Mouillon projetará os **slides** na fachada original do estádio." *IstoÉ*, 21.5.97.

slip

Fr: "Le caricaturiste Steve Bell, du *Guardian*, a toujours dessiné Major avec un **slip** par-dessus son costume." *L'Express*, 8.5.97.

Fr: "Elle est en soutien-gorge et en **slip**, face à un grand miroir de maquillage...". *Le Nouvel Observateur*, 11.6.97.

Fr: "Lucio Battisti, star défunte d'un pays où le **slip** est de droite et le caleçon de gauche." *Courrier International*, 23.9.98.

slogan/Slogan

Al: "Solche **Slogans** sind freilich hoch riskant." *Stern*, 16.7.98.

Al: "Bisher hatte Guido Westerwelle beteuert, 'nie wieder' werde seine Partei einen Wahlkampf wie 1944 führen, als der **Slogan** 'FDP wählen, damit Helmut Kohl Kanzler bleibt' lautete." *Der Spiegel*, 13.7.98.

Al: "Der **Slogan** von der 'Nationalen Bevorzugung', mit dem Jean-Marie Le Pen für seine rechtsextreme Nationale Front seit Jahren erfolgreich auf Stimmenfang geht...". *Die Welt*, 17.6.98.

Fr: "De Gaulle: 'Jamais l'Algérie n'a été française... *Elle* l'était dans les **slogans**'." Peyrefitte, *C'était de Gaulle*.

Fr: "De Gaulle: '...les dirigeants algériens... De tous les **slogans**, de toutes les promesses, au nom desquels ils se sont battus pendant huit ans, il ne reste absolument rien! Des mythes, du vent'." Peyrefitte, *C'était de Gaulle*.

Fr: "Reprenant le **slogan** de 68, 'Il est interdit d'interdire', ils dealeront du hasch pour mieux s'éclater." *Elle*, 12.8.96.

Fr: "*Plus je loue, mieux je décore* et le **slogan** *La solution **location*** fait sa apparition." *Le Figaro*, 14.4.97.

Fr: "'*Phillips, c'est déjà demain*!' clame le **slogan** du géant néerlandais...". *Le Point*, 12.11.94.

Fr: "Chine... son **slogan** ambigu *Un pays, deux entités*...". *Le Point*, 24.9.94.

It: "Basta **slogan**. La Costituzione è la vera sfida." *Corriere della Sera*, 4.4.96.

It: "...dove sono molte le teste calde i cui **slogan** razzisti infiammano ogni settimana...". *La Repubblica*, 22.5.97.

It: "Gli **slogan** non creano lavoro." *La Repubblica*, 15.9.98.

Po: "O Pachola... sem rival na invenção de frases e ***slogans*** publicitários." Amado, *Tereza Batista cansada de guerra*.

small-talk/Small-talk

Al: "...und hat überdies eine lange Nacht vor sich: **Small-talk**-Pflichten an der Bar und anschliessend 'Präsenz zeigen' in der Diskothek...". *Focus*, 8.7.96.

smart-car

It: "**Smart Car**, la nuova micro-ventura che nasce da una joint-venture fra Mercedes-Benz e Smh, creatrice del fenomeno Swatch." *La Stampa*, abr. 1996.

smart card

Po: "Disponíveis licenças para '**smart cards**'." *FM*, 23.11.97.

Po: "A utilização dos '**smart cards**' — cartões que armazenam informações em 'chips' — pode até ser uma realidade distante no mercado brasileiro de meios de pagamento." *FM*, 23.11.97.

smart-set

Fr: "Edwina Mountbatten... c'était un conte de fées version ***smart-set*** et *roaring twenties*." *Le Figaro Magazine*, 21.6.97.

smoking/esmôquingue

Fr: "Mercedes-BMW, le diesel en **smoking**." *France-Soir*, 25.4.96.

Fr: "On savait que Ian Fleming, le 'père' de James Bond, rêvait de voir Cary Grant endosser le **smoking** de l'agent 007...". *Le Monde*, 1.8.96.

Fr: "**Smokings** d'Eté." *Madame Figaro*, 9.3.96.

Fr: "Nicolas lui fit remarquer... qu'il portait son **smoking** sur un gilet blanc." Painter, *Marcel Proust*.

Fr: "André Agassi... s'est marié en **smoking** Armani." *Paris Match*, 30.4.97.

Fr: "...ne pas compromettre l'essentiel, i.e. le **smoking**, la compétition, le jury...". *Le Point*, 3.5.95.

Fr: "Pas de **smoking**, pas de gala, pas de vedettes...". *L'Événement du jeudi*, 14.5.97.

Fr: "...le tapis sang-de-taureau et le défilé des **smokings**". *Jeune Afrique*, 13.5.97.

Fr: "...elle se veut à l'aise... plutôt en **smoking** souple (ou jeans) qu'en robe et paillettes". *Le Point*, 26.5.97.

Po: "Gorjeta é o que se dá a um criado mesmo se ele enverga **esmôquingue**, fraque ou casaca." Amado, *Tieta do agreste*.

Po: "Enverga **smoking** talhado em alfaiate caro." Amado, *Tereza Batista cansada de guerra*.

Po: "Gente. '**Smoking** caipira.' O **smoking** do bonitão à esquerda, acredite, consegue chegar impecável a Juína, Juará, Sinop e Alta Floresta, cidades do interiorzão poeirento de M. Grosso." *Veja*, 27.3.98.

snack

Fr: "Les Turcs ont leur quartier, leurs boucheries, leurs épiceries, leurs **snacks**...". *Le Point*, 17.5.97.

sniper

Fr: "...des têtes nucléaires en maraude, des ***snipers*** en faction". *Le Point*, 12.11.94.

snob/Snob/snobisme

Al: "Stars. 'Wir sind doch alle **Snobs**'." *Der Spiegel*, 14.9.98.

Es: "Como... no hacer nada futbolístico en estos días podría ser de ***snobs***, me he pasado las tardes leyendo el atractivo libro-antología *Épica y lírica del fútbol*...". *El País*, 2.7.96.

Fr: "Le vrai '**snob**' est celui qui craint d'avouer qu'il s'ennuie quand il s'ennuie; et qu'il s'amuse quand il s'amuse." Valéry.

Fr: "Banque de France: les syndicats **snobent** Trichet." *Libération*, 16.4.96.

Fr: "La légende selon laquelle Proust était un chroniqueur mondain et un **snob**...". Painter, *Marcel Proust*.

Fr: "Mme. Arman était peut-être **snob** intellectuellement...". Painter, *Marcel Proust*.

Fr: "Elle n'était pas musicienne, pas politique, et, en un certain sens, nullement **snob**." Painter, *Marcel Proust*.

Fr: "...sous le titre 'Le **Snobisme** et la postérité', qui ne fut jamais publié". Painter, *Marcel Proust*.

Fr: "Violet Trefusis se distingue d'emblée par son halo hédoniste et **snob**." *Le Point*, 19.4.97.

Fr: "Je suis **snob**, moi, petit...". Louis Aragon.

Fr: "Même si l'on ne veut pas d'une élite cool, pas de **snobisme**, on écrit des tas de trucs...". *Libération*, 30.4.97.

Fr: "Etait-il un être faible, capable de se renier, comme l'en accusait Éluard, et **snob**? — 'Vous savez, les gens que l'on traite de **snobs** sont aussi ceux qui font avancer l'art...'." *L'Express*, 1.5.97.

snowboard

Fr: "Le Flexdex procure le même vertige qu'un surf ou qu'un **snowboard**." *L'Événement du jeudi*, 2.4.97.

Fr: "Les riders obtiennent le statut de sportifs de haut niveau, puis le **snowboard** devient discipline olympique." *Le Figaro Magazine*, 14.2.98.

Fr: "Plus qu'un phénomène de mode, le **snowboard** reflète l'état d'esprit d'une génération éprise de liberté." *Le Figaro Magazine*, 14.2.98.

Po: "...o jogador sobe em uma prancha de **snowboard** montada diante de uma tela". *Veja*, 19.3.97.

Po: "A praia de Ipanema ganhará rampa de neve artificial para ser palco do campeonato mundial de **snowboard**." *IstoÉ*, 23.7.97.

soap opera

Fr: "La Cicciolina... a enfin trouvé un rôle: elle sera une tenancière de maison close dans un **soap opera** brésilien." *Le Point*, 26.5.97.

Fr: "La RAI a réalisé un **soap opera** qui se déroule à Naples et a une énorme audience nationale, chose impensable il y a une dizaine d'années." *Le Point*, 15.8.98.

It: "Referendum sul finale della **soap opera**: lei deve scegliere tra l'attuale compagno e l'ex." *La Stampa*, 4.11.97.

socialite

Po: "O caso mais famoso foi o do playboy Doca Street, que em 1976 matou a tiros a **socialite** Angela Diniz." *Veja*, 11.6.97.

Po: "No tititi mais comentado de uma festa no Rio, a **socialite** Carmen Mayrink Veiga recusou-se a tirar uma foto ao lado da emergente Vera Loyola." *Veja*, 29.10.97.

Po: "A ***socialite*** Antônia Frering deseja doze vagas na primeira fila para levar seus 'irmãos da Ordem do Santo Sepulcro'." *O Globo*, 16.7.97.

Po: "O coração de um importante senador tucano bate forte pela ***socialite*** Alicinha Cavalcanti." *Jornal do Brasil*, 12.7.97.

soft

Fr: "Cette scène 'hard', qui reste '**soft**' dans le champ de la caméra, mais pas à côté, est le pivot d'un film qui se rebelle contre une réalité physiologique." *Le Point*, 1.7.95.

Fr: "Ariane 5. Ce petit bout si '**soft**', comme disent les informaticiens...". *Le Point*, 27.7.96.

It: "Larry King, un interlocutore **soft**, alla vaselina." *La Stampa*, 7.4.96.

Po: "Dieta *soft* nem pensar: os bailarinos pegam pesado à mesa...". *O Globo*, 20.5.97.

Po: "Sou um regionalista convicto numa versão *soft* da regionalização, correspondente ao modelo aprovado na AR." *Diário de Notícias*, 10.9.98.

soft drink/soft-drink

Fr: "Cadbury Schweppes revendique la place de numéro trois mondial des '**soft drinks**'...". *Le Figaro*, 23.6.97.

Fr: "Coca-Cola, le champion mondiale des **soft-drinks**, veut se payer Orangina." *Le Point*, 1.8.98.

Fr: "Ce nouvel épisode de la guerre mondiale des **soft-drinks** menace de bousculer l'équilibre du marché français." *Le Point*, 1.8.98.

software/Software/soft

Al: "Die benötigte **Software** bekommt man kostenlos aus dem Internet." *Die Welt*, 17.6.98.

Es: "La nueva HP Laser Jet 5 es más rápida en impresion de originales... gracias a una combinación de avances de **software** y de hardware." *El País*, 10.7.96.

Es: "Para diseñar una família de máquinas para la banca automática, a partir del **software**... se crea un objeto nuevo...". *El País*, 17.1.96.

Fr: "Mais une menace guette ces PME du **software**: n'être que de simples sous-traitants...". *Le Point*, 19.4.97.

Fr: "...logiciels fabriqués à la demande, de *customised software*." *Le Point*, 19.4.97.

It: "La rivoluzione è che sono riusciti a creare un **software** che cambia strategia a metà partita." *La Repubblica*, 22.5.97.

Po: "Globo On já tem **software** da Declaração." *O Globo*, 2.3.97.

Po: "**Software** permite que cego use computador." *Jornal do Brasil*, 17.6.97.

Po: "**Soft** israelense é a nova coqueluche de cinco milhões de internautas." *IstoÉ*, 5.11.97.

Po: "Foi graças ao *Catia*, um **software** usado pela indústria aerospacial, que ele pôde traduzir seu design de planos côncavos e convexos para a realidade da engenharia civil." *Veja*, 5.11.97.

Po: "A Alemanha não quer regulamentar os **softwares** de [de]codificação." *O Globo*, 12.7.97.

S.O.S./SOS

Fr: "En bref: **SOS** Distique." *Libération*, 15.5.97.

Fr: "Allô!, ici **SOS**-Sevrage Tabac." *Le Figaro*, 22.5.97.

Fr: "La ligne 'Smokeline' est une sorte de '**SOS**-sevrage tabagique' tenue par des conseillers rompus à la technique des entretiens." *Le Figaro*, 22.5.97.

Fr: "Pour lutter contre les excès... l'Association... met à la disposition des étudiants un '**SOS** bizutage'." *Le Point*, 10.9.94.

Fr: "Les substituts de repas, stars du '**SOS** kilos en trop'." *Madame Figaro*, 31.5.97.

Fr: "Brigitte Bardot: '**SOS** animaux à fourrure'." *Nice-Matin*, 22.7.98.

Fr: "L'Amoco Cadiz' émet un **SOS** en morse." *Geo*, jun. 1998.

Po: "O projeto da deputada Nubia Cozzolino chama-se **S.O.S.** Nubia." *O Globo*, 6.11.97.

Po: "Conde arma o **S.O.S.** Rio." *Jornal do Comércio*, 13.11.97.

soul

Es: "El cabreo consiste en que el *padrino del soul* insiste en quitarse cinco años de encima." *Tiempo*, 20.7.98.

Fr: "...genre directement affilié au disco, au funk et à la **soul**...". *L'Événement du jeudi*, 2.4.97.

Fr: "La **soul**, bientôt submergée par la déferlante disco, a vécu son âge d'or." *L'Express*, 5.6.97.

Po: "Samba de raiz e **soul**." *Jornal do Brasil*, 3.1.97.

Po: "Os sopros do seu novo disco, 14 Quilates, revelam sua antiga quedinha pelo **soul** e pelos blues." *Veja*, 12.11.97.

sparring

Es: "Al forúm sólo le cupo el dudoso honor de ejercer su condición de **sparring** con pulcritud y eficacia." *El País*, 15.1.96.

speaker

Fr: "La voix monotone d'un **speaker**...". Modiano, *Un cirque*.

Fr: "Du coup, Mrs. Betty Boothroyd, le **speaker** de la Chambre...". *Le Figaro*, 15.5.97.

Fr: "Le **speaker** et deux assesseurs en longue robe noire pénètrent à leur tour." *Jeune Afrique*, 13.5.97.

Fr: "De son 'perchoir', le **speaker** annonce le début de la prière." *Jeune Afrique*, 13.5.97.

Fr: "A la mémoire des **speakers**. P. Gaillard." *Jeune Afrique*, 27.5.97.

It: "Quella mitica guerra... Il tecnico, il colto, lo **speaker**... I 40 'ribelli'." *La Repubblica*, 22.5.97.

It: "...gli afideranno il ruolo di **speaker** nelle interferenze televisive". *La Repubblica*, 22.5.97.

speech

Fr: "C'est Tony Blair qui est l'auteur du '**speech**' royal." *Le Figaro*, 15.5.97.

Fr: "Naomi Campbell. Le petit déjeuner peut commencer. **Speech** de Mandela. Le top model est maintenant une petite fille réservée et timide." *Paris Match*, 30.7.98.

Po: "O Coronel, fardado... declamava seu **speech**." Amado, *Farda, fardão, camisola de dormir*.

spin-off

It: "Presso le Università di Oxford, Cambridge e Edimburgo varie sono le esperienze di ***spin-off*** d'aziende, soprattutto nei settori delle biotecnologie...". *Il Sole 24 Ore*, 7.8.98.

spinster

It: "...un ballo per single, il 'Bachelors and **spinsters** ball'." *IoDonna*, 15.9.98.

spleen

Fr: "Pompidou: "Ceux qui le connaissent le savent bien: à chaque retour de novembre, le Général a le ***spleen***, à cause de l'année de plus qu'il est obligé de compter! Il a toujours eu peur de la vieillesse, jamais de la mort." Peyrefitte, *C'était de Gaulle*.

Fr: "Une journaliste [Emanuelle delle Piane], lassée de soumettre son monde à la question, confesse son **spleen**." *Le Temps*, 14.9.98.

Fr: "Le **spleen** des militants nantais." *Le Nouvel Observateur*, 7.2.96.

Fr: "Le **spleen** des 'petits'. Une campagne courte les désavantage." *Le Figaro Magazine*, 26.4.97.

Fr: "Mais le **spleen** de la vedette en pleine gloire engendre une longue descente aux enfers." *Paris Match*.

Fr: "Le **spleen** d'une jeunesse déracinée." *Le Figaro Magazine*, 16.8.97.

Fr: "À chacun son **spleen**." *Le Point*, 12.11.94.

Fr: "Vache folle. Le **spleen** de Parthenay, gros bourg des Deux-Sèvres." *Le Nouvel Observateur*, 24.7.96.

Fr: "'Vinothérapie'. 'Quand c'est mûr, c'est extraordinaire!', s'exclame Claire Villars qui tient à lui conserver sa place, 10%, dans l'assemblage de son château-chasse-**spleen**." *Le Figaro Magazine*, 29.8.98.

sponsor/Sponsor/Sponsoren/Sponsoring

Al: "Hans Kammerlander: Die Sucht, nichts anderes, Kein **Sponsor** treibt mich auch nur einen Millimeter nach oben." *Stern*, 16.7.98.

Al: "...in einer Art demokratischen **Sponsoring**, das jeden einzelnen direkt in den Wiederaufbau einbezöge". *Der Spiegel*, 13.7.98.

Al: "50.000 Mark für das **Sponsoring** des 'innovationspreis' in Rechnung." *Der Spiegel*, 13.7.98.

Al: "Schliesslich ist der Musikkanal MTV Co-**Sponsor**." *Focus*, 8.7.96.

Al: "Kein Wunder, dass **Sponsoren** um die besten Plätze buhlen." *Focus*, 8.7.96.

Fr: "...s'être caché dans le désert pour faire parler de ses **sponsors** dans les médias". *Le Point*, 30.12.94.

Fr: "Quel **sponsor** trouverait à Pernoo les 800 000 francs du violoncelle qu'il convoite?" *Le Point*, 12.4.97.

Fr: "...jouent les intermédiaires obligatoires — "**sponsors**" — pour les entreprises...". *Le Point*, 12.4.97.

Fr: "America Cup. La Course Aux **Sponsors**." *Le Point*, 17.5.97.
Fr: "Une samba effrénée où valsent les dollars des **sponsors** et fusent leurs exigences." *Le Point*, 6.6.98.
Fr: "...il doit se contenter de naviguer sur Internet, histoire d'y glaner un peu de notoriété et d'essayer de séduire des **sponsors**. S'ils existent!". *Le Point*, 17.5.97.
Fr: "Les Indulgences du Fisc Pour un **Sponsor** du RPR." *Libération*, 16.5.97.
Fr: "...et s'il a si peu navigué, c'est seulement 'faute de **sponsor**', réplique-t-il". *Le Point*, 26.5.97.
Fr: "Service télé, tous les **sponsors** vous le diront, c'est mieux que service volé." *Le Nouvel Observateur*, 11.6.97.

sport

Fr: "De Gaulle: 'Ce qui compte, c'est qu'il y a une politique volontaire pour la jeunesse et les **sports**'." Peyrefitte, *C'était de Gaulle*.
Fr: "Le **sport** est l'art par lequel l'homme se libère de soi-même." Giraudoux.
Fr: "Ça c'est du **sport**." Hervé Bazin.
Fr: "Les 'interceptations téléphoniques' sont devenues quasiment un **sport** national." *Le Point*, 25.2.95.
Fr: "La vie après le **sport**." *Le Monde*, 12.4.96
Fr: "Guy Drut: ministre de la Jeunesse et des **Sports**." *Le Figaro*, 7.6.97.
Fr: "Revu à l'italienne ou à l'américaine, l'esprit **sport** gagne la ville." *Le Figaro*, 23.4.97.
Fr: "...sont rarissimes métis de sang noir... dans un **sport** ayant accordé peu de place aux minorités ethniques." *Le Figaro*, 14.4.97.
Fr: "Woods pourrait bien bouleverser le monde du **sport** comme personne...". *Le Point*, 3.5.95.
Fr: "...avaient séquestré le pilote... et l'avaient contraint à se poser sur le terrain de **sport** de la prison". *Le Figaro*, 26.4.96
It: "Adulterio, lo **sport** preferito dai francesi." *IoDonna*, abr. 1996.

sportswear

Fr: "Le Mont Carmel, spécialisé dans le **sportswear** et le vêtement de protection et à haute visibilité...". *Les Échos*, 25.7.96.
Fr: "André Gordin pour la mercerie et Christian Bedeau pour le **sportswear**." *Le Point*, 11.3.95.
Fr: "Le chic **sportswear** s'inspire des années 30: pull en coton bleu marine...". *Le Figaro*, 28.5.97.
Fr: "À elles seules, les activités golf et **sportswear** représentaient 70% des pertes." *Le Figaro*, 9.6.97.
Fr: "...il s'est lancé à l'assaut du marché de la plongée ainsi que dans le golf et le **sportswear**". *Le Figaro*, 9.6.97.
Fr: "Bref, l'heure est au raffinement. Même dans le **sportswear**, qui se veut désormais chic." *Le Point*, 24.9.94.

spot/Spot

Al: "Der dritte **Spot**, der vor der Sendung lief, hätte auch in der Sendung laufen können, so ansehnlich war er." *Der Spiegel*, 14.9.98.
Es: "Cuando se organice el mercado ***spot*** empezará a darse un precio... que nos servirá de referencia...". *El País*, 19.6.96.
Fl: "Radio**spots** vinden nog minder gehoor: 2,8% vindt de belevenissen van Bompi en consoorten interessant." *Het Nieuwsblad*, 27.7.98.

Fr: "Depardieu, héros d'un des derniers **spots** télévisés de la firme." *Le Monde*, 11.4.96.
Fr: "Les prix sur le marché **spot** sont remontés de moins de 6 dollars...". *Les Échos*, 16.4.97.
Fr: "Il a diffusé hier son dernier **spot** électoral mis en scène par Stephen Frears." *Libération*, 29.4.97.
Fr: "...c'est presque aussi rapide qu'un **spot** de pub?" *Paris Match*, 15.5.97.
Fr: "Les **spots**, les éclairages de cinéma mettent les yeux à rude épreuve." *Paris Match*, 6.3.97.
It: "Per vincere al Lotto. Ingannevole lo **spot** della Milo." *Corriere della Sera*, 2.4.96.
It: "Dario le porta a casa un'intera troupe: devono girare uno **spot** ideato da lui." *Grazia*, 29.3.96.
It: "La Consob ha comunque 'vistato' lo **spot**." *Corriere della Sera*, 2.4.96.
It: "Da 8 anni l'America sedotte da uno **spot**." *La Stampa*, 4.11.97.
It: "In tv uno **spot** dell'Osce invita i ventenni a non lasciare il paese, ma chi puo parte per Usa." *La Repubblica*, 11.9.98.
Po: "Na semana passada, o Banco Central vendeu muito dólar no mercado **spot** — mais de US$8 bilhões." *Jornal do Brasil*, 6.11.97.

spotlight

Fr: "A part *King Kong* et *Godzila*, rien de nouveau sous les **spotlights** de l'ère primaire." *Le Figaro*, 28.5.97.
Fr: "Ce tableau a besoin d'un **spot light**." *Madame Figaro*.
Po: "O prefeito só se sentia feliz quando sob o **spotlight**." Faria, *Reminiscências*.

spray

It: "Autorizzato. È il peperoncino lo **spray** antiaggressione." *Il Giornale*, 18.9.98.
Po: "Servia. Kit do manifestante: cornetas, apitos, **sprays** e adesivos." *O Globo*, 25.1.97.
Po: "O Rio tem um exército de 5.000 vândalos, armados com **spray** de tinta, prontos a emporcalhar a cidade." *O Globo*, 4.1.98.
Po: "Ataques de **spray** contra senhoras desavisadas e cartazes de animais dilacerados...". *Veja*, 15.10.97.
Po: "...um artista da maquilagem aplicou um *spray* com tinta da cor do cabelo na carequinha de Spielberg." *Manchete*, 24.5.97.

spread

Po: "...leilão em que os investidores indicarão um *spread* [taxa de risco] acima dos títulos do Tesouro americano de 30 anos". *O Globo*, 22.5.97.
Po: "O *spread* mínimo será de três pontos percentuais." *O Globo*, 22.5.97.
Po: "Bancos. '**Spread**' ficou em 1,78% sobre título americano de três anos." *Folha de S. Paulo*, 18.6.97.
Po: "É o **spread** mais baixo já obtido pela instituição e um dos menores do mercado." *Folha de S. Paulo*, 18.6.97.
Po: "Dornbush Pede o Fim do '**Spread**'." *Jornal do Brasil*, 30.4.86.
Po: "Segundo o economista alemão, o Brasil tem todas as condições de parar de pagar **spread**, sendo verdadeira distorção continuar arcando com taxas de risco bem mais elevadas que as pagas pelo México." *Jornal do Brasil*, 30.4.86.
Po: "O Banco Central anunciou um leilão de compra e venda de dólar comercial [**spread**] e elevou a intrabanda de flutuação." *O Estado de S. Paulo*, 10.6.97.
Po: "Ontem mesmo, o BC pôs no mercado inglês US$245 milhões, pagando **spread** [taxa de risco] de 268 pontos sobre os títulos do tesouro americano." *Jornal do Brasil*, 15.7.97.

Po: "Bancos aumentam '**spreads**' do crédito. Movimento de alta é restrito ao varejo." *Gazeta Mercantil*, 27.1.99.

sprint/sprinter

Es: "Puede que no vuelva a ganar otro **sprint** en este Tour...". *El País*, 2.7.96.

Es: "...comedia vaquera que déjà la más suculenta ración para el **sprint** de llegada." *El País*, 23.1.96.

Es: "El '**sprinter**' logra su cuarto triunfo en el Tour y se acerca a las 100 victorias de etapa." *El País*, 2.7.96.

Es: "El Gan fichó a dos corredores de Banesto, Rue y Heulot, aparte del **sprinter** Moncassin." *El País*, 25.1.96.

Fr: "Le handicap de Frédéric c'est d'être **sprinter**." *Aujourd'hui*, 13.4.97.

Fr: "Un marathon aux allures de **sprint** pour les voiliers et leurs équipages." *Le Point*, 20.5.95.

Fr: "Le **sprint** électoral imposé par Jacques Chirac contraint tous les acteurs à faire vite...". *Le Point*, 3.5.95.

Fr: "Les sensations du **sprinter**." *Le Figaro*, 7.3.96.

Fr: "Lons-le-Saunier: le **sprint** du parachuté." *Le Point*, 17.5.97.

Fr: "...histoire d'amour entre une sauvageonne qui campe sur les pistes de Roissy et un **sprinter** en fin de course". *Le Point*, 7.6.97.

Fr: "Les lignes droites d'arrivée — où ont lieu les **sprints** — sont passées au peigne fin." *Le Point*, 1.7.95.

It: "Classifiche. Battuti allo **sprint** Merckx e Piepoli." *Corriere della Sera*, 9.8.98.

Po: "Paul Tergat, do Quênia, com um **sprint** sensacional na subida da avenida Brigadeiro Luiz Antonio." *Veja*, 7.1.98.

Po: "As passadeiras da avenida da Liberdade são troços excelentes para quem quer treinar o '**sprint**'." *Jornal de Notícias*, 24.8.98.

square

Fr: "Lucien Carr, type cool, ennemi du bourgeois ***square***." *Le Figaro Magazine*, 21.2.98.

squatter/squats

Fr: "Yan Morvan: 'Pour lui, le sexe n'était pas un problème. Il avait tout ce qu'il voulait dans les **squats**'." *Paris Match*, 14.5.98.

Fr: "J'ai bien reconnu 'Jo', l'un des **squatters** de la rue Didot, dans le XIVe." *Paris Match*, 14.5.98.

Fr: "Isabelle et ses amis se rendent au local. Dans le but de 'déloger les **squatters**', AC 72 prévient la police." *Elle*, 15.6.98.

It: "'Franca Rame sei una fascista'. Insulti dagli **squatter** e lei in lacrime interrompe lo spettacolo." *La Repubblica*, 14.3.98.

Po: "Berlim. ...ouvir o som frenético do jungle... visitar as casas ocupadas por ***squatters*** em Hamburgo...". *Jornal do Brasil*, 29.6.97.

staff/estafe

Es: "La prueba es qui es miembro del Comité Electoral del PP... lo componen ocho miembros del ***staff*** — y presidido por el ministro de Sanidad." *Tiempo*, 20.7.98.

Es: "Norberto Weise... '...el ***staff*** del banco está bajo sospecha de haberlos ayudado'." *El País*, 4.1.96.

Fr: "Quand on a eu pendant des années le **staff** mitterrandiste...". *Marianne*, 25.5.97.

Fr: "BAD. Mais maintenant le **staff** est pris au sérieux et la Banque est respectée." *Jeune Afrique*, 27.5.97.

It: "L'impegno per le 38 Land Rover Discovery (tra equipaggi e **staff** organizativo) sarà particolarmente duro." *La Stampa*, abr. 1996.

Po: "Vá, linda, me ofereça um guaraná... Morro de sede. Eu e todo o **estafe** aqui presente." Amado, *Tieta do agreste*.

Po: "Weber, ao lado de outros dez alunos, compõe o **staff** da natação e hidroginástica." *Veja*, 9.4.97.

Po: "O ***staff*** que cuida da visita ao Rio do Papa João Paulo II recebeu de Antônia Frering um pedido inusitado." *O Globo*, 16.7.97.

Po: "A primeira semana da campanha oficial deixou o **staff** do Planalto e os assessores de FH atordoados." *O Globo*, 11.7.98.

stag dinner/ stag-dinner

Fr: "Le seul **stag-dinner** en l'honneur d'une femme dont je me souvienne a été celui du gouvernement canadien pour Golda Meir." Stemer, *Faire le point*.

Po: "Chirac era homenageado por FH com um ***stag dinner*** no Palácio da Alvorada." *O Globo*, 21.2.97.

stand/estande

Fr: "J'ai accepté à condition qu'il y ait un **stand** d'Amnesty." *Aujourd'hui*, 13.4.97.

Fr: "Fin de l'après-midi... la foire plie ses **stands**, les miss connaissent désormais le verdict." *Aujourd'hui*, 13.4.97.

Fr: "Reste la tournée des **stands**: le saucisson corse, les machines à broder...". *Aujourd'hui*, 13.4.97.

Fr: "...il a ramené sa Prost-Honda intacte au **stand**". *Libération*, 9.5.97.

Fr: "Parmi les **stands** de spécialités culinaires installés sur l'Alexanderplatz...". *Libération*, 5.5.97.

Fr: "Le **stand** Bouygues est à deux doigts de s'écrouler sous la pression de la foule." *Paris Match*, 29.5.97.

It: "...la Francia, che al Salone allestirà uno **stand** collettivo dei suoi editori...". *La Repubblica*, 22.5.97.

It: "Un grande **stand** francese per far conoscere soprattutto la nuova litteratura." *La Repubblica*, 22.5.97.

Po: "Um bom lugar... é o **estande** da Sony Music...". *Veja*, 9.4.97.

Po: "Vários **estandes** vão estar apresentando as novíssimas câmaras digitais." *Veja*, 9.4.97.

standard/standardiste

Fr: "Il impose l'utilisation de composants **standard**, moins couteux." *Le Figaro Magazine*, 23.3.96.

Fr: "Il est recommandé à la Banque d'Angleterre, de clarifier ses... **standards** en matière de contrôle." *Les Échos*, 25.7.96.

Fr: "Michel Leeb chantant un **standard** de Ray Charles." *Le Figaro Magazine*, 19.4.97.

Fr: "...ce n'est pas la **standardiste** que nous devons juger, mais bien toute la chaîne téléphonique". *Le Point*, 20.5.95.

Fr: "Dix CD-Rom sur un seul disque! C'est la capacité d'un nouveau **standard**...". *Science et Vie*, jan. 1996.

Fr: "...avec Microsoft dans le but de faire adopter un **standard** pour la téléphonie Internet." *Le Figaro*, 1.4.97.

Fr: "...cet Operating System qui est déjà en train de devenir le nouveau **standard**...". *Le Point*, 4.3.95.
Fr: "...dans le saloon local, où un juke-box débite les **standards** de Willie Nelson...". *L'Express*, 8.5.97.
Fr: "La parabole **standard** a un diamètre de 50 cm et coûte environ 500 F." *L'Événement du jeudi*, 28.5.97.
It: "Le autorizzazioni **standard** al trattamento dei datti sensibile saranno prorogate." *Il Sole 24 Ore*, 7.8.98.
It: "La sua proposta comprende anche elevati **standard** nazionali, una maggiore responsabilità per gli insegnanti." *Chi*, 24.9.98.

stand-by

Fr: "Il s'enfuit... au Mocambo... reste un **stand-by** perpétuel avec sa garde rapprochée de bookmakers. Bref, vire au commun des chieurs." *L'Express*, 6.8.98.
Fr: "FMI. 'J'ai le plaisir d'annoncer que le conseil d'administration a approuvé le quatrième examen du crédit **stand-by** de la Thailande'." *Le Temps*, 14.9.98.
Po: "O Brasil poderá ter que recorrer a um empréstimo ***stand-by*** junto ao FMI?" *Jornal do Brasil*, 13.11.97.
Po: "Sabe-se que a equipe econômica não recorrerá ao Fundo para um ***stand-by***." *Jornal do Brasil*, 13.11.97.
Po: "FMI. A alternativa para os acordos **stand-by** são os empréstimos ad hoc, como os criados pelos E.U.A. para o México, ou pelo Japão para a Tailândia." *Gazeta Mercantil*, 17.11.97.
Po: "Os fundos **stand-by** já preparados são sempre preferíveis." *Gazeta Mercantil*, 17.11.97.

standing

Fr: "De Gaulle: 'C'est très important à tous égards, notamment pour le ***standing*** technique de la France'." Peyrefitte, *C'était de Gaulle*.
Fr: "Cet appartement n'a pas assez de **standing** pour le président." *Robert*.

standing ovation

Fr: "Aux molières, la semaine dernière, **standing ovation** pour Mlle. Darrieux." *Elle*, 19.5.97.
Fr: "Le business... une hiérarchisation forcenée du champ-contrechamp, des **standing ovations** diplomatiques et un souci constant du chronomètre." *Libération*, 27.3.97.
Fr: "A l'issue de la projection de 'Ma vie en rose', l'actrice a eu droit à une **standing ovation**." *Le Figaro*, 8.6.97.
Fr: "'**Standing ovation**' pour Yoji Yamamoto." *Le Figaro*, 19.10.98.

star/starlet/Star

Al: "**Star** Tobias Moretti über sein Kinodebüt in der Komödie 'Workaholic'." *Focus*, 8.7.96.
Fr: "Beck et Hock ont cédé face à des **stars** comme Crenshaw, Langer, Faldo." *Le Figaro*, 11.4.96.
Fr: "Deux **stars** de Hollywood, Demi Moore et Aleck Baldwin, jouent au jeu du chat et de la souris...". *Les Échos*, 19.6.96.
Fr: "Marguerite Duras restera une **star**." *L'Express*, 13.3.96.
Fr: "Michael Jackson: La **star** veille à ce que le petit Prince ne manque de rien." *Paris Match*, 17.4.97.
Fr: "Quand les **stars** se laissaient photographier sans sourcils." *Madame Figaro*, 12.8.95.
Fr: "Victoria Gotti a accédé au statut de **star**." *Paris Match*, 17.4.97.
Fr: "Guitry super**star**. Il revient au cinéma, à la TV, au théâtre." *Le Figaro Magazine*, 13.4.96.

Fr: "Macaron au chocolat, la **star** des desserts." *Madame Figaro*, 27.4.96.

Fr: "Linda McCartney est la **star** émergente de la mode made in London." *Paris Match*, 30.4.97.

Fr: "Madonna: La **Star** et le Philosophe." *Le Point*, 30.12.94.

Fr: "Nouvelle **star** du petit écran, elle atteint 4% dans les sondages." *Le Point*, 1.4.95.

Fr: "En Angleterre, vous êtes toujours une **star** alors qu'en France vous êtes peu connu." *Paris Match*, 17.4.97.

It: "Jessica Davitch, nota **star** della tv americana degli anni Settanta." *IoDonna*, abr. 1996.

starter

Fr: "De Gaulle: 'C'est pour ça que notre force atomique est nécessaire. C'est une force de déclenchement et d'entraînement. C'est le **starter**'." Peyrefitte, *C'était de Gaulle*.

Po: "O principal problema do meu Chevrolet era o **starter**, quando fazia frio." Faria, *Reminiscências*.

start-up

Fr: "Precept Software, une **start-up** de Palo Alto qui a développé l'un des premiers logiciels...". *Les Échos*, 12.5.97.

Fr: "Microsoft a annoncé qu'il intégrait un logiciel concurrent, celui d'une autre **start-up**, Starbust Communications, dans son programme NetShow." *Les Échos*, 12.5.97.

Fr: "Le risque est récompensé grâce au système des stock-options, surtout si l'on intègre une ***start-up*** (une entreprise qui démarre)." *Le Figaro Magazine*, 21.2.98.

Fr: "Il est courant qu'un ingénieur empoche 2 à 3 millions de dollars d'un coup, lorsque la ***start-up*** qu'il a intégrée est revendue ou introduite en Bourse." *Le Figaro Magazine*, 21.2.98.

Fr: "Les étrangers à l'affût des **start-up** françaises." *Le Figaro*, 30.6.98.

Fr: "La liste est longue des **start-up** françaises passées sous pavillion américain." *Le Figaro*, 30.6.98.

Fr: "L'Europe à la recherche de '**start-up**'." *Le Figaro*, 15.7.98.

It: "...nuove tecnologie per lo '**start-up**' di nuove aziende hi-tech". *Il Sole 24 Ore*, 7.8.98.

It: "Inoltre, sempre en collegamento con l'università, è stata creata la rete di centri tecnologici finalizzati allo '**start-up**' di Imprese o di business tecnologico." *Il Sole 24 Ore*, 7.8.98.

state of the art

Po: "Minha casa é pequena, muito compacta mas equipadíssima, **state of the art**." Zazi Tereza.

station-wagon

Fr: "Une voiture pratique, tour à tour familiale ou petite **station-wagon**." *Robert*.

Fr: "Comme les Américains, friands depuis longtemps des '***station-wagons***' et des minivans...". *Le Figaro Magazine*, 31.5.97.

status symbol

It: "In poco tempo, la 106 è diventata un vero ***status symbol***, una delle poche city-car a essere proposta anche con carrozzeria 5 porte." *Il Giornale*, 18.9.98.

It: "Ferrarotti. 'Il telefono portatile e ormai uno **status symbol** indiscusso'." *La Repubblica*, 11.9.98.

steak/steak-frites/steak-house

Fr: "Commander un **steak** saignant." *Robert*.

Fr: "Le dîner en famille... **Steak-frites** et spaghetti bolognaises en haut de l'assiette." *Libération*, 27.3.97.

Fr: "Quand on leur demande... ils citent d'abord le **steak-frites**...". *Libération*, 27.3.97.

Fr: "...n'ayant rien à voir avec l'affreux **steak-frites** et l'écoeurant croque-monsieur...". *L'Express*, 8.5.97.

Fr: "Un **steak** qu'on aurait pu couper à la fourchette...". *Paris Match*, 29.5.97.

Fr: "...accompagné d'un **steak** finement haché et servi entre deux tranches...". *Le Figaro*, 9.6.97.

Fr: "C'est elle qui, à l'heure du repas, devant un **steak**-petits pois, s'installe en bout de table." *Libération*, 12.6.97.

Fr: "'Un **steak** de vache folle pour moi', lance un plaisantin." *Le Nouvel Observateur*, 24.7.96.

Po: "Na filial carioca do Esplanada... todos os ingredientes da fórmula que consagrou as **steak-houses**." *Veja*, 30.7.97.

steamer

Fr: "De la mer du Nord à la Baltique, à bord d'un vénérable **steamer** blanc." *Le Monde*, 11.4.96.

steeple-chase/steeple

Fr: "...six courses plates, une de haies et une de **steeple**...". *Aujourd'hui*, 13.4.97.

Fr: "Suède. Le **Steeple-Chase** d'Odenberg." *Le Point*, 10.5.97.

Fr: "...son récit, qui prend alors des allures de **steeple-chase**, une série de personnages peu fréquentables...". *Le Figaro Magazine*, 31.5.97.

Fr: "Le Grand **Steeple-chase** de Paris 1997 va-t-il se réduire à un match entre... et...?" *Figaroscope*, 16.6.97.

Fr: "En **steeple-chase**, le jockey devient vraiment cavalier...". *Figaroscope*, 16.6.97.

Fr: "Le Grand **Steeple-Chase** de Paris est l'événement le plus spectaculaire de la scène hippique." *Figaroscope*, 17.6.97.

Fr: "Dimanche, à Auteuil: Belussac taillé pour le **Grand Steeple**." *Le Parisien*, 24.5.98.

Fr: "En ballerines, pour affronter l'éprouvant ***steeple-chase*** de la marche et en capelines et bibis potagers, pour être dans le ton, la fine fleur du Tout-Paris." *L'Officiel*, ago. 1998.

steward

Fr: "Le **steward** avait disposé la table et placé trois couverts." Júlio Verne.

Fr: "Pour se faire de l'argent de poche, le lycéen, l'été, joue les **stewards**." *Le Point*, 26.4.97.

Fr: "90% des hôtesses et **stewards** d'Air Liberté sont en grève." *Libération*, 29.4.97.

Fr: "...nomination de M. Young au sein du tout-puissant *board of* ***stewards*** du club". *Le Point*, 27.7.96.

Fr: "Pilotes, **stewards** et hôtesses se plaignent de la façon dont on les fait travailler." *Le Point*, 20.5.95.

Fr: "...hôtesses et **stewards** choisiront de rester à l'écart du RES." *Le Nouvel Observateur*, 11.6.97.

Fr: "Air France. D'autant plus que lorsqu'il s'était agi de renégocier les salaires des **stewards** et des hôtesses, pourtant nettement plus faibles, les pouvoirs publics de l'époque ne s'étaient pas montrés aussi réceptifs aux revendications de cette catégorie." *Le Figaro Magazine*, 6.6.98.

Fr: "Léon de Lignac vit à bord d'un yacht somptueux construit sur mesures, entouré de marins anglais et de **stewards** orientaux." *Femina Hebdo*, 2.8.98.

stock/stockage/stocker

Es: "La nueva estrategia de las grandes compañias de mantener en niveles bajos sus **stocks**..." *El País*, 9.1.96.

Es: "Hasta fin de mes para vehículos en **stock**, no acumulable a otras promociones...". *El País*, 18.6.96.
Fr: "Le **stock** de boites et autres accessoires entomologiques ne put être renouvelé." Hervé Bazin.
Fr: "Bruxelles: subvention pour le **stockage** de veau." *Le Figaro*, 28.4.96.
Fr: "...mais il subsistait le problème de **stockage** des piles." *Paris Match*, 17.4.97.
Fr: "Livrer des machines 'up to date' et réduire les **stocks**...". *Le Figaro*, 14.4.97.
Fr: "...et l'énergie est **stockée** dans un minuscule générateur". *Paris Match*, 17.4.97.
Fr: "...des doutes sur le niveau exact des **stocks** coréens". *Les Échos*, 16.4.97.
Fr: "...la destruction planifiée d'un **stock** de roquettes et d'obus irakiens...". *Le Point*, 5.10.96.
Fr: "Roches-magasins... dont la forme et la constitution permettaient leur **stockage**." *Le Point*, 25.5.96.
Fr: "...l'hémoglobine artificielle, que l'on pourrait **stocker** à volonté...". *Paris Match*, 30.4.97.
Fr: "Un important **stock** de films est déjà disponible dans ce format." *Science et Vie*, jan. 1996.
Fr: "Un record, dit le policier. Il a fallu refaire nos **stocks** en cours de manif." *L'Événement du jeudi*, 2.4.97.

stock-options/stock options

Fr: "Air France... à l'exception des pilotes de lignes directement concernés par l'acquisition des '**stock options**', sont opposés à la privatisation." *Le Figaro*, 3.6.97.
Fr: "Haute technologie: la bataille des **stock-options**." *Le Figaro*, 23.2.98.
Fr: "Le risque est récompensé grâce au système des **stock-options**." *Le Figaro Magazine*, 21.2.98.
Fr: "C'est grâce aux **stock-options** que l'on convainc les ingénieurs expérimentés d'abandonner la grosse société." *Le Figaro Magazine*, 21.2.98.
Fr: "Les **stock-options** sont le moyen le plus efficace d'attirer les meilleurs éléments." *Le Figaro*, 23.2.98.
It: "All'ordine del giorno un aumento di capitale fino a 3 milliardi per distribuire **stock option** ai dirigenti." *Corriere della Sera*, 11.8.98.

stop/stopper

Fr: "...dont la carrière semblait avoir été **stoppée** par des caprices sentimentaux." Bazin, *La Mort du petit cheval*.
Fr: "Un éboulement a **stoppé** le chantier en 1996." *Libération*, 9.5.97.
Fr: "Méthodes pour **stopper** la cigarette." *Madame Figaro*, 16.3.96.
Fr: "Vêtu de noir, un jeune homme fait du **stop** vers la petite isle de Long Island." *Le Figaro TV Magazine*, 22.4.96.
Fr: "...pour enjoindre à Renault de **stopper** la procédure de fermeture...". *Le Point*, 12.4.97.
Fr: "...la hausse du chômage a eté **stoppée**", a triomphé le Premier ministre". *Libération*, 30.4.97.
Fr: "...mercenaires engagés au Zaïre dans l'espoir de **stopper** l'avance des rebelles". *Le Monde*, 5.5.97.
It: "Cartelli stradali indicherano curve e **stop**." *La Stampa*, 7.4.96.
It: "**Stop** ai fananziamenti: 'L'editore evade i contributi previdenziali'." *Corriere della Sera*, 9.8.98.
It: "Contratto giornalisti **stop** della Fieg." *La Stampa*, 10.4.96.
It: "**Stop stop stop**: lasciate andare quel pensiero malizioso." *Oggi*, 23.9.98.

stop and go/Stop-and-go

Al: "Auf der Strasse heisst das **Stop-and-go** — und wohin das führt, weiss jeder: in den Endlos-Stau." *Der Spiegel*, 13.7.98.

Al: "Autos im **Stop-and-go**-Verkehr: Missmanagement bei der Planung ist nicht Ausnahme, sondern Regel." *Der Spiegel*, 13.7.98.

Fr: "Télémarketing. Il est vrai que le métier est fait de '**stop and go**': il exige beaucoup de monde au plus fort d'une campagne." *Le Point*, 20.5.95.

stress/stressé/stressant

Es: "Insuficiencia sexuAl: revitalización, **stress**, impotencia...". *El País*, 18.6.96.

Fr: "Pompidou se veut rassurant pour éviter tout ***stress*** au Général." Peyrefitte, *C'était de Gaulle*.

Fr: "...elle s'adonne toujours à sa passion du ski. Mais loin du **stress** des compétitions". *Madame Figaro*, 23.3.96.

Fr: "Brigitte Bardot: "La loi française, à l'époque, ne se souciait ni de la souffrance ni du '**stress**' des animaux égorgés conscients...". *Le Figaro*, 26.4.96.

Fr: "Le **stress** est mon moteur." H. Connick Jr., em *Le Point*, 12.11.94.

Fr: "L'esprit de notre monde est un esprit de tempête, de **stress** permanent...". Brunel, *Guide de relaxation*.

Fr: "Ducles était **stressé**, Frédéric reste cool." *Aujourd'hui*, 13.4.97.

Fr: "Dans l'entreprise, cela va du 'stage anti**stress** aéronautique' pour les cadres...". *Le Point*, 12.4.97.

Fr: "Avant la course, Gilbert était **stressé** et **stréssant**." *Aujourd'hui*, 13.4.97.

Fr: "Anne Favatier: 'J'aime le **stress**'." *Le Figaro*, 14.4.97.

Fr: "...il joue de la guitare électrique, son remède contre le **stress**". *Le Point*, 26.4.97.

Fr: "Or, à 3 200 mètres d'altitude... la fatigue et le **stress** de l'isolement...". *Le Point*, 3.5.95.

Fr: "Alain Juppé: 'Je ne suis pas du tout **stressé**, au contraire, quand je suis à Bordeaux, je ne suis jamais **stressé**'." *Le Figaro*, 25.5.97.

Po: "O médico Jesús Cheda: **stress** provocado pela Petrobrás." *Veja*, 12.2.97.

Po: "32% dos Brasileiros Sofrem de **Stress**." *Veja*, 19.3.97.

stretch

Fr: "Pour la ligne. Tee-shirt et pantalon en coton et **stretch**." *Le Nouvel Observateur*, 20.3.96.

Fr: "La robe débardeur en **stretch** jusqu'aux pieds, plus baskets, c'était l'uniforme d'Isabelle Giordano pendant ses deux grossesses." *Elle*, 15.6.98.

Po: "A Forum tem como tops de venda o jeans bruto e o ***stretch***." *IstoÉ*, 12.11.97.

Po: "A ressalva é que a lycra é chamada de ***stretch***, versão mais leve que deve apenas dar forma ao corpo da mulher." *IstoÉ*, 12.11.97.

Po: "Roberta Pinheiro usa calça **stretch**, que dá maior elasticidade ao jeans." *Veja*, 3.6.98.

strips

It: "Los Angeles Times ha rifiutato di publicare le due ultime **strips** de Johnny Hart." *Roma*, abr. 1996.

strip-tease/stripper/strip-teaseuse/stripteaseten

Es: "Charly, un empleado de un local de **strip-tease** abrió el pase ataviado con un calzoncillo de piel de serpiente." *El País*, 16.2.96.

Fl: "'Ach', zuchtte een Schotse neef. 'De meiden zullen ook al wel terug zijn van de **stripteasetent**'." *Het Nieuwsblad*, 27.7.98.

Fr: "Il y avait aussi un numéro de **strip-tease**." *Le Figaro*, 8.5.96.

Fr: "Le **strip-tease**, méthode d'enseignement de la philo." *Le Figaro*, 27.4.97.

Fr: "Daniel Ducruet est-il tombé dans un piège en succombant aux charmes de la **strip-teaseuse**?" *VSD*, 11.9.96.

Fr: "En **strip-teaseuse** droguée, bixéxuelle et séropositive dans 'Larry Flint'...". *Paris Match*, 6.3.97.

Fr: "Depuis la nuit des temps, les spectacles de **strip-tease** étaient réservés aux hommes, cette injustice semble enfin réparée...". *Libération*, 3.3.97.

Fr: "Daniel Ducruet. Fili Houteman, la **strip-teaseuse**, l'a manipulé." *Paris Match*, 29.5.97.

It: "Tony Blair: sequenza di uno '**strip**' all'aria aperta del premier inglese davanti a una collaboratrice." *Il Giorno*, 27.7.98.

Po: "Drogada, ex-**stripper**, a mulher do suicida Kurt Cobain ganhou respeito interpretando uma **stripper** drogada." *Manchete*, 10.5.97.

Po: "**Strip-tease**: Preparando-se para o verão europeu, Dolly, a ovelha-clone, acaba de ser tosquiada." *Veja*, 28.5.97.

strong buy

Po: "As siderúrgicas Gerdau e CST foram recomendadas, mas foi a Sabesp que recebeu mais indicações '**strong buy**'." *Gazeta Mercantil*, 20.11.97.

Po: "Vários fatores motivaram a analista do Banco Santander a carimbar '**strong buy**' em suas recomendações de compra." *Gazeta Mercantil*, 20.11.97.

Po: "A maioria das ações que está recebendo '**strong buy**' são de empresas públicas." *Gazeta Mercantil*, 20.11.97.

struggle for life/struggleforlifisme

Fr: "Halte là! Fourrer dans le même sac... c'est faire profession de brutalisme, de matérialisme, de **struggleforlifisme**." Audibert, *L'Ouvre-boîte*.

studbook

Fr: "Zoos, les nouvelles arches de Noé: tout commence par l'établissement d'un ***studbook***, ou livre des origines." *Le Point*, 17.8.96.

subway

Fr: "Le **subway** s'est arrêté station misère." *Libération*, 30.4.97.

success fee

Fr: "Le versement d'un **success fee** aux administrateurs judiciairEs: c'est le souhait de Jean-Luc Mercier, le président du syndicat de la profession." *Le Point*, 2.5.98.

success story/success-story

Fr: "Bref, une ***success story*** impeccable et assez inédite...". *Le Point*, 19.4.97.

Fr: "L'exemple le plus frappant et la plus fulgurante ***success story*** en ce domaine est celle de la société sud-africaine Executive Outcomes." *Jeune Afrique*, 13.5.97.

Fr: "**Success Story**: alors qu'il s'apprête à fêter son 40ème anniversaire, Bill Gates...". *Le Point*, 4.3.95.

Fr: "...le candidat Jospin fut scénariste, dialoguiste et régisseur de sa ***success story***". *L'Express*, 5.6.97.

Fr: "La '**success story**' de Pamela Harriman." *L'Œil*, jul. 1997.

Fr: "La ***success story*** a remarquablement mal commencé." *Le Figaro Magazine*, 27.6.97.

Fr: "Paulo Coelho... la plus incroyable **success-story** littéraire des années 90." *Le Figaro Magazine*, 7.3.98.

Fr: "Alain Minc a écrit, depuis vingt ans une telle **success-story** que même ses échecs portent bonheur à ce premier de classe." *Le Point*, 18.2.95.

Fr: "Pedro est à l'image de son pays: une vraie petite ***success story*** à lui tout seul." *Le Point*, 2.5.98.

Fr: "Une **success-story** à l'américaine ou comment un exploitant de drive-in s'est mis à écrire pour éponger ses dettes." *Elle*, 15.6.98.

Fr: "La **success-story** française Apsylog est vendue à Peregrine Systems." *Le Figaro*, 30.6.98.

Fr: "Le miel des miels. L'abeille ici jamais ne se repose. **Success story**." *L'Express*, 6.8.98.

sugar daddy/Sugardaddy

Al: "Ein Skandal sind sie schon lange nicht mehr, die **Sugardaddys** und ihre jungen Dinger." *Stern*, 16.7.98.

superman

Es: "Como vive un concejal del Partido Popular en el País Vasco? Se puede esperar de un concejal que sea un '**Superman**'?" *Tiempo*, 20.7.98.

supermarket

It: "Auschwitz. Manifestazione per sostenere il via libera al **supermarket**." *Corriere della Sera*, 6.4.96.

It: "Giornali al **supermarket**. Esselunga vince al Tar." *Corriere della Sera*, 2.4.96.

supporter

Fr: "L'affaire de la Josacine empoisonnée. Deperrois et ses 3 000 **supporters**." *L'Événement du jeudi*, 25.6.97.

Fr: "Mondial de football. Le maire envisage de solliciter la population pour héberger les centaines de milliers de **supporters** attendus." *Le Figaro*, 23.6.97.

Fr: "...n'a pas pu fouler un terrain de France sans déclencher sifflets et insultes des **supporters**". *Le Point*, 11.3.95.

surf/surfer/surfe/Surf/surfeur

Al: "...also Tennis-Segel-, **Surf-** und Golflehrer Trainerlizenzen besitzen...". *Focus*, 8.7.96.

Fr: "A Hawaii, la nouvelle vague **surfe** en hélicoptère." *Madame Figaro*, 20.4.96.

Fr: "...ce style, qui emprunte à la culture du **surf** et du basket-ball...". *Le Point*, 1.4.95.

Fr: "...une énorme vague de musiques sur laquelle **surfer**...". *Libération*, 30.4.97.

Fr: "Chacun tente d'imposer son look: rappeurs, **surfeurs**, rustiques, urbains." *Paris Match*, 15.5.97.

Fr: "'Mes enfants **surfent** sur l'Internet et je leur fais confiance', a expliqué le premier ministre malais." *Libération*, 9.5.97.

Fr: "Un skate pour **surfer** les pavés." *L'Événement du jeudi*, 2.4.97.

Fr: "Si '**surfer**' sur le Web permet d'entrer dans un espace immatériel... rien ne vaut l'émotion que l'on ressent à découvrir une œuvre 'en vrai'." *Le Figaro*, 27.5.97.

Fr: "Fidèle à sa réputation... Kohl **surfe** déjà sur les vaguelettes de la réprise économique...". *Le Point*, 10.9.94.

Fr: "On peut y **surfer** sur l'un des nombreux ordinateurs tout en sirotant un crème ou en dégustant un petit rouge." *Paris Match*, 29.5.97.

It: "Michelle Pfeiffer. Cresciuta a **surf** e Coca-Cola, sembrava destinata...". *IoDonna*, abr. 1996.

Po: "**Surfe** e vinho na terra dos leões." *VIP*, jan. 1997.

Po: "**Surfe** a sério. A popularização da Internet está mudando a forma e o conteúdo do dever de casa." *Veja*, 3.3.99.

swap

Fr: "La BERD a voulu profiter des bonnes conditions de **swaps** sur le marché de l'écu à 5 ans." *Les Échos*, 25.7.96.

Po: "A Cetip registrou a saída de R$9,29 bilhões dos mercados de **swap**, interbancário e das aplicações de CDB." *Jornal do Brasil*, 8.11.97.

Po: "A BM&F abriu, ao mesmo tempo, os espaços para novos contratos agrícolas, ***swaps*** e opções flexíveis." Spinola, *O futuro do futuro*.

Po: "O ***swap*** é mais um tipo de derivativo que surgiu no mercado financeiro para dar agilidade e proteção aos administradores de portfolios." Spinola, *O futuro do futuro*.

Po: "Euro. Nada ficará de fora: sistemas de ***swaps***, custódia, mecanismos bancários de compensação." *Jornal do Brasil*, 9.7.98.

Po: "Banco do Brasil lança o '**swap**' de exportação." *Gazeta Mercantil*, 4.3.99.

sweater/suéter

Po: "O presente de que ela mais gosta é um bonito **sweater**." Faria, *Reminiscências*.

Po: "Ela não tira do corpo aquela mesma saia e o **sweater** marrom." Lins, *Almanaque*.

Po: "Peguei o envelope, escondi-o sob o **suéter**, beijei mamãe." Macedo Soares, *As sentinelas de Deus*.

sweepstake

Fr: "Ils se sont fait reprocher la formulation équivoque de leur '**sweepstake**', nom donné à cette technique de promotion grâce à des cadeaux en prétirage." *Le Point*, 11.3.95.

swing/swingue

Es: "Giró su cuerpo... hasta el extremo de casi dislocar su codo en un **swing** feroz...". *El País*, 18.6.96.

Fr: "La clarinette de Benny Goodman **swingue**...". *Le Point*, 19.4.97.

Fr: "Paul Misraki, le pionnier du **swing**. Il s'est éteint jeudi soir." *Le Figaro*, 1.11.98.

Fr: "...à la fois suave et énergique, se réclamant de la grande époque **swing**". *Le Point*, 12.11.94.

Fr: "...sont aussi importantes que la pureté du **swing** de Tiger...". *Paris Match*, 30.4.97.

Fr: "Ce gentleman-boxeur... formé au **swing** par l'écurie Bernard Grasset...". *Le Point*, 12.11.94.

Fr: "Influencé par les grands orchestres '**swing**' américains, Ray Ventura est le symbole de la bonne humeur de l'avant-guerre." *Le Nouvel Observateur*, 11.6.97.

Fr: "Londres... la capitale qui bouge et qui **swingue**, mais son métro... reste à quai." *Libération*, 30.4.97.

Fr: "Un quart de siècle en jazz: dans la plus pure tradition du **swing**." *L'Est Républicain*, 8.6.97.

Fr: "Avec la fin de la Seconde Guerre mondiale, en effet, l'intérêt pour le **swing** décline." *L'Express*, 6.8.98.

It: "...a proposito delle sue canzoni, ha scritto di muscolosa dolcezza, di gipsy **swing**, di digressioni jazzy". *La Repubblica*, 22.5.97.

tabloid/tabloïd/tablóide

Es: "Es hora de ser serios y dejar de lado la terminología de los **tabloides**...". *El País*, 19.6.96.

Fr: "Malheureusement pour les **tabloïds** espagnols, rien de très croustillant." *Le Point*, 1.4.95.

Fr: "...un reporter du **tabloïd** à scandales *The News of the World* a piégé le fils à papa...". *Le Point*, 20.5.95.

Fr: "Grosse lectrice du **tabloïd**, suivra-t-elle son virage travailliste?" *Libération*, 30.4.97.

Fr: "Conversion d'un **tabloïd**." *Libération*, 30.4.97.

It: "La bruciante sconfitta alle elezione del 1992 e la persecuzione dei **tabloid**." *Corriere della Sera*, 17.9.98.
It: "Mentre un sondaggio condotto dal *Mirror*, l'altro **tabloid** popolare di punta, rivela che... i due dovrebbero finalmente sposarsi." *IoDonna*, 25.7.98.
Po: "Murray Kempton... seu emprego diário era escrever colunas para os **tablóides**, como o 'The New York Post' e, mais recentemente, o 'Newsday'." *Folha de S. Paulo*, 22.5.97.
Po: "Três meses depois, a notícia explodiu nos **tablóides** ingleses." *O Estado de S. Paulo*, 26.1.99.

take-off

Fl: "Het vliegtuig kampte met technische problemen waardoor het bij de eerste poging om op te stijgen in volle **take-off** fase moest afremmen." *Het Nieuwsblad*, 27.7.98.

take-over

Po: "Mas se você exporta 70 por cento do mercado das ações de uma estatal negociada em Bolsa, terá de dispor de um bom jurídico no exterior... para patrulhar os eternos planejadores de ***take-over*** e assim por diante." Spinola, *O futuro do futuro*.

talk-show

Fr: "Il faut attendre sur ABC minuit passé pour suivre le nouveau ***talk-show*** incisif de Bill Maher." *Libération*, 4.3.97.
Fr: "Quant à Lea Rosch, une animatrice de **talk-show** très populaire...". *Le Point*, 15.7.95.
Fr: "John Parson Peditto, producteur new-yorkais de Talk to death, un documentaire relatif aux **talk shows**." *Le Figaro*, 13.8.97.
Fr: "TV américaine. Le **Talk-show** qui salit." *Le Point*, 15.8.98.
Fr: "Nous avons regardé Oprah Winfrey [la reine des **talk-shows** de la télévision américaine] l'après-midi et le sujet du jour portait sur le Viagra." *Paris Match*, 30.7.98.
It: "Marlon Brando si è lanciato in diretta, nel **talk-show** televisivo." *La Stampa*, 7.4.96.
It: "Monica Lewinsky, la stagista sguinzaglia alcuni 'fedelissimi' nei ***talk-show*** tv più seguiti del Paese." *Corriere della Sera*, 17.9.98.
Po: "Voltou a tempo para ver um pedaço do seu **talk-show** preferido na TV." *Veja*, 9.4.97.
Po: "Leila Richers está vindo ao Rio comandar o novo ***talk-show*** diário da empresa." *O Globo*, 30.5.97.
Po: "Em uma manhã ele apareceu em cinco **talk-shows** de TV para falar sobre o escândalo." *O Globo*, 8.2.98.
Po: "Oprah Winfrey disse num dos seus **talk-shows**, durante um debate sobre a carne da vaca louca, que jamais comeria hambúrguer." *IstoÉ*, 16.7.97.

tanker

Fr: "Plus sérieuses sont les réticences de la Turquie, obsédée par les accidents de **tankers** que l'accroissement du trafic en mer Noire." *Geo*, jun. 1998.

tape record

Po: "Aminthas coloca um **tape** no gravador, ouve o som...". Amado, *Tieta do agreste*.
Po: "Ouviu em silêncio parte de um **tape** de rock, não o deixou botar nova fita no gravador." Amado, *Tieta do agreste*.

task force

Fr: "La fameuse '**task force**' du président du RPR n'est-elle pas décimée?" *Le Point*, 7.6.97.
It: "Al progetto sta lavorando una **task force** guidata da John Pereira, ex-agente...". *Il Messaggero*, 10.4.96.

It: "Viene mobilitata una ***task force*** che da tempo si adestra a una missione ad alto rischio per catturare il banchiere del terrore." *Corriere della Sera*, 11.8.98.

team/Team/time

Al: "...für die Arbeit fehle und für Zasammenhalt im **Team**". *Focus*, 8.7.96.

Al: "Das **Team** arbeitet in einer Seitenstrasse von Consell, einem beschaulichen Dorf nördlich von Palma." *Die Zeit*, 17.6.98.

Al: "Nun wechselt ein **Team** der Deutschen Bank zur Credit Suisse First Boston — für die Rekordsumme von einer Milliarde Dollar." *Der Spiegel*, 13.7.98.

Al: "Wer nicht im **Team** spielen will, fliegt haus...". *Focus*, 8.7.96.

Al: "Wie eine Blauhelmtruppe der Finanzmärkte fielen die IWF-**Teams** im vergangenen Jahr in Kuala Lampur, jakarta oder Bangkok ein." *Der Spiegel*, 14.9.98.

Fr: "*Aujourd'hui*, à 27 ans, elle forme un ***team*** avec une directrice artistique à peine plus agée qu'elle." *L'Express*, 15.5.97.

It: "Il **team** italiano è al quarto posto, dopo Russia, Grecia e Spagna." *Roma*, abr. 1996.

It: "Il neosindaco del Polo presenta il suo **team** di governo dopo dieci giorni...". *La Repubblica*, 22.5.97.

Po: "A menina é a mais nova contratada do **time** feminino do Vasco da Gama." *Veja*, 30.4.97.

Po: "Chicão é um dos craques do **time** de futebol do Congresso." *Veja*, 21.5.97.

technicolor

Fr: "...en **technicolor** et s'amusant d'effets de transparence...". *Le Figaro Magazine*, 23.3.96.

Po: "No filme, realizado em preto e branco, a tela é a única imagem que aparece em ***technicolor***, o que não só ampliava seu efeito dramático como levou Ivan a abusar das cores fortes." *O Globo*, 12.7.97.

techno

Fr: "La France demeure le seul pays de l'Europe à lutter contre la musique **techno**." *Le Figaro*, 22.1.98.

Fr: "Nous avons les puristes du grunge ou de la **techno** sur le dos." *Libération*, 4.3.97.

Fr: "Enfin, on n'attaquait plus la **techno** sur des histoires de bruit ou de drogues...". *Libération*, 30.4.97.

Fr: "Pionniers de la **techno**... les Allemands qu'on n'avait pas vus depuis plus de dix ans, sortent de leur tanière." *Libération*, 30.4.97.

Fr: "*Coda magazine*, fleuron français de la presse **techno** underground." *Libération*, 30.4.97.

Fr: "...ils imposent au sommet des charts leur griffe **techno**-rock." *Libération*, 30.4.97.

Fr: "La génération **techno**, après avoir connu la folie des raves...". *L'Événement du jeudi*, 2.4.97.

Fr: "...a fricoté avec le punk et la **techno**." *Libération*, 9.5.97.

Fr: "D-Mention, la **techno** traquée." *Libération*, 13.5.97.

Fr: "...à décourager par tous les moyens les organisateurs de 'festivals **techno**' les plus sérieux...". *Libération*, 13.5.97.

It: "Arriva il **techno**-metal tedesco... Rammstein, stacera in concerto al Rainbow." *Corriere della Sera*, 20.11.97.

Po: "Tão logo chegou ao Rio, o bailarino espanhol Joaquín Cortés caiu no **techno**." *Jornal do Brasil*, 10.11.97.

teenager/Teenager/teen

Al: "Für viele **Teenager** ist dieser Donnerstag ein Schwarzer Tag...". *Stern*, 16.7.98.

Al: "...um gleich darauf mit brennendem **Teenager**temperament über Musik zu diskutieren, über Filme oder Philosophie". *Der Spiegel*, 13.7.98.

Fr: "...la nouvelle nº1 Hingis et le top model Kournikova, les **teenagers** font l'affiche". *Le Nouvel Observateur*, 11.6.97.

Po: "O filósofo **teen**. Biografia dá a dimensão certa de Albert Camus: um bom autor para jovens." *Veja*, 18.11.98.

tee-shirt/T-shirt

Al: "Überall orange **T-Shirts**, orange Hemden, orange Turnschuhe." *Stern*, 16.7.98.

Fr: "Gassé, le boss, préfere le **tee-shirt**." *Le Figaro Magazine*, 23.3.96.

Fr: "Les jeans, **tee-shirts**, casquettes frappés du logo CK inondent les rues de la planète." *Le Point*, 9.8.97.

Fr: "Georgina Brandolini d'Adda en pantalon noir sur **tee-shirt** d'organza." *Le Figaro*, 11.4.96.

Fr: "Les **T-shirts** ont leur mot à dire." *Madame Figaro*, 17.7.95.

Fr: "Ils affirmaient même que les **tee-shirts** arborés par les chiraquiens... étaient 'made in Lebanon'." *Le Figaro*, 3.4.96.

Fr: "...une pléiade de blousons, **T-shirts**, sacs et compil'". *Libération*, 30.4.97.

Fr: "André réalise aussi... **T-shirts** et robes, et projette également...". *Paris Match*, 30.4.97.

Fr: " 'Che': le fameux portrait figurera sur des millions de posters et de **tee-shirts**." *L'Express*, 15.5.97.

Fr: "Des hommes en **tee-shirts** ou en chemises colorées, détonnent parmi les costumes...". *Le Figaro*, 11.5.97.

Fr: "Bill Clinton, indissociable de sa panoplie de sportif — casquette, short, **tee-shirt**". *Le Point*, 4.3.95.

Fr: "Il semblerait que Caroline de Monaco soit simplement intéressée par l'ensemble **T-shirt**-short Agnès b., que portait notre dream team." *Elle*, 15.6.98.

It: "...grandi fotografi: capaci di trasformare una **T-shirt** bianca in un'idea...". *La Repubblica*, 22.5.97.

telemarketing/télémarketing

Fr: "**Télémarketing**: 300 sociétés questionnées vingt fois selon des scénarios différents." *Le Point*, 20.5.95.

Fr: "Des sociétés se créent alors, sortes d'agences-conseil en **télémarketing**." *Le Point*, 20.5.95.

Fr: "Il n'existe pas d'école de **télémarketing**...". *Le Point*, 20.5.95.

Fr: "Le **télémarketing** ne doit gâcher ni nos apaisantes soirées ni nos rares grasses matinées lumineuses." *Le Point*, 20.5.95.

Po: "Os funcionários da G&K estão encarregados apenas de **telemarketing** ativo." *Gazeta Mercantil*, 16.7.97.

Po: "Na verdade... será para testar e preparar a terceirização futura do **telemarketing** receptivo." David Lederman, em *Gazeta Mercantil*, 16.7.97.

Po: "A solução... maximizar o faturamento através de **telemarketing**." *Jornal do Comércio*, 25.7.97.

Po: "O Unibanco desativará o seu serviço de **telemarketing**." *O Globo*, 20.7.97.

Po: "Banco 1: o **telemarketing** abre 3.500 novas contas por mês." *Jornal do Brasil*, 23.7.97.

teleshopping

Po: "TV... caso das estações dedicadas ao **teleshopping**." *FM*, 23.11.97.

tennis/Tennis/tennismen/tênis

Al: "...**Tennis**spielerin, spielt sich locker ins Winbledon-Finale". *Focus*, 8.7.96.

Fr: "Au hit-parade des productions de l'enterprise, une partie de **tennis**...". *Le Point*, 1.4.95.

Fr: "Agassi/Brooke Shields. Le joueur de **tennis** et l'actrice ont convolé — enfin!" *Le Point*, 26.4.97.

Fr: "...un gentleman...c'est celui qui peut se permettre de jouer en bretelles au **tennis**!". *Madame Figaro*, 26.4.97.

Fr: "...libéré du bilan socialiste, et qui lâchera ses coups, comme on dit au **tennis**". *Le Point*, 1.4.95.

Fr: "La France c'est qualifiée pour la finale de **tennis** de table." *Libération*, 30.4.97.

Fr: "...les **tennismen** ont lancé leur mode: après Becker...". *Paris Match*, 15.5.97.

Fr: "Le Suédois Jan-Ove Waldner a remporté le titre mondial de **tennis** de table...". *Le Monde*, 7.5.97.

Fr: "L'ancien rockeur sait aussi s'habiller en jean et **tennis** genre Bill Gates." *L'Événement du jeudi*, 14.5.97.

Po: "...a mais jovem a alcançar a primeira posição do ranking em toda a história do **tênis**". *Veja*, 2.4.97.

Po: "O circuito do **tênis** está repleto de exemplos de precocidade malsucedida...". *Veja*, 2.4.97.

test/teste/tester

Es: "Rellena este **test** y ahórrate hasta un 30% en el seguro de tu coche...". *El País*, 19.6.96.

Es: "...se mide la inteligencia con los **test** de cociente intelectual". *El País*, 10.7.96.

Fr: "Messieurs les conducteurs: faites un **test**... installez-vous à l'arrière." *Le Figaro Magazine*, 31.3.96.

Fr: "Ce **test** n'était pas en routine dans les établissements de fusion sanguine." *Le Figaro*, 11.4.96.

Fr: "Proust voulait... en le soumettant à un '**test**' sévère et la punir...". Painter, *Marcel Proust*.

Fr: "...certains...qui n'étaient pas trop marqués de '**tester**' l'économie de marché...". *Le Point*, 12.4.97.

Fr: "Le **test** peut être falt: prononcez le nom de Bernard-Henri Lévy...". *Le Point*, 12.11.94.

Fr: "...ce premier **test** prédictif censé éviter... de développer un jour un cancer". *Le Point*, 1.4.95.

Fr: "Au-delà d'une phase **test** d'un mois, les webmestres du site décideront ou non...". *Libération*, 9.5.97.

Fr: "Les **tests** réalisés sur des échantillons de maïs américain... se sont révélés négatifs." *Libération*, 4.3.97.

Fr: "Le sort réservé à Hongkong sera un **test**." *L'Express*, 8.5.97.

Po: "O **teste** mostra que não existe relação direta entre corpo docente... e boas notas...". *Veja*, 30.4.97.

think tank/think-tank

Fr: "...conférence...organisée par un ***think-tank*** (comité stratégique) travailliste." *Libération*, 29.4.97.

Fr: "Maurice Allais fait partie du '**think tank**' de Léotard." *L'Événement du jeudi*, 14.5.97.

Po: "Todo mundo quer conversar, ...agências de *rating*, especialistas de ***think tanks***, bancos querendo comprar nossos bancos." *O Globo*, 28.9.97.

Po: "O quadro desta página é um dos muitos exercícios que se encontram nas pranchetas de grandes empresas, ***think-tanks*** ou instituições seriamente preocupadas com o futuro." Spinola, *O futuro do futuro*.

thriller/Thriller

Al: "Der **Thriller** von Oliver Stone gerät immer weiter in die öffentliche Kritik." *Focus*, 8.7.96.

Es: "Robert Harris saltó a la fama con... un ***thriller*** que transcurría en una Alemania que había ganado la II Guerra mundial...". *El País*, 18.6.96.

Es: "Un **thriller** tan predecible e increíble como poco traducible a estas tierras." *El País*, 9.1.96.

Fr: "David Fincher. Le **thriller** consacré aux sept péchés capitaux." *L'Événement du jeudi*, 28.2.96.

Fr: "'Color of Night', un **thriller** érotique qu'elle joua au côté de Bruce Willis." *Aujourd'hui*, 13.4.97.

Fr: "Edition. L'Euro-**Thriller**." *Le Point*, 26.4.97.

Fr: "À la fois fable et **thriller**, *La Jeune Fille et la mort* permet à Roman Polanski de donner...". *Le Point*, 1.4.95.

Fr: "...l'auteur reste dans l'univers du **thriller**". *Le Point*, 20.5.95.

Fr: "Schroeder — **Thriller** à 100 à l'heure." *Le Point*, 20.5.95.

Fr: "Ce dernier, qui n'avait pas touché un **thriller** depuis *Marathon Man...*". *Libération*, 13.5.97.

Fr: "Michel Noir, l'ancien maire de Lyon, publie le 5 juin un **thriller** policier chez Calmann-Lévy." *Le Figaro*, 16.5.97.

Fr: "...et autres Pasqua sont en réalité les vrais acteurs de ce **thriller** mal ficelé". *Marianne*, 25.5.97.

Fr: "Il embarque le spectateur dans un **thriller** magistral qui s'achève...". *Libération*, 25.2.95.

It: "*Lo Stallo*, un **thriller** de Chuck Hogan. Il primo heritage thriller." A. Mondadori, em *Roma*.

Po: "É um **thriller** de primeira categoria... uma surpresa a cada capítulo." *Veja*, 2.4.97.

ticket/Ticket

Al: "Das Reforme**tikett** haftet damit hartnäckig der Regierung an." *Focus*, 8.7.96.

Al: "Wenn ich bei einen Konzert erkläre: Ich habe kein Geld für ein **Ticket**." *Stern*, 16.7.98.

Al: "Die grölende Jagd nach **Tickets**." *Die Welt*, 17.6.98.

Al: "Die Musical-Veranstalter verramschen die **Tickets**." *Der Spiegel*, 14.9.98.

Es: "En 30 días, estará listo el contexto regulatorio para poder viajar con un solo **ticket** en tren, colectivo o subterraneo." *La Nación*, 14.7.98.

Fl: "**Tickets** voor 1/8ste finale." *De Standaard*, 17.6.98.

Fr: "Faites-vous rembourser vos **tickets** de caisse." *Libération*, 16.4.96.

Fr: "...millions de dollars de perte, des **tickets** de spectateurs aux écrans publicitaires". *Le Point*, 30.12.94.

Fr: "Tony Blair... 'le ticket d'entrée dans le prochain siècle, c'est le *stakeholding*... la création d'une société de partenaires'." *L'Express*, 1.5.97.

Fr: "Elections... ni M. Dassault, ni le RPR n'avaient l'intention de poinçonner ledit **ticket**." *Le Monde*, 5.5.97.

Fr: "Les Allemands voteront l'an prochain sur un '**ticket**' Kohl-Schäube." *Le Figaro*, 19.10.97.

It: "**Ticket** Restaurant per centrare i vostri obiettive a colpo sicuro." *Il Messaggero*, 10.4.96.

tie-break

Fr: "Epoustouflant, Gustavo Kuerten gagna de premier set 6-3 avant de perdre au **tie-break** le deuxième qu'il aurait pu gagner aussi." *Libération*, 31.5.98.

time-sharing

Fr: "Le '**time-sharing**' se répand, dit-il, comme une trainée de poudre. Le principe? C'est celui du relais." *Elle*, 15.6.98.

timing

Po: "O diretor do Banco Central... não está seguro quanto a esse ***timing***." *Jornal do Brasil*, 19.2.97.

Po: "O '**timing**' exato de uma raposa política." *O Globo*, 28.2.97.

Po: "Troca de bradies-bonds. 'Mas em que **timing** isso será feito é ainda cedo para dizer', disse ontem Franco." *O Estado de S. Paulo*, 10.6.97.

Po: "FMI será o próximo passo? Existe, também, um problema de **timing**." *Jornal do Brasil*, 13.11.97.

Po: "Não se pode comparar o **timing** da privatização de empresas de mercado como a Vale ou a CSN com o de concessionárias de serviço público." *O Globo*, 28.9.97.

toast

Fr: "À la fin du **toast**, tous les regards se tournèrent vers Giscard: il ne se leva pas. Chef d'État, il n'était pas tenu de répondre au toast d'un simple gouverneur." Peyrefitte, *C'était de Gaulle*.

Fr: "Jusque-là ivresse du tsar, **toast** des maîtres du Kremlin...". *L'Express*, 13.3.96.

Fr: "Fête des pères. **Toasts** de dernière minute." *Le Figaro*, 21.6.98.

top

Fr: "Economie. Le **top** des **tops**." *Le Point*, 15.7.95.

Fr: "Juliette ne fait pas une carrière fracassante. Jamais de **Top** 50, très peu de passages à la TV." *Le Figaro*, 11.4.96.

Fr: "Krizia . Le **top** des ventes." *Le Figaro*, 6.5.97.

Fr: "Mais la Société du nouveau marché a préféré donner un *top* départ anticipé plutôt que de bousculer le calendrier établi...". *Libération*, 15.2.96.

Fr: "**Top** contre vamp sur le sable de Cannes." *France-Soir*, 10.5.97.

It: "**Top** couture in raso bianco, sciancrato in vita." *Grazia*, 29.3.96.

It: "Perché fascino e forma devono essere al **top**." *Corriere della Sera*, abr. 1996.

Po: "O Audi é o **top** da linha dos top." *Jornal do Brasil*, 14.4.96.

Po: "...a mulher apareceu com um espaventoso conjunto de **top** e calça transparente". *Veja*, 9.4.97.

topless

Fr: "Mazarine. A cette occasion, on vous a surprise *topless*...". *Marianne*, 15.6.97.

Po: "James Major, filho do ex-primeiro ministro inglês John Major, anunciou seu noivado com Emma Noble, 26, ex-modelo **topless** e ex-apresentadora de TV." *Veja*, 8.7.98.

top model

Fr: "Naomi Campbell hospitalisée. La **top model** aurait pris des barbituriques." *Le Figaro*, 16.6.97.

Fr: "Sarah Marshall Ecolière et **Top Model**." *Paris Match*, 17.4.97.

Fr: "Pas besoin d'être un **top model** pour faire un top clafoutis." *Madame Figaro*, 13.4.96.

Fr: "*Aujourd'hui*, les **top models** n'hésitent pas à se dénuder totalement...". *Paris Match*, 17.4.97.

Fr: "La scandaleuse et le **top model**." *Le Monde*, 12.5.97.
Fr: "**Top modèles** à l'affiche." *Le Figaro*, 1.4.97.
Fr: "Quant aux émoluments des ***top models***, ils sont... top secrets!" ***Le Point***, 15.7.95.
Fr: "Ses **top models**, ses couleurs fluo, ses objets en plastique...". *L'Événement du jeudi*, 14.5.97.
Fr: "Antonella Moccia, le **top model**, *épouse* le Christ." *Elle*, 19.5.97.
Fr: "...les **top models** black qu'on voit dans les journaux sont toujours des Noirs à moitié". *Elle*, 19.5.97.
Fr: "La nouvelle nº1 Hingis et le **top model** Kournikova, les teenagers font l'affiche." *Le Nouvel Observateur*, 11.6.97.
Fr: "What we Wear sera promue par quatre ***top models*** et vise les 14-24 ans." *Le Point*, 15.7.95.
Po: "...um título de dar inveja a muita ***top model*** internacional". *O Globo*, 22.5.97.

top secret

Fr: "De Gaulle: 'La marine américaine n'acceptera pas d'autoriser des marins étrangers [...] ***Top secret***! Hors d'ici les Européens! Nous n'admettons que les Anglais'." Peyrefitte, *C'était de Gaulle*.
Fr: "Louvre: le prix du David? **Top secret**!" *Paris Match*, 29.5.97.
Fr: "...la Chouette d'or existe. Valentin nous a conduits jusqu'au coffre où elle dort... **Top secret**. Pour la première fois, il nous a été permis de la sortir de son écrin...". *Le Figaro Magazine*, 21.6.97.
Fr: "Moscou. A peine sorti des presses, le journal ***Top secret*** est déjà introuvable dans la capitale." *Le Figaro*, 23.6.97.
Fr: "Quelques jours plus tard, place de l'Opéra, le marchand de cacahuètes faisait ses cornets avec des lettres du conseiller commercial britannique portant la mention ***top secret***." Solé, *Le Tarbouche*.
It: "**Top secret**, fino all'ultimo, sul menu ideato dal rinomato chef della Casa Bianca." *Corriere della Sera*, 3.4.96.
It: "Microsoft... Il codigo di base costituisce il motore tecnologico dei programmi ed è ***top secret***." *Il Sole 24 Ore*, 7.8.98.
It: "...pubblicazione di una serie di documenti '**top secret**' che la centrale di spionaggio americana ha dato ad alcune forze politiche". *Il Messaggero*, 10.4.96.

total look

Fr: "Tout comme le ***total look*** ultragriffé des années 80 friquées." *L'Express*, 1.5.97.
Fr: "Elles savent que derrière la femme en **total look** Dolce & Gabana se cache une fille qui prend une revanche sur trente ans de communisme." *Elle*, 15.6.98.

touch and go

Fr: "Juppé, comme Chaban, serait un maire '**touch and go**' qui ne passerait qu'un ou deux jours par semaine à Bordeaux." *Le Point*, 12.11.94.

touchdown

Es: "Emitt Schmith, autor de tres **touchdowns**, fue el gran artífice de la victoria de los Cowboys." *El País*, 16.1.96.

track record

Fr: "Des Phonak ou SEZ ont en effet été payés... sans avoir de véritables références financières [**track record**]." *Le Temps*, 14.9.98.
Po: "...investimento de risco cuja principal garantia é a credibilidade do empreendedor, seu '**track record**'." *Gazeta Mercantil*, 7.7.97.

trade-off

Po: "Privatização. Essa tentativa de alcançar múltiplos objetivos... representa um **trade-off** entre o preço presente e vantagens futuras para o usuário." *Veja*, 8.7.98

trader

Fr: "L'Association française des 'equity dealers' — AFED — regroupe tous les '**traders**' de la place de Paris." *Les Échos*, 19.6.96.

Fr: "Ainsi, certains **traders** achètent ou vendent lorsqu'ils observent trois clôtures de cinq minutes en hausse ou en baisse." *La Tribune*, 18.9.98.

Po: "'Deve haver demanda para, no mínimo, o dobro', disse Nazareth Maciel, ***trader*** de mercado internacional." *O Globo*, 22.5.97.

trading

Es: "Por eso queremos armar ***tradings*** argentinas [compañías comercialisadoras de comercio exterior] para concentrar la oferta." *La Nación*, 14.7.98.

Po: "Falk tem uma transportadora, uma **trading** e uma distribuidora de produtos da Microsoft." *Jornal do Brasil*, 28.12.96.

Po: "...agentes e representantes de grandes mineradoras e **tradings** estrangeiras". *Veja*, 12.3.97.

Po: "Mitsui, a maior **trading** de minério do mundo...". *Veja*, 12.3.97.

Po: "Além da Coca-Cola, outras 14 empresas, como... supermercados, **tradings** e empresas de laticínios." *IstoÉ*, 1.10.97.

Po: "**Tradings** pagarão IPI de bem não exportado." *O Estado de S. Paulo*, 19.11.97.

Po: "Os parceiros da Petrobrás são as **tradings** japonesas Tochu e Mitsubishi." *O Globo*, 11.7.98.

trailer

Al: "**Trailer**. Neu im Kino." *Focus*, 8.7.96.

Po: "Bastou-me ver o **trailer** para não querer mais ver o filme." Lins, *Almanaque*.

trainee

Po: "Conseguir vaga como **trainee** numa boa empresa pode ser mais difícil do que entrar na faculdade." *Veja*, 29.7.98.

Po: "Justino não aceitou a exigência de estágio como **trainee**." Faria, *Reminiscências*.

Po: "Tire suas dúvidas sobre os programas de **trainees**." *Veja*, 29.7.98.

tramway

Fr: "...les 'macrobes' de Fénéon et les '**tramways**' de Moréas". Maurice Rheims.

Fr: "Proust transporta à Balbec le **tramway**, la salle de billard et la statue de l'Amiral Duguay Trouin." Painter, *Marcel Proust*.

Fr: "...un modeste '**tramway** à vapeur', parent pauvre du Petit Train...". Painter, *Marcel Proust*.

Fr: "Un **tramway** nommé 'oubli'. Un trésor vendu aux enchères." *Le Soir*, 17.6.98.

Fr: "Montpellier a bouclé le financement de son **tramway**." *Les Échos*, 16.4.97.

Fr: "Le grand retour du **tramway**." *Le Point*, 5.10.96.

Fr: "Mais 1 kilomètre de **tramway** coûte 100 millions de francs...". *Le Monde*, 7.5.97.

Fr: "...du temps où des gamins à cheval soufflaient dans les trompes pour avertir de l'arrivée des **tramways**". *Le Nouvel Observateur*, 11.6.97.

Fr: "La RATP... un étonnant '**tramway** sur pneus', mi-bus, mi-tram...". *Le Figaro*, 17.6.97.

Fr: "Les premiers tours de roue du **tramway** Val-de-Seine." *Le Figaro*, 2.7.97.

Fr: "GEC Alsthom choisi pour le **tramway** de Lyon." *Le Figaro*, 20.3.98.

Fr: "Solution non polluante... les **tramways** séduisent de plus en plus les collectivités locales." *L'Express*, 12.6.97.

trash

Fr: "L'obsession de l'hygiène est dans l'air, celle que combattent d'ailleurs tous les fétichistes de la ***trash*** culture." *L'Officiel*, ago. 1998.

It: "Ambra eccelle nella Favola **trash**." *Corriere della Sera*, 6.4.96.

Po: "*Godzilla*. O charme dos filmes estava na estética assumidamente '**trash**', com grandes lagartos maquiados destruindo metrópoles de papelão." *Veja*, 15.7.98.

traveller's checks/travellers checks/travellers-checks

Fr: "Sans mes **travellers checks** je me sens perdue...". Indiana Mezand.

Po: "Ela perdeu tudo, inclusive os **travellers-checks** do marido." Lins, *Almanaque*.

trench-coat

Fr: "Avec son feutre et son **trench-coat**, le naïf et intrépide inspecteur Dick Tracy traque un empereur du crime." *Le Point*, 17.8.96.

Fr: "Avec lui, une nouvelle allure est née, qui emprunte aux classiques ses points forts pour les sublimer: un **trench**? c'est un boléro court enfilé sur une robe bustier dont la jupe est à traîne; un Perfecto?" *Madame Figaro*, 8.8.98.

trend/trend-setter/trendy/Trend

Al: "...dass ein Filmfestival längst nicht mehr der Ort ist, an dem neue **Trends** durchgesetzt werden." *Der Spiegel*, 14.9.98.

Fr: "...voici le moment où la figure de l'arbitre des élégances s'efface devant celle du ***trend-setter***". *Le Point*, 25.5.96.

It: "Funari non è più **trendy**: fa vedere l'ingovernabilità." *Corriere della Sera*, 2.4.96.

It: "Siamo quindi in presenza di un **trend** ormai consolidato?" *Il Sole 24 Ore*, 7.8.98.

trip

Fr: "Là, ils se piquent en bande et 'partent' dans des **trips** souvent douloureux...". *Les Échos*, 19.6.96.

trolley/trolley-bus/trólebus

Fr: "Un **trolley-bus** du troisième type." *Le Figaro*, 16.6.97.

Fr: "Le **trolley**... est capable de circuler à la fois en site propre... et au milieu du trafic." *Le Figaro*, 16.6.97.

Po: "População pede fim de **trólebus**." *O Estado de S. Paulo*, 20.11.97.

Po: "Eu, para servi-lo, lembrei-lhe que podia ir no **trolley**." Lins, *Almanaque*.

trust/trustees

Fr: "Si l'actionnaire décide d'avoir recours à CREST, il devra désigner un 'nominee'— titulaire facial du compte titre conformément à un '**trust**' de droit anglais...". *Les Échos*, 19.6.96.

It: "L'Anti**trust** processa le figurine Panini." *La Stampa*, 5.4.96.

It: "L'Anti**trust** apre un'inchiesta: 'É un monopolio!'." *La Repubblica*, 5.4.96.

trust fund

Fr: "Les filles Harriman accusent leur belle-mère de ne pas avoir géré leur **trust fund** en 'bon père de famille'." *Le Point*, 30.12.94.

Fr: "Les deux filles recevront un ***trust fund*** de 20 millions de dollars." *Le Point*, 30.12.94.

turf/turfman

Fr: "L'hercule du **turf** consacre dorénavant ses temps libres au golf...". *Figaroscope*, 16.6.97.

Po: "O ***turfman*** doutor Luiz Gaudie Ley já se encontrava eufórico...". Soares, *O xangô de Baker Street*.

turnover

Fr: "Dans la banlieue de Kuala Lumpur, le **turnover** du personnel — qui se tourne vers le plus offrant — dépasse les 60%." *Les Échos*, 25.7.96.

Fr: "Les emplois-jeunes. Chez nous, le ***turnover*** est parfois important parce que, pour y rester, il faut véritablement aimer ce métier." *Le Figaro Magazine*, 14.8.98.

tweed

Fr: "Le petit tailleur de **tweed** rajeunit." *Madame Figaro*, 9.3.96.

Fr: "En Angleterre, on va travailler en costume, pas en blazer ni en veste de **tweed**." *Madame Figaro*, 26.4.97.

Fr: "Clark trouve très chic les **tweeds** marronnasses et les pulls 'mordorés'." *L'Express*, 5.6.97.

Fr: "Au sous-sol... les plus belles vestes et costumes de **tweed**." *Le Figaro*, 16.6.97.

Fr: "Les tissus de qualité traditionnels, comme le **tweed**, qu'on 'enrichit' de fils de chenille." *Le Point*, 24.9.94.

Fr: "Une étonnante diversité de soies... aux allures de taffetas, de **tweed** ou d'ottoman." *Le Point*, 24.9.94.

Po: "Como pode um professor com óculos de tartaruga e paletós de ***tweed*** chegar a sequer compreender aquele profundo e intraduzível estado de graça?" *O Globo*, 12.7.97.

twin-set

Fr: "Dans les plus belles teintes... il se porte en **twin-set** avec un cardigan court." *Le Figaro*, 6.5.97.

Fr: "Des **twin-sets** de différentes longueurs — on peut donc jouer avec les couleurs —, aux coupes et finitions impeccables." *Vogue*, set. 1998.

twirling-bâton/twirling bâton

Fr: "Le **twirling bâton** en fête à Gentilly." *L'Est Républicain*, 8.6.97.

Fr: "Gentilly accueille le championnat de France de **twirling-bâton**. Un sport méconnu du grand public." *L'Est Républicain*, 8.6.97.

twist

Fr: "...comédie musicale tragique de l'immigration arabe, depuis les années **twist**." *Le Monde*, 7.5.97.

underground

Fr: "...concoctée dans l'**underground** black, portoricain ou gay de New York". *Le Figaro*, 14.4.97.

Fr: "...constituent le summum de l'art **underground** londonien". *Paris Match*, 30.4.97.

Fr: "Londres évoque aussi la culture de l'**underground**, de la musique techno...". *Paris Match*, 30.4.97.

Fr: "John Waters, *Cry Baby*, 1988. **Underground**, trash, provocateur et fun." *L'Express*, 8.5.97.

Fr: "Certains sont connus dans le milieu **underground** et branché de New York." *Paris Match*, 29.5.97.

Po: "Berlim. A equipe escarafunchou os clubes ilegais e bares ***underground*** da cidade e encontrou cruzamentos em que o jazz se mistura com o jungle...". *Jornal do Brasil*, 29.6.97.

Po: "Retrospectiva de Keith Haring: do '**underground**' às salas do museu." *Jornal do Brasil*, 27.7.97.

Po: "José Mojica Marins, o mais ***underground*** dos cineastas brasileiros, não suporta mais as unhas longuíssimas do seu personagem." *Jornal do Brasil*, 21.7.97.

underwriting/underwriter

Po: "Banco do Nordeste. Em 1995, os principais **underwriters**/arrangers foram os bancos Chase...". *Gazeta Mercantil*, 7.7.97.

up-grade/upgrade/upgradar

Fr: "Il demande toujours au directeur de Varig des **upgrades** pour toute sa famille.' Stemer, *Faire le point*.

Po: "Navegar por vídeo-clips... ou receber **upgrades** dos mais gigantescos softwares." *O Estado de S. Paulo*, 17.11.97.

Po: "Temos que dar um ***up-grade*** (melhorar a classificação) forte e imediato para o Brasil, nesse ranking dos países emergentes." *Jornal do Brasil*, 8.11.97.

Po: "Windows 98: **upgradar** ou não **upgradar**, eis a questão." *O Globo*, 13.7.98.

uppercut

Fr: "Bill Gates vient d'être sonné par un sacré **uppercut**, qu'il n'avait pas vu venir." *Le Point*, 4.3.95.

Fr: "Brando croqué à l'**uppercut**." *Le Point*, 10.9.94.

up to date

Po: "...novas gerações, mais *in*, mais ***up to date***, mais homens e menos super". *O Globo*, 11.1.97.

Fr: "Objectif: livrer des machines '**up to date**' et réduire les stocks...". *Le Figaro*, 14.4.97.

vamp/vampe

Fr: "*Elle* a été une **vamp** vénéneuse dans 'Indochine', de Régis Wargnier." *Paris Match*, 30.4.97.

Fr: "La **vamp** selon Mugler." *Le Figaro*, 17.3.98.

Po: "A garota suburbana se transformou em **vampe** agressiva e oferecida." Amado, *Farda, fardão, camisola de dormir*.

van

Po: "...kits para a instalação de lojas e lanchonetes em **vans**". *Veja*, 23.4.97.

Po: "E o que não se faz numa **van**?" *Veja*, 23.4.97.

videoclip/vídeo-clip

Es: "YA TV, cuya programación incluirá **videoclips**, noticias y programas... para una audiencia juvenil...". *El País*, 29.1.96.

Po: "Navegar por **vídeo-clips**... ou receber upgrades dos mais gigantescos softwares." *O Estado de S. Paulo*, 17.11.97.

videogame

It: "È un successo in Giapone un **videogame** che si chiama Princess Maker." *La Stampa*, 7.4.96.

VIP (Very Important Person)/Vip/vip

Es: "En general, o los **VIP** se adecuan para salir en los papeles o son normalísimos y de campechano estómago...". *El País*, 16.2.96.

Fr: "Au Royal de Deauville, les privilèges **VIP** sont étendus aux chiens." *Le Point*, 27.7.96.

Fr: "...ne suffit pas Top **VIP** (les clients plus importants), **VIP** (les habitués) et clients de base...". *Le Point*, 27.7.96.

Fr: "New York **VIP**'s blues." *Libération*, 7.5.97.

Fr: "Très vite, les politiques comprennent l'utilité d'un 'petit beur' bien-pensant et efficace. Le voilà **VIP**: *very important person*. En 1992, François Mitterrand, chez qui il a ses entrées, le nomme pour deux ans au Conseil économique et social." *Le Point*, 15.8.98.

It: "Decine di '**vip**' spiati nelle loro ville in Costa Smeralda, mentre salgono sugli yacht e vanno alle feste." *Corriere della Sera*, 9.8.98.
It: "Niente divi, **Vip** e minigonne per la cena di ieri sera a Villa Miani...". *La Repubblica*, 2.6.97.
It: "Dalla terrazza della mia camera osservo i **vip** con i loro cellulari." *Chi*, 24.9.98.
It: "Il paradiso dei **vip** vi attende." *Oggi*, 23.9.98.
Po: "**Vips** e militares lotam o porta-aviões...". *Jornal do Brasil*, 25.1.97.
Po: "Festas. A Dança dos **Vips**." *Manchete*, 22.11.97.
Po: "A embaixatriz Lampreia é uma das presenças ***vips*** previstas na festa do lançamento." *O Globo*, 13.11.97.

volley-ball/volleyball/volley/vôlei

Al: "Während Toni nach Beach**volleyball** und Feldhockey mit einer weissen Kochmütze...". *Focus*, 8.7.96.
Fr: "Le PUC, champion de France de **volley**. PUC, puc, puc... Hourra!" *Le Parisien*, 29.4.96.
Fr: "Il aime le foot, et joue au **volley** tous les mardis." *Le Point*, 10.9.94.
Fr: "Pour les Rougeyrou c'est le **volley** passion." *Le Parisien*, 17.5.98.
Po: "A dupla Jacqueline e Sandra vai exibir o seu **vôlei** de ouro... no Amazonas." *O Globo*, 12.5.97.
Po: "Shelda e Adriana ganham o mundial de **Vôlei** de Praia." *Veja*, 12.11.97.

voucher

Po: "O Real II se completará com... a revolução da saúde, via os ***vouchers*** de utilização em redes descentralizadas." *O Globo*, 11.11.97.

wagon/waggon

Fr: "...encore tout imprégnée de l'odeur des **wagons** de chemin de fer...". Painter, *Marcel Proust*.
Fr: "...agressé Sandrine... dans un **wagon** de la ligne C du RER." *Le Point*, 10.5.97.
Fr: "Après Brétigny-sur-Orge, la porte de séparation avec le **wagon** mitoyen était ouverte." *L'Événement du jeudi*, 14.5.97.
Fr: "...ils virent défiler un interminable convoi de **wagons** à bestiaux...". Painter, *Marcel Proust*.
Fr: "Il grimpe ensuite comme chef de cabinet dans le **wagon** de Paul D'Hondt, secrétaire d'État aux Postes et Télécommunications." *Le Soir*, 17.6.98.
Fr: "Il naquit de parents misérables, non loin du lac Baïkal, dans un **wagon** de troisième classe filant vers Vladivostock." *Le Nouvel Observateur*, 11.6.97.
Fr: "Un **wagon** de métro. Un homme parfois, une femme plus souvent...". *Le Point*, 7.6.97.
Fr: "'C'est agréable le train', a dit Balladur dans le TGV. À l'arrivée, la porte de son **wagon**, et du sien seulement, a refusé de s'ouvrir automatiquement." *Le Point*, 18.2.95.
Fr: "En deux heures, face à face, dans le **wagon**-restaurant, encouragés par l'absorption de deux bouteilles de clos-vougeot...". *Le Figaro Magazine*, 113.6.98.

wait and see

Fr: "De Gaulle: 'Il y a bien le projet de Force multilatérale [...] Une attitude de ***wait and see*** équivaudrait pour nous à l'invasion. La France crée donc sa propre arme atomique...'." Peyrefitte, *C'était de Gaulle*.
Fr: "Libérés par le '**wait and see**' suspicieux de la City vis-à-vis de l'euro...". *Libération*, 30.4.97.

Fr: "La politique de '**wait and see**' de John Major n'a en effet d'égal que les hésitations de son rival...". *Libération*, 30.4.97.

Fr: "...alors que Major préconisait un cauteleux *wait and see*". *L'Express*, 1.5.97.

walkman

Es: "MovilEs: Son tan populares como el '**walkman**' y tan prácticos como una oficina portátil." *Tiempo*, 20.7.98.

Fr: "Derrière lui, un jeune homme, **walkman** sur les oreilles...". *Libération*, 29.4.97.

Fr: "C'est cet album aux couleurs criardes... 'De Woodstrock au **Walkman**', que feuillette Gilles Verlant sur Arte." *Le Point*, 17.8.96.

Fr: "Et puis les années 80... avec leur égocentriste dévorant: le **Walkman**, qu'on n'appelait pas encore baladeur." *Le Point*, 17.8.96.

Fr: "C'est pas commode ton système, dit Mike. Pourquoi tu n'as pas un **walkman**?" Giroud, *Le Bon Plaisir*.

walkie-talkie/talkie-walkie

Es: "Michelangelo le entregó subreptíciamente un **walkie-talkie**, y después, más sofisticados, pasaron al celular...". *El País*, 18.6.96.

Fr: "Sentant l'hypothermie mortelle le gagner, par l'intermédiaire de son **talkie-walkie**...". *Le Point*, 12.4.97.

Fr: "...où les candidats s'initient aux arts martiaux, ses Toyota 4x4, ses motos et ses **talkie-walks**...". *Jeune Afrique*, 13.5.97.

walk-ski

Po: "Fafá de Belém, adepta do **walk-ski**, levou um tombo feio, anteontem." *O Globo*, 11.1.97.

warrant

Es: "...el chantaje que realizaba Air Products con la amenaza de vender 18% del capital de Carburos Metálicos bajo la forma de *warrants* emitidos en 1989". *El País*, 10.7.96.

wasp

Es: "...la misma identificación simpática... que un público de **wasps** siente por los filmes del tipo Bailando con lobos...". *El País*, 30.1.96.

Fr: "...golf, sport profondément '**wasp**' (blanc, anglo-saxon, protestant)". *Le Figaro Magazine*, 19.4.97.

Fr: "Il hante les lieux qui offensent le puritanisme *wasp*: les clubs de jazz de Harlem, les bordels de Manhattan." *Le Figaro Magazine*, 21.2.98.

water-closet/WC/wc

Al: "Das **WC** noch in den Siebzigern muftige Notdurftanstalt oder höchstens ein Abort phallischer Prahlerei...". *Focus*, 6.7.98.

Fr: "...où seraient en abondance ascenseurs, salles de bain, appareils de chauffage et **water-closets**...". Painter, *Marcel Proust*.

It: "Alcuni docenti di Brera bon sopportano più di vedere l'arte mescolata a un **wc**." *Corriere della Sera*, 11.8.98.

It: "Il Carroccio chiede a Prodi un **wc** alla dogana di Como." *Corriere della Sera*, 17.9.98.

Ru: "[... j'ai jeté au] *water-closet* [toutes mes ébauches, mes plans, etc...]". Turgueniev, carta a V. P. Botkine, 17.2.1857, tradução do russo.

waterproof

Fr: "Le rouge à lèvres **waterproof**. Douceur très haute tenue." *Elle*, 15.6.98.

way of life

Po: "Calvin Klein é um fenômeno mundial porque o estilista soube incluir em suas fragrâncias seu ***way of life*** momentâneo: 'O que nós vendemos não é água perfumada. Vendemos vaidade e estilo'." *Jornal do Brasil*, 13.7.97.

Web/web

Es: "Además de la atractión multimedia, la audiencia a través del **web** es potencialmente más amplia." *El País*, 23.1.96.

Fr: "La francophonie veut se refaire une santé sur le **Web**." *Le Figaro*, 22.5.97.

Fr: "Les ministres francophones chargés des inforoutes défendent la place du français sur le **Web**." *Le Figaro*, 22.5.97.

Fr: "C'est le dernier endroit à la mode sur le **Web**: un bordel norvégien." *Libération*, 16.5.97.

Fr: "...il devrait concurrencer... même les galeries marchandes du **Web**." *Libération*, 30.4.97.

Fr: "Au Viêt-Nam... le **Web** est complètement banni." *Libération*, 9.5.97.

Fr: "Le site **web** officiel de la reine d'Angleterre a totalisé 12,5 millions de connexions au cours de ses deux premiers mois." *Libération*, 9.5.97.

Fr: "...il confierait aux agents intelligents qui fourmillent sur le **Web** son problème...". *Libération*, 9.5.97.

Fr: "**Web** sceptique. ...ce site part en guerre contre l'irrationalisme." *Libération*, 9.5.97.

Fr: "Deux firmes se disputent sur le **Web** le marché de l'amour en flacon." *Libération*, 13.5.97.

Fr: "Le **Web**, premier marché spatial du futur." *Libération*, 13.5.97.

Fr: "Les satellites sont capables de fournir un service à l'échelle du globe, ce que requiert le **Web**." *Libération*, 13.5.97.

webcasting

Po: "Outra novidade é o serviço de **webcasting**, baseado no Pointcast." *Jornal do Brasil*, 24.11.98.

week-end/weekend

Fl: "Honderden vakantiegangers hebben het afgelopen **weekend** af te rekenen gehad met urenlange vertragingen." *Het Nieuwsblad*, 27.7.98.

Fr: "Idées-cadeaux pour **week-end** à la campagne." *Le Figaro*, 22.3.96.

Fr: "Que diriez-vous de passer votre prochain **week-end** en compagnie de fins gastronomes?" *Le Figaro Magazine*.

Fr: "Importante réunion monétaire des Quinze ce **week-end** à Vérone." *Le Figaro*, 11.4.96.

Fr: "Bernard Tapie... semi-liberté, assortie d'une autorisation de permission le **week-end**." *Aujourd'hui*, 13.4.97.

Fr: "Au Palais des Congrès on pourra tout le **week-end** admirer les voitures de près." *Le Figaro*, 28.4.96.

Fr: "Mais dans la dramatique prise d'otages du **week-end** dernier...". *Le Point*, 30.12.94.

Fr: "...en plaçant, le **week-end** dernier, une charge explosive sur le rebord...". *Le Point*, 5.10.96.

Fr: "...les athlètes ne peuvent plus espérer se satisfaire d'un entraînement intensif le **week-end**". *Les Échos*, 26.7.96.

Po: "— **Weekend**, foi passar o **weekend** na capital." Amado, *Tereza Batista cansada de guerra*.

welfare state/Welfare State/welfare/Welfare

Es: "...el deficit público y la inflación como enemigos públicos, sea de la UEM, sean del **Welfare State**." *El País*, 2.7.96.

Fr: "Bill Clinton avait promis de 'mettre un terme au **Welfare** tel que nous le connaissons'." *Les Échos*, 25.7.96.

Fr: "Bill Clinton a osé... remettre en question le système de l'aide sociale automatique, le ***Welfare***." *Le Figaro Magazine*, 7.3.98.

Fr: "Elle n'a pas su vanter suffisamment les mérites du grand chambardement du '**welfare state**', un des grands chantiers ouverts par M. Blair dès son arrivée à Downing Street." *Le Figaro*, 28.7.98.

It: "Flavia Prodi, paladina del '**welfare state**', ha convinto il suo leader." *Corriere della Sera*, 6.4.96.

It: "...il tema del **Welfare** non era però al primo posto". *La Repubblica*, 22.5.97.

It: "Oggi consiglio dei ministri, primo punto all'ordine del giorno: **welfare**." *La Repubblica*, 22.5.97.

It: "Salvati: discutere il **welfare** è interesse dei sindacati." *Corriere della Sera*, 17.9.98.

Po: "Os europeus, a braços com os déficits criados pelo ***welfare state***...". *Jornal do Brasil*, 2.3.97.

western

Es: "Un caballo terco y bravo justifica el nombre de este **western**-comedia ligero...". *El País*, 9.1.96.

Fr: "Bartabas. **Western** en pays de l'Est." *Madame Figaro*, 9.3.96.

Fr: "Une balle de 7mm... tirée par une winchester, redoutable arme de **western**...". *Le Point*, 30.12.94.

Fr: "Un film ovni qui... s'achève en **western** métaphysique...". *Le Point*, 25.5.96.

Fr: "Je ne comprenais rien aux **westerns** ni aux chévauchées dans les grands espaces." *Le Point*, 1.4.95.

Fr: "On attendait un **western** pléthorique, et voilà qu'on nous offre une élégie...". *Le Figaro Magazine*, 10.5.97.

Fr: "Manuel Poirier: **western** à la mode de Monte Hellman ou de John Schlessinger." *Le Monde*, 12.5.97.

Fr: "...la fable **western** de Dante autour de la mule d'une gravure de Remington...". *Libération*, 16.5.97.

Fr: "Gus Van Sant marie les gays et Shakespeare, le **western** et le psychédélisme." *L'Express*, 8.5.97.

Fr: "...un genre aujourd'hui disparu: le **western**-spaghetti". *L'Événement du jeudi*, 28.5.97.

Fr: "...les aventures vécues par l'acteur au pays du **western**-spaghetti". *Le Nouvel Observateur*, 11.6.97.

It: "Anche in Italia crescono i patiti della monta **western**." *IoDonna*, abr. 1996.

Po: "TV por assinatura. Um '**western**' clássico." *Jornal do Brasil*, 14.4.96.

whisky/whiskey/uísque

Fr: "Le président était un fin connaisseur... avec un faible particulier pour le **whisky**." *Jeune Afrique*, 13.5.97.

Fr: "Soviétiques et Américains rivalisaient de faste et d'alcool, vodka contre **whisky**...". *Le Point*, 3.5.95.

Fr: "Les bouteilles de **whisky**, les cigarettes blondes, et même les timbres destinés...". *Paris Match*, 6.3.97.

Fr: "Guiness apporte... mais aussi le **whisky** Johnny Walker." *Libération*, 13.5.97.

Fr: "...cachée dans sa poche arrière, une flasque de **whisky**...". *Jeune Afrique*, 20.5.97.
Fr: "Il était une fois un continent arrosé par le **whisky**...". *Le Figaro Magazine*, 21.2.98.
Fr: "Route du **whiskey**: le manège enchanté." *Le Figaro*, 17.3.98.
Fr: "Une bouteille de **whisky** vide, abandonnée par le précédant locataire." *Le Figaro Magazine*, 21.2.98.
Po: "— Isso, sim, é **uísque**, o resto é porcaria!" Amado, *Tieta do agreste*.
Po: "...logo se entregaram a tarefas bem mais agradáveis: **uísque** e garotas". Amado, *Tieta do agreste*.
Po: "Um velho tinha um **whisky** tão extraordinário que, quando bebia dele, falava escocês." Lins, *Almanaque*.
Po: "O *barman*, claro, o conhece de outros carnavais, e já traz pronto **um uísque**." *Manchete*, 22.11.97.

whist

Po: "...jogavam o voltarete ou o *whist*, falavam de política". Machado de Assis, *Memórias póstumas de Brás Cubas*.

white-tie

Po: "Na Royal Society já não se exige mais **white-tie** nos grandes jantares." Lins, *Almanaque*.

Who's Who

Fr: "C'est l'occasion de revoir ses voisins dans les pages du '**Who's Who**' indien." *Le Point*, 19.4.97.
Fr: "**Who's Who**: les grands du lied: Schubert, Schumann, Brahms, Wolf, Mahler." *Le Point*, 6.6.98.
Fr: "Le '**Who's Who**': le rendez-vous de la France qui gagne." *Le Figaro Magazine*, 25.10.97.
Fr: "Certains pensent à tort que figurer dans le **Who's Who** c'est entrer dans le establishment." *Le Figaro*, 20.10.97.
Fr: "Dans la notice du '**Who's Who**', Bertie Ahern déclare être un amateur 'fanatique' de football Gaélique, un sport typiquement irlandais." *Le Point*, 16.6.97.
Fr: "Dans ce **Who's Who** du noir et blanc, l'effet d'archipel est saisissant: des images rassemblent les fragments d'une époque dont elles disent l'énergie, la polymorphie, le génie." *Le Point*, 30.5.98.

wildlife

Fr: "Depuis, Clive Stockil est devenu une célébrité dans le monde de la ***wildlife*** et de l'écotourisme." *Le Figaro Magazine*, 16.4.98.

winchester/Winchester

Fr: "Une balle de 7mm... tirée par une **winchester** 30-30, redoutable arme de western." *Le Point*, 30.12.94.

windsurf/windsurfista

Po: "A ***windsurfista*** Cristina Mattoso, que representou o Brasil nas duas últimas Olimpíadas...". *O Globo*, 19.2.97.
Po: "Vou fazer 42 anos e ainda pratico **windsurf**, treino jiu-jítsu." *O Globo*, 25.5.97.

wishful thinking

Fr: "Toni Braxton doit sa carrière française au '**wishful thinking**' de sa maison de disques." *Paris Match*, 30.4.97.

workaholic/Workaholic

Al: "Star Tobias Moretti über sein Kinodebüt in der Komödie '**Workaholic**'." *Focus*, 8.7.96.
Al: "Spielberg: "Nein, **Workaholics** mögen ihre Arbeit nicht, dennoch können sie nicht aufhören'." *Welt am Sonntag*, 13.9.98.

Po: "Dean Koontz: "...sou um *workaholic* convicto. Não viajo nunca e saio pouco'." *O Globo*, 19.7.97.

workshop

Fr: "Elle arrive avec des jeunes musiciens... une manière de *workshop* qu'elle sponsorise tous les ans." *Libération*, 5.5.97.

Fr: "...ce sont les **workshops**, qui rassemblent plus de cent vingt musiciens sous la conduite de professeurs". *Elle*, 27.7.98.

It: "Alla fine del corso sono previsti **workshop**, cioè incontri con altri allievi e insegnanti, per fare ascoltare i propri lavori." *IoDonna*, 15.9.98.

Po: "Mashav... cursos para bolsistas de 135 países em desenvolvimento, com *workshops* em inglês, russo, espanhol, francês e árabe." *O Globo*, 20.5.97.

Po: "Bosniak esteve no Rio para participar de *workshops* e não poupou elogios ao método." *O Globo*, 25.5.97.

Po: "Na terça-feira, apresentam 'Chromorama', fazendo também um **workshop**." *O Globo*, 30.5.97.

Po: "Venha esquentar o seu inverno nas oficinas e **workshops** do ELENKO." *Notícias do Elenko*, jun. 1997.

Po: "Embratur, Varig, Visa e Pluna investem US$300 mil em **workshops** na América do Sul." *Folha de S. Paulo*, 25.6.97.

Po: "A Embraer fará um **workshop** para agentes de viagem." *O Globo*, 8.11.97.

Po: "Na abertura do **workshop**, foi anunciado que o Bradesco concordou em considerar como 'seguras' as transações eletrônicas via Internet." Spinola, *O futuro do futuro*.

yankee

Fr: "De Gaulle: 'L'Amérique latine est un centre névralgique. C'est là que nous pouvons le mieux agir pour éviter la révolution, qui résulterait inévitablement de la haine que les populations éprouvent à l'égard des **Yankees**'." Peyrefitte, *C'était de Gaulle*.

Fr: "De Gaulle: 'Tranchons le mot: les **Yankees** sont insupportables à l'Amérique latine'." Peyrefitte, *C'était de Gaulle*.

Fr: "Débat. Halloween: pourquoi l'invasion '**yankee**'." *Le Figaro*, 1.11.98.

Fr: "Des **Yankees**, maigres et tannés, crachant le jus de leur chique, manifestèrent par des blasphèmes leur mauvaise humeur...". Constantin-Weyer, *Un homme se penche sur son passé*.

Fr: "...depuis le rasoir de sûreté du **yankee** Gillette, en 1895". *L'Express*, 1.5.97.

Fr: "Politiquement, par contre, l'Afrique n'intéresse guère les **yankees**." *Le Point*, 17.5.97,

Fr: "L'Anglo-American... s'est vu souffler par ses rivaux **yankees** de l'American Mineral Fields...". *L'Express*, 15.5.97.

Fr: "On n'y croise que des gentlemen qui trouveraient vulgaire de s'aventurer dans un palace pour **Yankee**." *Le Figaro Magazine*, 24.5.97.

Fr: "Entendez qu'il se sent bien avec les Latins et qu'il ne porte pas les ***Yankees*** dans son cœur." *Le Figaro Magazine*, 24.5.97.

Fr: "Mike Milan: Un **Yankee** Fort Critique." *Le Figaro*, 17.3.98.

yuppy/yuppie/Yuppie

Al: "Dabei steht die Entwicklung der Persönlichkeit im Vordergrund, womit sie sich deutlich von den **Yuppies** des letzten Jahrzehnts unterscheidet." *Focus*, 6.7.98.

Es: "...la pregunta es si puede interesar la peripecia de una señora... rodeada de lujos y caprichos... y un marido con aires de *yuppy* salido de una revista económica". *El País*, 12.1.96.

Es: "El sufriente Lehman... que sólo despierta buenos sentimientos..., y Davis Love, el ***yuppy*** con pinta de *todolopuede*...". *El País*, 18.6.96.

Fr: "**Yuppies** fatigués, la petite cuillère dans deux litres de Haagen-Däzs...". *Libération*, 7.5.97.

Fr: "...député efficace, un **yuppie** de 44 ans un peu fêtard, et pour ses vues plus 'droitières' encore que celles de Blair". *L'Express*, 8.5.97.

Fr: "Dans les parcs, les **yuppies** de la Grosse Pomme chaussent leurs roller-blades et s'en vont se dégourdir les jambes." *Elle*, 15.6.98.

Po: "Calvin Klein. O perfume refletia a obsessão das pessoas, em plena década ***yuppie***, por dinheiro, sexo e ascensão social." *Jornal do Brasil*, 13.7.97.

Po: "Versace. Antenado com o estilo de vida **yuppie** que então vigorava em Nova York...". *Veja*, 23.7.97.

Po: "Banda de **yuppies** anima o centro de São Paulo." *Jornal do Comércio*, 7.2.99.

zapping/zapper

Es: "Los responsables del proyecto concluyen que el método 'no importuna el espectador, elude el **zapping**, abarata costes'...". *El País*, 9.2.96.

Fr: "Très vite, en zappant mercredi comme on avait **zappé** l'autre lundi...". *Libération*, 9.5.97.

Fr: "Vers un **zapping** scolaire... en faveur de l'école privée." *L'Événement du jeudi*, 2.4.97.

Fr: "Quand le sociologue Pierre Bourdieu fait son **zapping**, animateurs et invités du petit écran en prennent pour leur grade." *L'Express*, 6.2.97.

Fr: "Barrage anti**zapping** dans une pub télé." *Libération*, 4.3.97.

Fr: "...une multiprogrammation, une sorte de '**zapping**' permanent qui ressemble à la grille de Canal Plus." *Le Point*, 25.2.95.

Fr: "Raul Amar, encore lui, a été '**zappé**' des présentateurs nominés pour le prix du public." *Le Point*, 25.2.97.

Fr: "Si on **zappe** [télés, radios, tchatche de comptoir], on dévise sur le festival de vannes des législatives...". *Marianne*, 25.5.97.

Fr: "Une soirée d'élections, c'est d'abord une soirée **zapping**." *Le Figaro Magazine*, 31.5.97.

It: "E meno male che una volta tanto, facendo **zapping**, capita qualcosa che ti sorprende...". *La Repubblica*, 2.6.97.

zipper/zíper

Fr: "Pulls **zippés**, bermudas à larges poches charpentier...". *L'Événement du jeudi*, 2.4.97.

Po: "Ponte Rio—Niterói. O sistema funciona como um grande **zíper**." *O Globo*, 20.5.97.

zoom

Fr: "**Zoom** sur les chiffres clés de la science." *Libération*, 4.3.97.

Fr: "En revanche, les appareils à **zoom** puissant nécessitent au moins 300 paliers." *Le Point*, 26.5.97.

Fr: "...surtout lorsque l'appareil possède un **zoom** puissant". *Le Figaro Magazine*, 31.5.97.

Fr: "Au format HI8, il est également équipé d'un **zoom** x 15, d'un écran LCD...". *Le Figaro Magazine*, 31.5.97.

Fr: "L'auteur de *Water Music* **zoome** — au plus près — sur la folle dérive de ces deux parias en cavale." *L'Express*, 29.5.97.

Fr: "Les **zooms** optiques sur-puissant se répandent." *Le Figaro*, 13.6.97.

Fr: "**Zoom** de plus en plus puissant et taille réduite, les compacts-zoom s'imposent...". *Le Figaro*, 13.6.97.

Fr: "**Zoom** sur un film trop crade." *L'Événement du jeudi*, 25.6.97.

3

Do latim

Para não sobrecarregar o texto com transcrições em cirílico, as citações de autores russos aparecem traduzidas para o francês ou inglês e situadas entre colchetes. As palavras em latim no texto estão em **negrito**.

As palavras latinas nos textos das demais línguas estão também em **negrito**, romano ou itálico, segundo os originais.

Diante de cada citação, figura uma indicação abreviada da língua: *Al* (alemão), *Es* (espanhol), *Fl* (flamengo), *Fr* (francês), *In* (inglês), *It* (italiano), *Ne* (neerlandês), *Po* (português), *Ru* (russo).

ab aeterno/ab aeternus

Fr: "Le premier [sonnet], développait une métaphore [...]: l'Immaculée Conception, prévue, '**ab aeterno**' comme le couronnement de l'œuvre de la Création...". Bianciotti, *Ce que la nuit raconte au jour*.

Po: "O condomínio do edifício onde reside, do qual é síndico **ab aeternus**...". Amado, *Tenda dos milagres*.

ab intestato

Fr: "Tout indique que la succession de Camille Lanvin était **ab intestato**." Stemer, *Faire le point*.

Po: "**Ab intestato**, locução jurídica 'sem deixar testamento'. Refere-se, também, à sucessão em que não há testamento e ao herdeiro que nela exerce seus direitos." Rónai, *PDBLP*.

ab ovo

Fr: "De Gaulle: 'Il faut reprendre la question **ab ovo**'." Peyrefitte, *C'était de Gaulle*.

Fr: "**Ab ovo**, mot emprunté d'Horace [*Art poétique*]. Allusion à *l'oeuf de Léda*, d'où était sortie Helène: 'Nec gemino bellum Troianum orditur **ab ovo**'." Stemer, *Faire le point*.

Po: "Se Homero tivesse querido contar **ab ovo** a guerra de Tróia...". *Koogan-Houaiss*.

Po: "A loc. adv. **ab ovo**, 'desde o ovo', 'desde o começo', voltando até a origem: *contar uma história* '**ab ovo**'." Rónai, *PDBLP*.

Po: "As pesquisas datam, principalmente, para não remontar '**ab ovo**', desde 1855, da comissão de João Francisco Lisboa e Gonçalves Dias...". Ribeiro, *Crítica*.

a contrario

Fr: "**A contrario**, il n'y a pas d'exemples de catholiques ou de juifs tuant des coreligionnaires parce qu'ils refusent de porter une croix ou une kippa." *Le Point*, 30.12.94.

Fr: "La capacité de l'euro à s'imposer comme devise internationale devient problématique. '**A contrario**, la livre est aujourd'hui une monnaie sûre'...". *Libération*, 30.4.97.

Fr: "**A contrario**, la gauche a mené une excellente campagne." *Jeune Afrique*, 10.6.97.

Fr: "**A contrario**, du côté des aficionados, un sentiment d'indignation et d'inquiétude domine." *Le Figaro*, 20.6.97

Fr: "**A contrario**, les capitaux qui tirent la croissance sont importés." *Enjeux/Les Échos*, mar. 1994.

Fr: "**A contrario**, ne dit-on pas d'ailleurs des conards qu'ils 'ont les foies (blancs)'?" Bril, *Petite fantasmagorie du corps*.

Fr: "L'exemple américain le démontre **a contrario**; en confiant leur gestion [déchets] au marché, on a abouti à une situation sans issue." Attali, *Dictionnaire du XXIe siècle*.

Fr: "...ce que corrobore **a contrario** une expression allemande qui dit à peu près: 'parler librement loin du foie' pour dire 'en confiance, à cœur ouvert'". Bril, *Petite fantasmagorie du corps*.

Fr: "Il en symbolise éventuellement la couardise, de sorte que, **a contrario**, il était interdit, en Colombie britannique, de manger le cœur de la poule...". Bril, *Petite fantasmagorie du corps*.

Fr: "Symbolisme équivoque, d'ailleurs, à considérer qu'**a contrario** calvitie et alopécie résultent de l'action d'une hormone mâle, la testosterone." Bril, *Petite fantasmagorie du corps*.

academia

In: "Mr. Sokal... a gloating article about his hoax for Lingua Franca, a magazine about **academia**." *Herald Tribune*, 17.5.96.

In: "The Unabomber fled **academia** for a hermit's existence in Montana." *Herald Tribune*, 10.7.96.

In: "Recent work in **academia** suggests that community and civil society...". *BusinessWeek*, 24.3.97.

In: "Alarm in **Academia** as Term Papers Flood Net." *Herald Tribune*, 9.6.97.

acumen

In: "The French had the political **acumen** to live with British ambiguity...". Kissinger, *Diplomacy*.

In: "The disparity in... intelligence and logistics, and particularly in technological **acumen**." *Herald Tribune*, 30.7.96.

In: "Western officials praised the new prime minister's dedication and **acumen**." *Herald Tribune*, 28.8.98.

In: "The chairman lacked critical financial **acumen**." *BusinessWeek*, 9.12.96.

In: "Hashim showed his business **acumen** early on, at age 12...". *BusinessWeek*, 21.10.96.

In: "They want to transform a transaction shop known for its bond-trading **acumen** into a top-tier investment bank." *BusinessWeek*, 5.5.97.

In: "Warren Buffet... and his **acumen** for making money seems divine." *Herald Tribune*, 11.5.97.

In: "His **acumen** was known in Omaha but little outside the city." *Herald Tribune*, 11.5.97.

In: "Arnault has used surprise takeover tacticks and financial **acumen** to build an $8 billion global powerhouse." *BusinessWeek*, 10.11.97.

In: "Ferdinand Porsche. Besides his **acumen** as a car engineer and entrepreneur, he and his father were symbols." *Herald Tribune*, 29.3.98.

In: "Chris Blackwell. His business **acumen** is equally legendary." *The Times Magazine*, 1.8.98.

addendum/addenda

Fr: "**Addenda** informel au programme, quelques lignes intitulées 'Internet: propositions spécifiques'." *Libération*, 16.5.97.

In: "Dictionary. '...corrals them into a separate ***Addenda Section***'." *Time*, 29.7.96.

In: "The **Addenda** provides a useful glimpse...". *Time*, 29.7.96.

In: "An **addendum** to the plan will give Alitalia $150 million more...". *BusinessWeek*, 24.3.97.

In: "Since 1964, when the takeover was achieved, there has been no further major revision, although **addenda** to the W3 have appeared and the wide range of Webster's 'college' dictionaries continue to appear." Green, *Chasing the Sun*.

In: "While the verb is marked as 'usu. taken to be offensive', the noun has no such **addendum**." Green, *Chasing the Sun*.

ad hoc/ad-hocism

Fr: "...la volonté des groupes bancaires d'exercer dans des structures **ad hoc** indépendantes certaines activités". *Les Échos*, 26.7.96.

Fr: "De Gaulle: 'Tout cela permettrait de faire travailler l'Assemblée, par exemple par le biais d'une commission **ad hoc**, ce qui ne manquerait pas d'intéresser les parlementaires'." Peyrefitte, *C'était de Gaulle*.

Fr: "L'institution, em décembre 1993, des tribunaux **ad hoc** pour l'ex-Yougoslavia et pour le Rwanda sont autant d'illustrations...". *Le Soir*, 17.6.98.

In: "Early in the nineteenth century, Great Britain turned its ***ad hoc*** defense of the balance of power into a conscious design." Kissinger, *Diplomacy*.

In: "***Ad hoc*** departmental approaches have more — and more passionate — spokesmen that does an overall strategy, which often has no spokesman at all." Kissinger, *Diplomacy*.

In: "To avoid what Mr. Berger described as '**ad-hocism**', he said he was outlining a clear chain of command." *Herald Tribune*, 22.4.97.

In: "Assembling an **ad hoc** team of Russian and international specialists was riskier." *The New York Times*, 22.9.96.

In: "The Washington session was **ad hoc** and risky." *Time*, 14.10.96.

Po: "Esta é uma lei ***ad hoc***, própria para tal circunstância." *Koogan-Houaiss*.

Po: "FMI. A alternativa para os acordos stand-by são os empréstimos **ad hoc**, como os criados pelos E.U.A. para o México." *Gazeta Mercantil*, 17.11.96.

ad infinitum

In: "**Ad infinitum**: The confusion of the finite with the infinite...". Dorfles, *Kitsch, the World of Bad Taste*.

Po: "...a flor virtual se desdobra ***ad infinitum*** numa cadeia de significantes e significados entrelaçados...". Seabra, *A poesia de Miguel Reale*.

ad interim [ver: "interim"]

Fr: "Pendant l'absence du titulaire, on les appelle chargés d'affaires **ad interim**, en abréviation *a.i.*" Serres, *Manuel pratique de protocole*.

ad libitum

Fr: "Bach... a édifié pour un instrument seul et même quelconque [un clavier ***ad libitum***], les monuments du 'Clavier bien tempéré' et de 'L'art de la fugue'." *Le Point*, 1.7.95.

Po: "Tocar uma música ***ad libitum*** é tocá-la no movimento que se quer." *Koogan-Houaiss*.

ad nauseam

In: "Jack Kemp... with his penchant for elaborating **ad nauseam** on the finer points." *U.S. News*, 26.8.96.

In: "A commercial singer may have to repeat the same song ***ad nauseam*** because this is what a crowd in a pub is looking for." *The Irish Times*, 15.8.98.

In: "He had become not just the victim but the diagram of the art market; freebasing to paint, vomiting freebase, in order to paint again — the gorge and spew of sale and resale **ad nauseam**." *The Guardian*, 8.8.98.

Po: "Apoiado por governistas, Sergio Motta repetiu seu argumento '**ad nauseam**'." *Folha de S. Paulo*, 18.6.97.

Po: "...empapado de clichês abomináveis que o pop internacional já utilizou **ad nauseam** e aqui pululam nos arranjos de música baiana". *Jornal do Brasil*, 17.6.97.

ad nutum

Po: "Todo ministro é demissível **ad nutum** do Presidente da República." Faria, *Reminiscências*.

Po: "O empregado não estável pode ser demitido **ad nutum** do patrão." *Koogan-Houaiss*.

Po: "**Ad nutum**, 'às ordens', diz-se do ato que pode ser revogado pela vontade de uma só das partes; diz-se da demissibilidade do funcionário público não estável, deliberada a juízo exclusivo da autoridade administrativa competente." Rónai, *PDBLT*.

ad referendum

Fr: "Dans le langage du droit: **ad referendum** ou bien dans le langage quotidien: sous condition d'en référer. Il s'agit d'une formule de chancellerie courante: une proposition acceptée **ad referendum**." Stemer, *Faire le point*.

Po: "O tal voto tem uma anotação manuscrita de que foi aprovado **ad referendum** do Conselho pelo então ministro Funaro, mas o documento nunca deu entrada no CMN." *O Globo*, 12.7.97.

Po: "Sistema político-eleitoral. São 22 partidos definitivamente registrados, mais quatro com registro deferido **ad referendum** do tribunal." *Problemas Brasileiros*, mai.-jun. 1997.

Po: "A lei foi publicada **ad referendum** do Congresso." *Koogan-Houaiss*.

Po: "Locução adverbial **ad referendum**, 'para referir', significa condição de consulta aos interessados e aprovação deles." Rónai, *PDBLP*.

ad valorem

Fr: "...l'utilisation de CREST sera facturée sur une base de coût effectif du nombre d'opérations et non pas **ad valorem**". *Les Échos*, 19.6.96.

Po: "Os direitos aduaneiros são, em geral, **ad valorem**, proporcionais ao valor das mercadorias importadas." Faria, *Reminiscências*.

Po: "**Ad valorem**, 'conforme o valor', é locução adjetiva. Diz-se da tributação que se faz de acordo com o valor da mercadoria importada ou vendida e não por seu volume, peso, espécie ou quantidade." Rónai, *PDBLP*.

ad vitam aeternam

Fr: "Maastricht....déficits publics limités à 3% du PIB... **ad vitam aeternam**." *L'Express*, 8.5.97.

Fr: "Sans ces 'mutations', disent les biologistes, la vie sur terre en serait encore à multiplier **ad vitam aeternam**, la même algue bleue microscopique." *Le Point*, 12.11.94.

Fr: "**Ad vitam aeternam**, oui, *pour la vie éternelle*, à jamais, pour toujours." Stemer, *Faire le point*.

advocatus diaboli

Po: "Medeiros e Albuquerque... inimigo irreconciliável do soberano, cuja glória contesta pior do que o faria um **advocatus diaboli**." Ribeiro, *Crítica*.

aegis

In: "Each year, under the **aegis** of the Association des Inventeurs et Fabricants Français...". *Herald Tribune*, 11.5.97

In: "The magical sound they produced... suggested that miracles are being achieved under Sir Colin's benign **aegis**." *Sunday Times*, 13.9.98.

aenigma/enigma

In: "A pacifist in later life, Wm. Colby remained an **enigma**." *Time*, 13.5.96.

In: "...an illusion of knowledge where lacunae and **enigmas** abound". *Herald Tribune*, 26.5.96.

In: "The real enigma of **Enigma**'s 1993 hit song *Return to Innocence...*". *Time*, 15.7.96.

In: "Behind the Masks, More **Enigma**." *Herald Tribune*, 25.11.96.

In: "An **Enigma** in Tel Aviv Bombing." *Herald Tribune*, 27.3.97.

In: "Honda's Prelude to an **Enigma**." *Herald Tribune*, 28.3.97.

In: "But without written records, these astonishing bronzes remain **enigmas**." *Time*, 7.10.96.

In: "The **enigma** of identity... lies at the heart of *My Other Life*." *Time*, 7.10.96.

In: "...the fact that Margiela has 'made himself an **enigma**'...". *Herald Tribune*, 29.4.97.

In: "Netanyahu remains something of an **enigma**." *The New York Times*, 23.11.97.

In: "Elisabeth of Bavaria. The **enigma** of her persona only grew." *Time*, 6.4.98.

aequilibrium/equilibrium

In: "The food situation, too, has been brought into **equilibrium**." Goebbels, *Diaries*, 25.4.42.

In: "Although what has happened in Italy has made a deep impression upon him [the Fuehrer], it has not succeeded in throwing him off his **equilibrium**." Goebbels, *Diaries*, 27.7.43.

In: "World order cannot be based on the politics of **equilibrium** alone." Henry Kissinger, em *Herald Tribune*, 13.5.96.

In: "...rejection of any structural concept of **equilibrium**...". Henry Kissinger, em *Herald Tribune*, 13.5.96.

In: "We have lost our spiritual **equilibrium** and inverted our values." *Herald Tribune*, 21.5.96.

In: "...a threat to Pyongyang's **equilibrium**". *Time*, 15.7.96.

In: "...it could imperil efforts to build a new security equilibrium". *Herald Tribune*, 8.10.96.

In: "Cyprus. 'With the end of the Cold War... this **equilibrium** is not stable'." *Time*, 23.6.97.

In: "Some delicate **equilibrium** is upset, some tacit understanding betrayed." *New York*, 15.12.97.

In: "Nuclear **Equilibrium**. The tests restore nuclear **equilibrium** to the subcontinent." *Herald Tribune*, 29.5.98.

In: "The French are defiant. 'There's no **equilibrium** in the financing', complains Jacques Lambert, the World's Cup Organizing Committee's general director." *BusinessWeek*, 8.6.98.

aera/era

In: "Beijing bureau chief, witness to a tumultuous **era**...". *Time*, 13.5.96.

In: "Microsoft would be lost in cyberspace — sidelined in the new **era** of Internet computing." *Time*, 15.7.96.

In: "Transition to a new **era** — the era of independence." *Herald Tribune*, 13.5.96.

In: "In an **era** in which many Americans bemoan a decline of traditional values...". *Time*, 17.6.96.

In: "Communist-**era** products still sell well." *BusinessWeek*, **19.8.96.**
In: "It looked as if Bill Gates would be... sidelined in the new **era** of Internet." *BusinessWeek*, 15.7.96.
In: "Taylor was one of the last living links to the Wright brothers **era of aviation.**" *Herald Tribune*, 1.7.96.
In: "A scandal touching Italy's Big Three signals the end of an **era.**" *BusinessWeek*, **19.8.96.**
In: "The **era** of big armies facing off in Europe seems over." *Herald Tribune*, **8.7.96.**
In: "The Polish pope... one of the most dominant figures of his **era.**" *Newsweek*, **30.9.96.**
In: "Russia... progress toward overcoming one of the worst legacies of the old **era.**" *Newsweek*, 15.7.96.
In: "Arens thought Boris Yeltsin's reform **era** would make a difference." *U.S. News*, 30.9.96.
In: "The Yeltsin **era** 'is finished'." *U.S. News*, 30.9.96.

a fortiori

Es: "Parece una conclusión firme... la naturaleza física de la psyche celular, que, **a fortiori**, actúa sobre un tipo de ambiente asimismo cualitativamente distinto...". *El País*, **18.6.96.**
Fr: "De Gaulle: 'Donc, il n'y a pas moyen de faire une politique franco-allemande, ni, **a fortiori**, une politique européenne, puisqu'il n'y a pas moyen de faire une politique européenne indépendante. Toute la question est là'." Peyrefitte, *C'était de Gaulle.*
Fr: "Quant aux organisations professionnelles [..]on ne peut compter qu'elles coopèrent avec le pouvoir à Quelque chose de constructif, ***a fortiori*** si cela implique des contraintes pour leurs mandants." De Gaulle, *Mémoires d'espoir.*
Fr: "C'est assez dire les limites des concepts de francophonie et **a fortiori** *de latinité.*" Rossillon, *Civilisation latine.*
Fr: "Pour faire de la matière, et **a fortiori** de la matière vivante, il faut des atomes...". *Le Point*, 25.5.96.
Fr: "La scène dure au delà de la limite généralement admise par nos habitudes de spectateurs, ciné et ***a fortiori***, télé." *Libération*, 15.5.97.
Fr: "La Russie... n'avait aucun moyen, ni diplomatique, ni juridique, ni **a fortiori** militaire, de s'opposer à l'élargissement de l'OTAN." *Jeune Afrique*, 10.6.97.
Fr: "L'immobilier-RER. Météor ne dessert pas par un arrêt, ni la faculté de Tolbiac, ni, hélas, le village Jeanne d'Arcini, ***a fortiori***, la Butte aux Cailles." *Le Figaro Magazine*, 10.4.98.
Fr: "Boris Eltsine. Le maintien de l'Otan et, ***a fortiori***, son élargissement s'opposent résolument à l'élaboration d'un système de sécurité." *Herald Tribune*, 29.4.96.
In: "**A fortiori** the agreement of the parties could not divest an arrangement of its effects on bail." *The Times*, 10.5.96.

agenda

Fr: "...deux rendez-vous inscrits cette semaine à son **agenda** ont dû être déplacés...". *Les Échos*, 25.7.96.
Fr: "L'**agenda** gourmand, de Michel Piot." *Le Figaro*, 24.5.96.
In: "BEEF TOPS **AGENDA** FOR CHIRAC VISIT." *The Times*, 13.5.96.
In: "Bob Dole Hopes to Seize **Agenda.**" *Herald Tribune*, 15.4.96.
In: "...key military leaders are pursuing their own **agendas**". *Time*, **3.6.96.**
In: "President Clinton refocused... on his anti-terrorism **agenda.**" *BusinessWeek*, 15.7.96.
In: "Put Energy, Food and the Environment on the **Agenda!**" *Herald Tribune*, **15.4.96.**
In: "The issue... gets elevated to the top of the national **agenda in 1997.**" *BusinessWeek*, 12.8.96.

In: "The Arab states... and their extremely limited **agendas**." *Herald Tribune*, 2.6.96.

In: "In his 1994 book *The **Agenda***, Bob Woodward recounts an Oval Office meeting...". *Time*, 17.6.96.

In: "Put a Free Press Atop the **Agenda** of the Former **Yougoslav**ia." *Herald Tribune*, 3.6.96.

In: "...best opportunity to make their ideology central to the Republican **agenda**". *Herald Tribune*, 28.5.96.

In: "Often the human-rights groups... have their own **agendas**." *Time*, 17.6.96.

In: "Peace will be the most important item on his **agenda**." *Herald Tribune*, 19.6.96.

In: "Israel... other Likud stalwarts with **agendas** of their own...". *Herald Tribune*, 19.6.96.

In: "American Concerns Overshadow Economic **Agenda**." *Herald Tribune*, 27.6.96.

a latere

Fr: "La diplomatie vaticane. Un légat **a latere** est un cardinal chargé d'une mission particulière." Serres, *Manuel pratique de protocole*.

It: "...le erogazioni economiche scaturenti dall'accordo in ogetto e dalle lettere '**a latere**', confermando nondimeno l'impegno...". *La Repubblica*, 22.5.97.

Po: "A missão por ele desempenhada era, na realidade, '**a latere**'." Faria, *Reminiscências*.

album/álbum

Fr: "...la sortie attendue des **albums** de Sting, Metallica, Bryan Adams ou The Cranberries". *Les Échos*, 25.7.96.

Fr: "Le dernier **album** de Bennett s'intitule 'Here's to the Ladies'." *Le Point*, 25.5.96.

In: "Cobain. Before the **album** was released, two members of For Squirrels died in a van crash." *Herald Tribune*, 26.6.96.

In: "I've not played my other two **albums** since the day I completed them." *The Times*, 16.7.96.

In: "Harry 'Sweets' Edison recalled cutting an **album** of 36 songs with Atzgerald." *Herald Tribune*, 12.7.96.

In: "Her second **album**, bluntly titled Sheryl Crow...". *Time*, 9.9.96.

In: "I know I'm a better singer than my last **album**, but my last **album** was what it was." *Newsweek*, 16.9.96.

In: "The pictures would look even worse without compilation **albums**." *Financial Times*, 19.5.96.

In: "Nina Hagen... she just happens to have a new **album**?" *Time*, 3.6.96.

In: "The 'new' **album** provides an open mike into the birth of rock's greatest group." *Time*, 4.12.95.

Po: "Escreveu para o presidente da Phillips pedindo **álbuns** de fotos." Oliveira, *Flores raras e banalíssimas*.

alias/aliases

Fr: "...les nombreux pères de cette 'micro-compact Mercedes-**alias** Swatchmobile'...". *Le Point*, 20.5.95.

Fr: "Car, s'ils voient le jour, ces mobiles '**alias** voitures' ne seront pas vendus aux clients...". *Le Point*, 1.4.95.

In: "A master terrorist who travelled with a grab-bag of **aliases**, forged passports...". *Herald Tribune*, 30.5.96.

In: "An ***Alias*** or double name." William Camden, 1551-1623.

In: "A second... writer... called an ***alias***." Sir William Blackstone, 1723-80.

In: "Kazinski... used 'Conrad' or 'Konrad' as an **alias**." *Herald Tribune*, 10.7.96.

In: "Crosley was one of a number of **aliases** that Whittaker Chambers had used during his communist years." *Herald Tribune*, 18.11.96.

In: " 'Manny Guerin' was apparently an **alias** for Kenneth Kimes." *Time*, 20.7.98.

alibi/alibis

Fr: "De Gaulle: 'L'**alibi** tout trouvé, c'était l'Europe. L'excuse à toutes les dérobades, à toutes les lâchetés: l'Europe intégrée!'." Peyrefitte, *C'était de Gaulle*.

Fr: "Alors j'en ai voulu... au maréchal Pétain d'avoir servi d'**alibi** à toutes les lâchetés...". Maurice Druon.

Fr: "Aoun fut à l'époque l'**alibi** médiatique de nombreux français." *La Nouvelle Alternative*, jun. 1996.

Fr: "La police n'est pas une usine à fournir des **alibis**." Malraux, *La Condition humaine*.

Fr: "L'insinuation selon laquelle le jacobinisme parisien est un entrave à l'épanouissement du talent, c'est l'**alibi** des ratés." *Le Point*, 17.5.97.

Fr: "Derrière l'État de droit, **alibi** souvent avancé par nos juristes, on retrouve une vieille culpabilité coloniale." *Le Point*, 18.2.95.

In: "A convenient **alibi** here and there suited their preference for doing nothing." Kissinger, *Diplomacy*.

In: "...concession to provide it with an **alibi** not to implement the threat". *Herald Tribune*, 13.5.96.

In: "Mr. Yousef yoked himself to an untenable **alibi** by promising to show the jurors that he was in a Pakistan prison." *The New York Times*, 7.9.96.

In: "How could he, though, if McVeigh lacked even the shadow of an **alibi**?" *Time*, 9.6.97.

It: "Ma chi paguerà gli **alibi** politici?" *Corriere della Sera*, 2.4.96.

It: "Gli chiedono l'**alibi**: lei dov'era il 7 marzo scorso?" *La Stampa*, 10.4.96.

Po: "O professor tem todos os **alibis** para não ensinar." *Veja*, 7.8.96.

alma mater

Fr: "**Alma mater** 'mère nourricière' était une expression souvent employée par les poètes latins pour désigner la patrie; de nos jours elle désigne l'Université." Stemer, *Faire le point*.

In: "Arnold Schwarzenegger will receive an honorary degree Friday from his **alma mater**, the University of Wisconsin." *Herald Tribune*, 16.5.96.

In: "Steven Sinofski, Gates' technical assistant, returned to his **alma mater**, Cornell University, on a recruiting trip." *BusinessWeek*, 15.7.96.

In: "Alexander Ogston... Trinity, next door to his own **alma mater** of Balliol." *The Times*, 15.7.96.

In: "Blair captures hearts of cabinet **alma mater**." *Sunday Times*, 14.7.96.

In: "My own **alma mater** was not like Gordonstoun." *Sunday Times*, 14.7.96.

In: "While his august haute cuisine **alma mater** remains half empty...". *BusinessWeek*, 17.3.97.

In: "President Lee... an unofficial visit to Cornel University, his **alma mater**." *Herald Tribune*, 15.4.97.

In: "Roth has frequently celebrated his once predominantly Jewish **alma mater** as something like a yeshiva of assimilation." *Time*, 12.5.97.

In: "And where better to learn the trade than at the Cordon Bleu, Julia Child's **alma mater** and the setting for Audrey Hepburn's cooking classes in the 1954 classic, *Sabrina*." *BusinessWeek*, 16.3.98.

In: "Paris Studio Bercot to the Chambre Syndicale school, the bastion of haute technique and the **alma mater** of Yves Saint Laurent." *Herald Tribune*, 15.3.98.

Po: "...sendo a Academia a ***alma mater*** de todas as atividades culturais deve abraçar estas atividades que vêm ao encontro dos nossos propósitos". *Boletim da Academia Brasileira de Letras*, 5.6.97.

alter ego/Alter Ego

Al: "Er verkörperte in der Vergangenheit... das **Alter Ego** der berühmtesten Modeschöpfer." *Madame*, mai. 1996.

Fr: "Christine Ockrent égratigne Patrick Poivre d'Arvor, son **alter ego** du '20 heures'...". *Le Figaro*, 3.4.97.

Fr: "Sentant sa mort prochaine, M. Songe, **alter ego** de Robert Pinget, ronchonne une ultime fois ses maximes vachardes." *L'Express*, 29.5.97.

Fr: "Sir Dominis Cadbury. Son **alter ego**, I. D. Johnston, a débuté sa carrière chez Unilever." *Le Figaro*, 23.6.97.

In: "His **alter-ego** might be devious...". *The Times*, 18.7.96.

In: "...former lawyer for drug barons and the **alter ego** of President Fujimori...". *Herald Tribune*, 29.4.97.

In: "Microsoft. Bill Names His Nº 2—As Expected, it's his **alter ego**, Steve Ballmer." *Newsweek*, 3.8.98.

It: "Luglio ha segnato una fuga degli specializzati Italia brevi termine [l'**alter ego** dei BoT], che passano da una raccolta netta di 4.357 milliardi in giugno...". *Il Sole 24 Ore*, 7.8.98.

Po: "A locução **alter ego**, 'outro eu', indica um amigo íntimo em quem se pode ter a mesma confiança que se tem em si mesmo." Rónai, *PDBLP*.

Po: "Adrian Sellers, personagem principal da trama e **alter ego** de David Ramus." *Veja*, 2.4.97.

Po: "Personagem Clemente: o **alter ego** dos portenhos comemora 25 anos." *O Estado de S. Paulo*, 8.7.96.

alumnus(i)

In: "More important, the leading **alumni** of Desert Storm backed Clinton." *Newsweek*, 16.9.96.

In: "**Alumni** include Reed, Buckley, polltaker Fabrizio, 'oppo' adviser Roger Stone, direct-mail guru Goldberg and new ad men...". *Newsweek*, 16.9.96.

In: "Grouf and six other Media Lab **alumni** hold a majority stake in the company...". *BusinessWeek*, 14.10.96.

In: "Parents and **alumni**, backed by Islamist groups, are angrily demanding...". *Herald Tribune*, 19.5.97.

In: "**Alumni** of 2 Colleges Bestride World of Fashion." *Herald Tribune*, 15.3.98.

a minima

Fr: "'C'est une transposition **a minima** de l'accord Unedic' estime la CGT." *Les Échos*, 19.6.96.

analysis

In: "Here, a British business **analysis** firm has for the past 14 months been undertaking...". *Herald Tribune*, 19.6.96.

In: "So no real **analysis** or explanations here, not even...". *Herald Tribune*, 19.6.96.

annus horribilis

Fr: "1981... **Annus horribilis**: François Mitterand est élu président! Les communistes entrent au gouvernement." *Le Point*, 19.4.97.

Fr: "Qu'il analyse la vogue du prénom Kévin ou les exploits amphibies de Ducruet ou 'l'**annus horribilis**' de la reine, Reynaert livre chaque semaine ses *weather reports...*". *Le Point*, 9.8.97.

Fr: "Tony Blair est trop jeune pour se souvenir de la première **annus horribilis** de la reine, il y a juste quarante ans." *Le Figaro Magazine*, 13.9.97.

In: "Queen Elizabeth called 1992 an '**annus horribilis**'— a horrible year that witnessed a fire at Windsor Castle, a furor over her exemption from the tax code, the separation of Prince Andrew and the former Sarah Ferguson, the divorce of Princess Anne and Captain Mark Phillips, and the accelerating marital difficulties of Charles and Diana." *Herald Tribune*, 19.9.97.

In: "This is the portrait of a woman permanently scarred by her **annus horribilis**." *The Times*, 8.5.96.

In: "There is no doubt that 1993 will go down in history as an **annus horribilus** for cars: overall sales in Europe slumped 16.5%." *Time*, 14.10.96.

In: "The Queen famously called 1992 — a year of separation, divorce and scandal — her ***annus horribilis***." *Time*, 1.12.97.

In: "Maxim Behar: "We have nowhere to go but up... 1996 was our **annus horribilis**." *BusinessWeek*, 28.4.97.

In: "Graf. It was an **annus horribilis** for the first lady of tennis." *Time*, 23.12.97.

In: "Robert Daly. Status report: Reeling from **annus horribilis**: nonblockbusters." *Premiere*, mai. 1998.

Po: "Desde 1992, que a rainha chamou de **annus horribilis** por conta da brigalhada entre o príncipe herdeiro Charles e a princesa Diana...". *Veja*, 28.8.96.

anonymus/anonymous

In: "Bahrain. An explosion damaged a car... and an **anonymous** caller said the blast was intended...". *Herald Tribune*, 19.6.96.

In: "Sold at Sotheby's to a dealer acting for an **anonymous** client." *Sunday Times*, 14.7.96.

In: "Susan... and the congregation of Alcoholoc **Anonymous** as well as...". *Herald Tribune*, 19.6.96.

In: "The mysterious **Anonymous**, author of the political novel *Primary Collors...*". *Herald Tribune*, 24.7.96.

In: "**Anonymous** no longer, columnist Joe Klein takes some heat." *Time*, 29.7.96.

ante

In: "Raising the **Ante**. Russia could raise the ante considerably with diplomatic moves of its own." *BusinessWeek*, 24.3.97.

antenna

In: "Shuttle Tests Giant **Antenna**." *Herald Tribune*, 21.5.96.

In: "Radio waves can... jam the signals that the plane's **antennas** receive...". *BusinessWeek*, 14.10.96.

In: "...hats with insect **antenna** above dresses appliquéd with scissored leaves...". *Herald Tribune*, 20.5.97.

In: "...walked the New York fooftop set — all garbage bins, television **antenna** and chimney spouting fiery flames...". *Herald Tribune*, 11.3.98.

anti

Fr: "...prenait bien soin de ne pratiquement jamais montrer l'œuvre de son **anti**héros". *L'Événement du jeudi*, 2.4.97.

Fr: "L'**anti**-Vivianne Forrester...". *L'Événement du jeudi*, 14.5.97.

Fr: "Mike Leigh....avec un cinéma militant **anti**-Thatcher." *L'Express*, 8.5.97.
Fr: "Tim Robbins... antirépublicain, **anti**-peine de mort. Considéré comme le subversif de Hollywood." *L'Express*, 8.5.97.
Fr: "Les **anti**-IVG attaquent deux cliniques." *Libération*, 9.6.97.
Fr: "McEnroe sera... talentueux mais **anti**-establishment...". *Le Point*, 7.6.97.
Fr: "...la cassure semble désormais irrémédiable entre pro et **anti**européens". *Le Point*, 1.7.95.
In: "Defeating Napoleon fueled German nationalism, and **anti**-semitism came back into vogue with a vengeance." *BusinessWeek*, 15.6.98.
In: "Either through a sense of **anti**-climax or because...". *The Times*, 16.7.96.

anus

Fr: "'*L'***anus** *du monde*': c'est ainsi que Heinz Thilo, médecin nazi, nommait Auschwitz." *Le Point*, 19.4.97.
In: "To him the TV set was both America's **anus** and its oracle." *Time*, 8.7.96.

apocalypsis/apocalypse/Apokalypse/apocalyptique

Al: "Braucht Amerika Leadership... die ein starker Präsident nur im Angesicht der **Apokalypse** vermitteln kann?" *Focus*, 8.7.96.
Fr: "Comme un prélude **apocalyptique** jetant l'effroi des fins de monde." Loti.
In: "The four horsemen of every America-Firster's **apocalypse**." *BusinessWeek*, 15.7.96.
In: "Zyuganov... those who share his vision of impending **apocalypse**...". *Time*, 17.6.96.

a posteriori

Es: "Y, en última instancia, de medidas legales de dudosa eficacia sólo utilizables **a posteriori**." *El País*, 23.1.96.
Fr: "Une des principales innovations de l'Office, c'est que le contrôle financier, au lieu d'être *a priori*, comme auparavant et comme dans les administrations, serait **a posteriori**, comme dans la Régie Renault ou les autres entreprises publiques." Peyrefitte, *C'était de Gaulle*.
Fr: "Ces questions sont certes traitées... mais elles le sont **a posteriori**...". *Le Point*, 12.4.97.
Fr: "M. Dugoin a remboursé ses voyages **a posteriori**, ce qui n'empêche pas le délit...". *Le Monde*, 5.5.97.
Fr: "Photos... ils facilitent vos cadrages, vous aident à visualiser vos prises **a posteriori**." *Le Figaro Magazine*, 16.5.97.
Fr: "73 nageuses et nageurs américains réclament **a posteriori** des médailles olympiques dont les ont dépossédés entre 1968 et 1988 une soixantine d'athlètes de l'ex-RDA qui étaient dopés." *Le Temps*, 14.9.98.
Fr: "Brésil... le pays n'est pas constitué par une réunion **a posteriori** d'unités préexistantes, comme les Etats-Unis d'Amérique, ni un pays 'un et indivisible'." Carelli, *France-Brésil: Bilan pour une relance*.
Po: "A reação americana só veio **a posteriori**." *Veja*, 18.9.96.

apparatus

In: "Rosenberg, following his old inclination to fuss with things which he knows nothing about, has made a gigantic **apparatus** of it which he is now unable to control." Goebbels, *Diaries*, 2.3.43.
In: "The Ministry of the Interior has no conception how to do this. It has created a tremendous bureaucratic **apparatus** which acts like a sponge on officialdom, sucking up all initiative." Goebbels, *Diaries*, 11.5.43.
In: "...plans for overhauling the Kremlin **apparatus**". *The Times*, 16.7.96.

In: "Zyuganov steadily climbed the rungs of the regional party **apparatus** in Oryol." *Time*, 27.5.96.

In: The Islamic cleric... continued to maintain relations with Iran's security **apparatus**." *Herald Tribune*, 21.11.96.

In: "...he was speaking for the powerful state security **apparatus**...". *The Times*, 6.5.96.

In: "Israel has a security **apparatus** that can withstand about any threat." *The New York Times*, 23.11.97.

In: "In Washington, the U.S. national-security **apparatus** continued its countdown to armed conflict." *Time*, 16.3.98.

In: "Manuel Pineiro, 63, the ruthless but urbane spymaster who for more than 30 years led Cuba's intelligence **apparatus**, died in a car crash." *Herald Tribune*, 15.3.98.

In: "Wireless telegraphy was in its infancy, but the Japanese had occasionally received signals from ship to ship... with their 'modified Marconi' **apparatus**." Warner, *The Tide at Sunrise*.

a priori

Fr: "Une des principales innovations de l'Office, c'est que le contrôle financier, au lieu d'être ***a priori***, comme auparavant et comme dans les administrations, serait *a posteriori*, comme dans la Régie Renault ou les autres entreprises publiques." Peyrefitte, *C'était de Gaulle*.

Fr: "Noël Mamère est a **priori**, le mieux placé." *Le Point*, 12.4.97.

Fr: "...d'autres liaisons régionales, comme Béziers-Paris, paraissaient **a priori** plus menacées." *Les Échos*, 26. 7.96.

Fr: "**A priori**, tant de sollicitude pourrait s'expliquer... par le caractère 'utilitaire'...". *Le Point*, 12.4.97.

Fr: "Une opération qui n'a pu **a priori** se faire qu'après introduction du premier code, connu de quatre personnes seulement...". *L'Express*, 1.5.97.

Fr: "Jean-Claude Van Damme. Pour vous, **a priori**, c'est un sex-symbol?" *Paris Match*, 6.3.97.

Fr: "Jospin a confié qu'il n'écartait pas **a priori** la dépénalisation du hasch." *Jeune Afrique*, 20.5.97.

Fr: "Pour nous c'est clair: nous donnons **a priori** la préférence à ceux qui se situent au plus près du projet républicain...". *Marianne*, 25.5.97.

Fr: "Le Brando de 1994, **a priori**, c'est un lutteur de sumo déguisé en grand-père Karamazov." *Le Point*, 10.9.94.

In: "The Fuehrer's judgment of the moral qualities of the generals is devastating. He doesn't believe any general ***a priori***." Goebbels, *Diaries*, 9.3.43.

In: "Kathryn Widd validates her belief that violence has an ***a priori*** claim on man." *The Times*, 18.7.96.

Po: "As línguas inteiramente inventadas são chamadas a **priori**." Magalhães, *Língua, linguagem, lingüística*.

Po: "...na nova arte... nada é excluído ou julgado irrelevante ***a priori***". Leo Steinberg, *Outros critérios*.

apud

Po: "A preposição **apud**, 'junto a', 'em', é empregada geralmente em Bibliografia para indicar a fonte de uma citação indireta." Rónai, *PDBLP*

Po: "Cada autor que citava, ele insistia em dizer '**apud**' Fulano de Tal...". Lins, *Almanaque*.

aquarium

Fr: "On a l'impression d'être dans un **aquarium** de marbre rouge...". Painter, *Marcel Proust*.

Fr: "Quarante-huit **aquariums** renferment langoustes, coquillages...". *Paris Match*, 17.4.97.

Fr: "La famille présidentielle est dans une sorte d'**aquarium** et observée avec un intérêt intense." *Le Point*, 10.5.97.

Fr: "...devient la destination touristique numéro un... avant le zoo et l'**aquarium**, avec trois millions de visiteurs par an". *Le Point*, 7.6.97.

In: "...and even items such as **aquariums** are packaged together by a publisher". *Business Week*, 10.6.96.

In: "Marine parks and educational **aquariums** can teach people...". *Time*, 28.10.96.

In: "The centerpiece of Lisbon's Expo'98 is a new kind of **aquarium**, recreating whole marine habitats that give an illusion of life in the open sea." *Time*, 1.6.98.

a quo

Po: "A locução estar '**a quo**', ficar '**a quo**', isto é, 'em jejum', diz-se do juiz ou tribunal de cuja sentença se recorre." Rónai, *PDBLP*.

Po: "O juiz Cintra não conseguia dizer que lhe faltava algum elemento no processo; insistia sempre não querer 'ficar **a quo**'." *Jornal do Comércio*, 11.6.94.

arbiter

In: "Mexico... the federal judiciary... the final **arbiter** in election disputes." *BusinessWeek*, 12.8.96.

In: "In April 1746 he wrote the 'Scheme' of the work, which he presented to Lord Chesterfield, the **arbiter** elegantiae of the period, for his approval and possible patronage." Green, *Chasing the Sun*.

arboretum

In: "...James Russell was the creator of the magnificent **arboretum** at Castle Howard". *The Times*, 13.5.96.

arcanus(a)

In: "At some point, when Gore cited **arcana** from Kemp's record, Kemp was supposed to ask...". *Time*, 21.10.96.

In: "...what did they know of stocks and debentures, puts and calls, the **arcana** of portfolio theory?". *Herald Tribune*, 11.5.97.

In: "Certainly it must be 43-year-old Pettit's phantasy — the equivalent of pitching computer **arcana** to a crusty five-term senator who doesn't even have e-mail." *George*, jan. 1998.

arena

In: "U.S. lawyers are more accustomed to operate in a global **arena**." *Herald Tribune*, 15.4.96.

In: "The true **arena** of this extreme game is business, not sex." *Time*, 27.10.97.

a sensu contrario

Es: "Asegurar, **a sensu contrario**, que se apuntó de socialista por sentido de la oportunidad tampoco seria hacerle plenamente justicia." *El País*, 9.1.96.

asylum

In: "Vietnam Refugees to Get New Bid for U.S. **Asylum**." *Herald Tribune*, 16.5.96.

In: "Why Brossard had been able to remain in France... receiving **asylum** from various Roman Catholic monasteries." *Time*, 15.7.96.

In: "The Court of Appeal ruled... withdrawing benefits to **asylum** seekers." *The Times*, 16.7.96.

In: "The Lords' amendment to the **Asylum** and Immigration Bill." *The Times*, 15.7.96.

In: "The number of **asylum** seekers rose from 4,000 a year...". *The Times*, 15.7.96.

In: "Iraqi former Minister... is seeking **asylum**." *Time*, 12.8.96.

In: "They will be considered for eligibility for **asylum** in the U.S." *The New York Times*, 17.9.96.

In: "All had asked for **asylum** in South Korea." *Herald Tribune*, 5.12.96.

In: "Two members of the Cuban Olympic team... sought **asylum** at a border crossing." *Herald Tribune*, 2.7.96.

In: "**Asylum** Agents Learn to Assess Tales of Torture." *The New York Times*, 21.12.97.

In: "Cubans Seek Bahamas **Asylum**." *The New York Times*, 2.1.98.

In: "**Asylum** Clash in Malaysia." *Herald Tribune*, 12.4.98.

atrium

Fr: "Ce bâtiment... 19 salles s'articulent autour d'un **atrium** lumineux de 55 mètres de hauteur ouvrant sur une galerie centrale... destinée à accueillir des oeuvres monumentales." *L'Express*, 6.2.97.

Fr: "Las Vegas... nouveaux méga-hôtels... Son **atrium**, le plus grand du monde, pourrait abriter neuf Boeing 747 les uns sur les autres." *Le Point*, 17.8.96.

Fr: "Musée de Lille. Les collections se déploient autour de l'**atrium**: au rez-de-chaussée, la sculpture du XIX siècle." *Le Figaro*, 8.6.97.

Fr: "L'espace muséal... occupent un peu inutilement un **atrium** qui pouvait accueillir les expositions temporaires." *Le Point*, 7.6.97.

In: "Banks in Russia.... whose porthole windows and sculpture-decorated **atrium** make it look like a transatlantic liner." *BusinessWeek*, 16.6.97.

In: "The blush-wine-colored Italian marble that lines the **atrium** of Trump Tower...". *New York*, 8.12.97.

In: "President Clinton, speaking to a crowd in ghe huge **atrium** of the $818 million building, praised Mr. Reagan for leading a fight...". *Herald Tribune*, 6.5.98.

In: "The superliners offer everything from towering **atriums** to nightclubs to conference centers...". *Time*, 11.5.98.

auditorium

Fr: "Le groupe Danone a fait bâtir un somptueux **auditorium** de mille deux cents places." *Le Point*, 27.7.96.

In: "'We need to deliver 200 opera nights a year', says Marks. 'But we don't need to deliver all of them in a 2,000-seat **auditorium**'...". *The Times*, 10.5.96.

In: "Suspended from the dome of the nearby **auditorium** is the biplane he flew in his raids on Vienna." *Herald Tribune*, 17.5.96.

In: "Models then walked right... into a second **auditorium**." *Herald Tribune*, 9.7.96.

In: "Microsoft's top execs gathered at the Seattle Center **Auditorium**." *BusinessWeek*, 15.7.96.

In: "The first dozen people out of the **auditorium** were savvy veterans." *The New York Times*, 9.9.96.

In: "The crowd that filled tha **auditorium** one evening...". *The New York Times*, 25.9.96.

In: "Toscanini... sat in the **auditorium** in total darkness." Rasponi, *The Last Prima Donnas.*

aura

Fr: "La nouvelle **aura** de Catherine Lara." *Le Parisien*, 11. 6.96.

Fr: "Sa campagne mondiale pour soutenir le lancement des parfums de Klein et d'Armani a crée autour de ces parfums une **aura** *cool*, avec ses visuels noirs et blancs..." *Le Point*, 9.8.97.

In: "It isn't control so much as the **aura** of control." *Herald Tribune*, 13.5.96.

In: "...imperious management style that created the **aura** of intimidation." *Herald Tribune*, 8.10.96.

In: "Jasper John. Behind the Sacred **Aura**." *BusinessWeek*, 11.11.96.

In: "Watch the Gipper's bearing, his **aura** of command." *Newsweek*, 2.9.96.

In: "Zyuganov. 'He had the **aura** of authority around him'." *Time*, 27.5.96.

In: "Lebed's success in Chechnya has given given him an **aura** of dynamism." *Time*, 30.9.96.

In: "Lady Di. Were we once fooled by the **aura** of royalty?" *Herald Tribune*, 13.5.97.

In: "Now, he must walk a fine line between protecting his products' exclusive **aura** and offering luxury for the masses." *BusinessWeek*, 10.11.97.

In: "Despite the **aura** of power, when push comes to shove, Pettit still prefers pitching to junior congressional aides." *George*, jan. 1998.

In: "As it became harder to sustain the poetic **aura** of his surroundings..." *Herald Tribune*, 26.5.96.

In: "Mitterrand savored the **aura** of mystery that surrounded him." *Herald Tribune*, 7.4.98.

aurora

In: "Cosmic Storms. The result: an **aurora**." *Time*, 9.9.96.

avis rara/rara avis

Fr: "***Rara avis*** *in terris* 'oiseau rare sur terre' vient d'une hyperbole de Juvenal à propos des Lucrèces et des Pénélopes et se dit par extension de tout ce qui est extraordinaire." Stemer, *Faire le point*.

Po: "**Avis rara** é parte do ditado latino **Avis rara**, ***avis cara***, em geral usado com referência a visita rara, mas particularmente bem-vinda." Faria, *Reminiscências*.

bacillus(i)

In: "I informed the Fuehrer about the extent to which this anti-Semitic propaganda was being pushed in our foreign broadcasts. At present about 70 to 80 per cent of our broadcasts are devoted to it. The anti-semitic **bacilli** naturally exist everywhere in all Europe; we must merely make them virulent...". Goebbels, *Diaries*, 10.5.43.

bacterium(ia)

In: "A Teeming Zoo of **Bacteria**: 'You'." *Herald Tribune*, 17.10.96.

In: "Science. 'We are looking for ways to disarm the **bacterium** rather than kill it', says CEO James E. Rurka." *BusinessWeek*, 13.4.98.

In: "New Breath Test for Ulcer-Causing **Bacterium**." *The New York Times*, 25.9.96.

In: "And if the **bacterium** spreads, it could jeopardize...". *U.S. News*, 30.9.96.

In: "If **bacteria** were used for the cleanup...". *Time*, 28.10.96.

In: "Japan Fails to Track **Bacteria**." *Herald Tribune*, 30.7.96.

In: "The Housefly: It May Also Carry the Ulcer **Bacterium**." *Herald Tribune*, 26.6.97.

In: "Some one-and-a-half billion years ago, one single-celled ancestors engulfed a single **bacterium**." *Discover*, dez. 1997.

In: "Among the mitochondrion's **bacteria**-like features are four genes." *Discover*, dez. 1997.

In: "Many different kinds of **bacteria** had been engulfed and gone." *Discover*, dez. 1997.

In: "Science Cracks Tuberculosis **Bacterium**'s Genetic Code." *Herald Tribune*, 12.6.98.

In: "Possession of the **bacterium**'s DNA sequence is like acquiring an enemy's battle plan." *Herald Tribune*, 12.6.98.

bis

Fr: "Le Rwanda. L'impossible force multinationale **bis**." *Libération*, 3.3.97.

It: "Assalto **bis** in gelateria." *Corriere della Sera*, 11.8.98.

bona fide

Fr: "Une banque... lorsqu'elles lui parraissent ***bona fide***, de bonne foi, toutes les informations...". *Le Point*, 30.12.94.

Fr: "Peu importe que McDonald's soit ou non géré par un membre ***bona fide*** de notre clan, il devait en porter les couleurs." *Jeune Afrique*, 13.5.97.

In: "His [Frederick the Great] conquest of Silesia made Prussia a ***bona fide*** Great Power, but it also set off a series of wars as other countries tried to adjust to this new player." Kissinger, *Diplomacy*.

In: "To produce **bona fides** is to produce credentials, to give proof of identity or ability to perform what one professes." Evans, *Brewer's Dictionary of Phrase and Fable*.

In: "Both council **bona fide** believed that their agreement effectively kept Mr. Guney's recognisance in force." *The Times*, 10.5.96.

In: "The dove prime minister stands a **bona fide** Israeli hero." *Herald Tribune*, 22.5.96.

In: "Though a **bona fide** pop goddess in her native Australia, Arena...". *Time*, 12.8.96.

bonus/bonuses

In: "The distinctive American nature... is, perversely, almost a **bonus**." *Herald Tribune*, 17.5.96.

In: "Citroen. As a **bonus**, there's no body roll." *Herald Tribune*, 7.6.96.

In: "Merger Mania **Bonuses**." *The Times*, 13.7.96.

In: "But Neon buyers will get a **bonus** — a more powerful engine." *BusinessWeek*, 10.6.96.

In: "Daimler Paid **Bonuses** in a Bad Year." *Herald Tribune*, 27.5.96.

In: "*Icaré* provided a heavenly **bonus**: no pollution." *Time*, 22.7.96.

In: "A hiring frenzy is sending salaries and **bonuses** skyward." *Time*, 15.7.96.

In: "Any boos to Europe's military self-image 'will be a **bonus**', an American official said." *Time*, 17.6.96.

In: "...he received a large **bonus** from Lippo Group." *BusinessWeek*, 18.11.96.

In: "This governs not only who qualifies but who gets higher **bonuses** as members of two year's standing." *The Times*, 11.5.96.

In: "City bankers and traders got **bonuses** of $1.6 million or more." *BusinessWeek*, 24.3.97.

breviarum

Fr: "Le **Breviarum** nous a été restitué par un *palimpseste*, découvert à Vérone." *Libération*, 17.3.96.

cactus(i)

Fr: "Seul un **cactus** d'un mètre environ de hauteur, dont on verrait une fois la fleur incongrue, détruisait la symétrie...". Bianciotti, *Ce que la nuit raconte au jour*.

In: "...plants from old roses to new apples, Mexican **cacti** to English wisteria." *Herald Tribune*, 31.5.96.

In: "'Lilly, now nine, has a collection of fossils and **cacti** in her room." *The Times Magazine*, 1.8.98.

calculus

In: "Microsoft's offensive has already changed the **calculus** of competitors and analysts." *BusinessWeek*, 15.7.96.

In: "Teach Yourself **Calculus**." Título integrante da série de livros *Teach Yourself*, publicada pela Barnes & Noble, Nova York.

In: "The U.S. will deal with China according to 'a hard, cold **calculus** of what our interests are and what their interests are', says a senior U.S. official." *BusinessWeek*, 15.7.96.

In: "But behind the language issue lies the **calculus** of Quebec's next referendum." *Time*, 2.9.96.
In: "**Calculus** Made Easy." *Newsweek*, 30.9.96.
In: "Merril Lynch uses a similar **calculus** to arrive at a 'true' stock value." *Newsweek*, 30.9.96.
In: "Hard **Calculus**: Nazi Gold vs Swiss Banks' Secrets." *The New York Times*, 21.9.96.
In: "The political **calculus** was cold and clear." *Time*, 9.9.96.
In: "Yeltsin. Behind the surprising move is the complex **calculus** of a looming contest for control of Russia." *Herald Tribune*, 24.3.98.
In: "Immigrants from the Soviet successor states continue to land... altering neighborhoods, offices and the country's political **calculus**." *Herald Tribune*, 27.4.98.

campus/campuses

Es: "...una reunión de gerentes y responsables de recursos humanos en el **campus** de la Universidad de Castilla la Mancha en Ciudad Real." *El País*, 18.6.96.
Es: "Reunión de gerentes... la pasada semana en el **campus** de la Universidad de Castilla." *El País*, 18.6.96.
Es: "En una visita a un **campus** de Nueva York, Dueñas presenció un partido en el que precisamente participava Muresant." *El País*, 29.1.96.
Fr: "Tony Blair... séduit la plus belle fille du **campus**, Susie Parsons." *Le Figaro Magazine*, 19.4.97.
Fr: "Stanford University. Sur le **campus**, les étudiants paraissent disposés...". *Le Monde*, 5.5.97.
Fr: "Chelsea Clinton. Le **campus** bucolique de Palo Alto sera certainement un changement de décor." *Le Point*, 10.5.97.
In: "Openly, if quietly, the CIA is back on **campus** again." *Herald Tribune*, 15.5.96.
In: "Korea: **Campus** Stormed to End Riots." *Herald Tribune*, 21.8.96.
In: "Mr. Davidson put down the gun and surrendered to **campus** police." *Herald Tribune*, 18.8.96.
In: "Crackdown on **Campus**." *Time*, 2.9.96.
In: "Students Plug In and Tune Out as E-Mail Sweeps the **Campuses**." *BusinessWeek*, 11.11.96.
In: "SUNY Tries Off-Peak Pricing At Some Struggling **Campuses**." *The New York Times*, 28.9.96.
In: "The University of Pennsylvania **campus** increases security." *The New York Times*, 28.9.96.
In: "The Republicans... ended up by looking like **campus** demonstrators." *Newsweek*, 2.9.96.
Po: "Polícia invade **campus** em Seul para acabar protesto." *A Tarde*, 16.8.96.

capitis diminutio/diminutio capitis

Po: "Ceder nesse ponto seria para mim uma **capitis diminutio**." *Koogan-Houaiss*.
Po: "No direito romano, a expressão **capitis diminutio** era usada para significar *diminuição de capacidade*, mas hoje em dia virou recurso retórico para definir diminuição ou perda de autoridade, geralmente humilhante ou vexatória." Faria, *Reminiscências*.
Ru: "[...ils deviendront littéralement des gens à tête retrécie], **diminutio capitis**...". Tkatchev, *La Science dans la poésie et la poésie dans la Science*, tradução do russo.

carpe diem

Al: "...'Bin ich schön?' gezeigt, dessen Botschaft die Regisseurin in SPIEGEL-Gesprächt als 'Arbeitsanweisung' beschreibt: **Carpe diem**, nutze den Tag". *Der Spiegel*, 14.9.98.
Fr: "***Carpe diem*** 'mets à profit le jour présent' sont les fameux mots d'Horace, qui aimait à rappeler que la vie est courte, et qu'il faut se hâter d'en jouir." Stemer, *Faire le point*.

Fr: "L'euthanasie. Pourquoi gâcher ces derniers instants? Leçon de vie de cette mort omniprésente: le '**carpe diem**' y a plus de prix qu'ailleurs." *Madame Figaro*, 8.8.98.

In: "**Carpe Diem**: With the economy growing... Prime Minister Hashimoto sees a great opportunity to resume...". *BusinessWeek*, 23.9.96.

In: "The French artist Christian Boltansky's chief concern over the past decades has been more with *tempus fugit* than with ***carpe diem***." *Herald Tribune*, 21.6.98.

Po: "Machado parafraseava, à sua maneira, o ***carpe diem*** do velho epicurista latino. Era como se dissesse ao poeta: tome-se da realidade, viva a sua época — e cante-as." Oliveira Viana, 20.7.40.

casus belli

Fr: "**Casus belli**: Tensions entre Teheran et Kaboul. La guerre des intégrismes." *Le Figaro*, 11.8.98.

Fr: "De Gaulle: 'L'armement nucléaire allemand, c'est le dernier **casus belli** qui existe dans le monde, ou un des tout derniers. La guerre éclaterait rien que pour ça'." Peyrefitte, *C'était de Gaulle*.

In: "...it should have been the extent of Germany's geopolitical reach and not its moral transgressions that provided the principal ***casus belli***". Kissinger, *Diplomacy*.

In: "In May 1892, the Russian negotiator [...] sent a letter explaining why the traditional method for defining the ***casus belli*** had been overtaken by modern technology." Kissinger, *Diplomacy*.

In: "The ***casus belli*** was no longer an aggressive act by a specific country but the violation of a legal norm by *any* country." Kissinger, *Diplomacy*.

In: "...willing to postpone a decision on the **casus belli** — the political status of Chechnya". *Financial Times*, 1.9.96.

In: "If the U.S. detects that Iraq is producing weapons of mass destruction, or if Iraq threatens its neighbours, that would be a **casus belli**." *Herald Tribune*, 14.8.98.

In: "Dr. Webster commited one unpardonable sin — *he did not graduate at Cambridge University* [now Harward]... we should hope this might not be deemed a perpetual **casus belli** upon him...". Green, *Chasing the Sun*.

Po: "Com minha irmã em Kervoyer, teríamos tido de enfrentar vários **casus belli**." Macedo Soares, *As sentinelas de Deus*.

causa mortis

Po: "A locução latina **causa mortis** — *por causa da morte* — se diz do imposto que é pago sobre a importância líquida do imposto ou legado." Faria, *Reminiscências*.

Po: "Che Guevara. Seguem-se exames odontológicos e radiológicos para determinar idade, sexo, estatura, lesões, **causa mortis**." *Veja*, 16.7.97.

Po: "O legista atestou como **causa mortis** a fratura do crânio." *Koogan-Houaiss*.

census

In: "The population of Paris, at the time of the recent **census**...". *Herald Tribune*, 30.4.96.

In: "New U.S. **Census** Plans Under Attack." *Herald Tribune*, 7.6.96.

In: "Only 45 million British residents in the 1991 **Census**." *The Times*, 15.7.96.

In: "The **Census** Bureau reported that household incomes jumped 2.7 percent." *Newsweek*, 7.10.96.

In: "U.S.**Census** Finds First Income Rise in Six Years." *The New York Times*, 27.9.96.

In: "**Census** Finds Fewer Poor." *The New York Times*, 27.9.96.

In: "Panels Moving to Bar Data Sampling for **Census**." *The New York Times*, 18.9.96.

In: "Collison... had to comb Canadian **census** records and population registers...". *Herald Tribune*, 3.4.97.

In: "A **Census** in Cyberspace." *BusinessWeek*, 5.5.97.

In: "Palestinian **Census** Stirs an Argument." *Herald Tribune*, 1.3.98.

In: "More Choice on Race in **Census** 2000." *Herald Tribune*, 31.10.97.

chorus(es)

In: "He inherited a **chorus**, but a new repertory had to be created." *Herald Tribune*, 19.6.96.

In: "A small **chorus** of saints tell us of the lives of St. Teresa." *The Times*, 17.7.96.

In: "The **chorus** is more often directed as concerted individuals than as a tutti." *Sunday Times*, 14.7.96.

In: "Instead of a **chorus** line, they are a convincing community." *Sunday Times*, 14.7.96.

In: "As the youngsters work their way through 12-bar blues **choruses**, Wynton smiles...". *Time*, 2.9.96.

In: "She's smart enough to give her **choruses** sing-along-melodies...". *Time*, 12.8.96.

In: "A rising **chorus** condemnation of the age-old custom...". *BusinessWeek*, 11.11.96.

In: "Complaints about crime, unemployment... rounded up the **chorus** of distress." *Time*, 27.5.96.

In: "Gorbachev. A **chorus** of heckling rises and subsides." *Time*, 27.5.96.

In: "A glittering **chorus** line joined her for a carnival medley." *The New York Times*, 7.9.96.

In: "A... **chorus** of accusations that Boutros Ghali was a reluctant reformer." *Time*, 25.11.96.

In: "Secondly, it has been said in an unending **chorus**...". *Time*, 14.10.96.

In: "The **chorus** sang at times softly and then with vigorous passion...". *Herald Tribune*, 8.5.97.

In: "Stokowski conducting the Symphony of the Air and a **chorus** of 200." *Herald Tribune*, 8.5.97.

In: "When I left the Royal Academy, I joined the Carl Rosa company **chorus**." Rasponi, *The Last Prima Donnas*.

circa

In: "**Circa** 1492: Art in the Age of Exploration." *Herald Tribune*, 19.4.96.

In: "A desk in marquetery attributed to Giuseppe Maggiolini, '**circa** 1784'." *Newsweek*, 15.7.96.

In: "A beautifully proportionated breakfront bookcase — **circa** 1775." *The Times*, 14.3.96.

In: "It starts with a rare, **circa** 1890 Edison cylinder recording of Walt Whitman." *Newsweek*, 7.10.96.

In: "...to try his hand at them was George Chapman (**circa** 1560-1634)...". *Time*, 28.10.96.

In: "The Human Condition **Circa** 3001." *Time*, 24.2.97.

In: "A stunning diamond bangle bracelet, **circa** 1930, signed 'Cartier, Paris'." *The New York Times*, 5.12.97.

In: "Also in the sale: a pair of William and Mary chairs, **circa** 1680." *The New York Times*, 9.1.98.

In: "Antiques. A pair of splendid giltwood consoles, **circa** 1740." *The New York Times*, 9.1.98.

In: "Today's European Gypsies in their caravans of trucks, buses and trailers look like ordinary American campers **circa** 1965." *Herald Tribune*, 19.8.98.

Ne: "Naast **circa** 45 ontwerpen van recentemodekleding...". Ella Koopman, Holanda.

circus

In: "The Republican Party remains a chaotic **circus**." *U.S. News*, 26.8.96.

In: "I have no intention of letting this courtroom turn into a **circus** so you can preen your ego." *The New York Times*, 7.9.96.

In: "Steffi Graf... the **circus** the media had made of her life." *Time*, 25.11.96.

In: "When you speak of the three-ring *circus* you are repeating yourself." Funk, *Word Origins*.

In: "The Russian state 'Is not a country, it's a **circus**', national security adviser Lebed complained." *Time*, 28.10.96.

In: "Mrs. Graham: 'That was some **circus**! I almost died!" *The New Yorker*, 20.1.97

In: "Like animals in a **circus**, they all must obey the whims of directors." Rasponi, *The Last Prima Donnas*.

climax

In: "Charges against Thyssen's new boss **climax** a season of industrial run-ins with the law." *Time*, 26.8.96.

In: "Strug's moment of Olympic glory was the storybook **climax** to one of the most brilliantly managed team efforts." *Time*, 5.8.96.

In: "Either through a sense of anti-**climax** or because...". *The Times*, 16.7.96.

In: "The last term of a rethorical **climax**." *Oxford*, 1856.

In: "The top of the **climax** of their wickedness." Edmund Burke, 1729-97.

In: "Jerusalem is the **climax** of the long ascent." Arthur P. Stanley, 1815-81.

In: "The Iraq crisis is reaching a **climax**." *Herald Tribune*, 20.2.98.

In: "...the three-day 'cooling off period' between Microsoft and the U.S. Justice Department reached its **climax** this weekend". *Time*, 25.5.98.

In: "With his Coke-bottle glasses glistening in the twilight... Hu Chen leads his group to the **climax** of another evening's dance." *Herald Tribune*, 29.5.98.

coitus/coitus interruptus/Interruptus

In: "...or when orgasm can be reached through masturbation but not **coitus**". *Herald Tribune*, 16.5.96.

In: "Pharmaceuticals. An Episode of Viagra **Interruptus**." *BusinessWeek*, 6.7.98.

Po: "Foi uma situação evidente de **coitus interruptus**...". Faria, *Reminiscências*.

colloquium

In: "Morocco. His first effort was an international film festival in Fez in 1992; he called it Desert **Colloquium** as a direct answer to the Desert Storm military campaign." *Herald Tribune*, 5.6.98.

colossus

In: "A speech that Smuts has delivered in London [...]. The Russian **colossus** would dominate the entire European continent. England would come out of this war with honour and glory but poor as a beggar." Goebbels, *Diaries*, 4.12.43.

In: "He doth bestride the narrow world / Like a **Colossus**." Shakespeare, *Julius Caesar*.

In: "So far the government is [...] trying to prove that the **colossus** of Redmond, Wash., tried to use its Windows operating system monopoly to eliminate a threat from Netscape Communications Corp." *BusinessWeek*, 9.11.98.

In: "Russia tries to tackle an energy **colossus**, but Gazprom's reach eludes outside grasp." *Time*, 31.3.97.

In: "...saw something on his computer screen... nobody could have predicted: a **colossus** of antimatter, a vast fountain spewing out from the center of our galaxy". *Time*, 12.5.97.

In: "Compaq... will create a new computer **colossus** with some $37.5 billion in revenues." *BusinessWeek*, 9.2.98.

In: "But allowing Japan's export **colossus** and draining its huhe savings pool will take years." *BusinessWeek*, 30.9.96.

compendium

In: "Colby received a **compendium** of misdeeds." *Herald Tribune*, 8.5.96.

In: "A **compendium** of Sudek's works, including some unsuccessful...". *Herald Tribune*, 26.5.96.

In: "The document was a '**compendium** of information generated in the military...". *Herald Tribune*, 12.7.96.

In: "The one hilarious saving grace is a **compendium** of oblivious supermodel quotes." *Time*, 22.7.96.

In: "*Wired* magazine, the four-year-old glossy **compendium** of new media prognostication." *Time*, 15.7.96.

In: "The EPI **compendium** also usefully debunks several myths." *BusinessWeek*, 9.9.96.

In: "'Le Livre Noir du Communisme'... is an 800-page **compendium** of the crimes of the communist regimes worldwide." *The New York Times*, 21.12.97.

Fr: "Pour s'efforcer de se forger un **compendium** des plus pertinentes idées de l'époque." *Les Échos*, 25-7-96.

conclave

In: "Gracious spires and secretive **conclave** at Oxford University." *Herald Tribune*, 15.5.96.

condominium(s)/condominio/condominions/condo

Fr: "Les Nouvelles-Hébrides furent en effet un **condominium** franco-britannique jusqu'en 1980." *Le Figaro Magazine*, 24.5.97.

In: "In this way, Reykjavik approached the Soviet-American **condominium** which allies and neutrals alike had feared for so long." Kissinger, *Diplomacy*.

In: "The **condominium** solution for Northern Ireland." *Herald Tribune*, 24.7.96.

In: "Half of the 30,000 **condominiums** remain empty." *BusinessWeek*, 2.9.96.

In: "Mr. Dole preparing for the debate at his **condominium** in Bal Harbour." *Herald Tribune*, 6.10.96.

In: "...'ever driven by' Simpson's house or Brown's **condo**?" *Newsweek*, 30.9.96.

In: "...an alleyway across Nicole Brown Simpson's **condominium**". *Herald Tribune*, 27.10.96.

In: "They spent their summers at family-owned **condominions** on the Adriatic coast." *New York Times Magazine*, 9.9.96.

In: "60% of young people aspire to own a private **condominium** or house...". *BusinessWeek*, 23.9.96.

It: "Il criterio *per cassa* è quello più utilizzato dai amministratori di **condominio**." *Corriere della Sera*, 9.4.96.

conductor

In: "...the cellist turned **conductor** Mstislav Rostropovich...". *Financial Times*, 19.5.96.

consensus

Fr: "Défense: à l'Assemblée, l'Otan brise le **consensus**". *Le Figaro*, 6.6.96.

Fr: "Si les syndicats boudent le dialogue avec Kohl, la base réinvente le **consensus** social." *L'Express*, 2.5.96.

Fr: "La nécessité d'obtenir toutes les garanties scientifiques et sanitaires constitue un préalable à tout **consensus**." *Les Échos*, 25.6.96.

In: "The officials explained the **consensus** in both positive and negative terms." *Herald Tribune*, 1.7.96.

In: "...persuading India not to fulfill its threat to block **consensus** in Geneva." ***Herald Tribune***, 14.8.96.
In: "The **consensus** view is that the crisis showed the need for two things." ***BusinessWeek***, 8.7.96.
In: "The Israeli Election. No **Consensus**." *Herald Tribune*, 2.6.96.
In: "A Mississippian dismissed by critics as too ideological to build **consensus**." ***BusinessWeek***, 8.7.96.
In: "...meeting of all Taiwanese political parties to reach a **consensus**." ***BusinessWeek***, 27.5.96.
In: "...an unfinished effort to pull together a **consensus** view of the intelligence community". *Herald Tribune*, 17.5.96.
In: "Bosnia. **Consensus** Apparent on Review Meeting." ***Herald Tribune***, 14.6.96.
In: "Israel and America: A Peace **Consensus** is Shaken." ***Herald Tribune***, 3.6.96.
In: "He is an able administrator... with a capacity to listen to others and arrive at a **consensus**." *Time*, 10.6.96.
In: "America Finds **Consensus** on China, but is Anybody Listening?" ***Herald Tribune***, 27.5.96.
In: "Asian countries have used the forum's **consensus** rule to ensure...". ***Herald Tribune***, 28.5.96.

consortium

Fr: "Par contre, le **Consortium** franco-asiatique...". Malraux, ***La Condition humaine***.
Fr: "Brésil. Jusque-là deux **consortiums** se disputaient la CVRD." ***Le Figaro***, 6.5.97.
In: "KEDO, a **consortium** that is financed mostly by South Korea and Japan." ***BusinessWeek***, 27.5.96.
In: "An American-led **consortium** directed by the former U.S. Ambassador to Hungary." *Herald Tribune*, 17.5.96.
In: "Four member countries of the Airbus Industrie **consortium** backed proposals...". ***Herald Tribune***, 14.5.96.
In: "...a loan from a Citicorp/Chase Manhattan-led **consortium**". *BusinessWeek*, 5.8.96.
In: "The national government sold Light for $2.2 billion to a **consortium** led by AES." *BusinessWeek*, 8.7.96.
In: "The **consortium** includes 73 Japanese aerospace companies." *BusinessWeek*, 19.8.96.
In: "Sir Derek, chairman of the **consortium**...". *Time*, 8.7.96.
In: "The Eurostar **consortium** focus a train service...". *Time*, 8.7.96.
In: "To bring Saab of Sweden... into the European **consortium**." *Herald Tribune*, 1.9.96.
In: "TPS is an ecclectic **consortium**." *Herald Tribune*, 10.10.96.
In: "The **consortium** led by the private chanel TF1...". *Herald Tribune*, 10.10.96.

consumatum est

Po: "Estas foram as últimas palavras de Cristo, segundo a tradução latina da Vulgata: [Tudo] *está consumado*, **consumatum est**." Faria, *Reminiscências*.
Po: "Quando viu o desastre, ele se convenceu de que não havia saída: **consumatum est**!" Lins, *Almanaque*.

continuum

Po: "Cada nível, no **continuum** da cultura, deve ser julgado em termos de seus próprios valores." José Paulo Paes, em *O Globo*, 12.7.97.

contra natura

Es: "...asesinados en tiempos en los que el PNV formaba parte del gobierno de Euzkadi, en auténtica alianza **contra natura** con determinados partidos extremistas." ***El País***, 19.6.96.

Es: "Los dos primeros fueron asesinados en tiempos en los que el PNV formaba parte del Gobierno de Euzkadi, en auténtica alianza **contra natura** con determinados partidos extremistas." *El País*, 19.6.96.
Po: "...a heresia, a idolatria, o sexo ***contra natura***... são vícios que devem ser exemplarmente castigados...". Hansen, *Crise da razão*.

corpus

Fr: "La collecte du ***corpus***. [...] Afin de completer notre corpus, nous avons tout d'abord confronté, mot par mot, l'inventaire de départ fourni par Larousse." Walter, *Dictionnaire des mots d'origine étrangère*.
Fr: "À la fin de cette étape, nous avions réuni un ***corpus*** qui dépassait 8.000 unités lexicales." Walter, *Dictionnaire des mots d'origine étrangère*.
In: "The individual lexicographer has ceded power to the team, the computerized **corpus** has come to stand side by side with the readers of earlier research." Green, *Chasing the Sun*.
It: "Una sintesi delle principale tendenze della 'scuola italiana'... compresi i disegni, che non sono un appendice, ma un importante **corpus** autonomo." *La Nazione*, 18.9.98.

corpus delicti

Po: "**Corpus Delicti**, ao nutrir-se de objetos furtados, traz uma perversidade que não existia...". *Veja*, 8.4.97.
Po: "**Corpus Delicti** juntava dezenas de cinzeiros tirados de aviões, bem como... travesseiros e outros objetos." *Veja*, 9.4.97.

credo/Credo

Al: "...das **Credo** seines Lebens ins Tonband: 'Ich warte nicht, bis ich gerufen werde, ich melde mich selbst zu Wort'." *Welt am Sonntag*,
Fr: "La vogue mondiale du libre-échange souffle... la tempête sur un **credo** socialiste en peau de chagrin." *Le Point*, 12.4.97.
Fr: "L'Inde: Limiter les investissements étrangers, tel est le nouveau **credo**." *Libération*, 17.3.98.
Fr: "Son **credo** est désormais clair: 'Nous ne nous considérons pas comme... mais comme un loueur de services'." *Le Figaro*, 14.4.97.
Fr: "Pasqua. Pour le reste, il demeure fidèle à son **credo** libéral." *Le Point*, 3.5.95.
Fr: "Les années 70 ont vu éclore un **credo** simple mais radicAl: l'État c'est Satan!" *L'Événement du jeudi*, 14.5.97.
Fr: "Le **credo** 'moins d'impôts, moins d'État-providence, plus de marché' a le vent en poupe." *L'Événement du jeudi*, 14.5.97.
Fr: "Phil Knight n'a pas oublié le **credo** de Bill Bowerman, le coach hors du commun: 'La ligne d'arrivée n'existe pas'. Conclusion: il ne faut jamais s'arrêter de courir." *Le Point*, 7.6.97.
In: "French filmmakers's **credo**: make them laugh." *Herald Tribune*, 9.5.96.
In: "So the **credo** now is: Don't just supply, innovate." *BusinessWeek*, 6.5.96.
In: "Scott's **credo** is a classic: quality care doesn't have to come to a premium price." *Time*, 17.6.96.
In: "Nuclear Priesthood Gets a New **Credo**." *The New York Times*, 14.12.97.
In: "Kerry Strug added another word to the Olympic **credo**: *Citius, altius, fortius, audacious*. Faster, higher, stronger, braver." *Time*, 5.8.96.
In: "'Only the paranoid survive' is Andrew Grove's **credo**." *Newsweek*, 2.9.96.

crematorium

In: "The memorial Chapel, Surrey and Sussex **Crematorium**...". *The Times*, 6.5.96.

crisis

In: "There can be no thought of any **crisis** in German morale." Goebbels, *Diaries*, 11.9.43.

In: "The situation is such that only a word from the Führer can relieve the **crisis** of morale in which the people is plunged at the moment." Goebbels, *Diaries*, 3.4.45.

In: "The beef **crisis** had perpetuated suspicions of Eurosceptics." *Financial Times*, 19.5.96.

criterium(ia)

In: "In May 1995, the Tories had already fulfilled at least six of the eight **criteria** for defeat." *The Times*, 6.5.96.

In: "Nasdaq Reviews **Criteria**." *Herald Tribune*, 16.5.96.

In: "In compliance with the Maastricht treaty **criteria** for a single currency." *Herald Tribune*, 1.7.96.

In: "Does adherence to the Maastricht **criteria** pay off in the end?" *Herald Tribune*, 1.7.96.

In: "Both **criteria** bring with them weighty penalties...". *Time*, 22.7.96.

In: "...efforts to meet Maastricht treaty **criteria**...". *BusinessWeek*, 9.9.96.

In: "...fiscal tightening intended to meet single-currency **criteria**". *BusinessWeek*, 9.9.96.

In: "...following strict economic **criteria**". *Herald Tribune*, 10.10.96.

In: "The key **criteria** for European monetary union...". *Herald Tribune*, 13.10.96.

In: "Deficit Limit Will Miss EMU **Criteria**, Advisers Say." *Herald Tribune*, 17.11.96.

In: "Bonn Won't Meet '99 **Criteria**." *Herald Tribune*, 30.10.96.

In: "Maastricht treaty... **criteria** for public deficits and cumulative debt." *Herald Tribune*, 30.10.96.

In: "Hitler at least had genealogical **criteria** for determining who was a jew." *Newsweek*, 16.9.96.

In: "Performance **criteria** are almost like intellectual Silly Putty." *BusinessWeek*, 21.4.97.

crux

In: "The remark is the **crux** of the novel." *Time*, 15.7.96.

cum

In: "You can picture a crooner-**cum**-*chansonnier* wearing a sharp fedora." *Herald Tribune*, 5.7.96.

In: "To turn a country like Russia into a flourishing democracy-**cum**-market economy...". *Time*, 15.7.96.

In: "Architecture. The main part of the ground floor is a garage-**cum**-workshop and play area." *The Times Magazine*, 1.8.98.

In: "He wanted Rembrandt's portraits... to resemble those of his actors: ...Romane Bohringer as his maid **cum** mistress Hendrickje Stoffels." *Herald Tribune*, 6.11.98.

In: "The 47-year-old chef-**cum**-entrepreneur is as much a fixture in Tinseltown...". *BusinessWeek*, 19.5.97.

In: "Powder-compact-**cum**-watch, silver and enamel, c. 1939." *John Jesse*, foto em Hiller, *Art Déco of the 20s and 30s*.

In: "'Tennis ball'-**cum**-ashtray, advertisement for Dunlop, c. 1930." *John Jesse*, em Hiller, *Art Déco of the 20s and 30s*.

In: "The fact that the economic-**cum**-financial-cum-social élite is not the same as the cultural élite." Dorfles, *Kitsch, the World of Bad Taste*.

In: "The beer-mug-**cum**-tower and the tray with the pseudo-lace design are two examples of a type of kitsch which has remained unchanged for more than half a century." Dorfles, *Kitsch, the World of Bad Taste*.

cum grano salis

Fr: "Tout ce qu'il dit doit être reçu **cum grano salis**." Hervé Bazin.

Fr: "Je profite de la première halte venue pour transmettre la supplique au Général, **cum grano salis**". Peyrefitte, *C'était de Gaulle*.

cupula(ae)

In: "Art. The boughs carry tiny **cupulae** meant to hold the oil of so many miniature lamps." *Herald Tribune*, 29.3.98.

curriculum(a)/curriculum vitae [currículo; abrev. C.V.]

Fr: "**Curriculum vitae** in vino. Un producteur de vins mettra sur le marché...". *Le Point*, 1.4.95.

In: "A General Staff publication containing ***curricula vitae*** and photographs of Soviet generals and marshals is submited to me." Goebbels, *Diaries*, 15.3.45.

In: "'We don't dictate **curriculum**', says Roger R. Rogalin." *BusinessWeek*, 10.6.96.

In: "...lessons it imparts are stifled by the National **Curriculum**." *The Times*, 18.7.96.

In: "A national **curriculum** would help even the playing field for poor kids." *Newsweek*, 7.10.96.

In: "What to do? E. D. Hirsch Jr. Favors a national **curriculum**." *The New York Times*, 28.9.96.

In: "What these nations do share is a national **curriculum**." *The New York Times*, 28.9.96.

In: "In N. York, a 'gay tolerant' **curriculum** is one that treats gays and straights the same." *U.S. News*, 26.8.96.

Po: "Hillary Clinton... uma personalidade e um **currículo** fortes demais para um posto decorativo." *Veja*, 26.6.96.

Po: "P. C. Farias. O **currículo** de Palhares não é tão brilhante como se imaginou." *Veja*, 14.8.96.

Po: "Havel é dono de um **currículo** pessoal de fazer inveja aos outros três." *Veja*, 25.9.96.

Po: "Quem lhe daria os quarenta e cinco anos de seu **curriculum vitae**?" Amado, *Tenda dos milagres*.

data venia

Po: "Senhor Juiz, estou convencido, **data venia**, de que a verdade prevalecerá." Faria, *Reminiscências*.

Po: "'**Data venia**': Fernando Henrique terá uma vaga para preencher no STF." *O Globo*, 24.6.97.

datum/data

In: "Investors were encouraged by good first quarter GDP **data**." *Financial Times*, 19.5.96.

In: "...head teachers should be advised to break the law and not supply assessment **data**." *Daily Mail*, 13.5.96.

In: "Databases. **Data** is Power. Just Ask Fingerhut." *BusinessWeek*, 3.6.96.

In: "Durables **Data** Signal Modest U.S. Expansion." *Herald Tribune*, 26.5.96.

In: "Computer technology that safeguards **data** from eavesdropping...". *Herald Tribune*, 2.6.96.

In: "Buoyant **Data** in Germany Cloud Outlook for Rate Cut." *Herald Tribune*, 22.8.96.

In: "Blame the Recent Economic **Data**." *Herald Tribune*, 19.6.96.

In: "Unlike the U.S. **data**, the German surveys included...". *BusinessWeek*, 19.8.96.

In: "Awaiting a Stream of U.S. Economic **Data**, the Dollar Slides...". *Time*, 15.7.96.

In: "Second-quarter **data** confirms that France's real GDP fell in the spring." *BusinessWeek*, 9.9.96.

In: "U.S. **Data** Show Vigorous Growth." *Herald Tribune*, 30.8.96.

In: "The new **data**, however, provide little insight into how tornadoes are born." *Herald Tribune*, 27.6.96.

In: "Taming the Info Monster: Managing **data** is a matter of survival." *BusinessWeek*, 22.6.98.

debentur/debentures/debêntures

In: "...but what did they know of stocks and **debentures**, puts and calls...?". *Herald Tribune*, 11.5.97.

Po: "Os fundos de pensão querem negociar **debêntures** em bolsas de valores." *O Globo*, 13.9.96.

Po: "Não tinha intimidade com ações, aplicações financeiras ou **debêntures**." *Veja*, 4.9.96.

Po: "Banrisul capta com **debêntures** R$75 milhões." *Gazeta Mercantil*, 7.7.96.

Po: "Banco Central....operação de venda de 33% de **debêntures** conversíveis em ações da Cemig." O *Estado de S. Paulo*, 10.6.97.

Po: "Jorge Gerdau Johannpeter confirmou o interesse em comprar... ações e **debêntures** conversíveis." *Gazeta Mercantil*, 16.7.97.

Po: "Mappin pretende lançar 420 milhões em **debêntures**." *Jornal do Comércio*, 11.7.98.

decorum/décorum

Fr: "Mel Brooks reconstitue avec soin le **décorum** du roman de Bram Stoker." *Le Monde*, 11.4.96.

In: "Congress's Leaders Debate Issues With a Seldomly Seen **Decorum**." *The New York Times*, 30.9.96.

In: "...in a town not noted for its **decorum**". *Time*, 12.8.96.

In: "Being sued... is no cause for Michael Jackson to observe court **decorum**." *Time*, 9.9.96.

In: "In Catholic Schools, Shared Values Include Rigor and **Decorum**." *The New York Times*, 25.9.96.

In: "De Kooning carried his 'impurity' beyond the **decorum** of abstraction...". *Time*, 31.3.97.

In: "Anticipation of Ms. Lewinsky's appearance was so intense that courthouse security officials had met with news media executives about ways to maintain **decorum**." *Herald Tribune*, 7.8.98.

In: "The extreme **decorum** and grace that impressed me so much then are still intact." Rasponi, *The Last Prima Donnas*.

In: "Known as the 'Prisse papyrus'— not that its dictates on **decorum** are prissy; an archaeologist by that name discovered the scrolls — the work predates the Bible by about two thousand years." Panati, *Extraordinary Origins of Everyday Things*.

de cujus

Po: "As últimas palavras do ***de cujus*** [do falecido] foram...". *Koogan-Houaiss*.

Po: "A locução latina ***de cujus*** era usada para designar o testador. Nem todos sabem que são as primeiras palavras da fórmula ***de cujus successione agitur*** [de cuja sucessão se trata]." Faria, *Reminiscências*.

de facto

Al: "Das vielbeischworene 'Grundrecht auf Mobilität' ist im Heimatland von Volkswagen und Mercedes-Benz **de facto** ausser Kraft gesetzt." *Der Spiegel*, 13.7.98.

Fr: "Pékin ne condamne pas ouvertement Islamabad. La Chine se voit octroyer **de facto** un rôle de modérateur régional." *Libération*, 31.5.98.

Fr: "Texas... bafouée depuis l''Anschluss yankee' de 1845 par les 'fantoches du pouvoir **de facto**'." *L'Express*, 1.5.97.

Fr: "Il a été 'retenu dans son ambassade des Davis Mountains, par crainte d'une attaque de la police **de facto**'." *L'Express*, 1.5.97.
In: "Lebanon and Syria — the **de facto** power in Lebanon where Damascus has 35.000 soldiers — both dismissed the Israeli proposal as a political maneuver." *Herald Tribune*, 3.4.98.
In: "Of course, in the end a balance of power always comes about ***de facto*** when several states interact." Kissinger, *Diplomacy*.
In: "Hillary Rodham Clinton, the first lady, is covered by executive privilege as a **de facto** senior adviser to the president." *Herald Tribune*, 29.5.98.
In: "This **de facto** abdication will place authority in the hands of Fahd's half brother." *Time*, 3.6.96.
In: "It is a **de facto** nationalization through the stock market." *Herald Tribune*, 20.5.96.
In: "North Korea's **de facto** leader, Kim Jong Il." *Herald Tribune*, 5.7.96.
In: "Princess Diana... her position as a continuing ***de facto*** member of the Royal Family." *The Times*, 17.7.96.
In: "Well, northern Iraq had **de facto** open borders with the world." *Herald Tribune*, 14.10.96.
In: "Bosnia... those links will turn into **de facto** secession." *Time*, 4.12.96.
In: "Chechens Rebels Trying to Act As a **De Facto** Government." *The New York Times*, 7.9.96.

deficit/déficit

Es: "...por haber afirmado que España padece un '**déficit** democrático' que sirve de justificación a ETA". *El País*, 19.6.96.
Fr: "Il reste que personne ne sait comment sera épongé le **déficit** 1996." *Les Échos*, 26.7.96.
Fr: "La France va également devoir s'attaquer aux **déficits**." *Libération*, 16.4.96.
In: "Sure, the U.S. is still running a sizable trade **deficit** that could undermine the dollar." *BusinessWeek*, 24.6.96.
In: "Beijing Makes Vow to Erase **Deficit** and Limit Inflation." *Herald Tribune*, 14.5.96.
In: "What Richard Gephardt calls an era of '**deficit** politics'." *Herald Tribune*, 24.6.96.
In: "A tax cut ... could send the **deficit** soaring." *BusinessWeek*, 12.8.96.
In: "The country has a huge budget **deficit**, and a rapidly devaluing currency." *The Times*, 13.7.96.
In: "France's forecast for its 1996 social security **deficit** was revised upward last week." *Herald Tribune*, 19.6.96.
It: Il **deficit** potrebbe aumentare 'solo' di 8 mila migliardi." *Il Messaggero*, 10.4.96.
It: Potremmo affrontare i fortissimi **deficit** infrastrutturali." *La Repubblica*, 5.4.96.

de jure

Fr: "Hongkong. En outre, cette annexion **de jure** exacerbe le nationalisme latent qu'attisent depuis peu les dirigents chinois...". *Le Point*, 27.7.96.
Fr: "Ces règles ne jouent que dans les relations entre États qui se sont reconnus l'un et l'autre ***de jure***." Serres, *Manuel pratique de protocole*.
Po: "Não se trata de uma situação de fato, mas, essencialmente, **de jure**." Faria, *Reminiscências*.

delirium

In: "...a tremulous final note as, in a **delirium** of affection, she flung an arm around his throat". *The New Yorker*, 20.1.97.
In: "As can be imagined, the British public is in a real victory **delirium** as a result." Goebbels, *Diaries*, 25.3.45.

dementia

In: "...Hungarian Horror, since it can induce a temporary **dementia**." *Time*, inverno de 1996.

In: "De Kooning had succumbed to senile **dementia** years before...". *Time*, 31.3.97.

In: "Rusty Weston. His **dementia** started showing up right after high school, according to a friend, Miguel Engbring." *Newsweek*, 3.8.98.

de novo

Fr: "En effet, l'avenir de la microscopie à effet tunnel...séquence d'interaction, que de séquençage **de novo** de longues chaînes." Francis Galibert, "*Méthodes de lecture*", em *Science et Vie*, dez. 1992.

Deo gratias

Fr: "**Deo gratias,** *grâces soient rendues à Dieu*, était la formule liturgique employée familièrement pour exprimer le soulagement de voir la fin de choses désagréables ou ennuyeuses." Stemer, *Faire le point*.

Fr: " Tout est bien passé: **Deo gratias**!" *Le Figaro Magazine*, 8.8.97.

Po: "A locução ***Deo gratias***, 'graças a Deus', que se encontra em muitas preces, se usa ironicamente quando alguém se vê livre de alguma obrigação desagradável." Faria, *Reminiscências*.

de profundis

Ru: "**De profundis** [est la réaffirmation la plus radicale et, comme l'indique le titre, la plus désespérée, des valeurs de liberté...]." Etkind, *Histoire de la littérature russe*, tradução do russo.

desideratum/desiderata

Fr: "Les syndicats reprochent au gouvernement de faire la part belle aux **desiderata** des milieux d'affaires 'blancs' et d'oublier son électorat." *Les Échos*, 25.7.96.

deus ex machina/deus ex-machina

Fr: "Talleyrand, ce **Deus ex machina** de la diplomatie française, servit, sous Napoléon et Louis XVIII, la République, le Consulat, l'Empire, la monarchie restaurée, et vécut magnifiquement dans une débauche de plaisirs." *L'Express*, 6.8.98.

In: "...a ***deus ex machina*** — the person, thing, or event that conveniently and usually very improbably resolves a seemingly irresolvable dramatic situation. The origin of the term ['a god from a machine'] can be traced back to Greek drama of the fourth century B. C. Euripides and Sophocles resorted to divine intervention to bring about the resolutions of their dramas." Foster, *Irony, a Guide*.

In: "...the league of Nations emerged as a sort of ***deus ex machina***, to straighten out later the ever-widening gap between Wilson's moral claims and the actual terms of the settlement". Kissinger, *Diplomacy*.

In: "...hoping that, along the way, either German appetites would become satiated or some other ***deus ex-machina*** would remove the danger." Kissinger, *Diplomacy*.

In: "One sometimes has the impression that he [the Führer] is living in the clouds. But he has so often come down from the clouds like a **deus ex machina**." Goebbels, *Diaries*, 27.3.45.

It: "E Telecom, **deus ex-machina** dell'operazione, son sembra disponibile ad accetare compromessi su questo fronte." *Il Sole 24 Ore*, 7.8.98.

Po: "A expressão ***deus ex machina*** designa a intervenção, numa peça de teatro, de um ser sobrenatural que surge no palco por meio de um engenho e, no sentido figurado, o desenlace, mais feliz que verossímil, de uma situação trágica. Graças, pois, a um **Deus ex machina**." Faria, *Reminiscências*.

de visu

Fr: "L'ère spatiale a, ni plus ni moins, confirmé **de visu** que la forme et la place des continents sur la mappemonde, proposées par les géographes, n'étaient pas purs produits de leur imagination, mais reflétaient, très exactement, la réalité." *Le Point*, 30.5.98.

Fr: "Il nous tarde de vérifier cela **de visu**." *Libération*, 16.5.97.

Po: "Falar de alguma coisa **de visu**, de a ter visto." *Koogan-Houaiss*.

Po: "Estive no aeroporto para verificar, **de visu**, a anunciada chegada." *Boletim ADB*, mar. 1997.

dictum

In: "Churchill delivered an impromptu speech... That reminds one very much of Bruening's **dictum** when he berated the National Socialism for opposing the argument that he was only one hundred yeards from his goal." Goebbels, *Diaries*, 17.5.42.

In: "He [Gorbachev] quoted Palmerston **dictum** that Britain had no eternal friends or enemies, but only eternal interests." Thatcher, *The Downing Street Years*.

In: "Mies van der Rohe hadn't heard of software when he laid down his great architectural **dictum**." *BusinessWeek*, 7.4.97.

In: "The intellectual revolutionaries... are more likely to be later-borns. Albert Einstein belies that **dictum**." *Herald Tribune*, 8.4.97.

In: "Peter Principle!: 'In a hierarchy every employee tends to rise to his level of incompetence' — a **dictum** advanced by Canadian educationalist Lawrence J. Peter." Sholl, *How the names...*

Dies irae

It: "Politica. Se non si può più, e la furia monta, e la giornata è di quelle da **Dies irae**, niente e nessuno trattiene il Cavaliere." *La Nazione*, 18.9.98.

dilemma/Dilemma

Al: Affäre. Das Möller-**Dilemma**." *Focus*, 6.7.98.

In: "...that will help ease the White House out of an ugly **dilemma**". *Time*, 3.6.96.

In: "The book poses a classic **dilemma** for the media." *Herald Tribune*, 1.7.96.

In: "The Clintons: Both pose an ethical **dilemma**." *Herald Tribune*, 16.8.96.

In: "Our stance has been to solve the moral **dilemma** by doing nothing." *BusinessWeek*, 22.7.96.

In: "Siamese twins present a unique **dilemma**." *The Times*, 17.7.96.

In: "A Bosnian **Dilemma**: Karadsic and Mladic." *Herald Tribune*, 8.7.96.

In: "All the so-called solutions to this **dilemma** have severe drawbacks." *Time*, 12.8.96.

In: "And therein lies the **dilemma** for Mr. Ross." *Herald Tribune*, 28.7.96.

In: "Nasser... a solitary figure who agonizes over his **dilemma**." *Herald Tribune*, 29.8.96.

In: "...offers their set of remedies for solving this **dilemma**". *BusinessWeek*, 9.9.96.

In: "Christopher Faces **Dilemma** in China." *Herald Tribune*, 4.11.96.

In: "Constitutional reform may offer a partial solution to this **dilemma**." *BusinessWeek*, 2.12.96.

In: "President Suharto's **dilemma**: Pave the way for full democracy or risk...". *BusinessWeek*, 19.5.97.

distinguo

Fr: "La diplomatie française se refuse désormais à établir un **distinguo** entre l'économique et le politique...". *Le Point*, 10.5.97.

Fr: "...mais il y a lieu de faire 'un **distinguo** entre relations diplomatiques et consulaires'". *Libération*, 4.3.97.

Fr: "Débat sur l'euthanasie. Ainsi du **distinguo** entre 'euthanasie active' et 'euthanasie passive', entre la mort administrée et le simple arrêt des traitements." *Le Point*, 1.8.98.

dogma

In: "Clinton's staff... lock the President into a prison of liberal **dogma**." *Time*, 15.7.96.

In: "As Europe seeks to sustain belief in the **dogma** of a single currency." *Herald Tribune*, 1.7.96.

In: "...who lock the President into a prison of liberal **dogma**." *BusinessWeek*, 15.7.96.

In: "China. Once Supreme, the Party Is Fading As Market Forces Outpace **Dogma**." *Herald Tribune*, 3.7.96.

In: "But such books have no place in liberal **dogma**." *Time*, 9.9.96.

In: "Even East Germany... and smothered by Marxist **dogma**, managed to create...". *Time*, 30.9.96.

In: "*God's truth is an ocean, and* **dogma** *is a ship*. Yunus Emre." *Herald Tribune*, 8.5.97.

In: "Differences about doctrine and **dogma** did not matter." *Herald Tribune*, 11.5.97.

drama

In: "Woodward... in his depiction of the chaos, the **drama**, and the intrigue...". *Time*, 15.7.96.

In: "Tense **drama**: Doncy and Elizabeth in Pride and Prejudice." *Sunday Times*, 14.7.96.

In: "Yeltsin's comeback... is political **drama** of the highest order." *Herald Tribune*, 8.7.96.

In: "Chirac's craftily planned piece of political **drama** was upstaged by the terrorist bombing in Saudi Arabia." *BusinessWeek*, 15.7.96.

In: "Bob Woodward... the chaos, the **drama**, and the intrigues of an all-out presidential campaign." *BusinessWeek*, 15.7.96.

In: "Conventions have been stripped of almost all genuine **drama**." *U.S. News*, 26.8.96.

In: "Color and shape should provide all the **drama** you need." *Financial Times*, 19.5.96.

In: "Olympics Come to Atlanta, Promising **Drama** and Profits." *Herald Tribune*, 19.7.96.

In: "'This Woman absolutely can't do this kind of **drama**'." *Sunday Times*, 14.7.96.

In: "Cold war **dramas** are an anachronism in most of the world today." *Time*, 30.9.96.

dura lex sed lex

Po: "...infelizmente, **dura lex sed lex**, quem erguera a faca fora a moleca...". Amado, *Tereza Batista cansada de guerra*.

Po: "**Dura lex, sed lex**, no cabelo só Gumex." Cartaz publicitário no Brasil.

echo/écho

Fr: "Je ne suis pas très certain qu'il soit très utile de donner un **écho** à de telles futilités...". *Les Échos*, 26.7.96.

ego

Fr: "Jean Claude Van Damme. Autopromo d'un champion de l'**ego**." *Les Échos*, 26.7.96.

Fr: "Yann Queffélec: L'**ego** de l'égoût." *Le Figaro*, 3.4.97.

Fr: "Aimable formule dissimulant les triomphes de l'**ego**." Brunel, *Guide de relaxation*.

Fr: "Je suis auteur, compositeur et interprète, cela fait trois **ego** qui s'affrontent...". *Le Point*, 12.4.97.

Fr: "'Le sur-mesure flatte l'**ego**', appuie Eric Casillas, patron de Mangas France." *Le Point*, 10.5.97.

Fr: "Kasparov. ...où l'écrasement de l'**ego** adverse tient de la vertu?" *Libération*, 7.5.97.

Fr: "Cantona. Le joueur possède le tout-à-l'**ego**." *L'Événement du jeudi*, 28.5.97.

In: "A clash of power and **egos**." *BusinessWeek*, 27.5.96.

In: "Gorbachov. And his **ego** has not shrunk in exile." *Herald Tribune*, 20.5.96.

In: "This was no chady jamboree held to flatter the **ego** of powerful men." *The Times*, 6.5.96.

In: "If this is good for the **ego**, it is extremely perilous too." Rasponi, *The Last Prima Donnas*.

In: "The good breast is taken in and becomes part of the **ego**, and the infant who was first inside the mother knows the mother inside himself." Klein, *Envy and Gratitude*.

Po: "O exagero infla o **ego** de Maria Lúcia...". *Veja*, 9.4.97.

emeritus

In: "Kitty Carlisle Hart now holds the title chairwoman **emeritus**." *Herald Tribune*, 7.11.96.

In: "Chairman Grasso... Case, and Chairman **Emeritus** Kimsey...". *BusinessWeek*, 14.10.96.

In: "Khalifa can return from exile and be Emir **emeritus**." *Time*, 4.11.96.

In: "Boutros Ghali. Madeleine Albright also threw in the promise of a new title to take into retirement: Secretary General **Emeritus**." *Herald Tribune*, 5.12.96.

In: "'... funny that Moore's Law is what I'm best known for', says Moore, who is now chairman **emeritus**." *BusinessWeek*, 23.6.97.

In: "Dr. Robert Kahn is a professor **emeritus** of psychology and public health at the University of Michigan in Ann Harbor." *Herald Tribune*, 20.4.98.

In: "Dr. Patty Smith Hill was a professor **emeritus** at Columbia and won a host of honors before her death in New York City in 1946." Panati, *Extraordinary Origins of Everyday Things*.

emporium

In: "...this modern Pilgrim's Way that has been transformed into a huge **emporium** of carnival shooting galleries". *Herald Tribune*, 31.5.96.

In: "...marvel at the black hollyhocks of garden **emporium** Despalles". *Herald Tribune*, 31.5.96.

In: "Fashion. And in late May, Klein inaugurated a tony **emporium** on Paris ultrachic Avenue Montaigne."*BusinessWeek*, 28.7.97.

enigma [ver: "aenigma"]

equilibrium [ver: "aequilibrium"]

era [ver: "aera"]

erga omnes

Po: "A rigor, a locução jurídica ***erga omnes*** se diz do ato, lei ou decisão que a todos obriga, ou é oponível contra todos, ou tem efeito sobre todos." Faria, *Reminiscências*.

ergo

In: "***Ergo*** 'Therefore' is the word word used in Logic to introduce the conclusion of a syllogism." Foster, *Irony, a Guide*.

Po: "Ele já fez tudo o que podia, **ergo** não adianta insistir." Lins, *Almanaque*.

erotica

In: "Sexual aids and **erotica** may be openly available...". *Herald Tribune*, 1.7.96.

In: "This isn't a pageant of arcane **erotica** so much as Satyricon of suburbanites." *New York*, 8.12.97.

In: "**Erotica** Whose Purpose Was Scholarly." *The New York Times*, 23.11.97.

In: "In minding the institute's **erotica** for material, the curators had to be sure it fell within the standards of decency." *The New York Times*, 23.11.97.

In: "Madonna. Wasn't she on the back cover of her 1992 shock-pop album ***Erotica*** sucking on some stranger's foot?" *Time*, 16.3.98.

In: "**Erotica** Universalis." Título de publicação de Gilles Noret, Taschen, 755 pp., Barnes & Noble, Nova York.

In: "The publishers of this anthology know that in the bizarre laws that govern **erotica** today, a photograph of an erect penis would land them in prison." *The Guardian*, 8.8.98.

erratum(a)

Fr: "**Errata**. Nos lecteurs nous signalent amicalement, dans le nº 1894-1895, deux erreurs qui ont échappé à notre vigilance." *Jeune Afrique*, 13.5.97.

Fr: "**Erratum**: La Cour européenne de justice siège à Luxembourg et non à La Haye comme indiqué par erreur...". *Libération*, 12.6.97.

Fr: "**Erratum**: Dans le premier numéro du concours *Volvo* [*Le Figaro Magazine du 27 juin*], à la question 4, il fallait lire: Picadon de Dieulefit, au lieu de Picadou de Dieulefit. Avec nos excuses pour cette coquille qui ne remet pas en cause la validité de la question." *Le Figaro Magazine*, 25.7.98.

et alia/et al.

In: "Shell, Total, **et al.**, the argument goes, should make dictators behave." *Time*, 19.8.96.

In: "Branson... will promote the deputy manager, deputy sales manager, deputy, **et al.**" *Time*, 8.7.96.

In: "Hitler, Mussolini, **et al.**" *Time*, inverno de 1996.

In: "The Supreme Court, in Denver AET Consortium, Inc., **et al.**, struck down that provision." *The New Yorker*, 20.1.97.

In: "Closing the Book on Lewinsky **et al.** Beijing Orders Stores to Remove Work on Clinton's 'Strong Drives'." *Herald Tribune*, 12.6.98.

Po: "Greenberg **et al.**" Ferreira e Mello, *Clement Greenberg e o debate crítico*.

et cetera/et coetera

In: "...after the first demands made by maintenance, work, activity, disease, **et cetera**". *Time*, 14.10.96.

Po: "Fartos elogios ao governador ou ao deputado..., **et coetera, et coetera**." Amado, *Os pastores da noite*.

ex abrupto

Fr: "Le festival d'Aix. 'Don Juan' — Peter Brook **Aix Abrupto** [trocadilho]." *Le Canard enchaîné*, 15.7.98.

ex aequo/ex-aequo

Fr: "Dans le langage du droit: ***ex aequo***. Dans le langage quotidien: à égalité." Stemer, *Faire le point*.

Fr: "Le Chancelier Erhard n'est pas dans le même état d'esprit. Il ne veut plus être brillant second, mais premier **ex-aequo**." Peyrefitte, *C'était de Gaulle*.

Fr: "Législatives 97. Majorité et opposition sont **ex aequo** dans leurs souhaits de victoire." *L'Express*, 1.5.97.

Fr: "Le festival a décerné, compte tenu des **ex aequo**, 58 grands prix ou palmes d'or." *Le Point*, 10.5.97.

Fr: "Festival de Cannes. Derrière eux se distinguent le Brésil avec 32 lions et **ex aequo** les États-Unis et l'Espagne qui en comptent chacun 20." *Le Figaro*, 25.6.97.

Fr: "Jean-Christophe Yoccoz a été reçu premier à l'École polytechnique... premier **ex aequo** à l'agrégation de mathématiques." *Le Figaro Magazine*, 25.10.97.

ex cathedra

Fr: "Peyrefitte au général de Gaulle: 'Vous avez déjà éliminé quatre adversaires sur cinq. Reste à éliminer le dernier. Le ton du Président parlant **ex cathedra** n'est pas le meilleur pour ce genre de joute. Il vaudrait mieux un langage familier'." Peyrefitte, *C'était de Gaulle*.

Fr: "Jésus n'a pas cherché à imposer un nouveau dogme **ex cathedra.**" *L'Express*, 6.2.97.

Po: "A locução **ex cathedra**, 'em virtude de autoridade derivada do título', costuma ser usada, por ironia, para caracterizar o 'tom doutoral' de alguém." Faria, *Reminiscências*.

Po: "O papa fala, **ex cathedra**, à Igreja Universal — de cadeira." *Koogan-Houaiss*.

Exequatur

Fr: "Mission consulaire. En France et dans la plupart des pays, un **exequatur** doit être obtenu." Serres, *Manuel pratique de protocole*.

In: "***Exequatur*** 'he may perform or exercise' is currently the letter patent issued to a diplomat by the government to which he is accredited authorizing him to exercise his power." Foster, *Irony, a Guide*.

Po: "***Exequatur***, 'Execute-se', não é apenas a autorização dada por um soberano a um cônsul estrangeiro para que este possa exercer as suas funções no país; é também a fórmula que manda executar uma sentença de justiça estrangeira, ou certa diligência em carta rogatória." Faria, *Reminiscências*.

exit/exeunt

In: "What triggered Jackson was a curious decision by the Kremlin to impose an '**exit** tax' on emigrants, allegedly to reimburse the Soviet state for the expense of having educated its departing citizens." Kissinger, *Diplomacy*.

In: "**Exeunt** OmnEs: A tearful Sir Peter Hall... to express hope... re-establishing the Old Vic in the West End." *The New York Times*, 9.12.97.

In: "William Colby. **Exit** the ex-spymaster." *Herald Tribune*, 6.5.96.

In: "Boutros Ghali... He deserves a graceful **exit**." *The New York Times*, 24.6.96.

In: "Nigeria's Military: Looking for an **Exit**?" *Herald Tribune*, 23.6.98.

In: "Exit Parker C. ... **Exeunt** Duchess and Lady Agatha C." Wilde, *Lady Windermere's Fan*.

In: "Burda **Exits** On-Line Firm." *Herald Tribune*, 8.7.96.

In: "**Exit**, landaus et motos!" *Le Figaro*, 14.4.97.

In: "...the **exit** deal was cut closer to $30 million". *Time*, 23.12.97.

In: "The costumes, the wigs, the tensions of the entrances and **exits**...". Rasponi, *The Last Prima Donnas*.

Po: "Quem não sabe que ***exit*** é a palavra usada no teatro para indicar que uma personagem sai de cena... e que o plural é ***exeunt***?" Faria, *Reminiscências*.

ex libris

In: "Rex Whistler designed a frivolous **ex libris** for that senior statesman Duff Cooper, with pornographic flourishes in the cartouche." Hiller, *Art Déco of the 20s and 30s*.

Fr: "**Ex Libris** Magazine." *Le Figaro TV Magazine*, 16.3.98.

It: "...una colunna di narrativa per ragazzi che si chiama **Ex libris del editore** E. Elle". *Corriere della Sera*, 9.4.96.

Po: "***Ex libris*** 'Dos livros de...' é a fórmula que se inscreve nos livros, acompanhada do nome, das iniciais ou de qualquer outro sinal pessoal, para marcar possessão; vinheta destinada a esse uso." Faria, *Reminiscências*.

ex nihilo

Fr: "***Ex nihilo*** 'Rien [ne vient] de rien' est un célèbre aphorisme résumant la philosophie de Lucrèce et d'Épicure, mais tiré d'un vers de Perse [*Satires*, III, 84], qui commence par ***De nihilo nihil*** [Rien ne vient de rien, c'est-à-dire Rien n'a été tiré de rien]. En d'autres mots, rien n'a été créé, mais tout ce qui existe existait déjà en quelque manière de toute éternité." Stemer, *Faire le point*.

Fr: "Les symboles doivent naître d'eux-mêmes. Il est toujours risqué d'en vouloir fabriquer ***ex nihilo***." Druon, *Circonstances*.

Fr: "Laurent... quitte ses fonctions après avoir crée **ex nihilo** un établissement novateur...". *Le Point*, 5.10.96.

Fr: "Les talibans... depuis l'émergence **ex nihilo** de leur courant en août 1994." *Le Point*, 5.10.96.

Fr: "L'erreur a été de croire à la création **ex nihilo** d'une démocratie et d'une conscience nationale afghanes." *Libération*, 3.3.97.

Fr: "Les partis du Wifak — 'Entente' — sont nés soit **ex nihilo**, soit à la faveur de scissions, largement téléguidés, au sein d'autres partis." *Jeune Afrique*, 10.6.97.

exodus

In: "**Exodus** in Johannesburg. Bourse Joins Move to Suburbs Because of Crime." *Herald Tribune*, 1.11.98.

In: "Tyre, Lebanon. The **exodus** made a virtual ghost town of this normally thriving port." *Herald Tribune*, 15.4.96.

In: "The French government, fearful of a far greater **exodus** of Algerians." *Time*, 13.5.96.

In: "Members of the exodus that began with the fall of Saigon." *Time*, 13.5.96.

In: "Expat police lead Hong Kong **exodus**." *Sunday Times*, 14.7.96.

In: "The **exodus** couldn't come at a worst time." *BusinessWeek*, 2.9.96.

In: "The recent **exodus** of overseas money comes right in the middle of an equity financing boom." *BusinessWeek*, 2.9.96.

In: "The rural **exodus** that has depleted thousands of French villages...". *Time*, 2.9.96.

In: "Kabul's Latest **Exodus**: The Educated." *Herald Tribune*, 8.10.96.

In: "The reassurances have not stopped the **exodus**." *Herald Tribune*, 8.10.96.

In: "**Exodus** a Threat to Relief for Iraqi Kurds." *The New York Times*, 15.9.96.

In: "The foreign **exodus** is turning the Prague market into the laggard...". *BusinessWeek*, 10.2.97.

In: "An **Exodus** At Apple." *BusinessWeek*, 24.2.97.

In: "An **Exodus** At Disney: Bob Inger's star rises as other executives went ou the door." *BusinessWeek*, 15.6.98.

ex officio/ex-officio

Po: "***Ex officio***, 'de ofício', por obrigação e regimento; por dever do cargo; diz-se do ato oficial realizado sem provocação das partes: 'Fui alistado *ex officio*'." Faria, *Reminiscências*.

Po: "Lulu Santos, designado pelo juiz para defendê-lo ***ex-officio***, ou seja, de graça por não possuir o jagunço um centavo de seu...". Amado, *Tereza Batista cansada de guerra*.

Po: "Esperava... a renovada ausência do advogado **ex-officio**". Amado, *Tenda dos milagres*.

Po: "...julgamento por três vezes adiado devido à ausência do advogado **ex-officio**". Amado, *Tenda dos milagres*.

exotica

In: "There was plenty of exotica, the most arresting piece being a vivid bird of paradise cape made up of multicolored feathers." *Time*, 24.3.97.

ex post facto

Ru: "[It is easy to argue about this] **ex post facto**, [but it was difficult to foresee such a development]." Lopatin, *L. L. Polivanov: Person and Ideas*, tradução do russo.

Es: "**Ex post facto**, después del hecho." Union Latine, *Locuciones jurídicas*.

ex toto corde

Po: "Sou-lhe grato, **ex toto corde**, meu amigo, de todo o coração." Faria, *Reminiscências*.

extra muros

Fr: "Le poids d'une langue **extra muros** se mesure entre autres à son enseignement dans les écoles étrangères." Rossillon, *L'Avenir de la latinité*.

ex vivo

Fr: "...lignées de cellules ES à partir de blastocytes humains obtenus par fécondation *in vivo* et cultivés **ex vivo**, n'est pas possible." *Le Monde*, 7.5.97.

ex voto/ex-voto

Fr: "***Ex voto*** est l'abréviation de *ex voto suscepto*, 'suivant le voeu fait'; formule de dédicace dans les inscriptions." Stemer, *Faire le point*.

Fr: "...et, sur la poitrine, un plastron de verroteries hétéroclites comme autant d'**ex-voto** en l'honneur du Sacré-Cœur de Jésus, tatoué à la naissance de la gorge". Bianciotti, *Ce que la nuit raconte au jour*.

Fr: "'Un **ex-voto** sous un tas d'ordures.' La chronique théâtre de Philippe Tesson." *Le Figaro Magazine*, 13.6.98.

fac simile/fac-simile/facsimile/fac-similé/fac-símile

Fr: "...le frère de Dreyfus... publia des **fac-similés** du bordereau...". Painter, *Marcel Proust*.

Fr: "...masquant les mentions '**Fac-similé**' au recto et 'Banknote Walt Disney' au verso". *Libération*, 4.3.97.

Fr: "Les 'Plans et scénarios de *Madame Bovary*' transcrivent, en regard du manuscrit en **fac-similé**, le texte des premières versions du roman...". *Le Point*, 1.7.95.

In: "The total volume is approximately equivalent to 20,000 of the diary pages reproduced in **facsimile** on page xxxix." Trevor-Roper, *Final Entries 1945, The Diaries of Joseph Goebbels*.

It: "...ho distribuito testi di circolari di ministri e sindaci, ho mostrato il **fac-simile** di manifesti predisposti per informare i cittadini". *La Repubblica*, 4.7.97.

Po: "Essa edição... é o ***fac-símile*** da edição 'princeps', aparecida em Coimbra, em 1595." Ribeiro, *Crítica*.

Po: "CD-Rom. Coluna Prestes... de repente, faísca na tela o **fac-símile** de uma carteira de revolucionário." *Veja*, 23.7.97.

factotum/factótum

Fr: "Yturri fut l'ami loyal et le **factotum** de celui qu'il appelait...". Painter, *Marcel Proust*.

Fr: "Il était la doublure de mon père, son **factotum**." Modiano, *Un cirque*.

Po: "Na fábrica, Josias era o nosso **factotum**." Faria, *Reminiscências*.

Po: "Mukumbe é meu **factótum**." Soares, *O xangô de Baker Street*.

Ru: "[... en mains sûres, c'est-à-dire à mon] **factotum** D. V. Stassov...". Glinka, carta a N. V. Koukolnik, 23.7.1856, tradução do russo.

Ru: "[Un matin, j'ai reçu la visite du] **factotum** [du Prince...]". Herzen, *Passé et méditations*, tradução do russo.

fama volat

Fr: "***Fama volat***, 'la renommée vole' est une expression de Virgile [l'*Eneida*, III, 121] pour exprime la rapidité avec laquelle une nouvesse se répand." Stemer, *Faire le point*.

Po: "Não se consegue guardar segredo! **Fama volat**! Voa, mesmo!" Lins, *Almanaque*.

fetus/foetus/fetuses

Fr: " 'Bébés-Bulles': La Greffe des **Foetus**." *Le Point*, 25.5.96.

Fr: "RU 486. L'Eglise condamne... ce '*poison pour le* **foetus**'." *Le Point*, 19.4.97.

Fr: "**Foetus**: les risques du tabac." *Libération*, 29.4.97.

Fr: "...l'identification de 50% des anomalies majeures chez le **foetus**...". *Libération*, 29.4.97.

Fr: "Le pape... et le crime du premier stade de la vie — l'élimination du **foetus** par l'avortement." *Le Point*, 1.4.95.

Fr: "La découverte d'un goitre chez un **foetus** est un événement rare." *L'Express*, 15.5.97.

Fr: "Le **foetus**, déglutissant en permanence le liquide amniotique, ingurgite ce médicament." *L'Express*, 15.5.97.

Fr: "Il n'y a aucun signe de **foetus** sur l'écran...". *Le Point*, 7.6.97.

In: "...asked her doctor to abort one of the two **fetuses** she was carrying". *Time*, 19.8.96.

In: "Doctors bring the **fetus** down into the birth canal." *Newsweek*, 7.10.96.

In: "The operation is carried out only when a **fetus** is abnormal or when fertility treatment...". *Time*, 19.8.96.

In: "James Tanner, author of the book *Foetus into Man*...". *Time*, 14.10.96.

In: "What's on their minds is the stands Pope John Paul has taken on — women. On their right to take holy orders, to abort a **fetus**, to frustrate insemination by artificial means." *Time*, 13.4.98.

fiat

In: "Lat. let it be done. 'I give my **fiat** to that proposal.' I consent to it. A **fiat** in law is acertificate of the attorney-general giving leave to take certain proceedings for which Crown permission is required." Evans, *Brewer's Dictionary of Phrase and Fable*.

In: "Albright's **fiat** to NATO could have been 'wrapped in a more user-friendly way'." *Time*, 4.8.97.

In: "Aung San Suu Kyi sharply criticized the military's attempt to manage the nation by **fiat**." *The New York Times*, 17.9.96.

In: "Not to mention languages spoken in nations where grammar is regulated by government **fiat** and where the accidental jumbling of a noun's gender is taken by authorities as a dagger in the heart of national honor." *Herald Tribune*, 13.7.98.

In: "*Madame* la Ministre. Not to mention language spoken in nations where grammar is regulated by government **fiat** and where the accidental jumbling of a noun's gender." *The Washington Post*, 13.7.98.

Po: "É o grande **fiat** de todos os tempos." Machado de Assis, *Memórias póstumas de Brás Cubas*.

focus

In: "President Chirac forced his peers to **focus** on Bosnia." *Herald Tribune*, 27.6.96.

In: "Clinton Seeks Terrorism *Focus* at Summit of World Leaders." *Herald Tribune*, 27.6.96.

In: "...a presence to be reckoned with, and a **focus** of hope for people so buffeted by events...". *Herald Tribune*, 13.5.96.

In: "At Microsoft... Gates feels execs need to **focus** on a critical issue." *BusinessWeek*, 15.7.96.

In: "***Focus*** Shifts on China Dam." *Herald Tribune*, 22.8.96.

In: "Prosecutors Said to Shift *Focus* Back to Clintons." *Herald Tribune*, 21.8.96.

In: "Atlanta. *Focus* of complaints: 'Everything'." *Herald Tribune*, 24.7.96.

In: "With Washington and Moscow now supporting the nuclear test ban, the **focus** shifts on China." *Herald Tribune*, 24.7.96.

In: "And because the easy pieces are so simple, the **focus** is on fabrics." *Herald Tribune*, 25.6.96.

In: "The supposed 'mainstreams' on which institutions **focus**." *Herald Tribune*, 19.5.96.

In: "Ultra sound breakthrough sharpens **focus** on babies." *The Times*, 14.7.96.

In: "Operators can **focus** on suspicious details." *Sunday Times*, 14.7.96.

In: "You... devote the entirety of your energy and **focus** to what you're trying to do." *Time*, 15.7.96.

formula

In: "But Versace's familiar **formula** does the job." *Herald Tribune*, 2.7.96.

In: "Thayland. But that **formula** may no longer work." *BusinessWeek*, 22.7.96.

In: "VAT paid under unfavorable **formula** not recoverable...". *The Times*, 18.7.96.

In: "Mideast. That **formula** was supported by the United States." *Herald Tribune*, 28.7.96.

In: "How Will the Market Respond to the Next Jobs Data? Try this **Formula**." *Herald Tribune*, 5.8.96.

In: "Hollywood's **formula** is simple." *U.S. News*, 26.8.96.

In: "Israel's new Prime Minister continued to reject the land-for-peace **formula**." *The New York Times*, 10.9.96.

In: "Efforts... American diplomats are making to find a **formula** for renewing the talks." *The New York Times*, 10.9.96.

In: "His **formula** seems to be working — ING's stock has quadrupled...". *BusinessWeek*, 17.2.97.

In: "Indonesia must find its own **formula** for economic recovery." *Herald Tribune*, 2.3.98.

In: "McDonald's... unable... to go beyond its basic **formula** of burgers and fries." *BusinessWeek*, 9.3.98.

forum

Fr: "Viagra. **Forum** du Dr. Brian McDonough: http://www.bigv.com." *Libération*, 7.6.98.

Fr: "...les États-Unis et l'Union... à l'occasion de l'ouverture du **Forum** de l'Asean." *Les Échos*, 25.7.96.

In: "Creating the right **forum**." *Herald Tribune*, 29.4.96.

In: "Hussein also used the **forum** to rule out any resumption of Jordanian stewardship of the Palestinians." *Herald Tribune*, 6.6.96.

In: "SDLP quits peace **forum**." *Sunday Times*, 14.7.96.

In: "Taiwan insisted... summit to take place within an international **forum**." *Time*, 3.6.96.

In: "U.S. criticism of the effectiveness of the ASEAN Regional **Forum**." *Herald Tribune*, 30.5.96.

In: "Senior officials of the **forum** will consider the progress report." *Herald Tribune*, 9.5.96.

In: "...separately, rather than in a **forum** that implies a special Russian status". *Herald Tribune*, 13.5.96.

In: "A Funny Thing Happened on the Way to Dole's **Forum**." *BusinessWeek*, 12.8.96.

In: "Pacific nation leaders... excluded the French from their regional **forum**." *Herald Tribune*, 19.6.96.

Po: "Lulu Santos, nas folgas do **forum** ou do bar...". Amado, *Tereza Batista cansada de guerra*.

fulcrum

In: "The Syrian leader managed to make himself the **fulcrum** of diplomatic efforts." *Herald Tribune*, 30.4.96.

In: "Human sexuality is far too rich and complex for the entire subject to be balanced on the delicate **fulcrum** of an erection." *Time*, 4.5.98.

genitalia/genitália

In: "...an electronic lighter for igniting a gas flame, that suggests the shape of male **genitalia**". *Time*, 21.4.97.

In: "Books. Lighter shows that most slang terms describe sexual activity or **genitalia**." *Time*, 27.10.97.
In: "With **genitalia** and intercourse to the foreground, everything else tends to fall away." *The Guardian*, 8.8.98.
In: "Massachusetts Rep. Barney Frank: 'I have become the go-to guy on **genitalia**'." *Newsweek*, 3.8.98.
Po: "A **genitália** de Clinton." Luís Fernando Veríssimo, em *Jornal do Brasil*, 20.5.97.
Po: "Para provar sua alegação, ela declarou que pode descrever a **genitália** do presidente." *Jornal do Brasil*, 20.5.97.
Po: "Processo de Paula Jones chega à fase de depoimentos e ameaça expor **genitália** de Clinton no tribunal." *Veja*, 12.11.97.

genius

In: "A pair of dancers have won MacArthur Foundation '**genius**' award." *Herald Tribune*, 19.6.96.
In: "Since Sophocles... the equation of **genius** with a stinking wound...". *The Times*, 18.7.96.
In: "...which made Reagan a **genius** in dealing...". *Herald Tribune*, 10.10.96.
In: "Mr Reagan was 'an authentic phony', which made him a **genius**." *Herald Tribune*, 10.10.96.

gladioli

In: "Virginia Woolf notes the **gladioli** standing in troops, and examines the chocolate earth under her fingernails." *The Times*, 6.5.96.

gratis

Al: Hacker sehen Premiere **gratis**." *Die Welt*, 17.6.98.
Fl: "**Gratis** boottocht voor slecht Engels." *Algemeen Dagblad*, 16.6.98.
Fl: "Di Bella-kuur tegen kanker wordt **gratis**." *De Standaard*, 17.6.98.
Fl: "Tafelschuimer rijdt ook **gratis** met de trein." *De Standaard*, 17.6.98.
Fr: "Dans le langage du droit: gratis, mais dans le langage quotidien, il vaut mieux dire 'gratuitement'." Stemer, *Faire le point*.
Fr: "Les chômeurs veulent voyager **gratis**." *Le Parisien*, 7.6.98.
In: "My lessons were **gratis**." Rasponi, *The Last Prima Donnas*.
It: "Oggi **gratis** il fascicolo 'Scuola di Cucina'." *Il Messaggero*, 10.4.96.
It: "Musica **gratis** per migliaia di giovani." *La Repubblica*, 4.7.97.

gymnasium/gym

Fr: "Concours de latin dans les '**gyms**' de Chij et départements voisins." *Roumanie*, 19.3.94.
Fr: "Une mini-salle de **gym**." *L'Événement du jeudi*, 2.4.97.
In: "Living in a warm climate [...] the Greeks would typically do their exercises in the nude. The name given to the exercise area was therefore ***gymnasium***, literally 'school for naked exercise'. ***Gymnasium*** was first used in English at the end of the sixteenth century. Now often shortened to ***gym***, it has entirely lost its original connotation of nakedness." *Webster's New Collegiate*.
In: "Olympics... an invitation to Germany — where a **gymnasium** in Berlin was named for her last year." *Herald Tribune*, 19.6.96.
In: "Vitali Scherbo bops into the **gymnasium** of the Rings of Glory." *Time*, 22.7.96.
In: "At 1:11 a.m. he entered the **gymnasium** and mounted the 13 steps to the gallows." *Time*, inverno de 1996.

In: "The Titanic had every luxury: a **gymnasium**, cafés, squash courts...". *Herald Tribune*, 9.4.97.

habeas corpus/habeas-corpus

Fr: "De Gaulle: 'Les Anglais [...] ont inventé le contrat social, le Parlement, le **habeas corpus**, le pouvoir de la majorité, le respect de la règle du jeu, le *fair play*'." Peyrefitte, *C'était de Gaulle*.

In: "***Habeas corpus***, 'have the body', was the name given to a prerogative writ [from the opening words] to one who detains a person in custody ordering him to produce or 'have the body' of the accused before the Court." Evans, *Brewer's Dictionary of Phrase and Fable*.

In: "Clinton's FBI... an abridgment in his lifetime of the writ of **habeas corpus**." *Herald Tribune*, 19.6.96.

In: "Legislation that... restricts the right of **habeas corpus**." *Herald Tribune*, 19.6.96.

In: "...to seek a **habeas corpus** petition to free Benazir Bhutto from house arrest". *Herald Tribune*, 6.11.96.

In: "The Court of Appeal had refused his application for an order of **Habeas Corpus**." *The Times*, 10.5.96.

Po: "**Habeas-corpus** para os PMs da Chacina de Roma." *A Tarde*, 27.11.96.

Po: "Caso de **habeas-corpus**, entendeu o bacharel...". Amado, *Tereza Batista cansada de guerra*.

Po: "Dr. Abiláfia... requereu um ***habeas-corpus*** para os diversos presos sem culpa formada." Amado, *Os pastores da noite*.

Po: "Na véspera, o Supremo Tribunal concedera ***habeas corpus*** aos cinco." Martins, *Valeu a pena*.

Po: "Executivo anda com **habeas corpus** preventivo no bolso, por causa de ações movidas contra ele." *O Estado de S. Paulo*, 20.11.97.

Ru: "[...sa liberté réside dans] l'**habeas corpus** [et non dans ses moeurs ou son mode de pensée...]". Herzen, *Vécu et pensées*, tradução do russo.

Ru: "[On dit que l'histoire a développé l'] **habeas corpus** [en Grande Bretagne...]". Pissarev, *Le Progrès de la faune et de la flore*, tradução do russo.

habitat/Habitat

Al: "...und kräftig ornamentierten Fayence-Geschirre von **Habitat**...". *Madame*, mai. 1996.

Fr: "***Habitat***: environnement graphique de sites de dialogue en direct sur Internet dans lequel les interlocuteurs sont représentés par des avatars et peuvent se déplacer d'une pièce à une autre." Otman, *Les Mots de la cyberculture*.

Fr: "Sur Internet, les dialogues en direct se déroulent désormais dans les **habitats** en couleur et en trois dimensions, peuplés d''avatars' déguisés en lapins, en Martiens ou en pin-up." *Le Monde*, 10.6.96.

In: "This policy will decrease rural tranquillity, wildlife **habitat** and ecological diversity." *The Times*, 6.5.96.

In: "...those whose natural **habitat** is the pure pop song". *The Times*, 16.7.96.

In: "Rain Forests. How that diversity became concentrated in so circumscribed a **habitat** remains a mystery." *Discover*, dez. 1997.

In: "Many **Habitat** Conservation Plans Found to Lack Key Data." *The New York Times*, 23.12.97.

In: "The centerpiece of Lisbon's Expo'98 is a new kind of acquarium, recreating whole marine **habitats** that give an illusion of life in the open sea." *Time*, 1.6.98.

Po: "***Habitat*** é o lugar onde naturalmente, e não por aclimação, nasce e cresce qualquer ser organizado; ambiente natural." Rónai, *PDBLP*.

Po: "A conferência da ONU, **Habitat** II, se reunirá em Istambul em junho de 1996." *O Globo*, 15.5.95.

Po: "Paraná... é o **habitat** de dezenas de espécies ameaçadas...". *Veja*, 9.4.97.

Po: "O **habitat** dos primitivos indo-europeus teria sido uma área do oeste da Rússia, a norte do mar Negro." Salles, *Babel*.

hiatus

Fr: "'...poursuivant les **hiatus** jusqu'à l'intérieur des mots', disait Anatole France." Painter, *Marcel Proust*.

Fr: "Il y a un **hiatus** entre la fin de la scolarité à quatorze ans et le début de la formation professionnelle à dix-neuf ans." Peyrefitte, *C'était de Gaulle*.

In: "Israel's Unheralded **Hiatus** of Peace." *Herald Tribune*, 11.9.98.

In: "...offstage during a brief **hiatus** in their dozen or so encores. *Time*, 2.9.96.

In: "I get a little two-month break here and there while *Friends* is in **hiatus**." *The Times*, 18.6.98.

In: "After a **hiatus** of 20 years, America returns to Mars." *BusinessWeek*, 11.11.96.

In: "Andreas Papandreou... except for a **hiatus** caused by financial scandal... was the central political figure." *Time*, 1.7.96.

In: "As he returns from a **hiatus** to direct three films — including the blockbuster sequel to *Jurassic Park*...". *Time*, 16.6.97.

In: "Papon's Illness Prompts Judge To Call a **Hiatus** in His Trial." *Herald Tribune*, 23.10.97.

In: "Tom Hanks. After long **hiatus**, starring in pal's Spielberg's *Saving Private Ryan*." *Premiere*, mai. 1998.

hic

Fr: "Le **hic**, c'est que la lecture desdits programmes n'est pas une partie de plaisir." *Marianne*, 25.5.97.

Fr: "Urbanisme. En 1996, un terrain de plus de 52 hectares appartenant à British Gas est choisi pour abriter l'exposition célébrant l'an 2000. Seul **hic**: il est pollué." *Le Figaro Magazine*, 10.4.98.

hic et nunc

Fr: "De Gaulle: 'Mais pourquoi cette grève perlée, **hit et nunc**?' " Peyrefitte, *C'était de Gaulle*.

Homo erectus

In: "In spite of clear evidence that an early species of human, **Homo erectus**, had wandered out of Africa a million years ago at the latest." *Discover*, dez. 1997.

In: "The Gran Dolina premolar looked old and positively African **Homo erectus**." *Discover*, dez. 1997.

In: "**Homo erectus** in Asia had a single, almost horizontal shelf that shielded both eyes." *Discover*, dez. 1997.

In: "**Homo erectus** was essentially an Asian species." *Discover*, dez. 1997.

In: "Sometime around a million years ago, *antecessor* also decamped, following in the footsteps of **erectus**." *Discover*, dez. 1997.

In: "**Homo erectus**, a forerunner of modern man, accidentally *Discover*ed fire through the friction generated by two sticks rubbed together." Panati, *Extraordinary Origins of Everyday Things*.

In: "Ironically, we know more today about **Homo erectus** than we do about John Walker, who also made his d*iscovery* by accident." Panati, *Extraordinary Origins of Everyday Things*.

Homo sapiens

Fr: "Kasparov défend à nouveau l' '**Homo sapiens**' face à un ordinateur." *Le Monde*, 5.5.97.

Fr: "On dit: l'**homo sapiens** contre la machine. C'est plutôt l'***homo sapiens*** sous une forme [Kasparov] contre l'*homo sapiens* sous une autre forme...". *Libération*, 13.5.97.

Fr: "*De* l'**Homo sapiens** *à l'homme interactif*." Título de publicação de Sans Gutenberg, Éditions Denoël, 1998.

Fr: "Les anthropologues affirment que l'*Homo erectus* pouvait etre aussi créatif que l'**Homo sapiens**." *L'Événement du jeudi*, 2.4.97.

Fr: "À la main, et avec sa mémoire d'**Homo sapiens**, le rabbin n'a pas pu aller plus loin." *Paris Match*, 29.5.97.

Fr: "...l'infinité de combinaisons existant entre les mots et les caractères de la Bible, plus ceux issus du cryptage, l'**Homo sapiens** de l'an 2000 va enfin pouvoir lire et comprendre la Bible". *Paris Match*, 29.5.97.

In: "Since computers became the best chess-playing species... we **homo sapiens** have proved that we remain world champs in at least one cognitive domaln: rationalizing defeat." *Time*, 26.5.97.

In: "A landmark report in the last issue of the journal *Cell* suggests that whatever else **Homo sapiens** and Neanderthals did they did not make love." *Time*, 21.7.97.

In: "Then in 1992 he and his colleagues pulled from the Sima the most complete Homo skull ever found that was not modern **Homo sapiens** — more complete than any of the many Neanderthal skulls, and it was 2000 years older than most of them." *Discover*, dez. 1997.

Po: "**Homo sapiens**, na nomenclatura de Lineu, é o nome científico da espécie humana." *Koogan-Houaiss*.

Po: "Esta idéia tornou-se muito popular para justificar a existência de um **Homo sapiens** asiático...". *Jornal do Brasil*, 20.7.97.

honorarium(a)

In: "That's when the **honoraria** for serving on corporate boards were sparse and the perks few." *BusinessWeek*, 26.8.96.

In: "Chubais was enmeshed in a controversy over a $90.000 book **honorarium** and stripped of his post." *Herald Tribune*, 9.3.98.

honoris causa

Fr: "Jeanne Moreau... cérémonie au cours de laquelle l'actrice deviendra 'docteur **honoris causa**' des universités de l'État de New York." *Le Figaro*, 8.6.97.

Fr: "Le Roy-Ladurie... professeur au Collège de France, membre de l'Institut et docteur **honoris causa** de nombreuses universités étrangères...". *Le Point*, 7.6.97.

Fr: "...à l'occasion de la remise de doctorat **honoris causa** au philosophe américain par l'université de Strasbourg". *Libération*, 15.5.97.

Fr: "Daniel Cohn-Bendit. Aujourd'hui, l'ancien leader de la revolte étudiantine reçoit des doctorats **honoris causa**." *Le Temps*, 14.9.98.

Po: "Tereza, doutora Tereza, **honoris causa** eu te consagro suma sabedoria." Amado, *Tereza Batista cansada de guerra*.

Po: "Discurso de Doutor **Honoris Causa**." Herberto Salles, na Universidade Federal da Bahia.

Po: "...deu conhecimento à Academia da sua ida a Brasília para a entrega do título de Doutor **Honoris Causa**, da Soka University, do Japão, ao Presidente Cardoso." *Boletim da Academia Brasileira de Letras*, 5.6.97.

Po: "FHC recebeu o seu quinto título de doutor **honoris causa**, o maior número já conferido a um presidente brasileiro." *Veja*, 29.1.97.

Po: "Maestro Celibidache. Com diversos títulos **honoris causa** e condecorações, Celi, como era chamado pelos amigos, dedicou-se aos jovens." *Veja*, 11.3.98.

Po: "Nélida Piñon recebeu o título de doutor **honoris causa** da Universidade de Santiago de Compostela." *Veja*, 27.3.98.

ignoramus

In: "***Ignoramus***, 'We do not know', in legal use means 'we take no notice'." Foster, *Irony, a Guide*.

In: "I told Mac I was an **ignoramus** on weaponry." *The New York Times*, 22.9.96.

impetus

In: "Russians officials hope that the emergence of a new rebel leader might provide a new **impetus** to negotiations...". *U.S.A. Today*, 28.5.96.

In: "Yeltsin... gave little **impetus** to true reforms." *U.S. News*, 30.9.96.

In: "The Federal Agency for Air Travel is the **impetus** behind a planned new body called Air Eurosafe." *Time*, 16.6.97.

In: "An idea that Einstein derided as 'spooky' gains new **impetus**." *The New York Times*, 16.12.97.

In: "The Israelis contend that even an official offering of the American plan would give it **impetus** and add to the growing international criticism of Israel." *Herald Tribune*, 24.3.98.

In: "Fashion. First, Saint Laurent is still around and the **impetus** came from him." *Herald Tribune*, 9.6.98.

In: "Aside from any internal, linguistic considerations, the great **impetus** to British lexicography as the eighteenth century opened derived not from social but from patriotic impulses." Green, *Chasing the Sun*.

Imprimatur

In: "Diana Loses **Imprimatur** of Royalty." *Herald Tribune*, 29.8.96.

In: "The King James Version, thanks to its felicities of language and the **imprimatur** of the Church of England...". *Time*, 28.10.96.

In: "Doctors Sell Their **Imprimatur**." *Herald Tribune*, 14.8.97.

Po: "***Imprimatur***, 'Imprima-se', é a autorização que se exige, desde tempos imemoriais, para imprimir-se uma obra." Faria, *Reminiscências*.

in absentia

Fr: "TV. Francesco Clemente est là ***in absentia***, dans un portrait commun fait avec Milo...". *Libération*, 27.3.97.

In: "The IRA were on the advance politically: Sands himself **in absentia** won the parliamentary seat of Fermanagh." Thatcher, *The Downing Street Years*.

In: "Karadsic and Mladic being tried **in absentia**...". CNN TV, 12.7.96.

In: "Paul Touvier was twice convicted **in absentia** for treason." *Time*, 29.7.96.

In: "Bonn's Hard Choices: "Made **in Absentia**." *Herald Tribune*, 14.7.96.

In: "It will be possible to try them in **absentia**." *Herald Tribune*, 29.8.96.

In: "...an Iranian government convicted **in absentia**." *BusinessWeek*, 11.11.96.

In: "Bosnia's Candidate '**in Absentia**' Still Has a Following." *The New York Times*, 12.9.96.

In: "Abdic has thus become both a defendant and a candidate '**in absentia**'." *The New York Times*, 12.9.96.

In: "...had asked a court to try the brother-in-law of the Libyan leader... and five other operatives **in absentia**... on charges of blowing up a French airliner". *Herald Tribune*, 8.5.97.

In: "'Carlos' was convicted **in absentia** in 1992." *The New York Times*, 16.12.97.

In: "Mr. Einhorn, who was tried **in absentia** in 1993, was set free by a French court." *The New York Times*, 5.12.97.

in abstracto

Po: "A importância da melhoria do capital é proclamada **in abstracto**, mas escassamente reconhecida...". *Jornal do Brasil*, 2.3.97.

Po: "Mas toda essa tendência generalizadora — fruto do 'espírito prático' — manifesta-se paradoxalmente, **in abstracto**: não há definição de propósitos...". Madeira, *Homens de marca*.

in bonis

It: "Carlo Peretti... defende invece la soluzione raggiunta, che 'consente a un gruppo con 1.400 miliardi di debiti nei '93 di chiudere **in bonis**', cioè senza ricorso a procedure concorsuali." *Corriere della Sera*, 9.8.98.

index/indexed

Fl: "Sinds begin van de jaren 90 is de Nikkei-**index** [beursbarometer] met 60 procent gedaald." *Algemeen Dagblad*, 16.6.98.

Fr: "Avec les **index** Post-it, elle les retrouve sans jamais s'arracher les cheveux." *L'Express*, 8.5.96.

In: "One of the main technicalities is which **index** of inflation to use." *Financial Times*, 19.5.96.

In: "**Index**-linked gilts were designed to be attraction to pension funds." *Financial Times*, 19.5.96.

In: "Clinton's decision to issue **indexed** bonds." *Herald Tribune*, 20.5.96

In: "By every available **index**, the most controversial First Lady in modern history." *Herald Tribune*, 26.8.96.

In: "The **index** of economic activity showed the economy grew by 10.2% in April." *BusinessWeek*, 15.7.96.

In: "...reports that MORI's **index** of economic optimism has shot up...". *Time*, 14.10.96.

index prohibitorum

Po: "O luso-brasileirismo é tema que lancei no meu **index prohibitorum**." Ribeiro, *Crítica*.

inertia

In: "Cyprus. Such **inertia** and the fact that both contenders are NATO allies, not Bankan tribes...". *Time*, 23.6.97.

In: "Management was paralized by **inertia**." *Time*, 23.12.97.

in extenso

Fr: "Dans le langage du droit: ***in extenso***. Mais dans le langage quotidien je vous conseille 'dans sa totalité'." Stemer, *Faire le point*.

Fr: "Chichkov cite tout d'abord **in extenso** un article publié par Nicolaï Karamzine...". Garde, *Littérature russe*.

Fr: "...le premier dictionnaire... en cinq volumes, dans la collection '**In extenso**'." *Le Point*, 12.4.97.

Fr: "...lors d'une évocation historique et la diffusion **in extenso** d'un reportage datant de plusieurs années...". *Libération*, 7.5.97.

in extremis

Es: "Washington y Pekín logran '**in extremis**' un pacto sobre la propiedad intelectual que evita la guerra comercial." *El País*, 18.6.96.

Fr: "Ainsi était conclue — et eût appliquée si un sursaut national ne l'avait '**in extremis**' exorcisé — la Création d'une 'communauté européenne de défense'." De Gaulle, *Mémoires d'espoir*.
Fr: "Le RPR a, ainsi, trouvé **in extremis** une manière très élégante de ne pas gêner ses anciens gaullistes." *Le Point*, 3.5.95.
Fr: "...dans un sursaut dramatique, la majorité finit par l'emporter ***in extremis***...". *Libération*, 9.5.97.
Fr: "Gorse, contrairement au pessimisme de sa dernière communication, fait état de l'accord intervenu ***in extremis*** pour l'association des pays africains." Peyrefitte, *C'était de Gaulle*.
Fr: "La réapparition de Eltsine... aura sauvé **in extremis** l'election présidentielle." *Libération*, 3.7.96.
Fr: "Il est mis en ballotage par Marie-Denise Xerri, chargée **in extremis** de relever le défi." *Le Point*, 26.5.97.
Fr: "En évitant **in extremis** l'opération coup de poing, Clinton s'est sorti de la nasse en Haïti." *Le Point*, 24.9.94.
Fr: "Prisonnier à Drancy, Maurice Rheims est voué à la mort par un officier SS. Libéré **in extremis**, il reçoit un télégramme de félicitations de Pétain." *Le Point*, 14.6.97.
In: "Isabel arrived ten days before he died but, taken in by her father's bravado and brave assurances that he was not **in extremis**, had already left." *Daily Mail*, 1.8.98.
It: "Hill lo brucia **in extremis** ma il tedesco dá spettacolo: 'Okay, proviamo a vincere'." *Corriere della Sera*, 7.4.96.
It: "L'onorevole Casini arriva a domandare '**in extremis** su quali questioni è possibile un baratto e su quali ano'." *La Repubblica*, 22.5.97.

infarctus

Fr: "**Infarctus**. Le Poisson est Bon." *Le Point*, 19.4.97.
Fr: "...un risque de décès par **infarctus** du myocarde près de deux fois inférieur...". *Le Point*, 19.4.97.
Fr: "L'aspirine contre l'**infarctus**." *Libération*, 29.4.97.
Fr: "**Infarctus**: la piste de l'infection." *Le Figaro*, 4.6.97.
Fr: "L'**infarctus** du myocarde peut-il être conçu comme une complication d'une maladie infectieuse?" *Le Figaro*, 4.6.97.
Fr: "L'**infarctus** et l'angine de poitrine sont liés au rétrécissement de ces vaisseaux irrigant le cœur." *Le Figaro*, 2.7.97.
Fr: "Il ne s'agira pas ici, on s'en doute, du cours de l'arythmie ou de l'**infarctus**." Bril, *Petite fantasmagorie du corps*.
Fr: "Le chanteur brésilien Tim Maia mort dimanche d'un **infarctus**." *Libération*, 17.3.98.
Fr: "Cinquante ans, le bel âge pour les hommes. Pour l'**infarctus** également." *L'Express*, 5.9.96.
Fr: "Pierre Vergne, soixante ans, a été hospitalisé à la suite d'un **infarctus**." *Le Figaro*, 20.4.98.
Fr: "Un peu plus tard, il a fait un **infarctus** et a dû être rapatrié." *Paris Match*, 30.7.98.

in fine

Fr: "**In fine**, les quatre tristes compères, décidément incorrigibles, tentent un 'coup' à Londres...". *Les Échos*, 19.6.96.
Fr: "La démographie médicale détermine donc **in fine** la consommation de soins...". *Le Point*, 30.12.94.

Fr: "Résultat: des œufs génétiquement identiques et **in fine** huit jumeaux." *Libération*, 4.3.97.

Fr: "La France était sortie grande perdante de l'épreuve et avait dû se rallier **in fine**, à la solution Kofi Annan." *Libération*, 4.3.97.

Fr: "D'ailleurs, Genius s'est, **in fine**, incliné devant un adversaire très inférieur à Kasparov." *Le Point*, 10.9.94.

Fr: "...n'importe quel policier sur les aéroports français a le pouvoir de refuser **in fine** l'entrée du territoire". *Jeune Afrique*, 10.6.97.

in folio/in-folio

Po: "Quer o leitor escrever um livro **in-folio**, da grossura de um missal, em caracteres microscópicos?" Machado de Assis, 7.8.1964.

in limbo/limbo

In: "Steady Confiscation of Legal Papers Puts Thousands in Precarious **Limbo**." *Herald Tribune*, 6.5.97.

In: "A 'Border Free' Europe, a Weekend **in Limbo**." *Herald Tribune*, 21.8.96.

In: "Most of the other protesters are in a legal **limbo**." *Herald Tribune*, 30.8.96.

In: "Once a Star, Reno Finds Herself **in Limbo**." *Herald Tribune*, 15.11.96.

In: "Grounded ValuJet leaving the only signed order for the MD-95 **in limbo**." *BusinessWeek*, 15.7.96.

In: "Human embryos in BritaIn: 3,300 potential infants landed in a **limbo**." *Time*, 12.8.96.

In: "Iraq Dissidents **in Limbo**." *The New York Times*, 10.9.96.

In: " 'The government can delay until doomsday, and everyone will be in a state of **limbo**', says Indian media consultant Malhotra." *BusinessWeek*, 26.5.97.

In: "Turkish Vote Is **In Limbo**." *Herald Tribune*, 30.5.97.

In: "AT&T... Whitacre Jr., in the top job... and Walter **in limbo**." *BusinessWeek*, 16.6.97.

In: "American News. Dangerous **Limbo** at Apple." *BusinessWeek*, 21.7.97.

In: "Bosnian Town Stays **in Limbo**." *Herald Tribune*, 16.3.98.

In: "Two days after president Yeltsin fired the entire cabinet, Russian politics are in a strange **limbo**." *Herald Tribune*, 25.3.98.

in loco

Po: "Lota convidou Kelly para uma avaliação **in loco** e ele aceitou." Oliveira, *Flores raras e banalíssimas*.

Po: "...ele pôde verificar **in loco** a justeza das observações que eu ia transmitindo ao sr. Borges de Medeiros". Corrêa do Lago, *Oswaldo Aranha e a Revolução de 1930*.

Po: "Cardoso... wanted to see the spot, study the phenomenon '**in loco**'." Amado, *Dona Flor*, versão inglesa.

Po: "Evandro pode averiguar **in loco** e nos esclarecer." Amado, *Farda, fardão, camisola de dormir*.

Po: "O presidente da Riotur... anunciou, em inspeção **in loco** às cozinhas...". *O Globo*, 19.2.97.

Po: "A embaixatriz Lenir Lampreia está de malas prontas para conferir **in loco** os desfiles de Paris e Milão." *Jornal do Brasil*, 28.2.96.

in memoriam

Fl: "**In Memoriam**. Roland W. 'Tiny' Rowland [1918-1998]. De ongekroonde onderkoning van zuidelijk Afrika." *Het Nieuwsblad*, 27.7.98.

In: "**In Memoriam** Survivors gathered to mark the first anniversary of the bombing." *Herald Tribune*, 26.7.96.

Po: "Guarde bem isso, ***in memoriam*** do que se passou." *Koogan-Houaiss*.

Po: "Sessão solene ***in memoriam*** do imortal Pedro Arcanjo." Amado, *Tenda dos milagres*.

Po: "Eleazar de Carvalho, '**in memoriam**'." *Jornal do Brasil*, 23.1.97.

Po: "Vôo TWA 800. Os serviços **in memoriam** encerraram-se ontem." *Jornal do Comércio*, 18.7.97.

in pectore

It: "Gerhard Schröder è saltato sull'argomento, schierandosi col suo ministro **in pectore** e anunciando che il governo socialdemocratico riaprirebbe la questione...". *Corriere della Sera*, 11.8.98.

It: "Ha raggione George Bush, jr. figlio dell'ex presidente e candidato **in pectore** per i republicani: meglio evitare la Casa Bianca di questi tempi 'troppo fango'." *La Nazione*, 18.9.98.

in situ

Es: "Irak había llevado a cabo tareas de desarrollo y pruebas **in situ** con tanques de fumigación aérea." *El País*, 10.7.96.

Fr: "Cette technique, dite d'hybridation moléculaire **in situ**, repose sur la propriété fondamentale...". Jean Frezal, "*D'un gène à l'autre*", em *Science et Vie*, dez. 1996.

Fr: "De Gaza à Haifa, portraits **in situ** de trois écrivains palestiniens présents à Paris." *Libération*, 15.5.97.

In: "Iceberg... detached ice, in contradiction to the glacier or ice **in situ**." Elisha K. Kane, 1820-57.

in tandem

In: "Liberal Academics and Labor's New Leaders Pulling **in Tandem** Once More." *The New York Times*, 22.9.96.

In: "Norelco: 45 blades, each working **in tandem**." *Time*, 4.12.96.

In: "Princess Diana. Some conspiracy theorists have floated the idea that a motorcycle might have been working **in tandem** with the Fiat Uno." *Time*, 16.2.98.

In: "Korea. Influential commercial and investment banks — **in tandem** with the regulators that oversee them appeared to extend payment deadlines." *The New York Times*, 30.12.97.

In: "Working **in tandem**, Mexico's fiscal and monetary decision-makers are tightening policiesto head off financial doubts caused by a weakening peso, low oil prices...". *BusinessWeek*, 27.4.98.

inter alia

In: "The Court of Appeal dismissed his appeal based on the contention, **inter alia**, that the indictment should have been severed...". *The Times*, 10.5.96.

In: "He wrote, **inter alia**, a history of the life and death of Lady Jane Grey and his own *Apologia* [1557]." Green, *Chasing the Sun*.

In: "He published his sermons, which, **inter alia**, promoted the belief in the ultimate and total anihilation of the sinful." Green, *Chasing the Sun*.

In: "By now he was tiring of his work for *Gentleman's Magazine* — where since 1738 he had been, **inter alia**, the Parliamentary correspondent — and yearning for a freelance life." Green, *Chasing the Sun*.

Interim/intérim [ver: "ad interim"]

Fr: "Pompidou: 'Expliquez que ce qui s'est passé est prévu par les textes. Je ne suis pas président de la République par **intérim**, j'exerce des pouvoirs normaux et provisoires, par délégation et sous le contrôle du président de la République'." Peyrefitte, *C'était de Gaulle*.

Fr: "Steve Jobs, cofondateur et actuel patron par **intérim** de la marque à la pomme." *Le Point*, 9.8.97.

In: "In short this is an **interim** bill which implies the liquidation of Italy as a great power." Goebbels, *Diaries*, 15.3.45.

In: "In the hushed **interim** before Benjamin Netanyahu assumed the prime ministership." *Herald Tribune*, 19.6.96.

In: "Equadorans Grow Restless With **Interim** Government." *Herald Tribune*, 4.4.97.

In: "The Pakistani president dismissed Bhutto and named... as **interim** president." *Herald Tribune*, 5.11.96.

In: "In March, Thorntons revealed a slide in **interim** profits." *The Times*, 13.7.96.

In: "Deter and his colleagueshave hit on an **interim** solution." *BusinessWeek*, 22.7.96.

In: "Since returning to Apple as **interim** chief executive last July, Jobs has moved quickly to stop the bleeding by slashing payroll, dumping businesses." *BusinessWeek*, 25.5.98.

interregnum

Fr: "***Interregnum***: d'après notre cher Gaffiot, était *Le Temps* qui s'écoule entre deux règnes. Sous la république, temps qui s'écoule entre la sortie de charge des consuls et l'election de leurs successeurs." Stemer, *Faire le point*.

In: "There will be an uncomfortable **interregnum** until the outside non-executive chairman arrives next April." *Financial Times*, 9.8.98.

in totum/in toto

In: "I could never watch 'The Wizard of Oz' ***in toto***." *The New York Times Magazine*. 22.9.96.

In: "If you look at all findings **in toto**, they clearly show that there's a lot of spiritual needs not being answered." *The New York Times*, 6.12.97.

Po: "Não basta enviar um resumo. O artigo deve ser transcrito **in totum**." Faria, *Reminiscências*.

Po: "Há dez anos, todos os críticos formalistas americanos rejeitaram a *pop art* ***in toto***...". Leo Steinberg.

intra muros

Fr: "La chevelure....dans le seul Paris ***intra muros*** de cette fin de siècle, plus de 2.500 salons de coiffure y consacrent leurs talents et leurs soins." Bril, *Petite fantasmagorie du corps*.

Po: "***Intra muros***, 'dentro *dos muros*'; isto é, dentro do recinto de uma cidade. Antônimo: *extra muros*." Rónai, *PDBLP*.

in utero

Fr: "Une goitre soignée ***in utero***." *L'Express*, 15.5.97.

Fr: "Voilà pourquoi nous avons décidé de traiter ***in utero***, explique le Dr. Alain Paupe." *L'Express*, 15.5.97.

Fr: "Le rock anglais a encore frappé. 'Mezzanine', un albumin-ou-ï, et son clip **in utero**." *Paris Match*, 2.7.98.

In: "U.K.: The succession time bomb may not explode until late in the 21st century and then — assuming no **in utero** interference — the chances of a female succession will be only 50-50." *Herald Tribune*, 11.3.98.

In: "Music. The disc was recorded and mixed by Steve Albin — he also worked on Nirvana's album ***In Utero*** and his personal love for noise rock comes strongly here." *Time*, 4.5.98.

in vino veritas

Fr: "Il savait fort bien que les mots **in vino veritas** voulaient dire que l'homme devient expansif quand il a bu du vin; en d'autres mots, la vérité qu'il ne dirait pas à jeun, lui échapperait alors." Stemer, *Faire le point*.

In: "**In vino veritas**: Taber toasts while Winiarski displays one of the two wines that went into a museum." *Time*, 20.5.96.

in vitro/In-vitro/in-vitro

Al: Diese Art Reproduktion wird von einer sehr kleinen Zahl von Menschen unter sehr besonderen Umständen genutzt werden — genauso wie die **In-vitro-Fertilisation**, die Zeugung in der Retorte." *Der Spiegel*, 13.7.98.

Fr: "Elle est ensuite recopiée ***in vitro*** par une polyméiase en incorporant des analogues nucléotidiques...". Francis Galibert, "*Méthodes de lecture*", em *Science et Vie*, dez. 1992.

Fr: "Mélatonine... a le pouvoir de piéger, ***in vitro***, les molécules oxydantes." *Science et Vie*, jan. 1996.

Fr: "Ils venaient de réussir à séparer deux cellules issues de la première duplication d'une cellule humaine fécondée ***in vitro***, puis à les isoler...". Attali, *Dictionnaire du XXI*[e] *siècle*.

In: "300.000: The number of children created worldwide by **in vitro** fertilization since the first test tube baby, Louise Brown, was born in Britain in 1978." *Time*, 17.8.98.

In: "The age limit for women requesting **in vitro** fertilization...". *The Netherlander*, 11.5.96.

In: "British law limits the storage life of unclaimed **in vitro** fertilized eggs." *Herald Tribune*, 1.8.96.

In: "**In-vitro** fertilization specialists had hoped for a reprieve to allow more time to trace the parents of the embryos." *Herald Tribune*, 2.8.96.

In: "**In-vitro** fertilization, or IVF, is still so young a technique...". *Time*, 12.8.96.

In: "...the **in-vitro** fertilization unit at Hammersmith Hospital...". *Daily Mail*, 13.5.96.

Po: "Assiria precisou submeter-se a uma fertilização **in vitro** porque a vasectomia feita por Pelé...". *Veja*, 15.5.96.

Po: "A moeda de FHC foi concebida ***in vitro*** por laboratórios de economia e inoculada no governo." *Veja*, 15.10.97.

in vivo

Fr: "Mélatonine... Qu'en est-il ***in vivo***? Mystère." *Science et Vie*, jan. 1996.

Fr: "Afin de ne pas rater le prochain épisode de ce feuilleton **in vivo** dont l'auteur soigne tant la mise en scène!" *Les Échos*, 19.7.96.

Fr: "D'après une étude menée **in vivo** sur le comportement des consommateurs de vins...". *Le Point*, 26.4.97.

Fr: "...lignées de cellules ES à partir de blastocytes humains obtenus par fécondation ***in vivo*** et cultivés *ex vivo* n'est pas possible". *Le Monde*, 7.5.97.

In: "Modifying your diet is a lot easier than getting involved with artificial insemination, **in vivo** fertilization, and surrogate motherhood." Rosenfeld, *Doctor, What Should I Eat?*

ipsis litteris

Po: "'Textualmente, pelas mesmas letras': a frase foi transcrita literalmente — ***ipsis litteris***." Faria, *Reminiscências*.

Po: "Seus argumentos são reproduzidos diretamente, por vezes quase **ipsis litteris**...". T. J. Clark, *Clement Greenberg*.

ipsis verbis

Po: "Vale a pena traduzir, ***ipsis verbis***, o texto de meu estudo nesse ponto." Montello, *Memórias póstumas de Machado de Assis*.

ipso facto

Fr: "Les Français supporteront difficilement les bricolages politiciens. [...] Il deviendra difficile de le leur refuser: le prince qui prendra à son compte cette exigence deviendra ***ipso facto*** populaire." *Le Figaro Magazine*, 29.5.98.

Fr: "Tout changement de locataire entraînait selon lui ***ipso facto***, celui de la politique...". *Libération*, 9.5.97.

Fr: "Mais l'impopularité de Mobutu n'entraîne pas ***ipso facto*** la popularité de Kabila." *Jeune Afrique*, 27.5.97.

Fr: "Les grandes compagnies pétrolières... à titre de 'consultants', défendent en haut lieu leurs intérêts et, **ipso facto**, la cause de l'Azerbaïdjan." *Geo*, jun. 1998.

In: "The audition was arranged **ipso facto**, and I was invited to open the season as Desdemona." Rasponi, *The Last Prima Donnas*.

Po: "Quem bate num ministro de Deus fica excomungado **ipso facto**." *Koogan-Houaiss*.

Po: "Quando uma obra de arte ou literatura é bem-sucedida... ela não o faz ***ipso facto*** pelo 'conteúdo que transmite'...". Greenberg, *A necessidade do formalismo*.

item

In: "Everything I proposed was accepted item by **item** and without objection by the Fuehrer." Goebbels, *Diaries*, 20.3.42.

In: "Peace will be the most important **item** on his agenda." *Herald Tribune*, 19.6.96.

In: "I managed to find a cheery **item** of good news." *Sunday Times*, 14.7.96.

In: "Coprolite, this not-as-scarce-as-you'd-think **item** comes from Brazil." *Time*, 4.12.96.

In: "Firearms may be the most politically volatile **item** in the crime debate." *U.S. News*, 30.9.96.

In: "But how does a company go out about promoting an **item** guaranteed to offend... moral convictions." *U.S. News*, 30.9.96.

In: "Line-**Item** Veto Gets Quick Review." *Herald Tribune*, 24.4.97.

Po: "Mas, nesse mesmo **item**, existem 20% que acham que é o povo que atrapalha." *Veja*, 26.6.96.

junior

Fr: "Il a tout gagné: "les championnats **juniors** et amateurs." *Paris Match*, 30.4.97.

Fr: "Les **juniors** de Munich jouent pour l'Unicef." *Le Figaro*, 7.3.96.

Fr: "Ma secrète terreur... voir Mme. Rezeau ***junior*** jouer après moi le rôle de Mme. Rezeau senior, n'avait aucune raison d'être." Bazin, *La Mort du petit cheval*.

Fr: "Marc Zigo, entraîneur de l'équipe **junior** de football de Minot." *Le Point*, 17.5.97.

Fr: "Le tournoi **junior** a débuté avec une impressionnante participation française." *Le Figaro*, 4.6.97.

Fr: "**Juniors**: coupe claire." *Le Figaro*, 4.6.97.

Fr: "Du côté des **juniors**: leurs bons plans." *Le Figaro*, 25.6.97.

Fr: "Diplôme reconnu par l'État en poche, après une année d'exercice, les '**juniors**' sont promus "Clefs d'or membres'." *Le Point*, 27.7.96.

jus sanguinis

Fr: "Tu étais chinois par *Jus solis*, et français par ***Jus sanguinis***, il est donc dans la nature...". *Le Figaro Magazine*, 7.3.98.

Po: "O ***jus sanguinis***, 'direito do sangue', só reconhece nacional de um país aquele que nasce de pais naturais desse país." Faria, *Reminiscências*.

jus soli/jus solis

Fr: "Tu étais chinois par ***Jus solis***, et français par *Jus sanguinis*, il est donc dans la nature...". *Le Figaro Magazine*, 7.3.98.

Po: "***Jus soli***, 'direito do solo', segundo o qual a pessoa adquire a nacionalidade do país onde nasceu." *Koogan-Houaiss*.

Po: "Quando se fala em **jus soli**, os ingleses perguntam se gato que nasceu no forno é biscoito." Faria, *Reminiscências*.

lacuna(ae)

In: "...an illusion of knowledge where **lacunae** and enigmas abound". *Herald Tribune*, 26.5.96.

lapsus/Lapsus

Al: "Es ist kaum anzunehmen, dass dem stets wohl überlegt argumentierenden Balladur ein **Lapsus** unterlaufen ist." *Die Welt*, 17.6.98.

Es: "Leonor Taboada, activistas del lobby, tildó ayer las palabras del político de 'intolerable burla desgraciada y **lapsus** freudiano'." *El País*, 2.7.96.

Fr: "Est-ce un hasard si l'une des militantes du droit à l'euthanasie rencontrée au cours de notre enquête a parlé de '*dépénalisation de l'avortement*' au lieu de '*dépénalisation de l'euthanasie*' **Lapsus** révélateur?" *Le Point*, 1.8.98.

Fr: "Je me permets de vous signaler un petit **lapsus** dans votre bouquin." *L'Événement du jeudi*, 2.4.97.

Fr: "Microcosme. Le **lapsus** qui tue." *L'Événement du jeudi*, 2.4.97.

Fr: "François Mitterand était coutumier d'un **lapsus**: au lieu d'astronome, il avait tendance à dire astrologue." *Marianne*, 25.5.97.

Fr: "Mais enfin, abreuvés que nous sommes d'affaires de financements, de scandales de ceci, d'abus de cela, le **lapsus** n'eût manqué ni de sel ni de malice." *L'Express*, 8.5.97.

It: "Per finire segnalo al tremendo cacciatore di **lapsus** altrui quello in cui è incorso egli stesso." *Corriere della Sera*, 11.8.98.

lapsus linguae

In: "***Lapsus linguae***, "a slip of the tongue", a mistake in utttering a word, an imprudent word inadvertently spoken. Similar adoptions from Latin are *lapsus calami*, a slip of the pen; and *lapsus memoriae*, a slip of the memory. Evans, *Brewer's Dictionary of Phrase and Fable*.

Po: "Quando Porfirio invocava ter incorrido em **lapsus linguae**, via-se logo que era desculpa esfarrapada. Faria, *Reminiscências*.

lato sensu

Fr: "Dans le langage du droit: ***lato sensu***. Mais dans le langage quotidien, il vaut mieux dire 'au sens large'." Stemer, *Faire le point*.

Fr: "Simultanément, rasage... teinture en coloris agressifs et insolites désignent chez les punks... la violence du déni opposé au pouvoir politique ***lato sensu***." Bril, *Petite Fantasmagorie du corps*.

libido

Al: Reenshaw hatte seit ihrer Gebärmutterentfernung vor zwei ahren **Libido**-und Orgasmusprobleme." *Focus*, 6.7.98.

Fr: "Le lancement de la 'Pill Tigra'. Cet accessoire sportif est censé 'augmenter la **libido** et la durée des performances sexuelles masculines'." *Le Figaro*, 2.8.98.

Fr: "Un parfait coupable, en effet, que ce mari à la **libido** conquérante, ce négociant aux affaires périclitantes, ce judoka bouillonnant." *Le Point*, 15.7.95.

In: "Viagra. 'It will free the American male **libido** much the same way as the Pill did'." *Time*, 4.5.98.

In: "The drug is not likely to be the cause when a patient's **libido** is depressed with a spouse but not with another partner." *Herald Tribune*, 16.5.96.

In: "The truth is that the possible relationship between oysters and **libido** has actually become kind of a joke." Rosenfeld, *Doctor, What Should I Eat?*

In: "Some urologists are recommending zinc to men with impaired **libido**." Rosenfeld, *Doctor, What Should I Eat?*

In: "Sheila Lawrence... took advantage of Clinton's now infamous **libido**." *Time*, 23.3.98.

In: "Monica Lewinsky's lawyer had told reporters 'her **libido**' was suffering." *Time*, 11.5.98.

In: "A Short History of the Development of the **Libido**." Karl Abraham, 1924.

Po: "Medicina. A ação da pílula pode acarretar redução de **libido**." *Veja*, 25.3.98.

limbo [ver: "in limbo"]

locus

In: "A cancer has been growing in the Clinton presidency. Its **locus** is the office of the White House counsel." William Safire, em *The New York Times*, 25.6.96.

magister dixit/dixit

Fr: "***Magister dixit***, 'le Maître l'a dit' était la formule pythagoricienne, reprise au Moyen Age par les scolastiques citant, comme un argument sans réplique, un texte d'Aristote." Stemer, *Faire le point*.

Po: "Os gêneros literários envelhecem, sim, mas nem sempre desaparecem. Às vezes se metamorfoseiam. O romance — Lukács **dixit** — é o avatar burguês da epopéia antiga." *O Globo*, 12.7.97.

Ru: "[Nous trahirions fondamentalement l'esprit de notre propre éducation... si nous admettons une seule fois que nos désaccords pratiques peuvent se résoudre simplement en se référant à ce qu'affirmait Marx, à ce que] **magister dixit**." Plekhanov, *Extraits choisis*, tradução do russo.

Ru: "...***Magister dixit***? [Prononça Strukov sur un ton de plaisanterie feinte]". Ertel, *La Carrière de Strukov*, tradução do russo.

magna cum laude

In: "Business. A **magna cum laude** graduate of Harvard Law School, Klein clerked for former Supreme Court Justice Lewis Powell Jr." *Time*, 3.11.97.

Po: "Formei-me como Phi Beta Kappa, **magna cum laude**, na Universidade de Columbia, em Nova York." Weiss, *Muitas vidas, muitos mestres*.

magnum

Fr: "Regarde ce que m'a envoyé Philippine de Rothschild: un **magnum** de mouton, avec un mot charmant!" *Le Point*, 1.4.95.

In: "Yugoslavia. Popping open a **magnum** of champagne, a jubilant Djukanovic told waiting journalists that his victory was just a beginning." *Time*, 16.5.98.

magnum opus

In: "Museums. Richard Meier's Getty Center, four times the size (and perhaps ten times the cost) of Frank Gehry's **magnum opus**, calls slightly less attention to itself." *New York*, 29.12.97.

In: "'Stalingrad', by Antony Beevor, the historian's **magnum opus** on the battle that turned second world war." *Sunday Times*, 13.9.98.

In: "Edith Standen's catalogue of the museum's post-medieval tapestries was her **magnum opus**." *The Times*, 15.8.98.

In: "Her **magnum opus**, a two-volume catalogue on *European Post-Medieval Tapestries and Related Hangings in the Metropolitan Museum of Art*, published in 1985, is a model of clarity, setting standards of scholarship and presentation for succeeding generations." *The Times*, 15.8.98.

In: "G. L. Apperson, whose **magnum opus** is his collection of *English Proverba* [1929], was an important contributor." Green, *Chasing the Sun*.

manna

In: "Both Pompeiis are expecting huge infusions of money for badly needed construction and repair. That **manna** from state and private sources could help bridge the longstanding divide between the two towns." *Herald Tribune*, 10.6.98.

manu militari

Fr: "...deux policiers sont allés droit sur la petite et l'ont embarquée... pour la conduire **manu militari** chez sa grand-mère". *L'Événement du jeudi*, 25.6.97.

Fr: "À l'entrée du Centre, toute personne étrangère est refoulée ***manu militari*** par la sécurité." *Le Figaro Magazine*, 14.2.98.

Fr: "Tennis. Après... un rien sauvage mais également empreint d'une rafraîchissante sportivité, Gustavo Kuerten s'est donc trouvé expulsé **manu militari** de son domaine." *Le Parisien*, 31.5.98.

Po: "Ele pensa que tudo pode ser resolvido **manu militari**, sem dar explicações." Faria, *Reminiscências*.

Po: "Zaire... durante mais de três décadas foi governado, ***manu militari***, por Mobuto Seko." *Veja*, 21.5.97.

Po: "Vargas... o haviam acuado num corner e tinham imposto, **manu militari**, a sua saída da Presidência." Melo Filho, *Testemunho político*.

Po: "Em certo momento, para quem sabia ler, e eram poucos, o desfecho ***manu militari*** era realmente a única solução." Ribeiro, *Crítica*.

Ru: "[Il faut l'envoyer chez son mari] **manu militari**...". Tchekhov, *Le Duel*, tradução do russo.

mater dolorosa

Po: "E as lágrimas de Juliette continuavam a correr em seu belo rosto de **mater dolorosa**." Macedo Soares, *As sentinelas de Deus*.

matrix

In: "Laptop. ...a full-size keyboard and an 11.3-in. passive-**matrix**." *BusinessWeek*, 15.7.96.

In: "It already has such a **matrix** on the market for growing back a burn victim's skin and is in clinical trials." *BusinessWeek*, 27.7.98.

mausoleum

In: "The Fuehrer will never restore it [the coffin of Frederick the Great] to the Potsdam Garrison Church. Either an imposing **mausoleum** in Greek style is to be built in the park of Sans Souci, or he is to be laid to rest in the great Soldier's Hall of the new War Ministry yet to be constructed." Goebbels, *Diaries*, 12.5.43.

In: "Ataturk. Here in Ankara, the capital, his **mausoleum**...". *Herald Tribune*, 19.5.96.

In: "Chiang Kai-shek's body lies in a **mausoleum** in Central Taipei." *The Times*, 15.7.96.

In: "London has become a musical **mausoleum**." *Time*, 22.7.96.

In: "Egypt.... streets of **mausoleums** known as mastabas." *Time*, 15.7.96.

In: "...transfer of the remains of Malraux to the domed **mausoleum**". *Herald Tribune*, 11.8.96.

In: "Millions paraded before Lenin's **mausoleum** in solemn formations." *Time*, 27.5.96.

maximum

Fl: "Volgens algemeen directeur Alfred Mockett van BT Global is dat het **maximum** verlies dat Telfort mag lijden." *Algemeen Dagblad*, 16.6.98.

Fr: "Une politique de rigueur financière visant à réduire au **maximum** la pression fiscale pesant sur les entreprises." *Les Échos*, 25.7.96.

Fr: "Accord minimum, risque **maximum**." *Libération*, 17.3.98.
In: "A **maximum** of eight can join each family...". *Herald Tribune*, 19.5.96
In: "The cliché has it that skyscrapers exist to get **maximum** gain from minimum ground space, but...". *Herald Tribune*, 31.3.96.
In: "A real bed, for **maximum** sleeping comfort." *Herald Tribune*, 5.7.96.
In: "...both the candidates... under **maximum** pressure." *BusinessWeek*, 15.7.96
In: "The next solar **maximum**, due sometime around the year 2000...". *Time*, 9.9.96.
In: "Shakespeare. The Bard is back in **maximum** force." *Time*, 9.9.96.
In: "When the smog rises above **maximum** limits...". *Time*, 14.10.96.
In: "The **maximum** he will serve is 20 years — minus his nearly three years in jail to date...". *Time*, 28.7.97.

mea culpa

Es: "Apenas seis meses antes, el partido... había entonado publicamente ante la sociedad navarra un tremendo ***mea culpa***." *El País*, 19.6.96.
Fr: "JO d'Atlanta: Big Blue fait son **mea culpa**." *Les Échos*, 26.7.96.
Fr: "**Mea Culpa** de l'église colombienne sur la corruption des élites." *Le Monde*, 15.5.96.
Fr: "...elle a parfaitement raison pour les deux fautes qu'elle a relevées dans ma réponse. **Mea culpa**. Pour un secrétaire perpétuel, je le reconnais, c'est fâcheux!". Maurice Druon, *em Le Figaro*, 1.3.98.
Fr: "La Croix-Rouge a fait elle aussi son **mea culpa**, en regrettant... de ne pas avoir sauvé...". *Le Point*, 20.5.95.
Fr: "Le **mea culpa** du Vatican sur la Shoah." *Libération*, 17.3.98.
In: "Clinton's **Mea Culpa** Leaves Americans as Divided About Him as Ever." *Herald Tribune*, 19.8.98.
In: "The '**mea culpa**' scenario assumes the unproven theory that the President has not told the truth." *Herald Tribune*, 10.8.98.
In: "But this was no **mea culpa** speech. This was Mr. Clinton as the country had seen him before when he faced political trouble." *Herald Tribune*, 19.8.98.
In: "**Mea Culpa**: Commissioner Kessler's task force acknowledges the mistakes." *BusinessWeek*, 17.6.96.
In: "The ***culpa*** for any mistakes is entirely **mea**." Beard, *Latin for All Occasions*.
In: "For F.W. de Klerk, it was an unusual **mea culpa**." *U.S. News*, 2.9.96.
Po: "**Mea culpa**: Clinton reconheceu que o governo dos Estados Unidos tem de fazer o dever de casa antes de cobrar dos países latino-americanos...". *Veja*, 14.5.97.
Po: "A China e a democracia. Tímido **mea culpa**." *O Globo*, 6.11.97.

medium

Fr: "Mais le multi**medium** transmettra-t-il aussi l'odeur et le goût?" *Le Point*, 1.4.95.
In: "The Internet is not a broadcast **medium**...". *Herald Tribune*, 20.5.96.
In: "One of the most profitable broadcasting entities of whatever **medium**." *Herald Tribune*, 19.6.96.
In: "The transition to hogh-tech and **medium**-tech industries..." *BusinessWeek*, 22.7.96.
In: "The Net was making its amazing transformation... to a global communication and computing **medium**." *BusinessWeek*, 15.7.96.
In: "Thus the concussion passes through the **medium** of media." *Time*, 5.8.96.
In: "World Wide Web... the way people were... accessing this new **medium**." *Newsweek*, 7.10.96.

In: "Parties on the Net. Will the new **medium** be a boost or a boon for politics?" *BusinessWeek*, 11.11.96.

In: "...caused the military to upgrade its threat warning from '**medium**' to 'high'." *Herald Tribune*, 12.7.96.

In: "So, software entrepreneurs are borrowing from another **medium** — TV — to take the work out of the Web." *BusinessWeek*, 24.2.97.

In: "Publishers Look to New **Medium** to Rekindle Sales in Older One." *The New York Times*, 1.12.97.

memento

In: "And so a society, recovering, may build a **memento** mori — a tribute...". *Time*, inverno de 1996.

memorabilia

In: "Movie **memorabilia**: every little souvenir is collectible." *Herald Tribune*, 5.5.96.

In: "The pair... was one of the featured items of a sale of **memorabilia** at Sotheby's in London." *Herald Tribune*, 17.5.96.

In: "Britons worry that the burgeoning Princess Diana **memorabilia** industry will cheapen her image." *Time*, 1.6.98.

In: "China... a plethora of handover **memorabilia** — T-shirts, buttons, lapel pins...". *Herald Tribune*, 2.4.97.

In: "The King of Kennedy **Memorabilia** Isn't Selling." *Herald Tribune*, 26.5.96.

In: "For Real Sports Fans, Fake **Memorabilia**." *Herald Tribune*, 1.11.96.

In: "**Memorabilia** Goes on Sale for $40 Million." *The New York Times*, 18.9.96.

In: "The **memorabilia** in the household of Dusan Tadic, on trial in The Hague, for war crime, seems incongruous for an alleged killer." *The Times*, 13.5.96.

In: "...from the French government's most private **memorabilia** to documents captured from the Nazis themselves". *Herald Tribune*, 18.4.97.

In: "Waterford Wedgwood China, which has made **memorabilia** for 238 years, decided to break with tradition and not mark the queen's 50th wedding anniversary with special china editions." *Herald Tribune*, 11.5.97.

In: "Lady Di. ...the dresses are likely to go for the same high-rise prices as the Jacqueline Onassis **memorabilia**." *Herald Tribune*, 13.5.97.

It: "E pensare che l'asta de pezzi d'arte, mobili, gioielli e **memorabilia**." *Grazia*, 29.3.96.

memorandum/memo/memorando

Es: "Ahora, no pierde el tiempo fotocopiando y distribuyendo informes, **memorandums**, catálogos y folletos." *El País*, 18.6.96.

In: "Our Gauleiters both in the West and the East have acquired a bad habit: having lost their Gau, they defend themselves in long **memorandum** seeking to prove that they were in no way responsible." Goebbels, *Diaries*, 3.4.45.

In: "I now hand the Führer a **memorandum** on reform of the Luftwaffe." Goebbels, *Diaries*, 20.3.45.

In: "...the Home Office issued a confidential **memorandum**...". *The Times*, 6.5.96.

In: "**Memo** to G.M. and the UAW: end the game of chicken." *BusinessWeek*, 13.5.96.

In: "Like the early reaction to my **memo**, it was lukewarm." *BusinessWeek*, 15.7.96.

In: "An internal Radio Free Europe **memorandum** written by William Griffith." *The New York Times*, 28.9.96.

In: "One result... was a blunt **memorandum** from Ms. Bjerregaard's office." *The New York Times*, 25.9.96.

Po: "No próprio domingo, escreveu um **memorando** para avisar que aquilo não deveria repetir-se." *Veja*, 18.9.96.

militia

In: "Art Buchwald. **Militia** Sound Bites." *Herald Tribune*, 9.4.96.

In: "Afghan **Militia** Claims Victory." *Herald Tribune*, 23.8.96.

In: "The Viper **Militia**. In an affidavit filed with the indictment...". *Herald Tribune*, 3.7.96.

In: "...suggested that the **militia** retaliate against the families of federal agents". *Time*, 15.7.96.

In: "**Militias** are not new, but the violence... is increasing." *Time*, 15.7.96.

In: "The Far Right, led by Pat Robertson... and the **militias**...". *BusinessWeek*, 9.9.96.

In: "**Militia** Split Over Killings In Ulster." *Herald Tribune*, 30.8.96.

In: "**Militia** Leader Holds Talks With Taleban." *Herald Tribune*, 17.10.96.

In: "The forces... have pushed back the Taleban **militia**." *Herald Tribune*, 30.10.96.

In: "**Militia** Attacks Passes to Kabul." *Herald Tribune*, 1.11.96.

In: "Somalia... as well as with **militia** loyal to Osman Hassan Ali." *Time*, 12.8.96.

In: "Hezbollah also fires mortars at positions held by a Israel-backed **militia** in Southern Lebanon." *The Times*, 6.5.96.

In: "A suspected **militia** member was ordered to stand trial in Rancho Cucamonga, California." *Herald Tribune*, 13.3.98.

millennium(ia)

In: "Nuclear Desperadoes of the New **Millennium**." *Herald Tribune*, 12.5.96.

In: "China... a society that has been self-governing for five **millennia**." Henry Kissinger, em *Herald Tribune*, 13.5.96.

In: "Big Tobacco's Asian backlash, the **millennium** will cost business big-time, marriage and health." *BusinessWeek*, 17.6.96.

In: "Balenciaga for the **Millennium**." *Herald Tribune*, 18.6.96.

In: "The Cro-Magnon painters, the people who **millenniums** ago brought charcoal and red earth to this spot." *Herald Tribune*, 7.7.96.

In: "...as a new generation thrusts forward to the new **millennium**". *Herald Tribune*, 4.6.96.

In: "Who best can take this country into the next **millennium**?" *BusinessWeek*, 10.6.96.

In: "Odds against joining single currency before **millennium**...". *The Times*, 17.7.96.

In: "**Millennium** Panic." *BusinessWeek*, 12.8.96.

In: "China and Japan. **Millennia** of Distrust in Asia." *Herald Tribune*, 19.6.96.

In: "Clinton may lead the country into the **millennium**." *Newsweek*, 2.9.96.

In: "In the third **millennium** B. C., Egypt was a paradisiacal land of peace and plenty." *Time*, 15.7.96.

In: "It is Einstein's physics that will live on for **millennia**." *Herald Tribune*, 8.4.97.

In: "The **Millennium** Bug could affect millions of computers and other electronic devices that will not read 2000 as a valid date." *Herald Tribune*, 31.3.98.

In: "Blair Steps Up to Slay **Millennium** Bug." *Herald Tribune*, 31.3.98.

minimum(a)

Fr: "...les États-Unis et l'Union.... en matière de salaire **minimum**, de liberté syndicale et de travail des enfants...". *Les Échos*, 25-7-96.

Fr: "Les associations de sans-emploi réclament un relèvement des **minima** sociaux." *Le Monde*, 4.11.98.

Fr: "Accord **minimum**, risque maximum." *Libération*, 17.3.98.

In: "Partisan duel over the **minimum** wage." *Herald Tribune*, 10.5.96.

In: "New tussle over **minimum** wage." *Herald Tribune*, 9.5.96.

In: "The cliché has it that skyscrapers exist to get maximum gain from **minimum** ground space, but...". *Herald Tribune*, 31.3.96.

In: "When the federal **minimum** wage went up in the early 1990s." *Herald Tribune*, 10.7.96.

In: "First, **minimum** global regulatory standards must be established." *BusinessWeek*, 8.7.96.

In: "Remember Clinton's drive to raise the **minimum** wage?" *BusinessWeek*, 8.7.96.

In: "...a higher **minimum** wage and an extensive welfare program." *BusinessWeek*, 3.6.96.

In: "Bosnian Serbs might suspend even the **minimum** of cooperation." *Time*, 15.7.96.

In: "...usually made for gut strings and **minimum** vibrato." *The Times*, 18.7.96.

In: "Dardenne wants to raise the **minimum** gambling age to 21." *Newsweek*, 2.9.96.

In: "The fact that we're currently in a solar **minimum**...". *Time*, 9.9.96.

In: "During solar **minimum**, the biggest blobs...". *Time*, 9.9.96.

minus

In: "GDP, the nation's total output... **minus** net income from overseas...". *Herald Tribune*, 19.6.96.

In: "Leases will be priced for a car... **minus** credits offered by governments." *U.S. News*, 30.9.96.

In: "There were no signs for plus or **minus**, divide or equal...". *BusinessWeek*, 28.4.97.

In: "Lady Di. Yet seeing the princess... but **minus** tiara, blue-mascared lashes and radiant smile — is discomforting." *Herald Tribune*, 13.5.97.

In: "The maximum he will serve is 20 years — **minus** his nearly three years in jail to date...". *Time*, 28.7.97.

In: "The poll has a margin of error of plus or **minus** three percentage points." *The New York Times*, 6.12.97.

minutia(ae)

In: "De Botton's irreverent, witty book contains serious literary criticism and biographical **minutiae** — if only to demistify Proust...". *Time*, 2.6.97.

In: "Yet her knack for the **minutiae**, the personal and anecdotal sustains all the gallivanting." *Time*, 28.7.97.

In: "President Clinton's... zest with which he delved into the **minutiae** of policy." *The New York Times*, 7.12.97.

In: "Nicholson Baker: 'Some people think I am a weird nut case...', he said, referring to those readers puzzled by his **minutia**-filled mental meanderings in works like 'The Mezzanine'." *Herald Tribune*, 9.6.98.

modicum

In: "If Germany achieves even a **modicum** of success...". *BusinessWeek*, 27.5.96.

In: "Coppola... asking that the Pentagon provide 'some **modicum** of cooperation...'." *Sunday Times*, 14.7.96.

In: "Grigori Yavlinsky... was ashamed of the inhability of Russia's politicians and financial barons to exercise a **modicum** of statesmanship." *Herald Tribune*, 31.8.98.

modus operandi

Fr: "Je ne suis pas un oracle, et ne saurais donner le **modus operandi** de l'avenir." *Le Figaro Magazine*, 7.3.98.

Fr: "Le document de Wye Plantation n'est que le **modus operandi** d'accords de principe déjà signés et/ou ne fait que réaffirmer des décisions anciennes...". *Le Monde*, 26.10.98.
In: "U.S. Robotics: Casey Cowell's **Modem Operandi** [trocadilho com ***modus***]." *BusinessWeek*, 11.11.96.
In: "But that **modus operandi** includes crime, which has risen so alarmingly...". *BusinessWeek*, 17.2.97.
In: "The airline's **modus operandi** is to charge high tariffs for good service, especially in business and first class." *BusinessWeek*, 30.6.97.
In: "This **modus operandi**, which infuriates some, has worked well." *Sunday Times*, 13.9.98.
In: "Nothing could have better described the national **modus operandi** that the French have really understood over the last years than calls by Paris Metro and national railroad workers to pile on the pilots' strike... six days before the soccer competition is due to start." *Herald Tribune*, 4.6.98.
In: "Also, the impression may grow that this is only a particular reporter's **modus operandi**, a professional strategy to show him as a decent guy, a route to the celebrity...". *The Guardian*, 8.8.98.

modus vivendi

Fr: "De Gaulle [sur le Sud-Est asiatique]: 'La force des choses établirait un **modus vivendi**; par conséquent, des régimes nouveaux et, en tout cas, des régimes de paix. Ce ne sont pas des fantoches qui pourront faire ça'." Peyrefitte, *C'était de Gaulle*.
Fr: "Quelles qui puissent être l'hostilité sans faille qu'il porte [Adenauer] au régime communiste [...] il n'exclut nullement la perspective d'un ***modus vivendi***." De Gaulle, *Mémories d'espoir*.
Fr: "Boris Eltsine. Les liens entre Moscou et Kiev sont si forts que les deux capitales sont condamnées à trouver un **modus vivendi**." *Le Figaro*, 29.4.96.
Fr: "Produit de cessez-le-feu ou de **modus vivendi** passés ces dernières années...". *Le Monde*, 7.5.97.
Fr: "...ceci pour obliger le gouvernement égyptien à un nouvel accord ou à la recherche d'un **modus vivendi** au moment où l'on devra lui remettre l'exploitation?" Druon, *Circonstances*.
In: "Goering consistently claims that this war is Ribbentrop's doing, and that he never made any serious attempt to achieve a **modus vivendi** with England, simply because he has an inferiority complex." Goebbels, *Diaries*, 2.3.43.
In: "There may be differences of opinion as to the duration of the capitalist system, but at present the capitalist system exists, so that a ***modus vivendi*** must be found...". Kissinger, *Diplomacy*.
In: "The Chinese have concluded that a **modus vivendi** with Clinton is better than four more years of... mistrust." *BusinessWeek*, 15.7.96.
In: "Goebbels had to admit defeat and settle for a **modus vivendi** with Bormann." Trevor-Roper, *Final Entries 1945, The Diaries of Joseph Goebbels*.
It: "...azzardare qualche interpretazione... e trovare un **modus vivendi** con l'Occidente". *La Repubblica*, 22.5.97.
It: "Visto che il divorzio non si era dimostrato una soluzione praticabile, abbiamo trovato un **modus vivendi** che rendesse contenti tutti." *Elle*, ago. 1998.
Po: "A primeira preocupação [de Getúlio Vargas] foi estabelecer um **modus vivendi** com Borges." Corrêa do Lago, *Oswaldo Aranha e a Revolução de 1930*.

momentum

In: "...at the beginning of the 1980s, it was as if communists **momentum** might sweep all before it; at the next, as history measures time, communism was self-destructing". Kissinger, *Diplomacy*.

In: "It remained an interesting weekly, but the ideas were losing their **momentum**." *The Times*, 13.5.96.

In: "The evening situation report brings little good news. In the West the enemy has kept up the **momentum** of his advance." Goebbels, *Diaries*, 4.4.45.

In: "The idea gained **momentum** four years ago when the head of Israeli military intelligence concluded...". *Herald Tribune*, 30.4.96.

In: "Yeltsin. Finishing second to Zyuganov would be a stunning blow to his **momentum**." *Time*, 15.7.96.

In: "Hindus lose **momentum** in India talks." *Herald Tribune*, 13.5.96.

In: "TWA Flight 800. The search gained **momentum** with the arrival of a high-tech navy salvage-and-rescue ship. *Herald Tribune*, 24.7.96.

In: "Opposition to the American presence... gained **momentum**." *Herald Tribune*, 2.7.96.

In: "But the struggle never gathered any **momentum**...". *Herald Tribune*, 20.5.96.

In: "They may have slowed Bob Dole's **momentum**." *Herald Tribune*, 18.8.96.

In: "Manufacturing's new **momentum**... to spill over the second half." *BusinessWeek*, 15.7.96.

In: "Microsoft... when the Web's **momentum** was too great to ignore." *BusinessWeek*, 15.7.96.

In: "That initiative could lose whatever **momentum** it has if investigators...". *Herald Tribune*, 18.8.96.

In: "Despite growing cyclical **momentum**, the Bank of Japan...". *BusinessWeek*, 12.8.96.

In: "What's more, the new momentum may well spill over into the second half." *Herald Tribune*, 19.6.96.

In: "Motorola... 'has lost **momentum**', as James Burkart puts it." *BusinessWeek*, 17.3.97.

In: "'Titanic' is a film with tremendous **momentum**." *The New York Times*, 19.12.97.

moratorium/Moratorium

Al: Klonen von Menschen. Auch Präsident Clinton hat ein **Moratorium** gefordert." *Der Spiegel*, 13.7.98.

In: "They also demanded a **moratorium** on debt and preferential taxation." *Herald Tribune*, 19.6.96.

In: "Five nuclear powers simply extending their own **moratorium** on test explosions." *Herald Tribune*, 1.7.96.

In: "But regulators at the FDA dismiss the call for a **moratorium**." *Newsweek*, 30.9.96.

In: "I respectfully propose a **moratorium** among financial journalists on speculation about what the Fed might do." *U.S. News*, 30.9.96.

In: "Asia Pacific Grouping. **Moratorium** on New Entrants Nears End." *Herald Tribune*, 22.11.96.

In: "The government of Rwanda ordered a **moratorium** on arrests of... genocide perpetrators." *The New Yorker*, 20.1.97.

In: "Last year, Mr. Clinton asked for a **moratorium** on human cloning." *The New York Times*, 8.1.98.

In: "India strongly denied a Pakistani allegation... insisting it stood by a newly declared **moratorium**." *Herald Tribune*, 1.6.98.

In: "Air France Strike. 'It is out of the question to end the strike, so the idea of a **moratorium** is senseless', said a spokesman for the main pilots union." *Herald Tribune*, 10.6.98.

In: "Global Wrapup. Pakistan Debt **Moratorium**?" *BusinessWeek*, 20.7.98.

mores

In: "Modest attempt... to preserve traditional sexual **mores** against the efforts...". *Herald Tribune*, 21.5.96.

In: "...and draw intelligent conclusions on the **mores** of Europeans in a bygone age". *Herald Tribune*, 27.4.97.

In: "Of Marketing, Magazines and Cultural **Mores**." *Herald Tribune*, 5.7.98.

motu proprio/moto proprio/proprio motu

Es: "...el ex alcalde... ha decidido pedir la convocatoria de un pleno extraordinario para que, ya que el PP en el gobierno municipal no lo ha hecho de **motu proprio**, encargue una auditoría de la gestión anterior del PSOE." *El País*, 18.6.96.

Fr: "Je lui rappelle [à Bourguiba] que, dès 1958, en retirant '**proprio motu**' les forces françaises du territoire tunisien, j'ai tenu à ce qu'elles gardent la base navale jusqu'à nouvel ordre." De Gaulle, *Mémoires d'espoir*.

Fr: "Diriger d'office des élèves dans tel ou tel sens, fermer **proprio motu** des portes à certains d'entre eux, *Engager délibérément une part de l'avenir des uns et des autres...*". De Gaulle, *Mémoires d'espoir*.

Fr: "Délégués apostoliques. Leurs pouvoirs sont déterminés par le code du droit canon et par ***Motu proprio***." Serres, *Manuel pratique de protocole*.

In: "***Motu proprio***, 'of one's own motion; of one's own accord'. Always applied to a rescript drawn up and issued by the Pope on his own initiative without the advice of others, and signed by him." Evans, *Brewer's Dictionary of Phrase and Fable*.

Po: "...tivera notícia do surto de varíola e de **moto proprio** fora à Diretoria de Saúde". Amado, *Tereza Batista cansada de guerra*.

Po: "O convite não incluíra Cecília mas ela se incluiu de **moto proprio**." Amado, *Farda, fardão, camisola de dormir*.

museum

In: "A £14 million Renaissance masterpiece is expected to go to the Getty **Museum** in California...". *The Times*, 10.5.96.

In: "Paired with a 'Wonder' **museum** explaining the history of Sony." *BusinessWeek*, 27.5.96.

In: "The Prado **Museum** in Madrid has a new director." *Herald Tribune*, 28.5.96.

In: "The Chinese tea **museum** is a monument...". *Herald Tribune*, 20.5.96.

In: "Of the offbeat **museum**, I visited the Lock **Museum** of America." *Herald Tribune*, 10.5.96.

In: "Now a modern art **museum** carries David Geffen's name." *Herald Tribune*, 16.5.96.

In: "Before you know it, you're cyberstrolling down digital **museum** halls...". *BusinessWeek*, 19.8.96.

In: "The society's small **museum** traces the arch of Nevada's development." *Herald Tribune*, 12.7.96.

In: "The result is a state-of-the art jazz **museum**." *Time*, 2.9.96.

In: "Amsterdam's museum within a **museum**." *The Netherlander*, 11.5.96.

In: "'Titanic' is no **museum** piece, however." *The New York Times*, 19.12.97.

Ne: "Nog meer plezier van uw **museumbezoek**!" Rabobank, Amsterdam.

Ne: "Haags Gemeente **Museum**." Stadhouderslaan, 41.

mutatis mutandis

Fr: "Le mal est fait, comparable, **mutatis mutandis**, à celui causé par la publicité d'un éditeur...". *L'Express*, 8.5.97.

Fr: "...le recours à l'Armée et les complots divers... ne sont pas sans rappeler, ***mutatis mutandis***, les dernières années de la Quatrième République". Carelli, *France-Brésil: Bilan pour une relance*.

Po: "***Mutatis mutandis***, 'mudado o que deve ser mudado', isto é, com a devida alteração de pormenores." Rónai, *PDBLP*.

Po: "Uma criança precisa nove meses para nascer; da mesma forma e **mutatis mutandis**, uma língua demanda ao menos dois anos para ser assimilada." Magalhães, *Língua, linguagem, lingüística*.

Po: "Com os profissionais da palavra, acontece exatamente isto, **mutatis mutandis**: são pilotos de avião que só viram aviões de longe." Magalhães, *Língua, linguagem, lingüística*.

Po: "Em todos eles, '**mutatis mutandis**', há as mesmas eventualidades necessárias; o índio em extermínio...". Ribeiro, *Crítica*.

nec plus ultra/ne plus ultra /non-plus-ultra

Fr: "Quartier 206 à Berlin. Où on peut s'offrir le **nec plus ultra** en matière de mode, décoration ou parfums." *Vogue*, set. 1998.

Fr: "Internet. Le '**net**' **plus ultra**." *Le Point*, 19.4.97.

Fr: "Le **nec plus ultra** est d'investir un appartement avec terrasse sur la Croisette." *Paris Match*, 15.5.97.

Fr: "Le **nec plus ultra** en la matière: des enregistrements de mises à mort d'enfants." *Paris Match*, 29.5.97.

In: "***Nec plus ultra***, 'nothing further', *i.e.*, perfection. The most perfect state to which a thing can be brought. The motto in the Spanish Royal army is **plus ultra**. It was once **Ne plus ultra** ['thus far and no farther'], in allusion to the Pillars of Hercules, the **ne plus ultra** of the world; but after the *Discovery* of America, and when Charles V inherited the crown of Aragon and Castille, with all the vast American possessions, he struck out **ne**, and assumed the words **plus ultra** for the national motto, the suggestion being that Spain *could* go farther." Evans, *Brewer's Dictionary of Phrase and Fable*.

In: "But if your guest... is looking for the ***nec plus ultra***, the last word, the pleasure of the gods... why not a young and pretty widow?" Amado, *Dona Flor*, versão inglesa.

In: "Hitler and the holocaust remain the 20th century baseline for the discussion of evil, the **nec plus ultra**." *Time*, 20.7.98.

Po: "Mulheres importadas... até da Europa, o supra-sumo, o ***non-plus-ultra***." Amado, *Os pastores da noite*.

Po: "Mas o **nec plus ultra** da China kitsch só pode ser saboreado em um estabelecimento único." *Gazeta Mercantil*, 16.7.97.

Ru: "[...nous n'avons maintenant que le nom Byron à la bouche, comme un] **nec plus ultra** dans les tribunaux littéraires]". Yazykov, *Lettre à son frère*, 3.5.1825, tradução do russo.

Ru: "[...le] **nec plus ultra** des horizons et des idéaux des 'amis du peuple'." Lenin, *Qu'est-ce que 'les amis du peuple'*, III, tradução do russo.

nexus

In: "Elf. Its status as a state enterprise reportedly made it a convenient **nexus** for bribery and embezzlement." *Herald Tribune*, 15.3.98.

In: "Octavio Paz at the **Nexus** of Poetry and Politics." *Herald Tribune*, 23.4.98.

nihil obstat

Fr: "***Nihil obstat***, 'rien n'empêche' était la formule employée par la censure eclésiastique pour autoriser l'impression d'un ouvrage contre lequel aucune objection doctrinale ne peut être retenue. 'Le ***nihil obstat*** précède donc l'Imprimatur'." Stemer, *Faire le point*.

Po: "O perfil da cineasta... só levado adiante com o **nihil obstat** dela." *Veja*, 26.6.96.

Po: "— Vai pedir o ***nihil obstat*** — murmurou o macabro Ferreirinha." Amado, *Tenda dos milagres*.

Po: "Gente. Paulo Coelho foi recebido por João Paulo II... pelo resultado, obteve o ***nihil obstat***." *Veja*, 27.3.98.

nisi

In: "In Law a 'rule ***nisi***' is a rule unless cause be shown to the contrary. Decree **nisi**, a decree of divorce granted on the condition that it does not take effect until made ***absolute***, which is done in due course, unless reasons why it should not have meantime come to light. Every decree of divorce is, in the first instance, a *decree nisi*." Foster, *Irony, a Guide*.

In: "The Prince of Wales is expected to be granted a decree **nisi** on Monday." *The Times*, 13.7.96.

In: "Once the decree **nisi** is granted, the decree absolute follows in six weeks." *The Times*, 13.7.96.

In: "The judgment is enshrined in the certificate of decree **nisi**." *The Times*, 16.7.96.

In: "District Judge Angel granted a decree **nisi**, which cost the Prince of Wales 80 pounds." *The Times*, 16.7.96.

nolens volens

Fr: "Ce phénomène récent surprend dans la mesure où l'on a l'impression que plus la France s'enfonce dans la crise, plus certains améliorent **nolens volens** leur sort." *Le Figaro Magazine*, 14.8.98.

non grata

Fr: "Irlande. Gerry Adams **non grata** aux Communes." *Libération*, 15.5.97.

In: "They threaten dire consequences for every company that deals with a country that has been declared terra **non grata** by the U.S." *Time*, 19.8.96.

non nata

Es: "Ésta es una de las siete mesas de diálogo social abiertas por el Gobierno con los agentes sociales. Las restantes son la **non nata**...". *El País*, 10.7.96.

non sequitur

In: "Theater... a series of apparently inconsequencial **non sequiturs** that suddenly build up into tragedy." *Herald Tribune*, 19.6.96.

nucleus

In: "Yeltsin rewarded the reformist team who formed the **nucleus** of his reelection campaign." *The Times*, 16.7.96.

odium

In: "Kasagic tried to lift the **odium** against the Serbian people." *Herald Tribune*, 19.5.96.

In: "We would incur more **odium** by reneging on our promises of radical conservatism." Thatcher, *The Downing Street Years*.

omen/ominous

In: "In retrospect, however, it seemed more like an **omen** — a sign that trouble was in the air." *Time*, 22.4.96.

In: "The moves by Mr. Karadzic are **ominous.**" *Herald Tribune*, 21.5.96.

In: "Afghanistan. The **omens** are not good." *Time*, 14.10.96.

In: "Many companies are downsizing — a good **omen** for future profits." *BusinessWeek*, 30.12.97.

In: "Profits Could Weaken Faster: Are April tax payments an **omen**?" *BusinessWeek*, 15.6.98.

In: "'The **Omens** Are Ugly': Asian Crisis Carries Seeds of New Trauma." *Herald Tribune*, 16.5.98.

In: "Moreover, the **omens** for oil shares are not good." *Financial Times*, 9.8.98.

omnibus

In: "A collection of original carriages, including an 1860 French **omnibus.**" *The Times*, 13.7.96.

In: "After President Clinton and Congress approved an **omnibus** spending bill on October, lawmakers griped that they had no idea what was contained in the bill's 3,825 pages." *BusinessWeek*, 9.11.98.

In: "So when the House and Senate passed the **omnibus** crime bill later that year, people actually noticed." *Time*, 21.7.97.

In: "On the Bund one shell had made a hole 'large enough to hold an **omnibus** and team', said Greener." Warner, *The Tide at Sunrise*.

Fr: "Maurice Duplay le vit sortir de l'**omnibus** de l'hôtel...". Painter, *Marcel Proust*.

Ru: "**Omnibus.** [A 7 heures je suis sur le paquebot...]". Herzen, carta a M. Maisenbug, 25.12.1867, tradução do russo.

Ru: "[.. il manquera de se vexer si, ne remarquant pas que l'] **omnibus** [est plein, vous vous mettez à crier: 'Bus! Bus!'...]". Mikhailovski, *Notes de Londres*, tradução do russo.

Ru: "[Golovine est particulièrement vexé du fait qu'ici, les femmes que l'on rencontre dans la rue n'appartiennent pas toutes à la catégorie des] ***omnibus***, [mais celle des privatissimae]." Herzen, carta a G. e E. Guervegam, 30.6.1849, tradução do russo.

onus/ônus

In: "Iraq, on Good Behavior Puts **Onus** on U.N. Team." *Herald Tribune*, 22.3.98.

Po: "Claro que o **ônus** da prova cabe ao acusador." Lins e Silva, *Pena de morte*.

opium

In: "Plastic Credit: **Opium** of the People." *Herald Tribune*, 25.11.96.

opprobrium

In: "Reagan [...] leaders who make no effort to protect their peoples against accident, mad opponents, nuclear proliferation [...] invite the **opprobrium** of posterity if disaster ever does occur." Kissinger, *Diplomacy*.

In: "Books. Over the years, it evolved a huge number of variations, all pejorative, but not, apparently, until the 20th century did it become so execrable a term of **opprobrium**, especially amon whites." *Time*, 27.10.97.

optimum

Fr: "Placé... le pot catalytique atteint plus rapidement sa température **optimum** de fonctionement." *Le Point*, 5.10.96.

Fr: "C'est un **optimum**, argumente-t-il, qui dotera la Banque de la souplesse d'intervention nécessaire." *Jeune Afrique*, 10.6.97.

In: "Captains, like most other commodities, have an **optimum** shelf-life...". *The Times*, 6.5.96.

In: "...a coquettish tendency to place oneself in **optimum** paparazzi zones...". *Time*, 7.10.96.

In: "Shoes. Yet he was uncertain what constituted an **optimum** sole topography." Panati, *Extraordinary Origins of Everyday Things*.

opus

Fr: "Et, dans son **opus**, Maurice Pialat prenait bien soin de...". *L'Événement du jeudi*, 2.4.97.

Fr: "Dans la lignée d'Alphonse Allais... le nouvel **opus** calemdelbourgeois renouvelle un art vieux comme les robes...". *L'Événement du jeudi*, 14.5.97.

Fr: "Ce n'est pas l'**opus** majeur de notre Clint adoré, mais ça vaut largement son pesant de lifting." *Libération*, 21.5.97.

Fr: "Un film, 'Rouge', annoncé comme le dernier **opus** de la trilogie...". *Le Point*, 10.9.94.

Fr: "Le Clézio.... raconter vaguement de quoi parle son dernier **opus**...". *Paris Match*, 29.5.97.

Fr: "Pas de doute, le dernier **opus** du jeune St. Aubyn est le vade mecum indispensable à tout postulant spectateur aux pique-niques en smoking du Festival de Glyndebourne." *L'Événement du jeudi*, 25.6.97.

In: "Such compositions as ***Opus** de Funk* and *The Preacher*." *The Times*, 16.7.96.

In: "An avant-garde composer introduces his new **opus**." *Herald Tribune*, 30.10.96.

In: "When friends were admiring a *magnus **opus*** of Leonardo da Vinci, he said...". Funk, *Word Origins*.

In: "For a Galliano **opus** no sound is ever left on its own." *Herald Tribune*, 13.3.98.

O sancta simplicitas!

In: "The Führer was most of all displeased that Dr Dietrich should have amended... I had referred to a national tribunal which had condemned the Burgomaster to death; on his own initiative, Dr. Dietrich deleted this passage, observing that there was no such national tribunal. **O sancta simplicitas**!" Goebbels, *Diaries*, 30.3.45.

ovum(a)

In: "Medicine. A new procedure may offer women the chance to freeze their **ova** — and stop their biological clock." *Time*, 27.10.97.

In: "Finally, they injected the **ova** with antifreeze, placed them in a freezer that slowly lowered their temperature." *Time*, 27.10.97.

paraphernalia/parafernália

In: "At the origin, ***paraphernalia*** were those articles of personal property which the law allowed a married woman to keep and, to a certain extent, to deal with as her own, such as personal belongings, articles of adornment or attire, trappings." Foster, *Irony, a Guide*.

In: "The **paraphernalia** of justice — the judge, and the jury, and the lawyers." Anthony Trollope, 1815-82.

In: "Fortunately the horse box is roomy and can take horse and the **paraphernalia** of baby and nanny between the two homes." *The Times*, 15.8.98.

In: "By slapping on the **paraphernalia** of womanhood...". *The Times*, 18.7.96.

In: "*Space Jam*'s biggest competitor on the **paraphernalia** front will be Disney's new *101 Dalmatians*." *Time*, 16.12.96.

In: "...numerous stands offering a wide selection of Trabi **paraphernalia**." *BusinessWeek*, 27.1.97.

In: "'Ostalgia'" does a brisk business in GDR **paraphernalia**." *Time*, 30.9.96.

In: "Stroboscopic effects and other photographic **paraphernalia** seldom help to achieve aesthetic effect." Dorfles, *Kitsch, the World of Bad Taste*.

In: "Exhausted troops straggled from one side of the battlefield to the other, their paths blocked by the **paraphernalia** of the withdrawal — a jumble of carts drawn by oxen...". Warner, *The Tide at Sunrise*.

Po: "Snowboard. Além de botas e roupa adequada, a **parafernália** inclui uma prancha de 1,60m e 20cm de largura." *IstoÉ*, 23.7.97.

pari passu

Fr: "Le Chancelier Erhard... ne veut plus être brillant second, mais premier ex-aequo. Il estime que les deux pays, les deux gouvernements, les deux chefs de l'Executif doivent s'avancer **pari passu**." Peyrefitte, *C'était de Gaulle*.

Po: "Impossível queimar etapas. O caso tem de ser seguido **pari passu**." Faria, *Reminiscências*.

pater familias

Fr: "Les droits des femmes. Il a perdu ce droit en 1970, avec l'abandon de la notion de **pater familias** [chef de famille] par le code civil; notion remplacée depuis par celle de l'autorité parentale partagée." *Le Figaro Magazine*, 16.5.98.

Fr: "L'abbé est le **pater familias** d'une communauté où se cotoient la discipline et le respect de la liberté intérieure de chaque moine." Quesada, *Catholicité et latinité*.

In: "And as he is **pater familias** of the intergalactic family Robinson, Lost in Space practically gridlocks as the emotional and political bandwagons it jumps on crash into each other." *Sunday Times*, 2.8.98.

Po: "Evocação do velho e típico lar brasileiro... vivendo sob os ditames da austeridade do **pater familias** e o influxo imperioso dos sentimentos de autoridade parental." Affonso de E. Taunay, 20.7.40.

pendulum

In: "The **pendulum** will swing from capital back to labour." *Daily Mail*, 13.5.96.

In: "The **pendulum** of Brazil has always swung between São Paulo and Rio." *BusinessWeek*, 25.3.96.

In: "Is the Big **Pendulum** Taking a Leftward Swing?" *Herald Tribune*, 12.6.97.

In: "The **pendulum** of political thinking began swinging to the right in the 1980s, when Communist pretenses were subjected to critical scrutiny by the Kremlin elite." *Herald Tribune*, 30.3.98.

per annum

In: "Direct Line's mortgage rate is 6.25% **per annum**." *Daily Mail*, 13.5.96.

In: "Larry King Live. CNN talking head signs five-year contract that will give him $7 million **per annum**." *Time*, 25.5.98.

per caput/per capita

Fr: "Assurant un PNB *per capita* d'au moins 2.000 dollars." Rossillon, *Civilisation latine*.

In: "**Per capita** income was about $4,000 in the north last year." *BusinessWeek*, 24.6.96.

In: "In Britain... more TV surveillance systems at work **per capita** than anywhere else." *Time*, 12.8.96.

In: "Jakarta's **per capita** income is three times the Indonesian average." *BusinessWeek*, 9.9.96.

In: "Americans consume 11 kg of rice **per capita** annually." *BusinessWeek*, 11.11.96.

In: "China is one of only six countries where **per capita** cigarette consumption is steadily rising." *Herald Tribune*, 21.11.96.

In: "It is the world's eigth-largest economy... with **per-capita** GDP of $22,000." *The Times*, 10.5.96.

In: "...growin inequality... might have offset the rise in **per capita** income". *Time*, 14.10.96.

In: "With fewer phone lines **per capita** than any E.U. country except Portugal, Ireland has built a thriving business in pan-European call centers." *Time*, 1.6.98.

Po: "Roberto Campos evita escrever per capita e prefere ***per caput***." Faria, *Reminiscências*.

Po: "A renda ***per capita*** de Brasília deixou de ser a maior do país." *O Globo*, 10.9.96.

Po: "O número **per capita** de celulares no país explodiu em seis anos." *Gazeta Mercantil*, 19.11.97.

per diem

In: "Michael Jordan... like the other players, when he goes on the road, he gets a **per diem**." *U.S.A. Today*, 28.5.96.

Po: "Preciso passar primeiro no Museu para receber meu **per diem**...". Lilian Tone.

per se

In: "If Rauschenberg or Jasper Johns use a bottle of Coca-Cola in one of their works the belief that this is, **per se**, an artistic object." Dorfles, *Kitsch, the World of Bad Taste*.

In: "Whether it was yet lexicography **per se** is arguable." Green, *Chasing the Sun*.

persona

Fr: "**Persona**: ce spécialiste de design italien fait valser toutes les étiquettes." *Le Figaro*, 28.6.96.

In: "The Latin noun ***persona*** was originally used for 'an actor's mask'. In Medieval Latin, it was used for 'a human being, a person'. Later it meant 'a person of importance'. In diplomatic language, ***persona*** can be found since the 1880s in the phrase *persona grata* 'an acceptable person', which is used to express approval of another country's representative, and in the correlative phrase ***persona** non grata*. The latter has also developed considerable use outside diplomacy to express disapproval of a person. In 1917 Carl Jung used the term to denote 'an individual' social façade that reflects the rôle in life the individual is playing. After Jung's use, ***persona*** started on an indépendant life of its own as a term for a person's public personality." *Merriam-Webster*.

In: "Kahlil Gibran. There was an immense gulf between 'the prophet **persona** he had adopted and promulgated through his writings and the actual, miserable human being underneath'." *Daily Mail*, 1.8.98.

In: "A Muted Dole **Persona**." *The New York Times*, 26.9.96.

In: "David Copperfield is a master showman who has created almost a rock-and-roll **persona**." *Herald Tribune*, 28.11.96.

In: "Rich projects a much more gentle and thoughtful **persona** than the macho rap artists." *The Times*, 10.5.96.

In: "China. 'Jiang is enormously smart and capable, but his **persona** is intentionally disarming'." *Time*, 27.10.97.

In: "Tony Blair has adopted many **personas** as Britain's leader: political reformer, griever in chief, genial host of Friday night town meetings...". *Herald Tribune*, 3.10.97.

In: "A combination of circunstance and her own outgoing, highly visible **persona** make Secretary of State Madeleine Albright the key figure to Bill Clinton's cabinet." *Herald Tribune*, 2.2.98.

In: "Elisabeth of Bavaria. The enigma of her **persona** only grew." *Time*, 6.4.98.

persona grata/persona gratissima

Fr: "L'usage est qu'avant de nommer un ambassadeur, le gouvernement s'assure qu'il sera **persona grata**." Serres, *Manuel pratique de protocole*.

In: "Goebbels never lost sight of the desirability of making himself ***persona gratissima*** to Adolf Hitler." Trevor-Roper, *Final Entries 1945, The Diaries of Joseph Goebbels*.

Ru: "[Vraisemblablement, pour le Sultan je n'étais pas] **persona grata**...". "*La Page russe*", 1910, tradução do russo.

Ru: "[Il est vrai que le nouvel envoyé était] **persona grata** [aux yeux de la cour de Pétersbourg."] Bertenson, *En 30 ans*, tradução do russo.

persona non grata

Es: "Esta opinión enfureció a Zavgáiev, que incluso lo declaró **persona non grata** y trató de expulsarle de la república...". *El País*, 18.6.96.

Fr: "Lorsqu'un consul est déclaré **persona non grata**...". Serres, *Manuel pratique de protocole*.

Fr: "Lluis Llach... du temps du franquisme, il fut ***persona non grata*** en Espagne." *Le Figaro Magazine*, 10.5.97.

Fr: "Le sulfureux homme d'affaires Boris Berezorski serait-il devenu **persona non grata** au sein du pouvoir russe." *Le Figaro*, 20.9.98.

In: "I remember Bing discussing the hiring of a famous soprano, who had been for a long time **persona non grata** to him because of her reported Nazi sympathies." Rasponi, *The Last Prima Donnas*.

In: "Turkey... and declare the visiting dignatary, David Levy, **persona non grata**." *Herald Tribune*, 16.4.97.

In: "**Persona Non Grata**: disappointment with a sophisticated contraceptive device forces couples and doctors to reevaluate risk." *Time*, 2.2.98.

Po: "Enquanto nove em cada dez governadores tentam atrair o megaempresário Benjamin Steinbruch, no Rio, o chefe da Vale e da CSN parece até **persona non grata**." *Veja*, 1.10.97.

Po: "Saif-el-Islam, filho do ditador líbio Muamar Kadafi, é **persona non grata** nos EUA, no Canadá e na Suíça." *Veja*, 10.12.97.

phallus

Fr: "Ce **phallus** — on savait encore du latin, à l'époque — fut pour certains comme leur arbre de mai, poussé dru au printemps...". *Le Point*, 19.4.97.

Fr: "Une psychosociologue enquête sur l'image des femmes. Retour de **phallus**." *Libération*, 7.3.97.

In: "Facts and **Phalluses**: A collection of Bizarre & Intriguing Truths, Legends & Measurements." Título de publicação de A. Parsons.

placebo/Placebo

Al: Sie erhalten entweder Viagra oder ein **Placebo** und dürfen sich mit einen Vibrator oder anderen Hilfsmitteln stimulieren." *Focus*, 6.7.98.

Al: "Es gab bei der Brustkrebschäufigkeit keinen Unterschiede swischen Tomoxifen und einen **Placebo**." *Stern*, 16.7.98.

Fr: "Recherche. Vrai-faux **placebo**." *L'Événement du jeudi*, 28.2.96.

Fr: "À cela il n'ya pas de remède. Mais il y a des **placebos**. Je ne vois pas d'autre explication." *Le Point*, 4.3.95.

In: "Business. Lichter Pharma's team of scientists spends about $13 million extracting and testing the plant-based remedies... including double-blind tests against **placebos**." *Time*, 6.4.98.

In: "Medicine. Results were so dramatic that the scientists stopped the study and gave the **placebo** group a chance to consult with their doctor about switching to the genuine medication." *Time*, 20.4.98.

placet

It: Malgrado l'accordo sindacale non abbia il **placet** di Force Ouvrière e CGT." *La Stampa*, 10.4.96.

plenum

In: "Television news showed China's leaders at the party **plenum**." *Herald Tribune*, 27.2.98.

In: "The **plenum** approved a proposal to reform institutions." *Herald Tribune*, 27.2.98.

plus

Fr: "...a été sauvée du communisme par sa mère pour devenir la nouvelle '**plus**' du tennis". *Le Nouvel Observateur*, 11.6.97.

In: "...**plus** a few symbolic accoutrements". *Sunday Times*, 14.7.96.

In: "The skilled military industry work-force, however, was a **plus**." *Herald Tribune*, 3.4.97.

In: "There were no signs for **plus** or minus, divide or equal...". *BusinessWeek*, 28.4.97.

In: "The poll has a margin of error of **plus** or minus three percentage points." *The New York Times*, 6.12.97.

podium/pódium/pódio

Fr: "De Gaulle: 'Discours, oui, mais pas de balcon! Une fois, ça a suffi! Un **podium** sur le perron!'." Peyrefitte, *C'était de Gaulle*.

Fr: "...des entreprises se sont hissées sur le **podium** d'Atlanta." *Le Figaro Magazine*, 10.8.96.

Fr: "Atlanta. Pour la Grande Bretagne, l'Allemagne et la Chine, c'est le **podium** du fiasco." *Le Figaro Magazine*, 3.8.96.

Fr: "Les mannequins anglais sont au sommet des **podiums**...". *Libération*, 30.4.97.

In: "President Clinton making his way to the **podium** at the United Nations." *The New York Times*, 25.9.96.

In: "At the **Podium**: Wives and an Injured Star." *Herald Tribune*, 22.8.96.

In: "South Korea. Lawmakers rushed to the **podium** to push the acting speaker." *Herald Tribune*, 5.7.96.

In: "'Abortion' a Nonword For **Podium** Speakers." *Herald Tribune*, 16.8.96.

In: "While U.S. athletes leaped from medal **podiums** onto Wheaties cereal boxes...". *Time*, 19.8.96.

In: "A typical question was handed to the **podium** on a paper slip." *Financial Times*, 19.5.96.

In: "...easier to do that from the UN **podium** than from the president's elbow in the Oval Office". *Herald Tribune*, 29.8.96.

Po: "Notas Olímpicas. **Pódium** desigual." *Veja*, 29.5.96.

Po: "O uso do **pódio** para a entrega de medalhas começou nos Jogos de 1932, em Los Angeles." *Veja*, 26.6.96.

posse

In: "***Posse*** is short for *posse comitatus;* law, the entire body of inhabitants liable to be summoned by the sheriff to assist in preserving the public peace." *Merriam-Webster*.

In: "...the word on campus is that he has a **posse** of bodyguards. *The New York Times*, 21.9.96.

In: "When Schaper's older brother rounded up a **posse** of about a dozen friends...". *Time*, 5.5.97.

post

Fr: "Annoncé lundi dernier, lors d'un entretien **post**-électoral sur le plateau de Patrick Poivre...". *Libération*, 9.6.97.

In: "Fashion. And if it does survive, what would a **post**-Versace Versace look like?" *BusinessWeek*, 28.7.97.

In: "**Post**-MoMA-ism. In the next century, what will 'modernism' mean?" *New York*, 29.12.97.

post facto

In: "'Rasputin'. The Empress's attachment... Hemophilia merely — **post facto** — confirmed it." *The New York Times*, 30.11.97.

post mortem/post-mortem/postmortem

Fr: "Aznavour réalise un 'duo virtuel' **post mortem** avec Édith Piaf. Est-ce bien utile?" *Le Figaro*, 10.6.97.

Fr: "Metteur-en-scène de la grande réconciliation '**post-mortem**' des Windsor." *Le Figaro Magazine*, 13.9.97.

Fr: "John Lennon: facéties **post-mortem**." *Le Figaro Magazine*, 24.10.98.

In: "A **post-mortem** examination was carried out yesterday...". *The Times*, 6.5.96.

In: "...including a bizarre set of **post mortem** duets with the also deceased Jim Reeves." *Time*, 19.8.96.

In: "**Post Mortem**. Rebecca Badge died with the help of Dr. Kerkorian." *People Weekly*, 16.9.96.

In: "Microsoft launched **post mortem** over what should have been...". *BusinessWeek*, 15.7.96.

In: "Tho other **post-mortem** in estimating time of death [besides rigor mortis] are algor mortis, or cooling, and livor mortis, the pooling and settling of the blood." *The New York Times*, 16.12.97.

In: "IMF. No sooner had the **postmortem** begun over the agency's failure to save Indonesia than it is facing the prospect of a second collapse in Russia." *BusinessWeek*, 15.6.98.

Po: "Pedro Arcanjo só teve os *post mortem* quando para nada lhe serviam." Amado, *Tenda dos milagres*.

Po: "O Instituto homenageou Mario Simonsen com o título de grande benemérito ***post mortem***, entregue à sua viúva, dona Iluska." *O Globo*, 20.5.97.

Po: "Geisel exerceu o poder com gosto. Figueiredo deixou que ele lhe escapasse. A diferença prossegue **post mortem**." *Veja*, 22.10.97.

Po: "Cristianismo. Era um comunismo ***post mortem***, que contagiou o mundo antigo." *O Globo*, 8.2.98.

post scriptum/post-scriptum

Fr: "Jünger, **post-scriptum**. *Les Prochains Titans*, de Ernst Jünger." *Le Figaro Magazine*, 31.10.98.

Fr: "Mais, dans le dernier **post-scriptum** de sa préface, Proust trace...". Painter, *Marcel Proust*.

Fr: "...le reportage allait être diffusé dans la rubrique '***Post Scriptum***', il a demandé...". *Libération*, 7.5.97.

Fr: "**Post scriptum**: L'algue tueuse." *Le Nouvel Observateur*, 11.6.97.

Fr: "**Post-scriptum**: Le ministre des Finances ne songe pas à une renégotiation du pacte. Il veut gagner du temps." *Le Figaro*, 11.6.97.

Fr: "En **post scriptum**, Pierre avait ajouté: 'Je vous rendrai vos cinq mille francs un jour ou l'autre. Plutôt l'autre'." Giroud, *Le Bon Plaisir*.

Po: "Nesse breve ***post scriptum*** não se pretende retraçar em detalhe a vida de Oswaldo Aranha." Corrêa do Lago, *Oswaldo Aranha e a Revolução de 1930*.

Po: "Segue-se um '***Post-Scriptum***' em que o autor retoma e resume os temas antes tratados." *Veja*, 23.4.97.

praemium/premium

In: "Scott's credo is a classic: quality care doesn't have to come at a **premium** price." *Time*, 17.6.96.

In: "Indian car sales are concentrated, but in the **premium** segment." *BusinessWeek*, 5.8.96.

In: "German workers using computers enjoy wage **premiums** similar to their U.S. counterparts." *BusinessWeek*, 19.8.96.

In: "Bellwinch, which paid the 10,194 pounds a year **premium** on the policy...". *The Times*, 13.7.96.

In: "Uncollected bills lead to higher insurance **premiums**." *BusinessWeek*, 9.9.96.

In: "You pay a **premium** and transfer the risk to an insurance company." *Newsweek*, 30.9.96.

In: "...and even paid a **premium** for the shares". *Herald Tribune*, 30.10.96.

In: "You can authorize the company to buy the ticket for you — **perhaps at a premium**." *Newsweek*, 30.9.96.

In: "Taxpayers will be able to tax-deduct part or all of their insurance **premiums**." *The New York Times*, 27.9.96.

In: "Insurance... most of the first year's **premium** goes into the agent's pocket." *U.S. News*, 30.9.96.

In: "Consider a universal life policy — offering flexible **premiums**." *U.S. News*, 30.9.95.

praesidium/presidium/Präsidium

Al: Ich habe das **Präsidium** regelmässig über die Parteifinanzen informiert." *Focus*, 8.7.96.

In: "Bondarenko is neither in the **presidium** nor the party." *Herald Tribune*, 21.5.96.

In: "That's is what happened in 1966, when Suharto presided over a three-man **presidium** that held real power even as Sukarno continued to act as nominal President of the country." *Time*, 25.5.98.

prima facie

In: "Ireland. His government was now in a minority and... he was under pressure to accept the requirement that we should make a **prima facie** case before extradition to the UK was granted." Thatcher, *The Downing Street Years*.

In: "'I would simply not count Murdoch out of anything, **prima facie**', notes investment banker Steve Rattner." *BusinessWeek*, 26.5.97.

In: "The rationale for this aggressive approach was that gallstones are **prima facie** proof that the gallblader is diseased." Rosenfeld, *Doctor, What Should I Eat?*

In: "Clinton/Lewinsky. Lawyers for Mr. Clinton and White House aides 'have established **prima facie** violations' of the secrecy rule that prohibits disclosure of any grand jury material." *Herald Tribune*, 9.8.98.

Po: "Sem maior exame, o que se percebe **prima facie** é que nem todos os documentos foram juntados aos autos." Faria, *Reminiscências*.

primus inter pares/Primus inter pares

Al: Uber diesen **Primus inter pares**, gekeltert ein Jahr bevor Napoleon sein Pferd 'Vizir' für den Russlandfeldzug satteln liess...". *Der Spiegel*, 14.9.98.

Fr: "Lazard. **Primus inter pares**, Michel David-Weil est l'héritier de la famille fondatrice...". *Le Point*, 12.11.94.

Fr: "Général de Gaulle: 'Le chef du gouvernement, c'est moi. Le Premier ministre est le premier des ministres, **primus inter pares**, il coordonne leur action, mais il le fait sous la responsabilité du président de la République, qui dirige l'exécutif sans partage'." Peyrefitte, *C'était de Gaulle*.

Fr: "L'objectif était d'avoir un ***primus inter pares***, un chef de file, un bouclier, pour toutes les langues de notre continente, toutes étant également menacées par l'avance croissante, non de l'anglais, mais de l'américain." Druon, *Circonstances*.

In: "America will be the greatest and most powerful nation, but a nation with peers, the ***primus inter pares*** but nonetheless a nation like others." Kissinger, *Diplomacy*.
In: "In 'an age of dictionaries of all kinds' Johnson's contribution, in their eyes, was simply **primus inter pares** and its Preface, while admirable, reflects another...". Green, *Chasing the Sun*.

pro
Fr: "Pékin a toujours conservé une suspicion à l'égard du Parti socialiste, taxé de '**pro**-*Taiwan*'." *Libération*, 9.6.97.
Fr: "...la cassure semble désormais irrémédiable entre **pro** et anti-européens." *Le Point*, 1.7.95.

pro bono/pro-bono
In: "Christies will conduct the Benefit Sale, **pro-bono**, on behalf of the Federation of Austran Jewish Communities." *Herald Tribune*, 6.10.96.
In: "Telecommunications. That's an objective he has pursued... he has provided **legal advice** to black-owned companies and done **pro bono** work for homeless youth." *BusinessWeek*, 30.3.98.

processus
Fr: "La création de cette société marque le début du **processus** annoncé par le chimiste allemand...". *Les Échos*, 25.7.96.
Fr: "Séguin tempère les ardeurs des deputés UDF. Il faut absolumment éviter toute interférence entre les deux **processus**." *Libération*, 21.5.98.
Fr: "L'industrialisme est toujours un **processus** catastrophique...". *Libération*, 22.5.98.
Fr: "Inquiet de la dégradation du **processus** de paix, le chef de l'État multiplie les rencontres." *L'Express*, 28.5.98.

pro domo
Fr: "En guise de plaidoyer **pro domo**, le magicien masqué, en révélant de vieux secrets, entend faire table rase du passé." *Le Point*, 15.8.98.
Fr: "Élections. Des plaidoyers **pro domo**, pas d'élan." *Courrier International*, 28.5.97.
In: "When Vlasov says that Stalin is the best-hated man in Russia, he naturally says it **pro domo**." Goebbels, *Diaries*, 6.3.45.
Po: "***Pro domo*** *sua*, "pela *sua casa*", isto é, em seu favor, em defesa dos seus próprios interesses decorre do título de um discurso de Cícero. Usa-se também, abreviadamente, ***pro domo***." Rónai, *PDBLP*.

pro forma/pro-forma
Fr: "Une facture **pro-forma**, *pour la forme*." Stemer, *Faire le point*.
Fr: "Cofisa devait nous envoyer la facture **pro forma** aujourd'hui et ne l'a pas fait." Indiana Mezand.
In: "U.N. Officially, no one was willing to make more than generalized, **pro forma** statements about the agreement...". *Herald Tribune*, 13.6.97.

pro rata/prorata
Fr: "Les concurrents auraient à financer jusqu'en 2001, au **prorata** de leur part de trafic...". *Les Échos*, 25.7.96.

proscenium
In: "Wall of Fame... with its graceful lines and its ornate **proscenium**." *The New Yorker*, 20.1.97.
In: "...an Italian-style **proscenium**-arch theater...". *Herald Tribune*, 19.6.96.

In: "Callas never failed to appear in a **proscenium** box at La Scala when Tebaldi sang." Rasponi, *The Last Prima Donnas*.

prospectus

In: "If you buy by post, we will send you a copy of the **prospectus** containing the full terms." *The Times*, 11.5.96.

In: "Shares are to be redeemed in accordance with the **Prospectus**." *Herald Tribune*, 19.6.96.

In: "...fund companies to talk about investment risk in their **prospectuses** and... reports." *BusinessWeek*, 30.9.96.

In: "The **prospectus** for this new venture describes the Blackwell style as building an organisation that is 'personally developed, cultivated and nurtured'." *The Times Magazine*, 1.8.98.

pro tempore/pro témpore

Es: "La reunión de Ushuaia servirá también para que la Argentina le entregue al Brasil la presidencia ***pro tempore*** que ocupó por seis meses." *La Nación*, 14.7.98.

Es: "Tony Blair envió una carta al presidente Carlos Menem para ponerlo al tanto, en su caracter de titular **pro témpore** del Mercosur." *La Nación*, 14.7.98.

Po: "Durante a presidência '**pro tempore**' paraguaia [Mercosul], o Brasil restringiu o financiamento às importações brasileiras." *Gazeta Mercantil*, 7.7.97.

quantum

In: "Physicist Edward Witter... his work on a related idea known as topological **quantum** field theory." *Time*, 17.6.96.

In: "Charlie Parker: With startling impact, the musical **quantum** leap known as Bebop shook the jazz world in the mid-1940s." *Time*, 8.6.98.

In: "My suggestion would be — solving the problem of **quantum** weirdness." *The New York Times*, 29.9.96.

In: "A conundrum, more properly known as the '**quantum** observership'...". *The New York Times*, 29.9.96.

In: "But **quantum** physics itself is not the problem." *The New York Times*, 29.9.96.

In: "The Color Zaurus is a **quantum** leap into cyberspace — finally matching Scully's original conception." *BusinessWeek*, 25.11.96.

In: "One tenet of **quantum** theory is that if two particles of the same type share identical quantum properties, they are indistinguishable." *The New York Times*, 16.12.97.

In: "Scientists view it as a step in the possible creation of a **quantum** computer at some time in the distant future." *The New York Times*, 16.12.97.

In: "Subatomic Physics: **Quantum** Theory Takes a Leap." *BusinessWeek*, 10.2.97.

In: "Just when you thought **quantum** weirdness applied only to the very small, here's David Pritchard with his machine for making waves out of entire atoms." *Discover*, dez. 1997.

quantum vacuum

In: "The emission of the light is a so-called **quantum vacuum** effect." *The Times*, 6.5.96.

quasi/Quasi

Al: Nach 1998 will er eine **Quasi**-Koalition mit der SPD in Sachsen-Anhalt." *Focus*, 8.7.96.

Fr: "Hongkong. Patten lui donna **quasi** libre accès à sa résidence et à son lieu de travail." *Le Point*, 9.8.97.

Fr: "D'abord à cause de leur répression **quasi** systématique par la police." *L'Événement du jeudi*, 2.4.97.

Fr: "...ou sur les émigrés filmant de façon **quasi** abstraite le territoire local." *L'Événement du jeudi*, 2.4.97.
Fr: "...la seule technique d'identification **quasi**-infallible d'une personne." *Le Monde*, 7.5.97.
Fr: "Oui, choisir Lebed est un coup **quasi** forcé pour cet adorateur de Jules César...". *Libération*, 7.5.97.
Fr: "...il a su imposer à l'industrie de l'informatique un standard **quasi** incontournable...". *Le Point*, 4.3.95.
Fr: "Hong-Kong Telecom jouit d'une situation **quasi** monopolistique...". *Le Figaro*, 11.6.97.
In: "...graced by famous names triggered **quasi**-hysteria from the professional themselves". *Herald Tribune*, 2.6.96.
In: "Salinas was at the peak of the **quasi**-imperial power that Mexican presidents wield." *BusinessWeek*, 15.7.96.
In: "Hillary Clinton. Side Issues Emerges on Her **Quasi**-Official Rôle." *Herald Tribune*, 25.3.98.
In: "Big images... and a new series of **quasi**-cuddly space aliens." *Newsweek*, 30.9.96.
In: "*Au pairs* are teenagers who receive small salaries and expect to be treated as **quasi** family members." *The New York Times*, 30.11.97.

quattuor/quatuor

Fr: "'Jamais un seul de nos abonnés... ne nous avait demandé ce **quatuor**', répondit le fabricant indigné...". Painter, *Marcel Proust*.
Fr: "Alain Sachs a mis en scène 'Le **quatuor**' (quatre violonistes fameux et déliés)...". *Le Point*, 12.4.97.
Fr: "Quand les accents du **quatuor** de Schubert résonnent dans la salle de concert...". *Le Point*, 1.4.95.
Fr: "Avec le **quatuor** à cordes, la musique n'est plus distraction, mais attention." *Le Point*, 10.5.97.
Fr: "Le **quatuor** à cordes [deux violons, un alto et un violoncello] fut d'abord la musique du pauvre." *Le Point*, 10.5.97.
Fr: "Après 83 **quatuors**, Haydnt finit en 1799." *Le Point*, 10.5.97.
Fr: "Le **quatuor** fabiusien est complété par Didier Migaud, qui, d'une voix, a devancé le rocardien Claude Evin au poste de rapporteur-général du budget." *Libération*, 12.6.97.
Fr: "Michel Petrucciani... était accompagné par un **quatuor** à cordes et le voisi maintenant évoluant sans filet." *Le Point*, 18.2.95.
Fr: "Pourtant ce **quatuor** chic n'a pas l'étofe pour résoudre des enquêtes chocs." *Le Figaro*, 10.5.98.
Fr: "Le carré d'as des Lolitas. Ce **quatuor** révolutionne le tennis féminin." *Le Figaro Magazine*, 29.5.98.

quid

Fr: "De Gaulle: '*Quid* de la Russie? *Quid* de la Chine? *Quid* des satellites qui subissent des contraintes de la part de la Russie et de la Chine? Voilà le problème'." Peyrefitte, *C'était de Gaulle*.
Fr: "Mais **quid** de Balladur et de Madelin? Casse-tête." *L'Express*, 15.5.97.
Fr: "'**Quid**', par Dominique et Michèle Frémy." Robert Laffont.
Po: "**Quid**: O ponto difícil; o busílis. [Em latim, pronome interrogativo, cujo sentido é 'quê?'.]" Rónai, *PDBLP*.

Quid novi?

Po: "**Quid novi?**, amigo, há muito não nos encontramos." Faria, *Reminiscências*.

quid pro quo/quiproquo/quiproquó

Fr: "Où Corneille... les propos de la comédie, jusqu'au **quiproquo** comme chez Molière...". *Libération*, 4.3.97.

Fr: "Et cela nous donne un tir groupé de **quiproquos** qui s'émmêlent et se démêlent... sans le moindre temps mort." *Le Nouvel Observateur*, 11.6.97.

In: "As a ***quid pro quo***, Germany received a relatively inconsequential strip of land linking South-West Africa to the Zambezi River." Kissinger, *Diplomacy*.

In: "...a French representative in London told Lansdowne as a ***quid pro quo*** that France would do its utmost to relieve Great Britain of Russian pressure elsewhere". Kissinger, *Diplomacy*.

In: "If Great Britain did not grant Germany military equality as a ***quid pro quo*** for Germany's meeting its reparations payments, Germany could well revert to its earlier intransigence." Kissinger, *Diplomacy*.

In: "Washington Stubs Tobacco Giant **Quid Pro Quo** on Ad Curbs." *Herald Tribune*, 17.5.96.

In: "Support of Yen Came Without **Quid Pro Quo**." *Herald Tribune*, 21.6.98.

In: "They ought to demand a hefty **quid pro quo** in the form of job guarantees...". *BusinessWeek*, 24.3.97.

In: "Clinton/Lewinsky. However she also reportedly said that there was no explicit **quid pro quo** mentioned in relation to the job help." *Herald Tribune*, 9.8.98.

In: "Doctors Deny Rx Is a **Quid Pro Quo**." *Herald Tribune*, 1.6.97.

In: "Clinton/Lewinsky. Jordan says he 'inferred' that Clinton was behind the call from Currie but that his "efforts were not a **quid pro quo** for the affidavit that she signed'." *Time*, 16.3.98.

Po: "Xuxa. É uma postura meio morna diante do **quiproquó**, mas fumegante se comparada à sua reação em dezembro, quando engoliu a desfeita de ser relegado a um papel de mero coadjuvante." *Veja*, 20.5.98.

quidam

Fr: "Comme il disait ces mots, un **quidam** entra dans notre compartiment et s'assit." Hervé Bazin.

Fr: "Une fois, un **quidam** me demanda mes papiers, et ce fut sa façon de fouiner de l'œil dans mon portefeuille qui m'alerta...". Bianciotti, *Ce que la nuit raconte au jour*.

Fr: "Ainsi, vous êtes dans un jardin publique, je suppose; un **quidam** se présente...". Gustave Flaubert.

Fr: "Mais en proposant d'afficher l'état civil d'un **quidam** sur les murs de 'ce grand lieu qui symbolisera la France' — il a touché une corde sensible...". *Le Point*, 17.5.97.

Fr: "Divertissement. Du **quidam** cueilli dans la rue à la célébrité victime de canulars savamment montés, personne ne sera à l'abri des facéties indiscrètes de la caméra." *Le Nouvel Observateur*, 11.6.97.

quo

In: "President Clinton. Judging the '**Quo**' Factor In Sexual Harassment." *Herald Tribune*, 24.4.98.

quorum

Fr: "Quant aux Verts, ils reculent selon les estimations de 6,1 à 5,7 %, largement de quoi se maintenir au-dessus du **quorum** [5%]." *Le Temps*, 14.9.98.

Fr: "Le texte soutenant cet accord n'a obtenu que 85 voix... alors que le **quorum** requis était de 100." Funk, *Word Origins*.

Po: "A convocação extraordinária está tendo **quorum** e promete ser proveitosa." *O Globo*, 5.7.96.

Po: "Na Câmara, o **quorum** passou de 400 quarta-feira." *O Globo*, 5.7.96.

Po: "O PSDB tem que aprovar a reeleição para livrar o presidente do **quorum** de três quintos." *Folha de S. Paulo*, 3.1.97.

Po: "Se o general não for eleito, se não alcançar o **quorum**...". Amado, *Farda, fardão, camisola de dormir*.

Po: "Em caso de dificuldade de **quorum** de 3/5 não se deve iniciar a votação com menos de 400 parlamentares." *Jornal do Brasil*, 29.1.97.

Po: "O **quorum** do 'baixo clero'." *O Globo*, 9.2.97.

Po: "O pedido de cassação foi recusado, porque não alcançou o **quorum** de dois terços de votos favoráveis." Melo Filho, *Testemunho político*.

quota

Fr: "Ainsi, la France a réussi à faire participer cinq sites... alors qu'un **quota** en limitait initialement le nombre à quatre." *Les Échos*, 26.7.96.

Fr: "Critiques concernant le respect des **quotas** européens de diffusion." *Le Monde*, 11.4.96.

In: "Manufacturers focused onmeeting production **quotas**." *Herald Tribune*, 20.5.96.

In: "Parliamentary bill passed in March 1795: each county and each port had to supply its **quota** of men to the navy." *The Oxford Universal Dictionary*.

ratio

Es: "**Ratios**: Rentabilidad sobre los recursos propios (ROE)... coeficiente de solvencia (BIS)." *El País*, 18.6.96.

Fl: "...in exclusieve instituten zoals Eton en Harrow a **ratio** van 300.000 frank per trimester." *Het Nieuwsblad*, 27.7.98.

Fr: "Ici plus qu'ailleurs, on a fait des **ratios** quand la Fédération nationale bovine a estimé à 15.000 le nombre de licenciements...". *Les Échos*, 26.7.96.

Fr: "Le **ratio** dette sur capital utilisable est aujourd'hui de 90% contre... 77% pour la Banque mondiale. *Jeune Afrique*, 10.6.97.

In: "Italy has published a new list of casualties. It is nothing to be proud of. During November, 300 Italians were killed in action in Africa but 23,000 were missing. The **ratio** is more than devastating." Goebbels, *Diaries*, 11.12.42.

In: "But our chart reveals that the gold/silver **ratio** theory did indeed have a rationale." *Forbes*, 1.6.98.

In: "The exports-employment **ratio** has been falling steadily...". *BusinessWeek*, 12.8.96.

In: "60% or more of congressional members, support a higher **ratio**." *Herald Tribune*, 19.6.96.

In: "When the **ratio** is below 1.0 — stocks are overpriced." *BusinessWeek*, 15.7.96.

In: "Cyprus. Rough **ratios** exist for Greek and Turkish representation in Parliament." *Time*, 23.6.97.

In: "LVMH. The company's debt-to-equity **ratio** is at 61%." *BusinessWeek*, 10.10.97.

In: "You can obtain the cholesterol hdl **ratio** by dividing the *total* cholesterol by the hdl." Rosenfeld, *Doctor, What Should I Eat?*

rationale

In: "However flimsy the political **rationale** for the dam [Aswan] had been in the first place, the manner in which the American offer of aid was withdrawn courted a major crisis." Kissinger, *Diplomacy*.

In: "But Mr. Gorbachev offers a **rationale** for his campaign." *Herald Tribune*, 20.5.96.

In: "But our chart reveals that the gold/silver ratio theory did indeed have a **rationale**." *Forbes*, 1.6.98.

In: "Thin as this **rationale** may be, Ms. Lee has at 38 become S. Korea's first Hollywood mogul." *Herald Tribune*, 7.7.96.

In: "...by providing Washington with the **rationale** for substituting a permanent American military presence on the Arabian Peninsula". *Herald Tribune*, 30.6.96.

In: "The **rationale**: lower marginal tax rates will boost business investment." *BusinessWeek*, 12.8.96.

In: "The **rationale** for continuing the operation in Northern Iraq...". *The New York Times*, 12.9.96.

In: "High Pay, Low Pay: What's the **Rationale**?" *Herald Tribune*, 21.4.97.

In: "Membership in NATO has lost its anti-Soviet **rationale** — at least as long as the Russian leadership does not...". *Herald Tribune*, 29.4.97.

In: "Casanova notwithstanding, there is a possible **rationale** for the oyster legend." Rosenfeld, *Doctor, What Should I Eat?*

In: "When the leaders of the Group of Seven industrialized nations decided to include Russia as a full-fledged participant, the **rationale** was that the former Communist nation was now a crucial player in the capitalist world." *Herald Tribune*, 19.8.98.

Po: "...agora retemperada pela ***rationale*** do Real". *O Globo*, 18.9.96.

recto verso/recto-verso

Fr: "**Recto verso**, voici l'assiette qui sera servie cette semaine lors des dîners officiels...". *L'Événement du jeudi*, 14.5.97.

Fr: "...masquant les mentions: 'Fac-similé' au **recto** et 'Banknote Walt Disney' au **verso**". *Libération*, 4.3.97.

Fr: "Football. Robert Pires **recto-verso**." *Journal du Dimanche*, 28.6.98.

Fr: "Pollux tira de sa serviette trois feuillets dactylographiés **recto verso** et les tendit à Claire." Giroud, *Le Bon Plaisir*.

rectum

Fr: "Ecographie d'une éléphante. Un autre vide le **rectum** de l'animal, avant de le rincer au jet d'eau." *Le Point*, 7.6.97.

reductio ad absurdum

Po: "Ao lado das pinturas de Barnett Newman, elas ainda são consideradas a **reductio ad absurdum** do expressionismo abstrato e da arte moderna...". Greenberg, *Pintura à americana*.

referendum/référendum/Referendum [ver: "ad referendum"]

Al: Die hohe Zustimmung beim **Referendum** und bei der Wahl zum neuen Parlament verdekte...". *Der Spiegel*, 13.7.98.

Es: "...para celebrar un **referendum** de autodeterminación en la antigua colonia espanhola". *El País*, 15.5.96.

Fr: "De Gaulle: 'Je ne jouerai pas ce jeu-là! Je ferai peut-être un **référendum** pour la fusion du Sénat et du Conseil économique et social. Ou plutôt, un **référendum** sur l'indépendance, pour avoir l'approbation du pays sur le fait que la France, ayant repris son indépendance, ne participe pas à des organisations qui prétendent la lui ôter. Ça c'est possible, que je fasse un jour un **référendum** là-dessus'." Peyrefitte, *C'était de Gaulle*.

Fr: "La Corse. Pourquoi pas un **référendum**?" *Le Figaro*, 24.5.96.

In: "Tony Blair: '...unless it is the isue at a general election, then there **must be a referendum**'." *Herald Tribune*, 17.11.96.

In: "Zedillo... congressional elections are likely to be a **referendum on his management** of the economy." *BusinessWeek*, 12.8.96.

In: "Elections in peacetime are always a **referendum** on the economy." *Time*, **2.9.96.**

In: "Within... perhaps five years, a **referendum** on full Chechen independence will be held." *The Economist*, 31.8.96.

In: "There would be no new **referendum** on Quebec's separation from **Canada until** 1999." *Time*, 2.9.96.

In: "Say if there's a **referendum** on a garbage plant, any **community would vote to reject**...". *Time*, 19.8.96.

It: Nel **referendum** dei ferrovieri le schede superano i votanti." *La Repubblica*, **14.3.98.**

Ru: "[Une question a été élevée au] **referendum**...". Boborykin, *En un demi-siècle*, tradução do russo.

refugium peccatorum

Ru: "[Les bourreaux reniés... en somme tout le rebut des armées de l'Europe entière formaient le noyau de ce *corps d'élite*, qui portait légitimement le nom de] **refugium peccatorum**...". Marx, *Réorganisation du département militaire anglais*, tradução do russo.

requiem/réquiem

Fr: "Frank Sinatra, **requiem** pour un crooner." *Le Figaro Magazine*, **23.5.98.**

Fr: "Pierre Bergounioux. 'Le **requiem** des âges'." *Le Figaro*, 13.6.96.

Fr: "**Requiem** pour un chien. Les Bush ont annoncé la mort de leur chienne Millie...". *Le Point*, 2.6.97.

Fr: "Le dossier Vilvoorde. **Requiem** pour l'Europe sociale." *Libération*, **4.3.97.**

Fr: "...as does Benjamin Britten's passionately pacifist *War* ***Requiem*** [1961]". *The Atlantic Monthly*, nov. 1997.

Fr: "Princesse Diana. Messe de **requiem.**" *Le Figaro*, 7.9.97

Fr: "Il avait choisi de terminer son show par l'audition d'extraits du ***Requiem*** de Duruflé." *Le Figaro Magazine*, 7.3.98.

Fr: "Les marchés n'ont pas réagi à ce qui est présenté comme un '**requiem**' pour le réformateur Chubais." *Le Monde*, 22.11.97.

In: "**Requiem** for Diana, Princess of Wales, Royal Albert Hall, 13 Sept 1998." *Daily Telegraph*, 25.7.98.

In: "There is no gunfire in 'An American **Requiem**'." *Herald Tribune*, 22.5.96.

In: "*An American Requiem*. By James Carroll, 279 pages, *Houghton Mifflin*." *Herald Tribune*, 28.6.96.

In: "'**Requiem** for Harlem', by Henry Roth, 291 pages, $24.95, St. Martin's." *Herald Tribune*, 27.3.98.

Po: "**Réquiem** na caixa. Fechada para reformas, a Dr. Smith agoniza." *Veja*, 5.6.96.

Po: "...cantando o *Rap da Bandeira Branca*, espécie de **réquiem** para Daniella Perez". *Veja*, 28.5.97.

Po: "O **réquiem** precoce da moderna música popular." *O Globo*, 25.5.97.

Requiescat in pace!

Fr: "***Requiescat in pace***, 'Qu'il repose en paix!' étaient les paroles qu'on chante aux offices des morts, et qu'on grave souvent sur les pierres tumulaires, parfois en abrégé R.I.P." Stemer, *Faire le point*.

Po: "Foi um exagero colocar o **Requiescat in pace** no túmulo do cachorro, em placa de mármore." Faria, *Reminiscências*.

res, non verba

Fr: "Il nous faut des réalités, non des mots, ***res, non verba***. La situation exige des actes, et non plus des paroles." Stemer, *Faire le point*.

In: "He used '**res, non verba**' as if it was his mantra." *Time*, 2.9.96.

res nullius

Fr: "***Res* nullius**, la 'chose de personne', qui n'appartient à personne, ne devrait jamais être appliqué à la terre." Stemer, *Faire le point*.

In: "Judge Giovanni Bombardieri ruled that until city workmen fish out the money, the coins were '**res nullius**', or 'belonging to no one'." *U.S.A. Today*, 28.5.96.

res publica

Po: "Naqueles anos, em famílias como a minha, o patriotismo, o respeito da ***res publica***, eram correntes." Macedo Soares, *As sentinelas de Deus*.

rictus

Es: "Con el **rictus** rígido, consecuencia, sin duda, de hora y media de sufrimiento...". *El País*, 19.6.96.

Po: "...com aquele sorriso que os últimos acontecimentos já estão transformando num **rictus**...". *Jornal do Brasil*, 9.11.97.

rigor mortis

In: "Is **rigor mortis** a good indicator of the time of death?" *The New York Times*, 16.12.97.

In: "**Rigor mortis** is gradual, usually noticeable 3 to 4 hours after death." *The New York Times*, 16.12.97.

In: "**Rigor mortis**, literally the stiffness of death, comes about because of chemical processes within muscles." *The New York Times*, 16.12.97.

In: "Muscles harden soon after an animal is slaughtered; **rigor mortis** sets in." Morter, *Your Health, Your Choice*.

rostrum

In: "***Rostrum***, 'beak', eventually came to be used metaphorically to refer to a prow or beak of a ship. In 338 B.C. the beaks of ships captured from the people of Antium [now called Anzio] were used to decorate the orator's platform in the Roman Forum." *Merriam-Webster*.

In: "Moments later, Dole was back on the **rostrum**, his health and wit still intact." *U.S. News*, 30.9.96.

In: "...proposals being hurled from the nation's campaign **rostrum** this fall." *U.S. News*, 30.9.96.

In: "Iran. Mr. Nouri's critics took the **rostrum** before the vote to criticise him for allowing public rallies by opposition student groups." *Herald Tribune*, 22.6.98.

In: "Let no-one deny England's players their rollicking fun on the victory **rostrum**." *Daily Mail*, 11.8.98.

sanatorium

In: "Ciano has actually been arrested on orders of the Duce and put into a military prison. The Duce has sent his daughter Edda into a **sanatorium**. That's the best thing he could possibly do." Goebbels, *Diaries*, 4.11.43.

In: "Yeltsin would be held in a **sanatorium** outside Moscow." *The Times*, 16.7.96.

In: "Mr. Yeltsin's choice of a **sanatorium** as his holiday location...". *The Times*, 17.7.96.

In: "Shortly before his inauguration, Yeltsin has taken refuge in a **sanatorium**." *Time*, 5.8.96.

In: "...it tells of one woman who wakes up in a **sanatorium**". *Time*, 5.8.96.

In: "Five years later, after a nervous breakdown and a stay in a Swiss **sanatorium** in Lausanne, T. S. Eliot published *The Waste Land*." *Time*, 8.6.98.

sanctum sanctorum/sancta sanctorum/sancta-sanctorum/sanctum/inner sanctum/ Sancta Sanctorum

Al: Rom übertraf alle. Im Jahr 1905 wurde der Reliquienschatz in der päpstlichen Hauskapelle **Sancta Sanctorum** geöffnet." *Der Spiegel*, 13.7.98.

Es: "Lébed... había dado una orden al general de guardia del Punto de Mando Central (el **sancta sanctorum** de la cadena de mando militar) 'prohibiendo transmitir cualquier disposición de Grachov a las tropas'." *El País*, 19.6.96.

Es: "Su carrera fue meteórica y ascendió hasta... el Comité Central del Partido Comunista, e incluso hasta su '**sancta-sanctorum**' el Politburo entre 1989 y 1990." *ABC*, 11.9.98.

In: "Miss Grieco said, speaking in the inner **sanctum** of one of its holiest places... the Café de Flore...". *Herald Tribune*, 24.4.97.

In: "Pearson jokes that it's easier to visit the U.S. Defense Dept.'s inner **sanctum** than penetrate security at BT Labs." *BusinessWeek*, 23.6.97.

In: "As it turns out, the office is a front for something: it's a front for a tiny partitioned boxroom that is Isaacs's **inner sanctum**." *Sunday Times*, 13.9.98.

In: "The Pope has his **inner sanctum**, a private chapel off his sparsely decorated bedroom." *Time*, 26.1.98.

In: "Luke Harding: 'That I have entrepreneurial skills to the trembling **inner sanctum** of government is without doubt'." *The Guardian*, 8.8.98.

In: "Cloister of the Cistercian nuns. Today, however, there is an unfamiliar hustle and bustle in the inner **sanctum**, for the crowds at the gate are not barbarians but tourists." *Time*, 24.8.98.

Po: "***Sanctum sanctorum*** [era o] equivalente latino do nome que os judeus davam ao lugar mais recôndito do templo, e que se aplica a todo lugar interdito aos profanos." *Koogan-Houaiss*.

satisfecit

Fr: "**Satisfecit** de la bourse de Paris au nouveau marché [titre]." *Les Échos*, 19-6-96.

Fr: "Politique Économique. Le **satisfecit** de la Banque de France [título]." *Le Figaro*, 20.6.97.

Fr: "L'opposition rappelée à l'ordre par M. Chirac. Un **satisfecit** implicite est donné à l'action du gouvernement." *Le Monde*, 16.7.98.

senior/seniority

Fr: "L'avenir est aux **seniors**: bientôt, ils seront 15% de la population." *France-Soir*, 8.9.98.

Fr: "Ma secrète terreur... voir Mme Rezeau *junior* jouer après moi le rôle de Mme. Rezeau **senior**, n'avait aucune raison d'être." Bazin, *La Mort du petit cheval*.

Fr: "*Pleine Vie*. La progression des ventes en kiosque, point noir de la presse '**senior**', reste pourtant éloquente." *Libération*, 21.5.98.

Fr: "**Seniors**: l'or gris. L'explosion du marché des plus de 50 ans." *Le Figaro*, 19.10.98.

In: "Jimmy Connors & Co. May be tenni's answer to golf's **senior** tour." *BusinessWeek*, 17.6.96.

In: "Konrad Swieter, **senior** scholar in residence at the museum's research institute." *BusinessWeek*, 24.6.96.

In: "Gingrich... putting aside the **seniority** rules to install committees...". *Time*, 17.6.96.

In: "This, said a **senior** defense analyst, was a clear rebuke." *Time*, 8.7.96.

In: "Prince Charles's **senior** advisers played a part in the Queen's decision." *Sunday Times*, 14.7.96.

In: "...a **senior** member of the Armed Services Committee". *Herald Tribune*, 1.7.96

In: "Mr. Yeltsin's **senior** political aide, Satarov...". *Herald Tribune*, 8.7.96.

In: "**Senior** military officers are saying in public that U.S. forces will take casualties." *Time*, 4.12.95.

In: "Teachers stopped writing college recommendations for **seniors**...". *Time*, 9.9.96.

In: "**Seniors** Recommend New Retirement Options." *The New York Times*, 1.12.97.

serum/sérum

Fr: "**Sérum** Physiologique, solution nasale et ophtalmique." Gifret Barbezat, 69159, Decines.

In: "...beatings, false imprisonment, executions and the use of truth **serum**". *Newsweek*, 30.9.96.

sic

Fr: "...le mot du code... c'était ***sic***, qui devenait *sicissime* lorsqu'un superlatif était requis". Painter, *Marcel Proust*.

Po: "**Sic**, 'assim', palavra que se pospõe a uma citação, ou que nesta se intercala, entre parênteses ou entre colchetes, para indicar que o texto original é bem assim, por errado ou estranho que pareça." Rónai, *PDBLP*.

Po: "A arte realista, ilusionista [**sic**], havia dissimulado os meios usando a arte para ocultar a arte." Leo Steinberg.

Po: "Se não responder a tempo, diz a carta, seu nome irá perder o lugar na fila [**sic**]." *Jornal do Brasil*, 12.7.97.

similia similibus curantur

Fr: "***Similia similibus curantur***, 'les semblables se guérissent par les semblables' est la maxime suprême de la médecine homéopathique. La médicine classique, en opposition: *contraria contrariis curantur*, c'est-à-dire les contraires se guérissent par les contraires." Stemer, *Faire le point*.

Po: "Como bom homeopata, Ciro invocava o '**similia similibus curantur**' a pretexto de qualquer situação, ou mesmo de pessoas em conflito." Faria, *Reminiscências*.

simulacrum/simulacra

In: "Hanson's **simulacra** — old men sitting on park benches, weary tourists napping in airports — are so much like the real thing...". *Time*, 5.5.97.

sine die

Es: "Richards aparece con un bastón, se desplazan fechas ***sine die***, se anula la gira en el Reino Unido." *Tiempo*, 20.7.98.

Fr: "Si oui, le débat est ouvert. Si non, la conférence n'a pas actuellement d'objet et est remise **sine die**." De Gaulle, *Mémoires d'espoir*.

Fr: "L'augmentation de 1% du prix des cigarettes a été reportée ***sine die***." *Libération*, 5.5.97.

Fr: "Les socialistes ont gagné, et le processus est 'suspendu ***sine die***'." *Marianne*, 15.6.97.

Fr: "Le roi Fouad et le Wafd avaient trouvé une nouvelle occasion de s'opposer, et le vote était reporté ***sine die***." Solé, *Le Tarbouche*.

Po: "'**Sine die**'. Havia planos para federalizar, ainda este ano, o Banco do Estado do Ceará." *O Globo*, 12.7.98.

sine qua non

Fr: "Le respect coûte que coûte de la sécurité était la condition **sine qua non** du projet." *Le Point*, 27.7.96.

Fr: "Ce dernier facteur étant la condition ***sine qua non*** pour faire pièce à l'envahissant *e-mail*...". *Libération*, 16.5.97.

Fr: "L'alphabetisation... la lecture sera la condition ***sine qua non*** de la lutte contre la criminalité, le fanatisme et la surpopulation." Attali, *Dictionnaire du XXIe siècle*.

Fr: "Si être belle est une condition **sine qua non** pour devenir un top model international, cela est insuffisant pour atteindre la dimension d'une Naomi Campbell." *Paris Match*, 30.7.98.

In: "It is quite different for the English to drive us out of the African continent, which is not our living space [*Lebensraum*], than for us to chase the English out of the European continent whose balance of power, as they always claimed, is a *conditio* ***sine qua non*** of English politics. We cantherefore stand a comparison with Dunkirk without having to blush." Goebbels, *Diaries*, 9.5.43.

In: "Mezze voci and messe di voce, in my time, were the ***sine quà non*** of a good singer." Rasponi, *The Last Prima Donnas*.

In: "Dogged determination of successive governments to kick-start the country's economy... the ***sine qua non*** of a modern, service-based economy." *Time*, 1.6.98

societas sceleris

Po: "A Máfia é a ***societas sceleris*** número um." Faria, *Reminiscências*.

solarium

Es: "Terrazas con vistas a la montaña; **solarium** privado, aire acondicionado, piscina y gimnasio...". *El País*, 10.7.96.

Es: "De serie: Terrazas con vistas a la montaña, **solarium** privado, aire acondicionado...". *El País*, 10.7.96.

Fr: Croisières. Les coursives filent vers le **solarium**." *Le Point*, 18.2.95.

In: "The first lady's... sessions in the White House **solarium** seem sad." *Herald Tribune*, 28.6.96.

specimen/spécimen

Fr: "Une jeune laborantine se met à traire la maman éléphante, pour recueillir des **spécimens** de lait dans des centrifugeuses de fortune." *Le Point*, 7.6.97.

In: "Yeltsin's physicians admitted that their patient is a fragile **specimen**." *Newsweek*, 30.9.96.

In: "Léopold Senghor is that rare and always intriguing political **specimen** — the artist-intellectual as political actor." *Herald Tribune*, 10.10.96.

In: "William F. Weld... one of the more exotic **specimens** in the American aviary." *Newsweek*, 30.9.96.

In: "...offers for the Jurassic Period **specimen** drove up the price". *U.S. News*, 26.8.96.

In: "The dinosaur craze will price important **specimens** out of the reach of cash-strapped museums." *U.S. News*, 26.8.96.

In: "On Dec. 1, Queen Elizabeth Hospital sent Lim a **specimen** from a 54-year-old male who had developed a fever and a cough." *Time*, 16.3.97.

spectrum/Spektrum

Al: In diesem **Spektrum** bewegen sich die UFO-Jäger von Nevada...". *Focus*, 8.7.96.

Al: Das emotionale **Spektrum**, auf das die neue Sportgeneration zurückgreifen kann...". *Der Spiegel*, 13.7.98.

In: "Political fortunes swung wildly across the ideological **spectrum** from left to right." *Herald Tribune*, 20.5.96.
In: "What is good for the broadest **spectrum** of working people...". *Herald Tribune*, 10.7.96.
In: "Besides promising a brilliant picture with a broader color **spectrum**...". *Time*, 22.7.96.
In: "Moammar Kadhafi: 'The state of Kurdistan should take its place in the **spectrum** of nations'." *Herald Tribune*, 8.10.96.
In: "Nixon... the suburban children... travel across the political **spectrum** into the GOP." *Newsweek*, 30.9.96.
In: "By operating in the X band of the radio **spectrum**, the radar can use a narrow beam." *BusinessWeek*, 15.7.96.
In: "He suggested thinking of two **spectrums**: economic issues... moral issues." *Time*, 9.9.96.
In: "At one end of the **spectrum** is raw individualism." *Time*, 9.9.96.
In: "Pentagon Plans Trims Across the **Spectrum**." *Herald Tribune*, 30.4.97.

stadium/stadio

Fl: "In dit **stadium** van mijn carrière is het heen leuk om te doen." *Algemeen Dagblad*, 16.6.98.
In: "Advertising is virtually all sports **stadiums**...". *Herald Tribune*, 17.5.96.
In: "Olympics. She was permitted to jump at Adolf Hitler **Stadium** in 1936." *Herald Tribune*, 19.6.96.
In: "Kadhafi's sons were in the **stadium** and bodyguards opened fire." *The Times*, 15.7.96.
In: "...being able to roam about Gaelic football **stadiums**...". *The Times*, 16.7.96.
In: "...fans — in an opposing **stadium** — cheered wildly." *Newsweek*, 15.7.96.
In: "Yankee **Stadium** Fans Get no Rain Check From Roof." *The New York Times*, 19.9.96.
In: "A Chunk of Chicago **Stadium** Floor." *Time*, 4.12.95.
In: "Sarajevo. New red track in Kosevo **Stadium** here." *The New York Times*, 10.9.96.
It: "Fu un concerto memorabile allo **stadio** di San Ciro." *Corriere della Sera*, 9.4.96.

stamina

In: "He doesn't believe that Goering has the **stamina** to assume leadership at home." Goebbels, *Diaries*, 23.4.43.
In: "Gen. Lebed... they are welcome to expand NATO if they have the money and the **stamina**." *Herald Tribune*, 19.6.96.
In: "Yeltsin has the physical and mental **stamina** to keep the high-risk approach going." *Time*, 2.9.96.
In: "Cancer treatment... sapping people of their usual **stamina**." *Herald Tribune*, 3.4.97.
In: "The New Berlin. An Unparalleled Feat Of Logistics and **Stamina**." *Herald Tribune*, 26.6.98.

statu quo/status quo/statu-quo

Es: "Netanyahu ha optado por la peor de las actitudes: renegociar el **statu quo**." *El País*, 10.7.96.
Fr: "De Gaulle: 'Ce sont des histoires d'Arabes! Le Maroc voudrait Tindouf, pour faire tomber la Mauritanie. Notre intérêt est au contraire dans le **statu quo** des frontières, de manière que la Mauritanie tienne le plus longtemps possible'." Peyrefitte, *C'était de Gaulle*.
Fr: "Mais pouvais-je, à l'opposé, imaginer de prolonger le '**statu quo**'? Non!" De Gaulle, *Mémoires d'espoir*.
Fr: "L'Italie, face à l'avenir, se contente du **statu-quo**." *Le Monde*, 11.4.96.
Fr: "Mitterand a defendu jusqu'au bout le **statu-quo** de la division de l'Allemagne." *Libération*, 3.5.96.

In: "Americans Likely to Vote for **Status Quo**." *Herald Tribune*, 2.11.98.
In: "E-business will transform the economy, alter the rules of competition, and shake up the **status quo**." *The New York Times*, 8.12.97.
In: "In the Hungarian Revolution of 1848, Great Britain, formally noninterventionist, in fact welcomed Russia's restoration of the ***status quo***." Kissinger, *Diplomacy*.
In: "The Soviets' interest in preserving the ***status quo*** in Eastern Europe ended with the Eighteenth Party Congress." Kissinger, *Diplomacy*.
In: "Big Blue is shaking up the **status quo**, and now companies may feel more comfortable about relying on freeware." *BusinessWeek*, 29.6.98.
In: "The Israeli Parliament... would enshrine in law a long standing '**status quo**' in which people converted to Judaism would be officially recognized as Jews...". *Herald Tribune*, 2.4.97.
In: "In order to restore the **statu-quo** we put the clock back 100 years." *Herald Tribune*, 19.4.96.
In: "Under the new **status quo** the Karadsic's party stands to prevail...". *Herald Tribune*, 27.7.96.
In: "Dole has presented not a **status quo** promise to resist tax increases." *U.S. News*, 26.8.96.
It: "'Europa: l'impossible **status quo**', con una prefazione di Jacques Delors." *Corriere della Sera*, 9.4.96.
Po: "***Status quo***, *'estado em que* se achava' anteriormente certa questão, é preferível a ***statu quo***." Rónai, *PDBLP*.

status

In: "U.S. intention of renewing Most Favoured Nation trade **status**." *Financial Times*, 19.5.96.
In: "...the god of the mountain's elevation is **status** to Emperor of China". *Herald Tribune*, 31.5.96.
In: "That implies a special Russian **status** in the erstwhile Soviet republics." Henry Kissinger, em *Herald Tribune*, 13.5.96.
In: "U.S. Renews China Trade **Status**." *Herald Tribune*, 2.6.96.
In: "...to maintain France's **status** as the world's top tourist destination". *Herald Tribune*, 26.6.96.
In: "Calvin Klein... while forging a lucrative star **status** at the mall." *Time*, 17.6.96.
In: "Kia Motors Corp., sole 'pioneer **status**' as national-car maker." *BusinessWeek*, 8.7.96.
In: "Beijing craves: permanent most-favored-nation trade **status**." *BusinessWeek*, 19.8.96.
In: "In New York, where **status** and celebrity are measured with flinty precision." *Herald Tribune*, 19.6.96.
Po: "Como o **status** é determinado em grande medida pelo título da pessoa...". *IstoÉ*, 24.4.96.
Po: "A Argentina passa a ter direito ao novo **status** na Otan." *Veja*, 12.11.97.

status quo ante

In: "The U.N. Secretary General says the new situation is better than the **status quo ante** because it was negotiated directly with President Saddam Hussein." *Herald Tribune*, 27.2.98.
In: "According to the traditions of the Vienna system, at this point the Great Powers should have assembled in Congress to restore an approximation of the ***status quo ante***." Kissinger, *Diplomacy*.
In: "The innocuous sounding reference to remove the islands [the Falklands] from the list under Chapter XI ruled out a return to the **status quo ante** the invasion." Thatcher, *The Downing Street Years*.
In: "Because it perceived Germany as a hegemonic threat in Europe, a return to the ***status quo ante*** would do nothing to alleviate the fundamental problem." Kissinger, *Diplomacy*.

stigma/stigmata

In: "And despite the lessening **stigma**, many people...". *Time*, 8.7.96.

In: "He says yes, but when you press him to define **stigma**...". *Time*, 9.9.96.

In: "Victorian **stigma** was still half alive." *Time*, 9.9.96.

stilus/stylus

In: "...the Cross iPen, an electronic **stylus** for use with PCs". *BusinessWeek*, 2.6.97.

In: "...for students to rest their arms while drawing on the screen with the **stylus**". *BusinessWeek*, 2.6.97.

In: "When not using the **stylus**, students can store it, inkwell-style, in two holes...". *BusinessWeek*, 2.6.97.

stimulus(i)

In: "But then, of course, there is no outside **stimulus** here. This is an entirely internal event." *The Times*, 6.5.96.

In: "A significant **stimulus** will be lost within Western culture...". *Herald Tribune*, 19.5.96.

In: "Sweden Sets $2 Billion **Stimulus** Plan." *Herald Tribune*, 12.6.96.

In: "Japan... massive governmental **stimulus** packages...". *Herald Tribune*, 19.6.96.

In: "Public spending — the traditional **stimulus** for growth — will go down, not up." *BusinessWeek*, 10.2.97.

In: "And the economy, which grew only 0.5% in 1996, needs all the **stimulus** it can get." *BusinessWeek*, 7.7.97.

In: "Dollar Gains on Yen As Tokyo's **Stimulus** Dismays Summers." *Herald Tribune*, 13.2.98.

In: "Signs of **Stimulus** by Japan Slow Dollar." *Herald Tribune*, 4.2.98.

In: "An Asian Crisis Simmers, Tokyo Diddles on **Stimulus**." *Herald Tribune*, 11.3.98.

In: "The body just responds normally to all **stimuli** without judging whether or not the time is appropriate to execute the response." Morter, *Your Health, Your Choice*.

In: "Markets are disappointed with Japan's $128 billion **stimulus** plan." *BusinessWeek*, 15.6.98.

stratum/strata

In: "Risks persist in the lower **strata**." *Herald Tribune*, 7.7.96.

In: "A Pianist Who Lays Bare **Strata** Rarely Perceived." *The New York Times*, 16.12.97.

In: "Indonesia's economy has taken a hard fall, and no **stratum** of society has escaped the pain." *Time*, 25.5.98.

In: "Its patent medicine appeal 'cut across social **strata**'." *BusinessWeek*, 27.7.98.

stricto sensu

Fr: "Ne resteraient ainsi que 250 hectares pour le développement portuaire **stricto sensu** et 150 hectares en arrière de cette zone...". *Les Échos*, 19.6.96.

Fr: "...protestation par le jeûne, qui n'est pas une grève de la faim ***stricto sensu***, les sans-papiers risquent...". *Libération*, 7.3.97.

Fr: "La vision politique du film [**stricto sensu** immorale, comme on s'en aperçoit au fur et à mesure]...". *L'Événement du jeudi*, 28.5.97.

Fr: "Enfin nous mentionerons, dans une troisième catégorie, toutes sortes d'ouvrages d'histoire **stricto sensu** et de littérature." Bril, *Petite fantasmagorie du corps*.

Fr: "Éducation. Qu'elle que soit l'âge, elle devra entraîner les mêmes droits et les mêmes avantages que le travail ***stricto sensu***." Attali, *Dictionnaire du XXIe siècle*.

Fr: "Le Céline portugais. Il y reste proche de l'autobiographie **stricto sensu**." *Le Point*, 2.5.98.

Po: "O direito à instrução pública gratuita... incluindo a pós-graduação ***stricto sensu***, é um direito inalienável." *Jornal do Brasil*, 24.11.97.

suburbia

In: "Levittown: the Soul of **Suburbia**." *The Atlantic Monthly*, nov. 1997.

In: "...runs with graceful intelligence against the grain of cinema's long-standing contemp for **suburbia**". *The Atlantic Monthly*, nov. 1997.

sui generis

Es: "La sucesión de pulsaciones... en que se realiza la unidad animal exige y depende de la consciencia y libertad **sui generis** en que se realizan sus células somáticas...". *El País*, 18.6.96.

In: "Japanese politics are **sui generis**. Leaders 'emerge' from negotiations between factions." Thatcher, *The Downing Street Years*.

In: "Within the Turkish state, we are an institution ***sui generis***." *Time*, 5.5.97.

Po: "Seria um acontecimento ***sui generis***." Oliveira, *Flores raras e banalíssimas*.

Po: "O IRB é uma instituição **sui generis**." *O Globo*, 24.8.96.

Po: "O nome ***sui generis*** se devia ao fato dela ter pertencido a um professor de grego aposentado." Soares, *O xangô de Baker Street*.

Po: "Um assombro, espetáculo impressionante, ***sui generis***." Amado, *Os pastores da noite*.

Po: "Chega hoje às bancas a revista ***Sui Generis*** com entrevista de L. P. Conde." *Jornal do Brasil*, 22.5.97.

Po: "O governo chinês tirou da cartola uma solução **sui generis** para driblar os altos índices de desemprego." *O Estado de S. Paulo*, 19.11.97.

Po: "Era tão **sui generis** que nem o seu assistente durante a feitura do 'Finnegan's wake', Samuel Beckett, conseguia por vezes distinguir o que era para ser incluído no romance." *O Globo*, 12.7.97.

summa cum laude

Al: "Schliesslicht ist der Vater Lehrer, die Mutter Anwältin, und der grosse Bruder hat mit **summa cum laude** die Uni hinter sich gebracht." *Die Welt*, 17.6.98.

In: "Jeff Bezos. And this **summa cum laude** graduate of Princeton is smart enough to realize that these paper gains could be here today, gone tomorrow." *Time*, 9.11.98.

In: "Regents diploma... is a little like graduating **summa cum laude**." *The New York Times Magazine*, 9.9.96.

In: "Teresa, the Negro-lover, a ***summa cum laude*** in geography and body play...". Amado, *Dona Flor*, versão inglesa.

In: "He tore through the place — nearly all A's — and finished just shy of **summa cum laude**." *Time*, 5.1.98.

summum

Fr: "...constituent le **summum** de l'art underground londonien". *Paris Match*, 30.4.97.

Fr: "De Gaulle: 'La question de confiance [...] serait-elle le **summum** de la démocratie?'." Peyrefitte, *C'était de Gaulle*.

superavit/superávit

Es: "Nuestra gestión había previsto un **superávit** de siete millones a final de año." *El País*, 19.6.96.

Po: "Balança comercial. **Superavit** em duas semanas foi de US$86 mi." *Folha de S. Paulo*, 18.6.97.

surplus

Fr: "Comment se fait-il que ce **surplus** ait été si mal distribué...?" *Libération*, 7.5.97.

In: "The falling Japanese trade **surplus**." *Financial Times*, 19.5.96.

In: "President Clinton: Hands Off the **Surplus**." *The Washington Post*, 21.7.98.

In: "...a company with a sizeable **surplus** in its pension scheme". *The Times*, 13.7.96.

In: "Chile's 1995 trade **surplus** will slide into deficit this year." *BusinessWeek*, 15.7.96.

In: "Los Angeles extravaganza earned a tidy $250 million **surplus** in 1984." *Time*, 15.7.96.

In: "...decline in Japan's July **surplus**". *BusinessWeek*, 9.9.96.

In: "Brigitte Bardot informed the mayor about... handling **surplus** pidgeons." *Herald Tribune*, 10.10.96.

In: "Japan Posts Sharp Drop In **Surplus**." *Herald Tribune*, 9.8.96.

In: "The yen relentless slide in the wake of a falling **surplus**." *BusinessWeek*, 18.11.96.

In: "Even before... there was an auto capacity glut. Imagine the **surplus** now." *BusinessWeek*, 9.3.98.

In: "Japan... a cumulative current-account **surplus** of more than $1 trillion." *BusinessWeek*, 30.9.96.

In: "Budget **Surplus** Burns a Hole in Lawmakers Pockets." *Herald Tribune*, 4.11.97.

symposium

Fr: "Lors d'un **symposium** réuni à Chengdu, 260 experts ont même conclu que...". *Paris Match*, 17.4.97.

In: "That approach backfired during a **symposium** on the book held in April." *BusinessWeek*, 24.6.96.

In: "From May 1944 to May 1955, ***Symposium***, by Peter Scat." *Herald Tribune*, 19.6.96.

In: "...he even played hooky from a scholarly **symposium** in order to catch a half". *Newsweek*, 7.10.96.

In: "At a **Symposium**, Deep Thoughts and Cheap Thrills." *The New York Times*, 25.9.96.

In: "Dr. DeBakey is scheduled to visit Moscow later this month for a **symposium**." *The New York Times*, 13.9.96.

In: "'I came from the Blues Foundation **symposium** last year'... says Tigrett with a laugh." *Time*, 2.9.96.

In: "The Greeks invented the **symposium**, which literally means a 'drinking party'." Flexner, *The Optimist's Guide to History*.

In: "Bremen Museum. The design center sponsors **symposium** and provides a forum for young designers." *Herald Tribune*, 31.5.98.

In: "Elmau, Germany. Gary Burton has been playing an increasing number of events that mix music with scholarly **symposiums**." *Herald Tribune*, 22.7.98.

tabula rasa

Fl: "Het werde een letterlijk ***tabula rasa***: de productie werd stopgezet, eind 1991 vlogen er zo'n 15.000 werknemers aan de deur." *De Standaard*, 17.6.98.

Fr: "Les citoyens ne rêvent ni de Grand Soir ni d'apocalypse, ni de ***tabula rasa*** ni de cul par-dessus tête." *L'Express*, 1.5.97.

In: "Here the Iron Guard is dealing out terror and provocation and the Soviets are concluding therefrom that they must make ***tabula rasa*** in Rumania." Goebbels, *Diaries*, 5.3.45.

In: "The Japanese are now making ***tabula rasa*** in French Indo-China. They are dismissing the French military commandants and taking control themselves." Goebbels, *Diaries*, 12.3.45.

In: "Yeltsin's Splashing Around. But this was Yeltsin being Yeltsin, wanting a **tabula rasa.**" *Herald Tribune*, 27.3.98.

Po: "Empregada sobretudo na expressão: *fazer **tabula rasa***, isto é, pôr de lado as idéias adquiridas ou as instituições estabelecidas para começar tudo de novo." Rónai, *PDBLP*.

Po: "Muitos há que, inimigos da tradição, fazem ***tabula rasa*** de quanto recebemos das gerações passadas." *Koogan-Houaiss*.

tandem/in tandem

Fr: "Havas lance le **tandem** livre CD-ROM." *Libération*, 19.3.96.

Fr: "La querelle monétaire. Pour le **tandem** franc-mark." *Le Figaro Magazine*, 30.11.96.

Fr: "Un délai qui devrait permettre à l'éventuel **tandem** Chirac-Jospin de trouver un compromis." *L'Express*, 8.5.97.

Fr: "L'urgence, pour l'ancien ministre, c'est de faire échec au **tandem** Jospin-Hue, de réformer l'Etat...". *Le Figaro Magazine*, 24.5.97.

Fr: "Catherine Trautmann doit fonctionner en **tandem** avec François Hollande, premier secrétaire du PS par intérim." *Le Figaro*, 8.6.97.

Fr: "Ne craignez-vous pas que l'on oppose une nouvelle fois le **tandem** Pasqua-Séguin au tandem Chirac-Juppé?" *Le Point*, 7.6.97.

In: "But Churchill turned out to be just as sensitive about being excluded from a Soviet-American dialogue as Truman's advisers had been about giving the impression that Washington and London were acting ***in tandem***." Kissinger, *Diplomacy*.

In: "In the course of the nineteenth century, ***tandem*** came to be used in a general way to describe any arrangement of things or of people one behind another. A ***tandem bicycle*** is also known as a 'bicycle built for two'. A ***tandem airplane*** has two or more sets of wings, one in front of another at the same level." *Merriam-Webster*.

In: "France Telecom. We're working in **tandem** with partners to bring you seamless services worldwide." *BusinessWeek*, 8.4.96.

It: "Il timone ora passa al **tandem** Masala-Gesmundo." *Il Messaggero*, 4.4.96.

It: "... una proposta comune che imagina, al timone di Saxa Rubra, un **tandem** composto da presidente e amministratore delegato". *La Repubblica*, 22.5.97.

Te Deum

Fr: "...viennent de connaître leur apothéose avec la celébration d'un **Te Deum** solennel devant la cathédral Saint-Paul". *Paris Match*, 13.8.98.

Fr: "Un appel à la 'croisade' pour reconquerir les églises gangrenées par la liturgie *'à guitare socialiste'*, puis un *Te Deum* sanctifiant *'la messe de toujours'*...". *Libération*, 3.3.97.

In: "'They attack us with artillery and we pay them back with '**Te Deums**'; they blow us up with mines and we defend ourselves with holy images', cried General Dragomirov." Warner, *The Tide at Sunrise*.

Po: "Poemas de Louvação e Maldição, **Te Deum** e Foguetório...". Amado, *Tieta do agreste*.

Po: "Voltara após o **Te Deum** e os fogos...". Amado, *Tieta do agreste*.

tedium

In: "*The Choice*, by Bob Woodward. The result is usually stale **tedium**." *Time*, 15.7.96.

In: "Books. The result is usually **tedium**." *BusinessWeek*, 15.7.96.

In: "A young man... may be exempted from the risks and **tedium** of soldiering." *Herald Tribune*, 8.7.96.

In: "If you are looking for a tool to ease the **tedium** of getting information from business cards...". *BusinessWeek*, 24.3.97.

In: "The result is a remarkable 137-page account of the **tedium**, trials and travails...". *Time*, 24.3.97.

In: "Americans overworked... as they confront the **tedium** of their lives and jobs." *Time*, 5.5.97.

In: "His sculptures are snapshots of typical blue-collar Americans... as they confront the **tedium** of their lives and jobs." *Time*, 5.5.97.

In: "To the point of **tedium**, Moynahan eagerly recounts every well-worn story of Rasputin's real and rumored sexual exploits." *The New York Times*, 30.11.97.

In: "Tennis. Their game, which once served as a metaphor for **tedium**, is enjoying a spectacular rise in popular appeal and financial clout." *Time*, 6.7.98.

terra firma

In: "Land's End Looks for **Terra Firma**." *BusinessWeek*, 8.7.96.

In: "It's hard to compete with megastore chains such as Barnes & Noble on **terra firma**, so how can they possibly do it in cyberspace?" *BusinessWeek*, 23.9.96.

terra incognita

Fr: "De fait, à la fin du XVIIIe siècle, le Brésil demeurait une **terra incognita**, comme le fera remarquer plus tard Ferdinand Denis." Carelli, *France-Brésil: Bilan pour une relance*.

In: "Italian still life of the late 18th century is almost **terra incognita**." *Herald Tribune*, 19.5.96.

In: "Even... seem to carry us into a region different from our own — to be in a **terra incognita** of pure reasoning...". Walter Bagehot.

tertius/tercius

Po: "Estão falhando as articulações em torno de um ***tercius***." Melo Filho, *Testemunho político*.

Po: "É que Getúlio já estava articulando um ***tercius*** civil. ... E poderia até chegar a um ***tercius*** militar." Melo Filho, *Testemunho político*.

Po: "Esse ***tertius*** tinha seu nome bem definido: Getúlio." Melo Filho, *Testemunho político*.

thesaurus

In: "Movie **Thesaurus**. Reel's Movie **Thesaurus** allows you to pick a film that you liked...". *BusinessWeek*, 24.3.97.

In: "Its multiple narrative voices and extravagant wordplay made *Ulysses* a virtual **thesaurus** of styles for writers wrestling with the problem of rendering contemporary life." *Time*, 8.6.98.

In: "Among his other productions, Robert Estienne compiled the ***Thesaurus** linguae latinae* [1532], acknowledged as the foremost Latin dictionary of the sixteenth century." Green, *Chasing the Sun*.

In: "*American **Thesaurus** of Slang*." Título de publicação de Lester V. Berrey e Melvin Van Den Bark.

In: "*The New Roget's **Thesaurus** of the English Language in Dictionary Form*." 1961.

In: "*Roget's II The New **Thesaurus***." Houghton Mifflin Company, Boston, 1980.

toga

In: "The Waterloo Despatch will post a **toga** party with a prize for the most outrageous/ original costume." Britannia Intercontinental Hotel, Londres, edição da primavera de 1996.

In: "Italians were stunned... when Di Pietro hung up his magistrate's **toga**." *Time*, 21.4.97.

triumvirate

In: "Bob Dole... temporarily parcel out his Senate job to a **triumvirate**." *Herald Tribune*, 17.5.96.

ultima ratio

Po: "Segregação só se deve utilizar em **ultima ratio**, como verdadeira medida de segurança, para os perigosos." Lins e Silva, *Pena de morte*.

ultimatum/ultimato/Ultimatum

Al: "Zorn über ein **Ultimatum** — Mordechai treibt Netanjahu zu Entscheidung." *Die Welt*, 17.6.98.

Es: "El ministro chileno negó ayer haber formulado un **ultimatum** al gobierno argentino con relación al acuerdo de límites." *La Nación*, 14.7.98.

Fr: "...l'**ultimatum** de l'Autriche au Monténégro pour l'évacuation de Scutari avait fait naître des craintes de conflit européen". Painter, *Marcel Proust*.

In: "There will be no more **ultimatums**', Mr. Lebed said at a news conference." *Herald Tribune*, 22.8.96.

In: "A battle... followed an **ultimatum** to the rebels by Russia." *Herald Tribune*, 10.7.96.

In: "Netanyahu, in Cairo. No threats and **ultimatums** were made." *Herald Tribune*, 19.7.96.

In: "...rebuked their commanders in Chechnya for issuing **ultimatums** to the rebels". *Herald Tribune*, 22.8.96.

In: "The State Department then leaked the **ultimatum** to the *New York Times*." *Herald Tribune*, 10.11.96.

In: "Mr. Christopher's abrupt **ultimatum**, delivered in the same drawing room last May." *Herald Tribune*, 10.11.96.

It: "Sarebbe un vero e proprio **ultimatum** quello lanciato della Credit Suisse Holding." *La Stampa*, 10.4.96.

Po: "Lota resolveu radicalizar e mandou um **ultimatum** ao primo." Oliveira, *Flores raras e banalíssimas*.

Po: "Lebed declarou o **ultimato** uma 'piada de mau gosto'." *Veja*, 28.8.96.

Po: "Moscou abandona a política dos **ultimatos**." *Veja*, 28.8.96.

ultra

Fr: "L'**ultra**droite truste les urnes à l'Iran." *Libération*, 19.3.96.

Fr: "Spike Lee... invente le cinéma **ultra**-black." *L'Express*, 8.5.97.

urbi et orbi/urbi et orbe

Es: "Josep Borrel le recordó que... sería bueno que acudiera al Congreso a explicar lo que ya va diciendo '**urbi et orbe**'." *El País*, 19.6.96.

Fr: "Maître Tajan, un développement ***urbi et orbi***." *L'Œil*, 7. 1997.

Fr: " 'Les États-Unis ne croient pas'... a répété **urbi et orbe** Bill Richardson." *Le Point*, 3.5.95.

Fr: "...comme Dunkerque, qui veut profiter de cette tribune médiatique faire savoir, ***urbi et orbe***, qu'elle... une plage!" *Le Point*, 1.7.95.

Po: "***Urbi et orbi***, usada na bênção papal para indicar que se estende a todo universo. Por extensão, publicar uma notícia *urbe et orbi*, isto é, por toda parte." *Koogan-Houaiss*.

Po: "O atual governo... assenta unicamente sobre o Exército e a Marinha — uma vez que, **urbi et orbe**, se sabe não contar ele com o povo." Corrêa do Lago, *Oswaldo Aranha e a Revolução de 1930*.

uti possidetis

Po: "***Uti possidetis***, 'como possuís', é a fórmula diplomática que estatui o direito de um país a um território, baseado na ocupação efetiva e prolongada, e independente de qualquer outro título." Rónai, *PDBLP*.

Po: "Muitos tratados de fronteiras do Brasil se basearam no ***uti possidetis***, consagrando a posse útil, pelo nosso país, de terras ocupadas sem violência." Faria, *Reminiscências*.

vacuum/vacuüm

Fl: "Beleids**vacuüm** Japan verhindert herstel yen." *De Standaard*, 17.6.98.

In: "However, émigré governments must not live too long in a **vacuum**." Goebbels, *Diaries*, 11.5.42.

In: "In many respects today we are moving in a **vacuum** in our conduct of the war." Goebbels, *Diaries*, 27.3.45.

In: "Slovakia's Meciar Fills A Presidential **Vacuum**." *Herald Tribune*, 3.3.98.

In: "Russia is nevertheless haunted by a '**vacuum** of belief since the collapse of Communism'." *Herald Tribune*, 19.6.96.

In: "Yeltsin aides were taking advantage of the power **vacuum**." *The New York Times*, 29.9.96.

In: "Iraq Fills a Power **Vacuum**. Into this power **vacuum** stepped Iran, Iraq and Turkey." *The New York Times*, 4.9.96.

In: "But its density is so low that essentially you're dealing with the physics of a **vacuum**." *Time*, 9.9.96.

In: "The Kremlin Power **Vacuum**." *The New York Times*, 24.9.96.

In: "But gossip abhors a **vacuum**." *Time*, 25.11.96.

In: "In those days, 'electronics' meant sluggish, cumbersome **vacuum** tubes." *Herald Tribune*, 10.12.96.

In: "Instead, the leadership **vacuum** created by Yeltsin's illness has spurred...". *BusinessWeek*, 10.2.97.

In: "Davis and Breidenbach... filled a gaping financial **vacuum**." *BusinessWeek*, 21.4.97.

vade mecum/vade-mecum/vademecum

Fr: "Le **vade mecum** de l'electeur." *Le Figaro*, 23.4.97.

Fr: "Un **vade-mecum** indispensable pour tout détenu potentiel...". *Le Point*, 5.10.96.

Fr: "Ce pourrait être le **vade-mecum** du parfait croisé de la morale...". *Le Point*, 19.4.97.

Fr: "Le **vade mecum** européen de Balladur." *Le Figaro*, 7.3.96.

Fr: "Le ***Vade mecum*** *des francophones* à l'ONU et dans les organisations internationales a été réédité en 1995." État de la Francophonie, La Documentation Française.

Fr: "Pas de doute, le dernier opus du jeune St Aubyn est le **vade mecum** indispensable à tout postulant spectateur aux pique-niques en smoking du festival de Glyndenbourne." *L'Événement du jeudi*, 25.6.97.

Fr: "'L'art de vivre en Provence', un **vade-mecum** élémentaire de la décoration méditerranéenne écrit par Pierre Moulin." *Le Point*, 15.8.98.

In: "Its first edition, at least, can be seen as much as a ***vade mecum*** to the scholarly appreciation of the previous millennium of English literature." Green, *Chasing the Sun*.

In: "Irving agreed that there was much merit in the dictionary... I find it an invaluable ***vade mecum***." Green, *Chasing the Sun*.

It: "Libri. **Vade mecum** per giovani." *La Repubblica*, 5.4.96.

vade retro, Satanas!/vade retro!

Fr: "***Vade retro***! 'Retire-toi, Satan!' sont les paroles de Jésus qu'on trouve dans l'Évangile. On les applique en repoussant quelqu'un dont on rejette les propositions." Stemer, *Faire le point*.

Po: "— E ainda tem coragem de dizer que eu sabia. **Vade retro**!" Amado, *Tieta do agreste*.

Po: "Rodrigo retoma a marcha para a secretária: — **Vade retro**!" Amado, *Farda, fardão, camisola de dormir*.

vae victis!

Al: "Samuelis Baumgarte versus art forum. **Vae victis**!" *Frankfurter Allgemeine Zeitung*, 12.9.98.

Fr: "***Vae victis***, 'Malheur aux vaincus!' sont les paroles adressées par Brennus aux Romains, au moment où il jetait son épée dans la balance dans laquelle on pesait l'or destiné à acheter le départ des Gaulois (Tite-Live V, 48). Elles se rappellent pour faire entendre que le vaincu est à la merci du vainqueur." Stemer, *Faire le point*.

Fr: "Un jour, il a fait venir **Vae Victis**, groupe celtique rencontré à la fête lepéniste des bleus-blancs-rouges." *Libération*, 20.7.98.

veni, vidi, vici

Fr: "***Veni, vidi, vici***, 'je suis venu, j'ai vu, j'ai vaincu', sont les mots célèbres par lesquels César annonça au sénat la rapidité de la victoire qu'il venait de remporter près de Zéla [47] sur Pharnace, roi du Bosphore. Phrase devenue familière, pour exprimer la facilité et la rapidité d'un succès quelconque." Stemer, *Faire le point*.

In: "***Veni, Vidi, Vici***: *Conquer Your Enemies, Impress Your Friends with Everyday Latin*." Título de publicação de E. Ehrlich, Harper Perennial, Nova York.

verbatim

Fr: "***Verbatim*** *I — Chronique des années 81 à 86*", título de publicação de Jacques Attali, Fayard, 1993; "**Verbatim** II" e "**Verbatim** III", do mesmo autor.

In: "'**Verbatim**', DataLifePlus, Multi-Vitesse Disquette, Compact Disc Recordable, **Verbatim** Corporation, Made in Singapore."

In: "My article about air-raid areas has attracted great attention at home and abroad. Without any pressure on my part it was reprinted **verbatim** in the western and north-western provinces of the Reich." Goebbels, *Diaries*, 26.4.43.

In: "I'll answer that question by quoting, **verbatim**, the first paragraph...". *Herald Tribune*, 2.6.96.

In: "Jetliner Plot. The interview with Mr. Shah was not taped or taken down **verbatim**." *Herald Tribune*, 9.8.96.

verbi gratia

Po: "Estudei toda a obra de Camillo e poderia citar, **verbi gratia**, os volumes de memórias, os romances e o seu primeiro livro de poesias." Faria, *Reminiscências*.

veredictum/veredicto

Es: "Kluivert no acudió a escuchar el **veredicto**." *El País*, 15.5.96.

versus

Es: "En biología, 'la reinvención'... el ojo de un pulpo **versus** el ojo humano — se llama convergencia." *El País*, 10.7.96.

Fr: "Le premier sketch — Gena Rowlands **versus** Wynona Ryder — restera comme un morceau d'anthologie...". *Le Nouvel Observateur*, 11.6.97.

In: "False polarity... 'traditional **versus** modern'." *The New York Times*, 29.9.96.

In: "Hard Calculus: Nazi Gold **versus** Swiss Banks' Secrets." *The New York Times*, 21.9.96.

In: "'We point out their records **versus** what our record is', says a top Clinton adviser." *U.S. News*, 30.9.96.

In: "It is this culture clash of colonial arrogance **versus** Chinese business realpolitik that has been concluded in the 1990's." *The Times*, 10.5.96.

In: "Tony Blair: 'No more bosses **versus** workers'." *Time*, 14.10.96.
In: "Deep Blue demolished... Kasparov and won the six-game, man-**versus**-machine chess match." *Herald Tribune*, 12.5.97.
Po: "Autoridade ***versus*** autoridade, de um lado o guarda-noturno...". Amado, *Tenda dos milagres*.

vertigo

In: "You may get **vertigo** looking at 'sky-scrapers' by Judith Dupré." *The New York Times*, 26.9.96.
In: "The sound, even from the top tiers, [called Attic and Paradise], is impressive. So is the **vertigo**." *Time*, 15.6.98.
In: "Imax man. People are flocking to see a movie that gives them **vertigo**." *Forbes*, 1.6.98.

veto

Al: An dem fusionierten Unternehmen sicherte sich die Regierung ein **Veto**-Recht." *Der Spiegel*, 14.9.98.
Fr: "Les républicains ont reproché au président démocrate d'avoir opposé son **veto** à deux de leurs précédents projets...". *Les Échos*, 25.7.96.
Fr: "...le **veto** de la Grèce à la signature d'une union douanière entre la Turquie et l'Europe". *Le Point*, 1.4.95.
In: "Yet Kenneth Clarke and Michael Heseltine have a **veto** power on Government policy." *The Times*, 6.5.96.
In: "NATO. 'There is no question of a **veto** in this form'." *Time*, 17.6.96.
In: "The U.S. decision to **veto** the re-election of Mr. Boutros Ghali...". *Herald Tribune*, 23.6.96.
In: "The president issued what Republicans called his 'stealth **veto**'...". *Herald Tribune*, 20.5.96.
In: "**Veto** Is Sustained on Abortion Ban." *The New York Times*, 27.9.96.
In: "Trial lawyers will reap from President Clinton's **veto** of tort reforms." *The New York Times Magazine*, 8.9.96.
In: "Line-Item **Veto** Gets Quick Review." *Herald Tribune*, 24.4.97.

via

Fr: "Une réforme en faveur des familles modestes ou nombreuses **via** le système de la décote." *Les Échos*, 26.7.96.
Fr: "...envoya le docteur Proust en Perse, ***via*** Saint-Pétersbourg...". Painter, *Marcel Proust*.
Fr: "...le réseau d'autobus desservant désormais en direct, ***via*** un viaduct et un tunnel...". *Le Monde*, 7.5.97.
Fr: "Elle a permis de remonter jusqu'aux Libyens, **via** son fabricant, à Taiwan...". *L'Express*, 8.5.97.
In: "Eurostar... linking London to Paris and Brussels **via** the Channel Tunnel." *Herald Tribune*, 22.5.96.
In: "Reach the summit **via** the World's Daily Newspapers." *BusinessWeek*, 27.5.96.
In: "The idea is to deliver an anticancer substance **via** a virus that has been modified...". *BusinessWeek*, 26.5.97.
In: "Wolf and his family fled Nazy Germany **via** France for the Soviet Union in 1934." *BusinessWeek*, 9.6.97.
In: "Jews' gradual integration into Prussian society came **via** a series of invitations to participate in the German economy." *BusinessWeek*, 15.6.98.

via crucis/via-crucis

Es: "...concluido el *via crucis* de la depresión de los noventa...". *El País*, 15.5.96.

It: **Via crucis** nell'afa, ma al mare, c'è chi sta peggio." *Corriere della Sera*, 11.8.98.

Po: "Durante anos... andei de editor em editor, numa *via crucis*...". Amado, *Tenda dos milagres*.

Po: "Anulação de casamento. Nem todos os processos são tão claros, mas o caminho das pedras não é exatamente uma **via-crucis**." *Veja*, 11.6.97.

Po: "Recomeçou a **via crucis** do governo na Câmara." *Jornal do Brasil*, 6.11.97.

Po: "A via crucis dos casais que se submetem às técnicas de fertilização." *Jornal do Brasil*, 15.11.98.

vice versa/vice-versa

Fr: "Les bras et les jambes ne pouvaient subsister sans l'estomac et *vice versa*." Brunel, *Guide de relaxation*.

In: "The ERM. In fact, a rate that is right today can be wrong tomorrow and **vice versa**." Thatcher, *The Downing Street Years*.

In: "A success in a concert hall can mean very little in an opera house, and **vice-versa**." Rasponi, *The Last Prima Donnas*.

virago

Fr: "...fallait-il être amoureuse, **virago**, mondaine ou sainte?". *Le Point*, 1.4.95.

virus [diminuto agente infeccioso; por extensão, *virus* informático]/**viruses**

Es: "Loklear se queja de esta proliferación del **virus** Amanda." *El País*, 1.6.96.

Fr: "Le CMV, un **virus** à risque pendant la grossesse." *Libération*, 3.5.96.

Fr: "La variole. Il faut détruire le **virus**." *Le Nouvel Observateur*, 7.2.96.

In: "There are some 15,000 computer **viruses** in the world, Chang estimates, and each day, five or six new ones are born." *BusinessWeek*, 29.6.98.

In: "Chang has made Trend one of the world's top makers of **antivirus** software." *BusinessWeek*, 29.6.98.

In: "The Millennium **Virus**. Computers Need Cure for Year 2000." *Herald Tribune*, 8.4.97.

In: "Monkey **virus** is not a danger." *Herald Tribune*, 30.4.96.

In: "Some **viruses** just cause inane messages." *BusinessWeek*, 22.7.96.

In: "Multidrug therapy... beating back the deadly **virus**." *Time*, 8.7.96.

In: "Some mysteries about one of the wiliest **viruses** known." *Herald Tribune*, 8.7.96.

In: "HIV, the **virus** that causes AIDS...". *Herald Tribune*, 8.7.96.

In: "He found that a DNA-based Aids vaccine 'stopped the **virus** completely'." *BusinessWeek*, 24.6.96.

In: "Michael Jackson **virus**. Floods to system with bad tunes." *BusinessWeek*, 11.11.96.

In: "IBM Goes After **Viruses**." *The New York Times*, 1.12.97.

It: "**Virus** e batteri, portatori tra altro di polmonite, infezione gastrointestinali, tuberculosi." *Corriere della Sera*, 7.4.96.

It: "Gajdusek ha scoperto il '**virus** a effetto ritardato' che attaca il cervello." *Corriere della Sera*, 6.4.96.

visa

In: "The criminals also do a brisk business in forged **visas**, drugs, liquor and cigarettes." *Herald Tribune*, 2.5.96.

In: "Hong-Kong. Mr. Patten is expected to press the **visa** issue Tuesday." *Herald Tribune*, 9.7.96.

In: "...donation to thank Clinton for granting Lee a U.S. **visa**". *BusinessWeek*, 11.11.96.

viz

In: "Other linguistic elements that cannot be classed as words, **viz**, prefixes and suffixes... are entered in their alphabetical places." *The Oxford Universal Dictionary*.

vox populi, vox Dei/vox populi

Fr: "***Vox populi, vox Dei***, 'voix du peuple, voix de Dieu', est l'adage suivant lequel on établit la vérité d'un fait, la justice d'une chose, sur l'opinion du plus grand nombre." Stemer, *Faire le point*

Fr: "...ce mari soupçonné du meurtre de sa femme par la **vox populi** ne se borne pas à son statut de victime". *Le Figaro TV Magazine*, 25.5.97.

Fr: "La Constitution iranienne impose de concilier *vox Dei* et ***vox populi***. C'est la chance de Mohammed Khatami." *Le Figaro Magazine*, 27.9.97.

Fr: "L'O.M. La ***vox populi*** en a fait le porte-drapeau de l'identité marseillaise." *Le Figaro Magazine*, 14.2.98.

Fr: "Le génie du peuple se voit d'abord dans son chant: Polin, Mistinguett, Chevalier, Trenet, Piaf, entre rire et larmes, sont ***vox populi*** plus immédiatement que Berlioz et Corneille." *Le Point*, 1.8.98.

In: "But I never confused the leader page of the *Guardian* with **vox populi**." Thatcher, *The Downing Street Years*.

In: "The **vox populi**: 'It'll break into total mayhem'." *The New York Times*, 11.1.98.

Po: "— É o que dizem, é a voz do povo. ***Vox populi, vox Dei***." Amado, *Tenda dos milagres*.

4

Do italiano

Para não sobrecarregar o texto com transcrições em cirílico, as citações dos autores russos aparecem traduzidas para o francês ou inglês e situadas entre colchetes. As palavras em italiano no texto estão em **negrito**.

As palavras italianas nos textos das demais línguas estão também em **negrito**, romano ou itálico, segundo os originais.

Diante de cada citação, figura uma indicação abreviada da língua: *Al* (alemão), *Es* (espanhol), *Fl* (flamengo), *Fr* (francês), *In* (inglês), *Ne* (neerlandês), *Po* (português), *Ru* (russo).

adagio

Fr: "Un Rohan-Chabot ne pourra se passer de lui pour accompagner d'un **adagio** mélodieux son acte de contrition." *Le Point*, 1.7.95.

In: "***Adagio*** is a little slower than *andante*...". Funk, *Word Origins*.

In: "Linda Cáceres and Bellamy suggest purity and poetry in an **adagio** smoothly danced...". *The New York Times*, 5.12.97.

Ru: "J'avais même l'intention d'appeler la partie I de 'Schéhérazade' *Prélude*, la partie II: *Ballade*, et la partie III: ***Adagio***." Korsakov, *Œuvre sur ma vie musicale*, tradução do russo.

aggiornamento

Fr: "De Gaulle: 'Jean XXIII a lancé cette grande affaire de l'***aggiornamento***. Ce n'était pas si simple. Il fallait beaucoup d'estomac, ou beaucoup d'innocence'." Peyrefitte, *C'était de Gaulle*.

Fr: "...le candidat victorieux de 'la France unie', dont l'***aggiornamento*** idéologique l'a conduit a parler rocardien en économie...". *Libération*, 15.5.97.

Fr: "La gauche française, elle, n'a pas fait son **aggiornamento**." *L'Express*, 8.5.97.

Fr: "Les socialistes cherchent désormais leur Tony Blair, celui qui réaliserait un véritable ***aggiornamento***." *Le Figaro Magazine*, 24.5.97.

Fr: "Schröder... prône un **aggiornamento** du programme SDP et ne rate jamais une occasion de marquer sa différence." *Le Point*, 7.6.97.

Fr: "Le Fisc et les VVR. Edmond Maire est cependant favorable à un **aggiornamento**." *Le Point*, 1.7.95.

Fr: "Un **aggiornamento** auquel le PS français se refuse." *Le Figaro Magazine*, 7.3.98.

Po: "Não podem compactuar com essa deletéria forma de ***aggiornamento***." *O Globo*, 11.1.97.

Po: "F. H. Cardoso: 'O problema não é ser de esquerda, direita, liberal, social-democrata ou conservador. É ser atrasado. Tem de haver um ***aggiornamento***'." *Veja*, 10.9.97.

al dente

Fr: "...une pâte... a aussi toutes les chances de franchir le cap de l'***al dente***." *Libération*, 29.4.97.

Fr: "Jeter les nids de fettucine dans l'eau... Cuire **al dente**...". *Le Figaro*, 8.6.97.

Fr: "*Le Sens de la formule*, un polar **al dente**." *Le Figaro Magazine*, 14.2.98.

al fresco/al-fresco

In: "The cast regrouped in a park... and finished the performance **al fresco**...". *Time*, 14.4.97.

In: "Architecture.... a big zinc table and chairs and a brick barbecue provide for **al-fresco** eating with rooftop views." *The Times Magazine*, 1.8.98.

In: "The chance came suddenly to sing Butterfly in the summer in a local **al fresco** performance." Rasponi, *The Last Prima Donnas*.

In: "Despite the size of the **al fresco** auditorium it was impossible to find a seat." Rasponi, *The Last Prima Donnas*.

al sugo

Po: "Cicciolina recompensou seu herói com uma noite de amor **al sugo**." *Veja*, 11.6.97.

allegro

Es: "Abordó el ***allegro*** con una brillantez casi excessiva, mientras nos dio una visión perfecta del original *minuetto* para recuperar, luego, la tónica fulgurante." *El País*, 18.6.96.

Fr: "J'avais commencé 'pianissimo', ensuite '**allegro**'...". Brunel, *Guide de relaxation*.

Fr: "Kun Woo Paik: **Allegro** virtuoso. Il vient de Séoul, a travaillé le piano à New York... et vit en France." *Le Nouvel Observateur*, 24.7.96.

alto

Fr: "Le quatuor à cordes [deux violons, un **alto**, un violoncelle] fut d'abord la musique du pauvre." *Le Point*, 10.5.97.

Fr: "...examinera la dissymétrie dynamique fondamentale de l'**alto** et de la clarinette". *Libération*, 16.5.97.

In: "Mr. Dole, the gravelly basso profundo... and Mr. Clinton, with his musky-dusky **alto**." *Herald Tribune*, 8.10.96.

andante

Fr: "Je saurais, ce jour-là, qu'il s'agissait de l'**andante** de la sonate dite 'au clair de lune'." Bianciotti, *Ce que la nuit raconte au jour*.

In: "*Adagio* is a little slower than ***andante***...". Funk, *Word Origins*.

antipasto/antipasti

Fr: "**Antipasti**, pâtes fraîches ou sèches...". *L'Express*, 8.5.97.

In: "...featuring a selection of **antipasti** and a variety of Italian delicacies." Britannia Intercontinental Hotel, edição da primavera de 1996.

Po: "Os '**antipasti**' são a abertura de qualquer refeição peninsular...". *O Globo*, 25.5.97.

Po: "Uma verdadeira refeição à italiana começa com os ***antipasti***." *O Globo*, 25.5.97.

aria

In: "All hell would break loose after this **aria**." Rasponi, *The Last Prima Donnas*.

In: "The effect of this **aria** was stunning." Rasponi, *The Last Prima Donnas*.

ballerina(o)

Fr: "Alicia Alonso, l'ancienne **ballerina** qui règne en diva sur tout ce qui danse à Cuba." *Paris Match*, 17.4.97.

In: "...which ran past on tiptoe like a frenzied **ballerina**." *Financial Times*, 19.5.96.

In: "'Maria Tallchief: America's Prima **Ballerina**." Título de publicação de Maria Tallchief, com co-autoria de Larry Kaplan.

In: "...candid shots of President Bill Clinton watching **ballerinas** at a dance performance". *Herald Tribune*, 27.11.96.

In: "Degas. 'Blue Dancers' shows young **ballerinas** arranging their attire and hair." *Herald Tribune*, 9.6.96.

In: "...group headed by the great **ballerina** Maya Plisetskaya...". *Herald Tribune*, 11.4.97.

In: "'He tries to keep all of his **ballerinas** on the stage, but of course, he has a favourite and that is Darci'." *Herald Tribune*, 30.4.97.

In: "...an illusionist transforms an opera singer into a **ballerina**...". *Time*, 12.5.97.

In: "I even was able to stand on my toes, giving the illusion that I was a **ballerina**. Rasponi, *The Last Prima Donnas*.

In: "Gisella Caccialanza, U.S. **Ballerina**, Dies." *Elle*, 20.7.98.

Po: "Valéria, 11 anos, irmã do aspirante a primo **ballerino** Jorginho." *Veja*, 24.12.97.

barcarola/barcarolle

Fr: "Pas tout le monde sait que **barcarola** est le chant du *barcarolo*, gondolier." Stemer, *Faire le point*.

In: "...one of the best known **barcarolles** occurs in Hoffenbach's 'Tales of Hoffman'". Funk, *Word Origins*.

baritono/Bariton/baritone

Al: "Derweil warb als Escamillo **Bariton** Luis Ledesma aus Mexiko um die Zuneigung der iberischen Titelheldin in erst kürzlich erlerntem Amerikanisch." *Die Zeit*, 17.6.98.

In: "As a sugary, slow-talking **baritone** announced...". *Herald Tribune*, 20.5.96.

In: "Yeltsin's normally booming **baritone** was reduced to a rasp." *Herald Tribune*, 8.7.96.

In: "Glen, who sings in a high **baritone** with a pleasant vibrato...". *Sunday Times*, 14.7.96.

In: "Broadway standards by the **baritone** Samuel Ramey." *Sunday Times*, 14.7.96.

In: "If the young **baritono** Natale DeCarolis did not always...". *The Times*, 17.7.96.

barocco/baroque

In: "Only the renowned **Baroque** landmarks." *Herald Tribune*, 23.3.96.

In: ": The Muziektheater is sold out... whether it is for **baroque**, traditional or modern opera." *Herald Tribune*, 19.6.96.

basso/Bass

Al: "Wie es nun anno 1990, Maria Leyer, Sopran... Karl Fäth, **Bass**." *Die Welt*, 17.6.98.

In: "Flora Roberts speaks in a gravely **basso**, somewhere between Tallulah Bankhead and Harvey Fierstein." *Herald Tribune*, 10.6.98.

basso profondo

In: "Mr. Dole, the gravely **basso profondo**... and Mr. Clinton with his musky-dusky alto." *Herald Tribune*, 8.10.96.

In: " *Volcano*. This monster, writhing undead in its coffin, has a personality. It even growls, **basso profondo**." *Time*, 2.6.97.

basta!

Fr: "Ça suffit! **Basta**!" Gertrude Stein.

Fr: "Les séparatistes... font pression, estimant que les caprices du 'vieil emmerdeur' ont assez duré. **Basta**!" *L'Express*, 29.5.97.

Fr: "Terrine de légumes, pressé de maquereaux... Ajoutez une salada et **basta**!" *Libération*, 20.7.98.

Fr: "Beauté. Dans les années 70, on se tartinait de crèmes, et ***basta***!" *Vogue*, ago. 1998.

In: "Why don't all the singers get organized, refuse to open their mouths, and say ***basta***?" Rasponi, *The Last Prima Donnas*.

In: "'But now, ***basta*** about myself', she said with finality." Rasponi, *The Last Prima Donnas*.

bel canto

Fr: "Mais le cas de ce Ray Charles du **bel canto** n'est pas isolé." *Paris Match*, 30.4.97.

Fr: "Le ***bel canto*** ne consiste en rien d'autre qu'à traiter la voix comme une matière de grand prix, lui trouvant les résonances qui la flattent...". *Le Point*, 1.8.98.

Fr: "Sa voix de ténor lui permet de chanter le **bel canto**, des airs du folklore italien." *Paris Match*, 30.4.97.

Fr: "Andrea Bocelli fait grimper le **bel canto** au sommet des hit-parades." *Paris Match*, 30.4.97.

Fr: "Toulouse. Avec ses violettes, ses boutiques et ses cafés branchés, la capitale du **bel canto** est celle de la douceur de vivre." *Madame Figaro*, 1.8.98.

Fr: "L'emploi de castrats y suppléa largement et, pour les besoins du ***bel canto***, les XVIIe et XVIIIe siècles italiens...". Bril, *Petite fantasmagorie du corps*.

In: "Unlike those who take the **bel canto** roles of Mozart, Cherubini, Rossini...". Rasponi, *The Last Prima Donnas*.

In: "In **bel canto** operas such as La Vestale... she was seemingly peerless." Rasponi, *The Last Prima Donnas*.

In: "The cast was fabulous, for the tenor Giuseppe Anselmi was **bel canto** personified." Rasponi, *The Last Prima Donnas*.

In: "Maria Callas nearly single-handedly revived **bel canto** and, in performances like her 1956 Met debut in Norma drew passionate admirers with her unmatched intensity." *Time*, 8.6.98.

Po: "Homenagem à paixão de Mario Simonsen pelo ***bel canto***." *O Globo*, 23.2.97.

Ru: "[...les primadonnas et les premiers solistes... étaient de bons chanteurs de l'école italienne, cultivant essentiellement le] ***bel canto***." Davidov, *Du passé*, tradução do russo.

Ru: "[Donc, l'art du chant n'est ni plus ni moins que la brillance du] ***bel canto***." Chaliapin, *Le Masque et l'âme* I, II, 20, tradução do russo.

belvedere/Belvedere

Al: "...hat man nicht auch die Götter und Musen des **Belvedere** in Potsdam nach Fotos neu erarbeitet und das Figuren-Programm des Zeughauses?". *Der Spiegel*, 13.7.98.

braggadocio

In: "The world's six richest countries after the U.S. had arrived at the Denver economic summit only to find themselves exposed to humiliation and **braggadocio** in equal measure." *Time*, 4.8.97.

bravo/bravissimo!

Fr: "De Gaulle: 'Nous aurions payé nos bombes pour qu'elles soient placées sous commandement américain! Et la presse aurait crié: '**Bravo**!'." Peyrefitte, *C'était de Gaulle*.

Fr: "Théâtre. **Bravo** pour cette soirée subtile et roborative." *Le Point*, 10.9.94.

Fr: "Franz-Olivier Giesbert: **Bravo** l'artiste!" *Madame Figaro*, 9.5.98.

In: "'In a modern economy, the rôle of the State has to shrink'. **Bravo**! Dominique Strauss-Kahn has an exceptionally delicate task." *BusinessWeek*, 4.8.97.

In: "Maria Callas. Last week she was collecting more **bravos**." *Time*, inverno de 1996.
In: "**Bravo**! Word that Pascal Duquenne and Daniel Auteuil would share...". *Time*, 3.6.96.

bravura

In: "Music review. It is a work that both demands and makes full, vibrant use of a **bravura** technique like his." *The New York Times*, 5.12.97.
In: "Bill Clinton gave a **bravura** performance yesterday as he promised to testify fully over his alleged affair with Monica Lewinsky." *Daily Mail*, 1.8.98.
In: "Fashion. Contrast all that oh-so-simple stuff with Valentino's **bravura** collection." *Herald Tribune*, 16.3.98.
In: "Recognizing a directing career of big risks and **bravura** moments, the Film Society of Lincoln Center honored Martin Scorcese with a gala tribute." *Herald Tribune*, 6.5.98.
In: "Bremen Museum. With a smart new design center... this former Hanseatic capital is making a **bravura** bid to emerge from the cultural backwater in which it has long seemed stranded." *Herald Tribune*, 31.5.98.
In: "But Mugler's **bravura**, mixed with very fine workmanship is beguiling." *Herald Tribune*, 24.7.98.

brio

Fr: "On en faisait un personnage de second plan, chef du gouvernement par accident, manquant de **brio**, peut-être d'envergure." *Le Point*, 1.8.98.
Fr: "Sa langue acérée et son **brio** comme pianiste étaient...". Painter, *Marcel Proust*.
Fr: "...il y a, à côté du **brio** conscient et concerté, le génie inconscient...". Painter, *Marcel Proust*.
Fr: "...toujours avec vaillance et bravoure à défaut de **brio**, les hippodromes...". *Aujourd'hui*, 13.4.97.
Fr: "Harry Connick touchait à tout avec une élégance désinvolte et un **brio** confondant." *Le Point*, 12.11.94.
Fr: "Sa succession, il l'a assurée avec **brio**, traversant la crise sans trop de dommages...". *Le Point*, 20.5.95.
Fr: "...demeura sept heures à bavarder, avec un **brio** aussi surprenant que fatigant." Painter, *Marcel Proust*.
Fr: "Scharping n'a ni le côté faux 'bon gros' de Kohl... ni le **brio** dilettante d'Oskar Lafontaine." *Le Point*, 19.9.94.
Fr: "Jacques Delors a pratiqué cet exercice avec **brio**." *Le Point*, 10.9.94.
Fr: "...des conditions draconiennes, à savoir... passer avec **brio** devant la commission d'inspection, et obtenir, enfin, la mention du jury". *Le Point*, 27.7.96.
Fr: "De ces servitudes, Vitoux ne fait qu'une bouchée, avec le **brio** d'un lauréat au Concours général." *Le Point*, 24.9.94.
Fr: "...l'une de ces improvisations truffées de formules dont le **brio** masquait le creux". Giroud, *Le Bon Plaisir*.
In: "Cinema. Traumatic revelations managed with comic **brio**." *Time*, 27.5.96.
In: "Two shows celebrate the **brio**, wit and power of... Giambattista Tiepolo." *Time*, 3.2.97.
In: "Investing with **brio** in Rio." *BusinessWeek*, 4.8.97.
In: "We need his improvisatory dash and **brio**." *The New York Times Book Review*.

caffè latte

In: "...chatting over **caffè latte** at Café Mona Lisa on Bleecker Street". *Herald Tribune*, 23.6.96.

Camorra

Fr: "Longtemps considérée comme la ville du choléra et de la **Camorra**, Naples est aujourd'hui en pleine rénovation." *Le Point*, 15.8.98.

Fr: "Un chômage qui alimente les rangs de la **Camorra**." *Le Point*, 15.8.98.

Fr: "Plus de 90 femmes sont accusées d'appartenir à plein titre aux trois mafias italiennes: Cosa Nostra, **Camorra** et N'drangheta." *Le Point*, 15.8.98.

In: "The **Camorra** is far from finished, so the mayor has to be protected round the clock." *The Times Magazine*, 12.9.98.

cantata

In: "*Our President*, a **cantata** commissioned for the occasion...". *Time*, 5.8.96.

In: "He also 'knows how to sing'... and his **cantata** about a 'new left' is in the best tradition of the Italian political imagination." *Time*, 21.4.97.

In: "I made my New York debut at Carnegie Hall, to considerable acclaim, in this **cantata**." Rasponi, *The Last Prima Donnas*.

capo

Po: "...encontros amorosos do **capo** comunista Palmiro Togliatti". *Veja*, 3.7.96.

cappo dei cappi

Po: "...aviso transmitido ao Senado pelo ***cappo dei cappi*** Alan Greenspan, presidente do Fed". *O Globo*, 27.7.97.

cappuccino/Cappucino

Al: "**Cappuccino** ist der Renner bei löslichen Kaffee. Junge Leute bevorzugen innovative Spezialsorten." *Die Welt*, 17.6.98.

Fr: "Nescafé. Préparation instantanée pour **cappuccino**." Rótulo de produto da Nestlé da França.

Fr: "Même concept pour **Cappuccino**, de Nestlé, où l'on trouve dans le même sachet...". *Le Point*, 30.12.94.

In: "Lachmayer described the conception over a **cappuccino**." *Newsweek*, 15.7.96.

In: "This new gadget does not have a good attachment for **cappuccinos**." *The New York Times*, 26.11.97.

Po: "Para começar, um exótico **capuccino** de funghi... servido numa xícara de **capuccino** com chantilly e canela." *Veja*, 3.6.98.

caricatura/caricature/karikaturen

In: "The exhibition... including **caricatures**, posters and a survey...". *Herald Tribune*, 2.6.96.

In: "Logan's Phyllis comes the closest to **caricature**." *Newsweek*, 30.9.96.

In: "The technique lends her paintings a **caricature** chiaroscuro and old-master mottling...". *Newsweek*, 30.9.96.

Ne: "Kupka... hij tekende politieke **karikaturen**". Het Paleis, Haia.

carpaccio

Fr: "...tant d'enthousiasme pour un repas qui a commencé par un simple **carpaccio** suivi d'un traditionnel plat de pâtes...". *Le Figaro Magazine*, 31.5.97.

Fr: "...sa terrine chaude de queue de bœuf flanquée de son **carpaccio** aux noisettes". *Le Point*, 27.6.96.

Fr: "Bons **carpaccio**. Je vous appelle dès mon retour." Giroud, *Le Bon Plaisir*.

In: "...a fine restaurant trafficking in nouvelle risottos and salmon **carpaccio**...". *Time*, 23.12.97.

In: "I part company with him on his now classic **carpaccio** de langoustines, though I defend his right to serve this courageous **carpaccio** of one of my favorite shellfish." *Herald Tribune*, 24.7.98.

Po: "Dical Braconnot eliminou saladas e **carpaccios** para introduzir pratos de inverno da França e da Suíça." *Veja*, 25.6.97.

cello

In: "...big game hunting, Bach **cello** concertos...". *The Times*, 18.7.96.

In: "A solo cell, a quartet of **cellos** and an unspecified number of other cellos in two parts combined in Uninterrupted Movement." *The Times*, 8.5.96.

In: "Yo-Yo Ma... lugging his **cello** and dressed in formal attire...". *Time*, 16.3.98.

In: "Ma... inspired by Bach's six *Suites for Unaccompanied Cello*." *Time*, 16.3.98.

In: "Sanchez credits Miuccia Prada for breaking the strong beat on most runways when she used a **cello** piece for last July's menswear show." *Herald Tribune*, 13.3.98.

In: "He cut classes regularly, drank beer and left his **cello** out in the rain at music camp." *Time*, 16.3.98.

chiaroscuro

In: "The technique lends her paintings a caricature **charoscuro** and old-master mottling...". *Newsweek*, 30.9.96.

In: "Leonardo da Vinci... is often called the first modern among painters by reason of his distinguished use of ***chiaroscuro***." Funk, *Word Origins*.

In: "**Chiaroscuro**, a relic of Expressionism, is demoted to an affected 'grisaille' which is imposed on the cameraman." Dorfles, *Kitsch, the World of Bad Taste*.

Po: "...compara o uso da cor e das sombras... às telas do pintor italiano Caravaggio, do século XVII, mestre do ***chiaroscuro***". *O Globo*, 30.5.97.

chi lo sa?

Po: "**Chi lo sa**? Eu não sei de nada." Faria, *Reminiscências*.

ciao!/Tchau

Fr: "'On a mis le logo et **ciao**!', lance-t-il dans un style BD." *Le Point*, 9.8.97.

In: "William Stiritz and Ralston Purina. **Ciao**, dog chow?" *BusinessWeek*, 9.6.97.

In: "**CIAO**, MAO!" *Forbes Global*, em *Herald Tribune*, 9.3.98.

Po: "Bom, já vou indo. **Tchauzinho**. — **Tchau** ; — **Tchau**." Oliveira, *Flores raras e banalíssimas*.

cicerone

Fr: "Cantona, nourrirrait-il les mêmes convoitises... que son ex-**cicerone** Bernard Tapie?" *L'Événement du jeudi*, 28.5.97.

Po: "Um dia você se orgulhará de... ter sido sua **cicerone**." Amado, *Tieta do agreste*.

Po: "— Quando o capitão aparecer na Bahia vou lhe servir de **cicerone**." Amado, *Tereza Batista cansada de guerra*.

cognoscenti/cognoscente

In: "Some of the details raised in Westland continued to fascinate the **cognoscenti**, but they were a small and shrinking band." Thatcher, *The Downing Street Years*.

In: "The certaint of authenticity seems to have galvanized the **cognoscenti**." *Newsweek*, 15.7.91.

In: "Works of the Dutch-born artist are praised to the high heaven by the **cognoscenti**." *Herald Tribune*, 12.5.96.

In: "The anachronistic allusion to Ray Charles's future rock hit will ticke the **cognoscenti**." *Time*, 16.6.97.

In: "Many political **cognoscente** in Beijing believe that Mr. Jiang promoted his prime minister-to-be as a 'Mr. No' who can execute politically unpopular decisions while Mr. Jiang remains above the fray." *Herald Tribune*, 21.9.97.

In: "Busiest new-book buzz among the **cognoscenti** will be about Mary Karr's 'Viper Rum' poems." *The New York Times*, 28.12.97.

combinazione

Fr: "Les '**combinazione**' d'Alfonso d'Amato." *Le Figaro*, 7.3.86.

Fr: "Enracinées dans la culture insulaire, les ***combinazione*** politiques ne sont pas seulement une facette du folklore électorale...". *Le Point*, 10.5.97.

commedia dell'arte

Fr: "...un univers burlesque, une ***commedia dell'arte*** exubérante et joviale". *Le Figaro Magazine*, 27.7.97.

In: "In fifteenth-century France, the sense of farse was extended to 'impromptu buffoonery interpolated by actors into the text of religious plays'. Such farces included elements of clowning, acrobatics, reversal of social roles, and indecency. The farce developed into a dramatic genre and spread quickly, in time developing into the **commedia dell'arte** in Italy." *Merriam-Webster*.

In: "...it tells its **commedia dell'arte** tale of farcical metamorphoses". *Sunday Times*, 14.7.96.

concerto

Fr: "'L'Effrontée' est un **concerto** pour piano un peu grêle, aérien, bouleversant." *Le Nouvel Observateur*, 11.6.97.

In: "...big game hunting, Bach cello **concertos**...". *The Times*, 18.7.96.

In: "As much a tone poem as a tuba **concerto**, it evokes a procession." *The Times*, 6.5.96.

In: "...his recent symphonies and Strathclyde **Concertos**". *Sunday Times*, 14.7.96.

condottiere

Fr: "André Suarès. Le **condottiere** oublié." *Le Nouvel Observateur*, 12.8.98.

Fr: "Nicola Trussardi, le '**condottiere**' de la mode italienne." *Le Figaro Magazine*, 29.8.98.

confetti

Fr: "De Gaulle [sourit]: 'Ce sont des **confettis** du passé. Dans les îles, nous aurions pu rester'." Peyrefitte, *C'était de Gaulle*.

In: "How wrong the Anglo-Americans were about the situation in Italy can be seen from the fact that, in New York, telephone books were already being torn up for use as **confetti** to celebrate victory". Goebbles, *Diaries*, 16.9.43.

In: "At the... celebration, the **confetti** had hardly hit the ground before a Disney confetti-picker...". *Herald Tribune*, 8.7.95.

In: "Hongkong. La rétrocession du **confetti**, c'est aussi une fabuleuse revanche pour les Chinois." *Le Point*, 27.7.96.

In: "Ballet. ...all smiles, tulle and sparkles, out of their **confetti** storm." *The New York Times*, 17.12.97

consigliere

Fr: "Jack Lang, transformé en '***consigliere***', pense trouver la somme auprès de la municipalité milanaise." *L'Express*, 29.5.97.

In: "He had these huge bodyguards on either side, and this ***consigliere*** bending over to whisper in his ear." *Time*, 2.6.97.

In: "Harold Ickes is a second-generation presidential ***consigliere*** — his father was FDR's trusted Interior Secretary." *Newsweek*, 2.9.96.

In: "Steve Ballmer, the CEO of Microsoft and his [Bill Gates] longtime cheerleader, confidant and ***consigliere***." *Newsweek*, 3.8.98.

contralto

Fr: "...la *Deuxième* de Mahler... avec la **contralto** française extraordinaire Nathalie Stutzman...". *Libération*, 12.6.97.

Fr: "Ils pourront donc retrouver cette **contralto** d'exception qu'est Nathalie Stutzman...". *Libération*, 12.6.97.

In: "Actually, such assignments as Quickly in *Falstaff*... belong to the **contralto** range." Rasponi, *The Last Prima Donnas*.

In: "Gluck's Orfee is another rôle that should be sung by a **contralto**." Rasponi, *The Last Prima Donnas*.

In: "He asked me to learn Brahms' Alto Rhapsody in 48 hours, since the **contralto** he had engaged was ill." Rasponi, *The Last Prima Donnas*.

Cosa Nostra

Fr: "...pièces comptables... fort utiles pour prouver les liens entre certains employés du marché et **Cosa Nostra**." *Le Point*, 1.4.95.

Fr: "...les derniers repentis ont révélé que l'état-major de **Cosa Nostra** a proscrit le rituel baiser entre hommes d'honneur... Motif: trop voyant". *Le Point*, 25.2.95.

Fr: "Au-delà de l'aspect folklorique, **Cosa Nostra** choisit donc d'adopter un profil bas pour se faire oublier." *Le Point*, 25.2.95.

Fr: "Pour... et marquer le succès de la lutte contre **Cosa Nostra**, la sœur du magistrat, Maria Falcone, a voulu organiser...". *Jeune Afrique*, 10.6.97.

Fr: "La mafia américaine a de nombreux liens avec la **Cosa Nostra** sicilienne." *Le Point*, 18.2.95.

Fr: "Dans la capitale de **Cosa Nostra**, Ninetta, femme du parrain Toto Riina, et Pippo, édile anti-mafieux... ne se font pas la guerre." *Le Nouvel Observateur*, 24.7.96.

Fr: "Plus de 90 femmes sont accusées d'appartenir à plein titre aux trois mafias italiennes: **Cosa Nostra**, Camorra et N'drangheta." *Le Point*, 15.8.98.

Fr: "Bien que **Cosa Nostra** refuse encore aux femmes l'affiliation formelle à 'l'honorable société' à travers le rituel de la goutte de sang versée sur une image sainte, les femmes siciliennes ne se limitent plus au rôle de compagnes fidèles et dévouées." *Le Point*, 15.8.98.

Fr: "Une sorte de structure politico-administrative liée à **Cosa Nostra** composée d'un ex-maire de Palerme et de trois députés régionaux." *Le Nouvel Observateur*, 12.8.98.

In: "Salvatore Riina... took over the Sicilian **Cosa Nostra** in the 1980s." *Herald Tribune*, 26.8.96.

In: "Democrats gave us not only a baloon drop and a confetti-drop but a treacle drip of **Cosa Nostra**." *Time*, 9.9.96.

credenza

In: "On February 22 I got a call on the secure phone that mostly gathered dust on the **credenza** behind my desk." Catto, *Ambassadors at Large*.

crescendo/crescendoing

Fr: "Christian Loubotin a eu carte blanche pour lui dessiner plusieurs paires de chaussures. Elles vont **crescendo**: de la simple mule jaune et vert au modèle avec un drapeau peint." *Elle*, 15.6.98.

Fr: "Johnny Hallyday. Mégalomanie en **crescendo**." *Le Monde*, 7.9.98.

In: "The Fuehrer experiences with his generals have embittered him beyond measure. He even becomes unfair and condemns decent officers as well *en masse*. One must therefore soft-pedal rather than resort to a *crescendo*." Goebbels, *Diaries*, 9.3.43.

In: "Fashion. A crashing **crescendo** as they hit ground." *Herald Tribune*, 9.7.96.

In: "Music... the **crescendoing** call-and-response riff patterns...". *Time*, 15.7.96.

In: "GM's bitter battle with VW... is reaching a **crescendo**." *BusinessWeek*, 25.11.96.

In: "The fanatical cheering of his team's supporters reached a **crescendo** when Dorsey escaped the clutches of Windless...". *The Times*, 6.5.96.

In: "...the fallen Berlin Wall unleashed a **crescendo** of classical music...". *Time*, 7.10.96.

In: "Shooting grew to a **crescendo**, then quickly died away." *Herald Tribune*, 24.4.97.

In: "Light, liquid violin passages swelled in symphonic **crescendos**...". *Herald Tribune*, 8.5.97.

In: "...detailed negotiations about EMU and adoption of Europe's single currency, the euro, reached a **crescendo**". *BusinessWeek*, 26.5.97.

In: "Unlike the Wagnerian dramas, which develop slowly, *Fanciulla* is a **crescendo** of passions that can easily carry an emotional soprano right off balance." Rasponi, *The Last Prima Donnas*.

In: "How to create a crescendo? I absolutely tremble at the decrescendo, **crescendo**, and then decrescendo again in 'Pace, pace'...". Rasponi, *The Last Prima Donnas*.

In: "IMF. Building To An Economic **Crescendo**." *BusinessWeek*, 15.6.98.

dilettante

Fr: "...un mondain oisif et un **dilettante** en littérature." Painter, *Marcel Proust*.

Fr: "Et très loin d'avoir été un **dilettante** ou un esthète...". Painter, *Marcel Proust*.

Fr: "Scharping n'a ni le côté faux 'bon gros' de Kohl... ni le brio **dilettante** d'Oskar Lafontaine." *Le Point*, 10.9.94.

Fr: "Louis Chedid: Le **dilettante** engagé." *Le Nouvel Observateur*, 11.6.97.

In: "Writers are neither **dilettantes** writing a genteel pastime...". *Sunday Times*, 14.7.96.

In: "Will a board of '**dilettantes**' continue to let the troubled company slide into oblivion?" *BusinessWeek*, 17.2.97.

In: "Green Party leader smirked that Waigel's financial shenanigans were in the Italianate spirit of a *Avanti* ***dilettanti***, meaning 'Onward, dilettantes!'." *Time*, 16.6.97.

In: "So cooking schools on both sides of the Atlantic are recruiting business people instead of **dilettantes**." *BusinessWeek*, 16.3.98.

diva

Fr: "Sur la scène européenne, les **divas** monopolisent l'attention." *Le Monde*, 11.4.96.

Fr: "Angela Gheorghiu. Une **diva** est née!" *Le Monde*, 12.4.96.

Fr: "Alicia Alonso... ballerina qui règne en **diva** sur tout ce qui danse à Cuba." *Paris Match*, 17.4.97.

Fr: "Pour atténuer la déception... la **diva** le nomme soliste à 18 ans." *Paris Match*, 17.4.97.

Fr: "Callas. La presse à sensation se repaît de la toute neuve héroïne de *café society*, enfin **diva**." *Le Point*, 9.8.97.

Fr: "June Anderson, **diva** et top model." *Le Figaro*, 25.4.96.

In: "Pilar Lorengar, Leading **Diva**, Dies." *Herald Tribune*, 4.6.96.

In: "**Divas** and Druids in 'Norma'." *Herald Tribune*, 12.6.96.

In: "Overbearing, **diva**-esque chefs... are the talk of restaurant owners." *The New York Times*, 4.9.96.

In: "Pop: What became of club **diva** Cathy Dennis?" *The Times*, 16.7.96.

In: "**Diva** Yoko Ono performing in Central Park, accompanied by Sean Lennon and his band IMA." *Herald Tribune*, 9.7.96.

In: "Viva the **Divas**!" *Time*, 12.8.96.

In: "In every country, in any language, *la **diva***." *Time*, 12.8.96.

In: "Broadway hits... are taking their rightful place in the repertoire of **divas**." *Sunday Times*, 14.7.96.

In: "**Divas** can climb much higher." *Time*, 12.8.96.

In: "Madonna. The pop **diva** didn't want to spend much time away from her 2-month-old daughter." *Herald Tribune*, 6.12.96.

dolce far niente

Po: "Scheidt planeja um merecido período de **dolce far niente**." *IstoÉ*, 14.8.96.

Po: "Itamar Franco. Um **dolce far niente**." *Veja*, 6.11.96.

Po: "**Dolce far niente**. O ex-primeiro-ministro italiano Bettino Craxi fugiu para o exílio — e que exílio!" *Veja*, 5.11.97.

Po: "A turma que adora um **dolce far niente** está de olho no cargo de embaixador na OEA." *Veja*, 2.4.97.

Po: "Quanto a vantagens práticas... a do ***dolce far niente*** na legação, que deixa todo o tempo livre...". M. de Azeredo a Machado de Assis, 23.12.1895.

Po: "O ***dolce far niente*** de Juarez, apadrinhado do deputado Fernando Gonçalves, do PTB, custa R$5 mil aos cofres da Petrobrás." *Jornal do Brasil*, 12.7.97.

Ru: "[...le] ***dolce far niente*** [n'est rien d'autre qu'une source de méditation]." Pissarev, *Nous verrons!*, tradução do russo.

Ru: ":[...comme si l'amour ressemblait au] ***dolce far niente*** [des italiens...]". Herzen, *Lettre à N. A. Zacharina*, 3.4.1837, tradução do russo.

dolce vita

In: "...a smoth, sophisticated line that evoked ***la dolce vita***". *Time*, 7.10.96.

In: "The word paparazzi was formed from Signore Paparazzo, a sidewalk photographer in Federico Fellini's 1960 'La **Dolce Vita**'." *Herald Tribune*, 4.9.97.

In: "...so that the signature silhouette of Dior's **Dolce Vita** or Hermes's orange-tree bottle created a walkway of herbaceous sentinels". *Herald Tribune*, 3.6.97.

In: "After dinner his niece Allegra sat at our feet and played with Lourdes while he talked about la ***dolce vita***." *Time*, 28.7.97.

Fr: "'Bel Paese', '**Dolce Vita**': les clichés ont la vie dure." *Le Monde*, 11.4.96.

Fr: "Angelo Bardi, habituado à la **dolce vita**...". Amado, *Tieta do agreste*.

Fr: "Le Prince Albert: **Dolce vita** à Saint-Tropez." *Paris Match*, 6.8.98.

Fr: "Après un premier film ***dolce vita*** plein d'allant sur les garçons en vespa, Valério Zurlini...". *Libération*, 29.4.97.

Fr: "Alors que le Festival... entre mondanités, diplomatie et ***dolce vita***...". *Le Point*, 3.5.95.

Fr: "...furent les prestataires de service d'une **dolce vita** hollywoodienne assez sombre". *Libération*, 15.5.97.

Fr: "L'escale monégasque résiste aux sirènes de la ***dolce vita***." *Le Figaro Magazine*, 27.6.97.

Fr: "La **dolce vita** sur deux roues. Le scooter se décline à l'infini." *L'Événement du jeudi*, 11.6.97.

Fr: "Tony Blair: **Dolce vita** en famille." *Paris Match*, 13.8.98.

Po: "Angelo Bardi, habituado à la **dolce vita**...". Amado, *Tieta do agreste*.

duetto/duet

In: "The two great Norma-Adalgisa **duets** came off as the musical-dramatical highlights." *Herald Tribune*, 12.6.96.

In: "...including a set of postmortem **duets** with the also deceased Jim Reeves". *Time*, 19.8.96.

In: "The musical catchphrase of their **duet**...". *Sunday Times*, 14.7.96.

In: "*Solitude* is a lovely **duet** for basses." *Time*, 15.7.96.

In: "But the drama is really driven by a series of **duets**...". *Herald Tribune*, 21.5.97.

duo

Fr: "Le **duo** franco-britannique remporte le contrat du missile de croisière." *Les Échos*, 20.7.96.

Fr: "Ce **duo** parisien, composé de Thomas Bangalter et de Guy Manuel...". *Paris Match*, 30.4.97.

Fr: "Les majors du disque qui voyaient dans ce **duo** de tripatouilleurs électroniques...". *Paris Match*, 30.4.97.

Fr: "**Duo** virtuel est l'enregistrement musical crée à partir du mixage de deux enregistrements indépendants et autonomes." Otman, *Les Mots de la cyberculture*.

Fr: "Belmondo-Delon. Dans 'Borsalino', leur premier **duo** cinématographique." *Paris Match*, 15.5.97.

Fr: "L'équilibre chiraquien repose sur ce **duo** exceptionnel...". *Libération*, 9.5.97.

Fr: "Chabaud et Goss en **duo** sous l'équateur." *Libération*, 4.3.97.

Fr: "Un **duo** d'une grave légèreté." *Le Point*, 10.9.94.

Fr: "C'est reparti! Deuxième **duo** d'amour pour Di et Dodi." *Paris Match*, 24.8.97.

Fr: "Face au député se présente un **duo** intéressant, composé de Strauss-Kahn et de J-P. Huchon." *Le Figaro Magazine*, 21.2.98.

In: "The **duo** was to board a bus and roll through Missouri...". *BusinessWeek*, 9.9.96.

In: "Ex-Fisons **duo** plans to board Scholl." *Financial Times*, 19.5.96.

In: "An Unlikely **Duo** Takes On Namibia. Black U.S. Executive and Michael Jackson Target a Market." *Herald Tribune*, 8.7.98.

In: "...Tim being the right-handed partner of the **duo**". *The Times*, 6.5.96.

In: "Power **Duo**: Apple clonemaker... has two big guns." *BusinessWeek*, 21.4.97.

Po: "Frejat encerra a apresentação de hoje fazendo **duo** com Moska no rock *Vontade*." *O Globo*, 22.5.97.

espresso

In: "Old-Fashioned **Espresso**. Carmencita Lavazza is easy to use and makes three cups of **espresso**-style coffee." *The New York Times*, 26.11.97.

In: "Yet, Monsanto has but one café, where the chief sport seems to be the terrific **espresso** while watching tourists scrape their fenders on the narrow stone walls...". *Herald Tribune*, 19.6.98.

extravaganza

In: "This year it has grown into a 16-week **extravaganza** that began on March 30, with Hillary Clinton." *Time*, 13.5.96.

In: "Forget the catwalk **extravaganza**!" *Financial Times*, 19.5.96.

In: "Do not miss the scrumptious Easter **Extravaganza** brunch on Sunday." Britannia Intercontinental Hotel, edição da primavera de 1996.

In: "The Edimburgh Festival, an annual **extravaganza** of music, drama...". *Herald Tribune*, 27.6.96.

In: "The Tatoo, an **extravaganza** of massed pipe and drum music...". *Herald Tribune*, 27.6.96.

In: "MGM: Latest Twist in Hollywood **Extravaganza**, Famed Studio Is Sold for $1.3 Billion." *Herald Tribune*, 18.7.96.

In: "He is putting an Olympic **extravaganza** at Atlanta." *Herald Tribune*, 9.7.96.

In: "The musical has become a big **extravaganza**." *Sunday Times*, 14.7.96.

In: "The Los Angeles **extravaganza** earned a tidy $250 million surplus in 1984." *Time*, 15.7.96.

In: "India's Supreme Court has imposed a strict code on a three-day **extravaganza** starting Thursday by the Greek-born musician Yanni." *Herald Tribune*, 18.3.97.

In: "Anyone turning in to see Thierry Mugler will see an **extravaganza** that competes...". *Time*, 24.3.97.

In: "Known for his huge outdoor **extravaganzas** — incorporating music, video... Jarre...". *Time*, 31.3.97.

In: "It was Virtua Fighter, a martial arts **extravaganza**, that made Suzuki's reputation." *Time*, 14.4.97.

In: "Kassel Documenta.... the 10th anniversary show and the last **extravaganza** of the century, with a budget of 20 million Deutsche marks." *Herald Tribune*, 29.6.97.

In: "'Titanic', the 3-hour-12 minute **extravaganza** was nr. 1 at the box office in its first week-end." *The New York Times*, 21.12.97.

In: "Fashion. ...and presented a 90-minute **extravaganza** in nine parts." *Time*, 7.10.96.

In: "Religion. The trend's high point occurred in 1978, when the Roman Catholic Church allowed a five-day **extravaganza** during which more than two dozen scientists... performed a battery of tests." *Time*, 20.4.98.

falsetto

Fr: "Jack Owens... style saisissant fait de ralentissements et de ***falsettos*** soudains." *Libération*, 29.4.97.

In: "Yet he speaks with boyish enthusiasm, his voice rising to a near-**falsetto** as he makes a point." *Time*, 28.4.97.

In: "He can barely hear, and when he speaks, it is in a thin **falsetto**." *Herald Tribune*, 26.10.97.

In: "He sang in **falsetto** — well camouflaged, but **falsetto** nevertheless." Rasponi, *The Last Prima Donnas*.

farniente

Fr: "**Farniente** sous le soleil." *Le Figaro*, mar. 1996.

Fr: "Doux **farniente** sur l'île de Groix." *Le Figaro Magazine*, 14.8.98.

Fr: "Cultiver le **farniente** en Tunisie." *Le Figaro*, 11.4.96.

Fr: "Madère, le **farniente** en lettres anglaises." *Le Figaro*, 4.6.97.

Fr: "C'est ici un pays ravissant et tiède, qui nous parle de **farniente** et de peau cuivrée." *Le Figaro Magazine*, 27.6.97.

Fr: "Un bateau, aux justes proportions, construit pour le **farniente**. *Le Figaro Magazine*, 7.3.98.

Fr: "Le temps du **farniente**. Couleurs zen, tissus bayadères... et des matelas pour vivre au ras du sol. *Elle*, 15.6.98.

Fr: "**Farniente** et no fax... C'est le scénario du divorce idéal...". *Elle*, 27.7.98.

fettucine

Fr: "Jetter les nids de **fettucine** dans l'eau et ajouter deux cuillerées d'huile d'olive...". *Le Figaro*, 8.6.97.

Fr: "Egoutter les **fettucine**, les verser immédiatement dans le saladier... et servir aussitôt." *Le Figaro*, 8.6.97.

Po: "O **fettucine** com hortelã e pesto de castanha de caju é temperado com manjericão...". *O Globo*, 25.5.97.

fiasco/Fiasco/F.I.A.S.C.O.

Al: "Ein Broker packt aus: Frank Partnoy, '**F.I.A.S.C.O**.' Ueberreuter Wirtschaft." *Der Spiegel*, 14.9.98.

Es: "...el presidente del Gobierno español calificó como 'pequeño **fiasco**' el programa...". *El País*, 19.6.96.

Es: "Esa política 'no ha funcionado', según el presidente del Gobierno español, quien calificó como 'pequeño **fiasco**' el programa europeo Media." *El País*, 19.6.96.

Fl: "Die geste werde hem niet in dank afgenomen, zoals bleek tijdens het pausbezoek in 1985 dat een **fiasco** werd." *Algemeen Dagblad*, 16.6.98.

Fr: "De Gaulle: 'La seule chose positive que les dirigeants algériens puissent mettre à leur bilan, c'est la coopération avec la France. Tout le reste est un **fiasco**'." Peyrefitte, *C'était de Gaulle*.

Fr: "...et ce *fiasco* fut la dernière menace sérieuse à la cause du dreyfusisme". Painter, *Marcel Proust*.

Fr: "...tenter de sauver le Conseil de Florence... d'un **fiasco** provoqué par la crise de la 'vache folle'". *Les Échos*, 19.6.96.

Fr: "Atlanta. Pour la Grande-Bretagne, l'Allemagne et la Chine, c'est le podium du **fiasco**." *Le Figaro Magazine*, 3.8.96.

Fr: "Pourtant, le **fiasco** ne s'arrêtera pas là." *Le Point*, 1.4.95.

Fr: "Résumé d'un **fiasco** virtuel en cinq actes." *Le Figaro Magazine*, 3.5.97.

Fr: "...le **fiasco** des mercenaires engagés au Zaïre dans l'espoir de stopper l'avance des rebelles." *Le Monde*, 5.5.97.

In: "Bohle tells me of the **fiasco** of the Hesse mission to Stockholm. Hesse was definitely a Ribbentrop man." Goebbels, *Diaries*, 31.3.45.

In: "Once again the Luftwaffe can register the **fiasco** of its constructional and operational policy." Goebbels, *Diaries*, 4.4.45.

In: "Land Mine **Fiasco**." *The Washington Post*, 21.5.96.

In: "Kohl: A **Fiasco** for Germany." *BusinessWeek*, 25.8.97.

In: "Monju officials caused a public relations **fiasco** by bungling an attempt to cover up the accident." *Time*, 19.8.96.

In: "Gulf War. Avoiding another Agent Orange **fiasco** was an explicit objective of the Pentagon." *Newsweek*, 30.9.96.

In: "U.S. Justice Reopen Bank **Fiasco** With S&L Ruling." *Herald Tribune*, 2.7.96.

In: "The Russian president political **fiasco** has finally become clear to everyone." *Time*, 14.9.98.

Po: "Pitta. Uns temiam um **fiasco** em função de sua cor." *Veja*, 4.9.96.

Po: "A greve geral terminou num **fiasco**." *Veja*, 3.7.96.

finale/Finale

Al: "...Tennisspielerin, spielt sich locker ins Wimbledon-**Finale**". *Focus*, 8.7.96.

Fr: "Proust termine son curieux amalgame... par un admirable *finale*." Painter, *Marcel Proust*.

Fr: "...les pronostics ne concernant plus que le score ou la durée de la **finale**". *Le Figaro Magazine*, 24.5.97.

Fr: "Coupe du Monde. Yves Saint Laurent en **finale**. Trois cents mannequins envahiront le Stade de France pour célébrer l'élégance." *Elle*, 15.6.98.

In: "He could have adopted a more urgent attitude in the **finale**." *The Times*, 18.7.96.

In: "A Farewell to Atlanta: **Finales** to Stir the Soul." *Time*, 12.8.96.

In: "The rousing **finale** may have hidden a number of ills,...". *The Times*, 6.5.96.

In: "For Milosevic, **Finale** in Sight?" *Herald Tribune*, 2.12.96.

In: "At the **finale** of the world première of the musical adaptation...". *The New Yorker*, 20.1.97.

In: "The **finale** of Stephane Rolland's show for Jean-Louis Scherer was rich and dramatic." *Herald Tribune*, 21.7.98.

In: "For the moment, the **finale** of 'Roseanne'... consumes her." *Herald Tribune*, 18.4.97.

In: "'Seinfeld' **Finale** Ads." *Herald Tribune*, 12.2.98.

In: "The bells run amok in an entertaining **finale**." *The New York Times*, 5.12.97.

forte

In: "Making shrewd use of capital is Bollenbach's **forte**." *Time*, 8.7.96.

In: "Reichmann's **forte** as a property développer was the contrarian masterstroke." *BusinessWeek*, 20.1.97.

In: "That's Chad's **forte**. With just a flick of a phrase, he can devastate his boss." *Time*, 27.10.97.

In: "His **forte** is not corporate finance or corporate management." *BusinessWeek*, 9.2.98.

In: "Ludwig Fabri: 'Every good **forte is** based on a piano tone'." Rasponi, *The Last Prima Donnas*.

In: "If you sing **forte** a lot, there comes a point when a pianissimo becomes impossible to obtain." Rasponi, *The Last Prima Donnas*.

In: "Trade. His **forte**: finding failing companies and then helping to turn them around." *BusinessWeek*, 30.3.98.

In: "The industry is fast moving from voice lines, Alcatel's **forte**, to speedy data nets." *BusinessWeek*, 12.10.98.

fresco(oes)

In: "He cites as an example a deliberately unfinished **fresco**." *Herald Tribune*, 21.5.96.

In: "...in Umbria, new life for a Renaissance Master's **frescoes**." *The New York Times*, 21.9.96.

In: "The Vatican's renovation of its **frescoes** had been wholly vindicated." *The Times*, 11.5.96.

In: "Radiant with color... painted **frescoes** and mosaics...". *Time*, 5.5.97.

In: "**Frescoes** shone from every wall, and costly mosaics of glass...". *Time*, 5.5.97.

In: "Her black hair is brushed back like a sibyl's in a **fresco** by Michelangelo." Rasponi, *The Last Prima Donnas*.

In: "It is very much like a painter gifted at executing miniatures whose ambition is to do large **frescoes**." Rasponi, *The Last Prima Donnas*.

In: "Pope John Paul II Man of the Year by Richard Selesnick and Nicholas Khan, **fresco**, 45.7 x 35.5 cm." *Time*, 2.1.95.

In: "Musée Jacquemart-André Restores Tiepolo **Frescoes**." *Herald Tribune*, 19.8.98.

In: "The works — one central **fresco** and two side panels — depict spectators on balconies viewing Henri III arrival in Venice." *Herald Tribune*, 19.8.98.

fuga/fugue

In: "Pre-Mozart examples of quartet preludes and **fugues**." *The Times*, 18.7.96.

In: "I'd like to write... a **fugue** using cancrizans and inverted themes." *The Times*, 18.7.96.

In: "...augmented themes and diminished themes and mirror-**fugues**...". *The Times*, 18.7.96.

funghi

Po: "O problema será resolver o prato: risoto de **funghi** no ponto...?". *O Globo*, 30.5.97.

furore/Furore

Al: "Sein Stück wurde mehrfach im Ausland, ohne **Furore** zu machen, aufgeführt." *Der Spiegel*, 14.9.98.

Al: "Mit einen neuartigen Staubsauger sorgte der Brite Dyson in seiner Heimat für **Furore**." *Der Spiegel*, 14.9.98.

In: "An Following Prince Harry's abseiling **furore**, there are unpublished photos taken of Prince William in bathing trunks a year ago." *Daily Telegraph*, 14.8.98.

galleria/gallerie

In: "A growing number of artist's studios and **galleries** are giving even this area a new lease on life." *BusinessWeek*, 24.6.96.

gesso

In: "The first step in each case was to cover the original face with **gesso**, thus acquiring a base on which to paint." *Herald Tribune*, 6.11.98.

ghetto/gueto

Fr: "Marseille n'est pas New York. Ici, le **ghetto** n'a pas de culture. Donc il ne produit rien." *Le Figaro Magazine*, 14.2.98.

Fr: "'The Glass Shield', un film stylé et hors **ghetto** du cinéaste noir." *Libération*, 3.5.96.

Fr: "Cette rue là était presque considérée comme un **ghetto**." *Paris Match*, 17.4.97.

Fr: "Le phénomène de **ghetto** a nourri le vote FN." *Le Point*, 25.5.96.

Fr: "...le sport est la seule possibilité pour échapper au **ghetto**". *Paris Match*, 30.4.97.

Fr: "Du **ghetto** de Cracovie au massacre de Sharon Tate, l'artiste a eu... sa part de souffrance." *Le Point*, 1.4.95.

Fr: "Alsace, le **ghetto** turc." *Le Point*, 17.5.97.

In: "La Guardia has inflicted himself upon the Italian people with a speech. This Italian from the New York **Ghetto** seems to judge all Europe from the point of view of an American gangster." Goebbels, *Diaries*, 27.4.43.

In: "The fight in the Warsaw **Ghetto** have largely petered out. I received a secret report on the mysterious question how the Jews got hold of the large supplies of arms with which they defended themselves." Goebbels, *Diaries*, 10.5.43.

In: "African Americans were escaping from the **ghetto** to create a vibrant middle class." *Time*, 17.6.96.

In: "...me address at the **ghetto** was sufficient reason to reject a job applicant." *Time*, 17.6.96.

In: "Ethyopian jews... and ahead loomed urban **ghettos**". *The New York Times*, 9.9.96.

In: "Most adults in many inner-city **ghetto** neighborhoods are not working...". *The New York Times*, 29.9.96.

In: "Americans are held back by... '**ghetto**-related behavior and attitudes'." *The New York Times*, 29.9.96.

In: "Dublin to Rein In Teenage **Ghetto** Cowboys." *Herald Tribune*, 14.11.96.

In: "The **Ghetto** of The Global Village?" *The New York Times*, 22.9.96.

In: "The Irish in the mid-19th century, who operated in **ghettos** in New York...". *U.S. News*, 30.9.96.

In: "Agnew to say 'if you've seen one **ghetto**, you've seen them all'." *Newsweek*, 30.9.96.

In: "How the U.S. government spread crack cocaine in the black **ghetto**." *Newsweek*, 30.9.96.

Po: "Condomínios... enjaularam a classe média em **guetos** supostamente imunes ao 'contágio social'." *Veja*, 9.10.96.

gnocchi

In: "...there were some crunchi ***gnocchi***". *Financial Times*, 19.5.96.

graffiti

Fr: "Des **graffiti** obscènes sont charbonnés à la porte des appartements." Proust.

Fr: "Deux chrétiens... soupçonnés d'être les auteurs de **graffitis** sur les murs d'une mosquée...". *Le Point*, 25.2.95.

In: "On a Chinese Mountain, Sacred **Graffiti** and Computers." *Herald Tribune*, 31.5.96.

In: "'Machine Gun and Chicks' simulates **graffiti** on a concrete wall." *Herald Tribune*, 18.8.96.

In: "Allen was ordered to spend a month cleaning up **graffiti** and a year in counseling." *Herald Tribune*, 9.8.96.

In: "A **graffiti** war has broken out in the village...". *The Times*, 6.5.96.

In: "'King of Kowloon': **Graffiti** Artist, 76, Writes On." *Herald Tribune*, 13.5.97.

In: "Case of Juvenile **Graffiti** Darkens Belarus's Image." *Herald Tribune*, 2.3.98.

In: "Not until the Middle Ages, judging from **graffiti** in the cave." *Discover*, dez. 1997.

In: "'I was into writing **graffiti**', says Fest." *The New Yorker*, 8.12.97.

grandfinale/grand finale

In: "For a **grand finale** the merry trio does the entire play again...". *Time*, 7.10.96.

In: "The tenor wounded Gladys with a knife by mistake in the **grand finale**." Rasponi, *The Last Prima Donnas*.

In: "For **Grand Finales** of 1997, Self-Denial Takes a Holiday." *The New York Times*, 26.11.97.

grosso modo

Fr: "Législatives. Et, ***grosso modo***, les mêmes chiffres qu'il y a un an à la même époque." *Libération*, 21.5.97.

Fr: "L'intérêt de ces téléphones est qu'ils fonctionnent **grosso modo** depuis n'importe quel point de la planète." *L'Événement du jeudi*, 28.5.97.

grotto

In: "'**Grotto** furniture is notoriously difficult to date', explains Kate Hay of the Victoria & Albert Museum furniture department." *The Times Magazine*, 1.8.98.

In: "Peter Petrou at The Coach House, 189 Westbourne Grove, London W11, stock **grotto** furniture [chairs, settee and table, from 3,600 pounds]." *The Times Magazine*, 1.8.98.

gusto/Gusto

Al: "...: dass es Gerhard Schröder nämlich 'in diversen Ausgaben gibt, je nach **Gusto**'." *Welt am Sonntag*, 13.9.98.

Fr: "Mozart. Mais à sa Mamzelle Weber il demandait le ***gusto***, par quoi il entendait l'expression." *Le Point*, 1.8.98.

In: "Chechnia.... and prosecuted... the conflict with **gusto**." *Herald Tribune*, 21.6.96.

In: "*La Fanciulla del West* became my very own, and I dipped with relish and **gusto** into the verismo ladies." Rasponi, *The Last Prima Donnas*.

In: "Then there are 'the fairly intense *Fermata* people', he said [Nicholson Baker, who love with perhaps too much **gusto** his novel about a man who stops time and ogles naked women]." *Herald Tribune*, 9.6.98.

imbroglio

Fr: "L'**imbroglio** de l'affaire des Maliens à Paris." *Le Figaro*, 11.4.96.

Fr: "L'**imbroglio** de l'affaire Pinochet. La justice espagnole compétente pour le juger." *Le Figaro*, 1.11.98.
Fr: "...prenant fièvreusement des notes pour s'y retrouver dans l'**imbroglio** de la législation russe". *Le Point*, 5.10.96.
Fr: "...l'**imbroglio** financier et paranoïaque qui conduira la secte folle à la mort". *Le Point*, 20.5.95.
Fr: "...on ne peut échapper à l'ennui qui se dégage de cet **imbroglio** sinistre". *Le Figaro Magazine*, 3.5.97.
Fr: "...l'**imbroglio** juridique pourrait avoir pour effet de différer... la vente de CVRD". *Le Figaro*, 6.5.97.
Fr: "La publication des deux derniers volumes fut cause d'autres **imbroglios** bien différents...". Painter, *Marcel Proust*.
Fr: "Natalie Imbruglia, 23 ans, soigne son **imbroglio**." *Libération*, 14.6.98.
In: "The **imbroglio** isn't being resolved." Flora Lewis, em *Herald Tribune*, 19.4.96.
In: "Madeleine Albright... worked her cell phone on the Boutros Ghali **imbroglio**, driven to Los Angeles." *The New York Times Magazine*. 22.9.96.
In: "A Bitter Embryo **Imbroglio**." *Time*, 12.8.96.
In: "As the editor of the book, I was dragged into this **imbroglio** because of my knowledge of the story." Korda, *The Last Business Eccentric*.
Po: "Empurrado para o centro desse **imbroglio**, o presidente da Firjan procurou se desculpar." *Jornal do Brasil*, 14.4.96.
Po: "Lota estava procurando escapar do **imbroglio** que era sua invenção." Oliveira, *Flores raras e banalíssimas*.
Po: "*Veja* vem se esforçando para explicar o **imbroglio** de forma didática." *Veja*, 26.3.97.
Po: "**Imbroglio** tamanho família é o que está armado no Japão em torno da condição estéril do príncipe herdeiro Naruhido." *O Globo*, 12.5.97.
Ru: "[Tu peux imaginer de quel] ***imbroglio*** [il s'agit]." Herzen, carta a N. A. Ogareva, 3.5.1876, tradução do russo.
Ru: "[N'y'a-t-il réellement pas moyen de mettre fin à ce lourd et dangereux] ***imbroglio*** [diplomatique]?" Gradnovski, *La Question slave*, tradução do russo.

impresario/Impresario

Al: "Der **Impresario** aus Texas, der sich in 25 Jahren seiner Amtszeit mit 24 Weltpremieren einen Namen im modernen Musikbetrieb gemacht hat...". *Die Welt*, 17.6.98.
Fr: "Montesquiou... tout à la fois tyran, mécène, **impresario**...". Painter, *Marcel Proust*.
Fr: "O.M.: Les commissions d'un **impresario** de foot." *Le Figaro*, 16.5.97.
Fr: "**L'impresario** qui rêve de faire trembler le foot." *Libération*, 4.3.97.
Fr: "Ces entremetteurs se disent 'manager', 'agent' ou '**impresario**'." *L'Événement du jeudi*, 25.6.97.
In: "**Impresario** Wynton Marsalis: We want to bring jazz to the people in all its grandeur and glory." *Time*, 17.6.96.
In: "Somewhat puzzled, the Apollo's **impresarios** agreed." *The New Yorker*, 20.1.97.
In: "Jacques Canetti, an 87-year-old **impresario** who discovered and published singers like... Brel." *Herald Tribune*, 24.4.97.
In: "Doctorow was led from the wings by the Canadian **impresario** G. Drabinsky." *The New Yorker*, 20.1.97.

In: "Martine [née Martin] Rothblatt is a well known Washington telecom **impresario.**" *BusinessWeek*, 30.6.97.

In: "The City Opera's current **impresario**, Paul kellog, is also trying to create a sense of adventure." *New York*, 24.11.97.

In: "René Angélil, 54, a French-Canadian **impresario** of Lebanese descent." *Time*, 12.8.96.

In: "...sunny family drama from Britain's impoverished **impresario** Mike Leigh". *Time*, 23.12.97.

In: "The performances she canceled were so few that she earned the eternal gratitude of American **impresarios.**" Rasponi, *The Last Prima Donnas.*

In: "Goebbels was an **impresario** of genius, the first man to realise the full potentialities of mass media for political purposes in a dynamic totalitarian state." Trevor-Roper, *Final Entries 1945, The Diaries of Joseph Goebbels.*

In: "Plato Cacheris, The Courtroom **impresario**...". *Time*, 15.6.98.

inamorata

In: "...turns into a... vaudeville, with White's **inamorata** Evelyn Nesbit swinging...". *The New Yorker*, 20.1.97

incognito/inkognito

Al: "'Wir wohnen ganz **inkognito**, kein Nachbar weiss, wer wir wirklich sind', sagt Mann." *Der Spiegel*, 14.9.98.

Fr: "Le jeudi 19 mars 1964 au soir, le Général est arrivé à Pointe-à Pitre — '**incognito**', ce qui a intrigué, venant du Mexique, où il a remporté un immense succès populaire." Peyrefitte, *C'était de Gaulle.*

Fr: "Au moment même où, venant de Colombey, **incognito**, sans autre escorte que celle du colonel de Bonneval." De Gaulle, *Mémoires d'espoir.*

Fr: "Les Américains logent **incognito** dans les ambassades des Etats Unis." *Le Figaro Magazine*, 31.10.97.

Fr: "Surtout lorsque vous vous êtes mise à voyager, **incognito** mais en avion officiel, vers l'Egypte ou chez Felipe Gonzalez, en Espagne." *Marianne*, 15.6.97.

Fr: "Le capitaine Adama l'a accueilli **incognito** sur son bâtiment." *Le Figaro*, 17.3.98.

Fr: "**Incognito**. Un célèbre trio se cache derrière des lunettes noires." *Madame Figaro*, 25.5.96.

Fr: "...il s'était retiré, presque **incognito**, dans une maison de repos...". Painter, *Marcel Proust.*

Fr: "'Ce sont les moins dynamiques', ironise un professionnel... qui — prudemment — préfère conserver l'**incognito**." *Le Point*, 2.6.97.

Fr: "Surtout lorsque vous vous êtes mise à voyager, **incognito** mais en avion officiel...". *Marianne*, 15.6.97.

In: "We may have to have an **incognito** section with bags over their heads." *BusinessWeek*, 3.11.97.

In: "Phobic about publicity, Elizabeth of Bavaria always travelled **incognito**." *Time*, 6.4.98.

inferno/Inferno

Al: "Zaire. Kein Zurück ins **Inferno**." *Focus*, 8.7.96.

In: "39 Die in Hong-Kong High-Rise **Inferno**." *Herald Tribune*, 22.10.96.

In: "Towering **Inferno** In Hong-Kong." *Time*, 2.12.96.

In: "...bursting through dikes and rupturing gas lines, sparking a night-long **inferno**". *Time*, 12.5.97.

In: "Madonna. All this is fuel for her new fire. Now the spotlight feels to her like an **inferno**, and her popularity looks like an abyss." *Time*, 16.3.98.

In: "Cynics in Their 20's, Bred in the Balkan **Inferno**." *The New York Times*, 30.12.97.

In: "The British were intercepting, deporting and locking away these survivors of the Nazi **inferno** in barbed-wire detention camps." *Time*, 13.4.98.

In: "Heaven and **Inferno** in Moscow." *Time*, 22.5.96.

In: "*Hindenbourg*, the last of the great airships, which dissolved in an **inferno** of flaming hydrogen while landing at Lakehurst, N. J., in May 1937." *Time*, 16.6.97.

In: "Florida **Inferno**. The skies are heavy with smoke, not rain, as summer fires sweep through the Sunshine State." *Time*, 13.7.98.

In: "Infernal **inferno**. A pipeline blaze in Nigeria." *Herald Tribune*, 22.10.98.

in petto

Fr: "Mais ils n'en pensent pas moins, et se disent ***in petto***: 'ce n'est pas demain'...". *Le Figaro*, 8.3.98.

Po: "O ministro se recusava a declinar o nome, dizendo que permaneceria **in petto** até o Natal." Lins, *Almanaque*.

intermezzo

Al: "Aber was war das barocke **Intermezzo** gegen den Auftritt der Sevillana-Kleider Victorios und Lucchinos." *Frankfurter Allgemeine Zeitung*, 12.9.98.

In: "An **intermezzo** can be a movement contained in a symphony." Funk, *Word Origins*.

Po: "Testemunhamos também — com rápidos **intermezzos** — a explosão de duas bombas atômicas." Melo Filho, *Testemunho político*.

la donna è mobile

Ru: "[...cet hiver-là], ***la donna è mobile*** [était un air à la mode]." Tchernychevski, *Que faire?*, tradução do russo.

Ru: "[...et beaucoup de leurs motifs, comme par exemple] ***'la donna è mobile'***, [sont directement tirés de chants populaires]." Junge, *Souvenirs*, tradução do russo.

lasagna/Lasagne/lazagne

Al: "**Lasagne** vom Kaninchenrücken. Ente mit Honig und Koriander." *Stern*, 16.7.98.

Fr: "Albert Simonin. Les pages d'une lettre ont la forme d'une feuille de pâte dans laquelle sont découpées les **lazagnes**, nouilles plates venues d'Italie et appartenant aux spécialités culinaires de la Savoie. Il a gagné les **lazagnes**: expression savoyarde signifiant que quelqu'un a bien travaillé. En effet, on servait des lazagnes à la révolle [repas de fin de moisson]."

In: "The spécialité de la maison, until she left N. York, was a superb **lasagna**." *The New Yorker*, 8.5.96.

Po: "Todo fim de semana, a surpresa invariável: **lasagna** ao forno." Faria, *Reminiscências*.

libretto/librettist

In: "Sellers had no stage direction by Handel or his English **librettist** to ignore." *Herald Tribune*, 22.5.96.

In: "The Book of 101 Opera **Librettos**." Título de publicação de Black Dog e Leventhal. Barnes & Noble, Nova York.

In: "The same Metastasio **libretto** that Mozart later used in much revised form." *Herald Tribune*, 12.6.96.

In: "Halévi and Meilhac, the co-**librettists** of Offenbach's most durable comic works." *Herald Tribune*, 2.6.96.

In: "...a **libretto** by David Pountney and John Woolrich". *Sunday Times*, 14.7.96.

In: "...with a through-sung **libretto**, the score is more a soundtrack than a set of memorable tunes". *Sunday Times*, 14.7.96.

In: "...is one of his richest, despite a **libretto** that is not much help". *Herald Tribune*, 21.5.97.

In: "Denis Krief functioned by suggestion and avoided the **libretto**'s pitfalls." *Herald Tribune*, 21.5.97.

In: "...failings of a hodgepodge **libretto** that leave Puccini's treatment of the subject so inferior to Massenet's". *Herald Tribune*, 28.5.97.

In: "Toshiba's **Libretto** has appeal but can't link with your desktop." *BusinessWeek*, 16.6.97.

In: "Auden and Kallman's **libretto**, which often matches the music in its ability to sound both modern and 'period'...". *The Atlantic Monthly*, nov. 1997.

In: "Germaine Lubin also sang Fauré's *Pénélope*, which suffers from a poor **libretto**." Rasponi, *The Last Prima Donnas*.

In: "Octavian is an ambiguous rôle, not only the **libretto**, but vocally, for it can be sung by both sopranos and mezzos." Rasponi, *The Last Prima Donnas*.

In: "The heartless libertine of Lorenzo Da Ponte's **libretto** way have scored more aggressively." *The New York Times Book Review*, 23.11.97.

lingua franca

Fr: "Sokal faisait paraître dans une autre revue intellectuelle, ***Lingua franca***, un texte expliquant qu'il entendait... dénoncer...". *L'Événement du jeudi*, 2.4.97.

In: "**Lingua franca** is a species of Italian mixed with French, Greek, Arabic, etc., spoken on the coasts of the Mediterranean; also any mixture of languages serving as a means of communication between different peoples." Evans, *Brewer's Dictionary of Phrase and Fable*.

In: "All these products have something in common — digital technology, the binary **lingua franca** of cyberspace and all electronics in the 21st century." *Newsweek*, 25.11.97.

In: "...a campaign to promote the English language to the 'main **lingua franca** of the next century'." *The Times*, 17.7.96.

In: "Jospin has vowed to embrace Internet, even if its **lingua franca** is — mon Dieu! — English." *BusinessWeek*, 9.3.98.

In: "The benefit would include speeding up the adoption of our language as the global **lingua franca**." *The Times*, 13.5.96.

In: "Microsoft: **Lingua Franca** of Technology." *The New York Times*, 1.12.97.

In: "Language. English therefore thrives as the world's ***lingua franca*** while minority languages — like Tlingit — succumb to pressure from mightier competitors." *Time*, 7.7.97.

In: "But, as Crystal points out, logic does not necessarily apply when building a **lingua franca**." *Time*, 7.7.97.

In: "English displaced Irish as the ***lingua franca*** of government and public life, while Irish became associated with economic and cultural backwardness." *Time*, 7.7.97.

In: "Outside scholarship Latin found a rôle as a convenient ***lingua franca***, mainly amongst diplomats who had no other tongue in common, but also lower down the social scale." Green, *Chasing the Sun*.

literati

In: "A novelist as a young man, he [Disraeli] was more a member of the ***literati*** than a policymaker." Kissinger, *Diplomacy*.

In: "...quagmire of graphic pedantry for the **literati**". *Herald Tribune*, 1.9.96.

In: "German **Literati** Fire Tardy Shot Over Holocaust Memorial." *Herald Tribune*, 5.2.98.

In: "In the United States, the **literati** are abuzz about the runaway success of *Cold Mountain*, a first novel by Charles Frazier." *Time*, 22.12.97.

In: "The **literati** of Manhattan will have to survive without tomorrow's scheduled breakfast on Marcel Proust." *The New York Times*, 1.12.97.

In: "Many other [Persian poets] are well-known to the **literati**." Dashti, *In Search of Omar Khayan*.

In: "Khayan's poetry was regarded by the **literati** as scarcely worthy of attention." Dashti, *In Search of Omar Khayan*.

In: "If the effect of the *dictionnaire* was [...] then its effect across the Channel was to appal the London **literati**." Green, *Chasing the Sun*.

In: "His first book in 11 years! Hey! It's Tom Wolfe! Star of true fiction, college anthologies and the New York **literati**." *Herald Tribune*, 2.6.98.

loggia

Fr: "De temps en temps, elle descendait de sa **loggia** pour aller croquer une pomme, avaler un verre de lait." Giroud, *Le Bon Plaisir*.

macaroni

Fr: "Un peu de **macaroni**... si, prenez du **macaroni**." Hervé Bazin.

madona

Fr: "Régine. La **madona** des nuits parisiennes évoque ses nombreux projets." *Le Figaro*, 11.4.96.

maestro/Maestro

Al: "Schwerer hatten es da schon die Sänger, die mit dem Rücken zum **Maestro** ihren Einsatz von winzigen Monitoren ablesen mussten." *Die Welt*, 17.6.98.

Fr: "Les italiens sont les **maestros** des matières high-tech...". *Le Figaro*, 23.4.97.

Fr: "Ce **maestro** monumental qui figure parmi les artistes contemporains les plus cotès...". *Le Figaro Magazine*, 27.6.97.

Fr: " Christophe Rousset, **maestro** désinvolte." *Libération*, 18.7.98.

In: "The British ad **maestro**, Maurice Saatchi...". *BusinessWeek*, 9.9.96.

In: "Trumpet **maestro** Wynton Marsalis holds a noteworthy clinic in cool for his French disciples. *Time*, 2.9.96.

In: "Antonio Gades, the **maestro** of flamenco brings his danced version of Carmen to Sadler's Wells." *The Times*, 6.5.96.

In: "Its marketing **maestros**... have unveiled plans to release... 700 titles...". *Time*, 14.4.97.

In: "When the revered Turkish **maestro** Hikmet Simsek lifted his baton...". *Herald Tribune*, 8.5.97.

In: "The dissatisfaction of the **maestro** with that particular soprano again entirely changed the course of my life." Rasponi, *The Last Prima Donnas*.

In: "This soprano may have been great under the inimitable **maestro**'s bâton." Rasponi, *The Last Prima Donnas*.

In: "In Cybersuit, The **Maestro** Shows Heart. Boston Pops Conductor Wired for Night by MIT." *Herald Tribune*, 11.6.98.

mafia/mafioso(i)/Mafia/Mafioso/maffia/máfia

Al: "In der alten **Mafia**-Metropole Palermosteht dieser Tage der langjährige Berlusconi-Gefährte Marcello Dell'Utri vor Gericht,...". *Der Spiegel*, 13.7.98.

Al: "...ein Cop, ein **Mafioso** und ein Kind getötet werden...". *Madame*, mai. 1996.

Es: "Rusia es ahora un viejo Chicago, con **mafias** matándose y apoderándose de los canales del consumo." *El País*, 18.6.96.

Fl: "Portugal helpt strijd tegen **maffia** Macau." *De Standaard*, 17.6.98.

In: "'The Croatian Democratic Union in Mostar is the **mafia**', said Werner Stock." *Herald Tribune*, 2.5.96.

In: "Long-Sought **Mafioso** Held in Falcone Killing." *Herald Tribune*, 22.5.96.

In: "The marriage of the **Mafia** and movies provides Puzo with his longest-running gag." *Time*, 26.8.96.

In: "The genocidal Serb leadership in Pale and the Croat **mafiosi** of Herzegovina have won." *Newsweek*, 16.9.96.

In: "Vincent Gigante... arraigned on charges that he was a powerful **Mafia** boss." *The New York Times*, 7.9.96.

In: "A **Mafia** Roman Holyday." *BusinessWeek*, 11.11.96.

In: "**Mafiosi** Now Breaking Another Law: The Code of Silence." *Herald Tribune*, 26.8.96.

In: "...join a swelling stream of **Mafia-turncoats**". *Herald Tribune*, 26.8.96.

In: "Moscow. Twice he had tried to open a small shop and twice he had to give up in the face of **Mafia's** demands." *Time*, 27.5.96.

In: "...ended up enriching corrupt bureaucrats and the **mafia** rather than ordinary citizens". *U.S. News*, 30.9.96.

In: "Will these new ethnic mobs coalesce into a criminal infrastructure — just as the Jews and Italians get together to form what today we call the **Mafia**?" *U.S. News*, 30.9.96.

In: "Some court-ordered tapes of **Mafiosi** and surveillance cameras are justified." *The New York Times*, 8.1.98.

In: "Attention **Mafianados**!" *Time*, 26.8.96.

Po: "A serviço da **máfia** nigeriana, pencas de africanos levam cocaína do Brasil no próprio corpo." *Veja*, 26.6.96.

manifesto

Fr: "...le Labour a lancé un '*business manifesto*', afin de montrer...". *Libération*, 29.4.97.

In: "A more careful reading shows that the **manifesto** which Sauckel issued on April 20 while in an aeroplane above Russia, is pure nonsense. The **manifesto** fairly bursts with superlatives; on every page there are seven to them of them." Goebbels, *Diaries*, 25.4.43.

In: "Men wearing military uniforms distributed a **manifesto** signed by a guerrilla group." *Herald Tribune*, 19.7.96.

In: "The Unabomber... in his **manifesto**...". *Herald Tribune*, 10.7.96.

In: "Clinton feels-good **manifesto**, *Between Hope and History*...". *BusinessWeek*, 2.9.96.

In: "...the Conservative **manifesto** launched by Prime Minister John Major...". *Herald Tribune*, 3.4.97.

In: "...expectations for Labour's own **manifesto**...". *Herald Tribune*, 3.4.97.

In: "'Howl!' became a **manifesto** for the sexual revolution...". *Herald Tribune*, 7.4.97.

In: "Margaret Thatcher: 'It's in his **manifesto** — new power to the trade unions. Read it!'." *Herald Tribune*, 11.4.97.

In: "...the verdict accusing Tehran... was 'more like a political **manifesto** than a legal document'". *Herald Tribune*, 17.4.97.

In: "For example, the business **manifesto** published during the campaign promises...". *BusinessWeek*, 19.5.97.

In: "Braque had foreseen this danger in his cubist **manifesto**...". Hiller, *Art Déco of the 20s and 30s*.

In: "This **manifesto** will add to the unease in the population." *Time*, 23.2.98.

In: "The show opened on a witty note with blue-stocking types invading the louche scenario to distribute a 'Fashion **Manifesto**'." *Herald Tribune*, 15.3.98.

In: "Failing delay, the economists hope the **manifesto** will at least force the strictest."

In: "Yeltsin, with an election **manifesto** emphasizing social needs...". *Herald Tribune*, 2.6.96.

In: "Czech Republic. And now the shareholder **manifesto**." *BusinessWeek*, 5.8.96.

In: "*Communist Manifesto*." Título da publicação em inglês da obra de Marx e Engels, 1848.

ma non troppo

Fr: "Les républiques du Caucase. Islam, **ma non troppo**." *Le Figaro*, 29.8.97.

Po: "Moralista ***ma non troppo***, o prefeito decidiu dedicar o máximo de suas forças...". *O Globo*, 8.11.97.

Po: "Perspectivas otimistas, **ma non troppo**." *Jornal do Comércio*, 11.11.97.

mezzanino/mezzanine

Fr: "...les quelques pas les séparant de la **mezzanine** où je me tenais, sous laquelle ils disparaissaient jusqu'au dimanche suivant." Bianciotti, *Ce que la nuit racounte ao jour*.

Po: "Eu estava conversando com o jornalista Araujo Neto, no **mezzanino** do palácio." Melo Filho, *Testemunho político*.

mezza voce

Fr: "En tout cas, de Gaulle a réussi son coup: le sourire aux lèvres, il a fait sa 'grosse bouderie' à Erhard. [...] Au dîner du soir... il n'est question, ***mezza voce***, que de cet éclat silencieux." Peyrefitte, *C'était de Gaulle*.

Fr: "Chez les Français, les interrogations fusent **mezza voce**...". *Le Point*, 1.4.95.

Fr: "Georges Duby a le mérite d'essayer d'en mettre un peu dans son 'ouverture' **mezza voce**." *Le Monde*, 21.5.86.

Fr: "Cet homme secret, pudique, dans ces textes écrits **mezza voce**, se dévoile discrètement." *Le Point*, 26.5.97.

Fr: "Certains responsables socialistes reconnaissent, **mezza voce**, que nombre de fonctionnaires travaillent déjà 35 heures...". *L'Express*, 8.5.97.

Fr: "'Paradis', de Toni Morrison. Et chuchote ***mezza voce***, qu'il est des paradis qu'il vaut mieux, au fond, avoir perdu." *Le Point*, 30.5.98.

Fr: "Quant au retrait des troupes syriennes du Liban, que tous les Libanais espèrent à haute voix ou **mezza voce**, il devrait, selon M. Chirac, aller de soi." *Le Monde*, 30.5.98.

Fr: "Quelques voix s'élèvent, au groupe UDF. Mais c'est **mezza voce**." *Le Figaro*, 2.8.98.

mezzo soprano/mezzo-soprano/mezzo

Fr: "Le choc des **mezzos** à Garnier." *Libération*, 16.5.97.

Fr: "...la direction de Jordan était pimpante et les **mezzos** en état de grâce...". *Libération*, 16.5.97.

Fr: "...démontrent la versatilité unique d'une **mezzo-soprano** qui... est peut-être bien le numéro un de l'époque!" *Le Point*, 26.5.97.

Fr: "La **mezzo** anglaise Edith Clegg gravait ainsi le premier disque Schubert..." *L'Express*, 5.6.97.

Fr: "Lorsque, royale, de sa superbe voix de **mezzo-soprano**, Toni Morrison lit des extraits de son œuvre, il y a foule pour l'écouter." *Le Point*, 30.5.98.

In: "The **mezzo-soprano** made a splendid partner for Vaness." *Herald Tribune*, 12.6.96.
In: "Carolyn Sebron, the **mezzo** Elizabeth, both singers of dramatic temperament." *Herald Tribune*, 19.3.97.
In: "The famous **mezzo** Maria Gay and her husband, tenor Giovanni Zenatello, did the same at the Arena in Verona." Rasponi, *The Last Prima Donnas*.
In: "**Mezzo-sopranos** can be divided into four groups: the ones with agility, the lyric, the spinto, and the dramatic." Rasponi, *The Last Prima Donnas*.
In: "The cause was a heart attack, said his wife, Rita De Carlo, a **mezzo-soprano**." *The New York Times*, 6.12.97.
In: "Dolores Zajick — A **Mezzo** In a Class By Herself." *The New York Times*, 11.1.98.
In: "50 versions in the catalogue, most of them by baritones or basses, a few by tenors and four by **mezzos**...". *The Times*, 6.5.96.

modello

In: "The first thought for the **modello**, nervously drawn, was in their possession." *Herald Tribune*, 19.5.97.

moderato

Fr: "Drogue, immigration, insécurité: de Noëll joue ***moderato*** sur cette partition rituelle." *L'Événement du jeudi*, 2.4.97.

motto/Motto

Al: "Das **Motto** ist wie jedes Jahr tatsächlich politisch gemeint...". *Focus*, 8.7.96.
Al: "Ihr **Motto** lautet 'we are one family'. Es geht also um Familienpolitik?" *Focus*, 8.7.96.
Al: "'Trau niemandem!' lautet ihre **Motto**..." *Focus*, 8.7.96.
Al: "'Jeden ds Seine!' das **Motto** war, das über dem Eingangstor des KZ Buchenwald prangte." *Der Spiegel*, 13.7.98.
Al: "Ein südwalisischer Männerchor gab gestern das **Motto** des Tages vor: 'Mit jeden Tag wächst unsere Freundschaft'. sangen Waliser zum... Nelson Mandela in Cardiff." *Die Welt*, 17.6.98.
Al: "Gert Westphal liest unter dem **Motto** 'Und die Welt hebt an zu singen'... *Madame*, mai. 1996.
In: "...as the new **motto** goes at the top of the art trade". *Herald Tribune*, 28.7.96.
In: "...as if the Internet's **motto** is now 'Post globally, but rake in cash locally'". *Newsweek*, 30.9.96.
In: "Our **motto** is, 'We Do What We Do'. And they are doing very well, thank you." *Time*, 7.10.96.
In: "At Kyocera, the corporate **motto** is: 'Respect the divine and love people'." *Herald Tribune*, 3.4.97.
In: "'Driven by the bottom line'. That's a **motto** all megadealers will have to live up to." *BusinessWeek*, 5.5.97.
In: "China's New **Motto**: 'Survival of the Fittest'." *Herald Tribune*, 16.9.97.
In: "'What Will Happen Will Happen' Is the **Motto**." *Herald Tribune*, 24.2.98.
In: "Over every doorway is the **motto**: 'Think of yourself as a customer'." *Herald Tribune*, 23.10.97.
In: "Robert de Niro: 'France betrays its **motto**, Liberty, Equality, Fraternity'." *Herald Tribune*, 25.2.98.
In: "Under the **motto** 'All for Flanders, Flanders for Christ'." *Time*, 16.12.97.

In: "One can buy a tee-shirt with an engraving of the Brookes cargo hold and the **motto** 'Never Forgive, Never Forgot'." *The New York Times*, 30.11.97.

In: "The piece drones along, resolving itself into a stream of complaints, their **motto** 'Oh, Bobby, it's all gone. It's all gone'." *New York*, 8.12.97.

In: "Vietnam. Their **motto**, according to Van Buskirk: 'Kill them all, and let God sort it out'." *Time*, 15.6.98.

mozzarella/mussarela

In: "'Care package' filled with olive oil, **mozzarella**, fresh pasta and other treats." *Herald Tribune*, 9.7.96.

In: "Roswell, N. M. is the birthplace of actress Demi Moore. It is also home to America's largest **mozzarella** plant." *Time*, 23.6.97.

Po: "Ravioli de pesto com recheio de **mussarela** e ricota de búfala." *IstoÉ*, 23.7.97.

novella

In: "In a new **novella** and a new novel, Joyce Carol Oates continues to explore the dark underside of family life." *The New York Times*, 15.9.96.

omertà/omerta

Fr: "L'**omerta**, la loi du silence, s'applique aussi aux membres des familles italiennes." *Paris Match*, 17.4.97.

Fr: "Accusations de corruption... révélations sur les magouilles politiques, confirmation de l'**omerta** rédactionnelle considérée comme l'un des beaux-arts." *L'Événement du jeudi*, 28.5.97.

Fr: "Législatives. Un homme a eu le courage... de rompre l'**omerta** et de cracher le morceau." *L'Express*, 8.5.97.

Fr: "Italie. La loi de l'*omerta*, la loi du silence, est unanimement, naturellement observée." Druon, *Circonstances*.

Fr: "'Ici, l'**omerta**, la fameuse loi du silence à la sicilienne, ne s'applique pas plus... qu'ailleurs', souligne un responsable policier, bousculant volontiers les idées reçues." *Le Point*, 9.8.97.

opera/opéra

Fr: "Ursel et Karl Herrmann ont construit ce spectacle comme un **opéra**...". *Le Nouvel Observateur*, 11.6.97.

In: "Astonishing career of Offenbach, whose major operettas and **opéra** bouffes...". *Herald Tribune*, 2.6.96.

In: "A British Dash of Verve at Munich **Opera**." *Herald Tribune*, 26.6.96.

In: "The English value country houses, horses, dogs and cats more than **opera** houses." *Herald Tribune*, 26.6.96.

In: "*The Book of 101 **Opera** Librettos*." Título da publicação de Black Dog e Leventhal, Barnes & Noble, Nova York.

In: "In two contrasting new **operas**, Peter Maxwell Daves...". *Sunday Times*, 14.7.96.

In: "Placido Domingo... the year of his professional **opera** debut." *Sunday Times*, 14.7.96.

In: "Perhaps the finest flowering of all music is in the **opera**." Funk, *Word Origins*

In: "**Opera** aficionados disagree, and are fighting hard to arrest... the decline...". *Herald Tribune*, 28.5.97.

In: "Tiepolo... his work is about as realistic as grand **opera**." *Time*, 3.2.97.

In: "Lyons. Even showier than the **Opéra**, the city's Plan Lumière is the best nightly light show in France." *Time*, 15.6.98.

In: "Sad End to Chinese **Opera** Saga." *Herald Tribune*, 26.6.98.

In: "The Vanishing Peking **Opera**." *Herald Tribune*, 28.5.97.

Ne: "Faust, **opera** van Charles Gounod." Stichting Opera Van Krakau, Holanda.

operetta/operette

In: "Offenbach, whose major **operettas** and opéra bouffes are, among other things, a coded politico social history of life under Napoleon III." *Herald Tribune*, 2.6.96.

In: "What a superb artist she was in her répertoire, which was **operetta**...". Rasponi, *The Last Prima Donnas*.

In: "Then, later, they went on to **operetta** and, eventually, opera." Rasponi, *The Last Prima Donnas*.

In: "Up until the Second World War, opera and **operetta** casts were often interchangeable, particularly in Austria and Germany." Rasponi, *The Last Prima Donnas*.

In: "According to the District Court verdict, the **operetta** singer had at least twice the legal limit of alcohol in his blood." *Herald Tribune*, 26.6.98.

Ne: "It Wiener Blut, **Operette** van Johan Strauss Jr." Staatsoperette van Wroclaw, Holanda.

Ne: "*Wiener Blut*, de laatste **operette** waar de meester Johan Strauss Jr." Staatsoperette van Wroclaw, Holanda.

ossobuco

Po: "O melhor prato daquele restaurante era sem dúvida o **ossobuco**." Lins, *Almanaque*.

Po: "São pratos do tradicional receituário italiano, como **ossobuco** de vitela com risoto de funghi secchi." *Veja*, 3.6.98.

palazzo

Fr: "...long voyage... de notre ambassade à l'Unesco à un **palazzo** florentin...". *Le Point*, 26.5.97.

Fr: "M. Chevalier habite à Venise le ***palazzo*** que se fit construire un jeune prince Dolgorouki." *Le Figaro Magazine*, 7.6.97.

In: "...high on a platform in the **palazzo** gardens". *Herald Tribune*, 2.7.96.

In: "Fabbri was determined to show us the grandeurs of his **palazzo**." Korda, *The Last Business Eccentric*.

In: "First **Palazzo** in History: Rare Glimpse into Life of Augustus." *Herald Tribune*, 6.4.97.

In: "Sitting in an opulent salon of his **palazzo** near Milan, Berlusconi reflected on his decision to enter politics...". *Time*, 21.4.97.

In: "Versace. The next morning at 8:30 a.m. he was back at his desk in the 18th-century **palazzo**, once the home of the Rizzoli publishing dynasty." *BusinessWeek*, 28.7.97.

In: "After buying $15.7 worth of magazines at the News Café, Versace strolled home to his **palazzo** he was shot twice in the head." *Newsweek*, 28.7.97.

pannetone/panetone

Po: "Produtor de **panetone** em pé de guerra." *Gazeta Mercantil*, 20.11.97.

Po: "Se nem o **panetone** é o mesmo quando cruza a fronteira." *Veja*, 25.2.98.

paparazzo/paparazzi/Paparazzi

Al: "Von ihren Bodyguards bewacht, schleicht sich die berühmte Frau aus einen Luxushotel, ihre wartende Limousine wird von **Paparazzi** belagert." *Stern*, 16.7.98.

Al: "Sie haben die **Paparazzi** mitverantwortlich gemacht für den Tod von Prinzessin Diana." *Der Spiegel*, 14.9.98.

Fr: "Alors que certains **paparazzi** tentent de démontrer que Lady Di est affligée de cellulite...". *Le Figaro*, 11.4.96.

Fr: "Un effet de surprise propre à éviter curieux et **paparazzi**." *Le Point*, 26.4.97.
Fr: "Pour certains **paparazzi**, Daniel Ducruet est victime d'un traquenard." *VSD*, 11.9.96.
Fr: "Fili Houteman a été la petite amie du **paparazzo** qui a réalisé la série de photos." *VSD*, 11.9.96.
Fr: "...il entrouve la porte de l'atelier et joue les **paparazzi**...". *L'Événement du jeudi*, 2.4.97.
Fr: "Nos deux ***paparazzi*** flairent le bon coup." *Marianne*, 15.6.97.
Fr: "Quand un **paparazzi** défend son honneur." *Le Figaro*, 1.6.97.
In: "The **paparazzi**, of course. The word, perhaps meaning 'wastepaper', was formed from Signore **Paparazzo**, a sidewalk photographer in Federico Fellini's 1960 'La Dolce Vita'." *Herald Tribune*, 4.9.97.
In: "George Clooney's war on **paparazzi** television." *Herald Tribune*, 6.11.96.
In: "...rampaging **paparazzi** at the Nice airport...". *Herald Tribune*, 19.5.96.
In: "Pinching a **Paparazzo**." *Time*, 12.8.96.
In: "Weary of **Paparazzi** 'Hunt', Monaco's Ruler Hopes Worst Is Over." *Herald Tribune*, 16.3.97.
In: "Woody Allen... a coquettish tendency to place oneself in optimum **paparazzi** zones." *Time*, 7.10.96.
Po: "...atrás de um **paparazzo** vem sempre outro **paparazzo**...". *Veja*, 9.4.97.

parmigiano

Po: "O risoto à piemontesa leva grandes quantidades de queijo **parmigiano**." *O Globo*, 13.9.96.

pasta

In: "Barrila is Italy's top **pasta** maker, with 30% of the market." *BusinessWeek*, 15.4.96.
In: "We will be featuring a variety of Italian foods, including a large pizza and **pasta** buffet." Britannia Intercontinental Hotel, edição da primavera de 1996.
In: "They were eating far more pizza, tacos and **pasta** dishes." *The New York Times*, 5.9.96.
In: "...the Stamford Bridge faithful... would much rather be meddling with the **pasta** machine in the cosy continental kitchen." *The Times*, 6.5.96.
In: "**Pasta** salad, a worldwide fad in the 1970s." *Herald Tribune*, 15.12.96.

pianissimo

Fr: "J'avais commencé '**pianissimo**', ensuite 'allegro'...". Brunel, *Guide de relaxation*.
Fr: "La première partie de l'œuvre s'ouvre très ***pianissimo***, toute de nuances furtives...". *Libération*, 16.5.97.
In: "Magical moment in Scene 2 of Falstaff when the first floated A flat of Nannetta melts into the oboe's sustained **pianissimo**." *Sunday Times*, 2.8.98.

piano

Fr: "De Gaulle: 'Pour l'application de la réquisition, jusqu'à la reprise, il faut y aller ***piano***, il faut agir en souplesse'." Peyrefitte, *C'était de Gaulle*.
Fr: "...vainement tenté de subsister en donnant des leçons de **piano**...". Painter, *Marcel Proust*.
Fr: "'L'Effrontée' est un concerto pour **piano** un peu grêle, aérien, bouleversant." *Le Nouvel Observateur*, 11.6.97.
Fr: "Lionel Jospin a mis le pied sur le frein... Alors ***piano*** pour Air France, ***piano*** pour le Crédit Lyonnais." *Le Figaro Magazine*, 28.2.98.
In: "Fabrice Schomberg studies jazz **piano** at a high school conservatory." *Herald Tribune*, 7.6.96
In: "Ludwig Fabri: 'Every good forte is based on a **piano** tone'." Rasponi, *The Last Prima Donnas*.

piazza/Piazza

Al: "...Kirchen und malerischen alten **Piazzas**". *Madame*, mai. 1996.

In: "The allegoric figures... the flocks of putti as dense as pigeons in the **piazza**." *Time*, 3.2.97.

Pinocchio

In: "He's a fussbudget wild man with a repertory of weird, **Pinocchio**-like facial tics." *New York*, 24.11.97.

pizza

Es: "'Obuchi es lo más parecido a una **pizza** fria', affirmó John F. Neuffer, un especialista en política japonesa." *La Nación*, 14.7.98.

Fr: "— Votre **pizza**! Votre **pizza**! Mais vous ne pensez qu'à manger, vous!" *Le Point*, 17.5.97.

In: "Dole's Gamble. Munching **pizza** at his campaign headquarters...". *BusinessWeek*, 19.8.96.

In: "And Nickelodeon, they decided, resembles **pizza** and spaghetti." *Time*, 17.6.96.

In: "A message on his answering machine requesting pepperoni **pizza** for dinner." *Herald Tribune*, 31.5.96.

In: "Ravioli made from **pizza** dough filled with left-over rice." *Financial Times*, 19.5.96.

In: "When you go out for a **pizza** with friends...". *Time*, 27.5.96.

In: "...a third triangle of stuffed Chicago **pizza**". *The New York Times Magazine*, 9.9.96.

In: "More skim milk, but more **pizza** and tacos as well." *The New York Times*, 5.9.96.

In: "A kosher **pizza** manufacturer in Manhattan dispatches rabbinically blessed pies to dozens of countries every day... by Air Express." *Herald Tribune*, 26.7.96.

Po: "Escândalo dos precatórios vira **pizza**." *Jornal do Comércio*, 16.7.98.

Po: "Rennó saiu de casa para comprar algumas **pizzas**." *Veja*, 3.7.96.

Po: "Mikhail Gorbachev: Comunista que acabou em **pizza**." *Veja*, 10.12.97.

pizzeria

In: "Harrods **Pizzeria**." *Harrods Store Guide*, 1996.

In: "Mittleman's Bakery... is adown-at-the heels, **pizzeria**." *BusinessWeek*, 27.5.96 .

In: "...an uncle who owned a **pizzeria** in Brooklyn". *Time*.

polenta

In: "Forest mushrooms sautéed in garlic, served with **polenta**." Britannia Intercontinental Hotel, edição da primavera de 1996.

In: "...here were some sticks of **polenta**, not made from maize this time." *Financial Times*, 19.5.96.

presto!

In: "Hey, **presto**, within five minutes of running time!" *Sunday Times*, 14.7.96.

prima donna

In: "***Prima Donnas*** of the Senate." *Herald Tribune*, 7.9.97.

In: "*The Last* ***Prima Donnas***." Título da publicação de Lanfranco Rasponi, 1982.

In: "...but is glad the cult of the supermodel, and all the associated **prima donna** tantrums, is over." *The Times Magazine*, 1.8.98.

In: "In nearly all the **prima donnas** there was a shy humor which never failed to surprise me." Rasponi, *The Last Prima Donnas*.

In: "Dorothy Kirsten had the stuff of which **prima donnas** are made." Rasponi, *The Last Prima Donnas*.

In: "Anne-Sophie Mutter... very private, businesswoman, exhibiting none of the raw insecurities of the **prima donna**." *Time*, 6.4.98.

putto(i)/Putto

Al: "Oben: Della-Robbia-Werk, — Nachahmung: **Putto** von Andrea [um 1503]." *Der Spiegel*, 13.7.98.

In: "Chubby little winged fellows **putti** to goat-legged satyrs...". *Herald Tribune*, 1.9.96.

In: "...the allegoric figures... the flock of **putti** as dense as pigeons in the piazza". *Time*, 3.2.97.

quartetto/Quartett/quartet

Al: "...und die Gegner in diesen **Quartett** werden sich den Standort Deutschland/Österreich/ Schweiz neu aufteilen müssen". *Focus*, 8.7.96.

In: "...a season in which the same **quartet** of actors also work their way through...". *Herald Tribune*, 26.6.96.

In: "...pre-Mozart examples of **quartet** preludes and fugues." *The Times*, 18.7.96.

quintetto/quintet

In: "He formed a **quintet** with the hot Belgian saxophone player Jaspar." *Herald Tribune*, 5.7.96.

ravioli/ravioles/ravióli

Fr: "...chaque soir arrivait un énorme et inexplicable plat de **raviolis**, suivi, vers dix heures, par un serveur qui demandait...". Painter, *Marcel Proust*.

Fr: "Est-ce qu'il y a assez de **raviolis**, Monsieur?" Painter, *Marcel Proust*.

Fr: "Fondant de poivrons rouges... **ravioles** à la ricotta...". *L'Express*, 8.5.97.

In: "**Ravioli** With the Christmas Turkey?" *The New York Times*, 30.11.97.

Po: "**Ravioli** de pesto com recheio de mussarela e ricota de búfala." *IstoÉ*, 23.7.97.

Po: "...o ótimo **ravióli** de abóbora ou o novo menu de frutos do mar?" *O Globo*, 30.5.97.

regatta

In: "Every **regatta** has its distinctive setting and flavor. The Murano Regatta...". *Herald Tribune*, 7.6.96.

In: "KGB Spies' Life Abroad. 'I loved the Henley **Regatta**'...". *Herald Tribune*, 30.7.96.

replica/réplica

In: "...the world's largest fiberglass **replica** of the ankle bone of a horse". *Herald Tribune*, 2.6.96.

In: "Libera created his piece by assembling Lego blocks into **replicas** of death camp facilities...". *Herald Tribune*, 25.5.97.

In: "In London, a **replica** of Shakespeare's Globe puts on a show the way it was done in the Bard's day." *Time*, 16.6.97.

In: "...from the stage of London's new Globe theater, a remarkable **replica** of Shakespeare's original 'wooden O'." *Time*, 16.6.97.

In: "Art. The gift is a **replica** of a national treasure, a crucifix...". *Time*, 5.5.97.

In: "You can see a **replica** of the Golden Warrior on exhibit at the United Nations building in New York." *Time*, 8.6.98.

In: "The citizens of Japan's ancient capital of Kyoto have rejected a plan to build a **replica** of the Pont-des-Arts bridge in Paris." *Herald Tribune*, 7.8.98.

Po: "O desfile deverá ser uma **réplica** do apresentado em Paris." *Folha de S. Paulo*, 22.5.97.

ricotta/ricota

Fr: "Fondant de poivrons rouges... ravioles à la **ricotta**...". *L'Express*, 8.5.97.

Po: "Tortelli de framboesa recheados com **ricota**, uva, passa e castanhas." *IstoÉ*, 23.7.97.

Po: "Ravioli de pesto com recheio de mussarela e **ricota** de búfala." *IstoÉ*, 23.7.97.

rigatoni

In: "Gras achieves foie-gras with his Venetian pasta: **rigatoni** filled with poached foie-gras." *New York*, 24.11.97.

risotto/risoto

Fr: "Et, encore, ma mère [...] que grâce à une pointe d'origan, elle a retrouvé la saveur du **risotto** d'une aïeule...". Bianciotti, *Ce que la nuit raconte au jour*.

Fr: "*Plaza Athénée*. En plats: **risotto** au beurre de truffes blanches...". *Le Figaro Magazine*, 24.5.97.

In: "The dinner, prepared off premises except for a **risotto**, which needs to be cooked on the spot...". *Herald Tribune*, 29.4.97.

In: "The saffron rice of Venice became **risotto** alla milanaise." *Herald Tribune*, 15.12.96.

In: "...a fine restaurant trafficking in nouvelle **risottos** and salmon carpaccio...". *Time*, 23.12.97.

In: "Farm-fresh guinea hen with an Italian Arborio rice **risotto** with asparagus butter." *Herald Tribune*, 22.5.98.

Po: "Carne-seca e abóbora no **risoto** de classe." *Jornal do Brasil*, 18.4.96.

Po: "Por R$4 se pode comprar um quilo do melhor arroz italiano para fazer **risoto**." *O Globo*, 13.9.96.

Po: "O problema será resolver o prato: **risoto** de funghi no ponto...?" *O Globo*, 30.5.97.

Po: "São pratos do tradicional receituário italiano, como ossobuco de vitela com **risoto** de funghi secchi." *Veja*, 3.6.98.

ristretto

In: "End of the meal with a **ristretto**, *espresso* or *capuccino* on the house." Britannia Intercontinental Hotel, edição da primavera de 1996.

salami

In: "...or slowly dismantled with a delicatessen **salami** slicer." *Herald Tribune*, 18.4.97.

In: "Cinema.... with the moguls at the sausage factory sending out a new slice of action **salami** each week...". *Time*, 30.6.97.

salvo

In: "Justice Department Fires First **Salvo** at Microsoft." *Herald Tribune*, 19.5.98.

In: "Japan has launched product **salvos** before, only to beat a hasty retreat." *BusinessWeek*, 1.7.96.

In: "The latest round of **salvos** between Saddan Hussein and the United States." *Newsweek*, 16.9.96.

In: "*Pravda*'s account may have been the first **salvo** in a public campaign to push Yeltsin into retirement on health grounds." *U.S. News*, 30.9.96.

In: "The two sides exchanged heavy **salvos** of rockets." *Herald Tribune*, 28.10.96.

In: "Bollenbach's latest **salvo** may be the start of a long siege." *BusinessWeek*, 10.2.97.

In: "Moscow's war plans call for the launching of a retaliatory **salvo** of... missiles...". *Time*, 7.4.97.

In: "Now, there's a return **salvo** from the West: *The Coming Conflict with China*." *BusinessWeek*, 24.3.97.

In: "...prompting even Kohl to suggest it was the first **salvo** in the 1998 election". *Time*, 16.6.97.

In: "Bill Clinton... national dialogue on racial issues, the book's publication at this moment offers, in effect, an opening **salvo** from the right in the proposed debate." *The Atlantic Monthly*, nov. 1997.
In: "New **Salvo** Is Leveled at Starr." *Herald Tribune*, 6.3.98.
In: "U.S. Fires Legal **Salvo** at Microsoft For 'Abuses'." *Herald Tribune*, 21.10.97.
In: "Yesterday's ruling was the latest and largest **salvo** in a battle between state regulators and the Bell companies." *The New York Times*, 1.1.98.
In: "The first **salvos** of the dictionary war had long since faded away when in 1846. Worcester produced *A Universal and Critical Dictionary of the English Language*." Green, *Chasing the Sun*.
In: "European business. The latest **salvo** in Europe's ice-cream wars is enough to melt na American lawyer's litigious heart." *BusinessWeek*, 30.3.98.
In: "Ireland. The Trimble-Paisley exchange was just one of a number of opening **salvos** fired last week in the battle to win approval of the historic agreement." *Time*, 27.4.98.
In: "Justice Department Fires First **Salvo** at Microsoft." *Herald Tribune*, 19.5.98.
In: "Business Outlook: Is This Preemptive **Salvo** Enough?" *BusinessWeek*, 22.6.98.

scenario/scénario

Fr: "Généralement réalisés à partir de **scénarios** très franco-français...". *Les Échos*, 26.7.96.
Fr: "Construire la charpente ou **scénario** du vaudeville." Balzac.
In: "Three risks threaten this **scenario**, however." *Financial Times*, 19.5.96.
In: "Ethicists say this is a **scenario** for the future." *Herald Tribune*, 31.5.96.
In: "The emerging economis **scenario** may mean a cycle...". *BusinessWeek*, 1.7.96.
In: "...had quizzed and quarreled and drawn connect-the-dots **scenarios**...". *Herald Tribune*, 20.6.96.
In: "Richard Holbrook... mused over a troubling **scenario**." *U.S. News*, 30.9.96.
In: "Several **Scenarios**, None Without Risk." *The New York Times*, 7.12.97.
In: "**Scenario** for Attack on Iraq Underlines Desire to Limit Civil Casualties." *Herald Tribune*, 16.2.98.

scherzo

In: "...before darkness descends, the **scherzo**'s cry of horror, the finale's noble trombone theme and its passionate cor anglais lament — all this was right". *Sunday Times*, 2.8.98.

se non è vero, è bene trovato

Fr: "Il [de Gaulle] ajoute, comme pris d'un scrupule d'historien: 'Je n'ai pas vérifié cette histoire, mais ça pourrait bien être vrai.' *Se non è vero*...". Peyrefitte, *C'était de Gaulle*.
Po: "Pode ser ***bene trovato***, mas não é ***vero***. Nessa história, infelizmente, não houve nenhuma viúva carente, de bolsa aberta." Martins, *Valeu a pena*.

solo/Solo/soloist

Al: " Die hatte zwar noch nie eine Oper in Szene gesetzt, dafür aber die **Solo**-Tourneen von Mick Jagger in Australien und Japan." *Die Welt*, 17.6.98.
Fr: "US Airways en **solo**." *Le Figaro*, 26.5.97.
Fr: "...un impressionnant **solo** de huit minutes où elle interprète *Take me Back*". *Le Point*, 20.5.95.
Fr: "Piano pour un Buffo **solo**." *L'Express*, 1.5.97.
Fr: "Impossible de travailler en **solo** dans l'univers des charognards." *Le Figaro Magazine*, 10.5.97.
Fr: "...vous n'avez pas souhaité être un présentateur en **solo**?". *Paris Match*, 15.5.97.

Fr: "Interview. Le **solo** de Lionel Jospin." *Le Point*, 10.9.94.

In: "Now Jerry Bruckheimer is sailing **solo**." *Time*, 1.7.96.

In: "French diplomacy. **Solo** bid for Lebanon truce is seen as a risk to E.U. *Herald Tribune*, 16.4.96.

In: "Operation **Solo**: the FBI's man in the Kremlin." *Herald Tribune*, 16.5.96.

In: "They are set to **solos** by Paul Desmond and Kenneth Rexroth." *Herald Tribune*, 19.5.96.

In: "Commuting **Solo**. Driving to work alone...". *U.S. News*, 26.8.96.

In: "Can Smithkline Keep Flying **Solo**?" *BusinessWeek*, 9.11.98.

In: "Among the **soloists**: pianist Alicia de Larrocha." *Newsweek*, 15.7.96.

In: "...in which James Carter tricks up his **solo**". *Time*, 15.7.96.

In: "The orchestra played with lambert beauty, and woodwind **solos** rippled on the surface." *The Times*, 13.5.96.

In: "On the premises that the dealer had rented... for a **solo** show...". *Herald Tribune*, 6.4.97

In: "...with vigorous passion... complex flute **solos** introduced the various movements". *Herald Tribune*, 8.5.97.

In: "Ms. Vlad's fiercely danced **solo** is full of flailing angst." *The New York Times*, 5.12.97.

sonata

In: "Inn a work as inspired as the *Pathétique* ***Sonata***...". *The Times*, 18.7.96.

In: "Lyrical material of the **Sonata** in B. minor." *The Times*, 18.7.96.

In: "...some of the piano **sonatas** have resemblance to Clementi piano sonatas...". *The Times*, 11.5.96.

In: "As for the Beethoven, his last **sonata**...". *Herald Tribune*, 9.4.97.

In: "Japanese concertgoers are fed up with cell phones interrupting **sonatas**." *Newsweek*, 20.7.98.

soprano/Sopran

Al: "Wie es nun anno 1998, Maria Leyer, **Sopran**, Wilhelm Hartmann, Bariton." *Die Welt*, 17.6.98.

Fr: "Nathalie... fille de la **soprano** lyrique française Christiane Stutzman...". *Libération*, 12.6.97.

Fr: "L'Italie inspire le répertoire de cette **soprano** peu ordinaire." *Le Figaro Magazine*, 14.2.98.

In: "Vaness is a **soprano** for all seasons...". *Herald Tribune*, 12.6.96.

In: "...one of the leading **soprano** voices of our time". *Sunday Times*, 14.7.96.

In: "No serious **soprano** would be ever caught dead crooning a great popular standard." *Sunday Times*, 14.7.96.

In: "She is, of course, the perfect Handel **soprano**." *The Times*, 13.5.96.

In: "Thais is another part that has tempted all sorts of **sopranos**." Rasponi, *The Last Prima Donnas*.

In: "...splendidly delivered by the **soprano** Maria Pia Piscitelli". *Herald Tribune*, 19.3.97.

In: "At last week's opening... the young Romanian **soprano** Adina Nitescu...". *Herald Tribune*, 28.5.97.

In: "Basically, there are five types of **soprano**: dramatic, lirico spinto, lyric, leggero, and coloratura." Rasponi, *The Last Prima Donnas*.

In: "Leonie Rysanek, Austrian **Soprano**, Dies at 71." *Herald Tribune*, 9.3.98.

In: "**Soprano**, 12, breaks record with Sony deal." *The Times*, 18.6.98.

In: "...grand choral treatment, punctuated by the impersonal clarion exclamations of a solo **soprano**". *The Atlantic Monthly*, nov. 1997.

sotto voce

In: "What the Cabinet had to say *sotto voce*, the Opposition felt quite free to put forward without restraint." Kissinger, *Diplomacy*.

In: "American policymakers rather deride the BIS for being boring, far too *sotto voce* for its own good." *The Times*, 17.6.98.

In: "'I am very detached from the past', she began quietly, almost **sotto voce**." Rasponi, *The Last Prima Donnas*.

In: "To have written a grammar... would have been tedious, and perhaps ineffectual. Now, we hear him *sotto voce*, let's cut to the chase." Green, *Chasing the Sun*.

Po: "*C'est pardonnable...* — dizia *a sotto voce* La Bernhardt." Soares, *O xangô de Baker Street*.

spaghetti/Spaghetti/espaguete

Al: "Mode. ...und sanft shimmernde Seide für das Top mit **Spaghetti**trägern,...". *Madame*, mai. 1996.

Es: "El resultado es un *spaguetti*-Mad Max en el que los actores tienen pinta de pasar mucha sed y los espectadores, sueño." *El País*, 19.6.96.

Fr: "...les westerns **spaghettis** à la Sergio Leone...". *Paris Match*, 17.4.97.

Fr: "Le dîner en famille... Steak-frites et **spaghetti** bolognaise en haut de l'assiette." *Libération*, 27.3.97.

Fr: "...l'apogée d'un genre aujourd'hui disparu: le western-**spaghetti**". *L'Événement du jeudi*, 28.5.97.

Fr: "Non, les **spaghetti** ne viennent pas d'Italie, mais de Chine, d'où Marco Polo les a rapportés." *Madame Figaro*, 31.5.97.

Fr: "...aventures vécues par l'acteur au pays du western-**spaghetti**". *Le Nouvel Observateur*, 11.6.97.

Fr: "**Spaghetti** revival en vue. Le genre du western-**spaghetti** va reprendre du service grâce à Giovanni Veronesi." *Libération*, 15.5.98.

In: "And Nickelodeon, they decided, resembles pizza and **spaghetti**." *Time*, 17.6.96.

In: "A blond, **spaghetti**-haired girl named Hetty...". *BusinessWeek*, 1.7.96.

In: "Selling German comedy was like trying to sell Swedish **spaghetti**: it seemed a contradiction in terms." *Herald Tribune*, 26.6.96.

In: "Jean-Marc Connerotte's offense: accepting a plate of **spaghetti** at a September 21 fund-raising dinner...". *Time*, 28.10.96.

In: "Take the Multilateral Road, Avoid **Spaghetti** Junctions." *Herald Tribune*, 21.4.98.

Po: "Roberto Baggio, o budista-**espaguete**...". *Veja*, 3.7.96.

staccato

Fr: "Le flamenco c'est le **staccato** de la nuit." *Geo*, jun. 1998.

In: "The scene... combines the heritage of Impressionism which survives in the **staccato** brushwork...". *Herald Tribune*, 9.6.96.

In: "The test of good **staccato** playing is the clear-cut... quality of the notes." Funk, *Word Origins*.

In: "Inside the building, the **staccatto** of machine guns rattled on." *Herald Tribune*, 24.4.97.

In: "Some roles... demand so special a technique in trill and **staccato** that even the most renowned ladies do not attempt them." Rasponi, *The Last Prima Donnas*.

In: "Few could compete with Streich... for the precision of the **staccatos** and the phenomenal breath control." Rasponi, *The Last Prima Donnas*.

In: "Spielberg has his cinematographer play around with his shutter speeds, turning everything into a jittery, **staccato** skeleton dance." *Sunday Times*, 18.9.98.

stanza

In: "Sumner makes two additional changes in this **stanza**, both terrible...". *The New Yorker*, 20.1.97.

In: "Painters create images... while poets fashion **stanzas** with words and rhythms." *Time*, 21.4.97.

In: "This is a poem of 101 **stanzas**, each similar in form to the Persian four-line quatrain." Dashti, *In Search of Omar Khayan*.

In: "While the song bore its original title and first-**stanza** lyrics, Coleman altered the second stanza's opening to read 'Happy birthday to you'." Panati, *Extraordinary Origins of Everyday Things*.

stiletto

In: "Down at the Heel. Consider it a giant mea culpa from a fashion industry that's recently been insisting we wear **stilettos**...". *New York*, 8.12.97.

In: "Six feet five from **stiletto-**heel points to hair-fountain apex." *New York*, 8.12.97.

In: "Designers were giving women... sheer clothes they coundn't wear and **stiletto** heels in which they couldn't walk." *Herald Tribune*, 13.3.98.

In: "Designers traded in ill-tempered **stilettos** for good-humored Sabrina heels." *Herald Tribune*, 13.3.98.

stucco

In: "Its walls of aging **stucco** and peeling doors...". *Herald Tribune*, 17.5.96.

In: "A comfortable **stucco** house on the Pofalici hillside." *The New York Times*, 5.9.96.

In: "...the curving Spanish-style **stucco** and wrought-iron arch that was immortalized in 'Sunset Boulevard'." *Herald Tribune*, 23.5.97.

In: "Nearby, in a neoclassical **stucco** building that dates back to Czar Nicholas II...". *BusinessWeek*, 23.6.97.

In: "'Hello!' he says, as customers walk into the white **stucco** house, gazing through the transparent steps." *Herald Tribune*, 2.6.98.

studio

In: "But a growing number of artist's **studios** and galleries are giving even this area a new lease on life." *BusinessWeek*, 24.6.96.

In: "The corporate donations of **studio** executives...". *The New York Times*, 12.9.96.

In: "The movie musical was a mainstay of all the big **studios**." *Sunday Times*, 14.7.96.

taffeta/tafetá

In: "Carla Bruni in bird dress from Saint Laurent's collection, and, inset, velvet bolero and **taffeta** skirt from 1976 Ballets Russes collection." *Herald Tribune*, 9.6.98.

Po: "Enorme variedade de tecidos, renda strecht, liganettes, **tafetás**...". *Veja*, 22.5.96.

Po: "O estilo bolo-de-noiva dos **tafetás** pode até pipocar aqui e ali, mas está definitivamente fora de moda." *Veja*, 3.6.98.

tagliatelli

Fr: "Un délicat soufflé de homard, d'inimitables **tagliatelli** sautées." *Madame Figaro*, 27.4.96.

Po: "**Tagliatelli** ao crème de funghi secchi para quatro pessoas." *IstoÉ*, 23.7.97.

tempo

Fr: "...se déhanchent en suivant le **tempo** saccadé de la musique". *Paris Match*, 17.4.97.

In: "Yeltsin's cardiac ischemia... flared up from the high **tempo** of his work." *Time*, 28.8.96.

In: "Following the outcome of the recent election the bolshevisation of Finland is proceeding at a somewhat faster **tempo**." Goebbels, *Diaries*, 29.3.45.

In: "...she'd slow down the **tempo**, tease out the vowel sounds even further...". *Time*, 19.8.96.

In: "Microsoft shifted to Internet time, with the bombastic Ballmer beating the **tempo**." *BusinessWeek*, 15.7.96.

In: "When Palace raised the **tempo** by several notches Charlton seemed unable to make the necessary adjustment." *Daily Mail*, 13.5.96.

In: "Foreign Policy. The **tempo** will be fast and furious." *BusinessWeek*, 3.2.97.

In: "Muhammad Ali. The **Tempo** Has Slowed, But the Dance Goes On." *Herald Tribune*, 10.6.97.

In: "They love U.S. action pictures, with their size and **tempo** and assurance...". *Time*, 30.6.97.

In: "Mergers: A Quickening Takeover **Tempo**." *BusinessWeek*, 30.12.97.

In: "But he was such a musician, and as he never varied the **tempos**... one could navigate smoothly." Rasponi, *The Last Prima Donnas*.

In: "For the maestro had the opposite tendency — to hurry **tempos** and go quite fast." Rasponi, *The Last Prima Donnas*.

tenor/ténor/Tenor/Tenöre

Al: "Die 'Drei **Tenöre**' sind längst nicht die ganze Opernwelt." *Focus*, 8.7.96.

Al: "Pavarotti... um allen zu verkünden, er werde **Tenor**...". *Focus*, 8.7.96.

Fr: "Le couple... s'entoure de **ténors** de l'intelligentsia et de stars...". *Le Point*, 26.4.97.

Fr: "Sa voix était celle d'un **ténor** léger, mais elle était chaude." Painter, *Marcel Proust*.

Fr: "...de nouveaux prodiges, comme le **ténor** Andrea Bocelli". *Paris Match*, 17.4.97.

Fr: "Alain Madelin... en compagnie des autres **ténors** de la majorité...". *Le Point*, 26.4.97.

Fr: "Les **ténors** de la droite savent que, lors de l'intervention de Juppé sur France 2...". *Le Point*, 3.5.95.

Fr: "Buffo... balbutie comme un ventriloque, chante comme un **ténor**..." *L'Express*, 1.5.97.

In: "Three **tenors** with great voices *and* great charisma." *Financial Times*, 19.5.96.

In: "Bulgarian **tenor** Boiko Svetanov in dire conditions." *Herald Tribune*, 12.6.96.

In: "**Tenor**-saxophonist Joshua Redman...". *Time*, 15.7.96.

In: "...it begins to seem his **tenor** sax can do everything." *Time*, 15.7.96.

In: "Ballo sang strongly in the thankless rôle of Leicester, the **tenor** caught in the middle." *Herald Tribune*, 19.3.97.

In: "At last week's opening, the young American **tenor**, Patrick Denniston...". *Herald Tribune*, 28.5.97.

In: "The famous mezzo Maria Gay and her husband, **tenor** Giovanni Zenatello." Rasponi, *The Last Prima Donnas*.

terra-cotta/terracota/terracotta/Terrakoten

Al: "Della-Robbia-**Terrakoten** waren bei gebildeten Sammlern wie den Medici gefragt...". *Der Spiegel*, 13.7.98.

Es: "Entre las obras más sobresalientes expuestas están cinco de los más de siete mil guerreros y caballos de **terracota** del año 221 antes de Cristo." *Tiempo*, 20.7.98.

Fr: "Guerlain réinvente ***Terracotta***, poudre bronzante hydratante haute tenue." *Madame Figaro*, 26.4.97.

In: "The warm pinkish-brown glow of **terra-cotta** pots." *Herald Tribune*, 31.5.96.

In: "The vice president stood as still as a **terra-cota** warrior... in China." *Herald Tribune*, 27.3.97.

In: "Antoine Louis Barye's original **terra-cota** maquette for a tiger pouncing on a horse." *Herald Tribune*, 1.6.97.

In: "The very first lot included two of its small **terra-cota** heads, astonishingly stylized." *Herald Tribune*, 22.3.98.

In: "So too would another Etruscan **terra-cota** — the head of a a young man smiling." *Herald Tribune*, 22.3.98.

In: "The African pieces include wooden Ivory Coast masks, **terra-cotta** figures from Mali...". *Herald Tribune*, 24.5.98.

tifosi

Fr: "Damon Hill fait pleurer les **tifosi**." *Le Parisien*, 6.5.96.

Fr: "La deuxième place de Ferrari a fait la joie de milliers de **tifosi**." *Libération*, 6.5.96.

tombola

Al: "...wie der Hauptgewinn einer Männer**tombola**." *Focus*, 8.7.96.

Fr: "Football. La grande **tombola**." *Le Figaro*, 6.5.97.

torso

In: "Fashion.... cut as to close the **torso** as a bullet-proof vest." *Herald Tribune*, 9.7.96.

In: "Murdered black man. His **torso** was dumped in a ditch." *The Times*, 18.6.98.

In: "Degas's '**Torso** of a Dancer' is in a Chicago Exhibition." *Herald Tribune*, 22.11.96.

In: "...presenting tight, paper-thin jeans matched with bare **torsos**". *Time*, 7.10.96.

In: "The lieutenant pointed to his own **torso** just above the stomach." *The New Yorker*, 20.1.97.

In: "India. A police inspector stormed into a fashionable bistro and ordered the removal of designer chairs shaped like women's **torsos**." *Time*, 3.8.98.

In: "His **torso** was at the side of a country road. His head and arm were just 2 km away." *Time*, 22.6.98.

tortellini

In: "The main course was chicken breast **tortellini** and vegetables." *The New York Times*, 23.11.97.

trattoria

In: "At Ricocca, an old-style **trattoria** nearby...". *Herald Tribune*, 17.5.96.

In: "...transformed an old **trattoria** here into an agreable hotel". *Herald Tribune*, 17.5.96.

In: "His portfolio includes Quo Vadis, an old-time **trattoria** in Soho, and Café Royal." *Herald Tribune*, 15.5.98.

trio

Es: "Mantiene el **trio** Alkorta, López y Abelardo...". *El País*, 18.6.96.

Fr: "...la reprise de la Metro Goldwyn Mayer a été cédée... au **trio** formé par Frank Mancuso". *Les Échos*, 25.7.96.

Fr: "Quelques bons trotteurs... dans le **trio** urbain de la septième course." *Aujourd'hui*, 13.4.97.

Fr: "...on sent la profondeur de chant de Schubert dans son **trio**...". *Le Point*, 12.4.97.

Fr: "Ce **trio** est épaulé par un comité exécutif qui se réunit une fois par mois." *Le Figaro*, 14.4.97.

Fr: "...l'histoire tragique d'un très classique **trio**, celui de la femme, du mari et de l'amant." *Le Point*, 3.5.95.

Fr: "...les attaques conjugués du **trio** IBM, Apple et Motorola...". *Le Point*, 4.3.95.

In: "Sales were so high that the **trio's** manager was in a strong position." *Herald Tribune*, 19.5.96.

In: "Bosnia... is geographically split among a **trio** of virulent enemies." *Herald Tribune*, 14.6.96.
In: "It is fair to say, however, that none of the **trio** stood down as **captain last autumn** without a wave of relief...". *The Times*, 6.5.96.
In: "A **trio** of terrific new German two-seaters from BMW, Mercedes and Porsche." *BusinessWeek*, 28.4.97.
In: "For a grand finale the merry **trio** does the entire play again...". *Time*, 7.10.96.
In: "A **trio** of low-cost programs that create text as you speak into a microphone." *BusinessWeek*, 21.4.97.
In: "Duato, using music by Enrique Granados, came up with a male **trio** called *Remanso*." *New York*, 24.11.97.

trombone

In: "Curtis Fowlkes' swaggering **trombone**...". *Time*, 15.7.96.

tutti

In: "The chorus is more often directed as concerted individuals than as **tutti**." *Sunday Times*, 14.7.96.

tutti buona gente

Po: "Somos ***tutti buona gente***, mas não passamos de predadores...". **Roberto Campos**.
Po: "**Tutti buona gente**. A Máfia continua poderosa no sul da Itália. Veja o número de membros das principais famílias mafiosas da região." *Veja*, 3.6.98.

tutti frutti

In: "Tapie has lost his rich tan, his **tutti frutti** voice...". *Herald Tribune*, 28.8.96.
Po: "Luiza Almeida Braga... com brincos enormes que lembravam o ***tutti frutti*** de Cartier." *O Globo*, 12.5.97.

tutti quanti

Fr: "De Gaulle: 'Quant aus Pays-Bas, aux Scandinaves et ***tutti quanti***, ils sont des satellites de l'Angleterre. Ce sont des poupées russes'." Peyrefitte, *C'était de Gaulle*.
Fr: "Bref, il s'était mis à philosopher, déclin de l'Occident et ***tutti quanti***." **Giroud**, *Le Bon Plaisir*.
Po: "O que eu queria dizer eram todos, sem exceção, **tutti quanti**." **Faria**, *Reminiscências*.

vendetta/vendeta/Vendetta

Al: "Schon der Name der Autorin klingt nach Blutrausch und **Vendetta**." *Der Spiegel*, 14.9.98.
Fr: "Pompidou: 'Le régime? Assassiner le Général, ce n'est qu'une forme de vengeance, c'est la **vendetta** à l'état pur: 'On a perdu, on aura sa peau!'." Peyrefitte, *C'était de Gaulle*.
Fr: "Noelle ou le refus du '**vendettariat**'. Noelle Vincensini ressuscite les 'pacere', qui tentaient de mettre fin aux **vendettas** familiales." *Libération*, 2.4.96.
Fr: "Corse: Une **Vendetta** Liée au Drame de Furiani?" *Le Point*, 30.12.94.
Fr: "...pour abattre Filippi et faire croire à une **vendetta** liée au drame". *Le Point*, 30.12.94.
Fr: "...cette love story sur fond de **vendetta** yakusa finit par emporter le morceau". *Libération*, 7.3.97.
Fr: "**Vendetta**: Une chose est sûre, les mafieux, eux, n'ont pas **hésité longtemps avant** d'accepter le contrat." *Le Monde*, 30.5.98.
In: "Clinton Implies He is Subject of a **Vendetta**." *The New York Times*, 24.9.96.
In: "Puzo takes his **vendetta** to comic climax...". *Time*, 26.8.96.
In: "***Vendetta*** — *American Express and the Smearing of Edmond Safra*." **Título de publicação de** Bryan Burrough, 1992.

In: "'**Vendetta**' Cry and Fireworks Outside Court." *Herald Tribune*, 22.7.96.

In: "He claimed that Marshes had conducted a **vendetta** against him...". *Daily Mail*, 13.5.96.

In: "Van der Biest... ordered Cools killed in a political **vendetta**..." *Time*, 23.9.96.

In: "Starr's investigation is a full-speed, partisan **vendetta**." *Time*, 23.2.98.

In: "Ms. Bhutto's husband says the charges that he took millions in bribes are part of a political **vendetta**." *The New York Times*, 9.1.98.

In: "A teenage girl waged a terrifying year-long **vendetta** against her former boss after he sacked her for being persistently late." *Daily Mail*, 18.6.98.

Po: "Joca foi assassinado no estilo das **vendetas** da Máfia." *Veja*, 9.4.97.

vibrato

In: "Glen, who sings in a high baritone with a pleasant **vibrato**...". *Sunday Times*, 14.7.96.

In: "...usually made for gut strings and minimum **vibrato**." *The Times*, 18.7.96.

In: "They are doing away with the **vibrato** ; the sound must be concentrated and smooth." Rasponi, *The Last Prima Donnas*.

In: "Gwyneth Jones has too much **vibrato**, and as a result she records far less than others." Rasponi, *The Last Prima Donnas*.

In: "Too much **vibrato** can be dangerous, but none does away with all emotional impact." Rasponi, *The Last Prima Donnas*.

villa/Villa

Al: "**Villa** Borsig: Sitz der Deutschen Stiffung für Internationale Entwicklung in Berlin." *Focus*, 8.7.96.

Fr: "Au coeur du vieux bourg de Castelo di Cordovado, une '**villa**' de la taille d'un palais." *Le Monde*, 11.4.96.

Fr: "...se déploie dans une splendide **villa**, encore protégée des fracas du monde". *Libération*, 29.4.97.

Fr: "...le nouveau quartier pour jeunes cadres, étale **villas** coquettes et immeubles blancs...". *Le Point*, 3.5.95.

Fr: "Dans les salons des jolies **villas** fleuries de Gammarth...". *Le Point*, 3.5.95.

Fr: "Hongkong. Chan a tout prévu. Il a vendu **villa**, voiture, magasin." *Le Point*, 14.6.97.

In: "The **villa's** most famous occupant was Mussolini's mistress." *Herald Tribune*, 17.5.96.

In: "Twice a week, he calls a friend... to check on whether a buyer had been found for his **villa**." *Daily Mail*, 13.5.96.

In: "Terrorism. But as the incident in Goust's **villa** suggests...". *BusinessWeek*, 11.11.96.

In: "They started rehearsals at her **villa** in suitably enough the south of France." *Herald Tribune*, 26.6.96.

In: "Reports spread that Italian and Russian organized crime barons were buying up **villas**... in southern France." *Herald Tribune*, 26.2.96.

In: "Robert De Niro: 'My name was in the address book and someone had seen me in a **villa**'." *Herald Tribune*, 25.2.98.

Po: "...lhe tomaram seis semanas numa ***villa*** de Bracciano". *Veja*, 29.5.96.

violoncello

Fr: "Quel sponsor trouverait à Pernoo les 800 000 francs du **violoncello** qu'il convoite?" *Le Point*, 12.4.97.

Fr: "Le quatuor à cordes [deux violons, un alto, un **violoncello**] fut d'abord la musique du pauvre." *Le Point*, 10.5.97.

Fr: "Toscanini a écrit la légende des chefs d'orchestre en sautant hors de la fosse, où il jouait du **violoncello**, pour prendre la baguette du chef défaillant...". *Le Point*, 1.7.95.

virtuoso/virtuose/virtuosity

Al: "Patrick Süskind — das ist für mich der **virtuoseste** Umgang mit der Sprache." *Focus*, 8.7.96.

Al: "Das Ende der Florentiner Werkstatt kam, als 1529 der **virtuose** Eklektiker Giovanni della Robbia starb...". *Der Spiegel*, 13.7.98.

Al: "...und als Zehnjähriger galt er schon als Klavier**virtuose**". *Madame*, mai. 1996.

Fr: "'Les femmmes...', avait déclaré l'ex-**virtuose** du lancer...". *Le Point*, 20.5.95.

Fr: "Le gentil Zinedine n'a pourtant rien d'un farouche combattant: c'est un **virtuose**, un maître de l'arabesque...". *Jeune Afrique*, 13.5.97.

Fr: "...l'offre est venue de Paul Meyer, **virtuose** absolu et jeune musicien...". *Libération*, 16.5.97.

In: "The prize for **virtuosity**, though, goes to Boris Yeltsin." *Time*, 1.7.96.

In: "...as amazing as Rimes' vocal **virtuosity**". *Time*, 19.8.96.

In: "Pianist Earl Wild harks back to the Golden Age of keyboard **virtuosos**." *Time*, 4.12.95.

In: "A **Virtuoso** Who Plays It Safe." *The New York Times*, 22.9.96.

In: "With Gerald McChrystal as **virtuoso** saxonist...". *Sunday Times*, 14.7.96.

In: "Women would become real **virtuosos**." *Time*, 12.8.96.

In: "Macy's. But not even such **virtuoso** verbal pummeling could stave off its creditors." *BusinessWeek*, 9.12.96.

In: "Ryan Giggs... then finishing off the display with a **virtuoso** goal of his own." *The Times*, 6.5.96.

In: "Hilfiger is a marketing **virtuoso**." *Time*, 16.9.96.

In: "He is a draper of **virtuoso** skill, and his creations have formidable elegance." *Time*, 7.10.96.

In: "Mitsuko Uchida is a **virtuoso** with a sense of humour...". *Herald Tribune*, 9.4.97.

In: "Giambattista Tiepolo, Venetian **Virtuoso**." *Time*, 3.2.97.

In: "...played... for the first time since the famed **virtuoso**'s death in 1840". *Time*, 9.9.96.

In: "Heeeeere's Yo-Yo Ma, the postmodern **virtuoso**!" *Time*, 16.3.98.

In: "The two uncanny lifelike busts of the epicurean Cardinal Scipione bear early witness to the efficacy of this **virtuoso** approach." *Herald Tribune*, 14.6.98.

In: "Like that renowned **virtuoso** Eric Morecambe in his performance of the Grieg Piano Concerto [conductor: A. Previn], Hans Liberg plays all the right notes but not necessarily in the right order." *The Times*, 18.6.98.

vista

In: "From where we were, a magnificent **vista**." CNN TV, 12.5.96.

In: "For America, Asia Summits Offer a **Vista** Beyond Trade." *Herald Tribune*, 27.11.96.

zucchini

In: "...such treats as stir-fried chicken instead of **zucchini** stuffed with garbanzo beans". *BusinessWeek*, 21.4.97.

Po: "A maneira de fazer um bom **zucchini** alla griglia começa com...". *O Globo*, 25.5.97.

5

Do espanhol

Para não sobrecarregar o texto com transcrições em cirílico, as citações dos autores russos aparecem traduzidas para o francês ou inglês e situadas entre colchetes. As palavras em espanhol no texto estão em **negrito.**

As palavras espanholas nos textos das demais línguas estão também em **negrito,** romano ou itálico, segundo os originais.

Diante de cada citação, figura uma indicação abreviada da língua: *Al* (alemão), *Fl* (flamengo), *Fr* (francês), *In* (inglês), *It* (italiano), *Ne* (neerlandês), *Po* (português), *Ru* (russo).

aficionado/afficionado

Fr: "Dans les pays... où l'on compte 50% 'd'**aficionados**' comme en Belgique...". *Aujourd'hui,* 13.4.97.

Fr: "Les véritables **aficionados** du rock progressif auront pris soin d'aller voir...". *Libération,* 5.5.97.

Fr: "La venue en France de la réincarnation de Bouddha a sonné le rassemblement de ses **aficionados**." *L'Événement du jeudi*, 14.5.97.

Fr: "Une association d' '**aficionados** de toros' avait organisé une corrida privée au cours de laquelle quatre bêtes avaient été mises à mort." *Le Figaro*, 20.6.97.

In: "This week-end, 70,000 gardening **afficionados** are expected...". *Herald Tribune*, 31.5.96.

In: "Berlin. The move will probably hearten the cold war **aficionados** who thrill to the memory of the watchtowers." *The New York Times*, 12.9.96.

In: "Light up your Light with Cigar **Aficionado**". *The New York Times*, 15.9.96.

In: "**Aficionados** of the earlier series may ponder the wisdom of...". *The Times*, 6.5.96.

In: "New Mac clones give **aficionados** more options." *BusinessWeek*, 2.9.96.

In: "...the more adventuresome Vespa **aficionados** have ridden their scooters...". *Time*, 23.9.96.

In: "Akiyuki Nosaka, a novelist and sumo **aficionado**, says the sport is fundamentally...". *Time*, 30.9.96.

In: "Fishing: Larry Larsen... guru to a rapidly growing community of **aficionados**." *Time*, 30.9.96.

In: "Opera **aficionados** disagree, and are fighting hard to arrest... the decline...". *Herald Tribune*, 28.5.97.

In: "Evan Aurand is an electrical engineer trained at the University of California at Berkeley, a guitarist, and a vacuum-tube equipment **aficionado**." *BusinessWeek*, 30.3.98.

In: "Despite such disaster stories, cyberdating **aficionados** say their approach is safer than meeting 'offline' [i.e. in person]." *Newsweek*, 3.8.98.

armada/Armada

Fr: "Sport: La revolte gronde contre **l'armada** Mapei." *Aujourd'hui*, 13.4.97.

Fr: "Iridium. 61 autres engins seront lancés par des fusées chinoises, russes et américaines pour compléter cette **armada** sans équivalent." *Libération*, 5.5.97.

Fr: "Coupe du monde de tennis. L'**armada** des espagnols se rêve invincible." *Libération*, 26.5.97.

Fr: "Football. Au retour de la pause, les acteurs rejouaient le même scénario, l'**armada** brésilienne venant buter sans cesse sur la defense anglaise...". *Le Figaro*, 11.6.97.

Fr: "Hongkong 1997. Une **armada** de firmes s'envolent." *L'Express*, 12.6.97.

Fr: "Mille milliards de mille sabords. Brest 96: l'**armada** de rêve." *Le Nouvel Observateur*, 24.7.96.

Fr: "Sissi... toute une **armada** est à son service, sans compter l'équipage sur le yacht en contrebas et les messieurs moustachus au fort accent de Vienne." *Paris Match*, 6.8.98.

In: "News Corp. Executives were calling Chairman Rupert Murdoch's fleet of satellites a 'cosmic **armada**'." *BusinessWeek*, 26.5.97.

In: "Perhaps his own executives doomed Sky early on, when they called the fleet of satellites Murdoch's 'cosmic **armada**'. The Spanish **Armada** was a fearsome force, to be sure. But it sank." *BusinessWeek*, 26.5.97.

In: "Informatics. The European Union, for example, uses them as a productivity booster for its **armada** of 1,800 human translators who deal with thousands of pages of documents." *Herald Tribune*, 19.3.98.

In: "A year after *Rent*, Broadway's vets are back with a floating [and sinking] **armada** of new musicals." *Time*, 26.5.97.

In: "These Bodynets will link a personal **armada** of tiny silicon chips — buried in shoes, belts, and credit cards." *BusinessWeek*, 9.5.97.

In: "Frank Gehry's computer-generated final model for the Lewis residence, inspired... by 'an **armada** floating in the mist'." *Herald Tribune*, 8.6.97.

In: "The United States deployed an **armada**, concerned nations cajoled the recalcitrant Iraqis, and Baghdad backed down on U.N. arms inspections." *Herald Tribune*, 24.2.98.

In: "Commander Semenov wrote: 'The **armada** only managed with difficulty to maintain something in the shape of a formation even in clear weather'...". Warner, *The Tide at Sunrise*.

arroyo

Fr: "Chenal ordinairement à sec, que les fortes pluies tropicales transforment en cours d'eau momentané. On rencontre des **arroyos** en Indochine, au Brésil, etc.". Colin, *Trésors des mots exotiques*.

Fr: "Il ne pleut [à Tucson, en Arizona], nous affirme-t-on, que 15 à 20 jours par an, des pluies diluviennes, et les **arroyos**, à sec la plupart du temps... se gonflent au point d'emporter et de démolir les autos qui s'y risquent et de noyer chevaux, hommes ou bétail." Simenon, *Mémoires*.

In: "Historically, the **arroyo** has been of great importance to Pasadena...". *The New York Times*, 31.12.98.

banderilla/banderille

Fr: "Et le voilà qui s'exerce à planter sur le monstre de l'inflation les **banderilles** de sa vigilance. Ce n'est pas encore l'estocade, mais il est clair qu'il s'y prépare." Peyrefitte, *C'était de Gaulle*.

bolero

Fr: "Sa vraie passion a toujours été le **Bolero** de Ravel." Lins, *Almanaque*.

In: "Among the works that Whitney left... Toulouse-Lautrec's 'Marcelle Lender Dancing the **Bolero** in Chilperic', painted in 1895 and 1896." *Herald Tribune*, 1.4.98.

In: "A detail of Toulouse-Lautrec's **Bolero** dance." *Herald Tribune*, 1.4.98.

In: "Fashion. It started strong and clear, with a new take in tailoring: brief **bolero**-length, square sleeved jackets and bloused tops." *Herald Tribune*, 7.4.98.

In: "Fashion. Geoffrey Beene's **bolero** jacket over jumpsuit." *Herald Tribune*, 7.4.98.

In: "Carla Bruni in bird dress from Saint Laurent's collection, and, inset, velvet **bolero** and taffeta skirt from 1976 Ballets Russes collection." *Herald Tribune*, 9.6.98.

In: "Fashion. A white shirt with a flying panel: a **bolero** with a knotted tail." *Herald Tribune*, 24.7.98.

bonanza

In: "'Goat Sucker' Proves **Bonanza** for Mexico's Press." *Herald Tribune*, 14.5.96.

In: "Fund's **Bonanza** Raises Taxing Problem." *Herald Tribune*, 23.6.96.

In: "The published text has sold 60 000 copies... a **bonanza** for such a literary work." *Herald Tribune*, 22.4.97.

In: "National Power investors delighted with dividend **bonanza**." *Financial Times*, 19.5.96.

In: "Money managers are enjoying at least a short **bonanza**." *Herald Tribune*, 20.5.96.

In: "The resulting clash could be a **bonanza** for consumers." *BusinessWeek*, 24.6.96.

In: "Looking for a **Bonanza**, Finding Quicksand." *BusinessWeek*, 5.8.96.

In: "Some forecasters predict a demographic **bonanza** that could boost prices of stocks." *BusinessWeek*, 15.7.96.

In: "No profits **bonanza**, despite Intel's bravura performance." *BusinessWeek*, 28.7.97.

In: "Capital Gains Change could Be **Bonanza** for Homeowners." *The New York Times*, 22.9.96.

In: "For investment bankers, an M&A **bonanza**." *BusinessWeek*, 18.11.96.

In: "He dazzled Clinton... predicting that a deficit cut would produce a **bonanza** in the form of lower interest rates." *BusinessWeek*, 10.3.97.

In: "Taxpayers reap a February **bonanza**." *BusinessWeek*, 24.3.97.

In: "Europe fully deregulates air travel. Passengers could get a **bonanza**." *BusinessWeek*, 31.3.97.

In: "Shopper's **Bonanza** At The Limited." *BusinessWeek*, 23.9.96.

In: "Oil. Yet in practice, the **bonanza** often brings epic misery in its wake." *Time*, 26.5.97.

In: "Banking. A $60 billion **bonanza** for Britons as building societies go public." *BusinessWeek*, 21.7.97.

In: "A Coin **Bonanza** in Europe: billions of coins needed for the common European currency." *The New York Times*, 28.12.97.

bravado

In: "Insensitive as ever to the full implications of his **bravado**, William II vanished on a cruise to Norwegian fjords." Kissinger, *Diplomacy*.

In: "Still, behind all this **bravado** is a sense of desperation." *BusinessWeek*, 1.7.96.

In: "A sort of **bravado** — an air of affected unconcern." Jane Austen.

In: "**Bravado**'s the Word as Portugal Falls to Czechs." *Herald Tribune*, 24.6.96.

In: "It was bundled out of Euro 96 by an unlikely piece of Brazilian **bravado**...". *Herald Tribune*, 24.6.96.

In: "The Hectors & **bravadoes** of the House." Samuel Pepys, 1633-1703.

In: "All Greece needs to become an EMU star is **bravado** — and some good PR." *BusinessWeek*, 21.10.96.

In: "'...I will do it the way I want to do it', Flatley says with characteristic **bravado**." *Time*, 31.3.97.

In: "Hong Kong. Selling the jewels. Such **bravado** has been Wu's trademark." *BusinessWeek*, 4.8.97.

In: "The BJP reacts with typical **bravado**, saying that sanctions will only help India become 'self-reliant'." *BusinessWeek*, 29.6.98.

In: "Callow is a memorable if not mesmeric Falstaff... but unable to capture the joyous **bravado** of the best I ever saw, Anthony Quayle." *Herald Tribune*, 19.8.98.

In: "'I'll last the course. Look at Rubinstein — he lived till he was 97'. Such **bravado** is admirable; nonetheless, Deutsche broke down twice...". *The Times Magazine*, 1.8.98.

buena-dicha

Po "...irreconhecível com os longos brincos... oferecendo-se para ler a ***buena-dicha***". Soares, *O xangô de Baker Street.*

cafeteria/caffeteria/cafétéria

Fr: "Une centaine de clients braqués dans une **cafétéria**." *Libération*, 4.3.97.

Fr: "Le carré d'art... aux espaces amples et ouverts, surplombés d'une **cafétéria**-restaurant qui domine bien la ville." *Marianne*, 25.5.97.

In: "Suddenly the room looked less like a school **cafeteria** and more like a restaurant." *The New York Times*, 23.11.97.

It: Nella foto, l'immenso spacio che ospiterà la **caffeteria**." *Corriere della Sera*, 9.4.96

caliente

Po: "Cinema. Sexo à inglesa. Uma adaptação ***caliente*** de Henry James." *Veja*, 11.3.98.

camarilla

Fr: "Il... avait l'impression que le mot **Camarilla**... était un terme technique pour désigner une forme particulière de perversion." Painter, *Marcel Proust.*

In: "In any case, following my instinct and my sound common sense, I believe we may assume that the Roman **camarilla** intends to get out of the war in some elegant manner." Goebbels, *Diaries*, 27.7.43.

cañon/canyon/cânion/canyoning

Fr: "La haute rive creusée de petits **cañons** coulait jusqu'aux rochers." Jean Monod, *Un riche cannibale.*

Fr: "Clandestine elle aussi, America partage son campement dans le **canyon** et c'est en elle que réside la vrai force...". *L'Événement du jeudi*, 14.5.97.

Fr: "...société qui les condamne, lui et sa femme, à se terrer au fond d'un **cañon**, dans une hutte sordide". *L'Express*, 29.5.97.

Fr: "Sur la rive gauche, dos tourné au grand-**canyon**, c'est Trigance qui... parle encore de silence, d'harmonie, de fusion avec le paysage rude et orgueilleux." *Geo*, jun. 1998.

Fr: "Le **canyon** de Verdon est une profonde échancrure de roches ocre et sable, érodées et torturées." *Geo*, jun.1998.

Fr: "La descente vers Barranco Camp serpente au fond d'un gigantesque **canyon**, le Gran Barranco." *Le Figaro Magazine*, 8.8.98.

In: "...capable of treversing **canyons** and crossing deserts". *Herald Tribune*, 17.5.96.

In: "The dig where *Homo antecessor* made his first and so far only appearance is notched a few stories up into the wall of a **canyon** that is really an abandoned railway trench." *Discover*, dez. 1997.

In: "It's a salvage operation extending from Jakarta's Jalan Sudriman financial strip to the concrete **canyons** of Tokyo's Ohtemachi banking quarter." *BusinessWeek*, 20.7.98.

In: "A Lost **Canyon** Beckons And Pasadena Responds." *The New York Times*, 31.12.98.

Po: "**Cânions** e cavernas de Peruaçu: parque com dinheiro da Fiat." *Veja*, 3.6.98.

Po: "Quem sabe neste verão você não começa a praticar **canyoning** (a descida de cachoeiras sustentada por cordas)?" *Veja*, 23.12.98.

caudillo

Fr: "...les **caudillos** balkaniques ne réveillent pas de vieux démons: ils en inventent de nouveaux". *Le Point*, 12.11.94.

Fr: "Mais le dispositif du **Caudillo** avait omis de spécifier l'interdiction de le chanter." *L'Express*, 15.5.97.

Fr: "Getulio Vargas... une carrière commencée comme ***caudillo*** du Rio Grande do Sul." Carelli, *France-Brésil: Bilan pour une relance*.

Fr: "Brésil. Une règle édictée par le législateur à la fin de l'époque coloniale et qui devait théoriquement interdire aux **caudillos** de se perpétuer à la tête de l'État." *Le Point*, 14.6.97.

chili

In: "Glory at What Price? Pot of **Chili** or 90 Seconds of Duch Calls." *Herald Tribune*, 4.11.96.

In: "On the Web... a popular destination for **chili** lovers everywhere...". *BusinessWeek*, 23.9.96.

In: "Before she can say 'red-hot **chili**', Anita jumps into bed with a local flake." *Time*, 27.10.97.

chinchilla

In: "**Chinchilla** is said to be more chic than mink though personally it reminds me of unborn burlap." Patrick Dennis, em *Life*, 7.12.62.

churrasco

Po: "Lula participou do **churrasco**, mas no seu rigor físico-estético de quem virou ONG." *Veja*, 26.6.96.

cojones

In: "'At last', says a former diplomat in the Reagan and Bush State Departments, borrowing from Albright's well-known diatribe against Castro last year, 'we have a Secretary of State with **cojones**'." *Time*, 16.12.96.

In: "Cinema. A woman gasped and shook her head in disgust; another, supplying a retort for Christine, said, 'I feel like cutting your **cojones** off'." *Time*, 27.10.97.

conquistador

Fr: "Le traité franco-allemand a été signé la veille. De Gaulle parle en représentant conquérant du nationalisme européen — nouveau ***conquistador*** entraînant les Européens." Peyrefitte, *C'était de Gaulle*.

Fr: "Sur les traces des **conquistadors**: Les Incas avaient appelé la fabuleuse ville bolivienne de Potosi 'la reine des montagnes'." *Le Figaro Magazine*, 29.5.98.

In: "Like latter-day **conquistadors**, global media companies...". *Herald Tribune*, 13.5.96.

In: "The New **Conquistadors** in Latin America." *BusinessWeek*, 16.6.97.

In: "Microsoft executives visited Netscape's office park in Mountain View, California, and, like **conquistadores** carving up the New World, offered to split this emerging market." *Time*, 1.6.98.

corrida

Fr: "...estime qu' *'une pleine page de **corridas**, c'est vraiment beaucoup'...*". *Le Monde*, 5.5.97.

Fr: "Ce n'est pas la première fois que *Le Monde* s'intéresse à la **corrida**...". *Le Monde*, 5.5.97.

Fr: "Il ne nous paraît pas indispensable, chaque fois que nous rendons compte d'une **corrida**, de relancer le débat." *Le Monde*, 5.5.97.

Fr: "Gérard Hernandez... mène cette comédie comme una **corrida**." *Paris Match*, 29.5.97.

Fr: "Les amateurs de **corrida** en appellent aux traditions." *Le Figaro*, 20.6.97.

Fr: "Une association d''aficionados de toros' avait organisé une **corrida** privée au cours de laquelle quatre bêtes avaient été mises à mort." *Le Figaro*, 20.6.97.

desperado

Fr: "De Gaulle: 'Ce sont quelques ***desperados***. Le nombre de tueurs est limité'." Peyrefitte, *C'était de Gaulle*.

Fr: "Ils buvaient de la bière **Desperados** et fumaient du haschisch, j'ai reconnu l'odeur." *L'Événement du jeudi*, 14.5.97.

Fr: "Bernanos, **desperado** inspiré. On célèbra le cinquantième anniversaire de sa mort." *Le Figaro Magazine*, 21.3.98.

In: "Nuclear **Desperadoes** of the New Millennium." *Herald Tribune*, 12.5.96.

In: "Phoolan Devi, onetime **desperado**, is leading a crusade in Uttar Pradesh." *Herald Tribune*, 7.5.96.

don Juan/Don Juan/don-juan

Fr: "Il peut venir pour Johnny Depp, son jeune comparse de **Don Juan** De Marco, qui présente son premier film...". *L'Express*, 8.5.97.

Fr: "Les ***don Juans*** ne sont plus ce qu'ils étaient." *Le Figaro Magazine*, 14.3.98.

Fr: "**Don Juan** nous séduira toujours: aux côtés de Casanova et de Valmont, il occupe à plein temps un petit coin de notre cœur." *Le Figaro Magazine*, 14.23.98.

Fr: "Casanova. A l'inverse de la stratégie de **Don Juan**, il est toujours en complicité avec la femme qu'il a séduit." *L'Express*, 6.8.98.

In: "**Don Juan** Tenorio, the legendary hero of many plays, poems, stories and operas, was the son of a notable family in 14th century Seville. The story is that he killed the commandant of Ulloa after seducing his daughter. He then invited the statue of the murdered man [erected in the Franciscan convent] to a feast, at the end of which the sculptured figure delivered him to Hell." Evans, *Brewer's Dictionary of Phrase and Fable*.

In: "Brigitte Bardot... her second husband's tell-all memoirs, in which he laments being 'trapped by a small **Don Juan** in a skirt'." *Herald Tribune*, 11.6.97.

In: "Pruys says that Goethe's reputation as a dashing **Don Juan** is largely a myth." *Herald Tribune*, 17.9.97.

Po: "Sem jactar-se de **don-juan**, comia as melhores." Amado, *Tieta do agreste*.

Po: "Alexandre Grendene, de 47 anos, o **don-juan** dos pampas." *Veja*, 19.11.97.

Don Quijote/Don Quixote/Don Quichotte/Dom Quixote/don Chisciotte/quixotic

Al: "Der von Geld und Ideen überquellende Glücksritter der neuen Zeit wurde zum **Don Quixote** der verlorenen Erinnerung." *Frankfurter Allgemeine Zeitung*, 12.9.98.

Fr: "Gabriel García Márquez, le **Don Quichotte** de l'Espagnol." *Le Point*, 19.4.97.

Fr: "...ses biographes du romantisme de Byron et de l'idéalisme de **Don Quichotte**". *Le Nouvel Observateur*, 11.6.97.

Fr: "À la question 'Quel est votre personage de roman préféré, Bernanos écrivait: **'Don Quichotte'**." *Le Figaro Magazine*, 21.3.98.

In: "Gorbachev is waging a **quixotic** race for Russia's presidency." *Time*, 27.5.96.

In: "Mr. Gorbachev sometimes conducts his **quixotic** election bid with an air of martyrdom." *Financial Times*, 19.5.96.

In: "So Gassée, 52, is back to being the **Don Quixote** of the computer industry." *BusinessWeek*, 17.2.97.

In: "...the popular impression has grown that France is the **Don Quixote** of the modern world, battling beastly, inexorable economic trends with a Gallic shrug...". *Time*, 7.7.97.

In: "Mr. Fujita... played the key rôle in a **quixotic** plan by Japanese military commanders to put pressure on America's home turf in WW II." *Herald Tribune*, 3.10.97.

In: "The season's opening performance of the comic ballet *Don Quixote*...". *Time*, 28.7.97.

In: "Jerry Seinfeld, who is to anti-romance what **Don Quixote** was to the real thing...". *Time*, 21.10.96.

In: "In 1991, Peter Eigen, the World Bank's resident director for East Africa, seemed na unlikely candidate to become a latter-day **Don Quixote** fighting against waste and corruption." *Time*, 22.6.98.

It: Alto e asciutto, profilo da hidalgo o da **don Chisciotte**, il maestro...". *Corriere della Sera*, 11.8.98.

Po: "— Aqui estamos, **Dom Quixote**, esse velho birrento, nosso avô...". Amado, *Farda, fardão, camisola de dormir*.

Po: "Ed Morte... não sendo um **Dom Quixote**, seu desajuste é, por assim dizer, 'ajustado' a uma realidade que nos faz rir." *Folha de S. Paulo*, 18.6.97.

El Dorado/eldorado/Eldorado

Fr: "Naipaul: dernier ouvrage en français: 'La perte de l'**Eldorado**' — Plon. " *Le Point*, 19.4.97.

Fr: "L'Angleterre, **Eldorado** des cinémas new age?" *Libération*, 30.4.97.

Fr: "La France est-elle un **eldorado** ouvert à tous?" *Le Figaro Magazine*, 9.3.96.

Fr: "'... cessez de leur faire croire que la France est un **eldorado** où il fait bon vivre pour pas cher...". *Le Figaro Magazine*, 9.3.96.

Fr: "Mais si Bakou fait figure de nouvel **eldorado**, le conflit encore non réglé du Karabakh est une véritable épée de Damocles." *Le Point*, 26.5.97.

Fr: "La frontière mexicaine... l'**eldorado** n'est pas impénétrable...". *Le Nouvel Observateur*, 11.6.97.

Fr: "L'émigration, légale ou clandestine, de centaines de milliers de Mexicains vers **l'eldorado** nord-américain." *Le Nouvel Observateur*, 11.6.97.

Fr: "Numérique. **L'eldorado** des images." *Le Figaro Magazine*, 13.6.97.

Fr: "Chine, dernier **eldorado** commercial." *Le Figaro Magazine*, 10.4.98.

In: "Where can I find a good, used Cadillac **Eldorado**?" *Herald Tribune*, 16.5.96.

In: "Kazakstan... would make it an **El Dorado** for ressource-hungry Western investors." *Herald Tribune*, 23.6.96.

In: "The mirage of Moscow as a longed-for **El Dorado** has greatly dimmed." *Time*, 27.5.96.

In: "Banking.... it's no wonder BBV and Santander are slugging it out in the land of **El Dorado**." *BusinessWeek*, 16.6.97.

In: "Is the Caspian an Oil **El Dorado**?". *Time*, 29.6.98.

In: "*The American Dream*. Maybe I can pass it on to you: 'In this new **Eldorado** there's free avocado'." *Sunday Times*, 2.8.98.

embargo

Al: "Wenn die US-Regierung wirklich ein Ende der nordkoreanischen Rüstungsexporte wolle, müsse sie das Wirtschafts**embargo** gegen Nordkorea...". *Die Welt*, 17.6.98.

Fr: "Vache folle. Londres veut la levée totale de l'**embargo**." *Le Figaro*, 6.6.96.

Fr: "**L'embargo** sur les bovins britanniques réexaminé par les européens." *Le Monde*, 11.4.96.

Fr: "Londres veut la levée de **l'embargo** sans contrepartie." *Le Parisien*, 24.4.96.

Fr: "La Grande Bretagne va contester **l'embargo** devant la Cour européenne." *Libération*, 17.4.96.

Fr: "Les Américains ne souhaitent pas lever l'**embargo** sur les armes à destination de la Bosnie." *Le Point*, 24.9.94.

In: "Tanzania and Kenya have imposed a tight **embargo** on the central African state." *Herald Tribune*, 8.8.96.

In: "Clinton wants to limit new **embargo** on Cuba." *Herald Tribune*, 8.5.96.

In: "Mr. Clinton's public support for UN sponsored **embargo** against Bosnia." *Herald Tribune*, 13.5.96.

In: "U.S. Isolated in the Americas for Tighter **Embargo** Against Cuba." *Herald Tribune*, 7.6.96.

In: "Mexico's tuna fleet has shrunk by half since the **embargo** began." *BusinessWeek*, 17.6.96.

In: "Azerbaijan... and Turkey are squeezing Armenia in a cruel joint **embargo**." *Herald Tribune*, 2.8.96.

In: "...sanctions on firms that break the existing U.N. **embargoes** against Libya". *Herald Tribune*, 24.7.96.

In: "Mandela was escorted by Libyan officials across the border by road, sidestepping an air and military **embargo**." *Herald Tribune*, 23.10.97.

It: La Francia decreta l'**embargo** sulla carne inglese." *La Stampa*, 7.4.96.

escapada/Eskapaden

Al: "CSU. Nach den jüngsten **Eskapaden** ihrer Wahlkampfmanager will die Bonner Landesgruppe in Kloster Banz die Partei wieder auf Touren bringen." *Focus*, 6.7.98.

estampido/stampede

In: "After the **stampede**, the stock-taking." *Financial Times*, 19.5.96.

In: "Personal Bankruptcy: How to Slow the **Stampede**." *BusinessWeek*, 9.9.96.

In: "15 Die in a South Africa **Stampede**." *Herald Tribune*, 1.8.96.

fiesta

Fr: "Sport: **Fiestas** de marins." *Aujourd'hui*, 13.4.97.

Fr: "...ce fut, pour quelques élues, une **fiesta** sans pareille de l'esprit et des sens". *Le Point*, 19.4.97.

Fr: "...fera passer la petite **fiesta** diplomatique et mondaine des origines à la grand-messe cinématographique d'aujourd'hui". *Le Point*, 3.5.95.

Fr: "...musiciens populaires... viennent louer leurs services pour une ***fiesta***". *Le Point*, 25.2.95.

In: "**Fiesta** For the Foreign Veterans of Spain." *Herald Tribune*, 11.11.96.

In: "Finance. Flat screen **fiesta**. The NYSE invested $1.2 billion in technology to keep trades running smoothly." *BusinessWeek*, 11.8.97.

flamenco

Fr: "Il y a du duende dans ses danses. Ce terme, dont on qualifie parfois le **flamenco**, dit toute la séduction ensorceleuse qu'exerce le chorégraphe." *L'Événement du jeudi*, 28.5.97.

Fr: "Théâtre de la Madeleine: Un Cid **flamenco**." *Le Figaro*, 20.3.98.

Fr: "En dehors de l'Andalousie, le **flamenco** semble avoir perdu en profondeur et en pureté." *Le Figaro*, 18.4.98.

Fr: "Les rencontres du sud. Le **flamenco** s'électrise." *Libération*, 18.7.98.

Fr: "Le **flamenco** vibre partout, sur la plage, dans les bars et les processions." *Geo*, jun. 1998.

Fr: "Le **flamenco** c'est le staccato de la nuit." *Geo*, jun.1998.

In: "The **Flamenco** Tradition. Cristina Hoyos Tends the Flame of Iberia." *Herald Tribune*, 15.10.97.

In: "Hoyos grew up in Seville, weaned on **flamenco** songs played on the family radio." *Herald Tribune*, 15.10.97.

Po: "Nova cara para o **flamenco**." *Veja*, 19.11.97.

Po: "Três discos embolados sob o título *The Passion & Dazzling Virtuosity of* ***Flamenco***." *O Estado de S. Paulo*, 11.11.97.

flotilla

In: "A U.S. Navy and Coast Guard **flotilla** continued to crisscross...". *Herald Tribune*, 24.7.96.

In: "Last week, hoisted by a **flotilla** of 11 salvage ships...". *Time*, 12.8.96.

In: "Amid a cinematic **flotilla** of alien invasions, *The English Patient*...". *Time*, 23.12.97.

In: "Malaysia Blocks a **Flotilla** Of Indonesian Job-Seekers." *Herald Tribune*, 24.3.98.

In: "Two days before the Anglo-French **flotilla** had reached the Taku forts that guard the river approaches to Tientsin on the Pei River, Ignatiev arrived in Peking with a new Russian draft treaty." Warner, *The Tide at Sunrise*.

In: "Japan. Two destroyer **flotillas**, two torpedo boat **flotillas**, and a dispatch boat made up the rest of his fleet." Warner, *The Tide at Sunrise*.

In: "The Russians sent out signals to bluff the Japanese into thinking they were using submarines, such as: 'The First Submarine **Flotilla** is to come back,' and 'Second Submarine **Flotilla**, stop where you are!'." Warner, *The Tide at Sunrise*.

gala/Gala

Al: "Das Philarmonische Staatsorchester Halle in grosser Besetzung eröffnet die **Gala**." *Der Spiegel*, 13.7.98.

Fr: "...la compétition, le jury, les **galas** et le marché du film, tout ce que les contestataires...". *Le Point*, 3.5.95.

Fr: "Anne Heche, en compagnie du Tout-Hollywood au **gala** de la presse...". *Le Point*, 10.5.97.

In: "Jonason Hu... through crowds of photographers to attend a **gala** showing his film." *Herald Tribune*, 14.5.96.

In: "A $500,000 **gala** sponsored by Coca-Cola." *Sunday Times*, 14.7.96.

In: "Karenna Gore. Al's Gal at the **Gala**." *Time*, 3.2.97.

In: "A **gala** gazpacho...". *BusinessWeek*, 9.6.97.

In: "These concerts focus on three top stars from the **gala**: Ustav Vilayat Khan..." *The Atlantic Monthly*, nov. 1997.

In: "Gun **Gala** Frustrates Asians. New Arms on Show." *Herald Tribune*, 19.10.97.

In: "The designers Giorgio Armani and Donatella Girombelli are canceling **galas** next week." *Herald Tribune*, 5.10.97.

In: "The Film Society of Lincoln Center honored Martin Scorcese with a **gala** tribute." *Herald Tribune*, 6.5.98.

Po: "Kiri Te Kanawa. **Gala** no Municipal." *Veja*, 16.4.97.

gaspacho/gazpacho

Fr: "Le homard en **gaspacho**, de Franck Pétagna et le gaspacho de homard aux piments d'Espelette." *Le Figaro Magazine*, 23.5.98.

Fr: "Recette facile. **Gaspacho** de langoustines aux pétales de tomates." *Le Figaro*, 2.8.98.

Fr: "...l'ardoise qui propose... le **gazpacho** andalou, la salade de poulpe...". *Le Figaro Magazine*, 7.6.97.

In: "A lot of **gazpacho** and just a few teasing tastes of the delicate mustard-ice cream would have been a better choice." *Herald Tribune*, 24.7.98.

Po: "**Gaspacho** que não dá trabalho algum, por Laís Gouthier." Lins, *Almanaque*.

gringo

Fr: "Fouchet [en rentrant du Pérou] à De Gaulle: 'Le nationalisme particulier à chaque nation l'emporte sur le nationalisme général de l'Amérique latine, mais toutes ensemble ont en commun de détester les Américains, les ***gringos***'." Peyrefitte, *C'était de Gaulle*.

Fr: "'Pendant ce temps les politiciens du Nord vendent notre pays à tes amis norteamericanos'!". Le docteur Montalet sourit. 'Ici le créole exploite l'Indien, là-haut c'est lui qui se fait exploiter par le **gringo**'." Jean Monod, *Un riche cannibale*.

Fr: "Jacques Vabre. La mort d'un **gringo**." *Le Figaro*, 16.6.97.

In: "Antigua. The **gringos** who live in this tiny tourist town of cobblestone streets...". *Herald Tribune*, 7.6.96.

Po: "Coisas de **gringo**. Um Grammy para o brasileiro Milton Nascimento." *Veja*, 4.3.98.

guerrilla/guérilla/guérillero/guerrilha/Guerilla

Al: "Es hat keinen Sinn, mit einen **Guerilla**krieg ein Klima zu schaffen, das die NATO zum Eingreifen zwingen würde, machte Kinkel klar." *Focus*, 6.7.98.

Fr: "Che Guevara. Le **guérillero** cubain vint à Gaza en 1961." *Le Figaro*, 11.4.96.

Fr: "La **guérilla** a réaffirmé qu'elle ne négociera pas avec les autorités." *Le Monde*, 11.4.96.

Fr: "La **guérilla** shiite a promis de respecter le cesser-le-feu." *Le Figaro*, 28.4.96.

Fr: "31 soldats colombiens tués par la **guérilla** dans une embouscade." *Libération*, 17.4.96.

Fr: "Au Chiapas, une **guérilla** médiatique." *Le Figaro Magazine*, 21.3.98.

Fr: "Che Guevara... la figure du **guérillero** au béret n'a jamais cessé d'être à la mode." *Le Point*, 19.4.97.

Fr: "Au Venezuela... un ex-**guérillero** est devenu... le ministre le plus populaire...". *Le Point*, 10.5.97.

In: "Syria regards the **guerrillas** as an instrument to pressure Israel." *Herald Tribune*, 2.8.96.

In: "Military Creates Batallion to Protect Installations Against **Guerrillas**." *Herald Tribune*, 23.8.96.

In: "Employing classic **guerrilla** tactics, the Chechens are an elusive foe." *Time*, 26.8.96.

In: "**Guerrillas** used the streets to advantage, blowing up lead tanks...". *Time*, 19.8.96.

In: "...its people were proud that Hizbollah **guerrillas** kept firing katyusha rockets." *Time*, 13.5.96.

In: "...the pace of de-mining by the world's armies and **guerrilla** forces." *Herald Tribune*, 21.5.96.

In: "**Guerrilla** broke off peace talks with the Mexican government." *The New York Times*, 4.9.96.

In: "Russia... its only alternative to decades of **guerrilla** war." *Financial Times*, 1.9.96.

In: "Dudayev, who conducts his **guerrilla** campaign from a mountain hideout." *Time*, 4.12.95.

In: "A handful of Kurdish **guerrillas** driving about in Mercedes-Benz sedans." *The New York Times*, 5.9.96.

In: "Khmer Rouge **guerrillas** find respite from war in Nong Preu." *The New York Times*, 13.9.96.

In: "Inside Cambodia, **guerrillas** loyal to Mr. Ieng Sary have risen in armed revolt." *The New York Times*, 13.9.96.

In: "Carlos, the Venezuelan-born **guerrilla** had hoped to win freedom...". *The Times*, 16.7.96.

In: "At the age of 32, a brash lawyer turned **guerrilla** named Fidel Castro took Cuba by storm." *U.S. News*, 26.8.96.

Po: "Renúncia do vice e ofensiva da **guerrilha** na Colômbia." *Veja*, 18.9.96.

gusto

In: "J. B. Fuqua's new guise — and old **gusto**." *BusinessWeek*, 13.5.96.

incommunicado

In: "Though he has been held **incommunicado** throughout the past six months." *Time*, 22.7.96.

In: "The number of parents who would remain **incommunicado**...". *Time*, 12.8.96.

junta

In: "Burma. Freezing out the **junta**." *BusinessWeek*, 22.4.96.

In: "Burma. The right message to send the **junta**." *BusinessWeek*, 10.6.96.

In: "Sun Kyi's supporters were arrested by the military **junta**." *BusinessWeek*, 10.6.96.

In: "New U.S. Drive On Burma **Junta**." *Herald Tribune*, 12.7.96.

In: "...the **junta** has arrested at least 262 members of the National League for Democracy". *U.S.A. Today*, 6.5.96.

In: "Fractures in the Burmese **junta**?" *BusinessWeek*, 2.12.96.

In: "**Junta** radicals have threatened to 'annihilate' her and her followers." *BusinessWeek*, 2.12.96.

In: "More in Sierra Leone **Junta** Surrender." *Herald Tribune*, 16.2.98.

In: "A **junta** put Mikhail Gorbachev under house arrest...". *Time*, inverno de 1996.

In: "**Junta** Foes in Nigeria Call Protests For May Day." *Herald Tribune*, 27.4.98.

In: "To Burmese Laureate, **Junta** Changed Only Its Name, Not Its True Colors." *Herald Tribune*, 27.4.98.

In: "The ailing country's ruling **junta** is showing signs of splintering." *BusinessWeek*, 2.12.96.

lagón

Fr: "**Lagón** est une petite étendue d'eau salée séparée de la mer par un simple cordon littoral, ou par l'anneau d'un atoll." Colin, *Trésors des mots exotiques*.

Fr: "Du côté du **lagón**, tout s'ensommeille dans une langueur tropicale, l'ombre, sous les palmiers jaillisants, est chaude et sent la vanille." T'Serstevens, *L'Or du Cristobal*.

lasso/lassoed

In: "They think that they have **lassoed** me and that I have to obey...". *Herald Tribune*, 18.8.96.

macarena

In: "Suddenly, it was **Macarena** *Time* at Dole's Headquarters." *Newsweek*, 16.9.96.

In: "'I was trying', Dole said, 'to do the new Democratic **macarena**'." *U. S. News*, 30.9.96.

In: "In 1996, PC makers did the **macarena** — a hand flap here, a hip survival there." *Time*, 25.11.96.

In: "Don't blame it on the *Bossa Nova*. The likely culprit is ***Macarena*** madness." *People Weekly*, 19.8.96.

machete

Fr: "Au bout d'un quart d'heure, Tou'inritsa s'est enfoncé dans la forêt en se frayant une voie à coup de **machete**." Monod, *Un riche cannibale*.

In: "They moved into the reserve area... armed with shotguns and **machetes**." *The Times*, 15.7.96.

In: "Revenge by Machete Scourges Sierra Leone." *Herald Tribune*, 6.12.98.

In: "...from whom I received a **machete** blow also". *The New Yorker*, 20.1.97.

In: "She had seen... murder a cousin of hers named Oswald with a **machete**." *The New Yorker*, 20.1.97.

In: "...village girl who first met Mayfield when he staggered into her hut dripping in blood and holding a **machete**, was also there to greet him". *Sunday Times*, 12.9.98.

In: "...went behind the house to sharpen his **machete** and kill...". *The New Yorker*, 20.1.97.

In: "Zaire Villagers Attack Hutu With **Machetes**." *Herald Tribune*, 23.4.97.

In: "In one confession, Toole said he decapitated Adam with a **machete** and placed the head on the floor of his white Cadillac." *Time*, 27.10.97.

macho/machismo/machisme

Fr: "...la plupart des auteurs se retrouvent sur un point: dénoncer le **machisme** politique". *Paris Match*, 6.3.97.

Fr: "...ou '**Macho** mais accro', recueils d'aphorismes malheureusement best-sellers". *Le Point*, 26.5.97.

Fr: "Le sujet évoque la découverte par un père **macho** de l'homosexualité de son fils." *Paris Match*, 29.5.97.

Fr: "Cantona. Le monde **macho** du foot perd la seule star en crampons qui ait jamais fait battre le cœur des femmes." *Paris Match*, 29.5.97.

Fr: "Le surf n'échappe pas à la montée en puissance des femmes dans un univers réputé **macho**." *Paris Match*, 29.5.97.

In: "In Mexico, in a cultural rôle reversal, **macho** men are portrayed on billboards as sex objects modeling skimpy underwear." *BusinessWeek*, 9.2.98.

In: "Mystery Mired in **Machismo**." *The Times*, 18.7.96.

In: "Jack London has been described as a real-life Hemingway... their love of sport and danger, their **macho** images, and their respective deaths." *The Irish Times*, 15.8.98.

In: "Tony Blair's '**Macho** Man' Image Imperils Labor Party." *Herald Tribune*, 9.8.96.

In: "Vietnam: 'Everyone is competing to show how **macho** he is, how tough he is'...". *Time*, 14.4.97.

In: "Kathryn Widd's first-person narrative voice — her gun-toting **machismo**." *The Times*, 13.7.96.

In: "Rock **machismo** is often just an acid flavor of the month." *Time*, 12.8.96.

In: "Male movie actors didn't always have to act like commandos to assert their **machismo**." *Time*, 30.6.97.

In: "Brigitte Bardot branded her former spouse a vulgar '**macho**'." *Herald Tribune*, 24.10.96.

In: "A judge turned down a request by Brigitte Bardot's ex-husband... to excise 'a vulgar **macho**' from her memoirs." *Herald Tribune*, 1.11.96.

In: "Hollywood. '**Machismo** here is the same as **machismo** in Mexico'." *Time*, 22.7.96.

In: "Politicians... compete for reputation as **macho** men during election time." *Newsweek*, 15.7.96.

In: "She rather lives up to the stereotype of the **macho** Russian woman." *The Times*, 16.7.96.

mañana

In: "Sanctions: there's always **mañana**." *BusinessWeek*, 29.7.96.

maquilladora/maquiladora

Fr: "Les ***maquiladoras*** usines d'assemblage ont poussé comme des champignons." *Libération*, 17.4.96.

In: "The **maquilladora** illusion." *Newsweek*, 18.3.96.

In: "Exports rose... led by gains in goods made at non-***maquiladora*** companies." *BusinessWeek*, 3.6.96.

In: "The Honduran **maquilladora** that spawned Kathie Lee's dustup." *BusinessWeek*, 29.7.96.

In: "Some 74,000 people work in 200 ***maquilladoras*** clustered in San Pedro Sula." *BusinessWeek*, 29.7.96.

In: "...the plight of GE's thousands of ***maquiladora*** workers at the U.S.-Mexico border". *BusinessWeek*, 24.3.97.

In: "U.S. companies... have been setting up assembly plants — ***maquilladoras*** — on the Mexican side to tap this cheap labor pool." *BusinessWeek*, 12.5.97.

In: "In many families, more than one member works in a ***maquilladora***." *BusinessWeek*, 12.5.97.

In: "Mexican software designer Softlek, high-tech **maquiladora**." *BusinessWeek*, 27.10.97.

In: "The ***maquiladora*** industry, which employs more than one million Mexicans and last year exported $41 billions in goods, remains fiercely resistant to indépendant unions." *BusinessWeek*, 8.6.98.

Po: "Das zonas especiais na costa chinesa às '**maquiladoras** mexicanas'...". *Folha de S. Paulo*, 3.1.97.

Po: "Acolchoado oferecido ao México, depois do Nafta, pelas célebres ***maquiladoras*** — como vizinho do gigante americano." *Veja*, 15.10.97.

marijuana

In: "...don't think that he's gone around handing out **marijuana**." *U.S.News*, 30.9.96.

In: "U.S. drug warriors rail against **marijuana** but have no problem with Viagra." *Herald Tribune*, 14.8.98.

In: "Bob Denver, the star of 'Galligan's Island' was arrested after a package of **marijuana** was delivered to his home in Princeton, West Virginia." *Herald Tribune*, 7.6.98.

It: Sempre in questa zona I vigile avevano messo le mani su 3 chili di **marijuana** già confezionati in panetti." *Corriere della Sera*, 11.8.98.

matador

Fr: "Il y a du judoka ou du **matador** chez ce garçon." *Jeune Afrique*, 13.5.97.

In: "Dominguin became a full-fledged **matador** at 17." *Herald Tribune*, 13.5.96.

In: "Cristina Sanchez, the first female to attain the coveted title of **matador**." *Herald Tribune*, 28.5.96.

In: "Art. **Matador** of Guggenheim Empire Pushes Ahead." *Herald Tribune*, 26.4.98.

milonga

Po: "Menem... demonstrações ardentes de que havia abandonado a **milonga** peronista pelo tango liberal." *Veja*, 25.9.96.

nada!

Fr: "Paris valdingue donc en état d'ébriété... il y en a pour tous les goûts, mais question de melting-pot, c'est **nada**!" *L'Événement du jeudi*, 2.4.97.

no pasarán!

Fr: "**No pasarán**! Le cri des républicains espagnols est repris par les membres du reseau Reflex... carrément anti-Le Pen." *L'Événement du jeudi*, 2.4.97.

Fr: "Ce '**no pasarán**!' n'est pas une victoire absolue." *L'Événement du jeudi*, 2.4.97.

padre

In: "An SAS soldier who became a Church of England clergyman and an army **padre** has been found dead in a car." *The Times*, 18.6.98.

In: "Collins then signed up again, but this time as a **padre**, first with the Territorial Army wing of the SAS." *The Times*, 18.6.98.

In: "He became known as '**Padre** Two Zero' by his colleague Andy McNab, author of *Bravo Two Zero*." *The Times*, 18.6.98.

paella

Fr: "...l'ardoise qui propose... Et, bien sûr, l'immensa **paella**". *Le Figaro Magazine*, 7.6.97.

Po: "'Mexilhão', o endereço do mar. **Paella** mais couvert por R$27,80 por pessoa." *Veja*, 29.10.97.

paredón

Po: "...perdão dado a um grupo de 19 padres católicos espanhóis que, em Havana, estavam condenados ao **paredón**". Melo Filho, *Testemunho político*.

Po: "**Paredón**: Filha de Fidel dispara contra o pai e o comunismo em suas memórias." *Veja*, 22.4.98.

pasionaria

Fr: "...retour à Paris de la chanteuse Marzieh, la **pasionaria** des moudjahidine...". *Le Point*, 19.4.97.

Fr: "Khalida Messaoudi: Elle est la **pasionaria** d'une nation à genoux...". *Le Point*, 1.4.95.

Fr: "La fougueuse présidente du conseil régional de la Guadeloupe, sénateur-maire de Basse-terre et **pasionaria** chiraquienne, est amère. Très amère." *Le Point*, 1.8.98.

It: Joan Baez la **pasionaria**: 'Oggi mi sento libera'." *La Repubblica*, 4.7.97.

It: La **pasionaria**. Un bambino mostra una foto di Aung San Suu Kyi durante una manifestazione per la leader dell'opposizione birmana." *Corriere della Sera*, 9.8.98.

Po: "Como se a **Pasionaria** tivesse reencarnado em Lady Di, Marta corta o cabelo como a princesa." *Veja*, 26.11.97.

paso doble

Fr: "Quelques dames chics s'encanaillent même à danser le **paso doble** pour se réchauffer." *Le Point*, 20.5.95.

Po: "Batuta no maxixe... aprendera o tango argentino, o ***paso doble***, danças gaúchas." Amado, *Tenda dos milagres*.

patio

In: "...baskets and **patio** containers, both familiar and unusual, are being shown...". *The Times*, 11.5.96.

In: "Andrew Wurst shot John Gilette, a science teacher, on a **patio** outside a banquet hall." *Herald Tribune*, 27.4.98.

In: "Chuau church. During the peak years of cacao production, the entire **patio** would be used for drying beans." *BusinessWeek*, 1.6.98.

In: "Jenkins was first arrested nine days after the 13-year-old was found bludgeoned on the **patio** of their home in Hastings, East Sussex." *The Times*, 18.6.98.

Fr: "Livadia, Russie. Dans ce **patio** murmure encore le fantôme d'une mère qui rêvait d'échapper à son destin." *Paris Match*, 30.7.98.

pecadillo/peccadillo/peccadilloes

In: "...were raised to turn a blind eye to sexual **peccadilloes**". *Herald Tribune*, 9.8.96.

In: "Quick Now, the Plural of **Peccadillo**?" *Herald Tribune*, 2.12.96.

In: "...member of Parliament's being accused of sexual or financial **peccadilloes**...". *BusinessWeek*, 14.4.97.

In: "We all know the word *peccadillo* is now often used...". William Safire, em *Herald Tribune*, 2.12.96.

In: "The **peccadilloes** of Britain's royal family are not new." *Herald Tribune*, 18.8.97.

In: "The cynical French public is inured to the **peccadillos** of the political class." *Time*, 23.12.97.

pistolero

Fr: "Régis Debray, **pistolero** virtuose." *Le Figaro Magazine*, 10.4.98.

plaza

In: "The not yet completed **plaza** that the Committee hopes will be the meeting place." *Time*, 15.7.96.

poncho

Fr: "Les sauvages lui [au Chili] fournissent principalement le **poncho**. C'est une étoffe de laine, quelquefois blanche et ordinairement bleue, d'environ trois aunes de long sur deux de large. On y passe la tête par un trou pratiqué au milieu et elle se déploie sur toutes les parties du corps." Raynal, *Histoire philosophique*.

Fr: "L'orage, aussi violent que soudain, met un terme au débat. Vite, les **ponchos**." *Le Figaro Magazine*, 8.8.98.

pronunciamiento

Fr: "Un pouvoir insurrectionnel s'est établi en Algérie par un **pronunciamiento** militaire." De Gaulle, *Mémoires d'espoir*.

Fr: "Dans un pays comme le Mexique, qui compte les révolutions par centaines, où les **pronunciamientos** se font, la plupart du temps, sans rime ni raison, parce qu'un colonel veut passer général ou un lieutenant capitaine, l'on n'y regarde pas d'aussi près." Aimard, *Le Chercheur de pistes*.

In: "He very politely listened to me, and then came the ***pronunciamiento***: 'I think she will do'." Rasponi, *The Last Prima Donnas*.

puro

Po: "Basta acenar com um **puro** [nome dado aos bons charutos]. Será o caso de Rita Salema, visivelmente incomodada com o bafo de José Raposo, também ele entretido com um **puro**." *Nova*, 14.8.98.

renegado/Renegade

In: "Michigan. A **Renegade** Race." *BusinessWeek*, 27.5.96.

rodeo/rodéo/rodeio

Fr: "Nouvelle mode des banlieues: **Rodéo** automobile: cinq interpellations." *Le Figaro*, 5.6.97.

Fr: "...près de quatre mille personnes étaient réunies pour un **rodéo** automobile sauvage". *Le Monde*, 7.5.97.

Fr: "...les marins briochins se livrent à un drôle de **rodéo**: pêcher en soixante minutes près de 500 kilos, si possible, des précieux mollusques." *Le Nouvel Observateur*, 11.6.97.

Fr: "Les bagarres d'après boire sont encore rares, mais certains week-ends, les **rodéos** en ville laissent de noires balafres caoutchouteuses sur certaines avenues de la capitale." *Le Figaro Magazine*, 1.8.98.

Po: "Um dos aviões... corcoveou como touro de **rodeio** durante dois minutos terríveis." *Veja*, 9.4.97.

rumba

Po: "Nunca vi mania igual por uma dança como a de Porfírio pela **rumba**." Lins, *Almanaque*.

salsa

Fr: "'**Salsa** e merengue'." Telenovela brasileira, 1996-97.

Fr: "...de nouveaux adeptes, séduits par une **salsa** qui se danse en couple". *L'Événement du jeudi*, 2.4.97.

Fr: "Cuba: La **salsa** du dollar." *Paris Match*, 11.3.99.

In: "Hold the Sauerkraut, Pass The **Salsa**." *BusinessWeek*, 9.6.97.

In: "Paris Turns to the East.... on the edge of Belleville... they are **salsa** dancing in the afternoon." *Herald Tribune*, 13.3.98.

In: "In August, Columbia Pictures will release in the U.S. *Dance with Me*, a **salsa**-spiced love story about a Cuban immigrant." *Time*, 6.7.98.

siesta/sieste

Fr: "Découvrez les plaisirs de la **siesta**." *Madame Figaro*, 12.8.96.

Fr: "...quand les autres faisaient la **sieste** et que le docteur Proust remarquait...". Painter, *Marcel Proust*.

Fr: "...heureux de s'épuiser pour financer les **siestes** crapuleuses d'un vieillard cardiaque". *Le Point*, 20.5.95.

Fr: "La **sieste** gâche la nuit suivante. Faux." *Elle*, 20.7.98.

Fr: "Je pense à l'après-midi où, à l'heure de la **sieste**, Florencio, le vacher, m'apprit à me hisser sur la vieille jument rousse...". Bianciotti, *Ce que la nuit raconte au jour*.

Fr: "Fin du discours politique. Pierre-Eliott sort de la **sieste**, ensommeillé." *Le Figaro Magazine*, 24.5.97.

Fr: "Éloge de la **sieste**. Un très sérieux et argumenté ouvrage pour défendre un art de vivre en péril." *Libération*, 13.5.98.

Fr: "En Sicile, délicieuse est la **sieste**, et le bavardage devant les portes." *Le Point*, 15.8.98.

In: "It was after the **siesta** that this Tuesday ceased to be routine." *Herald Tribune*, 28.4.97.

In: "That afternoon lull, during which many Americans feach for a caffeine pick-me-up, is **siesta** time in many countries." *Herald Tribune*, 7.4.98.

In: "Business outlook. U.S.: Consumers take a **siesta**, but for how long?" *BusinessWeek*, 28.7.97.

Po: "À tarde, depois da sagrada ***siesta*** paraguaia, Oviedo pilota por telefone seu comitê central." *Veja*, 26.11.97.

supremo

In: "...designs of Japan's 'big three' fashion **supremos**...". *Time*, 24.3.97.

In: "...what truly ignited the rebellion... communist mismanagement and the repressive policies of party **supremo** Walter Ulbricht." *BusinessWeek*, 9.5.97.

In: "Oskar Lafontaine... Last week he was back exuding confidence as his country's new economic and financial **supremo**, arguably one of the most powerful men in Europe." *Herald Tribune*, 8.12.98.

tango/tangue

Fr: "L'acteur change de femme, mais reste fidèle au **tango**." *Paris Match*, 17.4.97.

Fr: "Madère. George Bernard Shaw apprend le **tango**, Sarah Bernhardt se laisse porter en hamac...". *Le Figaro*, 4.6.97.

Fr: "...mais les soirées de 1922 étaient dansées aux sons peu familiers du **tango** et du rag-time...". Painter, *Marcel Proust*.

Fr: "'Et qu'est-ce qu'ils font après?' demanda une grande dame après avoir observé avec un vif intérêt un couple uni dans le premier **tango** qu'elle eût jamais vu." Painter, *Marcel Proust*.

Fr: "Cáceres, l'autre **tango**." *Libération*, 27.3.97.

Fr: "La droite francilienne **tangue** mais ne sombre pas." *Libération*, 3.6.97.

Fr: "...un couple pantagruélique s'enlaçant sur un air de **tango**...". *Le Figaro Magazine*, 27.6.97.

In: "A mud known as *fango*. 'Mornings it's fango, evenings **tango**', said the old nurse." *Herald Tribune*, 24.7.96.

In: "Clinton/Monica Lewinsky. Two more to **tango**." *Time*, 15.6.98.

In: "The new revue *Una Noche de Tango*. Expert **tango** dancing in a variety of styles." *New York*, 15.12.97.

In: "Argentinian economy: plenty of fire left in this **tango**." *BusinessWeek*, 19.1.98.

In: "Finance. How Long Can These Two **Tango**?" *BusinessWeek*, 6.10.97.

In: "To **Tango** in the Midnight Sun: It's as Finnish as Baseball." *Herald Tribune*, 8.4.98.

In: "Patten. For months, mainland propaganda... terming him a prostitute, a **tango** dancer...". *Time*, 9.6.97.

Po: "Menem... demonstrações ardentes de que havia abandonado a milonga peronista pelo **tango** liberal." *Veja*, 25.9.96.

Po: "Economia Argentina. O último **tango** de Cavallo." *Veja*, 31.7.96.

Po: "Com o temperamento de **tango** que gostam de exibir, os argentinos talvez...". *Veja*, 9.4.97.

telenovela

In: "'Kassandra', a **telenovela** produced in Venezuela." *Herald Tribune*, 13.5.96.

tequila

Fr: "Ici [à Tucson] on ne boit pas de 'daiquiris', mais de la bière, sans parler du whisky de maïs auquel nous ne touchons pas plus qu'à la terrible **tequila** mexicaine." Simenon, *Mémoires intimes*.

Fr: "Sur ces nouveaux marchés... on redoute plus que tout l' 'effet **tequilla**'." *Le Point*, 25.2.95.

Fr: "L' 'effet **tequila**', cette onde de choc financière partie du Mexique, méritera de figurer dans les manuels d'économie." *Le Point*, 25.2.95.

In: "A couple of wins for Zedillo — but don't break out the **tequila** yet." *BusinessWeek*, 12.8.96.

In: "Mexican devaluation... termed 'the **tequila** effect'...". *Herald Tribune*, 5.11.96.

In: "Now, the **tequila** appears to have worn out, but for Mexicans and their shaky peso...". *Herald Tribune*, 5.11.96.

In: "...a Mexican national holiday, as a big crowd drank **tequila** and listened to a mariachi band". *BusinessWeek*, 9.6.97.

Po: "... um peito de frango sauté, assado na **tequila** e servido com batatas fritas". *Veja*, 3.6.98.

toréador/torero

Fr: "Mettez-vous dans la peau d'un **torero**." *Madame Figaro*, 20.4.96.

Fr: "...ses photos de **toréadors** accrochées aux murs, ses tables de bois...". *Le Figaro Magazine*, 7.6.97.

Fr: "Seulement, la opiniâtreté du **torero** Raul Gracia 'El Tato' a réussi à déséquilibrer l'animal." *Le Figaro*, 10.6.97.

Fr: "Le jeune **torero** français Denis Loré a été mis en examen pour 'acte de cruauté aux animaux'." *Le Figaro*, 20.6.97.

Fr: "Après celle du **torero** français, d'autres mises en examen devraient être signifiées dès la semaine prochaine." *Le Figaro*, 20.6.97.

tornado/tornadoes

In: "Anatomy of a **tornado**." *Time*, 20.5.96.

In: "**Tornadoes**: How the Whirl Turns." *Herald Tribune*, 27.6.96.

In: "Of all nature's tantrums, **tornadoes** are among the deadliest." *Herald Tribune*, 27.6.96.

In: "He notices neither the spout of an approaching **tornado** nor the schooner...". *Herald Tribune*, 23.6.96.

In: "The mist pouring from the top of the **tornado** tower forms an occasional flabby spiral." *Herald Tribune*, 18.8.96.

In: "Twister, a film about people who chase real-life **tornadoes** for a living." *Sunday Times Magazine* 14.7.96.

In: "Around 800 twisters kill between 40 and 50 Americans during high **tornado** season." *Sunday Times Magazine*. 14.7.96.

In: "In 1925, America's deadliest **tornado** killed 350 people." *Sunday Times Magazine*. 14.7.96.

In: "Microsoft. 'You're catching us right in the eye of the **tornado**'...". *BusinessWeek*, 24.2.97.

In: "Cinema. So, in *Twister*, a meteorologist runs away with her, ditching his fiancé to wildcat after **tornadoes**." *Time*, 23.3.98.

tortilla

Fr: "**Tortilla** et cinéma, de Martin Provost." *L'Express*, 8.5.97.

Fr: "...c'est sa propre genèse que ***Tortilla*** *et cinéma* raconte". *L'Express*, 8.5.97

Fr: "...l'assortiment de tapas, la **tortilla**, la brochette de bœuf...". *Le Figaro Magazine*, 7.6.97.

Fr: "'The **Tortilla** Curtain'. Roman de T. C. Boyle." *Le Point*, 9.8.97.

In: "Nestlé's German subsidiary markets **tortilla** chips and dips." *BusinessWeek*, 9.6.97.

In: "Diners said they did not consider **tortillas** a fit substitute for bread." *BusinessWeek*, 9.6.97.

In: "Night's falling on South Omaha, and Maria Jacinto is patting **tortilla** for the evening meal." *Herald Tribune*, 26.5.98.

Po: "Uma **tortilla** desandada com receita brasileira. O título original do romance é 'Cortina de **Tortilla**'." *Veja*, 18.3.9.

vigilante

In: "Bernard H. Goetz, the so-called subway **vigilante** acquitted of attempted murder nine years ago." *Herald Tribune*, 25.4.96.

In: "German victory won't be enough to heal off new **vigilante** attacks on the French franc." *Herald Tribune*, 1.9.96.

In: "**Vigilante** Attack Kills Belfast Man." *Herald Tribune*, 20.7.98.

In: "The arrest of a PAGAD leader helped defuse the **vigilante** crisis." *BusinessWeek*, 30.9.96

In: "The hoteliers' association in the city have warned they will form their own **vigilante** groups if the police are unable to cope with the massive influx of supporters from England." *Daily Mail*, 18.6.98.

In: "Economy. 'The bond market is acting like a **vigilante**', says Battipaglia." *BusinessWeek*, 11.5.98.

vista

In: "...it could drastically slash fuel consomption and open new **vistas** for designing vehicles...". *BusinessWeek*, 30.9.96.

In: "Seeking a Key to Easter Island. The **vista** encompasses the entire world that could have been known to the creators of the enigmatic figures." *Herald Tribune*, 13.7.98.

6

Do alemão

Para não sobrecarregar o texto com transcrições em cirílico, as citações dos autores russos aparecem traduzidas para o francês ou inglês entre colchetes. As palavras em alemão no texto estão em **negrito.**

As palavras alemãs nos textos das demais línguas estão também em **negrito**, romano ou itálico, segundo os originais.

Diante de cada citação, figura uma indicação abreviada da língua: *Es* (espanhol), *Fl* (flamengo), *Fr* (francês), *In* (inglês), *It* (italiano), *Ne* (neerlandês), *Po* (português), *Ru* (russo).

Angst/angst

In: "The high school years always have been a time of **angst**." *Herald Tribune*, 10.5.96.

In: "They had the usual adolescent **angst**." *Herald Tribune*, 24.5.96.

In: "Investor **Angst**: Still *Time* to Buy?" *Herald Tribune*, 4.6.96.

In: "A pang of economic **angst**." *BusinessWeek*, 1.4.96.

In: "Web cruiser for people unable to deal with the expense or **angst** of using a PC." *Time*, 12.9.96.

In: "1997 Pay Hikes Will Stay Lean... But job **angst** may prevent whining." *BusinessWeek*, 26.8.96.

In: "The press retailed stories of heartbreaking **angst** as some parents tried to save their potential offsprings at the last minute." *Time*; 12.8.96.

In: "***Angst***. *Free Foods*." Capítulo do *bestseller* de Isadore Rosenfeld, *Doctor, What Should I Eat?*

In: "The **Angst** Over European Monetary Union." *Time*, 17.3.97.

In: "Peter Arnett on Iraqi **angst** and nationalism." *Time*, 23.9.96.

In: "That means taking on board the complexity, and even the **angst**, of the fashion designer." *Herald Tribune*, 15.4.97.

In: "Moving Day **Angst**." *Herald Tribune*, 27.2.98.

In: "Invention vs. Intellectual **Angst**." *Herald Tribune*, 6.3.98.

In: "Ms. Vlad's fiercely danced solo is full of flailing **angst**." *The New York Times*, 5.12.97.

In: "**Angst** at Airbus. Beijing's deal is a wake-up call." *BusinessWeek*, 13.12.96.

In: "The Euro IQ Challenge: Suffering From Euro **Angst**?" *Time*, 11.5.98.

In: "James L. Brooks. Job title: **Angst**-Ridden Genius." *Premiere*, mai. 1998.

Anschluss/anschluss

Fr: "Les tendances 'irrédentistes' tentent de s'imposer pour combattre un '**Anschluss**' d'Air France." *Le Point*, 20.5.95.

Fr: "Texas... 'patrie captive', bafouée depuis l' '**Anschluss** yankee' de 1845 par les 'fantoches de pouvoir de facto'." *L'Express*, 1.5.97.

In: "Even though *Anschluss* with Germany remained the goal of many on both sides of the Austro-German border, it was again blocked by the Allies in 1930." Kissinger, *Diplomacy*.

Aspirin/aspirin/aspirine

Fr: "L'**aspirine** contre l'infarctus." *Libération*, 29.4.97.

Fr: "Dans l'**aspirine**, l'agent anti-inflammatoire aurait au moins...". *Libération*, 29.4.97.

Fr: "Les maîtres de la culture de masse lui donnent repos et rêve, l'**aspirine** constante dont son âme a besoin." *L'Événement du jeudi*, 28.5.97.

Fr: "George Steiner: 'La culture de masse, c'est l'**aspirine** du peuple'." *L'Événement du jeudi*, 28.5.97.

In: "Take two **aspirin**... and call me in the morning, is the old joke about a doctor's prescription for almost anything that ails us." Flexner, *The Optimist's Guide to History*.

In: "The small plant will begin producing **aspirin** in September." *BusinessWeek*, 5.8.96.

In: "'Take two **aspirin** and call the doctor in the morning' may not have been such a bad advice." *Herald Tribune*, 7.8.97.

In: "The National Library of Medicine has logged more than 23,000 scientific papers on **aspirin**, with 880 published this year alone on various aspects of its use." *Herald Tribune*, 7.8.97.

In: "Each year, 58 billion doses of **aspirin** are swallowed, sipped in fizzling concoctions or taken in suppositories, according to Bayer Co., one of the largest manufacturers." *Herald Tribune*, 7.8.97.

In: "Clinton. There was a time when a story half as ugly as Willey's would have sent aides flying for their **aspirin**, and their résumés." *Time*, 30.3.98.

In: "**Aspirin** Takes On A New Job: Fighting Colon Cancer." *BusinessWeek*, 15.6.98.

Autobahn/autobahn

In: "**Autobahn** crime up." *Herald Tribune*, 22.3.96.

In: "Besides the **Autobahn**, a Cold-War Memory Lane." *The New York Times*, 12.9.96.

In: "...but here, along the **autobahn** from Hannover to Berlin...". *The New York Times*, 12.9.96.

Baedeker/Baedecker

Fr: "...et traita Ruskin lui-même de 'bon **Baedeker** mystique'. Painter, *Marcel Proust*.

In: "I have ordered official censorship to be imposed on foreign correspondents' reports on the air situation. [...] The phrase, '**Baedeker** attacks', is playing an important rôle in English commentaries. Unfortunately, one of the gentlemen in our own Foreign Office invented this phrase and thereby did us tremendous damage. I censured this in the sharpest terms and took measures to prevent the repetition of such folly." Goebbels, *Diaries*, 2.5.42.

In: "Baedeker inaugurated the practice of marking with one or more stars objects and places of interest according to their historic or aesthetic importance, hence starred in **Baedeker**." Evans, *Brewer's Dictionary of Phrase and Fable*.

In: "For the previous 100 years travel had largely been the preserve of ***Baedecker***-guided well-to-do, as technological advances... widened the opportunities...". *Time*, 16.6.97.

Bauhaus

Fr: "Avec Knoll, le canapé entre au musée. Celui du **Bauhaus** qui inspire ses lignes depuis 1938." *Le Figaro Magazine*, 24.5.97.

Fr: "Quand, en 1933, le **Bauhaus** est fermé par la Gestapo, Kandinsky vient s'installer à Paris." *Le Figaro Magazine*, 14.2.98.

In: "Johnson helped transplant the modernistic aesthetic of the **Bauhaus** to America." *Herald Tribune*, 9.6.96.

In: "But the most notable omission was of the **Bauhaus** arts." Hiller, *Art Déco of the 20s and 30s*.

In: "*The New Architecture and the **Bauhaus**.*" Walter Gropius, 1937.

In: "Finally, **Bauhaus** lettering is added, beautifully designed and disposed on the page." Hiller, *Art Déco of the 20s and 30s*.

In: "After the **Bauhaus**, the leading experimental visual-arts school in Germany, was suppressed...". *Time*, 31.3.97.

Po: "MoMA. Uma exposição do **Bauhaus** ao pop." *Gazeta Mercantil*, 7.7.96.

Biedermeier/Biedermeyer

Fr: "Une atmosphère bourgeoise, presque **Biedermeier** — le style Restauration viennois — une lumière cristalline qui nacre le moindre détail." *Le Point*, 19.4.97.

In: "...European Romanticism was contained within a framework of façades in the neo-classical-**Biedermeyer** style". Dorfles, *Kitsch, the World of Bad Taste*.

Blitzkrieg/blitzkrieg/blitz/blitzée

Fr: "J'ai rencontré la petite mort... parmi ce qui reste d'une maison **blitzée** dans une rue triste de Whitechapel." Roy, *Un seul poème*.

Fr: "Procter a mené un véritable ***Blitzkrieg*** à base d'échantillons généreusement distribués." *Le Point*, 19.4.97.

Fr: "Elections legislatives. Imaginée par la majorité comme un **Blitzkrieg**, cette campagne se peuple donc d'incertitudes...". *L'Express*, 15.5.97.

In: "Demi Moore... part of a media **blitz** for her new movie 'Striptease'." *Herald Tribune*, 12.6.96.

In: "The Virgin sales **blitz** will include cut-price packages...". *Time*, 8.7.96.

In: "After weeks of... and an unprecedented media **blitz**." *Time*, 17.6.96.

In: "...in a marketing **blitz** worthy of Mr. Branson's Virgin Group." *Herald Tribune*, 22.5.96.

In: "And what if being at the seismic center of this media **blitz** proved overwhelming?" *Herald Tribune*, 19.5.96.

In: "Blair does not plan a bold 100-day **blitz** of legislation." *Time*, 12.5.97.

In: "Clinton's first-strike TV **blitz**." *BusinessWeek*, 8.7.96.

In: "That's when the government unleashed a media **blitz** and began providing condoms to brothels." *Time*, 12.8.96.

In: "IRA **blitz** on gas and water plants foiled by Scotland Yard." *The Times*, 16.7.96.

In: "Dole-Kemp... backed by a 20-state advertising **blitz**." *Time*, 26.8.96.

In: "The Republican Party plans to launch a multimillion dollar advertising **blitz** this week." *Herald Tribune*, 28.10.96.

In: "Instead, in a **blitz** of meetings with Ford's 72,000 salaried employees...". *BusinessWeek*, 2.12.96.

In: "A month after Nazi Germany's **blitzkrieg** attack on the Soviet Union." *Herald Tribune*, 11.11.96.

In: "Deutsche Telekom goes public with a successful sales **blitz**." *Time*, 2.12.96.

It: Corea. ...pretendio a un'invasione che cerchi di ripetere il **Blitzkrieg** che 45 anni or sono portò il Nord a conquistare Seoul." *La Stampa*, 10.4.96.

It: Donatella, **blitz** culturale a Napoli." *Corriere della Sera*, 7.4.96.

Po: "Policiais da FAB... realizaram uma **blitz** no Aterro." Oliveira, *Flores raras e banalíssimas*.

Po: "...tampouco o Ministro do Exterior intervinha na **blitzkrieg**." Amado, *Farda, fardão, camisola de dormir*.

Bock/bock

Fr: "'C'est pour cela que le **bock** y coûte huit sous'." *Le Figaro Magazine*, 2.3.96.

Bunker/bunker/bunkeriser/bunkérisation

Fr: "Juppé, le **bunkerisé** de l'hôtel Matignon." *L'Evénement du jeudi*, 28.2.96.

Fr: "Bosnie. Inspection 'réussie' dans le **bunker** de Mladic." *Libération*, 14.8.96.

Fr: "Mairie de Paris: le **bunker** de Tiberi." *Le Point*, 5.10.96.

Fr: "Enfin, la presse n'est pas oubliée dans cette '**bunkérisation**' du système Tiberi." *Le Point*, 5.10.96.

Fr: "Festival... c'est le fameux '**bunker**' inauguré sur l'esplanade Georges-Pompidou." *Le Point*, 3.5.95.

In: "'It is tragic that the Fuehrer has become such a recluse and leads such an unhealthy life. He never gets out into the fresh air. He does not relax. He sits in his **bunker**, worries and broods." Goebbels, *Diaries*, 2.3.43.

In: "'The pressure was so strong that even our **bunker**, though constructed deep underground, began to shake." Goebbels, *Diaries*, 24.11.43.

In: "**Bunker**madness: an Albanian dictator's concrete legacy. Hundreds of thousands of igloo-shaped concrete **bunkers** built by Mr. Hoxha's government." *Herald Tribune*, 15.4.96.

In: "The rule among campaign consultants: 'Don't put your head above the **bunker**'." *Time*, 9.9.96.

In: "Bosnian Serbs... trying to inspect a weapons **bunker**...". *U.S. News*, 26.8.96.

In: "Chechnya. As a tactical radio cracled... his earthen **bunker**...". *The New York Times*, 25.9.96.

In: "Bosnia. The **bunker** is one in a string scattered in the forest." *The New York Times*, 9.9.96.

In: "His longest such duty was in the **bunker** on Mount Nisici." *The New York Times*, 9.9.96.

In: "The view from Sarajevo is similar to the one from Emir's old **bunker**." *The New York Times*, 9.9.96.

In: "Iraq. Since then, he's built himself even more palaces and **bunkers** in which to hide." *Newsweek*, 16.9.96.

In: "**Bunker** Mentality. Fidelity's prominence has led to an extraordinary level of scrutiny." *BusinessWeek*, 6.5.96.

It: Lui solo ha avuto l'occasione di entrare qualque volte nel '**bunker**' al 35 di Dosso di Caroldo, l'eremo brianzolo di Battisti." *Chi*, 24.9.98.

Delikatessen/delikatessen/delicatessen

Fr: "Pour déguster des tonnes de viande fumée chez Schwartz, un autre ***delikatessen***." *L'Express*, 6.8.98.

Fr: "Pour l'atmosphère chaleureuse des '**delikatessen**' de la Big Apple, on est à l'évidence du côté de Woody Allen." *Le Point*, 1.8.98.

In: "...or slowly dismantled with a **delicatessen** salami slicer". *Herald Tribune*, 18.4.97.

Po: "Rizza, mulher de Paulo Conde: Não conseguia comprar presunto numa **delicatessen** do Leblon sem enfrentar um comício." *Veja*, 4.9.96.

Po: "No Rio, uma Disneylândia para gourmets: a Garcia & Rodrigues, que junta **delicatessen**, loja de utensílios, café, restaurante...". *Veja*, 27.3.98.

Diesel/diesel

Fr: "BMW Série 7: rattrapée par le **diesel**." *Le Figaro Magazine*, 11.5.96.

Fr: "Autrefois, entre essence et **diesel**, on pouvait hésiter." *Le Figaro*, 22.5.97.

In: "Peugeot has also become the leader in **diesel** cars." *BusinessWeek*, 27.5.96.

In: "Experts blame **diesel** exhaust for most of the city's smog." *BusinessWeek*, 26.8.96.

In: "Europe's growing attachment to **Diesels**." *BusinessWeek*, 26.8.96.

In: "New **diesels** are sleeker and cleaner — but clean enough?" *BusinessWeek*, 26.8.96

Po: "Em Curitiba, vamos produzir um motor a **diesel** com injeção electrônica." *IstoÉ*, 12.11.97.

Po: "Produz equipamentos a **diesel** de todos os tipos, para carros, barcos ou indústrias." *IstoÉ*, 12.11.97.

Po: "Gasolina e **Diesel** sobem no sábado." *Jornal do Brasil*, 13.11.97.

Diktat/diktat

Fr: "Brigitte Bardot: '...ceux qui nous imposent le **diktat** des fameux *droits de l'homme*." *Le Figaro*, 26.4.96.

Fr: "De Gaulle: 'Voyez-vous, la France est un allié, mais un allié indépendant, farouchement décidé à n'obéir à aucun **diktat**, à aucune pression'." Peyrefitte, *C'était de Gaulle*.

Fr: "L'Union Européenne continuera de faire bloc face au **diktat** américain." *Le Figaro*, 10.8.96.

Fr: "...volonté des sujets effacés par les **diktats** du spectacle." *Le Point*, 12.11.94.

Fr: "Clint rechigne à obéir aux **diktats** d'authentiques metteurs en scène...". *L'Événement du jeudi*, 28.5.97.

Fr: "Hongkong. Revanche contre les Britanniques... au siècle dernier, pour forcer la Chine à se plier au **diktat** londonien et à ouvrir ses ports." *Le Point*, 27.7.96.

Fr: "Jacques Toubon juge 'brutale la position du RPR', '**diktat** qui ignore la réalité politique de Paris'." *Libération*, 21.5.98.

Fr: "'Il n'y a plus de **diktats**; la beauté devient une attitude de vie, plus proche de la santé que des loisirs." *Vogue*, ago. 1998.

In: "The Tamil Maanila Congress issued a **diktat** ordering all shops and businesses to have their names written in Tamil in addition to English." *BusinessWeek*, 3.6.96.

In: "A U.S. official remarks, 'Essentially it came down to: Will the U.S. accept French **diktats**? They do not speak for Europe'." *Time*, 4.8.97.

In: "As a senior Clinton aida says, 'We try to navigate between the Scylla of indifference and the Charybdis of **diktat**'." *Time*, 4.8.97.

In: "Fashion. Miyake's creations also offer liberty of movement — and freedom from seasonal **diktats**." *Herald Tribune*, 26.5.98.

It: "Ma a spaventare la comunità internazionale non son tanti... gli anacronistici **diktat** imposti anche agli uomine — dalla lunghezza standard della barba...". *Corriere della Sera*, 9.8.98.

It: "...andare in libreria a comprare *The Beach* è un **diktat**." *Il Giornale*, 18.9.98.

Dobermann/dobermann

Po: "Quase posso jurar que os cachorros do advogado Mizra são todos **dobermann**." Lins, *Almanaque*.

Edelweiss/edelweiss

Fr: "Romy Schneider... quinze ans après avoir jetté aux **edelweiss** les tenues d'apparat de la princesse d'opérette...". *Libération*, 9.6.97.

Ersatz/ersatz

Fr: "Ce voyage reste un voyage, un **ersatz** de voyage de noces." Bazin, *La Mort du petit cheval*.

Fr: "Les Français dont vous parlez... en fournissant un **ersatz** de métaphysique, une sorte de 'junk philosophie', de 'pop idéologie'." *L'Événement du jeudi*, 2.4.97.

Fr: "A force, le spectateur est contraint de constater qu'il est en présence d'un **ersatz** néo-académique dont la pérennité paraît incertaine." *Le Figaro Magazine*, 21.6.97.

Fr: "Déjà sur les linéaires, ce 'couteau suisse' électronique est une sorte d'**ersatz** de tout ce qui a révolutionné la bureautique." *Le Point*, 18.2.95.

In: "Third, nowhere was there any evidence of enthusiasm for the new, **ersatz**, repackaged Labour Party." *The Times*, 6.5.96.

In: "The False Politics of Values... some imbue self-indulgence, self-pity and **ersatz** self-esteem." *Time*, 9.9.96.

In: "TV shows offering... **ersatz** therapy sessions in which the guests discuss how they feel". *Time*, 9.9.96.

In: "Edinburgh: Where **Ersatz** Crickets Chirp." *BusinessWeek*, 23.6.97.

In: "Back then, plastics was the reigning symbol for everything that was **ersatz** in American life." *Time*, 21.7.97.

In: "If any business has come to embody everything that is **ersatz** about American society, it is the film industry." *Time*, 21.7.97.

In: "Perhaps... they evoke only the customary ***ersatz*** for these sentiments." Dorfles, *Kitsch, the World of Bad Taste*.

Po: "...criou-se uma nova mercadoria: a cultura de ***ersatz***, o kitsch...". Ferreira e Mello, *Clement Greenberg e o debate crítico*.

Po: "...a descrição da arte de ***ersatz***, produzida para o consumo das massas pelas classes dominantes...". T. J. Clark.

Fest/fest

In: "Visitor's to this year's Octoberf**est** in the Bavarian capital...". *Herald Tribune*, 7.10.96.

In: "Cannes Film Festival, the world's largest movie**fest**...". *Time*, 27.5.96.

In: "St. Louis getting in its licks at annual blues **Fest**...". *U.S.A. Today*, 30.8.96.

In: "The Rethoric of Valnes: When both parties stage virtue**fests**, questions arise." *Time*, 9.9.96.

In: "The GM-VW Slug**fest**." *BusinessWeek*, 16.12.96.

In: "A Taiwanese Tech**fest** In Silicon Valley." *BusinessWeek*, 25.5.98.

In: "The May 9 convention was a typical Silicon Valley tech**fest** — with one exception. *BusinessWeek*, 25.5.98.

Po: "VASP Octoberf**est**. VASP, tricampeã em pontualidade." *Veja*, 25.9.96.

Führerf/führer

Fr: "...une occurrence africaine de cette 'masse ouverte et sans **Führer**' dont Elias Canetti voyait le modèle dans la manifestation contre le meurtre de Rathenau". *Le Point*, 12.11.94.

In: "A powerful German clique is said to have offered the **Führer**'s head as surety." Goebbels, *Diaries*, 16.3.45.

In: "There is a sort of presentiment of doom among the **Führer**'s military entourage, proof of the fact that the **Führer** has assembled around him only feeble characters upon whom he cannot rely in emergency." Goebbels, *Diaries*, 27.3.45.

Po: "Josias costumava chamar o prefeito de **führer** de meia-tigela." Faria, *Reminiscências*.

Gauleiter

In: "He intervenes when ***Gauleiter*** Joseph Buerckel tries to set up an indépendant cultural office." *The Goebbels Diaries*, Londres, 1948.

In: "Goebbels was rewarded... by being made **Gauleiter** of Berlin, and this office he held to the end." Trevor-Roper, *Final Entries 1945, The Diaries of Joseph Goebbels*.

Po: "Durante anos, Carlos Lacerda e eu estivemos em campos diametralmente opostos [...] Volta e meia ele me classificava mordazmente como comunista 'de salão'. Eu retribuía até com maior contundência, chamando-o de '***Gauleiter*** da Guanabara'." *Jornal do Brasil*, 12.7.97.

Gestapo

Fr: "Clinton. À la télévision, l'effet produit était celui d'une victime 'aux mains de la **Gestapo**', révèle, avec amertume, un stratège républicain." *Le Figaro*, 23.9.98.

Gotha/gotha

Fr: "Lady Di. Les liaisons dangereuses du **gotha**." *Le Figaro*, 8.8.97.

Fr: "Notre spécialiste *ès* ***gotha***, agitateur mondain d' 'Échos de stars'." *Madame Figaro*, 25.5.96.

Fr: "Le **gotha** du turf à chiffres ouverts." *Le Figaro*, 14.8.96.

Fr: "Le retour du **Gotha**. Créé voici plus de deux siècles, le célèbre **Gotha** est de retour après une éclipse de cinquante-quatre ans." *Point de Vue*, 7.4.98.

Fr: "Il n'était certainement pas dans l'annuaire ni dans le **Gotha**." Modiano, *Un cirque*.

Fr: "...leur divorce fut peut-être le plus rapide qu'on eût noté dans l'almanach **de Gotha**". Painter, *Marcel Proust*.

Fr: "Entre... extravagants gays, **gotha** de la mode... et aux affaires...". *L'Événement du jeudi*, 2.4.97.

Fr: "Seules les grandes occasions... où se précipite tout le **gotha** indien." *Le Point*, 19.4.97.

Fr: "...bal des Petits Lits blancs, qui réunit le **gotha** mondain...". *Le Point*, 3.5.95.

Fr: "Entre jeunes club kids, extravagant gays, **gotha** de la mode et quadras aux affaires...". *L'Événement du jeudi*, 2.4.97.

Fr: "'Vous possédez le savoir de Pic de la Mirandole...', et il l'appela 'mon **Gotha vivant**'." Painter, *Marcel Proust*.

Fr: "...hôtel Marigny, d'où l'on entendait gronder dans le ciel les Zeppelins et les **Gothas**...". Painter, *Marcel Proust*.

Fr: "Kuerten... d'exploit en exploit, prouvé que son jeu pouvait en faire demain un joueur du **gotha** internacional...". *L'Est républicain*, 8.6.97.

Fr: "François Blanc avait fait du Hesse-Homburg le rendez-vous du **gotha**." *Le Figaro Magazine*, 27.6.97.

Fr: "A la Gianni Versace S.p.a. ...L'entourage très **gotha** de la famille est aux anges." *Paris Match*, 13.8.98.

Fr: "Sont tombés dans ses filets: Toto Riina le Corléonnais et Nitto Santapaola, Leolucca Bagarella, Giovanni Brusca... tout le **gotha** mafieux." *Le Nouvel Observateur*, 12.8.98.

It: Clinton ha chiamato alla Casa Bianca il **Gotha** dell'America italiana." *Il Messaggero*, 8.4.96.

Po: "Mme. Schwartz é aparentada com todo o **Gotha**, deve haver pelo menos um alemão importante na família." Macedo Soares, *As sentinelas de Deus*.

Hand-ball/hand-ball/handball

Fr: "Mais il n'y avait pas dans le stade que des fans de **handball**!" *Paris Match*, 15.5.97.

Fr: "Inaki Urdangarin, star du **handball** ibérique, et Cristina d'Espagne ont décidé...". *Paris Match*, 15.5.97.

Fr: "...quatrième journée du championnat du monde de **handball**". *Libération*, 21.5.97.

Fr: "...dans tous les sports qui recherchent l'espace, comme le **handball** ou le rugby". *Libération*, 27.3.97.

Hinterland/hinterland

Fr: "Le mot allemand *Hinterland* équivaut exactement à notre *arrière-pays* [*hinter*, 'derrière', *land*, 'pays']. On emploie ce terme pour désigner la région desservie par un port, un canal, un fleuve, etc." Colin, *Trésors des mots exotiques*.

Fr: "L'économiste vous dira que faute de pétrole, de manganèse... ou d'un **hinterland** qui possède tout cela, elle [Dakar] est condamnée à étouffer, à long terme." Gosset, *L'Afrique*.

In: "The Texas Pandandle, a vast **hinterland** of oil wells and abandoned homesteads." *Sunday Times*, 14.7.96.

In: "Compared with 50 c. a square meter in the **hinterlands**...". *BusinessWeek*, 9.9.96.

In: "TV ratings and reporting from the **hinterland** suggest...". *U.S. News*, 26.8.96.

In: "...in the first Opium War of 1839-42, the earliest treaty ports were foreign-ruled settlements designed to open the Chinese **hinterland** to trade and Christian missionaries". *The Times*, 18.6.98.

In: "...to give you access to the **hinterland** of the English language". Reader's Digest, *Reverse Dictionary*.

In: "London's persistent mutations and consequent micro-topographies are never more apparent than in the **hinterland** of Oxford Street." *The Times Magazine*, 1.8.98.

It: "I bambini sono finiti in otto ospedale dell'**hinterland** torinese con febbre alta...". *La Repubblica*, 22.5.97.

kaputt

Ru: "***Kaput***, [Octobre! Octobre a fait long feu]." Maiakovski, *La Quatrième Internationale*, tradução do russo.

Kartell/kartell/cartel

Fr: "De Gaulle: 'Mes adversaires tâchent de faire le **cartel** du *non*, ça sera difficile pour eux. Trop de choses les opposent les uns aux autres'." Peyrefitte, *C'était de Gaulle*.

Fr: ": Les nouveaux **cartels**. Pédophilie." *Le Figaro*, 28.8.96.

Fr: "...cinq **cartels** se partagent le juteux business de la drogue". *Le Point*, 5.10.96.

Fr: "Siemens et deux filiales d'Alcatel viennent de se faire épingler par l'Office allemand des **cartels** pour entente illicite sur les prix." *Le Point*, 7.6.97.

Fr: "Et les maîtres du trafic sont aujourd'hui les **cartels** mexicains — après une guerre au couteau contre les Colombiens." *Le Point*, 9.8.97.

Fr: "La fin sordide du patron du **cartel** de Juarez est à la hauteur des autres épisodes de l'abracadabrante 'narco-saga'." *Le Point*, 9.8.97.

In: "Germans had borrowed the French word *cartel* as ***kartell***, which was used in the same senses as those in English. However, by 1879 the Germans had found a new use for this word to denote the economic coalition of private industries to regulate the quality and quantity of goods to be produced, the prices to be paid, the conditions of delivery to be required, and the markets to be supplied. These German **cartels** were motivated by their industry's increasing desire to dominate foreign markets in the decade preceding World War I." *Merriam-Webster.*

In: "The Dutch government moved to crack **cartels**." *The Netherlander*, 11.5.96.

In: "Long regarded as a '**cartel** paradise, the Netherlands...". *The Netherlander*, 11.5.96.

In: "...by busting up business **cartels**". *Herald Tribune*, 29.10.96.

In: "Colombia: the guerrillas represent the third **cartel**." *Herald Tribune*, 29.10.96.

In: "You have the Russian mob in Europe cutting deals with the Colombia **cartels**." *U.S. News*, 30.9.96.

In: "Iraqi oil — and **cartel** ire at quota busters — could slam prices." *BusinessWeek*, 3.6.96.

Po: "Denunciado **cartel** nos transportes." *Jornal do Brasil*, 6.11.97.

Po: "A concorrência foi dirigida para ser vencida por um **cartel**." *IstoÉ*, 14.8.96.

Po: "SDE vai investigar se há **cartel** no transporte." *Gazeta Mercantil*, 6.11.97.

Kindergarten/kindergarden/kindergartn(er)

In: "We **kindergartners** chased one another, watched big kids...". *BusinessWeek*, 27.5.96.

In: "...threaten to close down the **kindergarden** where his mother works". *Time*, 22.7.96.

In: "Rie Kato, a **kindergarden** teacher in Japan...". *Herald Tribune*, 5.7.96.

In: "Annual Rite: **Kindergartners** Wait for Seats." *The New York Times*, 14.9.96.

In: "Lebed said 60 percent of the schools, **kindergardens** and nurseries in Grozny had been...". *The New York Times*, 4.9.96.

In: "Standards for students from **kindergarten** through 12th grade." *BusinessWeek*, 20.1.97.

In: "...enough to pay back wages to all the state doctors, teachers and **kindergarten** workers in Russia". *BusinessWeek*, 28.4.97.

In: "At a **kindergarten** in Hui Chon in central North Korea, the starving children...". *Time*, 5.5.97.

In: "Antonio Guarnieri, the eminent conductor... declared, 'I do not like dealing with members of a **kindergarten**'." Rasponi, *The Last Prima Donnas.*

In: "She wants to teach **kindergarten** but can't afford to." *BusinessWeek*, 30.9.96.

Po: "Por que teriam os ingleses adotado a expressão alemã **kindergarden** cunhada por Friedrich Froebel?" Magalhães, *Língua, linguagem, lingüística.*

Kitsch/kitsch

Es: "Y esta es la razón por la que el edifício Seagram es una obra de arte y el de Trump un derroche de ***kitsch***." *El País*, 12.1.96.

Es: "'Par coronar semejante cerimonia tan ***kitsch***...". *El País*, 23.1.96.

Fr: "Le **kitsch** a pu être considéré comme une dégénérescence menaçant toute forme d'art." F. Goddard.

Fr: "On ne pourrait pas remplacer le lit nuptial par quelque chose d'un peu moins **kitsch**?" *Le Figaro Magazine*,10.5.97.

Fr: "Le **kitsch** est une façon de voir, de rire du désordre et de l'absurde." *Madame Figaro*, 13.4.96.

Fr: "...bars modernes... fluorescents, meublés de machines à sous, **kitsch**, ils sont propriétés de trafiquants". *Libération*, 14.8.96.

Fr: "'Show-business' raconte le tournage des films '**kitsch**' et à l'usage local...". *Le Point*, 19.4.97.

Fr: "Abu Dhabi... donnent à la ville toute blanche un côté **kitsch**." *Le Point*, 12.4.97.

Fr: "La statue... dans le plus pur style néocorinthien **kitsch** et hollywoodien." *Paris Match*, 17.4.97.

In: "***Kitsch**, the World of Bad Taste.*" Título de publicação de Gillo Dorfles, 1968.

In: "When It Comes to **Kitsch**, Go to Cali. Drug Lords Primed Art Market That, Like Them, Is in Decline." *Herald Tribune*, 16.6.98.

In: "She was starring in *Always*, and transcending the **kitsch** format." *Time*, 19.8.96.

In: "Sultan of Brunei lays out **kitsch** for the Queen." *The Times*, 18.9.98.

In: "*Avant-garde et **kitsch**, fifty years later*. A conversation with Clement Greenberg." *Arts Magazine*, 1989.

In: "There was undoubtedly a vast chunk of **kitsch**...". *Herald Tribune*, 20.4.97.

In: "The attractions of **kitsch** appear to be greater when backed by refreshed optimism." *Herald Tribune*, 20.4.97.

Po: "O **kitsch** é experiência por procuração e sensações falsificadas." Clement Greenberg.

Po: "O **kitsch** é a epítome de tudo o que há de espúrio na vida de nossos tempos." Clement Greenberg.

Po: "Evidentemente, todo **kitsch** é acadêmico...". Clement Greenberg.

Krach/crach/crack

Es: "Mussolini reinventó la idea de empresa pública para paliar los efectos del ***crack*** de 1929." *El País*, 29.6.96.

Fr: "Le **krach** de 1987 n'avait eu, on s'en souvient, aucun impact sur l'activité économique...". *Le Monde*, 4.11.98.

Fr: "'Enquête sur un **Krach** retentissant." Título de publicação de François Daubert.

Fr: "L'analyste, qui s'était rendu célèbre en prévoyant le **Krach** de 1987, a estimé que le Standard & Poor's 500 devrait accuser une baisse...". *Les Échos*, 25.7.96.

Fr: "Ferral était atteint à la fois par le **krach** de la seule matière première...". Malraux, *La Condition humaine*.

Fr: "Si l'Etat pense qu'une **krach** de cette importance est fâcheuse...". Malraux, *La Condition humaine*.

Fr: "Philippe de Villiers, **crack** ou **krach** des valeurs." Martin Peltier.

Fr: "...de nombreux économistes commencent à moins redouter le **krach** boursier que l'inflation zéro". *Le Figaro Magazine*, 10.5.97.

Fr: "**Krach** au Mexique. La dégringolade qui a ébranlé le monde." *Le Point*, 25.2.95.

Fr: "Malgré les records, la situation rappelle celle du **krach** de 1987." *Libération*, 15.5.97.

Fr: "Certes, le **krach** de Barings... a été circonscrit...". *Le Point*, 4.3.95.

Fr: "Ce jour-là, à propos du **krach** du Crédit Lyonnais et d'autres banques, il avait noté...". *Le Point*, 17.8.97.

Fr: "Malgré le **krach** d'octobre 1987, le club d'investissement n'a pas perdu son attrait...". *Enjeux/Les Échos*, mar. 1994.

Fr: "Son intuition très sûre de l'Apocalypse lui suggéra de se tirer une balle dans le cœur quelques jours avant le **krach** boursier de 1929." *Le Point*, 6.6.98.

Po: "A semana havia começado sob nuvens carregadas, prenunciando outra segunda-feira negra, *à la **crack*** de 19 de outubro de 1987." *IstoÉ*, 5.11.97.

Kraft/kraft

Fr: "Papier **kraft**: ça ne les emballe plus d'empaqueter: Christo et sa femme, Jeanne-Claude, avaient réalisé leurs rêves les plus fous en emballant le Pont-Neuf à Paris [1985] et le Reichstag à Berlin [1995]." *Le Point*, 9.8.97.

Fr: "*Rosalinda* arrivait enveloppée dans une bande de papier **kraft** que mes soeurs retiraient avec des précautions de dentellières afin de ne pas déchirer les pages." Bianciotti, *Ce que la nuit raconte au jour.*

Kriegspiel

Fr: "Chirac. Cette campagne est d'ailleurs à son image: il avait tout prévu dans le ***Kriegspiel*** électoral, sauf de devoir convaincre les électeurs." *Libération*, 9.5.97.

Lager/lager [abrev. de *Konzentrationslager* 'campo de concentração']

It: "Gli skinhead hanno deposto corone di fiori ai piede del muro di cinta del ex **lager** di Auschwitz." *La Stampa*, 7.4.96.

It: "La terribilità del **Lager** stava nella sua estensione: era un impero." *La Stampa*, 7.4.96.

Po: "Depois de resistir aos infinitos horrores do **Lager** nazista, Primo Levi...". *Veja*, 9.4.97.

Po: "...foi abandonado em companhia de 800 prisioneiros na enfermaria do **Lager**." *Veja*, 9.4.97.

Lebensraum

In: "'It is undertandable that the English speak of first class victory. They have so far never won any decisive victories. It is quite different for the English to drive us out of the African continent, which is not our living space [***Lebensraum***], than for us to chase the English out of the European continent whose balance of power, as they always claimed, is a *conditio sine qua non* of English politics. We can therefore stand a comparison with Dunkirk without having to blush." Goebbels, *Diaries*, 9.5.43.

In: "[Hitler's priorities]: from Great Britain, he wanted noninterference in Continental affairs, and from the Soviet Union, he wanted ***Lebensraum***, or living space." Kissinger, *Diplomacy*.

In: "TV. The series is attentive to the inclination of most Native Americans to side with the British against colonial ***Lebensraum***...". *New York*, 24.11.97.

In: "In fact, Hitler wanted to swallow up Russia, Poland, Ukraine and the Baltic countries to augment ***lebensraum***: Germany's vital space." *Time*, 13.4.98.

Po: "Deu-me, na área imperial da nossa Biblioteca, uma cabeça de ponte, uma nesga de **Lebensraum**, para a instalação do Instituto Nacional do Livro." Augusto Meyer, discurso de posse na Academia Brasileira Letras, 19.4.61.

Leitmotiv/leitmotiv/leit-motiv/leitmotif/leitmotive

Es: "Sus amigables paseos por la costa se convierten... en el ***leitmotiv*** de la película." *El País*, 19.6.96.

Fr: "Le **leitmotiv** de la Chevauchée des Walkyries." *Larousse*.

Fr: "...la vérité paradoxale, qui sera l'un des '**leitmotive**' de la *Recherche*." Painter, *Marcel Proust*.

Fr: "**Leitmotiv** de toutes les politiques contemporaines: l'homme a besoin de 'sens'..." *Le Point*, 5.10.96.

Fr: "Cette question... revient comme un **leitmotiv** sur les lèvres des chalands." *Paris Match*, 30.4.97.

Fr: "Derrière un **leitmotiv** anodin, émerge une stratégie marketing au ton belliqueux." *Le Monde*, 7.5.97.

In: "**Leitmotiv**, 'the leading motive', is applied in music to a theme associated with a personality in an opera or similar work, repeatedly recurring to emphasize the dramatic situation. The term first came into use with Wagner. In general usage it describes any phrase or turn of thought that continually recurs with a certain association." Evans, *Brewer's Dictionary of Phrase and Fable*.

In: "It is the **leitmotif** of all his speeches." *Herald Tribune*, 20.5.96.

In: "'The younger generation was the ***leitmotiv*** of his speech', observes Klaus Escher." *Time*, 27.10.97.

In: "Nevertheless... the **leitmotiv** of these interviews is melancholy." Rasponi, *The Last Prima Donnas*.

In: "The scoring is far from easy... a series of themes, **leitmotivs** really, that followed one another and create an invisible chain." Rasponi, *The Last Prima Donnas*.

In: "Her ***leitmotifs*** [Anita Brookner's] are those of the great 19th century Romantics: melancholia, alienation, listlessness, resignation." *The Times*, 18.6.98.

It: "Comme se non fosse il ***leit-motiv*** della nostra storia." *Corriere della Sera*, 9.4.96.

Po: "**Leitmotiv**, *Motivo condutor*, isto é, tema associado, no decurso de todo o drama musical, a uma personagem, a uma situação, um sentimento ou um objeto. Por extensão, idéia sobre a qual se insiste com freqüência." Rónai, *PDBLP*.

Po: "...o ***leitmotiv*** de muitas de suas esculturas vem das poses mais abandonadas e lascivas da figura feminina". Fry, *Last Lectures*.

Po: "*...poema-incipito, retorna o* ***leitmotiv****...*". Reale, *Vida oculta*.

Po: "Nos anos 40, o ***leitmotiv*** da afirmação nacional era o protecionismo." Roberto Campos.

Lied/lied/lieder

Fr: "...vient de paraître un magnifique album de **lieder** de Mahler... sous la baguette de John Eliott Gardiner". *Libération*, 16.5.97.

Fr: "Ses yeux, très écartés, se tournèrent vers moi, une fois, alors que je venais d'entamer l'arrangement d'un **lied** de Schumann." Bianciotti, *Ce que la nuit raconte au jour*.

Fr: "Who's Who: les grands du **lied**. Schubert, Schumann, Brahms, Wolf, Mahler." *Le Point*, 6.6.98.

Fr: "Le **lied** veut que toute la veine lyrique du musicien jaillisse au contact des mots d'un poème et se contente de trois minutes pour s'y mettre toute." *Le Point*, 6.6.98.

Fr: "...un ensemble de **lieder** scandinaves et aujourd'hui ce florilège d'opéras...". *Le Point*, 26.5.97.

Fr: "Les leaders du **Lied**. Si l'engouement pour l'opéra est réel depuis quelques années, plus étonnant est le regain d'intérêt pour le Lied." *Le Figaro Magazine*, 23.5.98.

In: "Quasthof has the good fortune to play them all — from the playful poet singing **lieder** to the soulful and magistral prophet Elijah." *Time*, 30.6.97.

In: "In the last years of her career, Kirsten Flagstad became a superb interpreter of Richard Strauss's **lieder**." Rasponi, *The Last Prima Donnas*.

In: "Germaine LubIn: 'Finally, I held a recital and insisted on including some **lieder**'." Rasponi, *The Last Prima Donnas*.

In: "After a group of **lieder** I usually wind up with a group of Spanish songs." Rasponi, *The Last Prima Donnas*.

Po: "Nepomuceno: a maioria das suas '**lieder**' é em italiano, alemão e até sueco." *FM*, 23.11.97.

Mehr licht!/More light!

Fr: "'***Mehr licht!***', les derniers mots de Goethe, demandant qu'on ouvre une fenêtre pour plus de lumière, sont interprètés comme plus de savoir, plus de vérité." Stemer, *Faire le point*.

In: "In addition to such immortal deathbed exclamations as Goethe's '**More light!**'." *Time*, 16.2.96.

Ru: "*...Licht!* ***Mehr licht!*** [Voilà ce qu'il faut avant tout]". Plekhanov, tradução do russo.

mesmerize/Mesmer

In: Mesmer: "Denounced as a quack by some and hailed as the discoverer of a great medical breakthrough by others, Franz Anton **Mesmer** [1734-1815] was the sensation of late eighteenth-century Europe. A graduate of a traditional medical school in Vienna, **Mesmer** early on developed unorthodix medical beliefs. He asserted that the planets have a direct influence upon all the tissues of the human body. He claimed the existence of a mysterious fluid that permeates all matter, both living and nonlining. Eventually calling this force 'animal magnetism', he cited as precedent for his theories the belief of the ancient Greek physician Galen that moon affected epilepsy and histeria. [...] Despite a few astounding cures, **Mesmer** was denounced for practicing 'magic' and was forced to leave Vienna. He became the rage of Paris, and to his treatment room flocked all levels of society." *Merriam-Webster*.

In: "The U.S. president also helped **mesmerize** the Russians, said Zhirinovski." *Herald Tribune*, 7.7.96.

In: "Britain has been... **mesmerized** by debates over the fate of unclaimed embryos." *Time*, 14.10.97.

Panzer/panzer

In: "The fancy dress was meant just to break the ice... Chancellor Helmut Kohl of Germany, who weighs in at **Panzer** proportions, balked at the whole rig, but especially the boots." *Time*, 4.8.97.

Paranoia/paranoia/paranoid/paranoïa/paranoïaque

Fr: "Mot adopté par l'allemand Vogel en 1722, du grec **paranoia**, folie, sur noûs, esprit. Le mot a été ainsi enrégistré en 1822 dans le Nouveau Dic. Méd. Larousse." Stemer, *Faire le point*.

Fr: "'Même les **paranoïaques** ont parfois de vrais ennemis." Henry Kissinger.

Fr: "La **paranoïa** antitutsie de Kinshasa." *Le Figaro*, 24.11.96.

Fr: "Difficile dans cette atmosphère un peu florentine de résister à la **paranoïa**." *Le Point*, 1.4.95.

Fr: "Intel, la **Paranoïa** Créative." *Le Figaro*, 16.6.98.

In: "Russia... some nationalistic goals that smack of **paranoia**." *BusinessWeek*, 22.7.96.

In: "Radio. 'I'm a neurotic, schizophrenic psicopath, but I'm not stupid', says Garcés, the 51 year-old imperor of **Paranoia**." *Time*, 15.7.96.

In: "Microsoft **paranoia**, Cézanne envy." *Time*, 8.7.96.

In: "Northern Ireland. Both function from the **paranoia** of minority-hood." *Herald Tribune*, 24.7.96.

In: "Microsoft: 'The thing that really motivates us is **paranoia** and competition'." *BusinessWeek*,15.7.96.

In: "'Just because you're **paranoid** doesn't mean you don't have enemies." *Herald Tribune*, 5.8.96.

In: "Terror lowers the threshold of **paranoia**." *Time*, 12.8.96.

In: "Giving ordinary Americans more reason to feel **paranoid** about the Federal Government." *Time*, 12.8.96.

In: "Our **paranoid** threshold drops lower by the month." *Time*, 12.8.96.

In: "The biggest single risk is that the **paranoia** over foreigners will discourage outside investors." *BusinessWeek*, 1.7.96.

In: "Computers. Anti-virus programs are great, but there's always the sneaking **paranoia** that of the-shelf software won't catch newly bred PC killers." *Newsweek*, 30.9.96.

In: "The **paranoia** and the back-to-school genres aside...". *Newsweek*, 16.9.96.

In: "South Koreans are used to living with **paranoia**." *Newsweek*, 30.9.96.

In: "'Only the **paranoid** survive' is Andrew Grove's credo." *Newsweek*, 2.9.96.

In: "The president of Intel does believe in **paranoia**." *Newsweek*, 2.9.96.

In: "A Mad-Cow Thriller With a Dose of **Paranoia**." *BusinessWeek*, 31.3.97.

In: "The overthrow of President Ceausescu's **paranoid** dictatorship." *Time*, inverno de 1996.

In: "He... became deeply **paranoid**, accusing his wife of trying to poison him." *Time*, 14.10.96.

In: "...in his latest book *Only the **Paranoid** Survive...*". *BusinessWeek*, 28.10.96.

In: "China has never quite overcome its **paranoia** about the U.S." *BusinessWeek*, 30.9.96.

Poltergeist/poltergeist

Fr: "**Poltergeist**, les aventuriers du surnaturel." *Le Figaro*, 30.7.98.

In: "Films. From the beauty queen... to the aging couples reminiscing about swinger parties they never attended and **poltergeists** they never met." *The Atlantic Monthly*, nov. 1997.

Putsch/putsch/putschiste

Fr: "De Gaulle: 'Comment peuvent-ils [des chefs d'Ètat africains] accepter de négocier avec des gens qui veulent s'emparer du pouvoir les armes à la main? S'ils acceptent, tous les **putschs** réussiront'." Peyrefitte, *C'était de Gaulle*.

Fr: "Le colonel Argoud, passé dans la clandestinité après l'échec du **putsch** d'avril 1961, se cachait en Allemagne depuis février 1962." Peyrefitte, *C'était de Gaulle*.

Fr: "Air France: Le **putsch** des pilotes." *Le Point*, 6.6.98.

Fr: "Jacques Toubon. Chirac l'évite, bien qu'il se soit incliné: le président n'aurait pardonné qu'un **putsch** réussi." *Le Point*, 1.8.98.

Fr: "La situation était mûre pour ce que les diplomates sur place qualifiaient à l'avance de '**putsch** en douceur'. *Les Échos*, 26.7.96.

Fr: "Depuis le **putsch** râté d'août 1991, l'Histoire revient, et la philosophie n'en finit pas de renaître." *L'Événement du jeudi*, 2.4.97.

Fr: "Constantin de Grèce impliqué dans un **putsch** manqué." *Libération*, 5.5.97.

Fr: "Le manque de soutien de l'armée a aussi contribué à l'échec du **putsch**." *Libération*, 5.5.97.

Fr: "...un groupe d'officiers emprisonnés en 1956 pour tentative de **putsch**." *Jeune Afrique*, 20.5.97.

Fr: "Sierra Leone. Les **putschistes** demandent le retour au pays de Foday Sankoh...". *Libération*, 26.5.97.

Fr: "MCSolaar: Le **putschiste** musical revient avec *Paradisiaque*." *L'Express*, 12.6.97.

Fr: "Philippe Séguin a sommé le '**putschiste**' Toubon de cesser sa guérilla contre Tiberi." *Libération*, 21.5.98.

In: "...an outrageous coup and **putsch** against the Dayton peace process". *Herald Tribune*, 16.5.96.

In: "A Communist ***putsch*** in 1917 reversed a century-long drive to integrate the country." *BusinessWeek*, 1.7.96.

In: "In fact, such a scenario is more realistic than a mutiny or a military **putsch**." *Time*, 21.10.96.

It: "11 settembre '73 il **putsch** scatta all'alba." *La Repubblica*, 11.9.98.

Po: "Passou a freqüentar o Ministério... às vésperas do **putsch** do Estado Novo." Amado, *Farda, fardão, camisola de dormir*.

Po: "...descobrira um plano secreto dos comunistas visando a dar um ***putsch*** e tomar o poder". Martins, *Valeu a pena.*

Po: "Essa divisão não seria resolvida sequer com o fracasso do ***putsch*** integralista de 38." Martins, *Valeu a pena.*

Po: "Severo Fournier chefiava um ***putsch*** integralista contra o Palácio Guanabara." Melo Filho, *Testemunho político.*

Realpolitik/realpolitik/real politik

Fr: "Paris a choisi la **realpolitik**... dans son 'pré carré' africain. *Les Échos*, 14.8.96.

Fr: "Avec leur ***Real-politik*** et leur utopisme, les partisans de Changement de jalons...". Etkind, *Histoire de la littérature russe.*

Fr: "La raison d'État de Richelieu, rebaptisée '**Realpolitik**' par Bismarck...". *Le Point*, 5.10.96.

Fr: "Kissinger renâcle à être jugé lui-même à l'aube de la **realpolitik**...". *Le Point*, 5.10.96.

Fr: "Il veut changer la vie des immigrés et se heurte à la dure ***Realpolitik*** algérienne." *Jeune Afrique*, 10.6.97.

Fr: "Elle a survécu à la mise en veilleuse du discours tiers-mondiste et à un certain retour de la politique étrangère française à la ***realpolitik***, ce qui d'ailleurs ne desservait pas le Brésil." Carelli, *France-Brésil: Bilan pour une relance.*

Fr: "Au nom de la '**Realpolitik**', la diplomatie — cet art du compromis — va-t-elle finir par s'incliner face à la morale?" *Le Figaro*, 14.8.97.

In: "...the German word ***Realpolitik*** in fact replaced the French term *raison d'état* without, however, changing its meaning". Kissinger, *Diplomacy.*

In: "They based their policy on ***Realpolitik*** — the notion that relations among states are determined by raw power and that the mighty will prevail." Kissinger, *Diplomacy.*

In: "An adherent of ***Realpolitik***, Mussolini took it for granted that he had a free hand for the kind of colonial expansion that had been routine prior to World War I." Kissinger, *Diplomacy.*

In: "What Stalin had in mind was plain, old-fashioned ***Realpolitik***." Kissinger, *Diplomacy.*

In: "More significant than the loss is the **realpolitik** surrounding the bank's decision to undergo a dramatic restructuring." *BB Securities*, Londres, 21.3.96.

In: "I was equally determined that [...] relations between states should not be allowed to degenerate into a game of ***realpolitik*** played out between contesting power blocks." Thatcher, *The Downing Street Years.*

In: "Turkey's Ciller. So for the next two years, the **realpolitik** falls to her." *Newsweek*, 15.7.96.

In: "...is compromised less by the threat of scandal, which can always be covered up, than by **realpolitik**." *Herald Tribune*, 19.3.97.

In: "But the short-term **realpolitik** demands that North Korea first be saved from collapse...". *BusinessWeek*, 26.5.97.

In: "That's how it looks to Moskow because the ***realpolitik*** driving expansion is simple...". *Time*, 26.5.97.

In: "Turkey. Erkaban, 69, seems to be practicing ***realpolitik***." *BusinessWeek*, 30.9.96.

In: "Mao's earliest surviving essay was on one of China's most celebrated early exponents of cynicism and **realpolitik**, the fearsome 4th century B. C. administrator Shang Yang." *Time*, 13.4.98.

In: "Kosovo. There is a subsidiary argument for intervention on ***realpolitik*** grounds but it seems very nebulous." *Daily Mail*, 18.6.98.

Po: "...nossa vinculação às normas e à **'real politik'** do tucanato gloriosamente reinante". Cândido Mendes, em *Jornal do Comércio*, 18.7.97.

Strudel/strudel

In: "...as a Holocaust document, not as a quick guide to making **strudels** and tortes". *Newsweek*, 9.9.96.

In: "...it was the employment-plagued Kohl who had to eat humble **strudel**". *Time*, 17.3.97.

Thalweg

Fr: "Le brave Twin se laisse maintenant choir sur un **talweg** parsemé d'ossements de chèvres, de quelques débris...". *Le Figaro Magazine*, 21.2.98.

verboten

In: "**Verboten** is far stronger than *interdit*." Foster, *Irony, a Guide*.

In: "Could I bring my own bottle? ***Verboten***!" *BusinessWeek*, 18.3.96.

Waltz/waltz/waltzing

In: "Could Investors Be **Waltzing** Into a Bear-Market Trap?" *Herald Tribune*, 29.10.98.

In: "Art Buchwald. Graduation **Waltz**." *Herald Tribune*, 6.6.96.

In: "The **waltz** was our speciality and, after six weeks of hell and private tuition, we came second in the inter-collegiate competition." *The Times*, 15.8.98.

In: "In 1995, Sony **waltzed** into the U.S. video-game market — and sold 1 million units." *BusinessWeek*, 25.11.96.

In: "Anachronisms abound — such as the **waltz**, not existing in the eighteenth century...". Rasponi, *The Last Prima Donnas*.

In: "From **Waltzes** to the Web: Tales of the Tsar-Struck." *Newsweek*, 20.7.98.

In: "As the night wears on, **waltzes** give way to rowdy Cossack dances." *Newsweek*, 20.7.98.

weltanschauung/Weltanschauung

In: "Why is being an *agathist* better than being a *futilitarian*? It all comes down to their difference in ***Weltanschauung***, a world view or concept of humanity's function in the universe." Elster, *There's a Word for It*.

Po: "Darcy Ribeiro... graças a uma circunstância particular: o seu ***Weltanschauung*** filosófico era derivado do marxismo." Celso Furtado, discurso de posse na Academia Brasileira de Letras, 31.10.97.

Ru: "...cette génération ne pouvait se restreindre aux limites d'une seule philosophie, d'une seule ***Weltanschauung***". Grygar, *L'Avant-garde russe*, tradução do russo.

zeitgeist/Zeitgeist

Fr: "Les trois combats de Kohl. Mais gageons que ce ***Zeitgeist***, si vivifiant quand il règne à Berlin, aura raison de ce pessimisme et de ces difficultés. Grâce à kohl. Même sans Kohl." *Le Figaro Magazine*, 8.8.98.

In: "Nobody actually knows. It is about **zeitgeist**, but, as Michael Wolff puts it, 'the **zeitgeist** is an unreliably business partner.' [Re. Burn Rate: How I survived the Gold Rush Years on the Internet, by Michael Wolff]." *Sunday Times*, 13.9.98.

In: "Eleven years after *The Bonfires of Vanities* Tom Wolfe has done it again, unerringly capturing the American **zeitgeist**." *The Times Magazine*, 12.9.98.

In: "It is often said that newspapers contain the first draft of history, providing remarquable insights on both momentous international events or just a sense of the ***zeitgeist*** from events at a local level [*Nicholas Booth writes*]." *The Times*, 4.3.98.

In: "Jay McInerney. 'Yeah, it was sort of a curse: I really wasn't thinking of myself as writing a ***Zeitgeist*** book...'." *The Irish Times*, 15.8.98.

In: "Books. The trajectory of this novel holds few surprises, and *About a Boy*, perhaps because we have met this character before, does not offer the same sort of bull's eye on the **zeitgeist** thrill that Hornby's first two books did." *Time*, 20.4.98.

In: "Yet again Chanel had put herself into the yolk of the **zeitgeist**." *Time*, 8.6.98.

In: "Michael Crichton. Job title: Dr. **Zeitgeist**, best-selling novelist, one-man megaconcept [*Jurassic Park, E.R.*] factory." *Premiere*, mai. 1998.

Zeppelin/zeppelin

Fr: "...hôtel Marigny... d'où l'on entendait gronder dans le ciel étoilé les **Zeppelins** et les Gothas...". Painter, *Marcel Proust*.

Fr: "Transport. La Renaissance du **Zeppelin**." *Le Point*, 17.5.97.

Fr: "Un projet parallèle, mené par les descendants du comte Ferdinand von **Zeppelin**, vise à livrer un modèle plus petit, destiné aux passagers." *Le Point*, 17.5.97.

Fr: "Et prends bien garde aux **Zeppelins**/Aux **Zeppelins** de toute sorte/Ceux des Boches sont pas malins/ Ceux des Français sont/bien plus pleins./Et prends bien garde aux **Zeppelins**/ Chaque officier français en porte." Apollinaire, *Poèmes à Lou*, 1915.

In: "A New Era Aloft for **Zeppelins**?" *Herald Tribune*, 24.4.97.

In: "...the Hindenbourg became forever synonymous with disaster... and abruptly ended the era of **zeppelins**". *Herald Tribune*, 24.4.97.

In: "...unlike **zeppelins**, blimps do not have rigid or semirigid frames". *Herald Tribune*, 24.4.97.

In: "...the last of the **Zeppelins** was dismantled in 1949". *Time*, 16.6.97.

In: "Al Haig Bets on **Zeppelins** As Alternative to Satellites." *Herald Tribune*, 16.4.98.

In: "Haig wants to launch enormous, high-altitude **zeppelins** over the major cities of the world to transmit the Internet, video-pictures and phone calls to the masses below." *Herald Tribune*, 16.4.98.

In: "But Friedrichshafen was never cured of its **Zeppelin** fever." *Time*, 16.6.97.

7

Do russo

As palavras russas nos textos das demais línguas estão em **negrito**, romano ou itálico, segundo os originais.

Diante de cada citação, figura uma indicação abreviada da língua: *Al* (alemão), *Es* (espanhol), *Fl* (flamengo), *Fr* (francês), *In* (inglês), *It* (italiano), *Ne* (neerlandês), *Po* (português).

apparatchik

Fr: "...crée leurs entreprises grâce à l'argent des vieux **apparatchiks**". *Le Point*, 12.4.97.

Fr: "Louis Aragon... poète résistant, **apparatchik**, il fut omniprésent...". *Le Point*, 26.4.97.

Fr: "Phillips. 'Les **apparatchiks** n'ont pas disparu. Leurs réseaux subsistent et entravent toujours la circulation de l'information', juge-t-il." *Le Point*, 12.11.94.

Fr: "Réécriture de l'histoire de quelqu'un qui a commencé sa carrière d'**apparatchik** en 1977...". *Le Point*, 3.5.95.

Fr: "Europe de l'Est... la défaite des **apparatchiks** conservateurs dans toutes les grandes villes...". *Le Point*, 12.11.94.

Fr: "Beuzelin compte dans son comité de soutien plusieurs **apparatchiks** locaux du RPR." *Le Point*, 3.5.95.

Fr: "Louis Aragon. L'**apparatchik** servile et arrogant cachait un écrivain prodigieusement doué." *L'Express*, 1.5.97.

Fr: "Deng Xiaoping. L'**apparatchik** type? Pas tout à fait." *Paris Match*, 6.3.97.

Fr: "...une solution drastique aux calamiteux **apparatchiks** socialistes des Bouches-du-Rhône". *Libération*, 9.5.97.

Fr: "Reste Molyneaux qui... malgré une réputation d'**apparatchik** sans éclat, n'a peut-être pas dit son dernier mot." *Le Point*, 10.9.94.

Fr: "Vladimir Meciar, le Premier ministre, ancien **apparatchik** communiste soudainement converti à la démocratie...". *Le Point*, 7.6.97.

Fr: "Tchernomyrdine, à 60 ans, semblait le clone des **apparatchiks** gris de l'époque soviétique." *Le Figaro*, 29.3.98.

Fr: "Pour l'essentiel, le PS défend les intérêts matériels des **apparatchiks** des services publics. Étouffant l'initiative privée." *Le Figaro Magazine*, 11.7.97.

In: "An '**Apparatchik**' for Italy. D'Alema takes charge, but the former communist may find himself trying to please too many people." *Time*, 2.11.98.

In: "The Kremlin reformers... soon proved the equals of the **apparatchiks** they replaced." *Time*, 27.5.96.

In: "A top ***apparatchik*** goes into hiding to evade a subpoena." *BusinessWeek*, 11.11.96.

In: "Jiang Zemin has long been a bland ***apparatchik*** in China's leadership." *BusinessWeek*, 17.2.97.

In: "...then they themselves would bring the extremists and union **apparatchiks** into line". Thatcher, *The Downing Street Years*.

babouchka/babushka

Fr: "Un bébé vient de naître, jubile la vieille **babouchka**." *Libération*, 16.4.96.

Fr: "...un mélange de menuet... autour d'une énorme **babouchka**...". *Le Point*, 12.4.97.

In: "Old **babouchkas** still stand in line in the snow." *Herald Tribune*, 1.7.96.

In: "I told her this *important* woman was gravely ill... The **babushka** melted." *The New Yorker*, 20.1.97.

In: "Raisa Gorbachev... also dispelled the myth of the matronly **babushka**." *Time*, 9.6.97.

In: "The **babushka** was serving, her sweating head swathed in a **babushka**, was putting each laden cone on a scale." Catto, *Ambassadors at Large*.

balalaika/balalaïka

Fr: "**Balalaïka**, mot russe [1768] ; instrument de musique à trois cordes pincées et à caisse triangulaire." Colin, *Trésors des mots exotiques*.

Fr: "...toast des maîtres du Kremlin et lancer de verre dans les boîtes à **balalaïka**". *L'Express*, 13.3.96.

blinis

Fr: "Bien après que le mot **blinis** soit passé dans les autres langues, on me s'est pas aperçu que ***blini*** était déjà le pluriel russe de ***blin***." Stemer, *Faire le point*.

In: "The tsar preferred traditional Russian dishes, such as borscht, kasha and **blini**." *Newsweek*, 20.7.98.

Po: "...comprar salmão defumado, caviar, ***blinis***, no bistrot russo ao lado do prédio". Macedo Soares, *As sentinelas de Deus*.

Borscht/borsh

Fr: "...de bons clients, qui paient cash le **borscht** sentimentalo-culturel dont Helsinki est le conservatoire". *Libération*, 14.8.96.

In: "Space. This meant they could linger over a Western-style meal... a welcome relief from the traditional Russian fare of warm **borsch** and jellied perch." *Time*, 3.11.97.

In: "The tsar preferred traditional Russian dishes, such as **borscht**, kasha and blini." *Newsweek*, 20.7.98.

cosaque/cossack

Fr: "Les **Cosaques** avec leur hetman, les archer massagètes, les frondeurs baléares." D'Ormesson, *La Gloire de l'Empire*.

Fr: "Zaïre. Les '**cosaques** noirs' venus d'Angola." *Le Figaro*, 14.5.97.

Fr: "Ziuganov: 'Vous vous appelez **cosaque**, mais votre approche est juive!'." *Le Point*, 7.6.97.

Fr: "'**Cosaque** party' chez Hermès." *Le Figaro*, 16.2.98.

Fr: "La paroisse du Sacre Cœur d'Antibes accueillera les fameux **cosaques du Don**, pour des chants sacrés et profanes." *Nice-Matin*, 22.7.98.

In: "Fashion.... coats worn with muffs and **cossack** boots." *Herald Tribune*, 24.7.98.

datcha/dacha

Fr: "La barinia quitta la véranda [...] et rentra dans la salle à manger de sa **datcha** des Îles." Leroux, *Rouletabille chez le tsar*.

Fr: "En Russie, il possède une **datcha** — où la police confisquera des armes peu avant sa mort...". *Libération*, 27.3.97.

Fr: "'Milliardaire rouge'.... la nouvelle **datcha** encore plus grande et plus richement meublée que les autres." *Le Point*, 27.7.96.

Fr: "Au festival du film de Sotchi, les jurés delibèrent dans la **datcha** de Staline et les espions parlent le français sans accent." *Le Nouvel Observateur*, 24.7.96.

Fr: "Installée dans sa coquette **datcha** des environs de Moscou, Tatiana sait ce qu'attendent ses hôtes étrangers." *Le Figaro Magazine*, 18.7.98.

In: "Mr. Yeltsin... after a week of rest and seclusion at his **dacha**." *Herald Tribune*, 5.7.96.

In: "...generals whose chief ambition is to build a **dacha**". *U.S. News*, 26.8.96.

In: "Russian cosmonauts have tried to give it all the comforts of a little **dacha** in the sky." *Newsweek*, 30.9.96.

In: "The main items on his personal list, Yeltsin said, would be a 'small **dacha**' that he built with a loan and a BMW sedan." *Time*, 2.6.97.

In: "Some generals... have built country **dachas** worth up to $750,000 each." *Time*, 21.10.96.

In: "Mr. Yeltsin was at his country **dacha**, a retreat where he has spent all but a few hours during the last two weeks." *Herald Tribune*, 25.3.98.

glasnost

Fr: "Il faut, explique ce militant, 'rétablir la **glasnost**'." *Le Monde*, 12.4.96.

Fr: "Russie. Le **glasnost** de Boris." *Le Point*, 7.6.97.

In: "The KGB would support ***glasnost*** — political liberalisation — only as long as this did not undermine civil discipline." Kissinger, *Diplomacy*.

In: "***Glasnost*** increasingly clashed with *perestroika*." Kissinger, *Diplomacy*.

In: "Syria. Lunch in Damascus: no **glasnost** is served." *Herald Tribune*, 4.7.96.

In: "Victor Pelevin, the leading Russian novelist of the post-**glasnost** era." *Herald Tribune*, 30.6.96.

In: "A New **Glasnost** to Sell Yeltsin as Fit." *The New York Times*, 25.9.96.

In: "Anatoly Rybakov, 87, Writer Linked to Glasnost's Dawn." *The New York Times*, 24.12.98.

In: "Mr Yastrzhembsky plans to institutionalize the new **glasnost** by establishing a system of accreditation for Kremlin correspondents." *The New York Times*, 25.9.96.

In: "Three different epochs. First, that of *perestroika* and ***glasnost***." *Time*, 27.5.96.

In: "Yeltsin's announcement was at best a victory for semi-***glasnost***." *Time*, 16.9.96.

In: "When Gorbachev instituted his policy of ***glasnost*** in the late 1980s, the Communist Party tried to practice a policy of regulated criticism." *Time*, 13.4.98.

In: "Language. In 1993, during the period of ***glasnost*** begun by Russian President Mikhail Gorbachev, Hungarian linguist Sebastian stumbled across the manuscripts of a Russian anthropologist who trekked across Brazil at the turn of the century." *Time*, 7.7.97.

In: "That notion coincided with the historical testimony of the chief executioner, Yakov Yurovsky — unearthed during ***glasnost*** in 1989." *Newsweek*, 20.7.98.

Po: "Vão longe os tempos da **glasnost**, mas o casal Mikhail e Raissa continua...". *Veja*, 26.3.97.

goulag/gulag/Goulag

Fr: "Sigle russe tiré de **Go**[sudartsvennoe] **U**[pravlenié] ***Lag***[*erei*], 'direction d'État des camps' [1974] ; camp de travail pour les prisonniers politiques et de droit commun, en URSS. Le mot s'est répandu en France à la suite de la publication du livre d'Alexandre Soljenitsyne, *L'Archipel du Goulag*, en 1974." Colin, *Trésors des mots exotiques*.

Fr: "...les années Staline illustrées par *La Route des **goulags***". *Le Monde*, 11.4.96.

Fr: "A-t-il eu la naïveté [...] ce mot de fer, ce mot passe-partout à l'époque, ce mot énorme: '**goulag**'?" Bianciotti, *Ce que la nuit raconte au jour*.

Fr: "La visite de Li Peng à Paris. Des airbus pour le **goulag** chinois." *Le Nouvel Observateur*, 17.4.96.

Fr: "De même, Soljenitsyne a combattu le **goulag** sans renier son identité russe." *L'Express*, 6.2.97.

Fr: "Russie. Les Français du **goulag**." *Le Point*, 17.5.97.

Fr: "Xinjiang. Pendant trente ans, cette région — qui était aussi celle du **goulag** chinois — a été le trou noir du monde, le lieu où aucun étranger n'entre, d'où personne ne sort." *Marie-Claire*, ago. 1998 .

Fr: "Pierre Rigoulot, historien, auteur des 'Français du **Goulag**'." *Le Point*, 17.5.97.

Fr: "...au moment de la destruction du Mur... ceux qui réduisaient l'affaire au '**goulag**' et aux 'violations des droits de l'homme'...". *Le Point*, 26.5.97.

Fr: "Auschwitz, Bergen-Belsen, le **goulag**, c'est notre histoire européenne." *L'Événement du jeudi*, 28.5.97.

Fr: "'On était en pleine guerre civile, Lénine venait d'ouvrir le premier camp du **Goulag**, et on était en pleine terreur intérieure...". *Le Figaro*, 5.6.97.

Fr: "Meyerhold disparaît au **Goulag** en 1937 ou 1938...". *Le Figaro*, 5.6.97.

Fr: "Soljenitsyne... *Une journée d'Ivan Denissovitch*, réquisitoire et description du **Goulag** stalinien." *Le Figaro*, 5.6.97.

Fr: "'Russie: Les nouveaux **goulags**'. *Le Nouvel Observateur*, 11.6.97.

Fr: "Sassou N'Guesso, après avoir régné sur un '**goulag** équatorial' pendant douze ans...". *Libération*, 12.6.97.

Fr: "Les prisons sous Boris Eltsine n'ont rien à envier aux **goulags** d'antan." *Le Nouvel Observateur*, 11.6.97.

Fr: "Dissidence. Les voix du **goulag**." *Marianne*, 15.6.97.

Fr: "Les dissidents sont aujourd'hui soit en exil, soit au laogaï, le **goulag** chinois." *Marianne*, 15.6.97.

Fr: "Une lettre... afin de demander l'allègement des peines pour les prisonniers du *laogai*, le **goulag** chinois." *Le Point*, 14.6.97.

In: "We have 1.6 million Americans behind bars, a **gulag** in America." *U.S. News*, 30.9.96.

In: "Don't Let China's Dissidents Vanish in the **Gulag**." *Herald Tribune*, 1.10.97.

In: "Spying was a game with unwritten rules. An American arrested for espionage in Moscow was shipped home, not to the **gulag**." *Herald Tribune*, 13.11.96.

In: "Doesn't Alanis Morissette sound as if she's performing ar riflepoint in a **gulag**?" *Time*, 9.6.97.

hooligan/Hooligan [ver "kouligane"]

icône/Ikonen/icon/ícone

Al: "Viele halten **Ikonen** in Spitzentaschentüchern, andere Schilder: 'Beichte, Russland!'." *Stern*, 16.7.98.

Fr: "L'**icône** informatique, aujourd'hui omniprésente dans tous les logiciels et sur tous les écrans d'ordinateur, est née en 1984 avec l'interface conviviale du Macintosh d'Apple. Par

définition, l'**icône** est un pictogramme, una image stylisée représentant une commande, une fonction ou un message." Otman, *Les Mots de la cyberculture.*
Fr: "**Icône** sonore est un signal déclenché par un logiciel en fonction d'une situation donnée, en particulier dans des situations à risques." Otman, *Les Mots de la cyberculture.*
Fr: "Ce qui a mené, entre autres, à la conception d'un nouveau moyen d'information, les '**icônes** sonores': il s'agit d'un bruit forgé sur le type de situation auquel on est confronté." *La Recherche*, mar. 1996.
Fr: "L'**icône**, reflet de la concentration spirituelle." *Le Figaro Magazine*, 10.8.96.
In: "The idea was to create 'a national **icon**'." *Newsweek*, 15.7.96.
In: "He married the Italian screen **icon** Lucia Bose." *Herald Tribune*, 9.5.96.
In: "*Eraser* smartly remythologizes a Hollywood **icon**." *Time*, 29.7.96.
In: "McMakeover of an **Icon** is aimed at Adults." *Herald Tribune*, 9.5.96.
In: "They were on stage even longer than their ancestral **icons**." *Herald Tribune*, 20.6.96.
In: "Two major **icons** of gay culture, Marilyn Monroe and James Dean." *Herald Tribune*, 27.6.96.
In: "Piaf is still an **icon**." *Time*, 12.8.96.
In: "Conrad's theme of science as a false **icon**." *Herald Tribune*, 10.7.96.
In: "Arriving new flashes... will cause **icons** to pop up on the screen." *BusinessWeek*, 26.8.96.
In: "In the 1930's and 40's, Carmen Miranda was an **icon** for whom exotic meant erotic." *The New York Times*, 7.9.96.
In: "Rosenwach is sure the low-tech tanks will survive because they're city **icons**." *The New York Times*, 9.9.96.
In: "'The X Files'. An ex-FBI guy played by B-movies **icon** Lance Henriksen relocates to Seattle." *Newsweek*, 16.9.96.
In: "*Punch*, once a British cultural **icon**, has just been brought back from the dead." *The New York Times*, 18.9.96.
In: "David Grahan, singer for dance-pop **icons** Depeche Mode, was arrested." *Newsweek*, 15.7.96.
In: "Microsoft Office's animated **icons** guide you through a tough program." *BusinessWeek*, 10.2.97.
In: "Microsoft. ...a second letter offering to reinstate Compaq into Gates' good graces if the Explorer **icon** were restored within 60 days." *Time*, 3.11.97.
Po: "Rainha Silvia... num discurso a soberana atropelou dois **ícones** da democracia sueca." *Veja*, 4.9.96.

intelligentzia/intelligentsia

Fr: "Malraux: 'Presque tout ce que nous avons fait depuis la guerre, particulièrement depuis le retour du Général, c'est par mauvaise conscience envers l'***intelligentsia*** de gauche. C'est *Le Nouvel Observateur* qui gouverne ce pays'." Peyrefitte, *C'était de Gaulle.*
Fr: "Le thomisme et sa variété le 'néo-thomisme' sont l'objet, vers 1926, d'un curieux engouement dans les milieux de l'**intelligentsia**." Chastenet, *Quand le bœuf montait sur le toit.*
Fr: "L'**intelligentsia** indienne lui en veut d'avoir demandé l'interdiction d'un film...". *Le Point*, 30.12.94.
Fr: "Le couple... s'entoure de ténors de l'**intelligentsia** et de stars...". *Le Point*, 26.4.97.
Fr: "L'improbable rencontre entre le député de la Corrèze et une partie de l'**intelligentsia** parisienne." *Libération*, 29.4.97.

Fr: "*The New Republic*, l'hebdomadaire influent de l'**intelligentsia** de gauche...". *L'Express*, 1.5.97.
Fr: "Cioran. L'**intelligentsia** adorait set historien paradoxal...". *Paris Match*, 15.5.97.
Fr: "L'**intelligentsia** parisienne prend des airs pincés." *Paris Match*, 15.5.97.
Fr: "...les 'vétérans' de l'**intelligentsia** française en vedette à New York...". *L'Événement du jeudi*, 2.4.97.
Fr: "A l'époque de la Russie tsariste, on pouvait parler réellement d'**intelligentsia**." *Libération*, 27.3.97.
Fr: "Du rififi dans l'**intelligentsia** parisienne." *Le Figaro Magazine*, 11.10.97.
In: "They are few as stupid as the professed **intelligentsia** when choosing to pontificate about sport." *The Times*, 11.5.96.
In: "Morale in the Ukraine is none too good. The **intelligentsia** is solidly on our side." Goebbels, *Diaries*, 11.2.42.
Po: "Neste caso, a distância entre a ***intelligentsia*** e a ***intelligentsia*** burguesa praticamente desaparece." T. J. Clark.
Po: "...no capitalismo avançado, essa ***intelligentsia*** independente, crítica e progressista foi condenada à morte por sua própria classe". Ferreira e Mello, *Clement Greenberg e o debate crítico*.
Po: "Acredito que é a ausência de qualquer ***intelligentsia*** burguesa desse tipo... que está por trás do impasse de Eagleton et al." T. J. Clark.
Po: "O projeto de lei contestado pela oposição, a ***intelligentsia*** e o chamado *povo de esquerda* foi finalmente aprovado." *Jornal do Brasil*, 28.2.97.

kalashnikow/kalashnikov/kalachnikov/kaláshnikov

Es: "Le cerró el paso con un **Kaláshnikov**." *El País*, 15.5.96.
Fr: "...ils tirent de longues rafales de **kalachnikov** en direction des commandos...". *Le Point*, 30.12.94.
Fr: "33 jours de détention, sous la menace d'une **kalashnikow**." *Le Figaro*, 29.4.96.
Fr: "En tenue de combat, **kalachnikov** au poing, il a regardé ses prisonniers puis est repartit." *Le Figaro*, 27.4.97.
Fr: "Aux check-points... la litanie des papiers demandés, des **kalachnikovs** brandies et des slogans vociférés." *Le Figaro Magazine*, 24.5.97.
It: "...e ha poi fatto da scudo ai suoi protetti sotto il tiro dei **kalashnikow**". *La Repubblica*, 7.4.96.
It: "Trionfa l'ex-presidente Sali Berisha, sillabando davanti alle telecamere un invito alla calma, ma da un balane affollato di **kalashnikov**." *La Repubblica*, 15.9.98.
It: "I **kalashnikov** non smettono di martellare." *La Repubblica*, 15.9.98.
Po: "O jesuíta... comprou três fuzis **kalashnikov**, ao preço de 40 dólares pelo pacote." *Veja*, 9.4.97.

kolkhose/kolkhoze

Fr: "Ils ont trouvé du travail à 20 km du **kolkhose**." *Libération*, 16.4.96.
Fr: "Les films ainsi amassés dans cette aventure, de **kolkhozes** mal gérés en mines traîne-misère." *Libération*, 7.3.97.

kouligane/hooligan/Hooligan

Al: "In den britischen Medien machte das Schlagwort von 'Politik-**Hooligans**' die Runde." *Stern*, 16.7.98.
Es: "Las autoridades políticas nacionales, comportandose como auténticos **hooligans**, reaccionarían contra la sentencia." *El País*, 15.1.96.

Fl: "Britse premier Tony Blair: **Hooligans** 'weerzinwekkend'." *Algemeen Dagblad*, 16.6.98.
Fr: "Enquête. Le Vrai Visage du **Hooligan**." *Le Point*, 26.4.97.
Fr: "Le portrait-robot du **hooligan** néerlandais millésime 1997, tel que décrit à Amsterdam." *Le Point*, 26.4.97.
Fr: "Une fois l'endroit choisi, les **hooligans** peuvent communiquer par Internet...". *Le Point*, 26.4.97.
Fr: "Paul Shurey explique le filtre à **hooligans**...". *Libération*, 30.4.97.
Fr: "En matière de football on parle de la construction des stades, des **hooligans**, du recrutement des jeunes joueurs...". *Le Point*, 24.9.94.
Fr: "Son dernier round avec un **hooligan** a expédié celui-ci dans le coma." *Madame Figaro*, 14.2.98.
Fr: "**Hooligan**isme: les recettes anglaises." *Le Figaro*, 1.3.98.
Fr: "Ils ont pris toute une série de mesures: dispositif policier anti-**hooligans**, expulsion des éléments plus violents...". *Le Point*, 18.2.95.
Fr: "'Pas de billet, n'y allez pas', pour éviter l'afflux de **hooligans** en France." *Le Point*, 2.5.98.
Fr: "Les **hooligans**, la polémique et les plaies." *Le Soir*, 17.6.98.
Fr: "Mondial. Le dispositif anti-**hooligans**." *Le Journal du Dimanche*, 21.6.98.
In: "**Hooligan**, a violent young rough; of late 19th century origin from the name of of a family of such people. Hence the word *hooliganism*. 'The original **Hooligans** were a spirited Irish family of that name whose proceedings enlivened the drab monotony of life in Southwark about fourteen years ago. The word is younger than the Australian *larrikin*, of doubtful origin, but older than Fr. *apache*.' Ernest Weekley: *Romance of Words*, 1912." Evans, *Brewer's Dictionary of Phrase and Fable*.
In: "**Hooligans** who are courting disaster on the railways...". *Daily Telegraph*, 14.8.98.
Po: "Os '**hooligans**' das privatizações, que exercem o monopólio do patriotismo, exibem como 'empresas do povo' o que não tem passado de patrimônio fechado das respectivas comunidades de acionistas." *O Estado de S. Paulo*, 3.7.98.

kulak

In: "LenIn: 'Hang Lang, without fail, so the people see no fewer than one hundred known **kulaks**, rich men, bloodsuckers...'." *Newsweek*, 16.9.96.
In: "Lenin 'had no standard to define a **kulak**'." *Newsweek*, 16.9.96.

mammoth

In: "The **mammoth** task of paring the 670,000 soldiers... of the two Germanys." *Herald Tribune*, 8.7.96.
In: "IBM... from printer ribbons to **mammoth** computers." *BusinessWeek*, 22.7.96.
In: "Deregulation will force a **mammoth** industry to restructure." *BusinessWeek*, 9.12.96.

Molotov/molotov

Al: "Grüne. Und dann, aus dem dritten Glied, fliegen de **Molotow**-Cocktails." *Der Spiegel*, 13.7.98.
Es: "...furgoneta que habia sido atacada con *cócteles* ***molotov*** por unos encapuchados". *El País*, 15.5.96.
Fr: "Des skinheads et des néonazis... attaquent au cocktail **Molotov** et au jet de pierres un foyer de demandeurs d'asile." *Le Point*, 11.3.95.
Fr: "Août 1995: un cocktail **Molotov** est lancé par les hezbollahs contre la librairie...". *Le Monde*, 11.4.96.

Fr: "...publie en ce mois 'un cocktail **Molotov** littéraire'." *Libération*, 9.5.97.
Fr: "...le domicile du procureur, arrosé d'essence et de cocktails **Molotov**...". *Le Point*, 19.4.97.
Fr: "...comme si la politique était une idée fixe... pareille à une bouteille pleine d'un liquide efervescent et brûlant, cocktail **Molotov** susceptible d'exploser à tout instant." *L'Express*, 5.9.96.
Fr: "Ou, si ça vous amuse davantage, un cocktail **Molotov**." Giroud, *Le Bon Plaisir*.
Po: "Palestinos... jogando pedras e coquetéis **Molotov** nos soldados...". *Veja*, 9.4.97.
Po: "Em Rondônia, Hildebrando Pereira já enfrentou insetos com coquetel **molotov** e trocou Paris por Porto Velho." *Veja*, 10.12.97.

moujik/mujik/mujique

Fr: "Les costumes même des **moujiks** aux blouses éclatantes, aux chemises roses par-dessus le pantalon, les grègues larges et les bottes à mi-jambe." Leroux, *Rouletabille chez le tsar*.
Fr: "Un mec, un vrai, un '**moujik**' qui permet aux filles de renouer avec le vieux proverbe russe qui voudrait que l'on se sente 'derrière un homme comme derrière une muraille'." *Elle*, 15.6.98.
Fr: "Parmi les invités, 'l'homme de Dieu' dont s'est entichée la tsarine, un curieux **moujik** prédicateur, qui prétend avoir des idées sur tout: Raspoutine." *Paris Match*, 30.7.98.
Fr: "Depardieu: 'Je me suis comporté comme un **Moujik**'." *Nice-Matin*, 24.7.98.
In: "Crowds of ***mujiks*** surrounded those who were able to read the news bulletins in the streets and wept while they listened to the sorrowful details of the disaster." Warner, *The Tide at Sunrise*.
Po: "...o homem entorna com a fúria de um **mujique** da anedota russa". *Veja*, 28.8.96.

nomenklatura/Nomenklatura/nomenklaturiste

Al: "In diesem Lebensbereich ist Brigitte Reimann für alle, die sich zur **Nomenklatura** rechnen, ein Stück Verruchtheit, mit der sie...". *Die Welt*, 17.6.98.
Al: "Medien-**Nomenklatura**. Ist das geneint mit 'Berliner Republik'?" *Der Spiegel*, 14.9.98.
Fr: "60% d'entre eux sont directement issus de l'ancienne **nomenklatura** soviétique." *Le Point*, 12.4.97.
Fr: "L'ancienne **nomenklatura** a conservé de beaux restes." *Le Point*, 12.4.97.
Fr: "Bars à karaoké de Pékin... la **nomenklatura** les fréquente." *Paris Match*, 17.4.97.
Fr: "Le Parti communiste albanais n'a même pas laissé derrière lui de **nomenklatura** pourvue d'une vague expérience administrative...". *Le Point*, 19.4.97.
Fr: "Le barrage des Trois Gorges a toujours eu ses détracteurs, même au sein de la **nomenklatura** chinoise." *Le Point*, 20.5.95.
Fr: "La **nomenklature** enterre le tsar." *Libération*, 18.7.98.
Fr: "Salin reproche à l'organisation patronale 'son intégration dans le système **nomenklaturiste**'." *L'Événement du jeudi*, 14.5.97.
Fr: "Car les pauvres **nomenklaturistes**, eux, sont plutôt du côté de 'Ninotchka'." *Le Point*, 17.5.97.
Fr: "Le dinosaure, symbole des vieux **nomenklaturistes** du PRI qui ne veulent pas lâcher le pouvoir." *Le Point*, 25.2.95.
Fr: "Iran. Car, Khatami, s'il fait partie de la **nomenklatura** islamique... ne fait pas partie pour autant du premier cercle des dirigeants." *Libération*, 26.5.97.
Fr: "Philippe Jaffré a dans la **nomenklatura** française une place de choix." *Le Nouvel Observateur*, 11.6.97.

Fr: "La nouvelle **nomenklatura** du rouble." *Le Figaro*, 20.3.98.

In: "The morbid suspiciousness which had become a way of life in the Soviet ***nomenklatura*** characterized their conduct in the immediate post-Stalin phase as well." Kissinger, *Diplomacy*.

In: "'The system that governs us is a combination of the old **nomenklatura**, the sharks of finance... and the KGB." *Time*, 27.5.96.

In: "Netanyahu refers to them disparagingly as the ***nomenklatura***...". *BusinessWeek*, 17.2.97.

In: "Markus Wolf... was a card-carrying member of the ***nomenklatura*** and a key shaper of the country's security policies." *BusinessWeek*, 9.6.97.

In: "The latest prime minister of post-Soviet Russia, Chermomyrdine, was straight out of the old school, the elite of the Soviet Union, the ***nomenklatura***." *Herald Tribune*, 1.4.98.

niet/nyet

Fr: "Le '**niet**' français au dissident soviétique." *Le Figaro*, 26.7.98.

Po: "Quando você pedia alguma coisa, vinha quase sempre um **nyet**." Faria, *Reminiscências*.

oukase/ukase

Fr: "**Ukase** ou **oukase**, du russe *oukazat'*, 'publier' [1775] ; édit promulgué par le tsar. Ce mot désigne aujourd'hui en français une décision prise plus ou moins arbitrairement par une autorité politique." Colin, *Trésors des mots exotiques*.

Fr: "Un **ukase** du tsar relatif à la composition de la douma, publié ici hier soir, et dont les agences vous ont télégraphié le texte, est l'objet de toutes les discussions." Leroux, *L'Agonie de la Russie blanche*.

Fr: "Cédant... aux '**oukases**' de Wall Street, l'indice des valeurs vedettes a commencé... sur une note particulièrement déprimée." *Les Échos*, 25.7.96.

Fr: "Le Viagra. Philippe Sollers dénonce, dans *Le Figaro*, 'l'**oukase** du sexe obligatoire à l'épanouissement'."

Fr: "C'est monsieur le DC, le *district commissioner*, un préfet tout en finesse qui manie tour à tour l'**oukase** et le compromis face au mollah sententieux." *Le Point*, 17.8.96.

Fr: "Le glasnost de Boris. Tout d'abord, l'**oukase** n'a aucune valeur coercitive." *Le Point*, 7.6.97.

Fr: "Le décret de Boris Eltsine reprend un **oukase** semblable de 1992...". *Le Point*, 7.6.97.

Fr: "'Les Français ne sont pas hostiles à l'écologie ; ils détestent simplement les **oukases** imposés en son nom." *Le Figaro Magazine*, 21.2.98.

Fr: "Pour soutenir le dissident et ses fidèles qui bravent les **oukases** du maître de demain, Hongkong s'est offert un dernier baroud d'honneur." *Le Point*, 14.6.97.

Fr: "Russie. Un plan d'austérité par **oukases**." *Libération*, 18.7.98.

Fr: "Alexandre Guinzbourg. Un **oukase** qui tranche étrangement avec le curriculum vitae de l'intéressé." *Le Figaro*, 26.7.98.

perestroïka/perestroika/Perestrojka

Al: "Der Entdecker der Skelette schwieg bis zur **Perestrojka**." *Stern*, 16.7.98.

Fr: "Quatre ans après sa démission, le père de la **perestroïka** reste synonyme de 'chaos économique'." *Le Monde*, 12.4.96.

Fr: "Son CV est un véritable roman. Il commence avec la **perestroïka**." *Le Point*, 12.4.97.

Fr: "...en attendant une hypothétique **perestroïka**, le quotidien communiste continue de perdre des lecteurs". *Le Point*, 19.4.97.

Fr: "...en profitant du climat de la **perestroïka**, il a pu revenir au pouvoir...". *Le Point*, 12.11.94.

Fr: "Chronique Alexandre Adler: '**Perestroïka** en Afrique'." *L'Express*, 8.5.97.
In: "*Glasnost* increasingly clashed with ***perestroika***." Kissinger, *Diplomacy*.
In: "...and the military establishment felt at ease with ***perestroika*** — economic restructuring — only as long as this did not undermine civil discipline". Kissinger, *Diplomacy*.
In: "The longer ***perestroika*** and *glasnost* lasted, the more isolated and less confident Gorbachev became." Kissinger, *Diplomacy*.
In: "Three different epochs. First, that of ***perestroika*** and *glasnost*." *Time*, 27.5.96.
In: "Our own Western **perestroika** hasn't even begun." *Herald Tribune*, 7.11.96.
In: "He himself used to say our Polish reforms were a great laboratory for ***perestroika***. W. Jaruzelski, em *Time*, inverno de 1996.
In: "This is how those concepts, ***perestroika*** and the new way of thinking, were born." Mikhail Gorbachev, em *Time*, inverno de 1996.
In: "He soon concluded that the system could not recover without ***perestroika***." *Time*, inverno de 1996.
In: "Russia. A generation of ambitious middlemen profited from **perestroika**." *Herald Tribune*, 1.4.98.
In: "Together with Reagan Margaret Thatcher pushed Mikhail Gorbachev to pursue his ***perestroika*** policy to its limits and so fatally to undermine the self-confidence of the Soviet élite." *Time*, 13.4.98.
It: "Vietnam. Vincitore di una guerra di independenza e in via de '**perestroika**'." *La Stampa*, 10.4.96.

pogrom/pogromen

Al: "Daraufhin kam es in Nordnigeria zu **Pogromen** gegen die aus dem Süden zugezogenen Ibo." *Der Spiegel*, 13.7.98.
Fr: "Des massacres, les Juifs en ont subi durant toute leur histoire. Affaire d'habitude. Yankel lui-même n'avait-il pas fui la Russie à cause des **pogroms**?" Ikor, *Les Eaux mêlées*.
Fr: "Le fasciste hindouiste... ses railleries sont autant de brûlots, d'invitations aux **pogroms**." *Le Point*, 1.4.95.
Fr: "...transformée en synagogue par les juifs fuyant les **pogroms de** Russie...". *Libération*, 30.4.97.
Fr: "Khaldeï a tout juste un an quand sa mère est assassinée lors d'un **pogrom**." *Le Figaro Magazine*, 2.5.98.
Fr: "Lénine. Quant aux **pogroms**, aux exactions, aux déportations, même si l'on peut discuter de ses intentions, il en fut en grande partie responsable." *L'Express*, 28.5.98.
In: "In the film, a kindly medieval monk warns against **pogroms**...". *Herald Tribune*, 19.6.96.
In: "A **Pogrom** in Postwar Poland." *Herald Tribune*, 7.8.96.
In: "Hundreds more were killed in **pogroms** after the October Revolution." *The New York Times*, 9.9.96.
In: "While the Reichmanns and their guests were at the bar mitzvah reception, a **pogrom** raged back in Vienna." *BusinessWeek*, 20.1.97.
In: "These Hutu troublemakers teamed up with Mobutu's army in a **pogrom** against Zairean Tutsi." *Time*, 14.4.97.
In: "...and occasionally reading outraged reports of **pogroms** in Eastern Europe or massacres in Asia". *The New York Times Book Review*, 23.11.97.
In: "In White Russia and the Ukraine, **pogroms** were carried out regularly." *BusinessWeek*, 15.6.98.

Po: "O brasileiro está sendo obrigado a se encarar toda manhã num espelho deformante, que reflete a punga dos títulos públicos, os **pogroms** da PM em Diadema...". *Veja*, 30.4.97.

politburo

Fr: "'*C'était le **Politburo**'*, affirme Peter Moerman, ancien salarié de Phillips." *Le Point*, 12.11.94.

In: "A military parade almost as grandiose as those once staged by the Soviet **politburo**." *Sunday Times*, 14.7.96.

samovar

Po: "A peça mais linda naquele leilão era um **samovar** do final do século dezoito, irresistível." Faria, *Reminiscências*.

Spoutnik/spoutnick

Fr: "**Spoutnick**, d'Electrolux, l'aspirateur qui glisse sur un coussin d'air." *Le Figaro*, 11.4.96.

stakhanovisme/stakhanoviste/stakanovista

Fr: "Sans compter les 360 000 standardistes, véritables **stakhanovistes** de l'accueil téléphonique, dont le métier est malheureusement déprécié." *Le Point*, 20.5.95.

Fr: "Si l'on additionne le temps professionnel et le temps domestique, une semaine ordinaire compte, pour elles, 68 heures de pur **stakhanovisme**." *Le Point*, 17.5.97.

Fr: "Louis, naufragé de Cine-città, Mathilde, **stakhanoviste** du roman rose...". *L'Express*, 5.6.97.

Fr: "Pas question donc, pour la femme laborieuse, la **stakhanoviste** encensée par l'imagerie bolchevique, celle qui portait fichu et tablier sur les affiches de propagande, de mettre les pieds sous la table." *Elle*, 15.6.98.

It: "Il vulcanico responsabile di traffico e vigili urbani, lo **stakanovista** Amos Cecchi." *Il Giornale*, 18.9.98.

steppe

Fr: "Hors les premiers contreforts des monts, nous sommes dans la **steppe** fertile, qui a dû, cette année, fournir un fourrage merveilleux." Leroux, *L'Agonie de la Russie blanche*.

Fr: "Heureusement, dans cette **steppe** où le vent efface si vite la marque des sabots...". *Le Point*, 1.7.95.

Fr: "Les Sarmates... qui évincèrent les Scythes et les supplantèrent dans la **steppe** russe...". *Le Point*, 1.7.95.

Fr: "Dans les capitales des **steppes** aux trônes fragiles, la peur d'une contagion radicale islamique devient tenace." *Le Point*, 15.8.98.

taïga

Fr: "**Taïga**, forêt de conifères qui longe le Nord de l'Eurasie et du Nouveau Monde, à la limite de la toundra...". Colin, *Trésors des mots exotiques*.

Fr: "...et là tout près, dans la pénombre de la **taïga**, s'abattent peu à peu quelques arbres Qui nous protégeaient du vent." Frison-Roche, *Peuples chasseurs de l'Arctique*.

Fr: "Dans la **taïga** et les neiges éternelles de la plaine du Grand Nord, les contrebandiers affrontent des conditions climatiques épouvantables." *Le Point*, 1.7.95.

Fr: "C'est déjà un paysage de toundra, nous sortons de la **taïga** progressivement." Frison-Roche, *Peuples chasseurs de l'Arctique*.

troïka/troïca/troika

Fr: "La **troïka** européenne est arrivée hier à Téhéran." *Le Figaro*, 3.4.96.

Fr: "...pour dire aux dirigeants turcs qu'il rencontrait au nom de la **troïka** européenne...". *Le Point*, 1.4.95.

Fr: "...parce que cette **troïka** de la dernière chance pour battre le chancelier renforce a contrario la stature de Helmut Kohl". *Le Point*, 10.9.94.

Fr: "Quant à Rudolf Scharping et à sa **troïka**, c'est Joseph Rovan qui écrit...". *Le Point*, 10.9.94.

In: "Vietnam. In Cautious Shift, Aging **Troika** Will Lose Some Power." *Herald Tribune*, 30.6.96.

In: "The party had decided to keep in place its elderly **troika** of top leaders." *Herald Tribune*, 30.6.96.

In: "An odd **troika** of presidential candidates is putting together a political bloc." *Time*, 13.5.96.

In: "Korzhakov... along with the two other members of a **troika** that...". *Herald Tribune*, 21.6.96.

In: "Russia's new troika." *BusinessWeek*, 22.7.96.

In: "In the new ruling **troika**, Lebed and Chernomyrdin will be the key." *BusinessWeek*, 22.7.96.

In: "The **troika** engaged in the day-to-day management of the Government is made up...". *The New York Times*, 29.9.96.

In: "Forming a policy **troika** with Prime Minister Chernomyrdin and Chubais." *Herald Tribune*, 3.4.97.

In: "Telecommunications. Unless McCaw and his **troika** execute perfectly...". *BusinessWeek*, 16.6.97.

In: "...the two as participants in Peru's governing **troika**, along with Mr. Fujimori." *Herald Tribune*, 29.4.97.

In: "Intel. Barrett emerges from the shadow of the founding **troika** to take over as the company's president." *BusinessWeek*, 26.5.97.

In: "...the first person outside the company's famous founding **troika**... to hold the post." *BusinessWeek*, 26.5.97.

tsar/tzar/czar

Fr: "La figure du **tsar**, ordinairement si calme, si douce et souriante, a l'air le plus sévère ; les yeux brillent d'un méchant éclat." Leroux, *Rouletabille chez le tsar*.

Fr: "La nostalgie des **tsars** titillait le palais de la social-democratie." *Libération*, 14.8.96.

Fr: "Helinki, conservatoire de la cuisine des **tsars**." *Libération*, 14.8.96.

Fr: "Le **tsar** Rostropovitch réunit les têtes couronnées." *Le Figaro*, 28.3.97.

In: "Compared with all these problems, of what importance is the speech that the English King delivered in Parliament? It is as inane as can be, and bubbles over with childish phrases. England, he maintains, has won victory with the aid of God. He lavishes special praise on Stalin, the murderer of the **Czars**." Goebbels, *Diaries*, 25.11.43.

In: "France. Memo to the Money **Czars**." *BusinessWeek*, 24.6.96.

In: "Last week, President Clinton's drug **czar**, Barry McCaffrey." *Time*, 12.8.96.

In: "Lebed's nº 1 Priority As the Security **Czar**: modernize the Army." *Herald Tribune*, 20.6.96.

In: "We used to have a **czar**; then he was replaced by the general secretary of the Communist Party." *Newsweek*, 15.7.96.

In: "The Occasional **Czar**. Can an exausted Yeltsin find the strength to rule?" *Time*, 5.8.96.

In: "Jack Welch's Cyber-**Czar**." *BusinessWeek*, 5.8.96.

In: "Clinton named retired General Barry McCaffrey as his new drug **czar**." *U.S. News*, 30.9.96.

In: "Yeltsin... since the **czar** is always right...". *Time*, 27.5.96.

In: "Former drug **czar** William Bennett...". *U.S. News*, 30.9.96.
In: "Dole voted against 'even creating' the office of the drug **czar**." *U.S. News*, 30.9.96.
In: "**Czar** wars. Two views of the battle from the top." *U.S. News*, 30.9.96.
In: "**Czars** of the Cloakroom Dare Defy the Rules of Russia's Lobbies." *Herald Tribune*, 22.11.96.
In: "Communism was worse than the **czars**." *Newsweek*, 30.9.96.
In: "The White House anti-drug **czar**, Barry L. McCaffrey...". *Herald Tribune*, 29.10.96.
It: "Boris Eltsin. Lo **tzar** è risorto. L'operazione per il quintuplo bypass gli ha regalato un'ultima resurrezione." *La Repubblica*, 4.7.97.
Po: "Delfim Neto, o **czar** da economia de então...". *Veja*, 12.3.97.
Po: "Rockefeller, que era chamado de **czar** do petróleo...". *Veja*, 5.3.97.

tundra/toundra

Fr: "***Tundra***, végétation des zones subpolaires, faite de mousses, de lichens et de petits arbrisseaux, poussant sur la merzlota." Colin, *Trésors des mots exotiques*.
Fr: "C'est déjà un paysage de **toundra**, nous sortons de la taïga progressivement, mais le versant Sud se couvre encore de sapins... un mélange de forêt sibérienne et de **toundra** laponne." Frison-Roche, *Peuples chasseurs de l'Arctique*.

vodka

Fr: "**Vodka**, diminutif de *voda*, 'eau', de même racine que l'allemand *Wasser* et l'anglais *water*, désigne une eau-de-vie de grains très consommée en URSS et en Pologne." Colin, *Trésors des mots exotiques*.
Fr: "Rouletabille et Natacha ne firent que tremper leurs lèvres dans la **vodka**, mais Féodor et Matrena burent leur eau-de-vie à la russe." Leroux, *Rouletabille chez le tsar*.
Fr: "Les trappistes tentent de s'en sortir en fabriquant de la **vodka** pour le marché russe." *Le Point*, 5.10.96.
Fr: "Le matin, il commence à la **vodka**, le midi, il est au meilleur vin rouge." *Le Figaro Magazine*, 3.5.97.
Fr: "...où Soviétiques et Américains rivalisaient de faste et d'alcool, **vodka** contre whisky". *Le Point*, 3.5.95.
Fr: "Aki Kaurismäki. Nourri à la **vodka**, à Goddard et au rockbilly." *L'Express*, 8.5.97.
Fr: "Prêt-à-porter. Rochas: **vodka**, cigarettes et belles pepées mettent K.O. Peter O'Brien." *Le Figaro*, 21.10.97.
In: "Russia's defeat would cause voters to hit the **vodka** bottle." *Time*, 15.7.96.
In: "After draining a bottle of cheap Belgian **vodka**, they stumbled out of an earthen bunker." *The New York Times*, 25.9.96.
In: "Yeltsin... went on a strict diet, lost 25 lbs., cut his intake of **vodka**." *Time*, 27.5.96.
In: "Yeltsin's revenue-thirsty government is hitting **vodka**-loving Russians where it hurts." *BusinessWeek*, 19.5.97.
In: "Fueled by **vodka**, maddened by music, exhibitionists clamber atop the bar and dance. Some strip." *The New York Times*, 16.12.97.
In: "Millfield girl, 14, falls to her death on **vodka** binge." *Daily Mail*, 18.6.98.

8

De palavras das Américas e das Antilhas

As palavras e expressões originárias das línguas da América e das Antilhas estão em **negrito**, romano ou itálico, segundo os originais.

Diante de cada citação figura uma indicação abreviada da língua: *Al* (alemão), *Es* (espanhol), *Fl* (flamengo), *Fr* (francês), *In* (Inglês), *It* (italiano), *Ne* (neerlandês), *Po* (português), *Ru* (russo).

ALGONQUINO
(Índios da América do Norte: os ojubwa, os cheyenne, os arapaho)

caucus

In: "**Caucus** was first recorded as having been used in Boston about 1750 and popularized in England by Joseph Chamberlain about 1878. In America it means a meeting of some division, large or small, of a political or legislative body for the purpose of agreeing upon a united course of action in the main assembly. In England it is applied opprobriously to an inner group which seeks to manipulate affairs behind the back of its party. Connected with the Algonquin word *cau-cau-as-u*, one who advises." Evans, *Brewer's Dictionary of Phrase and Fable*.

In: "The outcome... sent the six major parties scrambling in private **caucuses** on Sunday." *Herald Tribune*, 3.6.96.

In: "Five... act as an informal 'Amway **caucus**' echoing the company's gospel of free enterprise." *BusinessWeek*, 12.8.96.

In: "Alger Hiss... a dramatic confrontation in a Washington **caucus** room before more than 500 people." *Herald Tribune*, 18.11.96.

In: "Dole has won the Iowa **caucuses** twice." *Time*, 23.9.96.

In: "At a late-night **caucus** meeting two weeks ago...". *Time*, 7.4.97.

In: "McGovern participated in his first Democratic **Caucus** meeting...". *The New Yorker*, 20.1.97.

In: "Wilson was backed in London by Craddock ... and a **caucus** of Parliament promoting better commercial ties with China." *Time*, 9.6.97.

In: "'Titanic'... some witnesses testified in the new **caucus** room of the Russell Senate Office Building." *The New York Times*, 28.12.97

In: "'There's no sense from the **caucus** of any panic', a Democratic Party leadership aide said." *Herald Tribune*, 31.7.98.

mocassin/moccasin/mocassim/

Fr: "**Mocassin**, de *makisin*, par l'anglais [1707]; à l'origine, chaussure des Indiens d'Amérique du Nord, en écorce d'arbre résistante; aujourd'hui, chaussure basse en cuir très souple." Colin, *Trésors des mots exotiques*.

Fr: "Il porte une barbe mal taillée, de solides **mocassins** de toile chaussent le bas de forts pantalons de toile renforcés." Frison-Roche, *Peuples chasseurs de l'Arctique*.

Fr: "...et je cirais chaque matin mes chaussures — des **mocassins** italiens...". Bianciotti, *Ce que la nuit raconte au jour*.

Fr: "Les **mocassins**, appréciés par John Kennedy et Ronald Reagan, sont exposés...". *Le Point*, 1.4.95.

Fr: "La boutique ... jouxte celle de Tods avec ses fameux **mocassins** à picots.". *Le Figaro*, 6.5.97.

In: "The Babylonians wore **moccasins** around 1600 B. C." Flexner, *The Optimist's Guide to History*.

In: "The first recorded nonsandal shoe was a leather wraparound, shaped like a **moccasin**; it tightened against the foot with rawhide lacing and was a favorite in Babylonia around 1600 B.C." Panati, *Extraordinary Origins of Everyday Things*.

In: "Shoes That Last — 8.000 Years. The two youngest items in the collection are **moccasins** made of deerskin." *Herald Tribune*, 13.7.98.

Po: "O sapato ideal para combinar... escarpins, **mocassins** e até botas." *Veja*, 22.5.96.

Po: "Os pés calçados com finos **mocassins** havana." Amado, *Tieta do agreste*.

Po: "Frankie usou **mocassins** vermelhos de Gucci." *Jornal do Brasil*, 23.7.97.

powwow

In: "Still, Stadiano wasn't about to miss his one chance for a **powwow** with China's powerful Minister of Information Industry, Wu Jichuan." *BusinessWeek*, 5.10.98.

toboggan/tobogan/ tobogã

Fr: "La traîne des Indiens est la légèreté même. [...] En gros elle affecte et rappelle ce qu'on appelle chez nous un **toboggan**." Frison-Roche, *Peuples chasseurs de l'Arctique*.

Fr: "...deux autres groupes ... aux portes arrière faisaient évacuer par les **toboggans** les passagers terrorisés". *Le Point*, 30.12.94.

Fr: "... parcs aquatiques... plonger dans une piscine en empruntant un **tobogan** géant!" *Aujourd'hui*,13.4.97.

In: "**Toboggan**, algonquian, the language of the Micmac indians of the Maritime Provinces and Newfoundland, Canada. A long, flat-bottomed light sled made of thin boards curved up at one end with usually low handrails at the sides. Or a downward course or sharp decline." *Merriam-Webster*.

Po: "Esse corrimão era o seu **tobogã** particular, o seu tapete voador, o seu caminho mágico." Druon, *O menino do dedo verde*.

totem/totémique

Fr: "De *ototeman*, par l'anglais [1776]; animal [parfois végétal, rarement un objet] considéré comme l'ancêtre et le protecteur d'un individu ou, plus souvent, d'une communauté. Par extension, représentation sculptée de l'animal **totémique**." Colin, *Trésors des mots exotiques*.

Fr: "...il y a identité entre le **totem** et son possesseur; cette identité est absolue, est telle que le possesseur a le pouvoir de prendre la forme même de son **totem**; dès lors il saute aux yeux que le totem ne peut se dévorer lui-même". Camara Laye, *L'Enfant noir*.
Fr: "Avec sa carrure athlétique, ses muscles saillants et ses attaches fines, il ressemblait à un **totem** d'ébène." Ousmane, *Ô Pays, mon beau peuple*.
Fr: "On peut y admirer les oeuvres de Bonnard, Picabia, Otto Dix. On découvre les surprenants **totems** de Robert Indiana." *Le Nouvel Observateur*, 12.8.98.
In: "**Totem**, algonquin, the language of the Ojibwa people, of the region around Lake Superior. Na object — as an animal or plant — serving as the emblem of a family or clan and often as a reminder of its ancestry; also a usually carved or painted representation of such an object." *Merriam-Webster*.
In: "Parking signs are New York's **totem** poles: "crypto **symbol**s one atop the other, defying comprehension." *The New York Times*, 13.9.96.
In: "Silicon as a **Totem** of Success." *The New York Times*, 29.12.97.
In: "We may have abandoned the practice of physically carrying around our identifying **totems**, but they are with us nonetheless." Panati, *Extraordinary Origins of Everyday Things*.
In: "And so for much of his professional life, as he climbed the corporate **totem**, Welch has been preoccupied with harnessing the brute strength of bigness while ridding GE of big-company oaralysis." *BusinessWeek*, 8.6.98.
In: "Frank Sinatra... his status as a **totem** of midcentury masculinity — inevitably takes on a dutiful, ritualistic air." *Time*, 8.6.98.
Po: "Seu marido... **totem** político de Belford Roxo, virou mártir depois de ser assassinado." *Veja*, 9.4.97.

ARUAQUE
(Antilhas e Norte da América do Sul)

cacique

Fr: "**Cacique**, de l'arawak, par l'espagnol [1515]; chef des anciens Mexicains, puis chef indien. Dans l'argot des grandes écoles, ce mot désigne celui qui est reçu premier à l'Ecole Normale Supérieure [équivalent du *major* de Polytechnique." Colin, *Trésors des mots exotiques*.
Fr: "De Gaulle: 'Mais les **caciques** de la IVe République étaient tellement déchaînés sur ce point ... que je n'ai pas insisté. Il m'arrive de le regretter'." Peyrefitte, *C'était de Gaulle*.
Fr: "De Gaulle: 'En tout cas, son opposition [de Ben Bella] ne se manifeste plus. Mais, en réalité, toutes sortes de **caciques** subsistent, qui ont partie liée avec Boumediene, avec des féodalités syndicales'." Peyrefitte, *C'était de Gaulle*.
Fr: "...un juge dont les récentes investigations font trembler plusieurs **caciques** du parti au pouvoir...". *Le Point*, 30.12.94.
Fr: "...le recalé qui toise le **cacique**, Le 'Président' est à l'obstacle ce que le Grand National du Trot est au trot...". *Aujourd'hui*, 13.4.97.
Fr: "Et déjà les **caciques** de la majorité, Alain Juppé en tête, en appellent à Jacques Chirac...". *Le Point*, 3.5.95.
Fr: "...vieux système du PRI, qui ne laisse rien échapper aux griffes un peu usées de ses **caciques**, la justice et la police..." *Le Point*, 25.2.95.

Fr: "Griotteray, un **cacique** UDF sur le carreau." *Libération*, 21.5.97.

Fr: "...il devient maire de Lourdes en dépassant le **cacique** radical-socialiste de la ville". *Le Figaro Magazine*, 24.5.97.

Fr: "Il en avait prévenu à l'avance les anciens **caciques** du PS." *Le Point*, 7.6.97.

Fr: "Quelle sottise ! L'honneur des **caciques**, c'est, au contraire, de crier casse-cou quand les moutons de Panurge sautent dans la rivière." *Le Point*, 7.6.97.

Fr: "'Certains en profiteront même pour mettre la pression sur les PME', ironise un **cacique** du CNPF." *Marianne*, 15.6.97.

Fr: "Afghanistan: la pénurie, en fait, dépend davantage de l'humour des **caciques**, rebelles aux ordres du chef Hekmatyar, que d'une stratégie de blocus." *Le Point*, 18.2.95.

Fr: "Politique. Telle est la tragédie de l'opposition. Tant qu'elle restera enfermée dans des appareils vermoulus, où quelques **caciques** obsédés par l'échéance présidentielle de 2002 ressassent leurs vieilles haines recuites, on sera autorisé à désespérer d'elle." *Le Figaro*, 6.6.98.

In: " ...adopted by the Spanish, akin to Taino ***cacique***, chief. 1. A native Indian chief in areas dominated primarily by Spanish culture; a local political boss in Spain and Latin America. *Caciquism*". *Merriam-Webster*.

Po: "Os eleitores da Bósnia preferiram os **caciques** identificados com o nacionalismo étnico." *Veja*, 25.9.96.

Po: "...enquanto servia cafezinho aos **caciques** da Baixada Fluminense". *Veja*, 9.4.97.

Po: "Os **caciques** brasileiros são favoráveis à abertura do mercado... mas de maneira cautelosa." *Veja*, 26.6.96.

Po: "... apesar de o partido ter Paulo Maluf ... como grande **cacique**. *Jornal do Brasil*, 20.5.97

Po: "Paraguai. É possivel ...algum tipo de acordo com os outros **caciques** do partido colorado." *Veja*, 26.11.97

Po: "Desfile de **caciques** hoje no Congresso." *O Estado de S. Paulo*, 19.11.97.

huracan/ouragan

Fr: "Je sens la nausée dans ma gorge, parce que je comprends que l'**ouragan** n'esp pas fini." Le Clézio, *Le Chercheur d'or*.

savana/savanna/savane

Fr: "**Savane**, mot taïno [de l'Haiti, famille de l'arawak], par l'espagnol [1529]; végétation des pays chauds et relativement secs, où dominent les graminées et les plantes à rhizome. Colin, *Trésors des mots exotiques*.

Fr: "Au delà du mur végétal, il y avait un ample espace d'herbes rases. Sur le seuil de cette **savane**, un seul arbre s'élevait." Kessel, *Le Lion*.

In: "'It felt very dark as the grass came in', she told... referring to the woman wearing grass headdresses to represent the African **savanna**." *Time*, 4.8.97.

In: "Amazon. ... a fire had already scorched a huge area of **savanna** before it began its assault on the main forest." *Herald Tribune*, 30.3.98.

In: "Among Mitraud's current projects is a $1.2 million WWF plan to preserve the 1.5 million-sq-km area of Brazilian **savanna** known as *cerrado*." *Time*, 13.4.98.

tabac

Fr: "De l'arawak d'Haiti tsibatl, par l'espagnol (1600); le mot portugais du Brésil, petun, a concurrancé *tabac* dans la langue française jusqu'à la fin du 18e. siècle. On le rencontre encore chez Chateaubriand, et il existait un dérivé, le verbe pétuner, 'fumer'. Colin, *Trésors des mots exotiques*.

Fr: "Un guerrier huron... remplit le grand calumet-médecine ... le bourra avec du morrhiché ou **tabac** sacré." Aimard, *Michel Belhumeur*.

ASTECA/NÁUATLE
(México)

cacahuète/houète

Fr: "**Cacahuète**, du nahuatl *tlacacahuatl*, 'cacao de terre', par l'espagnol [1801]; fruit de l'arachide, plante originaire de l'Amérique du Sud, diffusée, semble-t-il, par les Espagnols de Magellan à partir de 1520 dans *Le Monde* entier, au niveau des Tropiques. La cacahuète, riche en huile et en protéines, donne du fourrage, du beurre, de l'huile; elle est utilisée dans maintes pâtisseries et consommée souvent aux États-Unis ou en Europe, grillée et salée." Colin, *Trésors des mots exotiques*.

Fr: "Dans un coin de la salle, des jeunes femmes autour d'une table... boivent de la bière et croquent des **cacahuètes** grillées." Balandier, *Afrique ambiguë*.

cacao/cocoa/cacaoyer/cacaotier/cacaoyère

Fr: "Du nahuatl *cacahuatl*, par l'espagnol [1569]; graine du **cacaoyer** ou **cacaotier**, avec laquelle on fabrique le chocolat, ce mot ayant la même origine aztèque. L'arbre a de 4 à 10 mètres de hauteur et ses graines, ou fèves, sont contenues dans le fruit appelé cabosse. Colin, *Trésors des mots exotiques*.

Fr: "Les amandes de **cacao** forment des tas croulants qui brunissent au soleil." T'Serstevens, *L'Or du Cristobal*.

Fr: "L'entreprise stéphanoise, une des rares qui torréifient encore elles-mêmes leur **cacao**...". *Le Monde*, 7.5.97.

Fr: "Le Ghana **Cocoa** Board encourage toutes les sociétés de transformation du **cacao** présentes au Ghana." *Jeune Afrique*, 13.5.97.

Fr: "L'industrie **cacaoyère** ghanéenne est depuis longtemps le pilier de l'économie...". *Jeune Afrique*, 13.5.97.

Fr: "...sa poudre pailletée contient peu de sucre et de **cacao**". *L'Express*, 15.5.97.

In: "When I am having a cup pf **cocoa** and East Enders ...". *Sunday Times*, 114.7.96.

In: "The puree-**cocoa** countries like Belgium fear they will jeopardize traditional chocolate if they loosen the rules." *Herald Tribune*, 23.10.97.

chocolate/ chocolat/chocolade

Fl: Ieders ogen bleven rusten op een muf mens in **chocoladekleurig** fluweel dat zich wankelend een weg baande naar de verste hoek van de tent." *Het Nieuwsblad*, 27.7.98.

Fr: "Du nahuatl, par l'espagnol ***chocolate*** [1598]; produit alimentaire fait de pâte de cacao, de beurre de cacao, additionnés de sucre, de certains aromates et parfois de lait. Très appréciée en Europe depuis qu'elle a pénétré en Espagne, au 17e. siècle." Colin, *Trésors des mots exotiques*.

Fr: "La vitrine de la tâtisserie montrait un choix inouï de **chocolats**, de sucreries compliquées." Simenon, *Crime en Hollande*.

Fr: " ...petite tablette de **chocolat** fin et amère que l'on déguste aujourd'hui avec le café". *Le Monde*, 7.5.97.

Fr: "**Chocolat**: on a trouvé la molecule du bonheur." *Paris Match*, 6.8.98.

In: "Bitter Menace: A Shortage of **Chocolate**." *Herald Tribune*, 5.5.98.

In: "The idea of a **chocolate** shock absorber was inspired by a curious discovery in Michigan State University." *The New York Times*, 24.9.96.
In: "Smart Fluids. The behavior of electrified **chocolate** is the latest discovery in an arcane field of physical chemistry." *The New York Times*, 24.9.96.
In: "Russia. The Cold War Over **Chocolate**." *BusinessWeek*, 21.7.97.
In: "The **chocolate** war dates to 1973." *Herald Tribune*, 23.10.97.
Po: "Da esposa, Irene, mastodonte mantido a **chocolate** e orações...". Amado, *Tereza Batista cansada de guerra*.
Po: "...se deliciam com sorvetes cobertos por calda de **chocolate** e chantilly". *Veja*, 23.4.97.

coyote

Fr: "[**Coyote**]... Du nahuatl *coyotl* [1867]; charognard proche du chacal. On l'appelle aussi loup des prairies. C'est un animal très répandu dans l'ancien Far West américain et méxicain." Colin, *Trésors des mots exotiques*.
In: "Aztecs. The upper division hasa row of passant jaguars and **coyotes** framed above and below with a plain square moulding. Bushnell, *Ancient Arts of the Americas*.

tomate/tomato

Fr: "**Tomate**, mot aztèque, par l'espagnol [1598]; le legume et le mot se sont parfaitement, et depuis longtemps (milieu du 18e. siècle), intégrés dans la 'culture' méditerranéenne." Colin, *Trésors des mots exotiques*.
Fr: "**Tomate**, fruit de discorde." *Libération*, 26.5.97.
In: "Is that the moon, or a giant **tomato**?" *U.S. News*, 30.9.96.

GALIBI/CARAÏBA
(Antilhas Orientais)

papaya

Fr: "**Papaya**, du caraïbe, 1579; gros melon, fruit du papayer, plante assez grande, qui produit un latex contenant un ferment digestif, la papaïne; quant au fruit, il renferme des graines âcres, mais une chair parfumée qui peut être mangée en hors-d'oeuvre, en légume ou en dessert." Colin, *Trésors des mots exotiques*.
Fr: "La petite brousse autour du village où mûrissent **papayes** et goyaves...". Oyono, *Chemin d'Europe*.

pirogue

Fr: "**Pirogue**, du caraïbe, par l'espagnol *piragua* [1638]: longue embarcation étroite, à fond plat, mue à la pagaie ou à la voile. Ce type de bateau est répandu autour du monde, sous les Tropiques." Colin, *Trésors des mots exotiques*.
Fr: "Les **pirogues** à balancer des pêcheurs de Ceylan qu'un flotteur rustique, maintenu par des bambous, empêche de chavirer...". Dorgelès, *Partir*.
Fr: "'Grâce à la montée des eaux... plus besoin de radeau des cimes, Hugues Le Houeilleur atteint le canopée en **pirogue**!', s'enthousiasme Francis Halé." *Le Point*, 11.3.95.

ESQUIMÓ
(Groenlândia, Canadá e Alasca)

anorak

Fr: "L'**anorak**, mot esquimau, a été introduit en France par le Docteur Charcot au début de ce siècle. À l'origine, il désignait un vêtement complet, couvrant tout le corps et pas seulement le haut, comme aujourd'hui." Colin, *Trésors des mots exotiques*.

Fr: "Tous ont revêtu leurs **anoraks** de toile bleue ou brune, leurs plus beaux pantalons de peau d'ours et leurs bottes les plus blanches." Malaurie, *Les Derniers rois de Thulé*.

Fr: "Il portait un **anorak**, un jean délavé et des tennis." Bernheim, *Vendredi soir*.

igloo

Fr: "**Igloo** désigne la maison traditionnelle de pierre et de tourbe ou la cabane ceinturée de tourbe, parfois de neige; l'*iglouliak* ou maison de neige n'est ici utilisée que dans les raids de chasse." Malaurie, *Les Derniers rois de Thulé*.

Fr: "...ce sont les hommes qui coursent les bêtes dans le froid pendant qu'à l'intérieur de l'**igloo** les femmes mâchent interminablement les peaux pour les assouplir...". *L'Express*, 15.5.97.

Fr: "La parité est naturelle pour les Inuit. La survie dans l'**igloo** était l'alliance d'un chasseur et d'une couturière." *L'Express*, 15.5.97.

Fr: "Le linguiste Arturo Campion, troublé par des analogies entre l'euskara et les dialectes paléosibériens, se demandait si leurs ancêtres ne vivaient pas dans des **igloos** comme les esquimaux." *Le Point*, 27.7.96.

Fr: "Les naufragés dans leur **igloo**. Des leçons de survie pour tous les aventuriers de la montagne." *Paris Match*, 11.3.99.

In: "...and now this brilliantly stark, **igloo**like room clearly can do no wrong". *The New Yorker*, 20.1.97.

In: "'Hello!' he says, as customers walk into the white stucco house, gazing through the transparent steps and bending double to peep into the **igloo** that is the kid's changing room." *Herald Tribune*, 2.6.98.

kayak/kayaking

Fr: "**Kayak**, mot esquimau [1851]; canot en peau de phoque qui sert aux Esquimaux pour la pêche; par extension, embarcation légère et sportive, dans laquelle une ou deux personnes trouvent place et 'font corps' avec le bateau, dont l'étanchéité totale permet de descendre des cours d'eau torrentiels et de franchir des passes difficiles, voire des rapides." Colin, *Trésors des mots exotiques*.

Fr: "Un matin, deux doris dépannés à l'acccore d'un îlot se virent soudain entourés par des **kayaks** groënlandais courant comme des navettes sur la trame lisse des eaux." Vercel, *Au large de l'Éden*.

Fr: "Roger Zabel racontant comment un ancien footballeur américain, reconverti dans le canoë **kayak**, s'était estropié avec son marteau piqueur...". *Le Point*, 17.7.96.

Fr: "Camel Trophy 1997. Parmi les favoris: J-J. André et Philippe Rydin en 4x4, VTT, **kayak** et orientation sur le terrain." *Le Nouvel Observateur*, 11.6.97.

Fr: "Alors qu'en VTT ou canoë-**kayak** on privilégie 'les échanges entre amis'...". *Le Point*, 7.6.97.

Fr: "Alpes-de-Haute-Provence. Dans des paysages à couper le souffle ... côtoyent raft, **kayak**, canoë et parapente...". *Madame Figaro*, 25.7.98.

Fr: "Dominique et Robert partagent depuis des années la passion du **kayak de mer**." *Nice-Matin*, 9.8.98.

In: "**[Kayak]**... Esq. qajaq; 1. A decked-in Eskimo skin canoe propelled by a double-bladed paddle; 2. A canvas-covered portable canoe used widely in the U.S." *Merriam-Webster*.

In: "Baja Bound, for Wild **Kayaking** or a Brief Respite." *Herald Tribune*, 3.4.98.

In: "If one has no experience with sea **kayaks**, it can take some adjusting, but it is quickly learned." *Herald Tribune*, 3.4.98.

In: "Bahia de los Angeles, Mexico. For human interlopers in **kayaks**, some sort of wild entertainment is almost always at hand." *Herald Tribune*, 3.4.98.

In: "Our rescue boat does not want to cause a swell, so we give the **kayaks** a wide berth...". *The Times*, 10.5.96.

parka

Fr: "**Parka**, de d'esquimau, par l'américain [vers 1960]; sorte de court manteau imperméable, à capuchon, et souvent matelassé pour protéger du froid." Colin, *Trésors des mots exotiques*.

Fr: "Quelques Indiens vont et viennent dans le froid très vif de la matinée, dos courbé sous le capuchon du **parka**." Frison-Roche, *Peuples chasseurs de l'Arctique*.

Fr: "Il porte une cravate écossaise, un pantalon de velours, une **parka** et traverse l'Histoire comme d'autres Les boulevards." *L'Express*, 5.6.97.

Fr: "Un casque d'alpiniste, des bottes d'égoutier, une **parka**: l'équipement obligatoire pour descendre à 20 m de profondeur dans un *kanat*, ou aqueduc arabe." *Le Nouvel Observateur*, 11.6.97.

Fr: "Fashion. ...the Aztec patterned **parka** and the strapless dress wrapped into a whoosh of fabric at the rear." *Herald Tribune*, 11.3.98.

QUÍCHUA
(Peru, Equador, Colômbia, Bolívia, Chile e Argentina)

caoutchouc

Fr: "**Caoutchouc**, langue indigène de l'Équateur ou du Pérou, peut-être par l'espagnol *caucho* [1736]; désigne soit le produit élastique de l'hévéa [forme latinisée du quechua *hyeve*, 'arbre à **caoutchouc**,' [1751], soit le *ficus elastica*, plante ornementale d'Asie à large feuilles vernisées." Colin, *Trésors des mots exotiques*.

Fr: "Ce n'est qu'un peu plus tard ... qu'elle s'aperçut que seul demeurait sur sa langue un léger goût de **caoutchouk**." Bernheim, *Vendredi soir*.

Fr: "Depuis un an, cette usine reçoit chaque mois une cargaison importante de balles de **caoutchouc**, en provenance d'une plantation...". Boulle, *Les Vertus de l'enfer*.

Fr: "**Caoutchouc** naturel: risque de pénurie... en 2002." *Le Figaro*, 29.6.97.

Fr: "Une croissance de 6% de la production ne suffira pas à répondre à une demande croissante de la part de l'industrie du pneu et des autres secteurs utilisateurs de **caoutchouc**." *Le Figaro*, 29.6.97.

Fr: "Amazonia est ultra-souple, imperméable et ressemble au cuir ... mais c'est du **caoutchouc**. *Madame Figaro*, 28.2.98.

Fr: "Oralgum est destiné aux gencives fragiles que la douceur du **caoutchouc** permet de masser sans traumatismes." *Le Figaro Magazine*, 21.2.98.

gaucho

Fr: "**Gaucho**, de l'araucan ou du quechua *cachu*, 'camarade, pauvre' [vers 1822]; gardien à cheval des troupeaux, dans les pampas d'Amérique du Sud. C'est l'équivalent du *cowboy* Nord- Américain." Colin, *Trésors des mots exotiques*.

Fr: "... les grèves des **gauchos** dans les grandes estancias, réprimées par l'armée en 1921...". *Le Nouvel Observateur*, 11.6.97.

llama

Fr: "**Llama**, du quechua, par l'espagnol [1598]; animal montagnard, vivant dans la cordillière péruvienne. De la taille d'un gros mouton, il est domestiqué depuis fort longtemps et a servi de bête de somme. Il se défend contre un adversaire en crachant violemment le contenu de son estomac." Colin, *Trésors des mots exotiques*.

In: "Inca. Silver **llama** with gold appliqué." Yanker, *Pop Art*.

mate/yerba de maté

Fr: "**Mate**, mot quechua, par l'espagnol [1633]; appelé aussi *houx du Paraguay*; petit arbre de 3 à 6 m. de hauteur dont les feuilles sont utilisées pour obtenir une infusion excitante et stimulante, le *thé du Paraguay* ou *des Jésuites*." Colin, *Trésors des mots exotiques*.

Fr: "Le **maté** contient un alcaloïde analogue à ceux du café, du thé et du chocolat, mais dont le dosage [et la demi-verdeur du véhicule] explique peut-être la vertu apaisante en même temps que revigorante." Lévi-Strauss, *Tristes Tropiques*.

In: "Paraguay tea made from the leaves of Brazilian holly (*Ilex Paraguayensis*). Its full name is ***yerba de maté*** [*yerba*, herb; *maté*, vessel] from the hollow gourd in which it was infused. The tea was drunk from the gourd through a *bombilla* or tube and customarily the Paraguayan Indian host, after taking the first suck to signify that no treachery was possible, would pass the bombilla and gourd to his guests." Evans, *Brewer's Dictionary of Phrase and Fable*.

pampa/pampas

Fr: "**Pampa** [plus courant au pluriel, 'pampas'], mot espagnol d'Amérique du Sud [1716]; grande prairie d'Amérique du Sud, riche en graminées." Colin, *Trésors des mots exotiques*.

Fr: "Si un voyageur en provenance des villes, ou, plutôt, des **pampas** vertes du bétail, parvint un jour à la propriété où nous venions d'emménager...". Bianciotti, *Ce que la nuit raconte au jour*.

Fr: "Poésie. Jules Supervielle, l'Empereur de la **pampa**." *Le Nouvel Observateur*, 24.7.96.

Fr: "Le Directeur lui parlait de Santa Cruz... des randonnées dans la **pampa** et des pesos qu'on gagne." Dorgelès, *Partir*.

TUPI-GUARANI
(Paraguai)

ananas

Fr: "En errant sur le sommet de la montagne, il découvrit une espèce d'**ananas** sauvage, plus petit et moins sucré que ceux de Californie." Tournier, *Vendredi*.

guaraná/guarana

In: "The tanned sales manager suggests a pick-me up ... the company's **guarana** tablets." *BusinessWeek*, 26.8.96.

jaguar/Jaguar

Fr: "À vingt pas de lui au plus, accroupi sur la maîtresse branche d'un énorme cyprès, un magnifique **jaguar** à la robe splendidement mouchetée fixait sur lui deux yeux ardents en passant sur les mâchoires avec une volupté féline sa langue rugueuse, rouge comme du sang." Aimard, *Le Chercheur de pistes*.

In: "La Venta. The upper division has a row of passant **jaguars** and coyotes framed above and below with a plain square moulding." Bushnell, *Ancient Arts of the Americas*.

In: "...There was only solitude and a **jaguar** screaming in the night. Juscelino Kubitschek, on site chosen for Brasilia". *Time*, 25.4.1960.

In: "The Pantanal is the largest fresh water wetland in the world and home to the **jaguar** and a host of other endangered species." *Herald Tribune*, 4.8.98.

In: "These global companies believe they can sell a lot more **Jaguar** cars if they are seen as saving the **jaguars** of the Pantanal." *Herald Tribune*, 4.8.98.

In: "Of the large Spotted Cats, the largest is the **Jaguar**." *Oxford*, 1875.

In: "La Venta, Tabasco. Mask, thought to represent a highly stylized **jaguar**-face, of serpentine blocks, coloured sands and clays." Bushnell, *Ancient Arts of the Americas*.

In: "The **jaguars** and eagles are thought to be the insignia of orders of warriors, the predecessors of the well-known Aztec orders, but the arrangements of the **jaguars** also resembles the older paintel frieze of Atetelco, Teotihuacan." Bushnell, *Ancient Arts of the Americas*.

In: "Cats. ... along a different evolutionary line appeared the pumas, cougars, **jaguars**, and others, including our house cats." Flexner, *The Optimist's Guide to History*.

manioc/mandioca

Fr: "Ce qu'on lui donne — à l'esclave noir — de **manioc**, de boeuf salé, de morue... ne soutient qu'à peine sa misérable existence." Raynal, *Histoire philosophique et politique des deux Indes*.

Fr: "Ainsi en répandant cette dernière sur des champs de **manioc** africains, on a pu réduire...". *Le Nouvel Observateur*, 11.6.97.

Fr: "La bataille contre les destructeurs de **manioc** semble donc pouvoir être gagnée sans recours à des pesticides." *Le Nouvel Observateur*, 11.6.97.

piranha

Fr: "Du tupi, par le portugais [1795]; poisson des eaux douces d'Amérique tropicale. Le **piranha** est d'une redoutable voracité et découpe ses proies avec sa denture aiguisée, coupante comme un rasoir. Il se déplace en bancs nombreux, mais peut s'élever en aquarium." Colin, *Trésors des mots exotiques*.

Fr: "Sur des centaines de mètres, le fleuve est rouge du sang de l'abattoir. Il suffit de jeter une ligne pour que, sans même attendre l'immersion de l'hameçon nu, plusieurs **piranhas** s'élancent ivres de sang et que l'on y suspende son losange d'or. Au pêcheur d'être prudent pour détacher sa proie: un coup de dent lui emporterait le doigt." Lévi-Strauss, *Tristes Tropiques*.

In: "A Fishy Surprise in French Lake: Two **Piranhas**." *Herald Tribune*, 16.8.96.

In: "These waters are crammed with fish ... **piranha** and the prehistoric pirarucu...". *Time*, 30.9.96.

pirarucu

In: "...giant piraiba catfish, saber-toothed payara... and the prehistoric **pirarucu**, which weigh more than 150 kg". *Time*, 30.9.97.

9

De palavras da África e do Oriente Médio árabe

> As palavras e expressões originárias das línguas da África estão em **negrito**, romano ou itálico, segundo os originais.
>
> Diante de cada citação figura uma indicação abreviada da língua: *Al* (alemão), *Es* (espanhol), *Fl* (flamengo), *Fr* (francês), *In* (inglês), *It* (italiano), *Ne* (neerlandês), *Po* (português), *Ru* (russo).

AFRICÂNER
(África do Sul)

apartheid

Fr: "Les femmes afghanes refusent en silence l'**apartheid** instauré par les talibans." *Le Monde*, 8.10.96.

Fr: "Le système de castes, c'est pire que l'**apartheid**, car il vous tient avant même votre naissance." *Le Point*, 19.4.97.

Fr: "En Angleterre, l'**apartheid** entre enseignement public et indépendant subsiste." *Libération*, 30.4.97.

Fr: "A Sarajevo, **l'apartheid** ou la guerre." *Le Monde*, 7.5.97.

In: "They see it as a sort of housing **apartheid**." *Financial Times*, 19.5.96.

In: "The politician who defended **apartheid** and the bishop who opposed it are both retiring." *Time*, 1.7.96.

In: "Archbishop Tutu. '**Apartheid** caved in so quickly that it took me by surprise'." *Time*, 1.7.96.

In: "First medal won by South Africa since it was barred from the games for its policies of **apartheid**." *Time*, 5.8.96.

In: "The end of **apartheid** opened doors for us in the rest of Africa." *The New York Times*, 24.9.96.

In: "For M. W. de Klerk, during the final days of **apartheid**..." *U.S. News*, 2.9.96.

In: "...it failed to ensure a peaceful transition from an **apartheid** government". *The New York Times*, 7.9.96.

In: "Mr. de Kock... one of the **apartheid** era's most successful assassins." *The New York Times*, 17.9.96.

In: "An **apartheid**-era assassin testified... in the killing of Prime Minister Olof Palme of Sweden." *The New York Times*, 27.9.96.

In: "During the long years when blacks struggled against **apartheid**...". *Time*, 2.9.96.

In: "Botha Denies Crimes Under **Apartheid**." *Herald Tribune*, 23.11.96.

In: "Kodak Pays Price for Anti-**Apartheid** Stance." *Herald Tribune*, 10.11.96.

In: "Novelist Mark Behr, admitting... that he spied for the **apartheid** regime." *Time*, 12.8.96.

In: "After the **apartheid**, the mantra of the new South Africa is 'non-racial democracy'." *Time*, 28.4.97.

Po: "Sergio Cabral adianta o discurso que adotará em 2000: 'Contra o **apartheid** social'." *O Globo*, 6.3.99.

commando/Kommando

Al: "...ein französisches Anti-Terror-**Kommando** den gesuchten deutschen Terroristen Klein fest — beim Bier in Bistro 'La Coulande'". *Welt am Sonntag*, 13.9.98.

Fr: "Opération **commando** à la ZAC Seine-Rive-Gauche." *Le Parisien*, 1.4.96.

Fr: "Secouristes de la Croix-Rouge: les **commandos** de l'humanitaire." *Le Figaro Magazine*, 23.5.98.

Fr: "Cette opération **commando** n'avait même pas fait l'objet d'une condamnation publique..." *Le Point*, 19.4.97.

Fr: "Un autre **commando** parvint à ses fins et égorgea le malheureux Bakhtiar." *Le Point*, 19.4.97.

In: "An Israeli soldier was killed by mistake by the **commando**." *Herald Tribune*, 26.7.96

In: "The Making of Bibi. Netanyahu's family is fiercely Zionist... he was an Israeli **commando**." *Time*, 10.6.96.

In: "Vietnam. The **commandos** understood there was an agent commonly known as 'sleeping gas' available for last resort situations." *Time*, 15.6.98.

In: "Sent off to spy, these **commandos** were caught and tortured." *Time*, 24.6.96.

In: "Israeli **commandos** stormed aboard, killing two of the highjackers." *Time*, 5.8.96.

In: "The Senate has voted to give up to $20 million to the 'lost **commandos**'." *Herald Tribune*, 21.6.96.

In: "...into South Korean waters with a boatload of armed **commandos**." *The New York Times*, 22.9.96.

In: "Jewish police helping Ukraine's **commandos** dissuade mischievous Jewish school boys from pelting gentile roofs." *The New York Times*, 9.9.96.

In: "The movement of crack Syrian **commandos** toward Israeli listening posts...". *The New York Times*, 18.9.96.

In: "46 years ago, North Korean **commandos** captured a beachhead on South Korea's eastern coast." *U.S. News*, 30.9.96.

In: "Male movie stars didn't always have to act like **commandos** to assert their machismo." *Time*, 30.6.97.

trek/trekking

Fr: "Laurent Davenas, en '**trekking**' au Népal, lorsque son adjoint avait décidé de mettre en examen Mme. Tiberi." *Le Monde*, 5.5.97.

Fr: "Corse. Mini-**trek** jusqu'à la mine de Livida Mala." *Geo*, jun. 1998.

In: "Dora Maar's Picassos: A **Trek** Through Classicism and Caricature." *Herald Tribune*, 1.11.98.
In: "There has been a Boer **trek** into German South-West Africa.".
In: "Mrs. Hutchings and her husband often travelled and **trekked** in the Americas." *Herald Tribune*, 1.7.96.
In: "In Untamed Crete, a Family **Trek** Through a Rugged Gorge." *Herald Tribune*, 21.6.96.
In: "The wagons had been quietly **trekking** along an immense open country." *Oxford*, 1863.
In: "Gadhafi ... with no option but to resort to long overland **treks**...". *Herald Tribune*, 24.6.96.
In: "Last month, thousands of people **trekked** into the hills." *Newsweek*, 15.7.96.
In: "A New **Trek** for Boers, to Congo's Greener Grass." *The New York Times*, 24.9.96.
In: "Threatened by war, persecution and starvation, 50,000 Ethyopian jews **trekked** across deserts or wereransomed by Israel." *The New York Times*, 9.9.96.
In: "Thousands More **Trek** Homeward From Zaire." *Herald Tribune*, 21.11.96.
In: "Thousands more refugees **trekked** through eastern Zaire toward Rwanda on Wednesday." *Herald Tribune*, 21.11.96.
In: "Landless Complete Brazil **Trek**." *Herald Tribune*, 15.4.97.
In: "Brazil's radical landless ... a two-month **trek** to demand faster land reform." *Herald Tribune*, 15.4.97.
In: "17 Koreans Flee North in **Trek** Across China." *Herald Tribune*, 6.12.96.
In: "Borovsky is one of the many Russians **trekking** to Wall Street these days to see their companies' names up in lights." *BusinessWeek*, 24.3.97.
In: "After showing up for a 1 PM call at a downtown gallery, they **trekked** off to SoHo's Serge Sorokko Gallery." *New York*, 24.11.97.
It: "Domenica 20 Legambiente in collaborazione con "La Repubblica" organizza un divertente **trekking** nel Parco reggionale della Maremma." *La Repubblica*, 18.9.98.
Po: "Sempre praticaram **trekking**, modalidade esportiva que inclui longas caminhadas em meio a paisagens naturais." *Veja*, 23.4.97.
Po: "Rondelli e Caliari... vão editar um livro e um guia de **trekking**, além de proferir palestras." *Veja*, 23.4.97.
Po: "Turismo. A região é a preferida pelos amantes dos esportes radicais, como o **trekking** e a asa delta." *Veja*, 18.3.98.

AMÁRICO
(Etiópia)

ras/rasta/rastafari/rastafári/rastafarisme/Rastafarian

Es: "Muchacho vestido con un gorro multicolor de **rastafari** y gafas de sol cuadradas." *El País*, 15.5.96.
Fr: "Yannick Noah, présent dans leur cœur, avec sa coiffure **rasta**, ses 'Saga Africa' et tous ses potes." *Paris Match*, 6.3.97.
Fr: "La nuit des **Rasta**, RFO Sat. Samedi, à partir de 21 h." *Le Figaro*, 2.10.98.
Fr: "...les racines du **rastafarisme**, mouvement dont le nom est hérité de l'ancien empereur Ras Tafari Makkonen, descendant, selon la légende, du roi Salomon et de la reine de Saba." *Le Figaro*, 2.10.98.
Fr: "Eh oui, en ce temps là, Mandela est en prison et Bob Marley fait des ravages avec son style **rasta** et ses dreadlocks...". *Le Point*, 17.8.96.

In: "A U.N.Committee has recommended that a **Rastafarian** group join the coveted ranks of NGOs." *U.S. News*, 7.10.96.
In: "The **Rastafarian** movement believes in the divinity of Haile Selassie, the late ruler of Ethiopia, and the sacramental use of marijuana." *U.S. News*, 7.10.96.
In: "When her **Rastafarian** boyfriend, Ivan Lewis, was jailed for supplying cannabis, she slashed her wrists." *Daily Mail*, 18.6.98.
Po: "O jogador se esbaldou ... e dançou com uma peruca **rastafári**." *Veja*, 2.10.96.

ÁRABE

alcool/alcohol/Alkohol/alcoholism/alcohlic

Al: "Ein Kulturgut ist auch Droge Nummer eins — Gesundheitsminister der Länder wollen gegen **Alkohol**missbrauch vorgehen." *Die Welt*, 17.6.98.
Es: "**Alcohol**. El **alcohol**, mejor ni probarlo." *Tiempo*, 20.7.98.
Fl : Mannen en vrouwen die een partner krijgen, gaan minder **alcohol** drrinken." *Algemeen Dagblad*, 16.6.98.
Fl : Hij reed zigzag over de weg en had zo'n 3 promille **alcohol** in het bloed." *Het Nieuwsblad*, 27.7.98.
In: "Factories that produce especially well should receive special rations of cigarettes and **alcohol**. I therefore forbade the general distribution in Berlin of such **alcohol** as is available...". Goebbels, *Diaries*, 1.2.42.
In: "The Fuehrer is going to forbid hunting for the duration of the war and the use of **alcohol** at any events sponsored by the Party." Goebbels, *Diaries*, 9.3.43.
In: "Enoch Gordis is the director of the National Institute on **Alcohol** Abuse and **Alcoholism**." *Herald Tribune*, 1.6.98.
In: "The fact that the identical twin of an **alcoholic** does not always develop the disease indicates that environment must also play a rôle." *Herald Tribune*, 1.6.98.
In: "American zero tolerance of student **alcohol** use collided recently with French joie de vivre." *Herald Tribune*, 2.6.98.

arak/araki/arack

Fr: "Entre deux coups de sonnette, le domestique servait du ***araki*** et des jus de citron doux." Solé, *Le Tarbouche*.
Fr: "Cet ***araki*** un peu traître lui montait agréablement à la tête." Solé, *Le Tarbouche*.

ayatollah/ayatolá/aiatolá

Es: "...los ***ayatolás*** habían ordenado como medida de presión el despliegue de 70.000 de sus soldados a lo largo de la frontera." *ABC*, 11.9.98.
Fr: "...après avoir été le complice sanglant des **ayatollahs** dans les premiers mois...". *Le Point*, 19.4.97
Fr: "...son dernier tour de chant ... en meeting contre les **ayatollahs**." *Le Point*, 19.4.97
Fr: "Les ayatollahs corses. Hélas ! Il faut les prendre au sérieux." *Le Figaro*, 23.9.98.
In: "The late Iranian spiritual leader **Ayatollah** Khomeiny issued a fatwa, or death sentence." *Herald Tribune*, 28.5.96.
In: "Girolamo Savonarola: Dominican monk and Renaissance **ayatollah** who terrified his city...". *Herald Tribune*, 6.6.97.

In: "Like a modern **ayatollah**, Savonarola railed against a great Satan — in his case the Borgia Pope Alexander VI." *Herald Tribune*, 6.6.97.

In: "Carter ...advocated a military coup to prevent the **ayatollahs** from coming to power." *The New York Times*, 22.9.96.

In: "...ever since the **ayatollahs** overthrew the monarchy 17 years ago". *The New York Times*, 22.9.96.

In: "One supporter simply gushed: 'Khatami is **Ayatollah** Gorbachev'." *Time*, 2.6.97.

In: "Abdelkarim Soroush. Democracy VS. The **Ayatollahs**." *Time*, 23.6.97.

In: "If Iran obtains a nuclear bomb and the most radical **ayatollahs** are in charge there, it will further undermine stability in the Middle East." *The New York Times*, 10.6.98.

It: "British Airways vola a Teheran e conferma il no allo scrittore condannato a morte dagli **ayatollah**." *Corriere della Sera*, 11.8.98.

It: "...tutto quello che il codice dei costumi degli **ayatollah** vieta categoricamente." *La Repubblica*, 22.5.97.

Po: "Rushdie, o escritor indiano condenado à morte pelo **aiatolá** Khomeini." *Veja*, 25.9.96.

Po: "Futebol e mulheres reforçam o movimento pela abertura política no país dos **aiatolás**." *Veja*, 22.4.98.

baroud d'honneur

Fr: "Cette solution a été choisie, malgré le '**baroud d'honneur**' de Jérôme Meyssonnier ...". *Les Échos*, 26.07.96.

Fr: "La foule [des Européens d'Alger] peut risquer un **baroud d'honneur**." General Challe, em *Petit Robert*.

Fr: "Le **baroud d'honneur** d'une grève de 24 ou 48 heures." *Le Monde*, 21.6.59.

Fr: "**Baroud d'honneur** contre la maladie." Bazin, Vipère au poing.

Fr: "...les islamistes armés ont-ils voulu mener un **baroud d'honneur** pour faire oublier qu'ils sont durement pourchassés par le pouvoir...". *Le Point*, 30.12.94.

Fr: "Bourse. Et ce n'est pas le **baroud d'honneur** des syndicats CGT, Sud-PTT et FNSA qui va changer la donne." *Le Figaro*, 1.10.97.

Fr: "Pour soutenir le dissident et ses fidèles qui bravent les oukases du maître de demain, Hongkong s'est offert un dernier **baroud d'honneur**." *Le Point*, 14.6.97.

caftan/cafetan

Fr: "Rabat. Six cent mille djellabas, burnous et **cafetans** campaient devant le méchouar...". Druon, *Circonstances*.

In: "Fashion has come back to the **caftan**. The **caftan** wafts across the body." *Herald Tribune*, 14.5.96.

In: "The **caftan** is the nearest you can get to not wearing clothes!" *Herald Tribune*, 14.5.96.

In: "Moroccan inspiration for silk evening **caftans**." *Herald Tribune*, 25.6.96.

caïd/caïdal

Fr: "A bord de l'avion ... l'homme de main d'un **caïd** qu'on a visiblement cherché...". *Les Échos*, 26.7.96

Fr: "Il a décidé de ne plus fermer les yeux sur les agissements d'une 'poignée de petits **caïds**'." *Le Point*, 1.4.95.

Fr: "Manganelli est sur le pied de guerre dans la capitale de la Mafia. L'été 1998 sera chaud pour le **caïd** des **caïds**, qui vit dans la clandestinité depuis près de trente ans." *Le Nouvel Observateur*, 12.8.98.

Fr: "...jurée dans le procès d'un **caïd** de la mafia soupçonné d'un double meurtre..." *Libération*, 21.5.97.

Fr: "Rio. Entre deux cours de musique, les petits **caïds** apprennent à se confier." *Le Figaro Magazine*, 24.5.97.

Fr: "Et quand il parle, même les petits **caïds** l'écoutent en silence." *Le Figaro Magazine*, 24.5.97.

Fr: "Reagan est le meilleur ami de Leo, un **caïd** irlandais qui règne sur la ville." *Le Nouvel Observateur*, 11.6.97.

Fr: "Rabat. Six cent mille djellabas ... campaient devant le méchouar ... autour des grandes tentes **caïdales**...". Druon, *Circonstances*.

Fr: "A seize ans, il se met en selle auprès d'un **caïd** local. 'Les affranchis'." *Le Figaro*, 16.4.98.

Fr: "Les frères Perlet étaient présentés comme les successeurs de Jean-Louis Forgette, le **caïd** varois assassiné en Italie en 1994." *Le Figaro*, 3.5.98.

Fr: "L'affaire Yann Piat. Le **caïd**, la droite varoie et leur bête noire." *Libération*, 15.5.98.

Fr: "L'affaire Yann Piat. Pour Paul Grimaldi, proche de l'ex-**caïd** varois, Finale n'est pas le commanditaire." *Libération*, 31.5.98.

calife/califa

Po: "Não alcancei a celebridade do emplasto, não fui ministro, não fui **califa**, não conheci o casamento." Machado de Assis, *Memórias póstumas de Brás Cubas*.

charia/sharia

Fr: "En mêlant traditionalisme et thèmes économiques, le TNSM propose une **charia** révolutionnaire, variante moderne du tribalisme..." *Le Point*, 17.8.96.

Fr: "Alors que le gouvernement pakistanais tente d'imposer la **charia**, des hommes, hindous et de basse caste, sont considérés [...] comme des sous-hommes." *Le Figaro*, 1.11.98 .

Fr: "La **charia**? 'Elle n'existe nulle part au monde', tranche Soofi Mohammad, 65 ans." *Le Point*, 17.8.96.

Fr: "La vallée de Maidan mande la **charia**, la vraie, celle du prophet Mahomet et de l'an 1 de l'hégire." *Le Point*, 17.8.96.

Fr: "'On combat pour l'islam et la **charia** (la loi coranique)', clame un proche de Hekmatyar." *Le Point*, 18.2.95.

In: "Banks that follow ***sharia***, or Islamic law, boasted assets totaling $137 billion in 1996." *BusinessWeek*, 16.3.98.

In: "Islamic banks are limited by "***sharia*** screens", which prohibit investment in such "sin" industries as gambling or weaponry." *BusinessWeek*, 16.3.98.

It: "La conquista de Mazar-i-Sharif apre ai talebani, guerriere del sud di etnia pashtun e di fede sunnita, la possibilità di estendere la ***sharia***, la legge coranica nella sua interpretazione più intransigente, ormai su tutto l'Afghanistan." *Corriere della Sera*, 9.8.98.

cheikh/sheikh/sceicco

Fr: "Le 20 décembre, lors d'une rencontre secrète dont les policiers ont eu connaissance, le **cheikh** Kinai reconnaît que la mouvance doit être reprise en main." *Le Point*, 30.5.98.

In: "Grand **Sheikh** Talks With a Chief Rabbi in Cairo." *The New York Times*, 17.12.97.

In: "Abu Dhabi. **Sheikh** Assails U.S. Politics." *Herald Tribune*, 1.6.98.

In: "**Sheikh** Saeed Shaaban, 69, the fiery Sunni Muslim cleric led a militia force during the Lebanese civil war two decades ago." *Herald Tribune*, 4.6.98.

In: "Sickly **Sheikh** Is Reviving Hamas. Hard-Line Anti-Israel Stand Gains Money and Adherents." *Herald Tribune*, 11.6.98.

It: "La trama africana di Ben Laden, **sceicco** delle bombe." *Corriere della Sera*, 9.8.98.

couscous/cuzcuz

Fr: "Quand on leur demande quels plats sont les plus familiers, ils citent d'abord le steak-frites ... puis le **couscous**...". *Libération*, 27.3.97.

Fr: "Le resto, c'est le sien. Plat du jour: **couscous** tunisien...". *L'Événement du jeudi*, 28.5.97.

Fr: "...où tout en attaquant un **couscous** de poissons ou un croque-monsieur au chocolat on pourra assister à moult concerts...". *Le Nouvel Observateur*, 11.6.97.

Fr: "...oublié le temps où Edmond Maire dénonçait l'entreprise des '**couscous**' trotskistes." *Le Nouvel Observateur*, 20.5.98.

Fr: "Gagner son bifteck" est gagner sa vie, sa subsistence. Au Sénégal, on dit gagner son **couscous**." Guillemard, *Les Mots d'origine gourmande*.

In: "France/Bastille. There, **couscous** restaurants are interspersed with Senegalese cuisine, Asian supermarkets and Vietnamese diners." *Herald Tribune*, 13.3.98.

Po: "**Cuzcuz** paulista. Receita de D. Mocinha Lins." Lins, *Almanaque*.

djellaba/djelleba

Fr: "**Djellabas**, uniformes chamarrés, difficile d'éviter que tout ce beau monde...". *Le Point*, 1.4.95.

Fr: "Bastard, bastard ...' l'homme en **djellaba** et barbe blanche hurle...". *Libération*, 30.4.97.

Fr: "Derrière, un non-gréviste en **djellaba** réchauffe le frichti et sert les sans-papiers dans un couloir étroit." *Libération*, 7.3.97.

Fr: "Le sortilège des **djellabas** ... la mode du Grand Sud inspire tous les créateurs..." *Le Figaro*, 5.6.97.

Fr: "**Djellaba** de minuit signée Armani en soie Stretch noire perlée." *Le Figaro*, 5.6.97.

Fr: "Rabat. Six cent mille **djellabas**, burnous et cafetans campaient devant le méchouar...". Druon, *Circonstances*.

Fr: "Rabat. ... le vent agite les **djellabas** pendues aux commerces de la vieille rue des Consuls...". Druon, *Circonstances*.

Fr: "Noble comme le lin, fluide comme la viscose, la **djelleba** de Myrène de Prémonville est idéal à porter tout l'été." *Elle*, 15.6.98.

Fr: "Vêtu de sa **djellaba** en toile écrue, la tête serrée dans un turban de soie, Oussama, de sa voix légèrement chantante, a toujours rejeté ces accusations." *Le Point*, 15.8.98

In: "Tom Ford gave an urban, evening edge to **djellebas** in figured velvet black lace." *Herald Tribune*, 14.5.96.

In: "Oscar de la Renta. ...a way of moving away from minimalism with **djelleba** decoration." *Herald Tribune*, 14.5.96.

In: "Fashion. At Belmain, as exotic **djellebas** floated over sober suits." *Herald Tribune*, 9.7.96.

élixir/elixir

In: "An American **elixir**, Herbalife diet supplement, has true believers." *BusinessWeek*, 26.8.96.

émir

Fr: "Pétrole. A cet égard, il faut bénir les **émirs**." *Geo*, jun. 1998.

fakir/faquir

Fr: "Cruauté. On a tué le lapin du **fakir**, retrouvé découpé." *Aujourd'hui*, 9.6.98.

Fr: "La même année, un **fakir** souleva la contrée contre l'occupant britannique." *Le Point*, 17.8.96.

Fr: "Les 'munshis', ses serviteurs indiens entourbannés comme des **fakirs** de music-hall...". *Paris Match*, 13.8.98.

Fr: "Un mirobolant **fakir** dont l'œuvre déferle à grand fracas, mêlant épopée et legende, fureur et rébellion." *L'Express*, 6.8.98.

Fr: "*Le Fils du* ***fakir***." Título de publicação de Jean-Luc Coatalem, 1998.

Fr: "A la suite de quelles étranges pratiques est-il devenu **fakir** au San Théodoro?" *Vogue*, set. 1998.

Po: "...cidades honradas com a visita da **faquir** ... 'o único **faquir** fêmea do mundo, a única mulher a enterrar-se viva'...". Amado, *Os pastores da noite*.

fatwa

Fr: "Latifa Ben Mansour ... demande 'aux muftis de La Mecque et de Médine' une **fatwa** pour arrêter la barbarie." *L'Événement du jeudi*, 14.5.97.

Fr: "Aux autorités religieuses musulmanes de nous dire qu'une **fatwa** peut dénoncer la barbarie et non en faire l'apologie." *L'Événement du jeudi*, 14.5.97.

Fr: "...venait leur remettre l'engagement écrit, non pas exactement d'abolir la **fatwa** contre Salman Rushdie, mais de ne pas l'exécuter". *Le Point*, 1.7.95.

Fr: "Teheran a durci le ton hier en confirmant la **fatwa** condamnant à mort Salman Rushdie." *Le Figaro*, 16.2.98.

Fr: "L'un des islamistes interpellés transportait des documents et notamment une **fatwa** lancée à l'encontre de Dalil Boubakeur." *Aujourd'hui*, 1.6.98.

Fr: "La **fatwa** condamne les propos de Dalil Boubakeur, qui avait estimé que '*juifs et chrétiens n'étaient pas de mécréants*.'" *Le Point*, 6.6.98.

In: "Rushdie... has said he is losing interest in the **fatwa**." *Herald Tribune*, 28.5.96.

In: "Khomeini issued the murder ***fatwa*** against the author Salman Rushdie." *Herald Tribune*, 15.4.97.

In: "The **fatwa** against Mr. Rushdie should be canceled." *Herald Tribune*, 15.4.97.

In: "Sheikh Hemaily is a member of Al Azhar's ***fatwa*** committee, whose **fatwas** — or religious opinions — ... carry enormous weight in the Muslim world." *Herald Tribune*, 25.4.97.

In: "Islamic banks are governed by reams of complex legal rulings that are known as ***fatwas***, or interpretive applications of sayings from the Koran." *BusinessWeek*, 16.3.98.

In: "Iran. The ***fatwa***, an audacious claim of authority over Muslims everywhere, was the revolution's ultimate export." *Time*, 13.4.98.

In: "Beside the ***fatwa***, what is Khomeini's legacy?" *Time*, 13.4.98.

In: "Still laboring under Khomeini's ***fatwa***, Salman Rushdie produced... his greatest novel." *Time*, 23.12.97.

fez

Fr: "...d'où l'on pouvait les voir se promener... encore coiffés de leur **fez**." Painter, *Marcel Proust*.

In: "The law that forced men to stop wearing the traditional **fez**." *Herald Tribune*, 20.5.96.

In: "Fashion. At Belmain ... sober suits, **fez** hats..." *Herald Tribune*, 9.7.96.

galabeya/gallabeya/gallabieh

Fr: "Nimeiri dans son bureau cairote: le turban et la **galabeya** ont remplacé l'uniforme de général." *Jeune Afrique*, 13.5.97.

Fr: "Le teint nubien, couronné d'un volumineux turban, majestueusement drapé dans une ***galabeya*** qui lui donne de la corpulence...". *Jeune Afrique*, 13.5.97

Fr: "On voit le matin des files d'hommes sombres, accroupis, ***gallabieh*** retroussée et culottes basses...". Druon, *Circonstances*.

Fr: "Des portefaix plus ou moins homologués, en **gallabeya** crasseuse, tiraient les passagers par la manche et se disputaient leurs colis." Solé, *Le Tarbouche*.

Fr: "Tamponnant sa blessure avec un pan de sa ***gallabeya***, il s'approcha de la voiture pour prendre Georges à témoin." Solé, *Le Tarbouche*.

habibi

Fr: "Guislaine croque des pistaches en entonnant *Habibi* — 'Chéri!', le dernier tube syrien, tandis que Béchir esquisse une délicate danse du ventre." *Vogue*, ago. 1998.

hachisch/Haschisch

Al: "Nikotin schädlicher als **Haschisch**. *Focus*, 6.7.98.

Fr: "Le prix du **hachisch** est fonction de sa teneur en principe actif ou THC." *Le Nouvel Observateur*, 24.7.96.

Fr: "Il y a trente ans, le **hachisch** circulait discrètement entre iniciés." *Le Nouvel Observateur*, 24.7.96.

Fr: "Le **hachisch**: La drogue la plus consommée en France, et de loin, avec 39 tonnes saisies en 1995." *Le Nouvel Observateur*, 24.7.96.

Fr: "La légende du **hachisch**. Il faut attendre l'expédition d'Egypte en 1798 pour que la France la découvre et les années 30 pour que sa consommation soit interdite." *Le Nouvel Observateur*, 24.7.96.

Fr: "La police strasbourgeoise a saisi 10 kilos de **haschisch** dans l'appartement et dans la voiture d'un habitant du quartier." *Libération*, 20.7.98.

hadj/haj/hajj

In: "For Muslims, the ultimate symbol of their devotion to Islam is making the ***hajj***, or pilgrimage, to Mecca." *Time*, 28.4.97.

In: "...tragedy isn't new to the ***hajj***: pilgrims have been trampled to death...". *Time*, 28.4.97.

In: "We recognize the significance of the **hajj**, but there are other means ... for the transportation of **hajj** pilgrims." *Herald Tribune*, 22.4.97.

In: "The Defense Department might consider a request to exempt **hajj** flights for humanitarian reasons...". *Herald Tribune*, 22.4.97.

In: "Most of the victims of the ***hajj*** *blaze* appeared to have been crushed as they tried to escape...". *Time*, 28.4.97.

In: "**Hajj** Climax: Muslim pilgrims outside their tents near the holy city of Mecca." *Herald Tribune*, 7.4.98.

In: "A stampede broke out, killing more than 150 Muslim pilgrims on the last day of the **hajj**, Saudi Arabia officials said." *Herald Tribune*, 10.4.98.

Po: "...tragédia quando em pleno ***haj***, como é chamada a peregrinação, um incêndio...". *Veja*, 23.4.97.

haïk

Fr: "Le **haïk** de confusion dont elle s'enveloppait..." Bazin, *La Mort du petit cheval*.

imam/Imam

Al: "Hier werden **Imams** ausgebildet — so soll der Einfluss fundamentalischer Geistlicher vor allem aus Algerien verringert werden." *Stern*, 16.7.98.

Al: "'Ich dachte nicht, dass Worte zu Ehren des **Imams** Ali eine Missachtung des Gerichts sind', antwortete Karbatschi." *Die Welt*, 17.6.98.

Fr: "De Gaulle: 'Depuis vingt ans, il y a un type qui m'écrit pour me demander de le faire nommer *imam* d'une mosquée en Algérie'." Peyrefitte, *C'était de Gaulle*.
Fr: "Debré... afin d'arrêter le flux des **imams** envoyés par des Etats étrangers...". *Le Point*, 3.5.95.
Fr: "L'une des plus radicales eut pour porte-parole cet **Imam** de Nantua expulsé pour avoir dit que la loi d'Allah prévaut sur la loi française." *Le Point*, 17.5.97.
Fr: "Les regrets tardifs de l'**imam** exorciste. Il a fallu la mort d'une femme pour qu'il admette que sa méthode était 'barbare'." *Le Figaro*, 4.6.97.
Fr: "Le 30 juin 1994, Lardjoune demandait à l'**imam** Kerzazi d'exorciser sa sœur cadette." *Le Figaro*, 4.6.97
Fr: "Son premier geste d'élu a été de se recueillir sur la tombe de l'**imam** Khomeyni." *Le Nouvel Observateur*, 11.6.97.
Fr: "D'est en ouest du monde musulman, mollahs et **imams** purs et durs ont désormais un enemi: la parabole." *Le Point*, 24.9.94.
Fr: "Il est incarcéré dans la même cellule qu'Ali Belhadj, numéro deux du FIS, et l'**imam** Abdelbaki Sahraoui." *Le Point*, 30.5.98.
In: "In due course the term **Imam** was applied to the leader of a religious community and especially to (i) the line of seven or twelve descendants of the Prophet through his son-in-law Ali, the last of whom is believed to have disappeared and to be due to appear again as a Messiah; (ii) semi-theocratic rulers claiming descent from Ali, notably in north Africa, northern Persia and southern Arabia." Dashti, *In Search of Omar Khayan*.
In: "Mecca **Imam** rebukes Iranians and Western TV." *Herald Tribune*, 29.4.96.
In: "A Muslim **imam** did talk to the terrorists, but without result. It was a stalemate." Thatcher, *The Downing Street Years*.
In: "The school for **imams**, Islamic religious leaders...". *Herald Tribune*, 20.5.96.
In: "The Sultan... but the court **imam** convinces him that human flight is satanic." *Time*, 15.7.96.
In: "The Roman Catholic priest, a Croat, and the **imam** in this central Bosnian town." *Time*, 24.3.97.
It: "Evasione di massa a mezzanotte: scappano in 54 dopo la preghiera con l'**Imam**." *Corriere della Sera*, 9.8.98.

intifada//Intifada/intifadeh

Fr: "L'**intifada** s'en prend à l'Amérique." *Le Figaro*, 27.3.97.
Fr: "**Intifada**: Israël ne veut plus indemniser." *Libération*, 4.3.97.
Fr: "D'abord, à l'heure où l'**Intifada** s'emballe, Israël s'en sert pour ficher les Palestiniens des territoires occupés." *L'Express*, 8.5.97.
In: "Israel: Squeezing the Palestinians could spark a new **intifada**." *BusinessWeek*, 24.6.96.
In: "When the ***intifada*** started, it was only stones. Now both sides have guns.". *U.S. News*, 7.10.96.
In: "No one wants a new ***intifada***." *U.S. News*, 7.10.96.
In: "'We are ready to return to where we left off and restart the seven years of ***intifada***', Arafat said." *Herald Tribune*, 19.1.98.
In: "Kosovo. Either the present situation continues as a simmering ***intifadeh*** in which most Albanians are active but non-violent ..." *Time*, 30.3.98.
Po: "Nova **Intifada**: Retrocesso nas Negociações." *Veja*, 9.4.97.

Po: "Se os palestinos usarem armas, não será uma **Intifada**... Será uma guerra". *Veja*, 9.4.97.

Po: "...os territórios ocupados vivem uma reedição da **Intifada**, a revolta palestina dos anos 80." *Veja*, 9.4.97.

jihad/Jihad

Fr: "'C'est notre **jihad**', comme le proclame un correspondant anonyme de Christian Identity on Line." *Libération*, 3.5.96.

Fr: "Ben Laden Déclare le **Jihad** Contre les Militaires U.S. en Arabie Saoudite." *L'Orient-Le Jour*, 13.5.97.

Fr: "Nous avons axé notre proclamation de **Jihad** sur l'attaque de soldats américains...". *L'Orient-Le Jour*, 13.5.97.

In: "...his studies were interrupted by the **jihad**, or holy war, against the Soviets..." *Time*, 31.3.97.

In: "Officials in Washington ... will realize that the **jihad** they've been fighting all these years is dead...". *Herald Tribune*, 15.4.97.

In: "Turkey... would tone down his denunciations... and stop calling for a **jihad**, or holy war, to liberate Jerusalem." *Herald Tribune*, 16.4.97.

In: "Alisa had been killed by an Islamic **Jihad** suicide bomber." *Herald Tribune*, 20.5.97.

In: "Islamic **Jihad** Calls For Attacks After U.S. Court Verdict." *Herald Tribune*, 13.3.98.

It: "L'uomo che ha contribuito alla ***Jihad*** contro l'orso sovietico si aspettava qualcosa in cambio..." *Corriere della Sera*, 11.8.98.

keffieh/keffia/kaffiyeh

Fr: "On voyait passer des princes à cheval, coiffés d'une ***keffia*** de soie blanche brodée d'or, qui faisaient la course dans la plaine." Solé, *Le Tarbouche*.

Fr: "C'est alors qu'intervient un vieux Palestinien, ***keffieh*** sur la tête: longue tirade en arabe entre les deux protagonistes." *Libération*, 18.7.98.

Fr: "Ici, un Bédouin en **keffieh** négocie des serrures dans un téléphone en bakélite noir...". *Vogue*, ago. 1998.

In: "Arafat rode a bicycle ... his trademark checkered **kaffiyeh** flapping in the breeze." *Time*, 2.11.98.

loukoum

Fr: "Elle 'me donnait des **loukoums** poudrés comme ses doigts'." Aragon.

Fr: "...téléfilm à vocation antiraciste: *Un **loukoum** chez le boucher* de Samir...". *Le Figaro Magazine*, 31.5.97.

Fr: "De Philippe Séguin on attend toujours les mots de cet affranchissement... ce qui lui a valut d'être traité de '*menhir de **loukoum***' par Charles Pasqua." *Le Point*, 2.5.98.

mabrouk

Fr: "—***Mabrouk***! lui lança Georges Batrakani pour le féliciter de cette innovation." Solé, *Le Tarbouche*.

Fr: "— Quelle bonne nouvelle! *Mille **mabrouks***! Comme papa et maman doivent être contents!" Solé, *Le Tarbouche*.

marabout

Fr: "Mobutu. Un **marabout** lui parle tous les jours." *Libération*, 5.5.97.

Fr: "Film. Un Black débrouillard prend la place d'un **marabout** et se voit chargé de jeter un sort ...". *Le Nouvel Observateur*, 11.6.97.

Fr: "Un faux **marabout** soupçonné. Se présentant comme un **marabout** il aurait abusé d'une femme de 23 ans, venue chez lui pour un désenvoûtement." *Le Figaro*, 29.3.98.

Mecque/mecca/meca

Fr: "Pékin... **Mecque** de l'orthodoxie marxiste à la chinoise, se dévergonde...". *Paris Match*, 17.4.97.

Fr: "Minas Gerais... devient une nouvelle **Mecque**, '**Mecque** de l'automobile'...". *Le Point*, 25.5.96.

Fr: "Aujourd'hui, comment la **Mecque** du cinéma a construit un système qui condamne les créations originales." *Libération*, 13.5.97.

In: "The Mayor pledged to make St. Petersburg an international business, banking and tourism **mecca**." *Herald Tribune*, 19.5.96.

In: "Minas Gerais, a New Business **Mecca**." *BusinessWeek*, 25.3.96.

In: "Sloan-Kettering thinks of itself as the **Mecca** of cancer; you must come to **Mecca** if you require complicated care." *BusinessWeek*, 29.6.98.

In: "Harrods. Now, the grand British institution and tourist **mecca** may soon be using its name." *BusinessWeek*, 24.6.96.

In: "The **mecca** is the Good Mixer, a down-at-heel pub." *Herald Tribune*, 21.6.96.

In: "Avenue Montaigne's Slow Evolution to a Must **Mecca** for the Elite." *Herald Tribune*, 16.3.97.

In: "...half an hour's drive from the tourist **mecca** of Acapulco...". *BusinessWeek*, 14.10.96.

In: "The Italian male is among ... most fashionable, and Milan is his — and our — **Mecca**." *Time*, 7.10.96

In: "In California's high-tech **mecca**, his career took off." *BusinessWeek*, 9.3.98.

In: "France is losing a torrent of talent to Silicon Valley and other high-tech **meccas**." *BusinessWeek*, 9.3.98.

Po: "Mesmo nos Estados Unidos, a **meca** das garantias dos direitos individuais..." *Veja*, 12.3.97.

Po: "Bruno Barreto. Do berço à **meca**." *Veja*, 30.4.97.

Po: "Miami Beach, **meca** turística margeada por cafés e pequenos hotéis em estilo art-déco." *Gazeta Mercantil*, 16.7.97.

mezze/mezzé

Fr: "La table du roi était réservée en permanence... Elle fut aussitôt couverte de jus de fruits et d'assiettes de *mezzés*." Solé, *Le Tarbouche*.

In: "Plate smashing, ouzo and complimentary **mezze** a gogo!" Britannia Intercontinental Hotel, edição da primavera de 1996.

moka/Mokkha/mocha

In: "In full **mocha** coffee, a fine quality originally produced in the Yemen Province." *The Oxford Universal Dictionary*.

Ne: "**Mokkha** parfait in einen spiegel van Tia Maria saus." *Menu* do Les Ombrelles, Haia.

mollah/mullah/Mullah

Al: "...die militärische Eskalation zwischen den Taliban und den **Mullahs** in Teheran nicht entscharft ist." *Frankfurter Allgemeine Zeitung*, 12.9.98.

Fr: "Allah, délivre-nous des **mollahs**!" *L'Express*, 13.3.96.

Fr: "...le jugement de Berlin ne peut qu'embarrasser les **mollahs**." *Le Point*, 19.4.97

Fr: "Les intellectuels algériens, pourchassés par les **mollahs**, sont les 'nouveaux dissidents'." *Le Point*,12.11.94.

Fr: "Un **mollah** outsider à la présidence de l'Iran." *Libération*, 26.5.97.

Fr: "Le **mollah** est débordé par ses épigones, qui le jugent trop modéré." *Le Point*, 17.8.96.

Fr: "Mohammad Khatemi: Le **mollah** anti-**mollah**." *Le Nouvel Observateur*, 11.6.97.

Fr: "S'agirait-il, pour l'onctueux **mollah** à la barbe si soignée, d'effacer l'exubérance un rien tapageuse de ses partisans?" *L'Express*, 5.6.97.

Fr: "D'est en ouest du monde musulman, **mollahs** et imams purs et durs ont désormais un enemi: la parabole." *Le Point*, 24.9.94.

Fr: "En Iran, l'aile la plus conservatrice des **mollahs** tentait de faire interdire les antennes paraboliques." *Le Point*, 24.9.94.

In: "China Separatists Kill **Mullah**." *Herald Tribune*, 28.5.96.

In: "To Influence Iran's **Mullahs**, Speak in One Voice." *Herald Tribune*, 15.8.96.

In: "**Mullah** With a Mission: Mohammad Omar rules Afghanistan's Taliban." *Time*, 31.3.97.

In: "Clinton has offered to engage the **mullahs** in ... confidential talks." *Herald Tribune*, 5.11.96.

In: "Although Katami is a **mullah** who trained in the holy city of Qom, he is waging a vigorous campaign." *BusinessWeek*, 26.5.97.

In: "Hopes of moderate **mullahs** coming to power in Iran proved illusory in the past...". *BusinessWeek*, 26.5.97.

In: "His campaign slogan was an oath of absolute loyalty to the **mullah**'s supreme rule." *Time*, 2.6.97.

mufti

Fr: "Des mafias surarmés, des **muftis** shootés à la sourate." *Le Point*, 12.11.94.

In: "In a sermon Friday at Al Aqsa mosque, the **mufti** of Jerusalem, the highest-ranking Muslim cleric...". *Herald Tribune*, 13.5.97.

nadir

In: "Yet, at this seeming **nadir** of America's international position, communism began to unravel." Kissinger, *Diplomacy*.

In: "The **nadir** of this 'act' was reached in an embarassing pantomime...". *The Times*, 10.5.96.

In: "The shooting of the tsar. At the time of the assassinations, the communists, as historian Pipes says, "were at their **nadir**'." *Newsweek*, 20.7.98.

oasis/oásis

Fr: "Une **oasis** de beauté dans le désert." *Madame Figaro*, 16.3.96.

Fr: "En attendant, acceptez d'entrer dans l'**oasis**." Brunel, *Guide de relaxation*.

Fr: "Bakou ... entre postcommunisme et précapitalisme, c'est une **oasis** d'harmonie pour le voyageur confronté aux paysages dévastés de la Russie." *Enjeux/Les Échos*, mar. 1994.

Fr: "De Tanger à Istanbul, de Marseille à Alexandrie, Jean-Claude Izzo trace sa carte des **oasis** des bonheurs insoupçonnes." *Le Point*, 15.8.98.

In: "An **Oasis** of Organic Farming." *BusinessWeek*, 22.7.96.

In: "In Mexico, an Artist's **Oasis**." *Herald Tribune*, 23.7.96.

In: "This **Oasis** Is No Mirage." *Time*, 26.8.96.

In: "Mosque, **Oasis** of Peace is Shattered." *The New York Times*, 28.9.96.

In: "Football does, at least, provide a lush **oasis** in a politically correct desert." *Financial Times*, 19.5.96.

In: "Culinary Surprises in a Warm **Oasis**." *The New York Times*, 26.11.97.

Po: "Condomínios-casamata ... clubes fechados e tantos outros **oásis** que enjaularam a classe média em guetos." *Veja*, 9.10.96.

Po: "...o deserto do Marrocos contou com um **oásis** refrescante: Isabel Fillardis." *Veja*, 9.10.96.

Po: "**Oásis** verdes, mais bem cuidados que os parques nacionais ... se multiplicam." *Veja*, 12.3.97.

raï

Fr: "L'explosion du raï. Hérité des tribus des Bedouins, le **raï** est à l'origine une musique de fête chantée. par les femmes dans les marriages de campagne." *Le Point*, 15.8.98.

Fr: "Le **raï**, en arabe, signifie 'l'opinion", 'l'avis', mais surtout "j'ai pas le moral'." *Le Point*, 15.8.98.

Fr: "L'amour, la drague, l'alcool: le **raï** fait vivre la rue." *Le Point*, 15.8.98.

Fr: "La bataille du raï. Cheb Mani/Faudel." *Le Figaro Magazine*, 21.11.98.

raïs

Fr: "Nimeiri. L'ancien **raïs** se veut un penseur." *Jeune Afrique*, 13.5.97.

Fr: "Reste que le **raïs** irakien a porté plainte en tant que simple citoyen et non en tant que chef d'Etat." *Libération*, 4.3.97.

Fr: "Hosni Moubarak. Le **raïs** a évité de se prononcer...". *Le Point*, 1.7.95.

Fr: "Égypte. La sortie d'un long métrage sur le **raïs** suscite émoi, polémique et débat politique." *Libération*, 20.7.98.

Fr: "Syrie. 'En fait, le raïs n'est sans doute pas mécontent de tout ce battage qui lui permet de réaffirmer son rôle de leader antisioniste." *Libération*, 20.7.98.

razzia/Razzia

Al: "Kriminalität. Bei einer bundesweiten **Razzia** wurden 27 Verdächtige festgenommen." *Der Spiegel*, 14.9.98..

Fr: "Les Français ont effectué une véritable **razzia** aux championnats d'Europe." *Libération*, 6.5.96.

Fr: "La **razzia** du 'ciné pop-corn'." *Libération*, 30.4.97.

Fr: "Orchidées arrachées... Cette **razzia**, associée au recul des forêts tropicales...". *Le Point*, 3.5.95.

Fr: "Radio. **Razzia** sur les locales." *Le Figaro*, 28.5.97.

Fr: "Zaïre. En représailles, ils lancent une **razzia** sur Kinshasa." *Jeune Afrique*, 27.5.97.

Fr: "La **razzia** du parti présidentiel." *Le Figaro*, 26.10.97.

Fr: "En province, le 'parti présidentiel' a fait une véritable **razzia**." *Le Figaro*, 26.10.97.

Fr: "Art. Piero Fornasetti: la **razzia** américaine." *Le Figaro*, 29.5.98.

Po: "O coronel Agnaldo... as **razias** efetuadas nas bibliotecas oficiais e particulares...". Amado, *Farda, fardão, camisola de dormir.*

souk/suk

Fr: "Kairouan, ville sainte de l'Islam, possède un des plus beaux **souks** de tout le Maghreb." *Le Figaro*, 11.4.96.

Fr: "Une grande tente en plastique blanc ... est censée recréer les **souks** détruits de la ville. *Le Figaro*, 3.4.96.

Fr: "Le **Souk** de l'Expression Libre." *Paris Match*, 30.4.97

Fr: "Patsy et Edina dans un périple galère-fumette-**souk** au Maroc." *Libération*, 30.4.97

Fr: "...en douze étapes d'un disque **souk**." *Libération*, 4.3.97.

Fr: "Homme de bazar, de **souk**, précurseur des grands magazins dans les villes et les villages de la plaine...". Bianciotti, *Ce que la nuit raconte au jour.*

Fr: "Krim achète des vêtements en ville, qu'elle revend également dans les **souks**." *Jeune Afrique*, 20.5.97.

Fr: "Ces Andalous et ces Kairouanais, bâtisseurs de mosquées et de **souks**..." *Le Figaro Magazine*, 31.5.97.
Fr: "Guidé par le parfum de la cardamome jusqu'au cœur des **souks** ottomanes, je fais trois fois le tour du tombeau de Saladin." *Vogue*, ago. 1998.
In: "First into the **souk** was Gucci's Tom Ford." *Herald Tribune*, 14.5.96.
It: "Davanti ai computer della Cia, nei ***suk*** mediorientali, nelle stanze delle ambasciate è cominciata la grande caccia ai responsabili della strage." *Corriere della Sera*, 9.8.98.

tabboulé/tabbouled

In: "Thick rings of sautéed squid mounted on a bed of **tabbouled**." *Herald Tribune*, 12.7.96.

talisman

In: "...a path, an inspiration, a Tao, a shaping, a manifestation, a **talisman**, an injunction. *Herald Tribune*, 14.5.96.

tarbouche

Fr: "Le **tarbouche** a été introduit en Égypte par Ibrahim pacha, au début du siècle dernier, pour remplacer le turban qui était trop lourd et trop encombrant." Solé, *Le Tarbouche*.
Fr: "Mais des rumeurs faisaient état d'un incident plus grave: lorsque le diplomate s'était incliné devant Ataturk, celui-ci aurait, d'un geste brusque, fait rouler par terre son **tarbouche**." Solé, *Le Tarbouche*.
Fr: "— **Tarbouche** ou pas, disait le jésuite, l'Égypte a besoin de s'assainir et de s'attaquer aux maux qui la minent." Solé, *Le Tarbouche*.

toubib

Fr: "Au cours d'une virée en Provence, le **toubib** réapprend à tenir compte de ses racines...". *Paris Match*, 29.5.97.
Fr: "La suivirent d'autres ouvrages, qui marquaient l'écletisme et les curiosités du professeur Michel: des poèmes, d'abord, qui sont le jardin secret d'un grand **toubib**...". *Le Point*, 2.5.98.
Fr: "Viagra. Quelques **toubibs** ont sauté sur l'occasion: on peut discuter en ligne avec le Dr. Brian McDonough." *Libération*, 7.6.98.
Fr: "Poursuivant ses rêves, elle en vient à se demander à quelle étape le **toubib** a connu son amie." *Vogue*, ago. 1998.

uléma/ulemá

Fr: "Cette épreuve de force sur les rives du Bosphore, entre les **ulémas** et les janissaires, ne peut laisser l'Europe indifférente." *Le Point*, 3.5.95.
Po: "Fernando Henrique faz ouvidos moucos à contradição do que então sancionou e é hoje anátema para todos os **ulemás** externos ou internos, da dita Ordem Internacional." Cândido Mendes, em *Jornal do Comércio*, 18.7.97.

BANTU
(África central e meridional, exceto o sudoeste)

banana

In: "Bank of England's fear that indexing represented the slippery slope towards **banana** republic status." *Financial Times*, 19.5.96.
In: "**Bananas** Over Dole Food." *BusinessWeek*, 15.7.96.
In: "If you slip on a **banana** skin...". *The Times*, 16.7.96.

In: "I'm not going to wear big **banana** shoes." *Sunday Times*, 14.7.96.

In: "Its top moneymakers are **bananas**... and salad veggies." *BusinessWeek*, 15.7.96.

In: "...his hot-pink convertible Trabi with a plastic **banana** dangling from the rearview mirror." *BusinessWeek*, 27.1.97.

In: "He was forced to shift to a bunch of **bananas**." *Time*, 3.6.96.

In: "Payoff for Chiquita **Banana**?" *Herald Tribune*, 20.3.97.

In: "A trans-Atlantic **banana** war appears to be ending in victory for the United States...". *Herald Tribune*, 20.3.97.

igname

Fr: "***Igname***. Mot bantou, par le portugais [1515]; liane grimpante des régions tropicales, dont les tubercules allongés et volumineux (2 à 5 kg) donnent une fois cuits un aliment comparable à la pomme de terre; ou bien, après trempage et râpage, une fécule." Colin, *Trésors des mots exotiques*.

Fr: "Peu après, notre mère revint toute chargée de fagots, de tubercules de manioc doux, d'**ignames** et de noix de karité." Bangui, *Les Ombres de Kôh*.

EWÊ
(Sudão, Guiné, Togo)

cola/kola

Fr: "**Cola**. Mot soudanais [1686]; fruit d'un arbre guinéen de 10 à 15 m. de haut, appelé colatier dont on tire un masticatoire tonique et stimulant, ainsi que divers 'produits': élixir, vin, liqueur de **cola**." Colin, *Trésors des mots exotiques*.

Fr: "Deux hommes se rencontrent ... l'un d'eux tire d'une poche une noix de **cola** rouge et la partage en gage d'amitié." Balandier, *Afrique ambiguë*.

vaudou/voudou/voodoo/vudu/vodu/voodoism

Fr: "'Danse nègre", dahoméen ***vodu***. Culte animiste chez les Noirs des Antilles et d'Haiti, mélange de pratiques magiques de sorcellerie et d'éléments pris au rituel chrétien." *Petit Robert*.

Fr: "Une prêtresse **vaudou** appelée Minerva." *Le Figaro Magazine*, 7.3.98.

Fr: "Magicien: Un métier parmi d'autres avec la redécouverte de savoirs traditionnels — pratiques de **vaudou**, envoûtements, transmission de pensée, etc." Attali, *Dictionnaire du XXIe siècle*.

Fr: "Mick Jagger. En 1994-1995, la tournée '**voodoo** Lounge' rapporte 1,5 milliard." *Paris Match*, 30.7.98.

In: "Dahomey ***vudu***, a body of superstitious beliefs and practices, including sorcery, serpent-worship, and sacrificial rites, current among negroes and persons of negro blood in the West Indies and southern United States, and ultimately of African origin. Substantive, 1880. Then verb transitif, to bewitch by means of **voodoo** arts. Then **voodoism**." *Oxford*.

In: " "Louisiana French ***voudou***, of African origin; akin to Ewe *vo'du*, tutelary deity, demon. **Voodoism**: 1. a religion derived from African ancestor worship, practiced chiefly by Negroes of Haiti, and characterized by propitiatory rites and communication by trance with animistic deities; 2.: the practice of witchcraft." *Merriam-Webster*.

In: "Why the Dole plan will work. Logical: "**Voodoo**, the plan isn't." *BusinessWeek*, 26.8.96.

In: "**Voodoo** was once driven underground as an 'evil practice'. Today is thriving again." *Newsweek*, 15.7.96.
In: "We are free again", says Joseph Guendehou, a **voodoo** priest in Cotonou." *Newsweek*, 15.7.96.
In: "Local chiefs used to imprison practioners of **voodoo's**." *Newsweek*, 15.7.96.
In: "**Voodoo** dolls originated in Haiti as a permutation of Benin's 'vo' statutes." *Newsweek*, 15.7.96.
In: "'Whatever **Voodoo** He Uses, It Works', marvels Timothy P. Horne." *BusinessWeek*, 10.2.97.
In: "In a velvet top hat encrusted with sequins and a purple brocade sash, the **voodoo** priest scoops up a baby goat and ducks into the temple." *BusinessWeek*, 7.7.97.
In: "**Voodoo** has a bad reputation. Why? Because the colonialists found that the **voodoo** religion brings our people together. They didn't want that." *Herald Tribune*, 10.6.98.
In: "Angelique Kidjo is on what she calls a mission to 'rehabilitate' the world's image of **voodoo**." *Herald Tribune*, 10.6.98.

HEBREU

alléluia/aleluia

Po: "Nunca soubemos ao certo por que Filinto havia adotado o brado de '**aleluia**' a torto e a direito." Lins, *Almanaque*.

amen

Po: "Algumas pessoas poderiam dizer **amen** a uma oração gravada em antiga capela inglesa que reza: 'Deus, dai-nos uma boa digestão e também o que digerir'." Devi, *Hatha Yoga*.
Po: "Bousquet não era homem de dizer **amen** ao chefe nem a ninguém acima dele no Ministério." Faria, *Reminiscências*.

babel

In: "**Babel** was the Hebrew name of the city of Babylon. Tower of **Babel**." Funk, *Word Origins*.
Po: "*O legado de* ***Babel****. As línguas e seus falantes. Dicionário descritivo das línguas indo-européias*", de Ricardo C. Salles.

bar-mitzvah

Fr: "L'anniversaire de Dennis Hopper en collaboration avec le magazine *Detour*, façon de **bar-mitzvah** bondée dans les salons du Noga Hilton...". *Libération*, 15.5.97.
In: "It was strictly a wedding-reception and **bar-mitzvah** act." *Time*, 12.8.96.
In: "...and my dad's first time since his **bar-mitzvah**". *The New York Times*, 14.9.96.
In: "...the story of the **bar-mitzvah** in Beled became a cornerstone of family identity". *BusinessWeek*, 20.1.97.
In: "...it felt like a double **Bar-Mitzvah** with a billion TV guests...". *Time*, 28.4.97.
In: "While the Reichmanns and their guests were at the **bar-mitzvah** reception...". *BusinessWeek*, 20.1.97.
In: "...during cocktails and dinner, and guests are assigned, **bar-mitzvah**-style, to tables named after the Movies". *New York*, 8.12.97.
In: "Israel. A construction manager from Moscow who barely knew what a **bar-mitzvah** was a decade ago is now on the verge of becoming mayor." *Herald Tribune*, 27.4.98.

challah

In: "Most of the pilgrims... feasting on **challah** flown in from Israel." *The New York Times Magazine*, 9.9.96.

chérubin/querubim

Po: "Feliciana nada tinha de anjo nem de **querubim**, apesar de se dizer enviada do céu." Lins, *Almanaque*.

kasher/kosher/casher

Fr: "[**Kasher**]... Mot hébreu [1866, orthographe très variable]; se dit d'une nourriture conforme aux rites de préparation judaïque de la viande [élimination du sang, ablation du nerf sciatique, etc.], ou encore d'une boutique vendant une telle nourriture." Colin, *Trésors des mots exotiques*.

Fr: "Il invitait le jeune homme à partager l'omelette émouvante, les saucissonettes **Kasher** qui font si bien rêver au pays." A. Schwarz-Bart, *Le Dernier des justes*.

Fr: "Allez donc dîner dans un restaurant **kasher**...". *L'Événement du jeudi*, 2.4.97.

Fr: "Le seule '**casher**' du quartier où l'on puisse s'asseoir." *L'Événement du jeudi*, 28.5.97.

In: "[**Kosher**]... A Hebrew word denoting that which is 'right', 'fit' or 'proper'. It is applied usually to food — especially meat which has been slaughtered and prepared in the prescribed manner. Food must not be obtained from the animals, birds, and fish prohibited in *Lev.* xi and *Deut.* Xiv and animals must be killed by cutting the windpipe." Evans, *Brewer's Dictionary of Phrase and Fable*.

In: "The importation of non-**kosher** meat will be banned." *Herald Tribune*, 19.6.96.

In: "Many others... reheating **kosher** meals packed by their wives." *The New York Times*, 9.9.96.

In: "Something isn't **kosher** with the price of matzo this Passover." *Herald Tribune*, 20.4.97.

In: "...a **kosher** deli that émigrés say is as good as anything in Brighton Beach". *BusinessWeek*, 23.6.97.

In: "Today... her **kosher** dairy restaurant that serves jalapeño potato pancakes...". *Time*, 16.6.97.

In: "...her son... catered **kosher** by Four Seasons, and is told to pick up anything she wants". *Time*, 16.6.97.

kibboutz/kibbutz/kibutz/kibboutzin/kibbutzin

Fr: "***Kibboutz***, 'collectivité' [1950]; ferme collective qui constitue une des bases de l'économie rurale de l'État d'Israël, à partir de 1948." Colin, *Trésors des mots exotiques*.

Fr: "Elie Kakou... Passe ensuite par un **kibboutz**." *L'Express*, 1.5.97.

Fr: "Elle est née il y a huit mois dans un **kibboutz** religieux du nord du pays, à Kfar Hassidim." *Libération*, 12.6.97.

Fr: "'Et rappelez-vous qu'il y a quarante ans, ici, c'était un désert', m'ont répété... le chauffeur de taxi aussi bien que... le secrétaire de ***kibboutz*** comme le journaliste...". Druon, *Circonstances*.

Fr: "C'est à cette première immigration qu'est due la mise en valeur de la terre et la création des ***kibboutzin***." Druon, *Circonstances*.

Fr: "...le ***kibboutz*** apparaît comme la réussite la plus certaine d'Israël". Druon, *Circonstances*.

Fr: "Dans les **kibboutz**, des pionniers solidaires font fleurir le futur en plein désert." *Paris Match*, 14.5.98.

In: "...the **kibbutz** leaders who had urgently demanded that Israel take the heights...". *Herald Tribune*, 12.5.97.

In: "Mr. Tal asked, 'So all the **kibbutzin** wanted was land?'." *Herald Tribune*, 12.5.97.

In: "But no **kibbutz** got any land from conquering the Golan Heights." *Herald Tribune*, 12.5.97.

In: "...Israeli Radio, confirming the invitation from Yad Mordechai, a **kibboutz** founded in 1943". *Herald Tribune*, 19.1.98.

In: "Leah came back to green, sunny Bet Alfa, married Eran, the **kibbutz** native she'd 'made eyesat' since age 14." *Time*, 4.5.98.

Po: "Amos Klausner adotou o sobrenome Oz, que significa 'coragem' em hebraico, e mudou-se para o **kibutz** Hulda." *O Estado de S. Paulo*, 22.11.97.

kippa

Fr: "La **kippa** n'est pas le foulard." *Le Point*, 30.12.94.

Fr: "On n'a jamais vu de partisan de la **kippa** ou de la croix se conduire avec une telle brutalité." *Le Point*, 30.12.94.

Fr: "Dès la page 41, conseil est donné aux juifs porteurs de **kippa**...". *L'Événement du jeudi*, 2.4.97.

kippour/kippur

Fr: "Yom **Kippour**, ou simplement *Kippour*. Mot hébreu [1870]; grande fête juive, célébrée fin septembre début octobre et connue également sous le nom de Grand Pardon." Colin, *Trésors des mots exotiques*.

In: "Anwar el-Sadat... the confident feeling that he could allow himself to conduct an assault against Israeli forces across the Suez Canal in October [Yon **Kippur**] 1973 with the prospect of a local success." Eban, *The New Diplomacy*.

In: "On Yom **Kippour**, the Jewish Day of Atonement, the ancient Hebrews were able to make a fresh start for the following year simply by transferring their sins to a goat." *Merriam-Webster*.

matzo

In: "Something isn't kosher with the price of **matzo** this Passover." *Herald Tribune*, 20.4.97.

In: "Jennifer Bush: 'We are not making a profit on **matzo**', she said." *Herald Tribune*, 20.4.97.

messiah/Messie/messie/messias

Fr: "Le **Messie** sauvage. Ken Russell, 1972." *L'Express*, 8.5.97.

Fr: "Mandaron. La statue de '**Messie**', édifiée sans permis, vouée à la destruction." *Nice-Matin*, 31.7.98.

In: "The rally significance hinged not on the coronation of a black **messiah**." *Newsweek*, 7.10.96.

In: "'Even the arrival of the **messiah** would not have changed anything for our army,' a Zairian general said." *Herald Tribune*, 19.5.97.

Po: "...conta a história de um mendigo que chega a ser aclamado como um **messias**". *O Globo*, 20.5.97.

rabbi/rabbino/rabbinical

In: "This year, the **rabbis** have a problem because polls show...". *Herald Tribune*, 19.5.96.

In: "People converted by Reformist and Conservative **rabbis** will not be officially recognized." *Herald Tribune*, 19.6.96.

In: "In our day there was **Rabbi** Meir Kahane... plotting to destroy the Dome of the Rock." *Sunday Times*, 14.7.96.

In: "He showed a document indicating that he was a **rabbi**." *The New York Times*, 10.9.96.

In: "3 volumes in Hebrew in a 17th century **rabbinical** manuscript from Rome." *The New York Times*, 10.9.96.

In: "Symon Geyser, a 33 year-old **rabbi** left Odessa in 1983." *The New York Times*, 5.9.96.
In: "**Rabbi** Nachman of Bratislava once preached...". *The New York Times*, 9.9.96.
In: "Some Days, the **Rabbi** Wears Blue." *The New York Times*, 15.9.96.
In: "The small city... where the **rabbi** settled after his long sojourn." *The New York Times*, 9.9.96.
In: "A **Rabbi** With All Varieties of Jewish Experience." *The New York Times*, 14.9.96.
In: "Julie Schonfeld is believed to be the first female **rabbi** to head a congregation." *The New York Times*, 14.9.96.
In: "The **Rabbi**'s Gift: A Wall Street Parable." *Herald Tribune*, 11.5.97.
In: "The **rabbi** knows precious little about business and is fine with that." *Herald Tribune*, 11.5.97.
In: "In Poland a miracle-working **rabbi** appeared one day with the gift of restoring sight to the blind." Dorfles, *Kitsch, the World of Bad Taste*.
In: "Grand Sheik Talks With a Chief **Rabbi** in Cairo." *The New York Times*, 16.12.97.
It: "Più tardi la benedizione impartita dal **rabbino** Guy Hall [James Rubin è di religione ebraica]." *Corriere della Sera*, 9.8.98.

sabbath/shabbat/Sabbath/sabbat

Fr: "La nuit dernière était troublée par tous les **sabbats** de l'enfer...". Painter, *Marcel Proust*.
Fr: "Enfin, les animaux doivent également bénéficier du repos le jour du **sabbat**." *Le Point*, 12.4.97.
Fr: "Serge Moscovici. 'Dans les premières pages de votre livre, vous évoquez un repas de **sabbath** avec votre grand-père et d'autres juifs...'." *L'Événement du jeudi*, 25.6.97.
Fr: "Les trois chevaliers avaient, eux, choisi de célébrer le **shabbat** en cassant de l'Arabe." *Le Nouvel Observateur*, 12.8.98.
Fr: "Le **shabbat** a momentanément interrompu la mobilisation de la droite religieuse." *Le Monde*, 26.10.98.
In: "Taleban fighters... forced them to pray... on the first Muslim **sabbath**." *Herald Tribune*, 6.10.96.
In: "Court Rules in Favor of **Sabbath** Opening." *Herald Tribune*, 15.4.97.
In: "A street through a neighborhood of religious Jews should remain open on the **Sabbath**." *Herald Tribune*, 15.4.97.

sabra

Fr: "**Sabra**. Le mot arabe désigne la figue de barbarie. Piquante, dure à l'extérieur. Sucrée, douce à l'intérieur. Il signifie aussi *'le juif né en Israël'*." *Le Figaro*, 29.4.98.
Fr: "La métamorphose du **sabra**. Les jeunes Israéliens de souche ressemblent davantage aux yuppies occidentaux qu'aux pionniers sionistes." *Le Figaro*, 29.4.98.
In: "Like the other young **sabras** doing their military service in the Golani Brigade, Leah Nehorai thought the army was just another rite of passage." *Time*, 4.5.98.

shibboleth/schibboleth/shibbolet

Fr: "Mot hébreu, '**épi**': selon la Bible, les habitants de Galaad reconnaissaient ceux d'Ephraïn du fait que ces derniers prononçaient ce mot avec l'initiale '**s**' au milieu de '**ch**' [18e siècle]; épreuve décisive, qui permet de reconnaître, d'identifier à coup sûr un individu." Colin, *Trésors des mots exotiques*.
In: "Clinton preaches national health insurance and 'the integrity of our pensions' — **shibbolets** that stand for lots of new taxes as the electorate grows older." *Time*, 7.10.96.

Po: "...se tornou um verdadeiro objeto de polêmica, cujo simples nome, como um *schibboleth*, separa num instante adeptos e adversários". Ferreira e Mello, *Clement Greenberg e o debate crítico*.

Shoah/Schoah

Al: "Als die 'Verrückten der **Schoah**' waren die Kranken, vor rund 30 Jahren, zwar schon einmal öffentlich wahrgenommen worden." *Der Spiegel*, 14.9.98.

Al: "Die CD ist ein Produkt der **Shoah** Foundation, deren Chairman Spielberg ist." *Welt am Sonntag*, 13.9.98.

Fr: "**Shoah**: mea culpa tardif du Vatican." *Libération*, 17.3.98.

Fr: "Ce texte de Zuckerman, écrit en mars 1944, il est possible d'en prendre connaissance dans *les Cahiers de la Shoah* dans lesquels il est longuement cité par Nicolas Weill." *Le Figaro Magazine*, 14.3.98.

Fr: "La Tragédie de la **Shoah** et le Devoir de se Souvenir." *Le Figaro*, 17.3.98.

Fr: "*Nous nous souvenons: une réflexion sur la Shoah*." Declaração do Vaticano, em 16.3.98.

Fr: "L'Antisémitisme Nazi et la **Shoah**." *Le Figaro*, 17.3.98.

Fr: "Le texte du Vatican sur la **Shoah** déçoit la communauté juive." *Le Monde*, 17.3.98.

Fr: "L'Église appelle au repentir... pour les torts commis... dans cette '**tragédie innommable**' de la **Shoah**." *Le Monde*, 17.3.98.

Fr: "L'Église et la **Shoah**. Pour Jean-Paul II, l'Holocaust est une 'tache indélébile dans l'histoire du siècle qui s'achève bientôt'." *Le Figaro*, 17.3.98.

In: "The Vatican's document on the Holocaust, 'We Remember, a Réflexion on the **Shoah**', apologized for individual Catholics who failed to help Jews." *Herald Tribune*, 20.3.98.

In: "He was host at the Papal Concert to Commemorate the Hollocaust, to which he invited 200 of the **Shoah**'s survivors." *Time*, 30.3.98.

It: "...contrizione espressa dalla Chiesa... a proposito della sua scarsa opposizione alla tragedia della **Shoah**". *Corriere della Sera*, 9.8.98.

Po: "O documento intitulado 'Nós nos recordamos: uma reflexão sobre a **shoah**' (holocausto em hebraico), ao contrário, faz duas referências a Pio XII." *Veja*, 25.3.98.

shtetl

Fr: "...une cartographie du destin juif au XXe. Siècle: *shtetls* de la Mitteleuropa, New York des Juifs américains, Israël." *Le Point*, 20.5.95.

In: "The center of this temporary **shtetl** is Pushkin Street." *The New York Times*, 9.9.96.

In: "Under communism, says Eva Hoffman — author of *Shtetl*, about six centuries of Jews and Poles in Bransk — 'the whole subject of Jews was a forbidden topic'." *BusinessWeek*, 13.4.98.

MALGAXE
(Madagáscar)

raffia/rafia/raphia

Fr: "Du malgache *rafia* [début du 19e siècle]; palmier de Madagascar dont les feuilles atteignent 15 à 20 mètres de longueur. Les fibres sont précieuses pour la confection de cordages, de liens, de tissu d'ammeublement [sous le nom de *rabane*]." Colin, *Trésors des mots exotiques*.

Fr: "En faisant crisser les bambous de son lit, son corps recroquevillé roulait d'un bord à l'autre, venant bousculer et gonfler la natte de **raphia** pour repartir du côté opposé." Oyono, *Chemin d'Europe*.

In: "...or the simple **raffia** hats by Kaminsky." *Financial Times*, 19.5.96.

In: "Fashion. Classic tweed suits crisped with **raffia** and paper waves." *Herald Tribune*, 25.6.96.

SUAÍLE
(África oriental)

safari/safári

Fr: "**Safari**. Mot swahili, 'bon voyage' [milieu du 20e siècle]; expédition organisée en vue de la chasse aux bêtes sauvages. D'abord restreint à l'Afrique noir, ce mot a été popularisé et étendu à bien d'autres régions du globe par les agences de voyage. Il existe aussi de plus pacifiques **safaris-photos**, où l''objectif' est seulement de photographier des animaux en liberté, notamment dans les parcs." Colin, *Trésors des mots exotiques*.

Fr: "L'automne, les Canadiens et les Américains organisent dans l'île de véritables **safaris**!" Frison-Roche, *Peuples chasseurs de l'Arctique*.

Fr: "**Safari**-photos." *Le Monde*, 1968; *Larousse*, 1964.

Fr: "Bosnie. Le drame de Mostar n'a jamais suscité de réel enthousiasme auprès des gentils organisateurs de '*safari politico-médiatique*', pour reprendre l'expression d'un confrère bosniaque." *Le Nouvel Observateur*, 11.6.97.

Fr: "Ces touristes japonais, participant à un **safari**-photo, n'en croient pas leurs yeux." *Le Point*, 7.6.97

Fr: "Benoît: Les premières impressions du grand **safari** au Kenya." *Paris Match*, 17.4.97.

In: "These modern viceroys ... in **safari** suits and baseball caps." *Herald Tribune*, 23.7.96.

In: "Bandits Ambush Tourist **Safari** in Serengeti." *The New York Times*, 13.9.96.

In: "id Dole *have* to **safari** to Hollywood last week just to chastise the entertainment industry one more time?" *U.S. News*, 30.9.96.

In: "The **safari** jacket, dull in beige jersey..." *Herald Tribune*, 8.10.96.

In: "Clinton Takes a **Safari** To Relax in Botswana." *Herald Tribune*, 30.3.98.

In: "The **safari** ended tragically with the suicide of his companion." *The Times*, 18.7.96.

In: "**Safari** *Time*. South Africa is rife about a possible visit by the Prince of Wales." *The Times*, 16.7.96.

In: "But taking a **safari** to the sea side is the new idea." *Herald Tribune*, 25.6.96.

In: "Adding to the vacation feel were **safari** jackets or dresses." *Herald Tribune*, 25.6.96.

In: "...who carved his own career coffin by arranging for a balloon **safari** over the Masai Mara." *The New Yorker*, 20.1.97.

It: "**Safari** e favole per imparare mentra si gioca." *Corriere della Sera*, 6.4.96.

Po: "**Safari** com mordomias. Fauna exuberante e hotéis de luxo fazem da África do Sul a mais nova fronteira turística." *Veja*, 5.6.96.

Po: "Lorde De Botton, um senhor alto e grisalho de 61 anos, cujo hobby é fazer **safáris** na África, não teve alternativa." *Veja*, 11.6.97.

Po: "Um **safári** musical para a TV." *Jornal do Brasil*, 29.6.97.

Po: "Jânio Quadros determinou o uso do uniforme ***safari***, que vira na sua passagem pela India — um *slack* apelidado pijânio." Melo Filho, *Testemunho político*.

10

De palavras da Ásia e da Oceania

As palavras e expressões originárias das línguas do Oriente estão em **negrito**, romano ou itálico, segundo os originais.

Diante de cada citação, figura uma indicação abreviada da língua: *Al* (alemão), *Es* (espanhol), *Fl* (flamengo), *Fr* (francês), *In* (inglês), *It* (italiano), *Ne* (neerlandês), *Po* (português), *Ru* (russo).

AUSTRALIANO
(Língua dos povos aborígines da Austrália)

boomerang

Fr: "**Boomerang**. Langue aborigène d'Australie, par l'anglais [1863]; arme de jet faite de bois dur, de forme coudée. Sa géometrie particulière fait qu'elle revient dans la direction du lanceur si le but est manqué." Colin, *Trésors des mots exotiques*.

Fr: "Les économistes de l'OFCE tentent de montrer l'effet **boomerang** que soubissent les pays à monnaies fortes." *Libération*, 2.4.96.

Fr: "La dissolution est 'un *coup de poker* qui se retournera comme un **boomerang** vers ceux qui l'ont conçue'." Jack Lang, em *Le Figaro*, 27.4.97.

Fr: "Car, tel un **boomerang**, le mot est revenu à la mémoire des electeurs...". *Le Point*, 20.5.95.

Fr: "Chirac. Le risque est patent... La dérive plebiscitaire n'est pas le moindre. Avec son effet **boomerang**, le vote sanction." *Libération*, 7.5.97.

Fr: "Paris: le **boomerang** Tiberi." *Libération*, 26.5.97.

Fr: "L'affaire des espions américains a eu un effet **boomerang**: c'est en fait la DST qui paie les pots cassés." *Le Point*, 4.3.95.

Fr: "Législatives. La dissolution a joué comme un **boomerang**. La droite éclate...". *Le Point*, 2.6.97.

Fr: "Le CNPF assommé par son propre **boomerang**." *Marianne*, 15.6.97.

Fr: "Par sa dissolution **boomerang**, Jacques Chirac a fait un triple cadeau à la gauche socialiste." *L'Événement du jeudi*, 11.6.97.

In: "Donations **Boomerang** on Asian-Americans." *Herald Tribune*, 4.11.96.

In: "In ***Boomerang***, Harvard University sociologist Skocpol proposes a simpler thesis." *BusinessWeek*, 27.5.96.
In: "President Clinton. The empathy and intellect... can **boomerang**." *Herald Tribune*, 22.5.96.
In: "Software companies trying to develop competing operations systems, could **boomerang**." *BusinessWeek*, 24.6.96.
In: "Ironically, the investigations could **boomerang** on some U.S. banks, too." *BusinessWeek*, 26.5.97.
In: "But the same steps that were cheered overseas are expected to **boomerang** against him at home." *The New York Times*, 5.1.98.
In: "E-Mail Can **Boomerang**." *Herald Tribune*, 23.4.98.
In: "Not content with giving the world the **boomerang** and Hills Hoist rotating clothes lines, the Australians have now come up with the omelette maker." *The Times Magazine*, 1.8.98.
It: "Sarebbe un'operazione grossolana e avrebbe un effetto-**boomerang** sulla stessa stabilità finanziaria tedesca." *Le Repubblica*, 22.5.97.
It: "Quindi è il momento di chiarire che il protezionismo commerciale è in realtà un **boomerang** per chi lo attua e per tutto il sistema globale." *Il Giornale*, 18.9.98.

kangourou/kangaroo/canguru

In: "Curled up inside Pathfinder like a mechanical **kangaroo** joey was Sojourner, a 1-ft.-tall, 2-ft.-long robot car, known as a rover, designed to trundle away from the lander and investigate rocks all over the desert-like site." *Time*, 15.6.98.

kiwi/Kiwi

Fr: "**Kiwi**. Mot maori [1842; oiseau presque dépourvu d'ailes, de la taille d'une poule. La femelle pond un œuf énorme, qui pèse le quart de l'animal adulte. Ce ratite nocturne, à l'odorat très aiguisé, vit dans les forêts de Nouvelle-Zélande, dont il est devenu l'emblème à partir de la Grande Guerre. C'est en raison d'une certaine analogie de couleur et de forme qu'on a baptisé **kiwi** le fruit de l'actinidia, très riche en vitamines A, C et P." Colin, *Trésors des mots exotiques*.
Fr: "Dès qu'un fabricant lançait un yaourt au **kiwi**, tout le monde suivait..." *Le Point*, 30.12.94.
Fr: "**Kiwi** (et cassis) sont les plus riches en vitamine C avec le persil et la goyave." *Le Figaro Magazine*, 31.10.98.
In: "If you want to understand Japan, go to New Zealand. My wife is a **Kiwi** and we spent six weeks there recently." *Financial Times*, 9.8.98.
Po: "Serra Gaúcha... cultivam uva... **kiwi**, maçã e milho." *Veja*, 26.6.96.

CHINÊS

chop suey/chop-suey

Fr: "**Chop suey**, mot chinois [XXe siècle]; plat constitué par un mélange de viande [poulet, porc ou bœuf] débitée en lamelles et accompagnée de légumes émincés et sautés. Cette préparation a été inventée par les Chinois émigrés aux États-Unis." Colin, *Trésors des mots exotiques*.
Po: "**Chop-suey**, não tenho coragem de enfrentar." Lins, *Almanaque*.

gung-ho/kung-ho/gung ho

In: "The Chinese Cooperative Society was founded in 1938. Its long name was very soon abbreviated to ***kung-ho***. In 1942 Lt. Col. Evans F. Carlson of the U.S. Marine Corps was in China organizing the Second Raider Battalion. Carlson, a fervent admirer of the ardent spirit of the Chinese Communists, used their example in trying to instill a sense of unity and purpose in his men. He explained that ***Gung-ho*** was the motto of the Chinese cooperatives and that it meant 'work together'. Soon the battalion were calling themselves and their spirit ***gung-ho***. Other marines began using ***gung ho*** to describe the raiders of this battalion, not as unified and hardworking, but as obnoxious; for many marines ***gung ho*** became a general disparaging adjective. The positive and negative seemed to have reached a compromise as the word came into general non military use. A person who is ***gung ho*** now is 'extremely or overly enthusiastic'." *Merriam-Webster*.

In: "Despite some **gung-ho** Americans who seem to regret it, everyone including the United States is better off." *Herald Tribune*, 27.2.98.

In: "Even **gung-ho** Checketts accepts that high-tech isn't everything." *Time*, 21.9.98.

In: "Downsizing is on the upswing, shoppers remain **gung-ho** tight market for office space." *Time*, 8.12.97.

In: "Let our **gung-ho** German Shepherd guard your house 24 hours a day — with radar technology." *Discover*, nov. 1997.

In: "Business. The backdrop to the prosecutors' new **gung-ho** attitude is the waning power of the Finance Ministry, long considered Japan's 'ministry of ministries'." *Time*, 23.3.98.

kaolin

Fr: "Pour cet ustensile destiné à la boisson, il était nécessaire qu'un enduit spécial, à base de **kaolin** et d'huile, en doublât l'intérieur." Bangui, *Les Ombres de Kôh*.

kow-tow/kowtow/kowtowing

In: "When Lord Macartney was received by the Chinese emperor, he stiffly refused the protocol **kowtow**, informing the emperor's officials that he represented a sovereignty whose representatives knelt to no foreign authority." *Herald Tribune*, 18.6.98.

In: "Trying to be conciliatory without **kowtowing**, Lee offered for the first time to make a 'journey of peace' to China." *BusinessWeek*, 3.6.96.

In: "The Yeltsin government is determined not to give Russian nationalists any pretext for accusing of **kowtowing** to the West." *The Times*, 18.6.98.

In: "China... its leaders, feeling secure at home, see no need to **kowtow** to the U.S." *BusinessWeek*, 5.5.96.

In: "One result of **kowtowing** to the big five...". *Herald Tribune*, 1.7.96.

In: "Adamantly denying that he **kow-towed** to Fallahian, Schmidbauer claims that his contacts with the Iranian minister enabled him to broker an exchange of prisoners." *BusinessWeek*, 11.11.96.

In: "A **kowtow** gets Jardine back in Beijing's good graces." *BusinessWeek*, 26.5.97.

In: "The **kowtow** still works in China, just ask Jardine." *BusinessWeek*, 26.5.97.

In: "Morrison made what amounted to a **kowtow**, expressing 'regret at any misunderstanding' that had occurred." *BusinessWeek*, 26.5.97.

In: "Hong Kong Chief Executive Tung... **kowtowing** to Beijing." *BusinessWeek*, 20.4.98.

In: "Tung's gesture is just his latest **kowtow** to Hong Kong's new overlords." *BusinessWeek*, 20.4.98.

In: "U.S.Policy: **Kowtow** to China, Hector Japan, Dismiss India." *Herald Tribune*, 18.6.98.

In: "...the symbolism of an American president's appearance there [Tiananmen Square] is what Chinese in the past would have described as performing a **kowtow**". *Herald Tribune*, 18.6.98.

kumquat

Fr: "J'avalerai des **kumquats** entiers, coeur et peau, doux-amers." Hébert, *Les Fous de Bassan*.

kung-fu

Fr: "**Kung-fu**. Mot chinois [vers 1970]; art martial chinois se pratiquant à mains nues, et qui s'apparente par certains aspects au karaté." Colin, *Trésors des mots exotiques*.

Fr: "Les films de **kung-fu** ont restitué dans notre communauté les valeurs que les siècles d'esclavage nous avaient ôtées: "le sens de la famille...". *L'Événement du jeudi*, 25.6.97.

Fr: "Des textes qui articulent le sens du combat... et d'une mythologie extrême-orientale empruntée aux films de **kung-fu**." *L'Événement du jeudi*, 25.6.97.

In: "Unattached to ads for junk cereals and **kung-fu** toys...". *Time*, 7.9.96.

In: "Those of the kids who used to watch **kung-fu** movies...". *Time*, 7.4.97.

In: "In 1955, Cantona **kung-fu** kicked a heckling Crystal Palace fan, resulting in a eight-month playing ban." *Time*, 2.6.97.

In: "On a Hong Kong Menu, **Kung-Fu** and Nostalgia to Go." *Herald Tribune*, 17.7.98.

Po: "Miguel Falabella resolveu tomar aulas de tenpo havaiano, modalidade que mistura caratê e movimentos de **kung-fu**." *Veja*, 10.12.97.

litchi/letchi

Fr: "Que de fois [...] n'y ai-je point paru, pour jeter avec bénignité aux singes au-dessous de moi juchés sur les branches extrêmes des poignées de **letchis** secs tels que des grelots rouges!" Claudel, *Connaissance de l'Est*.

mah-jongg/mah-jong

Fr: "**Mah-jong**. Mot chinois, 'je gagne' [vers 1923]; jeu à quatre joueurs qui s'apparente à la fois aux dominos et aux cartes. On y joue avec des pions appelés 'tuiles'." Colin, *Trésors des mots exotiques*.

Fr: "Elle voulait m'apprendre les règles du jeu de **mah-jong** auxquelles je ne comprenais rien." Modiano, *Quartier perdu*.

In: "A Chinese game played with 'tiles' like dominoes, made of ivory and bamboo, with usually four players. The tiles [136 or 144 in all] are made up of numbered *bamboos*, *circles*, and *characters*; *honours* [red, green and white dragons], and additionally *flowers* and *seasons*. It appears to be of 19th century origin. The game was introduced into the U.S.A. by Joseph Babcock about 1919 under the trade name **Mah-jongg**, which he coined." Evans, *Brewer's Dictionary of Phrase and Fable*.

In: "A few hostages were playing **mah-jongg**, a Chinese board game, when the Peruvian commandos stormed in...". *Herald Tribune*, 24.4.97.

In: "People read... and played chess or **mah-jongg** until about noon." *Herald Tribune*, 28.4.97.

sampan

Fr: "Déjà, les hommes descendaient le sentier, portant les sacs sur le dos, et les déposaient sans bruit dans les **sampans**, qui commencèrent une navette entre le rivage et la jonque." Boulle, *Les Vertus de l'enfer*.

In: "...and pull the **sampan** across the narrow stretch of opaque water to a small island". *Herald Tribune*, 17.5.96.

In: "The division came equipped with four landing stages and a plank roadway ten feet wide, supported by **sampans** that rested on the mud at low tide and floated at high tide." Warner, *The Tide at Sunrise*.

shiatsu

Fr: "Elle arrive chez vous avec son futon, matelas japonais de fibre naturelle de coton, et vous dispense un cocktail très personnel de **shiatsu**." *Madame Figaro*, jun. 1996.

In: "Brookstone's $170 handheld **shiatsu** massage wand, a huge hit a year before, was showing up in imitation versions for $40." *Forbes*, 1.6.98.

In: "She teaches gymnastics and dancing, gives **shiatsu** massage, paints furniture, runs the kibbutz cable-television channel." *Time*, 4.5.98.

Po: "Um exemplo é o *watsu*, nome que os americanos dão ao ***shiatsu*** feito na água morna." *O Globo*, 25.5.97.

Po: "Formado em fisioterapia, aprendeu tudo sobre **shiatsu** com o pai, o japonês Sakae Maka." *Manchete*, 22.11.97.

Po: "Hoje, somente no Rio, são mais de dois mil especialistas em **shiatsu**." *Manchete*, 22.11.97.

Po: "Ele percebeu que a capacidade curativa das águas termais combinada com o **shiatsu** poderia dar certo." *Manchete*, 22.11.97.

tai-chi-chuan/tai chi chuan/Taï-chi-chuan

Fr: "Un des meilleurs centres de **Taï-chi-chuan** à Paris est celui de la rue d'Assas." Stemer, *Faire le point*.

In: "Gathering in Tiananmen Square in Beijing on Thursday, some 10,000 practitioners of **tai chi chuan** marked the 20th year since the ancient art was made a national exercise." *Herald Tribune*, 16.10.98.

COREANO

chaebol

Fr: "Supporté par le LG group — il s'agit du troisième '**chaebol**' coréen, LG Electronics n'a pas eu trop de mal à s'implanter en Europe." *Le Figaro*, 23.6.97.

Fr: "Séoul menace les '**chaebol**'." *Le Figaro*, 18.3.98.

In: "But as Korea's economy slows, the bankruptcies of two major ***chaebol*** have raised the specter of more failures." *BusinessWeek*, 7.4.97.

In: "2 **Chaebol** Agree to First Friendly Takeover." *Herald Tribune*, 2.4.97.

In: "The demise of further ***chaebol*** cannot be ruled out." *BusinessWeek*, 7.4.97.

In: "The Korean ***chaebol***, facing rising costs at home and increased competition...". *BusinessWeek*, 7.10.96.

In: "The ***chaebol*** put down big stakes in the former Soviet Union." *BusinessWeek*, 7.10.96.

In: "Where the ***Chaebol*** Are Setting Up Shop." *BusinessWeek*, 18.3.96.

In: "But LG, like Korea's other ***chaebol***, has decided this is the moment...". *BusinessWeek*, 18.3.96.

In: "The foreign debt taken on by the ***chaebol*** and banks... has jumped." *BusinessWeek*, 5.5.97.

In: "...the ***chaebol*** could find themselves in a debt squeeze." *BusinessWeek*, 5.5.97.

In: "13 of Top Korean **Chaebol** Report a Loss for 1996." *Herald Tribune*, 12.5.97.

Po: "...favoreceu a formação de grandes conglomerados, os ***chaebol***." *Veja*, 9.4.97.

Po: "Ingratos, os ***chaebol*** estão transferindo fábricas para países onde os salários são menores." *Veja*, 9.4.97.

HINDI/HINDUSTANI

bandanna/bandana

Fr: "**Bandana** au tour du cou, 'Doc' aux pieds et sac sur le dos, Victor arrive à la gare du Nord." *Le Monde*, 11.4.96.

In: "The term ***bandanna*** describes a process of tie-dyeing, whereby pressure is applied to certain areas of the cloth during dyeing to prevent those areas from receiving dye. The result is a splotchy effect caused by patches of undyed fabric. Large handkerchiefs are often tie-dyed to give them a more vibrant decorative appearance. For this reason, we call them **bandannas**. The association of the large handkerchief that is often worn on the head or around the neck with Indian tie-dyeing has been all but lost, and we now refer to all such handkerchiefs as **bandannas**." *Merriam-Webster*.

In: "Kuerten replaced his **bandanna** with a baseball cap, which he put on backwards...". *Herald Tribune*, 9.6.97.

In: "Clinton. With a T shirt, an apron and a **bandanna**, Willey was responsible for the cinnamon rolls early in the day and later for muffins... and waiting on the clientèle." *Time*, 30.3.98.

In: "Moscow. With a blue **bandanna** tied around his bald head, Luzhkov led a crowd of children on a skating tour of the city's new sports complex." *BusinessWeek*, 9.11.98.

Po: "Kuerten. Guga limitou-se a colocar na cabeça uma **bandana** com fundo branco...". *Veja*, 11.6.97.

gourou/guru

Fr: "Le travail que j'ai pu mener à bien en reconnaissant le paysan comme mon **gourou** m'a donné cette humilité que je n'avais jamais eue auparavant." Del Vasto, *Vinôbâ*.

Fr: "Aoun. Le **gourou** refuse de plaider." *France-Soir*, 25.4.96.

Fr: "Bernard Krieff: un **gourou** de la communication." *Le Figaro*, 28.6.96.

Fr: "Un écrivain ne peut pas être un **gourou**." Paulo Coelho, em *Madame Figaro*, 13.4.96.

Fr: "Le **gourou** de la secte Aoun risque la pendaison." *Le Parisien*, 24.4.96.

Fr: "L'interminable procès du **gourou** terroriste." *Le Figaro*, 28.4.96.

Fr: "Leurs **gourous** sont généralement de pseudo-intellectuels...". *Le Figaro*, 3.4.96.

Fr: "...conceptes développés par les **gourous** de Wall Street pour faire augmenter le cours de leurs actions". *Le Monde*, 5.5.97.

In: "From **Gurus** to Sitting Ducks. Media Executives Lose Their Edges." *The New York Times*, 11.1.98.

In: "Mideast **Gurus** Keep Getting it Wrong." *Herald Tribune*, 6.6.96.

In: "Timothy Leary Is Dead at 75, '**Guru**' of Psychedelic Drugs." *Herald Tribune*, 2.6.96.

In: "Japan **guru** said to laud disciples for gas attack." *Herald Tribune*, 26.4.96.

In: "Ajitaanatha Durga, daughter of the Japanese **guru** Asahara." *Herald Tribune*, 20.6.96.

In: "James Carville, the liberal **guru** demoted when the president turned to Dick Morris." *Herald Tribune*,14.5.96.

In: "One can watch a team from the floral **guru** Liliane François...". *Herald Tribune*, 31.5.96.

In: "Internet **gurus** are moving stocks in a big way." *BusinessWeek*, 27.5.96.

In: "Palestinian's Investment **Guru** Shrugs Off Death Threats." *Herald Tribune*, 23.6.96.

In: "Many of the same **gurus** counseling investors to take money off the table." *BusinessWeek*, 17.6.96.

In: "The toy company has filled suit against the sex **guru**." *Herald Tribune*, 6.11.96.

It: " 'Setta del tempio solare', del **guru** Luc Jouret." *Il Messaggero*, 4.4.96.

It: "In nome de Goethe contro i **guru** intellettuali." *La Stampa*, 5.4.96.

gymkhana

Fr: "**Gymkhana**, de l'hindi *gend khâna*, 'salle de jeu de balle', par l'anglais [1899]; fête sportive de plein air, comportant des parcours difficiles à accomplir, en moto, en voiture, etc." Colin, *Trésors des mots exotiques*.

Fr: "Héberger un étranger, un **gymkhana**." *Libération*, 17.4.96.

jamboree

Fr: "**Jamboree** se prononce 'diambori'; venu de l'hindi par l'anglais [1910]; d'abord 'fête bruyante', puis le mot a servi à désigner une rencontre internationale de scouts." Colin, *Trésors des mots exotiques*.

In: "The anual Nebrska **jamboree** attracts more than 10.000 people with shares in his [Warren Buffett's] Berkshire Hathaway investment vehicle." *The Times*, 4.5.99.

Po: "Foster costumava comparar as reuniões do FMI a um **jamboree** demasiado ruidoso para o seu gosto." Faria, *Reminiscências*.

Jodhpur/jodhpurs

Fr: "Abréviation de *Jodhpur breeches*, 'pantalon de **Jodhpur**', du nom d'une ville du Nord-Ouest de l'Inde [19e siècle]; pantalon d'équitation très ajusté et se portant sans bottes." Colin, *Trésors des mots exotiques*.

Fr: "Givenchy. 'Il portait des **jodhpurs** en flanelle grise et un pull-over en cachemire sous un grand manteau de renard'." *Le Figaro Magazine*, 14.6.97.

jungle/giungla

Fr: "Jamais un lecteur ne me croira qui n'a pas vu la **jungle** de Ceylan." Croisset, *La Féerie cinghalaise*.

Fr: "Roman Camp d'Eté, de Jayne Anne Phillips:... opulente nature virginienne, ses arbres aux épaules humaines, sa '**jungle** au parfum de melons épicé de vénin', Éditions Plon." *Madame Figaro*, 23.3.96.

Fr: "Yves Truelle, de la ville à la **jungle**." *Le Parisien*, 1.4.96.

Fr: "Les mystères de la **jungle** à Dijon." *Madame Figaro*, 9.3.96.

Fr: "Baloo, l'ours balourd du 'Livre de la **jungle**'...". *Le Point*, 30.12.94.

Fr: "...où Kipling planta le décor du 'Livre de la **jungle**'." *Le Point*, 19.4.97.

Fr: "Chaque année, un million d'orchidées sont arrachées à leurs **jungles**...". *Le Point*, 3.5.95.

Fr: "Dans la **jungle** du Florissimo 96." *Le Figaro*, 1.3.96.

Fr: "...installe 'Roméo et Juliette' dans la **jungle** rock des zones urbaines". *Le Point*, 10.5.97.

Fr: "Mobutu... son 'Versailles dans la **jungle**'." *Libération*, 5.5.97.

Fr: "Charlélie Couture: La **jungle** du Far West." *Le Parisien*, 27.5.97.

Fr: "De coloration plus ou moins techno, house, **jungle** ou funk, il est intéressant d'écouter." *Elle*, 19.5.97.

Fr: "...exorcisme de ce néolibéralisme de **jungle** que nous concoctent les madelino-balladuriens". *Marianne*, 25.5.97.

Fr: "La société planétaire... c'est la loi de la **jungle**. Tous les coups sont permis." *L'Express*, 8.5.97.

Fr: "Son ami Michaël Rockfeller a mystérieusement disparu dans la **jungle**." *Le Figaro Magazine*, 21.2.98.

Fr: "'Livre de la **jungle**': Un cheval qui raconte sa vie." *Le Point*, 18.2.95.

Fr: "Dans la **jungle**, où règne le lion, on ne lui fait pas la morale." *Le Point*, 6.6.98.

It: "1.850 chilometri nella **giungla** tropicale piu selvaggia del Borneo." *Corriere della Sera*, abr. 1996.

Po: "No dia 27 de setembro, o programa faz uma viagem pelo underground, mostrando as boates de música techno e **jungle**." *Jornal do Brasil*, 12.7.97.

kaki/khaki/cáqui

Fr: "Un cadran, un bracelet **kaki** et un boîtier en acier...". *Paris Match*, 17.4.97.

Fr: "...il était vêtu d'une salopette **kaki**, d'un casque de caoutchouk brun...". Painter, *Marcel Proust*.

Fr: "Plusieurs soldats en uniforme **kaki** circulent entre les différents établissements." *Paris Match*, 17.4.97.

Fr: "Michael Kinsley. Son pantalon **kaki** a deux tailles de trop." *L'Express*, 1.5.97.

Fr: "Côté couleur, c'est le grand retour du **kaki**." *Paris Match*, 30.7.98.

In: "A Hindu word [khaki] meaning dusty, or dust-coloured, from *khak*, dust. **Khaki** uniform was first used by an irregular corps of Guides raised by the British at Meerut during the INDIAN MUTINY known as *Khaki Risala* [**khaki** squadron], nicknamed the 'Mudlarks'. It was adopted as an active service uniform by several regiments and in the Omdurman campaign, etc., but was not generally introduced until the South African War of 1899-1902." Evans, *Brewer's Dictionary of Phrase and Fable*.

In: "But now Brooks has 'updated its product line with **khaki** pants, casual shirts and a selection'...". *Herald Tribune*, 28.5.96.

In: "The **khaki**-clad Sawicki and his crowd are classic yuppies." *BusinessWeek*, 1.7.96.

In: "A less costly assortment of jeans and **khakis**." *Herald Tribune*, 6.8.96.

In: "Decked out in **khaki** outfits, rubber wading shoes and solar-powered helmets...". *Time*, 30.9.96.

In: "They are in their 30's or early 40's, mostly lawyers given to blazers and **khaki** trousers rather than the white shirts and dark suits of their elders." *Time*, 27.10.97.

In: "Mr. Allen, dressed in his classic **khakis**, was soon swallowed up." *The New York Times*, 14.12.97.

madras

Fr: "**Madras**, nom d'un grand port de la côte de Coromandel [1797]; etoffe de soie et de coton, de couleurs vives, portée généralement en coiffure par les Antillaises et comportant un ou plusieurs noeuds. On en fait également des fichus, des foulards." Colin, *Trésors des mots exotiques*.

In: "***Madras***, Índia. A fine plain-woven shirting and dress fabric usually cotton with small designs in bright colours or in white; a light open usually cotton fabric with a heavy design used for curtains. Also a large silk or cotton kerchief often worn as a turban." *Merriam-Webster*.

In: "Fashion. ...collection was vivid with **madras**-check jackets." *Herald Tribune*, 9.7.96.

maharadja/maharaja/marajah/marajá

Fr: "**Maharadja**, de l'hindi *râja*, 'roi' [1521] même racine indo-européenne que le latin *rex*, qui a donné *roi*; souverain (e) d'une principauté indienne. On rencontre aussi la forme emphatique **mahara(d)ja(h)** [avec *maha*, 'grand', milieu du 18e siècle]." Colin, *Trésors des mots exotiques*.

Fr: "Il répondit que c'était un **Maharaja** qui était assis à une table toute incrustée d'ivoire et qui dînait avec ses trois lieutenants." Perec, *La Vie mode d'emploi*.

Fr: "L'Inde... royaume des parias et des **maharajas**, plus grande démocratie...". *Le Point*, 19.4.97.

Fr: "Chaise faisant partie d'une paire [photo], destinée au **maharaja** et à la maharani, argent et vermeil, fin XVIIIe, Udaipur." *Le Figaro Magazine*, 13.6.98.

Fr: "Grandeur et décadence des **maharaja**." *Le Figaro*, 14.8.98.

Po: "Há **marajás** acumulando benefícios e muita gente com aposentadoria fraudulenta, sobretudo no Funrural." *O Globo*, 12.7.97.

Po: "Texto aprovado mantém a salvo salarios de **marajás**. Reforma não fixou teto de remuneração." *O Estado de S. Paulo*, 11.7.97.

mahatma/Mahatma

Fr: "Le fossé est plus grand entre zéro et un qu'entre un et un million. Le **Mahatma** Gandhi a passé de zéro à un." Del Vasto, *Vinôbâ*.

Po: "Achei um desaforo dizer que eu tinha cara de **mahatma**!" Faria, *Reminiscências*.

mantra [ver: "Sânscrito", entre as línguas mortas]

nabab/nabob/nababo

Fr: "Aujourd'hui, le producteur de cinéma ressemble davantage à un artisan qu'à un **nabab** hollywoodien." *Paris Match*, 15.5.97.

Fr: "Barton Fink est engagé par le **nabab** d'un grand studio." *Le Figaro TV Magazine*. 19.5.97.

In: "Spiro Agnew called them 'nattering **nabobs** of negativism'." *U.S. News*, 30.9.96.

pandit/pundit

Fr: "Nehru est plus vulnerable que Gandhi, parce que ce **pandit** est agnostique...". Malraux, *Antimémoires*.

In: "**Pundits** predicted the elections would be chaotic." *Time*, 20.5.96.

In: "The spots... far from the eyes of Beltway **pundits**...". *BusinessWeek*, 8.7.96.

In: "Even the most contrarian **pundit** agrees that this election...". *Herald Tribune*, 1.7.96.

In: "Air Travel. **Pundits** predicted the demise of first class...". *Herald Tribune*, 5.7.96.

In: "Most politicians and **pundits** call for creating tough academic standards." *The New York Times*, 9.9.96.

In: "Dole... with fellow Republicans and Washington **pundits**." *Time*, 27.5.96.

In: "A few years ago, American **pundits** wrote off the Japanese as digital laggards because they could not Sell Pcs successfully." *BusinessWeek*, 25.11.96.

In: "The presidential debate... yawn-inducing as some **pundits** had predicted." *Herald Tribune*, 8.10.96.

In: "...who canvassed Washington **pundits** like William Safire." *Newsweek*, 30.9.96.

In: "**Pundits** predicted that the fragile minority government...". *BusinessWeek*, 2.9.96.

In: "The polls and **pundits** could be wrong, of course." *Time*, 2.9.96.

In: "**Pundits** are already writing Be off." *BusinessWeek*, 17.2.97.

In: "...business leaders, politicians, academics and **pundits** descending on the tiny Swiss ski resort of Davos". *BusinessWeek*, 10.2.97.

In: "The **pundits**' clichés were exchanged, now it was McQueen who was going...". *Time*, 24.3.97.

In: "Comments Rishikesh **pundit**: 'We are crazy about imported goods'...". *Time*, 24.3.97.

In: "Many Moscow **pundits** predict that in the year 2000 when Yeltsin's current term of office ends...". *Time*, 19.5.97.

In: "Some market **pundits** find that scenario too rosy to be true." *BusinessWeek*, 28.10.97.

In: "James Rubin, the State Department spokesman: 'The **pundits** have to pundit and they have to earn a living writing things they know nothing about'." *Herald Tribune*, 13.5.98.

sari

Fr: "Des paillotes sur pilotis devant lesquelles des femmes en **saris** jaunes, bleu ciel et vert d'eau [...] font sécher es feuilles de thé et des racines de gingembre." Perec, *La Vie mode d'emploi*.

In: "Galliano also was true to his love for Indian cloth, **sari** silks in brilliant turquoises...". *Time*, 24.3.97.

In: "Police raids uncovered 10.000 **saris**, a shoe collection to rival Imelda Marcos' and jewelry valued at more than $2 million." *Time*, 30.3.98.

In: "10.000 **saris**: Jayalalitha had a long list of demands, but settled for a few big ones." *Time*, 30.3.98.

Taj Mahal

In: "Now Shugart must blend two culturEs: "Conner's '**Taj Mahal**' style with Seagate's down-to-earth ambiance." *BusinessWeek*, 18.3.96.

In: "The **Taj Mahal**, the mausoleum complex near Agra, India, in memory of Shah Jehan's favorite wife, Mumtaz Mahal, is completed in 1654 and becomes the jewel of Mogul architecture." Flexner, *The Optimist's Guide to History*.

In: "Religion. 'To try to interpret it as the product of some unknown medieval faker seems like arguing for the **Taj Mahal** being a mere geological accident', Bishop d'Arcis has written." *Time*, 20.4.98.

JAPONÊS

bonsai/bonsaï

Fr: "**Bonsaï**, mot japonais apparu vers 1975, que définit si bien Georges Perec dans *La Vie mode d'emploi*: 'Un cache-pot cylindrique d'où émerge un chêne nain, un de ces **bonsaï** japonais dont la croissance a été à ce point contrôlée, ralentie, modifiée, qu'ils offrent tous les signes de la maturité, voire de la sénescence, en n'ayant pratiquement pas grandi'." Colin, *Trésors des mots exotiques*.

Fr: "Wacoal: La stratégie du ***bonsaï***." *Le Figaro*, 29.4.96.

In: "...a land renowned for miniature pleasures... tiny **bonsai** trees in hadkerchief-size gardens...". *Time*, 30.9.96.

In: "Givenchy's Oriental dress and **bonsai** hat." *Herald Tribune*, 3.2.98.

It: "**Bonsai** per battere l'Aids." *Corriere della Sera*, 7.4.96.

do-in

Po: "Há uma saída... para quem quer manter as energias do corpo equilibradas diariamente: o **do-in**." *Manchete*, 22.11.97.

Po. "Em japonês, **do-in** quer dizer caminho interior." *Manchete*, 22.11.97.

Po: "'O **do-in** é uma caixinha de primeiros socorros de que qualquer um pode lançar mão', diz o terapeuta Juracy Cançado." *Manchete*, 22.11.97.

futon

Fr: "Elle arrive chez vous avec son **futon**, matelas japonais en fibre naturelle, et vous dispense un cocktail très personnel de shiatsu." *Madame Figaro*, jun. 1996.

In: "Even the **futon**, avec all its connotations of hard-floor ascetism, is moving in the general direction of fluffiness." *Daily Telegraph*, 14.8.98.

gaijin/gaijon

In: "Ichiro acts up in ways that only ***gaijon***, or foreigner, could get away with the past." *Newsweek*, 15.7.96.

geisha/gheisha/gueixa

Fr: "Officiellement, ce sont des serveuses, ou plutôt **gheishas** version chinoise...". *Paris Match*, 17.4.97.

Fr: "Geisha rock chez Jean-Paul Gaultier." *Le Figaro*, 19.10.98.

In: "Memoirs of a **Geisha**." Título de publicação de Arthur Golden, Knopf. Nova York.

In: "He refused to sign a pledge not to drink while in internment and spurned invitations to **geisha** parties." Warner, *The Tide at Sunrise*.

In: "**Geisha** girls served free beer to the British sailors in Hibiya Park." Warner, *The Tide at Sunrise*.

Po: " 'Memórias de uma **Gueixa**', de Arthur Golden, alcançou o sexto lugar na lista dos mais vendidos do *New York Times*." *Veja*, 25.3.98.

haicai

Fr: "**Haicai**, mot japonais [1820]; poème japonais traditionnel, composé de trois vers, le premier et le troisième de cinq syllabes, le second de sept syllabes." Colin, *Trésors des mots exotiques*.

Po: "**Haicais**." Título de publicação de Betty Feffer, 1995.

Po: "Aquela história de varar as noites lendo os **haicais** das alunas era lorota." Oliveira, *Flores raras e banalíssimas*.

Po: "De um Ishiguro, espera-se **haicai**, bico de pena delicado, versão nô de Hamlet." *Veja*, 18.9.96.

Po: "Nunca vi tanto **haicai** na vida... **haicai**, *hai-cai*." Oliveira, *Flores raras e banalíssimas*.

Po: "Alice Ruiz explora as sutilezas do **haicai**." *O Estado de S. Paulo*, 9.2.97.

Po: "Estes belíssimos **haicais** são o refinado fruto da alma japonesa de Betty Feffer." Roberto Gambini.

Po: "**Haicais** e tankas são poemas que convidam a amar o silêncio meditativo." Corrêa Pinto.

Po: "Sem que pedisse/musas me surpreenderam parindo **haicais**." Feffer, *Haicais*.

Po: "Aliás, **haicais** são inicialmente prosa em 'bits'." Feffer, *Haicais*.

Po: "Maria Lucia Simões transmite, nestes **haicais** em prosa, ou contos/poemas, sensações de encantamento." *O Globo*, 19.7.98.

haiku/haïku

Fr: "Quand je lis un poème d'Horace... c'est tellement coupé, c'est un peu comme les **haïkus**...". Borges, em *Civilisation latine*.

Fr: "Louis Aragon. Une réflexion qui lui inspire aussitôt un **haïku** en forme d'épitaphe: *Mourir pour mourir/Autant mourir vivant/La tête en avant*."

Fr: "C'est le gracieux plus objet que je connaisse... On dirait un **haiku,** c'est aussi son plus beau programme d'architecte." *Madame Figaro*, 14.8.98.

Fr: "Ce sont sept ballets en une heure vingt minutes, comme des sortes de **haïkus**." *L'Événement. du jeudi*, 28.5.97.

In: "Lonely hearts are prowling the streets of Japan, armed not with romantic **haiku** poems or sultry looks but with the love beeper *Lovegety*." *Herald Tribune*, 4.6.98.

In: "Deborah Edler Brown. The author goes all out to defend the **haiku** title she won last year." *Time*, 7.9.98.

In: "Virginia Hamilton Adair. The 87 poems... as richly terse as **haiku**." *Time*, 23.12.97.

Po: "Traduzo e cito estes dois **haikus** de Margareth Chisman, *The Weekend Haiku Book*, Rugosa Books, 1995: *Olhos clementes/com lentes de respeito/Muro Berlim—fin!/'Mercy, care, peace/Love could be missed./Wipe the slate/and write a message'*." Feffer, *Haicais*.

Po: "Quanto à rima — um **haiku** não deveria tê-la." Feffer, *Haicais*.

hara-kiri/harakiri/haraquiri

Es: "...la celebre frase atribuida a la ministra Aguirre exhortando a los miembros del patronato a 'hacerse el **haraquiri**'...". *El País*, 18.6.96.

Fr: "Mot japonais, de *hara*, 'ventre' + *kiri*, 'couper' [1870]; mode de suicide japonais consistant à s'ouvrir l'abdomen et considéré comme étant le privilège de certaines catégories d'individus, entre autres les samouraïs. Se faire **harakiri** est devenu une locution verbale du français, qui s'emploie surtout — heureusement? — au sens figuré." Colin, *Trésors des mots exotiques*.

Fr: "C'est un vote qui pourrait avoir les allures d'un vertueux **hara-kiri**." *Le Point*, 26.4.97

Fr: "De Gaulle à Alayn Peyrefitte: 'Missoffe cesse d'être ministre, mais il va être appelé à un poste diplomatique important. Ne dites pas lequel, tant que les Japonais n'ont pas donné leur agrément, mais vous n'avez qu'à dire à vos journalistes qu'il se fait ***hara-kiri*** avec beaucoup de bonne grâce'." Peyrefitte, *C'était de Gaulle*.

Fr: "**Hara-kiri** dans un jardin japonais." *Le Figaro*, 28.4.96.

Fr: "Ce qui nous manque le plus c'est le sens du **hara-kiri**." Malraux, *La Condition humaine*.

In: " Jap. ***Hara***, the belly; ***kiri***, to cut. A method of suicide by disemboweling practised by Japanese military and governmental officials, daimios, etc., when in serious disgrace, or when their honour was positively impugned. It was practised from mediaeval times but ceased to be obligatory in 1868. The act was performed with due ceremony. A law of 1870 granted the privilege of **Hara Kiri** to the Samurai in lieu of the death penalty. It was abolished as an official practice in 1873." Evans, *Brewer's Dictionary of Phrase and Fable*.

In: "It was the first time foreigners had seen **hara-kiri** [or *seppuku*] performed." Warner, *The Tide at Sunrise*.

It: "Uno studente si è ucciso facendo '**harakiri**'." *Corriere della Sera*, 2.4.96.

Po: "Transporte aéreo. 'Em que pese o fato de o senhor ser um nobre descendente da colônia japonesa, acho que não vai querer que as empresas venham a cometer **haraquiri**', comentou o dirigente do sindicato das empresas." *Veja*, 25.3.98.

jiu-jitsu/jiujitsu

Fr: "Mac Roy a la technique, la décision, l'audace. Il est fort et il connaît tous les secrets de la boxe et du **jiu-jitsu**." Véry, *Les Disparus de Saint-Agil*.

In: "He became fascinated by *bushido* and ***jiujitsu***, and both Kaneko and Takahira Togoro, the Japanese minister in Washington were only too happy to provide him with an instructor." Warner, *The Tide at Sunrise*.

Po: "Vou fazer 42 anos e ainda pratico windsurf, treino **jiu-jitsu**." *O Globo*, 25.5.97.
Po: "Dizia-se que, para manter a fama de bom lutador... pagava um japonês, campeão de **jiu-jitsu**, para perder num combate arranjado." Martins, *Valeu a pena*.
Po: " 'O Verdadeiro **Jiu-jitsu**', por Reila Gracie." *Jornal do Brasil*, 7.11.97.
Po: "Aos 14 anos, em Belém do Pará, Carlos Gracie aprendeu o **jiu-jitsu** com o mestre japonês Conde Koma." *Jornal do Brasil*, 7.11.97.
Po: "O **jiu-jitsu** originou-se na Índia muitos séculos atrás como arma de proteção desenvolvida pelos monges em defesa dos monastérios." *Jornal do Brasil*, 7.11.97.
Po: "O **jiu-jitsu** é a luta marcial que mais cresceu na última década." *O Globo*, 12.11.97.
Po: "...vandalismo e violência com que grupos de jovens vêm atuando em festas e casas noturnas, denominados gangues de **jiu-jitsu**". *O Globo*, 12.11.97.
Po: "Há dois anos e meio, o lutador de **jiu-jitsu** Nelson Couto Monteiro mora em Abu Dabi." *Veja*, 1.10.97.

judo/judoka

Fr: "Donnez-lui la force et la vitesse. Blanc et précis, blanc et redoutable, non comme un ange, mais comme un combattant de **judo**." Pérol, *D'un pays lointain*.
Fr: "...le futur gourou va progressivement glisser de la pratique du **judo**...". *Le Point*, 20.5.95.
Fr: "Jeux Olympiques. David Douillet, pour la compétition de **judo**, s'est présenté avec une demi-heure de retard." *Le Point*, 27.7.96.
Fr: "David Douillet, médaille d'or de **judo**." *Le Point*, 27.7.96.
Fr: "Il y a du **judoka** ou du matador chez ce garçon." *Jeune Afrique*, 13.5.97.
Fr: "**Judo**. David Douillet... a déclaré le chef de file du **judo** français." *Libération*, 26.5.97.
Fr: "Bernard Pierre, agent de change, banquier, admirateur de Jules Verne, footballeur, **judoka**." *Le Figaro*, 13.8.97.
Fr: "A bientôt 25 ans, la jeune femme est une sportive accomplie: **judoka**, skieuse... Et aujourd'hui rameuse." *Le Figaro Magazine*, 29.5.98.
In: "In other words, they applied a 'biological **judo**'." *BusinessWeek*, 17.6.96.
In: "The President 'used economic **judo**'...". *BusinessWeek*, 9.9.96.

kabuki

Fr: "**Kabuki**, 'art du chant et de la danse' [1895]; spectacle traditionnel japonais, qui mêle des parties dialoguées, dansées et chantées." Colin, *Trésors des mots exotiques*.
Fr: "Bowie créa ce personnage outrageux dans la tradition du théâtre **kabuki**." *Le Nouvel Observateur*, 11.6.97.
In: "Like **kabuki**, Sumo has some theatrical rituals like the special entrance to the ring." *Herald Tribune*, 30.6.96.
In: "He is an American, a genial 44-year-old devotee of **kabuki** and calligraphy." *The New York Times*, 5.9.96.
In: "Mr. Kerr... became engrossed by **kabuki**, calligraphy, scrolls and antiques." *The New York Times*, 5.9.96.
In: "O. Kuni is credited with the beginning of **Kabuki**, theater for the common man, when she performs parodies of Buddhist prayers surrounded by her troupe of dancers." Flexner, *The Optimist's Guide to History*.
In: "'Diet sessions are like **kabuki** because all the plots have been seen before', says Upper House member Ichita Yamamoto." *Time*, 27.7.98.
In: "Baryshnikov Flirts With **Kabuki**." *The New York Times*, 12.1.99.

kamikaze/camicase/kamikase

Fr: "De ***kami***, 'Dieu' + ***kazé***, 'tempête' [vers 1945]; nom donné aux 'avions-suicides' japonais et à leurs pilotes. S'emploie aujourd'hui en français pour qualifier une personne ou une tentative excessivement téméraire ou condamnée à l'échec." Colin, *Trésors des mots exotiques*.

Fr: "Un **kamikaze** du volant." *Nouvel Observateur*, 9.6.96.

Fr: "Vicente Saez à Lyon, le **kamikaze** et la vierge." *Libération*, 2.4.96.

Fr: "Les chefs de la Barings encaissent des primes mirabolantes grâce au **kamikaze** du Nikkei." *L'Événement du jeudi*, 28.2.96.

Fr: "Le procès de Colmar. Habscheim, le plongeon des **kamikazes**...". *Le Figaro*, 24.11.96.

Fr: "D'ailleurs, 'Les Guignols' vous caricaturent régulièrement en **kamikaze**." *Paris Match*, 6.3.97.

Fr: "Tout naturellement, Debré retrouve sa position de **kamikaze** du temps de ses assauts anti-Balladur." *Le Figaro*, 8.6.97.

In: "**Kamikaze**, a Japanese word meaning 'divine wind', in référence to the providential typhoon which once balked a Mongol invasion. In world War II it was applied to the 'suicide' aircraft attacks organized under Vice-Admiral Onishi in the Philippines between October 1944 and January 1945. Some 5,000 young pilots gave their lives when their bomb-filled fighters crashed into their objectives." Evans, *Brewer's Dictionary of Phrase and Fable*.

In: "As to what I have to do in Moscow, that is the function of a **kamikaze**." *Herald Tribune*, 3.4.97.

In: "Yavlinsky warned him against joining "a whole detachment of well-fixed **kamikazes**...". *Herald Tribune*, 29.4.97.

In: "Mr. Nemtsov smiled and replied 'A **kamikaze** can live for a very long time'...". *Herald Tribune*, 29.4.97.

In: "In the temples the faithful prayed for a ***kamikaze*** ['divine wind'] to drive away the barbarians, as it had driven off Kublai Khan six centuries before." Warner, *The Tide at Sunrise*.

In: "Tojo's mustache and shaved head... the militarism and fanaticism that produced the **kamikaze** pilots and the gory battles for Okinawa and Iwo Jima." *Herald Tribune*, 27.5.98.

In: "Captain Bacon was suggesting **kamikaze** tactics to a nation well aware of such procedures, and his mythical battle, to illustrate his paper, had actually been placed in the China Sea." Warner, *The Tide at Sunrise*.

In: "He has about the same chance of success as a **kamikaze** had of returning alive." *Time*, 19.5.97.

It: "Nel senso comune, un'azione del genere ha un nome preciso: **kamikaze**, ovvero vento divino." *Corriere della Sera*, 2.4.96.

It: "Trova un **kamikase** missino che le grida addosso: 'Cara signorina...'". *La Stampa*, 5.4.96.

Po: "Hoje, 100 africanos '**camicases**' estão cumprindo pena no sistema penitenciário brasileiro." *Veja*, 26.6.96.

Po: "Esses africanos são **camicases**, miseráveis, vêem no tráfico uma maneira de ganhar dinheiro fácil e rápido." *Veja*, 26.6.96.

Po: "Governador diz que deputados acusadores são **kamikazes**." *O Globo*, 20.5.97.

karaoke/karaoké

Fr: "...réplique d'une maison... qui abrite un restaurant, un night-club et un **karaoké**". *Paris Match*, 17.4.97.

Fr: "...chauffeur de taxi qui nous emmène dans un **karaoké** un peu spécial". *Paris Match*, 17.4.97.

Fr: "Les bars à **karaoké** de Pékin... la nomenklatura les fréquente." *Paris Match*, 17.4.97.

Fr: "Les chinois enrichis se pressent dans des bars à **karaoké** à la recherche de filles faciles." *Paris Match*, 17.4.97.

Fr: "Imelda Marcos, la veuve du dictateur philippin, lui fait un **karaoké**." *Paris Match*, 6.3.97.

Fr: "...animateur radio et complice d'Arthur dans l'émission **karaoké** *La Fureur* sur TF1." *Libération*, 16.5.97.

Fr: "...ces cybercafés qui se répandent aussi vite que le **karaoké** il y a dix ans...". *L'Express*, 29.5.97.

Fr: "Comme en musique — où le **karaoké** donne l'illusion d'en faire et d'être ainsi une étoile — on aimera se faire chef cuisinier." Attali, *Dictionnaire du XXIe siècle*.

Fr: "On peut ainsi ajouter des compléments tels que clips vidéo ou paroles de chansons avec fonction **karaoké**." Otman, *Les Mots de la cyberculture*.

In: "We first realised just how good she was when she entered a **karaoke** contest..." *The Times*, 18.6.98.

In: "To Asians, Softer '**Karaoke** Diplomacy' Plays Better in Beijing." *Herald Tribune*, 30.6.97.

In: "The device [Lovegety] which came out in February and has been bought by 400,000 people, has three settings for favorite activitiEs: '**karaoké**' for romantic crooners, 'chat' for those who want to talk, and 'friends' for something, well, more intimate." *Herald Tribune*, 4.6.98.

In: "President Zemin ordered the People's Liberation Army to... relinquish its massive commercial kingdom that dabbles in everything from refrigerator-manufacturing to golf courses and **karaoke** halls." *Herald Tribune*, 23.7.98.

It: "Il re del **karaoke** infuriato per l'ennesimo flirt attribuito gli da un giornale." *La Stampa*, 9.4.96.

It: "'Parodia Italiana', ennesimo clone di **karaoke** e scenetta, rabberciato da Canale 5." *La Repubblica*, 2.6.97.

Po: "Hoje, Concurso de **Karaoke**." Hotel Transamerica, Comandatuba, 4.1.97.

karaté/karate/caratê/karatéka

Fr: "De ***kara***, 'vide' + ***té***, 'main' [vers 1960]; sport de combat dans lequel les coups portés à la tête, au cou ou au tronc demeurent fictifs et sont stoppés avant d'atteindre leur but. Celui qui s'adonne au **karaté** est appelé **karatéka**". Colin, *Trésors des mots exotiques*.

Fr: "Du blues sous les médailles d'or des **karatékas** français." *Libération*, 6.5.96.

Fr: "Daniel Zimmermann... professeur de **karaté**, docteur en sciences de l'éducation...". *Le Point*, 19.4.97.

Fr: "Roger Erickson, professeur de **karaté** et 'ministre' de la Défense...". *L'Express*, 1.5.97.

Fr: "Lélie, d'origine vietnamienne et bretonne, pratique le **karaté** et le foot." *Le Figaro TV Magazine*. 25.5.97.

Fr: "...et l'héroïne est rousse et libérée, et **karatéka**". *Marianne*, 25.5.97.

Fr: "Cette cascade d'injures... avait valu à la gouape des tribunes une belle riposte de **karatéka**." *Paris Match*, 29.5.97.

Fr: "Champions de **karaté**, de tir, formés sur les circuits du Mans...". *Le Figaro Magazine*, 24.5.97.

Fr: "L'après-**karaté**? Michael Milon nourrit de grands projets." *Le Figaro Magazine*, 10.4.98.

In: "The 41-year-old **karate** expert and onetime café owner stood grim-faced...". *Time*, 19.5.97.

In: "Alexander Barkashov, a 43-year-old **karate** coach, who defines his goal...". *Time*, 9.6.97.

In: "When he learned that I was studying **karate**...". *BusinessWeek*, 30.12.97.

It: "Grazie a qualche ben assestato colpo di **karate** e al fascino immortale della poesia di Dylan Thomas." *IoDonna*, abr. 1996.

Po: "...aqueles que apreciam campeonatos de **caratê** podem ajeitar a poltrona...". *Veja*, 12.3.97.

Po: "Miguel Falabella resolveu tomar aulas de tenpo havaiano, modalidade que mistura **caratê** e movimentos de kung-fu." *Veja*, 10.12.97.

kendo

Fr: "**Kendo**, mot japonais pour 'escrime, voie du sabre' [vers 1979]; escrime japonaise qui se pratique avec un sabre de bambou et une armure composée d'un casque et d'un plastron." Colin, *Trésors des mots exotiques*.

In: "Hashimoto was a macho master of **kendo** sword fighting who smoked with a cigarette holder and wore stylish suits." *Herald Tribune*, 14.7.98.

kimono/quimono

Fr: "Anika l'aidant à se défaire de son corsage, elle était aussitôt prête, à l'aise dans la draperie du **kimono**, pour la cérémonie quotidienne." Margueritte, *La Garçonne*.

Fr: "Tapis jonché de croquis que ramassait un disciple en **kimono**." Malraux, *La Condition humaine*.

Fr: "Aujourd'hui, je suis en **kimono** mais... Au départ, les femmes traînaient leur **kimono** pour éviter que le bas s'agite...". *Libération*, 5.5.97.

In: "Yetnikoff donned a **kimono** to have his hair cut." *BusinessWeek*, 1.7.96.

In: "Silhouettes were fluid... loose **kimono** blouser or fluttering cardigans...". *Herald Tribune*, 7.10.96.

In: "Gold ornaments, gleaming swords, hand-embroidered **kimonos**...". *Herald Tribune*, 7.10.96.

In: "Galliano has sent costumes... this year suggesting a **kimono** silhouette...". *Time*, 24.3.97.

In: "The opulent jewel — and gold encrusted burnt topaz velvet **kimono** coat named Shéhérazade." *Time*, 2.2.98.

In: "Clockwise from left: Dior's **kimono** coat for summer 1998." *Herald Tribune*, 3.2.98.

In: "Fashion. Beene's inventive thought... by using padded seams to outline the **kimono** shoulders of a jersey dress." *Herald Tribune*, 7.4.98.

In: "Often the men compromised in their dress for special occasions, dispensing with the trousers of the morning suit and wearing tails over the traditional **kimono**." Warner, *The Tide at Sunrise*.

Po: "...visão das mamas de Dona Antonieta, opulentas nas rendas abertas do **quimono**". Amado, *Tieta do agreste*.

ninja/Ninja

Fr: "Les algériens mettent en place sur l'aéroport un dispositif d'assaut, les fameux '**Ninjas**'." *Le Point*, 30.12.94.

Fr: "...d'autant qu'on craint toujours, à Paris, une intervention brutale des **Ninjas**...". *Le Point*, 30.12.94.

Fr: "...les hommes du commissaire Jobic ont même échangé leurs cagoules noirs de ***ninjas*** contre des masques de Donald et de Mickey, pour piéger...". *Le Figaro Magazine*, 24.5.97.

Fr: "Congo. La jeunesse perdue des 'Cobras' et des '**Ninjas**'." *Libération*, 12.6.97.

Fr: "Des jeunes miliciens '**Ninjas**', hier, dans un quartier sud de Brazzaville." *Libération*, 12.6.97.

In: "Disney-type amusements, ***ninja*** shows and theater." *Herald Tribune*, 29.10.96.

In: " 'He's not a **ninja** or anything', explains Armyan Bernstein...". *Time*, 14.4.97.

In: "Larry Ellison... yet he conducts his business like a **Ninja** warrior." *Time*, 12.5.97.

saké

In: "In his youth, he could consume **saké** by the gallon." Warner, *The Tide at Sunrise*.

In: "The chambermaids regarded him as a nuisance, because he took so long to finish off a bottle of **saké**." Warner, *The Tide at Sunrise*.

samourai/samuraï/samouraï/samurai

Fr: "Mot dérivé de *samurau*, 'servir' [1852]; guerrier japonais qui conserva, du Moyen âge à la fin du 19e siècle, le même aspect farouche, popularisé par le cinéma, notamment dans *Les Sept samouraïs*, de Kurosawa [1954]." Colin, *Trésors des mots exotiques*.

Fr: "Ces **samouraïs** en costume de cour, que l'on peut voir seulement de dos au palais de Kyoto, mais dont les mannequins tremblent imperceptiblement au bruit calculé du parquet, qui devait alerter les gardes de l'Empereur...". Malraux, *Antimémoires*.

Fr: "Jean-Pierre Melville, dans son film *Le Samouraï* [1967], a fait incarner par Alain Delon une version moderne et policière de 'la solitude du guerrier'." Colin, *Trésors des mots exotiques*.

Fr: "Deux **samurais**, alors?" *Madame Figaro*, 13.4.96.

Fr: "...quartier chic de Tokyo, s'élevait, à la place des buildings, des demeures de **samouraï** décorées à l'européenne." *Le Figaro Magazine*, 10.5.97.

Fr: "Gazprom. Il est pris d'assault par les '**samourais**' de Boris Eltsine... Boris Nemtsov et Anatoli Tchoubais." *Le Figaro*, 16.5.97.

Fr: "Sophie Duez... tombe amoureuse du beau **samuraï**." *Libération*, 7.3.97.

Fr: "Un cadavre dans le congélateur du '**Samuraï**'. Le corps d'un architecte japonais retrouvé à Nanterre." *Le Figaro*, 22.3.98.

Fr: "Tojo. Le bon général apparaît aussi comme un **samouraï** héroïque." *Libération*, 21.5.98.

Fr: "'...cela fait un demi-siècle que les Japonais souffrent d'un complexe d'infériorité. Ils ont perdu leur sprit **samouraï**', explique l'acteur vedette". *Libération*, 21.5.98.

In: "A three-year, 50 billion-yen **samurai** issue in September." *BusinessWeek*, 18.11.96.

In: "Ford Motors Credit Co....did its own three-year **samurai** issue." *BusinessWeek*, 18.11.96.

In: "The Mexican government and the National Bank of Romania... sell **samurais** this year." *BusinessWeek*, 18.11.96.

In: "The rush for '**samurai**' bonds...". *BusinessWeek*, 18.11.96.

In: "Japan's long history of fabled **samurai**...". *Herald Tribune*, 29.10.96.

In: "...featuring acrobatic actors in **samurai** wigs." *Herald Tribune*, 29.10.96.

In: "U.S. **Samurai**: Wallace appears in ads to reassure buyers about Mazda." *BusinessWeek*, 7.10.96.

In: "Passive Japan Ponders the **Samurai**." *Herald Tribune*, 24.4.97.

In: " 'Fujimori has the **samurai** spirit that the Japanese have lost', said Shirakura." *Herald Tribune*, 24.4.97.

In: "He and his fellow soldiers were all **samurai** at heart, if not by birth." Warner, *The Tide at Sunrise*.

In: "**Samurai** Who Made Amends: Pilot Who Bombed Oregon Dies at Peace." *Herald Tribune*, 3.10.97.

In: "The corporate **samurai** are getting less loyal as they start to distrust the promise of lifetime employment." *BusinessWeek*, 16.3.98.

It: "Le spade dei '**Samurai**' non sono, peraltro, così potenti da imporre nuove regole al mercato finanziario globale." *La Repubblica*, 18.9.98.

sashimi

Fr: "Sudo va à Rungis pour choisir ses poissons qui deviendront sushi ou **sashimi**." *Le Figaro Magazine*, 2.5.98.

Po: "Em Campinas... compensam a falta de variedade servindo as carpas e tilápias na forma de **sashimi** — o filé de peixe cru, tradicional nos restaurantes japoneses." *Veja*, 25.9.96.

Po: "Charge com fundo musicAl: "uma espécie de **sashimi** da política." *IstoÉ*, 21.5.97.

Po: "Chef dá cursos de sushi e **sashimis**." *O Estado de S. Paulo*, 20.11.97.

Po: "**Sashimi** de mulher: três mulheres viraram bandeja para servir **sashimi** a galãs de novela." *IstoÉ*, 5.11.97.

Po: "O prato principal você pode escolher entre: **sashimi** frito ou assado." *Veja*, 29.10.97.

shogun/xógum

Fr: "**Shogun**, 'général' [1872]; nom donné aux dictateurs militaires qui dominèrent le Japon de la fin du 12e siècle jusqu'à l'avènement de Mutsuhito sur le trône du Japon en 1868." Colin, *Trésors des mots exotique*.

Fr: "Ainsi le magnifique **shogun** n'habite point une maison de bois; mais son séjour est au centre de la forêt l'abaissement de la gloire vespérale." Claudel, *Connaissance de l'Est*.

Fr: "MacArthur. Bien que mandaté par les forces alliées, le '***shogun** aux yeux bleus*' sera le seul à décider." *Le Monde*, 5.5.97.

Fr: "Au Japon, la mission commencée par saint François Xavier en 1549 connut une expansion... jusqu'à la réaction dirigée par le ***shogun*** à partir de 1587." Quesada, *Catholicité et latinité*.

Fr: "Le Tosho-gû... rend hommage à un **shogun** divinisé." *Geo*, jun. 1998.

Fr: "Asakusa. Au temps des **shoguns**, le petit peuple vivait dans cette 'ville basse', tandis que les seigneurs régnaient sur les hauteurs de la Yamanote." *L'Officiel*, ago. 1998.

In: "*Shadow **Shoguns** — The Rise and Fall of Japan's Postwar Political Machine*." Título de publicação de Jacob M. Schlesinger, Simon & Schuster, Nova York.

In: "The Tokugawa shogunate. Literally, it means 'Tent City'. It was so-called in the early days of the feudal government, the 'tent' being used by the **shogun** in wartime." Warner, *The Tide at Sunrise*.

Po: "Ficamos sabendo que não coube só aos japoneses o privilégio de inventar contratos futuros nos tempos dos ***xóguns*** que dominavam o mercado do arroz no interior." Spinola, *O futuro do futuro*.

sumo

Fr: "**Sumo**, mot japonais [20e siècle]; sorte de lutte japonaise 'noble', dans laquelle l'enjeu consiste à faire sortir l'adversaire d'une aire très limitée." Colin, *Trésors des mots exotiques*.

Fr: "L'une des formes les plus populaires de ces luttes serait à l'origine du **sumo** japonais, tandis que le bouzkachi afghan dériverait d'une course." D'Ormesson, *La Gloire de l'Empire*.

Fr: "Le Brando de 1994, a priori, c'est un lutteur de **sumo** déguisé en grand-père Karamasov." *Le Point*, 10.9.94.

Fr: "Land Cruiser Station Wagon, le **Sumo** de Toyota." *Le Figaro Magazine*, 18.7.98.

In: "A **sumo** wrestler and a schoolgirl kick off the Nagano Games." *Time*, 16.2.98.

In: "**Sumo** Wrestles With Outsized Scandal." *Herald Tribune*, 30.6.96.

In: "**Sumo** is regarded as more than a sport in Japan." *Herald Tribune*, 30.6.96.

In: "Along with enthusiasm, **sumo** commands a large measure of reverence." *Time*, 30.9.96.

In: "...**sumo** the institution is in urgent need of its own purification." *Time*, 30.9.96.

In: "In contrast, scandals in the **sumo** world appear minor." *Time*, 30.9.96.

In: "These days, **sumo** wrestlers are fighting what may be their toughest oponent: Japanese economic slump." *BusinessWeek*, 15.6.98.

sushi

Fr: "Japon: Web et **sushi** partout et à toute heure." *L'Express*, 29.5.97.

Fr: "Des **sushis** cuits, qui l'eût cru?" *Le Figaro Magazine*, 31.10.98.

Fr: "Sudo va à Rungis pour choisir ses poissons qui deviendront **sushi** ou sashimi." *Le Figaro Magazine*, 2.5.98.

In: "...to talk about... Japanese molecular biology over **sushi** or macrobiotic soup". *Time*, 12.5.97.

In: "What Runs the Store, Doesn't Talk, and Won't Smash your **Sushi**?" *Herald Tribune*, 19.5.97.

In: "...savor fresh **sushi** in one of the many fine bistros along the downtown's Embarcadero." *Time*, 16.6.97.

In: "Dining in a **sushi** restaurant in Kamakura, Tony Blair repeatedly broke away to confer over the telephone...". *Time*, 26.1.98.

In: "Kuala Lumpur Counts Cost in **Sushi**." *Herald Tribune*, 13.7.98.

In: "*Capitol*, a bar-lounge with **sushi** on the Lower East Side." *New York*, 8.12.97.

In: "So I get my gal-pal to meet us there for a **sushi** aperitif before dinner." *New York*, 8.12.97

In: "It turns out that her mystery beau, the Alexander Godunov type she was spotted with over **sushi** recently, is ballet dancer Zalensky." *New York*, 8.12.97.

In: "But late at night, over Scotch and **sushi** — Grove is partial to eel — the stories slip out." *Time*, 5.1.98.

Po: "Pioneiro na mistura de sofisticação e **sushis**, atrai clientes com pratos especiais...". *Veja*, 23.4.97.

Po: "Abrir, em sociedade com Tina Gonzalez, o novo **Sushi** Point, no Mercado... da Barra." *Veja*, 30.4.97.

Po: "O **sushi**-man Stephano Mauricio, que já trabalhou com Tanaka, é o artesão em cena." *Veja*, 30.4.97.

Po: "...Humaitá, com peças exclusivas como o **sushi** de *shitake*, que leva salmão". *Jornal do Brasil*, 20.5.97.

Po: "O '**sushi** erótico' apresentado no programa do Faustão escandalizou muita gente." *Folha de S. Paulo*, 5.11.97.

Po: "Menus japoneses inovam com **sushi** diet e frutas." *Veja*, 12.11.97.

Po: "Chef dá cursos de **sushis** e sashimis." *Estado de S. Paulo*, 20.11.97.

taikun/tycoon/Tycoon

Al: "Mittlerweile hat der Immobilien-**Tycoon**, den alten, teuren, automatisch verlängerten Vetrag im Rucken." *Der Spiegel*, 13.7.98.

Fr: "Naissance du **tycoon** des médias russes. Sergueï Lissowsky crée un bouquet de télévision LMDS à Moscou." *Le Figaro*, 14.6.98.

Fr: "En fait, les **tycoons** de Pékin dépensent sans compter leurs dollars." *Paris Match*, 17.4.97.

In: "When Commodore Matthew Perry steamed into the Japanese harbor of Uraga in 1853 on a mission to force isolationist Japan into diplomatic and trade relations with the United States, the honorific *taikun* was used to describe the shogun to such visiting Westerners. The title, borrowed from the Chinese *ta chün*, 'great ruler', was more impressive than *shogun*, 'general'. The Japanese ***taikun*** was usually spelled ***tycoon*** in English. In the United States, use of the word caught on after Perry's expedition fired the popular imagination." *Merriam-Webster.*

In: "One after another **tycoons** and corporate chieftains raved over his vision." *Herald Tribune*, 20.5.96.

In: "After buying Harrods in 1985, the Fayeds clashed with **tycoon** 'Tiny' Rowlands." *BusinessWeek*, 24.6.96.

In: "Christie's was recently purchased by French businessman **tycoon** François Pinault." *Herald Tribune*, 24.5.98.

In: "An odd visual reference for a newspaper **tycoon**." *The Times*, 17.7.96.

In: "Sylvio Berlusconi, the Italian media **tycoon**." *The Times*, 13.7.96.

In: "Rupert Murdoch and Leo Kirch, two of the world's most potent media **Tycoons**, joined forces on Monday." *Herald Tribune*, 9.7.96.

In: "Internet is a place where a smart young man can become a **tycoon** overnight." *Time*, 8.7.96.

In: "Richard Branson, the raffish 45-year-old **tycoon**." *Time*, 8.7.96.

In: "It's clear this Malaysian **tycoon** is the strongest rival to Wu's claim." *BusinessWeek*, 11.11.96.

In: "Was Huand a maverick or part of a scheme to shake down foreign **tycoons**?" *BusinessWeek*, 11.11.96.

In: "First Pacific... the distance between the wealthy **tycoons** who found it and the professional team that runs it." *BusinessWeek*, 2.9.96.

In: "Gambling **tycoon** Stanley Ho... became chairman of Bond Corporation." *BusinessWeek*, 2.9.96.

In: "Russia's **tycoons** are snapping up powerful properties." *BusinessWeek*, 10.2.97.

In: "The bankrupt French business **tycoon** Bernard Tapie left prison Monday." *Herald Tribune*, 15.4.97.

In: "Indonesian **Tycoon** Talked to Clinton About Trade." *Herald Tribune*, 6.11.96.

In: "Much of the Russia media is already owned by **tycoons** like Vladimir Gusinsky" *Time*, 12.5.97.

In: "Yeltsin Denounces Russian '**Tycoons**'." *Herald Tribune*, 16.9.97.

Po: "Aos 38 anos, Frank Muller parece um jovem **tycoon** nova-iorquino." *VIP*, jan. 1997.

tanka

Po: "Alguns [haikus] passaram de ano e ganharam mais quatorze sílabas, portanto trinta e uma ('**tanka**'): *'Versos maiores/haicais passam de ano/tornam-se* ***tankas****/jovens adolescentes/buscando liberdade'*." Feffer, *Haicais*.

tatami/tatame

Fr: "Ces athlètes collectionnent médailles et records sur l'eau, la neige, le stade ou le **tatami**." *Madame Figaro*, 1.8.98.

In: "'The **tatami** mat absorbs moisture from a thin futon', says Groves." *The Daily Telegraph*, 14.8.98.

Po: "Uma escala no **tatami** rumo a Paris." *O Globo*, 26.7.97.

Po: "Chute no tabu. As meninas invadem **tatames** e outros redutos de garotos." *Veja*, 15.7.98

zen/Zen

Fr: "Mot japonais, du chinois *chan*, issu du sanskrit *dhyâna*, 'méditation' [1895]; branche du bouddhisme, importée de Chine au Japon, s'attachant à l'enseignement et à la méditation dans le calme [il existe une variante, le zazen, 'méditer en position assise', de la secte japonaise sôtô]. Le **zen** comporte aussi un aspect esthétique, qui a fortement influencé culture et traditions japonaises." Colin, *Trésors des mots exotiques*.

Fr: "Le rustique, c'est chic. C'est le dernier cri du **zen**." *Elle*, 15.6.98.

Fr: "Une jardinière '**zen**', octogonale, remplie de sable finement strié d'où émergent quelques rares galets." Perec, *La Vie mode d'emploi*.

Fr: "**Zen**: exigence du nomade, exercice de l'esprit au service de la méditation. On en fera le premier des voyages immobiles, gage d'équilibre et chemin de sagesse." Attali, *Dictionnaire du XXIe siècle*.

Fr: "La peinture d'Olivier... d'une certaine façon, elle est **zen**, comme moi." *L'Événement du jeudi*, 28.5.97.

Fr: "Opéra. Puccini version **zen**." *Le Figaro*, 16.6.97.

In: "**Zen** and the Art of Christmas Decoration." *The New York Times*, 17.12.97.

In: "**Zen** and the Art of Creating a New Purism." *Herald Tribune*, 16.10.98.

In: " 'When I went to see him in jail, he was remarkably cool, almost **Zen-like**', says his lawyer, Raoul Felder." *The New York Times*, 8.12.97.

In: "The source of the humour in P. C. Wodenhouse's famous stories is a nonchalance that extends from the characters of Betie Wooster and his man Jeeves (Zen master of irony) to the very set of comic creativity." *Time*, 22.7.96.

In: "**Zen** and the Art Of Hotel Serenity. Loft Life at SoHo's Mercer." *Herald Tribune*, 31.3.98.

In: "With the opening of The Mercer, SoHo loft has reached **Zen**." *Herald Tribune*, 31.3.98.

In: "Decorator Showhouse, where it will also be revealed that the bridge to the 21st century is really na 800 pound concrete **Zen** bathtub." *Herald Tribune*, 5.5.98.

In: "Chanel's Vision: Now and **Zen**." *Herald Tribune*, 22.7.98.

In: "François Xavier found the questions of the **Zen** Buddhists especially difficult to answer." Warner, *The Tide at Sunrise*.

In: "This shape-shifting quality — from flamboyant ringmaster **Zen** priest — has made Tihany the designer of choice for Manhattan's most exclusive restaurants." *New York*, 29.12.97.

Po: "No oeste do Amazonas, os banivas rezam pela cartilha evangélica e decoram as aldeias com despojamento **zen**." *Veja*, 11.2.98.

Po: "Celibidache. Adepto do **zen-budismo**, o maestro ia ao Tibete com freqüência." *Veja*, 11.3.98.

Po: "Demi Moore... e arranha o personagem vivido pelo mestre **zen** da sensaboria, Burt Reynolds." *Veja*, 25.9.96.

Po: "O **Zen** tem uma prática mais silenciosa, que não fala muito no amor e na compreensão." *Manchete*, 10.5.97.

Po: "Adepto da linhagem **Zen** do budismo japonês desde 1982, o físico Aveline...". *Manchete*, 10.5.97.

Po: "Estética **Zen**: O roteiro para cuidar do corpo e da alma." *O Globo*, 25.5.97.

Po: "A beleza é **zen**: pesquisas mostram que a boa forma física...". *O Globo*, 25.5.97.

MALAIO
(Península de Málaca e arquipélago de Sonda)

amok

Fr: "**Amok.**" Título de romance de Stefan Zweig.

Fr: "'**Amok**' c'est aussi le titre d'un film africain réalisé par Souheil Ben Narka en 1982 [production du Maroc, de la Guinée et du Gabon]." Colin, *Trésors des mots exotiques*.

In: "***Amok*** is similar in meaning to *berserk* and it has a similar origin. Surprisingly, however, it came into English from the other side of the world and at an earlier date, that is, in the seventeenth century from the Malay ***amok*** meaning 'a furious attack or charge'. A Malay would sometimes work himself into a frenzy of revenge and wildly attack his enemies, or even people at random when he was out of control. In English ***amok*** may be used to describe any action carried out or occurring in a violently raging or undisciplined manner, and is most common in the phrase 'run **amok**'. *Merriam-Webster*.

bamboo/bambou/bambu

Fr: "Du malais ***bambu***, par le portugais [1598]; le **bambou** le plus élevé, celui de Java, atteint 45 m. de hauteur. Acclimatés dans le midi de la France, ces arbres constituent parfois un vaste espace boisé, comme à Anduze [Gard]. Leur tige a de nombreuses utilisations practiquEs: "meubles, boîtes, instruments de musique. On prépare les parties tendres, dans la cuisine chinoise, sous le nom de *pousses de* ***bambou***." Colin, *Trésors des mots exotiques*.

Fr: "En 1860, un épicier cévenol entreprend de transformer un vallon en jungle frémissante de **bambous**." *Point de Vue*, 7.4.98.

Fr: "À travers un petit bois de **bambous**, on entend une eau qui bruit comme des pendeloques de jade." Jean, *Le Village*.

Fr: "...écrivant tantôt sur une table de chevet branlante en **bambou**...". Painter, *Marcel Proust*.

Fr: "Chacun tira des plis de son maro le **bambou** dans lequel onpromène les petits dieux domestiques, pour les honorer, parfois, de prières." Segalen, *Les Immémoriaux*.

Fr: "Rappelons enfin l'immense succès à la 'Belle Époque', de la chanson nettement raciste *À la cabane* ***Bambou***,... interprétée par le célèbre Mayol." Colin, *Trésors des mots exotiques*.

Fr: "Dans la cuisine chinoise, sous le nom de *pousses de* ***bambou***...". Colin, *Trésors des mots exotiques*.

Fr: "Ça l'avait pris comme un coup de **bambou**, comme une attaque." Perret, *Histoires sous le vent*.

Fr: "...cette pêche paysanne, autrefois pratiquée avec un simple **bambou**...". *Le Point*, 1.4.95.

Fr: "Dans l'entourage de Chirac, on craint le 'coup de **bambou**' du premier tour." *L'Express*, 8.5.97.

Fr: "...certaines entreprises étrangères ont choisi de se cacher derrière des filiales de **bambou** locales...". *Le Nouvel Observateur*, 11.6.97.

In: "A couple wearing **bamboo** hats...". *Herald Tribune*, 17.5.96.

In: "...tile-roofed house facing a **bamboo**-edged terrace". *Herald Tribune*, 17.5.96.

In: "...the '**bamboo** tigers' of new China...". *Herald Tribune*, 31.5.96.

In: "Blue Himalayan poppies as well as **bamboo** furniture and mahogany birdcages." *Herald Tribune*, 31.5.96.

In: "Linda Garland has established a foundation devoted to exploring the design potential of **bamboo**." *Herald Tribune*, 28.5.96.

In: "Another grave... held a stone ink stand and **bamboo** writing implements...". *Time*, 7.10.96.

sarong

Fr: "Je me suis déshabillée complètement, sans même avoir besoin de me cacher sous mon **sarong**." Dormann, *Le Bateau du courrier*.

In: "His eye was on a queue of **sarong**-clad Burmese women...". *Time*, 23.12.97.

NEPALI

sherpa/Sherpa

Al: "Hans Kammerlander: 'Du kriegst vom **Sherpa** einen Tee, kriechst müde wie ein Steinin dein Zelt...'." *Stern*, 16.7.98.

Al: "Expeditionen am Everest. 'Und wenn man sich und seine gewaltige Austrüstung noch von **Sherpas** hochhieven lässt, ist das unfair'." *Stern*, 16.7.98.

Fr: "Il savait fort bien que **sherpa** est le nom d'un peuple montagnard du Népal et qui s'applique aussi aux guides ou porteurs des expéditions d'alpinisme dans l'Himälaya." Stemer, *Faire le point*.

Fr: "...deux autres associés-gérants: Anne Lauvergeon, l'ex-'**sherpa**' de Mitterand, passée chez Alcatel...". *Le Point*, 3.5.95.

Fr: "Il s'agit de trois alpinistes kazakhs, d'un **sherpa** tombé dans le Grand Couloir, et d'une guide allemande." *Libération*, 13.5.97.

Fr: "Accompagné du **sherpa** russe Serguei Ogorodnikov, Christine Janin a rallié le pôle Nord à skis, lundi 5 mai." *Le Monde*, 7.5.97.

Fr: "Jacques Attali, ancien '**sherpa**' de Mitterand, défricheur de pistes visibles de lui seul." *L'Express*, 6.2.97.

Fr: "Une soixantaine d'alpinistes et une centaine de **sherpas** qui campent sur le versant népalais du 'toit du monde' projettent d'atteindre le sommet." *Libération*, 15.5.97.

Fr: "Le 29 mai 1953, sir Edmund Hillary et le **sherpa** Tensing Norgay atteignaient le Toit du monde — 8.848 mètres." *Le Figaro*, 9.6.97.

Fr: "Jean-David Levitte... double casquette de conseiller diplomatique du Président et de **sherpa** du G7." *Le Point*, 1.7.95.

Fr: "Un **sherpa** qui pèse cinquante kilos a transporté sur son dos, pendant des jours, un groupe électrogène de soixante-cinq kilos." *Le Figaro Magazine*, 21.2.98.

Fr: "Berd, Le Tour de l'Allemagne. Horst Köhler sort de l'ombre des bureaux et s'affirme rapidement comme le '**sherpa** de Kohl'." *Le Point*, 6.6.98.

In: "I intervened to clarify for the sake of the officials — the '**sherpas**' as they are known." Thatcher, *The Downing Street Years*.

It: "In Nepal, sull'Himalaya ho praticato molto trekking, cercando di imitare l'andatura degli **sherpa**, il loro passo cortissimo, con un piede subito dopo l'altro, che consente di percorrere tanta strada col minimo sforzo." *Il Giorno*, 27.7.98.

PERSA

bazar/bazaar

Fr: "Voilà une bonne canne de **bazar**, pour taper sur les femmes...". Painter, *Marcel Proust*.

Fr: "Le 4 mai se produisit le désastre du **Bazar** de la Charité." Painter, *Marcel Proust*.

Fr: "Une exposition sur 'L'incendie du **Bazar** de la Charité et son temps' à la mairie...". *Le Figaro*, 23.4.97.

Fr: "De jour, sur le **bazar**, on pend, on fouette, et on coupe les mains." *Le Figaro Magazine*, 25.10.97.

Fr: "Et le **bazar** ravale ses commentaires, en invoquant le *wahshat*, ce mot iranien qui désigne la peur panique." *Le Figaro Magazine*, 25.10.97.

Fr: "Paraguay. Ciudad del Este, le grand **bazar** des tricheurs." *L'Express*, 6.8.98.

In: "Chapter Thirteen: Stalin's **Bazaar**." Kissinger, *Diplomacy*.

In: "...airlines... take digital commerce to the level of a cyberspace **bazaar**." *Herald Tribune*, 14.5.96.

In: "It's Hard to Picture: The **Bazaar** Side of Cannes." *Herald Tribune*, 14.5.96.

In: "Already, the whispers in China's **bazaars** say a devaluation of the yuan in 1999 is inevitable." *BusinessWeek*, 12.10.98.

In: "The World Wide Web has become a high-speed spiritual **bazaar**." *Time*, 16.12.96.

In: "Auctions Over the Internet Bring Spirit of the **Bazaar** Back to Retailing." *Herald Tribune*, 3.4.97.

In: "In Moski, a teeming pedestrian **bazaar** in Central Cairo, Westerners often do a double take...". *Herald Tribune*, 25.4.97.

In: "The international **bazaar** for women is hardly new, of course." *The New York Times*, 11.1.98.

In: "A Tamil Tiger Primer on International Arms **Bazaar**." *Herald Tribune*, 10.3.98.

In: "In World's Arms **Bazaar**, U.S. Keeps The Top Spot." *Herald Tribune*, 5.8.98.

caravane/caravan

In: "This tuneful **caravan** floats with a bittersweet airiness that owes almost as much to Debussy as it does to Ellington." *Newsweek*, 30.9.96.

mogul

In: "The first high-tech **mogul** is about to add his name to the roster of great family charities: " Packard. Intnl." *Herald Tribune*, 7.5.96.

In: "Merrill Lynch May Be a Merger **Mogul**." *BusinessWeek*, 27.5.96.

In: "Media **moguls** are forced to gamble fortunes just to survive." *Time*, 22.7.96.

In: "Leo Kirch, the German **mogul**, after winning TV rights...". *Herald Tribune*, 4.7.96.

In: "...including a bimillionnaire television **mogul**". *Herald Tribune*, 12.7.96.

In: "Women just want to marry **moguls**." *Time*, 26.8.96.

In: "Cyber-**Mogul**: Softbank's Masayoshi Son." *BusinessWeek*, 12.8.96.

In: "Turner/Murdoch. The Fight Between Two Media **Moguls** Has Become More Than Just a Business Rivalry." *Herald Tribune*, 20.11.96.

In: "...several South America media **moguls**...". *Herald Tribune*, 24.10.96.

In: "Paul Allen, new age media **mogul**." *BusinessWeek*, 18.11.96.

In: "China's Warning to Disney Chills Hollywood's **Moguls**." *Herald Tribune*, 10.12.96.

In: "The actor Mel Gibson and the media **mogul** Rupert Murdoch are joining forces." *Herald Tribune*,1.9.96.

In: "At Moscow's Commercial Bank, he is staking out banker and media **mogul** Vladimir Gusinsky." *BusinessWeek*, 17.3.97.

In: "But politics and status aren't the only motivation for Russia's **moguls**." *BusinessWeek*, 10.2.97.

In: "As Gates's plane lands, the software **mogul** is thinking big." *BusinessWeek*, 10.2.97.

In: "Budapest. In the meantime, adult porno **moguls** prosper." *Time*, 24.3.97.

In: "Leo Kirch... the Bavarian **mogul** desperately needs a new partner." *BusinessWeek*, 21.4.97.

In: "...vacuum filled, temporarily, by media **mogul** Silvio Berlusconi." *Time*, 21.4.97.

In: "Bill Gates... the **mogul** of Microsoft and his allies in the computer industry...". *BusinessWeek*, 21.4.97.

In: "Corporate **moguls** enjoy spending big bucks for paintings they can display as trophies of their triumphs." *BusinessWeek*, 29.12.97.

In: "With a trial date fast approaching, two battling movie **moguls** maneuver manfully for position." *Time*, 17.11.97.

In: "Virtual Skiers Can 'Feel' the **Moguls**." *BusinessWeek*, 13.7.98.

narguilé

Fr: "A la fin de sa vie, miss Violet, tirant sur son **narguilé**, se comparait elle-même... à un musée de désirs...". *Le Point*, 19.4.97.

tchador/chador

Fr: "Mais, en dépit de la floraison des **tchadors**, la menace ne semble justifier ni les faiblesses du gouvernement ni les abus de la police." *Le Point*, 1.4.95.

Fr: "Même le **tchador** iranien, qui dissimule le corps mais laisse apparaître une partie du visage, est... proscrit." *Libération*, 3.3.97.

Fr: "'Porter le **tchador**, c'est refuser l'intégration', disent les uns." *Le Point*, 17.5.97.

Fr: "Béatrice Saubin sort de prison un **tchador** sur le visage." *Le Point*, 4.3.95.

Fr: "...il a démenti l'intention de banir le hidjab — simple foulard — au profit de l'ample **tchador**." *L'Express*, 5.6.97.

Fr: "Les policiers qui le surveillent activement verront même son épouse et une de ses amies en **tchador** transporter une bouteille de gaz, de funeste mémoire." *Le Point*, 30.5.98.

In: "Eve since in 1979 revolution the image of Iran's women has been the long, black**chador**." *Time*, 27.7.98.

It: "Il **chador** persiano è il più famoso fra tutti i veli islamici, che variano molto per foggia e denominazione." *IoDonna*, 25.7.98.

It: "I lunghi **chador** spesso coprono griffe occidentali: jeans Usa, tailleur francesi, scarpe italiane." *IoDonna*, 25.7.98.

POLINÉSIO

tatou/tattoo/tatoo/tatoué(ée)/tattooed/tatouage/tatuar/tatuagem

Fr: "Du tahitien *tatou*, par l'anglais *to tattoo* [1769]; opération consistant à marquer en profondeur la peau de certaines parties du corps avec des dessins ou des inscriptions faites au moyen d'une encre indélébile." Colin, *Trésors des mots exotiques*.

Fr: "...et, sur la poitrine, un plastron de verroteries hétéroclites comme autant d'ex-voto en l'honneur du Sacré-Cœur de Jésus, **tatoué** à la naissance de la gorge". Bianciotti, *Ce que la nuit raconte au jour*.
Fr: "Le **tatouage**, le 'moko' des Néo-Zélandais, est une haute marque de distinction. Celui-là seul est digne de ces paraphes honorifiques qui ont figuré vaillamment dans quelques combats." Verne, *Les Enfants du capitaine Grant*.
Fr: "Meurtre par la télévision en Turquie: Un barman au dos **tatoué** de l'inscription 'Allah', décrié dimanche dans un reportage...". *Libération*, 7.5.97.
Fr: "En souvenir, une ancre **tatouée** sur la main." *Le Figaro Magazine*, 7.3.98.
Fr: "Le commandant de cette nef blindée était un Levantin galonné d'or jusqu'aux coudes, mais dont les pieds nus étaient chaussés d'espadrilles et la main gauche **tatouée** d'un svastika bleu." Dekobra, *La Madone des sleepings*.
Fr: "**Tatoo** au parfum. Tout se parfume! Après la lingerie et les robes haute couture, voici le premier **tatouage** olfactif. Très tendance, Givenchy propose un **tatoo** du flacon parfumé à Extravagance d'Amarige." *Le Figaro*, 26.7.98.
In: "A woman... was identified and arrested partly because of a **tattoo** on her shoulder, but mainly because she was bare breasted." *The Times*, 18.6.98.
In: "It was a rather unusual kind of identity parade. We had a good description of her curves, as well as of the **tattoo**." *The Times*, 18.6.98.
In: "Numbed as many of them were by the drink, even England's **tattooed** triumphalists lapsed into silence for long periods." *Daily Mail*, 18.6.98.

TÂMIL
(Extremo Sudeste da Índia: Pondichéry, Karikal)

copra/coprah

Fr: "**Copra** est un mot tamoul, par l'anglais. Amande de coco débarassée de sa coque, desséchée et prête à être mise au moulin pour l'extraction de l'huile." Stemer, *Faire le point*.
Fr: "Un colon français, un certain Auguste Leduc [...] organisa la production de **coprah**, aujourd'hui la seule ressource de ces îles." Le Clézio, *Le Chercheur d'or*.

pariah/paria/pária/Paria

Al: "Hier will die Partei ihre Regierungsfähigkeit beweisen und Anerkennung in gutbürgerlichen Kreisen gewinnen, um aus der Rolle des politischer **Parias** ausbrechen zu können." *Der Spiegel*, 14.9.98.
Fr: "Du tamoul *paraiyan*, 'joueur de tambour', par le portugais [1693]; en Inde, individu hors caste, de condition très modeste. Les **parias** sont appelés également intouchables; ils sont 'sacrés' au sens latin, c'est-à-dire qu'il n'est pas permi d'avoir le moindre contact avec eux. Ce mot de **paria** a fini par désigner, en France, tout individu qui s'est affranchi, volontairement ou non, des règles habituelles de la vie en société." Colin, *Trésors des mots exotiques*.
Fr: "Je comprends combien j'aimais ce brave garçon, dévoué et affectueux, qui a voulu me suivre, malgré le mépris de mes compatriotes et la malveillance des fonctionnaires, dans la vie de **paria** que je me suis donné." Monfreid, *Sécrets de la mer Rouge*.
Fr: "Proust est de ceux qui vivent leur homoxexualité comme une tare féconde, un mal qui

en faisant rejoindre la sombre cohorte de **parias** amène à une réflexion et à un perfectionnement moral." *Le Figaro*, 6.6.96.

Fr: "Haas était comme un juif, donc, en quelque sorte, un **paria**." Painter, *Marcel Proust*.

Fr: "l'Inde... royaume des **parias** et des maharajas, plus grande démocratie du monde...". *Le Point*, 19.4.97.

Fr: "En même temps, sa popularité parmi les **parias** est telle que les partis... la courtisent." *Le Point*, 30.12.94.

Fr: "Ceux-là, parias d'entre les **parias**, n'ont pas le droit de se frotter aux maîtres." *Le Point*, 19.4.97.

Fr: "Air Inter... fait un peu figure de **paria** par rapport à la prestigieuse Air France...". *Le Point*, 20.5.95.

In: "Karadsik. Considering that he is a global **pariah** who is virtually confined to his homeland...". *Herald Tribune*,17.6.96.

In: "Kurds... each allied for the moment with a country the U.S. considers a **pariah** — Iran and Iraq." *The New York Times*, 5.9.96.

In: "So why do school reformers see him as a **pariah**...?". *The New York Times*, 9.9.96.

In: "O. J. Simpson... a welcome contrast to Simpson's **pariah** status in the U.S." *Time*, 27.5.96.

In: "This has not been a tour of **pariah** nations." *Herald Tribune*, 27.8.96.

In: "Total S.A. Plans to Invest More in '**Pariahs**' Libya and Iran." *Herald Tribune*, 7.8.96.

In: "...countries that are increasingly viewed as '**pariah** states' by the United States". *Herald Tribune*, 7.8.96.

In: "...in effect, treating both Iraq and Iran as **pariah** states". *Herald Tribune*, 21.3.97.

In: "Mr. Bashiti, who in death was declared a **pariah**, accused of... selling land to Jews." *Herald Tribune*, 13.5.97.

In: "Willian Safire. 'My status as Certified Social **Pariah** has just been confirmed by the White House'." *The New York Times*, 14.12.97.

In: "As the old ways crumble, critics of the established order, once treated as **pariahs**, are winning new respect. *BusinessWeek*, 29.6.98.

TONGONÊS
(Antiga Ilha dos Amigos, arquipélago da Polinésia)

tabou/tabu/Tabu/taboo

Al: "...tatsächlich aber um **Tabu**: Deutschland — Einwanderungsland oder nicht?". *Focus*, 9.7.96.

Al: "...dann können Parsonalkürzungen kein **Tabu** mehr sein...". *Focus*, 9.7.96.

Fr: "**Tabou**: en polynésien ancien, le mot désignait les menstrues. Heureusement... les gourous de la grande consommation ne sont pas étymologistes." *Le Point*, 19.4.97.

Fr: "Sujet **tabou** il y a une encore une dizaine d'années... l'étude de la sexologie...". *Paris Match*, 17.4.97.

Fr: "Le village a retrouvé désormais son silence, la loi du **tabou** séculaire." *Le Point*, 19.4.97.

Fr: "...importante dévaluation du franc CFA. Un **tabou** était brisé". *Le Point*, 12.11.94.

Fr: "Mazarine... à l'époque, ce sujet était totalement **tabou**." *Le Point*, 1.4.95.

Fr: "Dans les salons des jolies villas de Gammarth... la politique est devenue **tabou**." *Le Point*, 3.5.95.

Fr: "Las! Le président lui-même en a fait un dossier **tabou.**" *L'Express*, 1.5.97.
Fr: "Bisexualité: le dernier **tabou.**" *Le Nouvel Observateur*, 17.2.96.
Fr: "Alain Juppé comptait y aborder 'sans **tabou** ni complexe' le problème des droits de l'homme." *Le Figaro*,11.4.96.
Fr: "Roger Vadim: 'Il n'y a plus de **tabous** à bousculer'." *Le Figaro*, 3.4.96.
In: "...there is no longer a **taboo** on raiding Beirut". *Time*, 22.4.96.
In: "Money — the last social **taboo.**" *The Times*, 17.6.98.
In: "We don't solve a problem by making it **taboo** and pushing it underground." *Time*, 29.4.96.
In: "The crisis with Iraq has revived a debate on a **taboo** subject." *BusinessWeek*, 18.11.96.
In: "An all volunteer force is virtually **taboo** in the Defense Ministry." *Herald Tribune*, 8.7.96.
In: "Only a few brave scientists violated the **taboo** and speculated on life beyond Earth." *Time*, 26.8.96.
In: "Denial and **Taboo** Blind India to the Horror of Its Aids Scourge." *The New York Times*, 22.9.96.
In: "Then came sessions... all countering **taboos** in traditional German management culture." *BusinessWeek*, 18.11.96.
In: "While pork is a staple... it's a Muslim **Taboo.**" *BusinessWeek*, 9.9.96.
In: "Composite photographs... across Sweden... breaking a long **taboo.**" *Herald Tribune*, 13.4.97.
In: "...the company has a list of subjects... and thus are taboo in print". *Time*, 12.5.97.
In: "Bob Herbert: The Success **Taboo.**" *The New York Times*, 14.12.97.
In: "A Counseling **Taboo**: Telling All About Students' Past." *Herald Tribune*, 13.3.98.
In: "Cuba. Suddenly the subject of religion was no longer **taboo.**" *Time*, 26.1.98.
Po: "José Serra joga contra um **tabu** na eleição para a Prefeitura de São Paulo." *Jornal do Brasil*, 2.6.96.
Po: "**Tabu** quebrado: cai a aberração do ICMS das exportações." *Veja*, 4.9.96.
Po: "Mais um **tabu** foi quebrado com a iniciativa de Kandir." *Veja*, 4.9.96.
Po: "Sei que não falaram na eleição, o assunto é **tabu** para o presidente." Amado, *Farda, fardão, camisola de dormir.*

11

De palavras da Europa

As palavras e expressões originárias das línguas da Europa estão em **negrito**, romano ou itálico, segundo os originais.

Diante de cada citação, figura uma indicação abreviada da língua: *Al* (alemão), *Es* (espanhol), *Fl* (flamengo), *Fr* (francês), *In* (inglês), *It* (italiano), *Ne* (neerlandês), *Po* (português), *Ru* (russo).

BÚLGARO

yaourt/yaghourt/yaourth/yogurth/yogurt/iogurte

Fr: "[**Yaourt**]... Du bulgare *yaurt*, variante *jugurt* [1923]; préparation provenant du lait caillé de vache, après fermentation acide. La France en produit et en consomme, surtout depuis la fin de la Seconde Guerre Mondiale." Colin, *Trésors des mots exotiques*.

Fr: "Il rangeait des pots de **yaourth**, sorte de lait caillé...". Marcel Aymé.

Fr: "On top, bouteilles de vin, de **yaourts**, pilules pour dormir." *Madame Figaro*, 23.3.96.

Fr: "Campagne. Un **yaghourt** qui rend fort." *Le Figaro*, 28.4.96.

Fr: "Pas facile de mettre des **yaghourts** bulgares au goût Danone." *Libération*, 16.4.96.

Fr: "Dès qu'un fabricant lançait un **yaourt** au kiwi, tout le monde suivait...". *Le Point*, 30.12.94.

In: "Another plan had been to have the man in charge of Gadafy's food poison his glass of **yogurth**." *The Guardian*, 8.8.98.

In: "...including a Nestlé **yogurt** that supposedly boosts the immune system". *BusinessWeek*, 28.4.97.

Po: "Erin espera ganhar milhões colocando uma barata num pote de **iogurte** para processar o laticínio." *Veja*, 25.9.96.

Po: "...provocou aumento no consumo de frango e **iogurte**...". *Veja*, 9.4.97.

FINLANDÊS

sauna

Fr: "[**Sauna**]... Bain de vapeur finlandais, qui se prend dans une sorte d'édicule en bois, où l'on projette de l'eau sur des pierres brûlantes. Ce mot désigne à la fois le bain lui-même et le lieu où on le prend. Les Finlandais font alterner les moments de ce bain avec des sorties dans la neige environnante: c'est une sorte de version nordique de la fameuse 'douche écossaise'." Colin, *Trésors des mots exotiques*.

In: "'**Sauna**' is the only Finnish word to make its way into English." *BusinessWeek*, 19.5.97.

In: "Every upstanding Finnish company once had a **sauna**, usually... near the chairman's office." *BusinessWeek*, 19.5.97.

In: "The **sauna** remains central to the Finnish identity." *BusinessWeek*, 19.5.97.

In: "The **sauna** bath is getting a cold shoulder from Finn power brokers." *BusinessWeek*, 19.5.97.

In: "Swan Song for a **Sauna** Diplomacy?" *BusinessWeek*, 19.5.97.

In: "Inside the **sauna** and soaking tubes of the Rajin International Club...". *BusinessWeek*, 30.9.96.

Ne: "'The Spa at the Grand Amsterdam, met overdeke zwenmad, **sauna** en stoombad

Po: "A furiosa reação de Ieltsine. Rasputin na **Sauna**." *Veja*, 26.6.96.

Po: "Ex-coronel da KGB era companheiro inseparável do presidente nos jogos de tênis, na **sauna** e nas bebedeiras." *Veja*, 26.6.96.

Po: "*A Disney Magic* oferece, ainda, spa e **sauna**." *Veja*, 9.4.97.

FLAMENGO

kermesse/quermesse

Fr: "Pendant ce temps, les forces de l'ordre tergiversent: une espèce de **kermesse** scandaleuse, mélangeant les insurgés, des civils et des soldats, se déroule sur les barricades...". De Gaulle, *Mémoires d'espoir*.

Fr: "*Edelweiss effeuillés aux* ***kermesses*** *des anges*, cite la jeune femme." Bazin, *La Mort du petit cheval*.

Fr: "Atlanta, la grande **kermesse**." *Le Figaro*, 28.7.96.

Fr: "Une **kermesse** rythmée comme un feuilleton." *Le Figaro*, 28.8.96.

Fr: "Le 'Président' est à l'obstacle ce que le Grand National du Trot est au trot: une **kermesse**...". *Aujourd'hui*, 13.4.97.

Fr: "Le 4 mai 1897, la **kermesse** de bienfaisance... tourna à la tragédie, faisant 145 morts." *Le Figaro*, 23.4.97.

Fr: "Nous savons parfaitement que cette intégration, pour nous, n'aura rien d'une **kermesse**." *Le Point*, 12.11.94.

Fr: "L'échec, en septembre dernier, de la **kermesse** vénitienne, censée célébrer la déclaration d'indépendance du nord de l'Italie...". *Le Point*, 3.5.95.

Fr: "Profitant des allées et venues à la **kermesse**, il s'introduit chez les Tocqueville...". *L'Express*, 1.5.97.

Fr: "La **kermesse** vénale se poursuit dans les halls, les corridors et les chambres...". *Paris Match*, 15.5.97.
Fr: "Chaque année à Pâques, la famille Scharping peint des œufs en rouge pour la **kermesse** du parti." *Le Point*, 10.9.94.
Fr: "Dimanche dernier, à Dortmund, un bastion du SPD, c'était l'ambiance **kermesse**, malgré le ciel gris...". *Le Point*, 10.9.94.
Fr: "Et puis tous les autres, ceux qui font l'atmosphère de **kermesse** si particulière autour de la course." *Le Point*, 1.7.95.
Po: "A pretexto de discorrer sobre a **quermesse** do domingo...". Amado, *Tereza Batista cansada de guerra*.
Po: "A **quermesse** da semana passada começou e terminou nas bolsas." *Veja*, 23.7.97.

GREGO

amnestia/amnesty
In: "He was freed in 1974 in a general **amnesty**." *Herald Tribune*, 20.5.96.

anathema
In: "***Anathema*** was used in the Old Testament originally to mean something offered [that is, placed on high in the temples] to God', and in the early use it could have referred to a revered object or na object representing a destruction brought about in the name of the Lord. Ultimately *anathema* came to represent something odious or accursed. In the New Testament, St. Paul uses the term in the sense of a curse and the forced expulsion of one from the community of Christians. In the early Church *anathema* was used interchangeably with *excommunication* and was pronounced chiefly against unrepentant heretics." *Merriam-Webster*.
In: "Because the provision is **anathema** to pro-labor Democrats, it derailed the whole package." *BusinessWeek*, 8.7.96.
In: "'To Who'? would be **anathema** to a native speaker." *Herald Tribune*, 1.7.96.
In: "Taipei... a move that would be **anathema** to Beijing." *BusinessWeek*, 15.7.96.
In: "...right-wing nationalists who once viewed communism as **anathema**". *Time*, 27.5.96.
In: "Even Indians who regard Hindu nationalism as **anathema** agree...". *Herald Tribune*, 17.5.96.
In: "Why is the Pill **Anathema** in Japan?" *Herald Tribune*, 14.7.96.
In: "Dole proposed selling an array of weapons to Taiwan... **anathema** to China." *Time*, 8.7.96.
In: "For Helmut Kohl, all talk of tinkering with the Maastricht rules is **anathema** — and a potential threat to his re-election chances next year." *Time*, 16.6.97.
In: "Now that, thanks to the rise of the postmodern sort of irony, cheesiness has hip cachet and plastic is no longer **anathema**." *Time*, 21.7.97.
In: "Change is **anathema** to the art world, but we must change." *BusinessWeek*, 30.9.96.
In: "The Tiananmen protests, of course, were **anathema** to the Communist Party leadership from the start." *Time*, 4.5.98.

apotheosis
In: "...as if summits with Mr. Yeltsin were the **apotheosis** of a policy...". Henry Kissinger, em *Herald Tribune*, 13 5.96.
In: "...the final **apotheosis** of Marguerite". *The Times*, 17.7.96.

catastrophe

In: "An island edges close to **catastrophe** as Paris pins its hopes on a plan." *BusinessWeek*, 1.7.96.

catharsis

Fr: "Les forçats du feu. Ils passent à travers le feu, eux les exclus, les moins que rien, et c'est une véritable **catharsis**." *Geo*, jun. 1998.

In: "In the Truth and Reconciliation Commission's final report, South Africans find some truth, some reconciliation — and an incomplete **catharsis** of conscience over apartheid." *Time*, 9.11.98.

charisma/charisme/charismatic/carisma

Fr: "Chirac... ni pour Lionel Jospin, auquel il ne trouve 'aucun **charisme**'." *Le Point*, 10.5.97.

Fr: "Je me suis aussi inspiré du **charisme** du Prince Charles." *Paris Match*, 15.5.97.

Fr: "Carlson... son port de pasteur luthérien, et son absence de **charisme**...". *Le Point*, 24.9.94.

Fr: "Sans doute le manque de **charisme** du patron d'Air Inter l'a-t-il aussi desservi." *Le Point*, 20.5.95.

Fr: "On glose sur ses hésitations, son effacement... son manque de **charisme**." *Libération*, 9.5.97.

Fr: "Robert Hue... sans prétention, sans **charisme**, sans passé...". *L'Événement du jeudi*, 14.5.97.

In: "***Charisma***, meaning 'favor, gift', occurs several times in Greek translations of the Bible, chiefly in the New Testament. It carries both the general sense of 'grace', equivalent to the Greek noun *charis*, and the more specific sense of 'a spiritual gift or talent, divinely granted to a person as a token of grace and favor and exemplified by the power of healing, the gift of tongues, or prophesysing. The first secular use of ***charisma*** seems to have been its use by German sociologist Max Weber in 1922. By 1950, ***charisma*** was being used by literary critics: '...for Paul radiates what the sociologists, borrowing the name from theology, call ***charisma***, the charm of power, the gift of leadership'. Its frequent application to John F. Kennedy by journalists served to popularize the term in the mass media." *Merriam-Webster*.

In: "...a person with enough talent and **charisma**...". *Newsweek*, 15.7.96.

In: "Mayor Sobchak enjoys a reputation as a **charismatic** Western-style reformer." *Herald Tribune*, 19.5.96.

In: "His combination of credibility and **charisma** makes... the ideal candidate...". *BusinessWeek*, 28.4.97.

In: "Saudi Arabia. No vocal **charismatic** leader in exile." *Time*, 8.7.96.

In: "North Korea. Despite his lack of **charisma**...". *Herald Tribune*, 5.7.96.

In: "Yeltsin. Instead, he chose a politics of **charisma**." *Time*, 27.5.96.

In: "What Prodi lacks in **charisma** and oratorical dazzle, he makes up for with an economis's grasp of the challenges facing his country." *Time*, 21.4.97.

In: "...a **charismatic** warlord, Ismail Khan, in Afghanistan". *Herald Tribune*, 24.10.96.

In: "If not Lebed, there's the moderate but **uncharismatic** Chernomyrdin, whom Yeltsin name to take temporary power." *U.S. News*, 30.9.96.

In: "With his blustery **charisma**, the character is close enough to the real Mr. Tapie." *The New York Times*, 7.9.96.

In: "Louis Farrakham, the **charismatic** head of the Nation of Islam." *Newsweek*, 7.10.96.

In: "Tapie... then used his **charisma** as a salesman." *Herald Tribune*, 28.8.96.

In: "Diana would be the **charismatic** popular symbol." *Time*, 22.7.96.

In: "...each has produced a **charismatic** forerunner." *Time*, 22.7.96.

In: "Berlusconi... his business success, can-do **charisma** and ownership of one of Italy's most revered soccer teams...". *Time*, 21.4.97.

In: "Paul Robeson. No actor today could match the breadth of Robeson's talents, the pull of his **charisma**, the solitude of his pioneering outsider status." *Time*, 20.4.98.

Po: "O candidato republicano é um senador entrado em anos, escasso de **carisma**." *Veja*, 26.6.96.

Po: "Ducasse é brilhante. Tem **carisma** para formar as pessoas." *IstoÉ*, 12.11.97.

clone/clonage/cloning/clónico

Es: "Estatua de cera. El **clónico** del presidente Aznar." *Tiempo*, 20.7.98.

Fr: "'Selon Caruso, c'est la Seguin qui leur a donné le beretta 7,65'... avait dit ce **clone** d'Al Pacino dans un film de Scorcese." *Le Figaro*, 29.5.98.

Fr: "Elle ne veut rien démontrer, ni que l'on se trouve en présence d'un phénomène de **clonage** artistique, ni que l'art techno est promis à la même gloire et à la même longévité que le pop art." *Le Monde*, 9.8.96.

Fr: "**Clones** de veau à l'américaine." *Libération*, 22.5.98.

Fr: "Planette Hello Dolly. L'ère du **clonage**." *Le Monde*, 16.7.98.

In: "Prime Minister Tony Blair. 'We should have him **cloned**', the fashion designer Diane von Furstenberg is quoted as saying." *Herald Tribune*, 5.5.98.

In: "All his restaurants... The exception is MPW, on the city's eastern edge, a casual spot that may be **cloned**." *Herald Tribune*, 15.5.98.

In: "Cancer. Herceptin is 'proof of principle' that **monoclonal** antibodies work, says Dr. Dennis J. Slamon of the University of California at Los Angeles." *BusinessWeek*, 1.6.98.

In: "Georges J. F. Köler and Cesar Milstein won a Nobel prize in 1975 for their technique for isolating and **cloning** antibodies designed to recognize...". *BusinessWeek*, 1.6.98.

Po: "Dois estudantes da Universidade da Califórnia em Berkeley anunciaram a produção do **clone** de um telefone celular digital." *Veja*, 22.4.98.

Po: "...fundo chamado 'DI', um que mistura derivativos com títulos de renda fixa ou aquele que tenta funcionar como um '**clone**' do Bovespa". Spinola, *O futuro do futuro*.

criterion

In: "The **criterion** for progress would be substance expressed in precise agreements reflecting mutual interests and not atmospherics." Kissinger, *Diplomacy*.

In: "In art, beauty should be the ultimate **criterion**." *Herald Tribune*, 29.3.98.

In: "If height is used as the only **criterion**, the best place in the world to grow up today in the Netherlands." *Time*, 14.10.96.

In: "...a new cure of austerity on the country to respect the **criterion** of 3%". *Time*, 5.5.97.

diaspora/diáspora

Fr: "Les choses sont encore compliquées par le phénomène de la **diaspora** et le fait que nombre d'auteurs indiens vivent hors de leur pays." *Le Point*, 19.4.97.

Fr: "Il offre une vision très particulière de la **diaspora** indienne." *Le Point*, 19.4.97.

Fr: "Zaire... création d'un 'bureau de la **diaspora**'...". *Le Figaro*, 11.5.97.

Fr: "...les éxilés d'Amérique ont échangé informations et idées avec la **diaspora** zaïroise dans le monde entier". *Le Figaro*, 11.5.97.

Fr: "L'influence croissante des intégristes dans la **diaspora** se mesure...". *Le Point*, 17.5.97.

Fr: "D'autant que la **diaspora** chinoise vient compliquer les calculs de tous les responsables...". *L'Express*, 8.5.97.

In: "**Diaspora** Faces, Right at Home." *The New York Times*, 19.9.96.

In: "Budapest Fetes Jewish **Diaspora**." *Herald Tribune*, 4.5.97.

In: "The **Diaspora** is a kind of mentality where people... on the border of society,...". *Herald Tribune*, 4.5.97.

In: "Now that Ukraine is an independant nation, its **diaspora** community wants more aid for the homeland — not less." *U.S. News*, 7.10.96.

In: "...most emigrated to the U.S., generally to Brooklyn, where they formed a Brighton Beach **Diaspora**". *BusinessWeek*, 23.6.97.

In: "Language. Today, this **diaspora** of languages is being pulled back. Mass tourism is shrinking the world." *Time*, 7.7.97.

Po: "Ásia: **Diáspora** chinesa." *Veja*, 9.4.97.

Po: "Os negócios na região são controlados por corporações de propriedade da **diáspora** chinesa." *Veja*, 9.4.97.

Po: "Festa de brasilianistas, caboclos e **diáspora**." *Veja*, 19.11.97.

diploma

Fl: "Jacht op **diploma**'s leidt nergens toe." *Algemeen Dagblad*, 16.6.98.

Fl: "Sinds de Tweede Wereldoorlog is het rendement van **diploma**'s gedaald." *Algemeen Dagblad*, 16.6.98.

In: "Yale University. Nearly 3,000 students receive **diplomas**...". *BusinessWeek*, 17.6.96.

Ne: "Er zijn spannende speurtochten en een astronauten**diploma**." Noordwijk Space Expo, Holanda.

eklektikos/eclectic

In: "Bob Dole... he has enlisted an **eclectic** crowd of top economists." *BusinessWeek*, 27.5.96.

In: "Stock Funds Performance. This year's list is **eclectic**." *Herald Tribune*, 20.5.96.

emphasis

In: "Job cuts. The shift in **emphasis** in describing downsizing is reflected in the changed language." *Herald Tribune*, 19.6.96.

epitome

In: "Martin Meeham... called the company's offer 'the **epitome** of doublespeak'." *Herald Tribune*, 17.5.96.

ethos

In: "Why would high-class Hermès take on Margiela, whose anti-consumerist fashion **ethos** marked the end of the bravura fashion years in the 1989s?" *Herald Tribune*, 29.4.97.

euphoria

In: "A wave of **euphoria** is sweeping the White House." *Herald Tribune*, 14.5.96.

eureka!/eurêka/heureka

Fr: "**Eurêka**: des collégiennes examinent la science." *Libération*, 17.6.97.

Fr: "**Eureka**! s'est écrié Archimède en sautant de son bain." *Le Figaro Magazine*, 21.2.98.

In: "***Heureka***, I have found it. An exclamation of delight at having made a discovery; originally that of Archimedes, the Syracusan philosopher, when he discovered how to test the purity of Hiero's crown. The tale is that Hiero gave some gold to a smith to be made into a votive crown, but suspecting that the gold had been alloyed with an inferior metal, asked Archimedes to test it. The philosopher did not know how to proceed, but in getting into his bath, which was full, observed that some of the water ran over and immediately concluded that a body must displace its own bulk of water when immersed; silver is lighter than gold, therefore a pound weight of silver is bulkier than a pound weight of gold and would consequently displace more water. Thus he found that the crown was defficient. Vitruvius says: 'When the idea flashed across his mind, the philosopher jumped out of the bath exclaiming: **Heureka**! **heureka**! and, without waiting to dress himself, ran home to try the experiment'." Evans, *Brewer's Dictionary of Phrase and Fable*.

In: "TWA Flight 800. Next, a '**Eureka** Piece'." *Newsweek*, 2.9.96.

In: "Pitting could establish that a bomb went off, but so far, only a few 'false **Eurekas**' had been found." *Newsweek*, 2.9.96.

In: "No '**Eureka**!': Transaction revenues are just a trickle so far. But there's huge potential." *BusinessWeek*, 15.6.98.

In: "**Eureka**! Neutrino Makes Theorists' Day." *Herald Tribune*, 17.6.98.

euthanasia

In: "Nurses Tell of Practicing **Euthanasia**." *Herald Tribune*, 24.5.96.

In: "An **Euthanasia** Battle in Australia." *Herald Tribune*, 22.7.96.

gene

It: "É stato individuato negli Usa il **gene** del cancro del pulmone." *La Repubblica*, 5.4.96.

genesis

In: "The **genesis** of this predicament dates back from mid-May." *Herald Tribune*, 2.7.96.

gorilla/gorille/Gorilla

Al: "'Wir ringen mit einen **Gorilla**', beschreibt AMD-Chef Jerry Sanders die Situation." *Der Spiegel*, 14.9.98.

Al: "Computer. **Gorilla** in Bedrängnis." *Der Spiegel*, 14.9.98.

Fr: "Le mot grec ***gorilla*** a été utilisé pour la première fois au Ve siècle avant J.-C. par Hannon, navigateur carthaginois, qui désigna ainsi des hommes très velus et noirs, apperçus par lui sur les côtes de l'Afrique. Le **gorille** est le plus grand des anthropoïdes, il peut atteindre deux mètres, dressé sur ses pattes arrière. Son goût dépravé pour les femmes [notamment noires] est sujet à caution, ce qui n'a pas empêché Georges Brassens de s'écrier, comme on sait, à l'adresse des humains qui portent la robe: 'Gare au **gorille**!'." Colin, *Trésors des mots exotiques*.

Fr: "C'était un **gorille**, vous dis-je! Du col de la chemise sortait la hideuse tête terminée en pain de sucre, couverte de poils noirs, au nez aplati et aux mâchoires saillantes." Boulle, *Planète des singes*.

In: "When the ***gorilla*** of western equatorial Africa was discovered in 1847, Dr. T. S. Savage, na American missionary, suggested the scientific name *Troglodytes* ***gorilla*** for this new animal. Dr. Savage's name has been superseded by the binomial designation **Gorilla gorilla**, and the popular name has become simply ***gorilla***." *Merriam-Webster*.

In: "Typical is the pitch from FirstPlus Financial Group Inc., the 800-pound **gorilla** of the business." *Forbes*, 1.6.98.

In: "Microsoft. In the long run, the 800-pound **gorilla**'s new software — and pricing power — may clobber the pioneers." *BusinessWeek*, 11.5.98.

It: "Partono spinotti e schiaffi fra i paparazzi e i **gorilla** della Falchi." *Il Messaggero*, 6.4.96.

It: "Anna Falchi è stata sorpresa in compagnia del suo '**gorilla**'." *La Stampa*, 5.4.96.

hegemonia/hegemony

In: "The long post-Enlightenment **hegemony** over Western intellectual outlook." *Herald Tribune*, 19.5.96.

hubris

In: "Investors associated the name with financial **hubris**." *Herald Tribune*, 2.3.96.

In: "Will **hubris** be his undoing? Some of the best minds of Sillicon Valley are aligned behind a Department of Justice antitrust suit against Microsoft." *Time*, 9.11.98.

In: "Mr. Ovitz's aggressive style and **hubris** have alienated executives." *Herald Tribune*, 6.10.96.

In: "Saatchi: The House That **Hubris** Wrecked." *BusinessWeek*, 3.2.97.

In: "McGeorge Bundy... came to personify the **hubris** of an intellectual élite that marshed America." *Time*, 30.9.96.

In: "We'll encode our dreams and vanities and **hubris**. We'll clone ourselves, we'll custom-design our kids. The challenges will not be scientific but moral." *Time*, 13.4.98.

In: "First the Good News, Then Let's Talk About **Hubris**." *Herald Tribune*, 13.4.98.

In: "Showbusiness. 'There was an element of **hubris**', says Hare." *Time*, 4.5.98.

In: "It is pure **hubris** for Mr. Clinton's people to think that the Chinese will not be able to impose their own interpretation of the concession Mr. Clinton makes to them by participating in a ceremony at Tiananmen Square." *Herald Tribune*, 18.6.98.

In: "Kevin Kostner. Status report: Wins the director-star-**hubris**-run-amok-Oscar for startingly inept and self-glorifying *The Postman*." *Premiere*, mai. 1998.

In: "Hong Kong airport. Many call it **hubris**. 'They were too proud. Everyone knew it wasn't ready', says Margaret Kolb." *Time*, 20.7.98.

idiosynkrazia/idiosincratic

In: "Far from the main centers, which may have helped him develop his **idiosincratic** style." *Herald Tribune*, 19.5.96.

labyrinthos/labyrinth

In: "...including pictorial accumulations called '**labyrinths**'." *Herald Tribune*, 26.5.96.

lexikon/Lexikon/lexicon

Al: "Umwelttjournalisten Dirk Maxeiner und Michael Miersch in ihren neuen Buch, dem '**Lexikon** der Öko-Irrtümer'...". *Focus*, 6.7.98.

In: "Johnson [and in time Murray] could not have created his **lexicon** without those predecessors." Green, *Chasing the Sun*.

In: "In the realm of lexicography Photius compiled a work of which the short title is the *Lexicon*, and which, properly translated, is the 'Alphabetical list of words which lend particular elegance to the compositions of orators and prose-writers'." Green, *Chasing the Sun*.

In: "García Márquez... delighted readers worldwide and introduced 'magic realism' into the critical **lexicon**." *Time*, 8.6.98.

marathon/Marathon

Al: "...seiner Non-stop-**Marathon**tour durch 200 Städte der Republik". *Der Spiegel*, 14.9.98.

Al: "Der **Marathon**-Läufer, der Bücher-Schreiber, der disziplinierte Wahlkämpfer erweckt Bewunderung." *Der Spiegel*, 14.9.98.

Fr: "Arafat-Netanyahu-Clinton: **marathon** pour un accord." *Le Figaro*, 25.10.98.

Fr: "Liban: "le **marathon** diplomatique piètine." *Le Figaro*, 24.4.96.

Fr: "Les Kenyans irresistibles au **marathon** de Boston." *Libération*, 17.4.96.

Fr: "Le tableau donne les gagnants de cet inédit **marathon** en France au sein des secteurs retenus...". *Le Point*, 20.5.95.

Fr: "Les chroniqueurs et les candidats courent un **marathon**, commencé sur les ondes des radios...". *Le Point*,1.4.95.

Fr: "Dans le **marathon** législatif qui se profile, trois grands secteurs...". *Le Figaro*, 15.5.97.
Fr: "Naomi Campbell. De l'anniversaire de Mandela aux défilés de haute couture, notre reporter a vécu cinq jours et cinq nuits avec la top model. Un vrai **marathon**." *Paris Match*, 30.7.98.
In: "Runners regard as sacred writ the story of the very first **marathon**. In 490 BC the Athenians had miraculously defeated a much stronger force of invading Persians on the plains of **Marathon**. The runner Pheidippides was selected to carry the good news back to Athens. The fleet runner ran the grueling 25 miles as fast as he could. Upon reaching the walls of the Acropolis, Pheidippides cried out 'Rejoice, we conquer!' — and promptly dropped dead. Ever since, many **marathon** finishers have felt like doing exactly the same thing." *Merriam-Webster.*
In: "Reagan had transformed what had been a **marathon** race into a sprint." Kissinger, *Diplomacy*.
In: "Some individuals... and even run **marathons** at eighty plus." Rosenfeld, *Doctor, What Should I Eat?*
In: "...a cordial meal, and all-night **marathon** talks by aides...". *BusinessWeek*, 14.10.96.
In: "During the **marathon** negotiations for the trip, the Gore team...". *Herald Tribune*, 27.3.97.
In: "On the... hilly **marathon** course at the 1904 St. Louis Olympics...". *Time*, 22.7.96.

mega

In: "A **Mega**deal in the Skies. BA and American may team up." *BusinessWeek*, 3.6.96.

nemesis/Nemesis

Al: "...Zwar hiess Charlie Chaplin nymphenhafte **Nemesis** Lillita, als Schauspielerin". *Stern*, 16.7.98.
Al: "Der Sondermittler Starr mag Clintons **Nemesis** sein, den Todesstoss können ihm nur seine liberalen Partelfreunde...". *Der Spiegel*, 14.9.98.
In: "The Greek goddess, daughter of Nox; a divinity of vengeance who rewarded virtue and punished the wicked and all kind of impiety; the personification of divine retribution. Hence, retributive justice generally, as *the Nemesis of Nations*, the fate which, sooner or later, overtakes every great nation. *'And though circuitous and obscure/The feet of **Nemesis** how sure!'* Sir William Watson, *Europe at the Play*." Evans, *Brewer's Dictionary of Phrase and Fable*.
In: "Yet Napoleon surprised all the diplomats with the exception of his ultimate **nemesis**, Bismarck, who had predicted a French war against Austria...". Kissinger, *Diplomacy*.
In: "CIA... and my asset's **nemesis** said that this showed he was a bad man..." *U.S. News*, 30.9.96.
In: "The mass circulation *Sun*, a severe critic and **nemesis** of Labour during the 1992 election...". *Time*, 14.10.96.
In: "The Treasury Secretary Bob Rubin, GOP **Nemesis**." *BusinessWeek*, 10.3.97.
In: "...main target would be Chubais, Korzhakov **nemesis** and no friend of Lebed". *Time*, 7.10.96.
In: "...eclipsing both the President and Yeltsin's **nemesis**, former presidential security adviser Alexander Lebed". *Time*, 19.5.97.
In: "Superagent Scott Boras: Bernie's hero, Steinbrenner's **nemesis**." *New York*, 24.11.97.
In: "He... and Boris Nemtsof... forcing out of the government their political **nemesis**, billionnaire businessman Boris Berezowski." *Time*, 1.12.97.
In: "Saddam's **Nemesis** Back for Inspection." *Herald Tribune*, 6.3.98.

In: "Gerald Scarfe, 31, the British cartoonist/satirist whose grotesque caricatures in the British press... have been the **nemesis** of the high, mighty and famous from Lyndon Johnson to Queen Elizabeth." *Time*, 22.9.67.

In: "Britain is facing a growing risk of recession because of a return of the country's longtime economic **nemesis** — inflation." *Herald Tribune*, 18.6.98.

In: "Tiny Rowlands filled me in about his **nemesis** Mohammed Al Fayed, and told me he was bringing out a book about 'The Phoney Pharaoh'." *Daily Mail*, 27.7.98.

odissey

In: "Leopold Blum's mock-epic **odissey** around Dublin on June 16, 1904." *Time*, 19.8.96.

palimpsestos/palimpseste

Fr: "Le *Breviarum* nous a été restitué par un *palimpseste*, découvert à Verone." *Libération*, 17.3.96.

Fr: "De ce **palimpseste** de jupons bouillonants qu'elle relevait et laissait retomber à la seconde, dissimulant, subreptice, quelque larcin de prix...". Bianciotti, *Ce que la nuit raconte au jour.*

In: "The volume being auctioned, technically called a 'codex' to distinguish it from a scroll, is a **palimpseste**." *Herald Tribune*, 28.10.98.

pantheon/panthéon

Fr: "...longue lignée de peintres illustres dont s'enorgueillit le **panthéon** des beaux-arts...". *L'Événement du jeudi*, 2.4.97.

Fr: "Richard Jewel... blanchi par le FBI, est entré au **panthéon** des policiers américains...". *Le Point*, 26.5.97.

Fr: "'Tête-à-tête, portraits', d'Henri Cartier-Bresson. L'ouvrage se recommande de lui-même: un casting de grandes figures alignées dans le **panthéon** de la chambre noire." *Le Point*, 30.5.98.

In: "With a legacy like that, Barrett is fast on his way to joining the **pantheon** that has made Intel a business legend." *BusinessWeek*, 26.5.97.

In: "Place in the **Pantheon**: Silicon Valley's starring rôle in the Information Economy." *BusinessWeek*, 25.8.97.

In: "Tolstoy enjoys such a lofty perch in the Russian literary **pantheon** that Moscow has preserved the timber house where he lived." *The New York Times*, 16.12.97.

In: "Within the IMF **pantheon**, Thailand and South Korea are emerging as success stories." *Herald Tribune*, 1.11.98.

In: "Phil Knight. His **pantheon** includes Jordan and Charles Barkeley." *Time*, 17.6.96.

paranoia [ver exemplos em "Paranoia", entre as palavras classificadas como alemãs]

pathos

In: "When King Hussein of Jordan appeared at the White House to place his personal seal on the Palestinian-Israeli agreement the week before last, it was a moment of **pathos** and pride for many of his distant people." *Herald Tribune*, 2.11.98.

In: "*Guillaume Tell*, to use the proper French title, has a sweep and **pathos** that place it at the very pinnacle of Romantic operas." *The Atlantic Monthly*, nov. 1997.

In: "We'll admit this: Bart has a riven soul. He needs to be loved. But do hold the **pathos**. The reason for his appeal is that he's so brilliant at being bad; his pranks have a showman's panache." *Time*, 8.6.98.

phobia

In: "Since he turned 40, his numerous **phobias** seem to have increased...". *Herald Tribune*, 19.5.96.

plethora

In: "Exhibitors will display a **plethora** of plants, from old roses to new apples...". *Herald Tribune*, 31.5.96.

In: "Among the **plethora** of symbols in James Joyce's *Ulysses*, China is only one." *Time*, 19.8.96.

In: "The Chinese... spawned a **plethora** of handover memorabilia — T-shirts, buttons, lapel pins...". *Herald Tribune*, 2.4.97.

pneu

Fr: "Le peloton pose ses **pneus** dans les Ardennes." *Libération*, 17.4.96.

Fr: "...minuscule trou d'épingle dans un **pneu** de bicyclette". Brunel, *Guide de relaxation*.

Fr: "Avec le **pneu** à accrochage vertical increvable, Michelin espère révolutionner l'industrie du pneumatique." *Le Figaro*, 22.5.97.

Fr: "Le nouveau **pneu** constitue une avancée technologique équivalente à celle que produisit l'inventio de la carcasse radiale." *Le Figaro*, 22.5.97.

Fr: "Michelin invente le double **pneu**." *Jeune Afrique*, 27.5.97.

Fr: "Vandalisme. Une centaine de **pneus** crevés." *Le Figaro*, 18.3.98.

praxis/Praxis

Al: "Denn wie er den theoretischen Unterbau einmal in die **Praxis** umsetzen sollte, das was Mark Rolshoven noch genauso schleierhaft wie in ersten Semester." *Die Welt*, 17.6.98.

Al: "Was das in der **Praxis** heisst, erlebten jetzt Wissmanns Beamte." *Stern*, 16.7.98.

Al: "Die **praxis**orientierte Forschung und Lehre macht mir sehr virl Spass." *Frankfurter Allgemeine Zeitung*, 12.9.98.

Po: "Marx queria a solidariedade da teoria com a prática, a ***praxis***, da existência, para realizar a sua ação revolucionária...". João de Scantimburgo.

programma

Ne: "Ledere bezoeker een eigen **programma**." Noordwijk Space Expo, Holanda.

psalm/Psalm

Al: "Die Regierung nahm, zunächst versuchsweise, den fromen **Psalm** des Paters Zwyssig mit dem Text von Leonhard Widmer." *Frankfurter Allgemeine Zeitung*, 12.9.98.

In: "If the man will only come to Uman to repent and recite **psalms**...". *The New York Times*, 9.9.96.

pseudo/Pseudo

Al: "Meist wurden die **Pseudo**originale rückdatiert und mit den Namen längst verstorbener Regenten unterzeichnet. 10 Prozent aller Schriften Friedrich Barbarossas sind gefälscht." *Der Spiegel*, 13.7.98.

Fr: "Leurs gourous sont généralement de **pseudo**-intellectuels...". *Le Figaro*, 3.4.96.

Fr: "...s'appuyant sur des discours **pseudo**-religieux pour la convaincre...". *Libération*, 9.5.97.

Fr: "...les raisonnements **pseudo**-scientifiques des intellectuels français n'ont pas de sens". *L'Événement du jeudi*, 2.4.97.

Fr: "Si l'ado ne se trouve pas de limites, il va se bricoler des **pseudo**-rites." *L'Événement du jeudi*, 28.5.97.

Fr: "L'enquête sur l'Ordre du Temple solaire. **Pseudo**-suicide collectif." *Le Figaro*, 28.7.98.

Fr: "...mais à certains égards, ce **pseudo**-poète, ce monstre de vanité...". Painter, *Marcel Proust*.

In: "This **pseudo** policy overrates the capabilities of the therapist." *Time*, 15.7.96.

In: "It is more a question of this **pseudo**-adventurous *ma non troppo* of the kitsch consciousness." Dorfles, *Kitsch, the World of Bad Taste.*

In: "**Pseudo**-articism becomes pornokitsch in *Mondo di Notte n. 3.*" Dorfles, *Kitsch, the World of Bad Taste.*

pyramid

In: "...lesser mortals were buried around the **pyramids**...". *Time*, 15.7.96.

rhetorike/rhetoric

In: "Despite the **rhetoric**, there are signs that economic forces...". *BusinessWeek*, 3.6.96.

schizophrenia/schizophrenic

In: "Public's **Schizophrenia** on Government Distorts U.S. Debate." *Herald Tribune*, 6.10.97.

In: "They see us Americans as fundamentally **schizophrenic**. They're right." *Washington Post*, 6.10.97.

stigma

In: "But forget the social **stigma** of being fat." *The New York Times*, 9.9.96.

In: "France also needs to address its **stigma** as one of the world's most heavily taxed nations." *BusinessWeek*, 23.9.96.

symbiosis

In: "Science and Arts. Signs of a Revolution in a Centuries-Old **Symbiosis**." *The New York Times*, 3.1.98.

synagogue

In: "The **synagogue**, two years old and already crumbling." *The New York Times*, 9.9.96.

syndrome

In: "...such problems as fetal alcohol **syndrome**...". *BusinessWeek*, 27.5.96.

thalassa

Fr: "Diététique en **thalassa**: le plaisir sans le péché." *Le Figaro*, 11.5.96.

Fr: "Meurtre en **thalasso**, de Madeleine Chapsal." *Madame Figaro*, 14.8.98.

tiara

In: "Crown princess Victoria of Sweden will put aside her **tiara** for a while and dawn military fatigues next year." *Herald Tribune*, 24.4.96.

In: "Fashion. Wash-and-go hairstyles, some with tiny **tiaras**." *Herald Tribune*, 9.7.96.

In: "Japan is becoming the brightest jewel in Tiffany's **tiara**." *BusinessWeek*, 26.8.96.

In: "Piech clearly is out to collect luxury brands — 'like **tiaras** for an evening out', according to one German executive — in order to lift VW's 'people's car' image." *Time*, 28.9.98.

In: "Some objects, including Montezuma's magnificent **tiara** of green quetzal feathers." Bushnell, *Ancient Arts of the Americas.*

In: "Every box was covered with flowers, and all the women wore **tiaras**." Rasponi, *The Last Prima Donnas.*

Po: "Conde de Paris. Vão-se mais uns anéis. O conjunto de **tiara** e acessórios... foi arrematado pelo xeque saudita Ahmed Fitaihi." *Veja*, 28.5.97.

trauma

In: "It is all part of a post-empire **trauma**." *Newsweek*, 15.7.96.

In: "Jean-Paul Sartre... existentialism that seemed tailored for postwar **trauma**." *Time*, inverno de 1996.

In: "Twin Scandals, a National **Trauma**." *Time*, 23.9.96.

In: "Her prescription for the **trauma** of separation is to say that each individual needs to construct a life which incorporates as many experiences as possible." *Time*, 15.6.98.
In: "Yen in Trouble. Asian Crisis Carries Seeds of New **Trauma**." *Herald Tribune*, 15.6.98.

NEERLANDÊS

maelstrom/maalstroom/maelström

Fr: "Il a sous-estimé le **maelström** social que constituait la réunion de deux sociétés...". *Le Point*, 26.4.96.
Fr: "Le Tour de France cycliste dans le **maelström** du dopage." *Les Échos*, 20.7.98.
In: "...now ***maalstroom***, from *malen*, to grind + *strom*, stream; a powerful often violent whirlpool sucking in objects within a given radius; something resembling a **maelstrom** in turbulence". *Merriam-Webster.*
In: "*The Jesus Lizard* tried to hold us to ransom with a brutal sonic **maelstrom** of songs." *The Times*, 16.7.96.
In: "Steffi Graf... there she was... caught in the **maelstrom**...". *Time*, 25.11.96.
In: "Talks that were proceeding nicely in low-key diplomatic channels are now caught in a **maelstrom** of congressional politics...". *BusinessWeek*, 7.4.97.
In: "Let others fight their way through the **maelstrom** of charge and countercharge about low sex in high places...". *Herald Tribune*, 25.5.98.

polder

Fr: "**Polder**, mot néerlandais [1805]; territoire gagné sur la mer par comblement, ou marais asséché, que l'on protège en Hollande par des digues." Colin, *Trésors des mots exotiques*.
Po: "Para ostentar cultura, Dionísio tinha o topete de comparar o aterro do Flamengo aos '**polders**' da Holanda." Lins, *Almanaque*.

yacht/yachting/yachtsman/yachtswoman

Fr: "Dans les marinas, les **yachts** se balancent paresseusement." *Libération*, 17.4.96.
Fr: "Il rédigeait au *Figaro* la chronique du ***yachting*** sous le pseudonyme...". Painter, *Marcel Proust*.
Fr: "...une femme robuste... romancière, sculpteur, ***yachtswoman***, féministe...". Painter, *Marcel Proust*.
Fr: "Grands **Yachts**: la peur du fisc." *Nice-Matin*, 31.7.98.
In: "[**Yacht**]... In the sixteenth century, the Dutch began building light, fast-moving ships designed to chase the ships of pirates and smugglers away from the Dutch coast. They called this type of sailing vessel a *jaght*, which is a derivative of the Middle Low German word for a fast, light sailing vessel, *jachtschiff*, meaning literally 'hunting ship'. The ship was introduced into England in 1660 when the Dutch East India Company presented one to King Charles II, who used it as a pleasure boat." *Merriam-Webster.*
In: "Bernard Tapie... his fortune gone, his **yacht**, mansion and furniture seized in court." *The New York Times*, 7.9.96.
In: "Chartering Your **Yacht**: Rowboat-Size Returns?" *The New York Times*, 15.9.96.
In: "I described the glittering sands, the **yachts** in the bay...". *Newsweek*, 15.7.96.
In: "It was the first time **yachts**'s greatest prize had been taken from the Americans." *Sunday Times*, 14.7.96.

In: "Lincoln, the luxury car line once believed to be sailing into the sunset, is finding new life by redefining the land **yacht**. Its sales rave roared." *BusinessWeek*, 13.4.98.

yole

Fr: "En échange, il lui offrit la petite **yole** de repérage arrimée sur la dunette et qui s'ajoutait aux deux chaloupes de sauvetage réglementaires." Tournier, *Vendredi ou les limbes du Pacifique*.

Fr: "Renaissance pour une **yole**. Cette fine chaloupe, gréée de trois voiles au tiers et bordant dix avirons, pouvait embarquer treize personnes, dix rameurs, un barreur, un homme d'arrière et un homme d'avant." *Nice-Matin*, 24.7.98.

Fr: "La **yole** devra être construite dans les règles de l'art, à l'ancienne." *Nice-Matin*, 24.7.98.

Po: "Alfredo Ribas foi o primeiro a introduzir o **yole** no esporte brasileiro." Faria, *Reminiscências*.

LÍNGUAS NÓRDICAS
(Sueco, norueguês, dinamarquês e islandês)

fjord

Fr: "Le **fjord** était large en cet endroit d'un demi-mille au moins; les vagues déferlaient avec bruit sur les rocs aigus." Verne, *Voyage au centre de la terre*.

Fr: "Un autre monde, où tout a l'importance des choses simples: éloigner les goélands et les visons, mouiller une ligne dans le **fjord**, compter les nids...". *Le Figaro Magazine*, 14.8.98.

In: "Insensitive as ever to the full implications of his bravado, William II vanished on a cruise to the Norwegian **fjords**." Kissinger, *Diplomacy*.

geyser

Fr: "Le **geyser**, mot que les Islandais prononcent 'geysir', et qui signifie 'fureur', s'élève Majestueusement à son extrémité." Verne, *Voyage au centre de la terre*.

Fr: "...des éclats de sourcier qui fasaient sourdre en **geyser** les talents de Lucien Bodard...". *Le Point*, 25.2.95.

Fr: "François Bayrou. Le **geyser** béarnais." *Le Point*, 1.7.95.

In: "A wave-powered **geyser** he built at the end of a pier in Ventura, California." *Herald Tribune*, 18.8.96.

In: "A **Geyser** of Antimatter In Heart of Milky Way." *Herald Tribune*, 30.4.97.

In: "Antimatter... like water droplets scattered by a giant **geyser**." *Time*, 12.5.97.

iceberg

Fr: "Le programme de Liones Jospin est un **iceberg**, avec une partie émergée nettement orientée à gauche." *Le Point*, 11.3.95.

Fr: "En France, Jacky Guergen est l'un des pionniers de la salade **Iceberg**." *Le Monde*, 4.11.98.

Fr: "Et là, ces glaces flottantes? Ce sont des drift-ice; avec un peu plus de hauteur. ce seraient des **icebergs** ou montagnes." Verne, *Capitaine Hatteras*.

Fr: "C'est cette partie immergée de l'**iceberg**... que Philippe Jaffré a pris le risque de révéler." *Le Point*, 12.4.97.

Fr: "Constat entre **icebergs** et *growlers: 'Toute cette glace, c'est vraiment flippant'* ...". *Libération*, 5.5.97.

Fr: "J'ai tenu à la présence de sortes d'**icebergs** de couleurs s'opposant à la fragilité et à la grâce des danseurs." *L'Événement du jeudi*, 28.5.97.

Fr: "Propriétaire du Studio Fox, coproducteur du film 'Titanic', Rupert Murdoch pourrait bien avoir trouvé, en sa femme, l'**iceberg** qui pourrait couler son empire." *Paris Match*, 6.8.98.

In: "...like so many tectonic plates over a vanilla-flavored **iceberg** that melts on the palate". *The New Yorker*, 20.1.97.

In: "One last thing: Reports of rape of Chinese women in Indonesia are the tip of the **iceberg** of racially inspired violence against non-Javanese ethnic groups." *Herald Tribune*, 7.8.98.

Po: "A escalada de cifrões de Jordan é a ponta do **iceberg**." *Veja*, 26.6.96.

Po: "Mar de Júpiter. As fotos divulgadas pela Nasa são nítidas o suficiente para mostrar **icebergs** com o diâmetro de 6 metros na superfície." *Veja*, 11.3.98.

Po: "Caixinha, obrigado. Trata-se da ponta de um gigantesco **iceberg** da corrupção que se espalha por todo o território brasileiro." *Veja*, 3.3.99.

Ombudsman(en)

Fr: "**Ombudsman** est le nom donné à une personnalité indépendante chargée d'examiner les plaintes des citoyens contre l'Administration, dans les pays scandinaves." Stemer, *Faire le point*.

Fr: "**Ombudsmen** de tous les pays... par Thomas Ferenczi." *Le Monde*, 12.5.97.

Fr: "La convention annuelle des **ombudsmen** de presse a rassemblé à Barcelone une quarantaine de médiateurs issus de quinze pays...". *Le Monde*, 12.5.97.

In: "In 1809 the Swedish government established the office of *justitieombudsmannen*, or justice commissioner, empowered to investigate and redress the complaints of private citizens regarding abuse and maladministration. The concept spread to other Scandinavian countries and the word got a foothold in the English language when [1962] New Zealand decided to appoint a comparably empowered official and confer upon him the title of '**ombudsman**'. Eventually ***ombudsman*** came to be applied to activists of any stripe whose chief concern was the redressing of grievances." *Merriam-Webster*.

In: "Mr. Justice Knox upheld the **Ombudsman**'s visit." *The Times*, 13.7.96.

In: "Victims of the Holocaust. Or would be $26 million have been the right amount, the sum that an **ombudsman** for the Swiss Bankers' Association identified as the unclaimed wealth deposited in Swiss bank accounts?" *Daily Telegraph*, 14.8.98.

In: "Hillsdown had been accused by the Pensions **Ombudsman** of inducing..." *The Times*, 13.7.96.

In: "No go for the PIA **Ombudsman**." *The Times*, 13.7.96.

In: "The society pays up for fear that the **Ombudsman** will take on the case and levy his charge." *The Times*, 13.7.96.

In: "Andrew Longhurst on the accountability of the **Ombudsman**." *The Times*, 13.7.96.

In: "Geneva Overholster, **ombudsman** of The *Washington Post*, has been elected chairwoman of the Pulitzer Prize Board." *Herald Tribune*, 29.5.97.

Po: "'**Ombudsman**' dá voz a cliente e lucro à empresa." *Jornal do Brasil*, 22.9.96.

Po: "Vera não é pastora, mas a ***ombudsman*** do Pão de Açúcar." *Jornal do Brasil*, 22.9.96.

Po: "'**Ombudsman**' se torna figura fácil nas companhias." *Folha de S. Paulo*, 3.1.97.

Po: "**Ombudsman** da Folha começa 2º mandato." *Folha de S. Paulo*, 7.3.99.

saga

Es: "Lo logico seria continuar ahora con la **saga** de protagonistas." *El País*, 15.5.96.

Fr: "[**Saga**]... Ancient scandinave, 'dit, conte' [avant 1740]; suite de longs récits, d'origine islandaise, anonyme; désigne aujourd'hui, le plus souvent, une sorte d'épopée familiale ou dynastique, telle qu'elle apparaît à travers une suite romanesque, un *serial*, un feuilleton télévisé, etc." Colin, *Trésors des mots exotiques*.

Fr: "**Sagas** islandaises, norvégiennes." *La Saga des Forsyte* [1906-1921], de John Galsworthy.

Fr: "Cette **saga** célèbre en effet une enfance marquée par la fréquentation de salles obscures." *Le Monde*, 11.4.96.

Fr: "La **saga** de Jacques Crozemarie, l'escroc aux bons sentiments." *Le Figaro*, 28.8.96.

Fr: "La mort de Diana... Une **saga** dans laquelle Charles Spencer, en dépit de son jeune âge, a déjà laissé quelques marques." *Le Point*, 6.6.98.

In: "Sad End to Chinese Opera **Saga**." *Herald Tribune*, 26.6.98.

In: "Whatever else emerges in the tangled **saga** of Whitewater, Mr.Clinton's...". *Herald Tribune*, 30.5.96.

In: "The **saga** began when Serb forces attacked the UN protected 'safe haven'." *Time*, 29.4.96.

In: "...his first marriage, its dissolution... are rarely part of Mr. Dole's retelling of his **saga**". *Herald Tribune*, 8.8.96.

In: "A Twist in the Metallgesellschaft **Saga**." *Herald Tribune*, 21.7.96.

In: "The Windsors... managed nonetheless to turn the **saga** of the stunningly unbright Duke and Duchess of Windsor into one of the century's great love stories." *Time*, 22.7.96.

In: "The campaign **saga** is an intensely human story." *Herald Tribune*, 8.7.96.

In: "All France is following the cautionary **saga** of how a lie culminated in a multiple murder." *Time*, 8.7.96.

In: "French taxpayers will ultimately pay to close the Crédit Lyonnais **saga**." *BusinessWeek*, 26.8.96.

In: "Taking up the staples of Irish family sagas...". *Newsweek*, 2.9.96.

In: "Readers will find the **saga** fascinating...". *BusinessWeek*, 9.12.96.

ski

Fr: "Les marques de **skis** visent le marché des plus agés, censés avoir plus de moyens." *Le Point*, 1.4.95.

Fr: "...installée près de Seattle et dont les **skis** sont entièrement 'made in USA'". *Le Point*, 1.4.95.

Fr: "Dans les neiges du Montana... et regagnent à **skis** leurs chalets...". *Le Point*, 2.6.97.

Fr: "En **ski**, sa première activité... Head mise beaucoup sur le **ski** parabolique." *Le Figaro*, 9.6.97.

Fr: "...le leader mondial numéro quatre en chaussures de **ski**...". *Le Figaro*, 9.6.97.

slalom/Slalom

Al: "Kein Gesetz ist so raffiniert, dass man darum nicht **Slalom** fahren kann." *Focus*, 6.7.98.

smorgasbord

In: "Education. Critics are now 'encouraging the schools to stress the bread-and-butter courses that were de-emphasized when the vogue... was a **smorgasbord** approach to curriculum'." *The New York Times*, 19.3.75.

In: "A **Smorgasbord** of Fuel Cells." *BusinessWeek*, 27.5.96.

In: "The Dole camp was happy to match that **smorgasbord** against its 15 percent income-tax reduction." *Newsweek*, 9.9.96.

In: "Judge Hiroshi Fujisaki sharply reined in the **smorgasbord** defense of police conspiracies and corruption that served O. J. Simpson so well in the criminal trial." *Newsweek*, 30.9.96.

In: "The Chocolate Buzz is a devastating **smorgasbord** for two containing everything you ever wanted to eat in chocolate." *New York*, 24.11.97.

In: "A **smorgasbord** of nouvelle and old New York society." *New York*, 8.12.97.

Po: "Delfim Netto: Em lugar disso, servem um '**smorgasbord**' de argumentos duvidosos e mal preparados." *Folha de S. Paulo*, 1.7.98.

PORTUGUÊS

auto-de-fé/autodafé/auto da fé

Fr: "...ces inédits que l'on croyait perdus. Ou tout entiers dévorés par les flammes d'un **autodafé** de la main d'Aragon lui-même, à Madrid, en 1927". *L'Express*, 1.5.97.

Fr: "Edouard Ruiz réunissait et publiait... les quelque 200 feuilles conservées en marge de l'**autodafé**." *L'Express*, 1.5.97.

Fr: "Il révise aussi plusieurs hypothèses émises par Ruiz, en particulier sur les motifs de l'**autodafé**." *L'Express*, 1.5.97.

In: "**Auto da fé** was the ceremonial procedure of the Spanish Inquisition when sentences against heretics were read. The reason why their victims were *burnt* was because inquisitors were forbidden to 'shed blood'." Evans, *Brewer's Dictionary of Phrase and Fable*.

azulejo

Fr: "L'art de l'**azulejo**." Paris, de 9 de setembro a 21 de outubro de 1996.

Fr: "...ses photos de toréadors accrochées aux murs, ses tables de bois recouvert d'**azulejos**". *Le Figaro Magazine*, 7.6.97.

Fr: "Dans un décor mi-**azulejos**, mi-branché, signé Miguel Cancio Martins..." *Madame Figaro*, 16.9.98.

barroco/baroque

In: "In the world of art, ***baroque*** means 'irregularly shaped', grotesque, fantastique in style." Funk, *Word Origins*.

bossa nova/Bossa Nova/bossa-nova

Fr: "Bossa Nova. Portugais du Brésil, 'nouvelle vague' [vers 1962]; danse proche de la samba, en vogue au Brésil et en Europe dans les années 60." Colin, *Trésors des mots exotiques*.

Fr: "Gianmaria Testa... possède un registre particulier où rythmes lancinants de jazz et **bossa-nova** font copain-copain." *L'Express*, 6.2.97.

In: "Don't blame it on the ***Bossa Nova***. The likely culprit is *Macarena* madness." *People Weekly*, 19.8.96.

cerrado

In: "Among Mitraud's current projects is a $1.2 million WWF plan to preserve the 1.5 million-sq-km area of Brazilian savanna known as ***cerrado***." *Time*, 13.4.98.

In: "The ***cerrado*** is one of the world's most diverse swaths of nature, a kind of *National Geographic* theme park where howler monkeys and hyacinth macaws dance and sing from buriti palms and vast tree-less grasslands." *Time*, 13.4.98.

chapada

Fr: "[**Chapada**]... Plateau gréseux du Brésil, limité sur ses côtes par de forts escarpements." Colin, *Trésors des mots exotiques*.

Fr: "Tout le monde me dit que la plus belle **chapada** est celle des Araripes." Stemer, *Faire le point*.

coco

Fr: "Tous étaient chargés de **cocos** qu'ils portaient par la chevelure, comme des têtes d'ennemis vaincus." T'Serstevens, *L'Or du Cristobal*.

Fr: "Agénouillé devant la porte, le patron chinois décapait, de son coupe-coupe, l'écorce verted'une noix de **coco**." Hougron, *Soleil au ventre*.

fado

Fr: "***Fado***, 'destin'; chanson populaire, souvent pleine de nostalgie, accompagnée à la guitare. La chanteuse Amalia Rodrigues a popularisé ce genre musical dans le monde entier, vers 1955, avec des fados très inspirés, comme *Barco negro, Solidão, Falaste coração*, etc." Colin, *Trésors des mots exotiques*.

Fr: "En matière de **fado**, le plus passionné a toujours été Paulo Albuquerque." Stemer, *Faire le point*.

favela/favella

Fr: "***Favela***, mot portugais du Brésil [milieu du XXe siècle]; équivalent brésilien du bidonville." Colin, *Trésors des mots exotiques*.

Fr: "Le mot **favela** vient de *favelero*, cet arbuste qui poussait autrefois sur les collines de Rio et Qui donne de petits fruits ressemblant à des fèves, les *favas*." *Le Figaro Magazine*, 24.5.97.

Fr: "Les miséreux vivaient perchés sur les mornes, dans les **favellas** où une population de noirs, vêtus de loques bien lessivées, inventaient sur la guitare ces mélodies alertes qui, au temps du carnaval descendraient des hauteurs et envahiraient les villes avec eux." Lévi-Strauss, *Tristes Tropiques*.

Fr: Aujourd'hui, 608 **favellas** recouvrent ces collines." *Le Figaro Magazine*, 24.5.97.

Fr: "La Rocinha, périleuse **favella** au coeur de Rio." *Le Figaro*, 3.6.96.

Fr: "Dans les **favelas**, on sait que la samba est un outil de promotion sociale." *Le Figaro Magazine*, 24.5.97.

Fr: "Dans les **favelas**... les écoles de samba ont mis en place des projets sociaux. *Le Figaro Magazine*, 24.5.97.

Fr: "Paulo Coelho. Depuis trois bonnes décennies, sous le ciel de Rio, une tribu anodine de babas végète entre *cariocas* e **favelas**, abreuvée par un curieux cocktail de *cachaça*, de bons sentiments...". *Le Point*, 7.8.96.

Fr: "C'est très juteux, le football. Surtout au Brésil, où les perles rares abondent dans la jungle des ***favellas***." *Le Monde*, 30.5.98.

Fr: "Dans la **favela** d'Heliopolis, les terrains de foot existent ou s'inventent." *Le Figaro Magazine*, 13.6.98.

In: "Now he has discarded his weapons in favor of a PC, and he vents his anger about the injustices of life in Rio de Janeiro's poverty-stricken ***favelas*** [shanty towns] on the Internet." *The Times*, 29.7.98.

In: "In the ***favelas*** you have low-income people with just a few electrical items." *BusinessWeek*, 8.7.96.

In: "A third of the city's 5.7 million residents living in ***favelas***...". *Herald Tribune*, 2.12.96.

In: "He has moved 800 families out of ***favelas***, or slums, into public housing." *BusinessWeek*, 14.4.97.

In: "The ***favelas*** of beautiful Rio de Janeiro are perhaps best known." Wagley, *An Introduction to Brazil*.

In: "One of the most remarkable features of these ***favelas*** is the large number of small shops." Wagley, *An Introduction to Brazil*.

macumba

Fr: "***Macumba***, mot du Brésil; culte voisin du vaudou, que pratiquent certaines peuplades du Brésil." Colin, *Trésors des mots exotiques*.

Fr: "De Salvador de Bahia à São Paulo et de Rio à Brasilia, les grandes prêtresses de ***macumba*** ont remisé leurs sortilèges, impuissantes." *Le Figaro Magazine*, 18.7.98.

mandarim/mandarin

Fr: "Aux galeries supérieures, les riches et les **mandarins** fument leurs pipes et boivent le thé dans des tasses à soucoupes de cuivre." Claudel, *Connaissance de l'Est*.

Fr: "Moi, par contre, je les connais, des notables parmi les **mandarins**, je dirai même des prototypes." Merle, *Derrière la vitre*.

Fr: "Finie l'époque où les directeurs de ces établissements luxueux se comportaient en **mandarins** endormis dans leur bureau." *Le Point*, 27.6.96.

Fr: "Jaquet-Droz: la montre dont rêvent les nouveaux **mandarins**." *Le Figaro*, 28.3.96.

Fr: "Comment voir, un jour, l'avenir en rose, en blouse blanche de **mandarin**, puis, le lendemain, se retrouver dans la peau d'un chef de file local...". *Le Figaro Magazine*, 24.5.97.

In: "**Mandarins** outline plans for smaller state of Britain." *The Times*, 17.7.96.

In: "Jiang Zemin has been running the country... but other Party **mandarins** are now free to make their moves." *Time*, 3.3.97.

In: "Eisenhower... prefered to govern through the **mandarins** at the State Department and the CIA." *Newsweek*, 30.9.97.

In: "J. F. Kennedy wanted his own **mandarin**, an intellectual who knew something of the world and of government as well." *Newsweek*, 30.9.97.

In: "In fact, Japan's **mandarins** have kept borrowing to prop up the economy." *Time*, 21.10.96.

In: "Fashion. Natori... from double-face coats, jersey dresses and **mandarin**-collar tops." *Herald Tribune*, 31.3.98.

In: "The Economy. Until the Fed's money **mandarins** figure that one out, M2 may remain something of a Relic." *BusinessWeek*, 13.4.98.

In: "World Cup. Amazingly, football **mandarins** shrug off any hints of mismanagement, confident that their product will sell no matter what." *BusinessWeek*, 6.7.98.

Po: "*Manual do **mandarim** louco*." *Veja*, 26.3.97.

manga/mangue/manguier

Fr: "Origine incertaine, sans doute de l'indonésien ***manga*** par le portugais [1540]; le nom, originaire de Malabar, désigne un fruit de couleur et de forme assez variables selon les espèces. Sa pulpe entre dans la composition du condiment anglais appelé *chutney*." Colin, *Trésors des mots exotiques*.

Fr: "Je reviens m'asseoir à l'ombre... sous un **manguier** desséché dont les fruits pendent au bout d'un pédoncule mort." Bernanos, *Enfants humiliés*.

samba

Fr: "Coupe du Monde. Drôle de **samba** en Seine-et-Marne." *Le Point*, 6.6.98.

Fr: "Dans les favelas, on sait que la **samba** est un outil de promotion sociale." *Le Figaro Magazine*, 24.5.97.

Fr: "Vous savez... la **samba** ce n'est pas ce que vous imaginez en Europe. C'est avant tout l'expression de l'âme **brésilienne**." *Le Figaro Magazine*, 24.5.97.

Fr: "Zeza Mendonça, grande dame de la **samba**." *Le Figaro Magazine*, 24.5.97.
Fr: "**Samba**! Le Brésilien Gustavo Kuerten, 20 ans, n'a pas mis deux heures pour gagner la finale de Roland Garros." *Libération*, 9.6.97.
Fr: "Tennis. Guga comme Iva? ...l'envie de danser la **samba**." *L'Est républicain*, 8.6.97.
Fr: "Roland-Garros: la **samba** de Kuerten." *Le Figaro*, 9.6.97.
Fr: "Kuerten. Le Central prend des airs de **samba**." *Le Figaro*, 9.6.97.
Fr: "Dans les allées du stade, la colonie brésilienne danse la **samba** lorsque Kuerten pénètre dans la salle de conférences de presse." *Le Figaro*, 9.6.97.
Fr: "Tim Maia incarnait la fusion de la **samba** et du funk." *Libération*, 17.3.98.
Fr: "Une **samba** effrénée où valsent les dollars des sponsors et fusent leurs exigences." *Le Point*, 6.6.98.
In: "But it's too soon to **samba**. Cardoso must see to it that the Telebrás revenues, part of $25 billion in foreign direct investment that will enter Brazil this year, are not wasted." *BusinessWeek*, 10.8.98.
In: "Stop the **Samba**! Rio's in Mourning." *Herald Tribune*, 14.7.98.
In: "Viva Brasil. A prosperous nation should keep the **samba** and the rainforests." *The Times*, 15.7.96.
In: "Miranda brought the **samba** to an international audience." *The New York Times*, 7.9.96.
In: "Brazil's Economic **Samba**. Financial Gyrations Fail to Deter Foreign Investors." *The New York Times*, 7.9.96.
In: "Dancing to Brazil's Economic **Samba**." *The New York Times*, 7.9.96.
In: "...a fine fete, replete with Amazonian Indians and **samba** dancers...". *Herald Tribune*, 2.12.96.
In: "Rio's infamous slums, which had bred generations of **samba** and soccer stars...". *Herald Tribune*, 23.9.97.
In: "Besides his exceptional scoring ability, his speed, and dribbling skills that make him seem like a **samba** dancer with a football, Ronaldo has nurtured a nice-guy image." *BusinessWeek*, 22.6.98.
It: "Nella terra del **samba** il suo ultimo album ha già venduto oltre 200 mila copie." *La Stampa*, 5.4.96.

saudade

Fr: "Sois sage ô ma **saudade**...". Antonio Lobo Antunes, em *Le Figaro Magazine*, 31.1.98.
Fr: "Dans le bric-à-brac de l'imaginaire français, le Portugal, c'est aussi la ***saudade***, cet indéfinissable vague à l'âme, cette mélancolie maritime teintée d'une doucereuse nostalgie flottant sur les esprits...". *Le Point*, 2.5.98.

sertão/Sertão

Fr: "Le **sertão** designe donc la brousse... ce sont les régions où l'homme ne possède pas d'installation durable." Lévi-Strauss, *Tristes Tropiques*.
Fr: "La TV a alors montré des images insoutenables, comme de cette famille nombreuse du **Sertão** réunie autour d'une soupe gluante préparée avec des morceaux de cactus." *Libération*, 15.5.98.
Fr: "...environ 2,6 milliards de francs pour aider les petits agriculteurs et financer des projets d'irrigation dans le **Sertão**". *Libération*, 15.5.98.
In: "The land invasion here in the poverty-stricken northern region called the **Sertão** was

orchestrated by the Landless Movement, known in Portuguese as the Sem Terra." *Herald Tribune*, 7.8.98.

In: "Unlike most of this lush, tropical country, the **Sertão** is harsh and dry." *Herald Tribune*, 7.8.98.

varanda/véranda/verandah/veranda

Fr: "Alors, notre **véranda** est un emprunt au portugais? Oui... Premiers colonisateurs européens de l'Inde, les Portugais ont imposé leur mot ***varanda*** à la galerie extérieure qui caractérise beaucoup de maisons indiennes. Les Anglais ont pris la place des Portugais, mais ont gardé le terme. C'est de l'Inde et par l'Anglais, que nous est venu le mot **veranda**." Garrus, *Les Étymologies surprises*.

Fr: "La barinia quitta la **véranda** [...] et rentra dans la salle à manger de sa datcha des Îles." Leroux, *Rouletabille chez le tsar*.

Fr: "Après l'allée de gazon, la petite case s'agrémenta d'une **véranda** qui en faisait le tour, donnant de la fraîcheur et de l'ombre à tout instant." Schwarz-Bart, *Pluie et vent sur Télumée Miracle*.

Fr: "Au programme cette année, un W.-C. avec fosse septique, un auvent-**véranda** pour l'apéro...". *L'Événement du jeudi*, 28.5.97.

In: "Originally introduced from India. Adaptation of Portuguese and older Spanish ***varanda***, railing balcony. An open portico or roofed gallery extending along the front, and occasionaly other sides, of a dwelling or other buildings, erected chiefly as a protection or shelter from the sun or rain." *Oxford*.

In: "After dinner we will seat in the **verandah**." *Oxford*, 1879.

In: "Ines leads the way out to the narrow **veranda** of her home." *The New York Times*, 9.9.96.

In: "Lotto... paints the bric-à-brac on the shelf behind the Virgin, and also the stone **verandah**." *The New York Times*, 19.12.97.

In: "On my only previous visit Kate Moss and Johnny Depp were in residence, while... Sting wanders casually on the **verandah** for breakfast." *The Times Magazine*, 1.8.98.

In: "A shady **verandah** full of old Lloyd Loom chairs look out over the 'Sunk Garden', recreated from old plans around a circular lily pool." *The Times Magazine*, 1.8.98.

TCHECO

robot/robô/Roboter/robotic

Al: "denn Bits und Bytes sind so steril wie Barbiepuppen und **Roboter**...". *Madame*, mai. 1996.

Fr: "L'homme qui voulait taxer les **robots**." *Libération*, 22.5.98.

Fr: "Chaque jour, des **robots** explorent le Web pour nourrir les index des moteurs de recherche." *Le Monde Informatique*, 26.3.96.

Fr: "Fatima: portrait-**robot** du ravisseur." *Le Figaro*, 28.8.96.

In: "Sony's clever **robots** in Tokyo could find themselves sweeping up around Japan's crumbling electronics factories." *BusinessWeek*, 27.5.96.

In: "...a **robot** will develop human-like intelligence only if it has human-like senses". *BusinessWeek*, 23.6.97.

In: "He provokes frightening images of **robots** supplanting humans." *Herald Tribune*, 23.7.96.

In: "**Robotic** theory of evolution brings a hardware revolution." *The Times*, 17.7.96.
In: "An important first step toward becoming an autonomous **robot**." *BusinessWeek*, 27.5.96.
In: "**Robots** rush in where man fears to tread." *The Times*, 17.7.96.
In: "The mine-clearing **robot**-star has sensors to detect mines." *The Times*, 17.7.96.
In: "The Internet... phone calls, video and software '**robots**' that cruise for information." *BusinessWeek*, 26.8.96.
In: "**Robots** of the Road — Tomorrow's 'smartways'." *BusinessWeek*, 11.11.96.
In: "The ship carries a **robotic** underwater retrieval device." *Herald Tribune*, 24.7.96.
In: "Some poorly programmed **robots** get lost inside a vast database of physics research." *BusinessWeek*, 26.8.96.
In: "The **Robots** Among Us. Robug III. This hazardous duty **Robot** can climb stairs at 45º angle." *Time*, 29.7.96.
In: "Beetle **robot**: powered by a 'solar' panel, it crawls inside pipes." *Time*, 2.12.96.
In: "Tale atoms and molecules and build them into larger objects... even tiny **robots**." *Time*, 2.12.96.
Po: "Precisam de gente treinada para operar o **robô**." *Veja*, 26.6.96.

TURCO

bakchich/baksheish

Fr: "...société camerounaise, qui avoue verser chaque année 'près de 200 millions de francs CFA en **bakchichs** divers'". *Jeune Afrique*, 13.5.97.
Fr: "Au prix de quelques **bakchiches**, le petit Mermoz prend la tête d'une procession de colosses." *Vogue*, ago. 1998.
Fr: "La corbeille volumineuse cachait un jeune commissionnaire, pieds nus, qui affichait un sourire de ***bakchich***." Solé, *Le Tarbouche*.
In: "I was to give the men, too, a '**baksheish**', that is a present of money, which is usually made upon the conclusion of any sort of treaty." Kinglake, *Eothen*.
In: "The Cancer of Corruption. Call it bribery, **baksheish** or payola — it's a disease that's everybody's business." *Time*, 22.6.98.
In: "Corruption was added to bureaucracy in the form of excessive ***bakchich***." *Time*, 23.12.97.

caviar

Fr: "Islington, la banlieue préférée de la gauche **caviar** britannique...". *Libération*, 30.4.97.
Fr: "Donné l'ordre de distribuer le **caviar** et le champagne." *L'Événement du jeudi*, 2.4.97.
Fr: "Il adore exercer sa verve assassine sur 'la gauche **caviar** parisienne'...". *L'Événement du jeudi*, 2.4.97.
Fr: "Mobutu... se rassemblaient autour de festins de **caviar**, grand cru de bordeaux...". *Libération*, 5.5.97.
Fr: "Yannick Noah: 'Le Coupe du Monde est un **caviar**'." *Le Figaro*, 14.6.98.
Fr: "Football. Une percée pour Djorkaeff, un **caviar** pour Dugarry à la demi-heure, et puis cinq minutes et ce corner tiré au cordeau." *Le Figaro*, 14.6.98.
In: "***Cauiarie** to the Generall*: a phrase from *Hamlet*."
In: "Russian **caviar** exports curbed." *Daily Mail*, 14.8.98.
In: "His silver chopsticks poised above a platter of **caviar**." *New York*, 8.12.97.

hammam

Fr: "Elle se réveille dans un **hammam**, entourée de femmes dont elle ne comprend pas la langue." *Le Figaro TV Magazine*, 22.4.96.

Fr: "Là, on passe du Darjeeling à l'antifascisme... de Claudel à Dimitrov, du **hammam** au Nobel." *Le Point*, 2.6.97.

Fr: "Macha retrouve régulièrement ses copines dans ce **hammam** slave, où l'usage veut que l'on se fouette le corps avec des branches de bouleau." *Elle*, 15.6.98.

Fr: "Notre culture est fondée sur le toucher. Au **hammam**, déjà, le massage est rituel et mutuel." *Le Point*, 15.8.98.

harem/harém

Fr: "...commande bidon de 'doubles préservatifs' destinés à un **harem** de Bagdad, plans inclus!". *Le Point*, 12.11.94.

Fr: "Elie Kakou, l'enfant du **harem**." *L'Express*, 1.5.97.

Fr: "Shannon se sent réduite à l'état d'esclave de **harem**." *Le Figaro*, 6.3.97.

Fr: "Avez-vous un jour songé à ce que pouvaient se raconter, dans le **harem** délaissé du roi Schahriar, les eunuques, les belles esclaves...". *L'Express*, 6.2.97.

Fr: "Quand un **harem** tourne au confessionnel, l'âme se met à nu." *L'Express*, 6.2.97.

In: "James Goldsmith. The increasingly large number of women he had in court — his '**harem**', as daughter Isabel referred to it — developed over the years." *Daily Mail*, 1.8.98.

In: "The returning Crusaders brought back to Britain the toiletries of the Middle East **harems**." Flexner, *The Optimist's Guide to History*.

It: "Rivelazione di Radio 105: 'Il sultano del Brunei vuole la Cucionetta nel suo **harem**'." *Corriere della Sera*, 11.8.98.

It: "Due donne hanno scelto di sposare un iraniano entrando a far parte del suo **harem**." *IoDonna*, abr. 1996.

Po: "A vida quotidiana num **harém**." *Jornal do Brasil*, 30.3.96.

Po: "Que mulher agüentaria um homem permanentemente cercado de um **harém**?" *Veja*, 17.11.97.

Po: "Pobres moças! Entraram no **harém**, lá estiveram não sei quanto tempo, até que foram assassinadas." Machado de Assis, 25.12.1882.

kebab

In: "The new German dish is doner **kebab**." *Herald Tribune*, 27.6.96.

In: "'Doner **kebab**' translates literally from Turkish as 'turned meat'." *Herald Tribune*, 27.6.96.

In: "Mr. Cook said that he had experienced their privations at first hand, being fed 'goat **kebab**' three times in succession on his visit to the British diplomatic post in Rwanda." *The Times*, 18.6.98.

In: "Hitler resurfaces one fine day in 1998... much bewildered by a multicultural world full of **kebab** signs and 'Nazis Out' graffitti." *Time*, 17.8.98.

kiosque/kiosk/chiosche/quiosque

Fr: "...juste en-dessous de l'hôtel, se trouvait le **kiosque** à musique". Painter, *Marcel Proust*.

Fr: "Le **Kiosque** de Patrice Lanoy." *Le Figaro*, 14.4.97.

Fr: "Je me suis assis sur l'un des bancs près du **kiosque** pour lire le journal." Modiano, *Un cirque passe*.

Fr: "Certains opérateurs proposent un accès à Internet au tarif local via le **Kiosque** Internet de France Télécom." *SVM*, abr. 1997.

Fr: "Le sous-marin refait surface. Seul le **kiosk** est gravement endommagé." *Le Point*, 20.5.95.
Fr: "*Slate*... on le trouve dans tous les **kiosques** des Etats-Unis." *L'Express*, 1.5.97.
Fr: "Le Parisien/Aujourd'hui absent des **kiosques**." *Libération*, 21.5.98.
In: "...to buy two loaves of bread at the private **kiosks** that now constitute the base's main...". *Time*, 7.4.97.
In: "...thuggish youths... who hawk alcohol and cigarettes in sheet-metal **kiosks**". *Time*, 27.5.9.
In: "Fox has installed video **kiosks** around the country...". *U.S. News*, 26.8.96.
In: "...smoking several packs of L&M's from a local **kiosk**". *The New York Times*, 25.9.96.
It: "Viareggio **Chioschi** in fiamme." *Il Giornale*, 18.9.98.
Po: "Uma praça, com vários **quiosques** que tratam de temas de interesse público." *Veja*, 25.9.96.
Po: "O **quiosque** Rainbow, na praia de Copacabana, conta com uma máquina de venda de preservativos." *Veja*, 12.3.97.
Po: "O pônei Ginástico punha-se perto do **quiosque**." Druon, *O menino do dedo verde*.
Po: "A Fininvest abriu **quiosque** para oferecer empréstimos aos usuários do metrô." *Veja*, 15.10.97.
Po: "Jovens que freqüentam o **quiosque** da Aurelino Leal...". *O Globo*, 25.1.97.
Po: "Os **quiosques** foram esquadrinhados dentro do projeto de reurbanização da Lagoa." *Veja*, 24.12.97.

muezzin

Fr: "Il faut, à l'aube cette fois, au chant des coqs et des **muezzins**, lorsque les vapeurs des premiers hammams s'élèvent...". *Le Figaro Magazine*, 31.5.97.
Fr: "Et ils imaginaient toutes les merveilles cachées derrière ces murs abricot: les arabesques, les tapis persans, les baignoires dorées où barbotaient de riches Anglaises en écoutant le chant du **muezzin**...". Solé, *Le Tarbouche*.
Fr: "Il était un peu plus de midi. Les **muezzins** venaient d'appeler à la prière du haut de leurs minarets." Solé, *Le Tarbouche*.

pacha

Fr: "Jo Di Mambro n'a plus rien à attendre de ces esclaves, qui lui ont offert une vie de **pacha**." *Le Point*, 20.5.95.

spahi

Fr: "...gardant à pied la rapide et légère allure d'un **spahi**, la tête oblique...". Painter, *Marcel Proust*.

IÍDICHE
(Língua germânica falada pelos judeus ashkenazis)

chutzpah

In: "Bombfield wants to inject a little MCI **chutzpah** into B.T." *BusinessWeek*, 18.11.96.
In: "Obituary of Spiro Agnew. After returning the money he had evaded in State taxes, Agnew had the **chutzpah** to try to get a deduction on it." *Newsweek*, 30.9.96.
In: "Bluhdorn's impatience, his boasting, his kinetic hyperactivity, and his prodigious **chutzpah** — that is, all the things that made him a distrusted figure on Wall Street." Korda, *The Last Business Eccentric*.

In: "**Chutzpah** and the love of celebrity have always been big with us...". Michael Specter, em *The New York Times*, 4.1.98.

In: "The rich are just like everybody else, only they have more **chutzpah**." Michael Specter, em *The New York Times*, 4.1.98.

In: "Business. It's a titanic marriage that will dwarf everything else in banking, brokerages, insurance, cold calls, lollipots, hamburgers and **chutzpah**." *Time*, 20.4.98.

In: "Information technology. Such **chutzpah** — and some cutting-edge technology — has made Seattle-based RealNetworks Inc. The Nº 1 provider of software." *BusinessWeek*, 11.5.98.

pogrom [ver: "Palavras russas"]

schmaltz/schmaltzy

In: "Kevin Kostner. Next up: *Message in a Bottle*, a **schmaltzy** romance for the core *Bodyguard* audience." *Premiere*, mai. 1998.

12

De palavras de línguas mortas

As palavras e expressões originárias de línguas mortas estão em **negrito**, romano ou itálico, segundo os originais.

Diante de cada citação, figura uma indicação abreviada da língua: *Al* (alemão), *Es* (espanhol), *Fl* (flamengo), *Fr* (francês), *In* (inglês), *It* (italiano), *Ne* (neerlandês), *Po* (português), *Ru* (russo).

ARAMAICO

(*Larousse*: Arameus, populações semitas, a princípio nômades, fundaram diversos Estados na Síria. Sua língua foi a do Oriente, a partir do século VIII a.C., e predominou até a conquista árabe, no século VII d.C.)

capharnaum/capharnäum/cafarnaum

Fr: "Un nain de jardin thrône dans le jardin au milieu d'un joyeux **capharnaüm**." *Madame Figaro*, 13.4.96.

Fr: "Dans ce **capharnaüm** insalubre croît depuis trois décennies comme une racine tenace le mouvement hindouiste fascisant Shiv Shena." *Le Point*, 1.4.95.

Fr: "Le **capharnaüm** désespéré des sans-papiers lillois." *Libération*, 7.3.97.

Fr: "Ainsi, ayant inventé le **capharnaüm** et la friperie dans ces parages déserts, y louant à l'occasion ses services de ravaudeuse, la Pinotta vivait dans un charriage...". Bianciotti, *Ce que la nuit raconte au jour.*

Fr: "Dans ce **capharnaüm**, le metteur en scène, conciliant, tente quelques répétitions." *L'Express*, 29.5.97.

Fr: "Spectacles. Un **capharnaüm** centré autour du karma et de Krishna, du yin et du yang..." *L'Express*, 5.6.97.

Fr: "Mardi 27. Guislaine et moi visitons les souks antiques de la citadelle d'Alep — sorte de **capharnaüms** où filtrent des puits de lumière." *Vogue*, ago. 1998.

SÂNSCRITO
(Antiga língua da Índia)

ashram

Fr: "Kiran ne tarde pas à transformer Tihar en une gigantesque école, recrutant pour ce nouvel '**ashram**' les professeurs parmi les prisonniers eux-mêmes." *Madame Figaro*, 9.5.98.

In: "Tigrett wanted to get away from it all, find an **ashram** and meditate." *Time*, 2.9.96.

In: "...meditating in caves and **ashrams** along the river... during funeral rites". *Time*, 24.3.97.

In: "Allen Ginsberg was as comfortable in the **ashrams** of Indian gurus as he had been...". *Herald Tribune*, 7.4.97.

avatar

Fr: "...du sanskrit *avatâra*, 'descente sur terre' d'un être divin [1800]; ce mot désigne à l'origine l'incarnation d'un dieu, particulièrement celle de Vishnou, grand dieu solaire de l'hindouisme. En français, ce mot s'est considérablement affaibli, et en vient à signifier toute transformation, tout changement et surtout toute dégradation d'un original." Colin, *Trésors des mots exotiques*.

Fr: "Sur Internet, les dialogues en direct se déroulent désormais dans les habitats en couleur et en trois dimensions, peuplés d' '**avatars**' déguisés en lapins, en Martiens ou en pin-up." *Le Monde*, 10.6.96.

Fr: "Je me demandais quel allait être le nouvel **avatar** de notre Vénus métamorphosée en tireur à l'arc." Tournier, *Vendredi ou les limbes du Pacifique*.

Fr: "Ce réalisme en trompe l'œil... ne craint aucun des **avatars** qui font basculer le paradis des beaux-arts dans l'enfer du monde des affaires!" *L'Événement du jeudi*, 2.4.97.

Fr: "...la dame dont le marriage lui avait inspiré le dernier **avatar** de Mme. Verdurin...". Painter, *Marcel Proust*.

Fr: "*Barefoot in the Park*: Les **avatars** d'un couple de jeunes mariés entre un appartement exigu et une belle-mère envahissante." *Le Nouvel Observateur*, 11.6.97.

Fr: "Mais son idéologie n'est qu'un **avatar** de la vieille obsession de l'homme blanc de perdre ses racines identitaires." *Le Nouvel Observateur*, 11.6.97.

Fr: "Il est difficile de reconnaître dans ces pratiques un **avatar** de coutumes sanglantes." Bril, *Petite fantasmagorie du corps*.

Fr: "Et d'en être certain ne modifie pas le remords, ne change en rien les **avatars** de l'existence." Bianciotti, *Ce que la nuit raconte au jour*.

Fr: "L'héritage graphique et ses **avatars**." Walter, *L'Aventure des mots français venus d'ailleurs*.

Fr: "Ultime **avatar**, l'ensemble des programmes informatiques... sont de conception archaïque et demeurent très lourds à gérer." *Le Point*, 18.2.95.

Fr: "Droit. Les **avatars** de la codification." *Le Figaro*, 17.6.97.

Fr: "Drouot. Les **avatars** du 'sultan rouge'." *Le Figaro*, 10.4.98.

In: "...adaptation of Sanskrit *avatära*, descent. 1. Hindoo mythology: the descent of a deity to the earth in an incarnate form. 2. Incarnation 1815. Manifestation or presentation to the world as a ruling power or object of worship 1859." Evans, *Brewer's Dictionary of Phrase and Fable*.

In: "The ten **avatars** of Vishnu are the most celebrated." Evans, *Brewer's Dictionary of Phrase and Fable*.

In: "**Avatar** is used metaphorically to denote a manifestation or embodiment of some idea or phrase: *'I would take the last years of Queen Anne's regime as the zenith, or palmy state of Whiggism, in its divinist* ***avatar*** *of common sense'.*" Coleridge, *Table-talk.*

In: "A third **avatar** of this singular emanation of the evil principle (Bonaparte)...". Sir Walter Scott, 1771-1832.

In: "Wit and sense are but different **avatars** of the same spirit." Sir Leslie Stephen, 1832-1904.

In: "Calvin Klein... and its preeminent **avatar** of form-follows-function thinking." *Time*, 17.6.96.

In: "Computing in 2012. A glossary of terms you will need... ***Avatars***: 'Software representations of computer users as they appear to others in shared virtual spaces'." *BusinessWeek*, 23.6.97.

In: "This Internet technology lets people see each other in the same virtual environment using '**avatars**'." *BusinessWeek*, 23.6.97.

In: "One online party, for example, ended with a virtual conga line of 45 **avatars** snaking around a virtual beer tent." *BusinessWeek*, 23.6.97.

In: "Adolf Hitler. The **avatar** of fascism posed the century's greatest threat to democracy and redefined the meaning of evil forever." *Time*, 13.4.98.

Po: "O romance — Lukács *dixit* — é o **avatar** burguês da epopéia antiga." *O Globo*, 12.7.97.

Po: "Joyce. Ambos o dissecaram, oferecendo as chaves da odisséia de Leopold Bloom, o Ulisses de Dublin, o **avatar** irlandês do mítico herói da 'Odisséia' de Homero." *O Globo*, 12.7.97.

brahman/brahmin/brahmane/brámane/brahmanisme

Fr: "Le mot sanskrit ***brahma***, 'le divin' et aussi nom d'un Dieu créateur, personnel et transcendant [16e siècle]; membre de la plus haute des castes, la caste sacerdotale. Il a pour mission d'étudier les brahmana, ou commentairre en prose des véda. Le **brahmanisme** est un système socio-religieux de l'Inde qui préexistait au bouddhisme et a été réformé par lui." Colin, *Trésors des mots exotiques.*

Fr: "Monsieur a la résistance d'un vieux **Brahmane**." Painter, *Marcel Proust.*

Fr: "Il doit se signer lorsque approche un **brahmane** issu de la plus haute caste." *Le Point*, 19.4.97.

Fr: "Il s'en révolte, il refuse qu'on désigne... un **brahmane** comme *'un dieu sur terre'*." *Le Point*, 19.4.97.

Fr: "La révolution démocratique en Inde. Elle a déjà mis à terre les données du vieil ordre social cinq fois millénaire. Elle a totalement décimé le pouvoir des **brahmanes**." *Le Figaro Magazine*, 11.7.97.

In: "Robert Cutler was a **Brahmin** who counted Harvey Bundy among his closest friends." *Newsweek*, 30.9.96.

In: "McGeorge Bundy. The sight of American dead and wounded infuriated the **Brahmin**." *Newsweek*, 30.9.91.

karma/carma

Fr: "Du sanskrit ***karman***, 'acte', par l'anglais [1931]; principe commun aux grandes religions de l'Inde, selon lequel toute vie humaine dépend des actes passés." Colin, *Trésors des mots exotiques.*

Fr: "Le **karma** est l'enchainement [désastreux] des actions [de leurs causes et de leurs effets]. Le bouddhiste veut se retirer du **karma**; il veut suependre le jeu de la causalité." Barthes, *Fragments.*

Fr: "Spectacles. Un capharnaüm centré autour du **karma** et de Krishna, du yin et du yang...". *L'Express*, 5.6.97.

In: "[**Karma**]... Sanskrit, action, fate. In Buddhist philosophy, the name given to the results of action, especially the cumulative results of a person's deeds in one stage of his existence as controlling his destiny in the next. Among Theosophists the word has a rather wider meaning, *viz.* The unbroken sequence of cause and effect; each effect being, in turn, the cause of a subsequent effect." Evans, *Brewer's Dictionary of Phrase and Fable.*

In: "Instant **karma**: John Lennon's secret is out." *Daily Mail*, 14.8.98.

In: "What **karma** is hanging over us!" *Time*, 8.7.96.

In: "It's not that the nine justices copped out; they just turned to a mediator, as jurists increasingly do to avoid trial and to spare costs and **karma**." *George*, jan. 1998.

Po: "A Índia sob o **Carma** do Fanatismo." *Veja*, 22.5.96.

Po: "Não temos o direito de interromper a vida das pessoas antes que elas tenham vivido o seu **karma**." Weiss, *Muitas vidas, muitos mestres.*

Po: "Castas, **carmas**, computadores e comunistas se misturam no antigo paraíso dos hippies ocidentais." *IstoÉ*, 22.1.97.

Po: "Renato Lage: 'Não tenho o **carma** do bi'." *Jornal do Brasil*, 19.1.97.

Po: "O **carma** de Cocu. Triste destino o de Cocu, o lateral do time da Holanda." *O Globo*, 9.7.98.

mantra

Fr: "Sanskrit ***mantra***, 'instrument de pensée' [1954]; syllabe ou phrase sacrée ayant un pouvoir spirituel." Colin, *Trésors des mots exotiques.*

Fr: "Chaque toile respire la liberté; elle se structure néanmoins autour d'un élément à peine reconnaissable de la syllabe sacrée sanscrite *Aúm*, celle qui contient en elle tous les ***mantras*** [formules support de méditation] possibles." *Le Figaro Magazine*, 25.4.98.

In: "Sanskrit ***mantra***, lit. 'instrument of thought'; from *man* to think. A sacred text or passage, esp. one from the Vedas used as a prayer or incantation." *Oxford.*

In: "'Change' was Clinton's **mantra** in 1992." *Time*, 2.9.96.

In: "Dole... a phrase he repeated so often it became a **mantra**." *Time*, 27.5.9.

In: "Iran's most popular **mantra**, 'Death to America', was not directed at the American people." *The New York Times*, 10.1.98.

In: "Never pay the 'rack rate' at hotels has become a kind of **mantra**... for business travellers." *Herald Tribune*, 25.10.96.

In: "That's P&G's new marketing **mantra** — and it is spreading." *BusinessWeek*, 9.9.96.

In: "...and the Egregious Eighties, when stock markets bubbled and burst and the **mantra** of the moment was materialism". *Time*, inverno de 1996.

In: "The Fed. Its **mantra**: Corporate America's heavy investment in computers and technology has pushed productivity far above its measured rate." *BusinessWeek*, 3.2.97.

In: "Halla... plans to transform National into a customer-oriented company with a 'systems on a chip' **mantra**." *BusinessWeek*, 14.10.96.

In: "It reassured the public with the **mantra** 'Accidents are not happening; planes are not falling out of the sky'." *Time*, 31.3.97.

In: "For years, cancer specialists repeated their hypothesis as it were a **mantra**: Virtually all breast cancer has spread by the time it is detected." *Herald Tribune*, 3.4.97.

In: "In a recent speech... Blair used as **mantra** such phrases as 'fiscal prudence'." *BusinessWeek*, 14.4.97.

In: "After apartheid, the **mantra** of the new South Africa is 'non-racial democracy'." *Time*, 28.4.97.

In: "This **mantra** of promises and pledges was repeated so often that Tony Blair began setting them down in lists." *Time*, 12.5.97.
In: "Asia Now Taps Its Foot To Free-Market **Mantra**." *Herald Tribune*, 13.5.97.
In: "U.S. free-market principles were the **mantra** of choice as finance ministers and central bankers convenes for the Asian Development Bank's 30th meeting." *Herald Tribune*, 13.5.97.
In: "President Jiang Zemin repeated in early May the **mantra** of Chinese foreign policy that 'we do not interfere in the internal affairs of other countries', history has shown...". *BusinessWeek*, 26.5.97.
In: "'Zero emissions' is the **mantra** for legions of environmentalists." *Time*, 27.10.97.
In: "The G.O.P. **Mantra**: Keep Dobson Happy." *Time*, 11.6.98.
In: "Microsoft. A **mantra** of technological optimism is echoed by many throughout the company." *Herald Tribune*, 27.5.98.
In: "IMF. Unshackle those capital markets now and reap the rewards of the global economy. That has been the **mantra** of the 1990s, and for much of the decade." *BusinessWeek*, 15.6.98.
In: "'You weigh shares, you don't count them'. The notion that some shareholders are more equal than others amounts to blasphemy in a capitalist democracy. But it was the **mantra** of Enrico Cuccia." *BusinessWeek*, 22.6.98.
Po: "Nessa linha, o novo **mantra** na Microsoft é a descentralização do poder da computação." *Veja*, 18.12.96.

nirvana

Fr: "[**Nirvana**]... Mot sanskrit, du pâli *nibbâna*, 'evasion de la douleur' [1844]; état d'extinction de tout désir humain, visée fondamentale dans la religion bouddhiste." Colin, *Trésors des mots exotiques*.
Fr: "La méthode est que le Sage, ayant fait évanouir successivement de son esprit l'idée de la forme, et de l'espace pur, et l'idée même de l'idée, arrive enfin au Néant, et, *ensuite*, entre dans le **Nirvana**." Claudel, *Connaissance de l'Est*.
Fr: "...qui vit Lionel Jospin connaître quinze jours de **nirvana** après sa désignation...". *Le Point*, 1.4.95.
Fr: "...à recommander à nos postulants à la recherche du **nirvana** de pratiquer la religion dans laquelle ils sont nés". *L'Événement du jeudi*, 14.5.97.
Fr: "...un certain monde adolescent, tenté de rejoindre comme lui le **nirvana** — 'extinction de tous les desirs'". *Libération*, 16.5.97.
Fr: "Kurt Cobain. La vie et la mort du chanteur de **Nirvana** font l'objet d'une véritable fascination." *Libération*, 16.5.97.
Fr: "Ils écoutent aussi **Nirvana** pour faire chier leurs parents...". *Libération*, 16.5.97.
Fr: "Dans le bouddhisme, l'être idéal, celui qui peut prétendre au **nirvana**, mais qui renonce à l'état de béatitude pour aider le monde: bodhisattva." Attali, *Dictionnaire du XXIe siècle*.
Fr: "Après le Viagra américain, un laboratoire français lance le Tigra aux vertus prétendument érectrices. Le **nirvana** est désormais héxagonal." *Le Figaro*, 2.8.98.
Fr: "Bill Clinton. Et voilà pourtant ce président, qui devrait évoluer dans un tranquille **nirvana** de fin de mandat, emberlificoté dans une pantalonnade qui, en France, ferait rigoler un patronage, même intégriste." *Le Point*, 1.8.98.
In: "[**Nirvana**]... Sanskrit, a blowing out, or extinction. In Buddhism, the cessation of individual existence; the attainment of a calm, sinless state of mind achieved by the extinction of passion, a state that can be attained during life." Evans, *Brewer's Dictionary of Phrase and Fable*.

In: "Americans and Italians Lead Invasion to London's Retail **Nirvana**." *Herald Tribune*, 16.3.97.

In: "Spring, 1997, just might be a roadster-lover's **nirvana**: A trio of terrific new German two-seaters...". *BusinessWeek*, 28.4.97.

In: "Asparagus Addict Attains **Nirvana**." *Herald Tribune*, 22.5.98.

In: "What Comes After **Nirvana**?" *BusinessWeek*, 30.12.97.

In: "'That kind of **nirvana** doesn't happen every year', says analyst Raphael Soifer." *BusinessWeek*, 30.12.97.

In: "Sounds like **nirvana**: IBM back to double-digit growth?" *BusinessWeek*, 1.6.98.

pagoda

In: "Hanoi Reported to Raid **Pagodas**." *Herald Tribune*, 2.12.96.

swastika/suástica/svastika

Fr: "Mot sanskrit, 'de bon augure', de *swasti*, 'salut!', désignant la croix gammée [1838]; d'abord symbole astronomique de l'Inde représentant le Soleil, le **svastika** est devenu, par un choix prétendumenr 'aryen' [du sanskrit *arya*, 'nobles', nom d'une peuplade indo-iranienne du Nord de l'Inde], l'emblème du parti national-socialiste fondépar Adolf Hitler en 1920." Colin, *Trésors des mots exotiques*.

Fr: "Le commandant de cette nef blindée était un Levantin galonné d'or jusqu'aux coudes, mais dont les pieds nus étaient chaussés d'espadrilles et la main gauche tatouée d'un **swastika** bleu." Dekobra, *La Madone* des sleepings.

In: "A ballet about the Holocaust? The **swastika** has become a trite symbol of evil." *Time*, 17.6.96.

In: "...but they say their **swastika** isn't the same as the German one, that it's really the ancient Russian symbol". *Time*, 9.6.97.

In: "From the Denver jail cell, the nearly bald, **swastika**-tattoed murder suspect spoke the sort of poker-faced lunacy." *Time*, 1.12.97.

In: "The **swastika** is perhaps the most universally recognized of the right-wing symbols." Yanker, *Pop Art*.

In: "The **swastika** existed previously as a mystical symbol among various American Indian tribes, and in India, Japan, Persia, and elsewhere." Yanker, *Pop Art*.

In: "The 'political element', in the form of a **swastika**, is intended to justify this picture to an easily satisfied public." Dorfles, *Kitsch, the World of Bad Taste*.

In: "**Swastikas** were found in Pittsburgh, scrawled on a marker at a cemetery that contains graves of leading colonial-era Jewish figures." *Herald Tribune*, 30.3.98.

In: "Native copper was cut, beaten and annealed to form head-dresses... and plaques in the form of animals, fish, birds, crescents, **swastikas** and complex geometrical forms." Bushnell, *Ancient Arts of the Americas*.

Po: "Um clássico de **suástica**." *Veja*, 31.7.96.

yoga/ioga/yogique

Fr: "Mot sanskrit, 'jonction, union' [1842]; techniqued'ascèse permettant de parvenir à la connaissance salvatrice, à l' 'illumination' [chez les bouddhistes] et qui a été systématisée par Patanjali, grammairien indien du IIe siècle avant J.-C. En Europe, ce que l'on connaît et pratique le plus est le hatha-**yoga**, ensemble d'exercices qui mettent plus l'accent sur les postures corporelles et la respiration, mais il existe encore d'autres sortes de yoga." Colin, *Trésors des mots exotiques*.

Fr: "**Yoga**: gymnastique de l'esprit et du corps, danse immobile, expérience de voyage virtuel." Attali, *Dictionnaire du XXIe siècle*.

Fr: "Rien de plus ennuyeux pour un enfant qu'une séance de **yoga**." *Madame Figaro*, 23.03.96.

Fr: "Tout ton talent de professeur de **yoga**, spécialiste de la relaxation." Brunel, *Guide de relaxation*.

Fr: "...va progressivement glisser de la pratique du judo... au **yoga**...". *Le Point*, 20.5.95.

Fr: "Parti de la loi naturelle... recommande la méditation transcendantale et le vol **yogique** comme remèdes au chômage...". *Le Point*, 17.5.97.

Fr: "Il demande au chercheur les secrets du big-bang, et au sage les recettes du stoïcisme privé ou du **yoga**." *Le Point*, 4.3.95.

In: "Laing at his **yoga**: he never turned his back on 'the publicity thing'." *Sunday Times*, 14.7.96.

In: "A peak at Hillary's plans to learn **yoga** and win a Nobel Prize." *Time*, 18.11.96.

It: "L'Ayurveda attribuisce allo **yoga** grande importanza terapeutica." *Grazia*, 29.3.96.

It: "Ogni giorno si concede lunghe sedute di **yoga**." *IoDonna*, abr. 1996.

Po: "Madonna diz ter trocado a malhação pela **ioga** e pelo estudo do hinduísmo e da cabala." *Veja*, 11.3.98.

yogi

Fr: "Le **yogi**... exacerbe frénétiquement l'énergie vitale en excluant la concupiscence." P. Masson Oursel.

Fr: "Les **yogis** se proposent de la même façon de purger l'âme." Brunel, *Guide de relaxation*.

Fr: "Les **yogis** ont répertorié en chacun de nous un refuge." Brunel, *Guide de relaxation*.

Notas

1. Palavras sem Fronteiras

1. Jean Serres, *Manuel pratique de protocole*, Éditions de la Bièvre, 1982.
2. Conversas com Mme. Kyra Bodart, secretária-geral da Académie Diplomatique, Paris, agosto de 1998.
3. Gabriel Otman, *Les Mots de la cyberculture*, Paris, Éditions Belin, 1998.

2. As Mil e Uma Marcas do Francês

1. Alain Peyrefitte, em *Le Figaro*, 20.3.1996.
2. Philippe Rossillon, em *Civilisation latine*, Paris, Olivier Orban, 1986.
3. Louis Fischer, *Lénine*, 1964, tradução francesa de C. Bourgeois, 1966.
4. Diógenes Magalhães, *Língua, linguagem, lingüística*, Rio de Janeiro, Coisa Nossa, 1995.
5. Henriette Walter, *L'Aventure des mots français venus d'ailleurs*, Paris, Robert Laffont, 1997.
6. Henriette Walter, op. cit.
7. Philippe Rossillon (dir.), *Un milliard de Latins en l'an 2000*, Paris, L'Harmattan/Union Latine, 1983.
8. Philippe Rossillon, op. cit.
9. Philippe Rossillon, op. cit.
10. Philippe Rossillon, op. cit.
11. *État de la francophonie dans le monde*, Paris, La Documentation Française, 1997.

3. Não Perca o Seu Latim

1. Émile Condurachi, *Rome, berceau de la latinité*, em *Civilisation latine*, dir. de Georges Duby, Paris, Olivier Orban, 1986.
2. Émile Condurachi, op cit.
3. Philippe Levillain, *Uni Ecclesia, ibi Roma*, em *Civilisation latine*, Paris, Olivier Orban, 1986.
4. Antonio Houaiss, em *Civilisation latine*, Paris, Olivier Orban, 1986.
5. Jorge Luis Borges, conversa com Jean-Pierre Bernès, em Genebra, de 4 a 5 de janeiro de 1986, em *Civilisation latine*, Paris, Olivier Orban, 1986.

6. Frédéric Mauro, *Colonisations latines*, em *Civilisation latine*, Paris, Olivier Orban, 1986.
7. Philippe Rossillon, *L'Avenir de la latinité*, em *Civilisation latine*, Paris, Olivier Orban, 1986.
8. Ricardo C. Salles, *O legado de Babel*, vol. I, Rio de Janeiro, Ao Livro Técnico, 1993.
9. Alain Peyrefitte, *C'était de Gaulle*, vol. II, Paris, Fayard, 1997.
10. Barry James, "The Finns Have a Word for It. And the Word Over the Airwaves Is in Latin", em *International Herald Tribune*, 15.4.98; Tuomo Pekkanen/Reijo Pitkäranta, *Nuntii Latini*, III, Helsinki, 1995; Radiodiffusion-Télévision Finlandaise, *Octavum Anniversarium Munitiorum Latinorum Nuntii Latini*, 1997.
11. Jean-Marie Pelt, *Des légumes*, Paris, Fayard, 1993.

4. O Buldôzer Anglo-americano

1. Wilfred Funk, *Word Origins*, Nova York, Bell Publishing Co., 1950.
2. Frederick Bodmer, *The Loom of Language*, Nova York/Londres, W. W. Norton & Co.,1944.
3. Frederick Bodmer, op. cit.
4. Frederick Bodmer, op. cit.
5. Frederick Bodmer, op. cit.
6. Andrianne, R., em *Le Figaro Magazine*, 9.3.97.
7. Charles Harrington Elster, "The Musings of a Showoff With Words", em *International Herald Tribune*, 5.8.1996.
8. Jonathon Green, *Chasing the Sun: Dictionary-Makers and the Dictionaries They Made*, Londres, Jonathan Cape, 1996.
9. Charles Panati, *Panati's Extraordinary Origins of Everyday Things*, Harper & Row, 1989.
10. Charles Panati, op. cit.
11. Charles Harrington Elster, *There's a Word for It*, Nova York, Scribner, 1996.
12. Richard Lederer, *Crazy English*, Nova York, Pocket Books, 1990.
13. Richard Lederer, op. cit.
14. Gabriel Otman, *Les Mots de la cyberculture*, Paris, Éditions Belin, 1998.
15. James Geary, "Speaking in Tongues", em *Time*, 7.7.97.
16. Alain Peyrefitte, *C'était de Gaulle*, vol. II, Paris, Fayard, 1997.
17. James Geary, "Sowing the Seeds of Speech", reportagem de Helen Gibson/Londres, em *Time*, 7.7.97.
18. Jacques Attali, *Dictionnaire du XXIe siècle*, Paris, Fayard, 1998.
19. Alain Peyrefitte, *C'était de Gaulle*, vol. I, Paris, Fayard, 1994.
20. Jean Dutourd, em *Le Figaro*, 27.5.97.

5. As Vigorosas Marcas do Italiano e do Espanhol

1. Angélique Levi, em *CD Encyclopaedia Universalis*, França, 1995.
2. Dominique Fernandez, em *CD Encyclopaedia Universalis*, França, 1995.
3. Dominique Fernandez, loc. cit.
4. Angélique Levi, loc. cit.
5. Angélique Levi, loc. cit
6. Angélique Levi, loc. cit.
7. Dominique Fernandez, loc. cit.
8. Jean-Marie Pelt, *Des fruits*, Paris, Fayard, 1994.
9. Henriette Walter, *L'Aventure des mots français venus d'ailleurs*, Paris, Robert Laffont, 1997.
10. Bruno Migliorini, *Storia della lingua italiana*, Florença, 1937.
11. Henriette Walter, *L'Aventure des langues en Occident*, Paris, Robert Laffont, 1994.
12. Philippe Cahusac, em *Un milliard de latins en l'an 2000*, Paris, Éd. L'Harmattan, 1983.
13. Philippe Cahusac, op. cit.
14. Bernard Pottier, *Langue espagnole: de la langue classique à la langue contemporaine*, em *Encyclopaedia Universalis*, França, 1995.
15. Bernard Pottier, op. cit.
16. Bernard Pottier, op. cit.
17. Bernard Pottier, op. cit.
18. Jean Cassou e Jean-Pierre Ressot, *Littérature espagnole*, em *Encyclopaedia Universalis*, França, 1995.
19. Jean Cassou e Jean-Pierre Ressot, op. cit.
20. Jean Cassou e Jean-Pierre Ressot, op. cit.
21. Frédéric Mauro, *Colonisations latines*, em *Civilisation latine*, dir. de Georges Duby, Paris, Olivier Orban, 1986.
22. *El País*, Madri, 7.4.97.
23. Apud Henriette Walter, *L'Aventure des langues en Occident*, Paris, Robert Laffont, 1994.
24. Philippe Rossillon, *L'Avenir de la latinité*, em *Civilisation latine*, Paris, Olivier Orban, 1986.

6. Fraco Desempenho de Culturas Poderosas. Os Exemplos Alemão e Russo

1. UNESCO, *Nombre des locuteurs des principales langues parlées dans le monde en 1989*, em *Notes statistiques*, STC-2, jul. 1992.
2. Paul Valentin et al., *Langue allemande*, em *Encyclopaedia Universalis*, França. 1995.
3. Paul Valentin et al., loc. cit.
4. Paul Valentin et al., loc. cit.

5. Michel Eude, *Allemagne moderne et contemporaine*, em *Encyclopaedia Universalis*, França, 1995.
6. Michel Eude, loc. cit.
7. Henriette Walter, *L'Aventure des mots français venus d'ailleurs*, Paris, Robert Laffont, 1997.
8. Larousse, *La Réforme de l'orthographe allemande. Règles et glossaire*, Larousse, 1997.
9. Larousse, op. cit.
10. Larousse, op. cit.
11. Pascale Hugues, "Goethe revu et corrigé", em *Le Point*, 30.12.94; e Lucas Delattre, em *Le Monde*, 16.7.98.
12. Larousse, op. cit.
13. Larousse, op. cit.
14. Jacques Sancan e Jacques Michaut, *De Avvakum à Zinoviev*, Paris, Librairie du Globe, 1996.
15. Jacques Sancan e Jacques Michaut, op. cit.
16. Jacques Sancan e Jacques Michaut, op. cit.
17. Efim Etkind et al., *Histoire de la littérature russe*, I, *L'Époque de Pouchkine et de Gogol*, Paris, Fayard, 1996.
18. Efim Etkind et al., op. cit.
19. Efim Etkind et al., op. cit.
20. Efim Etkind et al., op. cit.
21. Ricardo C. Salles, *O legado de Babel*, Rio de Janeiro, Ao Livro Técnico, 1992.

7. Caleidoscópio

1. Mario Carelli et al. *France-Brésil: Bilan pour une relance*, Paris, Éditions Entente, 1987.
2. Mario Carelli et al., op. cit.
3. Mario Carelli et al., op. cit.
4. *Língua mar*, Rio de Janeiro, Funarte, 1997.
5. Allan Cooper, *Peixes do mundo*, São Paulo, Melhoramentos/Universidade de São Paulo.
6. Allan Cooper, op. cit.
7. Maxime Haubert, *La Vie quotidienne des Indiens et des Jésuites du Paraguay*, Paris, Hachette, 1967.
8. Jean-Marie Pelt, *Des fruits*, Paris, Fayard, 1994.
9. Maxime Haubert, op. cit.
10. Henriette Walter, *L'Aventure des mots français venus d'ailleurs*, Paris, Robert Laffont, 1997.
11. Jean-Marie Pelt, *Des légumes*, Paris, Fayard, 1993.
12. Henriette Walter, op. cit.

13. Jean-Marie Pelt, op. cit.
14. Marcelle Bouteiller, *Littérature indienne du Nord*, em *Histoire des littératures*, I, Paris, Fayard, 1955.
15. F. Melo Paiva, em *Veja*, 20.11.97.
16. Joseph Weber, "Free Quebec? Not if you ask the Cree", em *BusinessWeek*, 9.3.1988.
17. Yone Leite, *As línguas da família tupi-guarani: uma proposta de análise*, em *Anais da Sociedade Brasileira de Língua e Literatura*, Rio de Janeiro, 1997.
18. Antenor Nascentes, *Dicionário etimológico da língua portuguesa*, Rio de Janeiro, 1932.
19. *Statut légal du bilinguisme au Paraguay*, publicado pela embaixada do Paraguai em Paris, 1997.
20. Georges Balandier, *Littératures noires*, em *Histoire des littératures*, I, Paris, Fayard, 1955.
21. David Cohen, *Les Langues chamito-sémitiques*, vol. III, em *Les Langues dans le monde ancien et moderne*, dir. de J. Perrot, Paris, CNRS, 1989.
22. Raymond Schwab, *Domaine oriental*, em *Histoire des littératures*, I, 132, Paris, Gallimard, 1955.
23. Raymond Schwab, op. cit.
24. Raymond Schwab, op. cit.
25. Raymond Schwab, op. cit.
26. Ricardo C. Salles, *O legado de Babel*, Rio de Janeiro, Ao Livro Técnico, 1993.
27. Ricardo C. Salles, op. cit.
28. François Toussaint, *Littérature japonaise*, em *Histoire des littératures*, I, Paris, Gallimard, 1955.
29. Charlotte Vaudeville, *Hindi — langue et littérature*, em *Encyclopaedia Universalis*, França, 1995.
30. Charlotte Vaudeville, op. cit.
31. Charles-Henri de Fouchecour, *Perse, langues et littérature*, em *Encyclopaedia Universalis*, França, 1995.
32. Henriette Walter, op. cit.
33. Jean Lacouture, *Jésuites*, Paris, Éditions du Seuil, 1991.
34. Jean Lacouture, op. cit.
35. Jean Lacouture, op. cit.
36. Diógenes Magalhães, *Língua, linguagem, lingüística*, Rio de Janeiro, Edições Coisa Nossa, 1995.
37. Henriette Walter, op. cit.
38. *Lingua Mar*, Rio de Janeiro, Funarte, 1997.
39. Philippe Rossillon, em *Civilisation latine*, Paris, Olivier Orban, 1986.
40. Henriette Walter, op. cit.
41. Yitzhok Niborski, *Yiddish: langue, littérature et théâtre*, em *Encyclopaedia Universalis*, França, 1995.
42. Yitzhok Niborski, loc. cit.

43. Yitzhok Niborski, loc. cit.
44. Ricardo C. Salles, op. cit.
45. Rachel Ertel, *Yiddish*, em *Encyclopaedia Universalis*, França, 1995.
46. Henriette Walter, op. cit.
47. Henriette Walter, op. cit.
48. Diógenes Magalhães, op. cit.
49. Henriette Walter, op. cit.
50. André Dupont-Sommer, *Littérature araméenne*, em *Histoire des littératures*, vol. I, Paris, Gallimard, 1955.
51. A. T. Olmstead, *History of the Persian Empire*, Chicago, The University of Chicago Press, 1959.
52. R. D. Barnett, *Araméens*, em *Encyclopaedia Universalis*, França, 1995.
53. Louis Renou, *Littérature sanscrite*, em *Histoire des littératures*, vol. I, Paris, Gallimard, 1955.

Fontes

Bibliografia

Aimard, Gustave. *Le Chercheur de pistes*, 1858.

Amado, Jorge. *Dona Flor and Her Two Husbands*. Nova York, Avon Books.

——. *Os pastores da noite*. Rio de Janeiro, Record, 1976.

——. *Tereza Batista cansada de guerra*. Rio de Janeiro, Record, 1976.

——. *Tenda dos milagres*. Rio de Janeiro, Record, 1976.

——. *Tieta do agreste*. Rio de Janeiro, Record, 1977.

——. *Farda, fardão, camisola de dormir*. Rio de Janeiro, Record, 1981.

Attali, Jacques. *Dictionnaire du XXIe siècle*. Paris, Fayard, 1998.

Babkine, A. M. e Chendetsov, V. V. *Dictionnaire des mots et expressions étrangers utilisés en russe sans être traduits*. 3 vols. São Petersburgo, Éditions "Quotam", 1992-94.

Balandier, Georges. *Afrique ambigüe*, 1957.

Bangui, Antoine. *Les Ombres de Koh*, 1983.

Barthes, Roland. *Fragments d'un discours amoureux*, 1977.

Bazin, Hervé. *Vipère au poing*, Paris, Éditions Bernard Grasset, 1948.

——. *La Mort du petit cheval*. Paris, Éditions Bernard Grasset, 1950.

Beard, Henry. *Latin for All Occasions*. Nova York, HarperCollins, 1993.

Bernanos, Georges. *Les Enfants humiliés*, 1949.

Bernheim, Emmanuèle. *Vendredi soir*. Paris, Gallimard, 1998.

Bianciotti, Hector. *Ce que la nuit raconte au jour*. Paris, Grasset, 1992.

Boulle, Pierre. *Les Vertus de l'enfer*, 1974.

Brewer's Dictionary of Phrase and Fable (ver Evans, Ivor H.).

Brunel, H. *Guide de relaxation*. Paris, Éditions du Seuil, 1996.

Bushnell, G. H. S. *Ancient Arts of the Americas*. Nova York, F. A. Praeger, 1965.

Carelli, Mario et al. *France-Brésil: Bilan pour une relance*. Paris, Éditions Entente, 1987.

Catto, Henry E. *Ambassadors at Large*, Texas, University of Texas, 1998.

Chastenet, Jacques. *Quand le boeuf montait sur le toit*, 1958.

Chisman, Margareth. *The Weekend Haiku Book*. Rugosa Books, 1995.

Claudel, Paul. *Connaissance de l'Est*. Paris, Gallimard, 1929.

Coatalem, Jean-Luc. *Le Fils du fakir*. Paris, Grasset, 1998.

Colin, Jean-Paul. *Trésors des mots exotiques*. Paris, Éditions Belin, 1986.

Corrêa do Lago, Luiz A. *Oswaldo Aranha e a Revolução de 1930*. Rio de Janeiro, Nova Fronteira, 1995.

Croisset, Francis de. *La Féerie cinghalaise*, 1926.
Crystal, David. *Dictionary of Language and Languages*. Penguin Books, 1992.
Dashti, Ali. *In Search of Omar Khayan*. Nova York, Columbia University Press, 1971.
De Gaulle, Charles. *Mémoires d'espoir*. Plon, 1970.
Dekobra, Maurice. *La Madone des sleepings*, 1925.
Devi, Indra. *Hatha Ioga*. Rio de Janeiro, Civilização Brasileira, 1961.
Dorfles, Gillo. *Kitsch, the World of Bad Taste*, Londres, Studio Vista, 1968.
Dourado, Autran, *Ópera dos fantoches*. Rio de Janeiro, Francisco Alves, 1995.
Druon, Maurice. *Circonstances*. Éditions du Rocher, 1997.
——. *O menino do dedo verde*. Rio de Janeiro, José Olympio Editora, 1998.
Elster, Charles Harrington. *There's a Word for It*. Nova York, Scribner, 1996.
Enciclopédia e dicionário ilustrado Koogan-Houziss. Rio de Janeiro, Delta, 1997.
Etkind, Efim. *Histoire de la littérature russe, Le XXe siècle*. Paris, Fayard, 1988.
Evans, Ivor H. *Brewer's Dictionary of Phrase and Fable*. Nova York, 1981.
Faria, L. *Reminiscências*. Rio de Janeiro, edição fora do comércio, 1969.
Feffer, Betty. *Haicais*. Ilustrações de Paulo Mazzeo, São Paulo, 1995.
Ferreira, Glória e Mello, Cecília Cotrim de (org.). *Clement Greenberg e o debate crítico*. Rio de Janeiro, Jorge Zahar, 1997.
Flexner, Doris. *The Optimist's Guide to History*. Nova York, Avon Books, 1995.
Foster, John F. *Irony, a Guide*, Nova York, 1964.
Frison-Roche. *Peuples chasseurs de l'Arctique*, 1966.
Funk, Wilfred. *Word Origins*. Nova York, Bell Publishing Co., 1978.
Gaffiot, F. *Dictionnaire abrégé latin-français*. Paris, Hachette, 1936.
Garrus, René. *Les Étymologies surprises*. Paris, Éditions Belin, 1988.
Giroud, Françoise. *Le Bon Plaisir*, Paris, Édition Mazarine, 1983.
Goebbels, Joseph. *The Goebbels Diaries [1942-43]*, Londres, Hamish Hamilton, 1948.
——. *Diaries [Final Entries 1945, The Diaries of Joseph Goebbels]* (ver Trevor-Roper, Hugh).
Gordon, Karen Elizabeth. *The Disheveled Dictionary*. Nova York, Houghton Mifflin Company, 1997.
Gosset, Pierre e Renée. *L'Afrique, les Africains*, 1956.
Green, Jonathon. *Chasing the Sun*. Londres, Jonathan Cape, 1996.
Greenberg, Clement. "Pintura modernista", em *Clement Greenberg e o debate crítico*. Rio de Janeiro, Jorge Zahar, 1997.
Gueiros, J. A. *História de um príncipe*. Rio de Janeiro, Record, 1997.
Guillemard, Colette. *Les Mots d'origine gourmande*. Paris, Éditions Belin, 1994.
Hébert, Anne. *Les Fous de Bassan*, 1982.
Hiller, Bevis. *Art Déco of the 20s and 30s*. Londres, Studio Vista, 1968.
Ikor, Rober. *Les Eaux mêlées*, 1995.
Internet l'extase et l'effroi. Coleção Manière de voir. *Le Monde diplomatique* (ed. fora de série), out. 1996.
Kessel, Joseph. *Le Lion*, 1958.

Kissinger, Henry. *Diplomacy*, Simon & Schuster, 1994.
Klein, Melanie. *Envy and Gratitude*, Londres, Tavistock Publications, 1957.
Lanza del Vasto. *Vinôba ou le nouveau pèlerinage*, 1954.
Koogan-Houaiss (ver Enciclopédia e dicionário ilustrado Koogan-Houaiss).
Larousse. *La Réforme de l'orthographe allemande, Règles et glossaire*. Larousse, 1997.
Laye, Camara. *L'Enfant noir*, 1953.
Le Clézio, J. M. G. *Le Chercheur d'or*, 1985.
Leroux, Gaston. *L'Agonie de la Russie blanche*, 1905-1906.
——. *Rouletabille chez le tsar*, 1923.
Lévi-Strauss, Claude. *Tristes Tropiques*, 1955.
Lins, Sonia. *Almanaque*, Rio de Janeiro, Forense Universitária, 1995.
Macedo Soares, Yedda. *As sentinelas de Deus*. Rio de Janeiro, Rocco, 1997.
Machado de Assis. *Memórias póstumas de Brás Cubas*. São Paulo, Scipione, 1994.
Madeira, Marcos Almir. *Homens de marca*. Rio de Janeiro, José Olympio Editora, 1986
Magalhães, Diógenes. *Língua, linguagem, lingüística*. Rio de Janeiro, Edições Coisa Nossa, 1995.
Malaurie, Jean. *Les Derniers Rois de Thulé*, 1954.
Malraux, André. *La Condition humaine*. Paris, Gallinard, 1946.
——. *Antimémoires*. Paris, Gallimard, 1972.
Marguerite, Victor. *La Garçonne*, 1922.
Martins, Mario. *Valeu a pena*. Rio de Janeiro, Nova Fronteira, 1997.
Melo Filho, Murilo, *Testemunho político*. Rio de Janeiro, Bloch, 1997.
Menten, Theodore. *The Art Déco Style*. Nova York, Dover Publications, 1972.
Merle, Robert. *Derrière la vitre*, 1970.
The Merriam-Webster New Book of Word Histories. Merriam-Webster Inc., Publishers, 1991.
Modiano, Patrick. *Un quartier perdu*. Paris, Gallimard, 1984.
——. *Un cirque passe*. Paris, Gallimard, 1992.
Monfreid, Henri de. *Les Secrets de la Mer Rouge*. 1932.
Monod, Jean. *Un riche cannibale*, 1972.
Montelo, Josué. *A mulher proibida*. Rio de Janeiro, Nova Fronteira, 1997.
——. *Memórias póstumas de Machado de Assis*. Rio de Janeiro, Nova Fronteira, 1997.
Morter Jr., M. Ted. *Your Health, Your Choice*. Pell Publishers, 1990.
Oliveira, Carmen. *Flores raras e banalíssimas*, 1997.
Olmstead, A.T. *History of the Persian Empire*. Chicago, The University of Chicago Press, 1948.
Ormesson, Jean d'. *La Gloire de l'Empire*. Paris, Gallimard, 1971.
Otman, Gabriel. *Les Mots de la cyberculture*. Paris, Éditions Belin, 1998.
Ousmane, Sembène. *Ô Pays mon beau peuple*, 1957.
The Oxford Universal Dictionary. Clarendon Press, 1933.
Oyono, Ferdinand. *Chemin d'Europe*, 1960.
Painter, G. D. *Marcel Proust*. Paris, Mercure de France, 1989.

Panati, Charles. *Extraordinary Origins of Everyday Things*. Harper & Row, 1989.
Parson, A. *Bizarre & Intriguing Truths, Legends & Measurements*. Nova York, Barnes & Noble, 1996.
PDBLP (ver Rónai, Paulo).
Peixoto, Afranio. *História do Brasil*. Lisboa, 1940.
Perec, Georges. *La Vie mode d'emploi*, 1978.
Perol, Jean. *D'un pays lointain*, 1965.
Peyrefitte, Alain. *C'était De Gaulle*, vols. I e II. Paris, Fayard, 1994, 1997.
Quesada, Miguel-Angel Ladero. "Catholicité et latinité", em *Civilisation latine*. Paris, Olivier Orban, 1986.
Rasponi, Lanfranco. *The Last Prima Donnas*. Nova York, Alfred Knopf, 1982.
Raynal, Guillaume. *Histoire philosophique et politique des deux Indes*, 1772.
Ribeiro, João. *Crítica*, vol. VI. Rio de Janeiro, Academia Brasileira de Letras, 1961.
Rónai, Paulo. *Pequeno dicionário brasileiro da língua portuguesa*. Rio de Janeiro, Civilização Brasileira, 1969.
Rosenfeld, Isadore. *Doctor, What Should I Eat?* Nova York, Random House, 1995.
Rossillon, Philippe. "L'Avenir de la latinité", em *Civilisation latine*. Paris, Olivier Orban, 1986.
Ruhlen, Merrit. *On the Origin of Languages*. Stanford, Stanford University Press, 1994.
Salles, Ricardo C. *O legado de Babel*. Rio de Janeiro, Ao livro Técnico, 1992.
——. *Passeando por Babel*. Rio de Janeiro, Opera Nostra, 1995.
Sancan, Jacques e Michaut, Jacques. *De Avvakum à Zinoviev*. Paris, Éditions Librairie du Globe, 1957.
Schwartz-Bart, Simone. *Pluie et vent sur Télumée Miracle*, 1972.
Segalen, Victor. *Les Immémoriaux*, 1907.
Serres, Jean. *Manuel pratique de protocole*. Éditions de la Bièvre, 1982.
Sholl, Andrew. *Wellingtons, Watts & Windsor Knots*. NTC Publishing Group, 1997.
Simenon, Georges. *Un crime en Hollande*, 1931.
——. *Mémoires intimes*, 1981.
Soares, Jô. *O xangô de Baker Street*. São Paulo, Companhia das Letras, 1997.
Solé, Robert. *Le Tarbouche*. Paris, Éditions du Seuil, 1992.
Spinola, Noenio. *O futuro do futuro*. São Paulo, Futura, 1997.
Staden, Hans. *Viagem ao Brasil*. Rio de Janeiro, Academia Brasileira de Letras, 1988.
Stella, Alain. *Le Livre du café*. Paris, Flammarion, 1996.
Stemer, M. *Faire le point*. Paris, Édition de l'Auteur, 1980.
Thatcher, Margaret. *The Downing Street Years*. Londres, HarperCollins, 1993.
Tournier, Michel. *Vendredi ou les limbes du Pacifique*, 1972.
Trevor-Roper, Hugh. *Final Entries 1945, The Diaries of Joseph Goebbels*. Nova York, G. P. Putnan's Sons, 1978.
T'Serstevens, Albert. *L'Or du Cristobal*, 1936.
Vercel, Roger. *Au large de l'Éden*, 1932.

Véry, Pierre. *Les Disparus de Saint-Agil.*
Viana, Helio. *História diplomática do Brasil.* São Paulo, Melhoramentos, 1948.
Wagley, Charles. *An Introduction to Brazil.* Nova York, Columbia University Press, 1963.
Walter, Henriette. *L'Aventure des mots français venus d'ailleurs.* Paris, Robert Laffont, 1997.
Walter, Henriette e Gérard. *Dictionnaire des mots d'origine étrangère.* Paris, Larousse, 1991.
Warner, Dennis e Peggy. *The Tide at Sunrise.* Nova York, Charterhouse, 1974.
Weiss, B.W. *Muitas vidas, muitos mestres.* Rio de Janeiro, Salamandra, 1991.
Wilczkowski, Cyril. "Littérature russe", em *Histoire des littératures*, vol. II, *Encyclopédie de la Pléiade.* Paris, Gallimard.
Yanker, Gary. *Pop Art*, Nova York, 1972.

Jornais e revistas

A Tarde (Brasil)
ABC (Espanha)
Algemeen Dagblad (Bélgica)
Arts & Entertainment (EUA)
Atlas (França)
Aujourd'hui (França)
Banco Hoje (Brasil)
BusinessWeek (EUA)
Caras (Brasil)
Chi (Itália)
Chroniques Économiques (França)
Correio da Manhã (Portugal)
Corriere della Sera (Itália)
Courrier International (França)
Daily Mail (Reino Unido)
Daily Telegraph (Reino Unido)
De Standaard (Bélgica)
Der Spiegel (Alemanha)
Diário de Notícias (Portugal)
Die Welt (Alemanha)
Die Zeit (Alemanha)
Discover (EUA)
Écho des Sports (França)
El País (Espanha)

Elle (França/Brasil)
Época (Brasil)
Eurostar Magazine
Exame (Brasil)
Femina Hebdo (França)
Femme (França)
Figaroscope (França)
Financial Times (Reino Unido)
FM (Brasil)
Focus-Magazin (Alemanha)
Folha de S. Paulo (Brasil)
Forbes (EUA)
France-Soir (França)
Frankfurter Allgemeine Zeitung (Alemanha)
Gazeta Mercantil (Brasil)
Geo (França)
George (EUA)
Golf (França)
Grazia (Itália)
Herald Tribune [*International Herald Tribune*] (EUA)
Het Nieuwsblad (Bélgica)
Il Giornale (Itália)
Il Giorno (Itália)
Il Messaggero (Itália)
Il Sole 24 Ore (Itália)
InfoPC (França)
Internet Reporter
IoDonna (Itália)
IstoÉ (Brasil)
Jeune Afrique (França)
Jornal da Tarde (Brasil)
Jornal de Letras (Brasil)
Jornal de Notícias (Portugal)
Jornal do Brasil (Brasil)
Jornal do Comércio (Brasil)
L'Équipe (França)
L'Est Républicain (França)
L'Événement du jeudi (França)
L'Expansion (França)
L'Express (França)
L'Œil (França)

L'Officiel (França)
L'Ordinateur Individuel (França)
L'Orient-Le Jour (Líbano)
La Nación (Argentina)
La Nazione (Itália)
La Recherche (França)
La Stampa (Itália)
La Tribune (França)
Le Canard enchaîné (França)
Le Figaro (França)
Le Figaro Magazine (França)
Le Figaro TV Magazine (França)
Le Journal du Dimanche (França)
Le Monde (França)
Le Monde de l'Éducation (França)
Le Monde Informatique (França)
Le Nouvel Observateur (França)
Le Parisien (França)
Le Point (França)
Le Soir (Bélgica)
Le Temps (Suíça)
Les Échos (França)
Libération (França)
Madame (Alemanha)
Madame Figaro (França)
Manchete (Brasil)
Marianne (França)
Marie-Claire (França)
Marie-France (França)
New York (EUA)
Newsweek (EUA)
Nice-Matin (França)
Nova (Portugal)
O Estado de S. Paulo (Brasil)
O Globo (Brasil)
Oggi (Itália)
Paris Match (França)
PC-Expert (França)
Point de Vue (França)
Premiere (EUA)
Problemas Brasileiros (Brasil)

Revista Brasileira (Brasil)
Revista Idéia (Brasil)
Rio Artes (Brasil)
Roma (Itália)
Science et Vie (França)
Stern (Alemanha)
Sunday Times (Reino Unido)
Télérama (França)
The Atlantic Monthly (EUA)
The Economist (Reino Unido)
The Guardian (Reino Unido)
The Irish Times (Irlanda)
The Netherlander (Holanda)
The New York Times (EUA)
The New York Times Book Review (EUA)
The New York Times Magazine (EUA)
The New Yorker (EUA)
The Observer (Reino Unido)
The Times (Reino Unido)
The Times Educational Supplement (Reino Unido)
The Times Magazine (Reino Unido)
The Wall Street Journal (EUA)
The Washington Post (EUA)
Tiempo (Espanha)
Time (EUA)
U.S. News [*U.S. News & World Report*] (EUA)
U.S.A. Today (EUA)
Veja (Brasil)
Vip (Brasil)
Vogue (França)
VSD (França)
Welt am Sonntag (Alemanha)

Tábua Onomástica

C

D

E

N

O

P

Q

R

Índice de palavras e expressões em 46 idiomas

A

B

C

D

E

F

G

L

M

O

Q

R

S

U

V

W

Este livro foi composto na tipologia Zapf Calligraphic, em corpo 10/14, impresso em papel Chamois Fine 80g/m² no Sistema Cameron da Divisão Gráfica da Distribuidora Record.